JN436902

編輯代表 郭 潤 直

# 民法注解

## 第 XIX 卷

## 債 權 (12)

第758條~第766條

博 英 社

# 머 리 말

「民法注解」는 民法 전체를 그의 條文順序에 따라 敍述하는 이른바 「코멘타르」(Kommentar)이다. 「코멘타르」에는 그 內容과 目的에 따라 여러 種類의 것이 있다. 이 注解書는 각 條文마다 관련되는 중요한 判決들을 引用해가면서 確定된 判例理論을 밝혀주고, 한편으로는 理論 내지 學說을 모두 그 出典을 正確하게 표시하고, 또한 論據를 客觀的으로 敍述하여 民法 각 條項의 具體的 內容을 밝히려는 것이므로, 獨逸學者들이 말하는 이른바 wissenschaftlicher Großkommentar라고 말할 수 있다. 그 目的하는 바는, 위와 같은 敍述을 통해서 우리의 民法學의 現在水準을 浮刻시키고, 아울러 우리 民法 아래에서 생기는 法的 紛爭에 대한 올바른 解答을 찾을 수 있게 하려는 데 있다.

위와 같은 內容과 目的을 가진 「民法注解」가 우리의 法學發展을 위하여 필요하다는 確信에서 그 刊行을 企劃하게 되었는데, 그 理由는 다음과 같다. 우리의 民法學이 獨自의 길을 걷기 시작한 지 近 50年이 되어간다. 또한 現行 民法이 制定·公布된 때로부터 따진다면 30餘年이 된다. 이 期間 동안에 民法을 硏究하는 데 가장 基本的인 道具의 역할을 하는 法律文獻으로서 民法의 각 分野에 관한 體系的 解說書 내지 一般硏究者를 위한 이른바 敎科書(Lehrbuch)가 相當數 나와 있고, 또한 個別的 問題에 관한 論文도 적지 않게 發表되어 있다. 그러나 一般硏究者를 위한 敎科書라는 것은 著者의 主觀이 크게 作用하여, 著者에 따라 敍述에 起伏이 심하고 不充分한 점이 많다. 한편, 論文에서 표시되는 見解가 반드시 確實한 것은 아니다. 確實한 見解가 담겨진 論文이란 매우 적다고 하여도 過言이 아닐 것이다. 一般硏究用 敎科書나 論文이 상당히 있다 하여도 여전히 있게 마련인 空白이나 不充分한 점을 硏究者 個個人이 그때 그때 自力으로 채워나간다는 것은 보통 어려운 일이 아니며, 또한 많은 時間과 精力을 쏟아야 하는 힘든 일이다. 만일에 學說·判例를 網羅的·客觀的으로 敍述하고 있어서 모든 硏究者가 마음놓고 信賴할 수 있는 것이 하나 있다면, 各自 그것을 바탕으로 해서 獨自의 理論이나 見解를 펴나가는 데 集中할 수 있을 것이다. 그런데 그러한 學界 共有의 資産이라고 할 수 있는 것을 우리는 아직 가지고 있지 않다. 바로 그러한 구실을 할 수 있는 것 하나를 마련해 보겠다는 생각에서 이「民法注解」의 刊行을 꾀하게 된 것이다.

民法은 매우 큰 法律이어서, 그 전체에 관한 大「코멘타르」를 어느 特定人이 單獨으로 지어낸다는 것은 발달된 現代 民法體系 아래에서는 期待하기 어렵다. 多數의 硏究者가 共同으로 協力해서 마련하는 것이 가장 적절한 방법이다.「民法注解」도 그런 방법으로 만들기로 하였다. 그 筆陣을 정하는 것은 매우 어려운 일이었으나, 여러 사정을 고려하여 앞으로 우리의 民法學을 이끌어 갈 비교적 젊은 硏究者들을 많이 포함시켜서 筆陣을 구성하였다.

「民法注解」의 刊行은 우리의 法學史上 劃期的인 事業이라고 自負하고 있다. 그러나 처음으로 試圖하는 일인데다가, 또한 多數의 執筆者를 動員하여야 했기 때문에 均衡 있는 敍述을 期待할 수 없었다. 時間이 흐르면 法令은 變動되고 새로운 理論과 判例가 出現하게 됨은 필연이다. 그러한 變化는「民法注解」의 改訂을 불가피하게 할 것이다. 여러 가지 不充分한 점이나 흠은 改訂版을 낼 때에 是正·補充할 豫定으로 있다. 그러한 改訂을 거듭하면서「民法注解」는 더 滿足스러운 것으로, 또한 우리 나라에서 매우 값진 法律文獻의 하나로 發展할 것이다.

全部 15卷 정도로 豫定하고 있는 이 尨大한 出版을 快히 맡아 준 博英社에 대하여 깊은 謝意를 表示한다.

1992年 2月 20日

編輯代表

**郭 潤 直**

# 債權編(法定債權關係) 執筆者

金星泰(연세대학교 법과대학 교수)

金龍德(대전고등법원 부장판사)

金滉植(광주지방법원장)

朴炳大(부산고등법원 부장판사)

朴　徹(서울북부지방법원 부장판사)

徐光民(서강대학교 법과대학 교수)

梁彰洙(서울대학교 법과대학 교수)

柳元奎(서울고등법원 부장판사)

尹容燮(법무법인 율촌 변호사)

尹眞秀(서울대학교 법과대학 부교수)

李東明(인천지방법원 수석부장판사)

李尙勳(서울고등법원 부장판사)

李在洪(서울고등법원 부장판사)

李宙興(서울고등법원 부장판사)

鄭泰綸(이화여자대학교 법과대학 부교수)

崔秉祚(서울대학교 법과대학 교수)

胡文赫(서울대학교 법과대학 교수)

(가나다順. 現職은 2004년 12월 31일 기준)

# 債權編(法定債權關係) 執筆 內容

事務管理 前論 …… 崔秉祚
第734條～第740條 …… 崔秉祚
事務管理 後論: 不眞正事務管理 …… 崔秉祚
不當利得 前論 …… 梁彰洙
第741條～第745條 …… 梁彰洙
第746條 …… 朴炳大
不當利得의 效果 前論 …… 梁彰洙
第747條～第749條 …… 梁彰洙
不法行爲 前論 Ⅰ: 序論 …… 金星泰
不法行爲 前論 Ⅱ: 不法行爲法의 機能과 그 變遷 …… 金星泰
不法行爲 前論 Ⅲ: 不法行爲制度에 대한 새로운 視角 …… 金星泰
不法行爲 前論 Ⅳ: 不法行爲法理와 다른 補償體系 …… 金星泰
不法行爲 前論 Ⅴ: 過失責任의 原則 …… 徐光民
不法行爲 前論 Ⅵ: 無過失責任 …… 徐光民
不法行爲 前論 Ⅶ: 不法行爲責任과 다른 責任의 關係 …… 胡文赫
第750條 A 不法行爲의 要件 …… 李尙勳
第750條 B 不法行爲의 效果 …… 朴徹
第750條 後論: 人身事故에 있어서의 損害算定 …… 尹容燮
第751條～第752條 …… 李東明
責任能力 前論 …… 柳元奎
第753條～第755條 …… 柳元奎
第756條～第757條 …… 李宙興
第758條 …… 柳元奎
第759條 …… 梁彰洙
第760條 …… 鄭泰綸
第761條～第762條 …… 金滉植
第763條 …… 朴徹

# 凡　　例

## 1. 條　　文

民 §49 Ⅱ iii ← 民法 第49條 第2項 第3號

民 §312-2 ← 民法 第312條의 2

民 附則 §10 ← 民法 附則 第10條

## 2. 判　　例

(1) 一　　般

大判 80.7.8, 79다1928(集 28-2, 101) ← 大法院 1980年 7月 8日 宣告 79다1928判決(대법원판결집 제28권 2집 민사편 101면)

大決 76.11.24, 76마275(公 551, 9634) ← 大法院 1976年 11月 24日 告知 76마275決定(법원공보 551호 9634면)

大判 80.9.24, 80다1220(要集 民 Ⅰ-1, 161) ← 大法院 1980年 9月 24日 宣告 80다1220判決(大法院判決要旨集 民事·商事編 Ⅰ-1卷 161면)

서울高判 71.12.29, 71나1733(高集 71, 612) ← 서울高等法院 1971年 12月 29日 宣告 71나1733判決(고등법원판례집 1971년 민사편 612면)

大邱地判 88.2.10, 87나485(下集 88-1, 226) ← 大邱地方法院 1988年 2月 10日 宣告 87나485判決(하급심판결집 1988년 제1권 민사편 226면)

(2) 기타의 裁判法院 및 裁判種類의 表示

大判(全) ← 大法院全員合議體判決

大邱高判 ← 大邱高等法院判決

서울民地判 ← 서울民事地方法院判決

密陽支院判 ← 馬山地方法院密陽支院判決

(3) 判例의 出典

集 ←「大法院判決集」(또는「大法院判例集」)

全集 ←「大法院全員合議體判決集」

公 ←「法院公報」

高集 ←「高等法院判決集」

下集 ←「下級審判決集」

月報 ←「判例月報」

新聞 ←「法律新聞」

總覽 ←「判例總覽」

要集 ←「大法院判決要旨集」

### 3. 法令略語

(1) 法 律

|  |  |
|---|---|
| 假登記擔保 等에 關한 法律 | 假擔 |
| 家事審判法(폐) | 家審 |
| 家事審判規則(폐) | 家審規 |
| 家事訴訟法 | 家訴 |
| 家事訴訟規則 | 家訴規 |
| 建設機械管理法 | 建管 |
| 建設機械抵當法 | 建抵 |
| 建築法 | 建築 |
| 競賣法(폐) | 競 |
| 古物營業法(폐) | 古物 |
| 公益法人의 設立·運營에 關한 法律 | 公益法人 |
| 公益事業을 위한 土地 등의 取得 및 補償에 관한 法律 | 土取 |
| 工場抵當法 | 工抵 |
| 公證人法 | 公證 |
| 供託法 | 供 |
| 供託事務處理規則 | 供規 |
| 鑛業法 | 鑛業 |
| 鑛業財團抵當法 | 鑛抵 |
| 國家賠償法 | 國賠 |
| 國稅基本法 | 稅基 |
| 國稅徵收法 | 稅徵 |
| 國有財產法 | 國財 |
| 國籍法 | 國籍 |
| 國際私法 | 國私 |
| 國土의 計劃 및 利用에 관한 法律 | 國計 |
| 歸屬財產處理法 | 歸財 |
| 勤勞基準法 | 勤基 |
| 金融機關不實資產 등의 效率的 處理 및 韓國資產管理公社의 設立에 관한 法律 | 金資 |
| 金融產業의 構造改善에 관한 法律 | 金構 |
| 金融實名去來 및 秘密保障에 관한 法律 | 金實名 |
| 勞動組合法(폐) | 勞組 |
| 農地改革法(폐) | 農改 |
| 農地法 | 農地 |

| | |
|---|---|
| 農地賃貸借管理法(폐) | 農賃 |
| 貸付業의 登錄 및 金融利用者保護에 관한 法律 | 貸登 |
| 道路交通法 | 道交 |
| 道路法 | 道 |
| 都市開發法 | 都開 |
| 都市計劃法(폐) | 都計 |
| 都市再開發法(폐) | 都再 |
| 獨占規制 및 公正去來에 關한 法律 | 獨占 |
| 文化財保護法 | 文保 |
| 民法 | 民 |
| 民事訴訟法 | 民訴 |
| 民事訴訟規則 | 民訴規 |
| 民事調停法 | 民調 |
| 民事執行法 | 民執 |
| 訪問販賣 등에 관한 法律 | 訪販 |
| 法人稅法 | 法人 |
| 法院組織法 | 法組 |
| 辯護士法 | 辯 |
| 不動產登記法 | 不登 |
| 不動產登記特別措置法 | 不登特措 |
| 不動產實權利者名義登記에 관한 法律 | 不實名 |
| 不動產仲介業法 | 不仲 |
| 不在宣告等에 關한 特別措置法 | 不在特措 |
| 不正競爭防止 및 營業秘密保護에 관한 法律 | 不競 |
| 佛敎財產管理法(폐) | 佛財 |
| 非訟事件節次法 | 非訟 |
| 私立學校法 | 私學 |
| 商街建物賃貸借保護法 | 商賃 |
| 商法 | 商 |
| 相互信用金庫法 | 信金 |
| 船舶法 | 船舶 |
| 涉外私法(폐) | 涉私 |
| 所得稅法 | 所稅 |
| 消費者保護法 | 消保 |
| 訴訟促進 等에 關한 特例法 | 訴促 |
| 水難救護法 | 水救 |
| 水產業法 | 水產 |
| 手票法 | 手票 |
| 身元保證法 | 身保 |
| 信託法 | 信託 |
| 約款의 規制에 關한 法律 | 約款 |
| 어음法 | 어음 |
| 溫泉法 | 溫泉 |
| 原子力損害賠償法 | 原賠 |
| 外國人土地法 | 外土 |
| 外國換管理法 | 外換 |
| 遺失物法 | 遺失 |
| 利子制限法(폐) | 利制 |
| 人事訴訟法(폐) | 人訴 |
| 立木에 關한 法律 | 立木 |
| 自動車管理法 | 自管 |
| 自動車抵當法 | 自抵 |
| 自動車損害賠償保障法 | 自賠 |
| 資產流動化에 관한 法律 | 資流 |
| 傳統寺刹保存法 | 寺保 |

| | | | |
|---|---|---|---|
| 著作權法 | 著作 | 河川法 | 河川 |
| 電子去來基本法 | 電去 | 割賦去來에 관한 法律 | 割賦 |
| 製造物責任法 | 製責 | 航空法 | 航空 |
| 住民登錄法 | 住登 | 行政訴訟法 | 行訴 |
| 住宅建設促進法 | 住促 | 行政審判法 | 行審 |
| 住宅賃貸借保護法 | 住賃 | 憲法 | 憲 |
| 證券去來法 | 證去 | 憲法裁判所法 | 憲裁 |
| 集合建物의 所有 및 管理에 關한 法律 | 集建 | 刑法 | 刑 |
| 土地區劃整理事業法(폐) | 區整 | 刑事訴訟法 | 刑訴 |
| 土地收用法(폐) | 土收 | 戶籍法 | 戶籍 |
| 特許法 | 特許 | 和議法 | 和議 |
| 破産法 | 破 | 環境政策基本法 | 環基 |
| 下都給去來公正化에 관한 法律 | 下都 | 會社整理法 | 會整 |

(2) 法律의 施行令 또는 施行規則은 法律略語에 「令」 또는 「規」를 붙인다.

(3) 外國法律

獨民 ← 獨逸民法

佛民 ← 프랑스民法

瑞民 ← 스위스民法

瑞債 ← 스위스債務法

日民 ← 日本民法

墺民 ← 오스트리아民法

伊民 ← 伊太利民法

希民 ← 그리스民法

## 4. 文獻略語

(1) 敎科書 : 著者名만으로 인용한다.

郭潤直, 債權各論, 再全訂版(1990), 新訂版(1995)

金基善, 韓國債權法各論(1982)

金錫宇, 債權法各論(1978)

金疇洙, 債權各論(1992)

金曾漢, 債權各論(1988)

金曾漢·安二濬 編著, 新債權各論(上)(1961)

__________________, 新債權各論(下)(1965)

金顯泰, 新稿 債權各論(1969)

金亨培, 債權各論(上)(1995)

李銀榮, 債權各論(1992)

李太載, 債權各論新講(1967)

張庚鶴, 新稿 債權各論(1962)

鄭範錫, 新債權法各論(1963)

朱宰璜, 債權各論講義(1950)

崔 栻, 新債權法各論(1961)

黃迪仁, 現代民法論 Ⅳ(1987)

(2) 定期刊行物

法學 ←「서울大學校 法學」

民判硏 ←「民事判例硏究」

諸問題 ←「民事裁判의 諸問題」

新聞 ←「法律新聞」

司論 ←「司法論集」

司行 ←「司法行政」

月報 ←「判例月報」

(3) 기 타

註釋債總 ← 金曾漢 編輯代表, 註釋 債權總則

**5. 外國文獻**(기타는 그 각 本國에서 통용되는 方式에 의함)

(1) 獨 逸

Staudinger ← Staudingers Kommentar zum BGB, 12. Aufl.

MünchKomm. ← Münchener Kommentar zum BGB, 2. Aufl.

Soergal ← Kommentar zum BGB, begründet von Hs. Th. Soergel, 12. Aufl.

(2) 日 本

日注民 ← 有斐閣 刊行, 注釋民法

# 차 례

## 第 5 章 不法行爲

# 第5章 不法行爲

## 第758條(工作物 等의 占有者·所有者의 責任)

① 工作物의 設置 또는 保存의 瑕疵로 因하여 他人에게 損害를 加한 때에는 工作物占有者가 損害를 賠償할 責任이 있다. 그러나 占有者가 損害의 防止에 必要한 注意를 懈怠하지 아니한 때에는 그 所有者가 損害를 賠償할 責任이 있다.

② 前項의 規定은 樹木의 植栽 또는 保存에 瑕疵 있는 境遇에 準用한다.

③ 前 2項의 境遇에 占有者 또는 所有者는 그 損害의 原因에 對한 責任 있는 者에 對하여 求償權을 行使할 수 있다.

차 례



## Ⅰ. 序 論

### 1. 意義 및 沿革

(1) 本條는 工作物의 占有者 또는 所有者에게 일반 不法行爲와 다른 특별한 책임을 지우고 있다. 이 책임을 강학상 工作物責任이라 부른다. 이러한

工作物責任은 연혁적으로 볼 때 게르만법과 로마법의 책임이론 사이의 타협에 의하여 탄생한 것이라고 한다. 物件으로부터 생기는 손해에 대하여 그 占有者에게 無過失責任을 지우는 게르만법의 단체주의적인 책임이론에 비하여, 개인주의적인 책임이론이 지배하고 있던 로마법에서는 工作物의 특수책임을 인정하는 일반적인 제도는 없었고, 다만 이웃 토지에 위험한 건물이 존재하거나 건축됨으로 인하여 위험을 느끼는 土地所有者에게 발생할 가능성이 있는 손해의 담보를 요구하는 訴權(cautio damni infecti)이 인정되고 있었을 뿐이었다고 한다.

(2) 舊民 § 717는 대상이 되는 工作物의 범위를 "土地의 工作物"과 "樹木"으로 한정하고 있었다. 이것은 土地 및 土地에 부수된 工作物의 위험성으로부터 工作物責任이 발달하게 된 연혁적인 배경을 반영한 것이라고 보여진다. 그러나 현대과학문명의 발달로 인하여 규제되어야 할 위험성을 가진 工作物의 범위는 土地와 이에 부수된 工作物에 한정할 수 없게 되었다. 自動車·鐵道·航空機 등과 같은 각종의 교통수단과 기계·기구 등 危險責任主義[1]에 기초한 규제를 필요로 하는 工作物의 출현으로 工作物責任의 대상이 되는 工作物의 범위는 확장될 수밖에 없다. 이것이 本條가 舊民法처럼 "土地의 工作物"을 그 대상으로 하지 않고 단순히 "工作物"을 그 대상으로 규정한 까닭이다.

## 2. 立 法 例

(1) 獨民 §§ 836-838는 게르만법과 로마법에서 인정되던 두 가지의 제도를 조화시켜 건물 기타의 工作物의 설치 또는 보존의 瑕疵로 인하여 생긴 손해에 대하여, 그 건물 등의 占有者에게 배상책임을 지우면서도 그가 위험을 방지하기 위하여 일반적으로 요구되는 주의의무를 다한 때에는 면책되도록 규정하고 있다.[2] 이와 같은 獨逸의 工作物責任은 過失責任主義를 기초로 하여

1) 危險責任主義의 論據는 다음과 같다. 현대의 고도산업사회에서 필요불가결한 일정한 시설은 아무리 필요한 注意를 다하더라도 그로 인한 위험이 완전히 통제될 수 없는 것이 있다. 이러한 위험을 인식하면서도 危險源을 개설하는 자는 구체적인 사건에서 과실이 증명되는지의 여부를 불문하고 危險源으로부터 발생하는 손해를 배상하여야 한다는 것이다(vgl. Werner Filthaut, Haftpfichtgesetz, S. 6). 工作物責任의 근거를 危險責任의 법리에서 찾는 것이 다수설이다(郭潤直, 689; 金曾漢, 500). 그러나 이에 반대하는 견해도 있다. 李仁宰, "工作物責任에 있어서의 瑕疵", 사법행정(1993. 3), 21 이하.

2) 이러한 입법태도는 不法行爲에 관한 過失責任主義의 원칙을 유지하는 것으로 해석되고 있어서 로마법적인 경향이 더 강하다고 평가된다. Jauernig, Bürgerliches Gesetzbuch, 1979, S. 901; Larenz, Lehrbuch des Schulrechts, 1981, 12 Aufl., § 73 Ⅲ.

占有者의 過失을 추정하는 형식을 취하고 있는 점에서 本條가 규정한 占有者責任部分과 비슷하다고 할 수 있지만, 그 책임주체인 占有者는 本條와는 달리 "自主占有者"만을 의미한다.[3] 따라서 所有者 아닌 直接占有者는 원칙적으로 工作物責任의 주체에서 제외되지만, 地上權者·用益賃借人과 같이 타인의 토지에 建物 기타 工作物을 세울 권한을 가진 자는 土地所有者에 갈음하여[4] 건물의 管理人이나 賃借人과 같이 工作物保存의 의무가 있는 자는 土地占有者와 함께[5] 책임의 주체가 되도록 규정함으로써 구체적인 경우에 책임의 소재를 명백히 하고, 피해자보호에도 소홀함이 없도록 용의주도한 입법을 마련하고 있다.

獨逸民法상의 工作物責任과는 별도로 鐵道·自動車·航空機 등 위험성이 일반 工作物에 비하여 현저히 높은 분야에 관하여는 각각의 특별법에 의하여 危險責任主義에 입각한 無過失責任을 인정하고 있다.

(2) 佛蘭西에서는 건물의 설치·보존의 瑕疵에 의한 崩壞로부터 생긴 손해에 대하여 그 건물의 所有者에게 無過失責任을 인정하는 규정[6]을 두고 있으나, 19세기 말 이래 판례에 의하여 佛民 § 1384 i의 해석으로써 無生物로부터 생긴 손해에 대하여 그 保管者에게 널리 無過失責任을 인정하고 그 적용범위를 動産에서 不動産까지 확장하였기 때문에 建物所有者의 전통적인 無過失責任은 건물붕괴의 경우에만 인정되는 것으로 제한해석되고 있다. 현대에 들어 와서는 위 § 1384 i의 규정이 自動車 기타의 위험물에 대하여 확대적용됨으로써 危險責任主義에 기초한 無過失責任의 범위를 더욱 넓히고 있다.

(3) 이 밖에 瑞債 §§ 58-59는 건물 기타 工作物所有者의 無過失責任을 인정하면서 건물 기타 工作物로 인하여 손해발생의 위험을 받게 된 자에게 損害豫防請求權을 인정하고 있으며, 伊民 § 2053도 건물 기타 工作物의 붕괴로 인하여 생긴 손해에 대하여 所有者가 그 붕괴가 설치·보존의 瑕疵로 인하여 생긴 것이 아님을 입증하지 않는 한 無過失責任을 인정하고 있다.

(4) 英美法에서도 물건을 占有하는 자는 통상적으로 그 물건의 위험성을 발견하고 통제하기에 가장 좋은 위치에 있고, 그와 같은 위험의 창출에 책임이 있는 경우가 대부분이라는 이유로 그 물건의 法的 所有權(legal ownership)

3) 獨民 § 836 I.
4) 獨民 § 837.
5) 獨民 § 836.
6) 佛民 § 1386.

이 없이 占有(possession)만을 가진 경우에도 책임의 주체로 보고 있으나,[7] 本條의 工作物責任과 같이 일반 不法行爲와 다른 특별취급을 하는 것은 아니다. 그러므로 工作物占有者의 행위가 '故意에 의한 不法行爲(Intent)', '過失에 의한 不法行爲(Negligence)', '嚴格責任(Strict liability)'[8]의 세 가지 범주 중 어느 하나에 속하여 그 成立要件들을 충족하지 않으면 안 된다. 특히 토지임대차의 경우에는 賃貸人은 다른 특약이 없는 한 그 토지의 점유사용권을 賃借人에게 넘겨 줌으로써 임차인의 허락이 없이는 그 토지에 들어갈 수 없는 반면에, 그 토지를 보살피거나 瑕疵를 修繕할 의무가 없으며 점유를 넘겨 주고 난 후 생기거나 발견된 瑕疵에 대하여 賃借人에 대하여는 물론 제3자에 대하여서도 책임이 없다는 것이 普通法(Common law)상의 일반원칙이다. 그러나 瑕疵 있는 토지의 賃借人이 자신의 過失 없이 필요한 修繕을 하지 못하는 경우가 많고, 그 토지로 인하여 발생한 事故에 대한 부담을 賃貸料의 형식으로 이익을 얻는 임대인에게 지워야 한다는 인식이 증대됨에 따라 賃貸人만이 아는 숨은 瑕疵 또는 제3자에게 특히 위험한 瑕疵로 인한 事故라든가, 임대차 자체가 일반 공중의 출입을 위한 경우, 임대인의 통제에 유보된 건물의 공용부분에서 발생한 事故, 賃貸人이 修繕義務를 부담하기로 특약한 경우[9] 등에는 예외적으로 賃貸人의 책임이 인정되고 있다.[10]

## Ⅱ. 要 件

### 1. 工 作 物

工作物責任을 지우기 위하여서는 먼저 손해가 '工作物'에 의하여 발생하여야 한다. 여기에서 工作物이라 함은 人工的으로 만들어진 모든 물건을 뜻한다. 그러므로 인공적 작업에 의하여 제작된 물건이 아닌 電氣 자체는 本條의 工作物에 해당되지 않는다.[11] 工作物에는 토지에 밀착하여 그 지상 또는 지하에

7) Jacobs vs. Mutual Mortgage & Investment Co.(Ohio St. 2d 92, 216 N.E. 2d 49); Trainer vs. Frank Merede & Sons, Inc.(152 Conn. 364, 207 A. 2d 54).
8) Rylands vs. Fletcher.
9) 이 경우 계약상의 修繕義務를 기초로 하여 賃借人에 대하여만이 아니라 賃借人의 가족·雇傭人·손님 등 제3자에 대하여도 不法行爲責任을 인정하는 점에 의미가 있다.
10) Prosser & Keeton on Torts(5th ed.), 386-7, 434-46.
11) 大判 93. 6. 29, 93다11913(公 1993, 2139).

인공적으로 만들어진 건물 기타의 축조물뿐만 아니라, 건물내부에 설치된 일체의 인공적 시설물도 모두 포함한다. 판례에 나타난 工作物의 예로는 道路,[12] 광산의 坑道,[13] 陸橋,[14] 標示板,[15] 引水路,[16] 高壓電柱,[17] 築臺,[18] 놀이터의 놀이기구,[19] 공장건물 내의 工具,[20] 저수지,[21] 지게차,[22] 가스공급시설 및 사용시설[23] 등이 있다. 自動車·航空機 등과 같은 動的인 企業設備도 원래는 本條의 工作物에 포함된다.[24] 그러나 자동차의 운행으로 인하여 발생한 손해의 배상책임에 관하여는 自動車損害賠償保障法 § 3가 特別法으로서 本條에 우선하여 적용된다.[25]

사람에 의하여 식재·보존되는 수목은 工作物은 아니지만 수목의 관리나 수목으로 인한 손해발생의 위험성 등에서 工作物과 유사한 일면이 있으므로 工作物責任에 관한 규정을 준용하고 있다.

## 2. 설치·보존의 瑕疵

本條에서 말하는 工作物의 설치·보존상의 瑕疵라고 함은 工作物이 그 용도에 따라 통상 갖추어야 할 安全性을 결여한 것을 말한다. 그 瑕疵가 배상책임자의 故意·過失에 의하여 초래된 것인지의 여부를 묻지 않는다.[26]

工作物이 安全性을 구비하였는지 여부를 판단함에 있어서는 당해 공작물

12) 大判 78.5.9, 76다1393; 大判 88.11.8, 86다카775; 大判 92.9.14, 92다3243; 大判 92.11.10, 92다38041.
13) 大判 70.5.12, 70다312.
14) 大判 81.12.8, 80다3282.
15) 大判 81.6.23, 80다2993.
16) 大判 84.7.24, 83다카1962.
17) 大判 78.7.25, 78다613; 大判 91.9.10, 91다8203.
18) 大判 76.4.27, 74다249; 大判 93.1.12, 92다23551.
19) 大判 79.1.30, 78다2204.
20) 大判 79.7.10, 79다714.
21) 大判 93.8.24, 93다22050.
22) 大判 96.2.13, 95다22351.
23) 大判 94.6.28, 94다2787; 大判 94.7.29, 93다32453; 大判 94.10.28, 94다16328.
24) 郭潤直, 654. 大判 75.1.14, 74다1870도 탄광의 탄차가 本條의 공작물이라고 보고 있다.
25) 自動車損害賠償保障法 § 4는 자기를 위하여 자동차를 운행하는 자의 손해배상의 책임에 관하여는 § 3의 규정에 의하는 외에 民法의 규정에 의한다고 규정함으로써 같은 법 § 3가 本條의 特別法임을 분명히 하고 있다.
26) 郭潤直, 691; 金曾漢, 502; 大判 97.12.26, 97다36309; 瑕疵 여부의 판단에 工作物의 物的 狀態만을 고려할 뿐 배상의무자의 주관적 사정을 고려하지 않는다는 뜻에서 이러한 견해를 客觀說이라고 부르고, 배상의무자가 工作物의 안전을 위하여 부담하는 作爲 또는 不作爲義務를 위반하는 것이 瑕疵라고 하는 견해(主觀說)와 대비하여 보는 입장도 있다. 李仁宰, 전게논문, 21.

의 설치·보존자가 그 工作物을 危險性에 비례하여 사회통념상 일반적으로 요구되는 정도의 防護措置義務를 다하였는지의 여부를 기준으로 삼아야 한다는 것이 판례이다.[27] 사회통념상 요구되는 防護措置의 정도는 완전무결한 상태를 유지할 정도의 高度의 安全性을 요구하는 것은 아니며, 그 工作物이 가진 危險性과 社會的 有用性 및 그 危險性을 제거하기 위한 부담의 정도 등을 比較較量하여 객관적으로[28] 판단할 수밖에 없을 것이다.

法令 또는 행정청의 內部準則에 정하여진 安全性의 기준이 있다면, 이것이 工作物의 瑕疵 여부를 판단하는 일응의 기준이 될 수 있을 것이다. 판례는 고도의 위험을 수반하는 工作物이 관계법령의 정한 바에 따른 시설기준 등에 不適合한 것이라면, 특별한 사정이 없는 한 이러한 사유는 工作物의 설치·보존상의 瑕疵에 해당한다고 볼 수 있다고 판시하고 있다.[29] 그러나 이와 같이 法令 등에 정하여진 기준이 절대적인 것이라고는 할 수 없다.[30] 工作物을 설치할 당시에는 法令 등의 기준에 따른 安全性을 갖추고 있었다고 하더라도 그 이후에 생긴 周圍의 自然的·人爲的인 환경변화에 따라 위험성이 증가되었다면 安全性의 기준도 달라질 수밖에 없다.[31] 또 工作物의 用途에 따라 安全性을 판단하는 것이기는 하나, 그 工作物의 본래적인 用途에 한정하여 판단할 것이 아니라 그 工作物이 현실적으로 설치되어 사용되고 있는 상황에서 요구되는 安全性 여부를 판단하여야 할 것이다.[32] 예를 들어 선박의 유류탱크내부

27) 大判 76. 3. 9, 75다1472; 大判 84. 7. 24, 83다카1962; 大判 89. 7. 25, 88다카21357; 大判 92. 4. 24, 91다37652; 大判 94. 10. 28, 94다16328; 大判 96. 2. 13, 95다22351; 大判 97. 5. 16, 96다54102; 大判 97. 10. 10, 96다52311; 大判 98. 1. 23, 97다25118; 大判 99. 12. 24, 99다45413; 大判 2000. 1. 14, 99다39548. 前註의 논문은 판례가 공작물의 瑕疵에 관하여 通說과는 달리 主觀說을 취하는 것으로 보는 것 같다.

28) 瑕疵로 판단함에 있어서 객관적으로 防護措置義務를 다하지 아니한 것으로 족하고, 그 義務不履行에 義務者의 故意·過失과 같은 主觀的 事情은 고려할 필요가 없다.

29) 大判 94. 10. 28, 94다16328; 大判 97. 4. 11, 97다1204: 건축중인 건물에 산업건축법 제23조 제3항 소정의 추락을 방지할 만한 안전조치를 취하지 아니한 하자가 있다고 본 大判 96. 7. 26, 95다45156, "국유철도건설규칙"과 "간수배치및감시소설치규칙"에 정한 보안시설을 하지 아니한 건널목의 하자를 인정한 大判 78. 12. 26, 78다1967도 같은 취지이다.

30) 大判 73. 9. 25, 73다370; 大判 76. 5. 25, 76다274; 大判 77. 8. 23, 76다2387; 大判 81. 1. 27, 80다1799(公 1981, 13646); 大判 81. 3. 10, 80다2550(公 1981, 13794); 大判 81. 4. 41, 80다3100(公 1981, 13902).

31) 前註의 大判 81. 3. 10, 80다2550. 工作物인 高壓線이 설치된 후 인근에 건물 등이 신축됨으로써 法定離隔距離에 미달하게 된 경우, 보존상의 瑕疵를 인정한 大判 71. 3. 23, 70다2956; 大判 72. 4. 25, 72다186; 大判 97. 4. 22, 97다3194; 大判 98. 2. 10, 97다32536; 大判 98. 2. 13, 97다49800; 大判 99. 7. 9, 99다12796 등의 판례도 같은 취지이다.

32) 大判 88. 10. 24, 87다카827(公 1988, 1461); 大判 89. 7. 25, 88다카21357(公 1989, 1288); 大判 92. 4. 24, 91다37652(公 1992, 1678).

를 점검하거나 청소하기 위하여 설치된 '맨홀'이 실제로는 油類注入口로도 사용되고 있었다면, 油類注入口로서의 安定性도 갖추어야 한다.[33]

### 3. 타인에게 손해를 가한 때

工作物責任의 보호의 대상인 "他人"에 순전한 제3자뿐만 아니라, 工作物占有者 또는 所有者도 포함시킬 것인가? 工作物의 보존상의 瑕疵에 관하여 책임이 있는 占有者에게 所有者가 그로 인한 손해의 배상을 청구할 수 있음은 당연하다. 판례는 工作物의 占有者도 本條에 의한 所有者의 無過失責任을 물을 수 있다는 취지로 판시하여 占有者도 本條 I의 "他人"의 범위에 포함된다는 입장을 취하고 있다.[34]

### 4. 因果關係

工作物의 瑕疵와 손해의 발생 사이에 법적인 因果關係가 있어야 한다.

工作物의 瑕疵와 함께 폭풍·호우 등의 自然現象 또는 제3자의 행위[35]나 피해자의 행위[36]가 경합하여 손해의 발생원인이 된 때에도 工作物의 所有者 또는 占有者는 工作物責任을 면하지 못한다. 그러나 工作物의 瑕疵로 지목된 위험성이 실제로 일어난 손해와 그 종류를 달리하는 경우에는 그 瑕疵와 損害와의 사이에 因果關係가 없다고 보아야 할 것이다. 예를 들어 건물이 火災防止設備에 관하여 통상 갖추어야 할 安全性을 결하고 있었는데 그 건물이 폭풍우에 의하여 붕괴됨으로써 손해가 발생하였다거나, 건물에 균열 등 붕괴의 위험성이 있었는데 제3자의 放火에 의하여 소실됨으로써 손해가 발생한 경우 등에 있어서는 건물의 瑕疵와 損害 사이의 因果關係를 인정하기 어렵다.

工作物의 瑕疵로 지목된 위험성이 실제 발생한 손해의 종류를 포함하고 있었던 경우에도 不可抗力的인 自然現象이나 제3자의 행위로 인하여 工作物의 瑕疵 유무에 불구하고 손해가 발생할 수밖에 없었다고 인정되는 경우라면, 因果關係가 없다고 보아야 한다.[37] 다만, 工作物의 瑕疵로 지적되는 위험성과

33) 大判 92.10.27, 92다21050(公 1992, 3273).
34) 大判 77.8.23, 77다246; 大判 79.6.12, 79다466; 大判 89.3.14, 88다카11121; 大判 91.12.24, 91다29767; 大判 93.2.9, 92다31668 등. 이 점에 관하여는 Ⅲ.3.에서 상세히 다루기로 한다.
35) 大判 74.7.26, 74다543.
36) 大判 70.5.26, 70다449.
37) 郭潤直, 655. 그러나 李太載, 500은 占有者 또는 所有者가 瑕疵와 因果關係가 없는 손해에 대하여 면책되는 것은 本條의 책임이 過失責任이기 때문이라고 설명한다.

같은 종류의 손해가 실제로 발생한 경우에 그 손해의 발생이 不可抗力에 의한 것이어서 因果關係가 없다는 점에 관한 立證責任은 이를 주장하는 工作物의 占有者 또는 所有者에게 있다.[38)]

## Ⅲ. 效果(책임의 구조와 성질)

### 1. 책임자(占有者>所有者)

(1) 本條 Ⅰ 전단은 제1차적으로 工作物의 '占有者'에게 그 工作物의 설치·보존의 瑕疵로 인한 손해배상책임을 지우고 있다. 여기에서 占有者라 함은 占有權原의 種類나 有無를 묻지 않고 工作物을 사실상 지배하는 자를 말한다.[39)] 工作物을 사실상 지배하는 자가 누구인지의 여부는 사회통념에 의하여 판단할 수밖에 없다. 가스계량기는 가스사용자의 점유를 전혀 부정할 수는 없다고 하더라도 그 보수·관리에 있어서 가스공급업자가 보다 직접적·구체적인 지배를 하였다고 보아 本條 소정의 점유자에 해당한다고 판시한 판례가 있다.[40)]

占有補助者에 의한 占有의 경우에는 占有主만이 占有者로서 책임을 진다. 그러나 間接占有의 경우에는 直接占有者가 제1차적 책임주체가 되고, 그가 손해의 방지에 필요한 주의를 게을리하지 아니한 때에 한하여 間接占有者가 제2차적으로 책임을 진다고 함이 판례이다.[41)]

(2) 本條 Ⅰ 후단은 占有者에게 책임을 지울 수 없는 경우에 한하여 제2차적으로 工作物의 '所有者'에게 책임을 지우는 단계적인 책임구조를 취하고 있다.[42)] 따라서 工作物의 설치상의 瑕疵로 인하여 손해가 발생하였다고 하더라도 占有者가 손해의 방지에 필요한 주의를 해태하였다면, 소유자는 本條에

38) 大判 82.8.24, 82다카348(公 1982, 879)은 97.8mm의 집중호우로 인하여 切開地가 붕괴된 사안으로서, 위 집중호우가 그 지역에서 통상 예상할 수 없을 정도의 異變에 속하는 自然形象으로서 도로의 안전성을 위하여 필요한 시설을 갖추었다고 하여도 붕괴를 방지할 수 없었다고 하는 사정이 인정되지 않는 한 不可抗力이라고 단정할 수 없다고 판시하고 있다.

39) 大判 72.4.25, 71다2447(集 20-1, 民 235); 大判 96.10.11, 95다56552; 大判 96.11.22, 96다25265. 처가 경영하는 여관건물에 관하여 그 처와 동거하는 남편이 공동경영자인지 여부는 불문하고 共同占有者의 지위에 있다고 판시한 大判 73.9.25, 73다565도 同旨.

40) 大判 94.6.28, 94다2787.

41) 大判 72.4.25, 71다2447; 大判 75.3.25, 73다1077; 大判 76.9.14, 75다204; 大判 81.7.28, 81다209; 大判 92.2.25, 91다26270; 大判 93.1.12, 92다23551; 大判 95.10.13, 94다36506.

42) 학설상 異說이 없고 판례도 일관되게 이를 긍정하고 있다. 前註에 거시한 판례 참조.

의한 책임을 지지 않는다.

工作物責任의 이와 같은 단계적 책임구조는 工作物과 가장 가까운 관계에 있는 까닭에 그 工作物로부터의 위험을 가장 손쉽게 파악하고 제어할 수 있는 '占有者'를 그 책임주체로 하여야 한다는 주장과 경제적 실정으로 보아 일반적으로 資力이 약한 占有者의 책임으로 하여서는 피해자의 보호에 충분하지 않으므로 工作物의 '所有者'를 책임주체로 하여야 한다는 주장이 대립된 끝에 두 주장의 절충으로 채택된 것이라고 알려지고 있다.[43]

이러한 절충적 책임구조는 책임주체로서 所有者와 占有者를 모두 포섭하고 있다는 의미에서 피해자를 더욱 두텁게 보호할 수 있는 제도라고 생각할 수도 있다. 그러나 工作物의 瑕疵를 발견하거나 그 瑕疵로부터 생길 수 있는 위험을 예방하여야 할 注意義務를 이미 占有者에게 넘겨 준 所有者에게 그 瑕疵로 인한 손해배상책임을 묻는다는 것은 工作物責任의 근거라는 危險責任主義와는 맞지 않는 것이다. 또 한편으로는 所有者는 占有者가 면책되는 경우에 한하여 보충적으로 책임을 지는 구조를 취하고 있기 때문에 資力이 없는 占有者에게 免責事由가 없는 경우에는 피해자보호의 실효를 거둘 수 없게 되므로, 이와 같은 책임구조로는 피해자보호에 충분하다고 할 수 없다. 占有者가 손해의 방지에 필요한 주의를 해태하지 아니하였음을 입증하여 그 책임을 면하는 것은 현실적으로 곤란하기 때문이다.

특히 後者의 문제와 관련하여 짚고 넘어가야 할 점은 이와 같은 단계적 책임구조를 엄격히 적용함으로써 생기는 불합리를 완화하고 피해자보호의 측면에서 구체적 타당성을 얻기 위하여 責任主體의 개념을 변형시키는 등의 해석을 시도하고 있는 판례들이 나오고 있다는 것이다. 이를 사례별로 살펴보면 다음과 같다.

㈎ 所有者와 占有者 사이의 일정한 관계 등을 파악하여 所有者도 본래의 直接占有者와 共同占有하는 直接占有者라고 해석한 사례 예를 들면 남편소유의 여관건물에 처가 자기 명의로 숙박업허가를 얻고 여관을 경영하는 경우 남편을 처와 共同占有者로 본다든가,[44] 工事受給人이 관리하는 공사현장의 구덩이에 幼兒가 추락·익사한 경우 都給人을 受給人과 함께 占有者로 보는 것 등이 이에 속한다.

43) 우리 民法과 동일한 責任構造를 채택하고 있는 日民 § 717의 입법과정에 관한 日注釋民法(19), 304-5 참조.
44) 大判 73. 9. 25, 73다565.

(나) 複數의 瑕疵에 대하여 責任主體를 달리한 사례  工作物에 생긴 여러 瑕疵의 경합에 의하여 사고가 발생한 경우, 어느 瑕疵는 占有者의, 다른 瑕疵는 所有者의 책임으로 보아 共同不法行爲者로서 각자 不眞正連帶債務를 부담시킨 사례이다. 즉 橋脚 위에 설치된 계단에서 어린이가 놀다가 추락한 경우 그 橋脚의 설치·보존의 瑕疵에 각각 책임이 있는 지방자치단체와 국가에 共同不法行爲者로서 連帶賠償責任이 있다고 하거나,[45] 빌딩 내의 階段照明으로부터 화재가 발생한 경우 占有者에게는 그 照明의 瑕疵에 대한 책임을, 所有者에게는 自動火災警報設備 내지 非常階段設置의 瑕疵에 대한 책임을 지운 것 등이 이에 속한다.

(다) 占有者의 개념을 확대한 사례  여기에는 間接占有者를 工作物責任主體로서의 占有者의 개념에 포함시키거나,[46] 占有者를 工作物을 사실상 지배·관리하는 자만이 아니라 피해자에 대한 관계에서 관리·지배하여야 할 지위에 있는 자로 확대해석한 것 등이 있다.

이상과 같은 판례의 시도들은 本條 I에서 제2차적 책임자로 규정하고 있는 所有者에게 제1차적 책임을 부담시켜 피해자를 구제하기 위한 것으로서 그 결론이 정당하다고 하여 일본학계의 지지를 받고 있다.[47] 그러나 이러한 방식은 근본적인 해결책이라고 할 수 없다. 먼저 위에서 본 (가)·(나)의 사례들은 특수한 사정이 있는 경우에만 적용될 수 있는 것이므로 이를 일반화시키기가 곤란하다. 다음으로 (다)의 사례 중 間接占有者를 제1차적 責任主體인 占有者로 보는 방법은 그 間接占有者의 개념에 所有者를 포함시킨다면 直接占有者가 不法占有者인 경우를 제외하고는 거의 모든 경우에 所有者가 제1차적 책임을 지게 되어 법에 규정된 책임구조를 解釋에 의하여 파괴하는 결과를 초래할 것이고, 이와 반대로 所有者를 제외시킨다면 所有者가 아닌 間接占有者의 예가 그다지 많지 않을 뿐만 아니라 所有者 아닌 間接占有者의 資力이 直接占

45) 大判 68.2.27, 67다1975.

46) 日最判 1956.12.18(國이 소유자로부터 임차하여 占領軍에게 제공한 사안에서 國의 間接占有者로서의 工作物責任을 인정하였다). 그러나 우리 나라의 대법원판례들은 間接占有者의 책임을 제2차적인 것으로 해석하고 있으므로, 이와 같은 방법으로는 피해자보호를 위한 실효를 거둘 수 없을 것이다. 다만, 大判 98.7.10, 96다42819은 원래 광역시가 점유·관리하던 일반국도 중 일부 구간의 포장공사를 건설교통부 국토관리청이 시행하여 준공한 다음 그 도로의 관리를 광역시에 이관하기 전에 도로의 하자로 인한 교통사고가 발생한 경우, 국가와 광역시가 함께 그 도로의 점유자 및 관리자로서 손해배상책임을 부담한다고 판시하고 있다.

47) 近江幸治, "占有者·所有者の責任と共同不法行爲", 判例タイムス No. 408, 32-6; 右近健男, "土地工作物の占有者·所有者·責任原因者", 判例タイムス No. 393, 81-4.

有者의 그것보다 낫다는 보장도 없으므로 피해자보호를 위하여 실효성이 있을지 의심스럽다. 또 피해자에 대한 관계에서 '관리지배하여야 할' 지위에 있는 자를 占有者라고 하는 방법은 占有의 개념에 규범적인 판단을 요구함으로써 일반 不法行爲의 요건인 故意·過失을 요구하는 것과 다를 바 없다. 위와 같은 판례의 이론은 해석론으로서의 한계를 넘어설 수는 없는 것이다.

## 2. 책임의 성질과 근거

—占有者의 中間的 責任과 所有者의 無過失責任—

(1) 本條 I은 占有者가 손해의 방지에 필요한 주의를 해태하지 않았음을 입증하지 않는 한 그 책임을 면할 수 없도록 규정함으로써 그 立證責任이 전도된 過失責任, 즉 中間的 責任을 占有者에게 과하고, 所有者에게는 아무런 면책의 길도 허용하지 않는 無過失責任을 과하고 있다고 해석하는 것이 통설·판례이다.[48] 다만, 工作物所有者의 책임이 絶對的 無過失責任이 아니라 법률상 看做된 過失責任이라고 설명하는 분이 있으나, 면책조건이 없는 절대책임이라는 점에는 통설과 견해를 같이한다.[49] 또 工作物의 설치·보존상의 瑕疵를 책임의 요건으로 하는 이상 工作物所有者의 책임도 완전한 無過失責任이 아니라 主觀的인 過失을 客觀的인 瑕疵의 형태로 定形化한 것이라는 견해도 있으나, 瑕疵의 발생이나 존재에 관하여 所有者의 過失 유무를 따지지 않는 점에서 여전히 절대적 책임이라고 할 수 있다.

(2) 이와 같이 工作物責任을 일반 不法行爲責任보다 가중하는 근거가 危險責任主義에 있다는 점에 관하여는 異論이 없다.[50] 사회적인 관점에서 볼 때 工作物을 점유하거나 소유하는 자에게는 그 工作物로 인한 위험의 존재가 인정되는 한 그로 인한 손해의 발생을 방지할 보다 높은 수준의 注意義務가 요구됨이 마땅하다. 또한 이와 같이 가중된 工作物責任을 인정함으로써 그 工作物의 占有者나 所有者로 하여금 손해의 방지에 필요한 모든 조치들을 강구하게 하여 사회적 위험을 줄이려는 정책적인 고려(policy)도 危險責任主義의 근거가 된다.

48) 郭潤直, 653; 金曾漢, 815; 金基善, 418; 金顯泰 389. 판례로서 占有者의 책임이 中間的 責任이라는 점에 관하여는 大判 84. 3. 13, 83다카2266, 所有者의 책임이 無過失責任이라는 점에 관하여는 大判 53. 5. 14, 4286민상6; 大判 71. 3. 30, 70다2967; 大判 94. 3. 22, 93다56404 등이 있다.

49) 李太載, 497-8.

50) 郭潤直, 653; 金曾漢, 812; 金基善, 418; 金顯泰, 390; 大判 96. 11. 22, 96다39219.

그러나 모든 工作物의 所有者에게 일반적으로 無過失責任을 인정한 것은 앞에서 본 입법례에 비추어 보더라도 그 유례가 없는 일로서 工作物을 점유하고 있지 않은 所有者의 입장에서 보면 危險責任主義보다는 오히려 報償責任主義에 가까운 것이라고도 보여진다.[51] 특히 단순한 名義受託者, 工作物이 相續된 재산임을 알지 못하고 있는 相續人, 不法行爲로 점유를 침탈당한 所有者, 장기간에 걸쳐 所有物返還訴訟을 하고 있는 所有者, 기타 그 工作物의 설치·보존상의 瑕疵에 관하여 아무런 認識可能性이 없거나 그 瑕疵로 인한 위험발생을 방지할 기회가 전혀 주어지지 않는 所有者에게까지 위와 같은 無過失責任을 부담시키는 것은 너무 가혹하다고 하지 않을 수 없다. 또한 過失責任主義를 원칙으로 채택하고 있는 우리 民法에서 유일한 예외인 無過失責任을 工作物의 所有者에게만 인정하는 것이 立法論상 과연 타당한 것인가도 의문스럽다.[52]

이와 같은 입법론상의 의문에도 불구하고 해석론으로서는 本條의 문언에 비추어 통설·판례의 견해에 따를 수밖에 없다고 할 것이지만, 所有者의 無過失責任을 인정함에 있어서는 그 요건을 엄격하게 해석함이 마땅할 것이다.

(3) 占有者가 그 책임을 면하려면 손해의 방지에 필요한 주의를 해태하지 않았어야 한다. 상당한 주의를 하였더라도 손해가 생겼을 경우에도 本條 I 단서를 類推適用하여 占有者는 면책된다고 보는 것이 타당하다는 견해도 있다.[53] 그러나 民 § 756 I 단서에서 규정한 상당한 注意는 被用者의 選任 및 그 事務監督에 관한 것인 반면, 本條 I 단서에서 말하는 注意는 손해의 발생 자체에 관한 것이어서 그 類推適用이 타당한 것인지—또는 필요한 것인지도— 의문이다. 占有者가 취하여야 할 注意의 정도는 일반 不法行爲에 있어서의 過失과 마찬가지로 사회통념에 비추어 합리적인 인간이라면 통상 기울여야 할 注意에 지나지 않는다고 봄이 타당하므로 占有者가 이러한 정도의 주의를 해태하지 아니한 사실을 입증하면 그 책임을 면할 수 있다고 보아야 하고, 반대로 占有者가 위와 같은 주의를 해태한 이상 工作物의 瑕疵로 인하여 생긴 손해에 관하여는 그 책임을 면할 수 없다. 工作物의 占有者의 책임이 일반 不

51) 同旨: 末川, "土地の工作物による損害の賠償責任", 民法及び統制法の諸問題, 235.
52) 民法은 일반적인 工作物보다는 경우에 따라 위험성이 더 크다고 할 수 있는 動物에 관하여서도 占有者에 대한 中間的 責任을 인정할 뿐 그 所有者에 대한 책임을 인정하지 않고 있다(民 § 759).
53) 金曾漢, 817; 註釋, 284.

法行爲責任보다 무겁다고 보는 것은 立證責任이 전도되었음을 의미하는 것이지 손해방지에 관한 注意義務의 정도를 더 무겁게 규정한 것은 아니라고 보기 때문이다. 판례도 임차건물에 대한 종전 임차인들의 시공상의 瑕疵로 말미암아 서까래 받침대가 부러져 천정이 무너졌으나, 그들로부터 임차권을 양수한 현재의 占有者들이 그 시공사실을 몰랐고 외관상 건물천정의 숨은 瑕疵를 발견하기 어려웠던 사안에 관하여 상당한 주의를 다하였어도 천정내부의 숨은 瑕疵로 인한 손해발생을 미리 예견하여 이를 방지하기는 불가능한 것이었다 할 것이니 注意義務를 해태하였다고 볼 수 없다고 판시하고 있다.[54]

### 3. 占有者에게 발생한 손해에 대한 所有者의 責任

제 1 차적 책임주체인 占有者가 工作物의 瑕疵로 인하여 손해를 입은 경우 제 2 차적 책임주체인 所有者에게 배상책임을 인정할 것인가? 이 문제는 특히 家屋의 임차인이 그 가옥의 瑕疵로 인하여 입은 손해에 대한 家屋所有者의 배상책임과 관련하여 논의되고 있다.

#### (1) 긍 정 설

所有者의 占有者에 대한 工作物責任을 긍정하는 견해[55]는 아래와 같은 세 가지 논거를 들고 있다.

(가) 占有者가 제 1 차적 책임을 지는 것은 제 3 자에 대한 관계에서이고 所有者에 대한 관계에서는 실질적으로 위험발생을 방지할 지위에 있는 자에게 책임을 지우는 것이 危險責任의 정신에 맞는 것이므로, 占有者가 제 1 차적인 책임자라고 하여 곧바로 所有者의 工作物責任을 부정할 수 없다.

(나) 占有者에게 本條 I 단서의 면책을 인정할 사정이 있는 경우, 피해자가 占有者 이외의 제 3 자라면 所有者가 책임을 부담하게 됨에 반하여 우연히 피해자가 占有者라고 해서 그 책임을 부담하지 않아도 된다면 불합리하다.

(다) 구체적 타당성을 위하여서는 占有者인 피해자의 所有者에 대한 청구를 일정한 요건(占有者의 면책)을 감안하여 일률적으로 결정하기보다는 일응 책임을 긍정하고서 過失相計의 방법에 의해 실질적으로 타당한 손해의 분담을 도모하는 것이 공평하다.

54) 大判 84. 3 13, 83다카2266(公 1984, 689).
55) 古川博, "建物所有者に對する占有者の民法第717條 1 項による責任追及", 法律時報 51-5, 119.

(2) 부 정 설

所有者의 占有者에 대한 工作物責任을 부정하는 견해[56]는 아래와 같이 긍정설의 논거를 비판한다.

(가) 원래 本條 I은 工作物의 占有者 내지 所有者와 그 이외의 제3자 사이를 규율하는 것이므로 제3자를 뜻하는 "他人"의 개념에 責任主體인 占有者를 포함시키는 것은 무리이다.[57]

(나) 本條 I이 占有者를 所有者에 앞선 제1차적 책임자로 규정한 이유가 일반적으로는 工作物의 所有者보다 앞서 占有者에게 손해방지에 필요한 조치를 취할 우선적인 의무가 있다는 데에 있으므로, 이러한 지위에 있는 占有者가 後次的인 의무자인 所有者에게 本條에 의한 손해배상청구를 한다는 것은 부당하다.[58]

(다) 占有者가 손해방지에 필요한 주의를 게을리하지 아니하고도 工作物의 瑕疵로 인하여 손해를 입었다면 이에 대한 배상청구를 허용함이 타당하나,[59] 所有者에 대하여 工作物責任을 묻지 않더라도 占有者로서는 임대차계약에 기하여 임대인이 부담하는 安全配慮義務 위반을 이유로 한 債務不履行責任을 묻거나 所有者의 故意·過失을 원인으로 하는 不法行爲責任을 묻는 것이 가능하므로 굳이 工作物責任을 동원하여야 할 필요가 없다. 더욱이 占有者의 면책을 인정할 사정이 이미 밝혀져 있는 경우에는 工作物의 瑕疵에 대한 所有者의 故意·過失 또는 賃貸人으로서의 安全配慮義務 위반에 관한 立證이 비교적 손쉬울 것이므로 所有者가 부당하게 면책된다는 긍정설의 비난은 적절하지 않다.

(라) 所有者의 占有者에 대한 工作物責任을 일단 인정하고 過失相計를 하는 방식은 占有者의 過失에 대한 立證責任을 사실상 전도시키는 결과가 된다. 원래 占有者가 스스로 過失 없음을 주장하여 면책받도록 되어 있는 것이 本條의 責任構造인데, 이를 뒤바꾸어 所有者가 적극적으로 占有者의 過失을 입증하여 過失相計를 주장하지 않으면 안 되기 때문이다.[60] 이러한 立證責任

56) 柳元奎, "家屋所有者의 賃借人에 대한 工作物責任", 民判硏 XII, 161.

57) 工作物責任에 관한 特別法이라고도 볼 수 있는 自動車損害賠償保障法 §3 소정의 '他人'에는 운전자 등 운행관여자는 포함되지 않는다고 해석되고 있다. 大判 71.6.8, 71다710, 711 참조.

58) 특히 직접점유자가 소유자의 동의 없는 전차인이거나, 더 나아가서 불법점유자인 경우에 이를 소유자의 무과실책임을 물을 수 있는 피해자의 범주에 포함시키는 것은 부당하다고 한다.

59) 소유자의 設置瑕疵에 비하여 점유자의 保存瑕疵가 더 큰 경우에는 점유자의 손해배상청구를 인정할 수 없다는 외국의 판례도 있다. 千葉地判 1971.3.9.

60) 원래 過失相計라는 제도는 가해자의 책임이 일단 성립하는 것을 전제로 하여 피해자

의 顚倒는 제3자가 피해를 입은 경우와의 균형에 비추어 보아도 부당하다.

(3) 판 례

대법원판례는 일관되게 긍정설을 취하고 있다.[61] 이것은 대부분 경제적 약자에 속하는 가옥임차인을 두텁게 보호하려는 정책적 고려 때문이라고 생각되지만, 해석론으로서는 부정설이 주장하고 있는 바와 같은 이론상의 난점이 있다.

#### 4. 占有者와 所有者의 求償權

工作物責任을 이행한 工作物의 占有者 또는 所有者는 손해의 원인에 대한 책임이 있는 자에게 求償權을 행사할 수 있다(本條 Ⅲ).

손해의 원인은 대부분의 경우 工作物의 설치·보존상의 瑕疵를 가리키는 것이므로, 이러한 瑕疵의 발생에 관하여 故意·過失이 있는 사람에 대하여는 不法行爲 또는 債務不履行에 기한 책임을 물어 求償할 수 있을 것이다. 판례는 공사도급계약에 기하여 受給人이 시공한 工作物에 瑕疵가 있었는데 그 후 계약이 해제되고 都給人에게 工作物의 소유권이 귀속되어 都給人이 所有 및 占有하던 중에 그 工作物의 붕괴로 타인에게 손해를 가한 사안에서, 都給人인 所有者는 受給人에게 구상할 수 있음을 방론으로 판시하고 있다.[62]

工作物의 瑕疵와 다른 원인이 경합하여 손해를 발생시킨 경우에는 工作物責任을 진 占有者 또는 所有者가 그 다른 원인에 대한 책임이 있는 자에 대하여 그 다른 원인이 손해의 발생에 기여한 정도에 상응한 범위 내에서 구상할 수 있을 것이다.

## Ⅳ. 適用範圍

#### 1. 公共의 營造物

國家賠償法 §5 I 전단은 "도로·하천 기타 공공의 영조물의 설치 또는

의 過失有無 및 그 程度를 따지는 것인 점에 비추어 볼 때 工作物責任의 성립 여부에 관한 논거로서는 적당하지 않다고 한다.

61) 大判 79.6.12, 79다466; 大判 89.3.14, 88다카11121; 大判 91.12.24, 91다29767; 大判 93,2,9, 92다31668.

62) 大判 71.7.6, 71다888.

관리에 하자가 있기 때문에 타인에게 손해를 발생하게 하였을 때에는 국가 또는 지방자치단체는 그 손해를 배상하여야 한다"고 규정하고 있다. 이러한 公共의 營造物도 本條가 대상으로 하는 工作物의 일종이고, 國家賠償法이 규정하는 위 營造物責任은 公權力關係에서 비롯된 것이 아니라 私法상의 책임으로 보아야 할 것이므로 國家賠償法 § 5는 本條의 特別法으로서의 성격을 가진다고 할 것이다.[63] 그러므로 군인·군무원·경찰공무원·향토예비군대원이 전투·훈련·기타 직무집행과 관련하거나 국방 또는 치안유지의 목적상 사용하는 시설 및 자동차·함선·항공기·기타 운반기구 안에서 공공의 영조물의 설치 또는 관리에 瑕疵가 있기 때문에 전사·순직 또는 공상을 입은 경우에 본인 또는 유족이 다른 법령에 의하여 보상을 지급받을 수 있는 때에는 國家賠償法이나 本條에 의한 손해배상을 청구하지 못하고(國家賠償法 § 5 I 후단, § 2 I 단서), 營造物責任의 賠償額 산정에 관하여서도 國家賠償法 § 3와 § 3의2가 적용된다(國家賠償法 § 5 I 후단). 또 營造物을 관리하는 국가 또는 지방자치단체는 손해의 방지에 필요한 조치를 해태하지 아니하였음을 입증하더라도 營造物責任을 면할 수 없다.

### 2. 火 災

工作物의 설치 또는 보존상의 瑕疵에 의하여 화재가 발생한 경우, 不法行爲者에게 故意 또는 重過失이 있어야만 책임을 지우는 失火責任에관한법률이 적용되어 工作物責任이 배제될 것인가? 이를 긍정하는 견해도 있으나,[64] 工作物의 瑕疵에 의하여 직접 발생한 화재로 인한 손해배상책임에 관하여는 本條만이 적용되고 失火責任에관한법률은 적용되지 않는다고 보는 견해가 다수설이고,[65] 판례도 다수설의 견해를 채택하고 있다.[66]

그러나 판례는 화재가 피용자가 아닌 타인의 독립된 행위로 인하여 발화된 후 이것이 工作物에 연소·확장되는 과정에서 제 3 자에게 손해를 입힌 경

63) 大判 99.6.22, 99다7008은 국가의 철도운행사업은 사경제적 작용이므로 이로 인한 사고에 공무원의 과실이 관여했더라도 국가배상법을 적용할 것은 아니지만, 공공의 영조물인 철도시설물의 설치 또는 관리의 하자로 인한 손해배상청구에는 국가배상법이 적용된다고 판시하고 있다.
64) 李太載, 501.
65) 郭潤直, 655; 金曾漢, 816; 金顯泰, 390.
66) 大判 83.2.8, 81다428(公 1983, 489); 大判 83.12.13, 82다카1038(公 1984, 159); 大判 92.10.27, 92다21050(公 1992, 3273); 大判 93.12.10, 93다2045(公 1994, 346); 大判 94.3.22, 93다56404; 大判 95.10.13, 94다36506; 大判 96.2.23, 95다22887; 大判 96.6.25, 96다16919; 大判 96.10.25, 96다30113; 大判 98.3.13, 97다34112; 大判 98.11.27, 97다10925; 大判 99.2.23, 97다12082.

우,[67] 더 나아가서 工作物의 설치·보존의 瑕疵에 의하여 화재가 발생한 경우에도 그 화재로부터 延燒한 부분에 대한 손해배상책임에 대하여는 失火責任에관한법률을 적용하여 工作物의 占有者 또는 所有者에게 故意 또는 중대한 過失이 있어야 한다고 해석하고 있다.[68] 예를 들어 甲이 소유한 가옥의 연탄화덕에 설치·보존상의 瑕疵가 있기 때문에 발생한 화재로부터 인접한 乙소유 가옥이 연소되어 乙이 입은 손해에 대하여는 甲에게 故意 또는 중대한 過失이 없는 한 배상책임을 지울 수 없다는 것이다. 失火로 인하여 일단 화재가 발생한 경우에는 부근의 가옥 기타 물건에 연소하여 예상 외의 피해가 확대됨으로써 失火者의 책임이 과다하게 되는 점을 고려하여 그 책임을 중대한 過失에 인한 失火의 경우에 한정하려는 것이 失火責任에관한법률의 입법취지라는 점을 그 근거로 들고 있다. 그러나 失火責任에관한법률은 木造家屋이 많지 않은 우리 나라의 가옥구조의 일반적인 실태, 화재보험에의 가입이 보편화되어 있지 않은 현실에서 피해자에게 다른 피해구제의 방법이 없는 점, 單純過失을 면책함으로써 화재예방을 위한 注意를 소홀히 하게 될 우려가 있는 점 등에 비추어 볼 때 그 立法的 타당성이 의심스럽다는 비판이 있으므로, 工作物의 瑕疵에 의하여 발생한 화재로 인한 손해에 대하여는 工作物責任을 지우는 것이 타당하지 않은가 하는 의문이 있다.

## V. 立 法 論

本條가 정하고 있는 工作物責任의 구조와 성질 때문에 여러 가지 문제점이 드러나고 있음은 앞에서 설명한 바와 같다.

먼저 所有者의 工作物責任은 아무런 免責도 허용하지 않는 無過失責任으로 할 것이 아니라, 민법의 기본원칙인 過失責任主義를 지키면서 占有者의 책임과 같은 中間的 責任으로 개정하는 것이 옳지 않을까 한다. 특별한 근거 내지 이유가 없는 한 모든 손해는 피해자 자신이 부담하는 것(Casum sentit dominus)이 法秩序의 원칙이므로,[69] 工作物의 瑕疵에 대하여 아무런 잘못이 없는 所有者를 그가 단지 工作物의 所有者라는 이유만으로 피해자의 손해를 부담하도록

67) 大判 83. 2. 8, 81다428(公 1983, 489); 大判 96. 10. 25, 96다30113.
68) 註 65에 거시한 판례 참조.
69) Holmes, The Common Law, p. 75; Kötz, Deliktsrecht, S. 17.

하는 것은 의문이다. 특별히 큰 위험성을 지닌 工作物에 관하여 特別法으로 그 所有者에게 無過失責任을 규정함은 별론으로 하고, 民法에서 모든 工作物에 관하여 이러한 無過失責任을 규정한 것은 재검토될 필요가 있다.

다음으로 工作物에 의한 피해자의 보호를 실효성 있게 하려면 占有者보다는 일반적으로 피해변상의 資力이 우월한 所有者를 제2차적 책임자로 할 것이 아니라 占有者와 所有者가 병존적으로 工作物責任을 지도록 개정함이 상당하다. 占有者와 所有者 사이의 내부관계는 責任原因과 그 比率에 따른 求償으로 해결하도록 하면 될 것이다.

[柳 元 奎]

## 第 759 條(動物의 占有者의 責任)

① 動物의 占有者는 그 動物이 他人에게 加한 損害를 賠償할 責任이 있다. 그러나 動物의 種類와 性質에 따라 그 保管에 相當한 注意를 懈怠하지 아니한 때에는 그러하지 아니하다.

② 占有者에 갈음하여 動物을 保管한 者도 前項의 責任이 있다.

차 례



# Ⅰ. 序

## 1. 本條의 槪要와 立法趣旨

### (1) 本條의 槪要

本條는 그 앞의 § 758에서 정한 工作物責任에 이어서 動物占有者가 그 동물이 타인에게 가한 손해에 대하여 일반의 불법행위책임(§ 750)의 경우보다 엄격한 責任을 지도록 정한 것이다. 本條 Ⅱ에서 동물의 代行保管者도 점유자와 동일한 책임을 진다고 한 것은, §§ 755 Ⅱ, 756 Ⅱ와 취지를 같이하는 것이다.

(2) **本條의 立法趣旨**

本條는 동물이 특유한 위험, 즉 理性에 의한 制御를 받지 않는 恣意的·本能的 行動에 유래하는 危險을 갖추고 있음에 비추어 이러한 危險物을 사실상 지배하는 자에게 보다 무거운 責任을 지운 것이다. 즉 본조의 책임은 危險責任의 법리를 반영하였다고 할 수 있다.

## 2. 動物損害에 관한 立法例와 本條의 沿革

### (1) 로마법과 게르만법에서의 動物損害責任

동물이 타인에게 손해를 일으킨 경우에 대하여는 로마[1]에서 이미 十二表法(Ⅷ, 6)에 動物加害訴權(actio de pauperie)이 규정되어 있는데, 이에 의하면 가해동물이 피해자에게 인도되든가 아니면 소유자가 손해를 금전으로 배상하여야 했다.[2] 이는 실제의 가해행위가 家子나 奴隷와 같은 권력복종자에 의하여 행하여진 경우에 권력보유자가 이를 알았는지 여부에 상관없이 행위자를 피해자에게 委付하든가 아니면 그 대신 배상금을 지급하여야 하는 소위 加害者委付責任(Noxalhaftung)과 같은 思考의 발현으로 이해되었다.[3] 게르만법에서도 소유자가 무조건의 책임을 져야 한다는 점에 크게 다를 바 없었다.[4]

### (2) 動物損害에 관한 立法例

동물로 인한 손해에 대하여 보다 가중된 책임을 과하는 점에서는 주요한 나라의 立法例가 일치하며, 또한 동물의 보관자 또는 보유자가 그 책임을 진다고 하는 것도 별로 다르지 않다. 그런데 특히 免責事由를 인정할 것인가, 만일 인정한다면 그 구체적 免責要件을 어떻게 정할 것인가는 나라마다 서로 다른 태도를 취하고 있다.

㈎ 프랑스에서는 佛民 § 1385가 "동물의 소유자 또는 이를 이용하는 사람은, 그의 보관 아래 있는 동물이든 길잃거나 도망한 동물이든, 그것이 발생

1) 로마法에서의 동물책임에 대하여는 崔秉祚, "D.9.1. '四足動物의 加害가 주장되는 경우'—對譯 및 註釋", 서울대 法學 41권 1호(2000), 77면 이하도 참조.

2) 그 원문 및 번역은 崔秉祚, 十二表法(對譯), 서울대 法學 32-1·2(1991), 168.

3) 우선 Kaser, Das Römische Privatrecht, Bd. 1, 2. Aufl.(1971), § 147 Ⅱ (S. 633f.); Kunkel/Honsell, Römisches Privatrecht, 4. Aufl.(1987), § 137 Ⅳ (S. 383f.) 참조.

4) 우선 玄勝鍾/曺圭昌, 게르만法(1989), 522 이하 참조.

시킨 손해에 대하여 책임을 진다"고 정한다. 이 규정은 애초에 動物保管者의 過責(faute)이 추정됨(이에 대한 反證이 가능하다)을 정하였다고 이해되었었다. 그러나 19세기 후반에 破棄院은 그 책임을 면하기 위하여는 단순히 과책이 없음을 증명하는 것으로는 족하지 않으며, 보관자가 불가항력이나 피해자의 과책과 같은 「外部的 原因」이 없음을 입증하여야 한다는 태도를 취하였다. 그리하여 同條는 보다 결과책임에 가까운 것으로 이해되고 있다. 여기서 주체로 정하여진 所有者 또는 利用者는 경합적이 아니라 選擇的으로 책임을 지며, 종국적인 범주는 누가 당해 동물의 保管者(gardien)인가에 있다.

(나) **독일**에서는 獨民 §§ 833, 834가 이에 대하여 규정한다. 同 § 833 제 1문에 의하면, "동물로 인하여 사람이 사망에 이르거나 사람의 신체 또는 건강이 침해되거나 또는 물건이 손괴되는 경우에는, 동물을 보유하는 사람은 피해자에게 그로 인하여 발생하는 손해를 배상할 의무를 진다."[5] 그런데 免責事由에 대하여는, 益畜 또는 用畜(Nutz- bzw. Gebrauchstier)과 愛玩動物(Luxustier)을 나누어, 後者에 대하여는 면책을 전혀 인정하지 않으며, 前者(§ 833 제 2문: "동물보유자의 직업, 영업활동 또는 생계에 도움을 주기 위한 가축")에 대하여만 動物保有者(Tierhalter)가 "동물의 監督에 거래상 요구되는 주의를 다하였거나 그러한 주의를 하였어도 손해가 발생하였을 것인 때"에 면책을 인정한다.[6] 그리하여 애완동물의 경우에는 면책이 전혀 인정되지 아니하여, 독일민법상 유일하게 완전한 無過失責任이 인정되고 있다.[7]

(다) **스위스**에서는 瑞債 § 56이 이에 대하여 규정하는데, 여기서도 동물을 보유하는 사람이 강화된 책임을 짐은 마찬가지이다. 그러나 면책사유에 관하여는 가축과 애완동물을 구별하지 아니하고 "[동물보유자가] 保管과 監督에 있어서 제반 사정에 비추어 요구되는 주의를 다하였거나 그러한 주의를 하였어도 당해 손해가 발생하였을 때"라고 규정한다.

---

5) 원래 독일민법 제 1 초안 § 734는 동물책임을 過失責任으로 규정하고 있었는데("동물을 보유하는 자는 동물의 가해를 막기 위하여 필요한 善良한 家父의 注意를 할 의무가 있다. 이 의무에 위반한 경우에는 동물의 보유자는 그로부터 제 3 자에게 발생한 손해를 [손해배상의 내용에 관한 동법의 규정들에 좇아] 배상할 의무가 있다"), 제 2 초안에서 無過失責任으로 수정되었다.

6) 원래는 면책사유를 전혀 인정하지 아니하였으나, 1908년의 改正으로 이와 같이 한정적으로 면책사유를 도입하였다.

7) 獨民 § 834는, "계약으로 동물보유자를 위하여 동물에 대한 감독의 수행을 인수한 사람"도 同法 § 833과 같은 책임을 진다고 규정한다.

(3) 本條의 沿革

本條는 依用民法 §718과 같은 내용을 정한다.[8)]

㈎ 日民 §718은 日本舊民法 財産編 §374에 대응한다. 同條는 "동물이 가한 손해의 책임은 그 소유자 또는 손해의 당시 이를 사용하는 자에게 있다. 다만 그 손해가 意外事 또는 不可抗力에 의한 것인 때에는 그러하지 아니하다"라고 정하여, 앞의 (2)㈎에서 본 프랑스의 그때까지의 법을 충실히 재현하고 있었다.

㈏ 日本民法의 起草者들은 "動物을 保管하는 者는 통상 占有者일 것이므로, 保管을 게을리함으로써 타인에게 가한 손해에 대하여 그 책임을 질 자는 通則으로서 動物의 점유자라고 하였다"고 하여,[9)] 「보관」 또는 「보관자」의 개념을 전제로 하면서도, 이 용어를 정면으로 채택하지 아니하고 占有者를 책임주체로 정하였다. 그리고 免責事由에 대하여는 "점유자가 相當한 注意로써 保管하였음에도 불구하고 그대로 그 자로 하여금 賠償責任을 지게 할 이유 없으므로, 본조 제1항 단서의 규정을 마련하였다"고 한다.[10)] 이에는 독일민법(정확하게는 그 草案) 또는 스위스채무법의 영향이 간취된다.

그리고 同條 Ⅱ는, 책임무능력자의 감독자의 책임에 관한 日民 §714 Ⅱ, 사용자책임에 관한 同 §715 Ⅱ와 "同一한 趣旨를 바탕으로" 하는 것이다. 그 출발점을 이루는 日民 §714 Ⅱ의 立法에 관하여는, 同條 Ⅰ이 "無能力者를 감독할 法定義務者의 책임"을 규정하고 同條 Ⅱ에서는 "敎師·師匠 등과 같이 법정의무자에 갈음하여 무능력자를 감독하는 자, 즉 소위 約定義務者도 역시 법정의무자와 동일한 책임을 진다"는 취지로 규정한 것이라고 한다.[11)] 그런데 本條에서 문제되는 動物의 占有者에 관하여는 이와 같은 「법정의무자」와 「약정의무자」의 구별은 용이하게 관철될 수 없다고 할 것이다. 그리고 일본민법의 제정과정에서는 점유가 소위 主觀說의 입장에서 "自己를 위하여 하는 意思로 物件을 所持"하는 것으로 파악되었으므로(日民 §180 참조), 그러한 意思 없이 사실상 동물을 점유하는 사람, 예를 들면 受置人이나 運送人 또는 馬夫는 本條의 「점유자」가 아니라는 전제에서 本條 Ⅱ는 이러한 사람에게도 책임을 지우기 위하여서라고 설명되고 있다.[12)] 그러나 受置人이나 運送人은 우리 민

8) 民法案審議錄, 上卷(1957), 448 上段: "現行法 第七一八條와 同一하다."
9) 未定稿本 民法修正案理由書 自第一編 至第三編(서울대학교 도서관 소장), 620.
10) 民法修正案理由書(前註), 620 이하.
11) 民法修正案理由書(註 8), 616.
12) 四宮和夫, 不法行爲(1987), 757; 高木多喜男 等, 民法講義 6: 不法行爲(1977), 250(潮

법에서는 점유자라고 할 것이므로 이들은 本條 Ⅰ에 의하여 당연히 책임을 지고, 한편 馬夫는 점유자가 아니나 독립성이 없는 이러한 사람에 대하여 본조의 책임을 과하는 것이 타당한지 의문이다. 그리하여 本條 Ⅱ의 해석에는 약간의 문제가 없지 않다(뒤의 Ⅱ. 3. (3) 참조).

(다) 결국 本條는 한편으로 프랑스민법 계통의 「보관자」의 개념을 전제로 하여(이는 本條 Ⅰ 但의 "그 **保管**에 相當한 注意"라는 문언에 얼굴을 내밀고 있다) 책임주체를 정하고, 다른 한편으로 免責事由와 관련하여서는 독일민법과 스위스민법에 좇아 「相當한 注意」의 입증만으로 이를 가능하게 하면서[13] 또한 프랑스민법이나 스위스채무법에 좇아 독일민법과 같은 用畜/非用畜의 구분은 채택하지 아니하였다.

### 3. 本條의 實際的 機能

원래 본조와 같은 動物責任은 交通機關으로서나 農耕牧畜에서 마소가 에너지源 또는 生産手段으로 중요한 역할을 하는 시대에 발달된 것이다. 그런데 근대의 공업화·기계화의 진행은 생산·운송 기타의 분야에 있어서 동물이 가지던 종전의 중요성을 현저히 감소시켰다. 또 요즈음도 행하여지고 있는 동물을 이용한 생산활동, 특히 농업생산에서도 放牧과 같이 타인의 재화에 피해를 입힐 가능성이 보다 높은 방식은 점차 사라지고 튼튼한 울타리를 친 區域 안에서 보다 안전한 設備로 행하여지는 것이 보통이다. 따라서 일반적으로 動物損害에 대한 책임문제는, 특히 數的으로 급속도로 증가하고 質的·量的으로 훨씬 큰 손해를 발생시킬 수 있는 다른 危險源과 비교하여 보면, 상대적으로 실제적 의미가 많이 없어졌다고 해도 좋을 것이다.[14] 그리고 실제로 실무에서 본조의 책임이 문제된 경우는 公刊된 資料에 의하는 한 거의 없다.[15]

---

海一雄 비집필). 後者는 法典調査會, 民法議事速記錄 41卷 106丁裏를 인용하나, 필자는 이 자료를 보지 못하였다.

13) 그 法들이 면책사유로 정하는 "상당한 주의를 하였어도 그 손해가 발생하였을 것인 때"는 규정하지 아니하였다(한편 履行遲滯 중의 債務不履行에 대한 責任에 관한 § 392의 但書도 참조). 이는 因果關係의 문제로 처리할 수 있다고 본 것일까?

14) 郭潤直, 760도 "오늘날의 社會生活에 있어서 일어나는 많은 危險 중 動物에서 생기는 것은 매우 적은 比率의 것이어서, 이 責任의 意義는 그렇게 큰 것은 못 된다"고 한다. 平井宜雄, 不法行爲(1992), 61 註 1도, "동물점유자의 책임은 … 사회·경제적 의미를 거의 잃고 있다"고 하고, 同書에서 아예 이에 대하여 설명하지 않는다.

15) LX로 민법 제759조에 관한 재판례를 검색해 보면 1개만이 나온다. 그나마 그 大邱高判 80. 10. 30, 80나258(高集 2, 400)은 도사견을 안전하게 관리·보관할 시설이 있는지 여부를 확인하지 아니한 채로 제 3 자에게 맡김으로써 사고가 일어난 사안에서 개의 소유자의 책임을 인정한 판결로서, 동물**점유자**의 책임에 관한 것이라고 할 수 있는지 의

그러나 다른 한편으로 本條가 새로운 의미를 획득한 생활영역도 없지 않다. 우선 愛玩動物에의 嗜好가 증가하여, 이를 사육하는 경우가 이전보다 훨씬 많아졌다. 이 경우 동물은 말하자면 「제 2 의 이웃」으로 다른 인간과 생활을 같이하고 있어서, 인간과 동물의 접촉은 일상적인 것이 되었다. 그리하여 그로 인한 손해발생의 가능성도 그만큼 많아진 것이다.[16] 나아가 과학의 발달을 위하여 동물이 각종 實驗의 對象이 되는 경우도 현격히 늘었다. 새로운 약품 등 물질이나 기술의 效能 또는 安全性 등을 그 市場化 이전에 검사하기 위하여 그 물질이 투여된 동물 등은 통제를 벗어나게 되면 쉽사리 그 원인이 입증될 수 없는 대규모의 災難을 야기할 위험이 있다.

따라서 本條를 죽은 규정이라고 하기에는 아직 이르며, 본조가 정하는 立證責任의 轉換 등은 경우에 따라서는 상당한 실제적 의미를 가질 수 있다.

### 4. 本條에 기한 責任의 法的 性質

앞의 1. (2)에서 본 대로 本條는 危險責任의 법리를 반영한 것이다. 그러나 그렇다고 해서 책임주체에게 無過失責任 또는 結果責任을 과하지는 않으며, 단지 保管上 注意義務에 관한 立證責任을 轉換하여, 책임주체가 이 의무를 위반하지 아니하였음을 입증하지 못하는 한 책임을 지도록 하였다. 그러므로 本條는 종국적으로 일종의 中間責任 또는 「위험책임의 원리에 의하여 강화된 과실책임」을 정하는 것이라 할 수 있다. 즉 한편으로 동물의 「占有者」나 代行保管者에 대하여 보관상 주의의무를 과하여 그 위반을 責任根據로 하되(과실책임의 측면), 다른 한편으로 일단 동물에 의한 가해가 발생한 것으로써 그 위반을 推定하여 그 위반 없음이 증명되지 않는 한 불법행위책임이 인정되는 것이다(위험책임의 측면).

## Ⅱ. 動物占有者責任의 發生要件

### 1. 序

本條의 責任이 발생하려면, 첫째, 動物에 의한 損害의 發生(“動物이 他人에

문이다. 이 판결에 대하여는 뒤의 註 58도 참조.

16) 이에 관련하여 일본에서의 소위 「페트事故」의 증가추세에 대하여 田中·長谷川, “動物占有者責任について”, 判例タイムズ 551(1985), 127 이하의 「判例一覽表」 참조.

게 加한 損害")이 있어야 하고, 둘째, 동물의 「점유자」 또는 대행보관자("占有者에 갈음하여 動物을 保管하는 者")이어야 하며,[17] 셋째, 本條 I 但에서 정하는 免責事由가 없어야 한다. 이 중에서 「셋째」는 소위 消極要件으로서,[18] 책임을 면하려는 동물의 「점유자」 등에 의하여 主張·立證되어야 한다.

## 2. 動物에 의한 損害의 發生

### (1) 「動 物」

(가) 여기서 動物이라 함은 일단 인간이나 식물이 아닌 모든 생물을 가리킨다. 통상은 사람이 飼育하고 있는 개·소·말·고양이·돼지·꿀벌 등의 動物이 문제된다.[19] 그러나 野生動物이라고 해서 본조의 動物이 아니라고 할 수 없고, 일단 사람이 「점유」하는 것이면 이에 해당한다. 또 곤충·해충 등도 마찬가지이다. 이들도 상업·전시·학술 등의 목적을 위하여 「점유」될 수 있는 한에는, 本條가 적용된다.

(나) 박테리아나 바이러스와 같은 微生物, 특히 실험실에서 배양된 미생물도 여기의 동물인가에 대하여 논의가 있다.[20] 그것이 독립적 생물체인가, 생물학적 의미에서 동물인가 식물인가 하는 논의와는 무관하게, 그것이 가지는 특별한 危險性에 비추어 本條의 適用이 긍정되어야 하지 않을까?[21]

---

17) 우리 학설 중에는 이 요건을 본조가 정하는 책임의 主體가 누구인가라는 관점에서 책임의 「발생요건」과는 별도로 다루는 경우가 많다. 가령 郭潤直, 760 이하; 金疇洙, 703 이하 참조.

18) 적극요건/소극요건의 분류에 대하여는 우선 梁彰洙, 民法入門, 제 4 판(2004), 44 이하 참조.

19) 그 외에 일본에서 원숭이(철망 안에 가두어 둔 원숭이가 아이가 철망 사이로 집어넣은 손에 부상을 입혔다)나 닭(狂暴한 닭이 女兒를 失明시켰다)이 문제된 경우가 있다고 한다. 前田達明, 民法 Ⅳ$_2$(不法行爲法)(1980), 170 참조.

20) 독일의 학설상황에 대하여는 우선 MüncherKomm/Stein, § 833 Rn. 10(3. Aufl., 1997, S. 1820) 참조. 肯定說이 보다 유력하다. BGH의 1989년 7월 4일 판결(NJW 1989, S. 2947)도 이를 긍정한다. 이와 관련한 우리 나라의 문헌으로 康奉碩, "미생물에 대한 독일민법 제833조의 적용 여부", 法學論集(이화여대) 3권 1호(1999), 27면 이하가 있다.

21) 反對: 金相容, 不法行爲法(1997), 206. 同所는 메디쿠스를 否定說을 취하는 것으로 인용하나, 誤讀이 아닌지 모르겠다. Medicus, Schuldrecht Ⅱ, 4. Aufl.(1990), § 145 Ⅱ 1(S. 390)은 "微生物에 대하여도 [獨民] § 833에 의하여 책임이 지워져야 할 것이다. 책임의 부적절한 확대(예를 들면 무책하게 주위 사람에게 병을 옮긴 감기 든 사람에의 책임확대)는 保有者概念에 의하여 피할 수 있다"라고 한다. 한편 일본에서도 이를 肯定하는 견해가 있다. 가령 前田達明(註 19), 170; 林良平 編, 注解 判例民法 3: 債權法 Ⅱ(1989), 1323(前田達明/窪田充見 집필). 그러나 일본에서는 부정하는 견해가 적어도 종전에는 多數이었다. 가령 鳩山秀夫, 增訂日本債權法各論 下卷(1924), 932; 我妻榮, 事務管理·不當利得·不法行爲(法律學全集)(1940), 189; 宗宮信次, 不法行爲論(1968), 202; 四宮和夫(註 12), 753.

(2) 動物危險의 發顯으로서의 動物의「行動」

(가) 文言으로부터는 반드시 명확하지 않으나, 그 취지상 本條의 적용에는 동물 특유의 위험(독일민법학에서 말하는 動物危險 Tiergefahr), 즉 理性에 의한 制御를 받지 않는 恣意的·本能的 行動에 유래하는 危險이 실현될 것이 요구된다.[22]

그리하여 동물 자신의 에너지에 기한 그의「행동」이 손해 발생의 원인이어야 한다.[23] 따라서 동물이 無生物과 같이 인간의 불법행위의 단순한 道具가 되거나(예: 딱딱한 껍질을 가진 동물로 사람을 때려서 상해를 입힘) 하나의 物體로서 손해를 일으키거나(예: 차에 받혀 튕겨나가 行人에 부딪침) 한 경우에는[24] 本條는 문제되지 않는다(한편 인간에 의한 使嗾의 경우에 대하여는 뒤의 (3)(가) 참조).

(나) 그러나「동물위험」이 구체적으로 어디까지 미치는가는 반드시 명확하지 아니하다. 동물이 길에 누워 있거나 길 위로 나와 죽어서 통행인이 걸려 넘어지거나 차가 이를 피하려다가 전복된 경우 등에 대하여는 논의가 있겠으나, 이 역시 인간의 입장에서 보면 동물의 전형적으로 위험한 行態에 기한 것으로 본조가 적용된다고 할 것이다.[25] 이와 관련하여 독일의 판례는「動物的 豫測不能性(tierische Unberechenbarkeit)」이 發顯되어야 한다는 태도를 취하나, 이 기준은 不正確하고 誤解의 소지가 있다고 비판되고 있다. 예측될 수 있는「공격적」또는「불합리한」행태(가령 개가 낯선 사람에게 덤비는 것 등)에 대하여는 더더욱 책임을 져야 한다는 것이다.[26]

(다) 손해를 발생시키는 동물의 행태는 일일이 들 수 없을 만큼 다양하다.

(a) 積極的으로 사람을 공격하거나 물건을 부수는 경우뿐만 아니라, 앞의 (나)에서도 본 대로 消極的으로 움직이지 아니하는 것도 本條의 요건을 충족할 수 있다. 또 사람을 무는 것과 같이 동물의 運動이 직접적으로 법익을 침해하는 것일 필요도 없다(뒤의 (3), 특히 (3)(라)도 참조).

---

22) 혹은 本條의 문언 중 "動物이 가한 損害"에서 이를 끌어낼 수 있을지도 모른다.

23) 스위스의 裁判例(BGE 64 Ⅱ 375. Keller, Haftpflicht im Privatrecht, 3. Aufl.(1979), S. 129에서 재인용)는 다음과 같이 판시한다. "瑞債 § 56의 책임규정은 동물이 인간의 전적인 지배를 받는 의사 없는 도구로서가 아니라 固有한 動因에 기하여(aus eigenem Antrieb) 행동하는 생물로서 손해를 야기한 경우에만 적용된다."

24) 물론 動物危險이 이러한 사고 자체의 원인이 된 경우는 別論으로 한다.

25) 金相容(註 21), 206; 註釋 債權各則(Ⅳ)(1987), 289(李勇雨 집필)도 결과적으로 同旨. 독일의 논의로서는 Larenz/Canaris, Lehrbuch des Schuldrechts, Bd. 2, Hbbd.2, 13. Aufl.(1994), § 84 Ⅱ 1 c(S. 616); Medicus(註 19), § 145 Ⅱ 3(S. 391) 참조.

26) MünchKomm/Stein(註 20), § 833 Rn. 13(S. 1821f.); Medicus(註 21), § 145 Ⅱ 3(S. 391); Larenz/Canaris(前註), § 84 Ⅱ 1 c(S. 616) 등 참조.

實務例로서는 大判 69. 11. 25, 69다1592(集 17-4, 91) 정도가 있는데, 그나마 이 사건에서 문제된 것은 留置權의 성립 여부이고 本條의 責任은 당연히 전제되어 있다. 즉 원고 소유의 말이 피고 소유의 밭에 들어가 그곳에 심어져 있던 陸稻를 먹어 치웠다. 피고는 이 말을 끌고가 보관하면서 습득신고까지 하였다. 원고가 이 사건에서 所有物返還請求를 한 데 대하여, 피고는 留置權 항변을 하였다. 결국 피고의 손해배상채권은 긍정되고 그에 기한 유치권 항변이 용인되었다. 이러한 事案에서 원고가 본조의 책임을 진다는 점에는 의문의 여지가 없을 것이다.

(b) 동물의 행태가 그의 自發的 동작이었는가 아니면 警笛에 놀란 것과 같이 外部로부터의 자극에 의한 것인지도 문제되지 않는다.[27] 애초에 동물은 선천적 또는 후천적으로 획득된 本能的 行態프로그램에 의하여 움직이므로, 양자의 구별은 무의미할 뿐만 아니라 또 불가능하다.

독일에서는 종전의 재판례 중에 동물의 행태를 自然的(natürlich)인 것과 恣意的(willkürlich)인 것으로 나누어 前者에 대하여는 본조의 적용을 부정한 예도 있었다. 예를 들면 排泄에 의하여 물건이 더럽혀진 경우가 이에 해당한다는 것이다. 그러나 이 구분은 기준이 불명확한 그야말로 자의적이어서(가령 소가 타인의 풀밭에서 풀을 먹는 것은 왜 「자연적」이 아닌가?) 채택될 수 없다.[28] 그러므로 숫컷이 암컷과 교미하여 임신시킴으로써 使役 기타 원래의 용도에 맞지 않게 된 경우나 벌이 꽃을 受粉시켜 꽃시장에 내다팔 수 없게 한 경우도 본조가 적용된다.[29]

동물이 病을 전염시킨 경우에 본조의 적용이 있는가에 대하여는 否定하는 견해와[30] 肯定하는 견해가[31] 대립한다. 그러나 이 경우에는 동물 자신의 어떠한 「행태」가 있다고 하기 어려우므로 이를 부정할 것이다.[32]

27) 金疇洙, 702.

28) 이에 대하여는 우선 Staudinger/Schäfer, § 833 Rn. 31f.(13. Aufl., 1986) 참조. 이에 의하면 이 논의는, 동물의 행동방식 중에는 극히 일상적·필연적이고 별다른 위험을 수반하지 않아서 기대가능한 인간의 조절에 의하여서는 영향을 줄 수 없는 類型이 존재한다는 점을 지적한 한도에서는 首肯할 점이 있다고 한다. 경청할 만한 지적이라고 생각된다.

29) 이 사안유형에 대하여는 우선 Larenz/Canaris(註 25), § 84 Ⅱ 1 c(S. 616) 참조.

30) 註釋 債權各則(Ⅳ), 289(李勇雨 집필). 이에 의하면, 本條에서 「動物이 加」하였다 함은 動物 자신의 動作에 기한 가해를 지칭하는데, 傳染의 경우는 이에 해당하지 않는다고 한다.

31) 李銀榮, 646. 다만 그 병의 전염성이 매우 강하고 동물점유자의 管理不注意가 전염의 원인이 아니라면 免責事由에 해당된다고 한다.

32) MünchKomm/Stein(註 20), § 833 Rn. 15(S. 1822); Staudinger/Schäfer(註 28), § 833

(다) 동물의 위와 같은「행위」에 사람의 의사 또는 행위가 개입하는 경우는 매우 미묘한 문제를 제기한다.

(a) 通說은 사람이 동물을 使嗾하여 남에게 덤벼들게 한 경우에는 손해를 야기한 주체는 사람이고 동물은 단지 道具로서 사용되었을 뿐이므로 이에는 그 사람이 일반의 불법행위책임을 질 뿐이고 동물점유자책임은 발생하지 않는다고 한다.[33] 이에 대하여는 이 경우를 本條의 적용에서 제외할 필요는 없으며, 그 사주가 손해발생의 유일한 원인이고 동물점유자에게 보관 등의 면에서 아무런 비난의 여지가 없다면 本條 I 但에 의하여 면책됨으로써 족하다는 견해가 있다.[34]

생각건대 사람의 사주에「무작정」따라 움직이는 것이야말로 동물에 고유한 위험이므로, 본조의 적용을 부정할 수 없다. 여기서는 使嗾者의 책임이 아니라, 그와는 별도로 동물점유자의 책임이 문제되고 있는 것이다. 그러한 관점에서 보면, 자신이 보관하는 동물을 타인의 그러한「사주」에 처하게 한 사람은 당연히 本條의 책임을 져야 할 것이다. 이 경우 동물은 通說이 말하는 것처럼 손에 든 도끼와 같이「단지 도구」로서 사용된 것이 아니라 그 위험성이 다른 사람에 의하여 실현된 것이므로(그 점에서 위의 (개)에서 말한「도구」의 경우와는 다르다) 이용자가 책임을 지는 것과는 별도로 동물위험에 대한 동물점유자의 책임이 문제되어야 하는 것이다.[35] 다만 점유자가 자신의 보관상 주의를 다하였음에도 그러한 일이 일어난 경우라면 本條 I 但에 의하여 면책될 것이다.

(b) 또한 피해자가 동물을 자극하여 그 동물의 反擊을 받아 손해를 입은 경우에도 本條는 적용되지 않는다는 학설이 있다.[36] 그러나 이는「점유자」가 보관상 의무를 다하였음을 이유로 면책될 가능성(뒤의 3.(2) 참조)은 있을지

---

Rn. 16 참조. 다만 동물의 행태에 의하여 특별한 감염의 위험이 발생한 경우(가령 홟기 등)는 예외라고 할 것이다.

33) 郭潤直, 760; 金曾漢·安二濬, 下卷, 820; 金疇洙, 702; 註釋 債權各則(Ⅳ), 289(李勇雨 집필); 金相容(註 21), 207.

34) 李銀榮, 646.

35) 독일에서도 종전의 通說은 이 경우 獨民 §833의 책임을 부정하였으나, 현재는 이를 긍정하는 것이 壓倒的인 多數說이다. 우선 MünchKomm/Stein(註 20), §833 Rn. 16 m. w.N.(S. 1822); Larenz/Canaris(註 25), §84 Ⅱ 1 c(S. 616) 참조. 앞의 註 23에서 인용한 스위스의 裁判例는 이어서 다음과 같이 판시한다. "사람이 동물에 영향을 주는 경우에도, 그것이 동물을 단순한 道具로 만드는 것이 아니라 그 자신의 意思와 그의 動物的 特性(seine tierische Eigenart)이 발휘될 여지를 남기는 경우에는 瑞債 §56의 적용이 배제되지 않는다."

36) 金相容(註 21), 207. 註釋 債權各則(Ⅳ), 291(李勇雨 집필)은 이 경우에는 本條 I 但의 면책사유가 된다고 하여, 같은 結果에 이른다.

언정, 단지 피해자가 자극하였다는 것만으로 본조의 적용이 배제된다고 할 수 없다. 그러한 反擊도 역시 전형적인 동물위험에 속하는 것이기 때문이다. 물론 免責事由에 해당하지 않는 경우에도 過失相計(§§ 763, 396)의 사유는 될 것이다.[37)]

이와 관련하여 독일에서는 피해자가 自意로 스스로를 動物危險에 내맡긴 경우(소위 自意에 기한 自己危殆化 freiwillige Selbstgefährdung)에도 동물점유자는 本條의 책임을 지는가에 대하여 논의되고 있다.[38)] 가령 소유자가 호의로 빌려준 말에 탔다가 말이 낯선이를 거부하여 뿌리치는 바람에 떨어진 경우가 이에 해당한다고 한다. 독일의 판례는 이 역시 同法 § 833 제 1 문의 책임을 지되, 過失相計의 대상이 된다고 한다. 학설 중에는 위험책임은 일반적으로 피해자가 사실상 회피할 수 없었던 손해만을 배상하려는 것이라고 하여 이에 반대하는 견해도 적지 않다. 그러나 우리 나라에서 가령 판례가 「自意에 기한 自己危殆化」의 전형적 예인 好意同乘에 관하여 원칙적으로 감액조차 인정하지 않는 것에 비추어 보면,[39)] 위의 경우에 본조의 책임을 아예 부정할 수는 없을 것이다.

㈑ 여러 동물이 합세하여 「행위」한 경우 또는 하나의 동물이 실현한 위험이 다른 동물에 의하여 강화된 경우에는 각 동물의 점유자가 그 손해 전체에 대하여 책임이 있다고 할 것이다.

### (3) 動物이 타인에게 가한 損害

㈎ 여기서 말하는 「損害」에는 별다른 한정이 없다. 타인의 생명이나 신체를 침해한 경우나 타인의 물건을 멸실·훼손시킨 경우 등을 말한다. 後者에는 물론 타인의 동물을 살상한 경우도 포함된다.[40)] 獨民 § 833(앞의 I. 2. ⑵ ㈏ 참조)은 손해가 타인의 생명·신체 침해 또는 물건의 손괴로부터 발생한 경우에만 한정하고 있으나, 本條는 그러한 제한을 두지 않는다. 그러므로 처음부터 「純粹財産損害」가 발생한 경우(가령 猛獸의 출현으로 영업을 하지 못한 경우)에도 本條의 책임이 긍정된다.

---

37) 過失相計의 효과로 면책이 인정되는 경우도 있을 것이다.

38) 우선 Larenz/Canaris(註 25), § 84 Ⅱ 1 e(S. 617) 참조.

39) 대표적인 판례인 大判 87. 12. 22, 86다카2994(公 818, 327)은, "다만 운행의 목적, 호의동승자와 운행자와의 인적 관계, 피해자가 차량에 동승한 경우, 특히 동승요구의 목적과 적극성 등의 제반 사정에 비추어 가해자에게 일반의 교통사고와 같은 책임을 지우는 것이 신의칙이나 형평의 원칙에 비추어 매우 불합리한 것으로 인정되는 경우에는 그 배상액을 감경할 사유로 삼을 수도 있을 것이다"라고 판시하였다.

40) 일본의 東京地判 1961(昭 36). 2. 1(下民集 12-2, 203); 橫浜地判 1958(昭 33). 5. 20(下民集 9-5, 864)은 개가 각각 고양이와 개를 물어죽인 사안에 대한 것이다.

(나) 여기서 「他人」이란 「占有者」 또는 本條 Ⅱ의 「保管하는 者」 이외의 제 3자를 말한다.

(다) 손해의 결과가 동물위험의 발현에 해당하는 동물의 「행위」로 인하여 일어난 것이어야 한다. 이는 결국 당해 損害가 그 동물위험의 범위 내에 속하는 것인가, 또는 바꾸어 말한다면 本條 Ⅰ 但에서 정하는 「상당한 보관상의 주의」에 의하여 예견 또는 회피되어야 하는 範圍 내의 것인가에 의하여 판단된다.

(a) 동물위험의 발현과 손해의 결과 사이에 별도의 원인이 개입하였다고 하여 그것만으로 이 요건이 충족되지 않는다고는 할 수 없다. 이러한 경우에도 그 사이에 ―― 판례 · 다수설에 의한다면 ―― 「相當因果關係」가 존재하는 때에는 本條의 요건이 충족된다.[41]

이는 특히, 동물위험을 피하는 도중에 사고가 일어난 경우나 동물과의 접촉으로 심리적 충격을 받은 결과로 사고가 일어난 경우에 인정된다. 가령 달려드는 개를 피하기 위하여 도망치다가 차에 치인 때, 갑자기 길에 뛰어든 짐승을 피하려고 차의 운전자가 핸들을 틀어 길가의 건물을 손괴한 때, 산책 도중 갑자기 맞닥뜨린 원숭이에 놀라서 뒷걸음치다가 다른 사람과 부딪혀 넘어진 때 등이 이에 해당한다. 日本의 예를 들면, 피고의 짐마차의 말이 汽笛에 놀라 광분하여 마차가 다른 車體와 충돌하고 그 결과 차체가 말과 분리된 후 그 차체만이 원고의 인근 점포에 돌입하여 상품을 파손한 경우,[42] 10세의 女兒가 飼犬에 공격당하여 도망하다가 화물자동차에 치어 중상을 입은 경우,[43] 개가 다가왔기 때문에 자전거에 타고 가던 7세의 아이가 조종을 잘못하여 개천으로 轉落하여 부상한 경우 등에 인과관계가 긍정되었고,[44] 나아가 73세의 여자가 도로를 보행 중 8세의 아이가 끌고 가던 개가 가까이 다가오는 것을 문다고 오해하여 뒤로 물러나면서 도망하려다가 넘어져 大腿骨이 골절하여 入

---

41) 동물의 「행위」와 손해발생과의 사이에 因果關係가 있는지에 대한 우리 나라 實務의 判斷例는 별로 보이지 아니한다.

42) 日大判 1921(大 10).12.15(民錄 27, 2169).

43) 大阪地判 1976(昭 51).7.15(判例時報 836, 85).

44) 日最判 1983(昭 58).4.1(判例時報 1083, 83). 이 판결의 사안에서 문제된 개는 소형애완견으로서 일반적으로는 사람에게 危害를 가하거나 畏怖感을 줄 우려가 없는 것이었다. 법원은 "7세의 兒童 중에는 어떠한 종류의 개라도 이것을 무서워하는 아이가 있고, 개가 飼主의 손을 떠나면 본건과 같은 사고가 일어날 것을 예측할 수 없는 것도 아니다"라고 하여 본조의 책임을 긍정하였다. 이 판결은 "社會通念의 변화가 본조의 책임을 事實上 無過失責任에 근접시키고 있다"는 견해를 뒷받침하는 한 例로 이해되고 있다. 가령 四宮和夫(註 12), 756 참조.

院하였는데 持病인 당뇨병이 악화되어 사망한 경우에 사망까지의「상당인과관계」가 긍정되었다.[45)]

그러나 동물위험에 대한 警告에 대한 놀람의 결과로 사고가 일어난 때에는 이는 동물의 행태에 의하여 야기된 것이 아니므로 因果關係가 인정되지 않는다.[46)] 일본의 裁判例 중에는, 젖소가 쫓아오는 것을 보고 필요 이상으로 멀리 도망하였기 때문에 언덕 아래로 떨어져 중상을 입은 경우에「通常의 因果關係」를 부인한 것이 있다.[47)]

(b) 또한 통제를 벗어난 동물을 制御하거나 자신의 집에 침입한 동물을 쫓아내거나 서로 싸우는 동물들을 떼어놓는 것과 같이 동물위험이 이미 발현된 그의 행태에 대하여 사람이 適法하게 反應하는 과정에서 손해를 입은 경우에 그 손해도「동물이 가한」것이라고 할 것이다.[48)] 물론 이들 경우에 피해자가 경솔하게 개입하거나 과잉반응한 때에는 過失相計(§§ 763, 396)의 규정이 적용된다.

### 3. 動物의「占有者」

#### (1)「占有者」와「保管」

여기의「점유자」는 本條의 沿革에서도 본 것처럼(앞의 I. 2. (3) 참조) 물권법상의 占有概念을 규정의 출발점으로 하지 아니한다. 危險責任의 법리에 의하면, 그 책임은 문제의 위험을 야기 또는 지배하고 그로부터 이익을 얻는 자에게 부여된다.[49)] 이렇게 보면 본조의「점유자」란 自賠法上의 保有者(同法 § 2 iii: "自己를 위하여 自動車를 運行하는 者")와 같이, 자신을 위하여 동물을 사실상으로 지배하고 그로부터 이익을 얻는 사람을[50)] 의미한다고 할 것이다. 이와 같이 본조의 책임주체 여부는 동물의 所有權 기타 本權과는 일단 思考上

45) 松江地裁 浜田支判 1973(昭 48). 9. 28(判例時報 721, 88). 다만 40%의「過失相計」가 인정되었다. 유사한 裁判例로, 늙은 여자가 개가 짖자 뒷걸음질치다가 넘어져서 骨折하여 입원하였으나 全身衰弱 등으로 사망한 사안에 대하여, 因果關係를 긍정하고 30%의 過失相計를 인정한 和歌山地判 1974(昭 49). 4. 18(判例時報 757, 108)이 있다. 이들 판결이 死亡에 대하여까지 인과관계를 긍정하면서 賠償額의 減額으로 처리한 것에 대하여 비판적인 견해도 있다. 가령 林良平 編(註 21), 1324 참조.
46) MünchKomm/Stein(註 20), § 833 Rn. 17(S. 1823) 참조.
47) 東京高判 1975(昭 50). 10. 27(判例時報 819, 48).
48) 우선 MünchKomm/Stein(註 20), § 833 Rn. 17(S. 1823) 참조.
49) 위험책임 일반에 대하여 우선 Larenz/Canaris(註 25), § 84 I 2 a(S. 605f.) 참조.
50) 자동차손해배상보장법상의 자동차보유자의 판단기준으로서의 運行支配와 運行利益을 상기하라.

구별되는 바의 事實上의 支配·受益을 기준으로 한다는 의미에서「占有」의 용어가 차용된 것으로 이해된다.

本條에서「점유자」외에「보관」이라는 개념이 아울러 채택되고 있는 것도 바로 그러한 관점에서 이해될 수 있다. 동물위험을 지배하고 그로부터 이익을 얻는 자는 불법행위법적으로 보면 그 반면에 그 위험을 통제하여 그 실현의 방지·억제조치를 취할 책임이 있는데, 이러한 관점에서 파악된「점유」의 보다 소극적인 측면이 바로「보관」인 것이다.

그러므로 본조의「점유자」를 반드시 물권법상의 점유자와 동일한 의미로 이해할 필요는 없다.[51] 또 가령 점유보조자·직접점유자·간접점유자와 같은 占有法上의 區分도 본조의 맥락에서 필연적으로 有意味하다고 할 것인지 음미를 요한다.

(2) 「占有者」의 意味

(가) 동물을 지배하여 이익을 얻는 지위에 있는 사람은 一次的으로는 그 所有者이다. 그러므로 소유자는 자신의 지배 아래 있는 동안은[52] 물론이고, 도망하거나 복귀하지 못하여 일시적으로 그 지배로부터 일탈한 동안에 타인에게 가해한 경우도 本條의 책임을 부담한다.[53] 그러나 그에 대한 소유권을 포기하거나 그 동물이 야생으로 돌아가는 등으로 無主의 動産이 된 경우는 本條의 책임을 면한다.

이와 같이 보면 本條는 소유자를 책임주체로부터 적극적으로 배제한 것이 아니라,「점유자」요건을 매개로 하여 본조 안에 수용하고 있다고 해석할 것이다. 이 점에서 본조는 工作物責任에 대한 § 758, 특히 同條 I과 규정방식을 달리하고 있다고 하겠다.

(나) 동물이 소유자 아닌 사람의「점유」아래 있는 경우에는 그「점유자」가 本條의 責任을 진다. 여기서「점유자」인지는 동물을 사실상 지배·수익하는지 여부에 의하여 판단된다. 그러므로 동물을 有償 또는 無償으로 借用하여 이를 인도받은 사람이나 受置人·運送人[54] 등과 같이 계약관계에 기하여

51) 그러므로 본조의 점유자에는 괄호를 붙여 통상의 점유자와는 구별하기로 한다.

52) 가령 개가 소유자의 집 밖으로 나가 동네를 돌아다닌다고 해서 支配를 벗어난 것은 아니다.

53) 앞의 I. 2. (2) (가)에서 본 佛民 § 1385 참조("길잃거나 도망한(égaré ou échappé)" 동물이라도 책임을 진다). 또한 독일민법의 해석으로 MünchKomm/Stein(註 20), § 833 BGB Rn. 21(S. 1825) 참조.

54) 日最判 1965(昭 40). 9. 24(民集 19-6, 1668)은, 말의 運送人이 本條 Ⅱ의 "占有者에 갈음하여 保管하는 者"에 해당한다고 한다. 그러나 그는 占有法的으로 말의 占有者라고

일시적으로 동물을 보관하는 사람뿐만 아니라 동물을 절취 또는 횡령한 사람, 遺失된 동물을 습득하여 장기간 그 보관 아래 둔 사람 등도 이에 해당한다.

이 경우에 所有者는 책임을 지지 아니하는가? 이 문제는 우리 학설에서는 주로 直接占有者가 본조의 책임을 지는 경우에 間接占有者도 책임을 지는가 하는 내용으로 다루어지고 있다. 이에 대하여 肯定하는 견해는 점유자란 당연히 간접점유자를 포함하며 피해자보호라는 견지에서도 그것이 타당하다고 하고,[55] 否定하는 견해는 본조가 소유자의 책임을 정하지 않는다고 보는 입장에 보면 이를 부정하는 취지라고 새길 것이라고 주장한다.[56] 否定하는 것이 타당하다고 생각된다. 민법에서 「점유자」라고 할 때 당연히 간접점유자가 이에 포함되는 것은 아님은 § 207에서 간접점유자의 占有保護請求權을 별도로 규정하고 있는 점이나, 「점유자」의 自力救濟權에 관한 § 209에 대하여 통설이 간접점유자는 이 권리를 가지지 못한다는 점 등에 비추어 명백하다. 또 단지 複數人이 책임지는 것이 피해자의 보호에 낫다는 결과만으로 법 해석을 좌우할 수는 없다. 本條의 가중된 책임이 위험원의 지배 및 그로부터의 이익이라는 입장에서 正當化된다고 한다면, 그러한 지위에 있는 것은 아무래도 直接占有者라고 할 것이고, 所有者 또는 間接占有者는 단지 그와의 계약관계 등을 통하여 간접적으로 그 지배 및 수익에 영향을 미치는 데 그친다. 그러므로 이에 별도로 本條의 責任을 인정하기에는 충분한 근거가 없다고 생각된다.[57] 물론 소유자나 간접점유자는 특히 「점유자」의 선임·감독상의 과실을 이유로 § 750에서 정하는 一般의 不法行爲責任을 질 경우도 있을 것이나, 이는 별개의 문제이다.[58]

---

하여야 할 뿐만 아니라(이 점은 일본의 通說的 見解이다), 危險源에 보다 가까이(näher dran) 있는 자로서 本條 Ⅰ의 의미에서도 「점유자」라고 할 것이다.

55) 金疇洙, 704; 李銀榮, 645. 日最判 1965(昭 65). 9. 24(民集 19-6, 1668)은, 間接占有者에게도 日民 § 718의 적용을 肯定하면서(直接占有者는 同條 Ⅱ의 "保管하는 者"라고 한다), 다만 그는 "동물의 종류 및 성질에 좇아 상당한 주의로써" 그 直接占有者를 선임·감독한 때에는 책임을 면한다는 태도를 취한다.

56) 郭潤直, 761; 金相容(註 21), 208.

57) 일본에서도 종래에는 가령 鳩山秀夫(註 21), 931; 我妻榮(註 21), 480 등에서 보는 대로 肯定說이 유력하였으나, 근자에는 否定說이 다수를 점한다. 谷口知平·植林弘, 損害賠償法概說(1964), 167; 日注民(19)(1965), 322(五十嵐淸 집필); 加藤一郞, 不法行爲, 增補版(1974), 203 이하; 星野雅紀, "動物占有者の賠償責任", 判例タイムズ 467(1982), 55 등 참조.

58) 肯定說을 취하는 註 55의 견해는 大判 81. 2. 10, 80다2966(公 653, 13680)을 간접점유자도 본조의 책임을 진다는 취지의 判例로 인용하고 있다. 그러나 同判決에서는, 土佐犬의 소유자가 이를 제 3 자에게 대여함에 있어서 하여야 할 注意("[빌리는 사람이] 土佐犬을 안전하게 관리할 수 있는 施設을 갖추고 있는지 여부를 確認하여야 할 注意義務")

㈐ 本條의 「점유자」라고 하려면 그가 동물을 容納할 意思가 있어야 한다. 그러므로 바이러스나 미생물에 의한 병을 앓고 있는 사람은 「점유자」가 아니고, 따라서 그 균이 옮아가더라도 본조의 책임을 지지 않는다. 또 처마 밑에 둥지를 튼 새는 집 주인이 「점유」하는 것이 아니다.[59]

㈑ 法人도 「점유자」가 되며, 따라서 가령 馬事會나 동물원을 운영하는 地方自治團體도 본조의 책임을 질 수 있다. 한편 行爲無能力者가 본조의 「점유자」일 수 있는가에 대하여 논의가 있으나,[60] 責任能力에 관한 규정(§§ 753, 754)을 준용할 것이다.

㈒ 占有法上의 概念으로서의 占有補助者가 본조의 「점유자」인가에 대한 논의가 있다. 점유보조자는 물건 지배의 이익을 독립적으로 누리지 못하므로, 통상은 본조의 「점유자」라고 하기 어려울 것이다.[61] 따라서 종속적 지위에서 동물의 보관업무를 수행하는 사람, 가령 馬夫, 運送人의 피용자 등은 이에 해당하지 아니한다.

한편 家庭에서 간수하는 애완동물 등에 대하여 일본의 실무례 중에는 夫가 本條 Ⅰ의 占有者이고, 妻는 점유보조자에 불과하여 本條 Ⅱ에 의하여서도 책임을 지지 않는다고 판시한 것이 있으나,[62] 가정에서의 부부의 동등한 지위에 비추어 兩者가 모두 本條 Ⅰ의 「점유자」에 해당한다고 할 것이다.[63]

### (3) "占有者에 갈음하여 動物을 保管한 者": 本條 Ⅱ

㈎ 학설은 이 규정이 직접점유자에 대한 것이고, 따라서 本條 Ⅰ에 의하여서도 규율될 수 있는 사항을 注意的으로 정하였을 뿐이라고 이해한다.[64]

앞의 Ⅰ. 2. (3) ㈏에서 본 대로 이 규정은 원래 책임무능력자에 의한 가해의

---

를 게을리함(본문에서 말한 의미의 「選任上의 過失」에 해당할 것이다)으로 인한 民 § 750상의 책임이 문제된 것으로 이해되며, 本條와는 무관하다. 이 대법원판결의 원심판결인 大邱高判 80. 10. 30, 80나258(高集 2, 400) 참조. 한편 註釋 債權各則(Ⅳ), 290(李勇雨 집필)도 이 사건은 "一般不法行爲責任으로 訴求한 예"라고 이해한다.

59) 이상 Medicus(註 21), § 145 Ⅱ 2(S. 390) 참조.

60) 독일에서는 행위무능력자는 본조의 「점유자」가 될 수 없다는 견해(가령 Canaris, NJW 1964, 1987, 1990)도 있다고 한다.

61) 日大判 1921(大 10). 12. 15(民錄 27, 2169)도 운송회사가 그 피용자로 하여금 점유의 보조기관으로 말을 보관하게 한 때에는 그 회사가 本條 Ⅰ의 「점유자」이며, 그 피용자는 「점유자」가 아님은 물론 本條 Ⅱ의 代行保管者도 아니라고 판시하였다. 일본의 학설도 대체로 이를 지지한다.

62) 橫浜地判 1958(昭 33). 5. 20(下民集 9-5, 864); 大阪地判 1978(昭 53). 9. 28(判例時報 925, 87).

63) 일본의 학설로서 본문의 實務例에 의문을 표시하는 것으로, 日注民(19), 321(五十嵐淸 집필); 幾代通, 不法行爲(1977), 171; 四宮和夫(註 12), 758; 星野雅紀(註 57), 54 참조.

64) 郭潤直, 761; 金疇洙, 703 이하; 註釋 債權各則(Ⅳ), 292(李勇雨 집필).

경우에 法定監督義務者 외에 "敎師·師匠 등과 같이 [계약관계에 의하여] 법정의무자에 갈음하여 무능력자를 감독하는 자", 즉 소위 約定監督義務者의 책임을 묻기 위하여 마련된 것이다. 그런데 本條의 경우에는 동물의 보관에 관한 법정의무자를 상정할 수 없으므로, 그에 대응하는 約定義務者에 대한 별도의 규정이 어떠한 의미가 있는지 쉽사리 이해하기 어려운 것이다.[65]

또 일본민법의 입법과정에서는 「자기를 위하여 하는 의사」 없이 동물을 사실상 지배하는 受置人·運送人이나 馬夫와 같은 점유보조자는 「점유자」가 아니므로, 本條 Ⅱ를 둠으로써 이들에게도 책임을 지운다는 견해가 표명되기도 하였다. 그러나 한편으로 수치인이나 운송인은 그 자체 「점유자」이므로 本條 Ⅰ에 의하여 이미 本條의 책임을 져야 하고, 다른 한편 독립성이 없는 점유보조자에게 무거운 책임을 지우는 것은 타당하지 아니하고 또 本條 Ⅱ의 문언도 "점유자에 갈음하여 …"라고 하여 독립적 지위를 요구하고 있다고 할 것이다. 그렇게 보면, 本條 Ⅱ는 실제로 별다른 의미가 없다고 생각되기도 한다.

(나) 이 규정은 § 756 Ⅱ의 해석과 평행하게, 앞의 (2)에서 본 바와 같은 「점유자」가 있는 경우에 그로부터 동물의 보관에 관한 구체적인 의무를 인수한 사람(물론 그는 本條 Ⅰ에서 정하는 「점유자」는 아니다)도 本條의 加重된 責任을 진다는 취지로 이해할 것이다. 문제는 그 範圍인데, 위험원의 보유·지배로 인한 책임이라는 위험책임의 기초에 비추어, 동물의 보관에 관한 업무에 관하여 「점유자」에 갈음하여 독립적으로 指揮監督을 하는 지위에 있는 사람(가령 지방자치단체가 운영하는 動物園의 책임자)에 한정하고, 이를 함부로 擴張하여서는 안 될 것이다.

### 4. 免責事由

"動物의 種類와 性質에 따라 그 保管에 相當한 注意를 懈怠하지 아니한 때"에는 가해동물의 「점유자」는 本條의 責任을 지지 아니한다.

(1) 「保管에 相當한 注意」

(가) 이는 통상의 過責에 대하여서와 같이 판단되어야 할 것이다. 즉 여기서 「상당한 주의」란 당사자의 지위·직업 등에 비추어 거래관념상 통상 객관적으로 요구되는 주의를 말하는 것이다.[66]

---

65) 이러한 難點은 사용자책임에 관한 § 756 Ⅱ와 관련하여서도 제기된다.

66) 따라서 이에 대하여는 일반적으로 民 § 750의 該當 注解 참조.

本條에는 "동물의 종류와 성질에 따라 … 상당한 주의"라는 附加가 있으나, 이는 통상의 과실판단에서도 마찬가지로 이해되고 있으므로, 그 판단에서 고려되어야 할 하나의 요소를 적시하는 것 이외의 별다른 의미는 없다. 다만 동물은 猛獸에서부터 家禽에 이르기까지 그 위험성의 정도나 통상 예상되어야 할 위험의 내용이 매우 다양·복잡하므로, 그에 상응하여 伸縮性 있는 基準에 좇은 판단이 이루어져야 하고 일률적으로 裁斷되어서는 아니됨을 강조하기 위한 부가라고 이해된다.

「상당한 주의」의 판단에는 일반적으로 (i) 동물의 종류, 성질·성벽, 순치의 정도 등, (ii) 사육자 등「점유자」의 직업·동물보관의 숙련도, 가해시의 조치 등, (iii) 피해자측의 대등 등의 사정을 종합적으로 판단하여 행하여질 것이다. 그 외에 (iv) 動物保護法이나「鳥獸保護 및 狩獵에 관한 法律」기타 지방자치단체의 동물보호·관리에 관한 條例 등도 고려에 넣어야 할 경우가 있을 것이다.

(나) 이에 대한 우리 나라 實務의 判斷例는 별로 보이지 않는다.

일반적으로 개에 대하여 말하면, 개는, 평소 온순한 성질이라고 하여도 통상 알기 어려운 이유로 언제라도 난폭해질 수 있는 위험을「점유자」는 예측하여야 할 것이다. 따라서 개를 끈 등으로 확실하게 제어하지 아니한 상태로 제3자와의 접촉이 예상될 수 있는 장소에 노출한 경우에는 보관상의 주의의무를 다하였다고 할 수 없다.[67] 그러므로 가령 집 안의 개가 訪問客에게 덤빈 경우 등에도 일반적으로 本條의 책임이 긍정될 것이다. 뿐만 아니라 개는 소형의 애완용이라도 불시에 사람에 대하여 공격적일 수 있으므로, 이를 公共의 場所에 노출하는 것은 그 자체로 보관상의 주의의무를 해태하였다고 할 수 있다.[68] 다만 피해자가 스스로 개에게 접근하여 쓰다듬는 등의 행위를 하는 등의 소위 自招行爲를 하는 것은 過失相計事由에 해당하고, 이를 이유로 免責될 경우도 있을 것이다(앞의 2.(2)(다)(b)도 참조).

일본의 實務例는 狂暴한 性癖이 있는 닭의 사육자는 鷄舍의 設備나 入口의 開閉에 세심한 주의를 하여야 한다고 하고, 과자가게에서 猛犬을 부엌의

67) 日最判 1981(昭 56). 11. 5(判例時報 1024, 49)는, 피고가 사육하는 셰파드개의 줄을 풀자 인근의 도로로 뛰어가서 마침 원고가 운전하고 접근하는 중인 원동기장치자전거의 排氣音에 놀라는 바람에 자전거에 접촉되어 원고가 길 위에 넘어진 사안에서, 개의 끈을 푸는 때에는 이러한 일에도 대비하여야 한다고 하여 본조의 책임을 긍정하였다.

68) 同旨: 加藤一郎(註 57), 註 1. 또한 앞의 註 44에서 본 日最判 1983(昭 58). 4. 1(判例時報 1083, 83)도 참조. 이 裁判例에 비추어 보면 日大判 1913(大 2). 6. 9(民錄 19, 507)이, 성질이 유순한 개는 묶어두지 않더라도 보관이 과실이 있다고는 할 수 없다고 판시한 것(사안은 소위 自招行爲의 경우이다)은 이미 극복되었다고 할 것이다.

봉당에 쇠줄로 묶어 두었어도 점포와 사이에 칸막이가 없어서 女兒가 그 안에 들어가 물린 경우에 면책을 인정하지 아니하는 등 주의의무를 상당히 무겁게 인정한다고 한다.

(2) **相當한 注意를 하였더라도 動物로 인한 損害가 發生하였을 것인 때**

이 경우에도 가해동물의 「점유자」는 본조의 책임을 지지 않는다. 그러한 취지는 使用者責任에 대하여만 明定되어 있으나(§ 756 I 但 제 2 경우), 通說은 본조의 책임도 사용자책임과 같이 다루어져야 할 것으로 이해한다. 그 경우에는 대체로 보관상 주의의무의 해태와 손해발생 사이에 「因果關係」가 인정되기 어려울 것이므로, 그와 같이 해석하여도 무방할 것이다.

앞서 본 대로 피해자가 동물을 자극함으로써 동물의 반격을 받아 피해를 입은 경우는 이에 해당할 가능성이 적지 않다고 할 것이다.

## Ⅲ. 本條에 의한 責任

### 1. 責任의 內容

(1) **不法行爲責任**

㈎ 本條에 의하여 동물의 「占有者」 또는 "保管하는 者"는 § 750에서 정하는 바와 같은 損害賠償責任을 부담한다. 그 내용에 관하여는 § 763에 의하여 §§ 393, 394, 396, 399가 준용된다(이에 대하여는 뒤의 民 § 763 注解 참조). 본조의 책임에 대하여 그 上限을 정하는 등 배상액 제한의 규정은 없다.

㈏ 本條 Ⅰ과 Ⅱ 각각에 의하여 책임을 지는 자가 별도로 있는 경우에는 이들은 서로 不眞正連帶關係에 선다(通說). 이들 사이의 구상관계에 대하여는 뒤의 (3) 참조.

(2) **一般不法行爲責任과의 關係**

동물의 「점유자」가 본조에 의하여 책임을 지는 경우에도, 그 이외의 사람이 동물이 가한 동일한 손해에 대하여 § 750에 기하여 별도로 배상책임을 지는 것은 얼마든지 있을 수 있다. 자신이 「점유」하지 아니하는 개를 사주하여 다른 사람을 물게 하거나 울에 갇혀 있는 동물을 풀어주어 손해의 결과가 발생한 경우 등이 그러하다. 이 때 本條의 책임과 일반의 불법행위책임 역시 不眞正連帶關係에 선다.

(3) 求償關係

本條의 책임을 지는 사람 외에 동물로 인한 손해에 대하여 배상책임을 지는 사람이 있는 경우에 그 중 1인의 "出財로 共同免責이 된 때"에는 그 사이에 求償의 법률관계가 성립할 수 있음은, 本條에는 § 756 Ⅲ과 같은 명문이 없으나, 일반적으로 인정되고 있다. 그 내용은 이들 중 누구에게 손해배상으로 인한 부담이 終局的으로 歸屬되어야 하는가에 의하여 정하여지는데, 결국 이는 손해발생에 대한 각자의 原因提供의 내부적·상대적 비율이 기준이 된다고 할 것이다.

그리하여 학설은 점유보조자인 피용자의 과실로 사용자가 본조의 책임을 지게 된 경우나 우리·쇠사슬의 제조자·판매자에 대하여 구상할 수 있다고 한다.[69]

### 2. 被害者의 留置權

피해자가 가해동물을 점유하는 때에는 피해자는 이에 대하여 留置權을 가진다. 이 경우 피해자의 損害賠償債權은 전형적으로 "그 物件에 관하여 생긴 債權"(§ 320 I)에 해당하는 것이다.[70] 그러므로 피해자는 손해배상채권의 만족을 얻을 때까지 그 동물의 반환을 거절할 수 있다. 이는 반환청구자가 그 동물의 소유자인 경우에도 다를 바 없다. 즉 그 留置權은 § 213 但의 「占有할 權利」에 해당한다.

## Ⅳ. 立證責任

本條의 책임을 묻는 原告는 앞의 Ⅱ에서 본 요건 중 "動物에 의한 損害의 發生"(동 2.) 및 피고가 動物의 「占有者」(또는 "占有者에 갈음하여 動物을 保管한 者")(동 3.)인 것에 대하여 입증책임을 진다. 이에 대하여 피고는 免責事由, 즉 보관에 상당한 주의를 다하였다는 것 또는 그 상당한 주의를 하였더라도 원고의 손해가 발생하였을 것에 대하여 입증책임을 진다.

[梁 彰 洙]

69) 郭潤直, 761; 金相容(註 21), 209.
70) 大判 69.11.25, 69다1592(集 17-4, 91)도 이를 긍정한다.

## 第 760 條(共同不法行爲者의 責任)

① 數人이 共同의 不法行爲로 他人에게 損害를 加한 때에는 連帶하여 그 損害를 賠償할 責任이 있다.

② 共同 아닌 數人의 行爲 중 어느 者의 行爲가 그 損害를 加한 것인지를 알 수 없는 때에도 前項과 같다.

③ 敎唆者나 幇助者는 共同行爲者로 본다.

차 례

## A. 序 說

### Ⅰ. 複數原因의 類型

共同不法行爲의 類型 내지는 要件과 그 責任을 어떻게 규정할 것인가 하는 문제는 근본적으로 共同不法行爲의 制度的 趣旨를 어떻게 볼 것인가 하는 문제와 밀접하게 관련되어 있다. 그런데 共同不法行爲의 制度的 趣旨는 결국 民 §760의 共同不法行爲가 民 §750의 一般不法行爲에 대하여 어떠한 의미를 가지는가 하는 문제이므로, 이를 이해하기 위해서는 먼저 손해의 발생에 數人의 행위자들이 관련되어 있는 경우를 유형별로 정리하고, 각각의 경우에 각 행위자들이 不法行爲의 一般原則에 따르면 어떠한 책임을 지는가를 살펴보아야 할 것이다.

#### 1. 部分損害의 因果關係(Teilschadenskausalität)

상호 독립해서 행동하는 多數의 不法行爲者가 피해자에게 발생한 全損害 중에서 각자 확정할 수 있는 일부분씩을 야기시킨 경우에는 단일한 損害가 아니라 多數의 個別損害들이 존재할 뿐이다. 이 때 각 加害者는 자신이 발생시킨 部分損害에 대해서만 책임을 지며, 그 중 1人의 無資力에 대한 위험은 피해자가 부담한다고 하는 데 대해서는 어떠한 異見도 없다. 설령 가해자들이 동일한 장소에서, 동일한 시각에, 그리고 동일한 법익을 침해하였다고 하더라도 — 예컨대 동일한 시간에 동일한 창고에 쌓여 있는 상품들을 數人이 상호 意思의 연락 없이 훔쳐 간 경우—, 多數의 별개의 損害들이 문제될 뿐이라는 사실에는 아무런 변함이 없다.

### 2. 極小因果關係(Minimale Kausalität)

예컨대 교통순경이 자동차배기가스로 인해 납에 중독된 경우[1]라든가, 대규모의 위법한 파업으로 인하여 손해가 발생한 경우[2]처럼 一群의 행위자들 전체에 의하여 손해가 발생하였지만 개별적인 행위자들의 행위에 대해서는 조건등식(conditio sine qua non)에 따른 원인관계가 인정되지 않으며, 또한 어느 누구에게도 손해의 특정부분을 귀속시킬 수 없는 경우를 말한다.[3]

因果關係의 관점에서 본다면 이러한 極小因果關係는 한편으로는 각자가 손해발생에 대하여 제한된 부분만큼만 기여하였다고 하는 점에서 部分損害의 因果關係의 한 유형이라고 볼 수 있으며, 또 다른 한편으로는 多數의 행위가 결합함으로써 개별적 행위로 인한 결과와는 質的으로 다른 전체결과가 발생하였다고 하는 점에서 後述하는 重疊的 倂合의 因果關係(kumulativ koinzidierende Kausalität)와 유사하다[4]고 할 수 있다.

그러나 極小因果關係를 법적으로 어떻게 취급할 것인가 하는 문제는 極小因果關係와 이들 다른 因果關係와의 유사성을 확인하였다고 해서 바로 해결되는 것은 아니며, 다음과 같이 이들 因果關係에서의 책임규율과 가치적합적으로 비교를 함으로써 비로소 해결의 실마리를 찾을 수 있다. 즉 重疊的 倂合의 因果關係에서는 後述하는 바와 같이 각자의 개별적 행위가 全體結果에로의 質的 변경을 초래하였기 때문에 각자의 全損害에 대한 책임은 정당화된다. 이에 비하여 極小因果關係에서는 각자의 개별적 행위가 아니라 多數의 행위가 결합하여 質的 변경을 초래하였기 때문에 각자에게 全損害에 대한 책임을 지울 수는 없다. 이러한 추론의 정당성은 部分損害의 因果關係의 경우와 비교해 보면 더욱 명확해진다. 즉 각자가 측정가능한 部分損害를 야기하였을 때에는 部分的인 責任을 지우면서, 손해에 대한 기여정도가 더욱 작은 極小因果關係의 경

1) Weckerle, Die deliktische Verantwortlichkeit mehrerer(1974), S. 92.
2) Bydlinski, Probleme der Schadensverursachung nach deutschem und österreichischem Recht(1964), S. 108ff.
3) Weckerle(註 1), S. 92.
4) 물론 重疊的 倂合의 因果關係(kumulativ koinzidierende Kausalität)에서는 각각의 개별적 행위가 그러한 質的 변경을 가져오지만, 極小因果關係에서는 다수의 개별적 행위들이 결합하여 그러한 質的 변경을 가져왔다고 하는 점에서 차이가 난다.

우에 全損害에 대해서 책임을 지울 수는 없는 것이다. 極小因果關係가 部分損害의 因果關係와 매우 유사하고 또 그 경계가 뚜렷하지 않다고 하는 점을 고려할 때, 손해부담이 의미 있게 나누어질 수 있는 한 각자에게 部分責任을 지우는 것이 타당할 것으로 생각된다.[5] 예컨대 20대의 차량이 잔디 위를 지나간 경우에는 그 損害는 의미 있게 나누어질 수 있을 것이다. 그러나 자동차배기가스에 의하여 납에 중독된 교통경찰관의 경우에는 수많은 차량보유자들에게 그 손해를 의미 있게 나누는 것은 불가능하고, 따라서 피해자는 그 손해를 스스로 부담하거나 보험 등의 다른 방법으로 損害塡補의 길을 모색하여야 할 것이다. 이러한 결론은 법정책적 견지에 의해서도 뒷받침된다. 즉 개별적인 기여가 매우 작은 極小因果關係의 경우에 모든 加害者에 대하여 배상을 청구하고자 한다면, 그 비용이 손해보다 훨씬 크게 될 것이기 때문이다. 따라서 이 때에는 피해자가 그 손해를 부담하기로 하고, 경우에 따라서 責任法이 아닌 보험을 통해서 그 손해를 분산시키도록 하는 것이 국민경제적으로도 바람직할 것이다.

### 3. 併合的 因果關係(Koinzidierende Kausalität)

多數의 行爲가 결합하여 비로소 일정한 결과를 발생시키는 경우로서, 이는 다시 각 行爲가 그 자체만으로써는 아무런 결과도 발생시키지 않는 경우와, 그 자체만으로써도 일정한 손해를 발생시키기는 하지만 多數의 행위가 결합하여 質的으로 다른 결과를 발생시킨 경우로 나누어 볼 수 있다. 이하에서는 편의상 前者를 必要的 併合의 因果關係(Notwendig koinzidierende Kausalität), 後者를 重疊的 併合의 因果關係(Kumulative koinzidierende Kausalität)라고 부르기로 한다.[6]

---

5) Weckerle(註 1), S. 92. 도이취와 비들린스키도 결론적으로 같은 견해를 취하고 있다. E. Deutsch, Allgemeines Haftungsrecht(2. Auf., 1996), S. 87; Bydlinski(註 2), S. 111 참조.

6) 국내의 다른 문헌에서는 여기에서 말하는 必要的 併合을 일반적으로 必要的 競合이라고 부르고 있다{金亨培, 民法學硏究(1986), 341; 李銀榮, 831}. 그럼에도 불구하고 여기서 굳이 必要的 併合이라고 하는 용어를 사용하고 있는 것은 국내에서는 여기서 말하는 重疊的 併合을 별도로 논하고 있지 않으며, 다만 重疊的 競合이라고 하는 용어를 後述하는 重疊的 因果關係(Kumulative Kausalität, 즉 각각 단독으로도 결과를 발생하기에 충분한 행위들이 경합하여 일정한 결과가 발생한 경우)의 의미로 사용하고 있을 뿐이고, 따라서 국내의 일반적 용어사용을 그대로 받아들이게 되면 여기에서 말하는 重疊的 併合의 경우를 표현하기가 매우 어렵게 되기 때문이다.

이러한 用語에 관해서는 독일에서도 통일되어 있지 않아 학자들에 따라 다양하게 사용하고 있다. 예컨대 본문의 併合的 因果關係의 의미로서(즉 必要的 併合인지, 重疊的 併合인지 여부를 특별히 구별함이 없이) 일반적으로는 必要的 原因競合(Notwendiger

(1) **必要的 併合의 因果關係**(Notwendig koinzidierende Kausalität)

그 자체만으로써는 아무런 손해를 야가시키지 않는 행위가 둘 이상 결합하여 비로소 하나의 침해결과가 발생한 경우로서, 예컨대 그 자체만으로는 별다른 독성이 없는 폐수들이 합쳐져서 손해를 야기한 경우 등이 이에 해당한다. 이 경우 인과관계의 확정에 관해서는 별 문제가 없다. 즉 각자의 행위와 결과 간에 事實的 因果關係(conditio sine qua non)는 당연히 인정되며, 또한 특별한 사정이 없는 이상 一般生活經驗에 입각한 相當性도 쉽게 인정이 될 것이다. 다만, 이 때 加害者는 각자 발생한 結果全部에 대하여 책임을 지는가 그렇지 않으면 結果의 발생에 寄與한 정도에 따라서 分割責任을 지는가 하는 것이 문제될 수 있다. 이에 대한 논의는 共同不法行爲의 본질에 대해서뿐만 아니라, 더 나아가 求償權의 根據 내지는 被害者와 1人의 加害者 사이에 발생한 사유가 다른 加害者의 賠償義務에 대하여 미치는 효력 등을 이해하는 데에 매우 중요한 관점을 제공하므로 별도로 상세히 논하기로 한다.[7]

(2) **重疊的 併合의 因果關係**(Kumulativ koinzidierende Kausalität)

각자의 행위만으로도 일정한 손해를 발생시켰을 것이지만, 多數의 행위가 결합하여 발생한 손해가 각자의 행위만으로 발생하였을 손해의 합을 넘어서서 質的으로 다른 것(aliud)이 된 경우를 말한다. 重疊的 併合의 因果關係에 대한 법적 취급은 기본적으로 前述한 必要的 併合의 因果關係와 다르지 않다. 그러나 현실적으로 침해가 발생한 경우에 그것이 重疊的 併合의 因果關係에 해당하는가, 그렇지 않으면 部分損害의 因果關係에 해당하는가 하는 판단은 언제나 쉬운 것만은 아니다. 물론 이러한 판단은 발생한 결과를 개별손해의 합으로 볼 것인가 그렇지 않으면 그와는 質的으로 다른 하나의 전체손해로 볼 것인가에 의하여 결정되겠지만, 이 문제는 반드시 논리적으로 결정되는 것은 아니며, 가치판단의 문제로서 재판관에 따라 그 결론이 달라질 가능성이 상당히

Ursachenkonkurrenz)이라는 용어를 사용하고 있지만, 이에 대하여 랑에{Lange, Schadensersatz(1979), S. 106}는 重疊的 因果關係(Kumulative Kausalität), 라렌츠-카나리스{Larenz/Canaris, SchuR Ⅱ/2(13. Aufl., 1994), §85 Ⅱ 1 c)(S. 658)}는 全體因果關係(Gesamtkausalität) 또는 重疊的 因果關係(Kumulative Kausalität) 등의 용어를 사용하고 있다. 본문에서는 필요적 원인경합의 경우를 다시 2가지로 세분하고 있는 베케를레{(註 1), S. 93ff.}의 용어사용에 따르고 있는바, 물론 이 경우 베케를레가 사용하는 'Koinzidierende Kausalität'를 반드시 '併合的 因果關係'로 번역하여야 하는가에 대하여 전혀 의문이 없는 것은 아니다. 그렇지만 위에서 언급한 이유로 이하에서는 일단 '併合的 因果關係'라고 하는 용어를 사용하기로 하며, '競合'이라고 하는 용어는 널리 일반적으로 하나의 손해의 발생에 複數의 사건이 관련되어 있다고 하는 의미로 사용하기로 한다.

7) 즉 後述 本條 注解 A. Ⅱ 참조.

많을 것이다.[8] 다음의 西獨聯邦大法院의 판결이 이러한 점을 잘 보여 주고 있다. 즉 어느 오토바이운전자가 교통사고를 당하여 정강이 복합골절상을 입었는데 몇 달 후 제 2 의 교통사고를 당하여 같은 다리의 복사뼈가 부서졌던바, 각각의 侵害만으로는 서 있을 수 있는 能力(Standvermögen)이 일시적으로 약화되었을 것이나 그 侵害가 競合한 결과 65%의 가동능력이 상실되었다. 原審은 65%의 가동능력의 상실을 部分損害의 因果關係로 받아들이고, 醫師의 鑑定을 기초로 하여 獨民訴 §287[9]에 따라 양 가해자에게 각각 가동능력의 50%의 상실과 15%의 상실에 대하여 분할책임을 인정하였다.[10] 이에 반하여 西獨聯邦大法院은 가동능력의 감소를 두 不法行爲의 倂合에 의하여 발생한 하나의 단일한 손해로 보아 加害者 각각에게 전액에 대하여 배상책임을 지웠다.[11]

위와 같은 西獨聯邦大法院의 태도와는 달리 後述[12]하는 바와 같이 英美에서는 多數의 原因이 競合하여 손해가 발생하였을 경우에 합리적이고 실제적인 근거가 있을 때마다 손해를 나누어 귀속시키려는 경향을 보여 주고 있다.

### 4. 選擇的 因果關係(Alternative Kausalität)

數人이 違法한 행위를 하였고, 그들 각각의 행위가 侵害結果를 발생시킬 수 있으며, 또한 실제로 그 중의 하나에 의하여 侵害結果가 야기되었지만, 그 數人 중 누구의 행위에 의하여 야기된 것인지 알 수 없는 경우를 말한다. 예컨대 數人의 사냥꾼이 不注意하게 몰이꾼 쪽으로 사격을 하였는데, 그 중의 한 발이 몰이꾼을 맞추어 傷害를 입혔으나 어느 누구의 총에 맞았는지 밝혀지지 아니한 경우, 또는 甲과 乙이 사람이 많이 모인 장소에 돌을 던졌는데, 그 중 하나의 돌에 맞아 어떤 사람이 눈에 부상을 입었으나 그 돌이 甲과 乙 중 누가 던진 돌인지는 밝혀지지 아니한 경우 등이 이에 해당한다. 立證責任의 一般原則에 의하면 이 경우 被告의 행위와 侵害結果 사이에 因果關係가 입증되지 않은 것으로 되어 被害者의 賠償請求權이 부인될 것이지만, 이러한 결과가 부당함은 명백하다. 따라서 이러한 경우에 被害者를 立證의 곤란으로부터 구제하기 위하여 우리 民法은 獨民 §830 I 2文을 본받아 民 §760 Ⅱ을 두어

8) Weckerle(註 1), S. 97.
9) 獨民訴 §287의 내용과 의미에 대해서는 後述 本條 注解 A. I. 6. (2). ㈎ 참조.
10) KG VersR 1962, 839.
11) BGH VersR 1964, 49.
12) 後述 本條 注解 A. Ⅱ. 4. 참조.

"共同 아닌 數人의 行爲 中 어느 者의 行爲가 그 損害를 加한 것인지를 알 수 없는 때에도" 각자에게 連帶하여 그 損害를 배상할 책임을 지우고 있다. 이에 관한 자세한 설명은 後述하는 加害者不明의 共同不法行爲[13]에서 하기로 한다.

### 5. 重疊的 因果關係(Kumulative Kausalität)[14]

각각 단독으로도 결과를 발생하기에 충분한 행위들이 경합하여 일정한 결과가 발생한 경우로서, 예를 들어 A와 B가 독립하여 X에게 총을 쏘아 각각 치명상을 입혀 X가 사망한 경우, 또는 두 군데에서 독립하여 발생한 화재가 서로 합쳐지고 이 불길이 原告의 가옥을 태워 버렸는데 이 때 어느 한 쪽의 화재만으로도 原告의 가옥이 다 타버렸을 경우 등이 이에 해당한다.[15] 이 때 각자의 행위와 결과 사이에 因果關係가 존재하느냐 하는 것이 문제가 된다. 왜냐하면 이 경우에 각자의 행위가 존재하지 않았다고 하더라도 결과는 발생하였을 것이기 때문에 條件說의 공식(conditio sine qua non)을 그대로 적용한다면, 어느 행위도 결과의 발생에 대하여 조건이 되지 못하기 때문이다. 물론 타인의 違法行爲를 援用하여 자신의 違法行爲에 대하여 면책을 주장할 수는 없다[16]고 하는 점에 대해서는 누구도 異議를 제기하고 있지 않다. 문제는 각 加害者의 책임을 어떻게 이론구성할 것인가 하는 점이다. 학설[17]은 크게 두 가

13) 後述 本條 注解 A. Ⅲ. 3. (4) 및 B. Ⅳ 참조.

14) 베케를레{Weckerle(註 1), S. 99ff.}는 이를 競合的 因果關係(Konkurrierende Kausalität), 랑에{Lange(註 6), S. 105}는 選擇的 因果關係(Alternative Kausalität)라고 부르기도 하지만, 여기서는 일반적으로 많이 쓰고 있는 용어인 重疊的 因果關係{MünchKomm/Stein(3. Aufl., 1997), §830 Rdnr. 21(S. 1774); Larenz, SchuR Ⅰ(14. Aufl., 1987), §27 Ⅲ a)(S. 434)}로 부르기로 한다. 필자는 이전에 다른 곳에서{鄭泰綸, 複數原因의 類型에 관한 一考察", 法學論文集 24-1, 中央大學校 法學硏究所, 176} 베케를레의 용어에 따랐으나, 국내에서 이미 重疊的 因果關係로 번역·사용되어 익숙해져 있고, 또 일반적으로 '競合'이라고 하는 용어는 널리 하나의 손해의 발생에 複數의 사건이 관련되어 있다고 하는 정도의 의미로 사용되고 있기 때문에 굳이 생소한 용어를 택할 필요는 없을 것으로 생각되어 바꾸었다.

15) 이 때 각자의 행위는 동시에 작용하여 결과를 발생시켰거나, 적어도 그 先後關係가 명백하지 않아서 현실적 원인이 밝혀지지 않았어야 한다. 이와는 달리 現實的 原因은 밝혀졌지만 마찬가지의 결과를 가져왔을 사정이 이미 존재하였거나(潛在的 事情) 또는 후발적으로 발생하였을(後發的 事情) 경우에 그 책임관계는 어떻게 될 것인가 하는 문제는 假定的 因果關係(Überholende Kausalität)의 문제로서, 이는 本稿의 논의의 범위를 벗어난다. 왜냐하면 여기서는 數人의 행위가 損害의 발생에 대하여 현실적인 原因이 되었거나 적어도 原因일 可能性이 있는 경우만을 문제삼고 있는바, 潛在的 事情이나 後發的 事情은 現實的 原因이 아님이 명백하기 때문이다. 假定的 因果關係에 관한 국내문헌으로서는 梁三承, "假定的 因果關係論에 대한 考察"(1979년도 서울대학교 석사학위논문) 참조.

16) 예컨대 Larenz(註 14), S. 434; Deutsch(註 5), S. 103 등.

17) 이에 관한 국내의 학설은 별로 많지 않아{다만, 金亨培(註 6), 340}, 여기서는 주로 외국의 학설을 소개한다.

지로 나누어지는데, 第1說은 條件說이 이 경우에는 도움을 주지 못한다는 것을 인정하면서도 어떻게든 각자의 행위와 결과 사이에 因果關係를 인정하고자 하는 데에 반하여, 第2說은 이 경우를 因果關係不明의 경우로 처리하고 있다.

(1) 각자의 行爲와 結果 사이에 因果關係를 인정하는 견해

적지 않은 학자들이 重疊的 因果關係의 경우에 각자의 행위와 결과 사이에 因果關係를 인정하고 있으며, 따라서 각자는 因果關係의 一般原則에 따라 당연히 全損害에 대하여 책임을 지는 것으로 보고 있다. 다만, 종래의 전통적인 條件說에 의해서는 설명하기 어려운 점이 있다고 하는 특수성을 토로하면서 因果關係를 인정하기 위한 이론적 근거를 다양하게 제시하고 있다.

㈎ 구체적인 결과에 중점을 두는 견해 法的인 因果關係의 조사를 위하여 고찰의 대상으로 삼을 것은 損害가 아니라 구체적인 모습으로서의 결과라고 하는 견해가 제시되고 있다.[18] 그에 따르면 동시에 심장에 박힌 2발의 총알에 의하여 사망하였느냐 그렇지 않으면 하나의 총알에 의하여 사망하였느냐 하는 것은 구별되어야 하며, 또 곡물창고의 한 곳에 불을 질렀느냐 그렇지 않으면 여러 곳에 불을 질렀느냐 하는 것도 마찬가지로 구별되어야 한다는 것이다. 그리하여 條件說의 公式에 의하여 검토되어야 하는 것은 그 행위가 없었다 하더라도 損害가 발생하였을 것인가 하는 것이 아니라, 손해결과가 구체적인 그 모습대로 ── 즉 심장에 2발의 총알을 맞고 사망하였다든가, 2곳에서 동시에 화재가 발생하여 소실되었다는 식으로 ── 발생하였을 것인가 하는 것이라고 한다.

그러나 이러한 고찰방법은 條件說에 충실하기는 하지만 법적으로는 의미가 없다. 왜냐하면 責任法에서는 구체적인 結果를 自然科學的으로 分析하는 것이 문제되는 것이 아니라, 이를 손해로서 규범적으로 평가하는 것이 문제되기 때문이다.[19]

㈏ 條件說의 修正 重疊的 因果關係의 경우에는 전통적인 조건등식이 별 도움이 되지 못함을 인정하면서 그 내용을 약간 수정하고자 하는 견해로서, 예컨대 甲과 乙의 행위가 擇一的으로 존재하지 않을 때에는 결과는 그대로 발생하였을 것이지만 重疊的으로 존재하지 않았다면 결과가 발생하지 않았을 경우에 甲과 乙의 행위는 모두 그 결과의 원인이라고 말할 수 있다[20]

18) Jung, Die sogenannte Gesamtursache, AcP 170, 426, 430.
19) Weckerle(註 1), S. 100f.
20) Fikentscher, Schuldrecht(6. Aufl., 1976), §51 Ⅱ(S. 268).

고 하거나, 또는 둘 이상의 행위자의 행위가 결과에 매우 밀접하게 관련되어 있어서 그들의 합쳐진 행위가 전체로서 볼 때에는 결과에 대한 條件(but-for cause)이 되지만, 개별적으로 條件說(but-for rule)을 적용시키게 되면 그들 전부가 면책이 될 때에 각자의 행위는 결과에 대한 事實上의 原因이 된다[21]고 한다.

이 견해는 전체로서의 數人의 行爲가 존재하지 않았더라면 결과가 발생하지 않았을 것이라고 하는 사실로부터 바로 각자의 행위와 결과 사이에 因果關係가 있다고 하는 결론을 도출하고 있으나, 이는 논리적인 추론이 아니라 단순한 주장일 뿐이며, 그 결론이 부당하다는 것은 앞서 언급한 極小因果關係의 경우와 비교해 보면 명확할 것이다.[22]

㈐ 條件說의 속성이 없는 因果關係: 合法則的 條件說 많은 학자들이 조건설의 한계를 토로하고 있지만,[23] 조건설의 제한된 유용성을 처음으로 깊이 연구한 엥기쉬(Engisch)[24]는 條件關係는 그 자체 因果關係가 아니고 기껏해야 因果關係의 한 徵憑일 뿐이라고 한다. 그에 의하면 條件等式에 의하여 인과관계를 확정할 때에는 언제나 다음의 사실, 즉 가정적으로 조건과 분리시킨 사태 속에 문제의 결과와 관련하여 동일한 효과를 가져올 수 있는 요소들이 존재하고 있지 않다고 하는 것을 전제로 하고 있으며, 따라서 그러한 요소들이 이미 존재할 때에는 조건설은 작동하지 않는다는 것이다. 이러한 경우에 발생하는 因果關係 확정의 어려움을 극복하기 위하여 그는 事實的 條件等式(conditio sine qua non)을 合法則的 條件等式(Formel von der gesetzmäßigen Bedingung)으로 대체하고 있다. 그리하여 구체적으로 어떤 용태가 없었더라면 어떻게 되었을까를 묻는 것이 아니라, 구체적 결과를 자연법칙에 포섭시킬 수 있는가, 따라서 어떤 事件經過가 自然法則에 따르면 뒤이어 오는 결과를 야기시킬 수 있는 그런 종류의 상황에 속하는가를 묻고 있다.

21) Prosser & Keeton, on the Law of Torts(5th ed., 1984), p. 268. 참고로 Prosser, The Law of Torts(4th ed., 1971), p. 240에서는 다음의 ㈑에서 언급하는 '實質的 要因說'(substantial-factor rule)을 지지하고 있는 데 반하여, Prosser & Keeton, on The Law of Torts(5th ed., 1984), p. 268에서는 본문과 같은 원칙(rule)이 좀더 도움이 된다고 새롭게 주장하고 있다.

22) Weckerle(註 1), S. 101.

23) 예컨대 라렌츠(Larenz)는 조건설의 공식이 많은 경우에 인과관계를 충분히 한정해 주지만 重疊的 因果關係에는 도움이 되지 않는 주먹구구식의 법칙(Faustregel)이라고 함으로써 그것의 한계를 토로하고 있다. Larenz(註 14), §27 Ⅲ a)(S. 433f.) 참조.

24) Engisch, Die Kausalität als Merkmal der strafrechtlichen Tatbestände(1931), S. 18, 25ff.

이러한 견해에 대해서는 이는 事實上의 原因關係를 문제삼는 것이 아니라 단지 결과를 발생시키기에 적합한가 하는 것을 문제삼을 뿐이며, 따라서 이렇게 하여 因果關係를 추론한다면 이는 사실의 입증이 아니라 因果關係의 擬制가 될 것이라고 비판할 수 있다.[25)]

㈑ 實質的 要因說(substantial-factor rule) 미국의 법원들은 스미스(Smith)가 주장한[26)] 實質的 要因說(substantial-factor rule)을 채택하고 있다.[27)] 이에 따르면 被告의 행위가 결과를 야기함에 있어 중요한 요소이자 實質的인 要因이라면, 그것은 그 결과에 대한 原因이 된다고 한다.[28)] 또한 이러한 "實質的 要因"(substantial factor)이라는 말은 일반사람들도 충분히 이해할 수 있어서 陪審員들에게 적절한 지침이 될 수 있으며, 더 자세하게 표현한다는 것은 불가능할 뿐만 아니라 바람직하지도 않다고 한다.[29)]

그러나 이 견해를 주장하는 자 스스로도 인정하다시피[30)] 이러한 내용의 '實質的 要因'이라고 하는 것은 너무 막연하기 때문에 因果關係의 판정기준(test)으로 인정할 수는 없을 것이다.

(2) 因果關係가 不明한 경우로 다루고자 하는 견해

베케를레에 의하면[31)] 多數의 행위와 결과 사이에 重疊的 因果關係가 존재한다고 할 때에 이는 현실적인 因果關係의 존재를 밝히고 있는 것이 아니라 단지 因果關係를 假定하고 있을 뿐이라고 한다. 즉 重疊的 因果關係의 경우에 말할 수 있는 것은 각자의 행위가 다른 사람의 행위와는 상관 없이 그 자체로서 전체결과를 발생시킬 수 있다고 하는 것뿐이며, 각자의 행위가 실제로 그 결과를 발생시켰는지 그리고 어떻게 그러하였는지 등에 대해서는 전혀 알 수 없다는 것이다. 이처럼 重疊的 因果關係의 경우에는 실제의 인과적 경과에 대한 언급이 불가능하기 때문에 이를 因果關係不明의 한 경우로 보아야 하며, 따라서 이에 대한 규율은 우리 민법의 '加害者不明의 共同不法行爲'에 해당하

25) Weckerle(註 1), S. 103.
26) Jeremiah Smith, Legal Cause of Actions of Tort(1911), 25 Harv.L.Rev. 103, 223, 229. Prosser & Keeton(註 21), p. 267, Fn. 28에서 재인용
27) Anderson v. Minneapolis, St. Paul & Sault Ste. Marie Railway Co., 1920, 146 Minn. 430, 179 N.W. 45(피고의 기관차의 불똥이 튀어 발생한 화염과 다른 곳에서 발생한 불길이 합하여 원고의 가옥을 태워버린 경우); Carney v. Goodman, 1954, 38 Tenn. App. 55, 270 S. W.(2d.) 572 등.
28) Prosser & Keeton(註 21), p. 267.
29) Prosser & Keeton(註 21), p. 267.
30) Prosser & Keeton(註 21), p. 267.
31) Weckerle(註 1), S. 104ff.

는 獨民 §830 I 2文에 의하여야 한다고 한다. 오늘날 독일의 많은 학자들은 이러한 견해를 취하고 있다.[32]

(3) 私 見

(가) 倂合的 因果關係의 경우에도 각 行爲와 結果 사이에 因果關係를 인정하면서, 더욱 강한 원인력을 가지고 손해의 발생에 관여한 重疊的 因果關係의 경우에 각자의 행위와 결과 사이에 因果關係가 밝혀지지 않은 것으로 보는 것은 이치에 맞지 않은 것으로 여겨질지도 모른다. 그리하여 이 경우에 "각 事由와 結果 사이의 因果關係를 否定할 수 없다는 결론 자체에 대해서는 異論의 여지가 없다"고 하는 견해[33]도 있다. 그러나 이 경우 각 행위자에 대하여 責任을 인정하여야 할 필요성에 대해서는 異論의 여지가 없다고 말할 수 있을지 몰라도 각 행위자의 행위와 결과 사이에 因果關係가 異論의 여지 없이 인정된다고 말할 수는 없다. 因果關係는 그 원인력이 실제로 결과의 발생에 영향을 미쳤을 때에만 인정되는 것이며, 따라서 아무리 강한 원인력을 가지고 있었다 하더라도 현실적으로 결과에 영향을 미쳤음이 밝혀지지 않은 이상 因果關係를 인정하기는 이론상 어려울 것이다. 예컨대 비슷한 시기에 甲과 乙의 공장에서 배출된 폐수로 인하여 丙의 양어장의 고기가 떼죽음을 당하였는데, 이 경우 甲과 乙의 각각의 공장에서 흘러나온 폐수만으로도 丙의 양어장의 고기를 몰사시키기에 충분하다고 할 때, 구체적으로 발생가능한 사실관계는 다음과 같이 여러 가지로 상정해 볼 수 있다. 즉 甲의 공장에서 배출된 폐수가 먼저 丙의 양어장에 도착하여 丙의 고기를 몰사시킨 후에 乙의 공장에서 배출된 폐수가 도착하였을 수도 있고,[34] 또 그 반대일 수도 있다. 나아가 甲공장의 폐수와 乙공장의 폐수가 서로 다른 방향에서 흘러 들어갔을 수도 있으며, 이 때 甲공장의 폐수가 흘러들어간 부근에 있던 고기들은 甲공장의 폐수에, 그리고 乙공장의 폐수가 흘러들어간 부근에 있던 고기들은 乙공장의 폐수에 중독되어 죽었을 수도 있을 것이고(部分損害의 因果關係), 심지어는 고기들이 甲공장의 폐수의 일부에 중독되어 있던 중 乙공장의 폐수의 일부에 추가로 중독되

32) 이러한 견해를 취하는 학자로서는 Lange(註 6), §3 XIII 1(S. 105); Larenz/Canaris(註 6), §82 II 2 e)(S. 576), §85 II 1 c)(S. 659); Bydlinski, Aktuelle Streitfragen um die alternative Kausalität, Festschr. für Beitzke, 1979, S. 26f.; MünchKomm/Stein(3. Aufl., 1997), §830 Rdnr. 21(S. 1774); RGRK/Steffen(12. Aufl., 1989) §830 Rdnr. 23(S. 480); Soergel/Zeuner(11. Aufl., 1985), §830 Rdnr. 13(S. 902) 등을 들 수 있다.

33) 金亨培(註 6), 340.

34) 이 때에는 '假定的 因果關係'가 문제될 것이다.

어 몰사하였을 수도 있다(倂合的 因果關係).[35] 따라서 일률적으로 甲이나 乙공장에서의 폐수배출과 전체결과 사이에 因果關係를 인정할 수는 없을 것이며, 일단은 사실관계를 조사하여야겠지만 위의 어느 경우에 해당하는지가 밝혀지지 않았다면 因果關係不明으로 보아야 할 것이다.

(나) 이상과 같이 重疊的 因果關係의 경우를 因果關係가 밝혀지지 않은 경우 중의 하나로 본다면 각 행위자의 책임이 문제될 것인바, 이 때 因果關係不明이라고 하여 立證責任의 一般原則에 따라 피해자에게 배상청구권을 거절한다면 이는 매우 불합리한 결과가 된다. 그리하여 이미 살펴본 것처럼 많은 학자들이 때로는 條件說을 수정하기도 하고, 또 때로는 條件說을 대체하는 새로운 因果關係認定基準을 내세우기도 하면서 행위와 결과 사이에 事實的 因果關係를 인정하고 있다. 그러나 위에서 살펴본 것처럼 문제되는 사안이 重疊的 因果關係의 경우에 해당한다고 하는 것이 확인되었다고 해서 이로써 事實上의 因果關係가 밝혀진 것은 아니며, 따라서 이 경우 각자에게 全損害에 대하여 배상책임을 인정하였다면 이는 損害結果를 因果的으로 歸屬시켰다기보다는 因果關係의 不明瞭危險을 歸屬시킨 것으로 보아야 할 것이다. 이처럼 重疊的 因果關係의 경우를 事案의 不明瞭危險의 歸屬이 문제되는 경우로 본다면, 이 경우 적용될 법규정은 民 §760Ⅱ이 될 것이다. 다만, 民 §760Ⅱ이 "共同 아닌 數人의 行爲 중 어느 者의 행위가 그 損害를 加한 것인지를 알 수 없는 때"라고 규정하고 있기 때문에, 그 문언상으로만 볼 것 같으면 選擇的 因果關係의 경우만을 적용대상으로 하고 있는 것이 아닌가 하는 의문이 제기될 수도 있다. 그러나 後述하는 바와 같이[36] 重疊的 因果關係의 경우도 각자의 행위가 全損害를 야기할 가능성이 있으며, 피해자의 損害賠償請求權이 확정적으로 존재하고 있다고 하는 점에 있어서 選擇的 因果關係의 경우와 동일하기 때문에, 民 §760Ⅱ은 重疊的 因果關係의 경우에도 마찬가지로 적용된다고 보아야 한다.

(다) 다만, 重疊的 原因 중의 하나가 사람의 행위가 아닌 自然的 事實인 경우에는 문제가 된다. 즉 이 경우에는 피해자의 損害賠償請求權이 확정적으로 성립하고 있는 것은 아니기 때문에 民 §760Ⅱ이 적용되지 않는다고 보아야 하며,[37] 그럴 경우 不法行爲의 一般原則이 적용되어 피해자에게 지나치

35) Larenz/Canaris(註 6), §85Ⅱ1c)(S. 657ff.) 참조.
36) 이에 대한 자세한 것은 後述 本條 注解 B.Ⅳ.3.(7).(가) 참조.
37) 이에 관하여 보다 자세한 것은 後述 本條 注解 A.Ⅲ.3.(4).(다).(c) 및 B.Ⅳ.3.(5) 참조.

게 불리한 결과가 발생할 수 있게 된다. 이러한 문제점 때문에 이 경우에는 民 §760Ⅱ과 民 §§763·396를 유추적용하여 分割責任을 인정하여야 한다는 견해도 주장되고 있으나,[38] 이 문제는 바로 다음 항에서 살펴보는 바와 같이 손해결과가 나누어질 수 있는 경우에는——그리고 이 경우에는 될 수 있는 대로 손해결과를 나눌 수 있는 것으로 보는 것이 바람직스럽다——손해의 일정 부분이 어느 원인에 의하여 야기되었다고 인정되어지기 위하여 요구되는 證明度를 경감시키는 방향으로 해결하는 것이 타당하다고 생각한다.

### 6. 侵害範圍不明(Anteilszweifel)의 경우 證明度輕減의 문제

#### (1) 序

이상에서 언급한 因果關係의 유형들은 침해결과의 발생에 數人의 행위가 개입된 경우의 理念型들이다. 그러나 현실적으로 많이 문제가 되는 것은 侵害範圍를 알 수 없는 경우(Anteilszweifel)로서 그 유형도 다양하게 나타나고 있다. 즉 예컨대 數人이 상호간에 意思의 연락 없이 동일한 창고의 상품을 훔쳤다고 하는 것까지는 밝혀졌지만 각자가 얼마나 훔쳤는가 하는 것은 알 수 없는 경우처럼 部分損害의 因果關係가 문제된다고 하는 것에는 의문의 여지가 없지만 그 범위를 알 수 없는 경우가 있을 수 있으며, 더 나아가 因果關係의 유형 자체를 알 수 없는 경우, 즉 部分損害의 因果關係·併合的 因果關係·競合的 因果關係·選擇的 因果關係 중에서 어느 것이 문제되는지 혹은 서로 섞여 있는지 등이 불분명한 경우도 있을 수 있다.[39] 이 때 물론 최종적으로 因果關係不明이라고 판단된다면 民 §760Ⅱ의 적용여부가 문제되겠지만,[40] 그 이전에 먼저 합리적이고 공평한 손해의 분담이라는 관점에서 가능한 한 각 행위자가 야기한 침해의 범위——내지는 문제되는 인과관계의 유형과 그 범위——를 확정하는 작업이 선행되어야 할 것이다. 이 경우 요구되는 증명의 정도가 문제되는데, 적어도 각자가 손해의 일부분을 야기하였다는 사실이 충분히 인정될 수 있는 한 그 범위에 대해서는 증명정도를 경감시킬 필요가 있다. 이러한 필요성은 部分損害의 因果關係가 문제되고 있는 것은 분명하지만, 그 범위를 알 수 없는 경우와 重疊的 因果關係에 있어서 重疊的 原因 중의 하나가 自然的 事實인 경우에 특히 강하게 요구된다.

38) 後述 註 319 및 그 본문 참조.
39) 이들 다양한 형태에 대한 분석에 관해서는 Weckerle(註 1), 154ff. 참조.
40) 이에 관해서는 後述 本條 注解 A.Ⅲ.3.(4).(다).(e) 및 B.Ⅳ.3.(7) 참조.

(2) 비교법적 검토

(가) 獨 逸 이 문제에 관하여 비교법적으로 간단히 살펴보면, 먼저 獨逸에서는 獨民訴 §286 I 1文이 입증에 관하여 自由心證主義를 규정하고 있는바, 일반적으로 증명의 정도에 관하여 "優越的 蓋然性"(die überwiegende Wahrscheinlichkeit)으로는 부족하고 "完全證明"(Vollbeweis)을 요구하고 있는 것으로 해석되고 있다.[41] 그리하여 獨逸의 판례[42]는 "모든 의심으로부터 자유로운 확신"을 요구하는 것은 아니며, "의심을 완전히 배제하지는 않더라도 의심에 침묵을 명할 수 있는 실제 생활에 필요한 정도의 확실성"으로 만족할 수 있고 또 만족하여야 한다고 한다. 이에 반하여 獨民訴 §287 I 1文은 損害의 發生과 範圍에 대하여는 좀더 자유로운 事實判斷을 가능하게 한다. 즉 同 條項은 "損害가 발생하였는지의 여부 그리고 損害 또는 배상하여야 할 이익이 어느 정도인지에 관하여 당사자 사이에 다툼이 있을 경우에 法院은 모든 事情을 評價하여 自由로운 心證에 따라 이에 관하여 판단한다"고 규정하고 있으며, 이 때의 證明度는 "優越的 蓋然性"(die überwiegende Wahrscheinlichkeit)만으로도 족한 것으로 해석되고 있다.[43]

(나) 英 美 獨逸과는 달리 英美에서는 民事訴訟에서 필요한 증명의 정도는 優越的 蓋然性(proof on the balance of probabilities)으로써 족한 것으로 보고 있다.[44] 또한 英美에서는 後述하듯이[45] 損害의 발생에 多數의 原因이 개입되어 있는 경우에 합리적이고 실제적인 근거가 있을 때마다 損害를 분할하여 귀속시키고자 하는 경향이 있으며, 이 경우 그 證明度에 있어서 判例는 그렇게 정확한 증거를 요구하지 않고, 여러 원인이 결과에 기여한 정도에 관하여는 概括的인 證據만으로 족하다[46]고 하거나, 또 때로는 嚴格한 證明을 요구하기보다는 자기가 부담하여야 할 부분을 대략적으로 數量化하는 것으로 족하다고 하는 것이 더욱 공평하다고 판시하기도 하였다.[47]

---

41) Münchener Kommentar zu Zivilprozeßordnung/Prütting, §286 Rdnr. 34(S. 1709-10).
42) BGHZ 53, 245=NJW 1970, 946.
43) Münchener Kommentar zu Zivilprozeßordnung/Prütting, §287 Rdnr. 17(S. 1736).
44) P. Murphy, Murphy on Evidence(5th ed., 1995), p. 109.
45) 後述 本條 注解 A. II. 4. (2) 참조.
46) Eckman v. Lehigh & Wilkes-Barre Coal Co. (1912) 50 Pa. Super. 427 등
47) Thompson v. Smiths Shiprepairers[1984] Q.B. 405: 원고들이 오랜 기간 동안 시끄러운 조선소에서 일하다가 청력을 상실하였던바, 이 때 사용자는 그가 조치를 취했어야 했던 시기 이후의 기간에 대해서만 過失이 인정된다고 하여 법원은 사용자에게 全部責任을 지우기를 거부하였다.

### (3) 私　見

우리의 民事訴訟法은 §187에서 自由心證主義를 규정하고 있는바, 이 때 事實認定에 필요한 확신의 정도에 관해서 通說·判例는 論理的 證明이 아니라 歷史的 證明으로 족하다고 하며, 그리하여 "高度의 蓋然性의 確信" 즉 십중팔구까지는 확실하다는 확신이 서면 된다고 한다.[48] 따라서 獨民訴 §287 I 1文과 같은 규정이 없는 우리의 民訴法下에서는 원칙적으로 事實認定을 위해서는 優越的 蓋然性만으로는 부족하다고 할 것이다. 그러나 침해결과가 나눌 수 있는 것이고,[49] 또 각자가 적어도 損害의 일부분은 야기하였음이 충분히 인정될 수 있는 경우에는 그 범위에 대해서는 證明度를 경감시키는 것이 손해의 공평한 분담을 위하여, 그리고 또 때로는 피해자의 보호를 위하여[50] 필요할 것이다. 判例도 손해범위의 입증에 있어서 항상 高度의 蓋然性만을 요구하는 것은 아니며, "향후의 예상소득에 관한 입증에 있어서 그 증명도는 과거사실에 대한 입증에 있어서의 증명도보다 이를 경감하여 피해자가 현실적으로 얻을 수 있을 구체적이고 확실한 소득의 증명이 아니라 합리성과 객관성을 잃지 않는 범위 안에서의 상당한 개연성이 있는 소득의 증명으로서 족하다"[51]고 보았고, 또 損害賠償訴訟에 있어서 "이러한 수익이 불분명한 경우 구체적 증거에 의하여 인정하는 대신에 평균수입액에 관한 통계 등을 이용하여 추상적 방법으로 산정하는 방식은 공평성과 합리성이 보장되는 한 허용된다"[52]고 하였다. 물론 이러한 판례는 事實的 因果關係에 관한 문제라기보다는 損害의 評價에 관한 문제이기 때문에 본 문제와는 차원을 좀 달리하는 것이라고 볼 수도 있을 것이다. 그러나 위 판례는 기본적으로 손해를 발생시켰음이 분명할 때에는 그 범위확정을 위하여 요구되는 證明度는 어느 정도 경감될 수 있다는 취지를 표명한 것이라고 생각된다. 事實的 因果關係와 관련하여 이러한 태도를 취하고

48) 李時潤, 民事訴訟法(新訂 3 版, 1997), 565.

49) 따라서 예컨대 死亡이라는 결과처럼 어떠한 합리적 기준으로도 나눌 수 없는 경우에는 倂合的 因果關係의 문제가 되며 결코 侵害範圍不明(Anteilszweifel)의 문제는 아니다.

50) 예컨대 1人의 행위와 自然的 事實이 경합하여 손해가 발생한 경우에는 倂合的 因果關係가 문제될 때에는 그 행위자는 발생한 손해전부에 대하여 책임을 져야 하겠지만(前述 本條 注解 A. I. 3. 참조), 진정한 의미에서의 侵害範圍不明이나 選擇的 因果關係 또는 重疊的 因果關係가 문제된다면 民 §760 II이 적용되지 않는다고 보아야 할 것이므로{後述 本條 注解 A. III. 3. (4). (다). (c). (e) 및 B. IV. 3. (7) 참조}, 이 경우 피해자의 보호를 위하여 손해범위에 대한 證明度를 경감시키는 것이 필요할 것이다.

51) 大判 91. 5. 14, 91다124(公 899, 1623) 등.

52) 大判 88. 4. 12, 87다카1129(公 824, 831) 등.

있다고 생각되는 大法院의 판결로는 大判 93. 5. 14, 92다17280[53]을 들 수 있다. 즉 태풍을 피하기 위하여 양식장으로 피항하다 그 양식장의 시설을 파괴하여 손해를 준 사건에서, 大法院은 "이 사건 태풍의 강도 및 그로 인하여 발생한 다른 피해상황의 정도, 사고해역의 지형적 특수성 및 앞에서 본 이 사건 사고발생의 경위 등을 종합하면 원고경영의 위 진주양식장이 입은 피해 가운데에는 위 태풍으로 인한 피해도 포함되어 있으므로 피고가 배상하여야 할 손해배상의 범위를 정함에 있어 이를 참작하여야 하고, 당시 사고해역의 제반상황에 비추어 보면 위 양식장의 전체피해에 대한 위 태풍의 기여도는 전체피해의 20%로 봄이 상당하다고 판시"한 원심의 판단은 상당하다고 하였다. 물론 이 판결은 자연적 사실과 사람의 행위가 경합한 경우를 문제삼고 있지만, 數人의 행위가 경합한 경우에도 마찬가지로 적용된다고 볼 수 있다.[54] 또한 이 판결은 손해의 범위를 확정함에 있어서 요구되는 증명도에 관하여 직접적으로 판단하고 있는 것은 아니지만, "당시 사고해역의 제반상황에 비추어" 판단하고 있는 것을 보면 "高度의 蓋然性의 確信"을 요구하고 있는 것은 아닌 것으로 판단된다.

이처럼 우리 民事訴訟法의 해석론으로서도 數人이 개입하여 손해가 발생한 것은 확실하지만 각자가 야기한 손해의 범위가 문제되는 경우에 ── 또는 각 유형의 인과관계가 적용되는 범위가 문제되는 경우에 ── 그 범위를 확정함에 있어서 "高度의 蓋然性의 確信"이 서지 않는다고 일률적으로 因果關係不明으로 다룰 것이 아니라, 요구되는 입증의 정도를 경감시켜 합리적이고 실제적인 근거가 있을 때에는 손해를 나누어 부담시키는 것이 가능하다 할 것이다. 물론 그 전제로서 침해결과가 반드시 나눌 수 있는 것이어야 하고, 또한 요구되는 최소한도의 입증정도는 충족시켜야 하며, 이를 충족시키지 못하였을 때에는 최종적으로 因果關係不明으로 처리되어야 할 것이다.

---

53) 大判 93. 5. 14, 92다17280(公 948, 1692). 이 밖에도 이와 유사한 판결로는 大判 93. 2. 23, 92다52122(公 942, 1078)이 있다. 후자의 판결에 대해서는 後述 註 135의 본문 참조.

54) 물론 數人의 행위가 경합한 경우에는 자연적 사실과 사람의 행위가 경합한 경우와는 달리 民 §760Ⅱ이 적용될 가능성이 많으며, 더 나아가 발생한 損害結果 전부를 나눌 수 없는 단일한 것으로 파악한다면 각자에게 발생한 損害全部에 대하여 배상책임을 지울 수 있으므로, 피해자보호의 관점에서는 증명도를 경감시킬 필요성이 그리 크지는 않을 것이다.

## Ⅱ. 數人의 加害者에 대한 一般不法行爲規定의 적용문제

### 1. 序

數人의 행위가 경합하여 손해를 발생시켰고, 각자의 행위가 각각 독립해서 不法行爲의 요건을 갖추고 있다면 —— 따라서 각자의 행위와 결과 사이에 因果關係도 인정된다면[55] ——, 각자는 不法行爲에 관한 一般規定인 民 §750에 따라 책임을 지게 된다. 이처럼 共同不法行爲의 規定이 아니라 一般不法行爲의 규정에 따라 책임을 지게 될 경우에 각자는 損害全部에 대하여 책임을 지는가, 그렇지 않으면 分割責任만을 지는가 하는 것이 문제된다. 이에 대한 논의는 共同不法行爲와 一般不法行爲와의 관계를 규명하기 위하여 필요할 뿐만 아니라, 共同不法行爲者 상호간의 求償權의 根據, 그리고 더 나아가 被害者와 1人의 共同不法行爲者 사이에 발생한 사유가 다른 共同不法行爲者의 배상의무에 어떠한 영향을 주는가 하는 문제를 이해하는 데에도 매우 중요한 준거틀을 제공한다.

종래 이 문제가 국내에서는 별로 언급되지 않았지만, 외국에서는 이에 대하여 많은 논의가 있어 왔다. 물론 각국의 사정에 따라서 논의의 구체적 쟁점은 약간씩 다르지만 그러나 그 요점은 동일한 것으로서, 결국 因果關係는 Alles-oder-Nichts의 문제이냐 그렇지 않으면 나눌 수 있는 것이냐 하는 것이다. 이하 외국에서의 논의를 간단히 소개하고[56] 사견을 밝힌다.

### 2. 프 랑 스

#### (1) 논의의 쟁점

프랑스에서는 주지하는 바와 같이 共同不法行爲에 관한 법률의 규정이 없고, 따라서 加害者가 數人인 경우에 각자의 책임은 不法行爲에 관한 一般規定인 佛民 §§1382·1383에 의하여 규율되고 있다. 이 때 각자는 分割責任을 지는가, 그렇지 않으면 발생한 損害全部에 대하여 책임을 지는가 하는 것이 문

55) 前述한 倂合的 因果關係의 경우가 전형적으로 이에 해당할 것이며, 重疊的 因果關係의 경우에도 각자의 행위와 결과 사이에 因果關係를 인정하여 각자는 一般不法行爲規定에 따라 책임을 지게 된다고 하는 견해에 의한다면, 重疊的 因果關係의 경우 역시 이에 포함될 것이다.
56) 이에 관한 보다 자세한 내용은 鄭泰綸, "部分的 因果關係論에 관한 一考察", 厚巖郭潤直先生古稀紀念論文集 民法學論叢·第二, 487-506 참조.

제되어 이에 대한 논쟁이 1950년대 초반부터 1960년대 후반에까지 걸쳐 격심하게 벌어졌다. 최초의 쟁점은 각자의 책임이 分割責任인가의 여부에 관한 것이었지만, 그 후 각자 손해전부에 대하여 책임을 진다고 하는 점에 대해서는 견해의 일치를 보았고, 다만 이를 이론적으로 어떻게 설명할 것인가 하는 점만이 문제되었다. 이 점에 대한 학설의 대립은 다시 加害者 상호간의 求償權의 근거를 어떻게 이론구성할 것인가 하는 문제로 연결되었으며, 이는 加害者가 다른 加害者에 대한 求償權의 행사가 법률적 이유로 불가능할 때에도 손해전부에 대하여 책임을 져야 하는가 하는 현실적 문제로 대두되어 격렬한 논쟁의 대상이 되었다.

(2) **全體的 因果關係論**(la doctrine de la causalité intégrale)

(가) 전통적 이론에 따르면 공동의 가해자 각자가 손해전부에 대하여 책임을 지는 것, 즉 "全部義務"[57)](obligation in solidum)를 부담하는 것은 논리에 의해서 당연히 요구된다고 한다. 그러나 이 점에 관해서는 시대에 따라 그 설명이 바뀌어져 왔다.

全部義務는 먼저 '共同의 포뜨[57-1)]'(la faute commune)라는 개념에 의하여 정당화되었으며, 최초의 판결들은 이러한 설명에 입각하였다. 이에 의하면 공동의 加害者들은 단일한 공동의 포뜨를 저질렀기 때문에 각자가 결과 전체에 대하여 책임을 져야 한다는 것이다. 그렇지만 이러한 이론구성은 결코 만족스러운 것은 못되었다. 왜냐하면 이는 포뜨(faute)의 個別性의 原則에 어긋나는

57) 이 全部義務는 우리의 不眞正連帶債務에 상당한 것이다. 프랑스에서의 連帶債務와 全部義務의 관계에 관한 보다 자세한 내용은 鄭泰綸, "共同不法行爲에 관한 硏究"(1994년 8월 서울대학교 박사학위논문), 57-9, 66-7, 72-3 참조.

57-1) 포뜨(faute)는 프랑스책임법에 있어서 민사책임의 일반적 근거가 되는 것으로서, 우리의 故意와 過失을 포괄하는 개념이다. 또한 독일이나 스위스에서는 違法性(l'illicite)에 대하여 법률이 특정한 효과를 부여하고 있기 때문에 이 개념이 아주 중요한 위치를 차지하고 있지만, 프랑스에서는 위법성은 독자적인 개념이 아니라 faute의 한 구성요소로서 이해되고 있다. 포뜨의 의미에 대해서는 학설이 나뉘고 있는바, 전통적으로는 "선행하는 의무의 위반"(violation d'une obligation préexistante), "위법한 행위"(l'acte illicite), "의무의 불이행"(l'inexécution d'un devoir) 등으로 언급되는 객관적 요소와, "귀책성"(imputabilité) 혹은 "유책성"(culpabilité) 등으로 언급되는 주관적 요소를 모두 포함하는 것으로 이해되고 있다. 그러나 주관적 요소를 배제하고 객관적 요소만으로써 faute의 개념을 설명하고자 하는 견해도 유력하며, 특히 이러한 입장에서 faute를 "손해의 야기자와 동일한 外的인 狀況에 처해 있는 사려깊은 사람이라면 저지르지 않았을 행위의 착오(erreur de conduite)"라고 보고 있는 마조(Mazeaud)의 정의가 유명하다.

이러한 faute를 非行으로 번역하기도 하지만, 이하에서는 過失로 번역하는 것이 무난한 것으로 보여지므로, 특별한 사정이 없는 한 그렇게 하기로 한다. faute에 관한 보다 자세한 것은 鄭泰綸, "프랑스 不法行爲法上 faute의 개념에 관하여", 仁濟論叢 4-2, 333 이하 참조.

것이기 때문이다.[58]

따라서 그것은 폐기되고 소위 客觀的으로 理論構成하고자 하는 견해가 등장하였는데, 이에 따르면 全部義務는 結果의 不可分性으로부터 생기며, 이러한 결과의 不可分性은 다음과 같은 두 가지 방법으로 이해될 수 있다.

첫번째 방법은 因果關係의 不可分性(l'indivisibilité du lien de causalité)에 그 기초를 두는 것으로서, 共同加害者 각자의 행위는 그것 없이는 손해가 발생하지 않았을 것이기 때문에 그 자체로서 손해전부의 원인이라고 한다.[59] 그리하여 각 共同加害者는 그가 손해의 전부를 야기하였기 때문에 전액을 배상하여야 한다는 것이다.

이러한 설명에 대하여는 因果關係의 不可分性에서 도출된 논거는 복수의 원인들 중의 하나의 야기자에 대하여 전액배상의 판결로 이끌 뿐만 아니라 역으로 각각의 원인이 전손해의 발생에 필요하였다면 다른 원인이 없었으면손해는 전부 피할 수 있었을 것이기 때문에 全額免責으로도 이끌 수 있다고 하는 비판이 가해지고 있다.[60]

둘째의 방법은 損害의 不可分性(l'indivisibilité du dommage)에 그 기초를 두고 있다. 즉 각자가 전부를 배상하여야 한다면, 그것은 각 원인들의 상호의존성 때문이라기보다는 차라리 손해의 일부분만을 야기시켰다고 하는 것은 생각할 수 없기 때문이라고 한다. 손해는 나누어질 수 없는 전체를 이루고 있으며, 각 共同行爲者는 필연적으로 전손해를 야기시켰기 때문에 손해전부를 배상하여야 한다는 것이다.[61] "각각의 원인이 여타의 원인과는 독립하여 특정의 결과를 가져온다면 그 때는 서로 다른 두 가지의 손해가 있는 것이고, 따라서 全部義務는 배제될 것이며, 서로 다른 원인이 單一의 損害의 發生에 필요하였다면 그 때는 全部義務가 강요될 것이다." 그러므로 "全部義務는 창조된 법적 제도가 아니며 법규정과는 상관 없이 사물 그 자체의 힘으로 발생한다"고 한다.[62] 또한 이러

58) Chabas, L'influence de la pluralité de causes sur le droit à réparation(th. Paris. 1967), $n_o$ 15. 그 외에도 全部義務는 無過失責任에도 적용되는데, 이러한 공동의 포뜨를 근거로 한 주장은 이를 설명하지 못한다고 한다.

59) Meurisse, Le déclin de l'obligation in solidum, D. 1962, chr., p. 243.

60) Chabas(註 58), $n_o$ 15; Viney, Droit Civil: La Responsabilité: conditions(1982), $n_o$ 411.

61) 그런데 사바띠에(Savatier)에 따르면 이러한 손해의 불가분성이라고 하는 개념도 다수의 원인 중 어떠한 것도 그것 없이는 결과가 발생하지 않았을 것이라는 것을 간략하게 표현한 것에 지나지 않는 것이라고 한다. Savatier, Traité de la responsabilité civile en droit français, t. 2(2ème éd.), 1951, $n_{os}$ 488-90 참조.

62) Chabas(註 58), $n_o$ 16; idem, Bilan de quelques années de jurisprudence en matière de

한 생각은 等價條件說의 잔재라는 비난에 대하여는 等價條件說은 條件의 質的·量的 無差別化를 내포하는 반면에 相當因果關係說은 條件의 質的 差別化를 내포할 뿐이며, 어떤 원인이 결과의 발생에 어느 정도의 역할을 하였는가 하는 量的인 문제는 相當因果關係說과는 상관없다고 한다.[63)]

(나) 이러한 전통적 이론에 따르면, 共同加害者들의 全部義務는 사물의 힘에 의하여 당연히 요구되어지는 것으로서 連帶債務와는 그 성격을 전혀 달리한다. 그 근본적 차이는 連帶債務에서는 債務者는 복수이고 채무는 하나뿐(une seule dette)인 데 반하여, 全部義務에서는 債務者뿐만 아니라 債務도 複數(pluralité de dettes)라는 사실에 있다고 한다. 全部義務者는 連帶債務者들처럼 idem 즉 동일한 것을 부담하는 것이 아니라, totidem 즉 각자가 그 數대로 그 것을 부담한다는 것이다.[64)]

(다) 공동의 가해자 각자가 부담하는 全部義務에 대한 이러한 이론구성은 다음과 같은 몇 가지 결과를 내포한다.[65)]

첫째로 共同加害者와 被害者의 관계에 있어서 한 加害者는 다른 共同의 加害者의 행위를 이유로 책임의 제한을 주장할 수 없으며, 이는 그가 被害者에게 全額을 배상한 후에 다른 共同의 加害者에게 求償을 할 수 있느냐의 여부에 의하여 영향을 받지 않는다.

둘째로 共同의 加害者들 상호간의 관계에 있어서는 被害者에게 전액을 배상한 加害者가 다른 共同의 加害者에 대하여 求償을 할 수 있느냐 없느냐의 문제가 제기되는데, 만약 이를 긍정한다면 그 求償의 근거는 무엇인가 하는 문제가 제기된다. 전통적 이론에서는 共同의 加害者 사이에서의 求償의 존재는 정당화하기 어렵다. 왜냐하면 변제를 한 책임자는 자신의 채무를 변제했을 따름이기 때문이다. 따라서 한때 求償權 자체를 인정하지 않는 견해도 있었다.[66)] 오늘날은 全體的 因果關係論을 주장하는 학자들도 대체로 求償權 자체는 인정하지만, 그러나 그 근거를 어디에 둘 것인가 하는 것이 문제되는

---

rôle causal, D. 1971, p. 113도 동일 취지이다.

63) Chabas(註 58), $n_{os}$ 123-31.

64) Vincent, L'extension en jurisprudence de la notion de solidarité passive, RTD civ., 1939, p. 670.

65) Caille, Les causes d'exonération de la responsabilité civile délictuelle(th. Paris, 1988), $n_{os}$ 379-81.

66) Lafay, Etude sur la responsabilité des coauteurs de délits ou de quasi-délits civils(th. Lyon, 1902), p. 182; Huc, Commentaire théorique et pratique du Code civil, t. 7, $n_o$ 314. Chabas(註 58), $n_o$ 26에서 재인용.

데, 혹은 衡平[67](l'équité)에, 혹은 事務管理[68](l'gestion d'affaires)에, 혹은 不當利得[69](l'enrichissememt sans cause)에, 심지어는 不法行爲[70]에까지 두고 있다. 그러나 그들은 그 請求權의 근거를 佛民 §1251 iii[71]의 法定代位에 두는 가능성은 명백히 제외시키고 있는바, 法定代位는 변제자가 다른 사람과 함께 혹은 다른 사람을 위하여 채무를 부담하고 있는 것을 전제로 하고 있음에 반하여, 共同의 加害者는 그 배상채무를 다른 사람과 함께 부담하거나 다른 사람을 위하여 부담하는 것이 아니기 때문에 代位의 길은 그에게 닫혀져 있다는 것이다.

끝으로, 共同의 加害者에 대한 辨濟者의 求償을 인정한다 하더라도 인과적 역할에 따른 責任의 分割은 생각할 수 없다. 각각의 원인은 전부의 원인이므로 각각은 손해의 발생에 동일한 역할을 하였다. 따라서 분할은 예를 들어 균등한 분할이나 각각의 포뜨(faute)의 중대성에 따른 분할과 같은 다른 기준에 따라서 행하여져야 할 것이다.

(3) **部分的 因果關係論**(la doctrine de la causalité partielle)

(가) 위와 같은 전통적 이론에 내해서 近代的 理論은 부분저 인과관계론에 입각하여 격렬하게 비판하고 있다. 즉 이 학설에 의하면 전통적 이론은 因果關係의 不可分性 내지는 全體的 因果關係論(La doctrine de la causalité intégrale)에 그 기초를 두고 있는데, 이러한 全體的 因果關係論은 비판의 여지가 있는 公理에 지나지 않는다고 한다. 왜냐하면 이러한 因果關係의 不可分性 내지는 全體的 因果關係論은 等價條件說을 채택할 때만이 지지될 수 있는데, 이 等價條件說은 손해의 원인들에 대하여 충분히 정확한 선택을 허용하지 않는다는 점에서 문제가 있는 것이고, 따라서 차후선택은 相當因果關係說 쪽으로 나아가고 있는바, 이 이론에 의거하는 이상 因果關係는 더 이상 不可分이 아니라 반대로 분할할 수 있는 것으로 보아야 하기 때문이라는 것이다. 즉 相當

67) Chabas(註 58), $n_{os}$ 28, 83-6.
68) Demolombe, Cours de Code Napoléon, t. XXVI, $n_o$ 304. Chabas(註 58), $n_o$ 28에서 재인용; Savatier, note, J.C.P. 1956, II, 9263. 최근에 이러한 견해를 취하는 학자로서는 Larroumet, note, D.S. 1978, 289.
69) Demolombe, ibid. Chabas(註 58), $n_o$ 28에서 재인용. 보다 최근의 견해로는 N. Dejean de la Bâtie, note, J.C.P. 78, II, 19003; G. Durry, observ. RTD civ. 1978, p. 364.
70) Agostini, note, D. 1982, 257.
71) "Art. 1251. La subrogation a lieu de plein droit: … 3° Au profit de celui qui, étant tenu avec d'autres ou pour d'autres au payement de la dette, avait intérêt de l'acquitter; …" (§1251. 다음 각 호에 해당하는 자를 위하여 대위는 당연히 발생한다. … 3. 타인과 함께 또는 타인을 위하여 채무를 변제할 의무가 있기 때문에 그 채무를 변제하는데 이익이 있는 자 …).

因果關係論에 따라서 條件(sine qua non)關係에 있는 다수의 前行事實 중에서 어떤 것에 대하여는 원인의 역할을 인정하고 또 어떤 것에 대하여서는 원인의 역할을 부정하기 위하여 質的인 選別을 하는 것이 가능하다면, 원인의 역할이 인정된 前行事實들 중에서 이번에는 다시 그것들의 原因力에 따라서 새로운 選別, 즉 量的인 選別을 할 수 있다는 것은 논리적으로 당연하다는 것이다.[72] 따라서 근대적 이론의 지지자들은 동일한 손해의 발생에 복수의 원인이 존재할 때에 각각의 원인이 전체의 원인이라고 단언하는 것은 정확하지 않다고 한다. 게다가 全體的 因果關係論의 논증은 너무 허약하다고 한다. 즉 각 행위자가 全損害를 야기하였으므로 전액에 대하여 책임을 져야 한다고 하면, 또한 역으로 각자는 다른 사람의 포뜨(faute)가 없었더라면 손해가 전혀 발생하지 않았을 것이라고 주장하면서 전액에 대한 면책을 주장할 수도 있다는 것이다.[73] 그러므로 결국 복수의 원인이 있을 경우, 각 원인은 손해를 실현하는 데에 단지 부분적으로만 기여하였다는 것을 인정하는 것이 더욱 논리적이라고 한다.[74]

또한 部分的 因果關係論者들은 全體的 因果關係論者들이 共同의 加害者 각자가 全損害에 대하여 책임지는 것을 因果關係의 不可分性이 아니라 損害의 不可分性으로 정당화하는 것에 대해서는 그러한 논증은 결정적인 것이 못된다고 하면서 다음과 같이 비판하고 있다. 즉 部分的 因果關係論에서 각 원인은 손해를 실현하는 데에 단지 부분적으로 기여하였을 뿐이라고 할 때에, 이 말은 어떠한 원인이 손해의 절반 혹은 1/4을 야기시켰다고 하는 것을 의미하는 것이 아니라 ── 실제로 이러한 것은 지지할 수 없다고 한다 ── 어떠한 원인이 손

72) Flour et. Aubert, Les Obligations: 2. Le fait juridique, (5e éd. 1991), no 168. 그러면서도 그는 1인의 포뜨와 자연적 사실이 경합한 경우에는 손해가 포뜨에 몇 %, 자연적 사실에 몇 % 기인한다고 말하는 것은 넌센스라고 하면서, 이 때는 자연적 사실은 배제하고 전액책임을 부과하여야 한다고 주장한다.

73) Starck, La pluralité des causes de dommage et la responsabilité civile, J.C.P. 1970. I. 2339, no 15; Caille(註 65), no 387; Viney(註 60), no 411 등. 앞서 언급하였듯이 샤바스 역시 이를 인정하고 있다.

74) 이러한 부분적 인과관계를 주장하는 학자들로서는 Radouant, D. 1958, 73; Boré, La causalité partielle en noire et blanc ou les deux visages de l'obligation in solidum, J.C.P. 71, I, 2369; idem, Le recours entre coobligés in solidum, J.C.P. 67, I, 2126; Mestre, La subrogation personnelle, 1979, nos 177 et s.; Raynaud, La nature de l'obligation des coauteurs d'un dommage. obligation in solidum ou solidarité? in Mélanges à Jean Vincent, 1979; Dereux, De la réparation due par l'auteur d'une seule des fautes dont le concours a causé le préjudice, RTD civ. 1944, 155; Brunet, Observations critiques sur l'obligation in solidum, Gaz. Pal., 1965. 2. 75; Viney(註 60), no 411; Caille(註 65), nos 387-8 등을 들 수 있다.

해의 실현에 있어서 다른 원인보다 2배 혹은 3배의 중요한 역할을 했다는 것을 뜻한다는 것이다. 그리고 이 때 책임의 분담은 인과적 역할의 중요성에 따르고, 또한 손해배상은 완전히 나눌 수 있는 것이기 때문에 賠償債務는 각각의 인과적 역할에 따라서 나눌 수 있다고 한다.[75)]

(나) 위와 같은 部分的 因果關係論에 따르면 共同의 加害者 각자가 부담하는 全部義務는 결코 "사물의 힘에 의하여" 강요되는 것은 아니며 본래 각 加害者는 손해의 일부분만 야기시켰고, 따라서 일부분에 대해서만 책임을 지는 것이 원칙이다. 각 가해자에게 손해전부에 대하여 全部義務를 부담시키는 것은 그렇게 하는 것이 당연하기 때문인 것은 아니며, 被害者에게 소송을 나누어서 해야 하는 불편함과 일부 債務者의 無資力에 대한 危險을 피하게 하려고 하는 정책적 이유에 의한 것일 뿐이다. 즉 손해의 원인에 복수의 책임자가 있다는 사실 때문에 被害者가 불리해질 수는 없는 것이고, 따라서 被害者로 하여금 각 共同加害者에 대하여 全額을 청구할 수 있도록 허용하는 것이 형평에 맞는 것이며, 그럴 경우 각 共同加害者는 다른 共同加害者의 채무에 대한 보증인의 지위에 있는 것으로 보고 있다.

(다) 이 때 이러한 피해자에 대한 보증이라고 하는 것을 어느 정도 고려할 것인가 하는 점에 대해서는 견해가 나뉜다. 全部義務의 적용범위를 매우 제한하거나 심지어 경우에 따라서는 全部義務를 포기하는 쪽으로 기우는 견해도 한때 있었으나,[76)] 오늘날에는 대체로 다음과 같이 2가지로 나누어진다.

첫째는 民事責任制度가 주로 被害者의 보호를 확보하는 것을 그 주임무로 하고 있다는 것을 인정한다면, 全部義務는 그것이 명백한 규정이나 보다 고차원의 가치를 나타내는 원칙에 위배되지 않는 한 被害者의 이익에 이바지 할 수 있을 때에는 언제나 적용되어야 한다는 견해이다. 이러한 견해에 의하면 被害者와 손해원인의 야기자 사이에서는 원칙적으로 責任의 分割이 인정되어서는 안 되며, 다만 被害者의 보호가 더 이상 문제되지 않는 共同의 加害者 상호간에서만 分割의 原則이 적용될 수 있다는 것이다.[77)]

둘째는 피해자에게 전액의 변제 후에 다른 공동가해자에게 求償權이 인정되는 경우에만 각 공동가해자는 全部義務를 부담한다는 견해이다. 따라서 求

75) Caille(註 60), $n_o$ 388.

76) Brunet(註 74), p. 75; Dereux(註 74), p. 155; Radouant, note D. 1958, p. 73 등.

77) Starck(註 73), $n_{os}$ 15-6; idem, Obligations: 1. responsabilité délictuelle($4^e$ éd. 1991), $n_{os}$ 1270-1; Viney(註 60), $n_o$ 412.

償이 불가능한 것으로 밝혀질 때마다[78] 加害者는 다른 共同의 加害者의 행위를 이유로 被害者에게 책임의 분할을 주장할 수 있어야 한다는 것이다. 다만, 이렇게 책임의 분할을 주장할 수 있는 것은 辨濟者의 求償이 법률적 이유로 불가능할 때만 그러하며, 求償이 단지 사실상의 불가능에 부딪칠 뿐일 때에는 그렇지 않다고 한다.[79]

㈑ 이상과 같은 部分的 因果關係論에 의하면, 共同의 加害者가 각자 피해자에 대하여 부담하는 全部義務는 連帶債務와 그 성질을 근본적으로 달리하는 것은 아니라고 한다. 즉 全部義務는 독자적인 제도가 아니라, 部分債務를 부담하는 복수의 債務者의 相互保證이라고 하는 連帶債務의 목적과 동일한 목적을 추구하는 단지 連帶債務의 일종일 뿐이라고[80] 한다. 전통적 이론은 連帶債務에 있어서는 모든 債務者들이 '동일한 것'(la même chose)을 빚지고 있음에 반하여, 全部義務에 있어서는 모든 債務者들이 '같은 것을 여럿'(des choses identiques) 빚지고 있다고 주장하고[81] 있으나 이는 결코 설득력이 없다는 것이다. 사실 피해자가 두 번째의 배상을 요구할 수 없는 것은 그가 첫번째에 배상을 받았기 때문이고, 따라서 여러 채무는 모두가 동일한 손해를 배상한다고 하는 동일한 목적을 가지고 있으며, 이는 결국 全部義務도 連帶債務에 있어서와 같이 복수의 債務者를 가진 하나의 채무가 있음을 의미한다고 한다.

㈒ 이러한 近代的 理論은 共同의 加害者 상호간의 求償權의 根據에 대한 설명도 傳統的 理論과 전혀 달리한다. 앞서 언급하였듯이 傳統的 理論에서는 共同의 加害者 상호간의 求償權의 근거에 대한 설명이 어려웠다. 그러나 部分的 因果關係를 전제로 하는 近代的 理論에 의하면 求償權의 근거에 대한 설명이 비교적 쉬워진다. 즉 이 理論에 의하면 각 共同加害者는 被害者에 대하여 다른 共同加害者와 "함께" 배상채무의 변제의무를 지고 있으므로 佛民 §1251 iii의 법정대위(la subrogation légale)의 요건을 충족하고 있다는 것이다.[82] 다만, 이렇게 되면 피해자와 공동가해자 1인 사이에 특별한 관계가 있어서 배

78) 이러한 경우로서 破棄院에서 문제된 것에 관해서는 後述 本條 注解 A. Ⅲ. 2. (3). ㈏ 참조.

79) Boré, Le recours entre coobligés in solidum, J.C.P. 1967, I, 2126.
보레의 이러한 이론은 후에 보는 바와 같이 독일의 部分的 因果關係論者인 코익(Keuk)의 이론과 기본적으로 아주 유사하다.

80) Raynaud(註 74), $n_o$ 23; Viney(註 60), $n_o$ 411.

81) Chabas(註 58), $n_o$ 21.

82) 한편 破棄院의 判例는 共同加害者 각자가 손해전부에 대하여 책임을 지는 것은 그가 손해전부를 야기하였기 때문이라고 하면서도 구상권의 법적 근거는 法定代位에 두고 있다. 後術 本條 注解 A. Ⅲ. 2. (3). ㈏ 참조.

상이 제한되거나 배제되는 경우에는 전액을 변제한 加害者에게 求償權을 인정할 수 없게 된다. 그리하여 全部義務의 경우에도 佛民 §1214[83]를 유추적용하여 連帶債務에서와 마찬가지로 固有의 求償權을 인정하자고 하는 학설이 주장되기도 하지만,[84] 그러나 이 규정은 連帶債務者 상호간에 委任 또는 事務管理의 관계가 존재하고 있음을 전제로 하고 있는데, 이에 반하여 共同의 加害者 상호간에는 이러한 관계가 존재하지 않기 때문에 同規定을 유추적용하기에는 이론상의 어려움이 있다고 한다.[85]

### 3. 獨　逸

#### (1) 논의의 쟁점

독일에서는 共同不法行爲에 관하여 명문의 규정이 있지만, 전통적으로 判例·通說은 主觀的 共同說을 취하고 있었기 때문에 數人이 主觀的 共同 없이 損害를 발생시키고 각자의 행위와 그 결과 사이에 因果關係가 인정되는 경우, 즉 競合不法行爲[86]의 경우에 각자의 책임을 어떻게 이론구성할 것인가 하는 것이 문제되었다. 이 경우 각자의 책임의 근거규정은 不法行爲의 一般規定인 獨民 §823이지만, 그 책임의 법적 성질은 獨民 §840 I[87]에 따라 連帶債務로 된다고 하는 점에 있어서는 異論이 없다. 다만, 논란의 대상이 되는 것은 加害者 각자가 損害全部에 대하여 책임을 지는 것은 不法行爲의 一般原則에 따라 당연한 것이고, 獨民 §840 I 은 단지 각자의 책임의 법적 성질을 連帶債務로 구성하는 역할을 하고 있을 뿐인가, 그렇지 않으면 본래는 각자 損害의 일부분에 대해서만 책임을 지는 것인데 獨民 §840 I 에 의하여 비로소 각자 全損害에 대하여 책임을 지게 된 것인가 하는 점이다.

#### (2) 전통적 견해: Alles-oder-Nichts 원칙

전통적으로 因果關係를 Alles-oder-Nichts의 문제로 보는 독일에서는 競合不法行爲의 경우에 각 加害者가 損害全部에 대하여 책임을 지는 것은 본래

83) 제1214조 제 1 항: "채무의 전부를 변제한 연대채무자는 다른 연대채무자에 대하여 그들 각자의 부담부분에 한하여 求償을 할 수 있다"(Le codébiteur d'une dette solidaire, qui l'a payée en entier, ne peut répéter contre les autres que les part et portion de chacun d'eux).

84) Viney(註 60), $n_o$ 423; Raynaud(註 74), $n_o$ 22.

85) Caille(註 65), $n_o$ 486.

86) 종래 필자는 독일의 Nebentäter를 併存的 共同不法行爲 또는 竝行不法行爲 등으로 번역하였지만, 이하에서는 競合不法行爲로 부르기로 한다. 또한 독일의 Nebentäter와 거의 同一한 개념인 英美法의 concurrent tortfeasor도 마찬가지로 競合不法行爲로 부르기로 한다.

87) 同規定에 대해서는 後述 本條 注解 A. Ⅲ. 3. (2) 참조.

(von vornherein) 그러한 것이며, 다만 獨民 §840 I 은 이를 連帶債務로 구성해 주는 역할을 할 뿐이라고 보는 것이 多數說이다.[88] 즉 각 행위자의 행위가 全損害에 대하여 事實的 因果關係(conditio sine qua non)를 가지고 또 각 행위자들의 행위의 경합이 一般生活經驗에 비추어 비정상적인 것이 아니면 각자의 행위와 전체손해 사이에 相當因果關係가 인정될 것인바, 그렇다면 각자는 자신의 행위로 全損害에 대하여 상당한 원인을 제공하였으므로 因果關係의 一般原則에 따라 全損害에 대하여 책임이 있다고 한다. 손해가 다른 사람의 불법행위와 경합하여서만 발생하였다 하더라도 이는 相當性을 배제하지 않는다는 것이다.[89]

**(3) 少數說: 部分的 因果關係論**

이러한 多數說에 대하여 각 행위자의 손해배상의무는 過失相計에 관한 규정인 獨民 §254에 따라서 자신의 책임기여분(Verantwortungsbeitrag)으로 제한되어야 한다고 하는 分割責任論이 주장되기도 하였지만[90] 별다른 지지는 받지 못하였다. 그러나 1960년대 말에 등장한 코익(Keuk)의 이론은 점차 많은 지지를 받고 있다.[91] 그녀의 이론은 기본적으로는 앞서 소개한 프랑스의 部分的 因果關係論과 매우 유사한 것으로서, 그 내용은 다음과 같다.[92] 즉 코익은 條件等式(Bedingungsformeln)이라고 하는 것은 單獨行爲者(Alleintäter)의 행위를 전제로 하는 것이기 때문에 數人의 不法行爲의 경합에 의하여 비로소 손해가 발생하였다고 하는 특별한 경우의 문제를 단지 因果關係의 원용만으로는 제대로 파악할 수 없으며, 數人의 행위가 競合한 경우에는 설사 각자의 행위와 결

88) 이러한 다수설을 취하는 견해는 Brambring, Mittäter, Nebentäter, Beteiligte und die Verteilung des Schadens bei Mitverschulen des Geschädigten(1973), S. 54ff.; MünchKomm/Stein(3. Aufl., 1997), §840 Rdnu. 4(1996); Kreutziger, Die Haftung von Mittätern, Anstiftern und Gehilfen im Zivilrecht — zugleich ein Beitrag zur deliktischen Haftung von Teilnehmern an unfriedlichen Demonstrationen(1985), S. 133f.; von Caemmerer, Ausgleichsprobleme im Haftpflichtrecht in rechtsvergleichender Sicht, ZfRvgl 1968, 86; RGRK/Nüßgens, §840 Rdnr. 5(S. 190); Staudingers/Medicus, §249 Rdnr. 96(S. 56); Lange(註 6), S. 106; MünchKomm/Grunsky(3. Aufl., 1997), vor §249 Rdnr. 50(S. 372) 등이 있다.

89) 이 점에 대한 트래거(Traeger)의 설명에 관해서는 後述 註 269 및 270과 그 本文 참조.

90) Cosack-Mitteis, Lehrbuch des Bürgerlichen Rechts, Bd. I(8. Aufl., 1927), S. 396. Weckerle (註 1), S. 94에서 재인용.

91) 이러한 코익(Keuk)의 견해에 찬성하는 견해로서는 Weckerle(註 1), S. 96; Staudingers/Schäfer, §840 Rdnr. 9(S. 1231); Niebaum, die deliktische Haftung für fremde Willensbetätigungen(1977), S. 79 등이 있다.

92) Keuk, Die Solidarhaftung der Nebentäter, AcP 168, 175, 특히 183ff. 참조. 이 논문의 기본적인 관점은 그보다 1년 앞서 나온 프랑스의 보레(Boré)의 논문(前註 79 참조)과 유사한 점이 많다.

과 사이에 因果關係가 인정된다고 하더라도 각 행위자는 손해의 일부분만을 야기시켰고, 따라서 자기의 寄與分에 대해서만 책임을 지는 것이 자연스러운 것이라고 한다. 이러한 寄與分에 따른 자연적인 損害分配를 어떻게 관철할 것인가에 대해서는 2가지 법기술적인 방법이 있는바, 첫째는 獨商 §736 I[93)]처럼 被害者에 대한 관계에서도 바로 이러한 자연적인 손해분배방법을 그대로 실현하는 것이고, 둘째는 被害者에 대한 관계에서는 被害者를 보호하기 위하여 競合不法行爲者들의 寄與分을 전부 묶어서 각자 全額賠償을 하도록 하고, 寄與分에 따른 자연적 분배방법은 競合不法行爲者들 상호간에서 실현하게 한다는 것이다. 獨民 §840 I 에서는 後者의 방법을 취하였고, 따라서 競合不法行爲者들이 각자 全損害에 대하여 責任을 부담하는 것은 결코 본래부터(von vornherein) 당연한 것이 아니라 법규정에 의하여 부과되었다(auferlegt)고 한다.

이러한 그녀의 이론에 따르면 각 行爲者의 기여분을 묶어서 전액에 대하여 연대책임을 지게 하는 것은 被害者를 보호하기 위한 법기술적 수단이지 논리적으로 당연한 것은 아닌바, 여기에서 각 行爲者가 부담하는 연대책임의 한계가 정해진다. 즉 각 行爲者들의 자기의 기여분에 따른 책임의 실현은 후에 다른 行爲者에 대한 求償을 통하여 이루어지도록 미루어졌고, 따라서 거기에 따른 불이익, 즉 다른 行爲者의 無資力의 위험 등은 각 행위자 스스로 감수하여야 하겠지만, 그것을 넘어서까지 부담할 수는 없다고 한다. 이는 결국 競合不法行爲者에게 손해전액에 대하여 連帶債務를 지우는 것이 被害者에게 각 行爲者의 책임기여분을 확정하는 위험 또는 行爲者 1인의 無資力의 위험 등을 덜어 주기 위하여 각 行爲者의 책임기여분을 묶었다는 사실에 기인한다고 하면, 연대책임을 지우기 위하여 각 行爲者의 책임기여분을 묶을 때에 자기의 기여분에 대하여 책임을 져야 하는 行爲者들의 책임기여분만 묶을 수 있다는 것을 의미한다. 따라서 1인의 行爲者가 被害者의 부담으로 자기의 기여분에 대해서 면책이 되었다면, 다른 제 2 의 行爲者 역시 전손해에 대하여 책임을 질 필요는 없다고 한다. 왜냐하면 전액에 대한 책임의 부과는 그것이 상호적으로 이루어져 각 行爲者들의 자기의 기여분에 따른 책임이 求償을 통하여 실현될 수 있다는 것에 의하여 정당화되기 때문이라는 것이다.

93) 선박충돌로 인하여 발생한 物的 損害에 대하여서는 각 船主는 그 선박측의 過失의 비율에 따른 分割責任을 부담함을 규정하고 있다.

### 4. 英 美

#### (1) 結果의 不可分性 내지는 그 分割의 문제

커먼로(Common Law)에서는 아무런 의사의 연락이 없는 數人의 행위가 競合하여 하나의 損害를 발생시킨 경우를 競合不法行爲[94](Concurrent Tortfeasors)라고 부르고, 각자 발생한 손해전부에 대하여 책임을 지며, 그 중 1인이 변제하면 그 한도 내에서 다른 加害者도 배상의무를 면하게 하고 있다. 이 때 각 競合不法行爲者가 손해전부에 대하여 책임을 지는 근거를 어디서 구할 것인가 하는 것이 문제될 수 있는데, 英美에서는 이를 因果關係라는 개념보다는 結果의 單一性이라는 개념에서 찾고 있다. 즉 競合不法行爲者의 "全部責任은 각자가 단일한 결과의 발생에 기여하였으며, 이를 합리적으로 나눌 수 없다고 하는 명백한 사실에 의거한다"[95]고 한다. 그러므로 複數의 原因이 경합하여 어떤 결과가 발생하였을 때에 그 결과가 개개의 原因에 귀속시킬 수 있는 부분으로 나누어질 수 있다면 각자는 그 부분에 대해서만 책임지면 된다는 것이다.[96] 그런데 프랑스[97]의 사바띠에(Savatier)도 언급하였듯이[98] 損害의 不可分性이라는 말은 다수의 원인 중 어떠한 것도 그것 없이는 결과가 발생하지 않았을 것이라고 하는 말을 간략하게 표현한 것에 지나지 않는다. 따라서 커먼로에서도 기본적으로 因果關係는 all-or-nothing의 문제로 보고 있다고 말할 수 있다.

그러나 앞에서 살펴보았듯이 프랑스에서는 結果의 不可分性이라고 하는 개념이 논리적이고 인과적인 결합을 뜻하고 있음에 반하여,[99] 커먼로에서는 결과가 나눌 수 있느냐 없느냐 하는 것은 이론적인 문제라기보다는 실용적인 고려에 의하여 결정되는 문제라고 한다.[100] 즉 "이 문제는 因果關係의 문제가

94) 영미법상의 競合不法行爲에 관해서는 後述 本條 注解 A. Ⅲ. 1. (2) 참조.

95) Prosser & Keeton(註 21), p. 347.

96) 이 때에는 "競合不法行爲者"(concurrent tortfeasors)와 구별하여 "별개의 손해를 야기시킨 單獨不法行爲者"(several tortfeasors causing different damage) 또는 "기타 單獨 不法行爲者"(other several tortfeasors)라고 부른다. Brazier, Street on Tort(8th ed., 1988), pp. 528-9 참조.

97) 前述하였듯이 프랑스에서도 數人이 損害의 발생에 관여한 경우에 각 행위자에게 全部責任을 지우기 위한 주요 논거로서 損害의 不可分性이 원용되고 있다. 前述 本條 注解 A. Ⅱ. 2. (2) 참조.

98) Savatier(註 61), $n_{os}$ 488-90.

99) Buxbaum, Solidarische Schadenshaftung bei ungeklärter Verursachung im deutschen, französischen und anglo-amerikanischen Recht(1965), S. 82, 49 참조.

100) Fleming, The Law of Torts(7th ed., 1987), p. 180.

아니라, 전체손해를 둘 또는 그 이상의 原因의 각각에게 귀속시킬 수 있는 부분으로 분리시키는 것이 가능하며, 실제로 편리한가 하는 문제"[101]라고 하며, 따라서 다수의 원인이 경합하여 손해가 발생하였을 때에 커먼로에서는 정책적인 고려에 의하여 각 加害者에 대하여 全部責任이 아닌 부분적 책임만을 부과할 수 있는 길이 비교적 쉽게 열려져 있다고 할 수 있다.[102]

(2) 구체적 事例

물론 몇몇 결과는 그 성격상 合理的인 分割이 불가능하며, 判例에서 자주 나타나는 이러한 예로는 死亡, 다리가 부러진 것 등과 같은 단일한 부상, 화재에 의한 가옥의 파괴, 선박의 침몰 등을 들 수 있다고 한다.[103] 이러한 경우에는 아무리 기발한 생각으로 그 결과를 나눈다 하더라도 그것은 순전히 恣意에 지나지 않을 것이다. 多數의 原因이 競合하여 이러한 단일한 결과를 야기하였을 때에는 각 原因의 惹起者는 競合不法行爲者로서 결과 전체에 대하여 책임을 부담하게 된다는 것이다.

또한 몇몇 결과는 그 성격상 쉽게 분할할 수 있다고 한다. 예를 들어 A·B 두 명이 동시에 C에게 총을 쏘아 A의 총알은 C의 팔에, B의 총알은 C의 다리에 맞아 부상을 입혔을 때 이들 부상은 각각 별개의 것으로 볼 수 있으며,[104] 이 때 A는 팔의 부상에 대해서만, 그리고 B는 다리의 부상에 대해서만 책임을 지게 된다. 물론 이 때 손해의 항목이 되는 치료비, 被害者의 노동능력의 상실 또는 고통 등을 나누어 算定하는 데 대한 명확한 증거자료는 없을 것

101) Prosser & keeton(註 21), p. 345.

102) 이 점에 관하여 리스테이트먼트{Restatement of the Law Secend, Torts 2d(1965)}에서는 다음과 같이 규정하고 있다.
"제433조 A. 침해결과의 각 원인에로의 배분
(1) 침해결과로 발생한 손해는 다음과 같은 경우에는 둘 혹은 그 이상의 원인들에게로 나누어진다.
(a) 침해결과가 서로 별개의 것일 경우
(b) 단일한 침해결과에 대한 각 원인의 기여를 결정할 합리적인 근거가 있을 경우
(2) 그 밖의 다른 침해결과로 발생한 손해는 둘 혹은 그 이상의 원인들에게로 나누어질 수 없다."
{§433 A. "Apportionment of Harm to Causes
(1) Damages for harm are to be apportioned among two or more causes where
(a) there are distinct harms, or
(b) there is a reasonable basis for determining the contribution of each cause to a single harm.
(2) Damages for any other harm cannot be apportioned among two or more causes"}.

103) Prosser & Keeton(註 21), p. 347.

104) Le Laurin v. Murray, 1905, 75 Ark. 232, 87 S. W. 131; Albrecht v. St. Hedwig's Roman Catholic Benevolent Society, 1919, 205 Mich. 395, 171 N.W. 461 등.

이다. 그러나 그렇다고 해서 그것이 1인의 被告에게 全損害에 대한 책임을 부과하는 데 대한 충분한 이유가 되는 것은 아니라고 한다.[105]

위의 경우 이외에도 不法行爲로 인한 侵害의 結果를 각 被告에게 나누어 귀속시킨 경우가 判例上 상당히 나타나고 있다. 예컨대 數人이 소유하고 있는 가축이 不法侵入을 한 경우,[106] 또는 數人이 소유한 개들이 타인의 양들을 물어죽인 경우[107]에는 '협의된 행동'(concerted action) ── 예를 들어 그 가축이나 개들을 공동관리하고 있을 때[108] ── 이 존재하지 않는 한 각 가축의 소유자는 그들 소유의 가축이 끼친 손해에 대해서만 책임이 있는 것으로 판결되었다. 특히 生活妨害(nuisance)의 경우에는 손해를 분할하는 경향이 있는데, 이는 原告의 토지사용에 대한 침해는 量, 比率 또는 程度에 따라 나누어질 수 있기 때문이라고 한다.[109] 判例에 나타난 예로는 각자 독자적으로 동일한 하천을 오염시킨 경우,[110] 두 개의 제방에서 방류된 물로 인하여 原告의 토지가 침수된 경우,[111]·[112] 소음공해로 인한 생활방해,[113] 대기오염의 경우[114] 등이 있다. 심지어는 동일한 名譽毁損的 陳述이 따로따로 행하여진 경우[115]라든가, 별개의 행위들이 경합되어 愛情의 喪失을 초래한 경우[116]에도 그 損害가 分割되어졌다.

---

105) Prosser & Keeton(註 21), p. 348.

106) Dooley v. Seventeen Thousand Five Hundred Head of Sheep, 1894, 4 Cal. Unrep. 479, 101 Cal. xvii, 35 P. 1011 등.

107) Anderson v. Halverson, 1904, 126 Iowa 125, 101 N.W. 781 등.

108) Ushirohira v. Stuckey, 1921, 52 Cal. App. 526, 199 P. 339 등.

109) Prosser & Keeton(註 21), p. 349.

110) Chipman v. Palmer, 1879, 77 N.Y. 51; Somerset Villa, Inc v. City of Lee's Summit, Mo. 1969, 436 S. W. 2d 658 등.

111) Bank View Mill v. Nelson Corp.[1942] 2 All E.R. 477 at 483.

112) 이와 관련하여 브레이지어{Brazier(註 96), p. 529}가 들고 있는 예를 소개해 본다. 즉 예컨대 D1과 D2의 堤防에서 放流된 물로 인하여 P의 農地가 침수되어 P가 30일간 耕作活動을 하지 못하였는데, 만약 어느 한쪽의 제방에서 방류된 물만으로는 15일간 침수되었을 것이라고 여겨진 경우에 D1과 D2는 각각 P가 15일간 일하지 못함으로써 입은 손해에 대하여 賠償責任을 질 것이다. 이에 대하여 P의 農地가 침수되었는데 P가 활동하는 데 방해를 준 것은 아니지만 그의 耕作物이 손상되었고, 이 때 D1과 D2 각자의 제방에서 방류된 물만으로는 경작물에 아무런 손상을 입히지 않았을 것이라고 인정되는 경우라면, 이 때의 손해는 不可分한 것이 되고 D1과 D2는 각자 損害全額에 대하여 연대하여 책임을 져야 한다. 또 피고의 행위가 기존의 상황을 침범하였을 때, 즉 D1과 D2가 이미 방류하고 있었고 또 그 정도로는 原告의 토지가 침수되지 않는 경우에 D3가 D1과 D2가 방류하고 있다는 사실을 알면서도 그 위에 또 방류시켜 原告의 土地를 침수시킨 경우에는 D3가 全損害에 대하여 책임을 져야 한다.

113) Sherman Gas & Electric Co. v. Belden, 1909, 103 Tex. 59, 123 S. W. 119 등.

114) O'Neil v. Southern Carbon Co., 1949, 216 La. 96, 43 So. 2d 230 등.

115) Harriott v. Plimpton, 1896, 166 Mass. 585, 44 N.E. 992 등.

116) Barton v. Barton, 1906, 119 Mo. App. 507, 94 S. W. 574 등.

이처럼 합리적이고 실제적인 근거가 있을 때마다 손해를 나누어 귀속시키려는 노력이 행하여진 것은 그 많은 부분이 과거에는 1人의 加害者가 손해전부를 변제했을 때 다른 加害者에 대하여 求償할 수 없었다고 하는 사실에 기인한다고 한다.[117]

이렇게 손해를 분할시켜 귀속시키는 것은 多數의 加害者의 행위가 경합되어 손해를 발생시킨 경우뿐만 아니라, 加害者 1人의 過失 있는 行爲와 自然的 事實이 경합하여 손해를 발생시킨 경우에도 적용되었다. 예를 들어 被告의 堤防이나 제방공사로 인하여 비가 보통으로 내렸다 하더라도 原告의 土地가 침수되었을 것이 예견되었지만, 유례 없고 예견할 수 없었던 소나기가 내려 종류에 있어서는 비슷하지만 정도에 있어서는 훨씬 큰 浸水가 발생한 경우에 被告에게 전체손해 중에서 그의 過失에 기인하는 부분에 대해서만 책임을 부담시켰다.[118] 이와 비슷한 구별이 被告가 합리적으로 행동하였다 하더라도 발생하였을 손해와 被告의 過失에 기인하는 追加的 損害에 대해서도 행하여지며,[119] 또한 마찬가지로 被告에 의하여 발생한 손해와 原告에 의하여 발생한 손해에 대해서도 행하여진다.[120]

(3) 立證問題

結果 또는 損害가 나눌 수 있는 것일 때, 이것을 누가 어떻게 立證할 것인가 하는 것도 매우 어려운 문제이다. 원칙적으로 被告의 어떠한 행위가 어떠한 손해를 끼쳤는가에 대한 立證責任은 原告가 부담한다. 그러나 判例는 적어도 손해의 일부분에 대하여 被告가 책임이 있음이 밝혀진 경우에는 原告의 그러한 立證責任을 완화시킴으로써 책임이 있음이 입증된 被告가 단순히 그가 가한 손해가 다른 원인에 기인하는 손해와 뒤섞여 있다는 이유로 빠져나갈 수 있는 그런 부당한 결과를 피하려는 경향이 있다.[121] 따라서 이 부분에 관한 判例는 그렇게 정확한 증거를 요구하지 않고 여러 원인이 결과에 기여한 정도에 관하여는 概括的인 證據만으로 족하다[122]고 하며, 이 부분에서 증거가

117) Prosser & Keeton(註 21), p. 349; Fleming(註 100), p. 180.
118) Radburn v. Fir Tree Lumber Co., 1915, 83 Wash. 643, 145 P. 632 등.
119) Jenkins v. Pennsylvania Railway Co., 1902, 67 N.J.L. 331, 51 A. 704 등.
120) Philadelphia & Reading Railway Co. v. Smith, 3d Cir. 1894, 64 F. 679 등.
마찬가지로 피고의 불법행위로 발생한 신체침해와 원고의 旣往症 내지 病的 素因에 의하여 발생한 신체침해에 대해서도 이를 구별하여 각각 피고와 원고에 귀속시킨다. 여기에 관해서는 鄭泰綸, "旣往症, 病的 素因의 기여도문제", 판례월보(1990년 10월호), 11-5 참고.
121) Fleming(註 100), p. 180.
122) Eckman v. Lehigh & Wilkes-Barre Coal Co., 1912, 50 Pa. Super. 427 등.

없다고 하여 배상이 거절된 경우는 거의 없었고,[123] 최후의 수단으로 손해가 모든 加害者들에게 평등하게 나누어지기도 하였다.[124]

일부 學說은 둘 이상의 被告들에게 過失이 있었다는 점과 각자가 적어도 일부분의 손해를 야기하였다는 사실은 증명되었으나, 그 정도가 문제되는 경우에는 立證責任을 被告에게 轉換시켜 被告의 행위에 의하여 야기되지 않았음이 입증되지 않는 한 전부에 대하여 책임을 부과시켜야 한다고 한다.[125] 그 근거로서 주장되는 것은 立證不能으로 인한 損失은 아무 잘못도 없는 原告보다는 過失이 있다는 사실과 손해를 입혔다는 사실이 증명된 被告가 부담하여야 한다는 것이다. 몇몇 미국의 법원에서는 이러한 견해를 받아들이고 있으며,[126] 이는 특히 자동차의 연쇄충돌사고의 경우[127]에 자주 원용된다. 물론 이 경우에도 요구되는 立證程度가 매우 중요한 문제로 등장한다. 최근 영국의 한 判例[128]는 被告의 立證程度와 관련하여 이 때에도 嚴格한 證明을 요구하기보다는 자기가 부담하여야 할 부분을 대략적으로 數量化하는 것으로 족하다고 하여야 더욱 공평하다고 하면서, 損害算定에 있어서 다른 많은 작업이 추측으로 이루어지고 있다는 것을 고려하여 볼 때에 정확한 數量化를 요구하는 것은 지나친 것이라고 한다.

---

123) 몇몇 드문 예로는 Tucker Oil Co. v. Matthews, Tex.Civ.App., 1938, 119 S. W. 2d 606; Maas v. Perkins, 1953, 42 Wn. 2d 38, 253 P. 2d 427 등이 있다. 그러나 이러한 판례들은 오늘날 더 이상 적용되지 않는다고 한다. Prosser & Keeton(註 21), p. 350 Fn. 50.

124) Wood v. Snider, 1907, 187 N.Y. 28, 79 N.E. 858 등.

125) Wigmore, Joint Tortfeasors and Severance of Damages, 1923, 17 Ill.L.Rev. 458; Carpenter, Workable Rules for Determining Proximate Cause, 1932, 20 Cal.L.Rev. 306, 406; Jackson, Joint Torts and Several Liability, 1939, 17 Tex.L.Rev. 399.

또한 이 점에 관하여 리스테이트먼트{Restatement of the Law Secend, Torts 2d (1965)}에서는 다음과 같이 규정하고 있다.

"제433조 B. (2) 둘 혹은 그 이상의 行爲者들의 不法行爲가 결합하여 原告에게 損害를 야기하였고, 1인의 또는 그 이상의 行爲者가 침해결과가 그들 사이에 배분되어질 수 있다는 이유로 그의 責任을 輕減시키고자 할 때에 그 배분에 대한 立證責任은 그러한 行爲者가 부담한다"{§ 433 B. "(2) Where the tortious conduct of two or more actors has combined to bring about harm to the plaintiff, and one or more of the actors seeks to limit his liability on the ground that the harm is capable of apportionment among them, the burden of proof as to the apportionment is upon each such actor"}.

126) Phillips Petroleum Co. v. Hardee, 5th Cir. 1951, 189 F. 2d 205(관개용수의 오염에 관한 사건); Finnegan v. Royal Realty Co., 1950, 35 Cal. 2d 409, 218 P. 2d 17(비상구가 없어서 화재로 인한 손해가 더욱 커졌음) 등.

127) Maddux v. Donaldson, 1961, 362 Mich. 425, 108 N.W. 2d 33 등.

128) Thompson v. Smiths Shiprepairers[1984] Q.B. 405. 원고들은 오랜 기간 동안 시끄러운 조선소에서 일하다가 귀가 먹었다. 그러나 사용자는 그가 조치를 취했어야 했던 이후의 기간에 대해서만 過失이 있었다. 이 경우 법원은 사용자에게 전부책임을 지우기를 거부하였다.

多數의 被告가 손해를 가하였음이 명백하지만, 그 정도가 밝혀지지 아니한 경우에 被害者를 구제하는 한 방법으로 그 全體損害가 不可分한(indivisible) 것으로 다루어 각 加害者에게 連帶하여 全部를 배상하게 하는 방법도 가능하다고 한다.[129] 미국의 텍사스(Texas)州에서는 이러한 趣旨의 判決들[130]이 있으나, 이에 대하여 일부 學說은 이는 分割의 根據에 대한 立證責任을 被告들이 부담하여야 한다는 것을 의미하는 것에 지나지 않는다고 해석하고 있다.[131]

## 5. 小 結

複數의 原因이 경합하여 하나의 손해가 발생하였을 경우 각 原因의 惹起者는 不法行爲의 一般原則에 따를 때에 당연히 全損害에 대하여 책임을 지는가, 그렇지 않으면 分割責任만을 부담하는가에 대한 논의는 서두에서 언급한 바와 같이 共同不法行爲의 전반에 걸쳐 발생하는 여러 어려운 문제들을 이해하는 데에 대단히 중요한 준거틀을 제공한다. 그러나 그 동안 국내에서는 이 문제에 관하여 서의 논의되지 않이 소개할 만한 학설은 보이지 않으므로, 이하 私見만을 제시한 뒤 판례의 태도를 살펴본다.

### (1) 私 見

이 문제는 어느 입장을 취하는 것이 원인과 결과 사이의 관계를 자연과학적으로 보다 정확하게 설명할 수 있는가 하는 관점에서가 아니라, 어느 입장을 취하는 것이 우리의 責任法上의 여러 制度를 보다 整合性 있게 설명할 수 있게 하는가 하는 관점에서 결정되어야 할 것이다. 이러한 점을 고려할 때에 다음과 같은 이유로 因果關係는 Alles-oder-Nichts의 문제로 보는 것이 타당하다고 생각된다.

첫째, 部分的 因果關係論에 의하면, 相當因果關係說을 받아들이는 한 복수의 원인이 있을 경우 각 원인은 손해를 실현하는 데에 단지 부분적으로만 기여하였다는 것을 인정하는 것이 더욱 논리적이라고 한다. 그러나 相當因果關係說은 條件의 質的·量的 無差別化를 내포하는 等價條件說과는 달리 條件의 質的 差別化를 내포할 뿐이며, 어떤 원인이 결과의 발생에 어느 정도의 역할

129) Fleming(註 100), p. 180.

130) Landers v. East Texas Salt Water Disposal Co., 1952, 151 Tex. 251, 248 S. W.2d 731 (公害에 관한 사건임); Phillips v. Gulf & South American Steamship Co., Tex.Civ.App. 1959, 323 S. W. 2d 631 등.

131) Prosser & Keeton(註 21), p. 351.

을 하였는가 하는 量的인 문제는 相當因果關係說과는 상관없다.[132] 물론 相當性 여부를 판단함에 있어서는 어떤 사실이 결과의 발생에 어느 정도의 역할을 하였는가 하는 量的인 문제는 충분히 고려의 대상이 되겠지만, 일단 相當性이 인정되면 責任法上 그 사실은 발생한 결과 전부에 대한 원인으로 다루어지는 것이다. 결과가 不可分일 경우에 각 원인이 손해의 일부분만을 야기시켰다고 보는 것, 예컨대 사망사고의 경우에 加害者 중의 1人이 사망의 30%만 야기시켰다고 하는 것은 우리의 일반상식에도 반한다 할 것이다.

둘째, 우리 민법은 民 §396에서 債務不履行의 경우에 過失相計를 규정하고 있으며 民 §763에서는 民 §396의 규정을 不法行爲에도 준용하고 있는바, 이러한 규정들은 Alles-oder-Nichts의 원칙을 전제로 한 것이라고 볼 수 있다. 즉 加害者의 행위 이외에 다른 원인들이 경합하여 손해가 발생하였다 하더라도 이러한 사실은 加害者의 행위가 全損害의 발생원인이며, 따라서 加害者는 全損害에 대하여 책임을 져야 한다고 하는 점에 대하여 원칙적으로 아무런 영향을 미치지 않고, 다만 그 경합한 원인 중의 하나가 被害者의 過失일 경우에만 예외적으로 공평의 관념에 의하여 그 過失의 비율에 따라서 감액하고 있는 것으로 해석하여야 할 것이다.

셋째, 加害者의 행위와 自然的 事實이 경합하고 있는 경우에 部分的 因果關係論에 의하면 加害者의 행위와 自然的 事實은 각각 부분적으로만 손해를 야기시켰고, 따라서 加害者는 자기가 야기시킨 부분에 대해서만 배상해 주면 족하다고 하는 결과가 될 것인데, 이러한 결과는 매우 부당하다. 하나의 손해의 발생원인은 다양하게 분석될 수 있는바, 그 때마다 自然的 事實에 기인하는 부분을 배제한다고 하면 피해자의 실효적인 구제가 거의 불가능할 것이다. 뿐만 아니라 이러한 결과를 인정하게 되면 법관은 因果關係가 입증되지 않은 상태에서 단순히 心證度만으로 각각의 사실에 대하여 원인력을 정하고, 이에 따라 책임을 귀속시키게 될 가능성이 있다.[133] 部分的 因果關係論者들도 이러한 점을 인식하고는 加害者의 過失(faute)과 自然的 事實이 경합한 경우에 손해가 加害者의 過失에 몇 %, 自然的 事實에 몇 % 기인한다고 말하는 것은 넌센스라고 하면서, 이 때는 自然的 事實은 고려하지 아니하고 被害者에게 全

132) Chabas(註 58), $n_{os}$ 123-31.
133) 실제로 이러한 취지의 因果關係의 割合的(確率的) 認定이라고 하는 理論이 일본에서 등장하고 있다. 이에 대한 비판으로서는 森島昭夫, 不法行爲法講義, 301 이하 참조.

損害에 대한 責任을 부과하여야 한다고 주장하지만,[134] 이러한 주장은 논리의 일관성이 없다.

넷째, Alles-oder-Nichts의 원칙에 대해서는 加害者의 조그만 실수가 自然的 事實과 경합하여 큰 손해를 발생시켰을 경우에, 그 加害者에게 全損害에 대한 賠償責任을 지우는 것은 지나치게 가혹한 것이 아닌가 하는 비판이 있을 수 있다. 그러나 이러한 경우의 해결책으로서 部分的 因果關係論을 택하기보다는 오히려 커먼로에서처럼 all-or-nothing의 원칙을 그대로 유지하면서 발생한 損害를 보다 적극적으로 — 그리고 경우에 따라서는 損害의 可分性을 보다 탄력적으로 인정하면서 — 구분·분리하거나, 또는 過失相計를 보다 적극적으로 활용하는 것[135]이 더욱 타당하다고 생각한다.

(2) 判 例

우리의 판례 역시 이 문제에 대하여 명확하게 그 입장을 밝힌 적은 없다. 그러나 그 판시내용을 통하여 판례의 입장을 추론할 수는 있을 것이다.

먼저 加害者의 행위와 자연적 사실이 경합한 경우를 보면, 대법원은 大判 91. 7. 23, 89다카1275[136]에서 "공해사건에서 피해자의 손해가 한파·낙뢰와 같은 자연력과 가해자의 과실행위가 경합되어 발생된 경우, 가해자의 배상의 범위는 손해의 공평한 부담이라는 견지에서 손해에 대한 자연력의 기여분을 제한 부분으로 제한하여야 할 것이고"라고 판시하고 있는바, 이는 일응 部分的 因果關係論에 입각한 것처럼 보인다. 그러나 이 문제는 同判決에서 말하는 "손해에 대한 자연력의 기여분"을 어떻게 해석하느냐에 달려 있다. 즉 그 의미를, 특히 영미의 판결에서 자주 볼 수 있듯이 현실적으로 발생한 손해를 可分의 것으로 보아 각각의 원인에 기인하는 것으로 나누어 그 部分에 대한 責任을 인정하고 있는 것으로 해석한다면, 이는 all-or-nothing의 원칙을 고수하고 있는 것으로 볼 수 있다. 이러한 취지는 大判 93. 2. 23, 92다52122[137]에서 뚜렷이 나타나고 있다. 즉 大法院은 原審法院이 "폭풍우와 해일로 말미암아 위 해안도로 옆에 있던 원고의 판시 공장에 바닷물이 유입되면서 위 해안도로

134) Flour et Aubert(註 72), $n_o$ 168.
135) 예컨대 일정한 자연적 상황 하에서는 被害者가 손해를 방지하기 위하여 적극적인 조치를 취하지 않은 것(예컨대 寒波라고 하는 자연력에 대비하여 관상수를 제대로 관리하지 아니한 사실. 大判 91. 7. 23, 89다카1275, 公 1991, 2211 참조)에 대하여 過失을 인정함으로써 過失相計를 허용하여야 할 것이다.
136) 公 904, 2211.
137) 公 942, 1078.

위에 일부만 철근으로 묶여 적치되어 있던 아이빔과 아무런 안전조치 없이 적치되어 있던 석괴 등이 위 공장에 유입되어 위 공장 내의 각종 기계설비 등을 충격파괴하여 원고가 손해를 입은 사실을 확정"하고, 또한 태풍이 옴에도 불구하고 이러한 자재를 옮기거나 단단히 묶지 안은 피고의 過失을 인정한 후에 전문지식이 있는 회사가 손해액을 항목별로 정리한 것을 참고하여 "해일과 침수로 인한 손해와 위 아이빔이나 석괴 등으로 인한 손해의 비율을 각 50퍼센트씩으로 판단하였음은 수긍할 수 있"다고 하고 있는 것이다.

加害者의 행위와 제3자의 행위가 경합하여 손해가 발생한 경우에는 대법원이 all-or-nothing의 원칙을 전제로 하고 있음을 더욱 분명하게 알 수 있다. 즉 大判 91.4.9, 90다18500[138]은 "책임능력 있는 미성년자의 불법행위로 손해가 발생한 경우에 그 발생된 손해가 당해 미성년자의 감독의무자의 의무위반과 상당인과관계가 있을 경우에는 감독의무자는 일반불법행위자로서의 배상의무가 있는 것이라 할 것이다"고 하면서, 미성년자의 감독자들은 일반불법행위자로서 위 미성년자들과 공동하여 "원고들이 이 사건 사고로 입은 모든 손해를 배상하여야 할 의무가 있다"고 판시하고 있다. 이 판결에 대해서는 주로 親權者에게 民 §755의 責任無能力者의 監督者로서의 책임이 아니라 民 §750의 一般不法行爲者로서의 책임을 묻기 위해서는 어느 정도의 監督義務違反이 요구되는가 하는 점과 관련하여 논의가 되고 있지만,[139] 여기서는 관점을 달리하여 책임능력이 있는 未成年者의 親權者에게 一般不法行爲者로서의 책임이 인정되었을 때, 그의 책임과 또 한 명의 원인제공자인 未成年者의 책임과의 관계를 문제삼고 있는 것이다. 즉 同判決이 一般不法行爲者로서의 책임을 인정하면서 分割責任을 부과하지 않고 미성년자의 감독의무자에게 모든 손해를 배상하여야 할 의무가 있다고 하였다면, 이는 각자가 損害全部에 대하여 책임을 지는 것이 民 §760에 의하여 비로소 인정된 것이 아니라 이미 不法行爲法上의 一般原則에 의하여 인정되고 있음을 의미하는 것이다. 따라서 복수의 원인에 의하여 손해가 발생한 경우에 판례는 全體的 因果關係論을 취하고 있다고 보아야 할 것이다.[140]

138) 公 897, 1352.

139) 權五乘, "責任能力 있는 未成年者의 不法行爲와 監督義務者의 責任", 민사판례연구 [XIV], 226.

140) 사실 이러한 취지의 판결은 이 이외에도 많이 있으며, 대표적인 예로서 제3자의 기망행위와 동사무소 또는 구청직원의 과실이 경합하여 손해가 발생한 경우를 들 수 있다. 이 때 지방자치단체에게 全損害에 대한 배상책임을 인정하면서, 어떤 경우(大判 94.

## Ⅲ. 共同不法行爲의 類型에 관한 比較法的 檢討

### 1. 英 美 法

#### (1) 共同不法行爲(joint tortfeasor)

(가) 커먼로(common law)에서는 전통적으로 損害의 발생에 數人이 개입된 경우를 行爲者 상호간에 主觀的 關聯이 있느냐의 여부에 따라 크게 2가지로 나누어 그 중 主觀的 關聯, 즉 "共同의 目的을 위한 協議된 行爲"(concerted action to a common end)가 있는 경우를 "共同不法行爲"(joint tortfeasor)[141)]라고 한다. 그리하여 이 경우에는 발생결과에 대한 個別行爲者의 行爲寄與와는 상관없이 이들의 행위를 일체로 파악하여 각자에게 全損害에 대하여 책임을 부과하고 있다.[142)] 그런데 독일의 通說·判例와는 달리 英美에서는 이러한 主觀的 關聯은 損害結果에 대하여 있을 필요는 없고 단지 損害를 야기시키는 行爲에 관하여 있으면 족하다고 한다. 따라서 過失의 不法行爲에 있어서도 "共同의 目的을 위한 協議된 行爲"의 가능성이 인정된다. 판례에 의하여 過失의 共同不法行爲가 인정된 예로는 두 척의 曳船이 한 척의 배를 끌고 가다가 조종

6. 14, 93다39973, 公 972, 1945)에는 共同不法行爲을 명시하고 있는가 하면 또 어떤 경우(大判 94. 9. 27, 94다16335, 公 979, 2807)에는 이를 명시함이 없이 단순히 지방자치단체의 배상책임을 인정하고 있다. 후자의 경우에 본문에 인용된 판결처럼 명시적으로 一般不法行爲法에 의한 책임인가를 밝히고 있지는 않지만, 만일 判例가 部分的 因果關係論에 입각하고 있고 또 共同不法行爲의 制度的 趣旨를 分割責任의 排除에 있다고 본다면, 全損害에 대한 책임을 부과할 때에는 共同不法行爲에 의한 책임임을 명시하여야 할 것이다.

141) 넓은 의미에서의 "조인트 토트피저"(joint tortfeasor)는 共同不法行爲 이외에도 代位責任(vicarious liability)의 경우와 數人이 하나의 共同의 法的 義務를 부담하는 경우 등을 포함한다. 즉 被用者(servant), 代理人(agent) 또는 組合員(partners) 중의 1인이 "業務遂行中에"(in the course of his employment) 또는 "그의 權限의 範圍 내에서"(within his authority) 不法行爲를 저질러 이것이 代位責任이라는 방법으로 使用者(master), 本人(principal) 또는 다른 조합원들에게 귀속되어질 때에 이들 使用者와 被用者, 本人과 代理人, 그리고 다수의 組合員들 등도 "조인트 토트피저"(joint tortfeasor)라고 부른다. 또한 공동의 所有者들이나 공동의 占有者들이 그들이 공동으로 부담하고 있는 安全義務를 어겼을 때에도 이들을 "조인트 토트피저"(joint tortfeasor)라고 부른다. "조인트 토트피저"라는 개념을 이렇게 포괄적으로 사용하게 된 데에는 이들 여러 그룹들간에 실질적인 관련이 있어서라기보다는 연혁적인 이유에 기인한다. Winfield & Jolowicz, on Tort(13th ed., 1989), p. 592, Fn. 15 참조.

142) 이미 1613년에 "존 헤이든卿"(Sir John heydon)사건의 판결이 이러한 취지를 잘 나타내 주고 있다. 즉 "數人이 不法行爲에 참여하게 되고 또 그들이 한 집단을 이루고 있으면, 한 사람의 행위는 같이 있었던 그 동일집단의 모든 사람의 행위가 되는 것이다" ("…all coming to do an unlawful act, and of one party, the act of one is the act of all of the same party being present"). Sir John heydon's Case[1613] 11 Co.Rep. 5, 77 Eng. Rep. 1150. Prosser & Keeton(註 21), p. 323에서 재인용.

상의 실수로 그 배를 좌초시킨 경우,[143] 자동차의 견인도중 관계자들의 실수로 교통사고가 발생한 경우,[144] 고속도로상에서 차를 세워 놓고 싸우다 사고가 난 경우,[145] 2명의 운전자들이 자동차경주를 하다가 사고가 난 경우[146] 등을 들 수 있다. 특히 마지막의 경우에는 當事者 사이의 明示的인 合意도 필요 없으며, 예를 들어 甲이 갑작스런 앞지르기를 하여 乙의 속도경쟁을 유발한 경우와 같이 默示的인 合意만 있으면 족하다고 한다.[147]

(나) 때로는 이러한 "協議된 行爲"(concerted action)理論이 확대적용되어 選擇的 因果關係의 문제를 해결하기 위하여 원용되기도 한다. 예를 들어 두 명의 사냥꾼이 不注意하게[148] 公路를 가로질러 총을 쏘았는데, 그 중의 한 명이 쏜 총알에 原告가 맞아 부상을 입었지만 정확하게 누구의 총에 맞았는지는 불명확한 경우에 因果關係의 立證困難으로부터 원고를 구제해 주기 위한 방법의 하나로서 判例는 被告들에 대하여 "협의된 행위"(concerted action) 내지는 "共同의 意圖"(common design)를 인정하여 각자에게 共同不法行爲者로서의 책임을 물었다.[149]·[150]

(다) 判例는 더 나아가 "共同事業"(joint enterprise)이라는 개념을 통하여 過失의 共同不法行爲를 좀더 넓게 인정하기도 한다. 이러한 "共同事業理論"은 組合(partnership)에 있어서 한 조합원이 업무의 범위 내에서 한 행위가 나머지 다른 조합원들에게 代位的으로 귀속되는 法原理를 組合上의 共同事業 이외의

---

143) Sewell v. B.C. Towing and Transportation Co.[1883] 9 S.C.R. 527.

144) Copp v. Clancy(1957) 16 D.L.R. 2d 415.

145) Mason v. Burke(1968) 68 D.L.R. 2d 19 at 23.

146) McDonald v. Dalgleish(1973) 35 D.L.R. 3d 486.

147) Nelson v. Nason(1961) 343 Mass. 220, 177 N.E. 2d 887; Lemons v. Kelly(1964) 239 Or. 354, 397 P. 2d 784 등.

148) 因果關係는 불명확하더라도 過失의 存在는 인정되어야 한다. 예컨대 같이 사냥을 하던 5명 중 2명이 동시에 다람쥐를 향하여 쏘았는데, 그 중의 1발이 다른 참가자를 맞춘 경우에 같이 사냥을 하는 것 그 자체는 適法한 것이기 때문에 그 發射者들에게 공동불법행위자(joint tortfeasor)로서의 責任을 인정할 수는 없다고 하였다. Schoening v. Claus (1952) 249 S. W. 2d 361 참조.

149) Oliver v. Miles(1927) 144 Miss. 852, 110 So. 666; Benson v. Ross(1906) 143 Mich. 452, 106 N.W. 1120; Kuhn v. Bader(1951) 89 Ohio App. 203, 101 N.E. 2d 322 등.

150) 캐나다에서는 "共同의 意圖"(common design)를 인정하여 共同不法行爲者로서의 책임을 물으면서도 피고는 그의 행위에 의하여 결과가 발생한 것이 아님을 입증하면 책임을 면할 수 있다고 함으로써 일견 모순되는 태도를 보이기도 하였다(Beecham v. Henderson [1951] 1 D.L.R. 628: 두 소년이 달리는 버스에 모래를 던져 승객을 부상케 한 사건). 그러나 그 후 이러한 경우에 입증책임의 전환이라는 방법을 채택하였다(Cook v. Lewis [1952] 1 D.L.R. 1: 두 명이 사냥중에 동시에 원고측 방향으로 총을 쏘았으나 그 중 누구의 총에 맞았는지 밝혀지지 아니한 경우에, 비록 그 두 명이 사냥감을 나누어 갖기로 하였음에도 불구하고 共同不法行爲者로 인정되지는 않았다).

범위로 확대적용한 것으로서, 이는 거의 전적으로 미국법원의 창조물이다.[151)]

영국에서는 "共同事業"을 이유로 共同不法行爲가 인정된 경우는 다음의 두 경우뿐이라고 한다[152)] 첫째는 "브루크"사건(Brooke v. Bool)[153)]으로서, 지하실에서 가스가 새고 있는지 살펴봐 달라는 賃借人 A의 요구에 의하여 집주인인 被告가 訴外 M(그는 賃借人 A로부터 세들어 살고 있었음)과 함께 촛불을 들고 지하실에 들어가 살피고 있던 중 가스가 직접적으로는 訴外 M의 촛불에 인화되어 폭발하였다. 이에 判例는 被告와 訴外 M과의 사이에 "協議된 事業"(concerted enterprise)관계가 존재한다는 것을 이유로 被告에게 共同不法行爲者로서의 책임을 인정하였다. 두 번째 사례는 "스카아스브루크"사건(Scarsbrook v. Mason)[154)]으로서, 被告는 第3者가 운전하는 차에 연료비를 나누어 부담하기로 하고 동승하였는데 운전자의 잘못으로 사고가 발생하였던바, 재판부는 승객들은 공동으로 여행을 하는 단체를 이루고 이 때 運轉者는 다른 同乘者를 대신하여 운전하므로 이 단체의 구성원들은 차량운행의 방법에 대하여 共同으로 責任을 져야 한다고 판시하였다. 그러나 그 후에 나온 판결[155)]은 이 "스카아스브루크"判決에 대하여 상당히 유보적인 태도를 취하고 있으며, 學說도 마찬가지이다.[156)]

미국에서는 이 理論이 자동차사고 이외의 경우에 적용된 예는 별로 없고[157)] 대부분이 자동차사고에서 원용되고 있으며, 이 때의 이 理論의 의미는 運轉者의 過失이 다른 同乘者에게도 귀속된다는 데에 있다. 즉 이 理論은 同乘者에게 共同不法行爲者로서의 책임을 지우기 위하여 원용되는 경우는 드물고, 주로 同乘者가 原告가 되어 상대편 자동차의 운전자에게 배상을 요구할 때 상대편에서 이 原告에게 原告側 운전자의 過失을 귀속시키려고 하는 의도 하에서

151) Prosser & Keeton(註 21), p. 517.

152) Hepple & Matthews, TORT(cases and materials)(4th ed., 1991), p. 831.

153) Brooke v. Bool[1928] 2 K.B. 578.

154) Scarsbrook v. Mason[1961] 3 All E.R. 767 Q.B.

155) S v. Walsall Metropolitan Borough Council[1985] 3 All ER 294; [1985] 1 WLR 1150. Hepple & Mattews(註 152), p. 831 참조.

156) 일반적으로 두 사람이 不法하지도 않고 또 본래 危險하지도 않은 행위를, 그것도 다른 사람이 不注意하게 행동할 것이라고 생각할 이유도 없는 상황 하에서 단순히 共同으로 하였다고 해서 "共同事業"(joint enterprise)을 인정해서는 안 될 것이며, 따라서 두 명의 친구가 같이 사냥을 갔다가 그 중의 한 명의 실수로 지나가던 사람에게 부상을 입혔을 때 그의 過失이 다른 한 명의 친구에게도 歸屬되어 같이 共同不法行爲者로 다루어지는 일이 없어야 한다고 한다. Fleming(註 100), p. 230 참조.

157) 예외적인 경우로는 Cullinan v. Tetrault(1923), 123 Me. 302, 122 A. 770(술자리모임을 위하여 술을 사러 가던 한 소년의 過失이 그의 친구들에게도 귀속된 예); O'Neil v. Sea Bee Club(1954), 188 N.E. 2d 175, 69 O.L.A. 442(club members); Ruth v. Hutchinson Gas Co.(1941), 209 Minn. 248, 296 N.W. 136(hunting party) 등이 있다.

원용된다고 한다.[158] 그러나 아직 共同事業의 認定基準에 대해서 널리 받아들여진 견해는 없으며, 오히려 이 理論은 學說에 의하여 비판의 대상이 되고 있다.[159]

(2) **競合不法行爲**(concurrent tortfeasor)

(가) 커먼로(commom law)에서는 數人이 서로 主觀的 關聯 없이 독립하여 동일한 被害者에게 不法行爲를 가했을 때에[160] 이들을 "單獨不法行爲者"(several tortfeasors)라고 한다. 그리고 이들을 다시 다음의 두 경우, 즉 數人의 不法行爲가 서로 결합하여 不可分의 侵害結果를 발생시켰을 때와 각자 서로 다른 侵害結果를 발생시켰을 때로 나누어, 前者의 경우를 특히 "競合不法行爲"(several concurrent tortfeasors 또는 concurrent tortfeasors)라고 하면서[161] 被害者에 대하여 각자 全部의 賠償責任을 지우고 있다. 이러한 競合不法行爲(concurrent tortfeasors)의 예로서 가장 흔히 드는 것은 "톰슨"(Thompson)사건[162]으로서, 原告의 집의 지반이 가라앉아 그 집이 손상되었는데, 그 원인으로서 A가 不注意하게 땅을 파내려 간 사실과 수도회사인 B가 부주의하게 수도본관에서 물이 새나가는 것을 방치하였다는 사실을 인정하여 A와 B에게 각각 競合不法行爲者로서의 책임을 지웠다. 또 다른 예로는 "쿠르스크"(The Koursk)사건[163]으로서, A와 B의 선박이 각자의 過失로 충돌하여 그 여파로 B의 선박이 다시 C의 선박과 충돌하였던바, 이 때 A와 B에게 共同不法行爲者로서의 책임이 아니라 競合不法行爲者로서의 책임을 인정하였다.

(나) 이처럼 커먼로(common law)에서는 數人의 行爲者 상호간에 主觀的 關聯이 있을 경우에는 이들의 행위를 一體로 파악하여 각자에게 全部責任을 부과시키는 반면에, 主觀的 關聯이 없는 경우에는 全部責任의 계기를 "侵害結果의 不可分性"에 두고 있다. 그리하여 "全部責任은 각자가 단일한 결과에 기여하였으며, 이를 합리적으로 나눌 수 없다고 하는 명백한 사실에 의거한

158) Prosser & Keeton(註 21), p. 517.

159) 이 이론은 조합(partnership)에 아주 가까운 사업에 제한되어야 하며, 그렇지 않으면 상업적 성격을 지니지 않은 우정어린 협조 내지는 편의의 제공 등에도 적용되어야 하는데, 이 때에는 위험을 사업 자체에 둘 이유가 없으며{Prosser & Keeton(註, 21), p. 522}, 그것은 문제를 야기시키는 데에만 쓰여져 왔고, 따라서 이론으로서 폐기되어야 한다{Dooley, Modern Tort Law(1977), vol. 1, p. 111}고 한다.

160) 全加害者에 대하여 하나의 訴因(cause of action)이 존재하는 共同不法行爲와는 달리 이 때에는 行爲者數만큼의 訴因이 존재한다고 한다. Fleming(註 100), p. 229 참조.

161) 그리고 後者의 경우를 "서로 다른 손해를 야기한 單獨不法行爲者"(several tortfeasors causing different damage 또는 other several tortfeasors)라고 부르고, 각자에게 그 부분에 대해서만 책임을 지운다. Brazier(註 96), pp. 527-9 참조.

162) Thompson v. London County Council [1899] 1 Q.B. 840, C.A.

163) The Koursk[1924] P. 140, C.A.

다"[164]고 한다. 그렇지만 이러한 侵害結果의 單一性이라는 개념은 앞서 언급하였듯이[165] 각자의 행위와 결과 사이에 因果關係가 있다고 하는 사실을 좀 더 간략하게 표현하고 있는 것에 지나지 않는다고 생각된다. 그렇다고 한다면 커먼로(common law)에서 競合不法行爲者에 대하여 全部責任을 지우는 것은 因果關係의 一般原則의 적용결과에 다름 아니라고 볼 수 있다. 다만, 이 때 結果의 可分·不可分을 어떻게 결정할 것인가가 문제되는데, 이에 대해서는 앞서 살펴보았다.[166]

(3) **共同不法行爲와 競合不法行爲의 效果상의 차이**

커먼로(commom law)에서는 전통적으로 共同不法行爲와 競合不法行爲를 다음과 같이 3가지 점에서 법률상 그 취급을 달리하였다.

첫째, 被害者는 共同不法行爲者에 대해서는 개별적으로 또는 공동으로 소송을 제기할 수 있었으며, 따라서 共同訴訟(joinder)이 허용되어 있었으나, 이에 반하여 競合不法行爲者에 대해서는 共同訴訟이 인정되지 않았다. 그러나 그 후 소송법의 개정으로[167] 競合不法行爲者에 대해서도 비록 訴因[168](cause of action)은 서로 별개의 것이라고 하더라도 공동소송을 제기할 수 있게 되어 이러한 차이는 오늘날 사라졌다.

둘째, 커먼로(common law)에서는 한 명의 共同不法行爲者에 대하여 판결이 내려지면, 비록 그것이 집행되지 않았다 하더라도 다른 共同不法行爲者에 대해서는 訴를 제기할 수 없었다.[169] 한 사람의 행위는 모든 사람의 행위이므로 비록 책임은 共同責任이자 동시에 單獨責任이라 하더라도 訴因은 단 하나

164) Prosser & Keeton(註 21), p. 347.

165) 前註 98의 본문 참조.

166) 前述 本條 注解 A. II. 4. (2)와 (3) 참조.

167) 영국에서는 1896년부터 이러한 改正이 시작되었다{Fleming(註 68), p. 231, Fn. 27}. 미국에서도 1848년 뉴욕주에서의 民事訴訟法(The Field Code of Procedure)의 통과를 시발로 하여 점차 競合不法行爲者들에 대해서도 共同訴訟이 인정되었다{Prosser & Keeton (註 21), pp. 325-7}.

168) 커먼로에서 일반적으로 "訴因"(cause of action)이라고 하는 개념은 다음의 두 가지 의미로 쓰인다. 첫째는 "法院으로부터 勝訴判決을 받기 위하여 원고가 입증을 해야 하는 사실", 즉 "訴訟請求를 근거지우는 事實"이고, 둘째로는 "權利" 또는 "請求權"이라는 의미이다. 共同不法行爲에서는 "訴因은 하나이며 不可分한 것이다"(The cause of action is one and indivisable)라고 할 때에는 後者의 意味로 쓰인 것이라 한다. Wagenfeld, Ausgleichsansprüche unter solidarisch haftenden Deliktsschuldnern im englischen und deutschen Recht(1972), S. 34 참조.

169) 이러한 취지의 최초의 판결은 "브룸"판결(Broom v. Wooton[1605] Yelv. 67; 80 E.R. 47)이지만, 리딩케이스(leading case)로 통용되는 것은 그 후에 나온 "브린스메드"판결(Brinsmead v. Harrison(1872) L.R. 7 C.P. 547)이기 때문에 이를 "브린스메드원칙"(rule in Brinsmead v. Harrison)이라고 한다. Wagenfeld(前註), S. 32 참조.

뿐이며, 이는 판결 속에 合體되어 버렸다(merged)고 생각하였기 때문이다. 이러한 원칙은 다음과 같은 자명한 이치, 즉 被害者는 그가 입은 손해의 완전한 만족 이상을 취할 수 없으며, 따라서 한 명의 加害者로부터 부분적 혹은 완전한 만족을 얻었을 때에는(그것이 판결에 의한 것이든, 和解에 의한 것이든) 그 한도 내에서 다른 加害者는 그의 責任을 免한다고 하는 원칙과는 구별된다. 後者의 원칙은 共同不法行爲者에 대해서뿐만 아니라 競合不法行爲者에 대해서도 적용된다. 이에 반해 前者의 원칙은 共同不法行爲者에 대해서만 적용되었다.[170] 그러나 共同不法行爲者에 대한 이러한 원칙은 법률에 의하여 폐기되어[171] 오늘날은 1人의 共同不法行爲者에 대한 판결은 다른 共同不法行爲者에 대한 소송을 방해하지 않는다.

셋째, 위에서 살펴본 것처럼 共同不法行爲者와 競合不法行爲者의 법률상의 취급에 관한 차이점은 오늘날 거의 사라졌으나, 免除(release)에 관해서만은 아직도 남아 있다. 즉 1人의 共同不法行爲者에 대한 免除는 다른 모든 共同不法行爲者에 대하여도 免除의 效果가 있으나, 競合不法行爲者에 있어서는 그렇지 않다. 그러나 免除에 관한 이러한 차이점도 오늘날 많이 완화되고 있어 1人의 共同不法行爲者와 不提訴合意(covenant not to sue)가 이루어졌을 경우에는 이는 請求權의 抛棄가 아니라, 단순히 그 共同不法行爲者에 대하여 提訴하지 않겠다는 약속이기 때문에 다른 共同不法行爲者를 免除시키는 효력은 없는 것으로 본다.[172] 법원도 1인의 共同不法行爲者와의 합의를 免除로 보기보다는 될 수 있는 대로 不提訴合意로 보려고 한다.[173]

(4) 選擇的 因果關係의 경우

(가) 커먼로(common law)에서는 이 때에도 원칙적으로 被害者가 因果關係의 立證責任을 부담한다. 이 경우 被害者의 立證困難을 구제해 주기 위하여 이미 언급한 바와 같이 判例는 "協議된 行爲"(concerted action)를 확대적용하는 데에 많은 노력을 기울여 왔다. "協議된 行爲"가 인정되면 각자의 행위는 상

---

170) 그러나 미국에서는 이러한 두 원칙이 서로 혼동되어 "브린스메드원칙"(rule in Brinsmead v. Harrison)이 적용되지 않았고, 따라서 共同不法行爲者에 대해서도 被害者는 加害者 각자에 대하여 따로 소송을 제기하여 그 중 유리한 판결을 집행할 수 있었다. Prosser & Keeton(註 21), pp. 330-1 참조.

171) 즉 英國의 制定法인 "法改革(妻 및 不法行爲者)法"{The Law Reform(Married Women and Tortfeasors) Act 1935} §6는 1人의 不法行爲者에 대하여 취득한 판결은 다른 共同不法行爲者에 대한 訴訟을 방해하지 않음을 규정하였고, 이 규정은 현재 위의 법률을 대체하고 있는 "民事責任(負擔部分)法"{The Civil Liability (Contribution) Act 1978} §3에 그대로 이어지고 있다.

172) Prosser & Keeton(註 21), p. 334.

173) Clerk & Lindsell, on Torts(15th ed., 1984), p. 142.

호귀속되어 각자가 全結果에 대하여 실체법상으로 책임을 부담하기 때문에 각 행위의 개별적인 因果關係는 문제되지 않는다.[174] 게다가 故意의 경우뿐만 아니라 過失의 경우에도 "協議된 行爲"가 인정되기 때문에 결과적으로는 加害者不明의 共同不法行爲에 관하여 특별규정이 있는 국가와 생각하는 만큼의 그렇게 큰 차이는 없다고 한다.[175]

(나) 그러나 이러한 커먼로의 전통으로부터 벗어나서 캘리포니아에서는 "섬머즈"(Summers)사건[176]에서 選擇的 因果關係의 경우에 立證責任을 被告에게 轉換시켰고, 이러한 판결은 캐나다[177]와 美國[178]의 法廷에서 지지를 받고 있다. 이러한 판결들을 지지하는 學說은 그 이유로서 다음의 두 가지를 들고 있다.[179] 첫째로 被告 각자의 過失이 인정되고 또 그들 가운데 한 사람이 결과를 발생시킨 것이 확실하지만, 그 중 누구인지 모를 경우에 아무 잘못 없는 原告보다는 過失 있는 被告가 그 손해를 부담하는 것이 더욱 공평하며, 둘째로 이 경우 原告가 그 因果關係를 立證할 수 없는 것이 被告의 過失에 기인하므로 立證責任을 轉換시키는 것이 타당하다는 것이다. 英國法廷에서는 이 경우 아직 立證責任의 轉換은 인정되지 않고 있으며,[180] 다만 절차상으로 共同

174) Buxbaum(註 99), S. 90; Weckerle(註 1), S. 49 참조.

175) Wagenfeld(註 168), S. 27 참조.

176) Summers v. Tice (1948) 33 Cal. 2d 80, 199 P. 2d 1. 事案은 사냥 도중에 2명의 피고가 원고 쪽으로 총을 쏘아 원고의 눈과 윗입술에 맞았는바, 누구의 총에 맞았는지 알 수 없는 경우이었다.

177) Cook v. Lewis[1952] 1 D.L.R. 1, [1951] S. C.R. 830; Woodward v. Begbie[1957] Que. Rep. 421.

178) 특히 미국에서는 자동차의 연쇄충돌사고에서 둘 이상의 過失 있는 운전자 중 누구에 의하여 다쳤는지 알 수 없는 경우에 자주 적용되었다. Murphy v. Taxicabs of Louisville, Inc.(1959) 330 S.W. 2d 395; Eramdjian v. Interstate Bakery Corp.(1957) 153 Cal.App.2d 590, 315 P. 2d 19 등.

179) Fleming(註 100), pp. 288-9; Prosser & Keeton(註 21), p. 271. 이에 대한 반대의 견해로서는 Salmond & Heuston, Law of Torts(9th ed., 1987), pp. 266-7; Winfield & Jolowicz(註 141), p. 124.

또한 이 점에 관하여 리스테이트먼트{Restatement of the Law Second, Torts 2d(1965)}에서는 다음과 같이 입증책임의 전환을 규정하고 있다.

"제433조 B. (3) 둘 혹은 그 이상의 행위자들의 행위가 위법하고, 또 침해결과가 그들 중의 한 사람의 행위만에 의하여 야기된 것은 밝혀졌지만 누가 그것을 야기하였는지에 대해서는 불확실한 경우에, 자기가 그 침해결과를 야기하지 않았다는 것에 대한 입증책임은 그 행위자에게 있다"(§433 B. "(3) Where the conduct of two or more actors is tortious, and it is proved that harm has been caused to the plaintiff by only one of them, but there is uncertainty as to which one has caused it, the burden is upon each such actor to prove that he has not caused the harm").

180) 바겐펠트(Wagenfeld)에 따르면 1972년 현재로 영국에서는 이 경우에 입증책임의 전환이 인정된 예는 없고 ── 그 후로도 필자가 조사한 한도 내에서는 마찬가지이다 ──, 다만 "로우"사건{Roe v. Ministry of Health[1954] 2 All E.R. 131(137)}에서 加害者不明의 경우 原告는 패소하지 않으며, 각 被告에 대하여 설명을 요구할 수 있음을 방론으로 인

訴訟(joinder)의 길이 열려져 있어 증거의 채택과 그 평가를 공통으로 행할 수 있고, 따라서 原告는 이러한 절차를 이용하여 事件의 眞相에 좀더 가까이 접근할 수 있다고 한다.[181]

㈐ 選擇的 因果關係에 있어서 因果關係에 관한 立證責任이 被告에게 轉換된다 하더라도 이는 過失에 관한 立證責任까지 轉換된다는 것을 의미하는 것은 아니다. 過失은 반드시 原告에 의하여 立證되거나, 적어도 사실상 推定되어야 한다.[182]

㈑ 選擇的 因果關係와 관련하여 한 가지 특기할 만한 것은 美國의 "진델"(Sindell)判決[183]로서 事案은 다음과 같다. 姙産婦들이 流産을 예방하기 위하여 약칭 DES라 불리우는 약을 복용하였는데, 그 후로 약 12년 내지 20년이 지난 후에 그 약을 복용한 産母들이 낳은 딸들에게서 아주 드문 종류의 하복부암이 발견되었고, 이러한 암은 DES가 그 원인이 될 수 있음이 밝혀졌다. 그러나 이 때 被害者들은 그들의 어머니가 어느 회사의 제품을 복용하였는지 알 수 없었다. 그리하여 그들은 그 당시 이 제품을 생산한 기업들 중 11개 회사를 상대로 團體訴訟(class action)을 제기하였다. 이에 캘리포니아 最高裁判所(California Supreme Court)는 다른 여타의 점에서 책임을 인정할 수 있는 증거가 있고, 또 原告의 어머니가 그 약을 구입한 시장에서의 그 약에 대한 被告들의 市場占有率이 상당한(substantial) 것이었다는 증거가 있는 이상, 각 被告는 原告의 傷害를 야기한 약이 자신이 제조한 것이 아니라는 것을 증명하지 못하는 한 그의 市場占有率에 따른 비율로 그 손해에 대한 책임을 져야 한다고 판결하였다. 이 判決은 미국에서 가장 많은 評釋을 받은 判決 중의 하나에 속하며 유사한 경우에 이 방법의 적용이 권장되기도 하지만,[184] 다른 한편으로는 격심한 비판을 받기도 하였다.[185]

---

정하고 있다. Wagenfeld(註 168), S. 28 참조.

181) Wagenfeld(註 168), S. 28; Fleming(註 100), p. 288, Fn. 51.

182) Prosser & Keeton(註 21), p. 271 참조.

183) Sindell v. Abbott Laboratories (1980), 26 Cal. 3d. 588, 163 Cal.Rptr. 132, 607 P. 2d. 924, certiorari denied 449 U.S. 912, 101 S. Ct. 286, 66 L.Ed. 2d. 140.

184) Delgado, Beyond Sindell: Relaxation of Cause-in-fact Rules for Indeterminate Plaintiffs, 70 Cal.L.Rev. 881(1982); Newdick, Strict Liability for Defective Drugs, 101 L.Q.R. 405 (1985) 등.

185) Note, Market Share Liability for Defective Products: An Ill-Advised Remedy for the Problem of Identification, 76 Northwestern University L.Rev 300-30(1981); Note, Market Share Liability: A Plea for Legislative Alternatives, 1982 U.Ill.L.Rev. 1003-43 등.

## 2. 프랑스法

### (1) 共同不法行爲에 관한 規定의 不在: 一般不法行爲에 의한 해결

주지하다시피 프랑스民法은 共同不法行爲에 관하여 특별한 규정을 두고 있지 않다. 다만, 프랑스刑法 §55가 동일한 범죄에 관하여 유죄판결을 받은 자들은 그 返還(restitutions)과 損害賠償(dommages-intérêts)에 대하여 連帶債務를 부담한다고 규정하고 있을 따름이다. 따라서 프랑스民法에서는 프랑스刑法 §55가 적용되는 경우를 제외하고는 共同不法行爲를 不法行爲에 관한 一般規定으로 규율하고 있다.

프랑스에서는 不法行爲로 인한 損害賠償責任의 發生要件으로서 크게 3가지, 즉 "損害"(dommage), "責任을 발생시키는 行爲"[186](un fait générateur de responsabilité), 그리고 "因果關係"(le lien de causalité)를 들고 있는바, 우리가 말하는 共同不法行爲는 因果關係에 관한 논의의 일환으로 다루어지고 있다. 因果關係에 관한 學說로는 다른 나라에서와 바찬가지로 대체로 "等價條件說"(la théorie de l'equivalence des conditions)과 "相當因果關係說"(la théorie de la causalité adéquate)이 주장되고 있는데, 後者가 多數說의 입장에 있으며, 이에 따르면 어떤 결과의 법적 원인이 되기 위해서는 契約責任에 있어서처럼 사전에 예견할 수 있었을 필요는 없고, 사물의 자연적 흐름에 비추어 볼 때 그러한 결과를 야기시키기에 적합하였던가 하는 것만이 문제된다.[187] 그러나 프랑스에서는 독일에서처럼 因果關係理論에 대해서는 그렇게 큰 관심을 가지고 있지 않다. 因果關係에 관한 判例의 실용주의적 태도를 고려해 볼 때 이에 관한 이론적 분석은 별로 쓸모가 없고, 따라서 학자들의 흥미를 끌지 못한다고 한다.[188] 因

186) 責任을 발생시키는 行爲는 크게 3가지로 나뉜다. 즉 ① '本人의 行爲'(fait personnel), ② '他人의 行爲'(fait d'autrui), 그리고 ③ '物件의 行爲'(fait des choses)가 그것이다. 이 중 ①과 ②의 責任의 根據는 포뜨(faute)이고, 다만 ②의 경우에는 포뜨가 추정되며, 이 때 그 推定의 程度는 責任의 主體에 따라 약간 다르다. 즉 '他人의 行爲'로 인한 責任의 主體는 '父母'·'使用者'·'教師' 그리고 '匠人'(artisan)이 있는 데, 이 중 教師의 경우는 ①의 경우와 마찬가지로 被害者가 立證責任을 지는 데 반하여, 父母와 匠人의 경우는 立證責任이 轉換되며, 使用者의 경우는 反證이 허용되지 않는다. 이에 반하여 ③의 경우는 일반적으로 無過失責任(la responsabilité sans faute)으로 이해되고 있다. 보다 자세한 것은 鄭泰綸(註 57-1), 12 참조.

187) Viney(註 60), $n_o$ 340; Flour et Aubert(註 72), $n_o$ 157; Marty et Raynaud, Droit Civil: Les Obligations, t.1: Les sources(2ème éd., 1988), $n_o$ 549 등. 이 때 相當性 여부를 판단함에 있어서는 독일의 "뤼멜린"(Rümelin)이 말하는 "회고적이며 客觀的인 豫後"(pronostic objectif rétrospectif) — 즉 행위 당시에 존재한 모든 사정을 고찰의 대상으로 하는 客觀說 — 라는 고찰방법이 적용된다고 한다.

188) Starck(註 77), $n_o$ 1220. 그 외에도 "마조"(Mazeaud)는 "드모그"(Demogue)의 말을 인

果關係와 관련하여 그들이 주로 관심을 갖는 부분은 複數의 原因이 競合할 때에 이것이 被告의 책임에 어떠한 영향을 미치느냐에 관한 것이다. 이 문제에 관한 학설의 대립은 앞에서 이미 언급하였으므로,[189] 이하에서는 破棄院의 판례에 대하여서만 언급한다.

(2) 全部責任의 원칙

일반적으로 損害의 원인으로는 被告의 행위 이외에 크게 다음의 세 가지, 즉 "自然的 事實"(le fait de la nature), "第3者의 行爲"(le fait d'un tiers) 그리고 "被害者의 行爲"(le fait de la victime)를 들 수 있다. 다른 나라에서와 마찬가지로 프랑스에서도 전통적으로 被告의 행위와 발생한 損害와의 사이에 因果關係가 인정되면, 비록 그 損害의 발생에 다른 原因이 경합하였다 하더라도 그것이 不可抗力(la force majeure)의 성질[190]을 띠지 않는 이상 발생한 損害全部에 대하여 賠償責任을 지우고자 하였다. 그러나 이 때 加害者 각자의 全部責任에 대한 법적 근거를 어디서 구할 것인가 하는 것이 문제되었다. 왜냐하면 佛民 §1202[191]는 連帶는 推定되지 않으며 당사자의 약정이나 명문의 규정이 있을 때에만 발생한다고 하고 있으므로, 佛刑 §55가 적용되는 경우를 제외하고는 民事責任에서 "連帶債務"(la solidarité passive)를 인정할 수가 없었다. 물론 한때 學說에 의하여 連帶債務와 구별되는 "不完全連帶債務"(solidarité imparfaite)가 주장되기도 하였고, 또 판례에 의하여 佛刑 §55가 民事責任에 확

---

용하면서 이는 학문의 문제라기보다는 상식의 문제라고 한다. H., L., et J. Mazeaud, Traité thorique et pratique de la Responsabilité Civile(6ème éd., 1970), $n_o$ 1673.

189) 前述 本條 注解 A. Ⅱ. 2. 참조.

190) 엄격한 의미에서의 不可抗力은 인간의 힘을 넘어서는 豫測不可能하고 抵抗不可能한 匿名(anonyme)의 사건, 즉 홍수나 폭풍우 또는 지진 등과 같은 자연적 사건을 의미하며, 경우에 따라 "偶然의 事故"(cas fortuit)라고 하기도 한다. 이에 비하여 넓은 의미에서의 불가항력이라 함은 다음의 성질, 즉 "豫見不可能性"(l'imprévisibilité), "抵抗不可能性"(l'irrésistibilité) 그리고 "外部性"(l'extériorité)을 띤 모든 사건 — 비록 그것이 인간의 활동의 산물이라 하더라도 — 을 가리킨다. 인간의 행위와 사연의 행위의 중간형태로서 전쟁·파업·統治行爲(fait de prince) 등도 엄격한 의미의 不可抗力으로 보고 있다. 전통적으로는 不可抗力의 성질로서 앞의 두 가지만을 들고 있었으나, 물건의 瑕疵로 인하여 발생한 손해에 대하여 "管理人"(le gardien)의 免責主張을 더욱 어렵게 하기 위하여 "外部性"을 추가시키고 있다. 즉 물건내부의 瑕疵로 인하여 손해가 발생한 경우에 그 瑕疵가 관리인이 예측할 수 없는 성질의 것이었다 하더라도 그 관리인은 책임져야 한다는 것이다. Mazeaud et Chabas, Obligations(8ème éd., 1991), $n_{os}$ 573-7; Starck(註 77), $n_{os}$ 660-72 참조.

191) 佛民 §1202: "연대는 推定되지 아니하며, 明示的으로 약정되어야 한다. 이 規定은 連帶가 법률의 규정에 의하여 당연히 발생하는 경우에 한하여 적용되지 아니한다"(Art. 1202: La solidarité ne se présume point; il faut qu'elle soit expressément stipulée. Cette règle ne cesse que dans les cas où la solidarité a lieu de plein droit, en vertu d'une disposition de la loi).

대적용되기도 하였지만, 前者는 법률상의 근거가 없고 또 법체계의 단일성을 깨뜨린다고 하는 이유로, 그리고 後者는 명문의 규정에 반한다고 하는 이유로 결국에는 모두 거부되었다.[192] 그 후 매우 더디고 힘든 과정을 거쳐 각자에게 全部賠償의 의무를 지우면서도 連帶債務와는 그 성격을 달리하는 "全部義務"[193] (obligation in solidum)가 學說과 判例에 의하여 인정되었다.[194] 그러나 이 全部義務의 理論構成을 둘러싸고 학설은 견해가 대립되었으며, 이러한 논쟁은 破棄院이 全部義務를 선고함에 있어서 약간의 망설임을 보이면서 본격화하였다.[195]

### (3) 判例의 변천: 部分責任의 인정에서 다시 原則에의 복귀로

1950년대에 이르러 破棄院은 전통적인 全部責任의 원칙으로부터 벗어나서 部分責任을 인정하는 일련의 판결들을 선고하였다. 이러한 部分責任의 인정근거로서 破棄院이 들고 있는 사유는 크게 두 가지로 나눌 수 있는데, 첫째는 部分的 免責事由를 인정한 것이고, 둘째는 全部義務의 요건으로서 求償權의 존재를 요구한 것이다.

(가) 部分的 免責事由의 인정　　이러한 일련의 판결들 중 최초의 것은 "라모리시에르"(Lamoricière)"판결[196]이다. "라모리시에르"號가 심한 폭풍우와 행정당국에 의하여 제공된 나쁜 품질의 석탄 때문에 침몰하여 수많은 사망자가 발생하였던바, 유족측의 배상청구에 접하여 原審은 선박의 침몰은 폭풍우와 나쁜 품질의 석탄[197]에 기인한다고 판정하였고, 그러면서도 또한 1/5의 비율로 선박의 管理者의 책임을 인정하였다. 破棄院 역시 이 판결에 동조하였으며, 이러한 破棄院의 입장은 物件의 行爲[198]와 自然的 事實이 경합한 경우

192) 이에 관해서는 鄭泰綸(註 57), 57-65 참조.

193) 前述하였듯이(前註 57 참조) 이 全部義務는 우리의 不眞正連帶債務에 상당한 것이다.

194) 破棄院은 1939년 12월 4일의 판결(Cass.civ. 4 déc. 1939, D.C. 1941, 1, 124, note Holleaux)에서 처음으로 共同不法行爲의 경우에 全部義務를 인정하였다.

195) 이 부분에 관한 프랑스의 학설에 대해서는 前述 本條 注解 A. Ⅱ. 2. 참조.

196) Cass.Com., 19 juin 1951: S. 1952.1.89, note Nerson: D. 1951, p. 717, note Ripert: J.C.P. 1951. Ⅱ. 6426, note Becqué: RTD civ., 1951, p. 515, observ. Mazeaud.

197) 사고가 난 당시는 2차대전중이었고, 당시 석탄은 정부가 배급하였던 관계로 석탄의 품질이 열악한 것은 不可抗力의 일종인 통치행위(le fait du prince)로 인정되었다. Viney(註 60), $n_o$ 414 참조.

198) 앞에서 언급하였듯이(註 186) 프랑스에서는 責任을 발생시키는 行爲를 크게 3가지, 즉 ① '本人의 行爲', ② '他人의 行爲', 그리고 ③ '物件의 行爲'로 나누는데, 이 중 '物件의 行爲'로 인한 책임은 일반적으로 無過失責任(la responsabilité sans faute)으로 이해되고 있으며, 그 책임의 주체는 그 물건의 管理者(gardien)이다. 이 때 물건의 행위라고 하는 것은 물건이 인간의 관리를 벗어남으로써 야기된 사태, 즉 인간이 행위를 함에 있어서 그가 작동시킨 자연력의 작용에 추월된 상태(dépassé)를 말하는 것으로서, 이는 물건이 인간에 복종한 경우, 예컨대 몽둥이로 타인을 가격한 경우 등을 제외할 뿐이기 때

에 각 원인은 손해의 일부분만을 야기시켰고, 따라서 管理者의 책임은 損害의 발생에 대하여 물건의 행위가 가지는 因果的 役割의 比率에 따라 제한되어야 한다는 것을 인정하는 것이 되었다. 그 후 破棄院은 自然的 事實이 被告의 포뜨(faute)와 경합하여 손해를 야기시킨 경우에도 동일한 방향으로 판결하였다.[199]

이러한 자연적 행위로 인한 部分的 免責의 判決은 더 이상 계속되지 않았고 예외적인(isolé) 것으로 머물렀다. 그러나 몇 년 후 이번에는 第3者의 행위가 경합한 경우에 관하여 동일한 취지의 판결이 등장하였다. 즉 豫見可能하고 피할 수 있는——따라서 不可抗力이 아닌——第3者의 행위가 경합한 경우에 加害者의 責任을 損害의 一部에 대해서만 인정하였던 것이다.[200]

(나) 全部義務의 요건으로서 求償權을 요구　　또한 破棄院은 被害者에 대한 共同加害者들의 全部義務는 그들 상호간의 求償關係와는 아무런 상관이 없다고 판단하였던 종래의 태도와는 달리 數人의 加害者 중 1人에게 全部의 賠償을 청구할 수 있는 것은 全部賠償者의 다른 共同加害者에 대한 求償權의 존재를 전제로 한다고 하면서, 이러한 求償權이 제한되는 경우에는 共同의 加害者의 1人에 대하여 全部賠償의 판결을 내리는 것을 거부하였다. 破棄院의 판례는 求償權의 법적 근거를 代位(subrogation)에 두고 있었던 만큼 위와 같은 破棄院의 태도의 변경은 결국 1人의 加害者에게 발생한 사유는 다른 共同의 加害者에게도 절대적 효력을 가진다는 것을 의미하였고, 이러한 사유로서 판례에 나타난 것으로는 호의동승,[201] 消滅時效의 完成[202] 등이었다. 게다가 그 동안 全部義務의 拋棄를 법률적 이유로 求償이 불가능한 경우에 한정시키던 判例[203]는 마침내 사실상 求償이 불가능한 경우, 즉 第3의 共同加害者가 알려지지 않아서 全部賠償의 提訴를 당한 被告에게 求償權의 行使可能性이 전혀

---

문에 매우 광범위한 범위에 걸쳐서 인정되고 있다. Mazeaud et Chabas(註 190), $n_{os}$ 528-30 참조.

199) 잘못지어진 제방의 파괴로 인하여 야기된 홍수에 관하여 내려진 1957년의 '레 우이예르'(Les Houillères) 판결로서, 破棄院은 폭풍우가 '레 우이예르' 會社를 어느 정도 면책시킬 수 있는지의 여부에 관하여 사실심이 조사하지 않았음을 비난하면서, '레 우이예르' 會社로 하여금 제방의 파괴로 인하여 야기된 손해의 전액을 배상하도록 한 原審의 판결을 파기하였다. Civ. 2$^{e}$, 13 mars 1957: J.C.P. 1957. II. 10084, note Esmein: D. 1958, p. 73, note Radouant: S. 1958, p. 77, note Meurisse.

200) Cass.Civ. I, 9 mai 1963, S. 1963, p. 312; Cass.Civ. II, 24 avril 1964, Bull. Civ. II, $n_o$ 328, p. 247; Cass.Civ. II, 20 nov. 1969, Bull.Civ. II, $n_o$ 317, p. 234 등.

201) Cass.Civ., 9 mars 1962, D. 1962, p. 625.

202) Cass.Civ. II, 27 jan. 1966: Gaz.Pal., 1966.1.206(2$^{e}$ arrêt): Bull.civ., 1966. II. 87.

203) Cass.Civ.II, 14 fév. 1962, Gaz. Pal. 1962.1.430; Cass.Civ.II, 15 déc. 1966, RTD civ. 1967, p. 645.

없는 경우에도 全部賠償의 판결을 거부하였다.[204)]

(다) 원칙에의 복귀 그러나 破棄院의 이러한 태도는 오래가지 않았다. 즉 이른바 "게피에"(Gueffier) 判決이라고 불리우는 1969년 7월 2일의 판결에서 破棄院은 "責任의 競合의 경우에 하나의 損害에 대하여 책임을 지는 자들은 경합하여 損害全部를 야기시켰으므로, 다른 共同惹起者에 대한 求償의 與否를 고려할 필요도 없이 被害者에 대해서는 손해전부의 배상을 확실하게 하도록 선고되어야 하므로"[205)]라고 이유를 제시함으로써 共同의 加害者는 각자가 損害의 全部를 야기시켰으므로 求償權의 存在 여부와는 상관없이 각자 損害全部에 대하여 책임을 져야 한다는 것을 명백히 하였다.

(4) 加害者不明의 경우

(가) 序 共同不法行爲에 관하여 특별한 규정이 없는 프랑스에서는 加害者不明의 경우에 전통적으로 判例는 因果關係가 입증되지 않았다는 이유로 原告의 賠償請求를 인정하지 않았다.[206)] 이러한 판례의 입장에 대하여 당시의 학설은 거의 일치하여 시시하였으며, 그 이유로서 因果關係의 立證責任에 관한 一般原則뿐만 아니라, 도덕이나 형평에 대한 고려를 들기도 하였다. 특히 마조(Mazeaud)는 "집단적인 처벌은 全體主義的인 路線에나 맞는 것이지 프랑스의 전통에는 맞지 않다. 이것은 기본적인 정의의 원칙에 관한 문제이다"[207)]라고 하면서 이러한 판결들을 지지하였다.

그러나 20세기 중반부터 이에 대한 反論이 제기되었으며, 특히 리뻬르(Ripert)는 법원이 "얼핏 보기에는 흠이 없는 논리"를 원용하여 "형평에 어긋나는 해결"에 도달하는 것에 대하여 비판하는 데에 주저하지 않았다. 즉 똑같은 조건하에서 한 사람이 저질렀을 때에는 책임을 인정하면서, 손해야기의 가능성이 있는 사람이 여러 명 있는 경우에는 이를 이유로 被害者에게 배상청구를 거부하는 것은 명백히 형평의 원칙에 어긋난다는 것이다.[208)]

204) Cass.Civ.Ⅱ, 7 juin 1968, Bull.civ., 1968. Ⅱ. 117.

205) Cass.Civ.Ⅱ, 2 juillet 1969, J.C.P. 1971. Ⅱ. 16582.

206) Cass. civ. 29 sept. 1941: Gaz. Pal., 1941. 2. 437; Cass. civ. 4 janv. 1957: D. 1957, p. 264: RTD civ. 1957, p. 537, obs. Mazeaud; 9 oct. 1957: D. 1957, p. 708; Orléans 17 janv. 1949: D.P. 1949, 1, p. 502, note Ripert: RTD civ. 1950, p. 60, obs. Mazeaud; Montpellier, 8 nov. 1949: Gaz. Pal., 1950. 1. 149: J.C.P. 1950, éd. G, Ⅱ, 5519, note Rodière: RTD civ. 1950, p. 191, obs. Mazeaud 등.

207) Montpellier, 8 nov. 1949, observ. Mazeaud, RTD civ., 1950, p. 191. 事案은 단체적인 놀이도중에 사고가 발생한 경우이다.

208) Ripert, note au D. 1949, p. 502; idem, préface au Traité de la civile de R. Savatier (1951).

이러한 비판이 있자 판례는 태도를 변경하여 손해를 발생시키는 행위에 참여한 모든 사람들에게 단체적인 책임을 지우는 방향으로 점차 나아가게 되었다.

(나) 判 例 직접의 加害者가 누구인지 알 수 없는 損害에 대하여 이를 야기할 가능성이 있었던 행위자들에게 단체적 책임을 부과할 때에 이에 관하여 특별한 규정이 없는 프랑스에서는 이를 어떻게 정당화할 것인지가 문제되는바, 破棄院은 過失責任의 경우에는 "集團過失"(faute collective), "關聯過失"(fautes connexes) 또는 "共同過失"(faute commune)을 이유로, 그리고 일반적으로 無過失責任으로 이해되고 있는 物件의 行爲에 의한 責任의 경우에는 "共同管理"(garde collective 혹은 garde en commun)를 이유로 이를 정당화하고 있다.

(a) "集團過失"(faute collective) 判例는 "集團過失(faute collective)", "關聯過失(fautes connexes)" 혹은 "共同過失(faute commune)"이라는 개념을 통하여 그로부터 손해가 발생한 집단의 구성원들을 共同의 加害者(coauteurs)로 파악함으로써 여러 다양한 경우 ── 가장 대표적인 경우가 스포츠활동이나 단체적인 놀이 도중에 사고가 발생한 경우이다 ── 에 集團責任을 부과하는 것을 이론적으로 뒷받침하고 있다. 이러한 集團過失은 예컨대 가장 많이 문제가 되는 사냥의 경우, 誤發에서가 아니라 그 以前의 사실 즉 잘못된 집단적 행위에서 찾고 있다. 보르도抗訴法院(la Cour de Bordeaux)은 울타리 너머의 3명의 사냥꾼들로부터 날아온 총알에 被害者가 부상을 입은 사건과 관련하여 1936년 10월 13일의 판결에서, 사냥꾼들은 충분히 시야가 트이지 않은 곳에서 대오를 형성하여 위험한 상황을 야기함으로써 "集團過失(faute collective)"을 범하였다고 判示하였다. 이 판결은 破棄院에 의하여 파기되었지만,[209] 그러나 1957년 이후 破棄院은 자신이 1941년에 파기한 바로 그 판결이유를 승인하였다. 즉 사냥이 끝날 저녁무렵 7명의 사냥꾼들이 일제사격으로써 사냥을 끝내는 데 합의하였는데, 8번째의 사냥꾼이 나오다가 그 중의 한 발에 맞아 부상당한 사건에서, 破棄院은 "사고의 실제 원인은 7명의 피고들이 그들 모두에게 귀책되는 부주의와 실수 속에서 정상적인 사냥행위가 아닌 일제사격에 참여하였다고 하는 7명의 합의된 행위에 있다"는 이유로 사냥꾼들은 被害者에 대하

209) Civ., 29 sept. 1941, Gaz.Pal., 1941. J. 437.

여 각자가 全損害에 대하여 賠償責任을 진다고 宣告하였다.210) 加害者不明의 경우에 모든 혐의자들에게 全部責任을 부과하는 것을 정당화하기 위하여 "集團過失"의 개념을 적용한 예는 이 이외에도 많이 있으며 그 종류도 다양하다. 그러나 판례의 이러한 태도에 대하여 마치 수많은 꽃잎이 모인 것만으로는 장미가 될 수 없듯이 공동의 행위에 참여한 자들의 개별적인 個人過失(fautes individuelles)이 모였다고 해서 그것이 곧 "集團過失"이 될 수는 없으며, "集團過失"은 전체로서의 단체 그 자신의 過失이어야 하므로 이 개념은 신중하게 사용되어야 한다는 비판이 있다.211)

(b) "共同管理"(garde collective 혹은 garde en commun)　加害者不明의 경우에 그 집단의 구성원들에게 過失을 인정하기가 어려울 때에는 프랑스判例는 物件의 行爲에 의한 責任을 적용하고자 하며, 이 때 그 이론구성을 위하여 탄환의 "單一한 束"(gerbe unique) 내지는 "共同管理"(garde collective 혹은 garde en commun)라는 개념을 사용하고 있다.

탄환의 "單一한 束"(gerbe unique)이란 상당히 擬制的인 개념으로서, 사냥의 경우에 數人의 사냥꾼들이 동시에 발포하였을 때에 그들의 총들은 "직선의 탄도를 그리며 탄환들의 단일한 束212)을 만들고", 그리하여 "각 사냥꾼들이 관리하는 총들은 손해의 발생에 개입하였으므로" 각자는 全額債務를 부담한다는 것이다.213) 이러한 判例에 대하여 학설은 많은 비판을 가하고 있다. 먼저 判例의 논리대로라면 동시에 발포한 경우에는 누구의 총에 맞았는지 확인이 되었다 하더라도 각자에게 全部義務를 부과하는 것을 인정하여야 하는 부당한 결과가 된다고 하는 비판이 있다.214) 그러나 判例는 이 문제에 대하여 그의 총이 손해의 발생에 어떠한 역할도 하지 않았다고 하는 것을 입증하였다면 면

210) Civ., 5 juin 1957: D. 1957, p. 493, note Savatier: S. 1957. 430: observ. Mazeaud, RTD civ., 1957, p. 695.

211) Tourneau, La responsabilité civile(3ème éd., 1982), $n_o$ 640.

212) "單一한 束"이라고 하는 것은 좀 이해하기 힘든 개념이지만, "드마레"(Demarez)에 의하면 多數의 물건 또는 동물이 물리적으로는 각각 별개이지만 법적 관점에서는 단일한 관리의 대상이 되는 단일한 객체가 될 수 있다고 한다. 예컨대 개개의 가축들이 합하여져 무리를 이루고, 견인하는 차량과 견인되는 차량이 합하여져 하나의 연결차량이 되고, 또 각각의 총알들이 하나의 단일한 束을 이루어 그 전체가 하나의 관리의 대상이 될 수 있다고 한다. Demarez, L'indemnisation du dommage occasionné par un membre inconnu d'un groupe déterminé(1967), p. 132 참조.

213) Civ., 5 fév. 1960, D. 1960, 365, note, Aberkane; Cass.civ. Ⅱ, 11 fév. 1966, D.S. 1966, 228, note, Schmelck.

214) Demarez(註 212), p. 134.

책된다고 한다.[215] 또한 순차적으로 발사하였을 때에나 한 발의 총알만이 피해자를 부상시켰을 때에는 총알의 單一한 束이라고 하는 개념을 인정하기가 어려울 것이 아닌가하는 의문을 제기하고 있는데,[216] 판례는 前者의 경우에는 이러한 해결책을 적용하기를 거부하지만,[217] 後者의 경우에는 여전히 이 이론을 원용하고 있다.[218]

일부 학설들[219]은 탄환들의 "單一한 束"이라는 이해하기 어려운 용어[220]를 사용하기보다는 그룹의 구성원들에 대하여 손해의 원인이 되는 총들에 대한 "共同管理"[221](garde en commun 또는 garde collective)를 인정하는 것이 더욱 타당하다고 주장하고 있다. 판례는 사냥의 경우에도 무기들에 대한 "共同管理"를 명시적으로 인정한 예가 없지는 않으나,[222] 특히 스포츠의 경우에 공에 대한 "共同管理"를 쉽게 인정하고 있다.[223] 그러나 이 경우에는 사냥의 경우와는 달리, 예컨대 하키구경을 하던 관중에게 하키공이 날아와 상해를 입혔을 때에 그 공을 친 선수가 누구인지 밝혀졌다면 그는 피해자에게 全損害를 배상할 의무를 부담하지만, 그러나 모든 선수들이 그 공을 共同管理하고 있었으므로 배상을 한 加害者는 나머지 선수들에게 求償權을 행사할 수 있다고 한

215) Civ., 5 fév. 1960, D. 1960, 365, note, Aberkane.

216) Demarez(註 212), p. 134; Starck(註 77), $n_o$ 261; Tourneau(註 211), $n_o$ 644 등.

217) Rennes, 14 janv. 1971 : J.C.P. 71, Ⅱ, 16733; D. 1971, somm. 175.

218) Cass.civ. Ⅱ, 11 fév. 1966, D.S. 1966, 228, note, Schmelck.

219) Carbonnier, Droit civil, tome 4: Les Obligations(15ème éd., 1991), $n_o$ 218 b); Durry, RTD civ., 1970, p. 176.

220) 마조(Mazeaud)는 손해를 야기시키는 탄환들의 "束"을 "관리"한다(la garde sur la gerbe)고 하는 말은 이해할 수 없다고 한다. Mazeaud et Chabas(註 190), $n_o$ 519.

221) 프랑스에서는 物件의 行爲에 의한 責任의 한 요건으로서 物件에 대한 "管理"(garde)를 들고 있는바, 원칙적으로 하나의 物件에 대한 管理는 重疊的인 것이 아니라 擇一的인 것으로 보고 있기 때문에 자격이 다른 사람들(예를 들면 使用者와 被用者, 賃貸人과 賃借人 등)에 대해서는 "共同管理"(garde en commun)를 인정하지 않는다. 이에 반하여 동일한 자격을 가진 사람들(예컨대 共有者들) 사이에는 "共同管理"(garde en commun)를 인정하고 있다. 加害者不明의 경우에 손해를 야기하였을 가능성이 있는 사람들 각자에게 全部義務를 지우기 위한 근거로서 判例는 그들 사이에 共同管理를 인정하고 있는바, 이러한 共同管理는 스포츠라든가 단체적인 놀이 등의 경우에는 무리 없이 인정될 수 있으나 사냥의 경우에는 문제가 있다. 왜냐하면 管理가 인정되기 위해서는 그 물건에 대한 지시(direction) 내지는 통제(contrôle)를 할 수 있어야 하는데, 사냥의 경우에 타인의 총에 대하여 이것이 인정될 수 있느냐 하는 데에 대해서 의문이 있기 때문이다. 破棄院이 탄환들의 "單一한 束"이라는 이해하기 어려운 개념을 만든 것도 바로 이러한 사정에 기인하는 것이 아닌가 하는 느낌이 든다.

222) Cour d'appel A.E.F. 3 avril 1957, J.C.P. 57.10308, note Savatier.

223) Cass.Civ. Ⅱ, 20 nov. 1968, Bull. Civ. Ⅱ, $n_o$ 277(테니스의 경우); T.G.I. Bordeaux, 28 avril 1986, J.C.P. 87, Ⅱ, 20885, note Agostini(하키의 경우). 그러나 농구의 경우에는 농구공에 대한 "共同管理"를 인정하고 있지 않다. Cass.Civ. Ⅱ, 21 janv. 1979, D. 1979, I.R. 346 obs. Larroumet.

다.[224] 집단적인 놀이의 도중에 사고가 발생하였을 때에도 破棄院은 이러한 共同管理라는 개념을 원용한다. 즉 전쟁놀이도중 한쪽 편에서 쏜 화살에 다른 편 어린이가 눈에 맞아 부상하였는데 그 화살을 누가 쏘았는지 알 수 없는 경우에 共同管理를 인정하였으며,[225] 또한 어린이들이 물방앗간에서 성냥을 가지고 놀다가 화재가 생긴 경우에 누가 그 성냥을 관리하였는지 알 수 없다는 이유로 배상청구를 기각한 原審의 판결에 대하여, "함께 놀았던 어린이들이 성냥과 종이에 대한 관리를 특징지우는 지배를 사실상 행사하였는지의 여부를 살펴보지 않았다"는 이유로 파기하였다.[226] 또한 破棄院은 결혼식장에서 축포를 쏘는 중에 被害者가 그 탄환에 맞아 부상을 입은 경우에 原審이 "管理"(la garde)는 擇一的이지 重疊的인 것이 아니라는 이유로 被害者의 賠償請求를 기각한 데 대하여, 총을 쏜 사람들은 "그들이 管理하고 있는 총을 가지고서", "공동의 행위에 참여하여 서로 관련되어 분리할 수 없는 行動을 하였다" (…participé à une action commune et exécuté des actes connexes et inséparables…)는 이유로 원심의 판결을 파기하였다. 破棄院은 이 판결에서 "管理"의 성격에 관하여 분명한 언급은 하지 않았지만, 결국 총의 共同管理를 인정하였을 때와 동일한 결론에 도달하였다고 한다.[227]

(다) 學 說 이상에서 살펴보았듯이 判例의 理論構成은 지나치게 擬制的인 면이 많아서 학자들은 이에 불만을 느껴 판례의 해결을 좀더 잘 설명해 줄 수 있는 이론구성을 추구하고 있다. 그 대표적인 것을 살펴보면 다음과 같다.

(a) 第1說 많은 학자들은 위에서 설명한 해결책들을 法人格理論(la théorie de la personnalité morale)의 연장으로 보고 있다.[228] 이들에 따르면 어떤 집단이 공동으로 관여되어 있다면, 그것은 이 집단이 말하자면 "事實上의"(de fait) 法人格을 가지고 있기 때문이라거나, 내지는 보다 단순하게 이야기하자면 법이 부정할 수 없는 사회학적 실체를 이루고 있기 때문이라고 한다. 또한 관여자들 사이에 이익과 위험의 분배에 관하여 民 §1873[229]의 사실

224) T.G.I. Bordeaux, 28 avril 1986, J.C.P. 87, Ⅱ, 20885, note Agostini.

225) Cass.Civ.Ⅱ, 7 nov. 1988: Bull. civ. Ⅱ, $n_o$ 214, p. 116; D. 1988, 279.

226) Cass.Civ.Ⅱ, 1er avril 1981, Bull.civ.Ⅱ, $n_o$ 84.

227) Tourneau(註 211), $n_o$ 645 참조.

228) Aberkane, Du dommage causé par une personne indéterminée dans un groupe déterminé de personnes, RTD civ., 1958, pp. 516; Mayer, La garde en commun, RTD civ., 1975, pp. 197; Carbonnier(註 219), pp. 393.

229) "民 §1873. 이 절의 규정은 사실상 성립된 조합에도 적용된다"(Art. 1873. Les disposi-

상의 조합이 성립된 것으로 볼 수 있다고도 한다.

이러한 설명은 의심할 여지 없이 커다란 이점을 가지고 있다. 즉 충분히 안정적이고 응집력 있는 단체만이 이러한 사실상의 法人格을 주장할 수 있으므로, 우연히 모인 집합으로부터 손해가 발생한 경우에는 全部義務를 효과적으로 배제할 수 있게 하기 때문이다. 그러나 이 이론은 일응 그럴 듯해 보이지만, 判例의 해결과는 맞지 않는다는 비판이 가해지고 있다.[230] 즉 판례는 동일한 응집력을 가지고 모인 단체라 하더라도(예를 들어 일단의 사냥꾼들) 損害를 발생시킨 者가 不明일 경우에는 각자에게 全部義務를 인정하는 반면에, 손해를 발생시킨 자가 알려졌을 경우에는 그 加害者에 대해서만 책임을 인정하고 있기 때문이다. 더 나아가, 단체 내에서도 몇몇 사람(예컨대 사고가 발생하였을 때에 방아쇠를 당긴 사냥꾼들)만이 全部義務를 지고 나머지 다른 사람들은 책임을 지지 않는 경우가 많은데, 이 때 책임을 지는 사람들 상호간에 그렇지 않은 사람들에 비해서 어떤 특별한 관계가 존재하는 것도 아니다. 따라서 각 당사자들에게 全部義務를 인정할지 여부를 결정짓는 것은 단체 내지는 집합의 구성원들을 연결하는 관계의 성질이 아니라, 단지 事故의 상황 즉 손해야기자가 구체적으로 누구인지를 결정하는 것이 불가능하다고 하는 것이라고 한다.

(b) 第2說 또 다른 설명이 "뽀스따시오글뤼"(Postacioglu)에 의하여 제시되었는데,[231] 이는 사냥에서의 事故에 관한 것이지만 일반화할 수 있는 것이다. 그에 의하면 직접 사고를 발생시키지 않은 총들도 원인력을 가질 수 있는 것으로 보아야 한다는 것이다. 왜냐하면 "동시에 방아쇠를 당기지 않았더라면 被害者가 가질 수 있었을 證據方法을 갖지 못하게 하는 데에 그 총들이 기여하였기 때문이다." "각각의 사냥꾼은 증거방법의 혼란을 가져왔고, 결국은 그것을 완전히 소멸시켰다." 그리하여 그들의 全部責任을 正當化하는 것은 바로 이러한 證據方法을 消滅시키는 데에 참여하였다고 하는 사실이라고 한다. 리옹抗訴法院(la Cour de Riom)은 이러한 논리를 받아들여 1964년 2월 5일의 판결에서 2명의 사냥꾼에 대하여 한 명의 過失은 손해를 야기하였고 다른 한 명의 過失은 "손해의 정확한 원인을 아는 데에 방해를 하였다"고 하면서

tions du présent chapitre sont applicables aux sociétés créées de fait).

230) Viney(註 60), $n_o$ 380.

231) Postacioglu, Faits simultanés et le problème de la responsabilité collective, RTD civ., 1954, pp. 438.

두 가지의 過失을 인정한 다음, 각자에게 全部의 賠償責任을 인정하였다.[232)]

이에 대해서는 證據의 消滅을 가져온 행위는 過失이 있을 때에만 책임을 발생시키는데, 사냥의 경우에 증거방법을 소멸시킨 행위는 격발 그 자체가 아니라 사냥꾼이 다른 사냥꾼과 동시에 내지는 손해의 야기자를 알지 못하게 하는 상황 하에서 총을 쏘았다고 하는 것인바, 이러한 경우에 過失을 인정할 수는 없다고 하는 비판이 가해진다.[233)]

(c) 第3說 세 번째의 설명으로서 判例는 단지 損害惹起者의 정확한 확정이 어려운 경우에 因果關係에 대한 立證責任을 좀더 공평하게 분배하기를 원하였을 뿐이라는 것이다.[234)] 즉 원칙적으로는 입증책임은 被害者가 부담하지만, 몇 가지 예에서 볼 수 있는 것처럼 법원은 필요한 경우에는 推定이나 立證責任의 減輕을 만들어 낼 수 있는 자격이 없지 않다고 한다.[235)] 加害者不明의 경우에 법원은 被害者가 손해뿐만 아니라 손해를 야기시킨 행위, 그리고 그 행위와 손해와의 사이의 因果關係를 입증했을 때에는 그 손해를 발생시킨 행위가 數人——被害者는 그 수인을 지명할 수 있지만, 그 중에서 누구인지 가려 낼 수는 없다——에 의하여 야기될 수 있었다고 하는 이유만으로 패소시킬 수는 없다고 생각하였으며, 그리하여 법원은 소송이 제기된 집단 중의 假想의 한 구성원(un membre idéal)에 대하여 책임발생에 필요한 모든 요건이 갖추어졌다는 것을 원고가 입증하였을 때에는 그것으로 충분하다고 보고, 손해를 직접적으로 야기시킨 자를 확정하는 것은 이제는 그 집단의 구성원에게로 돌아가는 것이 타당하다고 보았다는 것이다. 그러한 입증이 행하여지면 모든 피고는 손해를 야기한 것으로 추정이 되고, 이제는 추정을 번복하는 일은 피고에게 넘겨진다는 것이다. 결국 위의 판례의 해결방식은 因果關係에 관한 立證責任의 原則을 衡平의 原則에 의거하여 조정한 데에서 나오는 결과라고 한다. 또한 이렇게 함으로써 실제로 손해를 야기한 자가 누구인지 알면서도 비밀을 간직하고자 하는 피고들의 담합에 효과적으로 대처할 수 있다는 것이다.

---

232) Riom, 21 avril 1966, Gaz. Pal., 1966. 2. 28.

233) Viney(註 60), $n_o$ 380.

234) Tourneau(註 211), $n_o$ 647; Dejean de la Bâtie, note au J.C.P., 1978, Ⅱ, 18773; Viney(註 60), $n_o$ 380; Durry, RTD civ., 1984, p. 316. 이하의 기술은 주로 비네(Viney)의 설명을 참조하였다.

235) 그 대표적인 예로서 그녀는 노동사건(accidents du travail)에서 노동과 신체적 상해 사이의 인과관계의 추정과, 그리고 "물건의 행위로 인한 관리자의 당연책임(la responsabilité de plein droit du gardien d'une chose inanimée)"에서 물건이 손해의 발생에 기여한 경우에는 그것이 손해발생의 원인으로 추정된다고 하는 것 등을 들고 있다.

㈑ 必要的 共同訴訟 與否 一說에 의하면[236] 加害者不明의 경우에 피고에게 全部義務를 선고하기 위해서는 손해를 야기하였을 가능성이 있는 사람들 모두에게 소송을 제기하여야 한다고 한다. 加害者不明의 경우에 被害者에게 유리하게 立證責任의 轉換을 인정한 것은 손해를 실제로 야기한 자가 피고들 중에 있는 것이 명백할 때에 단지 피고들 중에서 그를 분리해 내는 것을 면하게 해 주는 데에 그 취지가 있는 것이며, 그 이상이 될 수는 없다는 것이다. 따라서 손해를 발생시켰을 가능성이 있는 자들에게 전부책임을 선고하기 위해서는 그 범위의 사람들 모두가 알려지고 또 제소되어야 하며, 이 요건은 판례의 해결방식에 대하여 합리적인 제한을 두기 위하여 꼭 필요한 것이라고 한다.

이러한 취지의 抗訴審의 判決[237]이 없는 것은 아니지만, 최근 破棄院은 이와 반대되는 취지의 판결을 내린 바 있다. 그 사안은 어린이들이 두 그룹으로 나뉘어 화살을 쏘며 노는 중에 한 어린이가 눈에 맞아 부상을 입었던바, 被害者의 부모가 상대편 그룹 중의 1인에 대해서만 소송을 제기한 것이었는데, 이에 대하여 抗訴審은 團體責任(responsabilité collective)의 경우에는 그 그룹 모두를 상대로 소송을 제기하여야 한다는 이유로 각하하였다. 이러한 原審의 判決에 대하여 破棄院은 "손해발생의 도구로 된 물건의 관리가 數人에 의하여 공동으로 행하여졌을 때에는 共同管理者의 각자는 被害者에 대하여 損害全部를 배상하여야 한다"는 이유로 파기하였다.[238] 그리하여 被害者는 손해를 발생시킨 의심이 있는 者들 전원을 상대로 배상청구를 할 필요는 없게 되었다.

## 3. 獨 逸 法

### (1) 입법과정과 입법자의 의도

㈎ 部分草案(Teilentwurf) 독일 민법전의 제정과정에서 共同不法行爲에 관한 규정이 최초로 법전화되어 나타난 것은 채권편에 대한 豫備草案(Vorentwurf)의 기초를 위임받은 폰 퀴벨(von Kübel)이 작성한 部分草案 債務法 第15號, 不法行爲 第10條(Teilentwurf Obligationenrecht No. 15, Unerlaubte Handlungen, §10, 이하에서는 '部分草案 §10'라고 한다)였다.

第10條 "數人이 敎唆者로서든, 行爲者로서든, 또는 幇助者로서든 공동의

236) Viney(註 60), $n_o$ 381.
237) Lyon, 10 mars 1976, D. 1977, I.R., p. 44.
238) Cass.Civ. Ⅱ, 7 nov. 1988: Bull. civ. Ⅱ, $n_o$ 214, p. 116; D. 1988, 279.

행위로 손해에 대하여 책임이 있을 때에는 그들은 連帶債務者로서 책임을 진다. 공동으로 행동하지 않았던 數人의 위법한 행위가 경합하여 손해가 발생하였고, 발생한 손해에 대한 각자의 기여분을 알 수 없는 때에도 동일한 책임이 발생한다."[239]

이 규정을 통해서 알 수 있는 것은 기초자는 敎唆者·行爲者·幇助者 등의 개념에 대하여 스스로 정하지 않았고, 그 개념이 이미 알려져 있다고 하는 것을 전제로 하고 있었으며, 따라서 형법상의 개념에 따르고 있었다고 하는 것이다.[240] 그러나 이 규정의 "공동의 행위"(gemeinsames Handeln)라고 하는 말로부터는 행위자의 故意를 필요로 하는 것인지, 그렇지 않으면 過失만으로 족한지, 그리고 각자는 결과에 대하여 어느 정도의 行爲寄與가 있어야 하는지 등에 관해서 아무런 대답도 끌어 낼 수 없다. 다만, 이 점과 관련하여 이 규정의 起草者였던 퀴벨은 豫備草案(Vorentwurf)에 대한 理由書에서 다음과 같이 언급하고 있는데, 이로부터 약간의 해답을 구할 수는 있을 것이다. 즉 퀴벨은 "각자는 損害發生行爲에 대한 그의 故意的인 協力(absichtliches Mitwirken)을 통하여 그 損害發生行爲를 자신의 것으로 만들었고, 따라서 이로 인하여 발생한 損害全部에 대하여 賠償義務를 부과시켜도 이는 지나친 것이 아니다"[241]고 하고 있으며, 이로부터 적어도 입법자는 "공동의 행위"가 되기 위해서는 故意가 있어야 한다고 생각하고 있었음을 알 수 있다.[242] 그러나 각 행위자의 결과에 대한 因果的 寄與는 어느 정도이어야 하는가에 대해서는 起草者의 견해가 명백한 것은 아니라고 하며, 학설은 대립한다. 즉 一說[243]은 위의 퀴벨의 언급으로부터 알 수 있듯이 관여행위들의 상호귀속을 정당화해 주는 근거가 되는 것

239) "Haben Mehrere durch gemeinsames Handeln, sei es als Anstifter, Thäter oder Gehilfen, den Schaden verschuldet, so haften sie als Gesamtschuldner. Dieselbe Haftung tritt ein, wenn der Schaden durch das Zusammentreffen widerrechtlicher Handlungen Mehrerer, welche nicht gemeinsam gehandelt haben, verursacht worden ist und der Antheil des Einzelnen an dem verursachten Schaden sich nicht ermitteln läßt." von Kübel, Die Vorlagen der Redaktoren für die erste Kommission zur Ausarbeitung des entwurfs eines Bürgerlichen Gesetzbuches(hrsg. v. Werner Schubert), Recht der Schuldverhältnisse, Teil I, Allgemeiner Teil(1980), S. 654. Kreutziger(註 88), S. 15에서 재인용.

240) Kreutziger(註 88), S. 15.

241) Motive zum Vorentwurf eines BGB, Teilentwurf Obligationenrecht No. 15, Unerlaubte Handlungen, §§1-20, in: Entwurf eines bürgerlichen Gesetzbuches für das Deutsche Reich. Recht der Schuldverhältnisse. I. Allgemeiner Theil mit Begründung. Abschnitt I. Titel 2. Ⅲ. Vorlage des Redaktors von Kübel(1882), S. 50. Fraenkel, Tatbestand und Zurechnung bei §823 Abs.1 BGB (1979), S. 270에서 재인용.

242) Kreutziger(註 88), S. 16f.

243) Fraenkel(註 241), S. 270.

은 모든 관여자들이 공통적으로 가지고 있는 행위수행에로 향하여진 의사이며, 각자의 행위와 침해결과 사이에 인과관계가 존재한다고 하는 것은 귀책(Zurechnung)의 요건도 아니고 근거도 아니라고 하고 있다. 이에 반하여 다른 一說[244]은 퀴벨의 "故意的인 協力"으로부터 행위자들 사이에 意思共同體(Willensgemeinschaft)가 존재하여야 한다고는 말할 수 있지만, 그러나 意思의 共同이 귀책의 근거가 된다고는 말할 수 없다고 한다. 즉 "협력한"(mitgewirkt) 자들은 意思共同體의 구성원일 뿐만 아니라 行爲共同體(Handlungsgemeinschaft)의 구성원이기도 하며, 이들이 침해행위에로 共同作用(Zusammenwirken)하면 敎唆者이든 行爲者이든 幇助者이든 상관 없이 連帶責任을 지기 때문에 각자의 全部責任의 근거는 共同作用이라는 것이다. 後說은 또한 "敎唆는 행위자로 하여금 不法行爲의 意思決定을 하게 하였던바, 행위자에 의하여 손해가 발생하였고 그리하여 손해발생행위는 敎唆에 의하여 간접적으로 야기됨으로써 敎唆는 原因이 되었기 때문에 敎唆者를 行爲者와 달리 취급할 이유가 없다"[245]고 하는 퀴벨의 진술로부터, 敎唆者의 행위와 결과 사이에 因果關係가 존재한다고 하는 사실을 고려하여 그를 행위자와 동일시하고 있다.[246]

部分草案 §10 2文에서는 손해발생에 대한 寄與分을 알 수가 없다고 하는 것이 결정적으로 중요하다고 한다.[247] 왜냐하면 故意的이 아닌 단순히 偶然的인 數人의 共同作用의 경우에 각자의 寄與分을 알 수 있을 때에는 "각자는 그가 유책적으로 야기한 손해에 대해서만 책임을 진다고 하는 일반원칙에서 벗어날 이유가 없"[248]기 때문이라는 것이다.

(나) 獨逸民法 第1草案(Erster Entwurf)  部分草案 §10는 그 내용에 관하여 별다른 수정이 가해지지 않은 채 獨民 第1草案 §714로 되었으며, 특히 第1文은 字句의 수정 없이 그대로 §714 1文으로 되었다. 獨民 第1草案 §714 1文에 대하여 理由書에서는 단순히 "敎唆者로서든, 行爲者로서든 또는 幇助者로서든 공동의 행위로 손해를 발생시킨 數人이 連帶債務者로서 책임을 진다고 하는 규정은 현행법[249]을 그대로 가져온 것이다"[250]라고 말하고 있을 뿐

244) Kreutziger(註 88), S. 16ff.
245) Kübel(註 239), S. 705. Kreutziger(註 88), S. 17f.에서 재인용.
246) Kreutziger(註 88), S. 18.
247) Kreutziger(註 88), S. 18.
248) von Kübel(註 239), S. 706. Kreutziger(註 88), S. 18f.에서 재인용.
249) 그 당시에 통용되던 란트법(Landesgesetz)을 말한다. Kreutziger(註 88), S. 19, 註 3 참조.
250) Mugdan, Die Gesamten Materialien zum Bürgerlichen Gesetzbuch für das Deutsche Reich, Bd. Ⅱ: Recht der Schuldverhältnisse(1899, Neudruck 1979), S. 412.

이며, 책임요건의 내용에 관한 더 이상의 설명은 보이지 않는다. 또한 豫備草案의 理由書에서는 敎唆者의 책임을 行爲者의 책임과 동일시하는 것에 대한 근거를 제시하고자 하였음에 반하여, 第1草案의 理由書에서는 "물론 보통법 시대의 이론에서는 敎唆者 자신의 책임에 대하여 다투어졌지만 오늘날의 법에서는 이 논쟁은 의미가 없다"[250-1]라고만 언급하고 있을 뿐이다.

部分草案 §10 2文은 獨逸民法 第1草案 §714 2文으로 되면서 약간의 字句修正이 가하여졌는데, 그 내용은 다음과 같다. 즉 "손해에 대하여 數人이 책임이 있는 경우에 그 數人이 공동으로 행동하지 않았지만, 그러나 그 손해에 대한 각자의 寄與分을 알 수 없는 때에도 마찬가지다."[251] 이 규정에 대하여 理由書에서는 다음과 같이 간단하게 언급하고 있다. 즉 "이 규정은 특히 數人 모두에게 불법행위의 일반원칙에 따라 구체적으로 過責이 있을 것을 전제로 하여 누구의 행위가 바로 그 손해를 발생시켰는지 알 수 없는 경우에도 적용된다. 이 규정은 예컨대 싸움에 있어서 사망이나 상해가 발생하였을 경우에 유용하다."[252] 이로부터 알 수 있듯이 獨逸民法 第1草案 §714 2文은 選擇的 因果關係의 경우에도 적용된다고 하는 것이 입법자의 의도였다.

(다) 獨逸民法 第2草案(Zweiter Entwurf) 第2委員會에서의 토의에서 第1草案 §714 1文에 대해서는 아무런 異議가 제기되지 않았다. 그러나 §714 2文에 대해서는 실질적으로 그 내용을 변경하려는 의도 없이[253] "위법한 결과가 행위에 관여한 數人의 공동작용에 의해서가 아니라 數人의 관여자 중의 1인의 행위에 의하여 발생하였지만, 그 행위를 한 자가 누구인지 알 수 없는 경우에도 §714 2文이 적용된다고 하는 것을 밝히기"[254] 위하여 그 文句를 "數人이 공동으로 행동하지 않았고 또 누구의 행동이 손해를 야기시켰는지 알 수 없는 때에도 마찬가지이다"[255]로 변경하자고 하는 제안이 나왔고, 그것

250-1) Mugdan(前註), S. 412.

251) 獨民 第1草案 §714의 原文은 다음과 같다.

§714 E I. "Haben Mehrere durch gemeinsames Handeln, sei es als Anstifter, Thäter oder Gehülfen, einen Schaden verschuldet, so haften sie als Gesamtschuldner. Das Gleiche gilt, wenn im Falle eines von Mehreren verschuldeten Schadens von den Mehreren nicht gemeinsam gehandelt, der Antheil des Einzelnen an dem Schaden aber nicht zu ermitteln ist."

252) Mugdan(註 250), S. 412.

253) Bydlinski(註 32), S. 7.

254) Mugdan(註 250), 1095f.

255) "Das gleiche gilt, wenn Mehrere nicht gemeinschaftlich gehandelt haben und sich nicht ermitteln läßt, wessen Handlung den Schaden verursacht hat."

이 받아들여져 "數人이 책임이 있는 손해"(eines von Mehreren verschuldeten Schadens)라고 하는 표현은 삭제되었다.

그 밖에도 教唆者와 幇助者에 관한 규정은 독립하여 별도의 項을 구성하게 되었고, 또 獨逸民法의 文體의 원칙에 따라 동일한 법적 효과가 이중으로 나오는 것을 피하기 위하여 "連帶債務者로서 책임을 진다"라고 하는 표현은 現行 獨民 §840 I 의 前身인 獨民 第2草案 §764 I 속으로 들어가게 되었다.[256]

이상과 같은 과정을 거쳐 獨民 第1草案 §714는 獨民 第2草案 §753로 수정되었고, 後者는 다시 아무런 수정 없이 그대로 現行 獨民 §830로 되었다.

(2) **共同不法行爲의 유형의 概觀**

이상과 같은 과정을 거쳐 독일에서는 共同不法行爲에 관하여 獨民 §§830·840 I 의 두 규정을 두어 각각 共同不法行爲의 성립요건과 共同不法行爲者의 責任의 內容을 규율하게 하고 있다.[257]

> 第830條[共同行爲者와 關與者] ⑴ 數人이 공동으로 행한 불법행위에 의하여 타인에게 손해를 발생시켰을 때에는 각자가 그 손해에 대하여 책임이 있다. 數人의 關與者 중 누구의 행위에 의하여 손해가 일어났는지 알 수 없는 때에도 마찬가지이다.
>
> ⑵ 教唆者와 幇助者는 共同行爲者로 본다.
>
> 第840條[數人의 責任] ⑴ 하나의 不法行爲에 의하여 발생한 손해에 대하여 數人이 각자 책임을 지는 때에는 그들은 連帶債務者로서 책임을 진다.
>
> ⑵ ….

이 규정에서 볼 수 있는 바와 같이 獨逸民法은 共同不法行爲의 유형을 우리 民法과 같이 共同行爲者(Mittäter), 教唆者(Anstifter), 幇助者(Gehilfen), 그리고 우리 民法의 加害者不明의 共同不法行爲에 해당하는 關與者(Beteiligte)의 네 가지로 나누어 규율하고 있다. 그 밖에도 그 후의 연구를 통하여 위의 네 가지 유형만으로는 하나의 손해의 발생에 數人의 원인기여자가 있는 경우를

---

256) Ries, Zur Haftung der Nebentäter nach §830 und §840 BGB, AcP 177, 546f.

257) §830.[Mittäter und Beteiligte] ⑴ Haben mehrere durch eine gemeinschaftlich begangene unerlaubte Handlung einen Schaden verursacht, so ist jeder für den Schaden verantwortlich. Das gleiche gilt, wenn sich nicht ermitteln läßt, wer von mehreren Beteiligten den Schaden durch seine Handlung verursacht hat.
⑵ Anstifter und Gehilfen stehen Mittätern gleich.
§840.[Haftung mehrerer] ⑴ Sind für den aus einer unerlaubten Handlung einstehenden Schaden mehrere nebeneinander verantwortlich, so haften sie als Gesamtschuldner.
⑵ ….

빠짐없이 규율할 수 없음을 밝혀 내고, 판례와 학설은 競合不法行爲(Nebentäterschaft)라고 하는 새로운 유형을 인정하게 되었다.

이러한 共同不法行爲의 諸類型들은 그 제도적 취지와 요건에 있어서 상호 밀접한 관련을 가지고 있는바, 그 논의의 출발점은 獨民 §830 I 1文이 규정하는 共同行爲者(Mittäter)의 제도적 취지를 어떻게 볼 것이며, 그 요건을 어떻게 규정할 것인가 하는 것이다. 만일 獨民 §830 I 1文의 共同行爲者의 성립요건을 완화하여 이를 폭넓게 인정한다면, 獨民 §830 I 2文의 關與者(Beteiligte)나 判例·學說이 인정하고 있는 競合不法行爲가 적용될 여지는 현저히 줄어들 것이다.[258] 이와는 달리 공동행위자(Mittäter)를 엄격히 해석하여 행위자 상호간에 主觀的 共同, 그것도 결과에 대한 認識, 즉 故意를 요구한다면 共同行爲者(Mittäter)가 인정되는 경우는 현저히 줄어들기 때문에 하나의 손해의 발생에 數人이 관계되어 있는 경우 중 많은 것들을 다른 유형에 의하여 처리할 수밖에 없을 것이다. 獨逸의 多數說과 判例는 後者의 입장을 취하고 있으며, 행위자 상호간에 主觀的 共同이 없을 때에는 경우를 나누어 因果關係가 밝혀지지 않은 경우에는 獨民 §830 I 2文을 적용하고, 因果關係가 밝혀진 경우에는 競合不法行爲로서 不法行爲에 관한 一般規定인 獨民 §823를 적용하고 있다.

이하에서는 각 유형의 共同不法行爲에 관하여 독일에서 논의되었던 것들 가운데에서 특히 우리 민법의 해석론과 관련하여 중요한 의미를 가지고 있는 부분들을 간단히 살펴본다.

**(3) 共同行爲者(Mittäter): 狹義의 共同不法行爲**

우리의 狹義의 共同不法行爲에 해당하는 共同行爲者에 관하여 독일에서는 특히 다음의 세 가지 문제가 많이 논의되었다. 즉 첫째로 獨民 §830 I 1文의 共同行爲者가 인정되기 위해서는 행위자 상호간에 主觀的 共同이 필요한가, 그렇지 않으면 단순한 客觀的 共同으로 족한가, 둘째로 발생한 결과와 행위자 개개인의 행위와의 사이에 因果關係가 필요한가, 셋째로 첫번째의 문제에 대하여 共同行爲者가 성립되기 위해서는 主觀的 共同이 필요하다고 할 때에 이러한 主觀的 共同이 容態(Verhalten)에 관련되는 것만으로 족한가, 그렇지 않으면 侵害結果에도 관련되어야 하는가, 즉 過失의 共同行爲者도 인정할 것인가,

258) 이러한 예는 현재 우리의 경우가 잘 보여 주고 있다. 즉 우리의 通說·判例는 客觀的 關聯共同說을 취하고 있으며, 그리고 그 關聯共同性을 폭넓게 인정하고 있다. 그 결과 民 §760 II의 加害者不明의 共同不法行爲가 인정될 여지가 별로 없을 뿐만 아니라, 獨逸의 判例·通說이 인정하고 있는 競合不法行爲가 현재 문제조차 되고 있지 않다.

그렇지 않으면 故意의 共同行爲者만을 인정할 것인가 하는 점이다.

(가) 主觀的 共同의 必要 與否

(a) 事實上의 競合(Tatsächliches Zusammentreffen) 獨民 §830 I 1文이 적용되기 위해서는 主觀的 共同이 없다 하더라도 손해가 個別行爲들의 總體的 作用(Gesamtwirkungen)의 산물이라고 하는 의미에서 결과가 단일한(einheitlich) 것이기만 하면, 數人의 行爲들의 단순한 事實的인 競合만으로도 족하다고 하는 견해가 한때 주장되었다.[259] 룸프(Rumpf)에 의하면 意思共同體(Willensgemeinschaft)가 필요하다고 한다면 이러한 의사공동체가 존재하지 않는 경우에는 어떻게 처리할 것인가 하는 문제가 해결되어야 할 것이나, 사실은 이 문제가 충분히 제기되어 있지 않다고 한다. 또 그는 물론 "共同으로 행한 不法行爲"라는 표현은 意思共同體가 있는 경우만을 포함하고자 한 것이라고 생각되기는 하지만, 두 명의 인부가 過失로 각목을 떨어뜨려 지나가는 사람을 다치게 한 경우나, 어떤 사람이 過失로 도둑에게 열쇠를 복사해 주어 그 도둑이 이를 가지고 침입하여 절도하였을 경우에 이를 共同으로 저지른 不法行爲라고 말하더라도 言語의 一般的 使用에 어긋나는 것은 아니라고 하면서, 그렇다고 한다면 獨逸民法이 불법행위의 영역에서는 피해자의 이익을 전면에 내세우는 만큼 "공동으로 행한 불법행위"를 擴大解釋하여야 한다고 한다. 그리하여 결국 "單一한 損害"(ein einheitlicher Schaden)가 존재할 때에는 각자는 연대하여 책임을 져야 한다고 하면서, 이 때 단일한 손해를 엄격하게 해석해서는 안 된다고 한다.[260]

(b) 客觀的 共同(Objektive Gemeinschaftlichkeit) 두 번째 견해로서는 외르트만(Oertmann)에 의하여 주장된 것으로서, 이에 의하면 "共同으로 행한다"고 하기 위해서는 객관적으로 고찰해 볼 때에 결과의 발생이 공동으로 초래된 것이라면 족하다고 한다.[261] 獨民 §830 I 1文은 "단지 共同行爲의 客觀

259) Rumpf, Die Teilnahme an unerlaubten Handlungen nach dem BGB (1904), S. 51. 룸프(Rumpf) 이외에도 Cosack-Mitteis, Lehrbuch des Bürgerlichen Rechts, B. I(8. Aufl., 1927), S. 772; Planck, Kommentar zum BGB(3. Aufl., 1907), §830 Rdnr. 1(단 4판에서는 이 견해를 변경하였음) 등이 이러한 견해를 취하였다고 한다. Weckerle(註 1), S. 59, 註 9 참조.

260) Rumpf(前註), S. 51-5 참조.

261) Oertmann, Kommentar zum BGB, Recht der Schuldverhältnisse(5. Aufl., 1929), §830 Rdnr. 1. 외르트만의 이러한 客觀的 共同說은 일본의 초기의 客觀的 共同說, 특히 川名兼四郎의 학설에 많은 영향을 미쳤다고 한다. 能見善久, "共同不法行爲責任의 基礎的 考察(二)", 法學協會雜誌 94-8, 1242, 특히 註 21 참조.

的 事實, 즉 각자는 발생한 損害的 結果의 原因으로 지적되는 사건에 정도의 차이는 있으나 상당히 관여하였어야 함"을 요구할 뿐이라는 것이다. 이에 따르면 客觀的 共同이라고 하는 것은 결과에의 방향으로 사실상 공동으로 작용하고 또 그들 사이에 場所的·時間的으로 밀접한 관계가 존재하지만, 그러나 그 행위자들이 서로 협의하지 않고 각자는 다른 사람과 완전히 독립하여 행동하는 그러한 동일한 종류의 행위들이 있을 때에 인정될 수 있을 것이다.[262)]

(c) 主觀的 要素의 必要性—判例·通說 현재 독일의 通說·判例는 獨民 §830 I 1文의 共同行爲者가 인정되기 위해서는 主觀的 要素, 즉 "意識되고 意欲된 共同"이 필요하다고 한다.[263)] 베케를레(Weckerle)는 위의 (a)의 견해에 대해서는 공동으로 불법행위를 저지른 경우에 각자의 행위기여는 전체적으로 일괄파악되어(zusammengefaßt) 相互歸屬(gegenseitige Zurechnung)되어지며, 따라서 각자가 완전히 구분된 손해의 일부분을 야기하였다 하더라도 각 共同行爲者는 전부에 대하여 책임을 지게 되는 것을 간과하고 있다고 비판한다.[264)] 또한 (b)의 견해가 말하는 객관적 공동 역시 (a)의 견해의 損害의 單一性과 마찬가지로 개별 행위자들의 相互歸屬을 正當化해 주지 못하며, "過失責任에 있어서는 개인적인 責任이 문제되므로 意識되고 意欲된 共同만이 타인의 행위기여에 대한 책임으로 이끌 뿐"이라고 한다.[265)] 프랭켈(Fraenkel)은 한 걸음 더 나아가 각 공동불법행위자의 행위가 構成要件의 實現에 原因이 된다고 하는 것이 그 責任歸屬의 요건이나 근거인 것은 아니며, 그들의 행위의 상호귀속을 정당화하는 것은 단지 不法行爲의 실현으로 향한 共同의 意思라고 하면서, 독일민법의 豫備草案에 대한 理由書(die Motive zum Vorentwurf)[266)]도 이를 분명히 하고 있다고 한다.[267)]

(나) 獨民 §830 I 1文의 制度的 趣旨 전통적으로 因果關係를 Alles-oder-Nichts 문제로 보는 독일에서는 共同行爲者에 관한 규정인 獨民 §830 I 1

262) Weckerle(註 1), S. 60.
263) Staudinger/Schäfer, §830 Rdnr. 2-4(S. 713-4); Larenz/Canaris(註 6), §82 I 2 c)(S. 567); Soergel/Zeuner, §830 Rdnr. 4(S. 899-900); RGRK/Steffen, §830 Rdnr. 4(S. 472); MünchKomm/Stein(3. Aufl., 1997), §830 Rdnr. 7(S. 1769); Brambring(註 88), S. 32; Weckerle(註 1), S. 60; Fraenkel(註 241), S. 269; Kreutziger(註 88), S. 117f; Palandt/Thomas(51. Aufl., 1992), §830 Rdnr. 3(S. 958) 등.
264) Weckerle(註 1), S. 59.
265) Weckerle(註 1), S. 60.
266) 前註 241의 本文 참조.
267) Fraenkel(註 241), S. 270.

文의 제도적 취지를 우리의 통설처럼 分割責任의 排除로 보지는 않는다. 즉 數人의 행위자 상호간에 主觀的 共同이 없고, 따라서 共同行爲者에 관한 獨民 §830 I 1文이 적용되지 않는다 하더라도 각자의 행위와 결과 사이에 因果關係가 인정되면 각 행위자는 一般不法行爲에 관한 規定(예컨대 獨民 §823)과 獨民 §840에 의하여 全損害에 대하여 連帶債務를 부담하며, 多數說에 의하면 이 때 각자가 全損害에 대하여 책임을 지는 것은 獨民 §840에 의하여 비로소 창설된 것이 아니라 因果關係의 一般原則에 의하여 당연히 도출된다고 한다.[268] 이처럼 共同行爲者에 관한 獨民 §830 I 1文의 제도적 취지를 分割責任의 排除로 볼 수 없다면, 그 취지는 결국 因果關係와 관련하여 설명될 수밖에 없을 것인데, 종래 독일에서는 이에 관하여 크게 3가지 견해가 대립되고 있다.

(a) 宣言的 規範說(haftungsklarstellende Norm) 因果關係의 一般原則에 의하여 共同行爲者의 책임을 이끌어 낼 수 있다고 하는 견해이다. 이 학설의 대표적 주장자인 트래거(Traeger)에 의하면, 多數의 責任發生的 事實이 결과에 대하여 補充的으로 決定的인 條件[269]을 이루고 있는 경우, 즉 그것들이 共同作用하여 비로소 결과가 발생하는 경우에 각자의 책임은 全體損害에 미치는데, 이러한 점에 비추어 볼 때 형법적 의미에서의 共同正犯과 敎唆犯이 손해전부에 대하여 連帶責任을 지는 것은 당연하다는 것이다.[270] 그에게 있어서는 각 加害者들의 행위가 어느 만큼 直接的으로 作用하였는가 하는 것이 중요한 것이 아니라, 각자가 決定的인 條件을 제공하였는가 하는 것이 중요하기

268) 이에 관한 보다 자세한 설명은 前述 本條 注解 A. Ⅱ. 3. 참조.

269) 트래거(Traeger)가 사용하는 조건의 개념은 다음과 같다. 즉 條件說에 의하면 어떤 상황이 없었더라면 발생하였을 결과와 현실적으로 발생한 결과가 법률적으로 평가해 볼 때 서로 "다른 것"이라는 관계가 성립된다면, 그 상황은 그 결과에 대하여 法的 意味에서의 原因 또는 條件이 된다. 그리고 또 어떤 상황이 없었더라면 발생하였을 결과와 현실적으로 발생한 결과를 비교하여 보았을 때 법률상의 構成要件的 範疇(예를 들면 死亡이라든가 傷害 등)에 있어서 서로 다르다면, 그 결과는 법률적 평가에 있어서 "언제나" 다른 것이 되며, 이 때의 그 상황을 "決定的 條件"(entscheidende conditio sine qua non)이라고 부른다. 이에 반하여 그 상황이 없었더라면 발생하였을 결과와 현실적으로 발생한 결과가 동일한 構成要件的 範疇에 속한다면, 그 상황은 다음의 경우에만, 즉 이 상황으로 인하여 결과발생의 시간·장소·침해의 정도 등이 변동되었고, 그러한 변동이 법적인 관점에서 의미 있을 때에만 법적인 의미에서의 원인 또는 조건이 된다고 하며, 이를 "非決定的 條件"(nicht-entscheidende conditio sine qua non)이라 한다. 어느 경우에 이러한 非決定的 條件을 인정할 것인가 하는 점은 각 개별적인 사정에 따른다. 그는 또한 決定的 條件 중에서도 그 자체만으로써도 결과를 발생시킬 수 있는 것을 "獨自的으로 決定的인 條件"(eine selbständig entscheidende Bedingung)이라 부르고, 다른 조건과 합쳐져서야 비로소 결과를 야기시키는 것을 "補充的으로 決定的인 條件"(eine komplementär entscheidende Bedingung)이라고 부른다. Traeger, Der Kausalbegriff im Straf- und Zivilrecht (1904, Zweiter Abdruck in 1929), S. 46f. 참조.

270) Traeger(前註), S. 279.

때문에 역할이 분할되어 있는 共同行爲者의 경우에는 별로 특별한 점이 없는 것이다. 결국 共同行爲者라는 형태는 補充的으로 決定的인 條件의 한 모습에 지나지 않는다고 한다.

이렇게 볼 때 從犯의 경우에 대하여는 약간의 의문이 있을 수 있다. 즉 從犯이 결정적 조건을 제공하였을 때에 그가 전체손해에 대하여 책임을 지는 것은 위에서 언급한 대로이지만, 단지 非決定的 條件을 제공하였을 때에는 그의 책임의 범위에 관하여 의문이 생긴다. 이에 대하여 트래거는 다음과 같은 기교적인 설명으로 해결하고자 한다. 즉 이 경우 이러한 從犯의 責任의 範圍를 算定하는 것이 거의 불가능하다는 점과, 그리고 從犯이 끼친 "心理的인 影響"이 손해 전체에 대하여 미친다는 것은 더 이상의 설명을 요하지 않는다는 점을 고려하여 볼 때에 從犯은 全體結果에 대하여 책임을 져야 한다는 것이다.[271] 따라서 룸프(Rumpf)가 말하는 이른바 "活動하지 않은 共犯"(untätiger Teilnehmer) 역시 心理的 因果關係가 인정되기 때문에 전체결과에 대하여 책임을 져야 한다고 한다.[272]

(b) 責任根據的 規範說(haftungsbegründende Norm)  독일의 判例와 多數說은 이 견해를 취하고 있는바, 이에 따르면 共同行爲者로 인정될 때에는 각자가 전손해에 대하여 어느 만큼 기여하였는지는 문제가 되지 않으며, 共同行爲는 각자로 하여금 공동으로 야기한 손해전부에 대하여 책임을 지게

271) Traeger(註 269), S. 280.

272) 룸프(Rumpf)는 "活動하지 않은 共犯"(untätiger Teilnehmer)의 예로서 망보는 자를 들고 있다. 즉 A와 B는 서로 공모를 하여 A가 남의 집에 침입하여 물건을 훔치는 사이에 B는 망을 보기로 하였다. 물건을 훔치는 사이에 "다행히도" 아무 일도 일어 나지 않아 A는 무사히 일을 끝마쳤다. 이 때 B의 不法行爲責任이 문제될 수 있는바, 룸프에 의하면 B의 행위와 절도 사이에는 아무런 因果關係가 존재하지 않는다는 것이다. 이 경우 심리적으로 매개된 인과관계를 말할 수도 있겠지만, 그에 의하면 교사의 경우 이외에서 心理的으로 媒介된 因果關係를 말한다는 것은 아무런 의미가 없으며 단지 擬制에 지나지 않는다는 것이다. Rumpf(註 259), S. 59f. 참조.

이러한 룸프의 견해에 대하여 트래거는 다음과 같이 비판하고 있다. 즉 망을 보는 행위가 결정적인 조건——집 주인 또는 警官이 접근하여 오므로 신호를 보내어 A가 무사히 빠져 나올 수 있게 한 경우가 이에 해당할 것이다——이 되는 경우에는 그것은 당연히 竊盜라는 결과와 인과관계가 있지만, 그것이 非決定的인 條件이 되는 경우에도——앞에서 룸프가 든 예, 즉 B가 망을 보고 있었지만 아무 일도 일어나지 않은 경우가 이에 해당할 것이다——心理的 因果關係를 인정하여야 한다는 것이다. 이는 물리적 관점에서도 심리적 관점에서도 因果關係를 인정할 수 없는 다음과 같은 예와 비교하여 보면 분명하다고 한다. 즉 A가 절도를 목적으로 남의 집에 침입하는 것을 우연히 본 B는 동정심에서 누가 접근해 오면 이를 A에게 알려 주려고 몰래 망을 보아 주었다. 그러나 아무도 접근해 오지 않아 A는 무사히 일을 마쳤고, B는 아무 일도 없었다는 듯이 가던 길을 계속 갔다. 이 경우에 B는 民事的으로 어떠한 責任도 지지 않는다는 것이다. Traeger(註 269), S. 280f. 참조.

한다는 것이다. 이러한 취지로서 흔히 "意思共同體는 공동의 원인을 낳는다" (die Gemeinschaft des Willens erzeugt die gemeinschaftliche Verursachung)라고 하는 표현이 인용되는데, 이러한 표현이 최초로 등장한 판결은 RG Gruchot 51, Nr.83, S. 994라고 한다.[273)]

西獨聯邦大法院 역시 이러한 태도를 승계하고 있으며, 특히 다음의 1971년 5월 11일의 判決[274)]은 因果關係의 문제에 있어서 共同行爲者, 關與者 그리고 一般不法行爲者의 責任이 서로 어떻게 관련되고 있는지를 잘 보여 주고 있다. 그 사안은 다음과 같다. 즉

> 두 그룹의 아이들이 말다툼 끝에 서로 돌을 던졌는데, 그 중의 하나가 원고의 눈에 맞았다. 그런데 그 돌을 거의 8살이 된 제1피고가 던졌는지, 10살난 제2피고가 던졌는지, 그렇지 않으면 아직 6살이 채 못된 제2피고의 동생 H가 던졌는지 알 수 없었다.

抗訴審은 청구를 기각한 반면 西獨聯邦大法院은 제1피고에 대한 청구를 인용 — 단, 原告의 過失도 참작하여 절반에 대해서만 — 하였는바, 이 판결은 西獨聯邦大法院이 제1피고의 책임의 根據條文으로서 獨民 §830 I 2文, 獨民 §823 I 그리고 獨民 §830 I 1文을 차례로 검토하고 있다는 점에서 특히 흥미를 끈다.

먼저 사건의 사실상의 경과가 不明하기 때문에 責任規範으로서 獨民 §830 I 2文이 원용되었으나, 抗訴審은 責任能力이 없는 H가 그 돌을 던졌을 수도 있다는 이유로 關與者로서의 被告들의 책임을 인정하지 않았다.[275)] 이에 대하여 西獨聯邦大法院은 굳이 獨民 §830 I 2文을 원용하지 않더라도 아래에서 보는 바와 같이 제1피고의 책임이 인정된다는 이유로 이 규정의 해석과 관련된 쟁점에 대해서는 판단을 유보하였다.

다음으로 西獨聯邦大法院은 문제의 돌을 피고들이 아니라 H가 던졌다고 하더라도 피고들은 직접 獨民 §823 I 의 一般不法行爲에 관한 規定으로부터 책임을 지지 않느냐 하는 의문을 제기하였다. 즉 문제의 돌을 H가 던진 순간

---

273) Brambring(註 88), S. 24.

274) BGH NJW 1972, S. 40ff.

275) 獨民 §830 I 2文이 적용되기 위해서는 關與者 각자의 행위가 違法하여야 할 뿐만 아니라, 有責한 행위(schuldhafte Handlung)여야 한다는 것이 多數說의 입장이다. 왜냐하면 關與者責任이 인정되기 위해서는 被害者의 賠償請求權이 존재하는 것이 확정적이어야 하는데, 關與者 중의 1인이 責任無能力者라고 하면 피해자의 배상청구권이 존재하지 않을 가능성이 있기 때문이다.

에 被告들도 같이 原告를 겨누어 던졌다면, 피고들은 一般不法行爲에 관한 규정으로부터 바로 책임을 져야 한다는 것이다. 그들의 투척이 "객관적으로 볼 때에 … 특히 원고가 돌을 피할 때에 그의 注意力을 흩뜨리고 그가 사방으로 자유롭게 움직이는 것을 방해하는 데에 기여를 할 수 있었을 것"이므로, 그 경우 그들은 손해를 스스로 야기하였을 것이라는 것이다. 그러나 西獨聯邦大法院은 原告가 被告들의 責任을 직접 獨民 §823 I 으로부터 이끌어 낼 수 있는지, 그리고 原告가 그러한 한에서 피고들의 행위의 因果關係에 관한 立證을 하였는지에 관한 판단을 유보하였다. 왜냐하면 적어도 제 1 피고[276]는 共同行爲者로서 책임을 져야 하므로 因果關係의 立證은 요구되지 않는다는 것이다.

> "이미 그들의 共同의 意思가 공동의 원인을 낳는 것이고, 따라서 개별 공동행위자가 손해에 대하여 어느 정도 기여하였는가 하는 것은 상관이 없다. 각각의 共同行爲者는 자신의 행위에 의하여 동시에 타인의 행위를 자신의 것으로서 실현하고자 하는 의사를 가지고 있으므로, 손해를 그가 야기하였는지 아니면 다른 행위자가 야기하였는지에 관하여 고려할 것도 없이 §830 I 1文에 따라서 책임을 진다."[277]

결국 西獨聯邦大法院에 의하면 共同行爲者로서의 책임을 인정하기 위해서는 개개인의 因果的 寄與에 대한 立證은 필요 없다는 것이다. 위의 사례에서 제 1 피고는 共同의 投石에 참여하였고, 또 자기 자신의 행위에 의해서나 혹은 타인의 행위에 의하여 제 3 자의 신체나 건강을 해치고자 하는 의사를 가지고 있었기 때문에 共同行爲者로서 책임을 지는 것이다. 이렇게 볼 때에 독일의 판례는 共同行爲者에 관한 獨民 §830 I 1文의 규정을 개별행위자의 因果的 寄與의 존재를 필요불가결의 요건으로 보고 있는 一般不法行爲에 관한 규정인 獨民 §823 I 의 규정과는 독립된 독자적인 責任根據的 規範(haftungsbegründende Norm)으로서의 성격을 가지고 있는 것으로 보고 있다고 생각할 수 있다.[278]

독일의 각 註釋書의 견해들은 대체로 판례의 견해를 그대로 받아들여 각 행위자의 행위와 결과 사이에 相當因果關係說에서 의미하는 정도의 因果關係를 요구하지 않으며, 특히 物理的인 共同作用을 요구하지 않고 순전히 知的인

276) 제 2 피고에 대해서는 그가 공동의 투척에 참여하였는지가 불명하다는 이유로 그에 대한 청구는 원심으로 환송시켰다.
277) BGH NJW 1972, S. 42.
278) Kreutziger(註 88), S. 44f.

共同作用만으로 족하다고 한다.[279] 그리하여 이들은 동 규정에 責任根據的 성격을 인정하고, 따라서 因果關係는 포기하면서 단지 主觀的 共同의 意思에만 주목하고 있다.

(c) 責任擴張的 規範說(haftungserweiternde Norm) 共同行爲者의 책임을 인정함에 있어서 각 개개인의 행위와 결과 사이의 因果關係에 관하여, 宣言的 規範說처럼 엄격하게 요구하지도 않고 그러면서도 責任根據的 規範說과 같이 완전히 포기하지도 않으면서 새로운 이론구성을 시도하는 해결모델들이 여러 가지로 제시되고 있는데, 그 대표적인 것이 비들린스키(Bydlinski)의 것이다. 그의 이론을 요약하면 다음과 같다.[280]

그는 근본적으로 損害賠償義務는 책임을 발생시키는 용태와 손해 사이에 반드시 因果關係의 確定을 전제로 한다고 하는 생각에 대하여, 더군다나 獨民 §830 I 2文의 명백한 예외가 있음에도 불구하고 그것을 단순한 원칙으로서가 아니라 절대적으로 타당한 公準으로 내세우는 데에 대하여 강하게 비판하고 있다.

그의 연구는 먼저 "共同의 意思는 共同의 原因을 낳는다"(Die Gemeinschaftlichkeit des Willens erzeugt die gemeinschaftliche Verursachung)라는 말 속에 함축적으로 표현되어 있는 判例와 多數說의 이론구성이 民法上의 因果關係理論과 어느 정도로 조화될 수 있는가 하는 데에서부터 출발하고 있다. 相當因果關係說에 의하면 不法行爲責任의 최소한도의 要件은 加害者가 결과에 대하여 그것 없이는 결과가 발생하지 않았을 그러한 조건을 제공하였어야 하는데, 문제되는 상황이 그러한 조건(conditio sine qua non)이 될 수 없다면 結果의 歸屬可能性은 부정되는 것이다. 비들린스키에 의하면 多數說과 判例는 이러한 전통적인 이론(Dogma)과 조화되기 어렵다는 것이다.

물론 多數의 加害者가 意識되고 意欲된 共同作用 속에서 행동하더라도 전

279) RGRK/Steffen, §830 Rdnr. 1, 5(S. 471-3); Staudinger/Schäfer, §830 Rdnr. 3-5(S. 703-5); Soergel/Zeuner, §830 Rdnr. 1, 4(S. 899-900); Palandt/Thomas, §830 Rdnr. 3(S. 1057) 등. 프랭켈도 결과적으로는 인과관계의 입증을 요하지 않는다는 판례에 동의하지만, 판례보다 한 걸음 더 나아가서 "공동의 의사는 공동의 원인을 낳는다"라고 하는 명제를 순전히 擬制라고 비판하면서, 인과관계를 완전히 포기하고 歸責의 근거를 그가 "불법에 대한 合意"라고 하는 共同行爲者들 상호간의 양해 내지는 합의에 두고 있다. 그의 이러한 논거는 후술하는 바와 같이{後述 本條 注解 A. Ⅲ. 3. (3). (다). (b) 참조} 過失에 의한 共同行爲者를 인정하는 쪽으로 나아간다. Fraekel(註 241), S. 270ff. 참조.

280) Bydlinski, Mittäterschaft im Schadensrecht, in AcP 158(1959/60), S. 410ff. 비들린스키의 이론과 유사한 것으로서는 Weckerle(註 1), S. 86ff. 참조.

체결과와 각자의 개별적인 행동 사이에 因果關係가 객관적으로 증명될 수 있는 경우도 있으며, 이러한 경우에 각자는 因果關係의 一般原則에 따라 책임을 지고, 그러한 한도 내에서는 獨民 §830 I 1文의 규정은 단지 宣言的 機能을 할 뿐이다. 그러나 또 事案에 따라서는 加害者 중의 1人이 물리적으로는 활동하지 않았고——그러한 한도 내에서 그는 인과적인 행위기여는 하지 않았다——오히려 그의 행위기여는 손해를 야기한 자에 대한 심리적인 영향 속에서 발견할 수 있는 그러한 경우도 있다. 예를 들어[281] 甲·乙이 共謀하여 丙을 넘어뜨리기 위하여 길 위에서 밧줄을 잡아당겼고, 결국 성공하였다면 이 두 행위자가 丙에게 損害賠償을 해 주어야 한다는 것은 명백하다. 그러나 이 때 A와 B가 이 계획을 알고 이에 동조하여 甲·乙의 밧줄 뒤에 예비로 다른 밧줄을 걸어 당겨 놓았다면 어떻게 될 것인가? 이 두 번째의 밧줄을 걸어 놓은 행위는 확실히 손해에 대한 物理的 原因으로 볼 수는 없고, 다만 心理的인 關與만이 문제가 될 뿐이다. 이러한 심리적 관여는 만약 甲·乙이 A와 B의 관여가 없었더라면 행동하지 않았을 것이라는 것이 밝혀진다면, 그것은 損害發生의 原因이 될 것이다. 그렇지만 이러한 證明을 할 수 없다면 단지 이러한 嫌疑가 있게 될 뿐이다.

이렇게 볼 때에 多數說과 判例는 각자는 그에 의해서 야기된 것이 입증된 손해에 대해서만 책임을 진다고 하는 전통적 이론(Dogma)을 共同行爲者에 대해서는 이미 오래 전부터——묵시적으로——포기하였다고 볼 수 있다는 것이다. 이는 행위기여가 行爲意思의 強化에만 그치는 소위 心理的 共同行爲者에 대해서는 특히 그러하다. 認識되고 意欲된 共同作用이 있으면 어쨌든 각 關與者에 대하여 因果의 嫌疑를 둘 수 있으며, 多數說과 判例는 이러한 嫌疑만으로 충분한 것으로 보고 있다고 한다.[282]

결과적으로는 비들린스키는 判例와 多數說에 동조한다. 그러나 그 이론적 설명은 독특하다. 그에 따르면 共同行爲者들의 責任을 인정하는 데에는 因果關係의 단순한 可能性만으로 족하다고 한다.[283] 더 나아가 이는 共同不法行爲의 決定的인 責任要素라고까지 한다. 그러한 한도에서 獨民 §830 I 1文은 獨民 §830 I 2文과 유사한 구조를 갖고 있다는 것이다. 둘 다 損害賠償責任이 발생되기 위하여 반드시 因果關係의 立證을 요구하는 것이 아니라 단순히 可能的

281) Bydlinski(前註), S. 413
282) Bydlinski(註 280), S. 413, 416.
283) 바로 이 점에 있어서 그의 이론은 判例·多數說과 근본적으로 다르다.

因果關係(mögliche Kausalität)만으로써 족하다고 하며, 이러한 因果關係의 立證의 拋棄를 정당화하는 근거를 별도의 특별한 상황에서 찾고 있다. 즉 前者의 경우에는 多數人의 특별히 중한 過責(Verschulden)이, 그리고 後者의 경우에는 보다 강한 損害에의 近接性(Schadensnähe) 내지는 행위의 具體的 危險性이 그것이라고 한다.[284)]

그는 또한 因果關係의 嫌疑에 입각한 그의 이론에 論理的 一貫性을 유지하면서, 각 行爲者에게 그의 共同作業이 아무런 원인도 되지 못했다는 것을 증명할 수 있는 가능성을 남겨 두어 —— 이 점에 있어 그는 多數說 및 判例와 대립된다 —— 이것이 성공하면 그의 책임이 발생하지 않는다고 하고 있다.[285)]

---

284) Bydlinski(註 280), S. 426ff.: Bydlinski(註 32), S. 8ff.
비들린스키의 이러한 理論은 빌부르크(Wilburg)의 이른바 "責任要件의 動的 體系"(bewegliches System der Haftungsvoraussetzungen)에 입각하고 있다{Bydlinski(註 280), S. 426}. 빌부르크에 의하면 損害賠償義務는 하나의 원리에 의하여 만족스럽게 근거지워질 수는 없으며, 여러 責任要素의 共同結合에 의거한다고 한다. 그는 이러한 책임요소로서 다음의 4가지를 들고 있다.
(1) 타인의 법익을 침해하거나 위태롭게 하는 행위
(2) 책임자(Haftend)측에 속하는 사정이 損害事故에 대하여 原因이 됨
(3) 위의 (1)·(2)의 경우에 책임자측에 가해지는 결함 —— 즉 過失을 특징지우는 意思의 欠缺 내지는 물건이나 기업의 특정한 위험 등 —— 에 대한 비난
(4) 책임자의 경제력 또는 책임에 대비한 보험의 期待可能性
그에 의하면 이러한 요소의 몇 가지 혹은 전부가 결합되면 그것들의 강도나 그 때 그 때의 결합정도에 따라 완전한 賠償義務가 발생하기도 하고, 경우에 따라서는 賠償義務가 減輕되기도 한다. 또한 모든 혹은 거의 모든 요소가 존재하면 각 責任要素들의 정도가 약하더라도 책임이 발생되며, 두 가지 또는 단 한 가지 요소가 존재하더라도 그것이 매우 강하게 존재한다면 그것만으로도 損害賠償義務를 근거지운다고 한다{Wilburg, Die Elemente des Schadensrechts(1941), S. 28ff.}.
이러한 Wilburg의 견해에 대해서는 그의 이러한 體系는 통제할 수 없는 一般條項으로 이끌 위험이 있다거나(Esser, RabelsZ 18, 165, 167), 이러한 요소들을 법률에 의하여 정해진 構成要件에 구속됨이 없이 判事가 그의 裁量으로 평가하게 됨으로써 지나치게 넓은 法形成의 可能性을 주게 된다는{Larenz, Methodenlehre(6. Aufl., 1991), S. 478} 등의 비판이 있다.
그의 이러한 이론은 共同行爲者의 경우에는 별로 지지를 받고 있지 못하고 있지만, 加害者不明의 共同不法行爲에 해당하는 關與者의 해석에 있어서는 커다란 영향력을 미치고 있다.

285) Bydlinski(註 280), S. 418ff. 이러한 면책가능성을 인정하는 견해로서는 이 이외에도 Larenz/Canaris(註 6), §82 I 2 b)(S. 566-7); MünchKomm/Stein(3. Aufl., 1997), §830 Rdnr. 3-4(S. 1768); Kreutziger(註 88), S. 91ff., 185ff., 252ff. 등이 있다. 베케를레는 비들린스키와 마찬가지로 기본적으로는 빌부르크의 '責任要件의 動的 體系'에 입각하여 共同行爲者責任에 관하여 이론구성하고 있지만, 그러나 면책가능성을 부인하는 점에 있어서 비들린스키와 구별된다. 즉 그에 따르면 다른 사람과의 主觀的 共同作用과 이로 인하여 創出된 危險增加(Gefahrerhöhung)는 不法行爲法上의 危險歸屬(Risikozuordnung)에 있어서 대단히 중요한 의미를 가지기 때문에, 각자의 책임은 비록 손해의 발생과 각자의 행위기여 사이에 개별적인 因果關係가 立證되지 않더라도 특별히 惡意的인 용태로 인하여 정당화된다는 것이다. Weckerle(註 1), S. 86ff. 참조.

(다) 過失의 共同行爲者의 認定與否

(a) 判例 및 多數說 독일의 判例 및 多數說[286]은 獨民 §830 I 1文의 共同行爲者의 개념을 형법상의 그것으로 이해하여 이의 성립을 위해서는 故意, 즉 "침해결과를 야기하기 위한 의식적이고 의욕된 공동작용"(ein bewußtes und gewolltes Zusammenwirken zur Herbeiführung)[287]이 필요한 것으로 보고 있으며, 이와는 달리 단지 數人의 過失이 경합한 경우에는 競合不法行爲(Nebentäterschaft)를 인정하고 있을 뿐이다.[288] 특히 크로이찌거는 결과적으로는 多數說과 동일한 입장을 취하면서도 형법상으로도 다툼이 있는 개념을 민법에 그대로 전용할 수는 없다고 하면서, 이 문제를 獨民 §830 I 1文의 制度的 趣旨와 獨民 §830의 規範構造(Normengefüge)라고 하는 2가지의 관점에서 살펴보고 있다.[289] 즉 예컨대 數人의 사냥꾼이 人家 부근에서 총을 쏘아 그 중의 한 발이 피해자를 맞추어 부상시켰는데 그것이 누가 쏜 것인지 알 수 없는 경우를 생각해 보면, 이는 바로 獨民 §830 I 2文이 적용되는 전형적인 경우로서 이 때에는 立證責任의 轉換이 문제되므로, 사냥꾼 중의 한 명이 그것은 자기가 쏜 총알이 아니라는 것을 입증하면 그는 免責될 것이다. 그러나 만약 過失의 共同行爲者를 인정한다면, 위의 사실이 입증되었다 하더라도 그는 다시 獨民 §830 I 1文에 의하여 共同行爲者의 責任을 지게 될 것이므로 獨民 §830 I 2文의 규정은 쓸데 없는 것이 되어 버리고 만다는 것이다. 그러므로 獨民 §830 I 1文의 共同行爲者가 인정되기 위해서는 數人이 주관적으로 공동할 뿐만 아니라 그 공동이 일정한 침해결과에 관련되어져야 한다고 한다.

(b) 少 數 說 이러한 判例와 多數說에 대하여 몇몇 학설은 다음과 같은 이유로 過失의 共同行爲者를 인정하고자 한다. 첫째로 도이취는[290] 過失에 의한 不法行爲가 중심과제인 민법에서 獨民 §830 I 1文을 故意의 경우에로만 제한하는 것은 부당하게 連帶責任을 제한하는 결과가 된다고 비판하면서[291]

286) Staudinger/Schäfer, §830 Rdnr. 3-5(S. 713-4); MünchKomm/Stein(3. Aufl., 1997), §830 Rdnr. 7(S. 1769); Soergel/Zeuner, §830 Rdnr. 4(S. 899-900); RGRK/Steffen, §830 Rdnr. 4(S. 472); Larenz/Canaris(註 6), §82 I 2 c)(S. 567); Brambring(註 88), S. 32; Kreutziger(註 88), S. 117ff.; Palandt/Thomas, §830 Rdnr. 3(S. 1057) 등.
287) BGHZ 8, 288, 292; BGHZ 17, 327, 333; BGH VersR 1960, 540; BGH NJW 72, 40; LG Gießen NJW-RR 1995, 281 등.
288) Staudinger/Schäfer, §830 Rdnr. 7(S. 715) 등.
289) Kreutziger(註 88), S. 126-32 참조.
290) Deutsch(註 5), S. 324f. 참조.
291) 이에 대해서 쉐퍼(Schäfer)는 강한 의문을 제기한다. Staudinger/Schäfer, §830 Rdnr. 4 (S. 714) 참조.

數人의 過失行爲者가 결과에 대해서 공동작용을 할 수 있다는 것은 부인할 수 없으며, 특히 數人이 동일한 의무를 지거나 상호 조정된 의무를 지는 경우, 예컨대 數人이 함께 지붕에서 1개의 각목을 던졌는데 통행인이 이에 맞은 경우, 數人이 함께 1개의 웅덩이를 팠는데 위험방지조치를 충분히 하지 않았기 때문에 주위를 산책하던 사람이 이에 빠져 부상한 경우, 의사가 간호사로 하여금 혈관주사를 놓게 하였는데 간호사의 과오로 환자가 사망한 경우 등이 그러한바, 이 때에도 獨民 §830 I 1文의 共同行爲者가 인정이 되어야 하며, 다만 多數의 공장에서 오염물질을 배출한 경우에는 동일한 의무 또는 상호조정된 의무가 없으므로 共同行爲者가 인정될 수 없다고 한다.

또한 베케를레는 다음과 같은 점을 들어 過失에 의한 共同行爲者를 인정하여야 한다고 한다.[292] 즉 첫째로 민법은 故意와 過失을 同一視하고 있으며, 둘째로 獨民 §830 I 1文이 數人을 일체로 파악(Zusammenfassung der mehreren)하는 것은 數人의 主觀的 共同을 통하여 각자의 행위의 위험성이 더욱 커지고, 타인의 법익을 전반적으로 보다 큰 위험에 빠뜨리며, 그리고 또 피해자의 立證을 더욱 어렵게 만들기 때문인바, 이러한 사정은 過失의 경우에도 마찬가지로 인정된다는 것이다. 이러한 예로서 2인의 인부가 각목을 나르다가 부주의로 떨어뜨려 지나가는 行人을 다치게 하였을 경우, 4명의 행인이 한밤중에 서로 팔을 끼고 나란히 도로중간을 걸어가는데 오토바이를 타고 가던 피해자가 이를 너무 늦게 발견하고 피하던 중 길 한 복판에 있던 행인 2명을 치고 자신은 사망한 경우,[293] 또는 數人이 팀워크를 이루어 일하던 중 과실을 범한 경우, 예컨대 3명이 폭파작업을 결정·계획·실행하던 중 각자가 인식하여야 했을 不注意로 사고가 발생하였거나 또는 수술팀이 수술중 注意義務에 違反한 경우[294] 등을 들고 있다.

마지막으로 프랭켈 역시 過失에 의한 共同行爲者를 인정하지만, 그 근거는 앞서의 견해들과 전혀 다르다.[295] 그는 먼저 결과회피의 공동의무를 요구하는 도이취의 견해에 대해서는 이러한 경우에는 共同行爲者가 아니라 複數의

292) Weckerle(註 1), S. 59ff., 특히 69-71 참조.

293) LG Ravensburg, VersR 1955, 368. 獨逸法院이 過失의 共同行爲者責任을 인정한 몇 안되는 경우 중의 하나로서, 라벤스부르크지방법원은 나머지 2명의 보행자에 대해서도 獨民 §830 I 1文을 적용하였다.

294) 물론 이 때 작업을 나누어 각자가 책임져야 할 분야를 명확하게 한 경우에는 그렇지 않다고 한다. Weckerle(註 1), S. 70, Fn. 56 참조.

295) Fraenkel(註 241), S. 272f. 참조.

單獨不法行爲 즉 競合不法行爲가 존재할 뿐이라고 비판하고 있으며, 또한 共同行爲者의 歸責의 根據를 개별행위의 높아진 위험성에 두고 있는 베케를레의 견해에 대해서도 獨民 §830 I 1文에서의 귀책의 근거는 전적으로 共同意思(gemeinschaftlicher Wille)에 있다고 하면서 반대하고 있다. 다른 한편, 그는 獨民 §830 I 1文의 귀책근거가 되는 共同意思는 그 행위가 불법이라고 하는 인식을 요구하지는 않는다고 한다. 왜냐하면 어느 행위가 가지고 있는 공동으로 의욕되고 행하여지는 행위로서의 성격은 그 행위가 법적으로 어떻게 평가되느냐 하는 것과는 아무 상관이 없기 때문이라는 것이다. 그리고 共同의 意思는 相互間의 諒解 속에서 타인의 행위에 대하여 영향력을 미칠 가능성에 의하여 구체화된다고 한다. 이러한 共同意思는 不法行爲領域에서의 契約의 締結과 유사한 것으로 이해될 수 있는 것으로서 상호간의 합의에 의하여 창출되며, 責任根據的 行爲는 이 不法合意의 범위 내에 존재하여야 한다는 것이다. 그리하여 예컨대 위험한 축구게임을 하던 도중 한 플레이어가 화가 나서 공을 창유리로 던져버린 경우와 같이 이 공동의 계획에서의 일탈은 다른 행위자들에게 귀책시킬 수 없다고 한다. 결국 프랭켈은 공동으로 계획되고 실행된 행위를 고려하고 있으며, 그 행위의 不法性, 따라서 損害結果의 惹起에 대해서는 過失로 족하다고 하고 있다.

(4) **關與者(Beteiligte): 加害者不明의 共同不法行爲**

(가) 현재 독일의 통설에 의하면 獨民 §830 I 2文의 關與者는 행위자 상호간에 主觀的인 關聯이 없다고 하는 점에서 獨民 §830 I 1文의 共同行爲者와 다르고, 또 因果關係가 不明이라고 하는 점에서 발생한 손해와 각자의 행위와의 因果關係가 확정되어 있는 競合不法行爲와 구별된다고 한다.[296] 앞에서 살펴본 바와 같이 오늘날 독일에서의 판례와 다수설은 獨民 §830 I 1文의 共同行爲者가 인정되기 위해서는 행위자 상호간에 主觀的 要素, 특히 故意를 요구하고 있으므로 동 규정의 적용범위는 좁아질 수밖에 없고, 따라서 하나의 손해의 발생에 數人이 관계된 경우의 많은 부분을 獨民 §830 I 2文과 競合不法行爲가 담당하고 있다. 특히 근래 獨逸에서의 共同不法行爲에 관한 논의에서 獨民 §830 I 2文이 차지하는 비중이 매우 크다.[297]

296) MünchKomm/Stein(3. Aufl., 1997), §830 Rdnr. 5(S. 1769), 21(S. 1774) 등.
297) 물론 대규모의 집단시위라든가 파업의 경우를 둘러싸고 獨民 §830 I 1文·II의 해석론이 활발히 논의되고 있음은 사실이다. 특히 BGH NJW 1984, 1226=JZ 1984, 521; Kreitziger(註 88) 등 참조.

(나) 關與者責任에 대하여 논의되는 첫번째 쟁점은 그 입법취지이다. 초기의 학설은 이 책임을 因果的 責任의 예외로 보지 않고 입증된 因果關係가 존재하는 경우의 일종으로 보고자 하였으며, 이 때 그 이론구성과 관련하여 共同行爲者(Mittäter)의 일종으로 보는 견해[298] 공동행위에 참여함으로써 손해에 대한 間接原因(causa remota)을 제공하였다고 보는 견해,[299] 有責한 立證妨害로 인한 책임으로 보는 견해[300] 등이 주장되었으나, 오늘날 이러한 견해는 더 이상 찾아볼 수 없다. 關與者責任이 一般不法行爲責任의 예외로서 因果關係의 입증을 요구하지 않는다고 하는 점에 대해서는 오늘날 아무런 이의가 없다. 그러나 그 이론적 설명에 대해서는 학설이 나뉘는바, 피해자보호를 위한 단순한 立證責任의 轉換[301] 내지는 推定[302]이라고 보거나 또는 衡平의 원칙[303]을 원용하는 見解 등이 주장되기도 하지만, 최근 독일에서는 그러한 소송법상의 효과를 부여하거나 또는 형평을 떠받치는 실질적인 근거가 무엇인가에 관한 논의가 활발하였다. 그러한 근거로서 행위자의 주관적 관련을 드는 학설[304]도 있지만, 현재의 多數說[305]과 主流的인 判例[306]는 關與者責任의 입법취지를 기본적으로 다음과 같이 설명하고 있다. 즉 대립하는 이해관계를 비교형량하여 볼 때에 因果關係의 不明瞭의 危險(Unaufklärbarkeitsrisiko)을 부담하여야 할 자는 아무 過失도 없을 뿐만 아니라 損害賠償請求權이 의심의 여지 없이 인정되는——다만, 누구에 대해서인지만이 불확실할 뿐이다——被害者가 아니라, 違法

298) Dernburg, Das Bürgerliche Recht, Bd. Ⅱ(1899), S. 649. Weckerle(註 1), S. 112에서 재인용.

299) Rümelin, Die verwendung der Causalbegriffe im Straf- und Civilrecht, AcP 90(1900) 343 Fn. 220; Oertmann, Kommentar zum BGB, Recht der Schuldverhältnisse(1. Aufl.), §830 Anm. 3. Weckerle(註 1), S. 112에서 재인용.

300) Titze, Die Unmöglichkeit der Leistung(1900), S. 127. Weckerle(註 1), S. 113에서 재인용.

301) Rumpf(註 259), S. 70; Brox, Besonders Schuldrecht(20. Aufl., 1995), §40 I 2(S. 386).

302) Staudinger/Schäfer, §830 Rdnr. 24(S. 722f.); Wussow/Treitz, Unfallhaftpflichtrecht(14. Aufl., 1996), Rdnr. 404, 411(S. 202-3) 등.

303) Buxbaum(註 99), S. 113.

304) Weimar, Die gesamtschuldnerische Haftung Beteiligter nach §830 I 2 BGB, MDR 1960, S. 464; Lauenstein, Ist §830 Abs.1 Satz 2 BGB auf Verkehrsunfälle anwendbar? NJW 1961, 1662. 한편 도이취는 關與者의 경우에 損害의 귀속을 정당화시켜 주는 계기를 위의 바이마르나 라우엔쉬타인처럼 行爲의 一體性이라든가 危險共同體에서가 아니라 "선택적으로 원인이 되는 타인의 행위에 대한 認識可能性"에서 찾고 있는바, 이 또한 주관적 관련설에 포함시킬 수 있을 것이다. Deutsch(註 5), S. 331, ; idem, Das Verhältnis von Mittäterschaft und Alternativtäterschaft im Zivilrecht, JZ 1972, 106 참조.

305) Brambring(註 88), S. 95; Bydlinski(註 32), S. 8ff.; MünchKomm/Stein(3. Aufl., 1997), §830 Rdnr. 4(S. 1769); Soergel/Zeuner, §830 Rdnr. 12(S. 902); Weckerle(註 1), S. 121ff. 등.

306) BGHZ 67, 14, 19; 72, 355, 358 등.

하고 有責的으로 행동하여 法益侵害의 危險(Gefahr, Gefährdung)과 정형적인 立證困難을 초래한 關與者이어야 한다는 것이다. 특히 비들린스키와 베케를레는 이러한 다수설의 입장을 앞서 언급한[307] "빌부르크"(Wilburg)의 "責任要件의 動的 體系"에 입각하여 체계적으로 이론구성하고 있다.[308]

(다) 關與者責任과 관련하여 獨逸의 判例와 學說上 자주 논의되는 개별적인 쟁점들을 정리하면 다음과 같다.

(a) 첫째로 關與者責任이 인정되기 위해서는 數人의 행위자의 "공동행위"가 필요한가에 관한 것이다. 독일의 판례는 처음에는 "공동행위"(gemeinschaftliches Tun)를 요구하였으나,[309] 그 후 이러한 "공동행위"라는 기준을 버리고 그 대신 "物的·場所的·時間的으로 一體的인 事件"(sachlich, räumlich und zeitlich einheitlicher Vorgang)이라는 기준을 채택하였으며,[310] 더 나아가 별도의 장소에서 서로 다른 시각에 발생한 사건 사이에도 物的·場所的·時間的 一體性을 인정함으로써 크게 완화시키고 있다.[311] 학설은 대체로 이러한 기준은 필요 없는 것으로 보고 있다.[312]

(b) 다음으로 독일의 판례와 학설상 자주 논의되는 것은 이른바 關與者責任의 "補充性"(Subsidiarität), 즉 獨民 §830 I 2文은 일반원칙에 따르면 賠償責任이 인정되지 않는 경우에 보충적으로만 적용될 것인가 하는 문제이다. 예컨대 加害者 1의 차에 치어 의식을 잃고 쓰러져 있던 被害者가 뒤따라 오던 加害者 2의 자동차에 재차 치어 숨졌을 경우에, 비록 被害者의 사망에 결정적으로 영향을 미친 것이 누구의 행위였는지가 밝혀지지 아니하였다 하더라도 加害者 1에 대해서는 그의 행위와 결과 사이에 相當因果關係를 인정하여 全損害에 대하여 책임을 지우는 데에 별 문제가 없을 것이다. 그러나 이 때 加害者 2에 대하여 關與者責任을 물을 수 있는가 하는 것이 문제되는데, 西獨聯邦大法院은 종전[313]의 입장을 변경하여 加害者 1의 책임이 확정되었을 때에는

307) 前註 284 참조.
308) Bydlinski(註 32), S. 8ff.; Weckerle(註 1), S. 121ff. 특히 S. 124.
309) RGZ 58, 357.
310) BGHZ 33, 286=NJW 1961, 263.
311) BGHZ 55, 86=NJW 1971, 506.
312) Buxbaum(註 99), S. 29; Brambring(註 88), S. 90ff.; Bydlinski(註 32), S. 11f.; Esser/Weyers, SchuR Ⅱ(7. Aufl., 1991), §60 I 1 b)(S. 608); Soergel/Zeuner, §830 Rdnr. 16(S. 903); MünchKomm/Stein, §830 Rdnr. 32(S. 1777-8); RGRK/Steffen, §830 Rdnr. 25(S. 481); Weckerle(註 1), S. 128ff. 등 참조.
313) BGHZ 33, 286, 291=NJW 1961, 263; BGHZ 55, 86, 90=NJW 1971, 506, 507.

獨民 §830 I 2文는 더 이상 적용되지 않는다고 한다.[314] 이러한 판례의 입장에 찬동하는 견해[315]도 있지만, 多數說[316]은 이에 반대하고 있다.

(c) 셋째로 關與者 중의 1인에게 違法性 또는 過失이 없는 경우에 獨民 §830 I 2文이 적용될 것인가가 다투어지고 있는데, 判例[317]와 多數說[318]은 이 때에는 被害者의 損害賠償請求權이 확정적으로 존재하는 것이 아니므로 그 적용이 거부된다고 한다. 이에 대하여 少數說[319]은 過失相計에 관한 규정인 獨民 §254의 法思想을 원용하면서, 關與者들의 내부적 관계에서 違法性 내지는 過失이 없는 행위자에게 지워질 不明瞭危險負擔部分(Anteil am Unaufklärbarkeitsrisiko)만큼을 제외한 나머지 부분에 대해서는 獨民 §830 I 2文을 유추적용하여야 한다고 한다.

이러한 논의는 選擇的 原因의 하나로서 우연적 사고(Zufallsereignisse) 또는 被害者 자신의 행위가 문제되는 경우에도 마찬가지로 이루어지고 있다. 判例[320]와 多數說[321]은 이 때에도 被害者의 損害賠償請求權이 확정적으로 존재하는

314) BGHZ 67, 14, 19ff.=NJW 1976, 1934, 1935; BGHZ 72, 355, 358f.=NJW 1979, 544; BGH NJW 1992, 1381, 1382.

315) Brambring(註 88), S. 112ff.; Kreutziger(註 88), S. 303; Soergel/Zeuner, §830 Rdnr. 20 (S. 903-4); MünchKomm/Stein, §830 Rdnr. 28f.(S. 1776-7); Staudinger/Schäfer, §830 Rdnr. 26-9(S. 723-9) 등.

316) Brehm, Zur Haftung bei alternativer Kausalität, JZ 1980, 585ff.; Bydlinski(註 32), S. 15ff.; Deutsch(註 5), S. 335f.; Esser/Weyers(註 312), §60 I 1 d)(S. 610f.); Fraenkel, NJW 1979, 1202; Larenz/Canaris(註 6), §82 Ⅱ 2 f.)(S. 576); Weckerle(註 1), S. 125f. 등.

317) 이에 관한 西獨聯邦大法院의 판결은 주로 위법성이 결여된 경우이다. BGH LM Nr. 2; BGH LM Nr. 15=NJW 1972, 40, 41; BGH VersR 1979, 822 등.

318) Bauer, Die Problematik gesamtschuldnerischer Haftung trotz ungeklärter Verursachung, JZ 1971, 4, 7; Bydlinski(註 32), S. 19ff.; Esser/Weyers(註 312), §60 I 1 c)(S. 610); Buxbaum(註 99), S. 20f.; Soergel/Zeuner, §830 Rdnr. 18(S. 903) 등. 그런데 기본적으로는 多數說을 취하면서도 過失이 인정되지 않는 경우를 다시 주의의무를 다한 경우와 責任能力이 결여된 경우를 구별하여 前者의 경우에는 위법성이 결여된 경우와 마찬가지로 獨民 §830 I 2文이 적용되지 않는다고 하면서, 後者의 경우에는 책임능력이 없는 자를 제외한 다른 關與者들에게는 獨民 §830 I 2文이 적용된다고 한다. Brambring(註 88), S. 100ff.; Deutsch(註 5), S. 332f.; MünchKomm/Stein, §830 Rdnr. 25(S. 1775); RGRK/Steffen, §830 Rdnr. 17(S. 478); Staudinger/Schäfer, §830 Rdnr. 34(S. 731) 등 참조.

319) Weckerle(註 1) S. 139ff. 카나리스(Canaris)의 견해도 넓게는 이러한 이에 포함된다. 그러나 세부적으로는 약간 달라서 피해자는 각 가해자에 대하여 그의 책임정도에 따른 분할청구권을 갖는 것으로 보는 것이 타당하다고 한다. Larenz/Canaris(註 6), §82 Ⅱ 3 (S. 576ff.), 특히 S. 579 참조.

320) 獨逸의 判例는 選擇的 原因 중에 被害者의 행위가 포함된 경우에 OLG Celle NJW 1950, 51에서 獨民 §830 I 2文의 적용을 인정하였고, 다만 §254를 적용하여 손해의 일부를 피해자 스스로 부담하게 하였다. 그러나 西獨聯邦大法院은 BGHZ 60, 177=NJW 1973, 993에서 이러한 경우에 獨民 §830 I 2文의 적용을 거부하였다.

321) Bauer(註 318), 4, 7; Bydlinski(註 32), S. 21f.; Esser/Weyers(註 312), §60 I 1 c)(S. 610); Soergel/Zeuner, §830 Rdnr. 18(S. 903); MünchKomm/Stein, §830 Rdnr. 24(S. 1774-

것이 아니므로 獨民 §830 I 2文의 적용이 거부된다고 하며, 이에 반하여 少數說[322]은 獨民 §830 I 2文과 §254를 유추적용하여 분할책임을 인정하고자 한다.

(d) 넷째로 危險責任의 영역에서도 獨民 §830 I 2文이 적용되는가 하는 것이 문제되었는데, 이에 관하여 獨逸帝國大法院(Reichsgericht)은 이 條文은 그 체제상 직접적으로 過失責任에만 관련되어 있다는 이유로 危險責任의 영역에서는 적용되지 않는다고 하였고,[323] 당시의 多數說도 이에 찬성하였다.

이에 반하여 西獨聯邦大法院은 결과발생에 대하여 選擇的으로 원인이 되는 자동차의 보유자의 賠償責任을 인정하였다.[324] 獨民 §830 I 2文의 基本思想은 過失責任을 넘어서도 의미를 가진다는 것이다. 즉 이 규정은 누가 加害者인지 확정되지 않음으로 인하여 被害者가 배상을 받지 못하는 일이 없도록 被害者의 立證困難狀態를 구제해 주자는 데에 그 목적이 있는 것이며, 이러한 상황은 자동차보유자와 운전자가 獨民 §823에 따라 책임을 지게 되는 경우나 獨逸道路交通法(Straßenverkehrsgesetz) §§7·18에 따라서 책임을 지게 되는 경우나 동일하다는 것이다. 이러한 判例의 태도는 그 후 동물보유자의 危險責任에도 확장되었다.[325] 학설도 일치하여 西獨聯邦大法院의 입장을 지지하고 있다.[326]

---

5); RGRK/Steffen, §830 Rdnr. 19(S. 478-9); Staudinger/Schäfer, §830 Rdnr. 35(S. 731-2) 등 참조.

322) 少數說도 논자에 따라 그 내용을 약간씩 달리하고 있다. 즉 베케를레(Weckerle)는 獨民 §830 I 2文은 그 法文의 표현이나 條文의 위치 등에 비추어 볼 때 選擇的 原因으로서 우연적 사고가 문제되는 경우에는 적용되지 않지만, 피해자의 행위가 문제되는 경우에는 同條文은 獨民 §254와 함께 유추적용된다고 한다. Weckerle(註 1), S. 143ff. 참조.

이와 반대로 비들린스키(Bydlinski)는 기본적으로 多數說을 취하면서, 그러나 우연적 사고가 문제되는 경우에는 법해석과 법정책 사이의 중간영역인 법관의 법발전(Rechtsfortbildung)을 통하여 獨民 §830 I 2文과 §254의 법정신을 바탕으로 한 分割責任에의 길을 열어 놓아야 한다고 한다. 이는 특히 독일판례에서, 예컨대 의사에게 중대한 치료과오(grober Behandlungsfehler)가 인정될 때 입증책임을 전환시키는 것처럼 피해자를 보호하기 위하여 입증책임의 전환이라는 수단을 사용하는 경우에 손해배상에 관한 실체법이 증거법원리에 의해 소실되는 것을 막고, 또한 Alles-oder-Nichts의 원칙을 획일적으로 적용함으로써 발생하는 가혹한 결과를 피할 수 있다고 한다. Bydlinski(註 32), S. 30ff. 참조.

또한 카나리스(Canaris)는 위의 어느 경우에도 법발전을 통하여 피해자에게 分割責任을 인정하는 것이 타당하다고 한다. Larenz/Canaris(註 6), §82 II 3.(S. 576ff.), 특히 S. 579 참조.

도이취(Deutsch)는 피해자의 행위가 문제되는 경우에 分割責任을 인정하고 있다. Deutsch(註 5), S. 336f. 참조.

323) RGZ 102, 316.

324) BGH NJW 1969, 2136.

325) BGHZ 55, 96=NJW 1971, 509.

326) Bydlinski(註 32), S. 22ff.; Larenz/Canaris(註 6), §82 II 2 a)(S. 573),; Soergel/Zeuner, §830 Rdnr. 14(S. 902); MünchKomm/Stein, §830 Rdnr. 26(S. 1775-6); RGRK/Steffen,

(e) 마지막으로 독일의 판례와 학설은 獨民 §830 I 2文은 數人의 關與者 중의 1人이 全損害를 야기하였지만 그가 누구인지 알 수 없는 경우(選擇的 因果關係)뿐만이 아니라, 각자가 손해의 일부를 발생시켰을 수도 있고 또 전 손해를 발생시켰을 가능성도 있을 경우(重疊的 因果關係)에도 적용된다고 한다. 더 나아가 다수의 행위가 결합하여 비로소 손해가 발생하였는지(倂合的 因果關係), 그렇지 않으면 각자가 손해의 일부만 발생시켰는지 알 수 없는 때에도 동 규정이 적용 또는 유추적용된다고 한다.327)

다만, 다음과 같은 진정한 의미의 侵害範圍不明의 경우, 즉 예컨대 數人의 도둑이 서로 아무런 연락 없이 독자적으로 창고의 상품을 훔쳐 간 경우처럼 關與者 중 어느 누구도 단독으로 全損害를 발생시킨 것이 아닌 것은 분명하지만, 각자가 야기한 損害部分이 불분명한 경우가 논란의 대상이 되고 있다. 물론 이 경우에 각자가 야기한 損害部分의 입증에 관하여 獨民訴 §287328)를 적용하여 그 입증에 필요한 증명도를 경감시켜야 한다고 하는 점에 대해서는 異論이 없다.329) 그러나 요구되는 최소한도의 입증정도도 충족시키지 못하였을 때에는 결국 因果關係不明으로 처리할 수밖에 없는데, 이 때 獨民 §830 I 2文을 적용시킬 것인가에 관하여 견해가 대립되고 있다. 上級地方法院의 판례330)와 多數說331)은 選擇的 因果關係의 경우와는 달리 關與者들 중 어느 누구도 단독으로 全損害를 발생시켰을 가능성이 없기 때문에 동 규정을 적용할 수 없다고 한다. 이에 대하여 西獨聯邦大法院의 판례332)는 이 경우에도 獨民 §830

---

§830 Rdnr. 15(S. 477); Staudinger/Schäfer, §830 Rdnr. 43-5(S. 735-6); Weckerle(註 1), S. 151ff. 등.

327) Bydlinski(註 32), S. 26; Weckerle(註 1), S. 164ff.

328) 이에 관해서는 前述 本條 注解 A. I. 6. (2). ㈎를 참조.

329) 이에 관한 대표적인 판례로서 OLG Neustadt, VersR 1958, 251, 252를 든다. 西獨聯邦大法院도 이러한 취지를 자주 표명하고 있다. BGHZ 101, 106 (113)=NJW 1987, 2810 참조.

330) OLG Bamberg, NJW 1949, 225; OLG Braunschweig, JR 1951, 658.

331) Buxbaum(註 99), S. 37f., 131; Gottwald, Schadenszurechnung und Schadensschätzung (1979), S. 115ff.; idem, Kausalität und Zurechnung, Karlsruher Forum(1986), S. 23; Bydlinski(註 32), S. 26ff.; Medicus, Zivilrecht und Umweltschutz, JZ 1986, 782; Staudinger/Schäfer, §830 Rdnr. 30(S. 729-30); MünchKomm/Stein, §830 Rdnr. 27(S. 1776); RGRK/Steffen, §830 Rdnr. 13(S. 480); Soergel/Zeuner, §830 Rdnr. 13(S. 902); Lytras, Zivilrechtliche Haftung für Umweltschäden, S. 404 등 참조.

獨民 §830 I 2文이 적용되지 않는 경우에 각 관여자의 책임을 부정하는 견해도 있으나{OLG Bamberg, NJW 1949, 225; Buxbaum(註 99), S. 131}, 多數的 見解는 頭數로 나눈 分割責任(pro-Kopf-Haftung)을 인정하고 있다{Bydlinski(註 32), S. 29; Gottwald(本註), S. 116; Lytras(本註), S. 408. 리트라스는 그러나 加害者들의 數를 대략적으로도 파악할 수 없는 경우에는 피해자가 손해를 부담하여야 한다고 한다}.

332) 西獨聯邦大法院은 이미 BGHZ 33, 286, 293에서 이러한 취지를 드러내고 있으며, 특히

Ⅰ 2文의 적용을 인정하였으며, 少數說[333] 역시 독일민법제정자의 의도가 選擇的 因果關係와 侵害範圍不明의 경우를 동일하게 취급하려는 것이었고,[334] 또 選擇的 因果關係에서와 마찬가지로 여기서도 數人의 관여에 의하여 야기된 不明瞭危險의 귀속이 문제된다는 이유로 西獨聯邦大法院의 판례를 지지하고 있다.

(5) **競合不法行爲**(Nebentäterschaft)

(가) 獨逸民法은 共同不法行爲의 유형을 위에서 설명한 4가지, 즉 共同行爲者(Mittäter)·敎唆者(Anstifter)·幇助者(Gehilfen)·關與者(Beteiligte)만을 규정하고 있다. 그러나 학자들은 그 후의 연구를 통하여 위의 네 가지 유형만으로는 하나의 손해의 발생에 數人이 관계되어 있는 경우를 빠짐없이 규율할 수 없음을 밝혀 내고, 競合不法行爲라고 하는 새로운 유형을 인정하게 되었다. 이는 행위자 상호간에 主觀的 關聯이 없다고 하는 점에서 협의의 共同不法行爲와 다르고, 또 각자의 행위와 결과 사이에 因果關係가 확인되었다고 하는 점에 있어서 加害者不明의 共同不法行爲와 구별된다고 한다.[335] 이에 해당하는 전형적인 경우로서는 前述한 倂合的 因果關係[336]의 경우를 들 수 있다. 그 밖에도 重疊的 因果關係의 경우가 이에 해당하는가 하는 점이 문제되는데, 앞서 언급하였듯이 이 때 각자의 行爲와 結果 사이에 因果關係가 존재한다고 보면 이에 해당한다고 할 것이지만, 그러나 현재 獨逸의 多數說은 이 경우에 獨民 §830 Ⅰ 2文이 적용되는 것으로 보고 있다.[337]

(나) 競合不法行爲의 책임을 어떻게 이론구성할 것인가 하는 점이 문제되는데, 각 行爲者는 不法行爲의 一般原則 즉 獨民 §823 등에 따라서 책임을 지고, 이들의 책임은 獨民 §840 Ⅰ에 따라 連帶債務로 본다고 하는 점에 있어서는 異論이 없다. 다만, 논란의 대상이 되는 것은 競合不法行爲者 각자가 全損害에 대하여 책임을 지는 것이 不法行爲의 一般原則에 따라 당연한 것인가,

---

BGHZ 55, 86, 92f=BGH NJW 1971, 506, 507에서 이를 명백히 하고 있다.

333) Weckerle(註 1), S. 159ff. 그멜링(Gmehling) 역시 責任法의 豫防的 機能을 고려하여 동일한 결론을 취하고 있다. Gmehling, Beweislastverteilung bei Schäden aus Industrieimmissionen, S. 215ff. 하거(Hager)는 公害로 인한 책임과 관련하여 각 關與者가 全損害를 발생시켰을 가능성이 없는 경우라 하더라도 關與者들의 범위를 특정할 수 있고, 그리하여 求償權이 어느 정도 보장되는 경우에는 각 關與者에게 全部에 대하여 책임을 지우는 것이 타당하다고 한다. Hager, Das neue Umwelthaftungsgesetz, NJW 1991, 134, 140.

334) 前述 本條 注解 A. Ⅲ. 3. (1). (다) 참조.

335) MünchKomm/Stein, §830 Rdnr. 5(S. 1769).

336) 前述 本條 注解 A. Ⅰ. 3. 참조.

337) 前述 本條 注解 A. Ⅰ. 5. 참조.

그렇지 않으면 본래는 각자는 손해의 일부분에 대해서만 책임을 지는데 獨民 §840 I의 규정에 의하여 비로소 각자 全損害에 대하여 책임을 지는 것인가 하는 점이다. 獨逸의 多數說은 前者의 입장을 취하여 獨民 §840 I은 독자적인 責任規範이 아니라 數人의 加害者 각자가 손해전부에 대하여 책임을 지고 있다는 것을 전제로 하여 다만 이들 책임을 連帶債務로 구성하고 있을 뿐이라고 한다. 이에 반하여 少數說은 後者의 입장을 취하고 있다.[338]

### 4. 日 本 法

#### (1) 日本舊民法의 規定

共同不法行爲를 규정하고 있는 現行 日本民法 §719에 해당하는 舊民法의 規定은 財産編 §378로서 다음과 같이 規定하고 있다.

> "本節에 정한 모든 경우에 있어서 數人이 同一한 所爲에 대하여 책임을 지고 각자의 過失 또는 懈怠의 부분을 알 수 없을 때에는 각자 전부에 대하여 의무를 부담한다. 단, 共謀한 경우에 있어서는 그 義務는 連帶이다."

이 規定에 대해서는 다음과 같은 특징을 지적할 수 있다.

첫째로 同規定은 賠償義務者가 複數인 경우 그 효과를 共謀의 有無에 따라 連帶債務와 不眞正連帶債務에 해당하는 全部義務로 나누고 있다.

둘째로 이 規定의 適用範圍가 문제인데, 民法正義에 의하면 "數人이 동일한 所爲에 대하여 責任을" 질 때, 손해가 "그 數人 자신의 所爲에 의하여 생겼든, 그 數人의 권위 하에 있는 자의 所爲에 의하여 생겼든, 또는 그 數人에 속하는 물건이 가하였든 이를 묻지 않는다"[339]고 한다. 따라서 同條는 이른바 共同不法行爲의 경우뿐만 아니라, 일반적으로 複數의 加害者가 타인에게 발생시킨 동일한 손해에 대해서 책임을 지는 경우에 관하여 규정하고 있다.

셋째로 同條는 "過失 또는 懈怠의 部分"이 불명확한 경우에 한하여 각 加害者에게 全部義務를 지운다. 따라서 反對解釋하면 각자의 "過失 또는 懈怠의 部分"이 분명한 경우에는 全部義務는 발생하지 않고 각자는 자신의 過失部分에 대해서만 책임을 지게 되는 것이다. 이는 실체법상으로는 하등의 특별한 점은 없으며, 다만 過失部分의 證明을 피고에게 부과하고 있는 점에만 의미가

338) 이에 관한 보다 자세한 설명은 前述 本條 注解 A. II. 3. 참조.
339) 民法正義財産編第二部卷之壹(井上正一), 493. 右近健男, "共同不法行爲學說史·1", 法律時報 50-6(1978. 6), 14에서 재인용.

있다고 할 수 있다.[340)]

요컨대 同條는 직접적으로는 賠償義務者가 複數인 경우에 각자가 부담하는 賠償債務의 性質을 정한 것으로서, 이 점에서 獨民 §840와 유사하다.[341)]

(2) 現行日本民法의 規定

日本舊民法의 수정과 더불어 不法行爲에 관한 規定도 변경되었는데, 그 중에서도 舊民法財產編 §378로부터 現行 日本民法 §719로의 수정에는 커다란 변화가 보인다. 그 규정의 내용은 다음과 같다.

> 第719條 ① 數人이 共同의 不法行爲로 인하여 타인에게 손해를 가한 때에는 각자 連帶하여 責任을 진다. 共同行爲者 중의 누가 그 손해를 가하였는지를 알 수 없는 때에도 또한 같다.
> ② 敎唆者 및 幇助者는 이를 共同行爲者로 간주한다.

㈎ 現行規定의 特徵 첫째로 現行規定은 舊民法이 채택하고 있던 連帶債務와 全部義務의 구별을 폐기하고 連帶債務만을 인정하는 것으로 하였다. 이것은 相互代理關係의 有無를 기준으로 하는 連帶債務와 全部債務의 구별을 폐기한 것에 따른 것이다.[342)]

둘째로 舊民法에서는 "각자의 過失 또는 懈怠의 部分"을 알 수 없는 경우에만 全部義務를 부과하고 있었던 것에 대하여, 現行規定에는 이러한 文言이 없다. 그러나 앞에서 언급한 바와 같이[343)] 過失部分이 불명확한 경우에 全部義務가 발생한다고 하는 논리는 連帶不推定의 原則을 회피하고 損害全部에 대하여 책임을 지우기 위한 것이었으며, 이제 法律의 文言으로 "連帶"를 明言하

340) 그러나 이러한 立證責任의 轉換은 그다지 중요한 의미를 가지고 있는 것은 아니라고 한다{能見善久(註 261), 1227}. 즉 프랑스에서는 법률의 규정이나 명시적인 약정이 있는 경우 이외에는 連帶債務가 인정되지 아니하므로(佛民 §1202) 不法行爲에 의하여 數人이 동일한 損害에 대하여 책임을 지는 경우에 각자의 채무를 連帶債務로 보기는 어려웠으며, 그렇다고 이 경우 責任을 分割하는 것은 적당하지 않으므로 分割責任을 배제하고 全部義務를 인정하고자 여러 가지 理論構成이 모색되었다. 그 중 하나가 각 加害者의 過失部分이 식별되지 않으므로 全部義務가 생긴다고 하는 것이었는데{이 점에 관해서는 鄭泰綸(註 57), 62 참조}, 부와쏘나아드(Boissonade)가 日本 民法典을 기초할 때에 이 說을 채용하였던 것이다. 그렇다고 한다면 過失部分의 不明이라고 하는 표현은 全部義務를 기초지우는 이유라고 하는 의미밖에 없으며, 同條의 취지를 반드시 分割責任을 원칙으로 하고, 다만 각자의 過失部分이 증명되지 아니한 경우에만 分割責任을 배제하고 全部義務로 하는 것으로 볼 수는 없다는 것이다.

341) 右近健男(註 339), 14; 能見善久(註 261), 1228.

342) 能見善久(註 261), 1228.

343) 前註 340 참조.

는 이상 이 표현은 더 이상 필요하지 않게 되었다.[344]

셋째로 現行規定은 獨逸民法 第2草案의 영향을 강하게 받았다. 이 점은 다음과 같은 점에서 나타나고 있다. 먼저 日民 §719 I 前段은 舊民法과는 달리 "共同"의 不法行爲라는 형태로 적용범위를 획정하고 있다. 이것은 舊民法의 規定이 複數不法行爲者의 債務의 性質에 관하여 규정한 것임에 반하여, 현행법은 "共同不法行爲"에 관한 규정임을 의미한다.[345] 다음으로 日民 §719는 전체적 구조로서 I 前段에서 이른바 狹義의 共同不法行爲者의 책임, I 後段에서 加害者不明인 경우의 "共同行爲者"의 責任, Ⅱ에서 敎唆者·幇助者의 責任을 규정하고 있는바, 이는 獨逸民法 第2草案 §753(現行獨民 §830)와 거의 같은 구조이다.

다만, 다음과 같은 점에서는 獨逸民法과 그 성질을 달리하고 있다. 즉 獨逸民法 第2草案 §753는 加害者 각자의 全部賠償責任을 기초지우기 위한 규정으로 단순히 債務의 性質을 정하는 규정은 아니다. 同條는 각 共同不法行爲者가 全損害에 대해서 배상해야 할 의무가 있음을 규정하고, 따로 第2草案 §764(現行獨民 §840)가 그들의 債務가 連帶인 것을 규정하고 있는 것이다.[346] 이와 같이 獨逸民法에 있어서의 條文의 구조는 각 加害者가 全部賠償義務를 부담하는가 아닌가 하는 문제와, 그것이 긍정된 경우에 그들의 債務의 성질이 어떠한 것인가 하는 문제를 구별하여 취급하고 있다고 할 수 있다. 이에 반하여 日本民法 §719는 각자가 全部에 관하여 책임을 지는가 아닌가 하는 문제와 債務의 性質의 문제와를 충분히 구별하고 있지 않다.

㈏ 立法者의 意思　　日民 §719를 둘러싸고 法典調査會에서 특히 논의된 사항은 I 前段에서 말하는 "共同"의 의미가 무엇이며, I 前段의 "共同"의 不法行爲와 I 後段의 "共同行爲"는 어떠한 관계에 있는 것인가 하는 것이었다. I 前段의 "共同"에 대하여 起草者는 적어도 加害의 共謀가 있는 것까

344) 能見善久(註 261), 1229.

345) 能見善久(註 261), 1230. 다만, 기초위원인 穗積陳重은 "본조는 지금까지의 箇條와는 약간 성질이 달라 어떤 경우에 있어서의 불법행위에 의하여 발생하는 채무의 성질을 정한 것입니다"(法典調査會·民法議事速記錄 41卷, 115丁裏)라고 서술하고 있어 共同不法行爲에 관한 규정이라는 파악이 반드시 충분히 행하여졌다고는 말할 수 없다.

346) 주지하는 바와 같이 日本에서는 일찍부터 客觀的 關聯共同說이 통설로서 자리잡고 主觀的 關聯共同說은 예외적으로 주장되어 왔을 뿐인데, 이렇게 된 데에 대해서는 日本에는 獨民 § 840에 상당하는 규정이 없다고 하는 점이 실질적으로 크게 작용하였다고 한다. 즉 連帶債務를 과할 수 있는 것은 日民 §719뿐이고, 따라서 단지 不法行爲가 競合하였을 뿐인 경우에도 加害者不明의 경우가 아닌 한 I 後段은 적용될 수 없으므로, I 前段을 적용함으로써 被害者를 구제할 수밖에 없었다는 것이다. 右近健男(註 339), 21.

지는 요구하고 있지 않았다고 볼 수 있다.[347] I 後段의 意義에 대해서는 起草者는 예를 들어 數人이 몰려 들어 被害者를 때렸을 때 실제로 누구의 주먹이 적중하였는지 알 수 없는 경우에 "직접으로 害를 가한 者만을 가리킬 것"을 요한다고 하면 "그 證明"이 어려우므로 "公益上" 이러한 규정을 두었다고 서술하고 있다.[348] 또한 I 前段의 "共同"의 不法行爲와 I 後段의 "共同行爲"는 어떠한 관계에 있는 것인가 하는 점에 대해서는 I 後段의 적용범위가 I 前段보다 넓다고 하는 점[349]과, 또 I 前段이 적용된다면 I 後段은 기능치 않는 관계에 있는 것[350]이 지적되었다. 그러나 前段에 대하여 共謀가 있는 것까지는 필요하지 않다고 한다면 後段의 共同과 前段의 共同이 어떻게 다른가가 문제로 되는바, 이 점에 관한 논의의 내용은 반드시 명료한 것은 아니라고 한다.[351]

(3) 學說의 推移

共同不法行爲에 관한 日本에서의 學說의 展開는 加藤一郎의 著書인「不法行爲」를 가지고서 일응의 구분을 하는데, 이는 同書가 그 때까지의 學說의 主潮流가 응축된 형태로 결실을 맺은 것이라고 평가되고 있고, 다른 한편으로 同書 이후 學說의 양상이 대폭 변화를 보이는 것으로 된다고 하는 의미에서 學說의 轉換點에 위치한다[352]고 보여지기 때문이다.

㈎ 明治期에서 加藤一郎까지

(a) 通說의 확립 일본에서의 共同不法行爲에 관한 논의는 전반적으로 볼 때 대략 다음과 같은 추이를 더듬어 왔다.[353] 먼저 1960年代 중반

---

347) 이는 本條의 前身이라고 할 수 있는 舊民法 §378에 있었던 "共謀"라는 말이 누락된 것, 立法趣旨의 설명에서 穗積陳重이 질의응답 중에서 "共同은 1項은 合意가 있고 2項(現1項後段)은 합의가 없다고 하는 것으로 사용한 것은 아니다…多數가 어떤 일을 행하였으나 그 결과라고 하는 것이 즉 第719條에 해당하고, 모두가 故意 또는 過失이 있고, 어떤 경우에는 共謀도 있을 것이고 또 어떤 경우에는 過失도 있을 것이다"(法典調査會·民法議事速記錄 41卷, 124丁表)라고 진술하고 있는 것 등으로부터 알 수 있다.

그러나 또한 穗積陳重은 I 前段에서 말하는 "共同"과 後段에 있어서의 "共同行爲者"의 의미가 명확하지 않다고 하는 질문에 대하여, "共同"이라는 표현이 1항 後段의 경우에는 "무거울"지도 모른다고 서술하고 있으며(法典調査會·民法議事速記錄 41卷, 125丁表), 이러한 問答으로 보아 日民 §719 I 前段의 "共同의 不法行爲"에 대해서 起草者가 행위자간의 主觀的 要素가 불필요한 것으로 생각하고 있었다고 단언하기는 어렵다고 하는 견해도 있다. 前田達明, "共同不法行爲論序說(一)", 法學論叢 99-4(1976), 12.

348) 法典調査會·民法議事速記錄 41卷, 117丁裏.

349) 法典調査會·民法議事速記錄 41卷, 125丁表.

350) 法典調査會·民法議事速記錄 41卷, 128丁裏.

351) 能見善久(註 261), 1231; 神田孝夫, 不法行爲責任の研究, 310-1.

352) 國井和郞, "共同不法行爲論學說史·2", 法律時報 50-6(1978. 6), 22. 神田孝夫(前註, 314 이하)도 동일하게 시대구분을 하고 있다.

353) 國井和郞, "共同不法行爲の位置づけ", 法律時報 60-5(1988. 5), 8.

에 이르기까지에도 학설은 共同不法行爲에 일정한 관심을 가지고 微妙한 차이를 가진 몇 가지 이론이 존재하였던 것은 사실이다. 그러나 明治期 당시부터 主觀的 共同說이 이미 명확한 형태로 존재하고 있었다는 것은 별도로 하더라도 이 시기에는 학설 상호간에 특히 두드러진 논쟁은 존재하지 않았고, 반대로 일정한 방향 요컨대 我妻의 客觀的 共同說에로의 理論收斂이 보여졌다. 我妻說은 그 때까지의 이론적 축적의 결실로서 通說로 형성되는 데 이르렀고, 1950年代 후반에 등장한 加藤一郎 교수의 共同不法行爲論도 기본적으로 我妻說과 거의 동일하다. 이처럼 我妻說의 연장선상에서 加藤說이 확고한 통설적 입장을 차지한 1960年代 중반에 이르기까지는 몇몇 문제제기와 이론적 연구가 있기는 하였지만, 일반적으로는 안정된 상황이 계속되었다.

(b) 客觀的 共同說의 2類型

(i) 통설로 정착된 客觀的 共同說은 시간의 흐름에 따라 그 실질적 내용이 변용되어 왔으며, 때로는 서로 양립되지 않는 客觀的 共同說 批判이 병존하는 것도 여기에 기인한다. 즉 몇몇 학자들은 通說은 加害者 각각이 不法行爲의 요건을 충족시킬 것 —— 따라서 각 加害者의 행위와 결과 간에 因果關係가 존재할 것 —— 에 덧붙여 각 加害者간에 "客觀的 共同"이 존재할 것을 요구하는데, 그렇다면 日民 §719의 고유의 존재의의는 희박할 뿐만 아니라, 日民 §709 즉 一般不法行爲 規定에 의한 책임이 병존하는 것 이상의 가중된 요건이 필요하게 되어 불합리하다고 비판한다.[354] 이에 대하여 다른 一團의 論者는 通說은 "共同不法行爲에서의 피해자보호의 요청에 잘 부응할 수 있는 것이지만, 加害의 정도가 극히 적은 자가 겨냥되어 전액의 배상책임을 명령받는 경우에는 사실상 加害者간에 불공평이 생긴다[355]"라든가, "通說은 각 행위자가 자기의 행위와 직접 因果關係가 없는 결과에 대하여 왜 책임을 지는가라고 하는 근본적인 의문에 대하여" 충분한 해답을 주고 있지 않다[356]고 비판한다. 그러나 일견하여 이들 두 가지의 측면에서 행하여지는 비판은 내용적으로 서로 양립할 수 없는 것이며, 이는 각 비판이 다음과 같이 내용적으로 서로 다른 客觀的 共同說을 염두에 두고 있기 때문이다.[357]

354) 平井宜雄, "共同不法行爲に關する一考察", 川島武宜還暦·民法學の現代的課題(1972), 290, 298; 淡路剛久, 公害賠償の理論(1975), 117 이하; 能見善久, "共同不法行爲責任の基礎的 考察(一)", 法學協會雜誌 94-2(1977), 160 등.

355) 川井健, "共同不法行爲", 判例演習債權法〈增補版〉(1973), 317.

356) 森島昭夫, "共同不法行爲(二)", 法學敎室 18(1982), 29.

357) 神田孝夫(註 351), 322-6 참조.

(ii) 1930年代 후반에 들어서면서 客觀的 共同說은 다시 末川·我妻 등의 유력학설에 의하여 계승되어 通說로서 더욱더 不動의 것이 되었다. 그러나 그 실질적 내용은 약간 달라졌다. 즉 종전의 客觀的 共同說은 각자의 행위와 결과 간의 因果關係를 당연의 전제로 하고, 게다가 그 입증은 日民 §709의 원칙대로 피해자인 原告에게 있다고 해석하고 있었지만, 이 시기의 客觀的 共同說에서는 그러한 사고방식이 사실상 버려지거나 대폭적인 수정을 받았다. 그 조짐은 먼저 末川에서 발견되어지지만,[358] 이러한 경향은 我妻에 있어서 일층 명료해진다.

즉 我妻는 狹義의 共同不法行爲와 그 밖의 共同不法行爲의 구별을 위법행위 자체에 共同이 있는지의 여부에서 구하고, 또 客觀的 共同說을 옳다고 하면서 그 근거로서 "狹義의 共同不法行爲에 있어서는 數人의 행위가 모두 當該 違法行爲의 원인이 되고 있는 경우이므로, 그 違法行爲를 원인으로 客觀的으로 相當因果關係에 있는 손해는 그 行爲者가 배상해야 하는 것은 당연하다"[359]고 하고 있다. 그런 한편 그는 共同不法行爲責任의 특색을 각 加害者의 連帶責任이라는 점에서 구하는 것과 함께 그에 덧붙여 "각 行爲者 자신의 행위는 손해전부에 대하여 相當因果關係에 있지 않은 경우도 있음"에 관계치 않고 손해전부의 책임을 부과하는 점에서 구하고 있다.[360] 이처럼 我妻는 한편에서는 客觀的 共同으로 족하다는 근거를 각자의 행위가 모두 위법행위의 원인을 이루고 있다는 점에서 구하면서, 다른 한편 손해전부에 대하여 相當因果關係가 없는 경우가 있다고 함으로써 서로 모순되는 설명을 하고 있다.

(iii) 이러한 我妻說의 모순은 해결되지 않은 채 다음의 加藤說에 의하여 客觀的 共同說은 더욱더 일본의 통설로서의 위치를 굳히게 된다. 즉 加藤은 한편으로는 共同不法行爲란 "數人이 共同의 不法行爲에 의하여 타인에게 손해를 가하는" 것이지만, "各人의 행위는 각각 독립하여 不法行爲의 요건을 구비하지 않으면 안 된다"고 하여 각자의 행위와 결과 간에 因果關係의 존재를 요구하고 있다. 그러나 다른 한편으로는 "각자의 행위와 직접 加害行爲와의 사이에 因果關係가 있고 거기에 共同性이 인정된다면, 共同의 행위라는 中

358) 末川博, "他人の建物の賃貸と共同不法行爲 ── 大判 昭和10年12月26日, 民集 14-23, 2064, 評釋", 民商 3-6(1936), 168 참조.
359) 我妻榮, 事務管理·不當利得·不法行爲(1940), 194.
360) 我妻榮(前註), 191-2.

間項을 통하여 손해발생과의 사이에 因果關係가 있다고 해도 좋다"[361]고 하면서 엄밀한 의미에서의 因果關係는 요구하지 않는다. 결국 加藤說은 형식적으로는 여전히 因果關係의 존재를 요건으로서 요구하고 있지만, 실제로는 각자의 행위와 손해 사이의 因果關係를 요건으로 요구하는 것을 放棄함으로써 我妻說의 모순을 해결하고자 하였다.[362]

(iv) 이처럼 客觀的 共同說은 그 실질적 내용에 따라서 각자의 행위와 결과 사이의 因果關係를 당연의 전제로 하면서 共同不法行爲의 制度的 趣旨를 단지 分割責任의 排除 = 連帶責任을 부과한다고 하는 점에서만 구하는 客觀的 共同說 甲型과, 각자의 행위와 결과 간에 因果關係가 존재하지 않는 경우를 포함한다든가 因果關係는 擬制 내지 推定된다고 하여 개별의 因果關係를 그다지 엄격하게는 문제삼지 않는 客觀的 共同說 乙型의 2가지 類型으로 나누어진다.

(나) 加藤一郎 이후

(a) 共同不法行爲에 관한 논쟁은 加藤說이 확고한 통설로 자리잡고 난 후의 10여년간은 물론 그 기간중에도 이에 관한 논문이 발표되지 않은 것은 아니었지만[363] 다소 소강상태에 있었다. 그러다가 1969년 이후 논의가 활발하여졌는데, 이는 複數原因에 기인하는 새로운 분쟁유형 즉 公害問題가 심각해졌기 때문이며, 이의 직접적인 계기가 된 것은 四日市事件의 第1審에의 係屬[364](1967년 9월)에 뒤이은 山王川事件에 대한 最高裁判所의 판결(1968년 4월)이었다. 이 판결은 "共同行爲者 각자의 행위가 客觀的으로 關聯共同하여 위법하게 손해를 가한 경우에 있어서, 각자의 행위가 각각 독립하여 不法行爲의 요건을 구비하는 때에는 각자가 위의 위법한 加害行爲와 相當因果關係에 있는 손해에 대하여 그 배상의 책임을 져야" 한다고 하는 통설적인 共同不法行爲論을 전개

361) 加藤一郎, 不法行爲(1957), 207.

362) 能見善久(註 261), 1248-9.

363) 그 중 특기할 만한 것은 1962년에 法律時報 34-11의 특집으로 출간된 "共同不法行爲理論の再構成"이다. 이 특집의 특색의 하나는 폭넓은 비교법적 연구가 같이 행하여진 점에 있으며, 당시의 학설이 독일법학으로부터의 自由化에로 나아간 것을 고려하면 극히 의의 있는 것이라고 한다. 國井和郎(註 352), 22.

364) 이 사건에 대한 판결은 1972. 7. 24에 宣告(津地裁 四日市 支部 1972. 7. 24判決)되었는데, 이른바 四日市 喘息事件判決로 불리는 이 판결은 複數企業에 의한 大氣汚染이 초래한 損害에 대한 賠償請求事件에 관한 것으로서, 地域開發의 一環으로 탄생한 콤비나트 公害에 대한 법적 평가라는 관점에서 世人의 비상한 관심을 집중시킨 저명한 판결이다. 뿐만 아니라 이 사건을 전후하여 複數原因者의 共同不法行爲責任問題를 둘러싼 학계의 論爭이 활발하였으며, 이 판결의 이론도 日本의 公害法理論에 획기적 의미를 갖는 것으로 평가되고 있다.

하였다.[365] 위의 說示는 전혀 방론이었지만, 流水汚染의 원인이 1審 被告가 방출시킨 공장폐수 이외에도 몇 가지가 고려되는 사안이었기에 이 傍論的 說示는 학설의 관심을 집중시켰다. 이후의 共同不法行爲論의 전개는 통설적 견해에 대한 의문·비판이라는 형식을 취하고 있는바, 그 개략적 흐름은 다음과 같다.[366]

(b) 먼저 통설인 客觀的 共同說의 부분적인 수정이라고 할 수 있는 견해로서, 山王川判決의 결론에는 찬성하면서도 判旨가 말하는 형태의 全部賠償責任의 관철에는 의문을 품고 경우에 따라서는 比例分割責任을 인정하여야 한다고 하는 견해,[367] 共同不法行爲의 성립요건이라는 점에서는 종래의 통설인 客觀的 共同說을 견지하면서, 다만 가해자 사이의 이해조정을 도모하기 위하여 共同不法行爲의 성립범위를 한정하여 一部連帶가 생길 수 있는 경우를 인정하여야 한다는 견해[368] 등이 주장되었다.

(c) 그런 가운데 통설적 견해의 부정·초극을 의미하는 主觀的 共同

365) 山王川判決이 다루었던 문제 중의 하나는 피고의 행위 외에 다른 原因, 즉 自然力이나 다른 加害者의 寄與 등이 競合하고 있는 경우에 그들의 원인을 고려하여 被告의 責任을 輕減할 수 있는가 하는 것이었던바, 同判決의 실질적 의의는 이를 否定하였다는 점에 있다. 能見善久(註 354), 199-200 참조. 이 판결의 사안과 판결요지를 보면 다음과 같다.

X 등(12명)은 山王川河水를 灌漑用水로 하고 있었는데, 이 하천에 Y알콜공장과 E·F·G·H읍의 下水가 유입되어 각각이 窒素를 배출함으로 인하여 X 등의 논의 벼가 窒素過多로 웃자라 손해를 입었다. 이에 X는 Y에 대하여 다량의 窒素를 포함한 알콜 蒸溜廢液을 배출한 것을 이유로 손해배상을 청구하였다. 原審이 X의 청구를 인용하자 Y는 E·F·G·H읍도 下水를 통하여 山王川에 질소를 배출하였고, 만약 위 流水의 全窒素量이 Y로부터의 질소량을 제거하여도 여전히 허용량 이상이라면 Y의 폐수의 유무에 상관없이 X 등의 손해는 발생하고 있었다는 것으로 되고, 따라서 Y의 폐수가 그 원인이라고는 반드시 말할 수 없다고 주장하였다. 이에 대하여 最高裁判所는 먼저 本文의 傍論을 說示한 뒤에 "… 본건에 대해서 말하자면, 본건공장폐수를 山王川에 유입한 Y는 위 폐수방출에 의하여 야기된 손해 중 위 폐수방출과 相當因果關係의 범위 내에 있는 全損害에 대하여 배상의 책임을 져야 한다 … 山王川의 流水가 本件工場廢水만이 아니라 都市下水 등에 의하여서도 오염되어 있었다는 것은 추측되지만 … 山王川의 流水는 Y의 폐수로 인하여 벼농사의 최대허용량을 훨씬 초과한 窒素濃度를 품었다고 한다. 그리고 原審은 本件工場廢水의 山王川에의 방출이 없었다면 X 등의 減收(損害)는 발생하지 않았을 것이고, 위 감수의 직접의 원인은 본건공장폐수의 방출에 있다고 하여 위 폐수방출과 손해발생과의 사이에 相當因果關係가 존재한다고 판단하고 있는 것으로서 … 이를 시인할 수 있다"(1968. 4. 23, 最高裁判所 第3小法廷判決, 最高裁民集 22-4, 964)고 하여 상고를 기각하였다.

366) 國井和郎(註 353), 10-12 참조.

367) 品川孝次, "共同行爲者の流水汚染により惹起された損害と各行爲者の賠償すべき範圍", 判例評論 120(1969), 38.

368) 川井健, "共同不法行爲の成立範圍の限定 ── 全部連帶か 一部連帶か ──", 判例タイムズ 215(1968), 58.

說이 부활한다. 그 대표적 주장자인 前田에 의하면[369] 日民 §719 I 前段의 意義를 자기의 행위와 因果關係가 없는 결과에 대해서도 賠償責任을 인정하는 점에 구하고, 그러기 위해서는 어떠한 형태로든 意思가 존재하여야 한다고 한다. 이러한 主觀的 要件이 없는 複數不法行爲者에 대해서는 각자 자기의 책임의 범위 내에서만 책임을 지며, 다만 加害者가 複數이기 때문에 因果關係의 확정이 용이하지 않은 경우에는 日民 §719 I 後段으로 피해자를 보호한다고 한다. 또한 因果關係가 밝혀진 경우에는 單獨不法行爲의 경합의 일반문제로 다루어진다고 하면서, 특히 倂合的 因果關係의 경우 각 加害者에게 어느 정도의 액을 부담시킬 것인가 하는 총합적 평가는 因果關係만의 문제는 아니고 行爲의 違法度의 문제라고 하고, 이는 피해자와의 過失相計와 동일평면의 문제라고 한다.

(d) 위의 前田說처럼 日民 §719에 독자의 의의를 부여하는 입장에서 I 前段의 關聯共同性을 좁게 보고, 이 경우 事實的 因果關係를 擬制하며, 그 적용에서 제외되는 경우 중에서 일정의 것을 I 後段의 적용대상으로 옮기고, 이 경우에는 事實的 因果關係의 推定으로 보아 因果關係不存在 또는 寄與度의 증명에 의하여 免責·減責을 허용한다고 하는 처리방식은 主觀的 共同說에 한하지 않고 다른 學說에도 채용되고 있어 오늘날 日本의 지배적 견해라고 말할 수 있다. 다만, 主觀的 共同說에서는 §719 I 前段이 적용되기 위해서는 언제나 主觀的 共同이 필요하다고 하는 데 반하여, 이는 피해자구제의 점에서 문제가 있다고 하면서 이후의 학설은 主觀的 共同이 있는 경우뿐만 아니라 客觀的 共同이 존재하는 경우에도 몇 가지로 유형화하여 일정한 경우에 §719 I 前段의 적용을 인정하고 있다.[370]

(e) 이상과 같이 客觀的 共同說은 主觀的 共同說이나 多元論 등에 의

369) 前田達明, "共同不法行爲法論序說 (二)", 法學論叢 99-5(1976), 8 이하 참조.

370) 이러한 학설 중에서 대표적인 것들을 들면 다음과 같다.

첫째는 淡路說로서 日民 §719 I 前段을 因果關係의 擬制規定, 後段을 推定規定으로 본 다음, "약한 關聯共同性", 즉 사회관념상 전체로서 1개의 행위로 보여지는 가해행위의 전과정의 일부에 참가하고 있는 경우에는 後段이 적용되고, 위의 참가라고 하는 의미를 넘어선 "강한 關聯共同性"이 있는 경우(이에는 共謀 등의 강한 主觀的 關聯이 있는 경우뿐만이 아니라, 객관적으로 보아 손해발생의 원인행위에 강한 一體性이 있는 경우 또는 손해발생의 결과에 강한 寄與가 있는 경우 등의 강한 客觀的 關聯이 있는 경우도 포함한다)에는 前段이 적용된다고 한다. 淡路剛久(註 354), 126-34 참조.

둘째는 平井說로서 종래 "共同不法行爲"로서 일괄하여 취급되어 왔던 문제를 "因果關係"概念과의 관련 하에 다음과 같이 3가지로 분류하고 있다. 즉 ① 피고의 개별적 행위와 손해의 발생 사이에 事實的 因果關係가 없어도 "關聯共同性"이 미치는 범위에서 책임을 지는 "主觀的 共同"의 유형, 요컨대 "意思的" 共同不法行爲, ② 主觀的 要素 이외

하여 많은 비판을 받고 있지만, 客觀的 共同說을 지지하는 견해도 특히 실무가들을 중심으로 여전히 뿌리 깊게 존재하고 있다. 그 대표적인 것으로서는 먼저 伊藤瑩子 판사의 견해를 들 수 있다. 客觀的 共同說 중 특히 甲型의 대표적 주장자인 그의 견해에 의하면,[371] 최근의 학설들은 日民 §719 I 前段에 因果關係의 推定機能 혹은 看做機能을 부여하는 등 因果關係에 관한 무엇인가의 특별한 존재의의를 인정하려고 하지만 굳이 그렇게 받아들일 필요는 없으며, 日民 §427의 分割責任의 原則을 명시적으로 배제한 점에 존재의의가 있다고 보면 되고, 각각의 행위와 결과와의 사이에 相當因果關係가 인정된다면 그 중첩하는 범위 내에서 共同不法行爲가 성립하는 것이라고 생각할 수밖에 없다고 한다.

프랑스의 部分的 因果關係論에 입각하여 共同不法行爲의 制度的 趣旨를 설명[372]하고 있는 浜上의 이론도 客觀的 共同說, 그 중 乙型에 위치지울 수 있다. 그는 기본적으로는 프랑스의 部分的 因果關係論에 입각해 있으면서 그 후 또 다른 논문[373]에서 독일의 共同不法行爲論을 검토한 뒤에[374] 日民 §719

의 "關聯共同性"을 요구하는 유형으로서 寄與度를 초과하는 1개의 손해에 대하여 연대하여 책임을 지는 "關聯的" 共同不法行爲(이 경우 피고의 행위와 손해의 사실과의 사이에 事實的 因果關係가 존재함을 주장·입증할 필요가 있으며, 이에 대하여 피고는 寄與度를 입증하여 減責의 항변을 할 수 없다고 한다), ③ 독립의 불법행위가 단순히 "共同"한 것에 지나지 않는 것으로서 寄與度에 따라서 책임을 지지만 寄與度가 입증되지 않는 경우에는 連帶責任을 지는 유형, 요컨대 "독립적" 共同不法行爲의 3가지이다. ①·②의 유형은 日民 §719 I 前段의 문제이며, 단지 ②의 경우에는 後段을 類推適用하여 입증의 곤란을 회피하는 해석론도 가능하다고 한다. 이에 대하여 ③은 바로 日民 §709, 즉 一般不法行爲의 문제라는 것이다. 平井宜雄(註 354), 301-6 참조.

셋째는 能見說로서 그는 共同不法行爲를 유형화하여 主觀的 共同不法行爲 외에 각자에게 의사의 연락은 없지만 사회적으로 一體로 보여지는 客觀的 共同不法行爲를 정립하고, 前者의 경우에는 因果關係를 擬制하지만 後者의 경우에는 推定하는 데 그치고, 따라서 因果關係不存在의 입증에 의한 면책을 허용한다. 그의 이러한 견해는 客觀的 共同不法行爲를 日民 §719 I 前段의 적용대상으로 한다고 하는 점에서 淡路說과 구별되고, 免責立證을 허용한다고 하는 점에서 平井說과도 다르다. 또한 그는 寄與度라는 개념을 事實的 因果關係인 寄與度(이를 "事實的 寄與度"라 한다)와 法的 價値判斷으로서의 寄與度(이를 "評價的 寄與度"라 한다)의 2가지로 나누어서 사용하고 있으며, 事實的 因果關係가 긍정되는 경우에도 評價的 寄與度에 따라 減責하는 것도 가능하다고 한다. 能見善久, "共同不法行爲責任의 基礎的 考察(八)", 法學協會雜誌 102-12, 2190 이하 참조.

371) 伊藤瑩子, "共同不法行爲における關聯共同性と因果關係", ジュリスト增刊總合特集·交通事故 ── 實態と法理, 101 이하, 특히 102, 108 참조.

372) 浜上則雄, "損害賠償法における「保證理論」と「部分的因果關係の理論」(一)·(二)", 民商法雜誌 66-4(1972), 특히 534-5, 66-5(1972), 특히 741-1 참조.

373) 浜上則雄, "現代共同不法行爲理論(一)-(九)", 判例時報 1134·1135·1136·1138·1146·1152·1166·1169·1176(1985-1986). 이하의 설명은 위 논문에서 발췌요약하였다.

374) 浜上이 독일의 해석론을 검토하여 자신의 이론을 뒷받침하기 위하여 끌어 쓴 부분은 日民 §719의 체계에 관한 것이다. 즉 그는 獨民 §830 I 2文의 성립과정을 검토하여 客觀的 關聯共同이 있는 경우는 모두 ── 擇一的 競合, 累積的 競合, 必要的 競合 또는 幇助

의 체계를 다음과 같이 설명하고 있다. 즉 일본민법상의 共同不法行爲는 主觀的 共同을 요건으로 하는 日民 §719 I 前段 및 Ⅱ의 共同不法行爲와, 客觀的 共同을 요건으로 하는 日民 §719 I 後段의 共同不法行爲의 2가지로 나누어진다고 한다. 그리고 어느 경우에나 각자는 전체의 손해 중 일부밖에 야기하지 않았고, 따라서 본래는 일부밖에 책임을 지지 않겠지만, 日民 §719의 규정이 있음으로 해서 全損害에 대하여 연대하여 배상할 의무를 부담한다는 것이다. 이 때 다른 共同不法行爲者의 부담부분에 대해서는 擔保責任을 지는 것이며, 이렇게 連帶債務의 본질을 相互保證이라고 생각한다면, 日民 §719 I 前段에 대하여 그것을 인과관계의 看做規定이라고 해석할 필요는 없다고 한다.

(f) 끝으로 塚原判事 등은 客觀的 共同이라고 하는 틀조차 일체 필요로 하지 않는다고 주장한다. 그 요지는[375] 日民 §719 I 前段은 입법정책으로서 분할책임을 배제하고 全部責任을 인정한다고 하는 당연의 이치를 확인한 것에 지나지 않고, 複數의 原因者의 各人이 全部責任을 진다고 하는 것은 피해자보호에 의하여 이유붙여진 것이 아니라 不法行爲의 일반이론의 적용의 결과이며, 따라서 共同不法行爲 현상은 모두 單位不法行爲로 분해하여 각각에 대하여 성립요건의 충족이 검토되면 족하다라고 하는 것에 있다. 다만, 加害關與者가 複數이기 때문에 피해자측에서 가해관여자의 각각에 대하여 因果關係를 입증하는 것이 事態의 성질상 불가능 내지 극히 곤란한 경우, 혹은 그 입증책임을 피해자에 부과하는 것이 아무리 보아도 불합리·부당하다고 해석되는 경우에 대해서는 널리 I 後段을 이용하는 것에 의하여 해결할 수 있다는 뜻을 역설한다.

---

的 競合 등을 가리지 않고 — 獨民 §830 I 2文에 해당하는 日民 §719 I 後段의 적용을 받는다고 하는 결론을 끌어내고 있다. 그러나 이러한 해석론은 적어도 독일의 多數說과는 다음과 같은 점에서 그 내용을 달리하고 있다. 즉 첫째, 독일에서는 전통적으로 인과관계를 Alles-oder-Nichts의 문제로 보고 있으며, 다만 코익(Keuk)이 1960년대 후반에 部分的 因果關係論를 주장한 이래 이에 동조하는 학자들이 상당수 있는 것은 사실이지만, 아직은 多數說은 전통적 견해에 입각하고 있다. 둘째, 독일에서는 必要的 競合(本稿에서는 이를 併合的 因果關係로 부르고 있다)의 경우를 不法行爲에 관한 일반규정인 獨民 §823에 포섭시키는 것(이를 競合不法行爲라고 함은 앞에서 살펴보았다)이 絶對的 多數說(部分的 因果關係論을 취하는 입장에서조차도)임에 반하여, 浜上은 日民 §719 I 後段에 포섭시키는 점에 있어서 차이가 있다.

375) 塚原朋一, "共同不法行爲に關する諸問題", 新·實務民事訴訟講座 4(1982), 187-91, 201, 203.

## 5. 小 結

共同不法行爲의 類型에 관한 이상과 같은 비교법적 고찰로부터 우리 민법의 해석론과 관련하여 적어도 다음과 같은 사항을 알 수 있다.

첫째, 數人의 위법한 행위가 競合하여 하나의 손해가 발생하였을 경우에 그 數人의 책임을 다루는 입법례는 크게 2가지로 나눌 수 있는데, 그 하나는 프랑스에서와 같이 특별한 규정을 따로 두지 않고 不法行爲의 一般原則을 그대로 적용시키는 입법례이고, 다른 하나는 독일에서와 같이 特別規定을 두어 不法行爲의 一般原則을 수정하거나 별개의 歸責根據를 인정하는 입법례이다. 물론 後者의 입법례를 취하는 나라에서도 共同不法行爲를 바라보는 시각에 있어서 前者의 입법례에서와 동일한 입장을 취하는 견해가 있을 수 있으며, 이러한 견해는 共同不法行爲에 관한 규정을 宣言的 規範으로 해석하고 있음을 앞서 살펴보았다. 그러나 위의 어느 입법례를 취하든 共同不法行爲에 대한 구체적인 처리결과에 있어서는 크게 다르지 않으며, 이는 프랑스와 같이 前者의 입법례를 취하는 나라에서는 因果關係를 상식의 문제로 보아[376] 그 인정에 있어서 매우 너그러운 태도를 보이기 때문에 그러한 것으로 생각된다.

둘째, 그러나 因果關係의 인정에 있어서 엄격한 태도를 취한다면 — 비록 결과에 있어서는 因果關係의 인정에 있어서 그렇게 엄격하지 않다 하더라도 적어도 因果關係를 상식의 문제로 보지 않고 학문의 문제로 보아 그 인정 여부와 관련하여서는 이론적 설명을 제시하여야 하는 문제로 본다면 —, 共同不法行爲者의 책임문제를 다룸에 있어서 不法行爲의 一般原則의 적용만으로써는 쉽게 해결할 수 없는 경우가 자주 발생하게 된다. 특히 행위자 상호간에 主觀的인 共同關係는 있지만, 구체적인 침해행위에는 가담하지 않았거나 일부에만 가담한 경우가 문제가 될 것이다. 이러한 경우에도 不法行爲의 一般原則을 적용함으로써 해결할 수 있다고 보는 입장에서는 이른바 "心理的 因果關係"를 인정하지 않을 수 없을 것이다. 그러나 이러한 心理的 因果關係의 인정은 많은 경우 不法行爲의 一般原則의 적용문제라기보다는 因果關係의 擬制 내지는 擬制에 가까운 推定으로서 不法行爲의 一般原則에 대한 예외로 보아야 할 것이다.

셋째, 不法行爲의 一般原則에 대한 예외로서 共同不法行爲에 관하여 별도의 규정을 두고 있는 입법례 — 제정법이 아닌 커먼로에 의하여 특수한 유형의

376) 이에 대해서는 前註 188을 참조.

불법행위로서 공동불법행위가 인정되고 있는 英美의 경우도 여기에 포함할 수 있을 것이다 ── 를 취하는 경우에는 이러한 예외규정의 적용을 받는 경우를 어디까지에로 한정할 것인가 하는 것이 문제된다. 이에 대해서는 앞에서 살펴본 것처럼 독일과 英美에서는 通說과 判例가 廣義의 共同不法行爲 중에서 특히 主觀的 共同이 있는 경우에 한하여 예외적으로 다루고 있으며, 이른바 客觀的 共同의 경우에는 기본적으로 因果關係의 一般原則에 의하여 처리하고 있음에 반하여, 일본에서는 通說과 判例가 客觀的 共同이 있는 경우에도 不法行爲의 一般原則에 대한 예외적인 경우로 다루고 있음을 알 수 있다. 또한 前者의 경우에는 예외적으로 다루어지는 主觀的 共同을 故意의 경우에로 한정할 것인가 그렇지 않으면 過失의 경우도 포함시킬 것인가 하는 것이 문제되는데, 독일의 통설과 판례는 前者의 입장을 취하고 있음에 반하여, 英美에서는 後者의 입장을 취하고 있음을 보았다. 생각건대 歸責의 根據를 意思에서 구하는 입장에서 본다면, 主觀的 共同이 있는 경우에는 예외적 취급을 하는 것에 대한 설명이 어렵지 않을 것이나, 客觀的 共同의 경우에 예외적 취급을 하는 것에 대한 설명이 쉽지는 않을 것이며, 설령 그러한 설명이 가능하다고 하더라도 主觀的 共同이 있는 경우와는 그 설명을 달리 하여야 할 것이다.

넷째, 위에서 언급한 것처럼 프랑스에서와 같이 기본적으로 因果關係의 인정 여부를 상식의 선에서 처리하는 경우에는 共同不法行爲에 대하여 굳이 특별규정을 따로 두지 않더라도 문제되는 대부분의 경우들을 不法行爲의 一般原則에 따라서 합리적으로 해결할 수 있을 것이다. 그러나 因果關係의 인정에 있어서 아무리 너그러운 태도를 보인다고 하더라도 적어도 選擇的 因果關係의 경우에는 행위자 각자의 행위와 결과 사이에 인과관계를 인정할 수 없을 것이며, 따라서 이 경우에 합리적인 해결을 위해서는 불법행위의 일반원칙에 대한 예외를 인정하지 않을 수 없을 것이다. 앞서 언급하였듯이 프랑스破棄院의 판례는 오랫동안 이 경우에 不法行爲의 一般原則을 적용하여 因果關係가 입증되지 않았다는 이유로 피해자의 배상청구를 인정하지 않았지만, 20세기 중반부터 이러한 태도에 비판이 있게 되자 판례는 태도를 변경하여 손해를 발생시키는 행위에 참여한 모든 사람들에게 단체적인 책임을 지우는 방향으로 나아가게 되었던 것이다.

다섯째, 選擇的 因果關係의 경우를 우리는 통상 加害者不明의 "共同不法行爲"라고 부르고 있지만, 그러나 이 경우는 狹義의 "共同不法行爲"와는 그 의미가 질적으로 전혀 다르다고 하는 점이다. 이 점에 대해서는 選擇的 因果關係의 경우에 대한 각국의 판례와 학설이 잘 보여 주고 있다.

즉 프랑스破棄院의 판례는 選擇的 因果關係의 경우에 불법행위의 일반원칙의 적용만으로는 합리적인 해결을 꾀할 수 없다고 하는 점을 깨닫고 "集團過失" 내지는 "共同管理" 등의 개념을 통하여 단체적인 책임을 지우는 방향으로 나갔지만, 그러나 選擇的 因果關係의 경우를 "행위의 共同性" 내지는 "團體性"의 관점에서 파악하게 되면 각자의 행위와 결과 사이에 個別的인 因果關係가 없는 경우에도 책임을 지워야 함에도 불구하고, 破棄院은 자신의 총이 손해의 발생에 어떠한 역할도 하지 않았다고 하는 것을 입증하면 면책된다고 함으로써 모순되는 태도를 보이고 있다. 이 점에 대하여 학설은 판례의 이러한 이론구성은 만족스러운 것은 아니며, 판례의 진정한 의도는 "因果關係의 推定"이라고 하고 있다.[377)]

選擇的 因果關係의 경우에 대비하여 특별한 유형의 共同不法行爲를 인정하고 있지 않았던 英美에서도 처음에는 이 경우에 "협의된 행위"(concerted action) 내지는 "共同의 意圖"(common design)의 개념을 확대적용하여 共同不法行爲(joint tortfeasor)를 인정하였으나, "섬머즈"(Summers)사건 이후로 이 경우에 대한 해결책으로서 立證責任의 轉換이라고 하는 방식을 취하고 있다.

위의 두 입법례와는 달리 選擇的 因果關係에 대하여 민법에 명문의 규정을 두고 있는 독일에서도 초기에는 同規定의 책임을 立證된 因果關係가 존재하는 경우의 일종으로 보고자 하였으나, 오늘날에는 입증책임을 전환시키고 있는 규정이라고 하는 데에 이론의 여지가 없다. 또한 이 규정이 적용되는 요건으로서 독일의 판례는 처음에는 "共同行爲"를 요하는 것으로 보았으나, 그 후 "物的·時間的·場所的인 一體性"이라는 기준으로 대체하였으며, 오늘날에는 이 요건을 크게 완화시키고 있는바, 학설은 더 나아가 대체로 이러한 기준은 필요 없는 것으로 보고 있다.

요컨대 狹義의 共同不法行爲에서의 본질적인 개념적 징표는 "行爲의 共同性"으로서, "行爲의 共同性"이 인정되는 경우에는 각자의 행위와 결과 사이의 個別的 因果關係는 문제삼지 않고 각자에게 손해전부에 대하여 배상책임을 지우고 있음에 반하여, 이른바 加害者不明의 "共同"不法行爲에 있어서는 각자에게 발생한 손해전부에 대하여 책임을 지우는 것은 "行爲의 共同性"과는 상

377) Juris-Classeur Civil, (1996), Art. 1382 à 1386, Fasc. 160, par Jourdain, $n_o$ 100.

관없으며, 각자의 행위가 결과를 발생시킬 가능성은 있지만 그 因果關係가 不明한 경우에는 결과를 발생시킬 가능성이 있는 자에게 입증책임을 전환시키는 규정인 것이다.

## B. 共同不法行爲의 類型

### Ⅰ. 共同不法行爲의 體系

#### 1. 序

(1) 민법상의 共同不法行爲의 類型

民 §760는 共同不法行爲를 (i) 數人이 共同의 不法行爲로 타인에게 손해를 가한 경우(狹義의 共同不法行爲, §760 Ⅰ), (ii) 共同 아닌 數人의 행위 중 어느 자의 행위가 그 손해를 가한 것인지 알 수 없는 경우(加害者不明의 共同不法行爲, §760 Ⅱ), (iii) 敎唆·幇助의 경우(§760 Ⅲ) 등의 3가지 유형으로 나누고 있고, 그 효과로서 모든 共同不法行爲者는 連帶하여 損害賠償義務를 진다고 규정하고 있다.

(2) 共同不法行爲의 類型 상호간의 관계

이러한 각 유형의 共同不法行爲의 意義 내지는 要件을 논함에 있어서 가장 핵심이 되는 것은 民 §760 Ⅰ에서 말하는 "共同"이 무엇을 의미하는가 하는 것이다. 民 §760 Ⅰ의 "共同"의 의미를 어떻게 해석하느냐에 따라 狹義의 共同不法行爲의 적용범위가 달라질 것이며, 이에 따라 數人이 관여하여 손해가 발생한 경우 중에서 民 §760 Ⅰ이 규율하지 못하는 부분을 어떻게 처리할 것이냐 하는 문제가 대두된다. 즉 民 §760 Ⅰ의 "共同"의 意味를 다음에서 살펴보듯이 현재 우리의 판례처럼 느슨하게 해석한다면 同條項의 적용범위가 넓어질 것이고, 이에 따라 독립한 불법행위의 경합의 경우도 많은 부분 狹義의 共同不法行爲에 해당하여 民 §760 Ⅰ에 의하여 처리될 것이다. 뿐만 아니라 加害者不明의 共同不法行爲를 규정하고 있는 民 §760 Ⅱ의 적용범위 역시 매우 좁아져 同條項이 별다른 의미를 갖지 못할 것이다. 이에 반하여 民 §760 Ⅰ의 "共同"의 意味를 엄격하게 해석한다면 同條項의 適用範圍는 매우 좁아지고, 그리하여 數人이 관여하여 손해가 발생한 경우 중 많은 부분을 民 §760 Ⅱ이 해결하여야 할 것이다. 그러나 民 §760 Ⅱ은 기본적으로 因果關係가 不明한 경우를 그 규율대상으로 하고 있기 때문에 그 적용범위의 확대에도 한계가 있다. 따라서 民 §760 I 의 "共同"을 엄격하게 해석하게 되면 民 §760 I 과 民 §760 II 에 의하여 규율되지 못하는 경우가 많이 생겨날 것이며, 이 경우에는 결국 不法行爲에 관한 一般規定인 民 §750가 적용될 수밖에 없을 것이다. 이렇게 볼 때에 共同不法行爲의 體系를 논함에 있어서는 民 §760 I 의 "共同"의 의미와 그 제도적 취지를 어떻게 볼 것인가 하는 것이 핵심적인 문제로 등장하게 된다.

## 2. 本條 第 1 項의 "共同"의 의미 —— 學說

### (1) 多數說: 客觀的 共同說

(가) 多數說[378]은 民 §760 I 의 共同不法行爲가 인정되기 위해서는 첫째로 행위자 각자가 각각 독립하여 一般不法行爲의 要件을 갖추어야 할 뿐만 아니라, 둘째로 각 행위자 사이의 行爲의 關聯共同性이 필요하다고 한다. 그리고 이러한 關聯共同에는 행위자들의 共謀 내지 意思의 共通이나 共同의 認識은 필요 없으며, 그 행위가 客觀的으로 關聯共同하고 있으면 된다고 한다. 즉 民法이 共同不法行爲에 관하여 民 §408의 分割債務의 원칙을 배제하여 共同責任으로 함으로써 被害者를 두텁게 보호하려고 한 취지를 생각한다면, 공동행위자의 主觀的 共同關係의 有無를 묻지 않고 客觀的 共同關係가 있는 것으로 충분하다고 새기는 것이 타당하다는 것이다(이른바 客觀的 共同說 甲型). 그리고 民 §760 II 의 加害者不明의 共同不法行爲에서도 행위의 "共同性"을 요구하지만, 이 경우에는 違法行爲 자체가 아니라 違法行爲를 발생케 할 위험이 있는 행위를 공동으로 하는 점에서 특색이 있다고 한다.

(나) 客觀的 共同說 중에는 전술한 多數說인 甲型과는 양립하기 어려운 또 하나의 유형인 이른바 客觀的 共同說 乙型이 발견된다. 즉 多數說이 共同不法行爲의 요건으로서 加害者 각각이 독립해서 一般不法行爲의 요건을 충족시킬 것 —— 따라서 각 加害者의 행위와 결과 간에 因果關係가 존재할 것 —— 과 아울러 각 加害者간에 客觀的 共同이 존재할 것을 요구하는 데 반하여, 乙型은 각자의 행위와 결과 사이에 因果關係를 요구함이 없이 客觀的으로 각 행위에 關聯共同性이 있으면 족하고, 그 關聯共同性 있는 행위에 의하여 손해가 발생

378) 郭潤直, 528. 본문의 설명은 이에 따른 것이다. 그 이외에도 黃迪仁, 406 이하; 林正平, "共同不法行爲責任의 一考察", 民法學의 回顧와 展望(1993), 668 이하; 金錫宇, "共同不法行爲", 중앙대법정논총 21(1981), 2 이하 등도 같은 취지이다.

하였다면 각자는 全損害에 대한 배상책임을 면할 수 없다고 한다. 이 때 각자는 자신의 행위와 결과 사이에 因果關係가 없음을 입증하여 免責 또는 減責될 수 없으며, 따라서 關聯共同性이 존재하면 個別的 因果關係는 擬制되는 것으로 본다.379) 국내의 학설380) 중에서는 客觀的 共同說을 취하면서 명시적으로 각자의 행위와 결과 사이의 個別的 因果關係를 放棄하고 있는 견해는 아직 찾아볼 수 없다. 그러나 後述하듯이 判例에서는 최근 客觀的 共同說 乙型에 입각하고 있는 판결이 자주 발견된다. 또한 後述하는 折衷說 1은 '緊密한 客觀的 共同'이 존재하는 경우에는 民 §760 I 의 共同不法行爲가 인정되며, 이 때 각자의 행위와 손해 사이의 個別的 因果關係는 증명될 필요가 없다고 하는바, 이는 실질적으로 客觀的 共同說 乙型의 내용과 다르지 않다고 할 것이다.

(2) 主觀的 共同說

종래의 主觀的 共同說381)에 의하면 民 §760 I 의 共同不法行爲가 성립하기 위해서는 加害者들 사이에 '共謀 내지 共同의 認識', 즉 '主觀的 共同'이 있어야 한다고 하며, 그 근거로서 첫째 字句上으로 '共同의 不法行爲'라고 하는 것은 獨逸民法의 '共同으로(gemeinschaftlich) 한 不法行爲'와 같은 의미이고 '共同 아닌 數人의 行爲'라고 하는 것은 數人이 공동으로 한 개의 행위를 한 것이 아닌 경우, 즉 主觀的 共同 없는 數人의 行爲의 의미라고 해석하는 것이 文理解釋으로서도 순탄하며, 둘째 狹義의 共同不法行爲에 있어서 행위자들의 責任이 加重되는 것은 數人이 의식적으로 합세하여 1인에게 손해를 가하는 행위의 有責非難可能性이 높다고 하는 데에 구하여야 할 것임에 반하여, 加害者不明의 共同不法行爲에 있어서 각 행위자가 전부에 대하여 책임을 지게 하는 것은 被害者에게 因果關係의 立證을 배제해 줌으로써 因果關係의 立證不能 때문에 損害의 賠償을 받지 못하는 일이 없도록 하자는 데에 있다고 하여야 할 것이라는 점을 들고 있다. 이 견해에 의하면 民 §760 II 이 적용되는 경우는 (i) 主觀的 共同 없는 違法行爲가 사실상 競合한 경우와 (ii) 數人이 공동행위를 하였

379) 물론 이 때 個別的 因果關係가 擬制 내지는 推定된다고 하면서 推定되는 경우도 포함하는 것으로 볼 수도 있으나{예컨대 神田孝夫(註 351), 325 참조}, 이러한 견해는 민법상의 공동불법행위의 체계에 부합하지 아니한다. 즉 因果關係의 推定의 문제는 民 §760 II 의 加害者不明의 共同不法行爲의 문제이지 民 §760 I 의 狹義의 共同不法行爲의 문제는 아닌 것이다.

380) 일본에서의 客觀的 共同說의 2가지 類型에 관한 논의에 대해서는 前述 本條 注解 A. III. 4. (3). (가). (b) 참조.

381) 金曾漢, "共同不法行爲", 民法論集(1978), 385-94. 본문의 설명은 이에 따른 것이다. 이 이외에도 主觀的 共同說을 취하는 견해로는 李太載, 510.

으나 그 공동행위는 손해를 일으킨 위법행위는 아니고 共同行爲者 중의 1인이 위법행위를 하여 타인에게 손해를 가한 경우라고 한다. 前者의 예로서는 甲會社와 乙會社가 河川에 방류한 약품이 서로 합하여 또는 서로 화합하여 農作物이나 魚類에 피해를 준 경우, 甲과 乙이 서로 아무 연락 없이 각자 동시에 丙을 쏘아서 丙이 사망한 경우, 甲창고회사가 過失로 인하여 誤記된 창고증권을 발행하고 乙이 이것을 사용하여 금전을 詐取한 경우 등이 이에 해당한다고 한다. 後者의 예로서는 甲집단의 사람들과 乙집단의 사람들이 우연히 지나치다가 패싸움이 벌어졌는데, 한참 싸우던 도중 甲집단 중의 누군가가 乙집단의 사람들을 나이프로 찔러서 부상을 입힌 경우에 누가 찔렀는지 알 수 없는 때를 들고 있다.

(3) 折衷說 1[382]

民 §760 I 의 共同不法行爲가 되기 위해서는 共同의 加害行爲와 損害 사이의 因果關係만 있으면 되고, 각자의 행위와 손해 사이의 因果關係가 개별적으로 증명될 필요는 없으며, 이 점에서 共同不法行爲와 개별적 불법행위가 다르다고 한다. 그리고 행위자 사이의 "客觀的 共同"을 다시 '緊密한 客觀的 共同이 있는 경우'와 '因果關係가 競合된 경우로서 關聯共同性이 없는 경우'의 두 유형으로 분류하여 前者만을 "主觀的 共同"이 있는 경우와 함께 民 §760 I 의 공동불법행위로 인정한다.

㈎ 主觀的 共同의 경우　　民 §760 I 은 공동행위자의 면책이나 감책을 허용하지 않으므로 공동행위자는 자기의 행위와 결과 사이에 因果關係가 없음을 입증하여 면책될 수 없고, 자기의 행위가 손해의 일부분에만 기여하였다는 것을 입증하여 배상책임을 감경받을 수도 없다고 하면서 공동의 인식을 가진 가해행위자들 사이에는 전체의 행위결과에 대한 비난가능성도 공동으로 존재하기 때문에 각 행위자에게 전체결과에 대한 책임을 부과하는 것이 타당하다고 한다.

㈏ 緊密한 客觀的 共同　　객관적 공동이 있을 뿐 공동의 인식이 없는 경우에도 개개의 행위를 분리하여 책임을 인정하는 것이 적절하지 못할 정도로 그 행위들 사이의 관련성이 높은 경우에는 狹義의 共同不法行爲로 되어 連帶責任이 부과된다고 한다. 이 때의 긴밀한 공동의 의미를 각 가해자의 과실행위가 경합하여 하나의 결과를 초래하는 경우 중에서 그 과실행위 사이의

382) 李銀榮, 823 이하.

상호관련성이 존재하는 경우라고 이해하면서, 그 예로 두 대의 자동차의 부주의운전이 경합하여 보행자를 부상·사망케 한 경우, 수술시 집도의사와 마취의사의 과실행위가 결합하여 환자를 사망에 이르게 한 경우 등을 들고 있다.

(다) 因果關係의 경합 이 경우는 民 §760 I 의 적용을 받지 않고 '因果關係의 법리'에 따라 책임내용이 정해지며, 따라서 關與度의 증명이 있으면 배상액감경이 허용된다고 한다. 손해에 관하여 因果關係를 갖는 자가 여러 명인 경우에 각 행위자는 일단 손해전부에 대하여 連帶責任을 부담하지만, 어떤 행위자가 결과에 대한 자기 행위의 관여분을 입증하면 그 범위 내에서만 인과관계가 존재한다는 것이 확인되므로 손해배상책임은 그 범위로 감경된다는 것이다.

(4) 折衷說 2[383]

共同不法行爲의 존재이유를 공동행위자 各人에게 그의 寄與度를 초과하여 배상하게 하는 점에 있다고 해석하면서, 종래 "共同不法行爲"로서 일괄하여 취급되어 왔던 문제를 "因果關係"라는 概念과의 관련 하에 다음과 같이 3가지로 분류하고 있다.

(가) 意思的 共同不法行爲 複數不法行爲者 사이에 主觀的 共同關係가 있는 경우로서, 이 때에는 各人의 行爲를 일체로 보는 요청이 특히 강하므로 각인의 행위와 손해와의 사이에 因果關係가 없더라도 공동행위와 손해와의 사이에 因果關係가 있으면 共同不法行爲가 성립하며, 共同不法行爲者로부터의 因果關係不存在의 反證은 인정되지 않는다고 한다.

(나) 客觀的 共同不法行爲 複數의 不法行爲者 사이에 主觀的 要素 이외의 關聯共同性이 있는 경우로서, 이 關聯共同性은 예컨대 복수공장의 폐수로 인한 손해발생과 같은 경우에는 공장 상호간의 물리적 접근·조업상태·지역성·배출의 필요 등의 객관적 요소를 고려하면서 사회적으로 일체로 볼 수 있는가의 여부로 인정되는바, 이러한 객관적 공동불법행위에서는 공동행위와 손해와의 사이의 因果關係를 증명하는 것만으로 충분하며, 다만 共同不法行爲者 각인이 자기의 행위와 손해와의 사이에 인과관계가 존재하지 않음을 反證하면 免責될 수 있다고 한다.[384]

---

383) 金疇洙, 711 이하. 본문의 설명은 이에 따른 것이다. 그 이외에도 기본적으로 이러한 입장을 취하고 있는 견해로서는 金龍熙, "民法 第760條에 있어서의 關聯共同性", 晴軒金曾漢博士華甲紀念論文集 現代民法學의 諸問題, 570 이하.

384) 이 부분에 대해서는 기본적으로 같은 입장을 취하는 학자들 사이에도 그 내용을 약간

(다) 獨立的 共同不法行爲 　복수의 불법행위자 각자에 대하여 성립한 一般不法行爲가 단순히 競合하는 데 지나지 않는 경우로서, 여기에서는 두 번째의 경우와 마찬가지의 요건을 主張·立證하지 않으면 안 되는데, 두 번째의 경우와 달리 피고는 자기의 寄與度를 증명하여 減責을 받을 수 있다고 한다.

(5) 折衷說 3[385)]

위의 折衷說 1·2가 기본적으로 意思的 共同不法行爲와 客觀的 共同不法行爲만을 民 §760 I 의 狹義의 共同不法行爲로 보고 獨立的 共同不法行爲는 一般不法行爲로 보고 있음에 반하여, 이 학설은 獨立的 共同不法行爲도 民 §760 I 의 狹義의 共同不法行爲에 포함시키고 있다. 즉 하나의 손해발생에 관하여 數人이 共同으로 不法行爲를 한 것이 아니라, 각각 獨立的으로 不法行爲를 하였으나 동일한 하나의 損害를 발생케 한 경우를 獨立的 共同不法行爲(Nebentäterschaft)라고 부르면서, 獨民 §840 I [386)]은 獨民 §830에 의한 共同不法行爲뿐만 아니라 이 유형에 속하지 아니하는 獨立的 共同不法行爲도 함께 규정하고 있음에 반하여, 우리 민법은 獨立的 共同不法行爲에 관하여 별도의 규정을 두고 있지 아니하므로 우리 민법 하에서는 이를 §760의 共同不法行爲로 다루지 않을 수 없다고 한다. 그리하여 同說은 獨立的 共同不法行爲를 民 §760 I 의 狹義의 共同不法行爲의 일종으로 분류하고 있다.

---

씩 달리하고 있다. 즉 일본의 平井는 그가 처음 이러한 견해를 발표한 논문에서는 "關聯的 共同不法行爲"(즉 본문의 客觀的 共同不法行爲)의 주장·입증에 대하여 "피고의 행위와 손해의 사실과의 사이의 事實的 因果關係를 주장·입증할 필요가 있다. 이에 대하여 피고는 寄與度를 입증하여 減責의 항변을 할 수 없다"{平井宜雄(註 354), 306}고 하였으나, 후에 그의 교과서에서는 "客觀的 關聯共同性 또는 關聯的 共同不法行爲"에 대하여 설명하기를 "…그 일체적 행위와 손해와의 사이의 事實的 因果關係가 인정되면 그것만으로 불법행위가 성립하고(각인의 가해행위와의 事實的 因果關係의 요건은 이것에 의하여 충족된다)… 의사적 관여가 없어도 객관적으로 보아 일체성 있는 가해행위(客觀的 關聯共同性)가 손해를 야기한 경우에 그 일체성에 근거를 구하여 事實的 因果關係를 언제나 손해 전체에 미치게 하는 점(推定이 아니라 看做하는 것으로 된다)에 있어서 기본형 불법행위를 수정하는 共同不法行爲를 關聯的 共同不法行爲라고 부른다"{平井宜雄, 債權各論 Ⅱ, 不法行爲(1992), 195-6}고 하고 있다. 이러한 견해수정은 아마도 平井의 최초의 견해에 대한 다음과 같은 비판, 즉 "關聯的 共同不法行爲에 있어서는 事實的 因果關係가 존재하므로, 平井說의 입장에서 말하자면 이론적으로는 오히려 독립의 不法行爲로 생각하여야 할 것"{森島昭夫, "共同不法行爲(二)", 法學教室 19(1982), 37-8}이라고 하는 비판을 받아들여 이루어진 것이 아닌가 생각된다.

한편 金龍熙 교수는 이와는 달리 關聯的 共同不法行爲에서의 立證責任과 관련하여 "原告는 被告의 行爲와 損害의 事實과의 사이의 事實的 因果關係를 立證할 필요가 없고, 被告는 事實的 因果關係의 不存在를 입증하여 減責의 抗辯을 할 수 있다"고 하고 있다{金龍熙(註 383), 580}.

385) 金相容, 213-8.

386) 前述 本條 注解 A. Ⅲ. 3.(2) 참조.

(6) 각 학설의 검토

(가) 多數說인 客觀的 共同說 甲型에 대해서 우선 떠오르는 의문은 民 §760 I 과 民 §750의 관계이다. 즉 多數說에 따르면 共同不法行爲가 성립하기 위해서는 먼저 一般不法行爲의 要件을 모두 갖추어야 하며, 따라서 각자의 行爲와 結果 간에 因果關係가 있어야 한다고 한다. 그러나 一般不法行爲의 要件을 갖추고 있다면, 각 행위자는 굳이 民 §760 I 을 원용하지 않더라도 民 §750에 따라 損害賠償責任을 질 것이다. 그렇다면 民 §760 I 의 의미 내지 존재이유는 무엇인가? 民 §760 I 이 一般不法行爲의 요건 이외에 행위의 關聯共同性이라고 하는 추가적 요건을 요구함으로써 民 §750보다 그 요건에 있어서 엄격하다면, 그 효과에 있어서는 좀더 강하여야 할 것이다. 이 점에 대해서 多數說은 分割責任의 排除를 들고 있다. 그러나 이러한 설명에 대해서는 바로 다음과 같은 의문이 제기된다. 즉 數人의 행위가 경합하여 손해가 발생하였을 경우에 民 §750를 적용시킨다면, 각 행위자는 分割責任만을 지게 되는가? 이는 결국 因果關係는 Alles-oder-Nichts의 문제인가 그렇지 않으면 나눌 수 있는 것인가 하는 문제로 귀착될 것인데, 아마도 多數說은 部分的 因果關係論을 전제로 하고 있는 것으로 생각된다. 그러나 앞에서 자세히 논하였듯이[387] 우리의 責任法上의 여러 제도를 보다 整合性 있게 설명하기 위해서는 因果關係를 Alles-oder-Nichts의 문제로 보는 것이 타당하다. 이러한 입장에서 본다면 一般不法行爲에 관한 규정인 民 §750가 적용된다고 하더라도 각자는 因果關係가 존재하는 범위 내에서 당연히 발생한 손해전부에 대하여 책임을 져야 하며, 따라서 多數說은 결과적으로 民 §760 I 에 대하여 이러한 당연한 사실을 밝히고 있는 宣言的 規定 이상의 의미를 부여하고 있지 않다.[388] 그러나 民 §760 I 의 독자적인 의미를 전혀 무시하는 이러한 해석론은 타당하다고 할 수 없을 것이다. 물론 部分的 因果關係論을 취한다면 同條項에 대하여 多數說이 주장하듯이 分割責任의 排除라고 하는 특별한 의미를 부여할 수는 있다. 그러나 앞서 언급하였듯이 部分的 因果關係論은 우리 민법의 해석론으로서는 받아들

387) 前述 本條 注解 A. II. 5. 참조.

388) 이러한 결론에 대해서는 一般不法行爲에 관한 규정인 民 §750가 적용된다고 하더라도 각자는 당연히 발생한 손해전부에 대하여 책임을 져야 한다고 하면 共同不法行爲가 성립된다고 하더라도 동일한 효과를 가져올 뿐인데, 굳이 그 성립요건으로서 추가적으로 '行爲의 關聯共同性'을 요구하는 의미는 무엇인가 하는 의문이 제기될 수도 있을 것이다. 그러나 後述하는 판례의 분석에서 자세히 살펴보듯이 客觀的 共同說 甲型에서 말하는 '關聯共同性'은 사실은 각자의 행위와 결과 사이에 因果關係가 존재한다고 하는 이상의 의미를 가지고 있지 않다.

이기 힘들 뿐만 아니라, 설령 그것이 옳다고 하더라도 적어도 우리가 그 법을 계수하여 온 나라에서 전통적으로 因果關係를 Alles-oder-Nichts의 문제로 보고 있었다면, 이와는 다른 입장을 취할 때에는 거기에 대하여 약간의 설명은 있어야 할 터인데, 이에 대한 아무런 설명도 없이 部分的因果關係論을 전제로 하여 이론구성을 하는 것은 문제가 아닐 수 없다. 이러한 비판은 多數說에 대해서 뿐만 아니라, 앞서 언급한 다른 학설에 대해서도 마찬가지로 적용된다.

(나) 客觀的 共同說 乙型은 數人의 행위를 일체로 파악하여 關聯共同性 있는 일체의 행위와 손해 사이에 因果關係가 인정되면, 각자의 행위와 결과 사이의 個別的인 因果關係의 존부 여부를 묻지 않고 각자로 하여금 손해전부에 대하여 배상책임을 지우게 하는 점에서 앞서 언급한 甲型보다는 진일보하였다고 할 수 있다. 그러나 이 학설에 대해서는 다음과 같은 의문이 제기된다.

우선 첫째로 同說은 數人의 행위를 一體로 파악하는 계기를 '客觀的 關聯共同性'에서 찾고 있으나, 이 '客觀的 關聯共同性'의 의미가 너무 막연하여 民§760Ⅰ의 적용범위가 지나치게 확대될 우려가 있다고 하는 점이다. 물론 '客觀的 關聯共同性'의 의미가 너무 막연하다고 하는 점은 客觀的 共同說 甲型에서도 마찬가지이다. 그러나 甲型에서는 각자의 행위와 결과 사이에 因果關係가 존재할 것을 요구하고 있는바, 바로 이 요건이 共同不法行爲의 성립을 한정시키고 있기 때문에 '客觀的 關聯共同性'의 의미가 너무 막연하다고 하더라도 그것은 실제로 별 문제가 되지 않는다. 이에 반하여 乙型에서는 각자의 행위와 결과 사이에 因果關係가 존재할 것을 요하지 않고, 關聯共同性 있는 일체의 행위와 손해 사이의 因果關係만으로 만족하고 있으므로 共同不法行爲의 성립 여부는 주로 '客觀的 關聯共同性'의 존부 여하에 좌우된다. 따라서 民§760Ⅰ의 적용범위가 지나치게 확대되지 않기 위해서는 '客觀的 關聯共同性'의 의미가 보다 구체적으로 밝혀져야 할 것이다. 통상 '客觀的 關聯共同性'이라고 하는 개념이 '時間的·場所的 近接性'이라든가 '社會觀念上의 一體性' 이상의 구체적인 의미를 가지고 사용되고 있는 것으로 보이지는 않으며, 그렇다고 한다면 과연 이 개념이 共同不法行爲의 성립을 한정하는 역할을 제대로 할 수 있을지 의심스럽다.

둘째로 제기되는 의문은 첫번째 의문의 연장선상에 있는 것으로서, 乙型을 취하면서 '客觀的 關聯共同性'의 의미를 구체적으로 해 두지 않으면 民§760Ⅰ과 Ⅱ의 관계가 문제된다고 하는 것이다. 즉 民§760Ⅱ이 말하는 "數

人의 行爲 중 어느 者의 行爲가 그 損害를 加한 것인지를 알 수 없는 때"라고 하는 것은 그 數人의 행위간에 어떠한 형태이든 일정한 관련이 있다고 하는 것을 내포하고 있으며,[389] 客觀的 共同說 乙型에서 말하는 '客觀的 關聯共同'을 後述하는 판례의 분석에서 살펴볼 수 있는 것과 같은 정도로 막연하게 받아들인다면, 加害者不明의 共同不法行爲者 사이에서 볼 수 있는 정도의 關聯性만으로도 狹義의 共同不法行爲의 성립요건으로서의 '客觀的 關聯共同性'을 충족할 수 있기 때문에 民 §760 I 이 Ⅱ을 흡수해 버려 民 §760Ⅱ은 실제로 그 의미가 없어져 버릴 우려가 있다.

셋째로 客觀的 共同說 乙型에 대한 보다 근본적인 의문은 客觀的 關聯共同이 있다고 해서 왜 자신의 행위와의 사이에 그 因果關係가 밝혀지지 않은 결과에 대해서도 책임을 져야 하는가 하는 점이다. 自己責任의 원칙에 의하여 각 행위자는 自己의 行爲로 인한 결과에 대해서만 책임을 지게 되어 있는데, 자신의 행위의 결과를 한정하는 因果關係를 특별한 근거 없이 그 내용이 매우 막연한 '時間的·場所的 近接性'이라든가 '社會觀念上의 一體性' 등으로 대체할 수는 없는 것이다.

(다) 종래의 主觀的 共同說은 數人의 행위를 一體로 파악하는 계기를 '主觀的 共同'에서 찾고 있는 점에서 기본적으로 타당하다고 할 수 있지만, 다음과 같은 비판을 면할 수 없을 것이다.

첫째로 同說은 狹義의 共同不法行爲者들의 책임이 가중되는 근거를 행위의 有責非難可能性이 높다고 하는 데에서 구하여야 한다고 하나, 이는 충분한 설명이 되지는 못한다. 즉 非難可能性이 높다고 해서 바로 因果關係의 존부 여부와는 관계 없이 발생한 손해전부에 대하여 책임을 지우는 것에는 지나친 비약이 있다. 책임의 범위는 因果關係에 의하여 결정되는바, '主觀的 共同'이 있는 경우에 책임이 가중된다면 그 근거는 역시 因果關係와 관련지어 설명되어야 할 것이다.

둘째로 종래의 主觀的 共同說에 대하여 제기되는 보다 근본적인 의문은 主觀的 共同關係가 없는 違法行爲가 사실상 경합한 경우에 대한 해석론에 관

389) 서로 아무런 관련이 없다면 누구의 행위로 인한 결과인지 알 수 없는 사태는 발생하지 않을 것이다. 그리하여 주지하는 바와 같이 多數說은 이 경우의 關聯共同性을 '違法行爲를 발생케 할 위험이 있는 행위'를 '共同'으로 하는 경우라고 하면서, '違法行爲 그 자체'를 '共同'으로 하는 경우인 民 §760 I 의 狹義의 共同不法行爲의 關聯共同性과 구별한다. 郭潤直, 530 참조.

한 것으로서, 同說에 의하면 이러한 경우는 民 §760Ⅱ이 규정하는 加害者不明의 共同不法行爲에 해당된다고 하지만, 그러나 이는 明文의 規定에 반하는 것으로 생각된다. 즉 民 §760Ⅱ은 "… 어느 자의 행위가 손해를 가한 것인지를 알 수 없는 때에도 前項과 같다"고 함으로써 기본적으로 因果關係가 不明한 경우에 적용될 것을 예정하고 있다. 그러나 主觀的 共同關係가 없는 違法行爲가 사실상 경합한 경우는 각자의 행위와 결과 사이의 因果關係가 불명한 경우가 아니라, 因果關係는 명확히 존재하는 경우라고 보아야 할 것이다. 이는 同說이 主觀的 共同關係가 없는 위법행위가 사실상 경합한 예로서 드는 몇 가지 경우를 살펴보면 더욱 분명하다.[390] 즉 同說에 의하면 甲창고회사가 過失로 인하여 誤記된 창고증권을 발행하고 乙이 이것을 사용하여 금전을 詐取한 경우와, 쌍방의 船長의 過失로 인하여 선박이 충돌하여 荷主에게 손해를 준 경우 등은 加害者不明의 共同不法行爲에 속한다고 한다. 그러나 이러한 경우에 각자의 행위와 결과 사이에 因果關係는 명확히 존재한다고 보아야 한다. 물론 同說의 입장에서는 최소한 다음과 같이 말할 수 있는 여지는 있을 것이다. 즉 "部分的 因果關係論의 입장에서 볼 때에 각 행위자는 손해의 일부분만을 야기하였을 뿐이고, 이 때 각자가 야기한 부분이 얼마인지는 不明하다"라고. 그러나 만약 그러하다면 앞서 客觀的 共同說 甲型에 대해서 말한 것과 마찬가지로 部分的 因果關係論이 왜 타당한가 하는 점은 차치하고라도 적어도 部分的 因果關係論을 택하고 있다고 하는 점은 분명히 밝혔어야 하는 것이 아닌가 생각된다.

㈑ 折衷說 1은 數人의 행위 사이에 客觀的 共同性이 인정되면, 각자의 행위와 결과 사이의 개별적인 因果關係는 묻지 않는다고 하는 점에서 前述한 客觀的 共同說 乙型과 기본적으로 동일하다. 다만, 共同不法行爲가 성립하는 경우를 '緊密한' 客觀的 共同이 있는 경우로 제한하는 한편, 이러한 '緊密한' 客觀的 共同이 없는 경우를 어떻게 처리할 것인가에 관하여 구체적으로 다루고 있다고 하는 점에서 客觀的 共同說 乙型보다 한 걸음 더 나아가 있다고 볼 수 있다. 그러나 이 학설에 대해서는 다음과 같은 의문이 제기된다.

첫째로 折衷說 1이 제시하는 "'緊密한' 客觀的 共同"이라고 하는 기준이 共同不法行爲의 성립을 책임법상 의미 있게 한정할 수 있는가에 대해서는 의문이다. 즉 同說은 "개개의 행위를 분리하여 책임을 인정하는 것이 적절하지

390) 金曾漢(註 381), 391.

못할 정도로 그 행위들 사이의 관련성이 높은 경우"에는 狹義의 共同不法行爲를 인정하여 連帶責任이 부과된다고 하고 있으나, 이러한 설명은 효과로써 요건으로 삼는 同語反覆에 지나지 않는다.

둘째로 同說은 "'緊密한' 客觀的 共同"이 있는 경우의 예로서 자동차운전자 X는 중앙선을 침범하여 마주 달려오던 Y가 운전하는 자동차를 피하느라 급히 핸들을 틀다가 미처 보행자를 보지 못하여 그를 사망에 이르게 한 경우[391](이 때 X의 過失은 예컨대 30%, Y의 過失은 70%로 판명되었다고 한다)를 드는 한편, 因果關係의 競合의 예로서는 A와 B가 각각 치사량에 미달한 독약을 먹였으나 양자가 합하여 피해자를 사망에 이르게 한 경우[392]를 들고 있다. 그리하여 前者의 경우에는 각자 全損害에 대하여 연대하여 배상책임을 지지만, 後者의 경우에는 행위자가 결과에 대한 자기 행위의 關與分을 입증하면 그 범위내에서만 인과관계가 존재한다는 것이 확인되므로 손해배상책임은 그 범위로 감경된다고 하고 있다. 그러나 첫째와 둘째의 경우 모두 각자의 행위가 결과의 발생에 대하여 조건관계(conditio sine qua non)에 있으며, 발생한 손해는 각자의 행위의 직접적인 결과라고 하는 점에 있어서 차이가 없음에도 불구하고, 과연 이렇게 전혀 다른 법적 효과를 부여할 만한 근거가 있는지는 의심스럽다. 더구나 둘째의 경우에, 예컨대 A와 B의 독약이 각각 치사량의 50%에 해당한다고 할 때에 각자의 행위는 關與分의 범위 내에서만, 따라서 사망의 50%의 범위 내에서만 因果關係가 있다고 하고 있는데, 이러한 설명이 과연 타당한지는 의문이다. 또한 同說은 主觀的 共同說에 의하면 첫째의 경우 역시 主觀的 共同關係가 인정되지 않으므로 共同不法行爲가 성립되지 않고, 따라서 X는 손해의 30%, Y는 손해의 70%에 대해서만 배상을 하면 된다고 한다. 그러나 主觀的 共同說에 의하더라도 因果關係는 Alles-oder-Nichts의 문제로 보는 전통적인 견해에 따르면, 이 경우에도 각자는 因果關係의 一般原則에 따라 당연히 全損害에 대하여 책임을 지게 된다.

(마) 折衷說 2는 "客觀的 共同不法行爲"에서는 공동행위와 손해와의 사이의 因果關係를 증명하는 것만으로 충분하며, 다만 共同不法行爲者 각자가 자기의 행위와 손해와의 사이에 因果關係가 존재하지 않음을 反證하면 免責될 수 있다고 함으로써 客觀的 共同不法行爲에서는 각자의 행위와 결과 사이의 因果關係가 推定되는 것으로 보고 있다. 이는 결국 民 §760Ⅰ이라는 하나의

391) 李銀榮, 828.
392) 李銀榮, 778, 831.

條項 속에 그 성질이 전혀 다른 두 가지 유형의 共同不法行爲, 즉 因果關係가 擬制되는 경우(즉 意思的 共同不法行爲)와 推定되는 경우를 동시에 포함시키는 것으로 되는데, 이러한 해석론이 과연 올바른 것인지 의문이다. 더 나아가 客觀的共同不法行爲를 因果關係가 推定되는 경우로 본다면, 마찬가지로 因果關係가 推定되는 경우인 民 §760 Ⅱ의 加害者不明의 共同不法行爲와 어떠한 관계에 있는지를 밝혀야 할 것이다. 또한 獨立的 共同不法行爲에서는 기여도에 따른 減責이 인정된다고 하는바, 여기에 대해서는 위 折衷說 1에서의 비판이 그대로 적용된다.

(바) 折衷說 3은 獨立的 共同不法行爲를 民 §760 Ⅰ의 狹義의 共同不法行爲의 일종으로 분류하고 있으며, 그 근거로서는 獨民 §840 Ⅰ은 獨民 §830에 의한 共同不法行爲뿐만 아니라 이 유형에 속하지 아니하는 獨立的 共同不法行爲도 함께 규정하고 있음에 반하여, 우리 민법은 獨立的 共同不法行爲에 관하여 별도의 규정을 두고 있지 아니하므로 우리 민법 하에서는 이를 民 §760 Ⅰ의 共同不法行爲로 다루지 않을 수 없다고 하는 점을 들고 있다. 이러한 견해는 다음과 같은 2가지 사항을 전제로 하고 있다고 생각된다. 즉 첫째는 不法行爲의 競合의 경우에 折衷說 1과 折衷說 2가 寄與度에 따른 減責을 인정하고 있는 것과는 달리 不法行爲의 競合의 경우에도 원칙적으로 각자는 발생한 손해전부에 대하여 책임을 져야 한다고 하는 것과, 둘째는 각자에게 손해전부에 대하여 책임을 지우기 위해서는 특별한 규정이 필요하다고 하는 것이다. 이러한 전제 위에서 同說은 獨民 §840 Ⅰ을 이러한 특별규정 중의 하나로 보고 있는바, 그러나 이는 적어도 독일의 다수적 견해와는 다르다. 즉 이미 前述하였듯이[393] 독일의 多數說은 競合不法行爲(Nebentäterschaft)의 경우에 각자의 책임의 근거규정을 不法行爲의 一般規定인 獨民 §823로 보고 있으며, 이 때 加害者 각자가 損害全部에 대하여 책임을 지는 것은 不法行爲의 一般原則에 따라 당연한 것이고, 獨民 §840 Ⅰ은 단지 각자의 책임의 법적 성질을 連帶債務로 구성하는 역할을 하고 있을 뿐이라고 한다. 이러한 해석론은 우리의 경우에도 그대로 적용될 수 있는바, 同說이 말하는 "獨立的 共同不法行爲"의 경우에 加害者 각자의 책임의 근거규정은 不法行爲의 一般規定인 民 §750이며, 이 때 각자는 不法行爲의 一般原則에 따라 ── 因果關係가 인정되는 한 ── 당연히 발생한 全損害에 대하여 책임을 지게 된다. 물론 이 때 각자의 책임의

393) 前述 本條 注解 A. Ⅲ. 3. (5). (나) 참조.

법적 성질을 連帶債務로 보기 위해서는 특별규정이 필요하겠지만, 우리의 通說·判例는 不眞正連帶債務로 보고 있는바, 그러기 위해서는 굳이 특별한 규정을 요하는 것은 아니다. 결론적으로 말해서 "獨立的 共同不法行爲"의 경우에 각자에게 손해전부에 대하여 책임을 지우기 위해서 무리하게[394] 이를 民 §760 I 의 한 경우로 볼 필요는 없으며, 不法行爲의 一般規定인 民 §750를 적용하는 것으로 충분하다고 생각한다.

### 3. 本條 第1項의 "共同"의 의미 — 判例

#### (1) 판례의 경향

주지하다시피 判例는 기본적으로 客觀的 共同說 甲型을 취하고 있다. 즉 "수인이 공동하여 타인에게 손해를 가하는 민법 제760조 제1항의 공동불법행위가 성립하려면 각 행위가 독립하여 불법행위의 요건을 갖추고 있으면서 객관적으로 관련되고 공동하여 위법하게 피해자에게 손해를 가한 것으로 인정되어야 한다 할 것이다"[395]고 하고 있으며, 이러한 취지의 판결은 그 동안 계속 이어져 왔다.[396] 그러면서도 판례는 종래 공동폭행의 경우에는 각자의 행위와 결과 사이의 개별적 인과관계를 문제삼지 않았고, 최근 들어서 이러한 경향은 차츰 확대되어 특히 共同不法行爲에서 過失相計가 문제되는 경우라든가, 過失에 의한 幇助, 장물취득 등의 경우에 客觀的 共同說 乙型을 취하는 경우가 자주 보인다. 따라서 현재 大法院判例에는 客觀的 共同說 甲型과 乙型이 병존하고 있다고 말할 수 있다. 그렇다면 判例는 어떠한 경우에 甲型을 취하며 또 어떠한 경우에 乙型을 취하는지, 그리고 이 때 關聯共同性이 가지는 의미가 무엇인지를 살펴보는 것이 필요할 것이다.

#### (2) 客觀的 共同說 甲型을 취하는 경우

㈎ 事 例 판례가 客觀的 共同說 甲型을 취하는 사례 중에서

---

394) 즉 同說은 意思的 共同不法行爲와 客觀的 共同不法行爲의 경우에는 각자의 행위와 손해 사이에 개별적으로 因果關係가 존재하는 것이 아니라고 분명히 하면서(金相容, 218), 이들 경우를 個別的으로 因果關係가 존재하는 경우인 獨立的 共同不法行爲와 같은 條項 속에 포섭시키는 것은 논리의 일관성을 결여하고 있을 뿐만 아니라, 民 §760 I 의 취지에 대한 이해를 어렵게 만들고 있다.

395) 大判 98. 2. 13, 96다7854(公 1998상, 702).

396) 예컨대 大判 97. 8. 29, 96다46903(公 1997하, 2851); 大判 94. 11. 25, 94다35671(公 983, 99); 大判 93. 1. 26, 92다4871(公 940, 849); 大判 89. 5. 23, 87다카2723(集 37-2, 91); 大判 82. 12. 28, 80다3057(公 699, 343); 大判 1969. 8. 26, 69다962(集 17-3, 61); 大判 63. 10. 31, 63다573(集 11-2, 221) 등이 있다.

대표적인 것 몇 가지를 소개하면 다음과 같다.

(a) 교통사고를 당하여 대학부속병원에 입원하여 치료를 받고 있던 중 병실을 빠져 나와 비상계단 아래의 땅으로 추락하여 사망한 사건에서, 原審이 사고운전수의 교통사고야기와 대학부속병원의 시설하자, 의사·간호사 등 종사자의 過失로 인한 위 墜落死와의 사이에 공동불법행위를 인정한 데에 대하여, 大法院은 "共同不法行爲가 성립하려면 行爲者 사이에 意思의 共通이나 行爲共同의 認識이 필요한 것은 아니지만 객관적으로 보아 피해자에 대한 權利侵害가 공동으로 행하여졌다고 보여지고, 그 행위가 손해의 발생에 대하여 공통의 원인이 되었다고 인정되는 경우라야 할 것인바… 양 행위가 時間과 場所에 괴리가 있고 결과발생에 있어서도 양 행위가 경합하여 단일한 결과를 발생시킨 것이 아니고 각 행위의 결과발생을 구별할 수 있으므로, 그러한 경우에는 共同不法行爲가 성립한다고 하기 어렵다"[397](인용문 속의 밑줄은 저자의 것이며, 이하에서도 마찬가지임)고 판시하고 있다.

(b) "교통사고로 인하여 상해를 입은 피해자가 치료를 받던 중 치료를 하던 의사의 과실 등으로 인한 의료사고로 증상이 악화되거나 새로운 증상이 생겨 손해가 확대된 경우에는 특별한 다른 사정이 없는 한 그와 같은 손해와 교통사고 사이에도 상당인과관계가 있다고 보아야 할 것이므로, 교통사고와 의료사고가 각기 독립하여 不法行爲의 요건을 갖추고 있으면서 객관적으로 관련되고 공동하여 위법하게 피해자에게 손해를 가한 것으로 인정된다면, 공동불법행위가 성립되어 공동불법행위자들이 연대하여 그와 같은 손해를 배상할 책임이 있는 것이다."[398]

(c) 관광버스가 國道上의 아스팔트가 패여서 생긴 웅덩이를 피하려다가 중앙선을 침범하여 마주오던 타이탄화물트럭과 충돌한 사건에서, 大法院은 "피고는 위 도로의 관리책임자로서 위 도로를 주행하는 차량들의 안전운행을 위하여 도로상태의 안전점검을 철저하게 하였어야 함에도 불구하고 이를 게을리하여 위와 같은 웅덩이를 방치함으로써 이 사건 교통사고의 발생에 한 원인을 제공하였으므로, 피고는 위 소외회사와 공동불법행위자로서 손해배상책임이 있다는 원심의 인정판단은 정당하고, 거기에 소론과 같은 법리오해의 위법은 없다"[399]고 判示하고 있다.

397) 大判 89. 5. 23, 87다카2723(集 37-2, 91).
398) 大判 93. 1. 26, 92다4871(公 940, 849).
399) 大判 93. 6. 25, 93다14424(公 951, 2119).

(d) 동사무소직원이 확인의무를 다하지 아니하고 위조된 주민등록표를 그대로 접수하여 동사무소에 비치하였고, 이에 기하여 허위의 인감증명서를 발급함으로써 원고들이 매매로 인한 중도금을 지급한 사건에서, 大法院은 원고들이 매매계약을 체결하고 계약금을 지급할 당시에는 동사무소담당직원의 과실이 개재되지 아니하였으므로 동사무소직원의 과실과 원고들의 계약금 상당의 손해 사이에는 상당한 인과관계가 있다고 단정할 수 없는바, "공동불법행위자의 1인이라고 하여 자신의 행위와 상당인과관계가 없는 손해에 대하여도 당연히 배상책임을 진다고 할 수는 없는 것"[400]이라고 판시하고 있다.

(e) 大法院은 "교통사고로 인하여 상해를 입은 피해자가 치료를 받던 중 치료를 하던 의사의 과실로 인한 의료사고로 증상이 악화되거나 새로운 증상이 생겨 손해가 확대된 경우, 의사에게 중대한 과실이 있다는 등의 특별한 사정이 없는 한 확대된 손해와 교통사고 사이에도 상당인과관계가 있고, 이 경우 교통사고와 의료사고가 각기 독립하여 불법행위의 요건을 갖추고 있으면서 객관적으로 관련되고 공동하여 위법하게 피해자에게 손해를 가한 것으로 인정되면 공동불법행위가 성립한다"고 하면서, "피고가 일으킨 교통사고로 약 10주간의 치료를 요하는… 상해를 입고 상해부위에 대한 수술을 받기 위하여 전신마취를 하고 수술을 받던 중 앞서 본 바와 같은 의료과실로 사망한 사실을 인정한 다음, X의 사망이 그를 치료한 의사의 중대한 과실에 기인한 것이라는 등의 특별한 사정이 없으므로 교통사고와 X의 사망 사이에는 상당인과관계가 있고, 교통사고와 의료사고는 객관적으로 관련·공동성이 있는 일련의 행위로서 공동불법행위가 성립"한다[401]고 판시하였다(인용문에서 人名을 알파벳문자로 바꾼 것은 저자의 것이며, 이하에서도 마찬가지이다).

(나) '關聯共同性'의 의미 前述[402]하였듯이 판례는 기본적으로 因果關係는 Alles-oder-Nichts의 문제로 보고 있다고 생각된다. 따라서 각자에게 손해전부에 대하여 배상책임을 지우기 위해서는 一般不法行爲에 관한 규정인 民 §750를 적용하는 것만으로도 충분하다. 그렇다면 굳이 一般不法行爲의 성

400) 계약금의 지급과는 달리 중도금의 지급에 대해서는 同判決은 "허위의 인감증명서를 발급함으로써 원고들이 이 사건 매매로 인한 중도금명목의 금원을 지급하게 되었다면, 위 X의 직무상의 과실과 원고들의 그와 같은 손해와는 상당한 인과관계가 있다고 할 것이다"고 하여 피고 수원시에 대하여 손해배상책임을 인정하고 있다. 大判 94. 6. 14, 93다39973(公 972, 1945).

401) 大判 98. 11. 24, 98다32945(公 1999상, 14).

402) 前述 本條 注解 A. Ⅱ. 5. (2) 참조.

립요건 이외에 별도로 '關聯共同性'을 요구하면서 民 §760 I 을 적용하는 것이 어떠한 의미를 가지고 있는가 하는 의문이 자연스럽게 떠오른다. 그런데 이러한 의문은 기본적으로 '關聯共同性'이라고 하는 개념이 一般不法行爲가 성립하는 경우들 중에서 共同不法行爲가 성립하는 경우를 한정하는 기능을 가지고 있다고 하는 사실을 전제로 한다. 그러나 대법원의 판결이유를 살펴보면 과연 판례가 말하는 '關聯共同性'이 실제로 이러한 한정적 기능을 담당하고 있는지에 대해서는 의문이다. 즉 위에 인용한 판례의 판결이유를 살펴보면 대법원이 共同不法行爲를 인정하게 된 것은 각자의 행위와 결과 사이에 因果關係가 존재한다고 하는 사실 때문이지, 그 이상의 어떤 추가적인 관계를 인정하였기 때문인 것은 아닌 것으로 보여진다. 우선 위에서 인용한 판결 (a)를 보면 大法院은 "양 행위가 경합하여 단일한 결과를 발생시킨 것이 아니고 각 행위의 결과발생을 구별할 수 있으므로, 그러한 경우에는 共同不法行爲가 성립한다고 하기 어렵다"고 함으로써 이 경우 大法院이 共同不法行爲의 성립을 인정하지 않게 된 결정적인 요인은 각 행위의 결과가 구별될 수 있으며, 따라서 각 행위와 전체결과 사이에 因果關係가 없다고 하는 사실이라는 것임을 알 수 있다.[403] 또한 판결 (b)를 보면 이 경우 대법원이 共同不法行爲의 성립을 인정함에 있어서 결정적으로 중요한 작용을 한 것은 교통사고와 의료사고가 客觀的으로 關聯共同하였다고 하는 사실이 아니라, 하나의 단일한 손해에 대하여 교통사고와 의료사고가 각각 因果關係를 가진다고 하는 사실이다. 이는 판례 (c)·(d)·(e)의 경우에도 마찬가지이다. 결국 이들 경우에 판례가 말하는 '關聯共同性'이란 數人의 加害者 각각의 행위와 결과 사이에 因果關係가 있다고 하는 이상의 의미를 지니고 있는 것으로는 보이지 않는다. 사실 하나의 손해의 발생에 數人의 행위가 각각 因果關係를 가지고 있다고 한다면, 그들 數人의 행위 상호간에는 어떤 식으로든지 '關聯'을 가질 수밖에 없는바, 판례가 말하는 '關聯共同性'은 이러한 정도의 '關聯'을 넘어서는 의미를 가지고 있지는 않은 것이다.[404] 이렇게 볼 때에 판례가 말하는 '關聯共同性'은 하등 특별한 의미를 가지고 있는 것으로는 보이지 않으며, 따라서 客觀的 共同說 甲型을 취하고

403) 前述하였듯이 손해가 단일하다고 하는 것은 다수의 원인중 어떠한 것도 그것 없이는 결과가 발생하지 않았을 것이라는 것을 간략하게 표현한 것에 지나지 않는다.

404) 오히려 판례가 말하는 '關聯共同性'은 '數人의 加害者 각각의 행위와 결과 사이에 因果關係가 있다'고 하는 것보다 더욱 이완된 관계를 의미하며, 따라서 因果關係가 존재하면 판례가 말하는 '關聯共同性'은 당연히 존재한다고 보아야 할 것이다.

있는 판례를 합리적으로 해석하게 되면, 民 §760 I 의 규정은 '宣言的 規範' 이상의 의미를 가지고 있지 않다고 하는 결론이 나오게 된다. 共同不法行爲에 관한 판례의 이론구성이 애매하여 이해하기 어려운 부분이 많음에도 불구하고, 실제 판결의 결론부분에 있어서는 아무런 문제가 없는 것도 바로 이러한 사실에 기인한다. 그러나 판례가 '關聯共同性'의 내용에 대하여 별다른 변화를 보임이 없이 客觀的 共同說 乙型을 취하게 될 때에는 경우에 따라서 실제 결론의 타당성에 있어서도 약간의 문제점을 드러내게 된다.

**(3) 客觀的 共同說 乙型을 취하는 경우**

(가) 사 례 　판례는 종래 기본적으로 客觀的 共同說 甲型을 취하는 한편, 경우에 따라 乙型을 취하기도 하였다. 그러나 최근에는 오히려 乙型을 취하는 경우가 더욱 자주 나타나는 경향이 있다. 판례가 乙型을 취하는 경우를 유형별로 정리해 보면 크게 네 가지로 분류할 수 있는데, 첫째 공동폭행의 경우, 둘째 共同不法行爲에서 過失相計가 문제되는 경우, 셋째 공모는 없었지만 결과적으로 타인의 故意的 不法行爲를 도와 준 경우, 넷째 장물취득의 경우 등이다.

(a) 공동폭행의 경우 　原告 X와 被告 $Y_1$이 시비가 붙어 서로 상대방의 뺨을 몇 차례 때리고, 같이 있던 原審 共同被告 $Y_2$가 被告에 가세하여 발과 주먹으로 原告 X의 얼굴과 가슴·다리 등을 수회 구타하여 X의 우안이 실명되게 한 경우에, 大法院은 "공동불법행위의 성립에는 공동불법행위자 상호간에 의사의 공통이나 공동의 인식이 필요하지 아니하고 객관적으로 각 그 행위에 관련공동성이 있으면 족하고, 그 관련공동성 있는 행위에 의하여 손해가 발생하였다면 그 손해배상책임을 면할 수 없다 할 것이다"[405]고 하면서 $Y_1$과 $Y_2$의 共同不法行爲責任을 인정하였고, 또한 大判 88. 4. 12, 87다카2951[406]에서도 동일한 취지의 판시를 하고 있다.

(b) 共同不法行爲에서의 過失相計의 경우

(i) 소외 甲이 승합차를 운전하고 가다가 중앙선을 침범하여 마주 오던 X운전의 승용차를 들이받았고, 被告 Y는 X운전의 승용차의 바로 뒤를 따라 운행하던 중 충돌되어 도로 가장자리에 걸쳐져 있던 X운전의 승용차의 좌측 앞 문짝부분을 들이받아 X 등이 사망하거나 상해를 입은 사건에서, 原審

405) 大判 97. 11. 28, 97다18448(公 1998상, 54).
406) 公 824, 842.

이 共同不法行爲를 인정하면서도 2차사고가 그 사건 손해에 기여한 정도가 작은 점 등을 들어 被告 Y가 부담하여야 할 책임부분을 전체의 30%로 보았던 것에 대하여, 大法院은 "공동불법행위의 성립에는 공동불법행위자 상호간에 의사의 공통이나 공동의 인식이 필요하지 아니하고 객관적으로 각 그 행위에 관련공동성이 있으면 족하고, 그 관련공동성 있는 행위에 의하여 손해가 발생하였다면 그 손해배상책임을 면할 수 없으며, 또한 공동불법행위책임은 가해자 각 개인의 행위에 대하여 개별적으로 그로 인한 손해를 구하는 것이 아니라 그 가해자들이 공동으로 가한 불법행위에 대하여 그 책임을 추궁하는 것으로, 법원이 피해자의 과실을 들어 과실상계를 함에 있어서는 피해자의 공동불법행위자 각인에 대한 과실비율이 서로 다르더라도 피해자의 과실을 공동불법행위자 각인에 대한 과실로 개별적으로 평가할 것이 아니고 그들 전원에 대한 과실로 전체적으로 평가하여야 하는 것이다"[407]고 하면서 破棄還送하였다.

(ii) 또한 대법원은 大判 98. 11. 10, 98다20059[408]에서도 동일취지의 판시를 하고 있다.

(c) 공모는 없었지만 결과적으로 타인의 故意的 不法行爲를 도와준 경우

(i) 소외 甲은 원고회사의 영업부 증권출납대리로 근무하면서 소외 乙 등의 보조를 받아 증권입출고전표의 작성 및 이에 관련한 기장 등의 업무를 담당하여 왔는데, 증권출고전표 및 증권수입전표를 허위작성하여 주식 및 그 대금을 횡령하여 원고회사에 손해를 입히게 되었다. 위 소외 甲은 소외 乙에게 자신의 주식무단인출사실을 말하고, 乙이 매일 작성하여 증권관리부에 송부하게 되어 있는 증권이동현황표의 작성을 하지 말도록 하여 乙은 이에 따라 위 주식무단인출사실을 상급자에게 보고하는 등의 조치를 취하지 아니하였던바, 그 후에도 甲은 증권수입전표를 허위작성하여 그 대금상당액을 인출횡령하여 원고회사에 손해를 입혔고, 나중에야 비로소 이러한 사실을 알게 된 원고회사는 乙의 신원보증인인 피고들에게 손해배상책임을 물었다. 이에 대하여 原審은 乙이 상사인 甲의 지시에 따라 원래 이전하여야 할 업무의 일부를 이전하지 아니하고, 그 밖에 상사로부터 들어 알게 된 그의 비위사실을 더 상급자에게 보고하는 등의 조치를 취하지 아니한 것만으로 바로 乙에게 그 상사인 甲의 불법행위에 대한 책임을 지울 수는 없는 것으로서, 乙의 위와 같은

407) 大判 98. 6. 12, 96다55631(公 1998하, 1858).
408) 公 1998하, 2836. 이 판결에 대해서는 後述 註 690의 본문을 참조.

직무상 의무위반의 잘못과 甲의 불법행위로 인한 원고의 손해 사이에 상당인과관계가 있다고 보기 어렵다 할 것이므로 乙의 신원보증인인 피고들에게 원고회사에 대한 손해배상책임이 있다고 할 수 없다고 하여 원고의 청구를 배척하였다. 이에 원고측이 상고하자 大法院은 "수인이 공동하여 타인에게 손해를 가하는 민법 제760조의 공동불법행위에 있어서 행위자 상호간의 공모는 물론 공동의 인식을 필요로 하지 아니하고, 다만 객관적으로 그 공동행위가 관련공동되어 있으면 족하고, 그 관련공동성 있는 행위에 의하여 손해가 발생함으로써 이의 배상책임을 지는 공동불법행위가 성립하는 것이라고 할 것이다"고 하면서 "비록 乙이 위 甲의 주식횡령행위에 직접 가담하는 등의 일은 없었다고 하더라도 약 3개월에 걸쳐 乙이 주식이동현황표를 작성송부치 않음으로써 원고회사는 그 동안 이와 같은 비위사실을 알 수가 없었으므로, 乙의 위와 같은 행위가 원고회사의 손해발생 및 그 확대의 한 원인을 이루었다는 것은 당연한 일로 그 상당인과관계를 부인할 수 없을 것이다"[409]고 하면서 원심판결을 파기환송하였다.

(ii) 소외 甲은 1993. 4. 16부터 1994. 12경까지 소외 수원축산업신용협동조합(이하 '소외조합'이라고 한다)의 조합장으로 있으면서, 소외조합의 신용협동조합 업무운용준칙에 의하면 신용협동조합은 재정경제원장관의 승인을 받은 경우를 제외하고는 금융기관과 당좌거래를 할 수 없음에도 불구하고, 소외조합의 전 이사장 소외 乙로부터 소외조합을 인수하면서 소외 乙이 신용협동조합 업무운용준칙을 위반하여 내부결제만으로 소외주식회사 丙은행 동수원지점에 개설한 당좌계정의 명의를 자신의 이름으로 변경한 후 당좌수표 및 어음을 계속 발행하여 왔던바, 그 총 발행금액은 70억여 원에 이르렀다. 한편 被告 Y는 1992. 10. 1부터 1994. 3. 5까지 소외조합에서 근무하다가 퇴직하였는데, 소외조합의 총무과 기획과장으로 근무하면서 이사장 소외 甲과 실무책임자인 상무 소외 丁으로부터 지시를 받아 액면금 합계 1억9천만여 원의 당좌 및 어음신청서의 과장결제란에 被告의 결제도장을 날인하였고, 소외 甲은 이사회의 결의를 거치지 아니하고 그 사용신청서에 기재된 바와 같은 당좌수표 및 어음을 발행하여 이를 소외조합의 육가공사업부 생돈매입비, 돈육매입비, 전산장치대금 및 이사장 개인용도로 사용하였다. 소외조합은 그 직원들에 대한 신원보증을 위하여 原告 X와 信用保證保險契約을 체결하고 있었던바, 보험사고가 발생하였

409) 大判 82. 6. 8, 81다카1130(公 686, 638).

다고 주장하면서 原告 X에 대하여 이 사건 보험계약에 따른 보험금의 지급을 청구하였고, 이에 原告 X는 被告 Y가 재직중 소외 甲 등의 배임·횡령행위에 가담하여 위 보험기간중 소외조합에게 입힌 손해가 보험가입금액을 초과한다고 보아 보험금으로 합계 3천만원을 소외조합에게 지급한 후에 被告 Y에 대하여 被保險者인 소외조합을 代位하여 原告 X가 지급한 보험금상당액의 지급을 청구하였다. 이에 대하여 原審은 "이사장 또는 상무의 지시에 따라… 위 각 사용신청서에 중간결제한 위 행위만으로는 피고가 소외 甲의 위와 같은 횡령 또는 배임행위에 적극가담하였다고 볼 수 없고, 다만 피고의 위와 같은 행위가 이 사건 보험계약특별약관에서 규정하고 있는 '그 사무를 처리함에 있어 선량한 관리자로서의 책임을 다하지 못한 행위'라고 볼 수 있을 것이나, 위 결제행위와 소외조합의 손해 사이에 상당인과관계가 있다고 볼 수 없으므로 이로 인하여 소외조합이 '재산상의 직접손해'를 입었다고는 볼 수 없고, 달리 피고가 원고가 주장하는 바와 같은 나머지 위 甲의 횡령 또는 배임행위에 적극가담하였다고 볼 증거도 없다"고 한 제1심 법원의 판결을 그대로 인용하였음에 반하여, 大法院은 피고의 위와 같은 행위가 소외 甲의 횡령행위에 적극가담한 것이라는 원고의 주장을 배척한 원심판단은 정당하다고 하는 한편, "수인이 공동하여 타인에게 손해를 가하는 민법 제760조의 공동불법행위에 있어서 행위자 상호간의 공모는 물론 공동의 인식을 필요로 하지 아니하고, 다만 객관적으로 그 공동행위가 관련공동되어 있으면 족하고, 그 관련공동성 있는 행위에 의하여 손해가 발생함으로써 이의 배상책임을 지는 공동불법행위가 성립하는 것이며, 공동불법행위에 있어 방조라 함은 불법행위를 용이하게 하는 직접·간접의 모든 행위를 가리키는 것으로서 형법과 달리 손해의 전보를 목적으로 하여 과실을 원칙적으로 고의와 동일시하는 민법의 해석으로서는 과실에 의한 방조도 가능하다고 할 것이며, 이 경우의 과실의 내용은 불법행위에 도움을 주지 않아야 할 주의의무가 있음을 전제로 하여 이 의무에 위반하는 것을 말한다. 이러한 법리에 비추어 보면 피고가 비록 자신이 관여하여 발행한 당좌수표 및 약속어음을 이용하여 甲의 소외조합의 재산을 횡령하리라는 점을 알지 못하였고, 이에 적극가담하지 아니하였다고 하더라도 소외조합은 당좌거래를 위하여 당좌수표 및 약속어음을 발행할 수 없으므로 실무책임자로서 당좌수표와 약속어음을 발행하는 과정에 관여하고 이를 발행하였다면, 피고의 이와 같은 행위는 소외조합에 대한 관계에서 '그 사무를 처리함에 있어

선량한 관리자로서의 책임을 다하지 못한 경우'에 해당한다 할 것이고, 소외 甲이 피고가 관여하여 발행한 당좌수표와 약속어음을 이용하여 소외조합의 재산을 횡령함에 도움을 준 것으로서 소외 甲의 횡령행위와는 객관적으로 그 관련공동성이 있으므로 소외조합의 재산상 손해와 상당인과관계가 있다고 보아야 한다"[410]고 판시하고 있다.[411]

(iii) 被告 Y는 소외 甲·乙 등과 함께 예금주들을 모집하여 그 예금주들로 하여금 甲으로부터 은행약정이자 이외에 별도로 고율의 선이자를 지급받고 일정기간 예금을 찾지 않을 것을 조건으로 하여 原告 X은행에 예금을 하게 하였고, 原告 X은행의 성남지점과장인 소외 乙은 불법인출의 의도를 간파하지 못한 同 지점의 현금카드발급담당 여직원들로부터 예금주 모르게 현금카드를 발급받아 이를 이용하여 예금을 불법으로 인출하여 자신이 사용하거나 소외 甲에게 송금하였던바, 이로 인하여 손해를 입은 原告 X은행에 대한 被告 Y의 책임여부에 대하여 대법원은 "피고가 … 甲 및 乙 등과 예금주 모르게 현금카드를 발급받아 이를 사용하여 예금을 인출하는 방법에 관하여 구체적으로 공모를 하지는 않았다고 하더라도 그들이 정상적인 방법이 아닌 부정한 방법으로 그 예금을 인출·사용하는 것을 충분히 알고 있으면서 계속 예금을 유치하여 줌으로써 그들로 하여금 계속적으로 그 예금을 불법으로 인출 사용하는 것이 가능하고 또 용이하게 한 것으로서, 이는 고의에 의한 방조행위에 해당하고, 이와 같은 피고의 방조행위와 甲·乙 등의 예금불법인출행위는 객관적으로 관련공동되어 있고, 그 관련공동성 있는 행위에 의하여 원고 은행에 원심 판시와 같은 손해가 발생한 이상 피고는 甲·乙 등 제1심 공동피고들과 연대하여 원고에 대하여 손해배상책임을 지지 않을 수 없다"[412]고 판시하고 있다.

(d) 장물취득의 경우 원고의 자재담당직원이던 소외 甲이 소외 乙과 공모하여 철근을 인출하여 이를 被告 Y 등의 철근소매업자들에게 매도하는 방법으로 횡령하였는데, 被告 Y는 5회에 걸쳐서 소외 乙로부터 위의 횡령한 철근을 시가에 비하여 싼 가격으로 매수하였다가 장물취득죄로 구속기소

410) 大判 2000. 4. 11, 99다41749(公 2000상, 1172).

411) 그러나 大法院은 이 사건 보험계약의 擴張危險負擔特別約款附 第1條 소정의 原告가 보상할 손해의 요건, 즉 被告가 소외조합에게 재산상 손해를 입혔음을 이유로 법원의 판결, 감사원의 판정 또는 당해 기관장의 변상명령에 의하여 변상책임이 확정된 사실이 인정되지 않으므로, 소외조합에게 이와 같은 사유로는 보험금을 지급할 의무가 없는 原告로서는 이를 이유로 被告에게 구상할 수 없고, 따라서 原審이 第1審 判決을 인용하여 原告의 주장을 배척한 조치는 결론에 있어서 정당하다고 판시하였다.

412) 大判 2000. 9. 29, 2000다13900(公 2000하, 2201).

되어 유죄판결을 선고받았다. 나아가 原告 X는 被告 Y에 대하여 공동불법행위자로서 소외 甲과 연대하여 자신이 입은 손해를 배상할 책임이 있다고 주장하여 손해배상을 청구하였다. 이에 원심은 被告 Y가 위 철근을 매수한 상대방은 소외 甲이 아니라 소외 乙인 이 사건에 있어서, 피고에게 소외 甲의 횡령행위에 가담한 공동불법행위자로서의 책임을 물으려면 소외 乙이 위 소외 甲과 철근횡령의 공범이라는 사실만으로는 부족하고, 甲과 피고 사이에 위 철근의 횡령이나 횡령한 철근매매에 관하여 공모하였다거나 적어도 어떠한 의사연락이 있었어야만 할 것인데 이를 인정할 만한 아무런 주장·입증이 없으며, 피고가 장물취득죄로 유죄판결을 받았다는 것만으로 피고의 행위가 원고에 대하여 당연히 불법행위를 구성한다고 할 수는 없다는 전제에서 원고의 주장을 배척하였다. 이에 원고측이 상고하자 대법원은 "공동불법행위의 성립에는 공동불법행위자 상호간에 의사의 공통이나 공동의 인식이 필요하지 아니하고, 객관적으로 그들의 각 행위에 관련공동성이 있으면 족하고, 그 관련공동성 있는 행위에 의하여 손해가 발생하였나면 그 손해배상책임을 면할 수 없는 것이고, 한편 동산인 장물의 취득행위는 원소유자의 점유회복을 곤란 또는 불능케 한다는 관점에서 위의 횡령행위와의 관련공동성이 검토되어야 할 터이다. … 원심으로서는 위의 甲의 횡령행위와 피고의 장물취득행위 사이에 객관적 관련공동성이 있는지 여부 등에 관하여 더욱 세심하게 심리·판단하였어야 마땅하다"[413]고 하면서 원심판결을 파기환송하였다.

(나) '關聯共同性'의 의미

(a) 前述[414]하였듯이 客觀的 共同說 乙型을 취할 때에는 民 §760 I의 적용범위가 지나치게 확대되지 않도록 하기 위하여 '關聯共同性'의 개념을 보다 구체적으로 밝혀 두어야 한다. 그러나 위에서 소개한 판례로부터 알 수 있듯이 大法院은 客觀的 共同說 乙型을 취하고 있는 경우에도 '關聯共同性'의 개념을 甲型을 취할 때와 별로 다르게 보고 있는 것 같지 않다. 그렇다면 이론적으로는 前述한 客觀的 共同說 乙型에 대한 비판이 판례에 대해서도 그대로 적용될 것이다. 그러나 위에서 소개한 판례를 살펴보면, 客觀的 共同說 乙型을 적용하여 내려진 판결들의 그 현실적 타당성에 있어서는 대부분 별 문제가 없다. 이는 판례의 이론이 옳아서 그렇다기보다는 판례가 客觀的 共同說

413) 大判 98. 9. 25, 98다9205(公 1998하, 2569).
414) 前述 本條 注解 B. I. 2. (6). (나) 참조.

乙型을 적용하여 共同不法行爲의 성립을 인정한 사건의 대부분이 그 사안을 살펴보면, 각자의 행위와 결과 사이에 因果關係가 존재하는 것이 분명하거나, 또는 행위자 사이에 主觀的 共同이 있어서 각자의 행위와 결과 사이에 因果關係가 존재하는 것으로 다루어지는 경우이기 때문에 그러한 것이라고 생각된다. 그렇기 때문에 이러한 관계가 존재하지 않는 경우, 즉 행위자 상호간에 主觀的 共同이 없고, 또한 각자의 행위와 결과 사이에 因果關係의 인정이 어려운 경우에 客觀的 共同說 乙型을 적용시켜 共同不法行爲의 성립을 인정한 판결은 다음의 (d)와 (e)에서 살펴보는 바와 같이 그 결과의 현실적 타당성에 있어서도 의문이 있게 된다.

이하에서는 판례가 客觀的 共同說 乙型을 적용한 사례에서 '關聯共同性'이 가지는 책임법적 의미에 대하여 유형별로 좀더 구체적으로 살펴본다.

(b) 공동폭행의 경우 위 引用判決의 사안과 같은 경우에 $Y_1$의 폭행과 손해의 발생 사이에 因果關係를 인정하기는 어려울 것이고, 따라서 이 경우에도 客觀的 共同說 甲型을 유지한다면 $Y_1$에게 共同不法行爲責任을 인정하기 곤란할 것이다. 그리하여 판례는 乙型을 취함으로써 폭행가담자 전원의 행위를 일체로 파악하여, 그 일체로 파악된 행위와 결과 사이에 因果關係가 있으면 각자의 행위와 결과 사이에도 因果關係가 있는 것으로 봄으로써 $Y_1$에게도 共同不法行爲責任을 인정하고 있다. 물론 위와 같은 공동폭행의 경우에 전원의 행위를 일체로 파악하는 것 자체에 대해서는 아무런 문제가 없다고 보여진다. 그러나 그 계기를 "객관적으로 그 행위에 관련공동성"이 있다고 하는 점에 두고 있는 것에 대해서는 의문이 있다. 왜냐하면 그 내용이 매우 막연한 客觀的 共同이 있다고 해서 數人의 행위를 일체로 파악하여 각자의 행위와 결과 사이의 個別的 因果關係를 문제삼지 아니하고 각자에게 발생한 결과전부에 대하여 책임을 지울 수는 없는 것이다. 위 사안과 같은 경우에 폭행자들의 행위를 일체로 파악하는 계기는 어디까지나 행위자들이 "한편으로는 타인의 행위를 나의 행위로 받아들이고, 또 다른 한편으로는 나의 행위가 타인의 행위로 받아들여진다"고 하는 것을 인식 내지는 인용한다고 하는 主觀的 共同에 두어야 할 것이다. 數人이 피해자에게 폭행을 가할 것을 피차 의사연락한 후에 그 중 1인이 그 피해자에게 폭행을 가하여 사망케 한 경우에는 그 數人은 공동불법행위에 관한 책임을 면치 못한다고 한 판결[415]도 이러한 관점에서 이

415) 大判 57. 3. 28, 4289민상551(카5381).

해하여야 할 것이다.

(c) 共同不法行爲에서의 過失相計의 경우 위에서 인용한 두 건의 판결에서 大法院은 客觀的 關聯共同說 乙型을 취하고 있으나, 그 사안을 보면 加害者 각자의 過失과 피해자의 손해 사이에 당연히 因果關係가 인정되기 때문에 종래의 客觀的 共同說 甲型을 취하더라도 共同不法行爲의 성립에는 아무 문제가 없다. 그럼에도 불구하고 大法院이 굳이 종래의 甲型과 이론상 양립하기 어려운 乙型을 취한 것은 아마도 共同不法行爲에서 過失相計를 할 때에 共同不法行爲者 전원을 일체로 파악하기 위한 이론적 기초를 제공하기 위한 것으로 보여진다. 즉 甲型을 취한다면 각자가 손해전부에 대하여 책임을 지는 것은 그 손해전부가 자신의 過失로 인하여 발생한 것으로 보기 때문이며, 따라서 過失相計를 할 때에도 피해자의 過失과 가해자 개인의 過失을 개별적으로 평가[416]하여야 한다고 하는 결론에 이르게 되기 쉽다. 이에 대하여 大法院은 被害者의 過失과 共同不法行爲者 全員의 過失로 전체적으로 평가하고자 하였으며, 그러기 위해서는 共同不法行爲者 전원의 행위를 일체로 파악할 필요성이 있었기 때문에 乙型을 취하였을 것이라고 생각된다.[417]

(d) 共謀는 없었지만 결과적으로 타인의 故意的 不法行爲를 도와 준 경우 위에서 인용한 세 건의 판결들은 타인의 故意的 不法行爲를 도와 준 경우라고 하는 점에서 공통점을 가지지만, 그 중 다른 두 건의 판결에서는 '故意에 의한 幇助'가 문제됨에 반하여, 大判 2000. 4. 11, 99다41749[418]에서는 '過失에 의한 幇助'가 문제되고 있다고 하는 점에서 구별된다. 그런데 '故意에 의한 幇助'의 경우에는 客觀的 共同說 乙型을 적용하여 각자에게 共同不法行爲의 책임을 인정하더라도 이론의 당부는 별론으로 하고, 그 결론의 현실적 타당성에 대해서는 의문의 여지가 없다. 이에 반하여 '過失에 의한 幇助'를 인정하면서 客觀的 共同說 乙型을 적용하여 共同不法行爲를 인정하는 경우에는 그 결론의 현실적인 타당성에 대해서도 의문이 제기된다. 즉 대법원은 大判 98. 12. 23, 98다31264[419] 이후로 본격적으로 '過失에 의한 幇助'를 인정하여 불법행위에 도움을 주지 않아야 할 주의의무가 있는 자가 이 의무에 위반하여

416) 이에 관해서는 後述하는 共同不法行爲에서의 過失相計(本條 注解 C.Ⅳ.)를 참조.

417) 그러나 共同不法行爲에서의 過失相計에 있어서 主觀的 共同이 없는 경우에도 加害者 全員의 過失을 전체적으로 평가하는 것은 의문이며, 이러한 의문은 근본적으로 客觀的 共同說 乙型에 내재한 문제점에 기인한다. 이에 관해서는 後述 本條 注解 C.Ⅳ. 참조.

418) 前述 註 410의 본문 참조.

419) 後述 註 472의 본문 참조.

직접·간접으로 불법행위자의 실행행위를 용이하게 한 때에는 共同不法行爲의 한 유형인 幇助에 해당한다고 한다. 그런데 '過失에 의한 幇助'를 인정한다고 하더라도 이 판결에서처럼 "방조행위와 피방조자의 불법행위 사이에 상당인과 관계가 있어야" 한다고 하면서 客觀的 共同說 甲型을 취한다면 결론적으로 큰 문제는 없겠지만, 客觀的 共同說 乙型을 취하면서 이러한 '過失에 의한 幇助'를 인정하게 되면 過失과 손해 사이에 因果關係가 밝혀지지 않았음에도 불구하고 결과적으로 실행행위를 약간 용이하게 하였다는 이유로 지나치게 안이하게 共同不法行爲를 인정해 버릴 위험[420]이 있으며, 바로 이러한 경우가 客觀的 共同說 乙型이 가지고 있는 이론상의 문제점이 현실로 나타나는 경우라 할 것이다. 위의 大判 2000. 4. 11, 99다41749이 바로 이러한 경우에 해당한다고 볼 수 있다. 즉 이사장 甲의 횡령사실을 알지 못하였던 被告가 이사장 甲과 실무책임자인 상무 丁의 지시로 과장의 지위에서 중간결재한 행위가 결과적으로 이사장 甲의 횡령행위에 약간의 도움을 준 경우에 그 중간결재행위와 발생한 손해 사이에 인과관계가 밝혀지지 않았음[421]에도 불구하고, 피고의 중간결

420) 행위자의 행위와 결과 사이에 인과관계를 인정하기 어려운 경우에도 공동불법행위가 지나치게 쉽게 인정되어 버릴 위험은 客觀的 共同說 乙型 그 자체에 내재되어 있기는 하지만, 그러나 이러한 위험이 현실화하는 경우는 매우 드물 것이다. 왜냐하면 이론이야 어떻든 현실적으로는 인과관계의 존재를 쉽게 인정할 수 없음에도 불구하고 발생한 손해에 대하여 배상책임을 지우는 데에는 강한 거부감이 따르기 때문이다. 그렇기 때문에 앞에서 살펴본 바와 같이 판례에 의하여 客觀的 共同說 乙型이 적용된 경우도 그 대부분이 실제로는 인과관계가 존재하거나 존재한다고 간주되는 경우이었다. 그런데 이러한 거부감을 완화시켜 주는 것이 바로 "過失에 의한 幇助"라고 하는 개념이다. 즉 幇助라고 하는 용어는 민법상으로는 民 §760Ⅲ에 규정된 넓은 의미의 共同不法行爲의 한 유형을 가르키지만, 일상적으로는 "거들어서 도와 줌"(우리말 큰사전, 한글학회 지음, 1670)이라고 하는 의미를 가지고 있으며, 또한 대법원은 "방조라 함은 불법행위를 용이하게 하는 직접·간접의 모든 행위를 가리키는 것으로서…과실에 의한 방조도 가능하다"(大判 98. 12. 23, 98다31264)고 정의하고 있다. 이러한 幇助의 서로 다른 의미들이 混用되어 어느 행위가 직접적인 침해행위를 한 자에게 결과적으로 약간의 도움이 되었을 뿐인 경우에도 ── 아마도 民 §760Ⅲ의 幇助에 연결되어 ── 직접적인 침해행위와의 客觀的 關聯共同性을 손쉽게 인정하여 그 행위와 손해의 발생 사이에 인과관계가 존재하는가를 살펴보지도 않고, 아무런 거부감 없이 共同不法行爲를 인정하게 될 소지가 매우 크기 때문이다.

421) 이 점에 대하여 原審은 피고의 중간결제행위와 손해 사이에 상당인과관계가 있다고 볼 수 없다고 하였음에 반하여, 大法院은 "피고의 이와 같은 행위는…소외 甲의 횡령행위와는 객관적으로 그 관련공동성이 있으므로 소외조합의 재산상 손해와 상당인과관계가 있다고 보아야 한다"고 함으로써, 被告의 행위는 "공동의 행위라는 中間項을 통하여 손해발생과의 사이에 因果關係가 있다고 하여도 좋다"{加藤一郎(註 361), 207}고 하는 입장을 따르고 있으나, 이는 사실상 피고의 행위와 손해 사이의 因果關係를 요건으로 요구하는 것을 放棄하고 있는 것이다{能見善久(註 261), 1248-9 참조}. 또한 실제로 이 사건에서 피고는 이사장과 상무의 지시를 받아 사용신청서에 중간결제를 하였을 뿐이라고 하는 점, 총 발행금액 70억여 원 중에서 피고가 결제한 금액은 1억9천여 만원이며, 이렇게 발행된 당좌수표와 어음의 상당부분이 소외조합의 육가공사업부 생돈매입비·

재행위가 甲의 횡령행위와 객관적으로 관련공동성이 있다고 하면서 그 횡령행위로 인하여 발생한 손해에 대하여 책임을 인정한 것은 그 내용이 매우 막연하여 책임법상의 의미를 인정하기 어려운 "客觀的 關聯共同性"이라고 하는 개념을 매개로 하여 共同不法行爲를 지나치게 광범위하게 인정해 버린 것이라고 하지 않을 수 없다. 그리하여 위 판결은 이론구성에 있어서 문제점을 드러내고 있을 뿐만 아니라, 현실적으로도 타당성이 없는 결과를 초래하고 있는 것이다.[422]

(e) 장물취득의 경우　　종래 대법원은 장물취득자의 책임에 대하여 "상인이 업무상 과실로 장물을 매수하고 이것을 타인에게 매도하여 피해자로 하여금 그 매수자로부터 장물의 반환을 받지 못하게 되었을 경우에는 피해자는 결국 그 상인의 업무상 과실로 인하여 손해를 입은 결과가 되므로, 위의 업무상과실과 피해자의 손해와는 인과관계가 있다고 해석할 것이다"[423]고 함으로써 일반불법행위의 성립을 인정하였으며, 더 나아가 "장물고매행위는 절도 또는 횡령을 한 자와의 사이에 의사공통이 없는 독립된 행위임은 소론과 같으나 피고들에게 원심이 적법히 인정한 바와 같이 본건장물인 무연탄을 매수하는 데 있어서 업무상 과실이 있는 이상 다른 특별한 사정이 없는 한 피고들의 매수행위는 원고의 점유를 침해하여 그 회복을 곤란 또는 불능케 한 것이라 아니할 수 없고, 회복을 곤란 또는 불능케 하였다는 점에서 원고의 권리침해에 대한 절도 또는 횡령자인 소외 甲들의 불법행위와 공동적 원인행위가 있다고 아니할 수 없"[424]다고 함으로써 客觀的 共同說 甲型을 전제로 하여 장물취득행위와 절도 또는 횡령행위는 손해의 발생에 공동원인이 되므로 공동불법행위가 인정된다고 판시하였다. 그러다가 근래에 들어서는 앞에서 인용한 大判 98.9.25, 98다9205에서 客觀的 共同說 乙型을 전제로 하여 장물취득행위와 횡령행위 사이에 관련공동성이 인정될 수 있으며, 따라서 공동불법행위가 성립할 수 있음을 표명하고 있다.

---

돈육매입비·전산장치대금 등에 쓰여졌다고 하는 사실 등을 고려할 때에 피고의 중간결재행위와 소외조합의 손해 사이에 인과관계가 밝혀졌다고 할 수는 없을 것이다.

422) 대법원이 이 판결에서 피고의 행위가 이사장의 횡령행위와 客觀的으로 그 關聯共同性이 있으므로, 소외조합의 재산상 손해와 相當因果關係가 있다고 보아야 한다고 하면서도 다른 한편으로는 事實審에서 당사자가 주장하지 않았던 사유(前述 註 411 참조)를 들어 결과적으로 원고의 청구를 배척한 것은 아마도 이 경우 客觀的 共同說 乙型을 적용한 결과가 현실적 타당성을 결하고 있다고 느꼈기 때문이라고 생각된다.

423) 大判 62.4.18, 4294민상1283(카6997).

424) 大判 62.11.22, 62다579(공보미게재. 법고을 LX 7.8 참조).

그러나 장물취득행위는 원소유자의 점유회복을 곤란 또는 불능케 한다고 하는 새로운 법익침해행위로서, 절도 내지는 횡령행위와는 전혀 별개의 독립한 불법행위이다. 절도 내지 횡령행위는 장물취득행위가 있기 이전에 이미 이루어졌으며, 이 때 피해자의 손해도 발생하였으므로 장물취득행위가 손해의 발생에 대하여 절도 내지는 횡령행위와 공동의 원인이 된다고 할 수는 없는 것이다. 따라서 장물취득자는 그의 장물취득행위를 약속함으로써 절도 내지는 횡령을 결의하게 하였거나 그 결의를 더욱 강화하였다고 하는 사정이 없는 한 절도 내지는 횡령행위와는 별도로 자신의 장물취득행위와 因果關係 있는 범위 내의 손해에 대해서만 책임을 질 뿐이다.[425] 다만, 피해자는 발생한 손해 이상의 배상을 받지는 못하므로 절도 내지는 횡령으로 인한 손해와 장물취득행위로 인한 손해가 중복되는 범위 내에서 각자는 연대하여 책임을 지게 되고, 그 채무의 법적 성격은 不眞正連帶債務가 될 것이다.

따라서 절도 내지는 횡령행위와 장물취득행위 사이에 객관적 관련공동성이 존재하는 것으로 보아 공동불법행위의 성립을 인정하는 것은 客觀的 共同說 乙型에 내재하는 위험이 현실화되는 또 하나의 예라 할 것이다.

### 4. 小 結

#### (1) 本條 第1項의 "共同"의 의미

(가) 앞에서 살펴본 것처럼 因果關係는 Alles-oder-Nichts의 문제라고 보는 견해를 취하면, 종래의 通說·判例의 입장인 客觀的 共同說 甲型은 결국 狹義의 共同不法行爲에 관한 民 §760 I 에 대하여 宣言的 規範 이상의 의미를 부여하고 있지는 않은 것으로 해석된다. 그러나 이러한 견해는 "共同" 不法行爲를 "個別" 不法行爲로 환원시켜 버림으로써 共同不法行爲의 독자적인 의미를 인정하지 않는 결과로 되어 올바른 해석론이라고 할 수 없다. 또한 현실적으로도 數人이 共同으로 不法行爲를 저지른 경우에 각자의 행위와 결과 사이에 因果關係가 존재하는가의 여부와는 상관없이 數人의 행위를 일체로 파악하여 공동의 행위와 손해 사이에 因果關係가 있으면 각자에게 全損害에 대하여 배상책임을 부과하여야 할 필요성이 있으며, 바로 이러한 점에 民 §760 I 의

425) 독일의 통설·판례의 입장이기도 하다. '過失에 의한 幇助'를 인정하고 있는 도이취(Deutsch)조차도 이 점에 있어서는 동일한 견해를 취하고 있다. Staudinger/Schäfer, §830 Rdnr.21(S. 721); MünchKomm/Stein(3. Aufl., 1997), §830 Rdnr. 20(S. 1773); Soergel/Zeuner, §830 Rdnr. 11(S. 901); Deutsch(註 5), S. 330 등 참조.

의의를 찾아야 할 것이다.

(나) 이처럼 數人의 행위를 일체로 파악하는 데에 共同不法行爲의 의의가 있다고 한다면, 다음으로 제기되는 문제는 數人의 행위를 일체로 파악하는 계기를 어디서 구할 것인가 하는 점인데, 그 계기를 각 행위의 '客觀的 關聯共同性'에서 구하고 있는 客觀的 共同說 乙型은 앞에서 자세히 살펴본 것과 같은 이유[426]로 받아들이기 힘들다. 歸責의 根據는 어디까지나 意思에서 구하여야 하며, 따라서 數人의 행위를 일체로 파악하는 계기도 역시 意思에서 구할 수 밖에 없을 것이다. 이러한 입장에서 볼 때에 共同不法行爲가 인정되기 위해서는 "主觀的 共同"이 갖추어져야 하며, 이 때의 "主觀的 共同"은 "各自가 타인의 행위를 자신의 행위로 하고, 자신의 행위가 타인의 행위로 이용되는 것을 받아들이는 意思"를 그 내용으로 한다. 행위자 상호간에 이러한 意思가 존재하는 경우에는 발생한 결과가 그 意思의 범위 내의 것에 속하는 한 비록 자신의 행위와 직접적인 因果關係가 인정되기 어렵다고 하더라도 각자는 이를 자신의 행위의 결과로 받아들여 책임을 져야 한다. 위와 같은 主觀的 要素가 인정되는 경우에는 共同의 意思가 共同의 原因을 이루며, 이 때 각자의 행위와 결과 사이의 個別的인 因果關係는 擬制된다고 보는 것이 타당할 것이다.

(2) 共同不法行爲의 體系

이러한 主觀的 共同說의 입장에 서게 될 때 남은 문제는 主觀的 共同 없이 數人의 행위가 관련되어 손해를 발생시켰을 경우, 이를 민법의 어느 규정에 포섭시킬 것인가 하는 것이다. 이 경우에는 원칙적으로 不法行爲에 관한 一般規定인 民 §750가 적용될 것이며, 따라서 각자는 不法行爲의 一般原則에 따라 자신의 행위와 因果關係가 존재하는 범위 내에서만 손해에 대하여 책임을 진다. 이 때 하나의 손해의 발생에 복수의 원인이 인정된다고 하더라도 因果關係는 Alles-oder-Nichts의 문제라고 하는 원칙에 의하여 각 원인의 야기자는 全損害에 대하여 책임을 진다(競合不法行爲). 행위와 결과 사이에 因果關係가 分明하지 않을 경우에는 원칙적으로 책임이 인정되지 않겠지만, 그러나 일정한 요건을 갖출 경우에는 民 §760Ⅱ에 의하여 예외적으로 입증책임이 전환되어 행위자는 자신의 행위와 결과 사이에 因果關係가 없음을 입증하지 못하면, 자신의 행위로 인하여 발생하였을 가능성이 있는 범위 내에서 손해에 대하여 책임을 지게 된다(加害者不明의 共同不法行爲).

426) 前述 本條 注解 B. I. 2. (6). (나) 참조.

이렇게 볼 때에 우리 민법의 해석론상 넓은 의미의 共同不法行爲는 다음과 같이 네 가지의 유형으로 나누어진다. 즉 (i) 행위자 상호간에 主觀的 共同이 존재하는 民 §760 I 의 狹義의 共同不法行爲, (ii) 民法의 규정에 의하여 狹義의 共同不法行爲者로 다루어지는 民 §760 Ⅲ 의 敎唆·幇助, (iii) 행위자 상호간에 主觀的 共同이 없다고 하는 점에서 狹義의 共同不法行爲와 구별되며, 각자의 행위와 결과 사이에 因果關係가 不明이라고 하는 점에서 다음의 競合不法行爲와 구별되는 民 §760 Ⅱ 의 加害者不明의 共同不法行爲, (iv) 그 밖에 행위자 상호간에 主觀的 共同이 없다고 하는 점에서 狹義의 共同不法行爲와 구별되고, 각자의 행위와 결과 사이에 因果關係가 존재한다고 하는 점에서 加害者不明의 共同不法行爲와 구별되며, 民 §750에 의하여 규율되는 競合不法行爲 등으로 나눌 수 있다.

## Ⅱ. 狹義의 共同不法行爲(民 §760 I )

### 1. 本條 第1項의 制度的 趣旨

이에 관해서는 앞에서 民 §760 I 의 "共同"의 의미를 논하면서 자세히 살펴보았으므로, 여기에서는 각 학설[427)]을 간단히 정리하는 데 그치기로 한다.

#### (1) 宣言的 規範說

同規定은 因果關係에 대해서 하등의 독자적인 의미를 가지고 있지 않으며, 一般不法行爲에 관한 기본적 구성요건을 구체화한 규범으로 보고 있다. 즉 數人이 共同의 意思를 가지고 각각 실행행위를 분담한 경우에 각자의 행위는 결과와 因果關係가 있으므로 不法行爲의 一般原則에 따라서 당연히 책임을 지며, 비록 실행행위에 참여를 하지 않았다고 하더라도 "共謀 내지 共同의 認識", 즉 "主觀的 共同"이 있는 이상 "심리적인 영향"을 통하여 결과에 대하여

427) 국내에서는 주로 分割責任의 排除로 보고 있으나, 이는 部分的 因果關係論에 입각하고 있다고 하는 점, 우리의 責任法上의 여러 제도를 보다 整合性 있게 설명하기 위해서는 부분적 인과관계론은 취할 바가 못된다고 하는 점 등은 앞에서(前述 本條 注解 A. Ⅱ. 참조) 이미 자세히 논하였기 때문에 여기서는 더 이상 논하지 않는다. 이하에서 소개하는 狹義의 共同不法行爲의 제도적 취지에 관한 학설은 因果關係를 Alles-oder-Nichts의 문제로 보는 것을 전제로 하고 있다. 다만, 국내에서는 이러한 견해에 입각한 논의가 없기 때문에 이하에서는 주로 독일에서의 논의를 간단히 소개한다. 이 부분에 관하여 좀 더 자세한 것은 前述 本條 注解 A. Ⅲ. 3. (3). (나) 참조.

因果關係가 인정된다고 한다.[428)]

(2) 立證責任轉換說

共同不法行爲에 있어서도 각자의 행위와 결과 사이에 因果關係가 존재할 것을 엄격하게 요구하는 宣言的 規範說과는 달리 행위자 상호간에 主觀的 共同이 있는 경우에는 각자의 행위와 결과 사이에 因果關係가 입증될 필요는 없고 因果關係의 可能性(Möglichkeit der Kausalität) 또는 蓋然性(Wahrscheinlichkeit der Kausalität)만으로써 족하다고 하는 견해이다. 이 견해는 면책입증을 허용하고 있지만, 그러나 이러한 면책입증이 성공하기 위해서는 자신의 행위가 物理的으로 영향을 미치지 않았을 뿐만 아니라 心理的으로도 영향을 미치지 않았다(omnimodo facturus)고 하는 것을 입증하여야 한다고 한다. 이처럼 不法行爲의 一般原則에 대한 예외로서 因果關係의 可能性 또는 蓋然性만으로도 족하다고 보는 근거에 대해서는 학자에 따라서, 때로는 책임을 발생시키는 요소 중에서 하나의 요소가 특별히 강할 경우에는 다른 요소는 그 정도가 다소 약하더라도 책임이 발생한다고 하는 빌부르크(Wilburg)의 이른바 "責任要件의 動的 體系"(bewegliches System der Haftungsvoraussetzungen)에 입각하여 多數人의 특별히 중한 過責(Verschulden)에서 구하기도 하고,[429)] 또 때로는 불법행위에 참여한 자는 그들의 공동작용으로 인하여 인과관계의 입증을 어렵게 하였을 뿐만 아니라, 나아가 다른 行爲者와의 양해 하에 共同으로 행동하였으므로 타인의 행위기여를 그들 자신에게 귀속시켜야 한다는 점에서 찾기도 한다.[430)]

(3) 責任根據的 規範說: 因果關係의 擬制

행위자들 상호간에 主觀的 共同이 있는 경우에는 이미 그들의 共同의 意思가 공동의 원인을 낳는 것이고, 따라서 개별 공동행위자가 손해에 대하여 어느 정도 기여하였는가 하는 것은 상관이 없다고 한다. 즉 각각의 共同行爲者는 자신의 행위에 의하여, 동시에 자신의 것으로서의 타인의 행위에 의하여 실현시키고자 하는 의사를 가지고 있으므로, 손해를 자신이 야기하였는지 아니면 다른 행위자가 야기하였는지에 관하여 고려할 것도 없이 共同不法行爲者

428) Traeger(註 269), S. 279ff. 참조.
429) Bydlinski(註 280), S. 426ff.
430) Larenz/Canaris(註 6), §82 I. 1 a)(S. 564-5); MünchKomm/Stein(3. Aufl., 1997), §830 Rdnr. 3-4(S. 1768) 등. 그러나 마지막 논거, 즉 각자는 다른 行爲者와의 양해 하에 共同으로 행동하였으므로 타인의 행위기여를 그들 자신에게 귀속시켜야 한다고 하는 논거는 오히려 바로 다음의 因果關係를 의제하는 責任根據的 規範說에 더욱 적합한 논거가 아닌가 생각된다.

로서의 책임을 진다고 하는 견해이다.[431]

(4) **私見: 責任根據的 規範說**

㈎ 예컨대 A·B·C가 共謀하여 D를 혼내주기로 하고, A가 D를 불러낸 다음 B가 D를 뒤에서 잡고 C가 폭행을 가하여 D에게 부상을 입혔다고 한다면, 이 경우 A·B·C 각자의 행위와 D의 부상 사이에는 因果關係가 존재할 것이고, 따라서 굳이 협의의 共同不法行爲에 관한 규정인 民 §760 I 을 원용하지 않더라도 一般不法行爲에 관한 규정인 民 §750에 의하여 각자는 손해전부에 대하여 책임을 질 것이므로,[432] 民 §760 I 은 별 의미를 가지지 못할 것이다.

그러나 數人이 共謀하여 타인에게 손해를 가하였지만, 그 중 1人의 행위와 결과 사이에 個別的 因果關係가 불명하거나 因果關係의 존재를 인정하기 어려운 경우도 발생한다. 예컨대 甲과 乙이 공모하여 丙에 대하여 위증을 하였는데, 甲의 위증은 채택되지 않았지만 乙의 위증은 채택되어 결국 丙이 억울하게 징역형에 처하여진 경우에 甲의 위증과 丙이 징역형에 처하여진 것과의 사이에는 因果關係가 존재하지 않는다고 하는 것은 분명하다. 또한 極小因果關係,[433] 예컨대 다수의 被用者들이 공모하여 불법파업을 일으켰고 그로 인하여 使用者가 손해를 입은 경우에, 개개의 被用者 각자가 불법파업에 참여하지 않았다고 하더라도 손해의 발생에는 아무런 영향이 없었기 때문에 각자의 행위와 발생한 손해 사이에 因果關係가 존재한다고 할 수 없다.

물론 이러한 경우에 宣言的 規範說의 입장에서는 心理的 因果關係라고 하는 槪念을 통하여 각자의 행위와 결과 사이에 因果關係가 존재하는 것으로 이론구성하고 있지만,[434] 그러나 不法行爲를 결의하게 하였다고 하는 특별한 사정이 없이 단순히 謀議하였다는 것만으로 因果關係의 존재를 인정할 수 있을까에 대해서는 의문이다. 因果關係 고유의 기능이 합리적인 범위 내로 책임을

431) 西獨聯邦大法院의 입장이고(BGH NJW 1972, S. 42), 독일의 多數說이기도 하다. RGRK/Steffen, §830 Rdnr. 1, 5(S. 471-3); Staudinger/Schäfer, §830 Rdnr. 1, 3-5(S. 703-5); Soergel/Zeuner, §830 Rdnr. 1, 4(S. 899-900); Palandt/Thomas, §830 Rdnr. 3(S. 1057). 프랭켈(Fraenkel) 역시 이유는 달리 하지만 결과적으로는 개별적인 인과관계를 요하지 않는다고 하는 점에서 판례와 동일한 입장을 취한다. Fraenkel(註 241), S. 270ff. 참조.

432) 물론 이는 因果關係는 Alles-oder-Nichts의 문제라고 하는 전통적 이론에 입각한 것이고, 部分的 因果關係論에 의하면 각자는 民 §760 I 의 규정에 의하여 비로소 손해전부에 대하여 책임을 진다고 할 것이다.

433) 前述 本條 注解 A. I. 2. 참조.

434) 前述한 A. Ⅲ. 3. (2). ㈏. (a)의 트래거(Traeger)의 이론을 참조.

한정지우는 것에 있다고 하는 점을 고려할 때, 因果關係를 그렇게까지 확장시킬 수는 없는 것이다.

(나) 立證責任轉換說에 대해서는 主觀的 共同이 있는 경우라 하더라도 행위와 결과의 발생 사이에 因果關係의 존재를 요구하는 不法行爲法上의 一般原則을 완전히 포기할 수는 없다고 하는 점에 있어서 일응 수긍가는 바가 없는 것은 아니다. 그러나 主觀的 共同이 있는 경우에 결과의 발생에 대하여 物理的인 영향뿐만 아니라 心理的인 영향도 전혀 없었다(omnimodo facturus)고 하는 사실을 입증하는 것은 거의 불가능한 것이며, 이러한 입증불가능한 사실에 대하여 면책입증을 허용한다고 하는 것은 현실적으로 별 의미가 없다고 생각한다.[435] 이 때 보다 중요한 사실은 數人이 共同의 意思, 즉 각자가 타인의 행위를 자신의 것으로 하고, 자신의 행위가 타인의 것으로 이용되는 것을 받아들이는 意思에 의하여 결합되어 있다고 하는 것이다. 이러한 경우에는 數人의 행위자들을 일체로 파악하여 공동행위와 결과 사이에 因果關係가 인정되면, 각자의 행위와 결과 사이의 個別的 因果關係는 문제삼지 않고 각자에게 발생한 손해전부에 대하여 책임을 지우는 것이 공동불법행위의 制度的 趣旨라고 보아야 한다.

(다) 결국 數人이 主觀的으로 關聯共同되어 있는 경우에는 共同의 意思가 共同의 原因을 이루며, 이 때 각자의 행위와 결과 사이의 個別的인 因果關係는 擬制되는 것이고, 이러한 擬制는 共同의 意思, 즉 "각자가 타인의 행위를 자신의 행위로 하고, 자신의 행위가 타인의 행위로 이용되는 것을 받아들이는 意思"에 의하여 정당화된다. 이러한 의미에서 民 §760 I 은 獨自的인 責任根據的 規範의 의미를 가진다.

## 2. 狹義의 共同不法行爲의 성립요건

### (1) 각자의 行爲에 관한 要件

(가) 각자의 행위는 각각 독립해서 不法行爲의 요건을 갖추고 있어야 한

435) 뿐만 아니라 心理的인 영향도 전혀 없었다는 사실의 입증에 성공하였다 하더라도 책임을 인정하여야 할 때가 있다. 예를 들어 甲은 그의 친구들인 乙과 丙이 남의 차를 허락도 없이 타는 데에 처음부터 반대하고 이들이 마음을 바꾸도록 설득하였으나 결국 성공하지 못하였다. 그러나 甲은 혼자 남기가 싫어 마지못해 함께 타고 가던 중 운전하던 乙의 過失로 차에 손상을 입히게 되었다. 이 때 甲이 자신은 그 차의 손상에 대해 物理的 因果關係는 물론 心理的 因果關係조차 없다고 하여 免責을 주장할 수는 없을 것이다. Fraenkel(註 241), S. 271.

다. 따라서 각자의 행위의 독립성은 물론이고, 다시 각자에 관하여 故意·過失·違法性·責任能力 등이 있어야 한다. 다만 因果關係에 관해서는 각자의 행위와 결과의 발생 사이의 因果關係가 개별적으로 입증될 필요는 없고, 일체로 파악된 共同行爲와 결과의 발생 사이에 因果關係가 인정되면 족하다. 이들 요건을 갖추지 않은 자가 있는 때에는 그 자를 제외한 나머지의 자들 사이에서만 共同不法行爲가 성립한다.

(나) 一說[436]에 의하면 被用者의 不法行爲에 의하여 使用者責任이 성립하는 경우에 使用者와 被用者의 손해배상책임을 共同不法行爲로 인한 채무로 이해하여야 한다고 한다. 또한 어느 한 명의 加害者가 책임능력이 없는 경우에 그 加害者를 대신하여 감독자책임이 발생할 수 있으며, 그 감독자는 다른 加害者들과 共同不法行爲의 관계에 놓인다고 하는 견해[437]도 있다.

그러나 共同不法行爲責任과 使用者責任은 그 책임의 근거와 요건을 달리하는 것으로서, 被用者의 不法行爲에 의하여 使用者責任이 성립한다고 해서 그 使用者와 被用者가 共同不法行爲者가 되는 것은 아니다.[438] 이러한 점은 主觀的 共同說을 취한다면 명백하겠지만, 客觀的 共同說을 취한다고 해서 달라지는 것은 아니다. 우선 요건상의 가장 기본적인 차이점으로서 共同不法行爲가 성립하기 위해서는 "행위의 關聯共同性"이 요구되지만, 使用者責任이 성립하기 위해서는 "행위의 關聯共同性"이 요구되지 않는다. 이러한 명백한 차이점에도 불구하고 위와 같은 오해가 생긴 것은 양 책임의 효과가 동일하다는 점, 즉 共同不法行爲者와 마찬가지로 使用者·被用者도 동일하게 連帶責任을 지며, 그 책임의 법적 성질 역시 모두 不眞正連帶債務라고 하는 점에도 일부 원인이 있을 것이다. 그러나 보다 근본적으로는 通說·判例가 말하는 "客觀的 關聯共同性"의 내용이 워낙 막연하다고 하는 점에 기인하는 것으로 보여진다. 즉 使用者責任을 共同不法行爲로 인한 채무로 보아야 한다고 하는 견해는 使用者責任이 성립되는 경우에 使用者의 "行爲"와 被用者의 行爲 사이에서도 "客觀的 關聯共同性"이 당연히 인정될 것이라고 하는 것을 전제로 하고 있는

436) 金相容, 225.
437) 李銀榮, 823.
438) 同旨: 郭潤直, 527; 李銀榮, 823. 판례 역시 "피용자의 사무집행중의 불법행위로 인한 사용자의 민법 제756조의 규정에 의한 배상책임과 피용자 자신의 민법 제750조의 규정에 의한 불법행위책임은 전혀 별개의 것"{大判 75.12.23, 75다1193(集 23-3, 157)}이라고 함으로써 使用者와 被用者의 책임을 民 §760 I 의 공동불법행위로 인한 책임으로 보고 있지 아니하다.

것이다. 그러나 이러한 전제는 옳지 않으며,[439] 다만, 被用者의 不法行爲에 관하여 使用者에게도 故意·過失의 요건이 갖추어진 때에는 客觀的 共同說의 입장에서는 共同不法行爲의 성립을 인정할 수 있을 것이다.[440]

數人의 加害者 중의 1人에게 責任能力이 없어서 監督者責任이 성립하거나, 數人의 加害者 중의 1人이 제 3 자의 被用者이어서 使用者責任이 성립하는 경우에도 같은 말을 할 수 있다. 즉 이 때 監督者責任 또는 使用者責任은 共同不法行爲責任과는 그 근거나 요건을 달리하기 때문에 監督者나 使用者는 다른 加害者와 共同不法行爲者의 관계에 놓인다고 할 수 없다. 다만, 이들의 책임의 범위가 원칙적으로 被監督者 내지는 被用者가 발생시킨 손해의 범위에 의하여 정하여지므로,[441] 監督者나 使用者는 발생한 손해전부에 대하여 다른 加害者들과 連帶責任을 부담하며, 그 책임의 법적 성질이 不眞正連帶債務가 되는 것일 뿐이다.

또한 使用者를 각각 달리하는 被用者들의 共同過失로 제 3 자에게 손해를 준 경우에, 그들 被用者들의 使用者들이 부담하는 책임에 대해서도 같은 말을 할 수 있다. 판례는 한때 이 경우 被用者들의 使用者들은 共同不法行爲者로서 책임이 있다[442]고 하였지만, 이후에 나온 판례는 각 회사소속의 被用者들의 共同過失로 사고가 발생한 경우 각 회사들은 비록 共同不法行爲者는 아니지만 모든 손해를 배상해야 할 의무가 있다고 판시하고 있다.[443]

(2) 行爲의 關聯共同性

(가) 關聯共同性의 내용

(a) 共同不法行爲가 성립하기 위해서는 각자의 행위 사이에 關聯共同性이 필요하다. 바로 이 점에 共同不法行爲의 특질이 있는 것이며, 共同不法行爲에 있어서 중심이 되는 문제이다. 이미 언급하였듯이 이 때의 關聯共同性은 "主觀的 共同"을 의미하는 것으로 보는 것이 타당하며, 보다 구체적으로는

439) 즉 共同不法行爲의 성립요건인 "행위의 關聯共同性"에 대해서는 被害者가 입증해야 한다. 이에 반하여 使用者責任에 있어서 使用者의 "過失(있는 行爲)"에 대해서는 그 입증책임이 加害者인 使用者에게 전환되어 있다. 따라서 使用者責任의 성립요건이 갖추어졌다고 하여, 즉 使用者가 過失이 없음을 입증하지 못하였다고 해서 共同不法行爲의 성립요건인 "행위의 關聯共同性"이 갖추어졌다고 할 수는 없는 것이다.

440) 郭潤直, 527 참조.

441) Lorenz, Die Lehre von den Haftungs- und Zurechnungseinheiten und die Stellung des Geschädigten in Nebentäterfällen(1979), S. 22.

442) 大判 69. 1. 28, 68다2245(集 17-1, 130).

443) 大判 88. 4. 27, 87다카1012(公 825, 904).

"각자가 타인의 행위를 자신의 행위로 하고, 자신의 행위가 타인의 행위로 이용되는 것을 받아들이는 意思"에 의하여 결합되어 있음을 뜻한다. 그렇지만 이러한 主觀的 共同이 인정되기 위해서 타인의 개별적인 행위들을 자세한 부분에까지 모두 알고 있거나, 손해의 내용을 상세하게 알고 이에 동의할 필요까지는 없으며, 타인의 행위를 개략적으로 알고 있는 정도로 족하다 할 것이다. 그러나 1人의 행위가 共同意思의 射程範圍를 벗어났다면, 다른 행위자는 그 부분에 대해서 책임지지 않는다.

(b) 또한 數人이 共同으로 不法行爲를 저지르기로 謀議를 한 이후에 그 중의 1人이 약속을 어기고 협력하지 않았거나, 더 나아가 협력을 명백히 거절한 경우에 共同不法行爲者로서의 책임을 면할 것인지가 문제된다. 만약 평균적 일원으로 謀議에 참여한 것에 불과한 자가 실행에 착수하기 전에 이탈하였다면 共同不法行爲는 성립하지 않겠지만,[444] 그의 이전의 행위가 예컨대 다른 행위자로 하여금 불법행위의 결의를 하게 하였거나 구체적인 실행행위에 대하여 지시를 함으로써 다른 행위자의 행위에 영향을 미친 경우에는 결과의 발생을 방지하기 위한 진지한 노력이 없었다면 主觀的 共同이 있는 것으로 보아 발생한 손해전부에 대하여 책임을 져야 할 것이다.[445]

(c) 行爲의 關聯共同性의 인정에 있어서 각자의 행위가 객관적으로 어느 정도 기여하였는가 하는 것은 문제되지 않는다. 따라서 행위를 수행함에 있어 물리적인 협력이 있었음을 요하지 아니하고 순전히 정신적으로 격려하는 것만으로도 족하다. 또한 행위자가 반드시 현장에 있을 것을 요하지도 아니하며, 준비행위를 하는 것만으로 족할 수도 있다. 그러나 구체적인 경우에, 특히 집단시위나 불법파업 등의 경우에는 미묘한 문제가 있어 그 한계를 설정하는 것이 쉽지는 않으며, 이 점은 특히 幇助와 관련하여서도 문제되므로 항을 달리하여 살펴본다.[446]

(나) 過失에 의한 共同不法行爲의 성립 여부

(a) 過失에 의한 共同不法行爲를 인정할 것인가의 여부를 논하기 위

444) 李在祥, 刑法總論, 454. 대법원은 형법상의 共同正犯에 관한 것이기는 하지만, "공모자 중의 어떤 사람이 다른 공모자가 실행행위에 이르기 전에 그 공모관계에서 이탈한 때에는 그 이후의 다른 공모자의 행위에 관하여 공동정범으로서의 책임은 지지 않는다"고 판시하고 있으며{大判 86.1.21, 85도2371(公 771, 405)}, 이러한 취지의 판결은 계속 이어지고 있다. 大判 95.7.11, 95도955(公 998, 2846); 大判 96.1.26, 94도2654(公 1996상, 832) 등.

445) Staudinger/Schäfer, §830 Rdnr. 18(S. 720) 참조.

446) 後述 本條 注解 B.Ⅲ.4. 참조

해서는 먼저 故意의 내용을 분명히 해 두어야 할 것이다. 즉 故意가 있다고 하기 위해서는 결과의 발생까지 인식 내지 의욕하고 있어야 하느냐, 그렇지 않으면 특정한 행위에 대한 인식 내지 의욕만으로 족한가 하는 것이 문제되는데, 이에 대해서는 특히 보호법규(Schutzgesetz)의 침해와 관련해서 독일에서 많이 논의되고 있다.[447] 그러나 우리 민법에서는 독일민법에서와 같이 보호법규위반의 불법행위에 관해서 특별히 규정하고 있지 않다고 하는 점, 또 민법상의 不法行爲가 성립하기 위해서는 손해가 발생하여야 한다고 하는 점 등을 고려해 볼 때, 위법행위의 실행에 대해서는 인식 내지 의욕하였지만 손해결과에 대해서는 인식 내지 의욕하지 않았다면 故意에 의한 不法行爲가 아니라 過失에 의한 不法行爲만이 문제된다고 보는 것이 타당하다. 따라서 예컨대 규정속도를 넘어서 과속으로 운전하다가 사고를 발생시킨 경우에, 속도위반에 대해서는 충분히 인식하고 있었다고 하더라도 사고 자체에 대해서는 인식 내지 의욕이 없었다면 過失에 의한 不法行爲가 성립될 것이다. 다만, 故意가 인정되기 위해서는 결과에 대해서 세부적인 것까지 자세하게 알고 있을 필요는 없고, 개략적으로 인식 내지 의욕하는 것으로 족하다 할 것이므로, 예컨대 타인을 향하여 돌을 던져 그로 인하여 失明의 결과가 발생한 경우에 失明의 결과까지 발생할 줄은 몰랐다고 하더라도 돌에 맞으면 부상을 입을 것이라고 하는 것은 알고 있었다고 보여지므로, 故意에 의한 不法行爲가 성립될 것이다.

(b) 過失에 의한 共同不法行爲를 인정할 것인가 하는 문제는 客觀的 共同說을 취하는 경우에는 전혀 문제가 되지 않는다. 그러나 主觀的 共同說을 취하는 경우에는 主觀的 共同이 행위에 관련되는 것으로 족한가, 그렇지 않으면 결과에까지 관련되어야 하는가 하는 것이 문제된다.[448] 생각건대 민법상 故意와 過失을 동일하게 취급한다고 하는 것은 단독행위자에 대하여 타당한 것으로서,[449] 단독행위자의 불법행위가 故意에 의한 것이든 過失에 의한 것이든 상관 없이 모두 不法行爲에 관한 一般規定인 民 §750에 따라 책임을 진다고 하는 의미를 가진다. 따라서 故意와 過失을 동일시한다고 하는 원칙이 共同不法行爲에 관한 규정과 같은 특별규정에 대해서도 언제나 그대로 적용된다고 할 수는 없으며, 過失에 의한 共同不法行爲를 인정할 수 있느냐 하는 문제

447) 이 문제는 특히 教唆·幇助와 관련해서 많이 논의되고 있는데, 여기에 대해서는 後述하는 註 460을 참조.
448) 이에 관한 독일에서의 논의에 대해서는 前述 本條 注解 A. Ⅲ. 3. (3). (다) 참조.
449) 同旨: Kreutziger(註 88), S. 269.

는 결국 共同不法行爲의 제도적 취지에 비추어서 판단하여야 할 것이다. 이러한 관점에서 본다면 民 §760 I 의 제도적 취지가 主觀的으로 關聯共同된 數人의 행위자들을 일체로 파악하여 공동행위와 결과 사이에 因果關係가 인정되면 각자의 행위와 결과 사이의 個別的 因果關係는 문제삼지 않고 각자에게 발생한 손해전부에 대하여 책임을 지우는 데에 있다고 하는 점을 고려할 때, 다음과 같은 경우에 한하여 過失에 의한 共同不法行爲를 인정할 수 있을 것이다.

첫째로 數人이 共同으로 의도한 행위 속에 결과의 발생에 대한 구체적 위험이 내포되어 있고, 발생한 결과가 어느 행위자의 추가적인 주의의무위반에 의한 것이 아니라 이러한 위험이 실현되었을 뿐인 경우로서, 예컨대 지하실에서 가스가 새고 있는지 살펴봐 달라는 賃借人 A의 요구에 의하여 집주인인 X가 Y와 함께 촛불을 들고 지하실에 들어가 살피고 있던 중 가스가 직접적으로는 Y의 촛불에 인화되어 폭발한 경우,[450] 4명의 행인이 한밤중에 서로 팔을 끼고 나란히 도로중간을 걸어가는데 오토바이를 타고 가던 피해자가 이를 너무 늦게 발견하여 제대로 피하지 못하고 길 한 복판에 있던 2명과 충돌하여 자신은 사망한 경우,[451] 數人이 처음부터 잘못된 계획에 따라 업무를 분담하여 폭파작업을 실행하던 중 직접적으로는 그 중의 1人의 작업에 의하여 사고가 발생한 경우, 數人이 함께 1개의 웅덩이를 팠는데 위험방지조치를 충분히 하지 않았기 때문에 주위를 산책하던 사람이 이에 빠져 부상한 경우, 2인의 인부가 각목을 나르다가 부주의로 떨어뜨려 지나가는 行人을 다치게 한 경우 등이 이에 해당할 것이다. 이러한 경우에는 발생한 결과를 행위자들이 인식 내지 의욕한 것은 아니지만, 다음에서 살펴보는 두 번째 경우와는 달리 발생한 결과가 직접적으로 數人이 共同으로 의도한 행위에 의하여 야기되었으므로 故意에 의한 共同不法行爲와 특별히 구별할 이유가 없고, 따라서 이 경우에는 민법에서는 故意와 過失이 동일시된다고 하는 원칙이 그대로 적용된다고 할 것이다.

둘째로 數人이 공동으로 의도한 행위를 수행하던 중에 그 중의 1人의 추가적인 주의의무위반으로 인하여 손해결과가 발생한 경우에는 일반적으로 主觀的 共同을 통하여 一體化된 공동의 행위로 손해가 발생하였다고는 볼 수 없고, 직접적인 행위자에게만 그 결과가 귀속되어야 할 별도의 주의의무위반 행

450) Brooke v. Bool[1928] 2 K.B. 578. 前述 註 153 참조.
451) LG Ravensburg, VersR 1955, 368. 前述 註 293 참조.

위에 의하여 손해결과가 발생하였다고 보아야 할 것이며, 따라서 이 경우에는 원칙적으로 過失에 의한 共同不法行爲가 성립하지 않는다. 예컨대 제한속도 60km인 국도를 甲과 乙이 70km로 달려 보기로 하고, 甲과 乙이 각각 자신의 차로 운전하다가 甲이 그의 운전부주의로 지나가던 행인인 丙에게 부상을 입힌 경우, 數人이 축구를 하다가 그 중의 1人인 A가 잘못 차는 바람에 인근가게의 유리창이 깨어진 경우, A와 B가 같이 사냥을 가서 동일한 목적물을 향하여 사격을 하던 중 A가 잘못 사격하여 부근에 있던 C가 맞아 부상을 입은 경우 등이 이러한 예에 해당한다. 이런 경우에는 A만의 一般不法行爲가 성립할 뿐이다. 그러나 이러한 경우에도 主觀的으로 關聯共同된 數人의 행위자에게 重過失이 있는 때에는 過失에 의한 共同不法行爲를 인정할 수 있을 것이다.[452] 예컨대 도심지에서 A와 B가 속도경쟁을 하면서 제한속도를 훨씬 초과하여 달리다가 A에 의하여 사고가 발생한 경우, 주택가에서 A와 B가 같이 내기사격을 하다가 A가 쏜 총에 인근을 지나가던 행인 C가 맞아 부상을 입은 경우, 취사가 금지된 야산에서 A와 B가 취사를 하던 중 A의 過失로 산불이 발생한 경우 등이 그러한 예로서, 이러한 경우에는 비록 행위자의 共同意思가 결과에 관련되어 있는 것은 아니라 하더라도 主觀的 共同으로 일체화된 그들의 意思가 결과에 매우 밀접하게 근접하고 있기 때문에, 그 결과가 그들의 共同意思의 射程範圍 내에 있는 것으로 보아 이를 共同意思에 귀속시킬 수 있는 것이다.

## Ⅲ. 敎唆·幇助(民 §760Ⅲ)[453]

### 1. 本條 第3項의 制度的 趣旨

(1) 民法은 §760Ⅲ에서 "敎唆者나 幇助者는 共同行爲者로 본다"고 하고 있다. 그런데 狹義의 共同不法行爲에 관해서는 民 §760Ⅰ에서 "數人이 共同

452) 一般不法行爲의 성립에도 輕過失이 요구될 뿐인데, 共同不法行爲의 성립요건으로서 重過失을 요구하는 것은 균형이 맞지 않는다고 생각할 수도 있겠지만, 共同不法行爲에 있어서는 각자의 행위와 결과의 발생 사이에 因果關係가 존재할 것을 요구하지 않는다고 하는 점을 생각하면 쉽게 이해할 수 있을 것이다. 이러한 점은 後述하는 過失에 의한 敎唆 및 過失行爲의 敎唆 내지는 過失에 의한 幇助에 있어서도 마찬가지이다.

453) 幇助에 대해서 보다 자세한 것은 鄭泰綸, "共同不法行爲의 成立要件과 過失에 의한 幇助", 民事法學 20, 475-96 참조.

의 不法行爲로 他人에게 損害를 加한 때에는"라고 함으로써 어느 정도 그 개념을 규정하고 있음에 반하여, 敎唆·幇助에 대해서는 그 개념을 전혀 규정하고 있지 않다. 따라서 敎唆·幇助의 개념에 대해서는 기본적으로는 刑法에 의거하는 수밖에 없을 것이다.[454] 共同不法行爲라든가 敎唆·幇助라고 하는 개념은 刑法에서 유래하였고, 또 그 주된 적용분야는 형법이었으며, 民法은 刑法과 不法行爲法의 유사성으로 인하여 오래 전부터 이들의 개념규정에 대해서는 刑法에 의거하여 왔기 때문이다.[455]

(2) 그런데 민법에서 共同不法行爲의 한 유형으로서 敎唆·幇助를 따로 논할 필요성이 있는가에 대해서는 의문이다. 왜냐하면 첫째로 민법에서는 刑法과는 달리 敎唆·幇助는 正犯의 실행행위에 가담하는 것이 아니라 원칙적으로 그 자신이 바로 "正犯"이기 때문이다. 즉 犯罪의 構成要件的 定型性을 엄격하게 요구하는 형법에서는 이러한 定型性을 갖추지 못한 경우에는 罪刑法定主義의 원칙에 의하여 正犯으로 처벌할 수 없게 되고, 다만 타인의 실행행위에 가담하는 敎唆·幇助의 형태로 처벌할 수밖에 없으므로 敎唆·幇助에 관한 규정이 큰 의의를 가진다. 그러나 민법상의 不法行爲가 성립하기 위해서는 이러한 構成要件的 定型性은 요구되지 않고, 행위자의 故意·過失 있는 행위와 손해의 발생 사이에 因果關係가 존재하면 족하며, 이 경우 모두가 "正犯"으로서 손해를 배상할 책임을 지게 된다. 이처럼 민법상의 不法行爲는 이른바 "擴張的 正犯槪念"(der extensive Täterbegriff)에서 출발하며,[456] 따라서 민법에서는 기본적으로 敎唆·幇助는 狹義의 共同不法行爲에 포섭된다고 볼 수 있다.[457] 둘째로 특히 幇助와 관련하여서는 刑法에서는 從犯의 刑은 正犯의 刑보다 감경한다(刑 §32Ⅱ)고 규정하고 있기 때문에 正犯과 從犯을 구별할 필요가 있지만, 民法에서는 幇助者를 共同行爲者로 본다고 함으로써 幇助者에 대해서도 손해 전부에 대하여 連帶하여 배상할 책임을 지우고 있기 때문에 책임법상으로도 幇助者와 共同行爲者를 구별할 실익이 별로 없다.[458] 이러한 관점에서 본다면 민법에서 敎唆·幇助를 자세히 논하는 것은 별로 큰 의미를 가지지 못할 것이

454) 다만, 刑法과 民法의 목적이 다르고, 이로 인하여 형법에서는 構成要件的 定型性이 엄격히 요구됨에 반하여 민법에서는 그러하지 아니하며, 刑法에서는 故意와 過失을 엄격히 구분하고 있음에 반하여 民法에서는 원칙적으로 同一視하고 있다고 하는 등의 차이가 있기 때문에 구체적으로 적용함에 있어서는 다를 수밖에 없을 것이다.

455) Kreutziger(註 88), S. 141.

456) Weckerle(註 1), S. 79.

457) Bydlinski(註 280), 411.

458) Staudinger/Schäfer, §830 Rdnr. 16(S. 720); Deutsch(註 5), S. 329.

며,[459] 굳이 의미를 찾자면 數人의 행위를 일체로 파악할 수 있는 한계적 상황을 논한다는 정도일 것이다.

### 2. 敎 唆

(1) 敎唆는 타인으로 하여금 不法行爲의 의사결정을 하게 하는 것을 말한다. 幇助가 이미 불법행위의 결의를 가지고 있는 사람에게 그의 실행행위를 도와 주거나 그 결의를 강화시켜 주는 것임에 반하여, 敎唆는 불법행위의 결의가 없는 사람에게 그것을 결의하게 한다는 점에서 幇助와 구별된다. 敎唆의 수단으로서는 예컨대 강박에 의하거나, 지위나 권력을 남용하거나, 또는 故意로 錯誤를 유발시키거나, 확고하게 하는 것 등을 생각할 수 있겠지만, 그러나 그 밖에 어떠한 수단에 의하든 상관이 없으며, 행위를 실행하려는 동기에 결정적인 영향을 주었느냐의 여부만이 문제된다.

**(2) 過失에 의한 敎唆 및 過失行爲의 敎唆**

민법에서는 앞서 언급한 바와 같이 敎唆·幇助는 狹義의 共同不法行爲에 포섭된다고 볼 수 있으며, 따라서 過失에 의한 敎唆 및 過失行爲에 대한 敎唆를 인정할 것인가 하는 문제[460]에 대해서도 기본적으로 過失에 의한 共同不法

459) 다만, 客觀的 共同說 甲型의 입장에서는 설명하기에 따라서 民 §760Ⅲ에 특별한 의미를 부여할 수도 있을 것이다. 즉 狹義의 共同不法行爲의 성립요건으로서는 각자의 행위와 결과 사이에 個別的 因果關係를 엄격히 요구하는 반면에, 敎唆·幇助의 경우에는 손해발생의 相當性이 적은 경우에도 손해전부에 대하여 책임을 지운다고 하는 점에 民 §760Ⅲ의 의미가 있다고 할 수 있을 것이다. 그러나 이 경우 왜 敎唆·幇助를 이처럼 특별히 취급하는가에 대해서 그 설명이 쉽지 않을 것이다.

물론 客觀的 共同說 甲型을 취하면서도 狹義의 共同不法行爲의 경우와 마찬가지로, 敎唆·幇助의 경우에도 각자의 행위와 결과 사이에 個別的 因果關係를 요구하면서 民 §760Ⅲ을 주의적 규정으로 볼 수 있으며, 오히려 이렇게 설명하는 편이 논리적 일관성을 유지하고 있는 것이라고 보여진다.

460) 이 문제는 독일에서 많이 다투어지고 있다. 독일의 多數說은 共同不法行爲에서와 마찬가지로 敎唆者·被敎唆者 모두의 故意가 있어야 한다고 한다{여기에 관한 독일의 多數說과 少數說에 대해서는 前述 本條 注解 A.Ⅲ.3.(3).㈐ 참조}. 그런데 특히 문제되는 것은 침해결과를 구성요건으로서 요구하지 않는 보호법규(Schutzgesetz)의 침해의 경우이다. 예컨대 승객 A가 운전수 B에게 요금을 더 주면서 규정속도를 위반하여 과속으로 달리게 하여 결국 사고가 발생한 경우에 A는 敎唆者로서의 책임을 질 것인가 하는 문제와 관련하여, 過失에 의한 共同不法行爲 및 敎唆·幇助를 인정하는 少數說에서는 이 경우 過失에 의한 過失行爲의 敎唆가 성립한다고 한다{Weckerle(註 1), S. 76f.; Fraenkel(註 241), S. 274}. 한편 도이취는 少數說을 취하여 過失에 의한 共同不法行爲를 인정하면서도 敎唆에 있어서는 被敎唆者는 過失만 있어도 상관없으나 敎唆者는 반드시 故意가 있어야 한다고 한다. 그러나 이 때 故意가 손해에 관련될 필요는 없다고 한다. Deutsch(註 5), S. 329}. 이에 반하여 多數說은 다시 견해가 나뉘어져 다수적 의견은 보호법규침해의 경우에는 실행행위자로 하여금 侵害結果에로 향하여진 행위의사를 결정하게 하거나 敎唆者 자신이 그의 故意 속에 이러한 침해결과를 받아들일 것을 요구하지

行爲를 인정할 것인가에 관해서 행하여진 설명이 그대로 타당할 것이다. 다만, 敎唆·幇助와 狹義의 共同不法行爲의 행위구조가 다르기 때문에 발생하는 약간의 차이점에 대해서는 언급해 둘 필요가 있다.

우선 前述한 過失에 의한 共同不法行爲의 두 가지 유형 중에서 두 번째 유형에 대한 설명은 敎唆의 경우에도 그대로 적용된다. 즉 被敎唆者의 추가적인 주의의무위반으로 인하여 손해결과가 발생한 경우에는 敎唆者에게 重過失이 없는 이상 敎唆는 성립하지 아니한다. 따라서 예컨대 승객 A의 부탁으로 운전수 B가 요금을 더 받고 규정속도를 위반하여 과속으로 달리던 중 B의 過失로 사고가 발생한 경우에, 특별히 구체적인 위험이 예견되는 상황이 아니라면 A는 敎唆者로서의 책임을 지지 않는다. 이에 반하여 주택가에서 A가 B에게 사냥총을 시험발사하게 하였던바, 마침 지나가던 행인이 이에 맞아 부상한 경우에는 A는 過失에 의한 敎唆者로서 연대하여 책임을 져야 할 것이다.[461)]

한편 過失에 의한 共同不法行爲의 첫번째 유형에 대한 설명은 共同不法行爲와 敎唆의 행위구조가 다르기 때문에 敎唆의 경우에는 약간 제한적으로만 받아들여야 할 것으로 생각된다. 즉 敎唆者가 그 실행을 결의하게 한 행위 속에 결과의 발생에 대한 구체적 위험이 내포되어 있고, 손해결과가 발생한 것이 被敎唆者의 추가적인 주의의무위반에 의한 것이 아니라 이러한 위험이 실현되었을 뿐인 경우에, 원칙적으로는 狹義의 共同不法行爲에서와 마찬가지로 重過失에 대한 요건을 갖추지 않더라도 過失에 의한 敎唆가 인정될 것이다. 그러나 이러한 경우에 民 §760Ⅲ의 敎唆가 인정되기 위해서는 다시 규범적

않고, 실행행위자로 하여금 構成要件的 危險行爲를 故意로 실행하게 하도록 의사결정하게 하는 것으로 충분하다고 하면서, 위 예의 경우 故意에 의한 敎唆가 성립하는 것으로 본다{Staudinger/Belling, Eberl-Borges(13. Aufl., 1997), §830 Rdnr. 34(S. 11); Larenz/Canaris(註 6), §82 Ⅰ 2 c)(S. 567-8); Kreutziger(註 88) 등}. 그러나 多數說 중 소수의 견은 이 경우 A는 敎唆者로서의 책임은 지지 아니하고, 다만 경우에 따라서 일반불법행위자로서 책임이 문제될 뿐이라고 한다{Staudinger/Schäfer(12. Aufl., 1986), §830 Rdnr. 12(S. 716)}. 多數說 중 또 다른 견해에 의하면 보호법규침해에 대해서는 故意가 인정되지만 법익침해 그 자체에 대해서는 過失만 인정될 경우에 일반론적으로 共犯이 성립될 수 있지만, 그러나 법익침해에 대하여 적어도 미필적 고의는 있어야 한다고 하면서(그리고 이처럼 의무위반에 대하여는 故意가 성립하지만 결과발생에 대해서는 過失만이 인정될 경우에 이를 故意에 의한 불법행위로 볼 것인가, 그렇지 않으면 過失에 의한 불법행위로 볼 것인가는 별 의미가 없다고 한다), 위의 사례에서는 보통은 A가 敎唆者로서 책임을 지지 않을 것이라고 한다{MünchKomm/Stein(3. Aufl., 1997), §830 Rdnr. 15(S. 1772); MünchKomm/Mertens(3. Aufl., 1997), §823 Rdnr. 51(S. 1452)}.

461) 前註에서 보는 바와 같이 독일의 多數的 見解는 이를 故意에 의한 敎唆로 보고 있으나, 앞서 過失에 의한 共同不法行爲를 논할 때에 살펴본 바와 같이 우리의 불법행위체계상으로는 이를 過失에 의한 敎唆로 보아야 할 것이다.

판단을 거쳐야 하는 경우가 자주 있게 된다. 일정한 作爲 또는 不作爲義務를 부담하고 있는 자에 대하여 그러한 의무를 부담하지 않는 자가 그 의무를 위반하는 행위를 권유하였을 경우가 그 대표적인 예로서, 이 때 침해행위를 하게 한 자와 실제로 행위를 한 자를 一體로 파악할 수 있을 정도의 主觀的 共同을 인정할 수 있는가의 여부를 판단함에 있어서는 침해행위를 하게 한 자가 그 행위에 대하여 가지는 이해관계, 침해행위에 대한 그의 통제의 정도 등을 고려한 규범적인 평가가 이루어져야 할 것이다.[462] 따라서 예컨대 甲이 웅덩이를 파고 난 후에 그의 여자친구인 乙의 요청으로 안전조치를 취하지 않고 같이 영화를 보러 갔다가 丙이 그 웅덩이에 빠져 부상을 입은 경우에는 乙에게 過失에 의한 敎唆가 인정되지는 않을 것이다.

(3) 被敎唆者의 연대책임에 대한 근거규정

예컨대 甲이 乙의 부탁을 받고 丙에게 상해를 입혔을 때, 乙의 책임에 대해서는 民 §760Ⅲ이 적용되어 乙은 共同行爲者(民 §760Ⅰ)로서 발생한 손해전부에 대하여 連帶責任을 지게 된다고 하는 것에 대해서는 의문의 여지가 없다. 그러나 이 때 甲의 책임에 대하여는 어느 條文이 적용되는가에 대해서는 의문이 제기될 수 있다.

이 문제와 관련하여 먼저 甲은 "正犯"으로서 民 §750에 의하여 발생한 손해전부에 대하여 책임을 지고, 乙은 敎唆者로서 民 §760Ⅲ과 民 §760Ⅰ에 따라 連帶責任을 진다고 하는 것이 法文言에 충실한 해석으로 보여진다. 물론 이러한 해석은 특히 多數說의 입장에서는 받아들이기 힘들 것이다. 즉 多數說은 共同不法行爲의 제도적 취지를 民 §408의 分割債務의 원칙을 배제하여 共同責任으로 함으로써 被害者를 두텁게 보호한다고 하는 점에 두고 있는데,[463] 甲이 民 §750에 따라 책임을 지게 된다면 甲의 連帶責任의 법적 근거를 어디에서 구할 것인지가 문제되기 때문이다.[464] 그러나 因果關係는 Alles-oder-Nichts의 문제라고 하는 입장에서는 위와 같은 해석론은 별로 문제가 되지 않는다. 즉 甲은 "正犯"으로서 民 §750에 따라 발생한 손해전부에 대하여 책임을 지고, 乙은 敎唆者로서 民 §760Ⅲ과 民 §760Ⅰ에 의하여 손해전부에 대하

462) MünchKomm/Mertens(3. Aufl., 1997), §830 Rdnr. 15(S. 1772) 참조.

463) 前述 本條 注解 B. I. 2. (1). (가) 참조.

464) 이러한 점은 사실 多數說뿐만 아니라 기존의 다른 학설, 예컨대 공동불법행위의 의미 중의 하나를 개별책임의 원칙에 대한 공동책임의 예외로 보고 있는 절충설 1(李銀榮, 821)이나, 共同不法行爲의 존재이유를 공동행위자 各人에게 그의 寄與度를 초과하여 배상하게 하는 점에 있다고 해석하는 절충설 2(金疇洙, 711) 등에 있어서도 마찬가지다.

여 책임을 지며, 被害者인 丙은 자신이 입은 손해 이상으로 배상을 받을 수 없기 때문에 甲과 乙의 책임의 법적 성질은 不眞正連帶債務가 되는 것이다.

또한 다른 한편으로는 前述한 바와 같이 민법상의 不法行爲에서는 構成要件的 定型性이 요구되지 않고, 따라서 행위자의 故意·過失과 손해의 발생 사이에 因果關係가 존재하면 모두가 "正犯"이 되므로, 본 사례에서 甲과 乙은 主觀的 共同關係에 있는 자로서 직접 民 §760Ⅰ의 적용을 받아 狹義의 共同不法行爲者로 된다고 볼 수도 있다.

마지막으로 甲과 乙에 대하여 民 §760Ⅲ과 民 §760Ⅰ을 적용하여 共同不法行爲者로서의 책임을 물을 수도 있다. 즉 民 §760Ⅲ은 "敎唆者나 幇助者는 共同行爲者로 본다"고 규정하고 있는바, 이는 "敎唆者나 幇助者는 '직접 손해를 가한 자와' 共同行爲者로 본다"라고 하는 의미이며, 따라서 被敎唆者인 甲도 同條項에 의하여 民 §760Ⅰ의 共同不法行爲者로 다루어지고 있는 것이다.

생각건대 위 세 가지 해석론의 어느 것도 가능하다고 보여지며, 어느 것을 취하느냐에 따라 실제상의 차이가 없다고 생각되지만, 敎唆者와 被敎唆者를 넓은 의미에 있어서의 공동불법행위로 보는 이상 被敎唆者에 대해서만 民 §750의 일반불법행위 규정을 적용하는 것도 이상하고, 또 명문의 규정이 狹義의 共同不法行爲者와 敎唆者를 民 §760Ⅰ과 Ⅱ에서 각각 규정하고 있음에도 불구하고 민법상으로는 敎唆者도 모두 正犯이라고 하여 동일조문을 적용하는 것도 명문의 규정에 충실하지 못한 태도이므로, 세 번째 해석론이 가장 순탄한 것으로 생각된다.

이상과 같은 해석은 幇助의 경우에도 마찬가지로 적용된다.

### 3. 幇　　助

(1) 幇助는 타인의 불법행위를 정신적 또는 물질적으로 돕는 것을 말하며, 그 방법에는 제한이 없다. 판례는 "방조라 함은 불법행위를 용이하게 하는 직접·간접의 모든 행위를 가리키는 것으로서, 작위에 의한 경우뿐만 아니라 작위의무 있는 자가 그것을 방지하여야 할 제반조치를 취하지 아니하는 부작위로 인하여 불법행위자의 실행행위를 용이하게 하는 경우도 포함하는 것"[465] 이라고 한다.

465) 大判 98. 12. 23, 98다31264(公 1999상, 222).

(2) 幇助行爲의 因果關係

敎唆에 있어서는 敎唆와 결과의 발생 사이에 因果關係가 존재한다고 하는 것이 그 개념 속에 당연히 내재되어 있기 때문에 因果關係에 관해서는 법이론상 크게 문제되지 않는다. 그러나 幇助는 기본적으로 타인의 불법행위에 보조적인 역할을 하는 것으로서 손해발생의 相當性이 보다 적은 행위[466]이기 때문에, 幇助行爲의 因果關係에 대해서는 共同不法行爲의 因果關係에 관한 한계적인 문제로서 종래 특히 독일에서 많은 논란의 대상이 되어 왔다.[467] 그러나 幇助에 있어서 因果關係의 문제는 기본적인 점에 있어서는 狹義의 共同不法行爲에서와 별로 다를 바가 없다. 즉 幇助者와 실행행위자 사이의 主觀的 共同에 근거해서 이들의 행위를 일체로 파악하여 幇助行爲와 결과 사이의 個別的인 因果關係는 묻지 않고 발생한 손해전부에 대하여 연대책임을 지우며, 따라서 因果關係가 擬制된다고 보아야 할 것이다. 다만, 이렇게 되면 因果關係에 관한 문제는 현실적으로 數人의 행위자 사이에 어느 정도의 主觀的 共同關係가 형성되어야 幇助가 인정될 수 있느냐 하는 문제로 바뀌어서 존재하게 된다. 이는 共同不法行爲의 성립의 한계에 해당하는 문제로서, 특히 後述하는 바와 같이[467-1] 집단시위 등의 경우에 현실적으로 매우 어려운 문제를 제기하고 있는데, 그 때 좀더 자세히 살펴본다.

(3) 過失에 의한 幇助

(가) 判　　例　　過失에 의한 幇助는 학설상으로는 별 논의되고 있지 않으나, 최근 판례에 의하여 共同不法行爲의 특수한 한 유형으로 정착되어 가고 있는 것으로 보인다. 즉 종래 판례에서는 축첩,[468] 혼인예약의 파기[469] 등과 같은 경우에 이를 幇助한 자에 대하여도 공동불법행위가 성립한다고 함으로써 '故意에 의한 幇助'는 인정되어 왔으나,[470] "過失에 의한 幇助"는 전혀 문제되지 않았다. 그러다가 大判 94. 3. 11, 93다33975[471]에서 過失에 의한 幇助의 가능성을 열어 놓았고, 大判 98. 12. 23, 98다31264[472]부터 비로소 본격적

466) Bydlinski(註 280), 411.
467) 이에 대해서는 鄭泰綸(註 453), 479-83 참조.
467-1) 後述 本條 注解 B. Ⅲ. 4. 참조.
468) 大判 60. 9. 29, 4293민상302.
469) 大判 63. 11. 7, 63다587.
470) 최근의 것으로는 大判 2000. 9. 29, 2000다13900(公 2000하, 2201)이 있다. 그 자세한 내용은 前註 412의 본문 참조.
471) 公 967, 1177.
472) 公 1999상, 222.

으로 인정하고 있다.

(a) 먼저 대법원은 大判 94. 3. 11, 93다33975에서, 소외 甲株式會社가 被告 Y와 실질적인 유류판매계약을 체결하지도 아니한 상태에서 被告로부터 유류의 종류 및 수량을 기재하지 아니한 백지상태의 製品出庫要請書를 다량으로 교부받고 있음을 기화로 原告 X에게 위와 같은 製品出庫要請書에 유류의 종류 및 수량을 임의로 기재하여 그 대금을 교부받았던바, 이러한 "행위는 원고에게 그 기재상당의 유류를 인도하여 줄 수 없는 상태인 데도 인도하여 줄 수 있는 듯이 기망하여 그 대금상당액을 편취한 행위로서 불법행위를 구성한다고 할 것이며, 피고는 유류인도청구권이 표창된 유가증권과 같은 외관을 갖춘 다량의 제품출고요청서를 유류판매계약이 체결되지도 아니한 상태에서 백지상태로 甲주식회사에 교부함으로써 甲주식회사뿐만 아니라 제3자도 위 제품출고요청서를 소지하면 유류를 인도받을 수 있다는 듯한 외관을 만들어 내어 甲주식회사의 위와 같은 불법행위를 방조하였다고 할 것이고, … 피고에게는 甲주식회사의 위와 같은 불법행위를 예방할 주의의무를 위반한 과실이 있다고 할 것이고, 따라서 피고의 위와 같은 행위에는 위법성이 있다고 할 것이다"고 판시하고 있다.

(b) 본격적으로 過失에 의한 幇助를 인정한 최초의 대법원판결은 大判 98. 12. 23, 98다31264이다. 즉 被告 $Y_1$ 산하 교육청의 교육용 행정재산관리관을 보조하는 일을 하여 온 第1審 共同被告 $Y_2$가 被告 $Y_1$ 산하 교육청 교육장의 직인을 도용하여 허위매매계약서를 작성한 다음 이에 기하여 그 지분소유권이전등기를 마치고, 그 후 이를 분할하여 각각 原告 X 등에게 매도하고 소유권이전등기를 경료해 주었는데, 그러나 原告 X 등 명의의 위 각 소유권이전등기는 확정판결에 기하여 말소되었고, 이에 原告 X 등은 $Y_2$의 불법매각행위에 대한 被告 $Y_1$의 過失에 의한 幇助로 자신들이 위 각 매매대금상당의 손해를 입었으므로 被告 $Y_1$은 民 §760Ⅲ에 정해진 共同不法行爲者로서 $Y_2$와 연대하여 자신들에게 위 손해를 배상할 의무가 있다고 하여 소송을 제기하였다. 이에 原審은 原告 X 등의 청구에 관하여 被告 $Y_1$이 관리 및 감독업무상의 과실로 $Y_2$의 위 불법매각행위를 幇助한 결과가 발생하였으며, 이러한 被告 $Y_1$의 過失과 原告 X 등이 입은 위 손해 사이에는 相當因果關係가 있다고 할 것이라고 하면서, 被告 $Y_1$은 民 §760Ⅲ에 따라 共同被告 $Y_2$와 연대하여 원고들에게 原告들이 입은 위 손해를 배상할 의무가 있다고 판단하였다.

이에 대하여 대법원은 幇助의 개념을 먼저 밝힌 후에[473] "이러한 불법행위의 방조는 형법과 달리 손해의 전보를 목적으로 하여 과실을 원칙적으로 고의와 동일시하는 민법의 해석으로서는 과실에 의한 방조도 가능하다"고 하면서, "이 경우의 과실의 내용은 불법행위에 도움을 주지 않아야 할 주의의무가 있음을 전제로 하여 이 의무에 위반하는 것을 말하고, 방조자에게 공동불법행위자로서의 책임을 지우기 위하여는 방조행위와 피방조자의 불법행위 사이에 상당인과관계가 있어야" 하는데, 이 사건 공유재산을 관리하는 피고나 재산관리를 담당하는 공무원들이 피고소유의 이 사건 임야의 관리나 재산관리를 보조하는 부하직원인 $Y_2$에 대한 감독을 철저히 하지 아니하고 직인관리를 소홀히 하였다는 것만으로 이들이 이 사건 임야의 불법매각행위를 방조하였다고 할 수는 없다고 하여 원심판결을 파기하였다.

(c) 그 후 대법원은 大判 2000. 4. 11, 99다41749에서, 원칙적으로 過失에 의한 幇助도 가능하다고 하면서, 소외 신용협동조합 이사장의 횡령사실을 알지 못하였던 被告가 이사장과 실무책임자인 상무의 지시로 과장의 지위에서 중간결재한 행위에 대하여, 이 행위는 이사장의 횡령행위에 도움을 준 것으로서 이사장의 횡령행위와 객관적으로 관련공동성이 있다고 하면서 공동불법행위책임을 인정하고 있다.[473-1]

(나) 私 見

(a) 공동불법행위의 한 유형으로서 幇助를 인정할 실익은 幇助行爲와 손해결과 사이의 개별적인 因果關係를 문제삼지 않고 幇助者와 被幇助者의 행위를 일체로 파악하는 데 있으며, 이처럼 일체로 파악하는 계기를 主觀的 共同에서 찾을 수밖에 없다고 하는 점을 고려할 때, 過失에 의한 幇助를 인정할 것인가에 대해서는 앞서 언급한 過失에 의한 敎唆 및 過失行爲의 敎唆에 대해서와 마찬가지로 다음과 같이 말할 수 있다. 즉 우선 당사자 사이에 主觀的 共同이 존재하지 않는 경우에는 過失에 의한 幇助는 인정되지 아니한다. 그리고 主觀的 共同이 침해결과가 아니라 행위에 관련되어 있을 때에는 다시 두 경우로 나누어, 첫째 추가적인 주의의무위반행위가 없는 경우에는 幇助者의 重過失을 요구하지는 않으나, 직접적인 침해행위를 실행한 자와 幇助者를 一體로 파악할 수 있을 정도의 主觀的 共同을 인정할 수 있는가의 여부를 판단

473) 前述 註 465의 본문 참조.
473-1) 이 판결에 대해서는 前述 本條 注解 B. I. 3. (3). (가). (c). (ii) 및 (나). (d)를 참조.

함에 있어서는 일정한 규범적인 평가를 거쳐야 할 것이며, 둘째 추가적인 주의의무위반 행위가 있는 경우에는 民 §760 Ⅲ의 幇助가 인정되기 위해서는 幇助者에게 重過失이 있어야 한다.

(b) 이러한 관점에서 본다면, 민법상 故意와 過失을 동일하게 취급한다고 하는 사실을 들어[474] 제한 없이 過失에 의한 幇助를 인정하는 판례의 태도는 바람직하지 않다. 물론 독일에서도 少數說로서 행위자 상호간의 主觀的 共同이 없는 경우에도 過失에 의한 幇助를 인정하는 견해가 있으며, 이에 의하면 加害者에게 도움을 주지 않아야 할 의무가 있는 자가 그 의무에 위반하여 도움을 준 것과 같은 경우에는 過失에 의한 幇助를 인정하여야 한다고 하면서, 이러한 예로서 보관하고 있는 집열쇠를 경솔하게 주인 아닌 자에게 내어 준다든가, 의사가 실수로 秘密遵守義務를 위반하는 것과 같은 경우를 들고 있다.[475] 그러나 위에서 든 예는 모두 競合不法行爲로서 一般不法行爲에 관한 규정이 적용되어야 한다고 보아야 할 것이다.[476] 더욱이 앞서 살펴보았듯이[477] 이러한 過失에 의한 幇助가 최근 대법원판례에서 자주 보이는 客觀的 共同說 乙型과 결합하게 될 때에는 共同不法行爲가 지나치게 널리 인정될 위험이 있다.

### 4. 共同不法行爲의 특수한 사례 ── 대규모의 집단시위·파업

集會의 자유가 憲 §21에서 인정되어 있다 하더라도 이는 어디까지나 평화적인 집회에 한하며, 집회도중의 폭력의 사용은 위법성을 띤다고 할 것이므로 폭력적인 집회참여자에 대하여 民 §760가 적용될 수 있을 것이다. 그러나 위법한 집회참여자에 대하여 지나치게 용이하게 共同不法行爲責任을 인정하게 되면, 헌법에서 보장된 集會의 자유가 空洞化될 것이므로 그 적용에 있어 신중을 기하여야 한다.

우선 평화적인 집회도중에 일부의 과격분자에 의하여 저질러진 일탈행위로 인한 손해에 대해서는 그 과격분자만이 손해에 대하여 책임을 져야 할 것이라고 하는 점에는 이론이 없을 것이다. 문제는 불법시위 내지는 불법화한

---

474) 이러한 민법상의 원칙이 共同不法行爲에도 그대로 적용될 수는 없다고 하는 것에 대해서는 前述 本條 注解 B. Ⅱ. 2. (2). (나). (b) 참조.

475) Deutsch(註 5), S. 330.

476) 독일의 多數說도 동일한 견해이다. 예컨대 Staudinger-Schäfer, §830 Rdnr. 19(S. 720); Kreutziger(註 88), S. 270 등.

477) 前述 本條 注解 B. I. 3. (3). (나). (d) 참조.

시위에서 사전에 불법침해가 계획되지는 않았지만 시위도중의 상황에 의하여 불법침해가 발생한 경우에, 이러한 시위에 참여한 자의 배상책임을 정하는 일이다. 여기에 관해서는 우리의 학계에서의 논의나 판례가 아직은 보이지 않으나 조만간 현실적으로 문제가 될 것이라는 예측은 쉽게 할 수 있는바, 이 문제에 관한 독일에서의 논의를 기초로 우리 법의 해석론을 다음과 같이 제시할 수 있을 것이다.

대규모의 집단시위의 경우 共同不法行爲의 성립요건으로서의 主觀的 共同은 개별적인 각 시위참여자가 時間的·場所的으로 槪觀할 수 있는 행동영역에 대해서만 인정되어야 할 것이며, 예컨대 막연히 저항을 물리치고 목표지점을 점거하자고 하는 공동목표의 설정 그 자체만으로는 실제로 행하여진 모든 폭력에 대하여 主觀的 共同 내지는 幇助의 故意를 인정하기에는 너무 내용이 없는 것으로 보아야 할 것이다. 따라서 "보통"의 참여자에 있어서는 시위에 참여하고 경우에 따라서는 다른 사람들에 대하여 폭력을 행사할 것이라고 하는 意圖가 있었던 것만으로는 부족하고, 현장에서 폭력을 행사하는 다른 시위자들과 연대할 것을 요한다. 또한 비록 시위자의 일부 혹은 전부가 폭력을 행사할지도 모른다고 하는 것이 처음부터 예견되고, 또 현장에 머물러 있는 것이 적어도 폭력적인 시위자들에게 익명성을 제공함으로써 이들을 후원 내지는 보호할 수도 있다고 하는 것을 알고 있었다고 하더라도 단순히 현장에 머무는 것만으로는 共同不法行爲 내지는 幇助를 인정하기에 충분하지 않다. 다만, 그 이상을 넘어서서 적극적으로 이들을 격려하는 행동을 명시적으로 표시하는 경우에는 幇助 등으로 처리할 수 있을 것이다. 예컨대 一團의 청년들이 청소년센터를 점거하자 경찰들이 강제로 이들을 해산시키려고 하는 과정에서 청소년센터의 지붕 위에서 점거자들이 던지는 돌과 병에 맞아 경찰차량이 파손되고 多數의 경찰들이 부상을 입은 사태가 발생한 경우에 옆 건물의 지붕 위에서 붙잡힌 被告들에 대해서는 이들이 직접적으로 폭력을 행사하였는지의 여부가 밝혀지지 않은 상태에서 주동자들에 대하여 보내어진 정신적 지지는 그것이 결과에 대하여 원인이 되지 않았다 하더라도 幇助가 되며, 따라서 被告들의 지지행위가 없었다 하더라도 불법행위가 발생하였을 것인지의 여부는 문제가 되지 않을 것이다.[478]

478) BGHZ 63, 124, 130=NJW 1975, 49, 51.

## Ⅳ. 加害者不明의 共同不法行爲(民 §760Ⅱ)

### 1. 意 義

民 §760Ⅱ은 違法·有責하게 損害를 발생시킬 수 있는 危險한 행위를 한 자에게 행위와 손해의 발생 사이의 因果關係에 관한 立證責任을 전환시킴으로 不明瞭의 위험을 潛在的 加害者에게 부담시키고 있다. 이러한 加害者不明의 共同不法行爲는 행위자 상호간에 關聯共同性이 없다고 하는 점에서 狹義의 共同不法行爲 및 敎唆·幇助와 구별되고, 행위자 각자의 행위와 결과 사이의 인과관계가 밝혀지지 않았다고 하는 점에서 後述하는 競合不法行爲와 구별된다. 多數說은 加害者不明의 共同不法行爲의 요건상의 특색을 "違法行爲(예컨대 여러 사람이 합세하여 타인을 毆打하고 있는 동안에 누군가가 칼로 傷害를 한 경우에 있어서의 傷害行爲) 자체에 관한 共同性"은 없지만 "違法行爲를 발생케 할 위험이 있는 행위(앞의 예에서 毆打行爲)를 공동으로 하는 것"에서 구하고 있다.[479] 그러나 後述하는 바와 같이 加害者不明의 共同不法行爲가 성립하기 위하여 반드시 "行爲의 共同性"이 요구되는 것은 아니며, 따라서 加害者不明의 共同不法行爲의 특색은 "行爲의 共同性"이 아니라 "因果關係의 不明"에 있는 것이다. 그렇다면 民 §760Ⅱ은 왜 不法行爲의 一般原則에 대한 예외를 인정하여 因果關係가 不明한 경우에도 발생한 손해에 대하여 책임을 지우는 것인가 하는 것이 문제된다.

### 2. 本條 第2項의 制度的 趣旨

(1) 民 §760Ⅱ은 不法行爲의 一般原則이 확증된 因果關係를 요구하는 것과는 달리 因果關係의 可能性(die mögliche Kausalität) 내지 因果關係의 혐의만으로 만족하고 있는데, 이에 대한 이론적 설명은 먼저 "빌부르크"(Wilburg)의 "責任要件의 流動的 體系"[480]에서 찾을 수 있다. 이에 따르면 책임이 발생하기 위해서는 항상 동일한 요소의 변함 없는 결합이 요구되는 것은 아니며, 경우에 따라서는 어떤 한 요소가 약간 부족하거나 심지어는 존재하지 않더라도 책임의 발생에 대하여 강력히 말하고 있는 또 다른 요소에 의해서 그것이 벌충되어질 수 있는 것이다. 加害者不明의 共同不法行爲의 경우에 그러한 요

479) 郭潤直, 530; 林正平(註 378), 675 등.
480) 前述 註 284 참조.

소로서 제시될 수 있는 것은 실제로 침해된 法益에 대하여 행위자의 違法行爲가 가지는 具體的 危險性인 것이다.

(2) 그러나 이러한 설명만으로는 충분하지 않다. 왜냐하면 被害者에게 책임이 없는 입증곤란상태는 많이 발생하는데, 그 때마다 具體的 危險性이 있는 행위를 한 자에게 立證責任이 전환되지는 않는다. 그렇다면 왜 加害者不明의 共同不法行爲의 경우에만 피해자에게 입증곤란상태를 제거시켜 주어야 하는가 하는 의문이 제기되는데, 이에 대한 해답은 被害者의 損害賠償請求權이 이미 확정되어 있다고 하는 사실 및 이와 결합된 利益防止의 原則[481](der Gedanke der Vorteilsabwehr)에서 찾을 수 있다. 이는 손해의 잠재적 원인으로서 1인의 違法行爲와 自然的 事實이 문제되는 경우와 數人의 違法行爲만이 문제되는 경우를 비교해 보면 쉽게 알 수 있다. 즉 後者의 경우에는 被害者의 損害賠償請求權이 責任法의 一般原則에 의하여 확정적으로 성립되어 있고, 다만 누구에 대해서 존재하는가에 관한 것만이 불분명할 뿐이다. 이에 반하여 前者의 경우에는 損害가 自然的 事實에 의하여 발생하여 被害者 스스로가 이를 감수할 수밖에 없는 경우도 있을 수 있으며, 따라서 이 때에도 행위자에게 책임을 지운다면 被害者에게 부당한 이익을 주는 수가 있게 될 것이므로, 이 경우에는 民 §760Ⅱ이 적용되지 않는다. 이처럼 利益防止의 原則에 의하여 民 §760Ⅱ의 적용범위가 스스로 제한되고 있는 것이다.

(3) 결국 民 §760Ⅱ은 대립하는 이해관계를 비교형량하여 본 결과 不明瞭의 危險을 부담하여야 할 자는 아무런 過失도 없고, 責任法의 一般原則에 의하면 자신의 損害賠償請求權이 확정적으로 성립하고 있는 被害者가 아니라, 違法하고 有責的으로 행동하여 손해의 발생에 대한 具體的 危險을 야기한 자임을 규정하고 있는 것이다.

### 3. 本條 第2項의 요건과 관련된 개별적인 문제점

(1) 序

이미 앞에서 자세히 살펴보았듯이 우리의 판례는 客觀的 共同說을 취하면서 關聯共同을 상당히 폭넓게 인정하고 있기 때문에, 加害者不明의 共同不法

481) 손해배상법의 기능 중의 하나로 "이익방지기능"(Vorteilsabwehrfunktion 또는 Gewinnabwehrfunktion)을 들고 있는바, 이에 따르면 피해자는 어떠한 경우에도 불법행위의 발생으로부터 이익을 취득하여서는 아니 되며, 다만 불법행위가 없었더라면 그가 있었을 상태로 회복되어야 할 뿐이라고 한다. Heck, Grundriß des Schuldrechtes, S. 48f.

行爲가 문제될 수 있는 경우들을 거의 民 §760Ⅰ으로 처리할 수 있게 된다. 그리하여 民 §760Ⅱ의 적용 여부가 현실적으로 문제된 경우는 적어도 판례상으로는 아직 나타나고 있지 않다. 一說은 종래 우리 대법원의 판례가 共同不法行爲를 규율함에 있어서 구체적인 사안이 民 §760Ⅰ의 共同不法行爲에 속하는지 그렇지 않으면 民 §760Ⅱ에 속하는지를 분명히 밝히고 있지 않는 것을 보면, 대법원이 同條 Ⅰ과 Ⅱ의 책임구성의 차이를 이해하지 못하고 있는 것이 아닌가 하는 의문을 제기482)하고 있다. 그러나 대법원의 이러한 태도는 오히려 客觀的 關聯共同의 의미를 느슨하게 해석함으로써 民 §760Ⅱ이 별다른 의미를 가지지 못하는 데 기인하는 것으로 보여진다.

따라서 判例·多數說과는 달리 主觀的 共同說을 취하고 또한 過失에 의한 共同不法行爲를 제한적으로만 인정한다면,483) 그리고 더 나아가 因果關係를 인정함에 있어서 약간 엄격한 태도를 취한다면, 民 §760Ⅱ의 적용 여부가 문제될 수 있는 경우들이 현실적으로 많이 나타나게 될 것이다. 이러한 예는 主觀的 共同說이 통설인 독일에서 전형적으로 나타나고 있으며, 이와 관련하여 발생하는 개별적인 문제점들에 대한 논의는 앞서 소개한 바 있다.484) 이하에서는 이러한 독일에서의 논의를 기초로 하여 우리 법의 해석론으로서 제시할 수 있는 바를 간단히 정리한다.485)

(2) 民 §760Ⅱ이 적용되기 위해서는 不法行爲責任을 발생시키기 위해서 필요한 요건 중 因果關係를 제외한 나머지 부분은 모두 갖추어야 한다. 따라서 有責的으로 違法한 행위를 하였다고 하는 요건은 갖추어져야 하며, 도대체 違法한 행위를 하였는지의 여부가 不明일 경우에는 同條項이 적용되지 않는다. 예컨대 사고자동차에 승차하였던 2명이 허용치 이상의 음주를 하였던 것은 밝혀졌지만, 단순히 음주운전자가 모는 차에 승차하였다는 것만으로는 違法行爲가 되지 않기 때문에 2명 중 누가 운전을 하였는지가 밝혀지지 아니한 경우에 民 §760Ⅱ이 적용되지는 않는다.486) 또한 환자의 혈액검사를 할 때 過

482) 徐敏, "共同不法行爲", 忠南大學校 社會科學硏究所論文集 4-1, 78-9.

483) 물론 반드시 主觀的 共同說을 취하여야만 民 §760Ⅱ의 적용이 자주 문제된다고 하는 것은 아니며, 客觀的 共同說을 취한다고 하더라도 關聯共同을 좀더 엄격하게 해석한다면, 主觀的 共同說을 취할 때보다는 그 頻度가 작겠지만 民 §760Ⅱ의 적용이 문제되는 경우가 많이 증가할 것이다.

484) 前述 本條 注解 A.Ⅲ.3.(4) 참조.

485) 이에 관하여 보다 자세한 것은 鄭泰綸, 選擇的 因果關係에 대한 考察, 仁濟論叢 6-1, 27-42 참조.

486) Larenz/Canaris(註 6), §82Ⅱ2a)(S. 572-3) 참조.

誤가 있었다고 하는 것은 밝혀졌지만, 그 過誤가 환자의 치료를 담당하던 의사측에 의한 것인지, 그렇지 않으면 혈액검사를 의뢰받은 연구소측에 의한 것인지가 밝혀지지 아니한 경우에도 마찬가지이다.487)

(3) 行爲의 共同性의 필요 여부

民 §760Ⅱ이 적용되기 위해서는 因果關係가 입증될 필요가 없고, 因果關係의 가능성 내지 그 혐의만으로 족하기 때문에 加害者不明의 共同不法行爲가 지나치게 확대적용될 것을 우려하여 그 성립을 한정하는 기준이 필요하다고 생각할 수도 있다. 多數說488)이 "違法行爲 자체에 관한 共同性"은 필요 없지만, "違法行爲를 발생케 할 위험이 있는 행위"를 공동으로 할 것을 요구하는 것도 이러한 우려에서 나온 것으로 생각된다. 독일의 判例도 한때 그러한 기준으로서 "共同行爲"를 요구하기도 하고,489) "物的·場所的·時間的으로 一體的인 事件"(sachlich, räumlich und zeitlich einheitlicher Vorgang)이라는 기준을 채택하기도 하였다.490) 또한 별도의 장소에서 다른 시각에 일어난 별도의 사건에 대해서 物的·場所的·時間的 一體性을 인정하는 방편으로서 "危險의 同一性"이라는 개념을 만들어 내기도 하였다.491)

물론 加害者不明의 共同不法行爲가 문제되는 전형적인 케이스들은 潛在的 加害者들의 행위가 時間的·場所的으로 매우 근접하고 있다고 하는 것은 분명하지만, 그러나 時間的·場所的으로 상당한 간격이 있는 경우에도 民 §760Ⅱ이 적용되어야 할 경우가 얼마든지 있을 수 있다. 게다가 "一體的 事件"이라고 하는 징표는 因果關係의 不明瞭를 초래하는 바로 그 事由 안에 구체화되어 있는 것이며, 因果關係의 不明瞭는 加害者不明의 共同不法行爲에서 논의의 출발점이 되기 때문에 이 "一體的 事件"이라고 하는 기준은 民 §760Ⅱ의 적용을 제한하는 작용은 전혀 할 수 없는 것이다. 그럼에도 불구하고 "共同行爲" 내지는 "一體的 事件"을 加害者不明의 共同不法行爲를 인정하기 위한 요건으로서 요구하는 것은 事實關係에서 사실상 실현되어 있는 징표를 충분한 근거 없이 책임을 제한하는 規範性으로 끌어 올리는 것에 지나지 않는 것이다.492) 危險의 同一性이라고 하는 개념 역시 因果關係의 不明瞭 그 자체에 의하여 주

487) BGH NJW 1989, 2943, 2944 참조.
488) 郭潤直, 530; 林正平(註 378), 675 등.
489) RGZ 58, 357.
490) BGHZ 25, 274; BGHZ 33, 286; NJW 1971, 506 등.
491) NJW 1971, 506.
492) Bauer(註 318), S. 6.

어져 있는 것이다.[493] 왜냐하면 數人이 어떤 法益에 대하여 종류가 다른 위험한 행위를 했다면, 어떠한 위험이 현실적으로 손해를 야기시켰는지 쉽게 알 수 있기 때문이다. 결국 違法·有責하게 損害를 발생시킬 수 있는 危險한 행위를 하였다고 하는 民 §760Ⅱ의 요건을 견지한다면, 同條項의 책임이 지나치게 확대되는 것을 방지하기 위하여 "共同行爲" 또는 "一體的 事件"이라고 하는 기준을 따로 내세울 필요는 없는 것이다.

(4) 本條 第2項의 責任의 補充性 與否

(가) 民 §760Ⅱ의 責任이 補充的으로만 인정될 것인가[494]에 대해서는 이를 부정하는 것이 타당하다. 특정의 손해에 대하여 潛在的 原因者 이외에 자신의 행위와 결과의 발생 사이에 相當因果關係가 있음이 입증된 행위자가 있다고 하더라도 潛在的 原因者가 違法·有責하게 損害를 발생시킬 수 있는 危險한 행위를 하였다고 하는 사실에는 변함이 없고, 게다가 被害者에게 賠償請求權이 확정적으로 인정되며, 따라서 利益防止思想에 배치되지 않는다고 하는 것도 분명한 이상 民 §760Ⅱ의 責任發生要件이 완전히 갖추어져 있기 때문이다.[495]

(나) 그런데 독일에서처럼 加害者不明의 共同不法行爲責任의 補充性 여부가 논의될 수 있는 경우를 우리의 판례는 주로 狹義의 共同不法行爲로 처리하고 있기 때문에 民 §760Ⅱ의 責任의 補充性與否는 적어도 우리의 실무상으로는 문제되지 않을 것으로 보인다. 즉 大判 98.6.12, 96다55631[496]에서 大法院은 교통사고에 있어서 1차충돌사고 후 곧 이어서 2차충돌사고가 발생한 경우에 2차충돌사고로 인한 충격력이 가볍다고 하더라도 사망이나 상해의 결과 발생에 영향을 미치지 아니하였다고 할 수 없다고 한 원심판결을 인용하면서, 이러한 경우에 위 1·2차 충돌사고는 객관적으로 보아 그 행위에 관련공동성이 있다고 할 것이므로 공동불법행위가 문제된다고 하고 있다. 이러한 취지의 판결은 大判 98.10.20, 98다31691[497]에서도 이어지고 있으며, 뿐만 아니라 1차사고 후 어느 정도 시간이 흐른 다음에 2차사고가 발생한 것으로 보이는 경우에도 나타나고 있다. 즉 "승용차를 운전함에 있어 전방을 잘 살피지 아니

493) Bydlinski(註 32), S. 13.
494) 여기에 관해서는 前述 本條 注解 A. Ⅲ. 3. (4). (다). (b) 참조.
495) Bydlinski(註 32), S. 16ff. 참조.
496) 이 판결의 事案에 대해서는 前註 407의 본문 참조.
497) 公 1998하, 2680.

한 잘못으로 번호미상의 차량에 충격되어 길 위에 쓰러져 있던 원고를 발견하지 못하였을 뿐만 아니라 자신이 운전하는 차량의 엑슬샤프트에 원고가 걸려 있음을 감지하지도 못한 채 무려 36미터 가량이나 끌고 간 과실"이 있는 경우에도 대법원은 共同不法行爲를 인정하고 있다.[498]

(5) **潛在的 原因者 중의 1인에게 違法性 또는 責任이 결여될 경우**

數人의 潛在的 原因者 중의 1인의 행위에 違法性이 없을 때, 數人의 潛在的 原因者 중의 1인이 故意·過失이 없거나 責任能力이 없을 때, 내지는 潛在的 原因 중의 하나가 自然的 事實이거나 被害者 자신의 행위인 때 등에도 民 §760 Ⅱ이 적용될 것인지가 문제된다. 이 경우 民 §§763·396의 정신을 원용하여 潛在的 原因者들의 內部關係에서 適法하거나 過失 없는 行爲者가 부담하여야 할 部分 등은 被害者 자신이 부담하여야 할 위험으로 보고, 나머지 부분에 대해서는 民 §760 Ⅱ이 유추적용된다고 하는 견해가 있을 수 있다. 그런데 類推適用은 어떤 규정의 목적과 가치판단을 관철시키기 위하여 法文의 字句를 넘어서서 그 규정을 적용시키는 것으로서 그 적용범위의 한계는 입법취지에 의하여 정하여지는 것인데, 被害者의 損害賠償請求權이 확정적으로 성립하고 있는 것은 아닌 경우에도 ── 왜냐하면 違法性 내지는 故意·過失의 요건이 결여된 자가 실제로 손해를 발생시켰거나 자연적 사실에 의하여 손해가 발생하였다면, 피해자의 손해배상청구권이 성립되지 않기 때문이다 ── 民 §760 Ⅱ을 적용하는 것은 同規定의 입법취지를 넘어서는 것으로서 허용될 수 없다고 보아야 할 것이다.[499] 이 경우 Alles-oder-Nichts의 원칙의 엄격함을 완화시키는 길은 다른 곳에서, 예컨대 손해결과를 가능한 한 나눌 수 있는 것으로 보고,[500] 이를 각 潛在的 原因에 귀속시킴에 있어서 요구되는 證明度를 감경[501]시키는 방법에서 구하는 것이 타당할 것이다.

498) 大判 1991. 5. 10, 90다14423(公 899, 1601). 이 경우 因果關係不明으로 처리할 수 있음에도 불구하고 大法院이 狹義의 共同不法行爲로 다룬 것은 기본적으로는 전술하였듯이 판례가 客觀的 共同說 乙型을 취하면서 關聯共同性을 상당히 넓게 인정하고 있다고 하는 점에 기인하지만, 因果關係不明으로 처리한다고 하더라도 2차 사고와 결과의 발생 사이에 因果關係가 없음을 입증하지 못하는 이상, 2차 사고를 발생시킨 者에 대해서는 加害者不明의 共同不法行爲가 적용되어 어차피 결과는 마찬가지라고 하는 현실적인 판단에 상당부분 기인하고 있는 것으로 추측된다.
499) Bydlinski(註 32), S. 21 참조.
500) 여기에 관해서는 前述 本條 注解 A. Ⅱ. 5. (1) 참조.
501) 여기에 대해서는 前述 本條 注解 A. Ⅰ. 6. 참조.

(6) 危險責任에의 적용 여부

民 §760Ⅱ이 危險責任에도 적용될 것인가에 대해서는 同規定은 누가 加害者인지 확정되지 않음으로 인하여 被害者의 賠償請求權이 장애를 받지 않도록 被害者의 立證困難狀態를 구제해 주자는 데에 그 목적이 있는 것이며, 이러한 정신은 過失責任을 넘어서서 危險責任에도 그 의미를 가진다고 볼 수 있다. 다만, 이 때 문제되는 것은 危險責任의 요건과 관련하여서이다. 즉 民 §760Ⅱ의 적용을 위해서는 一般不法行爲의 요건 중에서 立證된 因果關係 대신에 因果關係의 可能性만으로 족하다는 사실을 제외하고는 다른 要件은 모두 갖추어져야 하는데, 危險責任의 구성요건 중에서 가장 핵심되는 부분이 바로 인과관계이며, 이것을 제외한다면 남는 것이 별로 없게 된다는 것이다. 여기에 대해서는 다음과 같이 말할 수 있을 것이다. 즉 이 경우 문제되는 것은 그것의 추상적인 위험성으로 인하여 危險責任이 정당화되는 그러한 危險의 源泉이 손해가 발생한 문제의 법익에 대하여 구체적인 위험으로 되었다는 사실이다.502)

(7) 侵害範圍不明의 경우와 加害者不明의 因果關係

(가) 民 §760Ⅱ이 적용되는 전형적인 경우는 選擇的 因果關係, 즉 다수의 行爲者 중의 1人이 全損害를 야기하였지만 그가 누구인지 알 수 없는 경우이며, 法文도 직접적으로는 이러한 경우를 규정하고 있다. 그러나 그 외에도 각자가 全損害를 야기하였을 가능성과 아울러 또한 부분적인 손해만 발생시켰을 가능성도 있는 경우, 즉 重疊的 因果關係에도 同規定은 당연히 적용될 것이다. 이 경우에도 행위자 각자는 全損害를 야기하였을 가능성이 있고, 또 그의 違法·有責한 행위가 이러한 방향으로 구체적으로 위험하였으며, 그리고 被害者의 賠償請求權이 확정적으로 성립하고 있기 때문이다. 거기에 行爲者 각자가 단지 부분적인 손해만 발생시켰을지도 모른다는 가능성이 추가되었다고 해서 근본적으로 달라지는 것은 없는 것이다.

또한 部分損害의 因果關係가 문제되는지, 그렇지 않으면 倂合的 因果關係가 문제되는지 알 수 없는 때에도 民 §760Ⅱ이 적용된다고 보아야 할 것이다. 이 때는 각자가 全損害를 발생시켰을 가능성은 있지만, 이 경우 원인이 選擇的(alternative)이 아니라 必要的(notwendig, additiv)이기 때문에 類推適用이 될 것이다. 그러나 倂合的 因果關係가 문제될 수 있는 경우에는 民 §760Ⅱ을 적용함에 있어서 약간의 신중을 기할 필요가 있을 것이다. 즉 일방의 원인력이

502) Koziol, Haftpflichtrecht Ⅰ(1973), S. 52; Weckerle(註 1), S. 153.

매우 약할 때에도 희박한 併合的 因果關係의 가능성을 이유로 民 §760Ⅱ을 적용하기보다는 가능하면 손해결과를 나눌 수 있는 것으로 보아 바로 다음에서 살펴보는 侵害範圍不明으로 다루는 것이 합리적이라고 생각된다.

이상의 경우를 종합하여 보면 다른 요건은 논외로 하고, 行爲者 각자가 全損害에 대하여 원인의 가능성이 있고, 또 被害者의 완전한 賠償請求權이 의심의 여지 없이 존재하면 民 §760Ⅱ이 적용된다고 할 것이다.

(나) 다만, 다음과 같은 진정한 의미에서의 侵害範圍不明의 경우에는 문제가 된다. 즉 예컨대 數人의 도둑이 서로 아무런 연락 없이 독자적으로 창고의 상품을 훔쳐 간 경우처럼 部分損害의 因果關係가 문제되는 것은 분명하지만, 그 침해범위를 알 수 없는 경우에는 적어도 行爲者 중 어느 누구도 全損害에 대하여 책임을 지는 것이 아니라는 것은 분명하다. 이러한 경우에도 民 §760Ⅱ이 적용된다고 하면 행위자는 자신이 발생시키지 않은 것이 분명한 손해에 대해서도 책임을 지는 결과가 되어 부당하며, 따라서 同條項은 적용되지 않고 각자는 分割責任을 진다고 보는 것이 타당하다.[503] 다만, 그 책임의 범위에 대해서는 證明度를 경감시켜야 하고,[504] 요구되는 최소한도의 證明度도 충족시키지 못하였을 때에는 因果關係不明으로 처리하여야 할 것이다. 이 때 각자는 頭數로 나눈 分割責任을 부담하게 된다고 보아야 하며, 加害者들의 數를 대략적으로도 파악할 수 없는 경우에는 피해자가 손해를 부담하여야 할 것이다.[505]

## Ⅴ. 競合不法行爲(Nebentäterschaft)

### 1. 意 義

(1) 數人이 손해발생에 관여한 경우 중에서 民 §760가 규정하는 세 가지 유형의 共同不法行爲, 즉 狹義의 共同不法行爲, 敎唆·幇助, 加害者不明의 共同不法行爲 등의 요건을 갖추지 못하였을 때에는 一般不法行爲에 관한 규정인 民 §750의 적용을 받게 된다. 그 중에서 각자가 독립된 행위에 의하여 별개의 손해를 발생시켰을 경우에는 각자 발생한 손해에 대하여 單獨債務를 부

503) Bydlinski(註 32), S. 26ff. 등 참조.
504) 여기에 관해서는 前述 本條 注解 A. I. 6. 참조.
505) Lytras(註 331), S. 408.

담하므로, 이에 관해서는 별도로 논할 필요가 없을 것이다. 이에 반하여 數人이 독립된 행위에 의하여 동일한 결과에 대해서 각각의 원인을 제공한 때, 즉 이른바 競合不法行爲의 경우에는 행위자 각자의 책임범위를 어떻게 정할 것이며, 이를 이론적으로 어떻게 설명할 것인가 하는 것이 문제된다.

(2) 그런데 이러한 競合不法行爲는 우리의 多數說·判例와 같이 客觀的 共同說을 취하면서 客觀的 關聯共同의 의미를 넓게 이해하게 되면, 거의 대부분 狹義의 共同不法行爲에 포섭되며, 실제로 실무에서 문제되는 共同不法行爲의 대부분이 바로 이 경우에 해당한다. 그러나 主觀的 共同說을 취하거나 客觀的 共同說을 취하더라도 關聯共同의 의미를 엄격하게 해석하게 되면, 狹義의 共同不法行爲의 요건을 갖추지 못하는 경우가 많이 발생하게 될 것이며, 그 중의 많은 부분이 競合不法行爲로서 民 §750의 적용대상이 될 것이다.

(3) 결국 競合不法行爲는 행위자 상호간에 아무런 共同關係 없이 각자 독립적으로 행한 有責·違法한 행위에 의하여 동일한 손해를 야기시킨 경우로서, 가장 전형적으로는 倂合的 因果關係가 여기에 해당한다. 또한 重疊的 因果關係가 여기에 해당할 것인가의 여부가 문제되는데, 이 때 각자의 행위와 결과 사이의 因果關係를 인정한다고 하면 競合不法行爲의 한 경우로 볼 수 있겠지만, 이미 언급한 바와 같이[506] 重疊的 因果關係는 因果關係가 不明한 경우로 보아 民 §760Ⅱ의 적용을 받는 것으로 보는 것이 타당하다. 그 밖에 절도 내지 횡령행위와 장물취득행위는 손해의 발생에 대하여 공동의 원인이라고 할 수는 없고, 따라서 倂合的 因果關係에 해당하지는 않지만, 각각의 행위로 인한 손해가 중복되는 범위 내에서 절도 내지 횡령자와 장물취득자는 不眞正連帶債務를 부담하는데,[507] 이러한 범위 내에서 이들 또한 競合不法行爲者로 볼 수 있다.

## 2. 責 任

(1) 共同不法行爲者의 責任에 대해서는 따로 살펴보겠지만, 共同不法行爲者들의 連帶責任을 규정하고 있는 民 §760가 아닌 民 §750의 적용을 받는 競合不法行爲에 있어서 각자의 責任關係는 어떻게 되는가, 특히 각자의 책임은 分割責任인가 그렇지 않으면 全部責任인가 하는 것이 문제된다. 그러나 여

506) 前述 本條 注解 A. I. 5. (3) 참조.
507) 여기에 대해서는 前述 本條 注解 B. I. 3. (3). (나). (e) 참조.

기에 대해서는 앞에서[508] 자세히 살펴 보았기 때문에 결론만을 간단히 언급해 두기로 한다. 즉 因果關係는 Alles-oder-Nichts의 문제라고 하는 전통적인 견해에 따라서 각자는 발생한 결과전부에 대하여 배상책임을 부담하며, 被害者는 그가 입은 손해 이상을 배상받을 수 없기 때문에 競合不法行爲者 중의 1인이 변제를 하면 그 범위 내에서 다른 競合不法行爲者의 배상책임도 소멸한다. 변제 이외의 事由에 대하여 어떠한 효력을 인정할 것인가에 관해서는 後述하는 共同不法行爲者의 責任에 관한 부분에서 살펴볼 것이다.

(2) 결국 民 §760 I 의 적용을 받는 狹義의 共同不法行爲와 民 §750의 적용을 받는 競合不法行爲는 그 효과에 있어서 동일하다. 다만, 過失相計에 있어서는 서로 다르게 취급하는 것이 합리적이지만, 判例는 이 점에 있어서도 전혀 구별하고 있지 않다.[509]

(3) 競合不法行爲와 加害者不明의 共同不法行爲는 前者는 因果關係가 확정된 반면에, 後者는 因果關係가 不明이라고 하는 점에서 그 개념상 명확하게 구별된다. 그러나 兩者가 그 효과에 있어서는 차이가 나지 않기 때문에 因果關係의 확정 여부에 따라서 그 책임의 내용이 달라지지 않는다. 따라서 문제되는 사안이 競合不法行爲에 해당되는가, 그렇지 않으면 加害者不明의 共同不法行爲에 해당되는가의 여부가 현실적으로는 별 의미가 없게 된다. 즉 일단 數人의 행위가 결과를 발생시킬 구체적인 위험이 있으며, 결과를 야기할 가능성이 있다고 판단되면 行爲者측에서 자신의 행위와 결과 사이에 因果關係가 없다고 하는 사실의 입증에 성공하지 못하는 한 因果關係가 不明이든 立證되었든 결과적으로 손해전부에 대하여 連帶責任을 진다고 하는 점에 있어서는 차이가 없는 것이다.[510] 이러한 사정 때문에 判例가 狹義의 共同不法行爲와

508) 前述 本條 注解 A. Ⅱ.참조.

509) 물론 判例가 競合不法行爲를 따로 인정하고 있는 것은 아니며, 여기서 말하는 競合不法行爲를 狹義의 共同不法行爲로 보고 있을 뿐이다. 따라서 본문의 이야기는 결국 過失相計에 있어서 主觀的 共同이 있는 경우와 客觀的 共同이 있는 경우를 구별하여 따로 처리하는 것이 타당하지만, 판례는 이를 구별하지 아니하고 전혀 동일하게 취급하고 있다고 하는 의미이다. 이에 관해서는 後述 本條 注解 C. Ⅳ.를 참조.

510) 물론 차이가 없다고 하는 것은 數人의 행위자 全員이 不法行爲의 성립요건 중에서 因果關係를 제외한 나머지 부분을 모두 갖추고 있을 때에만 타당한 것이고, 그 중의 1人에게 歸責事由가 없거나 그의 행위가 違法하지 않을 때에는 그러하지 아니하다. 後者의 경우에는 因果關係가 不明인지, 그렇지 않으면 입증되었는지의 여부에 따라 각자의 책임이 달라지기 때문이다. 즉 각자의 행위와 결과 사이에 因果關係가 입증되었을 때에는 다른 행위자가 不法行爲의 성립요건을 갖추었는지의 여부에 상관 없이 불법행위의 성립요건을 갖춘 자는 全損害에 대하여 책임을 져야 하지만, 因果關係가 不明일 경우에는 이미 살펴본 바와 같이{前述 本條 注解 B. Ⅳ. 3. (5) 참조} 그 중의 1人에게 歸責事由가 없거나 그의 행위가 위법하지 않을 때에는 民 §760 Ⅱ 이 적용되지 않기 때문이다.

加害者不明의 共同不法行爲를 특별히 구별하지 않는다고 하더라도[511] 현실적으로는 별 문제가 없는 것이다.

## C. 共同不法行爲者의 責任

### I. 連帶責任

民 §760는 共同不法行爲者에 대하여 "連帶하여" 그 손해를 배상할 책임을 지우고 있다. 이 때 "連帶責任"을 文言 그대로 이해하면 그 의미는 다음과 같다. 즉 첫째 共同不法行爲者 각자는 발생한 손해전부에 대하여 책임을 지고, 둘째 共同不法行爲者 1人이 배상의무를 이행하면 다른 共同不法行爲者의 손해배상책임도 소멸하며, 셋째 被害者와 共同不法行爲者 사이의, 또는 共同不法行爲者 상호간의 관계에 대하여 民法의 連帶債務에 관한 규정(民 §§413-27)이 적용된다고 하는 것이다. 그러나 세 번째 점에 대하여는 학설이 대립되고 있으며, 多數說과 判例는 오히려 連帶責任의 법적 성질을 "不眞正連帶債務"로 보아 民法의 連帶債務에 관한 규정은 적용되지 않는 것으로 보고 있다. 이하에서는 주로 세 번째 점을 중심으로 하여 共同不法行爲者의 責任의 내용을 살펴본다.

#### 1. 全部에 대한 責任

共同不法行爲者는 각자 발생한 손해전부를 배상하여야 한다. 多數說은 이를 규정하고 있는 民 §760에 대하여 分割責任의 배제라고 하는 의미를 부여하고 있지만, 그러나 이러한 해석은 앞에서 이미 언급하였듯이 部分的 因果關係論을 전제로 하고 있으며, 이와는 달리 因果關係를 Alles-oder-Nichts의 문제로 보는 私見에 의하면 共同不法行爲者의 全部責任의 근거는 다음과 같이 설명된다. 즉 數人의 행위가 경합하여 손해가 발생한 경우에 각자가 발생한

511) 물론 판례가 狹義의 共同不法行爲와 加害者不明의 共同不法行爲를 구별하지 않는다고 단언할 수는 없다. 왜냐하면 판례에서 문제된 사건들이 모두 본래 狹義의 共同不法行爲에 해당하는 것들이라고 할 수도 있기 때문이다. 다만, 大判 98. 6. 12, 96다55631(前註 496, 407 참조)이나 大判 98. 10. 20, 98다31691(前註 497 참조), 또는 大判 1991. 5. 10, 90다14423(前註 498 참조)에서 보는 것처럼 본래는 加害者不明의 共同不法行爲로 다루는 것이 타당한 것으로 보이지만, 判例는 關聯共同의 개념을 확대시켜 狹義의 共同不法行爲로 다루고 있는 경우가 있다고 말할 수는 있을 것이다.

손해전부에 대하여 책임을 지는 것은 因果關係의 일반원칙에 따른 것이고, 따라서 競合不法行爲의 경우에 각자가 全損害에 대하여 책임을 지는 실정법적 근거규정은 民 §750이다. 그리고 民 §760는 이러한 因果關係의 一般原則에 대한 예외규정으로서, I과 Ⅲ은 행위자 상호간에 主觀的 共同이 있는 경우에 각자의 행위와 결과 사이에 因果關係가 존재하는가의 여부를 묻지 않고 각자에게 全損害에 대하여 책임을 지우고 있으며, Ⅱ은 각자가 違法·有責하게 損害를 발생시킬 수 있는 危險한 행위를 한 경우에 立證責任을 전환하여 각 행위자가 자신의 행위와 결과 사이에 因果關係가 존재하지 않음을 立證하지 못하면 발생한 손해전부에 대하여 책임을 지우고 있는 것이다.

## 2. 損害賠償의 1倍額性

피해자는 자기가 입은 손해 이상으로 배상받지 못한다고 하는 것은 손해배상에 있어서의 大原則이며, 따라서 共同不法行爲者 중의 1인으로부터 변제를 받으면 다른 共同不法行爲者에 대한 손해배상청구권은 당연히 소멸하게 된다.

## 3. 連帶責任의 法的 性質

### (1) 判例·多數說 ── 不眞正連帶債務說

(ㄱ) 多數說[512)]은 共同不法行爲者의 책임의 법적 성질을 不眞正連帶債務로 이해하고 있다. 多數說은 먼저 連帶債務와 不眞正連帶債務를 상호 비교하면서, 連帶債務나 不眞正連帶債務나 채무자가 각자 전부의 의무를 지는 점에서는 동일하지만, 우리 민법의 連帶債務는 채무자의 1인에 관하여 생긴 事由가 다른 連帶債務者에게 절대적 효력을 미치는 범위가 넓고, 그 중에서 履行의 請求만은 시효중단의 효력에 의하여 채권을 강화하는 것이 되지만, 그 이외의 事由, 즉 更改·相計·免除·混同·消滅時效 등은 모두 채무의 소멸에 관한 것으로서, 그것이 절대적 효력을 가지는 것은 채권의 효력을 약화시키는 것으로 된다고 한다.

그러면서 多數說은 不眞正連帶債務說을 취하여야 하는 논거로서, 첫째로 이와 같이 광범위한 絶對的 效力을 인정하는 것은 連帶債務者들 사이에 밀접한 人的 共同關係가 있는 것을 예정하고, 상호간의 求償關係를 용이하게 처리

512) 郭潤直, 526-7; 金曾漢, "共同不法行爲", 民法論集, 385 이하; 黃迪仁, 404 이하; 權五乘, "共同不法行爲", 私法硏究 1, 218 이하; 金疇洙, 714 이하; 林正平(註 378), 664 이하; 李銀榮, 834 이하 등.

하게 할 것을 목적으로 하고 있는 것인데, 이에 반하여 반드시 밀접한 主觀的 共同關係가 있다고 할 수 없는 共同不法行爲者에 관하여 이것을 적용하는 것이 타당한 것인가에 대해서는 의문이 있으며, 둘째로 連帶責任을 지움으로써 피해자의 구제를 두텁게 하려면 連帶債務보다도 不眞正連帶債務로 하는 편이 피해자에게는 유리하게 된다는 것을 들고 있다. 그리고 셋째로는 감독의무자와 대리감독자, 사용자와 대리감독자, 피용자, 동물의 점유자와 보관자의 책임이 모두 不眞正連帶債務로 이해되어지고 있는데, 어떤 의미로는 그러한 경우보다 피해자를 더 두텁게 보호하여야 할 공동불법행위의 경우에 그것보다 도리어 약한 連帶債務로 된다고 하는 것은 불합리하다는 것이다.

이러한 多數說의 입장에서는 少數說인 連帶債務·不眞正連帶債務 併存說에 대하여 다음과 같이 비판하고 있다.[513] 즉 민법 §760에서는 행위자 상호간에 主觀的 關聯의 有無에 따라 특별히 구별함이 없이 동일한 책임을 규정하고 있음에도 불구하고, 少數說이 주관적 관련의 유무에 따라 그 취급을 달리하는 것은 명문의 규정에 어긋나며, 또 Ⅰ·Ⅲ의 경우는 주관적 관련이 있으므로 連帶債務로 하고, Ⅱ의 경우는 主觀的 關聯이 없기 때문에 不眞正連帶債務로 한다면, Ⅰ·Ⅲ의 경우 그 반윤리성으로 보아 피해자를 더 두텁게 보호해야 할 것인 데도 불구하고, 오히려 主觀的 關聯이 없는 경우에 더 무거운 부담을 지우는 것으로 되어 불합리한 결과가 된다고 한다.

(나) 判例 역시 일관하여 不眞正連帶債務說을 채택하고 있다. 예컨대 "이와 같은 공동불법행위에 있어서는 그로 인한 손해의 배상책임은 그 상호간에 부진정연대채무관계가 성립한다고 함이 상당할 것이며, 그 중의 한 채무자에 대한 채무면제의 효력에 관하여는 민법 제419조가 적용되지 아니하고 다른 채무자에게는 그 효력이 미치지 아니한다고 하여야 할 것이다"[514]라고 하고 있으며, 또 "이와 같은 공동불법행위에 있어서는 이로 인한 손해배상책임은 그 상호간 부진정연대채무관계가 성립한다고 함이 상당할 것이며, 그 1인의 변제 등 채권을 만족시키는 사유는 절대적 효력이 있다 할 것이나 1채무자에 대한 채무의 면제와 같은 사유는 다른 연대채무자에게 효력이 미치지 아니한다고 하여야 할 것이다"[515]라고 判示하고 있다.[516]

513) 林正平(註 378), 667.
514) 大判 69.8.26, 69다962(集 17-3, 61).
515) 大判 82.4.27, 80다2555(公 683, 521).
516) 그 외에도 계속하여 大判 1989.3.28, 88다카4994(公 848, 673); 大判 1989.9.26, 88다

(2) 少數說 — 連帶債務 · 不眞正連帶債務併存說

少數說[517]에 의하면 共同不法行爲者의 책임의 성질을 不眞正連帶債務로 보는 학설은 주로 피해자보호에 그 중점을 두고 있는데, 원래 連帶債務와 不眞正連帶債務의 구별은 피해자 내지 채권자의 이익에 그 중점을 두고 있는 것이 아니라 그 성질상의 차이에서 오는 것이라고 한다. 또한 不眞正連帶債務說은 共同不法行爲者의 배상채무를 不眞正連帶債務로 논하는 편이 피해자를 두텁게 보호한다고 하나, 실제에 있어서는 반드시 그렇다고도 단정하기 어렵다고 한다. 예컨대 連帶債務의 경우에는 가해자 중의 1인에 대하여 손해배상채무의 이행을 청구하면 다른 가해자에게도 그 효력이 생기는 데 반하여, 不眞正連帶債務의 경우에는 상대적 효력만이 생긴다는 것이다. 결국 문제의 판단기준은 양자의 성질상의 차이에서 찾아야 할 것인바, 連帶債務와 不眞正連帶債務의 구별은 행위자간에 상호 공동목적에 의한 主觀的 關聯이 있느냐의 여부에 따라 판단되어야 할 것이라고 한다. 따라서 불법행위자 중 數人이 공모하여 또는 공동인식 하에서 불법행위를 한 경우와 타인을 敎唆하여 불법행위를 하게 하거나 또는 불법행위를 幇助한 때에는 상호간에 공동목적에 의한 주관적 관련이 있으므로 連帶債務가 생기며, 그 외의 경우는 不眞正連帶債務가 생긴다고 보는 것이 법이론에 맞을 뿐 아니라 실제에 있어서도 하등의 모순이 없다는 것이다.

(3) 각 학설의 검토

(가) 多數說에 대한 검토

(a) 多數說이 不眞正連帶債務說을 취하는 첫번째 論據로서 들고 있는 것은 민법상의 連帶債務는 채무자 상호간의 밀접한 人的 共同關係를 전제로 하고 있지만, 共同不法行爲者 상호간에는 그러한 關係가 인정되지 않는다는 것이다. 그러면서 이러한 連帶債務者 사이에 존재하는 결합관계에 대해서는 "主觀的 共同關係說"[518] 내지는 "相互保證說"[519]로 설명하고 있다.[520] 그러나 多數說은 그 어느 쪽도 共同不法行爲者의 책임의 법적 성질을 不眞正連帶債務로 보아야 할 이유를 충분히 설명해 주지 못하고 있다.

---

카27232(公 860, 1559); 大判 98. 6. 26, 98다5777(公 1998하, 1988) 등에서 동일한 취지의 판결을 내리고 있다.

517) 李太載, 505.

518) 郭潤直, 債總, 275; 金容漢, 債總, 302; 金曾漢 · 金學東, 債總, 226 등.

519) 李銀榮, 債總, 507.

520) 이에 관해서는 前述 제413조 注解 Ⅱ. 2. (2) 참조.

즉 多數說 중 "主觀的 共同關係說"에 입각하여 설명하는 견해에 대해서는 첫째, 주관적 공동관계의 내용이 무엇인지를 분석하지 못함으로써 연대채무관계의 이해에 별로 도움이 되고 있지 않으며, 둘째 故意에 의한 共同不法行爲의 경우에는 共同不法行爲者 상호간에 밀접한 主觀的 共同關係가 존재함에도 불구하고 왜 이들의 책임의 법적 성질을 不眞正連帶債務로 보아야 하느냐에 대하여 설득력 있는 대답을 하지 못하고 있고, 셋째 주지하다시피 "主觀的 共同關係說"은 독일민법상의 연대채무제도의 해석론으로서 주장된 이른바 "目的共同體說"(Zweckgemeinschaft)[521]로부터 영향을 받은 것인데, 單純連帶의 법리를 취하고 있는 독일민법상의 연대채무제도의 해석론을 아무런 추가적인 설명 없이 그대로 共同連帶의 법리를 취하고 있는 우리 민법상의 연대채무제도의 해석론으로서 제시할 수 있는지는 의문이라는 등의 비판을 가할 수 있다.

또한 多數說 중 "相互保證說"에 입각하여 설명하는 견해에 대해서는 다음과 같은 비판을 가할 수 있다. 첫째, 同見解는 민법상 연대채무규정의 미비점을 부진정연대채무의 개념을 빌려서 보완함으로써 피해자에게의 전부배상의 가능성을 높여 줄 수 있다고 하면서, 연대채무는 계약에 의해서 발생하는 경우로 한정하고 不法行爲로 인한 連帶責任은 不眞正連帶債務로 파악하는 것이 타당하다고 한다. 이 때 "민법상 연대채무규정의 미비점"이 무엇을 가르키는 것인지는 분명하지 않으나, "피해자에게의 전부배상의 가능성을 높인다"고 하는 점으로 미루어 보건대 아마도 連帶債務가 不眞正連帶債務보다 담보력이 약하다고 하는 것을 의미한다고 보여진다. 그렇다고 한다면 이 견해는 共同不法行爲者의 책임의 법적 성질을 결정함에 있어서 채무자 상호간의 인적 결합보다는 不眞正連帶債務의 담보력에 주목하고 있는 것으로 보여지는데, 바로 다음 항에서 살펴보는 것처럼 이러한 입장은 옳지 않은 것으로 생각된다. 둘째, 同 見解의 주장자는 논리의 일관성을 결하고 있다. 즉 連帶債務의 본질을 相互保證關係로 본다면 連帶債務와 共同不法行爲者의 책임의 법적 성질로서의 不眞正連帶債務와의 관계에 대해서는 因果關係를 Alles-oder-Nichts의 문제로

521) 독일에서의 目的共同體說은 다시 "主觀的 目的共同體說"(die subjektive Zweckgemeinschaft)과 "客觀的 目的共同體說"(die objektive Zweckgemeinschaft)로 나누어지는데, 전자를 주장하는 학자는 클링뮐러{Klingmüller, Unechte Gesamtschuldverhältnisse, JherJb 64(1914), 31}이며, 후자는 다시 일반적으로 에네케루스{Enneccerus, Lehrbuch des Bürgerlichen Rechts, Recht der Schuldverhältnisse, (4.u.5.Aufl, 1910), §313 Ⅱ. 2}의 "目的共同體說"(Gemeinschaft des Zwecks)과 플랑크-지버{Planck-Siber(1914), 1b zu §421}의 "法的 目的共同體說"(die rechtliche Zweckgemeinschaft)의 2가지로 나뉜다.

보느냐, 그렇지 않으면 部分的 因果關係說을 취하느냐에 따라 그 설명이 달라지는바, 전자의 입장에서는 不眞正連帶債務를 連帶債務와는 근본적으로 그 성질을 달리하는 것으로 보는 것이 논리적이며,[522] 이에 반하여 후자의 입장에서는 不眞正連帶債務는 連帶債務와는 별개의 독자적인 제도가 아니라, 部分債務를 부담하는 複數의 債務者들이 서로 타인의 기여분에 대해서는 보증인의 지위에 있다고 하는 점에 있어서 기본적으로 連帶債務와 그 성질을 같이하고, 따라서 連帶債務의 일종이라고 이해하는 것이 자연스럽다.[523] 그런데 현재 連帶債務의 본질론과 관련하여 相互保證說을 취하고 있는 견해[524]는 共同不法行爲者의 책임에 대해서는 部分的 因果關係論에 입각하여 이해하면서,[525] 그 책임의 법적 성질에 대해서는 連帶債務와는 기본적으로 다른 별개의 제도[526]로서의 不眞正連帶債務로 보고 있는데,[527] 이는 논리의 일관성을 결한다고 할 것이다.

(b) 多數說인 不眞正連帶債務說이 들고 있는 두 번째와 세 번째의 논거는 동일한 명제, 즉 不眞正連帶債務의 담보력이 連帶債務의 담보력보다 강하다고 하는 것을 그 전제로 하고 있다. 그러나 이러한 전제는 옳지 않으며, 나중에 자세히 살펴보는 바와 같이[528] 共同不法行爲者의 1人에 대하여 발생한 免除, 時效의 完成 등의 事由는 다른 共同不法行爲者에 대해서도 부담부분에 한하여 絶對的 效力을 가진다고 보는 것이 타당하다. 더 나아가 설령 이러한 견해가 개인적인 견해에 불과한 것으로서 받아들일 수 없다고 하더라도 따라서 不眞正連帶債務에 있어서 1人의 債務者에게 발생한 事由가 相對的 效力을 가질 뿐이라고 하더라도 이를 이유로 不眞正連帶債務의 擔保力이 連帶債務보다도 더 강하다고 말하는 것은 옳지 않다. 왜냐하면 담보적 효력이 강하다고 하는 것은 예컨대 1人의 債務者에게 免除, 時效의 完成 등의 事由가 발생하였다 하더라도 그로 인한 궁극적인 부담이 債權者에게로 돌아가지 않는다는 것을 의미하는데, 그러나 이는 그 事由에 相對的 效力을 인정할 것인가 그렇지 않으면 絶對的 效力을 인정할 것인가에 의하여 정하여지는 것이 아니기 때문

522) 여기에 관해서는 前述 本條 注解 A. Ⅱ. 2. (2). ㈏ 참조.
523) 여기에 관해서는 前述 本條 注解 A. Ⅱ. 2. (3). ㈑ 참조.
524) 李銀榮, 債總, 507-8.
525) 이에 관해서는 前述 本條 注解 B. Ⅰ. 2. (6). ㈎. ㈑ 참조.
526) 李銀榮, 債總, 514-6.
527) 李銀榮, 835.
528) 後述 本條 注解 C. Ⅲ. 4.와 6. 참조.

이다. 즉 不眞正連帶債務는 적극적인 의미내용을 가지고 있는 통일적인 채무관계가 아니라, "數人의 債務者가 동일한 내용의 給付에 관하여 각각 독립해서 全部의 給付를 하여야 할 債務를 부담하고, 그 가운데의 한 사람 또는 數人이 1개의 給付를 하면 모든 債務者의 債務가 소멸하는 多數當事者의 債務關係로서 민법이 규율하는 連帶債務에 속하지 않는 것"이라고 하는 소극적인 개념이고,[529] 따라서 債權者와 債務者의 관계가 일률적으로 정하여진 것은 아니다. 사실 이러한 不眞正連帶債務에 속하는 것은 천차만별이어서 모든 不眞正連帶債務關係를 획일적으로 다룰 수는 없으며, 債權者와 債務者의 관계에 대해서는 각 구체적인 유형에 따라서 개별적으로 정하여야 한다. 그렇기 때문에 共同不法行爲者의 책임의 법적 성격을 不眞正連帶債務로 본다고 하더라도 이로써 被害者와 加害者의 관계에 대해서 일률적으로 정하여지는 것은 아니며, 그 구체적인 관계는 각 당사자의 이해관계를 고려하여 개별적으로 결정되는 것이다. 이 때 가장 먼저 결정되어야 할 것은 어느 事由의 발생으로 인한 궁극적인 부담을 누구에게 지울 것인가 하는 문제로서, 이는 그 事由에 대하여 相對的 效力을 부여할 것인가 그렇지 않으면 絶對的 效力을 부여할 것인가에 의하여 결정되는 것이 아니라, 오히려 먼저 궁극적인 부담을 누구에게 지울 것인가 하는 문제를 각 당사자의 이해관계를 比較衡量하여 결정한 다음에, 바로 다음 항에서 자세히 살펴보듯이 이러한 청산결과를, 被害者와 1人의 共同不法行爲者 사이에 발생한 事由에 대하여 相對的 效力을 부여함으로써 달성할 것인가, 그렇지 않으면 絶對的 效力을 부여함으로써 달성할 것인가 하는 것이 문제되는 것이다. 즉 後者의 문제는 각 당사자의 이해관계를 比較較量하여 정하여지는 최종적인 청산결과를 달성하는 수단을 결정하는 문제에 지나지 않는 것이다. 그렇기 때문에 어느 事由에 대하여 相對的 效力밖에 인정하지 않는다고 하더라도 그 궁극적인 부담이 피해자에게 돌아가는 경우도 얼마든지 있을 수 있는 것이다. 예컨대 被害者가 1인의 共同不法行爲者, 즉 加害者 1의 채무를 免除해 주었다고 할 때에 각 당사자의 이해관계를 비교형량한 결과 免除로 인한 궁극적인 부담을 被害者가 부담하는 것이 타당하다고 한다면,[530] 설령 免除에 相對的 效力만을 인정하였다 하더라도, 그리하여 被害者는 加害者 2에

529) 同旨: 淡路剛久, 連帶債務の硏究, 230.

530) 免除가 과연 이러한 사유에 해당하는가, 즉 免除로 인한 궁극적인 부담을 免除者인 債權者가 져야 하는가에 대해서는 異論이 있을 수 있지만 긍정하여야 할 것이다. 이에 대한 보다 자세한 설명은 後述 本條 注解 C. Ⅲ. 4. (4). (나)를 참조.

대하여 전액을 청구할 수 있다고 하더라도 加害者 2는 다시 加害者 1에게 求償權을 행사하고, 加害者 1은 免除의 취지에 따라 다시 被害者에게 자신이 구상당한 부분만큼 반환청구할 수 있는 것이다. 이처럼 相對的 效力을 인정하였다고 해서 被害者에게 부담이 돌아가지 않는 것은 아닌 것이다.

결국 共同不法行爲者들의 책임이 그 담보적 효력에 있어서 連帶債務보다 강하다고 한다면, 이는 그 책임의 법적 성질이 不眞正連帶債務이기 때문에 그러한 것이 아니라, 당사자들 사이의 구체적인 이해관계를 개별적으로 살펴본 결과 被害者의 이해관계가 共同不法行爲者들의 이해관계보다 우선한다고 판단되었기 때문에 그러한 것이다. 물론 그렇게 판단하는 것이 과연 합리적인가 하는 것은 별개의 문제로서 나중에 따로 살펴볼 것이다. 이렇게 볼 때에 일반론으로서 不眞正連帶債務가 連帶債務보다 擔保的 效力이 강하다고 말할 수는 없으며, 또한 설령 결과적으로 不眞正連帶債務와 連帶債務가 그 담보력에 있어서 약간의 차이가 난다고 하더라도 이는 결과적으로 그러한 것일 뿐, 그것이 마치 본질적인 차이인 것처럼 그게 강조할 것은 아니다. 그럼에도 불구하고 이러한 담보력의 차이에 특히 주목하여 數人의 債務者가 각각 독립해서 全部의 給付를 하여야 할 債務를 부담하는 경우에 그 채무의 법적 성질을 논함에 있어서 이를 결정적인 요소로서 고려하는 것은 本末이 전도된 것이다.[531]

(나) 少數說에 대한 검토 원래 連帶債務와 不眞正連帶債務의 구별은 피해자 내지 채권자의 이익에 그 기준을 두고 있는 것이 아니라, 그 성질상의 차이에서 오는 것이라고 하는 少數說의 견해는 타당하다. 다만, 少數說이 多數說과 마찬가지로 기본적으로 ── 즉 이행의 청구 이외의 사유의 경우에는 ── 不眞正連帶債務가 連帶債務보다 담보력이 강하다고 하는 것을 받아들이고 있는데, 이는 위에 이미 언급한 바와 같이 옳지 않다. 또한 少數說은 連帶債務者 사이에 존재하는 결합관계에 대하여 "主觀的 共同關係說"을 취하면서, 故意에 의한 共同不法行爲者 상호간에 존재하는 主觀的 共同關係를 連帶債務者 상호간에 존재하는 主觀的 共同關係와 동일시하고 있으나 이에 대해서는 의문의 여지가 있으며, 이 둘은 다음 항에서 살펴보는 것처럼 구별하여야 한다.

531) 독일과 프랑스에서의 연대채무논쟁에 있어서는 우리 나라나 일본에서와 같이 連帶債務와 不眞正連帶債務의 담보력의 차이에 특히 주목하는 견해를 찾아 볼 수 없다. 이러한 입장이 일본에서 정착된 것은 我妻와 於保에 힘입은 바 크다고 한다. 平林美紀, 不眞正連帶債務論の再構成(二), 法政論集 179, 244-8.

### (4) 私 見

㈎ 連帶債務에서의 絶對的 效力이 예정하는 人的 結合關係의 구별

생각건대 共同不法行爲者의 책임의 법적 성질이 連帶債務인가, 그렇지 않으면 不眞正連帶債務인가 하는 문제를 결정하기 위해서는 먼저 우리 민법의 連帶債務가 예정하고 있는 연대채무자 상호간의 결합관계가 무엇인가 하는 문제부터 해명되어야 할 것이다. 주지하다시피 우리 민법상의 連帶債務는 직접적으로 채권을 만족시키는 사유뿐만 아니라, 그 이외에도 絶對的 效力을 가지는 사유를 비교적 넓게 인정함으로써 채무자 상호간에 긴밀한 主觀的 關係를 예정하고 있다. 그런데 이러한 絶對的 效力은 그 효력이 미치는 범위에 따라서 負擔部分型 絶對效와 一體型 絶對效의 두 가지로 나누어지며, 양자는 그 예정하고 있는 인적 결합의 정도를 달리하고 있는 것으로 보여진다.

㈏ 負擔部分型 絶對效가 전제로 하는 人的 結合關係

(a) 먼저 負擔部分型 絶對效가 전제하고 있는 채무자 사이의 인적 결합의 정도에 관하여 살펴보면, 負擔部分型 絶對效는 우선 출발점으로서 數人의 債務者가 동일한 내용의 給付에 관하여 각각 독립해서 全部의 給付를 하여야 할 債務를 부담하고, 그 중의 1人 또는 數人이 1개의 給付를 하면 모든 債務者의 債務가 소멸하는 관계를 전제로 하면서, 그 다음 단계로 債務者 상호간에는 각자 최종적으로 부담하여야 할 固有의 負擔部分이 있다고 하는 것을 당연한 것으로 인정할 수 있는 정도의 人的 結合關係를 예정하고 있으며, 그 이상은 아니라고 할 것이다. 이러한 사실은 다음과 같은 고찰을 통해서 쉽게 알 수 있다.

(b) 복수의 채무자 각자에게 固有의 負擔部分이 있다고 하는 것을 당연한 것으로 받아들인다면, 이러한 負擔部分에 따른 청산을 종국적으로 실현시키는 법적 수단 역시 당연히 인정되어야 할 것이며, 따라서 채무자 각자에게는 이러한 人的 結合關係 자체로부터 기인하는 자신의 固有한 求償權이 인정된다(民 §425). 그리하여 당연히 실현되어야 할 종국적인 청산은 일반적으로 固有의 求償權의 행사를 통하여 이루어진다. 그런데 이러한 固有의 求償權에 따른 청산절차가 경우에 따라서는 너무 번거롭고 시간과 비용이 많이 드는 반면에, 그것을 대체할 수 있는 간편한 방법이 定型的으로 인정되는 경우가 있다. 예컨대 免除 등과 같이 債權者와 1人의 債務者(이하 債務者 1이라고 한다) 사이에서 발생하는 事由로서 직접적으로 채권의 만족을 가져오는 것은 아니지만, 그 事由의 취지

를 합리적으로 해석하면 그로 인한 부담을 최종적으로는 債權者가 져야 한다[532]고 보아야 할 경우가 바로 이러한 경우에 해당한다. 즉 이러한 경우에는 각 채무자의 부담부분에 따른 종국적인 청산관계를 실현시킬 수 있는 방법을 다음과 같이 두 가지로 생각해 볼 수 있다.

첫째의 방법은 이러한 事由는 직접적으로 채권의 만족을 가져오는 것이 아니기 때문에 다른 債務者에게는 원칙적으로 아무런 영향을 미치지 않는 相對的 效力만을 가질 뿐이라고 하는 점에서부터 출발하여 각 債務者의 부담부분에 따른 종국적인 청산결과는 求償權을 통한 일반적인 청산절차를 통하여 실현시키고자 하는 방법이다. 그러나 이는 다음과 같은 이른바 "請求의 循環"[533]을 초래하게 된다. 즉 먼저 그 事由가 직접적으로 채권의 만족을 가져오는 것이 아니기 때문에 다른 채무자에게는 아무런 효력이 없고, 따라서 債權者는 다른 債務者(이하 債務者 2라고 한다)에게 전액을 청구할 수 있으며, 다음으로 이에 응하여 전액을 지급한 債務者 2는 債務者 1에게 求償權을 행사하게 될 것이고, 마지막으로 求償에 응한 債務者 1은 債權者에 대하여 債權者가 債務者 2에게 전액을 청구함으로써 최종적으로는 債權者가 부담하여야 할 부분을 자신에게 부담시켰다는 이유로 그 부분의 반환을 청구하게 될 것이다.

그러나 이 방법은 필요 이상으로 법률관계를 복잡하게 만들고 있으며, 게다가 債務者 2는 근거 없이 債務者 1의 無資力危險을 부담하게 된다. 이러한 求償關係의 번잡과 비합리적인 청산결과를 피하기 위하여 인정된 것이 바로 두번째의 방법, 즉 負擔部分型 絶對效로서, 이는 번거롭게 3번의 청구를 할 필요없이 단 한번의 청구로써 합리적인 청산결과를 가져오게 하는 법기술적 수단이다.[534]

(c) 이상의 논의를 정리하면 數人의 債務者가 동일한 내용의 給付에

532) 免除로 인한 궁극적인 부담을 免除者인 債權者가 져야 하는가에 대해서는 異論이 있을 수 있을 것이며, 이에 대해서는 前述 註 530을 참조.

533) 이러한 청구의 순환에 관해서는 後述하는 被害者와 1人의 共同不法行爲者 사이에 발생한 사유의 효력을 논할 때 좀더 자세히 살펴보기로 하고, 여기서는 개략적인 언급에 그치기로 한다.

534) 多數說의 대표적 주장자인 我妻가 다음과 같이 언급하였을 때, 그 역시 동일한 생각을 가지고 있었던 것이라고 생각된다. 즉 "우리 민법의 連帶債務는 또한 連帶債務者의 1인에 대하여 생긴 사유가 다른 자에 대하여 상당히 넓은 범위에 걸쳐 영향을 미치는 것으로 하고 있다. 게다가 이 점은 連帶債務者 상호간에 긴밀한 인적 관계가 있는 것을 전제로 하여 <u>求償關係의 번잡을 피하고자 함을 주된 목적으로 하고 있다</u>"(밑줄은 저자의 것임). 我妻營(註 359), 192. 물론 이 견해는 "連帶債務者 상호간에 긴밀한 인적 관계가 있는 것"을 그 전제로 하고 있다고 하지만, 이러한 '긴밀한 인적 관계'는 채무자 상호간에 구상관계가 존재한다고 하는 관계가 인정되면 충족된다고 보아야 할 것이다.

관하여 각각 독립해서 全部의 給付를 하여야 할 債務를 부담하고, 그 중의 1人 또는 數人이 1개의 給付를 하면 모든 債務者의 債務가 소멸하는 多數當事者債權關係에서, 數人의 債務者 각자에게 固有의 負擔部分이 있다고 하는 것이 당연히 인정되는 정도의 人的 結合關係가 있는 경우에는 免除 등과 같이 債權者와 1人의 債務者 사이에 그로 인한 최종적인 부담을 債權者가 져야 하는 事由[535]가 발생하였을 때에 負擔部分에 따른 최종적인 청산을 실현하는 방법으로서 求償權의 행사에 의한 것과 負擔部分型 絶對效를 인정하는 것의 2가지가 있을 수 있는바, 民法의 連帶債務는 求償關係를 보다 간편하게 처리할 수 있는 後者의 방법을 취하고 있는 것이다. 결국 連帶債務에 있어서 負擔部分型 絶對效가 예정하고 있는 人的 結合關係는 債務者 각자의 固有의 負擔部分을 당연한 것으로 받아들일 수 있는 정도의 人的 結合關係라고 말할 수 있다. 물론 모든 負擔部分型 絶對效가 다 이러한 정도의 人的 結合關係만을 예정하고 있는 것은 아니다. 예컨대 民 §418Ⅱ은 보다 더 밀접한 人的 結合關係를 예정하고 있다고 보아야 한다. 서로 청산하여야 할 부담부분이 있다고 하여 다른 채무자의 반대채권으로써 相計할 수 있는 권한이 당연히 인정되는 것은 아니기 때문이다. 따라서 民 §418Ⅱ은 바로 다음에서 설명하는 一體型 絶對效가 예정하는 정도의 人的 結合關係를 전제로 하고 있다고 보아야 할 것이다.

㈐ 一體型 絶對效가 전제로 하고 있는 人的 結合關係

ⓐ 우리 민법상의 連帶債務가 인정하는 一體型 絶對效는 위에서 살펴 본 負擔部分型 絶對效가 예정하고 있는 것보다도 더욱 밀접한 人的 結合關係를 전제로 하고 있다고 보여진다. 물론 辨濟·代物辨濟·供託 등과 같은 채권을 만족시키는 사유에 인정되는 一體型 絶對效는 여기서 제외된다. 따라서 여기서 문제되는 一體型 絶對效事由로는 일응 履行의 請求(民 §416)·更改(民 §417)·債

535) 물론 어떠한 事由가 이에 해당하는가 하는 문제는 債務者 사이의 人的 結合의 여하에 의하여 결정되는 것이라기보다는 그 事由가 법률의 규정에 의하여 발생할 경우에는 그 입법취지에 의하여, 그리고 당사자의 의사에 의하여 발생할 경우에는 당사자의 의사의 해석에 의하여 결정되는 것이다. 이처럼 어느 事由로 인한 최종적인 부담을 누구에게 지울 것인가 하는 문제는 그 事由를 인정한 입법의 취지 내지는 당사자의 의사의 해석에 의하여 결정되는 것이며, 相對的 效力을 인정할 것인가 絶對的 效力을 인정할 것인가 하는 문제는 이렇게 결정된 최종적인 청산관계를 청구의 순환에 의하여 실현할 것인가, 그렇지 않으면 한번의 소송으로 실현할 것인가 하는 법기술적인 문제에 지나지 않는다. 絶對的 효력을 인정하면 채권의 담보적 효력이 약화된다고 생각하는 通說은 이 점을 오해하고 있는 것이다.

權者遲滯(民 §422) 등을 들 수 있을 것이다. 그런데 이들 사유에 대하여 一體型 絶對效가 인정되는 이유도 반드시 동일하지는 않고, 따라서 그 예정하는 인적 결합관계도 다음에서 보는 것처럼 차이가 난다.

(b) 債權者遲滯는 독일의 連帶債務制度에서 유래한 것으로서, 1人의 連帶債務者의 급부가 다른 連帶債務者도 면책시키므로 1人의 連帶債務者가 이행의 제공을 하였음에도 채권자가 수령하지 않은 경우에 그로 인한 경감효과는 다른 連帶債務者에게도 인정하여야 한다고 설명[536]하는 것을 보면, 債權者遲滯의 一體型 絶對效가 전제로 하고 있는 債務者 상호간의 人的 結合關係는 數人의 債務者가 동일한 내용의 給付에 관하여 각각 독립해서 全部의 給付를 하여야 할 債務를 부담하고, 그 중의 1人 또는 數人이 1개의 給付를 하면 모든 債務者의 債務가 소멸하는 관계 중에서 각자의 채무가 동일한 법적 의미[537]를 가지는 정도의 인적 결합관계가 될 것이다.

(c) 그러나 更改에 있어서는 사정이 다르다. 우선 연혁적으로 볼 때, 更改에 대하여 一體型 絶對效를 인정하고 있는 民 §417는 프랑스민법의 규정에서 유래한다. 그런데 프랑스에서는 예컨대 1인의 連帶債務者에 대한 재판상 이행의 청구가 다른 連帶債務者에 대하여도 시효중단의 효력을 가진다고 하거나, 1人의 連帶債務者에 대한 利子의 청구는 모든 채무자에 대하여 이자를 생기게 한다고 하는 佛民의 규정에 대해서는 相互代理[538]로 설명하면서, 更改가 一體型 絶對效를 가지는 것에 대해서는 更改가 변제와 同一視되기 때문인 것으로 이해하고 있다.[539] 이러한 사실을 감안하면, 更改의 一體型 絶對效는 특별한 인적 결합관계를 예정하고 있는 것은 아니라고 볼 여지도 없지 않을 것이다. 그러나 오늘날 更改는 채권을 만족시키는 事由로 인정되고 있지 않기 때문에 更改를 변제와 同一視할 수는 없으며, 따라서 이러한 해석론을 우리 민법의 해석론으로서 그대로 받아들일 수는 없을 것이다. 그리하여 현재 우리의 通說은 更改에 絶對的 效力을 인정하는 것은 그렇게 하는 것이 당사자간의 법률관계를 간편하게 처리할 수 있고 또 당사자의 意思에도 합치하기 때문이라고 한다.[540] 그런데 여기서 한 가지 주목할 사실은 免除 등에 대하여 負擔

536) Larenz(註 14), §37 Ⅱ(S. 638).

537) 따라서 예컨대 任置物을 不注意로 도난당한 受置人의 債務不履行에 의한 배상의무와 竊取者의 불법행위에 의한 배상의무는 이 경우에 포함되지 아니할 것이다.

538) 여기에 관해서는 後述 註 544를 참조.

539) 金星洙, 連帶債務에 관한 硏究(2000년 8월 서울대학교 박사학위논문), 51 참조.

540) 民法注解 第417條 I. 2; 郭潤直, 債總, 225; 金曾漢·金學東, 債總, 232 등.

部分型 絶對效를 인정한 것에 대해서는 "당사자간의 구상관계를 간단하게 처리하기 위한 것"이라고 설명하고 있음에 반하여, 更改에 대하여 一體型 絶對效를 인정한 것에 대해서는 "당사자 사이의 법률관계를 간략하게 처리하려는 것을 목적으로 하고 있다"고 하는 것과 동시에, 그와 아울러 "당사자의 의사에 합치한다"[541]고 하거나 "당사자의 意思를 추측한 것에 지나지 않는 것"[542]으로 설명하고 있다고 하는 점이다. 좀더 구체적으로는 예컨대 목적물의 변경에 의한 更改의 경우에 更改當事者의 新債務와 다른 連帶債務者의 舊債務가 (不眞正)連帶의 관계에 선다고 하는 것은 이론적으로 가능하지만 그것은 통상의 당사자의 의사로 보기는 곤란하다고 하거나, 합리적인 意思解釋의 관점에서 말하더라도 債務者에 따라서 목적물이 다른 것 같은 법률관계는 복잡하여 그것은 예외라고 하지 않을 수 없기 때문인 것이다.[543] 이처럼 更改에 대하여 一體型 絶對效를 부여하는 근거를 '당사자의 意思'에서 구하는 것은 그 전제로서 連帶債務者 상호간에 단순히 求償關係가 존재한다고 하는 것 이상의 밀접한 관계, 예컨대 債務者들이 서로 의식적으로 공동의 목적을 향하여 채무를 부담하였다고 하는 관계를 예정하고 있기 때문이라고 할 수 있다.

(d) 履行의 請求에 대하여는 경우를 나누어 살펴보아야 할 것이다. 즉 履行請求의 효과 중 時效中斷의 효과에 대해서는 채무자 상호간에 밀접한 인적 결합관계가 없다고 하더라도 적어도 時效完成의 효과에 대하여 負擔部分型 絶對效가 인정되는 한 당사자 상호간의 이해관계를 較量할 때에 絶對的 效力을 인정하여야 할 것이다.[543-1] 따라서 履行請求의 효과 중에서 時效中斷의 효과는 채무자 상호간에 負擔部分型 絶對效가 예정하는 정도의 人的 結合關係만을 전제로 하고 있다고 보아야 할 것이다.

그러나 連帶債務에 있어서 履行請求에 대하여 인정되는 그 밖의 효과, 즉 履行遲滯에 빠지게 하는 등의 효과에 대해서 絶對的 效力이 인정되는 것은 民§§417·418Ⅱ 등과 함께 단순히 負擔部分型 絶對效가 예정하는 人的 結合關係를 넘어서 債務者들이 서로 의식적으로 공동의 목적을 향하여 채무를 부담하고, 동시에 상호간에 채권을 만족시키기 위하여 서로 협력할 것을 약속한 정도의 人的 結合關係를 전제로 하고 있는 것이며, 이러한 정도의 結合關係는

541) 民法注解 第417條 I. 2.
542) 郭潤直, 債總, 225; 金曾漢·金學東, 債總, 232 등.
543) 福田誠治, "一九世紀フランス法における連帶債務と保證(7)", 北大法學論集 50-4, 733.
543-1) 이에 관해서는 後述 本條 注解 C. Ⅲ. 6. (4). (다). (a) 참조.

원칙적으로 契約을 통해서 이루어진다고 보아야 할 것이다. 물론 數人이 故意의 불법행위를 하는 경우에도 그들 상호간에 "主觀的 共同關係"가 존재하는 것은 사실이다. 그러나 그러한 "主觀的 共同關係"는 불법행위의 수행이라고 하는 방향에로 향하여져 있을 뿐이고, 공동의 채무부담에로 향하여져 있는 것은 아니기 때문에 우리 민법상의 連帶債務가 예정하고 있는 人的 結合關係는 아니라 할 것이다. 連帶債務者 상호간의 이러한 人的 結合關係에 대하여 프랑스민법학자들은 債務者 상호간의 명시적 또는 묵시적 위임의 존재를 예정하고 있다고 설명[544]하고 있는바, 連帶債務에 있어서 絶對的 效力을 가지는 사유를 프랑스처럼 넓게 인정하지 않고 있는 우리의 경우 반드시 프랑스에서의 해석론과 동일한 입장을 취할 수는 없다고 하더라도 적어도 負擔部分型 絶對效와

---

544) 프랑스民法에서는 連帶債務는 추정되지 않으며, 명시적으로 약정하거나 법률의 규정이 있는 경우에만 발생한다고 규정하고 있다(art.1202 C.civ.). 이러한 連帶債務의 효과는 債權者와 連帶債務者 사이의 관계와 連帶債務者 상호간의 관계로 나누어 설명하며, 前者는 다시 '主된 效果'(effets principaux)와 '二次的 效果'(effets secondaires)로 나누어 설명한다.

1. 債權者와 連帶債務者 사이의 관계

(1) 連帶債務의 主된 效果

連帶債務의 주된 효과는 債務의 單一性(unicité de la dette)과 債務關係의 複數性(pluralité de liens d'obligation)에 의하여 설명되어지고 있다.

① 債務目的(objet)의 單一性으로부터 나오는 효과

채권자는 각 債務者에게 전액을 청구할 수 있고, 債務全額이 변제되면 다른 債務者의 債務도 소멸된다. 또한 다음과 같은 抗辯은 모든 채무자가 채권자에게 대항할 수 있는 絶對的 效力을 가진다고 하는 사실도 목적이 단일하다는 것으로 설명할 수 있다고 한다. 즉 목적이나 원인이 불법하거나 비도덕적인 경우, 또는 형식의 흠결, 更改(novation), 時效의 完成, 不可抗力으로 인한 목적물의 멸실 등은 絶對的 效力을 가진다.

② 채무관계의 복수로부터 나오는 효과

각 連帶債務者와 채권자의 관계는 독자적인 관계이므로 채권자의 連帶債務者 1인에 대한 청구는 다른 連帶債務者에 대한 청구를 방해하지 않으며, 連帶債務者 1인이 사망하면 그의 相續人들은 각자 비율에 따라 분할된 부분채무만을 부담한다. 또한 각 連帶債務者의 채무는 그 모습을 달리 할 수도 있으며, 無能力이나 意思表示의 瑕疵 등도 순전히 상대적인 효과만 지닌다. 마찬가지로 相計의 경우도 채권자인 連帶債務者가 상계를 원용하면 다른 連帶債務者도 全額에 대하여 면책되지만, 그렇지 않으면 다른 連帶債務者는 상계를 전혀 원용할 수 없다.

이에 대하여 免除 —— 물론 모든 채무자의 이익을 위하여 連帶債務者 1인에 대하여 면제를 할 수 있으며, 오히려 이것이 원칙이다 ——, 混同, 連帶의 免除 등은 부담부분에 한하여 絶對的 效力이 있다.

(2) 連帶債務의 二次的 效果

連帶債務의 이차적 효과는 채무자 상호간의 명시적 또는 묵시적 위임의 존재를 그 근거로 한다. 그들 사이에는 利益共同體(communauté d'intérêts)가 존재하므로, 각자는 다른 채무자를 대리하는 것으로 볼 수 있다. 그렇다면 이 代理의 目的(objet)은 무엇인가에 대해서는 16세기 뒤물렝(Dumoulin)에까지 거슬러 올라가는 전통적 이론에 의하면, 이러한 代理는 債務의 減少 또는 保存을 목적으로 하며, 債務의 加重은 그 목적이 아니라고 한다. 이러한 連帶債務의 이차적 효과는 프랑스민법(Code civil)에 규정된 것과 판례에 의하여 인정된 것이 있다.

一體型 絶對效에 대하여 각각 그 설명을 달리하여야 하며, 後者는 前者보다 채무자 상호간에 좀더 밀접한 人的 結合關係를 전제로 하고 있다고 하는 해석론은 우리의 경우에도 그대로 받아들일 수 있을 것이다.

㈑ 負擔部分型 絶對效事由의 확대가능성 이상에서 살펴본 바와 같이 민법이 連帶債務에 관한 규정에서 履行의 請求(民 §416)·更改(民 §417)·相計(民 §418 II) 등의 경우에 絶對的 效力을 인정하고 있는 것은 連帶債務者 상호간에 契約에 의한 主觀的 共同關係가 존재함을 전제로 하고 있다. 그런데 계약에 의하여 채무자 상호간에 긴밀한 主觀的 共同關係가 존재하는 경우에 絶對的 效力이 인정되는 事由를 반드시 위의 경우에만 한정하여야 하는 것은 아니며, 오히려 그 관계의 긴밀성에 비추어 볼 때 그 밖의 다른 事由에도 絶對的 效力이 인정될 가능성은 얼마든지 있을 수 있을 것이다. 이 때 구체적으로 어느 事由

---

① 프랑스민법(Code civil)에 규정된 二次的 效果

a) "채무의 목적물이 連帶債務者의 1인 또는 數人의 過失로 인하여 또는 그 지체중에 멸실된 때에 다른 連帶債務者는 그 물건의 가액을 변제할 의무를 면하지 아니한다. 그러나 다른 連帶債務者는 損害賠償의 責任은 지지 아니한다"(art. 1205, al. 1 C.civ.).

b) "連帶債務者의 1인에 대한 訴의 提起는 모든 채무자에 대하여 時效를 中斷시킨다"(art. 1206 C.civ.).

c) "連帶債務者의 1인에 대하여 행한 利子의 請求는 모든 채무자에 대하여 이자를 생기게 한다"(art. 1207, C. civ.).

② 判例에 의하여 인정된 二次的 效果

a) 債權者와 連帶債務者의 1인 사이에 내려진 판결은 모든 채무자에 대하여 효력이 있다. 각각의 連帶債務者는 서로를 대리하고 있는 것으로 보고 있기 때문에 連帶債務의 이러한 효력은 기판력의 主觀的 範圍에 관한 原則에 위배되는 것은 아니라고 한다. 그러나 이를 무제한적으로 인정하게 되면 1인의 連帶債務者의 부정직 또는 서투름으로 인하여 다른 連帶債務者에게 피해를 줄 위험이 있기 때문에, 다른 連帶債務者의 상황을 위태롭게 하거나 이들에게 새로운 채무를 부과시키는 경우 또는 사기적 통모의 경우에는 판례는 이 원칙의 적용을 피하고 있다고 한다.

b) 連帶債務者 중의 1인이 적법한 기간 내에 항소를 제기한 경우에 기간을 도과한 다른 連帶債務者도 항소를 제기할 수 있으며, 이는 신민사소송법에서도 받아들여졌다(NCPC, art. 552).

c) 連帶債務者의 1인에 대한 債權讓渡의 通知는 모든 채무자에 대하여 대항할 수 있다.

d) 連帶債務者 1인과 채권자 사이에 체결된 채무자에게 유리한 화해계약은 다른 채무자도 원용할 수 있다.

2. 連帶債務者 상호간의 관계

連帶債務는 채무자 상호간의 관계에 있어서는 당연히 분할되며, 그들 사이에서는 각자는 그의 부담부분에 대해서만 책임을 진다. 이러한 求償을 함에 있어서 변제자는 두 가지 종류의 請求權을 행사할 수 있다.

첫째는 法定代位(la subrogation légale)에 의하여 債權者의 請求權을 행사할 수 있다.

둘째는 委任 또는 事務管理에 근거한 자신의 固有한 請求權을 행사할 수 있다.

{참고문헌: Mazeaud et Chabas(註 190), $n_{os}$ 1056-69; Starck, Obligation: 3. Régime général(1989, 3ème éd.), $n_{os}$ 189-210; Juris-Classeur Civil(1996), Art. 1197 à 1216, Fasc. 2, par J. Mestre $n_{os}$ 49-118; Marty et Raynaud, Les obligations, t. 2, Le Régime(1989, 2[e]éd.), $n_{os}$ 112-24; Weill et Terré, Les obligations(1986, 4ème éd.), $n_{os}$ 1154-62 등}.

에까지 絶對的 效力을 인정할 것인가 하는 것은 입법정책에 의하여 정하여질 것이며, 바로 이 점에서 民 §423(效力의 相對性의 원칙)는 큰 의미를 가지고 있다고 할 것이다.

그러나 負擔部分型 絶對效의 인정 여부는 앞서 살펴본 바와 같이 求償關係를 간편하게 하기 위한 법기술적 차원의 문제이기 때문에, 이의 인정 여부와 관련하여서는 民 §423를 엄격하게 적용할 필요가 없다고 본다. 적어도 앞서 살펴본 사정, 즉 債務者 상호간에 각자 최종적으로 부담하여야 할 固有의 負擔部分이 있다고 하는 것을 당연한 것으로 인정할 수 있는 정도의 人的 結合關係가 존재하고, 어느 事由로 인한 부담을 최종적으로 債權者가 부담하여야 한다고 해석되며, 나아가 負擔部分型 絶對效를 인정하기에 다른 법기술적 장애가 없는 경우 ── 예컨대 소송절차가 아주 복잡하여진다고 하는 등의 사정이 없는 경우 ── 에는 連帶債務에 있어서든 不眞正連帶債務에 있어서든 그 事由에 대하여 負擔部分型 絶對效가 인정되어야 할 것이다. 이러한 견해는 특히 독일에서의 다음과 같은 사정을 고려해 볼 때에 더욱 설득력을 가진다고 할 수 있다. 즉 독일에서는 獨民 §425가 債權者와 1人의 連帶債務者에게 발생한 事由 중에서 辨濟, 債權者遲滯, 그리고 당사자들이 특히 絶對的 效力을 원하였을 때의 免除 등을 제외하고는 모두 相對的 效力만 가질 뿐이라고 하는 것을 규정하고 있음에도 불구하고 법률에 의한 책임제한의 경우, 責任排除合意·免除·混同 등의 경우에 부담부분에 한하여 절대적 효력을 인정하는 것이 多數說의 위치에 있다.[545)]

(마) 小　結　　결론적으로 말해서 민법상의 連帶債務는 契約에 의하여 성립할 것을 예정하고 있으며, 따라서 共同不法行爲者의 責任의 법적 성질은 故意에 의한 主觀的 共同關係의 존부 여하를 막론하고 모두 不眞正連帶債務로 보아야 할 것이다.[546)] 그러나 共同不法行爲者의 책임의 법적 성질을 不眞正連帶債務로 본다고 해서 通說이 설명하는 것처럼 被害者와 1人의 共同不法行爲者 사이에서 발생하는 事由 중 채권을 만족시키는 사유 이외에는 모두 相對的 效力만을 가진다고 말할 수는 없으며, 共同不法行爲者 상호간에 각

545) 鄭泰綸(前註), 179-95 참조.
546) 저자는 학위논문에서 共同不法行爲者의 책임의 법적 성질에 대하여 少數說과 같이 主觀的 共同關係가 있는가의 여부에 따라서 連帶債務 또는 不眞正連帶債務로 보았지만, 學說을 바꾸어 모두 不眞正連帶債務로 보기로 한다. 다만, 그렇다고 하더라도 不眞正連帶債務의 내용에 대해서는 나중에 살펴보는 바와 같이 多數說과는 다르게 해석하고 있으며, 이 점에 있어서는 종전에 취하였던 견해와 바뀐 점이 없다.

자의 固有의 負擔部分을 당연한 것으로 받아들일 수 있는 정도의 人的 結合關係가 존재한다면 共同不法行爲者 1인에 대하여 발생한 사유에 대해서도 負擔部分型 絶對效가 인정될 가능성은 충분히 있다고 보아야 한다. 문제는 共同不法行爲者 상호간에 이러한 정도의 人的 結合關係가 존재하는가의 여부인데, 이는 그들 상호간의 求償關係를 어떻게 볼 것인가에 의하여 좌우된다.

## Ⅱ. 共同不法行爲者 상호간의 求償關係

### 1. 序

共同不法行爲者 상호간의 求償關係는 數人의 행위로 인하여 발생한 손해의 분담관계를 최종적으로 마무리짓는다고 하는 점에서 현실적으로 중요한 의미를 가지고 있을 뿐만 아니라, 더 나아가 共同不法行爲의 효과 전반을 이해하는 데에 있어서 매우 중요한 매개변수의 역할을 하고 있다. 즉 전술하였듯이[547] 영미법계에서는 數人의 행위가 경합하여 손해가 발생하였을 경우에 합리적이고 실제적인 근거가 있을 때마다 손해를 나누어 귀속시키려는 노력이 행하여진 것은 그 많은 부분이 과거에는 1人의 加害者가 손해전액을 변제했을 때 다른 加害者에 대하여 求償할 수 없었다고 하는 사실에 기인한다. 또한 被害者와 1人의 共同不法行爲者 사이에 발생한 事由가 다른 共同不法行爲者에 대하여 어떠한 효력을 미치느냐에 관한 문제도 상당부분 共同不法行爲者 상호간의 求償權을 어떻게 이해하느냐에 의하여 좌우된다 할 것이다. 그런데 共同不法行爲者 상호간의 求償權을 어떻게 이해할 것이냐 하는 문제는 다시 因果關係를 Alles-oder-Nichts의 문제로 볼 것이냐, 그렇지 않으면 因果關係는 나눌 수 있는 것으로 볼 것이냐(部分的 因果關係論) 하는 문제와 밀접한 관련을 가지고 있다.

### 2. 求償權의 根據

#### (1) 部分的 因果關係論(la doctrine de la causalité partielle)[548]

복수의 원인이 경합하여 하나의 손해가 발생하였을 때 共同不法行爲者 각

547) 前述 本條 注解 A.Ⅱ.4.(2) 참조.
548) 前述 本條 注解 A.Ⅱ.2.(3) 및 A.Ⅱ.3.(3) 참조.

자는 손해의 일부분만을 야기하였고, 따라서 본래는 그 부분에 대해서만 책임을 져야 하지만, 被害者의 보호를 위하여 본래 다른 加害者가 책임을 져야 할 부분을 대신해서 진다고 한다. 이 때 각 加害者는 자신의 기여부분에 대해서는 자기 固有의 債務를 부담하지만 다른 加害者의 기여부분에 대해서는 保證人의 지위에 서며, 따라서 전액을 변제한 共同不法行爲者는 당연히 다른 共同不法行爲者에 대해서 求償權을 취득하므로 共同不法行爲者 상호간에 있어서 求償權은 당연한 것으로 되는 것이다.[549]

前述하였듯이[550] 이와 같은 部分的 因果關係論에 의하면, 共同의 加害者가 부담하는 不眞正連帶債務는 連帶債務와 그 성질을 근본적으로 달리하는 것이 아닌 것으로 된다. 즉 共同不法行爲의 효과로서 발생하는 不眞正連帶債務는 連帶債務와 전혀 다른 별개의 독자적인 제도가 아니며, 部分債務를 부담하는 복수의 債務者들의 상호보증이라고 하는 連帶債務의 목적과 동일한 목적을

549) 部分的 因果關係論에 따르게 될 때에 求償權의 실정법적 근거는 어디에서 구해야 하는가 하는 것이 문제될 수 있을 것이다. 이 문제에 관하여 프랑스의 部分的 因果關係論者들은 法定代位에 관한 프民 §1251 iii가 적용된다고 한다. 그런데 이러한 프랑스의 해석론(破棄院의 판례도 이러한 입장임)에 의하면, 변제자는 자신의 固有의 求償權을 갖지 못하고 法定代位에 의하여 피해자의 권리를 대위할 뿐이므로, 피해자가 다른 채무자에 대하여 청구할 수 없는 사유가 발생하였을 경우에는 求償權을 행사할 수 없다는 결론이 나온다. 그리하여 최근에는 全部義務도 連帶債務와 본질적으로 다른 것이 아니라고 하는 것을 강조하면서, 連帶債務者 상호간의 求償權을 규정하고 있는 프民 §1214 I {"채무의 전부를 변제한 연대채무자는 다른 연대채무자에 대하여 그들 각자의 부담부분에 한하여 求償을 할 수 있다(Le codébiteur d'une dette solidaire, qui l'a payée en entier, ne peut répéter contre les autres que les part et portion de chacun d'eux)"}를 유추적용하여야 한다는 견해가 주장되고 있다.

우리 민법의 해석론으로서는 비록 部分的 因果關係論을 취한다고 하더라도 프랑스의 部分的 因果關係論者들이 전통적으로 주장하는 것처럼 共同不法行爲者 상호간의 求償權의 실정법적 근거를 프랑스의 法定代位에 해당하는 辨濟者代位에서 구할 수는 없다. 왜냐하면 우리 민법은 民 §482 I 에서 "前 2 條의 規定에 의하여 債權者를 代位한 者는 自己의 權利에 의하여 求償할 수 있는 範圍에서 債權 및 그 擔保에 관한 權利를 行使할 수 있다"고 규정하고 있으므로, 辨濟者代位에 관한 규정을 求償權의 근거규정으로 볼 수는 없고, 오히려 求償權이 존재하고 있을 것을 辨濟者代位의 성립요건으로 하고 있기 때문이다(同旨: 郭潤直, 債總, 352-3; 李銀榮, 債總, 719 등). 部分的 因果關係論을 받아들일 경우에는 최근의 프랑스의 유력설이 주장하는 바와 같이 共同不法行爲者 상호간의 求償權의 실정법적 근거를 連帶債務者 상호간의 求償權을 규정하고 있는 民 §425에서 찾는 것이 타당하다고 생각한다. 前述하였듯이{注解 本條 C. I. 3. (4). ㈏ 참조} 복수의 채무자 각자에게 固有의 負擔部分이 당연히 인정되는 경우에는 이러한 負擔部分에 따른 청산을 종국적으로 실현시키는 법적 수단인 求償權 역시 당연히 인정되어야 할 것이며, 民 §425는 이러한 취지를 나타내고 있다고 보아야 한다. 즉 民 §425 역시 복수의 채무자 각자에게 固有의 負擔部分이 당연히 인정되는 정도의 人的 結合關係를 예정하고 있으며, 部分的 因果關係論에 따르면 共同不法行爲者 상호간에도 이러한 人的 結合關係가 인정되므로, 동 규정은 共同不法行爲者에게도 유추적용될 수 있는 것으로 해석할 수 있을 것이다.

550) 前述 本條 注解 A. II. 2. (3). ㈃ 참조.

추구하는 단지 連帶債務의 일종일 뿐이다.

(2) 因果關係를 Alles-oder-Nichts의 문제로 보는 견해[551)]

독일이나 프랑스의 전통적 이론에 따르면 共同의 加害者 각자가 손해전부에 대하여 책임을 지는 것은 각자가 全損害를 야기하였기 때문에 그러한 것이며, 따라서 각자의 全部義務는 논리적으로 당연한 것이라고 한다.

이러한 전통적 이론에 따르면 求償權에 대한 설명이 매우 어려워진다. 즉 각자가 損害全部를 배상하는 것은 법논리적으로 당연한 것이고, 변제를 한 1人의 加害者는 자신의 채무를 변제하였을 따름이기 때문이다. 따라서 한때 求償權 자체를 인정하지 않는 견해도 있었지만, 오늘날은 대체로 求償權 자체는 인정하면서 다만 그 근거를 어디에 둘 것인가 하는 문제에 대하여 학설이 대립하고 있다. 혹은 事務管理(l'gestion d'affaires)에 혹은 不當利得(l'enrichissement sans cause)에, 심지어는 不法行爲에 두기도 하지만 어느 것이나 별로 설득력을 가지고 있지 않으며, 일반적으로는 衡平(l'équité)에 그 근거를 두고 있다.

前述하였듯이[552)] 이러한 전통적인 견해에 따르면, 共同加害者들 각자가 손해전부에 대하여 책임을 지는 것은 사물의 힘에 의하여 당연히 요구되어지는 것이며, 그 책임의 법적 성질로서의 不眞正連帶債務는 連帶債務와는 그 성격을 전혀 달리한다. 그 근본적 차이는 連帶債務에서는 債務者는 복수이고 채무는 하나뿐(une seule dette)인 데 반하여, 不眞正連帶債務에서는 債務者뿐만 아니라 債務도 複數(pluralité de dettes)라고 하는 사실에 있으며, 不眞正連帶債務者는 連帶債務者들처럼 idem 즉 동일한 것을 부담하는 것이 아니라, totidem 즉 각자가 그 數대로 그것을 부담한다고 한다.

(3) 私　見

㈎ 部分的 因果關係論에 따르면 共同不法行爲者 각자가 최종적으로 부담하여야 할 부담부분이 존재한다고 하는 것은 당연한 것으로 받아들여지고, 그 결과 求償權 역시 당연한 것으로 인정되게 된다. 그 결과 이 학설을 취할 경우 求償關係의 설명이라든가, 1인에 대하여 발생한 사유의 효력 등이 비교적 쉽게 설명된다. 그러나 과연 部分的 因果關係論이 일반론으로서 받아들여질 수 있는지는 의문이다.[553)]

㈏ 통설과 판례는 共同不法行爲者 상호간의 求償權에 관하여 기본적으

551) 前述 本條 注解 A. Ⅱ. 2. (2) 및 A. Ⅱ. 3. (2) 참조.
552) 前述 本條 注解 A. Ⅱ. 2. (2). ㈏ 참조.
553) 이에 대해서는 前述 本條 注解 A. Ⅱ. 5. 참조.

로 因果關係는 Alles-oder-Nichts의 문제라고 하는 견해에 입각하여 이해하고 있다고 볼 수 있다. 예컨대 통설[554]이 連帶債務와 不眞正連帶債務의 주요한 차이점의 하나로서 채무자 상호간의 내부관계에 있어서 원칙적으로 求償關係가 발생하지 않는다고 하는 것을 들고 있는 견해는 단적으로 이러한 사실을 보여 주고 있다. 이러한 입장에 의하면 본래는 공동불법행위에 있어서 求償權은 인정되지 않는 것이지만, 이러한 원칙을 그대로 견지하게 되면 전액을 변제한 1人의 共同不法行爲者에게 너무 가혹한 결과가 되므로 형평의 원칙상 求償權을 인정하지 않을 수 없게 된다는 것이다. 共同不法行爲者 상호간의 求償權을 이러한 시각에서 보게 되면 이 求償權에 대해서 어디까지나 예외적이고 보충적이며 시혜적인 성질만을 인정하게 되고, 따라서 後述하는 軍人等에 대하여 국가배상책임이 제한되는 경우에서 볼 수 있는 것처럼 求償權을 인정하기가 약간이라도 곤란한 사정이 발생하면 求償權을 쉽게 후퇴시키게 된다. 종래 대법원판례는 이러한 입장을 취하였던 것이다.[555]

(나) 그러나 因果關係는 Alles oder-Nichts의 문제라고 하는 전통적인 견해를 견지한다고 해서 오늘날에도 共同不法行爲者 상호간의 求償權을 예외적이고 보충적이며 시혜적인 것으로 치부할 수는 없을 것이다. 비록 共同不法行爲者 상호간의 求償權이 형평의 관념이라고 하는 一般法原則에 의하여 근거지워지고 있다고 하더라도 이론적으로 다음과 같이 누구도 부인하지 못할 정도로 설득력 있게 설명되고 있는 것이다. 즉 "자기의 違法한 行爲의 결과를 손해배상의 급부를 통하여 힘닿는 대로 제거하고자 노력한 자를 이러한 칭찬받을 만한 노력이 나타나지 않는 자에 비하여 불리하게 다루는 것은 公平하지 않은 것으로 보이며",[556] 나아가 "누가 최종적으로 채무를 부담하여야 하는가 하는 문제가 채권자의 자의에 의하여 결정되어서는 안 되고, 따라서 청구에 있어서 우연이 지배하는 것을 거부하고 모든 共同不法行爲者들을 평등하게 다루어야 하므로 求償權은 인정되어야 한다"[557]는 것이다. 또한 현실적으로도 1人의 가벼운 過失이 타인의 過失과 경합하여 엄청난 손해를 가져오는 경우가 비일비재하며, 이러한 경우에 손해의 공평한 분담을 위하여 求償權이 담당하

554) 郭潤直, 債總, 237 등.
555) 大判 93.10.8, 93다14691(公 1994, 1822); 大判 92.2.11, 91다12738(公 1992, 985); 大判 83.6.28, 83다카500(公 1983, 1142) 등.
556) Prot. Bd. I, S. 440. Wagenfeld(註 168), S. 49에서 재인용.
557) von Caemmerer(註 88), S. 86.

고 있는 역할을 감안할 때에 더 이상 求償權을 단순히 예외적인 것이나 보충적이며 시혜적인 것으로 치부할 수는 없는 것이다.

결론적으로 말해서 部分的 因果關係論을 취한다면 共同不法行爲者 상호간의 求償權은 논리적으로 당연한 것이라고 하겠지만, 因果關係를 Alles-oder-Nichts의 문제로 본다고 하더라도 共同不法行爲에 있어서 求償權은 예외적인 것이 아니라 당연히 인정되는 것으로 받아들여야 하며, 헌법에 의하여 보장된 재산권[558]으로서 강하게 보호받는 성질을 지닌 것으로 보아야 할 것이다.

### 3. 求償에 관한 개별적인 문제

#### (1) 負擔部分의 比率

각 共同不法行爲者의 부담부분을 결정할 때에는 민 §396의 규정이 類推適用된다. 이 규정은 본래 채권자인 피해자와 채무자인 가해자 사이의 관계에 관한 규정이기 때문에 채무자인 加害者들 사이의 관계에 대해서는 '類推適用'이 문제되는 것이고, 또 이러한 유추적용이 정당화되는 것은 양쪽의 경우 모두 손해의 발생에 책임이 있는 다수의 관여자 각자가 부담해야 할 損害比率을 각자의 責任의 程度에 따라 결정하고 있기 때문이다.[559]

判例도 부담부분은 각자의 過失의 程度에 따라 부담부분이 정하여질 것[560]이라고 한다. 그러므로 각자의 過失을 알 수 있을 때에는 그 過失의 比率에 따라 정하여야 하며, 알 수 없을 때에는 평등한 것으로 보아야 할 것이다.[561]

#### (2) 一部共同免責의 경우

共同不法行爲者 중의 1人이 전부를 지급하였을 때 내지는 일부를 지급하였다 하더라도 그 자의 부담부분을 넘게 지급하였을 때에는 그 변제자는 다른 공동불법행위자에 대하여 각자의 부담부분의 범위에서 求償請求할 수 있음은 당연하다. 문제는 負擔部分을 넘지 않는 범위에서 일부만 지급하였어도 다른 共同不法行爲者에 대해 求償할 수 있을 것인가에 있다.

連帶債務에 있어서는 부담부분은 각 채무자가 부담하여야 할 債務額이라기보다는 일정한 比率이라고 보는 것이 옳으며, 따라서 共同免責을 위한 출재가 있으면 그 비율로 분담케 하는 것이 타당하다는 이유로 負擔部分의 超過가

558) 憲裁決 94. 12. 29, 93헌바21(憲判集 6-2, 379).
559) Larenz(註 14), §37 Ⅲ(S. 645f.).
560) 大判 69. 1. 28, 68다2245(集 17-1, 130); 大判 71. 2. 9, 70다2508(集 19-1, 62).
561) 朱相壽, "共同不法行爲者相互間의 內部求償關係", 司論 13, 207.

求償權의 성립요건은 아니라는 超過不要說이 多數說[562]이다. 그러나 공동불법행위에서의 공동면책이란 주관적 관련이 밀접한 連帶債務의 경우와 달리 개별성이 강한 자기의 부담부분을 넘어서야 된다고 보아야 하므로, 一部共同免責의 경우에는 求償權을 부정하여야 한다고 하는 超過出財說이 타당하다.[563]

判例도 超過出財說을 취하고 있다. 즉 "그런데 원심이 확정한 사실에 의하면 이 사건에서 원고가 지급하였다는 금원은 원고가 부담하여야 할 내부적 부담부분에 상응하는 금액에 미치지 못한다는 것인바, 사실관계가 그와 같다면 원고의 구상권을 부인한 원심의 조치는 정당하다고 보아야 할 것이다"고 한다.[564]

(3) 通知의 要否

㈎ 문제의 소재　　求償要件으로서의 通知에 관한 民 §426가 共同不法行爲者 사이의 구상에 있어서도 적용되는가가 문제된다. 예를 들어 共同不法行爲者 중의 1인인 加害者 1이 피해자에게 그 손해의 일부를 변제해 주었음에도 불구하고 피해자는 다른 共同不法行爲者인 加害者 2에게 이러한 사실을 감추고 全損害를 賠償請求하는 경우가 있을 수 있다. 이 때 加害者 1이 事後의 通知를 게을리함으로써 加害者 2가 善意로 전액을 변제하였고, 이렇게 전액을 변제한 加害者 2가 加害者 1에게 求償請求를 해 온다면 加害者 1은 이미 변제한 일부 손해금을 내세워 加害者 2에게 對抗할 수 있을 것인가 하는 것이 문제된다.

㈏ 學　　說　　學說은 求償請求人이 다른 共同不法行爲者의 존재 및 소재를 알고 있는 경우에 한하여 信義則에 비추어 부진정연대채무자간에도 사후통지의무는 부과되어야 하며, 그 위반시에는 자기의 면책행위를 이유로 이중변제한 채무자에게 구상청구할 수 없다고 하는 견해[565]와, 同規定을 不眞

562) 郭潤直, 債總, 231 등.

563) 同旨: 朱相壽(註 561), 206. 저자는 학위논문에서 "賠償額이 오랜 절차를 거쳐서야 비로소 확정되기 때문에 많은 경우 채무자들이 債務額數를 오랫동안 모르는 경우가 많다. 이 경우 스스로 먼저 지불하거나 채권자가 먼저 청구한 채무자를 그가 지급한 금액이 내부적 부담부분보다 적다고 하여 求償權을 행사할 수 없게 한다는 것은 불공평하므로 찬성할 수 없다"{Wagenfeld(註 168), S. 76f.}고 하는 이유로 連帶債務의 경우와 마찬가지로 일부면책의 경우에도 求償權을 인정하여야 할 것이라고 하였으나, 본문에서와 같은 이유로 超過出財說이 타당한 것으로 견해를 바꾸기로 한다.

564) 大判 89. 9. 26, 88다카27232(公 860, 1559). 同旨: 大判 97. 12. 12, 96다50896(公 1998상, 254) 등.

565) 李銀榮, 840.

正連帶債務에 유추적용할 수는 없다고 하는 견해[566]가 대립되고 있다.

(다) 判 例 大法院은 이에 관하여 "민법 제426조가 연대채무에 있어서의 변제에 관하여 채무자 상호간에 통지의무를 인정하고 있는 취지는 연대채무에 있어서는 채무자들 상호간에 공동목적을 위한 주관적인 연관관계가 있고, 이와 같은 주관적인 연관관계의 발생근거가 된 대내적 관계에 터잡아 채무자 상호간에 출연분담에 관한 관련관계가 있게 되므로, 구상관계에 있어서도 상호 밀접한 주관적인 관련관계를 인정하고 변제에 관하여 상호 통지의무를 인정함으로써 과실 없는 변제자를 보다 보호하려는 데 있다. 그러므로 이와 같이 출연분담에 관한 주관적인 밀접한 연관관계가 없고, 단지 채권만족이라는 목적만을 공통으로 하고 있는 부진정연대채무에 있어서는 그 변제에 관하여 채무자 상호간에 통지의무관계를 인정할 수 없고, 변제로 인한 공동면책이 있는 경우에 있어서는 채무자 상호간에 어떤 대내적인 특별관계에서 또는 형평의 관점에서 손해를 분담하는 관계가 있게 되는 데 불과하다고 할 것이므로, 부진정연대채무에 해당하는 공동불법행위로 인한 손해배상채무에 있어서도 채무자 상호간에 구상요건으로서의 통지에 관한 민법의 위 규정을 유추적용할 수는 없다고 할 것이다"[567]고 判示하고 있다.

(라) 私 見

(a) 생각건대 連帶債務에 있어서의 求償權의 制限에 관한 民 §426의 규정은 求償關係를 公平하게 하려는 규정이므로,[568] 동 규정이 적용되기 위해서는 복수의 채무자 상호간에 求償權이 당연히 인정되는 정도의 인적 결합관계가 인정되면 족한 것이고, 더 나아가 반드시 채무자 상호간의 共同目的을 위한 主觀的 聯關關係를 전제로 하는 것이라고 볼 수는 없다. 따라서 不眞正連帶債務에 있어서도 적어도 共同不法行爲에서처럼 채무자 상호간에 求償權이 당연히 인정되는 관계가 존재하는 한 民 §426가 類推適用되어야 할 것이다.

(b) 또한 대법원은 위 판결에서 共同不法行爲者 상호간의 求償權의 행사에 대하여 民 §426가 유추적용되지 않는다고 하는 입장을 밝힌 다음에, "피고가 망 X의 치료비를 먼저 지급하였다면 그에 관하여 피고가 원고에게

566) 朱相壽(註 561), 213. 그러나 朱判事는 동일한 논문, 209에서는 마치 통지의무를 인정하는 듯한 견해를 피력하고 있어 모순되는 태도를 보여 주고 있다. 그리하여 李銀榮, 839에서는 朱判事의 견해를 통지의무를 인정하는 견해로 인용하고 있다.

567) 大判 98.6.26, 98다5777(公 1998하, 1988). 同旨: 大判 76.7.13, 74다746(公 544, 9309).

568) 郭潤直, 債總, 233 등.

사후통지를 하였는지, 또 그 후 원고가 다시 망 X의 치료비를 지급하면서 피고에게 사전통지를 하였는지, 그와 동일시할 수 있는 다른 사정이 있는지 여부를 불문하고, 피고는 원고에 대하여 그의 면책행위가 유효함을 주장할 수 있다고 할 것이다"고 판시하고 있다. 그러나 만약 이 例에서 피고가 망 X의 치료비를 먼저 지급한 후 원고에게 사후통지를 게을리하였음에 반하여, 원고는 그 후 피고에게 사전통지를 하고 지급하였다면, 이 경우에 피고가 원고에 대하여 자신의 면책행위가 유효함을 주장할 수 없다고 하는 것은 어느 모로 보나 부당한 결과가 된다고 하지 않을 수 없다. 따라서 자신의 출재로 면책행위를 함에 있어서 事前 또는 事後의 通知를 게을리한 連帶債務者의 求償權을 制限하고 있는 民 §426의 규정은 적어도 共同不法行爲者 상호간의 求償關係에는 유추적용된다고 하는 것이 실제에 있어서도 타당한 결과를 가져오는 것이다.

(4) 求償權 자체의 時效

共同不法行爲者의 求償權 자체의 時效에 대해서는 특별히 3년의 短期時效를 적용할 이유는 없으며, 또한 求償權의 성질도 일반채권과 다를 것이 없으므로 求償의 요건인 出財로 인한 共同免責을 한 때로부터 10년간의 時效가 진행된다고 볼 것이다. 대법원도 "위와 같은 求償權은 그 消滅時效에 관하여 법률에 따로 정한 바가 없으므로 일반원칙으로 돌아가 일반채권과 같이 그 消滅時效는 10년으로 완성된다고 해석함이 상당하고, 그 기산점은 求償權이 발생한 시점, 즉 求償權者가 현실로 피해자에게 지급한 때라 할 것이다"[569)]고 판시하고 있다. 다만, 이렇게 되면 공동불법행위자의 입장에서는 자신의 부담부분에 대한 책임과 관련해서는 時效期間이 실질적으로 최장 10년 정도 더 연장되는 결과가 되는데, 이는 해석론으로서는 어쩔 수 없다고 하더라도 입법론적으로는 약간의 문제가 있다.[569-1)]

## Ⅲ. 被害者와 共同不法行爲者 중의 1人과의 사이에 발생한 事由의 效力

### 1. 序

(1) 多數說과 判例는 共同不法行爲者의 책임의 법적 성질을 不眞正連帶

569) 大判 94. 1. 11, 93다32958(公 963, 695). 同旨: 大判 98. 12. 22, 98다40466(公 1999상, 195) 등.
569-1) 이에 관해서는 後述 本條 注解 C. Ⅲ. 6. (4). (다). (b) 참조.

債務로 보고, 또 不眞正連帶債務에 있어서는 債權者와 1人의 債務者 사이에 발생한 事由 중에서 채권을 만족시키는 사유 이외에는 모두 相對的 效力뿐이므로, 絶對的 效力을 가지는 事由를 비교적 넓게 인정하고 있는 連帶債務에 비하여 담보적 효력이 강하다고 한다. 그리고 共同不法行爲責任을 이처럼 채권의 담보적 효력이 보다 강한 不眞正連帶債務로 새기는 것이 피해자에게 유리하고, 民 §760의 취지에도 부합한다고 한다.

(2) 그러나 이러한 多數說과 判例의 견해는 不眞正連帶債務를 획일적으로 파악하고 있다고 하는 점에서 기본적으로 문제가 있다. 즉 不眞正連帶債務는 "數人의 債務者가 동일한 내용의 給付에 관하여 각각 독립해서 全部의 給付를 하여야 할 債務를 부담하고, 그 가운데의 한 사람 또는 數人이 1개의 給付를 하면 모든 債務者의 債務가 소멸하는 多數當事者債務關係로서 민법이 규율하는 連帶債務에 속하지 않는 것"이라고 하는 소극적인 개념이고, 따라서 채권자와 채무자의 관계가 일률적으로 정하여져 있다고 볼 수는 없다. 이러한 不眞正連帶債務에 속하는 것은 천차만별이어서 모든 不眞正連帶債務關係를 획일적으로 다룰 수는 없으며, 債權者와 債務者의 관계는 각각의 유형에 따라 개별적으로 정하여져야 한다.

(3) 不眞正連帶債務 중의 한 유형으로 볼 수 있는 共同不法行爲者의 책임으로서 인정되는 不眞正連帶債務에 있어서, 被害者(債權者)와 1人의 加害者(加害者 1 또는 債務者 1) 사이에서 발생한 사유가 다른 加害者(加害者 1 또는 債務者 2)에 대하여 어떠한 영향을 미치는가에 대하여 살펴볼 때에 기본적으로 다음과 같은 사항을 고려하여야 할 것이다.

첫째, 被害者와 加害者 1 사이에 발생한 사유로 인한 부담을 최종적으로 누가 질 것인가 하는 문제는 법률의 규정 혹은 당사자의 의사 등을 합리적으로 해석하여 결정한다.

둘째, 원칙적으로 被害者는 각 加害者에 대하여 발생한 손해전부를 청구할 수 있다. 특히 因果關係는 Alles-oder-Nichts의 문제라고 하는 견해에 의하면 이는 당연한 것이다. 그러나 被害者의 이러한 全部賠償請求權은 항상 절대적으로 인정되는 것은 아니며, 被害者와 加害者 1 사이에 어느 事由가 발생하였고, 이 事由로 인한 부담을 최종적으로는 被害者가 부담하여야 한다고 해석되면 경우에 따라 제한될 수도 있다.

셋째, 被害者가 加害者 2에 대하여 전액을 청구하였을 때에 加害者 2의

加害者 1에 대한 求償權은 被害者의 각 加害者에 대한 全部賠償請求權과 마찬가지의 정도로 보호받는다. 즉 共同不法行爲者 상호간의 求償權은 예외적이거나 시혜적인 성격을 지니는 것이 아니라 당연히 인정되는 권리로서 보호받는다.

이하에서는 이러한 기본적 고려사항을 염두에 두고, 共同不法行爲에 있어서 被害者와 加害者 1 사이에 발생한 사유가 被害者·加害者 1·加害者 2 상호간의 법률관계에 어떠한 영향을 미치는지 구체적으로 살펴본다.

## 2. 責任排除合意

### (1) 문제의 소재

예컨대 被害者와 加害者 1 사이에 事前에 被害者가 加害者 1의 승용차를 타고 가는 도중에 발생하는 사고에 대하여 加害者 1에게 일체의 책임을 묻지 않기로 합의하고 승차하였는데, 加害者 1과 加害者 2의 過失로 인하여 사고가 발생하여 被害者가 부상을 입은 경우에 被害者는 加害者 2에 대하여 손해전부에 대하여 배상청구를 할 수 있는지, 만약 加害者 2가 被害者에 대하여 손해전부를 배상하여 주었다면 加害者 1에 대하여 求償權을 행사할 수 있는지, 또한 加害者 1이 加害者 2의 구상에 응하였다면 被害者와 加害者 1 사이에 調整問題는 발생하지 않는지 등이 문제된다. 독일에서는 이 문제에 관하여 많은 논의가 있어 왔으나, 국내에서는 아직 이에 관한 학설이나 판례가 보이고 있지 않다. 그러나 이러한 문제는 우리 나라에서도 얼마든지 발생할 수 있을 뿐만 아니라, 이 문제에 관한 논의는 보다 일반적인 문제, 즉 被害者와 1人의 共同不法行爲者 사이에 발생한 事由가 다른 共同不法行爲者에게 어떠한 영향을 미치는가에 관한 문제를 해결함에 있어서 중요한 시각을 제공해 준다. 따라서 이하에서는 이 문제에 관하여 독일에서의 논의를 중심으로 하여 살펴본다.

### (2) 예상가능한 해결책

이러한 경우에 대한 해결책으로서는 크게 다음과 같은 3가지를 생각해 볼 수 있다.

첫째, 被害者는 원칙적으로 각 加害者에 대하여 손해전부에 대하여 배상을 청구할 수 있으므로 加害者 2에 대하여도 전액의 청구를 할 수 있고, 또한 加害者 1은 責任排除合意에 의하여 손해배상채무를 부담하지 않기 때문에 求償義務도 부담하지 않으며("공동의 책임이 없으면 求償義務도 없다"),[570] 따라서 全部를 배상한 加害者 2

570) 獨逸帝國大法院(Reichsgericht)은 이 원칙에 충실하여 사전의 합의에 의하여 책임이

는 加害者 1에 대하여 求償權을 행사할 수 없다고 하는 해결책이다(해결책 1). 결국 加害者 2가 단독으로 손해전부에 대하여 배상책임을 지게 하는 방법이다.

둘째, 責任排除合意에 대하여 相對的 效力만을 인정하여 加害者 2와의 관계에서는 責任排除合意가 존재하지 않는 것으로 다루고, 그리하여 被害者는 加害者 2에 대하여 전액을 청구할 수 있고, 加害者 2는 加害者 1에 대하여 求償權을 행사할 수 있게 하는 방법이다. 그 결과 加害者 1은 被害者와 사전에 責任排除合意을 체결하였음에도 불구하고 그로 인한 혜택은 누리지 못하게 된다(해결책 2A).

이러한 해결책 2A의 단점을 보완하면서 責任排除合意의 相對的 效力을 유지하고자 하는 해결책으로서, 被害者가 責任排除合意에 의하여 加害者 1에 대하여 자신이 스스로 損害賠償請求權을 행사하지 아니할 것뿐만 아니라, 加害者 1을 加害者 2에 의한 求償權의 행사로부터도 자유롭게 할 것을 약속한 것이라고 해석되는 경우에는 加害者 1은 加害者 2로부터 求償당한 액수를 다시 責任排除合意에 기하여 被害者에게 청구할 수 있게 하는 방법이 제시되고 있다[571](해결책 2B, 즉 請求의 循環에 의한 방법).

셋째, 責任排除合意에 대하여 부담부분에 한하여 絶對的 效力을 인정하는 방법으로서, 加害者 2에 대한 被害者의 損害賠償請求權을 責任排除合意가 없었더라면 加害者 1이 최종적으로 부담하였을 부분만큼 감축시키는 방법이다[572] (해결책 3).

---

배제된 加害者 1은 求償義務도 면한다고 하였다(keine Ausgleichspflicht ohne gemeinsame Haftpflicht). RG Warn Rspr. 1910, 391; RGZ 142, 353.

571) 西獨聯邦大法院{BGHZ 51, 37=NJW 1969, 236; BGHZ 58, 220=NJW 1972, 942; BGH NJW 1986, 1097, 1098; BGHZ 88, 185; BGH NJW 1987, 374, 375; BGH NJW 1989, 2386, 2387 등}과 독일의 少數說{Soergel/Wolf, §426 Rdnr. 42-3(S. 1943-4); von Caemmerer(註 88), S. 94}은 이러한 입장을 취하고 있다. 또한 1967년 독일의 "손해배상법 규정의 보충과 변경을 위한 법률에 관한 專門家草案"{Referentenentwurf eines Gesetzes zur Änderung und Ergänzung schadensersatzrechtlicher Vorschriften. 이하에서는 專門家草案(Referentenentwurf)이라고 부른다} 역시 기본적으로는 이러한 입장을 취하고 있다.

572) 현재 독일의 多數說이다. G.&D. Reinicke, Anm. zu BGHZ 12, 213 in NJW 54, 1641; H.Stoll, Anmerkung zu BGHZ 35, 317, FamRZ 62, 66; Prölss, Haftungsausschluß und Schadensausgleich, JuS 66, 402; Medicus, Haftungsbefreiung und Gesamtschuldnerausgleich, JZ 67, 401; Keuk(註 92), S.189ff; Thiele, Gesamtschuld und Gesamtschuldnerausgleich, JuS 68, 156ff; Hager, Das Mitverschulden von Hilfspersonen und gesetzlichen Vertreten des Geschädichten, NJW 1989, 1644; Ehmann, Die Gesamtschuld(1972), S. 245; Esser/Schmidt, SchuR I(6. Aufl., 1984), §39Ⅱ2b(S. 644); Larenz(註 14), §37Ⅲ(S. 647) 등.

(3) 私 見

(가) 각 당사자들의 이해관계의 검토

(a) 위의 세 가지 해결책 중에서 해결책 1은 被害者와 加害者 1의 責任排除合意를 가지고 第3者인 加害者 2로 하여금 그러한 합의가 없었더라면 취득하였을 求償權을 취득하지 못하게 하고 결국 被害者의 손해전부를 부담하게 하는바, 이러한 결과는 被害者와 加害者 1 사이의 합의가 第3者인 加害者 2를 해치게 되어 私的 自治의 原則에 반하므로[573] 논의의 대상에서 제외된다.

(b) 또한 해결책 2A 역시 다음과 같은 문제점이 있어 채택하기가 곤란할 것이다.

첫째, 이 해결방법은 加害者 1에게 현저히 불합리한 결과를 초래한다. 즉 손해의 발생에 第3者가 관여되어 있지 않거나 책임을 지는 사람이 자기 혼자뿐이라면, 그는 전혀 걱정할 필요가 없을 것이다. 그런데 第3者인 加害者 2가 개입되면 상황은 전혀 달라져서 被害者는 加害者 2에게 損害全部의 배상을 청구하고, 전액을 배상한 加害者 2는 다시 加害者 1에 대하여 求償權을 행사하게 된다. 그리하여 加害者 1의 입장에서 보면, 그는 자기 혼자서 全損害를 야기한 경우보다 다른 사람과 함께 야기한 경우가 훨씬 불리하다고 하는 이상한 결론에 도달하게 된다.[574]

둘째, 이러한 해결방법은 約束에 대한 信賴를 근본적으로 파괴한다. 즉 이렇게 되면 결국 당사자간에 정당하게 배제된 책임을 求償權의 行使라는 방법을 통하여 뒷문으로 다시 끌어들이게 되는 결과로 되는바, 이러한 결과는 분명 그들의 合意에 반하는 것이다.[575]·[576]

573) Larenz(註 14), §37 Ⅲ(S. 647).

574) Medicus(註 572), S. 399.

575) Medicus(註 572), S. 399.

576) 본문에서 들고 있는 문제점 이외에도 다음과 같은 의문이 제기되기도 한다. 즉 해결책 2A 내지는 해결책 2B에서는 피해자에게 전액을 지급한 加害者 2가 加害者 1에 대하여 求償權을 행사하는 것을 인정하고 있으나, 責任排除合意의 경우에 加害者 1의 채무는 아예 처음부터 성립하지 않으므로 連帶債務(독일에서는 共同不法行爲者의 책임을 連帶債務로 규정하고 있다. 그러나 우리의 경우에는 不眞正連帶債務로 이해하고 있으므로, 이하에서 독일에서의 논의를 소개할 때에 共同不法行爲의 효과로서 連帶債務를 언급할 경우 이는 우리의 不眞正連帶債務에 해당하는 것으로 새겨 읽어야 할 것이다) 자체가 성립하지 않으며, 따라서 加害者 2의 加害者 1에 대한 求償權이 인정되지 않는다는 것이다{독일에서는 이것이 多數說이다. 예컨대 Stoll(註 572), S. 64; Prölss(註 572), S. 400; Medicus(註 572), S. 398; Staudinger/Noack(13. Aufl.), §426 Rdnr. 158(S. 507); Larenz(註 14), §37Ⅲ(S. 647) 등}. 해결책 2A 내지는 해결책 2B를 취하는 견해, 특히 독일의 판례는 이러한 문제를 해결하기 위하여 連帶債務를 擬制(fingieren)하고자 하였고, 1967년의 "專門家草案"(Referentenentwurf)은 이러한 입장을 지지하여 獨民 §840 Ⅱ

(c) 위와 같은 점을 고려하면서 被害者와 加害者 1·加害者 2의 이해관계를 비교형량하여 볼 때에 스스로의 의사에 의하여 加害者 1을 事前에 면책시켜 준 被害者의 이익을 후퇴시키는 것이 가장 타당하다고 생각되며, 따라서 책임배제합의가 없었더라면 加害者 1이 부담하였을 부분을 최종적으로 被害者에게 부담시켜야 할 것이다. 문제는 이러한 결과를 어떠한 방법으로 실현시키며, 이를 이론적으로 어떻게 설명할 것인가 하는 것이다.

(나) 최종적인 청산결과의 실현방법에 대한 검토

(a) 먼저 해결책 2B를 주장하는 입장에서는 負擔部分에 한하여 絶對的 效力을 인정하는 해결책 3에 대하여 被害者와 加害者 1 사이의 責任排除合意에 대하여 第3者의 입장에 있는 加害者 2가 그 계약에서 발생하는 항변을 주장할 수 있게 하는 것은 被害者가 損害賠償請求權을 행사하는 것을 부당하게 어렵게 하고, 또한 被害者와 加害者 2 사이의 배상소송에서 被害者와 加害者 1의 관계에 관한 문제들을 논의하여야 한다는 것은 소송절차상으로도 어려움이 따른다는 이유로 이를 거부하고 있다.[577] 나아가 被害者의 損害賠償請求

BGB를 다음과 같이 규정할 것을 권하였다.

"법률상의 損害賠償義務에 의거하여 타인과 함께 손해배상의 의무를 부담하였을 것이나 계약에 의하여 이 의무를 면한 자는 連帶債務가 존재하였더라면 조정의무를 부담하였을 범위 내에서 그 타인에 대하여 조정의무를 부담한다. 특별한 법률의 규정에 의하여 배상의무를 면한 때에도 달리 정함이 없는 한 동일하다." "Wer neben einem anderen auf Grund gesetzlicher Schadensersatzpflicht zum Ersatz eines Schadens verpflichtet wäre, von dieser Ersatzpflicht aber durch Vertrag befreit ist, ist dem anderen zum Ausgleich in dem gleichen Umfang verpflichtet, in dem er bei Bestehen eines Gesamtschuldverhältnisses zum Ausgleich verpflichtet wäre. Entsprechendes gilt, wenn die Befreiung von der Ersatzpflicht auf einer besonderen gesetzlichen Vorschrift beruht, soweit nicht etwas anderes bestimmt ist{Medicus(註 572), S. 399에서 재인용}."

그러나 이와 같은 규정이 없다고 하여 共同不法行爲者 2인 중의 1인의 책임이 사전에 배제된 경우에는 처음부터 連帶債務 자체가 성립하지 않는다고 하는 것—예컨대 자연적 사실과 1인의 행위자의 過失이 경합하여 손해가 발생한 경우와 마찬가지로 보는 것—은 지나치게 형식논리에 치우친 것이라고 아니할 수 없다. 에만(Ehmann)이 말한 것처럼 법학에 있어서 순간적인 시간의 차이를 가지고 어떠한 주장의 근거로 삼는 것은 별로 설득력이 없으며, 被害者가 數人의 가해자들 중의 1人의 책임을 事前에 배제한 경우와 事後에 면책한 경우를 그 결과에 있어서나 이론적 설명에 있어서 달리 취급해서는 아니 될 것이다{Ehmann(註 572), S. 245}. 事前에 책임이 배제된 경우라 하더라도 그러한 책임배제사유가 없었더라면 責任法의 一般原則에 의하여 책임이 발생하였을 경우에는 논의의 출발점에 있어서는 일단 連帶債務 내지는 不眞正連帶債務가 성립한 것으로 보는 것이 타당할 것이다{同旨: Soergel/Wolf(12. Aufl.), §426 Rdnr. 42(S. 1943); Hager(註 572), S. 1645}. 즉 책임법상의 일반적인 책임발생요건을 갖추었을 경우에 각자의 책임이 일단 발생하였고—이 점에서 加害者 중의 1人에게 違法性阻却事由가 있거나 責任能力이 없는 경우 등과는 구별된다고 할 것이다—따라서 일단 連帶債務 내지 不眞正連帶債務가 성립하였으며, 그런 다음에 事前의 책임배제합의에 의하여 1인의 加害者가 면책되었다고 보아야 할 것이다.

577) Referentenentwurf Ⅱ: Begründung, S. 137f. Medicus(註 572), S. 399에서 재인용.

權이 그가 전혀 알 수 없는 加害者 사이의 求償關係에 의하여 영향을 받아서는 안 된다고 하면서, 2當事者訴訟構造下에서는 責任排除合意의 相對的 效力을 전제로 한 해결책 2B가 가장 타당하다고 한다.[578]

(b) (i) 그러나 請求의 循環에 의한 방법을 취하면 결국 3번의 소송을 거쳐야 한다고 하는 번거로움이 따를 뿐만 아니라, 加害者 2에게 근거 없이 加害者 1의 無資力危險을 부담시키게 된다.[579] 즉 責任排除合意로 인한 부담을 최종적으로는 被害者 자신이 부담하여야 함에도 불구하고 被害者가 加害者 2에 대하여 전액을 청구할 수 있게 하고, 다시 加害者 2로 하여금 加害者 1에 대하여 求償權을 행사하게 한 다음, 加害者 1은 자기가 加害者 2에게 구상당한 부분만큼을 責任排除合意의 취지에 따라 被害者에게 청구할 수 있게 하는 것은 결국 加害者 2에게 加害者 1의 無資力危險을 부담시키는 결과밖에 되지 않으며,[580] 이렇게 하는 것에 대한 보호할 만한 이익이 被害者에게는 없는 것이다.[581] 이처럼 被害者가 자신이 종국적으로 취득할 수 있는 것 이상으로 청구하는 것은 이 경우 加害者 2로 하여금 加害者 1의 無資力危險을 부담시키는 의미밖에 없는 것으로서 권리남용에 해당되어 허용되어서는 아니 된다. 즉 "돌려 주어야 할 것을 請求하는 자는 惡意로 행동한다"(Dolo facit, qui petit, quod redditurus est)[582]고 하는 原則에 의하여 被害者의 加害者 2에 대한 全額請求는 인정되지 않아야 할 것이다.[583] 결국 가장 최선의 방법은 被害者의 加害者 2에 대한 청구를 責任排除合意가 없었더라면 加害者 1이 부담했어야 할 부분만큼 감축시키는 해결책 3이라고 생각된다. 이에 따르는 소송절차상의 문

578) Soergel/Wolf, §426 Rdnr. 43(S. 1944).

579) 이 경우 加害者 2가 加害者 1의 無資力危險을 부담하는 것은 共同不法行爲에서 일반적으로 1人의 加害者가 다른 加害者의 無資力危險을 부담하는 것과는 그 의미가 다르다. 즉 원칙적으로 共同不法行爲에서 被害者가 각 加害者에 대하여 발생한 손해전부에 대한 배상을 청구하는 것은 당연히 인정되므로, 1인의 加害者의 無資力危險은 당연히 다른 加害者가 부담할 수밖에 없을 것이다. 그러나 被害者가 加害者 1과 책임배제합의를 하였을 경우에는 본문에서 언급한 바와 같이 加害者 1이 부담하여야 할 부분은 被害者가 부담하여야 하고, 따라서 이 경우 加害者 1이 無資力이라 할지라도 원칙적으로 다른 加害者는 그로 인하여 영향을 받는 일이 없어야 한다.

580) 또한 만약 加害者 1이 加害者 2의 求償에 응한 후에 被害者에 대하여 責任排除合意의 취지에 따라 자신이 구상당한 금액의 반환을 청구하였을 경우에 被害者가 無資力이 되었다면, 결국 그로 인한 위험을 加害者 1에게 부담시키는 결과가 될 것이다.

581) Hager(註 572), S. 1644.

582) Paulus, D.50.17.173.3.

583) 同旨: Hager(註 572), S. 1645; Wagenfeld(註 168), S. 164; Staudinger/Noack(13. Aufl.), §426 Rdnr. 161(S. 508-9) 등.

제에 대해서는 뒤에 따로 언급한다.[584)]

(ii) 여기서 한 가지 밝혀 두어야 할 사항은 위와 같은 이론구성은 加害者 1과 加害者 2가 각각 損害全部에 대하여 배상할 책임이 있고, 따라서 각 加害者들이 連帶債務——우리의 경우에는 不眞正連帶債務——를 부담하고 있으며, 그들 상호간에는 求償關係가 존재한다고 하는 전제로부터 출발하고 있다. 그러나 독일에서는 多數說인 해결책 3을 취하는 학설 중 위와 같이 이론구성하는 견해는 거의 없고,[585)] 대개는 事前에 책임이 배제되는 경우에는 加害者 1의 채무가 처음부터 성립되지 않으므로 連帶債務 자체가 성립하지 않고,[586)] 그에 따라 加害者들 사이의 求償關係도 처음부터 존재하지 않는 것으로 보고 있으며, 이러한 전제 하에서 해결책 1과 해결책 2A · 2B 등에 대하여 위에서 살펴본 것과 같은 비판을 하면서[587)] 해결책 3을 주장하고 있다.

그러나 이러한 독일의 多數說에 대해서는 다음과 같은 의문이 제기된다. 첫째, 加害者 1의 행위가 一般不法行爲 내지는 共同不法行爲의 成立要件을 충족시킨 이상 그의 책임은 일단 발생하였으며, 따라서 加害者들의 連帶債務 내지는 不眞正連帶債務는 성립하였고, 다만 加害者 1은 事前의 責任排除合意에 의하여 면책된다고 보는 것이 더욱 타당할 것이다.[588)] 둘째, 독일의 多數說이 주장하는 바와 같이 加害者 2의 단독채무만이 성립한다면, 이 경우 加害者 2는 왜 부분책임만을 지는가 하는 의문이 제기되는데, 이에 대하여 同說은 加害者 2는 加害者 1이 事前에 면책됨으로 인하여 부당하게 손해를 보아서는 아니 되므로, 加害者 2의 책임을 加害者 1이 事前에 면책되지 않았더라면 내부관계에서 부담하였을 부분만큼 감액시키는 것이 타당하다고 한다. 그러나 이러한 설명은 바로 다음에서 보는 部分的 因果關係論의 입장에서라면 몰라도 因果關係는 Alles-oder-Nichts의 문제라고 보는 입장에서 본다면, 加害者 2가 부분책임만을 져야 할 필요성을 토로하고 있을 뿐 全部責任의 원칙에 대한 예외를 정당화할 수 있는 이론구성으로서는 미흡하다고 하지 않을 수 없다.

584) 後述 本條 注解 C. Ⅲ. 2. (3). (다) 참조.
585) 하거(Hager)가 드물게 이러한 견해를 취하고 있다. Hager(註 572), S. 1645f. 참조.
586) 여기에 대해서는 前述 註 576 참조.
587) 독일의 多數說 측에서도 해결책 2A · 2B에 대하여 본문에서와 같은 비판을 가하고 있다. 그러나 事前의 면책사유가 존재하는 경우에는 加害者들 상호간의 求償關係 자체를 부정하는 독일의 多數說의 입장에서 본다면, 加害者 상호간의 求償關係의 존재를 전제로 하는 해결책 2A · 2B가 성립할 여지가 없기 때문에 사실은 이들 해결책에 대하여 본문에서와 같은 비판을 할 것까지도 없을 것이다.
588) 이에 관해서는 前述 註 576 참조.

(iii) 참고로 코익(Keuk)은 이 경우 결과적으로는 마찬가지로 해결책 3을 주장하면서도 그 이론적 설명을 部分的 因果關係論에 입각한 共同不法行爲者의 連帶責任의 본질[589]에서 구하고 있다.[590] 즉 共同不法行爲者 각자가 손해전부에 대하여 책임을 지는 것이 논리적으로 당연한 것은 아니며, 본래 각 加害者는 자기의 기여분에 대해서만 책임을 져야 할 것이지만 특별히 被害者를 보호하기 위하여 각 加害者의 기여분을 한데 묶어 각자에게 전부에 대하여 배상책임을 지우고 있을 뿐이라고 하면서, 그러나 이처럼 각자에게 손해전부에 대하여 책임을 부과하는 것은 그것이 상호적으로 이루어져 각 加害者들의 자신의 기여분에 따른 책임이 求償을 통하여 실현될 수 있다는 것에 의하여 정당화되기 때문인바, 만약 1人의 加害者가 被害者의 부담으로 면책이 되었다면 이는 다른 제2의 加害者 역시 損害全部에 대하여 책임을 질 필요가 없다고 하는 결과가 된다고 한다. 결국 각자에게 손해전부에 대하여 책임을 지우기 위하여 각 加害者의 기여분을 묶을 때에 자기의 기여분에 대하여 책임을 져야 하는 加害者들의 기여분만 묶을 수 있을 것이며, 따라서 被害者가 加害者 중의 1인에 대하여 배상을 청구할 수 없다면 그는 그 밖의 다른 加害者에 대해서는 전체손해에서 책임을 지지 않는 加害者의 기여분만큼을 제외한 나머지만을 청구할 수 있다는 것이다. 그리고 이와 같이 被害者의 다른 加害者에 대한 賠償請求額이 減縮되는 것은 1人의 加害者가 책임을 지지 않게 된 事由가 責任排除의 合意나 법률의 규정에 의한 責任의 制限 또는 排除처럼 손해의 발생 이전부터 존재하고 있었던 경우에 한하지 않고, 免除, 時效의 完成 또는 原告敗訴判決의 確定 등과 같이 책임이 발생한 후에 免責事由가 존재하게 된 경우에도 마찬가지라고 한다.

이처럼 部分的 因果關係論은 앞에서 언급한 것처럼 일반론으로서 받아들이기는 곤란하지만, 적어도 共同不法行爲에서 被害者와 1人의 加害者 사이에 발생한 事由가 부담부분에 한하여 絶對的 效力을 미치는 것에 대한 이론적 설명에 있어서는 상당한 강점을 보이고 있는 것이 사실이다.

(c) 해결책 3의 실정법적 근거는 連帶債務者의 1인에게 免除(民 §419)·混同(民 §420)·消滅時效(民 §419) 등의 사유가 생겼을 경우에 그 連帶債務者의 부담부분에 한하여 다른 連帶債務者에 대해서도 絶對的 效力을 인정하고 있는 민법

589) 여기에 관해서는 前述 本條 注解 A.Ⅱ.3.(3) 참조.
590) Keuk(註 92), S.187ff.

규정들로부터의 법의 유추(Rechtsanalogie)[591]에서 구할 수 있을 것이다. 앞서 언급하였듯이[592] 同規定들의 입법취지는 數人의 債務者가 동일한 내용의 給付에 관하여 각각 독립해서 全部의 給付를 하여야 할 債務를 부담하고, 그 중의 1人 또는 數人이 1개의 給付를 하면 모든 債務者의 債務가 소멸하는 多數當事者債權關係에서 數人의 債務者 각자에게 固有의 負擔部分이 있다고 하는 것이 당연히 인정되는 정도의 人的 結合關係를 전제로 하여 免除 등과 같이 債權者와 1人의 債務者 사이에 그로 인한 최종적인 부담을 債權者가 져야 하는 事由가 발생하였을 경우에, 求償關係를 보다 간편하게 처리할 수 있는 방법으로서 負擔部分型 絶對效를 인정하고 있는 것이라고 해석되어진다. 이러한 입법취지는 共同不法行爲者 상호간의 求償權이 시혜적이고 보충적인 것이 아니라 당연한 것으로 인정되어지고 있는[593] 오늘날 이러한 求償權을 매개로 하여 共同不法行爲者 각자에게 固有의 負擔部分이 존재하고 있다고 하는 사실이 당연한 것으로 인정되고 있음을 고려할 때, 被害者와 共同不法行爲者의 1인 사이에 責任排除合意 —— 이 경우 별도의 사정이 없는 한 그로 인한 최종적인 부담은 피해자가 져야 하는 것으로 볼 수 있을 것이다 —— 가 존재하는 경우에도 그대로 적용될 수 있는 것이다.

(다) 소송절차상의 문제 피해자의 청구권을 加害者 1의 부담부분만큼 감축시켜야 한다고 하는 해결책 3에 대해서는 訴訟節次와 관련하여 다음과 같은 반론이 제기된다.[594] 즉 被害者가 責任排除合意에 관하여 언급함이 없이 加害者 2에 대하여 손해전부에 대하여 배상청구소송을 제기하였다면 加害者 2는 전액배상판결을 받게 될 것이고, 이제 加害者 2가 責任排除合意의 혜택을 받는 加害者 1에 대하여 求償權을 행사해 오면 加害者 1은 責任排除合意로 항변할 것이다. 다시 加害者 2가 被害者에 대하여 초과지급한 금액의 반환을 청구하면 이 번에는 加害者 2는 그와 被害者 사이에 선고된 판결의 旣判力의 항변을 받게 될 것이다. 이렇게 되면 확정판결이라는 우회방법을 통하여

591) 多數의 유사한 규정으로부터 귀납적으로 일반원칙을 추론해 내어서 이를 비슷한 경우에 연역적으로 적용하는 것을 말하며, 全體類推(Gesamtanalogie)라고도 한다. 이에 비하여 개별적인 법규정을 그 法文의 범위를 넘어서기는 하지만, 그 입법취지(ratio)에는 부합하는 한도 내에서 비슷한 경우에 적용하는 것을 法規類推(Gesetzesanalogie) 또는 個別類推(Einzelanalogie)라고 한다. Bydlinski, Juristische Methodenlehre und Rechtsbegriff (2. Aufl., 1991), S. 477f. 참조.

592) 前述 本條 注解 C. I. 3. (4). (나) 참조.

593) 前述 本條 注解 C. II. 2. (3) 참조.

594) von Caemmerer(註 88), S. 94.

손해전부의 부담이 加害者 2에게 지워지게 된다. 이러한 결과를 피하기 위해서는 加害者 1은 責任排除合意에 관해서 加害者 2에 대하여 적시에 알려 加害者 2가 이를 소송절차에 제출할 수 있게 하여야 한다는 견해가 독일에서 제시되고 있다.[595] 그런데 우리 민법은 連帶債務에서 求償要件으로서의 通知에 관하여 규정하고 있으며(民 §426), 前述하였듯이[596] 이 규정은 不眞正連帶債務에도 유추적용될 수 있으므로, 이러한 소송절차상의 문제는 어렵지 않게 해결할 수 있을 것이다.[597]

### 3. 法律에 의한 責任制限

#### (1) 문제의 소재와 예상가능한 해결책

(가) 共同不法行爲者 중의 1人에 대하여 법률에 의하여 책임이 排除 내지는 制限되는 경우에도 전술한 責任排除合意의 경우와 유사한 문제가 발생한다. 외국, 특히 獨逸에서는 이렇게 문제되는 경우가 다양하게 나타나는데, 크게 다음의 세 가지로 나눌 수 있다.[598] 즉 첫째는 민법상의 책임제한의 경우로서 獨民 §§690·708·1359·1664가 각각 無償受置人·組合員·配偶者·父母 등의 注意義務를 자기의 업무에 관하여 기울이는 注意義務로 경감시키고 있는 경우이며, 둘째는 "公務員補償法"(Beamtenversorgungsgesetz) §46 I 에서 공무수행중 피해를 입은 공무원 및 그 유족은 원칙적으로 당해 공무원의 고용주(Dienstherr)인 공행정주체(öffentlicherechtliche Verwaltung)에 대하여 同法上의 보상청구권만 가질 뿐이라고 규정[599]하고 있는 경우이고, 셋째는 獨逸의 舊 "帝國保險法"(Reichsversicherungsordnung) §636에 해당하는 "社會法"(Sozialgesetzbuch) 7, §104 I 이 근로사고 등으로 인하여 발생한 인적 손해에 대하여 원

595) Larenz(註 14), §37 Ⅲ(S. 648).

596) 前述 本條 注解 C. Ⅱ. 3. (3) 참조.

597) 물론 民 §426가 共同不法行爲者 상호간에도 유추적용된다고 해서 그것만으로 責任排除合意에서의 본문에서와 같은 문제가 당연히 해결되는 것은 아니다. 즉 多數說에 따르면 責任排除合意는 民 §426 I 의 '債權者에게 대항할 수 있는 事由'에도, 그리고 民 §426 Ⅱ의 '辨濟 기타 자기의 出財로 共同免責'을 시킨 때에도 포함되지 않기 때문이다. 그러나 同條의 입법취지가 事後通知가 없으므로 인하여 過失 없이 二重辨濟를 한 다른 債務者를 보호하려는 데에 있으므로, 責任排除合意 또는 免除 등의 경우에도 유추적용하여야 할 것이다(免除와 관련하여 同旨: 我妻榮, 債總, 436-7). 또한 실제 결과에 있어서도 동 규정을 責任排除合意 또는 免除 등의 경우에 유추적용하지 않으면 합의에 의하여 책임이 배제되었거나 免除된 자는 事後通知를 할 필요가 없게 되므로, 辨濟한 債務者보다도 더욱 두텁게 보호받게 되어 부당한 결과가 된다.

598) 보다 자세한 것은 鄭泰綸, "獨逸法上 軍人·公務員 등에 대한 國家賠償責任의 制限과 共同不法行爲者의 求償權", 判例實務硏究[Ⅳ], 213-35 참조.

599) 독일의 "軍人補償法"(Soldatenversorgungsgesetz) §91a도 같은 취지를 규정하고 있다.

칙적으로 사업주(Unternehmer)는 피보험자 내지는 그 유족에 대하여 다른 법률의 규정에 의하여 배상책임을 지지 아니하는 것으로 규정하고 있는 경우 등이다.

(나) 우리 나라에서 共同不法行爲와 관련하여 법률에 의한 책임제한이 문제되고 있는 경우는 현재로서는 國賠 §2 I 但書가 軍人·公務員 등이 직무상 입은 손해에 대하여 國家賠償責任을 제한하고 있는 경우뿐이다.[600] 즉 피해자인 軍人·公務員 등이 직무집행과 관련하여 다른 軍人·公務員(加害者 1)과 민간인(加害者 2)의 共同의 過失로 부상을 당하거나 사망한 경우에 그 被害者 내지는 유족은 다른 법령의 규정에 의한 災害補償金·遺族年金·傷痍年金 등의 보상 이외에 따로 국가에 대하여 손해배상을 청구할 수 없으며(國賠 §2 I 但書), 또한 加害者 1에 대해서도 그에게 輕過失만 있을 경우에는 손해배상을 청구할 수 없다.[601] 이 때 被害者는 민간인인 加害者 2에 대하여 손해전부에 대하여 배상청구를 할 수 있는지, 만약 전부에 대하여 손해배상청구를 할 수 있다면 加害者 2는 국가에 대하여 求償할 수 있는지 등이 문제된다.

이 경우의 해결방법에 대해서도 앞서의 責任排除合意의 경우와 마찬가지로 크게 3가지, 즉 첫째로 被害者인 공무원 등은 민간인인 加害者 2에 대하여 전액을 청구할 수 있음에 반하여, 加害者 2는 국가에 대하여 求償權을 행사할 수 없다고 하는 해결책 1, 둘째로 同法上의 國家賠償責任의 制限에 대하여 相對的 效力만을 인정하여 被害者는 加害者 2에 대하여 전액을 청구할 수 있고, 전액을 배상한 加害者 2는 國家에 대하여 求償權을 행사할 수 있다고 하는 해결책 2A와, 거기서 한 걸음 더 나아가 加害者 2에게 求償당한 國家는 다시 被害者인 공무원 등에 대하여 不當利得返還請求權을 행사할 수 있다고 하는 해결책 2B, 그리고 셋째로 부담부분에 한하여 絶對的 效力을 인정하여 被害者는 加害者 2에 대하여 전액을 행사할 수 없고, 법률에 의한 책임제한사유가 없었더라면 加害者 1이 加害者 2와의 내부적 관계에서 최종적으로 부담하였을 부분 만큼을 공제한 부분에 대해서만 청구할 수 있다고 하는 해결책 3 등이 고려될 수 있을 것이다.

600) 물론 우리 나라에서도 任置物에 대하여 자기 재산과 동일한 注意義務를 부담하는 無償受置人(民 §695), 그 子에 대한 法律行爲의 代理權 또는 財産管理權을 행사함에는 自己의 財産에 관한 行爲와 동일한 注意義務를 부담하는 親權者(民 §922) 등의 경우에 독일에서와 마찬가지의 문제가 발생할 수도 있을 것이나, 현재까지는 아직 이에 대하여 전혀 언급되고 있지 않다.

601) 大判(全) 96.2.15, 95다38677(公 1996상, 771).

(2) 判　例

㈎ 종래의 大法院見解　　대법원은 大判 83. 6. 28, 83다카500에서, 原審이 "공동불법행위자 상호간의 법률관계는 이른바 부진정연대책임에 해당하여 공동불법행위로 인한 손해배상청구권자가 어느 일방의 공동불법행위자에 대하여 손해배상책임을 면제해 주거나 청구권을 포기하였다 하더라도 피해자에게 손해를 배상한 다른 공동불법행위자는 그와 같은 사유로 이미 면책된 타방의 공동불법행위자에 대하여도 그의 부담부분에 상응하는 금원을 구상할 수 있음이 그 법리이며, 국가배상법 제2조 제1항 단서의 규정은 공무집행과 관련하여 피해를 입은 공무원에 대한 국가의 불법행위책임 자체를 부정하는 규정이라기보다는 다만 피해자인 공무원 본인 또는 그 유족으로 하여금 다른 법령의 규정에 의하여 재해보상금·유족연금·상이연금 등의 보상을 받게 하는 등 손해배상청구권의 주체와 그 행사방법을 제한하는 규정이라고 봄이 상당하고, 따라서 … 국가와 제3자가 직무직행중인 군인 등 공무원에게 공동하여 불법행위를 행한 경우 피해자인 군인 등은 동 법조의 규정상 국가에 대하여 직접 손해배상청구를 할 수 없는 것이지만, 그에게 손해를 배상한 공동불법행위자인 제3자는 동 법조의 규정과는 관계 없이 국가에 대하여 구상권을 행사할 수 있는 것이라고 해석함이 상당하"다[602]고 함으로써 해결책 2A[603]를 채택하고 있음에 대하여, "국가배상법 제2조 제1항 단서의 규정은 헌법 제28조 제2항에 근거를 둔 것으로서 군인·군무원 등 위 법률규정에 열거된 자에 대하여 재해보상금·유족연금·상여연금 등 별도의 보상제도가 마련되어 있는 경우에는 2중배상의 금지를 위하여 이들의 국가에 대한 국가배상법상 또는 민법상의 손해배상청구권을 배제한 규정이므로, 이들이 직접 국가에 대하여 손해배상청구권을 행사할 수 없음은 물론 국가와 공동불법행위의 책임이 있는 자가 그 배상채무를 변제하였음을 이유로 국가에 대하여 구상권을 행사하는 것도 허용되지 않는다고 해석하는 것이 2중배상금지를 위한 입법의 취지에 부합

602) 서울高判 83. 2. 15, 82나1925(高集 1983민, 143).

603) 물론 이 판결의 내용만을 가지고서는 原審의 견해가 해결책 2A를 취하고 있는지 그렇지 않으면 해결책 2B를 취하고 있는지의 여부가 불투명하지만, 국내의 학설상 현재로는 해결책 2B가 아직 언급되고 있지 않다고 하는 점, 원칙적으로 加害者 1人에게 발생한 사유에 대하여 相對的 效力밖에 인정하고 있지 않는 不眞正連帶債務가 絶對的 效力을 가진 사유를 널리 인정하고 있는 連帶債務보다 담보적 효력이 강하다고 주장하면서, 被害者의 보호를 위하여 共同不法行爲者의 책임의 법적 성격을 不眞正連帶債務로 보아야 한다고 하는 점 등으로 미루어 볼 때, 원심이 취하고 있는 견해는 해결책 2A라고 보아야 할 것이다.

한다"[604]고 판시함으로써 해결책 1[605]을 취하였고, 이러한 입장은 최근 전원합의체판결에 의하여 변경될 때까지 계속되었다.[606]

(나) 憲法裁判所의 見解 憲法裁判所는 이 문제에 대하여 "헌법 제29조 제2항을 피해군인 등에게 발생한 국가에 대한 손해배상청구권을 그 군인 등과 국가 사이에서만 상대적으로 소멸시키는 규정으로 해석한다면, 일반국민은 공동불법행위자인 군인의 부담부분에 관하여 국가에 대하여 구상권을 행사할 수 있게 된다. 이리하여 일반국민은 다른 공동불법행위로 인한 손해배상사건에서와 마찬가지로 자신의 부담부분에 한하여만 손해를 배상하고 국가도 공동불법행위자인 군인의 사용자로서의 책임을 부담하는 결과가 되어 형평의 원칙에 부합하게 된다. 이와 반대로 헌법 제29조 제2항을 국가의 불법행위책임 자체를 절대적으로 배제하는 규정으로 해석한다면, 이 사건과 같은 사안에서 일반국민은 공동불법행위자인 군인의 부담부분에 관하여 국가에 대하여 구상권을 행사할 수 없게 되고, 설사 공동불법행위자인 군인 개인에 대하여 구상권을 행사할 수 있다고 하더라도 그 군인 자신에게 변제할 자력이 없을 경우에는 일반국민은 현실적으로 구상을 받을 수 없게 된다. 그 결과 국가는 공동불법행위자인 군인의 사용자로서 그 군인의 불법행위로 인한 손해배상책임을 전혀 지지 아니하고 그 부담부분을 일반국민에게 전가시키거나 전가시키는 결과가 되어 형평의 원칙에 위배되고, 아울러 법률에 근거 없이 일반국민에게 재산상의 의무를 부과하는 것으로 국민의 재산권을 침해하게 된다"[607]

604) 大判 83.6.28, 83다카500(公 710, 1142).

605) 종래의 大法院見解가 반드시 해결책 1의 입장에 있다고 말할 수 있는가에 대하여 의문을 제기할 수도 있을 것이다. 왜냐하면 지금까지 대법원의 직접적인 판결대상이 된 것은 加害者 2가 국가에 대하여 구상권을 행사하는 것이 허용되는가의 여부이었고, 被害者가 加害者 2에 대하여 전액청구를 할 수 있는가 하는 것은 아니었기 때문이다. 그러나 대법원이 "국가배상법 제2조 제1항 단서의 규정은 … 2중배상의 금지를 위하여 이들의 국가에 대한 국가배상법상 또는 민법상의 손해배상청구권을 배제한 규정이므로 … 공동불법행위책임이 있는 자가 그 배상채무를 이행하였음을 이유로 국가에 대하여 구상권을 행사하는 것은 허용되지 않는다"고 함으로써 구상권을 인정하지 아니하는 이유를 일반적인 구상권의 발생요건 이외의 사유에서 구하고 있는 것을 보면, 일반적인 구상권의 발생요건은 갖추었음을 전제로 하고 있다고 볼 수 있고, 또한 구상권발생의 요건으로서 대법원이 超過出財說을 취하고 있음을 고려할 때 적어도 부담부분을 초과하여 배상하였음을 전제로 하고 있다고 볼 수 있다. 게다가 실제로 이 문제에 관한 대법원판결의 事案을 보면, 어느 경우에나 모두 加害者 2가 손해전부에 해당한다고 생각되는 액수를 지급하고 있는바, 이러한 사실은 종래의 大法院見解가 해결책 1의 입장에 있음을 짐작하게 하고 있다.

606) 大判 92.2.11, 91다12738 판결(公 917, 985); 大判 93.10.8, 93다14691(公 957, 3046); 大判 94.5.27, 94다6741(公 971, 1822) 등.

607) 憲裁決 94.12.29, 93헌바21(憲判集 6-2, 379).

고 판시함으로써 해결책 2A[608]를 취하고 있다.

(다) 大法院 全員合議體判決 위의 憲法裁判所 판결 이후 해결책 2A에 입각한 原審判決에 대하여 大法院은 全員合議體의 판결로써 종전의 판례를 변경하여 해결책 3에 입각한 판결을 내리고 있다. 즉 "헌법 및 국가배상법 규정의 입법취지를 관철하기 위하여는 피해군인 등은 위 헌법 및 국가배상법 규정에 의하여 국가 등에 대한 배상청구권을 상실한 대신에 자신의 과실 유무나 그 정도와 관계 없이 무자력의 위험부담이 없는 확실한 국가보상의 혜택을 받을 수 있는 지위에 있게 되는 특별한 이익을 누리고 있음에 반하여, 민간인으로서는 손해전부를 배상할 의무를 부담하면서도 국가 등에 대한 구상권을 행사할 수 없다고 한다면 부당하게 권리침해를 당하는 결과가 되는 것과 같은 각 당사자의 이해관계의 실질을 고려하여 위와 같은 경우에는 공동불법행위자 등이 부진정연대채무자로서 각자 피해자의 손해전부를 배상할 의무를 부담하는 공동불법행위의 일반적인 경우와 달리 예외적으로 민간인은 피해군인 등에 대하여 그 손해 중 국가 등이 민간인에 대한 구상의무를 부담한다면 그 내부적인 관계에서 부담하여야 할 부분을 제외한 나머지 자신의 부담부분에 한하여 손해배상의무를 부담하고, 한편 국가 등에 대하여는 그 귀책부분의 구상을 청구할 수 없다고 해석함이 상당하다 할 것이고, 이러한 해석이 손해의 공평·타당한 부담을 그 지도원리로 하는 손해배상제도의 이상에도 맞는다 할 것이다…"[609]고 하면서 종래의 판결을 변경하였다.

(3) 學 說

국내에서는 종래 이 문제가 실무상으로는 중요한 문제로서 등장하였으나, 그 동안 학자들 사이에서는 별로 논의되고 있지 않았다. 그러나 외국, 특히 獨逸에서는 이 문제에 대하여 많은 논의가 이루어져 왔으며, 전술한 바와 같이 責任排除合意의 경우에는 判例·少數說과 多數說이 서로 다른 해결책을 제시하였으나, 법률에 의한 책임제한 내지는 면책의 경우 중에서 "公務員補償法"(Beamtenversorgungsgesetz) §46 I 과 "社會法"(Sozialgesetzbuch) 7, §104 I 에 의하여 각각 공행정주체(öffentlicherechtliche Verwaltung)와 사업주(Unter-nehmer)가

608) 물론 헌법재판소가 취하는 견해가 반드시 해결책 2B가 아니고 해결책 2A인가 하는 것에 대하여 의문을 가질 수도 있겠지만, 前述 註 603에서 언급한 것과 마찬가지의 이유로 일단 해결책 2A로 볼 수 있을 것이다.

609) 大判(全) 2001. 2. 15, 96다42420(公 2001상, 699).

그 책임이 제한[610]되거나 면책되는 경우에는 독일의 학설과 판례는 일치하여 해결책 3을 취하고 있다.[611] 다만, 그 이론구성에 대해서는 견해가 여러 가지로 주장되고 있으며, 크게는 다음과 같이 세 가지로 나눌 수 있다.

첫째로 독일의 判例[612]와 通說的 見解[613]에 의하면, 법률이 加害者 1에게 면책의 혜택을 부여할 경우에 加害者 1은 내부관계에서도 求償의 의무를 부담하지 않는다고 보는 것이 입법취지에 부합하는 해석이라는 것이다. 責任排除合意의 경우에 相對的 效力만 인정하는 견해도 법률에 의한 책임의 제한 내지는 면책의 경우에는 그 법률규정이 加害者들 사이의 내부관계에도 직접 작용하기 때문에 加害者 1은 求償義務를 부담하지 않는다고 한다.[614] 이 경우 加害者 2는 이러한 책임의 제한 내지는 면책규정으로 인하여 부당하게 손해를 보아서는 아니 되므로 被害者의 加害者 2에 대한 손해배상청구권은 加害者 1이 면책되지 않았더라면 내부관계에서 부담하였을 부분만큼 감축되어야 한다는 것이다. 그리고 이는 被害者인 공무원 내지는 근로자에게 요구할 수 없는

610) 독일의 공무원보상법에 따른 청구권은 특히 위자료가 제외된다고 하는 점에서 일반 민법상의 청구권보다 피해자에게 불리하지만, 過失이나 위험책임의 요건의 입증에 좌우되지 않으며, 또 피해자에게 過失이 있어도 감액되지 않는다는 점에서 피해자에게 유리하다. 또한 同法에 따른 급여액은 손해항목의 개별적인 입증에 좌우되지 않고 一括的 總額으로(pauschaliert) 규정되어 있는 한편 상한선이 있는바, 이는 구체적인 손해의 입증이 문제되는 一般責任法에 의하는 것보다 피해자에게 유리하기도 하고 불리하기도 하다{Hofmann, Haftpflichtrecht für die Praxis(1989), 1.12.1 Rdnr. 3}.
공무수행중의 사고에 대하여 공동의 책임을 부담하는 공행정주체와 第3者 사이에서는 피해공무원 또는 그 유족에 대하여 지급되는 보상의 범위 내에서는 連帶債務가 존재하며, 따라서 그 범위 내에서는 求償權도 존재한다고 한다{Hofmann(本註), 1.12.1 Rdnr. 5, 1.12.9.5 Rdnr. 66; BGHZ 6, 3; 43, 178; BGHZ 94, 173, 174=NJW 1985, 2261 등}. 그러나 이를 넘어서는 부분에 대해서는 連帶債務가 존재하지 않고, 후술하는 것처럼 西獨聯邦大法院은 근로사고의 경우에서와 마찬가지로 해결책 3을 취하여 私人인 第3者는 면책규정이 없었더라면 국가가 부담하였을 부분을 제외한 나머지 부분에 대하여 책임을 진다고 한다.

611) 다만, 西獨聯邦大法院은 민법상의 책임제한의 경우에는 최근 해결책 1을 취하고 있다(BGHZ 103, 338, 344f.=NJW 1988, 2667, 2669). 이하에서는 독일에서의 법률에 의한 책임의 제한 내지는 면책의 경우라고 하면 별다른 언급이 없을 때에는 "公務員補償法"(Beamtenversorgungsgesetz) §46 I 내지는 "社會法"(Sozialgesetzbuch) 7, §104 I 의 경우를 가르키는 것으로 한다.

612) 공무원에 대한 국가의 책임제한의 경우에 대한 것으로서는 BGHZ 94, 173, 174=NJW 1985, 2261. 근로사고에서의 사업주책임의 배제의 경우에 대한 것으로서는 BGHZ 61, 51=NJW 1973, 1648; BGH VersR 1974, 888; BGH NJW 1976, 1975; BGH NJW 1987, 2669, 2670; BGHZ 110, 114=BGH NJW 1990, 1361, 1362 등.

613) Larenz(註 14), §37 Ⅲ(S. 648); Staudinger/Noack(13. Aufl.), §426 Rdnr. 148(S. 505) 등.

614) Soergel/Wolf(12. Aufl.), §426 Rdnr. 47(S. 1945). 責任排除合意의 경우에는 連帶債務는 존재하지 않지만 구상관계는 존재함에 반하여, 근로사고의 경우에는 사업주는 내부적인 求償義務로부터도 면책된다고 하는 젤프(Selb)도 마찬가지의 입장에 있다고 볼 수 있다. MünchKomm/Selb(3. Aufl., 1997), §426 Rdnr. 20-3(S. 1781-5).

불이익으로 볼 수는 없는바, 왜냐하면 국가의 보상 내지 보험자인 동업조합의 급여는 비록 제한되기는 하지만 그러나 지체없이 지급되며, 被害者인 공무원 등에게 過失이 있는 경우에도 전액 지급되고 또 국가 내지는 사업주측에 귀책될 過失이 없는 경우에도 지급되기 때문이라는 것이다.

둘째로 독일의 通說이 주장하는 바와는 달리 법률에 의한 책임의 제한 내지는 면책의 경우에도 連帶債務는 인정되며, 따라서 被害者에게 전액을 변제한 加害者 2가 國家 등에게 求償權을 행사하는 것이 이론상 불가능한 것은 아니고, 또한 이 때 加害者 2로부터 구상당한 國家 등에게는 책임의 제한 내지 면책을 규정한 법률규정의 취지로부터 被害者인 公務員 등에 대한 不當利得返還請求權이 인정된다고 하는 견해[615]가 있다. 이 견해에 의하면 그러나 被害者가 加害者 2에게 전액배상을 청구하는 것은 자신이 최종적으로 취득할 수 있는 이상의 것을 청구하는 것으로서 권리남용이 되며, 따라서 被害者는 加害者 2에 대하여 법률의 규정에 의하여 면책된 자가 그러한 규정이 없었더라면 부담하였을 부분을 제외한 나머지 부분에 대해서만 청구할 수 있다고 한다. 다만, 被害者가 加害者 2에 대하여 손해배상을 청구할 때에 소송절차에서 이러한 면책규정이 간과되어 전액배상의 판결이 내려졌다면, 求償의 순환은 피할 수 없을 것이라고 한다.[616]

셋째로 해결책 3에 대한 이론적 설명을 部分的 因果關係論에 입각한 共同不法行爲者의 連帶責任의 본질에서 구하는 견해가 있으며, 이에 대해서는 앞서 살펴보았다.[617]

615) Hager(註 572), S. 1643-5.

616) Hager(註 572), S. 1645. 그런데 법률의 규정에 의하여 면책이 될 경우에는 이러한 면책규정을 간과하여 전액배상판결이 내려지는 경우는 거의 없을 것이며, 이러한 문제는 주로 責任排除合意의 경우에 자주 발생할 수 있을 것이다. 그리하여 라렌쯔는 事前의 責任排除合意의 경우에 해결책 3을 취하면서도 소송절차에서 이러한 責任排除合意를 간과하여 전액배상의 판결이 내려진 경우에는 전액을 배상한 加害者 2가 加害者 1에 대하여 求償請求를 할 때에 加害者 1은 그 責任排除合意를 원용할 수 없을 것이라고 한다 {Larenz(註 14), §37Ⅲ(S. 648)}. 그러나 하거(Hager)처럼 원칙적으로 連帶債務를 인정하면서 被害者가 加害者 2에 대하여 전액청구를 할 때에 권리남용을 이유로 전액청구가 허용되지 않는다고 하는 이론구성을 취하면 모르되 그렇지 않고 加害者 1은 처음부터 책임을 지지 않으므로 連帶債務가 성립하지 않고, 따라서 加害者 2가 전액을 변제하였다고 하더라도 求償權은 인정되지 않는다고 하면서, 별다른 설명 없이 그 면책사유를 간과하여 전액배상의 판결이 내려진 경우에는 전액을 이행한 加害者 2에게 加害者 1에 대한 求償請求를 인정하여야 한다고 하는 것은 논리적 일관성을 결한다고 보아야 할 것이다.

617) 前述 本條 注解 C. Ⅲ. 2. (3). (다). (b). (iii) 참조.

### (4) 私 見

(가) 이 문제의 해결을 위하여 고려하여야 할 사항은 앞서의 責任排除合意의 경우와 마찬가지로, 첫째 법률에 의한 책임의 제한 내지는 면책으로 인한 최종적인 부담을 누구에게 지워야 하는가를 확정하는 것이며, 둘째 이렇게 확정한 이해조정결과를 어떻게 하면 共同不法行爲者의 責任에 관한 一般原則을 될 수 있는 대로 훼손시키지 않으면서 실현시키는가 하는 것이다.

(나) 각 당사자들의 이해관계의 검토 共同不法行爲에 있어서 각 당사자의 기본적인 이해관계는 우선 被害者의 입장에서는 각 加害者에게 손해전부에 대하여 배상을 청구할 수 있되 자기가 입은 손해 이상을 청구할 수는 없다고 하는 것이며, 加害者의 입장에서는 被害者에 대하여 손해전부에 대하여 배상의무를 부담하지만, 최종적으로는 다른 加害者가 無資力이 아니라면 求償權의 행사를 통하여 각 加害者의 부담부분에 따른 책임관계를 실현할 수 있다고 하는 것이다. 이러한 이해관계가 군인·공무원 등에 대한 국가배상책임의 경우에 國賠 §2 I 但書에 의하여 어떻게 변경되는가 하는 것이 문제될 것인바, 여기에 관해서는 다음과 같이 생각해 볼 수 있다.

첫째로 국가의 입장에 관하여 살펴보면 동 규정은 被害者의 國家에 대한 배상청구권을 제한함으로써 被害者의 이익에 대하여 國家의 이익을 우선시키고 있으며, 이는 단순히 피해자인 공무원에 대한 관계에서 그러할 뿐만 아니라 위험이 따르는 일정한 공무수행으로 인하여 공무원에게 손해가 발생한 경우에는 국가의 종국적인 부담을 줄여 주겠다고 하는 취지로 보아야 할 것이다.

둘째로 민간인인 加害者 2의 입장에 대해서는 求償權의 행사를 통하여 부담부분에 따른 책임만을 진다고 하는 것에 대하여 共同不法行爲者가 가지는 이익이 단순히 예외적이고 보충적이며 시혜적인 것이 아니라 헌법에 의하여 보장된 재산권으로 강하게 보호받는 성질을 가지는 것으로서,[618] 이는 원칙적으로 발생한 손해전부를 배상받는다고 하는 것에 대하여 被害者가 가지는 이익과 거의 대등한 위치를 차지하는 것이라고 보아야 할 것이다. 加害者 2가 가지는 이러한 이익이 그의 이해관계에 관하여 직접적으로 규정하고 있지 않은 國賠 §2 I 但書의 규정에 의하여 제한된다고 해석할 수는 없는 것이다.

셋째로 발생한 손해전부를 배상받는다고 하는 것에 대하여 가지는 被害者의 이익은 國賠 §2 I 但書에 의하여 이미 제한받고 있는 것이다. 그럼에도 불

618) 이에 관해서는 前述 本條 注解 C.Ⅱ.2.(3) 참조.

구하고 불법행위의 피해자를 두텁게 보호한다고 하는 이유로 共同不法行爲의 一般原則을 그대로 적용하여 加害者 2에게 전액을 청구할 수 있게 하고, 나아가 加害者 2의 국가에 대한 求償權을 인정하지 않음으로써 그 최종적인 부담을 加害者 2에게 부담시키는 것은 기본적으로 共同不法行爲者가 求償權의 행사를 통하여 부담부분에 따라 책임을 진다고 하는 것에 대하여 가지는 이익을 예외적이고 보충적이며 시혜적인 것으로 보고, 이러한 共同不法行爲者의 이익은 발생한 손해전부를 배상받는다고 하는 것에 대하여 被害者가 가지는 이익에 대해서 언제나, 심지어는 被害者의 그러한 이익이 법률에 의하여 제한을 받고 있는 경우에까지도 下位에 선다고 하는 생각을 전제로 하고 있는 것이다. 그러나 이러한 생각은 타당하지 않으며, 손해전부를 배상받는다고 하는 것에 대하여 被害者가 가지는 이익에 못지 않게 求償權에 의하여 負擔部分에 따라 책임을 진다고 하는 것에 대하여 가지는 共同不法行爲者의 이익도 보호되어야 하는 것인바, 그럼에도 불구하고 前者의 이익을 제한하고 있는 國賠 §2Ⅰ 但書를 後者의 이익을 희생함으로써 前者의 이익을 보호하는 방향으로 해석할 수는 없는 것이다.

결국 國賠 §2Ⅰ但書는 일정한 경우에 공무원 등에 대하여 국가의 배상책임을 제한하고, 그로 인하여 발생하는 부담을 궁극적으로 被害者인 공무원 등에게 지우고 있으며, 그 결과 被害者인 공무원 등은 발생한 손해에 대하여 전액배상받지는 못한다고 하더라도 이로 인한 불이익은 자신의 過失의 유무나 그 정도와 관계 없이 無資力의 危險負擔이 없는 확실한 국가보상의 혜택을 받을 수 있는 지위에 있게 되는 특별한 이익에 의하여 어느 정도 상쇄된다고 하는 취지로 해석하여야 할 것이다. 이러한 관점에서 본다면 종래의 대법원이 취하고 있었던 해결책 1은 그 최종적인 부담을 민간인인 加害者 2에게 부담시키고 있다고 하는 점에서, 그리고 헌법재판소가 취하는 해결책 2A는 被害者인 공무원 등이 國賠 §2Ⅰ但書에 의하여 일단 떠맡았던 부담을 민간인인 加害者 2의 求償權을 통하여 다시 國家에게 떠 넘기고 있다고 하는 점에서 國賠 §2Ⅰ但書의 입법취지와 부합하지 아니하는 해석으로서 취할 바가 못된다.

(다) 최종적인 청산결과의 실현방법에 대한 검토 　이제 남은 문제는 被害者인 공무원 등이 國賠 §2Ⅰ但書로 인한 부담을 최종적으로 짊어져야 한다고 하는 청산결과를 어떠한 방법으로 실현시키며, 이를 이론적으로 어떻게 설명할 것인가 하는 것인바, 이 문제는 기본적으로 전술한 責任排除合意의 경

우와 크게 다를 바가 없다. 따라서 被害者인 공무원 등은 민간인인 加害者 2에 대하여, 國賠 §2Ⅰ但書가 없었더라면 국가가 加害者 2와의 내부적 관계에서 최종적으로 부담하였을 부분만큼을 제외한 나머지 부분에 대해서만 배상청구할 수 있다고 하는 해결책 3이 가장 타당할 것이다. 다만, 이를 이론적으로 어떻게 설명할 것인가, 특히 결과적으로 부분책임을 인정하고 있는 해결책 3을 被害者는 共同不法行爲者 각자에게 손해전부에 대하여 청구할 수 있다고 하는 共同不法行爲責任의 一般原則과 어떻게 조화시킬 것인가 하는 것이 문제될 것이다. 이 문제를 앞서 언급한 독일의 3가지 학설[619]과 관련하여 살펴보면 다음과 같다.

첫째로 해결책 3에 대한 이론적 설명을 部分的 因果關係論에 입각하여 共同不法行爲者의 連帶責任의 본질에서 구하는 견해는 상당히 간명하고 알기 쉽다고 하는 점에서 장점이 있으나, 部分的 因果關係論 자체를 일반론으로서 받아들이기 어렵기 때문에 취할 수 없을 것이다.

둘째로 독일의 판례와 통설은 법률에 의한 책임의 제한 내지는 면책의 경우에는 加害者 상호간에 連帶債務關係가 발생하지 않으며, 따라서 求償關係도 존재하지 않는다고 하면서,[620] 이 경우 加害者 2는 加害者 1이 事前에 면책됨으로 인하여 부당하게 손해를 보아서는 아니 되므로 加害者 2의 책임을 加害者 1이 事前에 면책되지 않았더라면 내부관계에서 부담하였을 부분만큼 감액시키는 것이 타당하다고 한다. 그러나 前述하였듯이[621] 이러한 설명은 部分的 因果關係論을 전제로 한다면 몰라도 因果關係는 Alles-oder-Nichts의 문제라고 보는 입장에서는 加害者 2가 部分責任만을 진다고 하는 것에 대한 설득력 있는 설명은 되지 못하며, 또한 이들 경우에 반드시 連帶債務關係가 처음부터 존재하지 않았다고 볼 수도 없다고 생각한다.[622] 게다가 부담부분에 대한 絶對的 效力이 1人의 加害者의 책임을 제한 내지 배제하는 법률의 규정으로부터

619) 前述 本條 注解 C.Ⅲ.3.(3) 참조.

620) 이 점에 관해서 독일의 판례와 학설은 그 설명을 달리하고 있다. 이 점에 대해서는 이미 앞에서 언급하였지만{前述 本條 注解 C.Ⅲ.3.(3) 참조}, 여기서 다시 한번 정리하면 독일의 多數說은 책임배제합의의 경우나 법률에 의한 책임의 제한 내지 면책의 경우 모두 加害者 1은 처음부터 배상책임이 없으므로 連帶債務가 성립하지 않고, 따라서 求償關係도 발생하지 않는다고 한다. 이에 반하여 西獨聯邦大法院의 判例와 少數說은 責任排除合意의 경우에는 連帶債務關係를 인정 내지 의제하고 있으며, 다만 법률에 의한 책임의 제한 내지는 면책의 경우에는 그 법률규정이 加害者들 사이의 내부관계에도 직접 작용하기 때문에 加害者 1은 구상의무를 부담하지 않는다고 한다.

621) 前述 本條 注解 C.Ⅲ.2.(3).(다).(b).(ii) 참조.

622) 이에 관해서는 前述 註 576 참조.

직접 도출될 수 있는지는 의문이다. 즉 우리의 國賠 §2 I 但書의 예를 가지고 설명하면, 이 규정의 직접적인 취지는 일정한 공무수행으로 인하여 공무원에게 손해가 발생한 경우에 다른 법령의 규정에 의한 보상 이외에 따로 국가에 대하여 손해배상을 청구할 수 없게 함으로써 종국적으로 국가의 부담을 줄여 주겠다고 하는 취지일 뿐이며, 그 부담을 줄여 주는 방법으로서 직접적으로 加害者 2로부터의 求償權을 배제한다는 취지까지도 포함하고 있다고 볼 수 있을지는 의문이다. 오히려 국가의 최종적인 부담을 줄이는 방법으로서 부담부분에 한하여 絶對的 效力을 인정할 것인지, 아니면 相對的 效力을 전제로 한 請求의 循環에 의할 것인지의 여부는 해석에 맡기고 있다고 보는 것이 타당할 것이다.

셋째로 이러한 관점에서 본다면 기본적으로 이론구성의 출발점으로서는 請求의 循環을 인정하고 있는 前述한 하거(Hager)의 이론[623]이 옳다고 본다. 즉 加害者 1에게는 법률에 의한 책임의 제한 내지는 면책의 사유가 있다고 하더라도 共同不法行爲責任의 一般原則에 따라 被害者는 加害者 2에 대하여 전액청구를 할 수 있으며, 전액을 변제한 加害者 2는 國家에 대하여 求償權을 행사할 수 있고, 다시 國家는 被害者인 公務員 등에 대하여 被害者가 자신에게 청구를 할 수 없음에도 불구하고 加害者 2를 통하여 간접적으로 청구하여 이득을 보았으므로 不當利得返還請求權을 행사할 수 있다고 이론구성하는 것도 법률이론상 불가능한 것은 아니다. 다만, 이러한 사정 하에서 被害者가 加害者 2에 대하여 전액을 청구하는 것은 앞서 자세히 언급하였듯이[624] 1회의 소송으로 처리할 수 있는 것을 3번의 소송을 거치게 할 뿐만 아니라, 자신이 취득할 수 있는 것 이상으로 청구하는 것이 되어 權利濫用으로서 허용되어서는 안 될 것이다.[625] 그런데 하거는 被害者의 加害者 2에 대한 전액청구는 권리남용으로 허용되지 않는다는 이유로 부담부분에 한하여 絶對的 效力을 인정하면서도 다른 한편으로는 被害者가 加害者 2에 대하여 손해배상을 청구할 때에 소송절차에서 이러한 면책규정이 간과되어 전액배상의 판결이 내려졌다면 請求의 循環은 피할 수 없다고 한다. 그러나 이러한 견해는 加害者 1의 求償

623) 前述 註 615의 본문 참조.

624) 前述 本條 注解 C.Ⅲ.2.(3).(나).(b).(i) 참조.

625) 다만, 責任排除合意의 경우에 請求의 循環에 대해서 제기하였던 또 하나의 유력한 비판, 즉 被害者는 加害者 2에게 근거 없이 加害者 1의 無資力危險을 부담시킨다고 하는 비판은 加害者 1이 국가가 되는 경우에는 적용될 수 없을 것이다.

義務의 발생 여부를, 被害者와 加害者 2의 소송에서 被害者에 대하여 加害者 1이 면책되었음이 참작되었느냐의 여부에 좌우되게 하는 것으로서, 근거 없이 加害者 1의 법률관계의 불안정을 초래하게 하고 있으므로 받아들일 수 없다. 이러한 경우에는 被害者의 加害者 2에 대한 전액청구가 定型的으로 권리남용이 된다고 하는 점과 求償關係를 간편하게 처리할 수 있다고 하는 점 등을 고려하여 負擔部分에 한하여 絶對的 效力을 인정하는 것이 바람직할 뿐만 아니라, 법률관계의 안정을 위하여 오로지 그 방법만을 인정하여야 할 것이다. 게다가 구체적인 경우 하거가 우려하는 사태는 주로 責任排除合意 내지는 免除 등과 같이 당사자의 의사에 의하여 면책되는 경우에 한하여 발생할 수 있을 뿐이고, 공무원 등에 대한 국가배상책임이 법률에 의하여 제한되는 경우에는 거의 생각할 수 없을 것이며, 설령 아주 예외적으로 그러한 사태가 발생하였다 하더라도 連帶債務에서의 구상요건으로서의 통지에 관한 규정(民 §426)을 유추적용함으로써[626] 어렵지 않게 처리할 수 있을 것이다.

(4) 餘 論

(가) 責任排除合意 내지는 免除의 경우와의 비교검토 이상에서 살펴본 것처럼 軍人·公務員에 대한 國家賠償責任의 制限이라는 事由가 다른 민간인 加害者의 책임에 대하여 어떠한 영향을 미치는가에 대해서는 기본적으로 責任排除合意의 경우와 동일한 맥락 하에서 살펴볼 수 있다. 그리고 이러한 사정은 바로 다음에 살펴볼 免除의 경우에도 마찬가지이다. 그런데 責任排除合意나 免除와 같이 당사자의 意思에 의하여 면책된 경우에는 현실적으로 다음과 같은 사정이 해결책 3을 취하는 데 커다란 장애가 되고 있다. 즉 첫째 被害者와 加害者 1 사이에 責任排除合意 내지는 免除의 事由가 있었는지에 관하여 加害者 2가 알 수 없는 경우가 많고, 따라서 이를 간과하고 加害者 2에 대하여 전액배상판결을 내릴 경우를 배제할 수 없으며, 둘째 설령 加害者 2가 이러한 사정을 알고 소송에서 주장하였다 하더라도 被害者가 이를 부인하여 소송상 다투어졌을 때, 被害者와 加害者 1 사이의 약정의 존재 내지는 그 내용에 관하여 第3者인 加害者 2가 다투어야 하는 사태가 발생하는바, 이는 적절하지 않다고 하는 비판이 가해질 수 있다. 물론 해결책 3을 취하는 데 대한 이러한 장애들은 連帶債務에서의 구상요건으로서 통지에 관한 民 §426와 訴訟告知에 관한 民訴 §§77-79 등을 통해서 각각 피할 수는 있지만, 이러한 점

626) 이에 관해서는 前述 本條 注解 C.Ⅲ.2.(3).(다) 참조.

들이 당사자의 意思에 의하여 면책되는 경우에 해결책 3을 취하는 것을 주저하게 한다고 하는 점은 부인할 수 없을 것이다.

이에 반하여 군인 등에 대한 國家賠償責任의 制限의 경우에는 해결책 3을 취하는 데에 이러한 현실적인 장애가 거의 발생하지 않는다고 하는 점에서 커다란 차이를 보이고 있다. 이러한 차이점으로 인하여 군인 등에 대한 國家賠償責任의 制限의 경우에는 責任排除合意 내지는 免除 등의 경우에서보다도 해결책 3을 취하는 것이 더욱 쉬워지는 것이다. 바로 이러한 점 때문에 독일의 判例는 당사자의 意思에 의하여 면책되는 경우에는 해결책 2A 내지는 해결책 2B를 취하면서도 國家賠償責任의 制限의 경우에는 해결책 3을 택하고 있는 것이 아닌가 생각된다.

이러한 점을 감안해 볼 때, 대법원이 軍人等에 대한 國家賠償責任의 制限에 대하여 負擔部分型 絶對效를 인정하였다고 해서 이것이 곧 共同不法行爲者 1人에게 발생한 事由에 대하여, 직접적으로 채권을 만족시키는 事由를 제외하고는 相對的 效力만을 인정해 온 종래의 대법원의 입장에 변화를 보이는 것이라고 해석할 수는 없을 것이다.

(나) 국가에 대한 災害補償金 등의 請求權과 민간인에 대한 損害賠償請求權의 관계 　　해결책 3을 취할 때에 제기되는 또 하나의 문제는 국가에 대한 災害補償金 등의 청구권과 민간인에 대한 損害賠償請求權과의 관계이다. 즉 해결책 3에 의하면 被害者인 軍人等은 國家에 대해서는 법령의 규정에 정하는 災害補償金 등을 청구할 수 있는 한편, 민간인인 共同의 加害者에 대하여는 전체손해 중에서 국가가 민간인에 대한 求償義務를 부담한다면 그 내부적인 관계에서 부담하여야 할 부분을 제외한 나머지 부분에 한하여 청구할 수 있게 되는데, 이 때 양자의 관계가 문제된다.

앞서 언급한 바와 같이[627] 독일에서는 겹치는 한도에서, 즉 전체손해배상액 중에서 被害者인 공무원 또는 그의 유족에 대하여 지급되는 보상의 범위 내에서 連帶債務關係가 존재하며, 이를 넘어서는 부분에 대해서는 민간인인 加害者 2는 다른 加害公務員 내지 國家가 부담하였을 부분만큼을 제외한 나머지 부분에 대해서만 단독책임을 진다고 한다. 즉 예컨대 加害公務員과 民間人加害者의 과실비율이 1:1이고, 국가에 의해서 지급되는 보상금이 4/5라고 한다면, 국가와 민간인 加害者는 4/5에 대해서는 連帶債務를 부담하며, 나머지 1/5

627) 前述 註 610 참조.

의 50%, 즉 1/10에 대해서는 民間人加害者의 單獨債務가 성립한다는 것이다.

그러나 이렇게 해석하면 被害者인 공무원은 거의 언제나 손해전부에 대한 배상을 받지는 못한다는 결과가 되는데, 아무리 國賠 §2 I 但書의 취지가 피해자인 公務員에게 궁극적인 부담을 지우는 데에 있다고 하더라도 이러한 해석은 피해자인 공무원에게 지나치게 가혹하게 된다. 이러한 해석이 타당하지 않다고 하는 것은 당사자의 이해관계를 합리적으로 비교형량해 보면 더욱 분명히 드러난다. 즉 피해자가 손해전부에 대하여 배상을 받을 권리는 國賠 §2 I 但書가 규정하는 범위 내에서 최소한도로만 제한할 수 있을 뿐이며, 또한 국가는 國賠 §2 I 但書에 의하여 다른 법령에 의한 보상금 등을 넘어서서 지급할 수 없을 뿐이고, 그 한도 내에서는 피해자의 손해전부에 대한 배상청구권이 우선되어야 한다고 보아야 할 것이다. 이러한 점은 公務員年金法 또는 軍人年金法의 입법취지가 公務員 또는 軍人의 退職 또는 死亡과 公務로 인한 負傷·疾病·廢疾에 대하여 적절한 給與를 實施함으로써 公務員 및 그 遺族의 生活安定과 福利向上에 寄與함을 目的으로 하고 있고(公務員年金法 §1, 軍人年金法 §1), 따라서 공무원 또는 군인 자신의 過失 유무나 그 정도에 상관 없이 지급된다고 하는 점을 고려해 볼 때 명백하다 할 것이다. 다만, 공무원 또는 군인은 자신이 입은 손해 이상으로 배상 또는 보상받을 수 없으므로, 국가와 민간인가해자로부터 받은 보상액과 배상액의 합계가 자신이 입은 손해를 넘어설 때에 비로소 公務員年金法 §33 II · III과 軍人年金法 §41 II · III이 적용되어 그 넘어서는 부분에 대해서는 국가에 양도된다고 보아야 할 것이다.

이러한 이해관계를 고려하여 본다면, 被害者인 공무원은 국가에 대해서는 4/5에 해당하는 보상금 등 청구권을, 그리고 민간인인 加害者에 대하여는 국가가 민간인에 대한 求償義務를 부담한다면 그 내부적인 관계에서 부담하여야 할 부분(즉 위의 사례에서 1/2)을 제외한 나머지 부분(1/2)에 대하여 손해배상청구권을 중복적으로 가지며, 그러나 자신이 입은 손해 이상을 배상 내지는 보상받을 수 없기 때문에 자신의 손해를 넘어서는 부분에 대해서는 公年 §33 II · III과 軍年 §41 II · III 등에서 정하는 바에 따라 國家에 양도된다고 보아야 할 것이다. 따라서 위의 사례에서는 피해자인 공무원이 국가로부터 4/5를 지급받은 경우에는 民間人加害者에 대한 손해배상청구권 1/2 중에서 자신이 입은 손해 중에서 보상받지 못한 나머지 부분인 1/5에 대해서만 청구할 수 있고, 나머지 3/10에 대한 배상청구권은 국가에게 양도된다고 보아야 할 것이다. 또한 加害公務員

의 過失과 民間人加害者의 過失이 4:1이고, 국가에 의해서 지급되는 보상금 등은 3/5이라면, 被害者인 公務員은 국가로부터 3/5의 보상금과 民間人加害者로부터는 1/5의 손해배상청구권을 가지며, 이 때는 公務員年金法 §33Ⅱ·Ⅲ과 軍人年金法 §41Ⅱ·Ⅲ 등은 그 적용이 없다고 보아야 한다.

### 4. 免　除[628)]

(1) 문제의 소재와 예상가능한 해결책

예컨대 被害者가 加害者 1의 배상채무를 免除하여 준 경우에 이 事由가 被害者와 加害者 2 또는 加害者 상호간의 법률관계에 대하여 어떠한 영향을 미치는가 하는 것이 문제된다. 즉 앞서 언급한 責任排除合意 등의 경우와 마찬가지로 被害者는 加害者 2에 대하여 전액의 배상청구를 할 수 있는지, 만약 加害者 2가 전액을 변제하였다면 그는 加害者 1에게 求償權을 행사할 수 있는지, 그리고 만약 加害者 1이 加害者 2의 求償에 응하였다면 다시 加害者 1과 被害者 사이에 조정문제는 발생하지 않는지 등이 문제된다. 그리고 예상가능한 해결책과 그 해결책의 문제점 등도 前述한 責任排除合意에서 언급한 것들과 유사하므로, 이하에서는 중복되는 부분에 대해서는 설명을 생략하고, 면제의 경우에 특히 문제되는 점들을 중심으로 살펴보기로 한다.

(2) 判　例

判例는 일관하여 共同不法行爲에 있어서 1人에 대한 免除는 相對的 效力만을 보유하고, 따라서 被害者는 다른 加害者에 대해서는 전액을 청구할 권리를 잃지 않으며, 전액을 변제한 加害者는 免除를 받은 加害者에 대하여 求償權을 행사할 수 있다고 판시하고 있다. 즉 대법원은 "공동불법행위에 있어서는 이로 인한 손해배상책임은 그 상호간 부진정연대채무관계가 성립한다고 함이 상당할 것이며, 그 1인의 변제 등 채권을 만족시키는 사유는 절대적 효력이 있다 할 것이나 1채무자에 대한 채무의 면제와 같은 사유는 다른 연대채무자에게 효력이 미치지 아니한다고 하여야 할 것이다"[629)]고 하며, 共同不法行爲者의 1인에 대한 免除는 相對的 效力밖에 없음을 판시하고,[630)] 더 나아가

628) 이 문제에 대하여 좀더 자세한 것에 대해서는, 鄭泰綸, "공동불법행위자의 1인에 대한 면제의 효력", 인문사회과학논총 1-1, 인제대학교 인문사회과학연구소, 109-53을 참조.
629) 大判 82.4.27, 80다2555(公 683, 521).
630) 같은 취지의 판결로서 大判 69.8.26, 69다962(總 5-2, 980-8); 大判 72.11.28, 72다939(總 5-2, 980-20); 大判 77.8.23, 77다704(總 5-2, 980-36) 등.

"공동불법행위에 있어서는 그로 인한 손해의 배상책임은 소위 부진정연대채무관계에 있다 할 것이고, 그 중의 한 채무자에 대한 채무면제의 효력에 관해서는 민법 제419조가 적용되지 아니하고, 다른 채무자에게는 그 효력이 미치지 아니하며, 공동불법행위자의 1인으로부터의 구상권의 행사에 대하여 다른 공동불법행위자는 자기의 채무가 면제되었음을 이유로 그 구상을 거절할 수는 없다고 봄이 공평의 이념상 타당하다 하겠다"[631]고 하면서 共同不法行爲에 있어서 1인의 加害者가 被害者로부터 免除를 받았다고 하더라도 다른 加害者로부터의 求償請求를 거절할 수 없음을 분명히 하고 있다.

(3) 學 說

學說은 일치하여 免除에 대하여 相對的 效力만을 인정하고 있는바, 이하에서는 특히 免除에 관하여 별도로 언급하고 있는 學說을 살펴본다.

(가) 學說 1[632] 이 學說은 共同不法行爲의 효과로서 不眞正連帶債務가 발생하며, 그 결과 被害者가 加害者 1에 대하여 免除를 하였다 하더라도 加害者 2가 이러한 사유를 내세워 피해자로부터의 손해배상청구를 거부할 수는 없다고 하는 것을 전제로 한 후에 被害者에게 전액을 배상한 加害者 2가 加害者 1에게 求償請求를 하였을 때에 加害者 1은 자기가 免除받은 債務者임을 내세워 이를 거부할 수 있는가에 대하여 살펴보고 있다. 同說은 이 문제에 대하여 두 가지 견해가 대립되고 있는바, 첫째는 加害者 1은 加害者 2의 求償請求에 대하여 자기는 免除받은 債務者임을 내세워 이를 거부할 수 있으며, 그렇게 보지 않는다면 被害者의 免除는 아무런 의미도 없게 된다고 하는 說이며, 둘째는 被害者가 恣意로 共同不法行爲者 중의 어느 한 사람에 대해서는 免除하고 다른 사람에 대해서는 全額請求를 하는 대로 그 효력을 인정한다면 그들 사이에 부담부분을 인정하고 구상을 허용하려 했던 公平의 觀念에 크게 반한다는 이유로 相對的 效力이 그대로 적용되어야 한다고 하는 說이라고 하면서, 결국 "어느 설에 의하든 결과가 불만족스럽지만 被害者保護를 위하여 피해자에 대한 관계에서 면제의 상대적 효력을 주장하게 된 것이므로 그 內部求償關係에서도 상대적 효력에 따르는 것이 일관성 있는 태도라 할 것"이라고 한다.

631) 大判 80.7.22, 79다1107(公 641, 13072). 보다 최근의 것으로서는 대판 97.12.12, 96다50896(公 1998상, 254)이 있다.
632) 朱相壽(註 561), 211-2.

(나) 學說 2[633] 이 學說은 결과적으로는 위의 學說 1의 주장과 동일하나, 문제를 보는 관점은 약간 달라서 學說 1이 당연한 것으로 인정하였던 사실, 즉 피해자는 加害者 1에 대하여 免除를 하였다 하더라도 加害者 2에 대해서는 全額을 청구할 수 있다고 하는 사실 그 자체를 문제삼고 있다. 즉 同說은 加害者 2에 대하여 전액을 청구할 수 있다고 하는 不訴求合意說과 加害者 1의 負擔部分에 한하여 다른 共同不法行爲者에게도 효력을 미친다고 하는 絶對的 效力說을 비교·검토하면서, 後者는 "화해를 하는 피해자의 진의에 반하여 피해자에게 지나치게 불리한 결과를 초래한다"는 점에서 취할 수 없다고 하는 반면에, 前者는 "피해자의 主觀的 意思에 너무 편중되어 있다는 점과 화해가 있어도 최종적인 損害分配는 화해가 없었던 경우와 전혀 같은 결과로 된다는 난점이 있으나,[634] 피해자의 의사의 추측과 부담부분이 미리 명백하게 되어 있는 것이 아니라는 것을 생각한다면 이 說이 가장 타당하다"고 한다.

(4) 私 見

(가) 위 학설들은 결국 같은 의미를 지니는 것으로서 被害者가 加害者 1에 대하여 그의 賠償債務를 免除하여 준 경우에 이 免除는 相對的 效力만을 가지고, 따라서 被害者는 加害者 2에 대해서는 이 免除에 의하여 아무런 영향을 받음이 없이 전액청구를 할 수 있고, 또 이러한 相對的 效力은 加害者 2의 加害者 1에 대한 求償의 단계에서도 그대로 적용되어 被害者에게 전액배상한 加害者 2는 이 免除와는 상관없이 被害者 1에 대하여 求償權을 행사할 수 있다고 하는 취지이다. 그러면서 "被害者保護"를 내세우거나 "최종적인 손해분배는 화해가 없었던 경우와 전혀 같은 결과로 된다"고 하면서, 加害者 2에게 구상당한 加害者 1은 다시 被害者에게 免除의 취지를 내세워 구상당한 부분을 청구할 수는 없는 것으로 보고 있다. 따라서 이러한 학설들은 결국 해결책 2A를 취하고 있고, 이 점은 대법원판례에 있어서도 마찬가지이다. 그러나 이러한 결론은 免除받은 加害者 1의 입장을 지나치게 무시하고 있는 것으로서 타당한 해결이라고 할 수 없다.

(나) 각 당사자들의 이해관계의 검토

(a) 먼저 免除者인 被害者, 免除받은 加害者 1, 그리고 加害者 2 중

633) 林正平(註 378), 683-4.

634) 따라서 學說 2는 學說 1이 문제삼았던 부분, 즉 전액을 변제한 加害者 2가 免除받은 加害者 1에 대하여 求償權을 행사할 수 있느냐에 대해서는 당연히 할 수 있음을 전제로 한다.

에서 면제로 인한 궁극적인 부담을 누구에게 지울 것인가 하는 문제에 대해서는 세 가지로 답할 수 있을 것인바, 그 중에서 加害者 2가 부담하는 방법은 私的 自治의 大原則에 배치되므로[635] 취할 수 없다. 따라서 종국적인 부담을 加害者 1에게 지울 것인가 그렇지 않으면 免除者인 被害者에게 그 부담을 지울 것인가 하는 문제로 귀착될 것인데, 이는 결국 免除의 意味에 따라서 결정되어야 할 것이다. 즉 被害者가 加害者 1에 대하여 民 §506의 의미의 免除를 하였다면, 이 免除는 처분행위로서 채권의 포기에 해당하는 것이고, 따라서 그로 인한 궁극적인 부담은 債權者에게 돌아갈 것이다. 그의 손해를 배상하여야 할 債務者가 多數라고 해서 결과가 달라져야 할 이유는 없다. 만약 免除를 하였음에도 불구하고 被害者가 加害者 2에 대하여 全額을 請求할 수 있고 또 加害者 2는 다시 加害者 1에게 求償을 할 수 있다면, 이 免除를 신뢰하여 이제는 손해를 발생시킨 사고로부터 완전히 해방되었다고 믿고 있던 加害者 1에게는 가혹한 결과로 되고, 被害者는 加害者 1에 대하여 한 손으로 주었던 것을 다시 다른 손으로 빼앗는 것이 되어 부당하며 免除의 취지에 반하는 것이 명백하다. 그러므로 궁극적인 부담은 免除者인 被害者에게 돌아가야 할 것이며, 이는 被害者 스스로의 자유로운 의사에 의하여 선택한 것이기 때문에 被害者에게 특별히 불리한 것도 아니다. 또한 법정책적인 관점에서 보더라도 이러한 해결책이 옳은 것이다. 왜냐하면 一刀兩斷的인 裁判에 의하여 해결하는 것보다는 당사자 사이의 원만한 和解에 의하여 해결하는 것이 법정책적으로 볼 때에도 바람직스러운바, 免除는 보통 和解契約에 수반하여 행하여지게 되는데, 和解契約을 체결하더라도 加害者 1에게는 和解契約이 없는 경우와 결과적으로 동일하다면 和解契約을 체결하게 하는 誘因이 거의 없게 되기 때문이다.

(b) 물론 被害者의 意思가 民 §506의 의미의 免除를 하려고 한 것이 아니라 不提訴合意를 하려고 한 것이라면 사정이 달라진다. 이러한 합의는 契約自由의 原則에 의하여 그 효력이 인정될 것이고, 이 不提訴合意도 그 자체로 債務者에게 유리한 점이 있기 때문에 경우에 따라서는 被害者와 加害者 사이에 이러한 不提訴合意가 체결되는 수도 있을 것이다. 오히려 다른 특별한 사정이 없는 이상, 배상을 전혀 받지 않았거나 全損害額에 비하여 월등히 적은 액수를 받으면서 被害者가 加害者를 免除시켜 주는 경우는 생각하기 힘들기 때문에 의심스러울 때에는 不提訴合意로 보는 것이 타당한 경우가 많을 것

635) Larenz(註 14), §37Ⅲ(S. 647).

이다. 이처럼 不提訴合意가 체결되었다고 보아야 할 경우에는 被害者는 加害者 2에게 전액을 청구할 수 있고, 또 전액을 배상한 加害者 2는 다시 加害者 1에게 求償權을 행사할 수 있을 것이며, 다만 被害者는 加害者 2의 無資力危險을 부담하게 될 뿐이다.

(c) 결국 共同不法行爲者의 1人에 대한 免除가 다른 加害者에게 어떠한 영향을 미치는가 하는 문제는 被害者의 의사 여부에 따라 결정될 것이며, 만약 不提訴合意로 해석된다면 이는 다른 加害者에게는 아무런 영향을 미치지 않게 되겠지만, 民 §506의 의미의 免除로 본다면 궁극적인 부담은 免除者인 被害者가 져야 하는 것으로 될 것이며, 이 때 궁극적인 부담을 被害者가 져야 한다고 하는 의미는 免除가 없었더라면 加害者 1이 부담했어야 할 부분을 被害者가 부담하여야 한다는 의미이다.

(다) 최종적인 청산결과의 실현방법에 대한 검토

(a) 免除로 인한 부담을 궁극적으로 누구에게 지울 것인가 하는 문제가 결정되었으면 그 다음에는 그러한 결과를 어떤 수단을 통해서 실현시킬 것인가 하는 것이 문제되는데, 그러한 수단으로서는 앞서 언급한 責任排除合意 등의 경우에서와 같이 2가지를 고려할 수 있을 것이다. 즉 첫째는 免除에 대하여 相對的 效力만을 인정하고 請求의 循環을 통하여 실현하는 방법과, 둘째는 免除에 대하여 負擔部分에 한하여 絶對的 效力을 인정하여 被害者의 加害者 2에 대한 청구를 加害者 1의 부담부분만큼 감액시키는 방법이다.

이 중 첫번째 방법, 즉 被害者가 加害者 2에 대하여 전액을 청구할 수 있게 하고 다시 加害者 2로 하여금 加害者 1에 대하여 求償權을 행사하게 한 다음, 加害者 1로 하여금 免除의 취지에 따라 다시 被害者에게 자기가 加害者 2에게 구상당한 부분을 청구할 수 있게 하는 것은 1회의 소송으로 해결할 수 있는 문제를 3회의 소송을 거치게 하므로 소송경제에 반한다고 하는 점, 이러한 방법은 결국 加害者 2에게 加害者 1의 無資力危險을 부담시키는 결과밖에 되지 않으며, 이렇게 하는 것에 대한 보호할 만한 이익이 被害者에게는 없다고 하는 점, 그럼에도 불구하고 被害者가 加害者 2에 대하여 전액청구를 하는 것은 권리남용으로서 허용될 수 없다고 하는 점 등을 이유로 받아들일 수 없다고 하는 것은 이미 앞에서 언급하였다.[636]

(b) 그런데 免除의 경우에 첫번째 방법에 대한 또 하나의 반대논거로

636) 前述 本條 注解 C.Ⅲ.2.(3).(나).(b).(i) 참조.

서, "請求의 循環"은 被害者에게 전액을 변제한 加害者 2가 加害者 1에 대하여 求償權을 행사하는 것을 인정하고 있음에 반하여, 加害者 2의 加害者 1에 대한 求償權이 인정되기 위해서는 加害者 1이 加害者 2의 변제에 의하여 면책되었어야 하는데, 加害者 1이 면책된 것은 被害者의 免除에 의한 것이지 加害者 2의 변제에 의한 것은 아니므로, 加害者 2는 加害者 1에 대하여 求償權을 행사할 수 없다고 하여야 한다는 견해가 주장되고 있다.[637)]

그러나 이러한 견해는 連帶債務 내지는 不眞正連帶債務에 있어서 債權者와 債務者 1 사이에 발생한 어느 事由에 대하여 相對的 效力만이 인정된다고 할 때에 그 相對的 效力의 적용범위를 지나치게 좁게 보고 있기 때문에 받아들이기 어렵다. 被害者가 加害者 1의 채무를 免除하였을 때에 이 免除에 대하여 相對的 效力만을 인정하는 것에 대해서는 바로 위에서 살펴보았듯이 찬성할 수 없지만, 적어도 이 免除에 대하여 相對的 效力만을 인정하여 被害者가 加害者 2에 대하여 전액을 청구할 수 있는 것으로 하는 이상에는 加害者 2와 加害者 1 사이의 관계에 대해서도 相對的 效力說에 따라 규율하여야 하며, 따라서 加害者 2의 加害者 1에 대한 求償權을 인정하는 것이 일관성 있는 태도라 할 것이다.[638)]

㈑ 소송절차상의 문제 이상에서 살펴보는 것처럼 被害者가 加害者 1의 賠償債務를 免除하여 주었을 경우에 다른 加害者와의 관계에 대해서는 加害者 1의 부담부분만큼 감액시켜 주는 해결책 3이 가장 합리적인 해결책이지만, 한 가지 단점은 소송절차상 쉽지 않은 문제가 발생한다는 것이다. 그러나 이러한 문제는 前述하였듯이[639)] 連帶債務에서의 구상요건으로서의 통지에 관한 규정(民 §426)을 유추적용하면 쉽게 피할 수 있을 것이다.

## 5. 相 計

### (1) 문제의 소재

民 §418는 連帶債務에 있어서 連帶債務者 중의 1人이 債權者에 대하여 反對債權이 있을 경우, 이러한 事由가 다른 連帶債務者에 대하여 어떠한 효력을 가지는가에 대하여 反對債權을 가지고 있는 連帶債務者가 相計의 의사표시

637) Wacke, Der Erlaß oder der Vergleich mit einem Gesamtschuldner, AcP 170, 42, 47; Wagenfeld(註 168), S. 105f.
638) 同旨: 朱相壽(註 561), 211-2.
639) 前述 本條 注解 C. Ⅲ. 2. (3). ㈐ 참조.

를 하기 以前과 以後로 나누어 규정하고 있는바. 이 규정이 共同不法行爲者의 책임관계에도 유추적용될 수 있는가 하는 것이 문제된다.

(2) 判　例

㈎ 共同不法行爲者의 1人이 被害者에 대하여 反對債權을 가지고 있는 경우에 連帶債務에 있어서 相計의 絶對的 效力을 규정하고 있는 民 §418가 유추적용되는가 하는 것이 문제된다. 이에 대해서 대법원은 相對的 效力만을 인정하고 있다. 즉 A가 운전하던 $Y_1$소유의 차량과 반대방향에서 오던 X가 운전하던 $Y_2$소유의 차량이 충돌하고, 이어서 X가 운전하던 차량을 뒤따라오던 B가 운전하던 $Y_2$소유의 차량이 재차 충돌하여 B는 사망하고 X는 중상해를 입었다. 이에 原告 X가 被告 $Y_1$과 $Y_2$를 상대로 차량보유자로서의 책임을 물어 逸失利益 등의 배상을 청구하였던바, 原告 X의 과실비율을 70%로 인정하여 그 배상액을 2천2백여만원으로 결정하였다.[640] 그런데 被告 $Y_2$는 訴外 B의 사망에 대한 배상으로 그 유족에게 5백만원을 지급하고 또 자기 소유의 위 2대의 차량이 파손됨으로써 1천만원의 손해를 입었는데, 이 중에서 原告의 過失比率에 상당하는 부분, 즉 1천5십만원(1,500만×0.7=1,050만)은 原告가 배상하였어야 할 것이고, 따라서 同額의 求償債權 및 損害賠償債權을 가지고 原告에 대한 위 損害賠償債務와 相計한다고 주장하였다. 原審은 被告 $Y_2$의 相計抗辯을 받아들여 被告 $Y_2$에게는 이 相計額만큼을 공제한 잔액의 지급을 명하고, 被告 $Y_1$에게는 전액의 지급을 명하였다.

이에 被告들은 上告하였는데, 특히 被告 $Y_1$은 被告 $Y_2$의 위 相計의 效力이 자신에게도 미친다고 주장하였다. 이에 대하여 大法院은 "부진정연대채무자 상호간에 있어서 채권의 목적을 달성시키는 변제와 같은 사유는 채무자 전원에 대하여 절대적 효력을 발생하나 그 밖의 사유는 상대적 효력을 발생하는 데에 그치는 것으로서 연대채무에 관한 민법 제418조 제1항의 규정은 부진정연대채무에는 적용되지 않는 것이므로, 부진정연대채무관계에 있는 이 사건 피고들 사이에서 피고 $Y_2$가 소론과 같은 원고에 대한 1천50만원의 구상채권으로 원고의 이 사건 손해배상채권을 대등액에서 상계하였다고 하여도 그 상계로 인한 채무소멸의 효력은 피고 $Y_1$에게 미치지 않는다"[641]고 判示하

640) 그 밖에 정신적 고통에 대한 위자료로서 X에게 1백만원, X의 처에게 5십만원, 2인의 자녀에게 각각 3십만원씩을 지급하게 하였으나 편의상 이 부분은 생략한다.

641) 大判 89. 3. 28, 88다카4994(公 848, 27). 이 판례에 대한 評釋으로서는 梁彰洙, 法律新聞 1847(1989. 5. 29), 11(民法硏究 2, 139 이하에서 再收錄됨); 李鴻薰, 大法院判例解說

였다.

(나) 그런데 대법원은 최근 이와 유사한 사건에서, 不眞正連帶債務者 중 1人이 한 相計가 다른 채무자에 대해서 絶對的 效力을 미치는 것으로 본 것이 아닌가 생각되는 판결을 내리고 있다. 즉 被告 $Y_1$이 자기 소유의 차량을 추월선으로 운전하던 중 조향장치를 오른쪽으로 과대조작하여 주행선으로 진입하며 급제동하자, 뒤따르던 A운전의 차량 및 B운전의 차량이 연쇄추돌하여 B는 사망하고, A 또한 부상을 입게 되었다. 이에 B의 子인 原告 X는 被告 $Y_1$에 대해서는 불법행위책임 및 운행자책임, 그리고 그의 보험자인 被告 $Y_2$보험회사에 대해서는 보험자책임을 구하였다. 한편 被告 $Y_2$보험회사는 A에 대하여 치료비 및 손해배상금으로 약 2천1백여만원을 지급하였는데, 이 사건에서 $Y_1$과 B의 과실비율을 60%로 보아 被告 $Y_2$보험회사는 原告 X에 대하여 2천1백여만원의 40%에 해당하는 금액의 求償債權을 취득하였다. 被告 $Y_2$보험회사는 이를 反對債權으로 하여 原告 X의 被告 $Y_2$보험회사에 대한 손해배상채권과 상계를 구하였던바, 이것이 받아들여졌다. 그러자 被告 $Y_1$은 위 상계의 효력이 자신에게도 미친다고 주장하였으나, 原審은 부진정연대채무관계에 있는 被告 $Y_2$보험회사의 原告 X에 대한 相計의 효과가 피고 $Y_1$에게 미치는 것은 아니라고 하였다.

그러나 大法院은 "피해자의 보험자에 대한 손해배상채권과 피해자의 피보험자에 대한 손해배상채권은 별개 독립의 것으로서 병존한다고 하더라도 위 각 채권은 피해자에 대한 손해배상이라는 단일한 목적을 위하여 존재하는 것으로서 객관적으로 밀접한 관련공동성이 있으므로 그 중 하나의 채권이 만족되는 경우에는 특별한 사정이 없는 한 다른 채권도 그 목적을 달성하여 소멸한다고 보아야 할 것인바, 보험자가 자신의 피해자에 대한 반대채권을 스스로 행사하여 상계를 한 경우에는 상계한 금액의 범위 내에서 피해자에 대한 변제가 이루어진 것과 같은 경제적 효과가 달성되어 피해자를 만족시키게 되므로 그 상계로 인한 손해배상채권 소멸의 효력은 피보험자에게도 미친다고 봄이 상당하다 할 것이다"[642]고 판시하였다. 물론 이 판결에서 문제된 것은 共同不法行爲者들의 채무가 아니라 加害者의 손해배상채무와 保險者의 손해배상채무이고, 또 대법원은 加害者의 손해배상채무와 保險者의 손해배상채무의 관계를

(재판연구관세미나자료), 1989년 상반기(통권 11), 221 이하 등이 있다.

642) 大判 99. 11. 26, 99다34499(公 2000상, 37).

명시적으로 不眞正連帶債務라고 언급하고 있지 않으므로 이를 連帶債務로 보았을 가능성도 배제할 수는 없을 것이다. 그러나 前述하였듯이[643] 우리 민법상의 連帶債務는 債務者들이 서로 의식적으로 공동의 목적을 향하여 채무를 부담하고, 동시에 상호간에 채권을 만족시키기 위하여 서로 협력할 것을 약속한 정도의 人的 結合關係를 전제로 하고 있는 것이며, 이러한 정도의 結合關係는 원칙적으로 契約을 통해서 이루어진다고 보아야 할 것이다. 이에 반하여 被害者의 直接請求權은 계약당사자의 의사표시에 의하여 인정된 것이 아니므로,[644] 加害者의 손해배상채무와 保險者의 손해배상채무의 관계는 不眞正連帶債務로 보아야 하며,[645] 대법원은 1人의 공동불법행위자가 한 상계에 대하여 절대적 효력을 인정하는 쪽으로 견해를 변경해 나가고 있는 것이라고 보아도 좋을 것이다.

(3) 學　說

㈎ 相對的 效力說　　少數說은 종래의 判例와 동일한 견해를 취하여 不眞正連帶債務에 있어서 絶對的 效力이 인정되는 것은 辨濟·代物辨濟·供託에 한정되며, 기타의 사유는 相對的 效力이 있을 뿐이라고 한다.[646] 少數說은 그 근거로서 첫째 相計에 의한 意思表示에 의하여 債務가 소멸되는 경우에는 현실적인 出捐에 의한 채권의 만족이 있다고 볼 수 없고, 둘째 우리 민법상은 채무가 過失에 의한 불법행위로 인한 것인 때에는 相計가 금지되어 있지 아니한(民 §496) 점에 비추어 특히 共同不法行爲에 있어 相計에 絶對的 效力을 인정하게 되는 경우에는 被害者를 두텁게 보호하려고 하는 不眞正連帶債務의 목적은 거의 달성할 수 없게 되며, 셋째 不眞正連帶債務의 경우에도 相計에 絶對的 效力을 인정함으로써 相計할 채권이 있는 채무자가 相計하지 아니한 때에도 다른 不眞正連帶債務者가 그 상계할 채권을 가지고서 債權者에 대하여 相計를 주장할 수 있다(民 §418 Ⅱ)고 하는 것은 債務者 사이에 아무런 主觀的 共同關係가 없고 별개의 법률사실에 의하여 책임을 질 뿐인 不眞正連帶債務의 본래의 목적에 반한다는 점 등을 들고 있다.

643) 前述 本條 注解 C. I. 3. (4). ㈐. (d) 참조.

644) 同旨: 前述 제539조 注解 Ⅷ. 2. (3). 被害者의 直接請求權의 법적 성질을 損害賠償請求權으로 보면서, 이 경우의 채무인수를 일종의 법정채무인수로 보는 견해도 동일한 입장에 있다. 李續甲, "責任保險에 있어서 直接請求權과 相計의 效力", 民事判例硏究[XXIV], 240.

645) 同旨: 李續甲(前註), 241-5.

646) 黃迪仁, 債總, 192; 李鴻薰(註 641), 231.

(나) 絶對的 效力說　　이에 반해 多數說은 不眞正連帶債務者 중 1人에게 "채권을 만족시키는 사유"가 있는 경우에는 그 사유에 絶對的 效力이 있음을 인정하고 있으며, 그 事由로서 辨濟·代物辨濟·供託 이외에 相計를 들고 있다. 多數說 중 이러한 취지를 분명히 나타내고 있는 견해도 있지만,[647] 때로는 약간 불명료한 경우도 있다. 즉 채권을 만족시키는 사유는 絶對的 效力이 있다고 하면서 그 사유로서 辨濟·代物辨濟·供託과 아울러 相計를 드는 한편, 不眞正連帶債務에 대하여는 일반의 連帶債務에 관한 民 §416 내지 民 §422의 규정이 적용되지 않는다[648]고 하고 있는바, 전후 문맥을 살펴볼 때에 民 §418 I은 絶對的 效力이 있고 §418 II은 相對的 效力을 가진다고 하는 견해로 이해하여야 할 것이다.

多數說은 그 논거로서 첫째 相計에도 채권을 만족시키는 기능이 있고, 둘째 채권자를 두텁게 보호한다고 하더라도 그것은 채권이 가지는 원래의 내용 이상으로 만족을 주거나 이익을 얻게 할 필요는 없는 것이고, 셋째 相計의 絶對的 效力 여부가 문제되는 점은 不眞正連帶債務者 중 1인이 자기가 가지는 反對債權을 행사한 경우를 전제로 한 것이므로, 民 §418 II은 이 문제와 직접 관련이 없으며, 넷째 相計에 絶對的 效力을 인정하지 않는다면 채권자는 相計의 의사표시를 한 不眞正連帶債務者에 대하여 자신이 부담하는 채무를 그 대등액에 있어서 면하게 되는 한편, 다른 채무자에 대하여는 相計가 인정된 액을 전혀 공제하지 않은 채권액 전부의 이행을 청구할 수 있게 됨으로써 부당하게 자신의 채권의 내용 이상의 이익을 보게 된다는 점 등을 들고 있다.[649]

**(4) 私　見**

생각건대 民 §418 I과 II은 그 전제로 하는 채무자 상호간의 인적 결합관계를 달리하기 때문에 따로 살펴보아야 할 것이다.

(가) 相計의 意思表示를 하기 以前의 경우　　民 §418 II은 相計할 債權이 있는 連帶債務者가 相計하지 아니한 때에는 그 債務者의 부담부분에 한하여 다른 連帶債務者가 相計할 수 있다고 규정하고 있다. 그러나 이미 언급하였듯이[650] 連帶債務에 있어서 負擔部分型 絶對效를 정하고 있는 다른 규정들과는 달리 이 규정은 연대채무자 상호간에 밀접한 主觀的 共同關係, 즉 債

647) 金亨培, 債總, 484; 李銀榮, 債總, 516.
648) 郭潤直, 債總, 238; 金基善, 債總, 229; 金容漢, 債總, 333 등.
649) 梁彰洙(註 641), 146-8 참조.
650) 前述 本條 注解 C. I. 3. (4). (나). (c) 참조.

務者들이 서로 의식적으로 공동의 목적을 향하여 채무를 부담하고, 동시에 상호간에 채권을 만족시키기 위하여 서로 협력할 것을 약속한 정도의 人的 結合關係를 전제로 하고 있다. 따라서 同條項은 이러한 정도의 人的 結合關係를 결하고 있는 共同不法行爲者의 책임관계에 유추적용될 수 없다고 보아야 한다.

(나) 相計의 意思表示 이후의 경우

(a) 기본적으로 民 §418 I 이 그 전제로 하고 있는 정도의 채무자 상호간의 인적 결합관계는 공동불법행위자 상호간에도 존재하기 때문에 同條項은 共同不法行爲者의 책임관계에도 유추적용될 수 있다고 본다. 즉 民 §418 I 은 모든 連帶債務者를 위하여 絶對的 效力을 가지는 것으로 규정하고 있는바, 이는 相計가 변제와 마찬가지로 채권을 만족시키는 사유에 해당하기 때문이고, 이 때 同條項이 예정하고 있는 채무자 상호간의 인적 결합관계는 "수인의 채무자가 동일한 내용의 급부에 관하여 각각 독립해서 전부의 급부를 하여야 할 채무를 부담하고, 그 가운데 한 사람의 채무자가 전부의 급부를 하면 모든 채무자의 채무가 소멸하는 관계"[651]뿐이며, 共同不法行爲者 상호간에도 이러한 정도의 결합관계는 존재하므로 이 규정은 共同不法行爲者의 책임에도 유추적용된다고 보아야 할 것이다.

(b) 위 少數說에 대한 多數說의 비판은 모두 타당하며, 그 외에도 多數說의 논거로서 첫째 出捐이라고 함은 "당사자의 한 쪽이 그 스스로의 意思에 기하여 재산상의 손실을 입는 반면에 그로 말미암아 다른 쪽에 利得을 얻게 하는 것"을 뜻하는데,[652] 相計에 의하여 相計한 加害者의 被害者에 대한 債權이 消滅되었고, 이로 인하여 被害者는 그 加害者에 대한 債務를 면하게 되었음에도 불구하고 現實的인 出捐이 없다고 함은 수긍하기 어렵고, 둘째 만약 相計에 相對的 效力밖에 인정되지 않는다면, 예컨대 加害者 1의 행위와 加害者 2의 행위가 경합하여 被害者에게 2천만원의 손해을 입혔고, 이 때 加害者 1과 加害者 2의 負擔部分이 동일하며, 또 加害者 1이 被害者에 대하여 2천만원의 반대채권이 있다고 할 때에 加害者 1이 被害者에 대하여 相計를 하였다 하더라도 被害者는 여전히 加害者 2에 대하여 2천만원을 청구할 수 있으

651) 前述 註 642의 본문에서 인용하고 있는 대법원판결이 말하고 있는 다음과 같은 관련공동성, 즉 "각 채권은 피해자에 대한 손해배상이라는 단일한 목적을 위하여 존재하는 것으로서 객관적으로 밀접한 관련공동성이 있으므로"의 내용도 바로 本註의 본문의 내용을 달리 표현한 것에 지나지 않는다.

652) 郭潤直, 573.

며, 따라서 被害者는 결국 4천만원의 재산증가가 있게 됨에 반하여, 加害者 2는 加害者 1에 대하여 1천만원의 求償權을 행사할 수 있을 것이고, ── 피해자가 加害者 1에 대하여 免除를 하였다 하더라도 이러한 免除에 대하여 相對的 效力밖에 인정하지 않고, 따라서 全額을 변제한 加害者 2가 다시 加害者 1에 대하여 求償權을 행사하는 것을 인정하는 判例의 입장으로서는 相計에 대하여 相對的 效力밖에 인정하지 않을 때에 이러한 求償權의 행사를 당연히 인정할 것이다 ── 따라서 加害者 1은 2천만원에 대하여 相計를 했음에도 불구하고 加害者 2에 대하여 1천만원의 求償權을 행사하기는 커녕 오히려 加害者 2로부터 1천만원에 대하여 求償權을 행사당하게 된다는 어처구니 없는 결과를 당하게 된다고 하는 점 등을 들 수 있다.

### 6. 時效의 完成[653)]

#### (1) 유형별 분류

(가) 連帶債務에 있어서 消滅時效의 完成에 대하여 負擔部分에 한하여 絶對的 效力을 인정하고 있는 民 §421가 共同不法行爲에 있어서, 예컨대 加害者 1에 대한 損害賠償請求權의 消滅時效가 완성된 경우에도 유추적용될 수 있을 것인가 하는 문제는 消滅時效가 완성된 시점에 따라 다음과 같이 3가지 경우로 나누어 살펴보아야 할 것이다.

첫째는 加害者 2가 加害者 1에 대하여 求償權을 취득한(구체적으로는 피해자에 대하여 현실적으로 이행함으로써 공동면책행위를 한 시점이 된다) 이후에 加害者 1에 대하여 消滅時效가 완성된 경우(이하에서는 事案 1이라고 한다)이고,

둘째는 被害者가 加害者 2에게 이행을 청구할 때에는 아직 加害者 1에 대한 손해배상청구권의 時效가 완성되지 않았지만, 加害者 2가 求償權을 취득하는 때에는 이미 加害者 1에 대하여 時效가 완성된 경우(이하 事案 2라고 한다)이며,

셋째는 被害者가 加害者 2에 대하여 이행을 청구할 당시에 이미 加害者 1에 대하여 消滅時效가 완성되어 버린 경우(이하 事案 3이라고 한다)이다.

(나) 이 중에서 事案 1의 경우는 특별히 문제되지 않는다. 왜냐하면 이 경우에는 加害者 2가 변제함으로써 공동면책된 범위 내에서는 加害者 1의 被害者에 대한 채무도 소멸하였고(그리하여 사실상 시효로 인한 채무의 소멸이라는 것 자체가 문제되지 아니한다), 다만 加害者 1

653) 이 문제에 관하여 자세한 것은 鄭泰綸, "공동불법행위에서 1인에 대하여 발생한 시효완성의 효력", 比較私法 6-1, 189-235 참조.

은 공동면책행위를 한 加害者 2에 대하여 새로이 求償債務를 부담할 뿐이다. 따라서 이 事案에서는 加害者 1에 대하여 消滅時效가 완성되었다고 하는 사실이 加害者 2의 加害者 1에 대한 求償權의 행사에 아무런 영향을 줄 수 없다고 하는 것은 적어도 해석론으로서는 별 문제가 없다.[653-1] 단지 이 때 求償權의 소멸시효의 起算點과 그 기간이 문제로 될 수 있겠으나, 이에 관해서는 이미 살펴보았다.[654]

이하에서는 주로 事案 2와 3에 대해서 살펴본다.

(2) 判　例

共同不法行爲者 1人에 대하여 消滅時效가 완성된 경우와 관련하여 事案 3에 관한 대법원판결은 아직 보이지 않고 있으며 事案 2에 관한 판결만이 눈에 띄는바, 그 사실관계는 다음과 같다. 즉 1990. 6. 25 소외 A는 피고 Y소유의 화물차량을 운전하던 중 엔진 및 전원고장으로 인하여 운전기사인 소외 C가 아무런 경고표지나 고장표지 없이 전방도로변에 세워 둔 소외 甲소유의 트럭을 들이받아 그 충격으로 위 화물차량에 타고 있던 소외 B에게 부상을 입혔다. 원고 X는 소외 甲과 자동차보험계약을 체결한 보험회사로서 소외 B가 소외 甲에게 제기한 손해배상청구소송의 결과에 따라 第1審 판결금의 일부로 1993. 8. 11 금 5천5백만원, 1994. 8. 30 나머지 제1심 및 제2심 판결금으로 금 4천1백만원을 지급하였다. 소외 B에게 위 금액을 지급한 원고 X는 피고 Y를 상대로 그 부담부분에 대한 구상권을 행사하였으나, 피고 Y는 원고 X가 소외 B에게 그 손해금을 지급하기 이전에 B의 피고에 대한 손해배상청구권은 이미 3년의 소멸시효기간의 완성으로 소멸하여(즉 교통사고일인 1990. 6. 25로부터 3년이 경과한 1993. 6. 26에 이르러 그 소멸시효가 완성하므로) 결국 위 손해금지급 당시 피고에게는 공동면책될 채무가 존재하지 않았으므로, 원고는 피고에 대하여 구상권을 행사할 수 없다는 취지의 항변을 하였다.

原審은 위 운전자들의 과실비율을 기초로 Y가 60%, 甲이 40%라고 판시한 다음, "…, 만약 피고의 주장과 같이 피해자로부터 배상청구를 받지 않아 그 소멸시효가 완성된 공동불법행위자에 대하여 피해자로부터 배상청구를 받고 이를 이행한 다른 공동불법행위자가 위와 같은 소멸시효완성을 이유로 내부분담비율에 따른 구상권을 행사할 수 없다고 한다면 공동불법행위자 상호간의 배상책임을 분담하고자 하는 구상관계 본래의 취지를 몰각시키는 결과가

653-1) 다만, 입법론상으로는 약간의 문제가 있을 수 있으며, 여기에 대해서는 後述 本條 注解 C. Ⅲ. 6. (4). ㈐. (b) 참조.

654) 前述 本條 注解 C. Ⅱ. 3. (4) 참조.

될 뿐만 아니라, 피해자가 공동불법행위자들 중의 누구를 상대로 소송을 제기하였는지의 우연한 사정에 의하여 소송을 제기당한 당사자는 손해배상채무 전부를 부담하는 반면에 소송을 제기당하지 않은 당사자는 소멸시효의 완성을 이유로 그 채무전부를 면하게 한다는 것은 형평을 잃은 부당한 결과가 되어 타당하지 않다고 할 것이어서(소송을 제기당한 당사자가 소송을 제기당하지 않은 다른 공동불법행위자의 소멸시효완성을 제지할 수 있는 별다른 방법이 없는 점에 비추어 더욱 그러하다) 허용될 수 없다 할 것이므로, 이와 같은 주장이 허용됨을 전제로 하는 피고의 위 항변은 더 나아가 살필 것도 없이 그 이유 없다"고 판시하였다

이에 피고는 "원고가 甲을 대위하여 손해금을 지급하기 전에 이미 피고에 대한 피해자의 손해배상청구권이 3년의 消滅時效期間 경과로 인해 소멸하고 있으므로, 원고가 피해자에게 손해금을 지급할 당시에 피고에게는 더 이상 자신의 손해배상채무가 존재하지 않고 있어서 원고는 오직 자신의 채무를 변제한 것에 불과할 뿐 공동의 면책이란 성립할 수 없으며, 따라서 공동의 면책을 요건으로 하는 구상권도 취득할 수가 없다"고 하면서 上告하였으나, 대법원은 "공동불법행위자의 다른 공동불법행위자에 대한 구상권은 피해자의 다른 공동불법행위자에 대한 손해배상채권과는 그 발생원인 및 성질을 달리하는 별개의 권리이고, 연대채무에 있어서 소멸시효의 절대적 효력에 관한 민법 제421조의 규정은 공동불법행위자 상호간의 부진정연대채무에 대하여는 그 적용이 없으므로, 공동불법행위자 중 1인의 손해배상채무가 시효로 소멸한 후에 다른 공동불법행위자 1인이 피해자에게 자기의 부담부분을 넘는 손해를 배상하였을 경우에도 그 공동불법행위자는 다른 공동불법행위자에게 구상권을 행사할 수 있다고 할 것이다. …"[655]고 하면서 상고를 기각하였다.

(3) 學 說

(가) 學說 1 　이 學說은 먼저 被害者는 加害者 2에 대하여 전액을 청구할 수 있다고 하는 전제 하에서 被害者에 대하여 전액을 배상한 加害者 2가 다시 加害者 1에 대하여 求償權을 행사할 때에 加害者 1은 그 消滅時效를 원용할 수 있는가의 여부를 논하고 있다.[656] 同說은 이 문제에 대하여 時效에 의하여 損害賠償請求權도 소멸되는 마당에 그 이후의 문제라고 할 수 있는 求

655) 大判 97.12.23, 97다42830(公 1998상, 380).
656) 朱相壽(註 561), 211-2.

償請求權이 잔존한다는 것은 時效制度의 趣旨에도 반하여 부당하다고 하는 肯定說의 입장과, 時效制度란 상대적인 면도 있는 것이어서 損害賠償請求權이 소멸된다 하여 그것과 求償權을 연결시켜 보조를 같이 할 이유도 없는 것이고 또 被害者保護를 위하여 加害者 2가 加害者 1에 관하여 생긴 消滅時效完成의 事由를 피해자에 대한 관계에서 주장할 수 없게 하는 것이 타당한 것이라면 같은 共同不法行爲者의 처지로 혼자만이 전손해를 부담하게 되는 부당한 결과에 이르게 된다고 하는 否定說의 입장을 소개하면서, 결론적으로 免除의 경우와 맥락을 같이하여 時效의 完成의 경우에도 被害者에 대한 관계에서 時效完成의 相對的 效力說을 취하는 이상 그 內部求償關係에서도 相對的 效力說에 따르는 것이 일관성 있는 태도라고 한다.

㈏ 學說 2 　이 學說은 주로 被害者와 加害者 2와의 관계에서 논하고 있다.[657] 同說은 被害者保護의 要請과 加害者間의 衡平의 要請을 어떻게 조화시킬 것인가의 문제라고 하면서, 被害者保護의 관점에서 볼 때에 民 §766의 3년의 短期消滅時效에 絶對的 效力을 인정한다면 被害者는 안심하고 共同不法行爲者 중의 1人만을 상대하여 訴求할 수 없을 것이므로 피해자에게 너무 가혹한 결과가 된다고 한다. 따라서 民 §421의 消滅時效의 絶對的 效力은 共同不法行爲者에게는 적용되지 않고, 따라서 共同不法行爲者 중의 1人의 消滅時效의 完成으로 債務가 소멸하는 경우에도 피해자는 다른 共同不法行爲者에 대하여 전액배상을 청구할 수 있다고 한다.

(4) 私 見

㈎ 事案 2와 事案 3의 차이 　앞서 언급하였듯이 不眞正連帶債務는 어떤 적극적인 의미내용을 가지는 개념이 아니라 소극적인 개념이므로, 그 구체적인 내용은 각 유형별로 당사자간의 이해관계를 비교하여 현실적으로 타당한 해결방안을 찾아가면서 형성해 나가야 할 것이다. 이러한 작업을 함에 있어서 事案 2와 事案 3의 차이가 가지는 의미는 적지 않다. 즉 加害者 2에 대하여 이행의 청구를 할 때에 아직 加害者 1에 대한 損害賠償請求權의 時效가 完成되지 않았던 事案 1·2와는 달리 事案 3에서는 加害者 2에 대하여 이행의 청구를 할 때에 이미 加害者 1에 대하여는 時效가 完成되었으며, 이러한 사정의 차이는 不眞正連帶債務者 1인에게 발생한 事由는 현실적으로 채권자를 만족시키는 경우가 아니면 相對的 效力밖에 지니지 아니한다고 하는 통설·판

657) 林正平(註 378), 685-6.

례의 입장에서는 별 의미가 없지만, 共同不法行爲의 경우에 被害者와 加害者들의 관계를 고찰함에 있어서 각 당사자의 이해관계를 정형적으로 고려하여야 한다는 입장에 선다면 중요한 의미가 있다. 특히 事案 3은 통설·판례와의 입장차이를 뚜렷이 보여 주는 유형이며, 事案 2에 대해서는 事案 3에 대한 설명을 기초로 하여 살펴보는 것이 편리하므로, 이하에서는 事案 3의 경우를 먼저 살펴본다.

(나) 事案 3의 경우

(a) 事案 2에 관한 판시내용으로부터 추측할 수 있는 대법원의 견해나 通說의 입장에 선다면, 事案 3이나 事案 2 어느 경우에 있어서도 동일한 결론에 도달한다. 즉 첫째로 加害者 1에 대하여 소멸시효가 완성한 이후에 被害者가 加害者 2에 대하여 배상청구를 하였다 하더라도 共同不法行爲者의 책임의 법적 성질은 不眞正連帶債務이고 不眞正連帶債務에서는 債務者 1人에 대하여 발생한 時效完成이라는 사유는 相對的 效力밖에 지니지 않으므로, 加害者 1의 賠償債務가 時效로 소멸하였다고 하는 사정은 被害者의 加害者 2에 대한 청구에는 아무런 영향을 미치지 않고, 따라서 被害者는 加害者 2에 대하여 전액을 청구할 수 있으며, 둘째로 全額賠償한 加害者 2가 加害者 1에게 求償權을 행사하였다면, 共同不法行爲者 상호간의 求償權은 被害者의 共同不法行爲者에 대한 손해배상청구권과는 그 발생원인 및 성질을 달리하는 별개의 권리이고, 加害者 1에 대하여 消滅時效가 완성되었다고 하더라도 이러한 事由는 相對的 效力밖에 없으므로 그 후에 자신의 부담부분을 넘어서서 손해를 배상한 加害者 2가 加害者 1에게 求償權을 행사하는 데 아무런 장애가 되지 않는다는 것이다.

(b) 그러나 判例와 通說의 이러한 태도는 共同免責이 없었음에도 불구하고 加害者 2가 加害者 1에 대하여 어떻게 求償權을 행사할 수 있는가에 대한 이론적 의문점에 대하여 전혀 대답해 주고 있지 않으며, 또한 加害者 1이 가지는 時效完成에 대한 이익을 전혀 배려하고 있지 않다. 따라서 이 문제에 대하여 理論的 整合性을 가지면서 구체적으로 타당한 해결을 가져오기 위해서는 判例나 通說처럼 접근할 것이 아니라, 당사자의 이해관계를 비교·검토하면서 共同不法行爲者의 책임의 법률관계를 형성해 나가야 할 것이다. 이러한 관점에서 살펴보면 우선 共同不法行爲에 있어서 被害者가 가지는 이해관계, 즉 각 加害者에게 全損害의 배상을 청구할 수 있다고 하는 점은 충분히

보호되어야 한다. 그러나 이는 무제한적으로가 아니라 다른 이해당사자들이 가지는 정당한 이익, 즉 加害者 1이 가지는 時效完成에 관한 이익, 그리고 加害者 2가 가지는 求償에 대한 이익 등을 침해하지 않는 한도 내에서만 그러하다.

그리하여 우선 被害者의 게으름으로 인하여 加害者 1에 대하여 消滅時效가 완성되었을 경우에 加害者 1의 時效完成으로 인한 이득은 보호되어야 하며, 또한 이에 의하여 加害者 2가 영향을 받아서는 안 되므로, 결국은 그 부담은 被害者에게 돌아가야 하고, 이는 被害者 자신의 게으름으로 인하여 초래된 것이기에 被害者에게 부담시킨다 하더라도 부당하게 그의 이익을 침해하는 것은 아니다.

(c) 이렇게 일단 時效完成으로 인한 종국적인 부담을 누가 질 것인가 하는 문제가 결정되었으면, 다음에 결정해야 할 문제는 어떻게 하면 理論的 整合性을 해치지 않으면서 이러한 청산결과를 가져오도록 할 것인가 하는 것인데, 우선 생각될 수 있는 방법은 해결책 2B, 즉 時效完成에 대하여 相對的 效力만을 인정하는 한편 청구의 순환에 의한다는 것이다. 그러나 이러한 해결책 2B는 합리적인 해결책이 되지 못한다고 하는 것은 앞에서 몇 차례 살펴보았으며, 가장 간편하고 이론적으로 문제가 없는 방법은 加害者 1의 부담부분에 한하여 絶對的 效力을 인정하여 被害者는 加害者 2에 대하여 加害者 1의 부담부분을 제외한 나머지 부분만을 청구할 수 있다고 하는 것이다.

(다) 事案 2의 경우

(a) 위에서 언급하였듯이 判例·通說의 입장에서는 이 경우를 事案 3의 경우와 달리 취급할 이유가 없지만, 부진정연대채무의 구체적인 내용은 각 당사자의 이해관계를 비교·형량하여 결정하여야 한다고 하는 입장에 서게 되면, 事案 2에서는 각 당사자의 이익상황이 事案 3에서와는 전혀 다르기 때문에 이 두 경우를 달리 다루어야 할 필요가 있다.

우선 加害者 1의 입장에서 본다면 加害者 2가 변제를 할 때, 이미 자신에 대한 損害賠償請求權은 시효가 완성되었으므로 事案 3의 입장과 다를 바 없다고 할 수 있을 것이다. 그러나 被害者의 입장에서 본다면 전혀 달라진다. 즉 事案 3의 경우에는 자신의 게으름으로 인하여 加害者 1에 대하여 消滅時效가 완성되었다고 할 수 있지만, 事案 2의 경우에는 자신이 加害者 2에게 청구할 때에는 아직 어느 누구에 대해서도 시효가 완성되어 있지 않았으며, 따라서 被害者는 자신의 권리행사를 게을리하지 않았다고 할 수 있다. 만약 이 때에도 時效完成으로 인한 加害者 1의 이익을 보호해야 한다면 이는 加害者 2에 대한 소송중에도 자기의 권리보전을 위하여 다른 加害者에 대하여 시효중단조치를 취할 것을 요구하게 되는 결과에 이르게 되는데, 이것은 지나치게 被害者의 이익을 해치게 되며, 각 加害者에 대하여 전액을 청구할 수 있다고 하는 데 대하여 가지는 그의 이익이 부당하게 침해된다고 볼 수 있다.

그렇다고 하여 이 때 궁극적인 부담을 加害者 2에게 돌릴 수도 없다. 왜냐하면 위 판결의 원심법원이 적절하게 지적한 바와 같이 피해자가 공동불법행위자들 중의 누구를 상대로 소송을 제기하였는지의 우연한 사정에 의하여 소송을 제기당한 당사자는 손해배상채무 전부를 부담하는 반면에, 소송을 제기당하지 않은 당사자는 소멸시효의 완성을 이유로 그 채무전부를 면하게 한다는 것은 형평을 잃은 부당한 결과가 되어 타당하지 않으며, 더 나아가 소송을 제기당한 당사자가 소송을 제기당하지 않은 다른 공동불법행위자의 소멸시효완성을 제지할 수 있는 별다른 방법이 없는 점에 비추어 더욱 그러하기 때문이다.[658]

결국 이 경우에 被害者는 아무런 영향을 받음이 없이 加害者 2로부터 전 손해를 배상받을 수 있어야 하며, 전액을 배상한 加害者 2는 加害者 1에 대하여 求償權이 인정되어야 한다고 하는 결론에 도달한다. 그리고 이러한 결론은 共同不法行爲者의 책임에 있어서 履行의 請求에 대하여 적어도 時效中斷의 效果와 관련해서는 絶對的 效力을 인정하여야 한다는 것을 의미한다.

(b) 그런데 여기서 한 가지 제기되는 의문은 비록 事案 1과 事案 2에서 加害者 1의 이익을 후퇴시키는 것이 가장 타당하다고 하는 결론을 얻었지만, 이러한 결과가 언제나 타당한가 하는 점이다. 즉 이 경우 加害者 1에 대한 손해배상청구권의 時效期間이 실질적으로 求償權, 즉 일반채권의 時效期間만큼 더 연장된다고 하는 결과가 되는데, 물론 求償權 자체의 독자적인 시효기간이 있고, 또 그 진행은 求償權을 취득한 때 즉 공동면책이 이루어진 때로부터 진행한다고 하는 한 이러한 결과는 해석론상으로는 어쩔 수 없는 것이기는 하지만, 각 加害者들이 時效의 完成에 대하여 가지는 利益을 언제까지나 무시할 수는 없기 때문이다. 특히 求償權의 時效期間이 불법행위로 인한 손해배상청구권의 시효기간보다 상당히 長期인 점을 고려할 때 더욱 그러하다.

658) 이처럼 원심판결은 당사자의 이해관계를 구체적으로 비교·검토하고 있다고 하는 점에서 대법원판결보다도 진일보하고 있다.

이러한 문제점을 인식하여 외국에서는 여러 가지로 입법작업을 시도하고 있으며, 특히 1992년에 公刊된 獨逸聯邦法務部의 "債務法改正委員會의 最終報告書"(Abschlußbericht der Kommission zur Überarbeitung des Schuldrechts, 1992, Bundesanzeiger)가 委員會草案 §426 a에서 求償請求權(Ausgleichsansprüche)의 消滅時效는 원칙적으로 求償義務를 부담하는 連帶債務者에 대한 債權者의 請求權의 消滅時效를 기준으로 하며, 다만 그 消滅時效는 債權者가 求償請求權을 가지는 連帶債務者에 대하여 訴를 제기하거나 또는 連帶債務者가 債權者에게 給付한 때에는 그 訴를 제기한 날 또는 給付時로부터 6개월을 경과하지 않으면 완성하지 아니한다고 규정하고 있는 것[659]은 우리에게 시사하는 바가 크다고 할 것이다.

### 7. 混　同

連帶債務의 경우에는 어느 連帶債務者와 채권자와의 사이에 混同이 있는 때에 民 §420는 그 債務者의 負擔部分에 한하여 다른 채무자도 의무를 면하게 하고 있다. 이는 求償關係를 간략하게 처리하기 위한 편의적 규정이라고 한다.[660] 이에 반하여 不眞正連帶債務의 경우에는 위에서 언급한 바와 같이 學說은 한결같이 民 §§416-22는 적용되지 않는다고 함으로써 混同은 相對的 效力만을 가질 뿐이라고 한다.

그러나 적어도 공동불법행위의 경우에 加害者 相互間에 負擔部分과 求償이 인정되고 있는 이상, 어느 共同不法行爲者와 피해자와의 사이에 混同이 있는 때에 連帶債務의 경우와 마찬가지로 求償關係를 간략하게 처리할 필요가 있다고 생각한다. 즉 被害者와 加害者 1 사이에 混同이 있는 때에 加害者 1이 加害者 2에 대하여 전액을 청구하고, 이에 응하여 全額을 지급한 加害者 2는 다시 加害者 1에 대하여 求償權을 행사한다고 하는 번거로운 절차를 거칠 필요가 없을 것이며, "돌려 주어야 할 것을 請求하는 자는 惡意로 행동한다"(Dolo facit, qui petit, quod redditurus est)[661]라고 하는 原則이 여기도 적용되어 加害者 1은 加害者 2에 대하여 전액을 청구할 수 없고, 자기의 부담부분을 제외한 부분에 대해서만 청구할 수 있다고 하여야 할 것이다. 참고로 독일민법

659) 이에 관해서는 下森定/岡孝編, "ドイツ債務法改正委員會草案の硏究", 233-4, 259을 참조하였다.
660) 郭潤直, 227 등.
661) Paulus, D.50.17.173.3.

은 명문의 규정(獨民 §425 II)으로 連帶債務者 1인에 대하여 발생한 混同에 相對的 效力만을 인정하고 있다. 그럼에도 불구하고 學說은 混同의 事由가 있는 連帶債務者는 자기의 부담부분을 제외한 부분만을 청구할 수 있을 뿐이라고 하는 데에 견해의 일치를 보고 있으며, 다만 混同의 事由가 있는 連帶債務者가 자기의 부담부분을 제외한 액수에 관하여 다른 連帶債務者에 대하여 전액을 청구할 수 있는가,[662] 그렇지 않으면 分割債務로 바뀌어 각자의 부담부분에 대하여만 청구할 수 있는가[663] 하는 것만이 문제되고 있을 뿐이다.

## IV. 過失相計[664]

### 1. 문제의 소재

數人의 행위가 경합하여 손해가 발생한 경우에 이들 數人의 행위를 일체로 파악하여 그 행위기여가 상호귀속되는 것으로 볼 것인가, 그렇지 않으면 因果關係는 Alles-oder-Nichts의 문제라고 하는 것을 전제로 하면서 각자는 자신의 행위결과에 대하여 책임을 지는 것으로 볼 것인가 하는 문제는 被害者에게 過失이 없는 경우에는 행위자 각자의 책임의 범위에 아무런 영향을 미치지 않으며, 어느 쪽의 입장에 선다고 하더라도 각자는 全損害에 대하여 책임을 지게 된다. 그러나 被害者에게도 過失이 있어 過失相計를 하는 경우에는 문제가 달라진다. 즉 前者의 입장에서는 行爲者全員의 過失을 一體로 파악하여 이를 被害者의 過失과 비교함에 반하여, 後者의 입장에서는 논리적으로 볼 때에 被害者의 過失을 행위자 각자의 過失과 개별적으로 비교하는 방향으로 나가게 되기 쉽다. 물론 後者의 입장에 선다고 하더라도 실제로 반드시 個別評價를 택하고 있는 것은 아니다. 오히려 비교법적으로 볼 때에 대부분의 국가에서는 全體評價를 하고 있으며, 전형적인 個別評價[665]는 독일에서만 채택하고 있고, 미국의 일부 州에서 —— 구체적인 점에서 독일과는 약간 다르기는 하지만 —— 被害

662) Staudinger/Noack, §425 Rdnr. 65-69(S. 455-6); Lorenz(註 441), S. 40; RGRK/Weber, §425 Rdnr. 19(S. 96) 등.

663) Soergel/Wolf, §425 Rdnr. 18(S. 1924); Münch/Selb, §425 Rdnr. 10(S. 1763-4); Gernhuber, Die Erfüllung und ihre Surrogate(1983), S. 395; Palandt/Heinrichs, §425 Rdnr. 7(S. 491); Erman/Ehmann, §425 Rdnr. 30(S. 1077) 등.

664) 이 문제에 관해 보다 자세한 것은 鄭泰綸, "共同不法行爲에서의 過失相計", 民事判例研究[XXII], 306-62 참조.

665) 바로 다음에서 살펴보듯이 엄격하게 말하자면 全體評價를 가미한 個別評價이다.

者의 過失과 加害者 1人의 過失을 個別的으로 비교하는 방법을 택하고 있다.

이 문제에 대하여 국내의 학계에서는 거의 논의되지 않고 있으며, 다만 全體評價를 당연한 전제로 하여, 예컨대 被害者 X와 加害者 Y·Z의 過失의 비율이 1:3:6이고, 또 Z는 도주해 버린 경우에 加害者 Y가 Z에게 구상할 여지가 전혀 없음을 고려하여 실무에서는 어느 정도 상계율을 조정함으로써 결과적으로 X는 1할 이상의 過失相計를 당하는 것이 보통이라고 하는 정도의 언급[666]이 있을 뿐이다.

그러나 共同不法行爲에서의 過失相計에 있어서 全體評價가 결코 당연한 것은 아니며, 個別評價의 방법이 내포하고 있는 몇 가지 이론상의 문제점에도 불구하고 독일이나 미국의 일부 州에서 이를 택하고 있는 것은 그것이 個別責任의 원칙에 부합하고 공평의 관념에 비추어 볼 때에 타당하기 때문인 것이다. 이하에서는 먼저 외국에서 논의되는 過失相計方法의 구체적인 내용과 그 문제점을 살펴본 후에 우리의 판례를 살펴보기로 한다.

## 2. 過失相計의 方法

### (1) 個別評價(Einzelabwägung)

(가) 행위자 상호간에 主觀的 共同이 없는 競合不法行爲(Nebentäterschaft)에서 過失相計가 문제될 경우에 西獨聯邦大法院은 1959년 6월 16일 판결 이전까지는 個別評價의 방식을 취하고 있었다.[667] 이에 따르면 被害者의 각 加害者에 대한 損害賠償請求權은 각 加害者에 대하여 개별적으로 결정하며, 이 때 被害者의 過失도 각 加害者의 過失과 개별적으로 比較衡量하여 그에 상응하는 부분을 減額한다는 것이다. 또한 각 加害者는 獨民 §840 I 에 따라 連帶債務를 부담하는데, 이러한 連帶債務 부분은 각 加害者의 被害者에 대한 債務額이 중복되는 부분에 한한다고 한다. 예를 들어 被害者 A와 加害者 X의 過失相計比率이 1:4이고 加害者 Y와의 過失相計比率이 1:5라고 할 때, 被害者 A의 加害者 X에 대한 청구액은 전체손해액의 4/5이고 加害者 Y에 대한 청구액은 5/6가 되며, 이 때 X와 Y는 4/5에 대하여 連帶債務를 부담한다는 것이다. 결과적으로 被害者가 배상받을 수 있는 限度額은 각 加害者에 대한 청구

666) 車澈淳, "不法行爲에 있어서의 過失相計"(1977년 서울대학교 석사학위논문), 69.
667) RG DR 40, 453; BGHZ 12, 213ff.=Vers R 1954, 189=NJW 1954, 875=JZ 54, 505; BGH LM, Nr. 5 zu §840=Vers R 1957, 167.

액 중에서 제일 높은 額(즉 이 사건에서는 5/6)에 해당한다.

(나) 이러한 독일의 判例에 대하여 둔쯔(Dunz)는 다음과 같은 사례를 들어 비판하였다.[668] 즉 被害者와 독립적으로 경합한 9명의 加害者의 過失이 모두 동일하다고 가정할 때, 判例에 따르면 被害者는 결과적으로 손해액의 1/2을 부담하는 데 반하여 각 加害者는 1/18을 부담하면 되므로 매우 불공평하며, 이 경우 전체적으로 볼 때 각자의 過失이 동일하므로 모두 손해의 1/10씩을 부담해야 한다는 것이다. 이러한 둔쯔(Dunz)의 비판을 받아 들여 西獨聯邦大法院은 1959. 6. 16의 判決에서 종래의 견해를 수정하게 된다.

**(2) 個別評價와 全體評價(Gesamtabwägung)의 結合**

西獨聯邦大法院이 종래의 순수한 個別評價를 버리고 個別評價와 全體評價의 결합을 채택한 1959. 6. 16 判決[669]의 事案은 다음과 같다. 즉 오토바이를 타고 가던 原告 A는 주유소에서 도로로 진입하던 被告 X의 승용차를 피하려고 중앙선을 넘다가 마주 오던 被告 Y의 승용차와 충돌하여 심한 부상을 입었다. 原審은 A의 X·Y에 대한 過失을 각각 4:1의 比率로 인정하고, 被告에게 그들 각자의 부담부분을 합친 액인 전체손해의 2/5에 대하여 연대하여 배상하라고 판결하였다. 이에 대하여 西獨聯邦大法院은 각자의 過失比率을 原審대로 인정하면서 被告들의 全體責任分은 다음과 같은 취지로 새로 판정하였다.

(가) 損害分配의 출발점은 個別評價로서 被害者의 過失의 比率은 각 加害者와의 관계에서 별도로 개별적으로 정한다. 競合不法行爲에서는 被害者는 각 加害者에 대하여 독자적인 損害賠償請求權을 갖게 되며, 따라서 한 加害者의 책임분을 다른 加害者에게 귀속시킬 수는 없다.

(나) 被告들은 그들의 책임분이 중복되는 한도 내에서 獨民 §840 I 에 따른 連帶債務를 부담한다. 原審과 같이 이들의 책임분을 합쳐서 連帶債務를 부과시킨다면 이는 타인의 過責(Verschulden)을 귀속시킴에 있어서 責任法이 그어 놓은 한계를 넘어 설 뿐만 아니라, 加害者 중의 1인의 無資力危險을 다른 加害者에게만 부담시키고 동일한——경우에 따라서는 훨씬 중한——過失을 범한 被害者에게는 그러한 위험으로부터 완전히 면하게 해 줌으로써 매우 불

668) Dunz, Berücksichtigung eigenen Mitverschuldens gegenüber mehreren Haftpflichtigen, JZ 1955, S. 727.
669) BGHZ 30, 203=NJW 1959, 1772=JZ 1961, 601=Vers R 1959, 203.

공평한 결과에 이르게 한다.

(다) 한편 被害者가 배상받을 수 있는 전체금액을 종래의 判例대로 정한다면, 이는 둔쯔(Dunz)의 예에서 분명히 볼 수 있는 바와 같이 사건을 전체적으로 관찰하여 被害者에게 허용하여야 할 금액보다 적은 금액의 보상을 해주는 결과에 이르게 되어 부당하다. 따라서 個別評價를 통하여 얻어진 결과는 다시 사건의 전체적 고찰을 통하여 수정되어져야 한다.

(라) 결론적으로 個別評價와 全體評價를 다음과 같은 방법으로 종합적으로 적용하여야 한다. 즉 個別評價를 통하여 얻은 被害者의 각 加害者에 대한 過失比率로부터 被害者와 加害者들의 過失의 전체적 比率을 산정하고, 다시 이로부터 피해자 자신의 책임부분과 競合不法行爲者 전체의 책임부분을 이끌어 낸다. 이를 위 事案에 적용시키면 A의 X와 Y에 대한 過失比率은 각각 4:1이므로, A·X·Y의 過失比率은 4:1:1이 된다. 이 때 A가 X·Y에게 각각 청구할 수 있는 한도액은 個別評價에 따라 각각 1/5이 되지만, 그러나 A가 X·Y로부터 전체적으로 청구할 수 있는 금액은 1/3을 넘지 못한다.

(마) 위 判決 이후로 西獨聯邦大法院는 기본적으로 위의 견해를 유지해 나가고 있다.[670] 이러한 西獨聯邦大法院의 견해에 대하여 獨逸學界에서는 많은 논의가 있어 왔는데,[671] 다음의 두 가지가 특히 문제되었다.

첫째는 西獨聯邦大法院의 견해에 따를 때에 競合不法行爲者들은 도대체 어느 범위에서 連帶債務를 부담하느냐 하는 점이다. 西獨聯邦大法院은 加害者들이 個別的 評價에 의하여 부담하게 되는 賠償額이 서로 중복되는 범위에서 連帶債務를 부담한다고 한다. 이러한 표현은 이전의 판결에서도 볼 수 있는 것이지만, 그러나 이전의 판결과 동일한 의미를 가지는 것으로 볼 수는 없는 것이다.[672]

670) BGH NJW 1964, 2011=LM, Nr. 8 zu §840 BGB=Vers R 64, 1053; BGHZ 61, 351=NJW 1974, 360 등.

671) 이 중 대표적인 學說에 대해서는 鄭泰綸(註 664), 345-53을 참조.

672) 만일 이전의 판결과 동일한 의미를 가지는 것으로 해석한다면, 본 판결의 내용은 모순이 있게 되므로 그렇게 해석할 수는 없게 되었다. 즉 本事案에서 본다면 個別評價에 의하여 A는 X와 Y에 대하여 각각 1/5씩 청구할 수 있는데, 이 때 X와 Y의 배상액이 중복되는 범위 즉 損害額의 1/5에 대하여 連帶債務를 부담하게 된다면 결과적으로 A가 X와 Y에 대하여 전체적으로 받을 수 있는 액수는 1/3이 아니라 1/5이 되기 때문이다{Lange(註 6), S. 396f.}.

이 문제에 대하여 설득력 있는 설명에 따르면 다음과 같다{Hartung, Anmerkungen zur "Gesamtabwägung aus der Gesamtschau", VersR 1980, 797-805. 같은 취지로서 Palandt/Heinrichs, §254 Rdnr. 57(S. 303)}. 즉 위 事案을 예로 들면 X와 Y가 A에 지급하여야 할 액수는 連帶債務部分과 각자의 單獨債務部分으로 나눌 수 있을 것인바, 連帶

둘째는 첫번째 문제와 관련된 것으로서 加害者 1인의 無資力危險을 누가 부담하느냐 하는 것이다. 이 문제는 加害者가 2명일 때에는 아무 문제가 없다. 즉 피해자 X와 加害者 A·B의 過失이 동일하고 발생한 손해가 9,000만원이라고 하면, X는 A와 B에 대하여 각각 4,500만원을 청구할 수 있되 전체적으로는 6,000만원 이상을 청구할 수 없을 것이다. 이 때 B가 無資力이라고 하면 X는 A에 대하여 4,500만원을 청구하고, 따라서 B의 無資力으로 인하여 X와 A는 그들의 過失의 비율에 따라서 각각 1,500만원을 부담하게 되어 별 문제가 없다. 그러나 加害者가 3명 이상인 경우에는 매우 복잡한 문제가 발생하며, 기본적으로 판례의 견해를 따르는 학설 사이에도 매우 다양한 견해가 제시되고 있다.[673)]

(3) **全體評價**

全體評價의 방식을 지지하는 대표적인 견해[674)]에 의하면, 競合不法行爲에서는 다른 加害者의 寄與行爲가 없었더라면 사고 자체가 발생하지 않았을 것이기 때문에 다른 加害者의 행위를 고려하지 않고 被害者의 寄與行爲와 加害者 중의 1人의 寄與行爲만을 比較衡量한다는 것은 생각할 수 없으며, 따라서 個別評價는 실제의 사실에서 벗어난 恣意的인 評價에 이를 수밖에 없다고 한다. 그렇기 때문에 全體評價를 통하여 정하여진 加害者들의 寄與分을 모두 더하여 이것을 被害者의 寄與分과 대비시켜 被害者가 부담할 부분을 확정하고, 그 나머지에 대해서 각 加害者에게 連帶債務를 부담시키는 것이 타당하다고

---

債務部分을 S, 각자의 單獨債務部分을 각각 x와 y로 보면, S+x=1/5, S+y=1/5, S+x+y=1/3이며, 이를 계산하면 S=1/15, x=2/15, y=2/15가 된다. 따라서 이 경우 X와 Y는 각각 1/15에 대해서는 連帶債務, 2/15에 대해서는 單獨債務를 부담하게 된다. 이 부분에 관한 보다 자세한 설명은 鄭泰綸(註 664), 351-3 참조.

673) 판례의 입장을 따르는 학자들 사이에는 크게 3가지의 견해가 제시되고 있다. 예컨대 被害者 X와 加害者 A·B·C의 過失의 比率이 모두 동일하고 손해액은 12,000만원이라고 할 때, 만약 C가 無資力이라면 多數說인 첫번째 見解에 따르면 X는 A에 대하여 6,000만원, 그리고 다음으로 B에 대하여 3,000만원을 요구할 수 있으므로 C의 無資力危險은 전적으로 A와 B가 부담하게 된다. 이에 비하여 前述(前註 참조)한 하르퉁(Hartung) 등의 見解에 의하면 A·B·C는 각각 1,500만원의 單獨債務와 4,500만원의 連帶債務를 부담하므로 X는 A와 B에 대하여 1,500만원+1,500만원+4,500만원=7,500만원을 청구할 수 있게 되어 결국 C의 無資力으로 인하여 A와 B는 각각 750만원, X는 1,500만원을 부담하게 된다. 그러나 이는 그들의 過失의 비율과는 다르게 되어 불공평하다는 지적을 받고 있다. 세 번째의 見解는 전체적 평가를 할 때에 無資力者인 C는 전혀 고려하지 않고, 따라서 X와 A·B의 과실만을 고려하여 X는 A와 B에게 전체적으로 8,000만원을 청구할 수 있고, A와 B는 각각 4,000만원을 부담한다는 것이다. 이에 의하면 C의 無資力危險을 X와 A·B가 각각 그들의 過失의 비율에 따라 1,000만원씩 부담하여 공평하다고 한다{Lrenz/Canaris(註 6), §82 Ⅲ 3, S. 582f.}.

674) Koch, Problem der Schadensabwägung zwischen Nebentätern und einem mitschuldigen Verletzten, NJW 1967, S. 181ff.

한다. 判例는 이렇게 하는 것은 狹義의 共同不法行爲에서와 같은 明文의 근거도 없이 타인의 "過責"(Verschulden)을 귀속시키는 것이 되어 부당하다고 하나, 이 경우 타인의 "過責"을 귀속시키는 것이 아니라 相當因果關係를 통하여 결합된 他人의 "原因寄與"(Verursachungsbeiträge)를 귀속시키는 것이라고 한다. 또한 被害者의 過失에 상응한 부분을 제외시키고 난 나머지 전부에 대하여 각자에게 連帶責任을 지우는 것이 불공평한 것도 아니라고 한다. 過失 없는 被害者가 다른 加害者에 비하여 상당히 가벼운 원인을 제공한 加害者에게 전액 책임을 물을 수 있다면, 過失 있는 被害者가 그의 過失에 상응한 額을 제외한 나머지 손해액을 다른 加害者에게 청구하는 것 또한 인정되어야 한다는 것이다. 이것은 加害者 중의 1인이 無資力者인 경우에도 마찬가지로 적용되며, 따라서 無資力危險은 加害者들이 부담하여야 한다고 한다.[675] 같은 全體評價의 방식을 주장하면서도 加害者 중의 1人의 無資力危險에 대해서는 被害者도 그의 過失의 비율로 같이 부담하여야 한다는 견해도 있다.[676]

(4) 美國의 例

(가) 미국에서는 被害者의 過失相計에 관하여 州에 따라 크게 다음과 같은 3가지의 입법례, 즉 原告의 過失의 輕重에 상관없이 被告의 過失에 상응하는 부분을 제외한 나머지에 대하여 被告의 책임을 인정하는 純粹比較過失制(Pure Comparative Negligence), 原告의 過失이 被告의 過失보다 적을 때에만 — 州에 따라서는 被告의 過失과 같을 때에도 — 過失相計에 따른 賠償을 인정하는 修正比較過失制(Modified Comparative Negligence, 또는 50% system), 그리고 原告의 過失이 輕微(slight)하고 被告의 過失이 重大(gross)할 때에만 過失相計에 따른 賠償을 인정하는 輕重시스템(Slight-Gross System) 등으로 나누어 진다.[677] 그런데 被告가 數人인 경우 總合比較를 하느냐, 個別比較[678]를 하느냐가 특별

675) 같은 견해로는 Brambring(註 88), S. 178ff.

676) Keuk(註 92), S. 175ff.; Lorenz(註 441), S. 29ff.

677) Prosser & Keeton(註 441), pp. 471-5.

678) 여기서 全體評價·個別評價라는 용어를 쓰지 않고 總合比較·個別比較라는 용어를 쓰는 것은 독일에서의 개별적 평가와 미국에서의 개별적 평가는 그 의미가 다르기 때문이다. 즉 독일에서는 개별적으로 평가를 하여 그 결과 被告의 過失이 적다고 하더라도 배상을 하여야 하고, 그 범위는 原告와 被告의 過失의 비율임에 비하여, 미국에서의 개별적 평가에서는 평가결과 被告의 過失이 작으면 被告는 면책되며, 또 텍사스주에서처럼 예외적으로 개별적 평가가 문제되어 개별적으로 책임을 지는 경우가 있다고 하더라도 그 책임범위는 독일과는 달리 전체적 평가에 의하여 각자의 책임으로 인정된 부분에 한하는 것이다.

히 의미를 가지는 것은 修正比較過失制에서이다.[679] 즉 이 제도 하에서는 原告 X와 被告 A·B·C의 過失의 比率이 각각 30%, 25%, 25%, 20%라고 할 때에 總合比較를 한다면 X는 손해의 70%를 배상받을 수 있는 데 반하여, 個別比較를 한다면 그는 전혀 배상을 받을 수 없기 때문이다.[680]

(나) 修正比較過失制를 택하고 있는 州의 多數, 예컨대 코넥티컷(Connecticut)·뉴-저지(New Jersey)·네바다(Nevada)·아르칸사스(Arkansas)·캔사스(Kansas)·오클라호마(Oklahoma)·오레곤(Oregon)·텍사스(Texas) 등의 州는 總合比較制를 택하고 있다.[681] 다만, 텍사스州에서는 總合比較制에서 발생하는 불공평한 경우, 즉 자신의 過失이 매우 작은 부분에 지나지 않는 被告가 배상액의 대부분을 떠맡게 되는 경우가 발생하는 것을 피하기 위하여 자신의 過失이 原告의 過失과 같거나 그보다 큰 被告는 배상액전액에 대하여 連帶責任을 지되 자신의 過失이 原告의 過失보다 작은 被告는 배상액 중 자신의 過失에 상응한 부분에 대해서만 책임을 지도록 하고 있다.[682]

(다) 그러나 위스콘신(Wisconsin)·조오지아(Georgia)·아이다호(Idaho) 그리고 와이오밍(Wyoming)·미네소타(Minnesota) 등의 州에서는 個別比較를 하고 있다.[683] 그리하여 그 被告 1人에 대해서만 소송을 제기하였더라면 배상이 허용되지 않았을 그러한 共同被告로부터 배상을 받을 수는 없다고 한다. 被告 자신보다 過失이 더 큰 原告에게 배상을 하도록 하는 것은 50%시스템의 정신에 어긋나는 것이며, 또한 각 被告가 連帶하여 책임을 지는 결과 상대적으로 過失이 작은 피고가 배상액전액에 대하여 책임을 질 우려가 있다는 것이다. 그러나 이러한 州에서도 數人의 행위자 사이에 主觀的 共同關係(joint venturers)가 인정되는 경우에는 總合比較를 하고 있다.[684]

이러한 個別比較에 대해서는 被害者의 구제가 被害者 자신의 過失의 정도가 아니라 加害者들의 數에 의하여 좌우될 가능성이 있기 때문에 부당하다고 하는 비판이 가해진다.[685] 그러나 個別比較에 대한 이러한 비판론자도 總合比

679) 물론 輕重시스템(Slight-Gross System)에서도 마찬가지일 것이다. 그런데 현재 이 제도를 택하고 있는 州는 네브라스카(Nebraska)와 사우스 다코타(South Dakota)의 2개의 州뿐이라고 한다. Prosser & Keeton(註 441), p. 474.

680) Schwartz, Comparative Negligence(1986), pp. 267-8.

681) Schwartz(前註), p. 268.

682) Tex. Rev. Civ. Stat. Ann.(Vernon), art.2212a, §2(c).

683) Schwartz(註 680), p. 269.

684) Krengel v. Midwest Automatic Photo, Inc., 295 Minn. 200, 203 N.W.2d 841(1973).

685) Schwarz(註 680), p. 271; Harper, James, & Gray, The Law of Torts(2nd ed., 1986),

較의 단점을 인정하고 있으며, 이러한 단점을 피하는 바람직한 현실적인 방법으로서 위에 언급한 텍사스주의 입법례를 들고 있다.[686)]

## 3. 判 例

### (1) 全體評價를 채택한 판결

㈎ 被告의 딸이 피고소유의 승용차를 운전함에 있어 전방을 잘 살피지 아니한 잘못으로 번호미상의 차량에 충격되어 길 위에 쓰러져 있던 原告를 발견하지 못하였을 뿐만 아니라 자신이 운전하는 차량의 엑슬샤프트에 원고가 걸려 있음을 감지하지도 못한 채 36미터나 끌고 간 過失과, 야간에 음주한 채 편도 3차선의 차도를 횡단보도로부터 40미터쯤 떨어진 곳에서 횡단하려다 번호미상의 차량에 충격되어 쓰러진 原告의 過失을 비교하여 原告의 過失比率을 30% 정도로 평가한 原審判決에 대하여, "피해자가 공동불법행위자 중의 일부만을 상대로 손해배상을 청구하는 경우에도 과실상계를 함에 있어 참작하여야 할 쌍방의 과실은 피해자에 대한 공동불법행위자 전원의 과실과 피해자의 공동불법행위자 전원에 대한 과실을 전체적으로 평가하여야 하고, 공동불법행위자간의 과실의 경중이나 구상권행사의 가능 여부 등은 고려할 여지가 없다고 할 것이므로 소론과 같이 원고를 충격한 후 도주한 번호미상차량의 소유자에 대한 피고의 구상권의 행사가 불가능한 사정이 있다고 하더라도 이러한 사정을 과실상계를 함에 있어 참작하지 아니한 원심의 조치는 위와 같은 취지에 따른 것으로서 정당하다"[687)]고 판시하였다.

㈏ 대판 98. 6. 12, 96다55631.[688)] 前述 註 407의 본문 참조.

㈐ 소외 A는 고속도로상에서 조향장치를 제대로 조작하지 못하고 중앙분리대의 철제방현망을 파손시켜 그 중 일부를 반대차선으로 떨어뜨렸던바, 반대차선을 주행하던 소외 甲의 차량이 위 방현망에 걸려 좌측 앞바퀴가 파손되었다. 이에 소외 甲이 전방차량들이 정체된 틈을 타 승용차에서 내려 이상유무를 살피고자 뒤쪽으로 걸어 오던 중 때마침 소외 甲승용차의 뒤를 따라오면서 위 방현망을 발견하고 이를 피하려던 소외 B운전의 고속버스에 치여 그 자리에서 사망하였다. 原審法院은 공동불법행위자인 소외 A·B 전원에 대

vol. 4, §22.16, pp. 404-4.

686) Schwarz(註 680), p. 272.

687) 大判 91. 5. 10, 90다14423(公 899, 1601).

688) 公 1998하, 1858.

한 소외 甲의 과실비율을 40%로 보았으며, 이에 대하여 大法院은 "피해자의 공동불법행위자 각인에 대한 과실비율이 서로 다르더라도 피해자의 과실을 공동불법행위자 각인에 대한 과실로 개별적으로 평가할 것이 아니고, 그들 전원에 대한 과실로 전체적으로 평가하여야 할 것이다"[689]고 하면서 원심의 판단은 이와 같은 법리에 따른 것으로 옳다고 판시하였다.

㈑ 이른바 '폰뱅킹사기사건'에 관한 판결로서, 사안은 복잡하지만 간단히 정리하면 다음과 같다. 즉 소외 甲은 가계수표를 개설하여 준다는 광고를 보고 비정상적인 방법으로 가계수표를 발행할 자격을 취득하기 위하여 자신의 주민등록증과 도장을 소외 乙 등에게 교부하여 주었는데, 乙은 이를 이용하여 甲명의의 폰뱅킹가능한 예금계좌를 개설하였고, 이 때 被告 Y은행의 직원 A는 乙이 예금개설명의인 본인인지의 여부를 제대로 확인하지 않았다. 그 후 乙 등은 사채업자인 原告 X에게 수수료를 주겠다고 제의하여 X의 직원인 丙을 통하여 甲명의의 별도의 예금구좌를 개설하여 1억여 원을 입금시키도록 하였으며, 이를 丙의 부주의로 알게 된 비밀번호를 이용하여 폰뱅킹의 방법으로 계좌이체신청을 한 다음 현금카드로 수십 회에 걸쳐 인출하였다.

大法院은 原審이 被告 Y은행의 직원인 A의 過失을 이유로 이 사건 예금의 지급이 債權의 準占有者에 대한 변제로서 유효하다는 被告의 주장을 배척한 것에 대하여는 위법이 없다고 하는 한편, "공동불법행위의 성립에는 공동불법행위자 상호간에 의사의 공통이나 공동의 인식이 필요하지 아니하고 객관적으로 각 그 행위에 관련공동성이 있으면 족하고, 그 관련공동성이 있는 행위에 의하여 손해가 발생하였다면 그 손해배상책임을 면할 수 없으며", 甲의 過失行爲와 丙의 過失行爲는 乙 등의 사기행위와 "객관적으로 관련공동성을 가지고 있어 피고에 대한 공동불법행위를 구성한다고 할 것이고", 따라서 甲·乙 등, 그리고 丙은 이 사건 불법예금인출로 인하여 발생한 피고의 손해에 대해서는 연대하여 손해배상책임을 지고, "이 경우 법원이 피해자인 피고의 과실을 들어 과실상계를 함에 있어서는 피고의 과실을 공동불법행위자 각인에 대한 과실로 개별적으로 평가할 것이 아니고 그들 전원에 대한 과실비율로 전체적으로 평가하여야 한다. 그러함에도 원심이 이 사건 불법예금인출에 관하여 원고에게 위 丙의 사용자로서의 불법행위책임을 인정하면서도 다른 공동불법행위자의 과실은 전혀 고려하지 아니한 채 피고가 부담하여야 할 책임부분

689) 大判 97.4.11, 97다3118(公 1997상, 1444).

을 전체의 80%로 봄이 상당하다고 판단한 조치는 공동불법행위자의 손해배상책임에 관한 법리오해의 위법이 있다"[690]고 하여 원심판결을 파기환송하였다.

(2) 個別評價를 채택한 판결

소외 A로부터 빌딩의 신축공사를 도급받은 被告 Y건설주식회사(이하 'Y회사'라 한다)는 분야별로 타업체에 하도급을 주었는데, 소외 A건설주식회사(이하 'A회사'라 한다) 역시 被告 Y회사로부터 미장, 방수 및 타일공사를 하도급받았다. 그런데 소외 A회사에 고용된 일용비계공 甲이 신축건물 4층 외부에 설치된 비계를 해체하는 공사를 하던 중 몸의 중심을 잃고 앞으로 넘어지는 바람에 어깨에 메고 있던 강관이 위 건물 앞을 통과하는 고압전선에 부딪쳐 감전되어 전기화상을 입고 복음병원 4층 중환자실에서 입원치료를 받게 되었던바, 이틀 후 甲이 발작적으로 중환자실의 유리창문을 깨고 투신하여 사망하게 되었다.

原審法院은 감전사고와 甲의 사망 사이에는 인과관계가 있다고 봄이 상당하다고 판시하고, 나아가 被告 Y회사는 수급자로 하여금 사고방지를 위한 안전설비를 갖추도록 촉구함은 물론 자신이 나서서라도 그러한 조치를 취할 주의의무가 있고, 被告 韓國電力公社(이하 '韓電'이라고 한다) 역시 고압선과 위 건물에 설치된 비계의 가장자리와의 이격거리가 법정이격거리를 초과한다 하더라도 그 이격거리가 1.2미터에 불과하며, 더구나 위 소외 A회사로부터 감전사고에 대한 안전대책을 문의받기까지 하였으므로 그 공사현장에 소속직원을 보내어 감전사고발생의 가능성유무를 파악하여 공사수급자에게 사고방지를 위한 안전조치의 이행을 요구할 주의의무가 있는바, 이 사건사고는 위와 같은 주의의무를 다하지 아니하여 공사수행과정에서 조성된 위험한 작업환경을 그대로 방치한 被告 Y회사소속 작업감독자의 사무집행상의 過失과 被告 韓電 자신의 過失이 경합하여 발생하였다고 판시하였다. 그런 한편 原審은 소외 甲 역시 조심성 없이 작업에 임함으로써 자신의 안전도모에 만전을 기하지 못한 過失이 있으며, 사망에 이르는 데 기여한 그의 선천적 기질 역시 過失에 준하는 것으로 평가함이 상당하다고 하면서, 배상액을 정함에 있어 그 참작정도는 "위 甲의 과실내용과 피고들의 과실내용을 검토하여 보면 위 甲의 피고들에 대한 과실비율을 달리 정함이 정의의 관념이나 공평의 관념에 부합된다고 판단되어 위 甲의 과실비율을 피고별로 따로 정하기로 하여 각 그 과실비율을 정하여 보면, 위 甲의 과실비율은 피고 Y회사에 대한 관계에서는 55퍼센트, 피고 한전에 대한

690) 大判 98. 11. 10, 98다20059(公 1998하, 2836).

관계에서는 80퍼센트로 봄이 상당하다"고 판시하였다. 이에 被告 韓電은 上告하였으나 大法院은 原審의 위와 같은 事實認定과 判斷에 위법이 없다고 하면서 被告 韓電의 上告를 棄却하였다.[691]

물론 이 판결문에는 共同不法行爲라는 표현은 발견되지 않으며, 따라서 이 판결에서는 共同不法行爲가 문제되고 있는 것이 아니라고 하는 견해도 있을 수 있다. 그러나 판례·다수설의 입장인 客觀的 共同說에 의하면, 이 판결에서도 엄연히 共同不法行爲가 문제되고 있다고 보아야 할 것이다.

### 4. 私 見

(1) 共同不法行爲에서의 過失相計에 있어서 가해자의 過失을 전체적으로 평가할 것이냐, 그렇지 않으면 개별적으로 평가할 것이냐 하는 것은 共同不法行爲를 어떻게 볼 것이냐 하는 문제와 밀접한 관련이 있다. 즉 共同不法行爲와 관련하여 다음의 2가지 명제, 즉 첫째로 因果關係는 Alles-oder-Nichts의 문제이며, 둘째로 共同不法行爲는 數人의 행위를 일체로 파악하는 데 그 의의가 있고, 이 때 일체로 파악하는 근거로 되는 것은 意思 내지는 主觀的 共同이라고 하는 명제를 전제로 한다면, 意思의 연락 없이 數人이 하나의 손해를 발생시킨 경우에는 過失相計를 함에 있어서 個別評價(여기서 個別評價라고 함은 통상 全體評價와 결합된 個別評價를 뜻한다)에 의하는 것이 過失責任의 원칙에 부합한다.

(2) 물론 앞서 살펴보았듯이 독일의 코흐(Koch)는 이러한 명제를 전제로 하면서도 個別評價를 恣意的이고 擬制的이라고 비난하면서, 全體評價에 의하여 정하여진 피해자의 기여분만큼을 제외하고 그 나머지에 대하여 加害者들이 連帶債務를 지는 것이 타당하며, 이 경우 타인의 "過責"(Verschulden)을 귀속시키는 것이 아니라 相當因果關係를 통하여 결합된 他人의 "原因寄與"(Verursachungsbeiträge)를 귀속시키는 것이라고 한다. 그러나 이 경우 加害者와 被害者 모두 그 他人과는 아무 관계가 없다고 하는 점에서는 마찬가지임에도 불구하고 "相當因果關係를 통하여 결합된 타인의 原因寄與"를 왜 가해자에게만 귀속시키는가[692] 하는 의문은 여전히 남아 있다. 그 原因寄與를 加害者와 被害者 모두에게 그 過失比率에 따라 분담시키는 것이 공평하며, 個別評價는 바로 그러한 관점에서 인정된 것이다. 미국의 텍사스州의 입법례에서 보는 바와 같

691) 大判 92. 2. 11, 91다34233(公 917, 998).
692) 이는 결국 加害者全員의 행위를 일체로 파악한다고 하는 것과 동일한 개념일 것이다.

이 원칙적으로 總合比較의 입장에 서면서도 被告의 過失이 原告의 過失보다 작은 경우에는 예외적으로는 被告 자신의 過失에 상응한 부분에 대해서만 책임을 지도록 하고 있는 것은 總合比較는 본래 他人의 過責을 귀속시키는 결과를 내포하고 있는 제도이며, 被告의 過失이 原告의 過失보다 작을 때에는 그 부당성이 현저하여 이를 완화시키는 조처를 취하지 않을 수 없다고 하는 사실을 스스로 인정하고 있는 것이라고 할 수 있다.

(3) 이상과 같이 여러 가지 면에서 個別評價가 합리적이라고 할 수 있지만, 그러나 여기에도 무시못할 단점이 있다. 즉 첫째로 數人의 행위자는 個別評價에 의하여 부담하게 되는 배상액이 서로 중복하는 범위에서 不眞正連帶債務를 부담하게 되는바, 그 구체적인 범위가 어떻게 되느냐 하는 점과, 그리고 둘째로 加害者 1人의 無資力危險을 누가 부담하느냐 하는 문제이다. 물론 첫 번째 의문점은 그 자체로서는 큰 문제가 아니며, 앞서 소개한[693] 독일의 하르퉁(Hartung)이 설시하는 바와 같이 쉽게 설명할 수 있다. 그러나 두 번째 문제와 겹치게 되면 前述한 예[694]에서 볼 수 있는 바와 같이 整合的으로 이론구성하기가 힘들어진다. 그러나 이러한 지엽적인 단점으로 인하여 本末이 顚倒될 수는 없는 것이며, 게다가 이런 지엽적인 문제 역시 해결할 수 없는 것은 아니다. 즉 앞서 소개한 라렌쯔/카나리스의 견해[695]와 같이 無資力者는 고려하지 않고 被害者의 過失과 無資力者를 제외한 加害者들의 過失의 比率로 全體評價를 하여 각자의 부담부분을 정하면, 無資力危險을 加害者와 被害者 모두 그들 過失의 비율대로 부담하게 되어 공평한 결과를 가져올 것이다.[696]

693) 前述 註 672 참조.
694) 前述 註 673 참조.
695) 前述 註 673 참조.
696) 물론 이렇게 되면 구체적인 (不眞正)連帶債務의 범위는 어떻게 되느냐 하는 점이 문제될 것이다. 즉 이 경우 애초에 無資力者를 고려하지 않은 상태에서 결정된 구체적인 (不眞正)連帶債務의 범위와 無資力者가 생겨난 후에 결정된 구체적인 (不眞正)連帶債務의 범위가 달라져 문제가 될 것이다. 생각건대 被害者와 共同不法行爲者 사이에 過失相計를 함에 있어서 (不眞正)連帶債務의 구체적인 범위를 정하는 것이 가지고 있는 현실적인 의미는 채권자가 각각의 채무자에게 청구할 수 있는 범위를 한정한다고 하는 점, 그 범위 내에서는 채권자가 채무자 중의 1人의 無資力危險을 부담하지 않는다고 하는 점, 그리고 채무자 상호간에 求償權의 범위를 정하는 기초가 된다고 하는 점 등에 있다. 그런데 共同不法行爲에 있어서 共同不法行爲者의 책임의 법적 성질이 不眞正連帶債務라고 정해진 다음에 위의 여러 가지 점들이 결정되는 것이 아니라, 책임법상의 여러 원칙들에 의하여 각자의 책임범위와 그 구상범위 등이 먼저 결정된 후에 이러한 점들을 事後的으로 설명하기 위하여 不眞正連帶債務라고 하는 개념이 원용될 뿐인 것이다. 따라서 不眞正連帶債務라고 하는 개념에 얽매여서 채무자의 청구범위, 無資力危險을 부담할 자와 그 범위 및 구상의 범위 등을 합리적으로 결정하는 데에 방해가 되어서는 안 되

(4) 미국에서 個別比較에 반대하는 학자들이 내세우는 근거는 被害者의 구제가 被害者 자신의 過失의 정도가 아니라 加害者들의 數에 의하여 좌우될 가능성이 있기 때문에 부당하다는 것이다. 그러나 이러한 비판이 우려하는 사태는 근본적으로는 50%시스템制에 기인하는 것이지 個別評價 자체의 문제점과는 상관이 없다.

(5) 判例가 채택하는 全體評價가 내포하고 있는 문제점은 前述[697]한 大判 98. 11. 10, 98다20059에서와 같이, 예컨대 被害者인 Y은행의 過失(현실적으로는 그 직원 A의 過失)과 共同의 加害者인 X의 過失(현실적으로는 그의 직원 丙)과 甲의 過失, 그리고 乙 등의 사기행위 등이 경합하여 Y에게 손해가 발생한 경우에 쉽게 드러난다. 즉 이 경우에 被害者 Y와 加害者 X 사이에 過失相計가 가능한가에 대해서는 "피해자의 부주의를 이용하여 고의로 불법행위를 저지른 자가 바로 그 피해자의 부주의를 이유로 자신의 책임을 감하여 달라고 주장하는 것은 허용될 수 없다"[698]고 하는 판례의 입장을 감안할 때, 加害者들의 過失을 일체로 파악하는 全體評價를 채택하는 한 부정적으로 대답할 수 밖에 없을 것이다. 그러나 이러한 결론은 過失相計의 취지에 반하여 받아들일 수 없다. 위 판결에서 대법원은 피해자가 부담하여야 할 책임부분을 80%라고 본 원심판결을 파기하고 있을 뿐이어서 過失 있는 加害者측에서 過失相計를 주장할 수 있는지의 여부에 대해서는 명확하게 알 수 없으나, 全體評價를 택하고 있는 한 어느 쪽으로 결론을 내려도 비판을 면할 수는 없을 것이다.

[鄭 泰 綸]

---

며, 오히려 이러한 점들이 不眞正連帶債務라고 하는 개념에 구애됨이 없이 먼저 책임법상의 여러 원칙들에 따라서 결정되어야 할 것이고, 이를 이론적으로 설명하기 위하여 정해지는 不眞正連帶債務의 범위는 그 자체 큰 의미가 없다고 볼 수 있다.

697) 前述 註 690의 본문 참조.

698) 대판 2000. 9. 29, 2000다13900(公 2000하, 2201). 同旨: 大判 87. 7. 21, 87다카637(公 808, 1388); 大判 95. 11. 14, 95다30352(公 1996상, 21).

## 第 761 條(正當防衛·緊急避難)

① 他人의 不法行爲에 對하여 自己 또는 第3者의 利益을 防衛하기 爲하여 不得已 他人에게 損害를 加한 者는 賠償할 責任이 없다. 그러나 被害者는 不法行爲에 대하여 損害의 賠償을 請求할 수 있다.

② 前項의 規定은 急迫한 危難을 避하기 爲하여 不得已 他人에게 損害를 加한 境遇에 準用한다.

차 례



### Ⅰ. 違法性阻却事由

일응 違法性이 있다고 보여지는 경우라도 특별한 사유가 있으면 그 違法性이 排除되는 경우가 있다. 이것이 이른바 違法性阻却事由의 문제이며, 이러한 특별한 사유를 일반적으로 違法性阻却事由라고 부른다. 民法은 違法性阻却事由로서 본조에서 正當防衛(§761 Ⅰ)와 緊急避難(§761 Ⅱ)만을 규정하고 있다. 그러나 그냥 違法性이라고 하더라도 구체적으로는 각종의 不法行爲의 유형에 따라 차이를 보이는 것처럼 그 阻却事由도 여러 가지의 유형을 생각할 수 있다. 이러한 것들로서 생각할 수 있는 것이 自力救濟, 被害者의 承諾, 正當行爲 등이다.

주의할 점은 형식적으로 違法性阻却事由가 있다 하여 곧바로 違法性이 排除되는 것은 아니라는 점이다. 違法性이 被侵害利益과 侵害行爲의 상관관계에서 판단되는 것처럼 그 阻却事由도 같은 상관관계에서 판단되어야 하는 것이다.

### Ⅱ. 正當防衛·緊急避難

법의 目的은 法的 平和(Rechtsfrieden)의 維持이므로 이를 위하여는 自己의

權利가 侵害되거나 침해될 우려가 있는 경우라도 스스로의 힘에 의하여 이를 해결하는 것을 피하고, 국가기관에 의하여 해결하는 것이 필요하게 된다. 그리하여 近代法은 社會秩序의 維持를 위하여 모든 侵害行爲는 公權力에 의해 처리되어야 함을 원칙으로 삼고 있다. 그러나 이 원칙만을 고집하여 急迫한 侵害에 대해서도 私人 스스로의 侵害에 대한 防衛 또는 侵害로부터의 回避를 否定한다면 私人의 權利의 保護에 흠결을 가져오고, 이것이 오히려 社會秩序를 문란케 할 수 있다. 그러므로 근대법은 특별한 경우에는 自力에 의한 權利侵害의 防衛·回避라는 것을 필요하다고 인정하고 있는바, 民法은 그와 같은 필요성이 현저한 경우로서 正當防衛와 緊急避難을 규정하고 있다.

### 1. 正當防衛(Notwehr)

(1) "他人의 不法行爲에 대하여 自己 또는 第3者의 利益을 防衛하기 위하여 부득이 他人에게 損害를 加한 자는 賠償할 責任이 없다"(§761 I 본문). 이것이 正當防衛이며, 예컨대 강도에게 自己의 생명이나 신체를 지키기 위하여 상해를 가하는 경우가 이에 해당한다. 正當防衛는 문자 그대로 防衛行爲에만 허용되고 공격적인 방법에 의한 권리실현이나 보복은 허용되지 아니한다. 예컨대 相對方에 대한 侮辱行爲가 있다 하더라도 그에 대한 보복적인 모욕행위는 허용되지 않는 것이다. 正當防衛가 성립하기 위하여는 다음과 같은 요건이 충족되어야 한다.

첫째로 '他人의 不法行爲'가 있어야 한다. 따라서 인간의 행위가 아닌 동물이나 무생물에 의한 侵害行爲에 대하여는 正當防衛가 있을 수 없다. 이 경우에는 다음에서 보는 緊急避難만이 문제될 뿐이다. 여기서 '他人의 不法行爲'라고 하는 것은 그 他人에게 不法行爲의 成立要件으로서의 故意·過失이나 責任能力이 있을 것을 필요로 하는 것이 아니며, 다만 그 행위가 객관적으로 違法하기만 하면 족하다. 객관적으로 違法한 행위가 있으면 私力에 의한 防衛를 허용하는 것이 正當防衛制度의 목적에 적합하기 때문이다. 문제가 되는 것은 責任能力이 없는 자, 예컨대 幼兒의 加害行爲 등의 경우이다. 그러한 경우에는 뒤에 설명하는 또 하나의 요건인 '부득이' 행한 행위라는 요건을 갖추지 못하여 正當防衛가 되지 못하는 경우가 많을 것이다. 이와 같이 正當防衛가 성립하려면 '他人의 不法行爲'가 있어야 하므로, 他人의 行爲가 정당한 거래행위이거나 또는 다소 지나친 점이 있더라도 社會觀念上 용인되는 행위에 대하여는

正當防衛가 성립될 수 없다.

둘째로 '自己 또는 第3者의 利益을 防衛'하는 행위이어야 한다. 여기서 自己 또는 第3者의 '利益'이라 함은 法律의 理想에 비추어 보호할 수 있는 利益이면 족하다. 被侵害者는 法人이라도 무방하고 국가일 수도 있다.[1] 국가에 대한 반란행위가 진행중이거나 공공건물을 파괴하는 행위가 진행중일 때에 이를 막기 위한 防衛行爲는 허용된다. 그러나 公共秩序의 단순한 侵害行爲(예컨대 淫亂物出版行爲)에 대하여는 防衛行爲가 허용될 여지가 없다. 그리고 防衛는 侵害行爲가 완료한 후에는 있을 수 없고, 侵害의 危險이 急迫하게 닥친 경우, 현재 侵害行爲가 행하여지거나 계속되고 있는 경우에 있을 수 있다.

셋째로 '부득이' 행한 행위이어야 한다. 正當防衛에 있어서 가장 중요한 요건이며, 그 판단에 있어서 다음의 점을 유의할 필요가 있다. 먼저 '他人의 不法行爲'에 대하여 防衛者도 스스로 가해행위를 하는 이외에는 다른 적절한 방법이 없었어야 한다. 따라서 만일에 他人의 不法行爲를 쉽게 피할 수 있거나 아니면 第3者의 도움이나 국가기관에의 救濟要求에 의하여 침해를 防衛하는 것이 가능하였다면, 그것은 '부득이' 행한 행위라고는 할 수 없게 된다. 다음 防衛하려는 利益과 防衛行爲에 의하여 相對方에게 주는 損害와의 사이에 어느 정도 사회관념상 균형이 잡혀 있어야 한다. 예컨대 사소한 재산에 대한 침해를 防衛하기 위하여 不法行爲者를 살상하는 것과 같은 경우는 '부득이' 행한 행위라고 할 수 없고 正當防衛가 되지 않는다. 즉 재산침해를 막기 위하여 생명에 침해를 가하거나 무장하지 아니한 자에 대하여 총기로 살상을 하는 것은 일반적으로 허용되지 아니한다. 요컨대 防衛行爲는 한편으로는 防衛目的을 성공으로 이끌면서도 다른 한편으로는 相對方에 대한 피해를 최소화하는 한도에서 행해져야 한다. 그리고 구체적으로 어떤 防衛行爲여야 하는가는 객관적인 상황에 의하여 정해져야 하고, 침해받는 자가 상황을 어떻게 보느냐에 따라 결정되는 것은 아니다.[2] 상황을 잘못 판단한 경우에는 違法性은 阻却되지 아니하나, 過失이 없이 그렇게 판단한 경우라면 책임이 없다 할 것이다.

판례는 야간에 술이 취한 상태에서 병원에 있던 과도로 대형 유리창문을 쳐 깨뜨리고 자신의 복부에 칼을 대고 할복자살하겠다고 난동을 부린 被害者에 대하여 출동한 경찰관 2명이 총을 발사하여 왼쪽 가슴부위를 관통시켜 사

1) Karl Larenz, Allgemeiner Teil, 5. Aufl., S. 239.
2) Karl Larenz, 241.

망케 한 사건에 있어서, 경찰관들은 공포를 발사하거나 소지한 가스총과 경찰봉을 사용하여 망인의 항거를 억제할 시간적 여유와 보충적 수단이 있었다고 보여지고 또 부득이 총을 발사할 수밖에 없었다고 하더라도 하체부위를 향하여 발사함으로써 그 위해를 최소한도로 줄일 여지가 있었다고 보고 그 행위에 防衛에 필요한 한도 내의 행위로서 사회윤리에 위배되지 않는 상당성이 없다고 보아 正當防衛를 否定하였다.[3] 반면에 加害者가 被害者의 멱살을 잡아 밀고 당기었지만 이는 被害者가 계속 시비를 걸며 加害者의 멱살을 잡아 떠밀거나 손톱으로 할퀴는 등 부당한 공격을 가한 데서 벗어나려고 한 경우에는 그에 이르게 된 경위·목적·수단 등 제반사정에 비추어 보면 사회통념상 허용될 정도의 상당성이 있는 것으로 보아 違法性이 없다고 하였다.[4] '他人의 不法行爲'에 대하여 言論·記事에 의하여 防衛하는 경우에도 防衛되는 利益과 防衛行爲에 의하여 相對方에게 주어지는 損害와의 사이에 균형이 잡혀져야 함은 물론이고, 防衛行爲로서의 言論·記事가 진실이어야 한다.

防衛行爲는 보통 不法行爲者에 대하여 행해지지만 第3者에 대한 것이어도 무방하다. 예컨대 강도의 위험을 피하기 위하여 이웃집에 도망하느라고 담을 부수더라도 正當防衛는 성립한다. 이 점은 반격만을 正當防衛로 하는 刑法의 正當防衛와 다른 점이다.

(2) 正當防衛가 성립되면 防衛行爲는 違法性을 잃게 되어 防衛行爲者는 그로 말미암아 생긴 損害를 배상할 의무를 지지 않는다. 그러나 防衛行爲에 의하여 第3者에게 損害를 가한 경우에는 第3者는 그 防衛行爲의 원인이 된다고 생각되는 不法行爲者에 대하여 損害賠償을 청구할 수 있다(§761 I). 不法行爲者는 防衛行爲를 수단으로 하여 第3者에게 損害를 가한 것으로 볼 수 있기 때문이다. 그러나 第3者의 損害賠償請求權이 성립하기 위하여는 不法行爲者에게 故意·過失이 있고 또한 責任能力이 있어야 한다. 正當防衛와 관련하여 그 성질상 過剩防衛가 되는 경우가 적지 않다. 즉 침해되는 利益에 비하여 防衛에 의하여 야기되는 損害가 현저히 큰 경우에는 그 防衛行爲는 違法性을 면치 못하고, 따라서 不法行爲가 성립하게 된다. 그러나 그러한 防衛行爲에 이름에 있어 過失이 없다면 損害賠償責任을 지지 않는다. 不法行爲가 성립하지 않기 때문이다.

---

3) 大判 91. 9. 10, 91다19913(公 1991, 2524).
4) 大判 91. 11. 26, 91다17375(公 1992, 279).

## 2. 緊急避難(Notstand)

(1) "急迫한 危難을 避하기 위하여 부득이 他人에게 損害를 加한 경우"에도 그 加害行爲는 違法性이 없다(§761 II). 이것이 緊急避難이다. 正當防衛는 어디까지나 不法行爲, 즉 違法한 侵害에 대한 反擊이나, 緊急避難은 違法하지 않은 侵害에 대한 避難이라는 점에서 양자는 차이가 난다.

즉 正當防衛는 不法(Unrecht)에 대한 防衛(Abwehr)의 측면이 강조되나 緊急避難에서는 利益의 較量·評價의 측면이 강조된다. 舊民法은 '他人의 물건으로부터 생긴 急迫한 危難'을 피하기 위하여 '그 물건을 毁損한 경우'에만 緊急避難을 인정하였으나 現行民法은 危難이 물건으로부터 생긴 경우에 한하지 않고 널리 急迫한 危難을 피하려는 때에 緊急避難을 인정하며, 또한 피난행위도 '그 물건을 毁損하는' 것에 한정하지 않고 널리 第3者에게 損害를 가하는 경우에도 緊急避難을 인정한다. 緊急避難을 인정하는 경우와 避難行爲의 범위가 훨씬 넓어진 셈이다.[5] 그리고 危難은 사람에 대한 것이건 그 밖의 法益에 대한 것이건 가리지 아니한다.

緊急避難의 成立要件은 현재의 急迫한 危難을 피하려는 행위일 것, 自己 또는 第3者의 利益을 보호하기 위한 피난일 것, 부득이할 것 등이다. 부득이하다는 것은 他人에게 損害를 주는 외에는 적당한 피난수단이 없고, 또한 危難을 피함으로써 보호되는 利益과 피난행위로 생긴 損害와의 사이에 현저한 불균형이 있지 않을 것을 의미한다. 그리고 急迫한 危難은 당연히 避難者, 즉 加害者의 고의나 과실로 발생한 것이어서는 아니 된다. 즉 急迫한 危難이 加害者의 고의나 과실에 의하여 조성된 것인 때에는 違法性이 阻却되지 아니한다. 예컨대 운전병이 제한속도 25킬로미터의 지점에서 시속 45킬로미터의 과속으로 달리던 중 보행인 3인과의 충돌을 피하기 위하여 방향을 바꾸다가 점포를 들이받아 화재가 발생하였다면, 운전병의 행위는 緊急避難에 해당할 수 없다.[6]

(2) 緊急避難에는 正當防衛에 관한 규정이 準用되므로 緊急避難行爲 역

5) 독일민법은 긴급피난을 방어적(defensiv)인 것과 공격적(aggressiv)인 것으로 나누고 있다. 전자는 물건 자체가 야기하는 위난을 피하기 위하여 해당 물건을 손상·파괴하는 경우이고(§228), 후자는 어떤 원인이든 불문하고 일단 야기된 위난을 피하기 위하여 타인의 물건을 침해하는 것을 의미한다. 우리 민법과 비교하면 긴급피난이 허용되는 범위가 좁다.

6) 大判 68.10.22, 68다1643(集 16-3).

시 違法性이 없게 되어 그로 말미암아 생긴 損害를 賠償할 責任이 없다.[7] 또한 피난행위는 반드시 危難의 原因이 된 사람이나 그의 물건에 대하여서만 행하여야 하는 것은 아니고, 第3者에 대하여 행하여지는 것이라도 상관없음은 正當防衛에 있어서와 같다. 그리고 이 경우에는 第3者는 그가 받은 損害에 대하여 危難의 원인이 된 사람에게 損害賠償을 청구할 수 있다. 예컨대 甲이 개를 자극하여 개가 乙을 공격하고 乙이 이를 피하기 위하여 개를 박살한 경우, 甲은 개의 소유자에게 損害를 배상해야 한다.

## Ⅲ. 自力救濟(Selbsthilfe)

自力救濟라 함은 請求權을 保全하기 위하여 國家機關의 구제를 기다릴 여유가 없는 경우에 권리자가 스스로 私力으로써 救濟하는 행위를 말하며, '自助'라고도 한다. 正當防衛·緊急避難이 현재의 침해에 대한 防衛行爲인 데 대하여, 自力救濟는 주로 과거의 침해에 대한 회복인 점에서 다르다.

近代法은 社會秩序維持를 위해 원칙적으로 自力救濟를 부정하고 있다고 할 수 있다. 그러나 이를 항시 否定한다면 私人의 정당한 권리의 보호를 불가능 또는 현저히 곤란케 할 경우가 있고, 사안에 따라서는 自力救濟를 인정하는 것이 사회의 질서유지를 조장하는 것이 될 수도 있다. 그리하여 근대법 하에서도 예외적으로 自力救濟를 인정하는 경우가 있어 영미법에서는 광범하게 이를 인정하고 있으며, 일부 대륙법 하에서도 이를 명문으로 규정하고 있다(독민 §§229·859, 서민 §926).

우리 民法은 이에 관한 일반규정을 두고 있지 않으며, 다만 占有의 侵奪에 관하여서만 규정을 두고 있다(민 §209). 그 밖의 경우에도 自力救濟를 인정할 것인가가 문제된다. 民法이 占有侵奪에 관하여 自力救濟를 인정하고 또한 刑 §23가 請求權 一般에 관한 自救行爲를 인정하여 違法性阻却事由의 하나로 하고 있는 점에 비추어 自力救濟를 인정하여도 좋을 것이다.[8] 즉 정당한 自力救

7) 그러나 이와 관련하여 자신에게 야기된 위험을 피하기 위하여 야기된 위험과 관련이 없는 제3자의 법익을 침해한 경우(소위 aggressiver Notstand의 경우)에도 손해를 배상하지 아니하여도 좋은지는 의문이다. 독일민법은 이 경우에 제3자에게 손해보상을 요구할 수 있도록 하고 있다(§904 2문). 이는 불법행위는 아니지만, 이해관계인간의 이해의 조정을 위하여 법률이 특별히 인정한 청구권(Aufopferungsanspruch)이라 할 것이다. 이 경우 보상의무자는 피난행위자가 아니라 그로 인하여 이익을 얻는 자이다.

8) 郭潤直, 723.

濟는 超法規的 違法性阻却事由가 되어 그 구제행위는 違法性을 잃고, 그 행위에 의하여 생긴 損害에 대하여 救濟行爲者는 損害賠償義務를 지지 않는다. 그러나 어떠한 경우가 정당한 自力救濟로서 違法性을 阻却시키는가는 구체적인 경우를 당하여 보면 쉽지 아니하다. 自力救濟에 의하여 지켜지는 권리와 구제행위에 의하여 相對方이 입게 되는 損害와의 比較, 相對方의 不法性이 어느 정도 명백한지 등을 고려하여 그것이 사회적으로 용인될 수 있는 상당한 것인가를 가려 판단할 수밖에 없다. 自力救濟가 허용되기 위한 가장 중요한 요건은 국가기관의 협력을 適時에 얻을 수 없다는 점과 즉각적인 구제조치를 취하지 아니하면 청구권의 실현이 불가능하거나 어렵게 될 위험이 있어야 한다는 점이다. 그리고 自力救濟는 그 성질상 暫定的 措置에 한함이 원칙이며, 필요한 범위를 넘어서는 것이어서는 아니 되며, 많은 가능한 조치 가운데 의무자에게 가장 損害가 적은 것을 택해야 한다.

## Ⅳ. 被害者의 承諾

(1) 위에 본 正當防衛, 緊急避難 및 自力救濟는 각 그 內容이나 要件은 달리 하지만, 모두 일종의 緊急事態에 있어서의 권리보호를 둘러 싼 違法性阻却의 문제이다. 그러나 違法性阻却은 반드시 긴급사태에 있어서만 인정되는 문제는 아니고, 긴급하지 아니한 경우에도 문제될 수 있다. 그러한 경우의 하나가 被害者의 承諾이고, 다른 것이 다음 항에서 보는 각종 正當行爲이다.

"同意는 不法行爲의 성립을 阻却한다"는 것이 로마법 이래의 원칙인바, 우리 民法에는 명문의 규정이 없지만 被害者의 承諾이 있으면 원칙적으로 違法性이 阻却된다는 점에 관하여는 異論이 없다. 被害者 스스로 自己의 권리가 침해되는 것을 용인하겠다고 하는 이상 형법상으로는 몰라도 민사상으로는 배상책임을 인정할 필요가 없기 때문이다.

여기에서의 承諾은 法律行爲로서의 同意를 의미하는 것은 아니고, 다만 어떠한 사실상 행위의 실행에 대한 허용이나 권한의 부여를 의미하는 것으로 準法律行爲에 해당한다. 準法律行爲에도 성질에 반하지 않는 한 법률행위에 관한 규정이 準用되므로 그 承諾이 法律이나 社會秩序에 위반되는 것이면 무효이다. 自殺을 위한 殺害에 대한 承諾이나 放火의 承諾 등은 違法性이 阻却

될 여지가 없다.

(2) 被害者의 承諾이 違法性阻却의 효과를 발생하려면 다음과 같은 요건이 필요하다.

(가) 被害者가 발생하게 될 損害의 意味·內容을 충분히 이해할 만한 精神能力을 가지고, 또한 그의 자유로운 판단에 의하여 承諾을 하였어야 한다. 따라서 예컨대 幼兒나 술에 만취한 자 등의 承諾은 違法性을 阻却하지 아니한다. 특히 手術에 있어서의 承諾은 환자가 의사로부터 수술의 필요성과 위험성을 충분히 설명을 듣고서 한 承諾이어야 有效한 承諾이 된다.

(나) 承諾은 善良한 風俗 기타 社會秩序에 위반하는 것이어서는 아니 된다. 즉 개인적 利益이라도 사회적 가치를 갖는 利益은 자유로운 처분을 제한하는 것이 법이 요구하는 바라 할 것이기 때문이다. 형법상으로 違法性阻却이 인정되지 않는다고 하여 곧바로 민사상으로도 그렇다고 할 필요는 없다. 그러나 承諾殺人, 自殺幇助, 결투의 합의 등은 민사상으로도 違法性이 阻却되지 않는다고 할 것이다. 다만, 이러한 경우라도 被害者의 承諾을 過失相計事由로 삼을 수는 있을 것이다.

(다) 被害者의 承諾은 원칙적으로 행위를 할 때에 존재하고 있어야 한다. 事後의 承諾은 이를 追認으로 볼 수 있겠지만, 보통은 損害賠償請求權의 抛棄라고 보아야 할 것이다.

(3) 被害者의 承諾과 관련하여 특히 문제가 되는 것은 '默示의 承諾'도 被害者의 承諾으로 인정할 수 있느냐에 관해서이다. 예컨대 治療行爲·스포츠·遊戲 등에 通常 同伴하는 加害行爲는 다음에 보는 正當行爲로서 違法性이 阻却된다고 할 수도 있으나, 명시적 또는 묵시적인 被害者의 承諾에 기한 것이라고 보아야 할지가 문제된다. 일정한 社會的 類型의 行爲(sozial-typischer Verhalten)에는 承諾이 포함되어 있다고 보아야 할 것이다. 예컨대 축구경기 등에서 신체상 손상을 입었다 하더라도 相對方의 행위의 종류나 강도가 비정상적인 것이 아니고 규칙에 어긋남이 없이 행해진 경우라면, 경기에서 불가피하게 발생하는 위험은 감내하는 것으로 被害者가 承諾하여 違法性이 阻却된다고 볼 것이다. 이 경우도 違法은 하지만 과실이 없다고 하는 견해도 있다. 그리고 수술이 급박하게 필요하지만, 그에 대한 환자의 의사를 확인할 수 없는 경우에도 이해관계에 비추어 承諾이 있는 것으로 推定할 수 있을 것이다.

## V. 각종의 正當行爲

사태의 긴급성과 관련 없이 違法性이 阻却되는 경우로서는 被害者의 承諾 이외에 몇 가지의 경우가 있다. 이들을 편의상 正當行爲라고 부르기로 하여 그 주요한 것에 관하여 설명하기로 한다.

(1) 義務 없이 他人을 위하여 사무를 처리하는 행위의 경우, 즉 正當한 事務管理가 違法性을 阻却하는 것은 물론이다. 그러나 準事務管理의 경우에는 本人의 承諾이 없는 한 원칙적으로 違法性이 阻却되지 아니한다.

(2) 權利濫用에 이르지 아니하는 權利行使가 違法性을 阻却하는 것은 당연하다. 따라서 私法上의 정당한 권리행사는 물론 勞動關係法上의 정당한 爭議行爲나 團體交涉도 勞動基本權의 행사로서 違法性을 阻却시킨다. 특히 노동조합법 §2는 이를 규정하고 있는바, 그 범위에서 행하여진 쟁의행위로 인하여 사용자가 입은 損害에 대하여는 노동조합이나 조합원은 免責된다. 그러나 이 면책은 사용자에 대한 관계에서 그러할 뿐 第3者가 損害를 입은 경우에는 그 第3者에 대하여는 면책되지 아니한다.

(3) 정당한 권리행사와 마찬가지로 法令에 바탕을 둔 정당한 業務行爲도 違法性이 阻却된다.

예컨대 親權者 또는 後見人의 懲戒行爲(§§915·945), 敎員의 학생에 대한 懲戒行爲(교육법 §76), 少年院長의 院生에 대한 懲戒行爲(소년원법 §15), 現行犯人의 逮捕(형소법 §212) 등은 그것이 정당한 것일 때에는 형법상으로 뿐만 아니라(형법 §20), 민사상으로도 違法性이 阻却된다. 그러나 형법에 있어서와는 달라서 민사의 경우에는 業務行爲의 違法性阻却이 法令의 유무에 의하여서만 결정되는 것은 아니다. 민사에 있어서는 본질적으로는 業務行爲가 善良한 風俗 기타 社會秩序에 위반하느냐 않느냐에 의하여 違法性의 阻却 여부가 좌우된다고 할 것이다. 이와 관련하여 敎師의 體罰의 정당성이 자주 문제된다. 체벌 자체는 원칙적으로 正當行爲로서 허용되어서는 안 될 것이나 다만 예외적으로 그 체벌이 교육상의 필요가 있고 다른 교육적 수단으로는 교정이 불가능하여 부득이한 경우에 한하는 것이어야 할 뿐 아니라, 그와 같은 경우에도 그 체벌의 방법과 정도에는 사회관념상 비난받지 아니할 객관적 타당성이 있는 경우에 한하여 正當行爲로 허용된다.[9]

---

9) 大判 88. 1. 12, 87다카2240(公 1988, 402). 同旨: 大判 91. 5. 28, 90다17972(公 1988, 402).

다만, 법령에 규정이 있으면 違法性의 阻却이 훨씬 명확해진다는 것에 불과하다. 따라서 예컨대 친권자가 아닌 부모나 형제가 미성년자에게 가한 懲戒行爲도 사회적으로 보아 타당하면 違法性이 阻却되며, 반면에 설사 법령의 규정에 기한 業務行爲라 하더라도 善良한 風俗 등에 위반하여 사회적 타당성이 없는 것으로 인정되면 違法性을 면치 못한다.

(4) 법령에 기한 業務行爲에 유사한 것으로서 행정관청의 特許 또는 認可에 기한 權利行使 내지 業務行爲가 있다. 그러나 이러한 行政官廳의 特許 또는 認可는 그 자체가 違法性을 阻却시키는 성질을 갖는다고 볼 수는 없다. 즉 따로 그 權利行使 또는 業務行爲가 정당성을 갖는지를 따져 가릴 문제인 것이다.

(5) 이상의 경우와는 취지가 다소 다르지만 名譽毁損에 있어서의 違法性阻却이 문제된다. 名譽毁損에 있어서의 違法性阻却과 관련하여서는 그 성질상 내용의 眞實性과 公益性이 중요한 요소로 되는바, 형 §310에 해당되는 경우라면 민사상으로도 違法性이 阻却된다고 볼 것이다. 즉 형사상이나 민사상으로 타인의 명예를 훼손하는 행위를 한 경우에도 그것이 공공의 이해에 관한 사항으로서 그 목적이 오로지 공공의 이익을 위한 것일 때에는 진실한 사실이라는 증명이 있으면 위 행위에 위법성이 없으며, 또한 그 증명이 없더라도 행위자가 그것을 진실이라고 믿을 상당한 이유가 있는 경우에는 위법성이 없다고 보아야 할 것이다.[10]

[金 滉 植]

10) 大判 88.10.11, 85다카29.

# 第 762 條(損害賠償請求權에 있어서의 胎兒의 地位)

胎兒는 損害賠償의 請求權에 關하여는 이미 出生한 것으로 본다.

차 례



## Ⅰ. 胎兒에 대한 權利能力擬制

民法 §3는 사람은 生存하는 동안 權利·義務의 主體가 된다고 규정하고 있으므로 胎兒는 원칙적으로 권리·의무의 주체가 될 수 없을 것이다. 그러나 胎兒가 母體로부터 全部 露出되어 비로소 권리·의무의 주체가 되고 그 이전에는 권리·의무의 주체가 될 수 없다고 한다면, 出生前의 不法行爲 때문에 出生後의 養育者를 잃고 財産的으로나 精神的으로 損害를 입고 있는 데도 불구하고 아무런 구제를 줄 수 없게 되어 子의 利益의 保護가 불가능하게 된다. 이 때문에 本條는 민 §3에 대한 例外를 규정한 것이다. 비교법적으로 보면, 모든 법률관계에 관해서 胎兒를 이미 出生한 것으로 보는 立法例(端民 §31 Ⅱ)와 胎兒의 이익을 보호해야 할 개별적인 法律關係(損害賠償·相續·遺贈·贈與 등)에 관해서 胎兒를 이미 出生한 것으로 보아 胎兒의 權利能力을 擬制하고 있는 立法例(獨民 §§844 Ⅱ, 1912·1923 등, 佛民 §§725·906)가 있다. 그리고 독일민법은 扶養請求權의 침해에 의한 損害賠償請求權을 不法行爲時에 胞胎되고 있던 胎兒에게 인정하고 있으며(§844 Ⅱ), 英國法에서는 致命事故法(Fatal Accident Act)에 의한 損害賠償請求權을 胎兒가 出生後 행사할 수 있는 것으로 하고 있다. 불란서법에서는 損害賠償에 관하여 胎兒의 權利能力을 擬制하는 규정을 두고 있지 아니하나, 판례는 胎兒의 權利能力을 擬制하는 민법의 규정을 相續(§725)·贈與(§906) 이외의 경우에도 類推하는 것이 타당하다고 하고 있다.

우리 민법은 後者의 입법례에 따라 子와 胎兒의 균형을 고려하여 損害賠償에 관해서 胎兒의 權利能力을 擬制하여 胎兒의 利益을 보호하고 있다. 따라서 胎兒는 財産的 損害와 精神的 損害의 兩者에 관해서 그 固有의 賠償請求權

을 취득할 수 있다. 다만, 胎兒의 고유의 損害賠償請求權이 아닌, 즉 胎兒로 있는 동안 父가 살해되어 父가 취득하는 損害賠償請求權은 민 §1000 Ⅲ에 의하여 胎兒가 이를 相續하므로, 이는 本條에 의하지 않더라도 해결될 수 있는 문제이지만 胎兒의 정신적 고통에 따른 慰藉料는 本條에 의하여 비로소 認容되는 것이다.[1)]

## Ⅱ. 胎兒의 權利能力擬制의 要件

(1) 本條에 의하여 胎兒의 權利能力이 擬制되기 위하여는 胎兒가 不法行爲時 胞胎되어 있지 아니하면 아니 된다. 불법행위시 胞胎되어 있는지 여부는 사실인정의 문제로서 子의 適出推定에 관한 민 §844의 규정도 胞胎推定의 수단으로 이용될 수 있을 것이다.

(2) 不法行爲가 胎兒 자신에 대한 것이든, 胎兒 이외의 제 3 자에 대한 것이든 관계 없다. 胞胎中인 母親에 대한 不法行爲로 인하여 胎兒가 畸形兒로 出生한 경우, 그 불법행위는 모친에 대한 것임과 동시에 胎兒 자신에 대한 것이므로 出生者는 財産的 및 精神的 損害의 賠償을 청구할 수 있다.[2)] 물론 그가 母體와 같이 死亡하여 出生의 기회를 못가졌다면 賠償請求權을 취득할 여지가 없다.[3)]

## Ⅲ. 本條의 效果

本條에 의한 權利能力擬制의 法的 性質 내지 法律效果에 관하여는 다음의 두 견해가 있다. 停止條件說은 胎兒로 있는 동안에는 權利能力을 취득할 수 없으나, 살아서 出生할 때에는 權利能力取得의 효과가 문제가 된 不法行爲가 발생한 시기까지 遡及하여 생긴다는 견해이다. 이에 대하여 解除條件說은 胎兒는 불법행위가 발생한 시기에 이미 權利能力을 갖지만, 死産이 되면 遡及하여 權利能力을 喪失한다는 견해이다. 판례는 이들 兩說 중에서 停止條件說을

1) 大判 93.4.27, 93다4663(公 93, 1568).
2) 大判 68.3.5, 67다2869(集 16, 141).
3) 大判 76.9.14, 76다1365(公 546, 9351).

따르고 있다. 즉 "胎兒가 損害賠償請求權에 관하여는 이미 出生한 것으로 본다는 本條의 趣旨는 胎兒가 살아서 出生한 때에 出生時期가 문제의 事件의 時까지 遡及하여 그 때에 胎兒가 出生한 것과 같이 법률상 보아 준다고 해석함이 상당하므로, 그가 母體와 함께 死亡하여 出生의 기회를 못가졌다면 賠償請求權을 논할 여지가 없다"라고 한다.[4] "慣習上의 遺腹子는 父의 死亡當時에 遡及하여 相續權을 가진다"고 대판 49.4.9, 4281민상197이나 "胎兒인 동안에는 法定代理人이 있을 수 없으므로 法定代理人에 의한 受贈行爲도 할 수 없다"고 한 대판 82.2.9, 81다534도 停止條件說의 입장에 선 것이다.

停止條件說의 경우에는 胎兒에게는 權利能力이 없으므로 法定代理人을 인정할 수 없고 따라서 胎兒가 취득 또는 상속할 재산을 胎兒인 동안에 保存·管理할 수 없는 단점이 있으나,[5] 한편 죽어서 출산되더라도 타인에게 豫測하지 않는 損害를 줄 염려가 없다는 장점이 있다. 그러나 解除條件說의 경우에는 胎兒로 있는 동안에도 法定代理人(母)에 의하여 재산의 관리 기타의 권리보존방법을 취할 여지가 있게 되어 胎兒를 보다 두텁게 보호할 수 있는 장점이 있으나, 한편 胎兒가 죽어서 출산되면 法定代理人의 행위가 소급해서 무효가 될 것이어서 그 상대방 또는 제 3 자에게 예측하지 못한 損害를 줄 염려가 있다는 단점이 있다.

立法論으로는 胎兒의 地位와 관련된 문제들, 즉 法定代理人이 될 母와 胎兒의 財産的 利害가 서로 일치하지 아니하는 경우에 어떻게 해결하며, 胎兒의 權利가 保存될 수 있도록 財産管理人에 관한 규정을 두는 등 立法的 補完을 할 필요가 있다.

[金 滉 植]

4) 大判 76.9.14, 76다1365(公 546, 9351).
5) 이 입장에서는 胎兒의 法定代理人이 있을 여지가 없어 胎兒가 出生할 때까지 母나 그 밖의 者는 胎兒를 위하여 損害賠償請求權을 행사하거나 和解契約을 체결하는 등 處分行爲를 할 여지가 없고, 그런 행위가 있더라도 無效가 된다.

## 第763條(準用規定)

第393條·第394條·第396條·第399條의 規定은 不法行爲로 因한 損害賠償에 準用한다.

차 례



### Ⅰ. 序 說

民 §763는 債務不履行으로 인한 損害賠償에 관한 규정인 §393(損害賠償의 범위)·§394(損害賠償의 방법)·§396(過失相計) 및 §399(損害賠償者의 代位)의 규정을 不法行爲로 인한 損害賠償에 準用하고 있다.

위 규정과 관련된 문제는 다른 곳에서 상세히 언급되었으므로, 이 곳에서는 過失相計만을 언급한다. 過失相計의 문제도 民 §396의 注解 부분에서 상세히 언급되었으나 過失相計가 債務不履行 분야보다는 不法行爲 분야에서 더 중요한 위치를 차지하므로 民 §396의 注解 부분과의 중복에 불구하고 상세히 언급하였다.

### Ⅱ. 損害賠償의 範圍(§393의 準用)

民 §393에 대한 注解 및 民 §750에 대한 注解 참조.

### Ⅲ. 損害賠償의 方法(§394의 準用)

民 §394에 대한 注解 및 民 §750에 대한 注解 중 不法行爲의 效果 부분 참조.

## Ⅳ. 過失相計(§396의 準用)

### 1. 總　　論

#### (1) 過失相計의 意義

民 §396는 "債務不履行에 관하여 債權者에게 過失이 있는 때에는 法院은 損害賠償의 責任 및 그 金額을 정함에 이를 참작하여야 한다"라고 규정하고 있고, 民 §763는 不法行爲로 인한 損害賠償에 이를 準用하고 있다. 따라서 準用의 취지에 따라 民 §763를 풀어 보면, "不法行爲에 관하여 被害者에게 過失이 있는 때에는 法院은 損害賠償의 責任 및 그 金額을 정함에 이를 참작하여야 한다"라는 규정이 된다.

위 規定을 단순히 文理解釋한다면 不法行爲에 있어서의 過失相計(culpa compensatio)는 不法行爲가 가해자의 過失만으로 發生한 것이 아니라 피해자의 過失이 가해자의 過失과 경합하여 不法行爲가 발생한 경우에 法院이 가해자의 損害賠償責任 유무 및 범위를 정함에 있어서 피해자의 過失을 참작하여야 하는 제도라고 할 수 있을 것이지만, 현재의 일반적인 해석은 "不法行爲에 관하여"라고 함은 "不法行爲의 成立에 관하여"라는 의미뿐만 아니라 "不法行爲로 발생한 損害의 확대에 관하여"라는 의미도 함께 가지는 것으로 해석하고, "피해자에게 過失이 있는 때"라 함은 "피해자뿐만 아니라 피해자와 특정한 관계에 있는 자를 포함한 被害者側에 過失이 있는 때"로, "過失"은 不法行爲의 成立要件으로서의 "過失"보다 완화하여 "단순한 不注意"를 포함하는 槪念으로 해석하고 있다.

이러한 해석은 현대의 不法行爲制度가 단순히 피해자의 損害를 塡補하는 제도가 아니라 사회생활에서 필연적으로 발생하는 損害의 公平한 分擔의 原則을 정하는 제도로 자리잡으면서, 전통적인 過失責任主義에서 補償責任主義, 危險責任主義로 그 영역을 확대하여 責任主體의 확대, 無過失責任의 인정, 過失에 대한 立證責任의 轉換을 통한 책임범위의 확대, 損害의 고액화 등이 이루어지게 되어 피해자의 지위가 강화되는 반면, 過失相計制度 역시 가해자의 입장에서 損害의 公平한 分擔을 위한 조정적 기능을 담당하는 제도로 새롭게 인식되었기 때문이다.[1]

1) 吳宗根, "不法行爲法上 過失相計의 適用要件에 관한 硏究"(1995년 2월 서울대학교 法

過失相計에 해당하는 외국의 용어를 보면, 日本에서는 過失相殺, 獨逸에서는 共同過失(Mitverschulden)·協力過失(Mitwirkendes Verschulden)·自己過失(Selbstverschulden)·被害者過失(Eigenes Verschulden des Beschädigten)·競合過失(Konkurrierendes Verschulden), 英美에서는 寄與過失(contributory negligence)·比較過失(comparative negligence)이란 용어를 사용하고 있다.

民法이 사용하고 있는 過失相計라는 용어는 로마법학자들이 비록 가해자에게 過失이 있었더라도 피해자에게도 過失이 있으면 損害賠償請求權이 인정되지 않는 이유를 相計라는 개념으로 설명한 데서 비롯되었다고 한다.[2)]

(2) 過失相計의 沿革[3)]

일반적으로 過失相計制度는 로마법의 "Quad quis ex culpa sua sentit, damnum sentire non intellegitur(자기의 過失에 의하여 損害를 입은 자는 피해자로 인정되지 않는다)"라는 원칙에서 유래한다고 설명되고 있다. 그러나 로마법상의 過失相計는 피해자에게 過失이 있는 경우, 損害賠償責任이 전면적으로 부인되는 것이어서 피해자와 가해자 양자의 過失을 비교하여 比率的으로 損害賠償額을 감경하는 현재의 過失相計制度와는 다른 모습이었다.

이러한 로마법상의 원칙이 15세기 말부터 16세기에 걸쳐 獨逸에 繼受되어 普通法으로 정착되면서 피해자에게 過失이 있는 경우 損害賠償責任을 전면적으로 否認하는 경직된 法理도 그대로 유지되었으나, 예외적으로 加害者의 惡意的 혹은 故意的인 行爲에 대하여는 피해자의 過失이 무시되게 되었다.

이처럼 경직된 過失相計制度는 18세기 후반의 法典化 작업을 통하여 완화되기 시작하여 19세기에서 20세기 초에 걸친 墺地利民法(1811년)·日本民法(1898년)·獨逸民法(1900년)·瑞西民法(1912년) 등에 이르러 가해자와 피해자의 過失을 比較하여 比率的으로 損害賠償責任을 경감하는 오늘날과 같은 형태의 過失相計制度가 성립하였다.

한편 영미법계국가에 있어서도 초기에는 피해자에게 損害發生에 기여한 過失이 있는 이상 그 정도가 아무리 경미하여도 피해자의 損害賠償責任을 배

學博士學位論文), 7; 註釋 債各(4), 340; 朴英植, "自動車事故訴訟에 있어서의 過失相計의 本質", 金曾漢博士華甲記念論文集 現代民法學의 諸問題(1981), 655-6; 閔亨基, "自動車損害賠償事件에 있어서의 過失相計에 관한 諸問題", 裁判資料 21(1984), 370.

2) 洪天龍, "過失相計論", 也松金疇洙敎授華甲記念論文集 現代家族法과 家族政策(1988), 646.

3) 상세한 내용은 注解 Ⅸ, 604-7(§396에 대한 주해 부분); 吳宗根, "不法行爲法上 過失相計의 適用要件에 관한 硏究"(註 1), 9-27 각 참조.

제하는 寄與過失(contributory negligence) 原則에 따랐다.[4] 그러나 英國의 경우 判例[5]를 통하여 가해자와 피해자의 過失을 비교하여 비율적으로 損害賠償額을 산정하는 比較過失(comparative negligence) 原則이 인정되어 오다가 1945년의 The Law Reform(Contributory Negligence) Act에 의해 입법화되었다. 한편 美國의 경우에는 1910년의 미시시피주를 시발로 하여 각 주의 判例 혹은 成文法에 의해 1975년까지 28개 주에서 比較過失原則으로 전환되었으며,[6] 寄與過失原則을 유지하더라도 被害者側 過失을 거의 무시하는 the last clear chance원칙[7]이 적용되고 있는 주도 많다고 한다.[8]

우리 民法은 이러한 近代民法들의 近代的 過失相計制度를 채택하여 損害賠償額 산정에 있어서 피해자의 過失을 비율적으로 참작하는 §396 및 §763를 규정하고 있다.

(3) **過失相計의 思想**

우리가 過失相計制度의 沿革을 로마법에서 찾고 있다고 하더라도 로마법상의 "Quad quis ex culpa sua sentit, damnum sentire non intellegitur(자기의 過失에 의하여 損害를 입은 자는 피해자로 인정되지 않는다)"라는 원칙의 사상적 배경이 현대의 過失相計制度의 사상적 배경과 같지 않음은 명백하다.

현대의 過失相計制度의 기본적 사상은 不法行爲制度에 대한 사상적 변화에서 찾는 것이 일반적인 견해이므로, 不法行爲制度에 대한 사상적 변화를 간단히 살펴보면 다음과 같다.[9]

4) 寄與過失의 原則이 확립된 최초의 判決은 1809년 英國의 Butterfield v. Forrester 判決(11 East 60)이고, 美國에서의 최초의 判決은 Smith v. Smith, 19 Mass.(2 Pick) 621(1824) 判決이라고 한다. Butterfield v. Forrester 判決은 落馬에 의한 부상으로 인하여 損害賠償을 請求한 사건에서 "만일 原告側에서 통상의 주의를 하였다면 그 장애물은 당연히 발견되었을 것이라고 할 것이므로, 본건 사고는 모두 原告 자신의 過失에 기인하여 發生되었던 것이라고 하지 않으면 안 된다"라고 判示하여 原告의 損害賠償請求를 棄却하였다(H. Street, The Law of Torts, 144; 洪天龍, "過失相計論"(註 2), 649에서 재인용).

5) Radley v. London and North Western Ry. Co.(1876), 1App. Cas. 754, H. L.; Cameron v. Union Automobile Insurance Co., 210 Wis. 659. 246 N. W. 420(1933).

6) 金相容, 債各, 464.

7) 損害를 피할 수 있는 최후의 기회(last opportunity, last clear chance)가 누구에게 있었는가에 따라 責任의 유무를 판단하는 이론이다. 즉 損害를 피할 수 있는 최후의 기회가 被害者側에 있었다면 寄與過失이 인정되어 加害者의 損害賠償責任이 부정되나, 최후의 기회가 加害者側에 있었다면 피해자에게 過失이 있었다고 하더라도 寄與過失은 인정되지 않고 加害者는 損害 全部를 賠償하여야 한다는 이론이다. Davice v. Mann. 10M. & W. 548. 152 Eng. Rep. 588(1842) 判決에서 최초로 적용되었으며, The Restatement of Torts, Second, §§479-80에 규정되었다.

8) J. A. Henderson & R. N. Pearson, The Process of Torts, 505; 洪天龍, "過失相計論"(註 2), 649에서 재인용.

9) 不法行爲法의 변화에 대하여는 梁彰洙, "不法行爲法의 變遷과 可能性——그 制度目的

不法行爲에 대한 刑事責任과 民事責任이 분화되지 않은 前近代的 不法行爲制度는 위법한 행위로 타인에게 損害를 입힌 가해자를 처벌한다는 懲罰的 기능과 가해자로 하여금 피해자의 損害를 賠償하도록 함으로써 피해자의 被害를 전보한다는 補償的 기능을 담당하고 있었다. 그러나 近代的 不法行爲制度는 懲罰的 기능을 담당하는 刑事責任을 民事責任에서 분리해 내는 한편, 故意 또는 過失로 타인에게 損害를 가한 경우에만 가해자가 損害賠償責任을 부담하는 過失責任의 原則과 피해자의 損害 전부를 보상한다는 全部賠償의 原則을 확립하였다. 따라서 近代的 不法行爲制度는 피해자의 損害를 가해자에게 전가시킴으로써 피해자의 損害를 보상하는 기준을 정하는 제도로 관념될 수 있다(不法行爲制度의 補償的 기능).

그러나 과학과 산업이 발전하고, 이에 따른 사회경제활동이 복잡해지면서, 사람들은 사회생활에서 損害의 發生은 필연적이므로 그 損害를 어떻게 하면 사회구성원 사이에서 公平하게 분담시킬 수 있는가 하는 문제가 不法行爲法의 중심적 과제라는 사상을 갖게 되었다. 이러한 사상은 不法行爲成立의 측면에서는 過失 즉 注意義務의 違反이라는 판단기준만으로는 損害의 公平한 分擔을 꾀할 수 없으며, 損害發生의 원인이 되는 위험영역을 누가 관리하는가, 그 위험요소로부터 누가 이익을 얻고 있는가 하는 기준이 損害賠償責任의 발생 여부에 대한 판단기준으로 추가되어야 한다고 하는 無過失責任思想으로 발전하는 한편 전통적인 過失의 개념을 재검토하는 계기가 되었으며, 不法行爲의 效果의 측면에서는 損害賠償의 범위가 일정한 범위에서 제한되어야 한다고 하는 相當因果關係論 나아가서는 規範的 因果關係論의 사상적 배경이 되었다. 또한 각종 保險制度와 社會保障制度의 발전과도 무관하지 않다.[10]

이와 같이 현대의 損害賠償法에 있어서는 損害의 公平한 分擔이라고 하는 지도원리(公平의 原則, 衡平의 原則)는 不法行爲의 성립과 효과 즉 不法行爲 전반을 통일적으로 규율하는 지도원리로 관념되기에 이르렀는데, 過失相計制度에 있어서도 마

---

과 關聯하여—", 民法硏究 3, 307 이하; 李銀榮, "損害賠償法의 政策的 課題", 法과 社會 5, 257 이하 각 참조.

10) 不法行爲法이 가해자와 피해자 사이에서 損害의 公平한 分擔의 원칙을 정하는 制度인 반면, 社會保障制度와 保險制度는 損害의 社會的 分擔의 원칙을 정하는 制度로 이해할 수 있다.

李銀榮, 債各, 557-8; 金星泰, "不法行爲法理와 保險制度—不法行爲法의 역사적 전개과정을 중심으로", 慶熙法學 18-1, 165 이하; 金星泰, "責任保險制度가 不法行爲法理에 미친 영향검토", 鄭熙喆先生停年紀念論文集 商法論叢, 287 이하; 홍진국, "傳統的 不法行爲責任의 問題點과 改善方案(不法行爲制度는 결국 社會保障制度로 대체될 것이다)", 보험법률 3(1995.6), 2 이하 각 참조.

찬가지이다. 즉 현대의 過失相計制度는 가해자와 피해자 사이의 損害의 公平한 分擔을 꾀하는 조정적 역할을 담당하는 제도로 이해되고 있는 것이다.

현재의 일반적 견해는 過失相計의 制度的 趣旨를 信義則 또는 公平의 원칙에서 찾고 있는데,[11] 이 경우 信義則과 公平의 原則을 별개의 것으로 관념할 수 있는지가 문제될 수 있다. 債務不履行으로 인한 損害賠償에서의 過失相計를 논함에 있어서는 信義則이 강조되고, 不法行爲로 인한 損害賠償에서의 過失相計를 논함에 있어서는 不法行爲法을 지배하는 지도원리인 公平의 原則이 강조되는 것이 보통인데, 논자에 따라서는 不法行爲에 있어서의 過失相計의 本質에 대한 견해를 協同原因說(信義則을 강조하는 견해)과 公平說(損害의 公平한 分擔을 강조하는 견해)로 구분하여 파악하기도 하나,[12] 양자를 구분하지 않는 것이 일반적인 것 같다. 다만, 協同原因說이 過失의 개념에 관한 同質說로, 公平說이 異質說로 연결되는 경향이 있는 것 같은데, 만일 그 연결관계가 論理必然的인 것이라면 公平說이 타당하다고 할 것이지만 信義則을 강조하면서도 異質說을 취하는 견해가 많은 것으로 보아 그 연결관계가 論理必然的인 것 같지는 않다.

判例도 같은 입장에서 過失相計의 制度的 趣旨를 公平 내지 信義則이라고 判示하기도 하고,[13] 損害의 公平妥當한 分擔이라고 判示하기도 한다.[14]

따라서 不法行爲制度는 단순히 過失 있는 가해자로 하여금 피해자의 損害를 塡補시킴으로써 피해자보호를 꾀하고자 하는 제도가 아니라 사람이 모여 사는 사회에서 필연적으로 발생하는 損害를 公平하게 분담시키는 조정적 기능을 갖는 제도인데,[15] 그 不法行爲制度 전반을 지배하는 公平의 原則이 구체적 제도화된 것이 過失相計이므로[16] 過失相計制度는 過失 있는 피해자가 자기의 過失에 기한 損害를 가해자에게 전가시킴을 비난하는 制度라고 좁게 이해할

11) 注解 Ⅸ, 603(民 §396에 대한 注解).

12) 閔亨基, "自動車損害賠償事件에 있어서의 過失相計에 관한 諸問題"(註 1), 372-3; 權龍雨, "不法行爲와 過失相計", 金亨培敎授華甲紀念論文集 債權法에 있어서 自由와 責任(1994), 571.

13) 大判 97. 12. 9, 97다43086(公 1998상, 231); 大判 95. 9. 15, 94다61120(公 1995하, 3385); 大判 92. 5. 12, 92다6112(公 1992, 1850); 大判 92. 11. 13, 92다14687(公 1993상, 102) 등.

14) 大判 94. 4. 12, 93다44401(公 1994, 1419); 大判 91. 7. 9, 91다14291(公 1991, 2132).

15) 大判 95. 12. 5, 94다57701(公 1996상, 188)은 의료과오소송에서의 입증책임 완화의 이론적 근거를 公平의 원칙에서 찾고, 大判 91. 7. 23, 89다카1275(公 1991, 2211)은 공해소송에서의 입증책임 완화의 이론적 근거를 역시 公平의 원칙(衡平의 원칙)에서 찾고 있을 정도로 公平의 원칙은 不法行爲法 전반에 대한 지도원리로 작용하고 있는 것이 현실이다.

16) 註釋債各(4), 340.

것이 아니라, 사회에 있어서의 損害의 公平한 分擔을 도모하는 제도로 이해하여 이를 탄력적으로 적용하여야 한다.[17)]

## 2. 過失相計의 根據

日本에서는 過失相計制度의 근거와 관련하여 오래 전부터 많은 논의가 있어 왔고, 국내에서도 日本의 논의를 원용하는 경우가 많은데, 이러한 논의는 過失相計의 要件과 效果 양면에 영향을 미치고 있으므로 이를 간단히 소개한다.[18)]

### (1) 被害者의 非難可能性參酌說

이 견해는 過失相計를 損害發生에 기여한 피해자의 過失을 이유로 損害賠償額을 감면하는 것으로 이해한다. 단순히 피해자의 행위가 損害의 發生 또는 擴大에 원인이 된 것만으로는 충분하지 않고, 피해자의 행위 속에 어떤 의미이건 비난받을 요소가 포함되어 있어야 한다. 이 견해는 民法이 "過失"이라는 용어를 사용하고 있는 데 따른 것으로 통설적 견해라고 할 수 있다. 이 견해를 취하더라도 피해자의 過失을 不法行爲의 成立要件이 되는 過失과 동일한 의미의 것으로 보는가(同質說), 아니면 이보다 완화된 단순한 부주의로 보는가(異質說)에 대하여 견해의 차이가 있다.

이 견해를 취하면 幼兒 및 精神病者와 같이 판단능력이 결여된 피해자의 행위가 損害發生에 기여한 경우, 피해자에 대해 과실비난을 할 수 없기 때문에 過失相計를 할 수 없게 된다. 또한 피해자의 體質的 素因이 損害의 發生 혹은 擴大에 기여한 경우, 피해자 이외에 그와 관계 있는 제3자의 행위가 損害發生에 기여한 경우 등에도 過失相計는 부인되게 된다.

### (2) 被害者의 寄與度參酌說

이 견해는 過失相計를 피해자의 행위가 損害의 發生 또는 擴大에 대한 因果關係에 기여한 정도에 따라 賠償額을 감액하는 것으로 이해한다. 즉 가해자 및 피해자 쌍방의 행위가 경합하여 損害를 발생 혹은 확대시킨 경우에 그 損害에 대한 쌍방의 원인력의 강도에 따라 損害를 분담시키는 것이 過失相計制

---

17) 朴英植, "自動車事故訴訟에 있어서의 過失相計의 本質"(註 1), 655; 閔亨基, "自動車損害賠償事件에 있어서의 過失相計에 관한 諸問題"(註 1), 374.

18) 견해의 분류는 논자에 따라 차이가 난다. 이하의 분류는 대체로 吳宗根, "不法行爲法上 過失相計의 適用要件에 관한 硏究"(註 1), 28-35의 분류방법에 의하였다.

度라는 것이다.[19)]

이 견해를 취하면 피해자의 過失 유무와 관계 없이 객관적인 因果關係上의 기여도에 따라 過失相計를 하게 되므로, 판단능력이 결여된 유아 및 정신병자의 행위도 損害發生에 기여한 이상 過失相計의 대상이 된다. 피해자의 體質的 素因이 損害發生 혹은 擴大에 기여한 경우에도 마찬가지로 될 것이다.

(3) **被害者의 倫理的 要素參酌說**(原因相計說)

이 견해는 피해자의 행위가 損害의 발생과 직접적인 관련이 없다 하더라도 잠재적 요소 내지 비난성으로서 상당한 범위에서 관계가 있거나 損害의 全額請求가 그의 행위로 인하여 權利濫用 또는 倫理的 감정에서 보아 타당성을 잃은 사정이 있으면, 이를 倫理的 要素로 파악하여 賠償責任을 정함에 있어서 참작하는 것이 公平의 이상과 損害賠償制度의 취지에 부합시키기 위하여 필요하다고 한다.[20)]

이 견해를 취하면 被拘禁者의 脫走중의 사고, 盜品을 운반하던 중 發生한 사고 등에 있어 비록 그 행위 자체가 事故發生에는 무관하더라도 이를 모두 倫理的·感情上 非難의 대상이 되므로 그 배상액을 정함에 있어 이를 참작하여야 한다.

(4) **加害者의 非難可能性**(違法性) **參酌說**

이 견해는 損害賠償責任 및 범위는 가해자의 違法性 내지 非難可能性(culpability)의 정도에 따라서 결정된다고 하면서, 過失相計를 가해자에 대한 違法性 내지 非難可能性의 문제로 파악한다. 즉 損害의 公平한 分擔을 위해서는 損害賠償額을 조정함에 있어서 피해자의 사정 이외의 요인도 고려하여야 하며, 이들 요인에 의해 가해자의 違法性 내지 非難可能性이 감소되는 정도에 따라서 損害賠償額을 감축시키는 것이 過失相計制度라고 이해한다.[21)]

이 견해를 취하면 피해자의 過失은 加害者側의 違法性 내지 非難可能性을 감소시키는 하나의 標識에 불과하며, 피해자에 대한 非難可能性은 반드시 過失相計를 하기 위한 전제가 되는 것이 아니므로 判斷能力이 결여된 未成年者 및 精神病者 등의 행위와 피해자 이외의 제 3 자의 행위도 賠償額 산정시에 고

19) 浜上則雄, “損害賠償法における保證理論と部分的因果關係論(1)”, 民商法雜誌 66-4 (1972), 544; 森島昭夫, 不法行爲法講義(1990), 392.
20) 丹本信光, “過失相殺の割合について”, ジュリスト 431(1969. 9), 188.
21) 西原道雄, “生命侵害, 傷害における損害賠償額”, 私法 27, 110; 川井健, “過失相殺の本質”, 判タ 240, 10; 浜崎恭生·佐佐木一彦, “交通損害訴訟における過失相殺適用上の諸問題”, 現代損害賠償法講座 7(1977), 344.

려될 수 있다.

(5) 結 論

전술한 바와 같이 不法行爲制度와 過失相計制度는 모두 損害를 가해자와 피해자 사이에 공평하게 분담하기 위한 원칙을 정하는 제도이다. 그런데 문제는 어떠한 원칙에 따르는 것이 공평한가 하는 것인데, 이러한 시각에서 본다면 위 논의는 공평의 이념을 달성하기 위한 제 원칙의 수립에 관한 논의의 한 부분이 된다.

특정한 不法行爲의 유형을 過失責任으로 규율할 것인가, 아니면 無過失責任으로 규율할 것인가 하는 立法論上의 문제, 加害者의 행위라는 原因과 損害發生이라는 結果 사이의 因果關係를 사실적 개념으로 이해할 것인가, 아니면 規範的 개념으로 이해할 것인가(規範的 因果關係論), 損害發生 또는 擴大에 관련된 피해자의 體質的 素因 및 自然力을 損害賠償의 責任의 유무 및 범위결정에 참작할 것인가, 만일 참작한다면 因果關係의 문제인가(部分的 因果關係論), 아니면 過失相計의 문제인가 하는 등의 문제가 모두 公平의 이념을 달성하기 위한 원칙수립과 관련되어 있다.

가해자와 피해자 사이에서 損害를 公平하게 分擔시키기 위해서는 損害의 發生 및 擴大에 기여한 쌍방의 행위의 기여도, 그 행위에 대한 社會的 非難可能性(違法性) 및 倫理的 非難可能性,[22] 損害의 發生 및 擴大에 기여한 피해자의 體質的 素因, 自然力 및 제3자의 행위가 모두 참작될 여지가 있으나, 이 모든 要素가 過失相計制度만을 통하여 참작되어야만 하는 것은 아니다. 이러한 요소들을 어떻게 반영하여 법을 해석할 것인가 하는 문제는 不法行爲制度 및 過失相計制度의 연혁과 그 연혁을 반영하고 있는 現行法의 제한 속에서 풀어야 하는 문제인데, 現行法體制 내에서도 위 요소들 중 일부는 因果關係論을 통하여, 일부는 過失相計制度를 통하여, 또 일부는 過失相計의 準用 또는 독자적인 減額理論을 통하여 참작될 수 있을 것이다. 따라서 過失相計制度만을 통하여 모든 公平의 문제를 해결하려는 듯이 過失相計制度의 內包와 外延을 現

22) 違法性과 倫理性의 개념을 어떻게 이해할 것인가 하는 점이 문제될 수 있고 논자에 따라 그 개념이 달리 사용되고 있으나, 당해 행위의 기초가 되는 行爲者의 內面的 動機를 참작하는 것을 倫理性이라는 개념으로, 그렇지 않은 것을 違法性이라는 개념으로 이해할 수 있을 것이다. 이와 같이 본다면 違法性이라는 개념은 規範違反에 대한 社會的 非難性이라는 規範的 개념인 동시에 위반한 規範의 강도와 그 侵害態樣에 의하여 비난의 강도가 정해지는 客觀的 개념인 반면에, 倫理性은 規範的 개념인 동시에 主觀的 개념이 된다.

行法規定의 문구에 비추어 지나치게 확장하는 제 견해에는 찬성할 수 없으며, 현재 통설적 견해인 피해자의 非難可能性參酌說이 타당하다고 생각한다.

### 3. 過失相計의 要件

#### (1) 被害者의 "過失"

(가) 學　說[23]　　피해자의 過失을 不法行爲의 成立要件인 가해자의 過失과 동일한 것으로 보는 견해(同質說·嚴格過失說)와 過失相計의 要件으로 되는 피해자의 過失은 不法行爲의 成立要件으로 되는 過失과 다른 개념으로서 완화된 주의의무 위반, 즉 단순한 不注意를 의미한다고 하는 견해(異質說·단순한 不注意說)가 대립하고 있다.

(a) 同 質 說　　同質說은 사회공동생활에 있어서 각자는 스스로 損害를 입지 않도록 상당한 주의를 하면서 살아야 할 注意義務를 자기 자신에 대하여 부담하며, 이러한 注意義務는 사회생활에서 요구되는 협동정신 혹은 信義則으로부터 도출될 수 있다고 한다. 過失相計에서의 過失은 피해자가 이러한 注意義務를 위반한 경우에 인정되며, 不法行爲의 成立要件인 過失 역시 결국은 信義則上의 注意義務에 대한 위반을 뜻하기 때문에 양자는 성질상 구별할 필요가 없다고 한다.

民法制定 초기에는 多數說[24]이었으나 현재는 少數說이다.

(b) 異 質 說　　異質說은 過失相計에서의 過失을 不法行爲成立要件으로서의 過失과 다른 개념으로 이해한다. 즉 不法行爲成立要件이 되는 고유한 의미의 過失과는 달리 過失相計에서의 過失은 注意義務의 정도가 완화된 가벼운 혹은 단순한 不注意를 의미한다고 한다.

異質說은 過失相計에서의 過失과 고유한 의미의 過失이 각각 지니고 있는 기능 및 효과상의 차이점에서 그 근거를 구하려고 한다. 즉 고유한 의미의 過失이 가해자에게 적극적으로 損害賠償責任을 지우기 위한 요건인 데 반하여, 過失相計에서의 過失은 損害의 公平分擔이라는 관점에서 損害賠償額을 조정하기 위한 요건이 되기 때문에 過失相計의 조정적 기능을 위해서는 過失相計에서의 過失을 고유한 의미의 過失보다 완화하여 해석함이 타당하다고 한다.

---

23) 同質說과 異質說에 대한 상세한 내용은 注解 Ⅸ, 614-6(民 §396에 대한 注解 부분) 참조.

24) 金曾漢·安二濬, 新債各(下)(1965), 848-9; 金容圭·安二濬, 新債總(1961), 146; 玄勝鍾, 債總(1975), 169.

또한 過失相計에서의 過失이 "자기 자신에 대한 過失"이라는 점에서 타인에 대한 법적 注意義務의 위반을 뜻하는 고유한 의미의 過失과 구별된다고도 한다.

民法制定 초기에는 少數說이었으나 현재는 多數說[25]이며, 日本 및 獨逸의 多數說이다.

(c) 純客觀說 同質說이나 異質說이 過失相計에서의 過失의 개념을 이해하는 데에 있어서 차이가 있다고는 하지만, 그 過失의 개념을 主觀的인 것으로 이해하는 점에서는 일치하고 있다. 過失相計에서의 過失의 개념을 主觀的으로 이해하는 한 정도의 차이는 있을 수 있지만, 피해자의 主觀的 判斷能力을 過失相計의 한 요건으로 긍정하지 않을 수 없다. 그러나 종래부터 過失을 構成要件的 要素로 보는 견해와 責任要素로 보는 견해가 대립하고 있으며, 過失의 개념을 主觀的 개념으로 보는 견해와 客觀的 개념으로 보는 견해가 대립하고 있는데,[26] 만일 過失의 개념을 客觀的 개념으로 이해한다면 피해자의 主觀的 判斷能力을 요구하지 않게 된다.[27]

한편 過失相計의 근거를 加害者側의 非難可能性을 참작하여 損害賠償額을 감액하는 것으로 이해하는 견해는 피해자의 過失을 "加害者側의 非難可能性의 정도를 감소시키는 하나의 標識로"로 파악하면서, 이 때의 피해자의 過失의 유무와 정도는 "피해자의 主觀的 사정을 떠나서 행위의 외형으로부터 客觀的·定型的으로 판단되어야 한다"고 한다.[28]

또한 過失相計의 근거를 피해자의 因果關係에 대한 기여도에서 구하는 견

---

25) 郭潤直, 債各, 834; 金曾漢, 債各, 533; 金疇洙, 債各, 789; 金相容, 債各, 466; 朴英植, "自動車事故訴訟에 있어서의 過失相計의 本質"(註 1), 658; 閔亨基, "自動車損害賠償事件에 있어서의 過失相計에 관한 諸問題"(註 1), 377; 權龍雨, 不法行爲와 過失相計(註 11), 574.

26) 過失의 槪念과 不法行爲法 體系上의 위치에 관한 이론에 대하여는 金亨培, "過失槪念과 不法行爲責任體系", 晴軒金曾漢博士華甲紀念論文集 現代民法學의 諸問題(1981), 517 이하; 김선수·임건면, "民法과 刑法에 있어서의 過失의 體系的 位置——독일 違法性理論을 중심으로——", 慶南法學 11(1995), 11 이하 각 참조.

27) 過失槪念을 "不注意에 의하여 행위의 결과를 예견하지 못하였거나 예견하였지만 이를 용인한 심리상태"로 파악하던 종래의 입장에서 벗어나 법질서가 명하는 행위의무의 위반으로서 "적절한 행동패턴으로부터의 일탈"로 파악하는 견해(소위 過失의 客觀化)로부터 피해자의 過失의 의미 역시 객관화하여 "기대되는 행동패턴으로부터의 일탈"로 이해하는 견해와 公平理念에 따른 損害賠償額의 조정이라는 過失相計制度의 기능을 강조하여 피해자의 過失의 의미를 원래의 過失槪念에 구애받지 않고, 사회통념상 損害發生에 기여하였다고 평가되는 피해자의 행위 내지 태도로 해석하는 견해가 있다. 四宮和夫, 不法行爲(事務管理, 不當利得, 不法行爲 中 下卷)(1990), 304.

28) 西原道雄, "生命侵害, 傷害における損害賠償額", 私法 27, 110-1.

해도 피해자의 過失의 의미를 客觀的으로 이해한다. 즉 過失相計를 피해자의 행위가 因果關係上 점하는 比率[29] 혹은 결과발생에 기여한 정도[30]에 따라 賠償額을 감액하는 것으로 이해하기 때문에 피해자의 행위가 損害發生 및 확대에 客觀的으로 기여한 이상, 피해자에게 責任能力 등과 같은 判斷能力이 없기 때문에 전통적인 의미에서의 過失非難을 할 수 없는 경우에도 過失相計는 행하여진다는 것이다.

(나) 判 例

(a) 異質說을 채택 判例는 "不法行爲에 있어서 피해자의 過失을 따지는 過失相計에서의 過失은 가해자의 過失과 달리 사회통념이나 信義誠實의 원칙에 따라 공동생활에 있어 요구되는 약한 의미의 不注意를 가리키는 것으로 보아야 한다"라고 하여 異質說을 채택하고 있다.[31]

判例 중에는 "不法行爲로 인한 損害賠償에 있어서의 피해자의 過失이라는 것은 비록 엄격한 법률상 의의로 새길 것은 아니라고 하더라도 그것이 損害賠償額 산정에 참작된다는 점에서 信義則上 요구되는 결과발생회피의무로서 일반적으로 예견가능한 結果發生을 회피하여 피해자 자신의 불이익을 방지할 주의를 게을리함을 말한다"라고 판시한 것도 있으나,[32] 이러한 판시도 동일한 취지로 이해된다.

(b) 구체적 사례

(i) 횡단보도보행자의 注意義務 判例는 피해자가 야간에 주행하는 차량을 잘 살피지 아니한 채 신호등 없는 횡단보도[33]를 건너다가 교통사고를 당한 경우, 주행하는 차량을 잘 살피지 아니한 피해자의 過失도 過失相計의 사유가 된다고 한다. 횡단보도에서 좌우를 잘 살피지 않고 건너다가 다른 차를 피하려고 갑자기 뒤로 물러선 피해자의 過失이 경합하여 사고가 일어난 경우에 피해자의 과실비율을 10%정도로 보아 과실상계한 原審의 조처는 정당하다고 한 사례도 있다.[34]

下級審判決은 신호등 없는 횡단보도뿐만 아니라 신호등 있는 횡단보도의

29) 浜上則雄, "損害賠償法における保證理論と部分的因果關係論(1)", 民商法雜誌 66-4, 545.
30) 森島昭夫, 不法行爲法講義(1990), 329.
31) 大判 97.12.9, 97다43086(公 1998상, 231); 大判 92.5.12, 92다6112(公 1992, 1850); 大判 92.11.13, 92다14687(公 1993상, 102); 大判 95.9.15, 94다61120(公 1995하, 3385).
32) 大判 86.2.11, 85다카1422(公 1986, 448).
33) 大判 87.6.23, 84다카2237(公 1987, 1511); 大判 86.9.9, 86다카801(公 1986, 1385) 등.
34) 大判 79.1.16, 78다2146, 2147(民判集 253, 121).

경우에도 피해자가 보행자신호로 바뀌자마자 횡단을 개시하다가 사고가 발생한 경우 또는 보행자진행신호가 끝나갈 무렵 횡단보도를 건너기 시작하여 횡단보도중간 지점에서 보행자진행신호가 점멸하던 중 교통사고가 발생한 경우에는 過失相計의 사유가 된다고 한다.[35]

(ii) 차량동승자의 안전운전촉구의무 등 判例는 차량의 운전자가 현저하게 난폭운전을 한다거나 그 밖의 사유로 인하여 사고발생의 위험성이 상당한 정도로 우려된다는 것을 동승자가 인식할 수 있었다는 등의 특별한 사정이 없는한, 단순한 차량의 동승자에게는 운전자에게 안전운행을 촉구할 注意義務가 없다고 한다.[36] 그러나 오토바이동승자의 경우에는 일반적으로 안전촉구의무가 인정된다.[37]

예외적으로 동승자에게 안전운전촉구 의무가 인정된 사례를 살펴보면 다음과 같다.

大判 94. 10. 14, 94다37035[38]은 피해자가 전에 사고차량을 운전하였고, 운전자는 사고차량을 운전한 경험이 적으며 피해자가 비록 하차방법과 현장지리에 관한 것이라 하더라도 운전자를 지도하는 위치에 있었고, 사고차량의 조수석에 타고 있었던 경우에는 안전운행을 촉구하여야 할 注意義務가 있다고 판단하여 損害賠償額 산정에서 20%를 감액하였다.

大判 94. 9. 9, 94다32474[39]은 동료사원끼리 놀러 갔다 밤늦게 동료사원이 운전하는 자동차의 조수석에 탑승하여 돌아오던 중 교통사고를 당한 사안에서, 피해자에게 피곤한 상태에서 운전하는 운전자가 안전운전을 하도록 주의를 촉구하고 중앙선을 침범한 채 반대차선으로 내리막길을 운전하지 않도록 적극 제지하지 아니한 잘못을 인정하여 損害賠償額 산정에서 30%를 감액하

35) 서울高判 87. 7. 9, 87나876; 서울高判 87. 11. 19, 86나43561; 서울高判 90. 12. 6, 90나28288; 서울民事地方法院 交通·産災損害賠償實務硏究會, 交通·産災損害賠償訴訟實務(1994), 359-60.

한편 횡단보도로 보행중 보행자진행신호가 정지신호로 바뀌려고 점멸하자 뛰어서 횡단중 교통사고가 發生한 경우, 過失相計를 할 수 없다는 判決도 있다(서울高判 88. 11. 3, 88나14279).

36) 大判 96. 4. 9, 95다43181(公 1996상, 1385); 大判 94. 9. 13, 94다15332(公 1994, 2637); 大判 92. 5. 12, 91다40993(公 1992, 1842); 大判 91. 4. 23, 91다6665(公 1991, 1482); 大判 73. 6. 22, 72다2375(民判集 187, 223).

37) 大判 83. 12. 27, 83다카644(公 1984, 259): 일반자동차에 못지 않게 큰 위험을 수반하는 오토바이 뒤에 동승하는 자는 오토바이운전자로 하여금 위험이 없을 만한 안전한 속도와 방법으로 운전하도록 하여야 할 뿐만 아니라 사고방지를 위하여 그때그때 적절한 지시를 하는 것을 태만하여서는 아니 되며 안전헬멧을 착용하여야 한다.

38) 公 1994, 2987.

39) 公 1994, 2627.

였다.

大判 81. 2. 24, 80다2568[40]은 피고소유 택시운전수의 친구지간으로서 그 승객인 피해자가 운전수의 과속운전이 위험이 있다는 것을 알 수 있었음에도 불구하고 통행금지시간에 쫓겨 이를 방치하고 아무런 조치도 취함이 없이 그대로 타고 간 과실을 인정하여 損害賠償額 산정에서 10%를 감액하였다.

大判 80. 2. 26, 79다2271[41]은 운행중인 차량에 조수로서 탑승한 자는 근무중이고 운전수가 어느 때 도움을 청할지 모르므로 조수가 사고 당시 졸고 있음으로써 그 損害가 증대된 것이라면, 조수에게도 過失相計에 있어서의 過失이 있었다고 판단하였다.[42]

(iii) 사고위험이 많은 차량에 동승하는 행위 大判 92. 1. 21, 91다39306[43]은 친구와 함께 음주한 후 그가 운전하는 차에 동승한 피해자의 過失을 20%로 보았다.

大判 91. 4. 23, 90다12205[44]은 운전사가 술에 취한 사실을 알고 정원초과 사량에 동승한 피해자에게 40%의 過失相計를 인정하였다.

大判 80. 6. 24, 80다957[45]은 안전모 없이 2인승 90cc 오토바이에 4명이 승차한 피해자들의 過失을 전체의 2분의 1로 인정하였다.

운전자가 주취운전을 하는 차량에 동승하는 행위가 사고의 발생 자체의 원인이 된 것은 아니므로 차량동승행위와 사고 사이에 相當因果關係를 인정할 수 있는가 하는 점에서 문제가 있을 수 있으나, 주취운전의 경우 통상 사고발생의 가능성이 증대한다고 할 것인데, 동승자 스스로 위험성이 높은 행위를 선택하였다는 점에서 그 동승행위와 사고 사이에는 相當因果關係를 인정할 수 있다고 할 것이다.[46] 안전벨트미착용의 문제도 같다.

또한 判例는 피해자가 안전벨트를 착용하지 않아 損害가 확대된 경우에는 이를 過失相計事由가 된다고 하고 있다.[47] 그러나 사고 당시 피해트럭에 안전

40) 民判集 278-663.
41) 公 1980, 12694.
42) 이 사건 사안은 사고 당시 차량을 운전하던 차주가 경미한 부상을 입은 데 반하여 조수석에서 졸고 있던 피해자는 큰 부상을 입은 사안인데, 判決은 이러한 사정을 참작한 것으로 보인다. 그러나 주행중인 차량에서의 조수의 역할을 생각해 보면 위 判決의 타당성은 의문이다.
43) 公 1992, 898.
44) 公 1991, 1455.
45) 民判集 270, 340.
46) 吳宗根, "不法行爲法上 過失相計의 適用要件에 관한 硏究"(註 1), 66-7.
47) 大判 97. 11. 14, 97다35344(公 1997하, 3842).

벨트가 설치되어 있지 아니하였고, 그 당시 시행되던 도로운송차량보안규칙에 의하더라도 트럭에 안전벨트를 설치하여야 할 의무가 없었다면 피해자들이 안전벨트를 설치 내지 착용하지 아니하였다고 하여 아무런 잘못이 없으므로 過失相計를 할 수 없다고 하였다.[48)]

(iv) 好意同乘 차량의 운행자가 아무런 대가를 받지 아니하고 동승자의 편의와 이익을 위하여 동승을 허락하고, 동승자도 그 자신의 편의와 이익을 위하여 그 제공을 받은 경우, 즉 이른바 호의동승의 경우에 호의동승이라는 사정이 損害賠償額 감액사유가 되는지 여부가 문제된다. 이 문제는 정확히는 過失相計의 문제가 아니고, 호의동승이라는 사정이 過失相計와 별개의 독립한 減額事由가 되는지 여부의 문제이다.

判例는 호의동승은 원칙적으로 損害賠償額을 減輕할 사유가 되지 못하나 예외적으로 운행의 목적, 동승자와 운행자의 인적 관계, 그가 차에 동승한 경위, 특히 동승을 요구한 목적과 적극성 등 제반사정에 비추어 加害者에게 일반의 교통사고와 같은 책임을 지우는 것이 信義則이나 衡平의 원칙에 비추어 매우 불합리한 것으로 인정되는 경우에는 그 賠償額을 減輕할 사유로 삼을 수 있다고 한다.[49)]

(v) 교행차량이 중앙선을 침범하는 경우에 대비하여야 할 注意義務 大判 91. 4. 26, 90다20077[50)]은 중앙선이 설치된 편도 1차선 도로를 자기 차선을 따라 운행하는 자동차운전자로서는 마주 오는 상대방 차와 교행할 경우 상대방 차도 제 차선을 지켜 운행하리라고 신뢰하는 것이 보통이어서, 상대방 차가 비정상적인 방법으로 운행하리라는 것을 예견할 수 있는 특별한 사정이 없는 한 상대방 차가 중앙선을 침범하여 이쪽 차선에 돌입할 경우까지 예상하여 운전할 注意義務는 없으므로, 자기 차를 도로의 오른쪽에 붙이거나 노견부분을 따라서 운전하지 아니하고 차체측면을 중앙선에 붙인 채 운전하였다 하여 이를 잘못이라고 할 수 없다고 판시하였다.

大判 91. 3. 27, 90다13383[51)]은 일반적으로 중앙선이 설치된 도로를 자기

48) 大判 87. 5. 12, 86다카819(公 1987, 958).

49) 大判 97. 11. 14, 97다35344(公 1997하, 3842); 大判 96. 3. 22, 95다24302(公 1996상, 1345); 大判 95. 10. 12, 93다31078(公 1995하, 3720); 大判 94. 11. 25, 94다32917(公 1995상, 94); 大判 93. 7. 16, 93다13056(公 1993하, 2292); 大判 91. 5. 14, 91다8081(公 1991, 1640); 大判 90. 4. 25, 90다카3062(公 1990, 1145).

50) 公 1991, 1496.

51) 公 1991, 1262.

의 차선을 따라 운행하는 자로서는 자기 차선의 반대방향에서 오는 다른 차량도 그 차선을 따라 운행하리라고 믿는 것이 보통이므로, 중앙선을 침범하여 자기 차선까지 들어 올 경우까지 예상하여 운전할 注意義務까지는 없다 할 것이나, 편도 1차선인 좁은 도로가 갑자기 넓은 노폭으로 변하고, 따라서 그 중앙선도 굽어지게 그어져 있으며 도로 옆 인도가 협소하여 도로로 행인들이 많이 내왕하는 도로인 경우에는 운전자로서는 자기 차선을 운행할 뿐 아니라 반대차선에서 오는 차량들이 노변의 행인들에 밀려 중앙선을 침범하는 경우에 대비하여 안전운행을 하여야 할 注意義務가 있다고 판시하였다.

大判 81. 7. 28, 80다2569[52]은 내각 약 100도의 좌향하경사 곡각지점을 제한속도를 초과하고 경적취명도 하지 않은 채 중앙선을 침범하여 반대차선으로 내려오던 피고측 차량이 그 곡각지점 반대방향에서 마주 올라오던 원고 운전차량과 충격한 경우에도 원고가 경음기를 울려 내려오는 피고측 차량의 운전자에게 주의를 환기시켰는지, 또 경적을 울렸다 해도 상대방의 운전과실로 이건 사고를 피치 못할 특별한 사정이 있었는지를 심리하여 피고의 과실상계항변을 판단하여야 한다고 판시하여 피해자에게 경음기를 울려 상대방의 주의를 환기시킬 의무가 있다고 판시하였다.

(vi) 가해자의 不法行爲를 유발한 행위 判例는 피해자가 상대방을 모욕하여 상대방의 暴行을 유발한 경우,[53] 市有地 위에 허가 없이 가건물을 건축하고 철거명령에도 불응하여 市의 위법한 철거집행을 유발한 경우[54] 가해자의 不法行爲를 유발한 過失을 참작하여야 한다고 판시하였다.

(vii) 損害輕減措置로 수술을 받아야 할 의무 大判 92. 9. 25, 91다45929[55]은 信義則 또는 損害負擔의 公平이라는 損害賠償制度의 이념에 비추어 不法行爲의 피해자에게는 그로 인한 損害의 확대를 방지하거나 감경하기 위하여 노력하여야 할 일반적인 의무가 있다는 전제 하에 損害輕減措置義務가 수술을 받아야 할 의무일 경우, 일반적으로 피해자는 그 수술이 위험 또는 중대하거나 결과가 불확실한 경우에까지 용인하여야 할 의무는 없다고 하겠으나, 관례적이며 상당한 결과의 호전을 기대할 수 있는 수술이라면 이를 용인

52) 公 1981, 14256.
53) 大判 78. 10. 10, 78다1390(民判集 250, 270); 大判 78. 1. 24, 77다2142(民判集 241, 475); 大判 66. 11. 22, 66다1811(集 14-3, 229).
54) 大判 79. 11. 13, 79다1420(公 623, 12343).
55) 公 1992, 2987.

할 의무가 있고, 이를 거부하는 것은 합리적인 이유가 없다고 판시하였다.

(viii) 시위참가자 등  大判 95. 11. 10, 95다23897[56]은 國家 소속 전투경찰들이 시위진압을 함에 있어서 합리적이고 상당하다고 인정되는 정도를 넘어 지나치게 과도한 방법으로 시위진압을 한 잘못으로 시위참가자로 하여금 死亡에 이르게 하였다는 이유로 國家의 損害賠償責任을 인정하되, 피해자의 시위에 참가하여 死亡에 이르기까지의 행위를 참작하여 30% 過失相計를 한 原審判決을 수긍하였다.

大判 94. 11. 8, 94다25896[57]은 경찰관이 피해차량검문중 검문을 피하여 도주하는 피해자를 추격하여 체포하던 중 피해자가 경찰관을 밀치고 도망하자 100여 미터를 추격하면서 정지하라고 소리치며 발사한 권총탄환이 도로의 땅바닥에 맞아 튕기면서 피해자의 후두부에 맞아 피해자가 死亡한 사안에서 경찰관의 권총발사가 경찰관직무집행법 §11 소정의 총기사용의 허용범위를 벗어난 위법행위라고 판단하면서 피해자가 체포를 면하기 위하여 도주한 過失을 전체의 70%로 판단하여 참작하였다.

(ix) 기 타  大判 93. 11. 23, 93다20887[58]은 수영이 미숙한 피해자가 맥주를 마신 상태에서 해수욕장에서 물놀이를 하다가 익사한 사안에서 피해자의 過失을 참작하여 損害賠償額을 40% 감액하였다.

大判 93. 9. 28, 93다26892, 26983[59]은 창고에 보관중이던 마늘이 부패·멸실된 사안에서 창고업자의 출고독촉에도 불구하고 이에 응하지 아니한 마늘 소유자의 過失을 참작하여 損害賠償額을 50% 감액하였다(채무불이행에서의 과실상계사안).

大判 91. 12. 10, 91다14123[60]은 이른바 보증도사건에서 피해자가 신용장 개설 및 화물선취보증장 발행은행으로서의 注意義務를 게을리한 過失이 있다고 하여 損害賠償額을 30% 감액하였다.

大判 70. 11. 30, 70다2218[61]은 使用禁止假處分의 집행을 받은 자가 제3자이의의 소를 제기하여 제1심에서 그 가처분집행을 불허하는 취지의 승소판결과 가집행의 선언이 있었음에도 불구하고 집행정지 등 그 해제조치를 취하지 않음으로써 손해가 증대되었다면, 채권자에게도 과실이 있다고 판시하였다.

56) 公 1995, 3910.
57) 公 1994, 3243.
58) 公 1994, 174.
59) 公 1993, 3041.
60) 公 1992, 470.
61) 集 18-3, 359.

서울高判 96.7.16, 95나47635[62]은 은행지점장이 개인적 이익을 위하여 제3자 발행의 약속어음에 대하여 지점장명의의 약속어음배서를 한 사안에서, 은행의 기관이나 지배인으로서의 영업범위 내에 속하지 않는다는 이유로 은행의 약속어음금 채무는 부정하고, 외형상 객관적으로 보아 사용자의 사업활동 내지 사무집행행위와 유사하거나 관련된 것이라는 이유로 지점장의 사무집행행위로 인한 不法行爲의 使用者責任은 인정하되, 피해자의 過失을 참작하여 損害賠償額을 50% 감액하였다.

서울地判 95.9.26, 95가합52180[63]은 예고 없는 정전으로 비닐하우스에서 재배중인 洋蘭이 凍死한 경우 한국전력공사의 賠償責任을 인정하면서 예고 없는 정전에 의한 凍死事故를 예방하기 위한 조치를 취하지 않은 양란재배자의 過失을 50% 인정하여 過失相計를 하였다.

大田地判 95.8.25, 94나2020[64]은 매도인이 매매계약의 해제를 주장하면서 이미 매매목적물인 농지를 인도받아 경작을 준비하는 매수인을 상대로 출입금지가처분신청을 하여 그 결정이 내려졌고, 그 집행에 따라 매수인의 점유가 배제되었음에도 매수인은 매도인을 상대로 출입금지가처분신청과 소유권이전등기절차 이행청구소송만을 제기하였을 뿐 위 농지를 인도받은 매수인으로서 위 가처분결정에 대하여 이의신청 및 명도소송 등으로 매도인의 부당한 가처분을 취소하고 그 점유를 회복하는 등의 적절한 조치를 취하지 아니함으로써 損害가 확대되었다면, 매수인에게도 過失이 있다 할 것이므로 그 過失相計를 하여야 한다고 判示하였다.

서울高判 95.4.11, 93나24539[65]은 당좌거래은행의 부당한 부도처리에 대한 不法行爲를 인정하면서, 부도수표의 발행인이 그 부도수표의 결제대금으로 입금한 돈을 당좌거래은행이 당초의 약속과 달리 수표부도대전으로 입금처리할 생각이 없음을 알았다면, 발행인으로서는 그 거래은행으로부터 결제대금을 반환받아 그 수표의 제시은행을 확인한 후 그 제시은행에 직접 부도대전을 입금하여 그 제시은행으로 하여금 부도수표입금통보서를 어음교환소에 제출하도록 하게 함으로써 거래정지처분을 막을 수 있었음에도 이러한 조치를 취하지 아니한 잘못이 있다 하여 15% 過失을 참작하였다.

62) 下集 1996-2, 154; 위 判決은 대법원의 상고기각 判決로 확정되었다.
63) 下集 1995-2, 144.
64) 下集 1995-2, 136.
65) 下集 1995-1, 75.

서울地判 93. 3. 18, 92가합21109[66]은 눈썰매를 타다가 노면에 생긴 요철 부분을 빠른 속도로 통과하면서 눈썰매와 함께 튀어 올랐다가 떨어져 상해를 입은 피해자에 대하여 눈썰매장 관리회사의 損害賠償責任을 인정하는 한편 피해자의 過失을 80%로 보아 過失相計를 하였다.

(x) 不運을 이유로 過失相計할 수 있는가? 大田高判 97. 6. 12, 96나8268[67]은 損害의 發生에 어느 누구의 잘못도 아닌 不運이 개입된 경우 모든 損害를 가해자에게 負擔시키는 것은 衡平의 原則에 부합하지도 않는다는 전제 하에 가해자가 피해자와 함께 야구놀이를 하는 과정에서 야구방망이 대신 사용하여 휘두르던 플라스틱 파이프의 연결 부분이 빠져나가서 약 10m 정도나 떨어져 있던 피해자의 눈 부분에 맞아 失明에까지 이르게 된 사안에서, 過失相計比率 10%와는 별도로 衡平의 原則에 따라 不運이 개입된 정도에 비추어 損害賠償額을 30% 감액하였다.[68]

(xi) 過失相計를 否定한 사례 大判 95. 8. 22, 95다10303[69]은 時效取得者가 處分禁止假處分 등 조치를 취하지 아니함으로써 그 부동산소유명의자의 부동산처분이라는 不法行爲가 가능하게 되었더라도 그 不法行爲가 時效取得者가 假處分 등의 권리보전절차를 취하지 아니한 것에 유발되거나 도발된 것은 아니어서 그와 같은 조치를 취하지 아니한 것이 소유명의자의 不法行爲로 인한 損害의 발생에 원인이 되었다고 할 수 없으며, 시효취득자가 그와 같은 조치를 취하지 아니하였다는 사유를 들어 소유명의자의 不法行爲로 인한 損害賠償責任을 제한하는 것이 公平 내지 信義則의 견지에서 타당하지도

66) 下集 1993-1, 182.

67) 下集 1997-1, 1.

68) 이 判決을 이해하는 데는 세 가지 관점이 있을 수 있다. 첫째는 일본에서 제기되고 있는 加害者非難可能性參酌說인데, 이 견해에 따르면 不運은 過失相計의 참작사유가 될 수 있다. 둘째는 部分的 因果關係論인데, 이 견해에 따르면 不運은 因果關係의 비율을 판단하는 사정이 될 수 있다. 셋째는 衡平의 원칙에 기하여 損害의 發生 또는 擴大에 기여한 旣往症 또는 自然力의 기여도를 참작하여 損害賠償額을 감경하는 이론인데, 이 견해에 따르면 不運은 법률에 명문의 규정이 없는 별도의 責任減輕事由가 될 수 있다. 위 判決은 그 이유에서 셋째의 견해를 따랐음을 명백히 하고 있다.

그러나 自然力의 경우는 외적인 유형력이 損害發生에 기여한 경우임에 반하여, 不運이라고 하는 요소는 損害發生에 기여한 외적인 유형력이 아니라 加害者의 행위가 야기할 수 있는 결과 중 發生가능성이 극히 희박한 어떤 결과가 현실적으로 發生하였다고 하는 확률의 문제이므로, 相當因果關係의 유무를 판단하는 요소가 될 수 있음은 별론으로 하고 損害賠償額을 비율적으로 減輕하는 참작요소로서 自然力과 동일하게 볼 수 있는지 여부는 검토의 여지가 있을 수 있다. 私見으로는 飮酒運轉者가 운전하는 차량에 동승한 경우와 같이 危險性이 내포된 놀이에 동참한 것을 過失로 보아 過失相計할 수 있지 않을까 생각한다.

69) 公 1995, 3243.

아니하다고 판시하였다.

大判 92.5.26, 91다38334[70]은 경찰관이 임의동행요구에 응하지 않는다 하여 강제연행하려고 대상자의 양팔을 잡아끈 행위는 適法한 公務執行이라고 할 수 없으므로 그 대상자가 이러한 불법동행으로부터 벗어나기 위하여 저항한 행위는 정당한 행위라고 할 것이고, 이러한 행위에 무슨 過失이 있다고 할 수 없다고 판시하였다.

大判 91.8.13, 91다16075[71]은 어린이용 안전벨트가 없는 택시를 탄 승객이 2세 4개월 남짓된 자를 끌어안지 아니하고 뒷자석에 앉혀 놓았다 하여 過失이 될 수 없다고 판시하였다.

大判 74.12.24, 74다1682[72]은 채무변제를 하지 않는다는 이유로 채권자가 채무자 및 그 가족들 공동경영의 여인숙방실을 강점하는 등 不法行爲를 하여 채무자가 損害賠償을 청구한 경우에 특별한 사정이 없다면 채무자에게 위 不法行爲를 유발한 과실이 있다고 볼 수 없다고 판시하였다.

大判 66.4.19, 66다262[73]은 진행중인 경매를 취하하기로 합의하고 이를 하지 아니하여 타인에게 염가로 경락됨으로써 손해를 입은 경우, 소유자가 위 합의를 내세워 경락을 미리 저지하지 아니하였다 하여 그에게 과실이 있다고 말할 수 없다고 판시하였다.

(2) 被害者의 過失相計能力

過失相計의 要件으로 피해자에게 일정한 判斷能力이 있을 것이 요구되는가, 만일 요구된다면 그 判斷能力은 不法行爲의 成立要件인 가해자의 責任能力과 동일한 것인가 하는 문제가 피해자의 過失相計能力의 문제이다.

(가) 責任能力必要說 同質說은 過失相計의 成立要件으로서의 過失을 不法行爲의 成立要件으로서의 過失과 동일한 개념인 것으로 이해하고 있으므로, 不法行爲가 성립하기 위해서 가해자의 責任能力이 요구되는 것과 마찬가지로 過失相計를 하기 위해서는 피해자의 責任能力이 요구된다고 한다. 民法 制定 당시의 通說[74]이었으나 현재로서는 少數說이다.

(나) 事理辨識能力必要說 이에 반하여 過失相計의 成立要件으로서

70) 公 1992, 2003.
71) 公 1991, 2353.
72) 公 1975, 8255.
73) 集 14-1, 207.
74) 金曾漢·安二濬, 新債各(下)(1965), 849; 金容晋, 新民法解義(債權法各論)(1958), 347; 玄勝鍾, 債總(1975), 169.

의 過失을 不法行爲의 成立要件으로서의 過失과 달리 이해하는 異質說의 입장에서는 過失相計를 하기 위해서는 피해자에게 행위의 결과로서 발생하는 責任을 인식할 수 있는 능력까지 있을 필요는 없고, 그보다 정도가 낮은 事理를 辨識함에 족한 지능 혹은 損害發生을 피하는 데 필요한 주의를 할 수 있는 능력이 있으면 충분하다고 한다. 이 견해가 우리 나라의 通說[75]이다.

㈐ 過失相計能力不要說  일본에서 제기되고 있는 純客觀說의 입장에서는 過失相計의 成立要件인 過失을 客觀的인 개념으로 이해하므로 過失相計를 하기 위한 要件으로 피해자의 判斷能力은 요구되지 않는다고 한다.[76] 국내에서도 不法行爲의 성립요건인 過失을 抽象的 過失로 이해한다면 過失의 전제로서의 責任能力은 반드시 요구되는 것이 아니라는 견해가 주장되고 있는데, 이 견해에 의하면 過失相計의 過失에 있어서도 責任能力이 요구되지 않는 결론에 이르게 될 것이다.[77]

㈑ 判 例  民法施行 초기의 判例는 責任能力必要說의 견해를 취하였으나,[78] 현재는 事理辨識能力必要說의 견해를 취하고 있다.[79]

예컨대 大判 93. 9. 14, 93다21552[80]은 피해자가 정신분열증으로 정신병원에 입원중 자살한 사안에서, 피해자의 치료경과에 비추어 이 사건 사고 당시 피해자가 행위책임을 부담할 정도의 완전한 의사결정능력을 보유하고 있다고 볼 수 없다 하더라도 자신의 신체에 대한 危險性 등을 판별할 수 있는 어느 정도의 意思能力을 갖고 있어 過失相計에 해당하는 사유가 있다는 原審을 수긍하면서 피해자의 過失을 70%로 평가한 것은 그 過失相計比率이 과다하다는 이유로 原審判決을 파기하였다.

---

75) 郭潤直, 債各, 835; 金曾漢, 債各, 534; 金疇洙, 債各, 789; 金相容, 債各, 467; 朴英植, “自動車事故訴訟에 있어서의 過失相計의 本質”(註 1), 663; 閔亨基, “自動車損害賠償事件에 있어서의 過失相計에 관한 諸問題”(註 1), 381-2; 洪天龍, “過失相計論”(註 2), 657.

76) 西原道雄, 幼兒の死亡傷害に損害賠償, 753; 이 설에 따르면 피해자의 사리변식능력도 불필요하게 되고, 따라서 유아나 정신병자의 행위에 관하여도 過失相計의 문제가 發生한다고 한다.

77) 徐光民, 不法行爲의 歸責構造硏究(1988), 95.

78) 大判 68. 4. 16, 67다2653(集 16-1, 249); 大判 66. 12. 27, 66다2168(集 14-3, 379).

79) 大判 93. 9. 14, 93다21552(公 1993, 2773)(정신병자); 大判 92. 6. 9, 92다7207(公 1992, 2124)(초등학교 5학년과 3학년 학생); 大判 71. 3. 23, 70다2986(集 19-1, 194)(14세); 大判 68. 8. 30, 68다1224(集 16-2, 369)(8세); 大判 66. 6. 21, 66다730(民判集 105, 340)(초등학교 5학년 학생).

80) 公 1993, 2773.

(3) "被害者"의 過失

(가) 被害者側過失論　過失相計를 하기 위해서는 피해자의 過失이 존재하여야 한다. 그런데 通說 및 判例는 過失相計制度가 損害의 공평한 분담을 도모하는 제도라는 점에 근거하여 피해자와 동일시할 수 있는 제 3 자의 過失이 損害의 발생 또는 확대에 기여한 경우에도 그 제 3 자의 過失을 피해자의 過失과 동일시하여 가해자의 損害賠償責任을 減免하고 있다. 이와 같이 일정한 범위의 제 3 자의 過失을 被害者側의 過失로 보아 過失相計를 하는 견해를 被害者側過失論이라고 한다.

被害者側의 過失을 참작하는 근거에 관하여는 家團說·家族共同體說·共同不法行爲說·使用者責任의 準用說·公平說 등이 있으나, 국내에서는 公平說이 통설이다. 다만, 被害者側의 過失을 참작하는 근거를 公平의 원칙에서 찾는다고 하더라도 公平이라는 개념이 추상적이어서 被害者側의 범위확정을 위한 도구개념으로서는 충분하지 않으므로, 被害者側의 범위를 정함에 있어서는 피해자와의 신분 기타 생활상의 특별관계, 損害額 산정과 귀속 등의 실질적 경제관계, 共同不法行爲者 사이의 구상관계간략화 등 제 요소의 종합적 고찰이 필요하다고 한다.[81]

判例도 "不法行爲로 인한 損害賠償의 범위를 정함에 있어 피해자의 過失을 참작하는 이유는 不法行爲로 인하여 발생한 損害를 가해자와 피해자 사이에 공평하게 분담시키고자 함에 있으므로, 그 피해자의 過失에는 피해자 본인의 過失뿐 아니라 그와 신분상 내지 생활관계상 일체를 이루는 관계에 있는 자의 過失도 被害者側의 過失로서 참작되어야 한다"고 함으로써 被害者側의 過失을 참작하는 이론적 근거는 公平의 원칙에서 찾는 한편, 被害者側의 범위는 피해자와 신분상 내지 생활관계상 일체를 이루는 자로 한정하고 있다.[82]

獨逸·英國·美國에서도 피해자와 일정한 관계에 있는 제 3 자의 過失을 被害者側의 過失로 보아 損害賠償額 산정에서 참작하나 우리의 경우보다 被害者側의 인정범위가 좁다.[83]

81) 閔亨基, "自動車損害賠償事件에 있어서의 過失相計에 관한 諸問題"(註 1), 388; 洪天龍, "過失相計論(註 2), 662.

82) 大判 98. 8. 21, 98다23232(公 1998하, 2306); 大判 97. 11. 14, 97다35344(公 1997하, 3842); 大判 96. 11. 12, 96다26183(公 1996하 3564); 大判 96. 10. 11, 96다27384(公 1996하, 3324); 大判 93. 5. 25, 92다54753(公 1993하, 1851); 大判 91. 11. 12, 91다30156(公 1992, 110); 大判 89. 12. 12, 89다카43(公 1990, 252); 大判 87. 2. 10, 86다카1759(公 1987, 421); 大判 73. 9. 25, 72다2082(集 35-1, 67).

83) 상세한 내용은 吳宗根, "不法行爲法上 過失相計의 適用要件에 관한 硏究"(註 1), 156-

(나) 監督義務者 幼兒의 행위가 事故發生에 기여하였더라도 그 유아에게 事理辨識能力이 없다면, 幼兒 자신의 過失을 이유로 過失相計할 수는 없게 된다. 判例는 이러한 경우 가해자에 대한 배려에서 幼兒의 親權者 등 監督保護者의 監督保護上의 過失을 인정하여 被害者側의 過失로 보고 있다.

判例는 幼兒가 절단된 고압선에 감전된 경우 幼兒의 손을 잡고 가지 않은 어머니의 過失,[84] 6세 정도의 어린이가 교통사고를 당한 경우 어린이를 보호하지 않은 부모의 過失,[85] 5세된 幼兒가 신축공사장에서 놀다가 다친 경우 幼兒를 공사장에서 놀도록 방치한 부모의 過失,[86] 10세 7개월 된 어린이가 고무줄 새총놀이를 하다가 失明한 경우 어린이를 감호하지 않은 부모의 過失,[87] 아버지가 4세 된 幼兒를 싸이드카에 태우고 가다가 교통사고로 幼兒가 死亡한 경우 아버지의 過失,[88] 만 2세 4개월 된 幼兒를 자전거 뒤에 태우고 가다가 교통사고로 幼兒가 死亡한 경우 다른 사람으로 하여금 幼兒를 자전거 뒤에 태우고 다니도록 방치한 부모의 過失,[89] 6세 정도의 어린이가 물웅덩이 가장자리에서 놀다가 물에 빠져 익사한 경우 어린이를 보호하지 않은 부모의 過失[90]을 被害者側의 過失로 인정하였다.

判例는 法定監督義務者인 親權者 등을 대신하여 監督義務를 부담하는 代理監督者에게 保護監督上의 過失이 있는 경우에도 過失相計를 인정하였다.[91]

學說도 대체로 이러한 判例와 같은 견해를 취하고 있으나,[92] 최근 自己責任主義의 원칙을 들어 이에 반대하는 견해가 유력하다.[93]

日本의 通說 및 判例는 우리와 같다. 獨逸의 경우, 多數說은 法定代理人의 過失을 被害者側의 過失로 인정하나 判例는 이를 부정한다. 美國의 경우, 被害者側의 범위를 확정하는 기준으로서 일반적으로 兩方基準原則(both ways rule)[94]

---

75 참조.

84) 大判 60. 10. 6, 4293민상13(카 7178).

85) 大判 74. 12. 24, 74다1882(公 507, 8275); 大判 69. 11. 25, 69다1603(民判集 145, 381); 大判 68. 5. 7, 67다1033(카드 8561).

86) 大判 68. 4. 16, 68다308(民判集 126, 439).

87) 大判 79. 6. 26, 79다740(民判集 258, 573).

88) 大判 72. 5. 23, 72다597(民判集 175, 560).

89) 大判 67. 4. 25, 67다355(集 15-1, 356).

90) 大判 98. 6. 23, 98다16012(公 1998하, 1958).

91) 大判 73. 9. 25, 72다2502; 大判 72. 1. 31, 71다2356(民判集 171, 296).

92) 郭潤直, 債各, 751; 金錫宇, 債各, 561; 李銀榮, 債總, 266.

93) 吳宗根, "不法行爲法上 過失相計의 適用要件에 관한 硏究"(註 1), 169-75.

94) 兩方基準原則이란 피해자가 加害者의 지위에 섰을 경우 제 3 자의 過失行爲에 대해 不法行爲責任을 지게 될 관계——이를 代位責任(vicarious liability)이라고 한다——가 피해

을 적용하는데, 이 원칙에 의하면 保護監督者의 過失이 被保護者側의 過失로 인정되기는 어려울 것이다.[95]

㈐ 親　族　判例가 親族 중 被害者側의 범위에 해당하는 것으로 본 사례는 夫婦關係,[96] 미성년의 아들(피해자)-아버지 관계,[97] 동거중인 성년의 아들(피해자)-아버지 관계,[98] 여동생(피해자)-오빠 관계,[99] 동생(피해자)-형 관계,[100] 출가한 누나(피해자)-남동생 관계[101] 등이 있다.

최근의 判例는 被害者側의 過失로 참작하는 범위를 피해자와 신분상 내지 생활관계상 일체를 이루는 자로 한정하면서 그 기준을 보다 엄격히 하고 있는 것으로 보인다.

大判 96.2.27, 95다41239[102]은 11세의 어린이가 외삼촌이 운전하는 어머니 소유의 자동차에 승차하여 성묘를 다녀오다가 사고를 당한 사안에서, 피해자는 자동차의 소유자인 어머니와 생활관계에 있어서 일체를 이루고 있다고 보아야 하고 한편 어머니는 그 자동차의 운행자로서 제 3 자에 대하여 운전자인 외삼촌과 동일한 책임을 부담할 지위에 있으므로, 결국 피해자의 損害分擔비율을 정함에 있어 외삼촌의 過失을 被害者側의 過失로 보아야 한다고 判示하였다.

한편 大判 96.11.12, 96다26183[103]은 가족회사에서 직장동료로 근무하고 있던 4촌 형제간이지만, 각 성년으로서 각자의 직업을 가진 독립된 경제주체라는 점 등에서 서로간에 신분상 내지 생활관계상 일체를 이루는 관계에 있지는 않다고 보아 운전자인 사촌형의 過失을 同乘 피해자인 사촌동생의 損害賠償額을 산정함에 있어 被害者側 過失로 참작할 수 없다고 判示하였다.

日本에서는 夫婦關係 또는 親子關係에 있는 경우 被害者側의 過失로 인정

---

자와 제 3 자 사이에 존재하면, 반대로 피해자의 지위에서도 그러한 제 3 자의 過失에 대해 過失相計의 적용을 받는다는 것이다.

95) 외국의 學說·判例에 대한 상세한 내용은 吳宗根, "不法行爲法上 過失相計의 適用要件에 관한 硏究"(註 1), 150-69 참조.

96) 大判 93.5.25, 92다54753(公 1993, 1851); 이 判決에 대한 評釋: 趙武濟, "過失相計의 人的範圍", 判例硏究(釜山判硏) 4(1994), 174 이하.

97) 大判 89.12.12, 89다카43(公 1990, 252); 大判 89.4.11, 87다카2933(公 1989, 736).

98) 大判 94.6.28, 94다2787(公 1994, 2092).

99) 大判 73.9.25, 72다2082(要旨集 民 §763 五. 나. 34).

100) 大判 91.11.12, 91다30156(公 1992, 110).

101) 大判 96.10.11, 96다27384(公1996하, 3324).

102) 公 1996상, 1098.

103) 公 1996하, 3564.

하지만 기타의 親族關係, 예를 들면 兄弟關係[104] 등에 대하여는 일반적으로 이를 부인한다.

美國의 경우 과거 한때 처와 남편을 法的 同一體로 다루어 처의 獨立的 法人格을 부인하던 과거의 普通法上의 원칙에 기하여 배우자의 寄與過失을 타방 배우자에게 전가하여 過失相計를 적용하는 원칙이 있었으나, 현재는 처의 獨立的 法人格이 인정되므로 혼인관계만을 기초로 배우자를 被害者側에 포함시키는 원칙은 모든 주에서 폐지되었다. 다만, 夫婦共同財産制를 취하는 일부 주에서는 寄與過失 있는 배우자가 夫婦共同體의 일원으로서 실질적인 이익을 얻는 것을 방지하기 위해 위의 원칙을 계속 유지한다. 또한 과거에는 부모의 寄與過失이 피해자인 子에게 전가되었으나, 현재는 Maine주를 제외한 모든 주에서 위 원칙은 制定法 혹은 判例에 의해 폐지되었다.

㈑ 被 用 者　　通說과 判例는 피해자인 使用者의 損害發生에 被用者의 過失이 기여한 경우 過失相計를 인정한다.[105] 被用者가 被害者側으로 인정되기 위해서는 被用者의 행위가 使用者의 事務執行과 관련되어 있어야 한다. 이 때 피해자인 使用者가 被用者의 선임·감독에 상당한 주의를 다하였다거나 상당한 주의를 하여도 損害가 發生하였을 경우임을 입증하면, 使用者는 면책되어 過失相計의 적용을 면할 수 있다.[106]

그러나 그 반대의 경우, 즉 使用者의 過失이 被用者側의 過失로 인정되지는 않는다.[107]

日本에서도 通說·判例는 被用者의 過失을 使用者側의 過失로 인정한다.

獨民 §254 Ⅱ은 §278를 準用하므로 피해자의 法定代理人 혹은 補助者에게 過失이 있는 경우에도 過失相計가 인정된다.

美國에서도 被用者의 過失은 피해자인 사용자에게 전가되어 過失相計의 적용을 받게 된다.

㈒ 死　　者　　加害者의 不法行爲로 피해자가 死亡한 경우, 유족의 損害賠償請求에는 2가지가 있다. 하나는 死者의 損害에 대해 死者 자신이 취

104) 東京地判 昭和 38(1963).4.26(判タ 145, 155); 大阪地判 昭和 42(1967).2.17(判タ 205, 177).

105) 大判 91.4.23, 90다15129(公 1991, 1457); 大判 81.6.23, 80다2005(集 29-2, 127); 大判 69.7.29, 69다829(集 17-2, 396).

106) 李好珽, 債總, 104-5; 大判 69.7.29, 69다829.

107) 大判 98.8.21, 98다23232(公 1998하, 2306)은 다방종업원이 차배달을 목적으로 다방주인이 운전하는 차량에 동승하였다가 사고를 당한 사안에서, 운전자인 다방주인의 過失을 被害者側 過失로 인정하지 않았다.

득한 損害賠償請求權을 相續人이 相續하여 請求하는 것이고, 다른 하나는 유족 자신이 입은 損害(장례비, 유족의 위자료 등)에 대한 賠償請求를 하는 것이다.

전자의 請求에서 死者의 過失은 피해자 자신의 過失이므로 이를 참작하여 過失相計하는 것은 당연하며 논란의 여지가 없다. 후자의 請求에서도 死者의 過失은 참작된다.[108] 비록 피해자는 死者가 아니라 유족이지만, 이 때 유족이 입은 損害는 死者의 死亡이라는 損害에서 파생된 것에 지나지 않기 때문이다.[109]

(바) 好意同乘者[110] 차량의 운행자가 아무런 대가를 받지 아니하고 동승자의 편의와 이익을 위하여 동승을 허락하고, 동승자도 그 자신의 편의와 이익을 위하여 그 제공을 받은 경우, 즉 好意同乘의 경우 운행의 목적, 동승자와 운행자의 인적 관계, 그가 차에 동승한 경위, 특히 동승을 요구한 목적과 적극성 등 제반 사정에 비추어 가해자에게 일반의 교통사고와 같은 책임을 지우는 것이 信義則이나 衡平의 원칙에 비추어 매우 불합리한 것으로 인정되는 경우에는 그 賠償額을 減輕할 사유로 삼을 수 있다는 것이 判例이다.[111]

그런데 차량운행자가 아닌 운전자가 타인을 好意同乘시켜 차량을 운전하던 중 운전자의 過失로 동승자가 死亡하거나 상해를 입어 동승자 또는 그 유족들이 운행자를 상대로 損害賠償을 청구하는 경우 운전자의 過失을 被害者側의 過失로 참작할 수 있는지 여부가 문제되나, 判例는 피해자와 신분상 내지 생활관계상 일체를 이루는 관계에 있는 자의 過失만이 被害者側 過失로 참작된다는 전제 하에 好意同乘의 관계만으로는 운전자의 過失을 被害者側의 過失로 참작할 수 없다고 하여 이를 부정하였다.[112]

108) 金疇洙, 債各, 789; 洪天龍, "過失相計論"(註 2), 666; 註 138 참조.

109) 吳宗根," 不法行爲法上 過失相計의 適用要件에 관한 硏究"(註 1), 149.

110) 好意同乘에 있어서 運行者責任의 比率的 制限과 관련한 쟁점은 크게 2가지로 구분할 수 있다. 첫째는 過失相計의 法理에 따른 책임제한이 가능한가 하는 쟁점이고, 둘째는 好意同乘을 사유로 한 독자적인 책임제한이 가능한가 하는 쟁점이다. 첫째의 쟁점은 다시 ① 好意同乘 자체를 피해자의 過失로 보고 過失相計할 수 있는가, ② 好意同乘의 경우에는 운전자의 과실을 被害者側 過失로 보고 過失相計할 수 있는가 하는 쟁점으로 나누어지는데, 判例는 이를 모두 부정한다. 둘째의 쟁점에 대하여 判例는 언급하는 바와 같이 衡平의 原則을 이론적 근거로 하여 制限的 肯定說의 입장을 취하고 있다.

判例 중에는 피해자가 운전자의 無斷運轉事實을 알고 동승한 경우 運行者의 損害賠償責任을 부정한 것들이 있는데, 이 判決들의 쟁점은 運行支配와 運行利益에 관한 것이므로 好意同乘理論과는 무관하다.

111) 大判 97. 11. 14, 97다35344(公 1997하, 3842); 大判 96. 3. 22, 95다24302(公 1996상, 1345); 大判 95. 10. 12, 93다31078(公 1995, 3720); 大判 94. 11. 25, 94다32917(公 1995, 94); 大判 93. 7. 16, 93다13056(公 1993, 2292); 大判 92. 11. 27, 92다24561(公 1993, 254); 大判 92. 6. 9, 92다10586(公 1992, 2128); 大判 92. 5. 12, 91다40993(公 1992, 1842) 등.

112) 大判 97. 11. 14, 97다35344(公 1997하, 3842).

(4) "不法行爲에 관한" 過失

㈎ 損害發生에 관한 過失과 損害擴大에 관한 過失 過失相計를 하기 위해서는 不法行爲에 관하여 피해자의 過失이 있을 것이 요구된다. 여기서 "不法行爲에 관하여"라고 함은 "不法行爲로 인한 損害發生에 관하여"라는 의미뿐만 아니라 "不法行爲로 인한 損害擴大에 관하여"라는 의미를 갖는다는 데에 學說 및 判例가 일치하고 있다.[113)]

피해자의 過失이 기여하지 않았더라면 경미한 피해만이 발생하였을 터인데, 피해자의 過失이 기여하여 중한 피해가 發生하였다면 가해자의 加害行爲와 중한 피해 사이에 相當因果關係가 否認되는 것이 아닌가 하는 문제가 있을 수 있다. 물론 피해자의 過失이 극히 이례적이거나 중하여 相當因果關係 자체가 否認되거나 過失相計에 의하여 責任 전부가 免除되는 경우도 없지는 않을 것이나, 대개의 경우에는 過失相計의 적용으로 比率的 해결에 의하게 될 것이다.

㈏ 因果關係 過失相計를 하기 위해서는 피해자의 過失과 損害의 發生 또는 擴大 사이에 因果關係가 존재하여야 한다. 이 때의 因果關係가 존재한다고 하기 위해서는 단순한 原因-結果의 관계(conditio sine qua non)가 존재하는 것만으로 충분한가, 아니면 加害者側의 책임범위를 제한하는 원리인 相當因果關係論 또는 規範的 因果關係論 등이 過失相計에 있어서도 제한원리로서 작용하는가가 문제된다.

(a) 相當因果關係說 過失相計를 하기 위해서는 피해자의 過失과 損害의 발생 또는 損害의 확대 사이에 相當因果關係가 존재하여야 한다고 한다. 우리 나라[114)]·日本 및 獨逸의 多數說·判例이다.

(b) 關聯性說 過失相計에 있어서의 過失의 의미를 責任原因으로서의 고유한 의미의 過失과 달리 자기 자신에 대한 不注意로 파악하는 이상 因果關係도 責任原因에서의 相當因果關係까지 있을 필요는 없고, 피해자의 過失과 損害發生 사이에 關聯性이 있으면 충분하다고 한다.[115)]

이 견해는 判例[116)]가 민간인이 군용차량에 불법승차하였다가 사고가 발생

113) 獨民 §254는 이를 분명히 규정하고 있다.
114) 吳宗根, "不法行爲法上 過失相計의 適用要件에 관한 硏究"(註 1), 71-3.
115) 朴英植, "自動車事故訴訟에 있어서의 過失相計의 本質"(註 1), 660; 洪天龍, "過失相計論"(註 2), 667-8; 閔亨基, "自動車損害賠償事件에 있어서의 過失相計에 관한 諸問題"(註 1), 379.
116) 大判 68.10.22, 68다1442(集 16-3, 170); 大判 67.5.23, 67다334(카 8590); 大判 67.

한 경우에 민간인의 불법승차와 損害發生 사이에 相當因果關係가 있다고 한 것을 들어 判例가 過失相計에서의 因果關係를 過失과 結果 사이의 關聯性 정도로 보다 넓게 해석하고 있는 것으로 본다.

(c) 判 例 주류적인 判例는 相當因果關係說을 취하고 있으나,[117] 초기의 判例 중에는 關聯性說(條件的 因果關係를 인정)을 취한 듯한 判例도 보인다.[118]

따라서 최근의 判例는 가해차량이 중앙선을 침범하여 반대차선에서 진행하던 피해트럭을 충격한 사안에서 승차인원이 3명인 피해트럭에 성인 2명 및 어린 아이 2명이 승차하여 정원을 초과하였다고 하더라도 위 사고로 인한 損害의 발생 사이에 因果關係가 없으므로 過失相計를 부인하였다.[119]

또한 判例는 자동차운전자가 도로로 뛰어드는 것을 피하려다가 도로 좌측 밖의 인근주택의 담장 사이에 설치되어 있는 시멘트전주를 충돌하여 그 전주가 넘어지면서 전주 뒤를 걸어가던 5세 6월 남짓된 幼兒를 깔려 눌리게 하여 사망케 한 경우, 소외 망인이 서 있던 곳이 도로보다 한 계단 높은 도로변의 보도블록이 깔려 있는 지점으로서 차량이 정상적으로 운행될 때에는 아무런 위험성이 없는 안전한 장소라면 위 사고는 위 운전자의 부주의한 운전에 그 원인이 있다 할 것이고, 특별한 사정이 없는 한 위 幼兒의 保護者가 保護者 없이 망인을 도로에 내보낸 사유가 그 원인이 되었다고 볼 수는 없다고 하여 相當因果關係를 부인하였다.[120]

### (5) 過失相計의 適用範圍

(가) 無過失責任에서의 過失相計 工作物所有者의 責任(民 §758), 鑛害에 대한 損害賠償責任(鑛業法 §91)에서처럼 가해자가 無過失責任을 지는 경우에도 過失相計의 法理가 그대로 적용되는가에 관하여 문제가 있을 수 있다.

判例[121] 및 通說[122]은 이를 긍정한다. 다만, 가해자가 無過失責任을 부담

3. 7, 67다19(集 15-1, 214); 大判 67. 8. 29, 67다1321(카 166).

117) 大判 94. 5. 24, 93다57407(公 1994, 1805); 大判 92. 12. 22, 92다44442(公 1993상, 587); 大判 83. 12. 27, 83다카644(公 1984, 259).

118) 열차에 무단승차하였다가 열차사고가 발생한 경우, 무단승차와 사고로 인한 被害 사이에 因果關係를 인정한 判例: 大判 67. 9. 29, 67다1621(集 15-3, 170).
민간인이 군용차량에 탑승하였다가 교통사고가 발생한 경우, 군용차량에 탑승한 행위와 사고로 인한 被害 사이에 因果關係를 인정한 判例: 註 116 기재 判例들.

119) 大判 87. 5. 12, 86다카819(公 1987, 959).

120) 大判 85. 11. 26, 85다카1348(公 1986, 122).

121) 大判 92. 6. 9, 92다7207(公 1992, 2124); 大判 91. 12. 24, 91다29767(公 1992, 676).

122) 郭潤直, 債各, 835; 朴英植, "自動車事故訴訟에 있어서의 過失相計의 本質"(註 1), 659; 閔亨基, "自動車損害賠償事件에 있어서의 過失相計에 관한 諸問題"(註 1), 380; 洪天龍, "過失相計論"(註 2), 654; 權龍雨, "不法行爲와 過失相計"(註 11), 584.

하는 경우, 그 危險責任·補償責任的 성격에 따라 피해자의 過失에 대한 참작 비중은 일반적인 過失責任의 경우보다 輕減되어져야 할 것이다.[123]

(나) 故意에 의한 不法行爲에서의 過失相計 大判 97.9.5, 97다17452[124]은 피해자의 부주의를 이용하여 고의로 不法行爲를 저지른 자가 바로 그 피해자의 부주의를 이유로 過失相計를 주장할 수는 없다는 전제 하에 은행의 부주의를 이용하여 허위의 선하증권으로 은행으로부터 수출환어음 등의 매입대금을 편취한 행위에 적극가담하여 허위의 선하증권을 발행한 경우에는 적극가담자가 직접 편취의 이익을 분배받지 못하였다고 하더라도 은행의 부주의를 이유로 過失相計를 할 수 없다고 판시하였다.[125]

判例의 취지는 이 경우 過失相計를 인정하면 고의의 범죄행위로 재산상 이익을 얻은 자가 이익의 일부를 최종적으로 보유하는 것이 되어 부당한 결과가 발생하기 때문이고, 고의에 의한 不法行爲의 경우에 일반적으로 過失相計를 부정하는 것은 아니라고 생각된다. 그래서 判例는 서로 싸우다가 부상을 입은 경우,[126] 상대방을 모욕하여 폭행을 유발한 경우[127]처럼 損害의 발생에 가해자의 고의가 존재하는 경우에도 過失相計를 하고 있다.

또한 가해자 본인은 고의에 의한 不法行爲로 인하여 過失相計를 주장할 수 없다고 하더라도 그 가해자의 使用者가 使用者責任을 부담하는 경우, 使用者는 피해자의 過失을 이유로 過失相計를 주장할 수 있다.[128]

(다) 損害賠償額豫定이 있는 경우의 過失相計[129] 民法注解 IX, 624(民 §396에 대한 주해 부분) 참조.

(라) 특정적 구제청구와 過失相計 不法行爲에 대한 구제방법은 金錢賠償이 원칙이나 예외적으로 원상회복을 위한 필요한 조치를 청구할 수 있는 경우가 있다. 이러한 특정적 구제청구의 경우에도 過失相計가 적용되는지

123) 閔亨基, "自動車損害賠償事件에 있어서의 過失相計에 관한 諸問題"(註 1), 380; 吳宗根, "不法行爲法上 過失相計의 適用要件에 관한 硏究"(註 1), 52.
124) 公 1997하, 3011.
125) 同旨: 大判 95.11.14, 95다30352(公 1996상, 21); 大判 87.7.21, 87다카637(公 1987, 1388); 大判 78.7.25, 78다730(民判集 247, 669); 大判 78.1.24, 77다2142(民判集 241, 475); 大判 76.6.22, 75다1687(民判集 222下, 573); 大判 70.4.28, 70다298(集 18-1, 385); 大判 76.5.11, 75다11(公 1976, 9181); 大判 63.2.14, 62다921(카 6760, 6761).
126) 大判 65.8.24, 65다1096(集 13-2, 91).
127) 大判 78.10.10, 78다1390(民判集 250, 270); 大判 78.1.24, 77다2142(民判集 241, 475); 大判 66.11.22, 66다1811(集 14-3, 229).
128) 大判 91.5.28, 90다17972(公 1991, 1741); 大判 89.9.26, 88다카32371(公 1989, 1560).
129) 大判 72.3.31, 72다108(集 20-1, 185): 否定說.

여부가 문제되는데, 民法은 "損害賠償의 責任 및 그 金額을 정함에 이를 참작하여야 한다"라고 규정하여 그 문구상 過失相計가 바로 적용되기는 어려울 것 같으나, 이를 類推適用 또는 準用하는 것이 타당하다는 견해가 있다.[130)]

### 4. 過失相計의 效果

#### (1) 被害者의 過失參酌

民 §763가 準用하고 있는 民 §396는 "法院은 損害賠償責任 및 그 金額을 정함에 이를 참작하여야 한다"라고 규정하고 있다. 따라서 가해자의 不法行爲가 성립하더라도 피해자의 過失이 과다하면 가해자의 免責도 가능하다. 判例도 가해자에게 過失이 있다고 하더라도 피해자의 過失이 대단히 큰 경우 가해자가 全額 免責될 수 있다고 한다.[131)]

또한 위 조문은 "이를 참작하여야 한다"라고 되어 있기 때문에 被害者側에 過失이 있으면 법원은 이를 반드시 참작하여야 하고, 참작 여부를 法院의 재량으로 결정할 수 없다(必要的 參酌).[132)]

이러한 民法의 규정은 依用民法 §722 Ⅱ이 피해자의 過失參酌 여부를 法院의 재량사항으로 하고, 피해자의 過失을 賠償額을 정함에 있어서 참작할 수 있을 뿐 損害賠償責任을 완전히 免責할 수 없도록 규정하고 있는 것과 대비된다.

過失相計가 訴訟法上 抗辯事項인가, 아니면 職權參酌事項인가가 문제된다. 즉 損害賠償義務者가 過失相計에 의한 損害賠償額 감액을 주장한 경우에 한하여 法院이 피해자의 過失을 참작할 수 있는가, 아니면 소송자료에서 被害者側의 過失이 밝혀진 이상 당사자의 주장 없이 法院이 職權으로 이를 참작하여야 하는가 하는 문제이다.

---

130) 註釋債各(4), 356.

131) 大判 70.12.29, 70다2342(集 18-3, 民 429); 그러나 自動車損害賠償保障法이 적용되는 사건에서는 同法 §3 但書가 정하는 免責要件에 해당하지 않는 한 過失相計에 의해서는 운행공용자의 책임을 면제할 수는 없다고 하여야 한다는 반대견해가 있다. 註釋債各(4), 358.

한편 가해자의 過失이 경미한 반면 피해자의 過失이 대단히 중한 경우에는 가해자의 過失과 결과발생 사이의 相當因果關係가 부정되는 경우도 있을 수 있는데, 相當因果關係가 부정되는 경우와 過失相計를 이유로 면책되는 경우의 구분기준이 명확하지는 않은 것 같다. 判例는 이 경우 過失相計를 이유로 면책을 인정하기보다는 相當因果關係를 부정하여 不法行爲의 성립 자체를 부정하는 경향이 있는 것으로 보이는데, 이에 대한 비판도 있다. 洪天龍, "過失相計論"(註 2), 668-9; 朴英植, "自動車事故訴訟에 있어서의 過失相計의 本質"(註 1), 664.

132) 大判 62.5.17, 62다112(集 10-2, 346).

判例는 가해자가 過失相計의 抗辯을 하지 않더라도 訴訟에 나타난 자료에 의하여 그 過失이 인정되면 法院은 職權으로 이를 참작하여야 한다고 하고,[133] 學說도 過失相計의 규정은 公益에 관한 규정이므로 당사자의 주장이 없더라도 法院은 被害者側의 過失을 職權으로 참작하여야 한다고 한다.[134] 그러나 法院이 피해자의 過失을 職權으로 調査하여야 하는 것은 아니다.[135]

또한 被害者側의 過失이 증거상 인정되지 않는 한 법원은 過失相計를 할 수 없으므로 過失相計로서 참작되어야 할 過失을 구성하는 구체적인 사실이 존재한다고 하는 점에 관하여는 가해자가 그 證明責任을 負擔한다.[136]

그러나 下級審判決 중에는 피해자와 가해자 중 일방이 신호를 위반하여 교통사고가 발생하였음이 분명하나 모든 증거에 의해서도 어느 쪽이 신호를 위반하였는지 밝혀지지 아니하였다는 이유로 당시의 양 당사자의 음주 여부, 제한속도초과 정도 등의 위법성을 비교·형량하여 過失比率을 결정한 예도 있다.[137]

日本의 判例는 한때 치료비와 장례비 같은 적극적 損害項目에 대하여 過失相計를 적용하지 않았으나, 過失相計는 消極的 損害뿐만 아니라 積極的 損害에 대하여서도 적용된다는 것이 通說·判例[138]이다. 또한 消極的 損害와 積極的 損害에 대한 過失相計比率은 동일하게 적용되어야 한다.[139] 위자료와 관련하여서는 후술한다.

過失相計로 損害賠償額을 감액하는 방법에는 먼저 쌍방의 過失을 비교하여 비율을 확정한 후(비율을 확정하는 방법에 관하여 相對說과 絶對說이 있으나, 이는 쌍방의 過失에 속하지 않는 제3의 요소를 어떻게 참작하는가에 관한 문제이고, 제3의 요소가 개입되지 않은 경우에는 차이가 없다) 그 비율에 따라 損害賠償額을 감액하는 방법(예컨대 피해자의 과실비율을 50%로 결정하고, 손해액을 1,000만원으로 인정한 후 1,000만원×50%=500만원으로 산정하는 방법)과 비율을 확정하지 않은 채 被害者側의 過失을 참작하여 損害賠償額을 감액하는 방법(예컨대 損害額을 1,000만원으로 인정한 후 피해자의 過失을 참작하면 가해자가 배상할 금액을 500만원

133) 大判 96.10.25, 96다30113(公 1996하, 3434); 大判 95.6.30, 94다23920(公 1995, 2544); 大判 87.11.10, 87다카473(公 1988, 86); 大判 69.12.9, 69다1673(民判集 146, 169); 大判 69.3.4, 68다2383(集 17-1, 275); 大判 67.12.5, 67다2767(集 15-3, 358); 大判 67.4.18, 67다269(集 15-1, 322); 大判 67.3.21, 66다2660(集 15-1 238).

134) 郭潤直, 債各, 837; 朴英植, "自動車事故訴訟에 있어서의 過失相計의 本質"(註 1), 664; 閔亨基, "自動車損害賠償事件에 있어서의 過失相計에 관한 諸問題"(註 1), 402; 洪天龍, "過失相計論"(註 2), 669.

135) 大判 80.2.26, 79다2265(集 28-1, 133; 公 1980, 12849).

136) 註釋債各(4), 357.

137) 창원地判 97.4.18, 96가합7991(下集 1997-1, 79).

138) 大判 76.6.8, 76다322(民判集 222上, 175); 大判 74.4.9, 73다1506(公 488, 7836); 大判 65.9.28, 65다1078(카 1735).

139) 大判 79.12.11, 79다1733, 1734(民判集 264, 292).

으로 정함이 상당하다고 결정하는 방법)이 있는데, 判例는 2가지 방법이 모두 적법하다고 한다.[140] 현재의 재판실무는 전자의 방법을 취하고 있다.

(2) 過失參酌의 基準

民法은 過失相計에서 채권자(피해자)의 過失을 참작하여야 한다고만 규정하고 있을 뿐이고, 그 참작기준에 대하여 아무런 구체적 기준을 정하고 있지 않다. 過失相計는 구체적 사건에서 가해자와 피해자 사이에서 損害를 公平하게 분담하는 조정적 기능을 수행하는데, 천태만상의 不法行爲와 쌍방의 過失競合의 態樣에 대하여 衡平의 原則을 달성할 수 있는 過失參酌의 일반적 기준을 정하는 것이 불가능하기 때문인데, 이러한 점에서 過失參酌의 구체적 기준을 정하는 작업은 구체적 사건해결을 통하여 누적되는 判例와 이를 평가하는 學說에 일임되어 있다고 할 수 있다.

判例도 損害賠償의 범위를 정함에 있어 債權者側의 過失을 어느 정도로 참작할 것인지는 구체적인 사안마다 信義則과 公平의 관념에 따라 債權者側과 債務者側의 故意나 過失의 정도, 책임원인사실인 債務不履行의 내용, 損害의 發生 및 擴大 등에 어느 정도의 원인을 제공하였는지 등 여러 가지 사정을 참작하여 損害가 公平하게 분담되도록 합리적으로 결정하여야 한다고 하고 있다.[141]

過失參酌에 관한 일반적·추상적 기준으로는 쌍방의 故意·過失의 정도, 損害의 發生 내지 擴大에 대한 기여 정도 등이 제시되나, 公平의 원칙을 달성하기 위해서는 이를 기계적인 기준으로 삼을 것이 아니라 탄력성 있게 적용하여야 한다고 한다.[142]

이와 같이 過失參酌의 기준을 정하는 일은 대단히 어려운 일이고, 더욱이 획일적 기준을 정하는 일은 구체적 사안에서의 過失參酌 판단을 法院의 裁量에 맡긴 民法의 취지에도 반하는 것이지만, 定型化 또는 類型化된 사건에 있어서 過失參酌에 관한 일응의 기준을 세우는 작업은 判事의 過失參酌 판단에 대한 편의를 제공하는 한편 判事의 가치관에 따른 편차를 가급적 줄인다는 측면에서 필요한 일이다.[143] 이러한 취지에서 자동차사고와 産災事故와 관련

140) 大判 89.3.14, 88다카127(公 1989, 602); 大判 69.8.26, 69다1110(集 17-3, 72).

141) 大判 91.7.9, 91다14291(公 1991, 2132); 大判 90.1.25, 90다6491(公 1990, 843); 大判 71.6.22, 71다789(民判集 164-360).

142) 我妻, 損害賠償責任の研究(上), 237(洪天龍, "過失相計論", 670에서 재인용).

143) 過失相計의 구체적 기준을 정하는 작업에는 양형에 관한 구체적 기준을 정하는 것과 동일한 의미와 문제점이 있다.

하여 過失相計比率을 정형화하고자 하는 노력이 지속적으로 행해져 오고 있다.[144)]

故意에 의한 不法行爲時 被害者側 過失의 참작 여부, 無過失責任에 있어서의 被害者側 過失의 참작 여부 및 참작 정도에 대하여는 위에서 언급하였다.

下級審의 過失參酌의 정도에 대한 판단, 즉 過失相計比率의 결정이 上告審의 審判對象이 되는지 여부가 문제되는데, 이에 대하여 判例[145)]는 過失相計에 관한 사실인정이나 비율을 정하는 것은 衡平의 원칙에 비추어 현저히 불합리하다고 인정되지 아니하는 한 事實審의 專權事項에 속한다고 하여 制限的으로 肯定하는 견해를 취하고 있다.[146)]

한편 判例는 不法行爲로 인한 損害賠償責任의 범위를 정함에 있어 過失相計事由가 있을 때에는 먼저 그 사실을 인정하고, 이에 터잡아 過失相計의 정도를 정하는 것이 당연한 것이고, 過失相計의 원인사실을 說示한 바 없이 過失相計만 한다면 무엇을 원인으로 하여 過失相計한 것인지, 過失相計를 한 것이 옳은 것인지, 過失相計의 정도가 적정한 것인지 알 수 없어 그와 같은 判決의 說示는 위법하다고 하고 있다.[147)]

### (3) 共同不法行爲 및 使用者責任에서의 過失相計

共同不法行爲의 成立 또는 損害의 확대에 피해자의 過失이 기여하였는데, 그 피해자의 過失이 共同不法行爲 각자에 대한 관계에서 그 過失比率의 평가가 다른 경우가 있을 수 있다. 예컨대 共同不法行爲者 A·B의 過失 정도에 차이가 있어 피해자의 過失이 가해자 A에 대한 관계에서는 30%로, 가해자 B에

144) 李尙遠, "産業災害訴訟에 있어서 過失相計率의 定型化에 관한 試論", 裁判資料 5(1980); 金光錫, "不法行爲로 인한 損害賠償에서의 過失相計 算定基準의 分析과 그 硏究", 裁判資料 5(1980); 李範枉, "自動車事故에 있어서 過失相計의 算定基準", 裁判資料 21(1984); 서울民事地方法院 交通·産災 損害賠償實務硏究會, 交通·産災損害賠償訴訟實務(1994); 洪天龍, "自動車事故損害에 있어서의 過失相計問題", 慶南法學 4(1988); 洪天龍, "自動車事故損害에 있어서의 過失相計問題", 誠軒黃迪仁博士華甲記念論文集 損害賠償法의 諸問題(1990).

145) 大判 98.9.4, 96다11440(公 1998하, 2380); 大判 98.2.27, 97다24382(公 1998상, 867); 大判 97.11.28, 97다38299(公 1998상, 93); 大判 97.11.14, 97다35344(公 1997상3842); 大判 92.11.13, 92다14687(公 1993, 102); 大判 92.9.25, 92다20477(公 1992, 2995).

146) 過失相計比率에 대한 판단이 현저히 불합리하다는 이유로 原審判決을 파기한 사례: 大判 94.4.12, 93다44401(公 1994, 1419); 大判 93.7.13, 92다29719(公 1993, 2237); 大判 92.11.27, 92다32821(公 1993, 260); 大判 91.7.9, 91다14291(公 1991, 2132); 大判 91.4.26, 90다14539(公 1991, 1492); 大判 91.1.25, 90다6491(公 1991, 843); 大判 85.9.24, 85다카898(公 764, 1422); 大判 78.6.27, 77다1684(公 593, 10995); 大判 75.6.10, 75다54(民判集 210, 209); 大判 72.3.31, 71다923(集 20-3, 1).

147) 大判 92.10.27, 92다27164(公 1992, 3284).

대하여는 50%로 평가되는 경우이다. 判例 및 多數說은 共同不法行爲의 成立要件으로 客觀的 行爲共同만을 요구하므로 共同不法行爲者 사이에 意思의 연락 없이도 共同不法行爲가 성립하게 되고, 경우에 따라서는 故意에 의한 가해자와 過失에 의한 가해자 사이에서도 共同不法行爲가 성립할 수 있게 되어 이러한 사례는 흔히 있을 수 있다.

이러한 경우 共同不法行爲者 A · B에 대하여 비율을 달리하여 過失相計를 할 수 있는지 여부가 문제된다.

判例는 共同不法行爲責任은 가해자 각 개인의 행위에 대하여 개별적으로 그로 인한 損害를 구하는 것이 아니라 가해자들이 공동으로 가한 不法行爲에 대하여 그 責任을 추궁하는 것으로, 法院이 피해자의 過失을 들어 過失相計를 함에 있어서는 피해자의 共同不法行爲者 각인에 대한 過失比率이 서로 다르더라도 피해자의 過失을 共同不法行爲者 각인에 대한 過失로 개별적으로 평가할 것이 아니고, 그들 全員에 대한 過失로 전체적으로 평가하여야 한다고 하고,[148] 學說도 견해를 같이하고 있다.[149]

判例는 피해자의 過失을 共同不法行爲者 全員에 대한 관계에서 전체적으로 평가하여야 한다고만 하고 있으나, 그 의미는 過失의 정도가 가장 중한 共同不法行爲者의 過失을 기준으로 피해자의 過失을 평가하여야 한다는 의미라고 생각된다. 따라서 위 예에서 피해자의 過失相計比率은 共同不法行爲者 A · B 전부에 대하여 30%가 된다.

이러한 결론은 共同不法行爲者들이 연대하여 그 損害를 賠償하도록 하고 있는 民 §760 규정의 해석상 당연한 것처럼 보이기는 하나, 共同不法行爲의 成立要件을 완화하여 해석하고 있는 현재의 判例 및 多數說과 결합시켜 보면 과연 이러한 결론이 損害의 公平分擔이라는 관점에서 타당한 결론인지의 여부에 관하여 의문의 여지가 없지 않다.[150]

148) 大判 98. 6. 12, 96다55631(公 1998하, 1858); 大判 97. 4. 11, 97다3118(公 1997상, 1444); 大判 91. 5. 10, 90다14423(公 1991, 1601); 大判 61. 7. 20, 4293민상469(民判集 50, 728).

149) 이주홍, 實務損害賠償責任法, 439; 洪天龍, "自動車事故損害에 있어서의 過失相計問題", 損害賠償法의 제 문제, 248; 閔亨基, "自動車損害賠償事件에 있어서의 過失相計에 관한 제 문제", 재판자료 21, 400.

150) 주류적인 判例에 대한 異趣旨의 判決로는 大判 92. 2. 11, 91다34233(公 1992, 998)이 있다.

위 判決은 건물신축공사장에서 비계해체공사중 고압선에 감전되어 추락하는 사고로 상해를 입은 피해자가 병원 중환자실에서 치료를 받던 중 발작적으로 유리창을 깨고 12미터 아래 땅바닥으로 투신하여 死亡한 사건에서 고압선관리에 주의를 다하지 않은 한 한편 判例 중에는 共同不法行爲者 사이에서 過失比率이 서로 달라 損害賠償責任額의 범위가 달라질 수 있음을 전제로 한 判例들도 있어 의문이다.[151]

被傭者의 損害賠償義務와 使用者의 損害賠償義務는 별개의 것이므로[152] 被傭者와 使用者 사이에서는 共同不法行爲者 사이에서와 달리 過失相計比率이 달라질 수 있다.[153]

---

국전력주식회사와 공사장의 안전설비를 소홀히 한 건설회사의 共同不法行爲를 인정하면서, 피해자의 過失比率을 共同不法行爲者別로 다르게 보아 건설회사에 대한 관계에서는 55%, 한국전력주식회사에 대한 관계에서는 80%로 하여 過失相計한 原審의 조치를 수긍하였다.

이 사건에서 만일 주류적인 判例에 따르게 되면 한국전력주식회사에 대하여서도 55%만을 過失相計하게 되는데, 만일 건설회사가 안전설비를 다하여 한국전력주식회사 단독의 不法行爲가 된다면 80%의 過失相計를 받을 사안에서 건설회사가 안전설비를 다하지 않았다는 우연한 사정 때문에 한국전력주식회사는 55%만을 過失相計받게 되는 결론에 이르게 된다.

共同不法行爲의 成立要件을 엄격히 해석한다면 이러한 不合理를 해결할 수 있다. 예컨대 水源地判 96.4.30, 95가합18836(下集 1996-1, 123)은 5세된 유아가 홀로 하교하던 중 무단으로 버려진 냉장고에서 놀다 질식사한 사안에서, 냉장고를 무단으로 버린 자와 홀로 하교시킨 유아원장의 損害賠償責任을 각각 인정한 후(共同不法行爲를 인정한 것이 아니라, 독일에서 인정되는 竝行不法行爲를 인정) 被害者側의 過失比率은 냉장고를 무단으로 버린 자에 대하여는 60%로, 유아원장에 대하여는 70%로 달리 인정하였다(가해자들의 損害賠償責任이 중복되는 범위 내에서는 不眞正連帶關係가 성립).

151) 大判 95.7.14, 94다19600(公 1995, 2773)은 "共同不法行爲者로서 타인에게 損害를 연대하여 賠償할 책임이 있는 경우 그 不法行爲者들의 損害賠償債務額이 동일한 경우에는 不法行爲者 1인이 그 損害額의 일부를 변제하면 절대적 효력으로 인하여 다른 不法行爲者의 채무도 변제금 전액에 해당하는 부분이 소멸하나, 不法行爲者의 피해자에 대한 過失比率이 달라 賠償할 損害額의 범위가 달라지는 경우에는 누가 그 채무를 변제하였느냐에 따라 소멸되는 債務의 범위가 달라진다. 즉 적은 損害額을 賠償할 의무가 있는 자가 不法行爲의 성립 이후에 損害額의 일부를 변제한 경우에는 많은 損害額을 賠償할 의무 있는 자의 債務가 그 변제금 전액에 해당하는 부분이 소멸하는 것은 물론이나, 많은 損害額을 賠償할 의무가 있는 자가 損害額의 일부를 변제하였다면 그 중 적은 범위의 損害額을 賠償할 의무가 있는 자의 채무는 그 변제금 전액에 해당하는 채무가 소멸하는 것이 아니라 적은 범위의 損害賠償責任만을 負擔하는 쪽의 過失比率에 상응하는 부분만큼만 소멸하는 것으로 보아야 할 것이다"라고 判示하였는데, 이와 同趣旨의 判例로는 大判 95.3.10, 94다5731(公 1995상, 1571); 大判 94.8.9, 94다10931(公 1994하, 2275); 大判 94.2.22, 93다53696判決(公 1994상, 1078) 등이 있다.

위 判決들은 共同不法行爲者 사이에서 過失相計比率이 달라 損害賠償額이 달라질 수 있음을 전제로 하고 있는데, 그 구체적 사안을 보면 피용자의 不法行爲에 대하여 사용자의 損害賠償責任이 인정된 民 §756 관련사안으로서, 民 §760의 共同不法行爲 관련사안이 아니므로, 共同不法行爲者 사이에서 過失相計比率이 달라질 수 없다는 주류적 判例와 모순되지 않는다고 볼 여지도 있으나, 위 判決들의 判示內容에 의하면 共同不法行爲에 관한 일반론으로 說示하고 있으므로 判例抵觸으로 볼 수도 있다.

152) 使用者責任의 성질에 대하여는 代位責任說과 自己責任說이 있는데, 代位責任說에 의하면 被傭者에 대한 過失相計와 使用者에 대한 過失相計는 통일적으로 행해질 것이고, 自己責任說에 의하면 被傭者에 대한 過失相計와 使用者에 대한 過失相計가 반드시 통일적으로 이루어질 필요는 없게 될 것이다. 상세한 내용은 §756에 대한 注解 부분 참조.

153) 大判 94.2.22, 93다53696(公 1994, 1078); 評釋: 金成龍, "많은 損害賠償義務者의 一部辨濟로 인하여 소멸하는 적은 損害賠償義務者의 債務의 範圍", 法曹 45-2(1996.2), 158 이하; 金永泰, "使用者責任과 被傭者 本人의 責任과의 關係", 大法院判例解說 21(1994 상반기), 190 이하; 大判 93.1.15, 92다11732; 大判 87.7.21, 87다카637(公 1987,

(4) 精神的 損害와 過失相計

精神的 損害에 대한 損害賠償(慰藉料)이라고 하여 過失相計가 적용되지 않는 것은 아니다. 다만, 慰藉料를 산정하는 단계에서 被害者側의 過失을 참작하였다면 過失相計를 이유로 다시 감액할 수는 없을 것이다. 이론적으로는 被害者側의 過失을 참작하지 않은 채 慰藉料 금액을 산정한 후 被害者側 過失을 참작하여 過失相計하는 것도 가능할 것이나,[154] 裁判實務는 慰藉料 산정단계에서 被害者側의 過失을 참작한 후 별도로 過失相計하지 않고 있다.

(5) 一部請求와 過失相計

피해자가 損害賠償額 중 일부의 지급만을 구하는 一部請求를 한 경우 過失相計를 請求部分에 대하여 할 것인가, 未請求部分에 대하여 할 것인가, 아니면 請求部分과 未請求部分에 按分하여 할 것인가가 문제된다.

이에 대하여 按分說·外側說·內側說이 있으나,[155] 判例는 일개의 損害賠償請求權 중 일부가 訴訟上 請求되어 있는 경우에 過失相計를 하려면 損害의 全額에서 過失比率에 의한 감액을 하고, 그 잔액이 請求額을 초과하지 않을 경우에는 그 잔액을 인용할 것이고, 잔액이 請求額을 초과할 경우에는 請求의 全額을 인용하는 것으로 해석하여야 할 것이며, 이러한 풀이가 一部請求를 하는 당사자의 통상적 의사라고 할 것이고, 이는 소위 外側說의 이론인 바 이에 따라 原告의 請求를 인용한다고 하여도 이것이 當事者處分權主義에 위배되는 것이라고 할 수는 없다고 判示함으로써 外側說을 채택하였다.[156]

(6) 過失相計와 損益相計의 순서

가해행위로 피해자가 불이익을 받는 동시에 이익을 얻은 경우에 불이익에서 이익분을 공제한 잔액이 賠償하여야 할 損害가 되는데, 이 이익공제의 조작을 損益相計(compensatio lucri cum damno)라고 한다.

過失相計와 損益相計를 함께 하여야 할 경우 過失相計를 먼저 한 후 損益相計를 하는가, 아니면 損益相計를 먼저 한 후 過失相計를 하는가에 따라 損害賠償額이 달라지게 된다.

---

1388); 大判 75.12.23, 75다1193(公 1976, 8892).

154) 註釋債各(4), 355.

155) 상세한 내용은 民法注解(9) 622-4(民 §396에 대한 注解 부분) 참조.

156) 大判 76.6.22, 75다819(集 25-22, 150; 公 1976, 9229); 大判 77.2.8, 76다2113(要集民 I-2, 1404).

大判 84.3.27, 83다323, 83다카1037(集 32-2, 29; 公 1984 694)은 相計의 경우에도 外側說을 취하였다.

이에 대하여는 相計後控除說(過失相計를 먼저 하는 견해)과 控除後相計說(損益相計를 먼저 하는 견해)이 있는데, 전자가 피해자에게 불리하고, 후자가 피해자에게 유리하다. 한편 損害保險金의 경우 가해자의 책임 부분 중 損益相計된 부분에 대하여는 보험회사가 保險者代位로 損害賠償請求權을 취득하게 되는데, 相計後控除說이 보험회사에 유리하고, 控除後相計說이 보험회사에 불리하게 된다(이 경우 가해자의 責任은 동일하다).

判例는 相計後控除說을 취하고 있다.[157]

## 5. 關聯問題

### (1) 被害者의 體質的 素因 또는 旣往症의 參酌

㈎ 問題의 提起　　피해자의 體質的 素因 또는 旣往症이 損害의 發生 또는 擴大에 기여한 경우, 두 측면에서 그 영향을 검토할 수 있다. 한 측면은 因果關係의 측면으로서 가해자의 不法行爲로 인하여 통상 피해자의 피해가 發生하지 않았을 터인데, 피해자의 특이한 體質的 素因이나 旣往症 때문에 그러한 피해가 發生하였다면 加害行爲와 損害 사이에 相當因果關係가 부인되어야 하지 않은가 하는 측면이고, 다른 하나의 측면은 損害의 公平分擔이라는 측면으로서 피해자의 體質的 素因 또는 旣往症이 피해자를 비난할 수 있는 사정은 아니라고 하더라도 被害者側의 사정으로서 損害의 發生 또는 擴大에 기여하였으므로 그 기여부분에 대하여는 가해자의 損害賠償責任을 감액하여야 하는 것이 아닌가 하는 측면이다.

먼저 因果關係의 측면에서 피해자의 體質的 素因 또는 旣往症의 기여분을 참작하는 경우, 가해자의 損害賠償責任을 否認하거나 전부 인정하는 all or nothing의 결과에 이르게 된다.

현재의 通說인 相當因果關係說에 의하면 어떤 損害가 加害行爲에 의하여 통상 發生할 수 있는 관계에 있을 때, 그 加害行爲와 損害 사이에 因果關係가 있다고 하게 된다. 사람의 生命 또는 身體에 대한 損害가 發生한 경우, 즉 死亡 또는 傷害의 결과가 發生한 경우에도 加害行爲와 結果 사이의 相當因果關係는 동일한 측면에서 검토되어야 하므로 社會平均的 普通人의 건강을 기준으

157) 産業災害補償保險法上의 급여에 대한 判例: 大判 96.1.23, 95다24340(公 1996상, 659); 大判 90.2.13, 89다5997(公 1990, 631); 大判 89.4.25, 88다카5041(公 1989, 810); 大判 81.6.9, 80다3277(集 29-2, 104).
損害保險金에 대한 判例: 大判 90.5.8, 89다카29129(公 1990, 1245).
기타: 大判 73.10.23, 73다337(集 29-2, 108).

로 하여 加害行爲의 결과 당해 損害가 通常的으로 發生하는 것인가 아닌가 하는 관점에서 검토되게 된다. 그런데 사람들 중에는 건강한 사람도 있고, 그렇지 못한 사람이 있으며, 특이한 체질을 갖고 있는 사람들도 있다. 또한 건강한 사람도 나이가 들면서 신체가 약해지거나 각종 질병을 갖게 되는 것은 자연적인 이치이다. 따라서 相當因果關係의 판단기준이 되는 平均的 普通人의 건강을 산술·평균적 개념으로 보게 된다면 사람들의 건강상의 편차를 제대로 고려하지 못하여 부당한 결론에 이르게 되므로, 사람들 사이에서 존재하는 건강상의 편차를 통상적인 원인-결과 사이의 경로에 포함시켜 相當因果關係를 판단하여야 한다는 데에는 이론의 여지가 없어 보인다.

따라서 피해자의 특이한 體質的 素因 또는 旣往症이 損害의 發生 또는 擴大에 기여하였다고 하더라도 그 體質的 素因 또는 旣往症과 損害 사이의 相當因果關係가 否認되는 경우는 많지 않고 대개는 損害賠償責任의 減輕의 측면, 즉 후자의 측면에서 문제되게 된다.[158] 전자의 측면은 不法行爲의 成立要件과 관련한 문제이므로, 이 곳에서는 후자의 측면만을 검토하기로 한다.

㈏ 學　說

(a) 參酌否認說　　피해자의 體質的 素因을 원칙적으로 고려하여서는 안 된다는 견해는 體質的 素因이 損害發生에 기여하였더라도 그것은 피해자가 스스로 선택한 것이 아니고 오히려 加害行爲에 의하여 강제된 것이기 때문에 素因이 기여한 損害 부분을 피해자의 책임영역 내에 있다고 할 수 없고, 피해자에게 損害를 負擔시키는 것은 正義와 公平理念에 반한다고 한다.[159] 體質的 素因 또는 旣往症을 비율적으로 참작하는 견해는 立法論으로 받아들일 수 있을지는 몰라도 實定法上 근거를 전혀 결하고 있으므로 解釋論으로서는 받아들일 수 없다는 견해도 있다.[160]

한편 判例의 기여도 減責理論 내지는 部分的 因果關係論은 현행법체계상 타당하지 않다고 하면서 피해자의 素因은 損害額算定時에 고려되면 충분하다

---

158) 因果關係와 관련하여 논의되는 特異體質에는 페니실린쇼크와 같은 약물쇼크의 사례들이 있다.

159) 李輔煥, 自動車事故損害賠償訴訟(1990), 436-7; 浦川道太郎, "損害に對する被害者の寄與分の斟酌", 南松 韓奉熙博士華甲紀念論文集 現代民法의 課題와 展望(1994), 765; 窪田充見, "損害賠償法における原因競合の問題", 人身賠償·補償研究 1(1991), 184; 加藤新太郎, "因果關係の割合的認定", 判タ 633, 56.

160) 梁三承, "醫療過誤로 인한 民事責任의 發生要件", 厚巖 郭潤直教授華甲紀念論文集 民法學論叢(1)(1985), 762.

는 견해도 있다.[161]

(b) 部分的(比率的) 因果關係說　部分的 因果關係說은 事實的 因果關係를 사고의 기여도에 따라서 比率的으로 인정한다는 것이다.[162] 종래 전통적인 因果關係論에서는 事實的 因果關係를 전부 아니면 전무(all or nothing)라는 양자택일적으로 판단하였지만, 部分的 因果關係論에서는 결과에 대한 기여도에 따라 比率的으로 판단하는 것이다.

條件的 因果關係說이든, 相當因果關係說이든, 規範的 因果關係說이든 因果關係를 all or nothing의 문제로 보는 전통적 견해에 반대하는 部分的 因果關係說은 아직 소수설에 머물러 있지만, 損害發生에 기여한 旣往症과 自然力參酌의 문제 및 共同不法行爲의 문제에 관하여 새롭고 명확한 설명을 가능케 하는 이점을 갖고 있다.

判例는 部分的 因果關係說을 받아들이고 있지는 않으나, 旣往症과 自然力이 損害發生에 기여한 경우, 그 기여도를 참작하여 가해자의 責任을 比率的으로 인정함으로써 部分的 因果關係說과 그 결과를 같이하고 있다.

(c) 過失相計類推適用說　過失相計類推適用說은 過失相計의 규정을 類推適用하여 피해자의 素因 또는 旣往症이 損害發生 및 擴大에 기여한 비율만큼 損害賠償額을 감액하여야 한다는 견해이다.[163]

(다) 日本의 判例　日本大判 大正 2(1913). 12. 8은 事實的 因果關係論의 입장에서 參酌否認說의 입장을 취하였으나, 그 후 相當因果關係說을 취하면서 피해자의 素因은 相當因果關係의 判斷問題로 되었다.[164] 素因의 문제를 相當因果關係로 접근하는 것이 賠償에 있어서 양자택일적인 결과를 가져와 그 타당성에 의문을 품기 시작하면서 素因을 賠償額에 비율적으로 반영시키고자 하는 방안이 下級審判例를 통하여 나타나기 시작하였는데, ① 素因을 事實的 因果關係上의 기여도로 참작하여 이를 賠償額 산정에 직결시키는 수단으로 이용하는 방법(因果關係의 비율적 인정), ② 素因 부분을 損害賠償額 산정의 측면에서 참작하여 賠償額을 감하는 방법(기여도 감액), ③ 過失相計規定을 類推適用하는 방법으로 賠

161) 鄭泰綸, "旣往症, 病的 素因의 기여도문제", 判例月報 241(1990. 10), 29.

162) 鄭泰綸, "部分的 因果關係論에 관한 一考察 ― 共同不法行爲의 制度的 趣旨와 관련하여", 厚巖郭潤直先生古稀紀念論文集 民法學論叢 第二(1995), 478-9; 野村好弘, 原因競合の場合における因果關係の割合的判斷, 交通民集 16(索引·解說號), 331.

163) 鷲岡康雄, 不法行爲損害賠償民法, 新實務民事訴訟講座 4(1988), 317; 四宮和夫, 不法行爲(事務管理, 不當利得, 不法行爲 中 下卷)(1990), 458.

164) 浦川道太郎, "損害に對する被害者の寄與分の斟酌",　南松 韓奉熙教授華甲紀念論文集 現代民法의 課題와 展望(1994), 761-2.

償額을 비율적으로 감액하는 방법 등이 있었는바, 日本最判 昭和 63(1988). 4. 21[165]은 鞭打症事案에서 "신체에 대한 加害行爲와 發生한 損害와의 사이에 相當因果關係가 있는 경우에 있어서, 그 損害가 그 加害行爲만에 의하여 통상 發生할 정도·범위를 초과하거나 그 損害의 擴大에 관하여 피해자의 心因的 요소가 기여하고 있는 때에는 損害를 공평하게 分擔시킨다는 損害賠償法의 이념에 비추어 볼 때, 法院은 損害賠償額을 정함에 있어서 過失相計 規定을 類推適用하여 그 損害의 擴大에 기여한 피해자의 위 사정을 참작할 수 있다고 해석함이 상당하다"라고 判示함으로써 過失相計類推適用說의 견해를 채택하였다.

그러나 위 最高裁判所判決 이후에도 參酌否認說의 입장을 취한 下級審判決이 선고되기도 하였다.[166]

(라) 判　例

(a) 體質的 素因 또는 旣往症의 類型　　피해자의 體質的 素因 또는 旣往症이 損害發生 또는 擴大에 기여한 사례에는 다음과 같은 2가지 類型이 있을 수 있는데, 判例는 이를 구분하여 달리 취급하고 있다.

(i) 類型 1　　피해자의 특이한 體質的 素因 또는 旣往症이 결과발생에 직접 기여한 경우이다. 이 유형에는 피해자에게 특이한 體質的 素因 또는 旣往症이 있었다고 하더라도 그로 인하여 별다른 생활상의 불편이나 신체장애가 없었으나 그 특이한 體質的 素因 또는 旣往症으로 인하여 傷害 또는 死亡의 결과가 쉽게 發生하거나 중해진 경우, 피해자에게 旣往症으로 인한 身體障害가 있었으나 그 旣往症이 기여하여 새로운 身體障害가 發生하거나 피해자가 死亡한 경우이다. 위에서 본 學說들이 논의의 대상으로 하고 전형적인 경우들이다.

165) 民集 42-4, 243.

166) 東京地判 平成 1(1989). 9. 7(判例時報 1342호, 83); 위 判決은 교통사고로 인하여 경부염좌의 상해를 입은 피해자가 정신적 타격을 받기 쉬운 유형의 인간이었기 때문에 치료가 지연된 사안에서, 가해자는 피해자의 있는 그대로를 받아들여야 하는 것이 不法行爲法의 기본원칙이라고 하여 기여도에 따른 비율적 인정을 하여야 한다는 피고의 주장을 배척하면서, 예외적으로 피해자의 素因을 고려할 수 있는 경우로서, 不法行爲의 피해자에게 소위 賠償神經症이 있기 때문에 그 賠償請求를 인정하지 않는 것이 오히려 피해자를 구제하는 것으로 되는 경우 또는 損害의 擴大가 피해자의 정신적·심리적 상태에 기인하기 때문에 그 전부를 피해자에게 負擔시키는 것이 公平의 관념에 비추어 현저히 부당하게 인정되는 경우로 한정하였다.

浦川道太郎, "損害に對する被害者の寄與分の斟酌"(註 164), 764은 위 判決을 日本 下級審判決의 새로운 경향으로 보고 있다.

(ii) 類型2 既往症이 사고로 인한 傷害 또는 그 傷害로 인한 身體障害에 직접 기여하지는 않았으나 既往症 때문에 障害로 인한 所得喪失의 損害가 가중되는 경우이다. 예컨대 재판실무상 많이 사용되는 맥브라이드 장해평가표에 의하면, 한 쪽 귀의 청력상실은 약 20%의 勞動能力喪失로 평가되지만 양 쪽 귀의 청력상실은 100%의 勞動能力喪失로 평가된다. 따라서 가해자의 加害行爲로 被害者가 한 쪽 귀의 청력을 상실한 경우 그 피해자가 통상의 건강한 사람이었다면, 약 20% 정도의 勞動能力을 상실하는 손해를 입는데 불과하였을 터인데 被害者가 既往症으로 다른 쪽 귀의 청력을 상실한 상태였다면 피해자는 사고로 인하여 100%의 勞動能力을 상실하는 損害를 입게 된다.

(b) 類型 1의 경우 體質的 素因 또는 既往症의 參酌 피해자의 體質的 素因 또는 既往症이라는 요소가 傷害 또는 死亡이라는 결과에 직접 기여한 경우이므로, 그 요소는 所得喪失이라는 消極的 損害뿐만 아니라 치료비·장례비 등과 같은 積極的 損害에까지 관련되어 있다. 따라서 이 경우 身體障害로 인한 逸失收入을 산정하기 위한 勞動能力喪失率 평가단계에서 기여도를 참작하게 되면 消極的 損害에 대하여만 기여도가 참작되게 되므로, 피해자의 體質的 素因 또는 既往症이 기여한 결과 發生한 損害 전체를 산정한 후 그 전체 損害에 대하여 기여도를 참작하여야 한다.[167]

이 경우 判例는 損害發生에 기여한 피해자의 體質的 素因과 既往症을 참작하여 比率的으로 損害賠償額을 결정하고 있다. 그 이론적 근거에 대하여는 衡平의 원칙만을 들고 있기도 하고, 過失相計의 法理를 類推適用하기도 하고 있다. 또한 피해자의 體質的 素因과 既往症의 기여도를 정함에 있어서는 반드시 의학적으로 정확히 판정하여야 하는 것이 아니고, 변론에 나타난 既往症의 원인과 정도, 既往症과 후유증과의 상관관계, 피해자의 연령과 직업, 건강상태 등 제반 사정을 고려하여 합리적으로 판단할 수 있다고 한다.

損害의 발생 및 확대에 기여한 被害者의 體質的 素因과 既往症을 참작하

167) 주류적 判例는 유형 1의 경우에는 전체손해를 산정한 후 기여도를 참작하여 손해배상액을 비율적으로 감액하고(이 경우 소극적 손해뿐만 아니라 적극적 손해에 대하여서도 기여도가 참작된다), 유형 2의 경우에는 勞動能力喪失率의 평가단계에서 기여도를 참작하는(이 경우 소극적 손해에서만 기여도가 참작되고, 적극적 손해에 대해서는 기여도가 참작되지 않는다) 것으로 하고 있다.

다만, 大判 92.5.22, 91다39320(公 1992, 1965)은 유형 1에 속하는 사안에서 既往症의 기여도를 勞動能力喪失率 평가단계에서 참작한 원심을 유지하였는데, 그 이유는 위 사건에서 원고만이 상고하였을 뿐 피고가 상고하지 않았기 때문인 것으로 보이므로 異趣旨의 判決로 볼 것은 아니다.

여 損害賠償額을 비율적으로 인정하는 것이 公平의 理念에 비추어 타당하다는 원칙에 동의한다고 하더라도 과연 어느 정도의 體質的 素因과 旣往症까지를 참작하고, 그 참작비율을 어떻게 결정할 것인가 하는 것은 여전히 문제로 남는다. 사소하고 통상적인 것까지 피해자의 體質的 素因이나 旣往症으로 보고 損害賠償額을 감액한다면, 오히려 衡平의 理念에 반한다고 볼 수 있다. 현재 判例가 피해자의 素因과 旣往症으로 보고 있는 범위는 대단히 넓은데, 구체적 사례를 살펴보면 다음과 같다.

(i) 경추 및 요추부의 旣往症[168] 大判 98. 5. 15, 96다24668[169]은 경추 및 흉요추부 척추강협착증의 旣往症이 있던 피해자가 교통사고의 충격으로 기왕의 척추강협착증이 악화되어 척수를 압박하는 증상이 나타나 경부통 및 요통, 양측 하지의 방사통, 보행장해 등의 후유장해를 입게 된 사안에서, 교통사고로 인한 피해자의 후유증이 사고와 피해자의 旣往症이 경합하여 나타난 것이라면 사고가 후유증이라는 결과 發生에 대하여 기여하였다고 인정되는 정도에 따라 상응한 賠償額을 負擔케 하는 것이 損害의 公平한 負擔이라는 견지에서 타당하고, 法院이 旣往症의 후유증 전체에 대한 기여도를 정함에 있어서는 반드시 의학적으로 정확히 판정하여야 하는 것이 아니고, 辯論에 나타난 旣往症의 원인과 정도, 旣往症과 후유증과의 상관관계, 被害者의 연령과 직업, 건강상태 등 제반 사정을 고려하여 합리적으로 판단할 수 있다고 判示하였다.

大判 94. 11. 25, 94다1517[170]은 요추부추간판팽륜, 후배관절의 퇴행성변화 등의 旣往症을 가지고 있던 被害者가 교통사고로 다발성요추부추간판탈출증·경추부염좌·슬내장증·좌측후방 십자인대파열·요배부염좌 등의 상해를 입은 사안에서, 交通事故被害者의 旣往症이 그 사고와 경합하여 악화됨으로써 被害者에게 특정상해의 발현 또는 치료기간의 장기화, 나아가 치료종결 후 후유장해 정도의 확대라는 결과발생에 기여한 경우에는 旣往症이 그 특정상해를 포함한 상해 전체의 결과발생에 대하여 기여하였다고 인정되는 정도에 따라 被害者의 全損害 중 그에 상응한 賠償額을 부담케 하는 것이 損害의 公平한 負擔이라는 견지에서 타당하다고 判示하였다.

168) 문제된 사례가 가장 많다. 아래에서 언급한 사례 이외에도 大判 87. 4. 14, 86다카112 (公 1987, 785)이 있다.
169) 公 1998상, 1617.
170) 公 1995, 82.

大判 93.4.9, 93다180[171]은 흉추압박골절의 旣往症이 있던 被害者가 교통사고로 그 부분이 다시 골절되어 상태가 악화되고 현저히 발현하게 된 사안에서, 교통사고로 인한 被害者의 후유증이 사고와 被害者의 旣往症이 경합하여 나타난 것이라면 사고가 후유증이라는 결과발생에 대하여 기여하였다고 인정되는 정도에 따라 상응한 賠償額을 負擔케 하는 것이 損害의 公平한 負擔이라는 견지에서 타당하고, 法院은 기여도를 정함에 있어서 旣往症의 원인과 정도, 旣往症과 후유증과의 상관관계, 被害者의 연령과 직업, 건강상태 등 제반 사정을 고려하여 합리적으로 판단하여야 할 것이라고 判示하면서 旣往症의 기여도를 전체의 50%로 평가하였다.

(ii) 心因的 要因 및 旣往症 大判 91.8.27, 91다2977[172]은 신체에 대한 加害行爲로 인한 損害의 擴大에 被害者 자신의 心因的 要因이 기여하였음이 인정되는 때에는 損害의 公平負擔을 위하여 法院은 그 損害賠償額을 정함에 있어 民法 제763조·제396조의 過失相計規定을 類推適用하여 그 損害擴大에 기여한 被害者의 위와 같은 사정을 참작할 수 있다고 判示하였다.

大判 88.4.27, 87다카74[173]은 불안신경증 내지 심인성신경쇠약증의 旣往症을 갖고 있던 피해자가 교통사고로 외상을 입고 그것을 직접적인 원인으로 하여 외상후신경증이 생겨 勞動能力 51%를 잃은 사안에서, 原審은 교통사고로 인한 勞動能力喪失率 51%에서 旣往症으로 인한 勞動能力喪失率 5%를 차감하여 勞動能力喪失率을 46%로 평가하였을 뿐 積極的 損害에 관하여는 旣往症을 참작하지 않았다. 그러나 大法院은 교통사고로 인한 被害者의 후유증이 그 사고를 유일한 원인으로 하여 생긴 것이 아니고 사고와 被害者의 旣往症이 경합하여 후유증이 나타난 것이라면, 그 사고가 후유증이라는 결과발생에 대하여 기여하였다고 인정되는 정도에 따라 그에 상응한 賠償額을 負擔시키는 것이 損害의 公平한 負擔이라는 견지에서 타당하다고 전제하고, 原審이 旣往症의 기여도를 과소하게 인정하였을 뿐 아니라 이를 消極的 損害의 산정에 있어서만 참작하고 더구나 후유증에 관계된 原告의 請求損害인 개호비나 치료비 청구에 대하여는 이것마저도 전혀 參酌相計함이 없이 인정된 금액 전부의 배상을 被告에게 명하고 있는 것은 위법하다는 이유로 原審判決을 파기환송하였

171) 公 1993, 1368.
172) 公 1991, 2417.
173) 公 1988, 900.

다(다만, 성형수술비는 후유증과 관계 없는 손해이므로 이 점에 관한 原審의 판단은 정당하다고 함).

서울地法南部支判 92. 6. 19, 91가합17055[174]은 중학교 2학년 학생이 파출소에서 형사피의자로 조사를 받으면서 학교와 가정에 심려를 준다는 정신적인 부담감과 억압적인 분위기에서 경찰관으로부터 다소 폭행까지 받아 심리적 충격을 받고 대인공포반응 등을 보이는 급성정신증세를 가지게 된 경우, 위 被害者에게 같은 반 학생과 싸움을 하고 그 폭행사건의 조사과정에서 허위진술을 한 過失과 원래 내성적이고 심약한 기질적 요인이 있어서 위 증세를 쉽게 일으킨 점을 참작하여 그 過失比率을 50%로 보고 損害賠償額을 감액하였다.

(iii) 고도근시  大判 91. 5. 28, 90다17972[175]은 교사의 체벌로 학생이 失明한 사안에서, 눈의 망막박리증세의 발생원인이 외부적 충격으로 인한 경우는 16 내지 18%에 불과하고 그 50 내지 60%가 근시라는 體質的 素因으로 발생하는데, 피해자의 시력이 0.2 내지 0.6으로 사고 이전에 고도의 근시라는 體質的 素因을 가지고 있었다면 피해자의 위와 같은 고도근시라는 體質的 素因이 사고로 인한 失明의 원인이 된 망막박리증세의 한 요인 내지는 악화요인이 되었다 할 것이므로, 이러한 경우에는 損害의 公平한 負擔이라는 견지에서 加害者側의 損害賠償額을 정함에 있어 體質的 素因의 기여도를 참작·감액하여야 한다고 判示하였다.

(iv) 말판증후군(marfan's syndrome)  大判 92. 4. 28, 91다31517[176]은 말판증후군(marfan's syndrome)의 旣往症이 있던 피해자가 교통사고로 우대퇴골분쇄골절상 등의 상해를 입고, 우측 하지의 8cm 단축과 우측슬관절의 운동장애가 남게 되었는데 말판증후군의 旣往症이 후유장해의 發生에 기여한 사안에서, 原審은 勞動能力喪失率 평가단계에서만 旣往症의 기여도를 참작하였다. 그러나 大法院은 不法行爲로 인한 損害賠償請求事件에 있어서 被害者의 후유장해가 사고로 인한 부상을 유일한 원인으로 하는 것이 아니고 피해자의 旣往症과 사고로 인한 부상이 함께 경합하여 초래된 것이라면, 그 후유장해로 인한 全損害를 당해 사고로 인한 부상에만 기인한 것으로 단정함은 不法行爲責任에 있어서의 損害의 公平한 부담이라는 견지에서 부당한 것이라 할 것이므로, 이와 같은 경우에는 被害者의 全損害 중 旣往症이 기여한 정도에 상응

174) 下集 1992-2, 74.
175) 公 1991, 1741.
176) 公 1992, 1702.

한 損害額을 감한 나머지 損害額만을 加害者에게 負擔시키는 것이 타당하다는 이유로 原審을 파기환송하였다.

(v) 1차 사고로 인한 후유증과 고혈압이 2차 사고로 인한 死亡에 기여한 경우 　大判 96.9.10, 94다59677[177]은 1차 사고로 불구자가 되어 51%의 잔존능력이 남아 있던 被害者가 2차 사고로 머리를 다쳐 식물인간이 되었다가 결국 死亡하였는데 식물인간의 원인이 된 소뇌실질내 혈종에는 지병인 고혈압도 기여한 사안에서, 원심은 고혈압의 기여도를 무시하고 逸失收益 산정에서 1차 사고에 의한 勞動能力喪失 부분을 감하는 방법으로 損害賠償額을 산정하였으나, 大法院은 被害者의 旣往症이 사고와 경합하여 악화됨으로써 被害者에게 특정상해의 발현 또는 치료기간의 장기화, 나아가 치료종결 후의 후유장애의 擴大 또는 死亡이라는 結果發生에 기여한 경우에는 旣往症이 그 특정상해를 포함한 상해 전체 또는 死亡의 結果發生에 대하여 기여하였다고 인정되는 정도에 따라 被害者의 全損害 중 그에 상응한 부분은 被害者가 負擔하는 것이 損害의 公平負擔이라는 견지에서 타당하고, 지병인 고혈압 및 1차 사고의 후유장애를 포함한 旣往症이 2차 사고로 인한 상해 전체 및 死亡原因에 기여한 정도의 심리를 다하지 아니하였다는 이유로 原審判決을 파기환송하였다.

(vi) 早産한 低體重雙胎兒의 경우 　大判 95.4.14, 94다29218[178]은 의사가 조산아·쌍태아·저체중아로 출생한 신생아의 생존가능성이 전혀 없는 것으로 속단하고 그를 살리기 위하여 산부인과에서 할 수 있는 응급조치 내지 소생술을 시행하거나 미숙아를 위한 인력과 시설을 갖추고 있는 소아과로의 전과를 시행하지 아니하여 그 신생아가 死亡한 사안에서, 신생아가 정상인으로서의 勞動能力을 보유하여 평균여명까지 살 것을 전제로 逸失收入損害額을 계산한 다음, 그 신생아의 열악한 신체적 素因이 그의 死亡에 기여한 정도를 다른 過失相計事由와 함께 참작하여 損害賠償額을 그 손해액의 30% 정도로 정한 原審判斷은 그 신생아에게 발현될지도 모를 신체적 장애로 인한 여명단축과 稼動能力의 감퇴도 아울러 고려한 것으로서 적절하다고 判示하였다.

(vii) 被害者의 姙娠(醫療過失事件) 　大判 98.9.4, 96다11440[179]

177) 公 1996하, 2992.
178) 公 1995상, 1847.
179) 公 1998하, 2380.

은 의사의 문진에 대하여 임신중이라는 사실을 고지하지 아니한 환자에게 답변상의 過失이 있고, 또한 임신중이라는 身體的 素因이 질병의 發生에 기여하였다고 보아서 過失相計의 法理를 類推·適用하여 被告의 損害賠償責任을 80%로 제한한 原審을 유지하였다.

(viii) 身體抵抗力 低下(醫療過失事件)[180] 大判 98.7.24, 98다12270[181]은 加害行爲와 被害者側의 요인이 경합하여 損害가 발생하거나 확대된 경우에는 그 被害者側의 요인이 體質的인 素因 또는 질병의 위험도와 같이 被害者側의 歸責事由와 무관한 것이라고 할지라도 당해 질환의 태양·정도 등에 비추어 加害者에게 損害의 全部를 賠償시키는 것이 公平의 이념에 반하는 경우에는 法院은 그 損害賠償額을 정함에 있어서 過失相計의 法理를 類推適用하여 그 損害의 發生 또는 擴大에 기여한 被害者側의 요인을 참작할 수 있다고 判示하면서, 死亡原因이 된 녹농균에 의한 패혈증의 치사율과 신체저항력이 낮았던 환자의 身體的 素因을 참작하여 被告의 損害賠償責任을 40%로 제한한 原審을 유지하였다.

(c) 類型 2의 경우 類型 2의 경우에도 旣往症 때문에 損害가 가중되었다고 볼 수 있으나, 사고로 인한 傷害 또는 死亡에 旣往症이 직접 기여한 것은 아니다. 또한 이 경우 旣往症은 逸失收入損害와 같은 消極的 損害의 擴大에는 기여하였으나 치료비와 같은 積極的 損害의 發生 또는 擴大에는 기여한 바가 없다. 따라서 類型 2의 경우 旣往症을 참작한다고 하더라도 逸失收入損害의 산정에서만 참작되어야 하고, 치료비 등 積極的 損害의 산정에서 참작되어서는 안 된다.

이러한 이유에서 判例는 類型 2의 경우 勞動能力喪失率의 평가단계에서 旣往症의 기여도를 참작하고 있다. 사람의 신체 및 생명침해로 인한 不法行爲의 경우 逸失收入을 산정하는 방법에는 差額說과 評價說의 방법이 있는데, 현

180) 위에서 지적한 바와 같이 判例는 광범위한 범위에서 피해자의 體質的 素因과 旣往症을 참작하고 있다. 이는 判例가 그런 광범위한 참작이 공평의 원칙에 비추어 타당하다고 보고 있기 때문일 것이다. 그러나 의료과실사건에서 본다면 병원에 치료를 받으러 온 환자들의 건강이 온전치 못한 것은 너무나도 당연한 일이므로, 통상인과 비교하여 건강이 열악한 상태를 피해자의 體質的 素因 또는 旣往症으로 보고 손해배상액을 감액한다면 오히려 공평의 원칙에 반하는 것이 아닌가 하는 의문을 갖게 된다. 오히려 수술을 시술하는 의사측에서 피해자의 건강상태를 감안하여 수술 여부를 결정하거나, 적절한 조치 후 수술을 하여야 할 적극적인 의무를 갖는 것으로 보아야 할 것으로 생각된다. 이러한 점에서 환자의 신체지항력저하에 대한 책임을 피해자측에 전가한 이 判決의 타당성은 의문이다.

181) 公 1998하, 2216.

재 재판실무에서 주로 취하고 있는 評價說方法의 경우 勞動能力喪失率은 단순한 의학적 신체기능장애율이 아니라 被害者의 所得喪失率을 의미하는 것이므로[182] 勞動能力喪失率의 평가단계에서 法院은 旣往症의 기여도를 참작하게 된다.

그러나 判例는 이 경우 旣往症의 참작방법과 정도의 결정을 기계적인 방법에 의하도록 하고 있는데, 이는 判例가 類型 2에 속하는 旣往症의 문제를 사고와 相當因果關係 있는 손해를 판단하는 사실적 문제로 보고 旣往症을 참작하여 損害賠償額을 比率的으로 감액하는 문제로 보고 있지 않기 때문인 것으로 보인다.

(i) 大判 95.7.14, 95다16738[183]은 오른쪽 귀에 만성중이염으로 인한 감음신경성 난청이라는 기왕의 장해가 있는 피해자가 사고로 인하여 전혀 관련이 없는 왼쪽 귀에 외상에 의한 감음신경성 난청의 장해를 입은 경우, 피해자가 사고로 인하여 상실한 가동능력은 기왕에 존재하고 있던 장해와 사고로 인한 장해를 합쳐 현재의 노동능력상실의 정도를 알아내고 여기에서 기왕의 장해로 인한 勞動能力喪失의 정도를 감하는 방법으로 산정함이 타당하다고 판시하였다.

(ii) 大判 94.8.12, 94다20211[184]은 좌측 하지의 근육위축과 고관절장해라는 旣往症으로 노동능력을 일부 상실한 상태에서 다시 노동능력을 감손당한 경우, 후행 노동능력상실률을 산출하려면 기왕의 장해와 후행 장해를 합쳐 현재의 노동능력상실률을 알아내고, 여기에서 기왕의 장해로 인한 노동능력상실 정도를 감하는 등 기왕의 장해로 인한 노동능력상실 정도를 참작하여야 한다고 판시하였다.

(iii) 大判 90.12.26, 88다카33473[185]은 당초의 산재사고에 의한 노

182) 大判 92.5.22, 91다39320(公 1992, 1965)은 勞動能力喪失率을 적용하는 방법에 의하여 逸失利益을 산정할 경우, 그 勞動能力喪失率은 단순한 의학적 신체기능장애율이 아니라 피해자의 연령, 교육정도, 종전 직업의 성질과 직업경력, 기능숙련정도, 신체기능장애 정도 및 유사직종이나 타직종의 전업가능성과 그 확률 기타 사회적·경제적 조건을 모두 참작하여 經驗則에 따라 정한 수익상실률로서 합리적이고 객관성이 있는 것이어야 하고, 勞動能力喪失率을 정하기 위한 보조자료의 하나인 의학적 신체기능장애율에 대한 감정인의 감정결과는 사실인정에 관하여 특별한 지식과 경험을 요하는 경우에 법관이 그 특별한 지식·경험을 이용하는 데 불과한 것이며, 궁극적으로는 앞서 열거한 被害者의 제 조건과 經驗則에 비추어 規範的으로 결정될 수밖에 없다고 判示하였다.

183) 公 1995, 2804.

184) 公 1994, 2301.

185) 公 1991, 604.

동능력 70% 상실로 취업불능의 판정을 받은 원고가 장해급여일시금까지 받은 후 다시 교통사고로 상해를 입었다면 당초의 사고와 교통사고로 인한 상해부위가 서로 다르고 원고가 그 사이에 자동차운전사로 일시 고용된 일이 있었다 하더라도 원래의 사고로 인한 勞動能力喪失의 정도를 다시 측정한 결과 노동능력이 회복된 사실이 확인되었다는 등 다른 특별한 사정이 없는 한 위 勞動能力喪失 판정일부터 불과 약 11개월 후인 교통사고일 무렵에 이미 상실된 것으로 인정된 노동능력 70%의 전부가 회복된 것으로 추정할 수는 없다 할 것이므로, 원고가 勞動能力喪失이 전혀 없었던 원래의 완전한 노동능력 가운데 교통사고의 장해로 인한 勞動能力喪失의 비율을 산출하기 위해서는 기왕에 존재하고 있던 장해와 교통사고로 인한 장해를 합쳐 현재의 勞動能力喪失의 정도를 알아내고, 여기에서 기왕의 장해로 인한 勞動能力喪失의 정도를 감하는 등 기왕의 장해로 인한 勞動能力喪失의 정도를 참작하여야 한다고 판시하였다.

(iv) 大判 96. 8. 23, 94다20730[186)]은 우안무안구증 및 좌안시력 0.2 라는 旣往症을 가진 피해자가 교통사고로 인하여 좌안에 추가적인 장해 및 다른 부분의 장해를 입은 경우에는 기왕에 존재하고 있던 장해와 이 사건 사고로 인한 장해를 합쳐 현재의 勞動能力喪失의 정도를 알아내고, 여기에서 기왕의 장해로 인한 勞動能力喪失의 정도를 감하는 방법으로 산정함이 타당하다고 判示하였다.

(v) 大判 83. 4. 12, 82다카1702[187)]은 이미 좌안이 失明되어 있던 원고가 이 사건 사고로 인한 부상으로 오른 쪽 눈마저 失明됨으로써 결국 양안 실명자가 되어 냉동기능사나 일반노동자로써 부적격자가 되었다고 하여도 이와 같은 勞動能力喪失의 결과는 좌안이 피고에게 귀책할 수 없는 사유로 이미 失明되어 있었기 때문이고, 만일 좌안이 失明되어 있지 않았었다면 이 사건 사고로 우안이 실명되었다고 하여도 양안실명의 경우와 같은 勞動能力喪失의 결과가 초래되지 않았을 것이므로 피고에게 귀책할 수 없는 좌안 失明이 가져온 勞動能力喪失 정도를 참작함이 없이 피고에게 책임이 있는 우안 失明으로 인한 勞動能力喪失 정도를 가려내어 이에 상당한 逸失利益을 산정하여야 한다고 판시하였다.

---

186) 公 1996하, 2795.

187) 公 1983, 813; 評釋: 梁三承, "損害賠償과 特別事情", 民判硏 7, 54; 이태재, "좌안실명자의 우안실명으로 인한 損害賠償額의 算定", 新聞 1509, 12.

(2) 損害發生 또는 擴大에 관련된 自然力의 참작

(가) 問題의 提起　　가해자의 가해행위에 自然力이 경합하여 損害가 발생하거나 확대된 경우에 損害賠償의 범위를 정함에 있어서 自然力의 기여도를 참작할 것인가 하는 문제는 被害者의 體質的 素因 또는 旣往症의 문제와 유사한 측면이 있다. 그러나 體質的 素因 또는 旣往症이 被害者를 비난할 수 있는 歸責要素가 될 수는 없다고 하더라도 被害者側에 존재하는 요소임에 반하여, 自然力은 被害者側의 歸責要素가 될 수 없을 뿐만 아니라 被害者側에 존재하지도 않는 요소라는 점에서 自然力의 문제는 旣往症의 문제와 구별된다.

(나) 學　說　　이에 대한 學說들도 피해자의 體質的 素因 또는 旣往症의 참작에 관한 學說들과 동일하다.

(다) 判　例　　이에 대한 判例는 많지 않으나, 피해자의 體質的 素因 또는 旣往症의 참작에 관한 判例들과 동일한 취지인 것으로 보인다. 다만, 自然力을 참작하는 이론적 근거에 대하여 공평의 원칙만을 들고 있을 뿐 過失相計法理의 유추적용이라는 표현은 사용하고 있지 않다.

관심을 끄는 判決은 大判 95. 2. 28, 94다31334인데, 이 判決이 自然力의 참작 여부를 엄격히 하겠다는 방향전환적인 判決인지 여부는 명확치 않다.

(a) 大判 93. 2. 23, 92다52122[188]은 被害者가 입은 損害가 自然力인 태풍(해일)에 의한 침수와 加害者側의 過失行爲가 경합되어 發生된 경우 加害者의 賠償範圍는 損害의 公平한 負擔이라는 견지에서 損害發生에 대하여 自然力이 기여하였다고 인정되는 부분을 공제한 나머지 부분으로 제한하여야 할 것이라고 전제하고, 태풍 셀마호로 말미암아 被害者의 공장으로 바닷물이 유입되면서 加害者側의 아이빔과 석괴가 공장에 유입됨으로써 공장 내의 각종 기계설비 등을 충격파괴한 데 대하여 가해자의 賠償範圍를 自然力의 기여분을 공제한 50%로 본 原審判決을 수긍하였다.

(b) 大判 91. 7. 23, 89다카1275[189]은 농장의 관상수들이 枯死하게 된 직접원인은 寒波로 인한 凍害이지만 인근공장에서 배출된 아황산가스의 일부가 대기를 통하여 위 농장에 도달됨으로 인하여 유황이 잎 내에 축적되어 수목의 성장에 장해가 됨으로써 凍害에 상조작용을 한 경우에 있어 공장주의 損害賠償責任을 인정하면서, 公害事件에서 被害者의 損害가 한파·낙뢰와 같은

188) 公 1993, 1078.

189) 公 1991, 2211, 評釋: 李載哲, "寒波 등의 自然力이 加功한 損害發生과 그 責任의 範圍", 大法院判例解說 16, 92 이하.

自然力과 加害者의 過失行爲가 경합되어 發生된 경우, 加害者의 賠償의 범위는 損害의 公平한 分擔이라는 견지에서 損害에 대한 自然力의 기여분을 除한 부분으로 제한하여야 한다고 判示하였다.

(c) 大判 95. 2. 28, 94다31334[190]은 건설공사현장의 사고로 인한 損害가 통상의 損害와는 달리 강풍 등의 특수한 자연적 조건 아래 發生한 것이라 하더라도 그 공사현장의 안전관리자가 그와 같은 자연적 조건이나 그에 따른 위험의 정도를 미리 예상할 수 있었고, 또 과도한 노력이나 비용을 들이지 아니하고도 적절한 조치를 취하여 자연적 조건에 따른 위험의 發生을 事前에 방지할 수 있었다면, 그러한 사고방지조치를 소홀히 하여 발생한 사고로 인한 損害賠償의 범위를 정함에 있어 불가항력적인 自然力의 기여분을 인정하여 加害者의 賠償範圍를 제한할 것은 아니라고 判示하였다.

## V. 損害賠償者의 代位(§399의 準用)

民 §399에 대한 注解 참조.

[朴　　徹]

190) 公 1995, 1454; 이 判決이 自然力의 기여분을 責任減輕事由로 인정하지 않는 이유로 說示하고 있는 내용만으로는 損害發生에 기여한 自然力을 責任減輕要素로 인정하거나 인정하지 않는 구체적 기준을 알 수는 없다. 私見으로는 건설회사가 피용자로 하여금 위험한 건설공사장에서 작업할 것을 지시함에 있어서는 積極的으로 그 피용자의 안전을 배려하여야 할 계약상의 義務를 負擔한다고 할 것인데, 그러한 건설회사의 피용자에 대한 安全配慮義務는 일반인에 대한 피해방지의 注意義務보다 강력한 것이어서 사고발생에 기여한 自然力의 참작 여부 및 참작 정도를 달리하여야 하는 것으로 해석할 수 있지 않을까 생각한다. 이렇게 본다면 이 사건은 加害者側의 過失이 피용자에 대한 安全配慮義務의 위반이라는 점에서, 일반인에 대한 피해방지의 주의의무위반 사안에 대한 判決인 大判 93. 2. 23, 92다52122 및 大判 91. 7. 23, 89다카1275과 다르다.

## 第764條(名譽毁損의 境遇의 特則)

**他人의 名譽를 毁損한 者에 對하여는 法院은 被害者의 請求에 의하여 損害賠償에 갈음하거나 損害賠償과 함께 名譽回復에 適當한 處分을 命할 수 있다.**

차 례



## Ⅰ. 序

(1) 本條는 不法行爲에 대한 구제방법은 金錢賠償에 의한다고 하는 원칙에 대한 예외로서 名譽毁損의 경우에는 名譽回復에 적당한 처분, 즉 原狀回復을 명할 수 있음을 규정한 것이다. 名譽毁損과 같은 不法行爲에 있어서는 金錢賠償만으로는 被害者가 입은 財産的·精神的 損害를 충분히 전보할 수 없는 경우가 많고, 財産的 損害를 賠償시킨다고 하여도 구체적으로 이를 立證할 수 없는 경우가 적지 않다. 반면 名譽毁損에 있어서는 적당한 처분에 의하여 金錢賠償을 대신케 하거나 보완케 하는 것이 가능할 뿐 아니라 효과적이라 할 수 있는 경우가 많다. 그렇기에 우리 民法이 原狀回復의 例外를 인정한 것이다. 이와 같은 예외적인 성질의 것은 不正競爭防止法에도 있다. 즉 他人의 營業上의 信用을 침해한 자에게 損害賠償에 갈음하여 또는 損害賠償과 함께 영업상의 신용을 회복하는 데 필요한 조치를 명할 수 있다고 한다(§6). 그 밖에 特許法(§131)·實用新案法(§31)·意匠法(§66)·商標法(§69)·著作權法(§95) 등에도 이와 같은 성질의 규정이 있거나 또는 準用되고 있다. 이들의 경우에는 名譽毁損의 경우와 類似한 사정이 있기 때문이다.

名譽毁損의 결과는 생기지 아니하고 다만 名譽感情이나 프라이버시(참된 사실이지만 개인이 가지고 있는 비밀스러운 사항, 남에게 알려지고 싶지 않은 사항)가 침해된 정도에 그친 경우에는 慰藉料에 의하여 해결할 것이고, 그 밖에 原狀回復措置, 특히 謝罪廣告가 문제될 여지가 없다고 한다. 본조의 취지는 그 처분에 의하여 加害者에게 制裁를 가하거나 가해자에게 謝罪 등을 시킴으로써 피해자에게 주관적 만족을 주기 위한 것이 아니라 금전에 의한 손해배상만으로 전보되지 아니하는 피해자의 훼손된 인격적 가치에 대한 사회적·객관적 평가 자체를 회복시켜 주는 것을 목적으로 하는 것인 만큼, 그와 같은 원상회복처분으로 구제함에 적당한 것은 사람의 社會的 名譽가 훼손된 경우에 한할 것이기 때문이라는 것이다.[1] 그러나 이는 너무 형식적인 해석으로서 명예감정의 침해의 경우에도 일체의 원상회복조치가 인정될 여지가 없다고 해석할 것은 아니고, 사죄광고는 무리라 하더라도 取消文의 揭載要求 등 상당한 조치를 명할 수 있다고 하여야 할 것이다.

名譽毁損에 대한 救濟의 일종으로서 원상회복을 명하는 것은 諸外國에서도 보편적으로 행해지고 있다. 스위스의 경우는 名譽權을 포함한 人格權에 관하여 특별규정을 두고 있고(채무법 § 49 Ⅱ), 독일의 경우는 不法行爲 一般에 관하여 원상회복을 원칙으로 하는 규정을 두고 있고(독민 § 249), 프랑스의 경우는 判例·學說에 의하여 인정되고 있다. 영미법에서는 자발적으로 행해진 訂正·謝過 등을 금전배상액인정에 있어서 참작을 함에 그치고 원상회복을 판결로 명하지는 않는다.[2]

(2) 妨害豫防請求權

名譽가 현실적으로 침해되지는 않았지만 침해될 위험이 명백하게 존재하는 경우의 事前抑制措置, 특히 이미 현실화된 名譽毁損이 계속됨으로써 損害가 새로 발생하거나 확대되는 것을 억제하는 조치(예컨대 名譽毁損의 내용이 담긴 圖書의 頒布를 장래를 향하여 금지시키거나 未頒布分의 廢棄를 명하는 것. 흔히 假處分의 형태로 청구된다)는 이를 명할 수 있는가? 이에 관하여 부정경쟁방지법 등 특별법에 의하여 그러한 구제가 인정되고 있지만, 그에 해당하지 않는 경우라도 이는 인정되어야 할 것이다. 다만, 현행법상 그 근거를 어디에서 찾을 것인가가 문제된다. 不法行爲 一般 또는 人格權侵害 一般에 대한 구제방법으로서 당연히 인정된다고 보면 문제는 없을 것이나, 만약 그렇지 않다 하더라도 본조에서 말하는 처분에는 妨害豫防處分도 포함된다고 類推解釋하여야 할 것이다.[3] 다만, 이러한 청구권을 인정함에는 헌법상 인정되는 言論의 自由 및 表現의 自由와의 관계를 유의하여야 할 것이다.[4] 법원에 의한 방해예방처분은

1) 五十嵐, 人格權論(1989), 112. 日本 最高裁 70. 12. 18(民集 24-13, 2151) 判決의 입장.

2) 日注民(19), 370.

3) 大判 96. 4. 12, 93다40614, 40621(公 1996상, 1486)은 "인격권은 그 성질상 일단 침해된 후의 구제수단(손해배상과 명예회복처분 등)만으로는 그 피해의 완전한 회복이 어렵고, 손해전보의 실효성을 기대하기 어려우므로 인격권의 침해에 대하여는 사전(예방적) 구제수단으로 침해행위의 정지·방지 등의 금지청구권이 인정된다"고 판시하고 있다.

4) 일본 最高裁 61. 6. 11 大法廷判決은 헌법상 금지되는 검열은 행정부가 주체가 되어 사상·내용 등의 표현물을 대상으로 그 전부 또는 일부의 발표의 금지를 목적으로 하여 대상이 되는 일정의 표현물에 대해 망라적·일반적으로 발표 전에 그 내용을 심사한 다음 부적당하다고 인정되는 것의 발표를 금지하는 것을 말하며, 가처분에 의한 사전금지는 개별적인 사인간의 분쟁에 관하여 법원에 의하여 당사자의 신청에 기하여 금지청구

事前檢閱의 효과를 가져 오는 것일 수도 있으므로, 예상되는 침해행위가 高度의 違法性을 지닌 경우로서 침해행위의 事前抑制에 의한 加害者側의 損失과 被害者側의 利益을 比較較量하여 신중히 결정되어야 한다.

우리 헌법재판소도 가처분제도를 통한 금지청구를 합헌이라고 하면서 다음과 같이 판시하였다.[5] "검열"은 개인의 사상이나 의견 등을 발표하기 이전에 행정권이 주체가 되어 예방적 조치로서 미리 그 내용을 심사·선별하여 일정한 범위 내에서 발표를 사전에 억제하는, 즉 허가받지 아니한 것의 발표를 금지하는 제도를 뜻하는 것으로서, 검열금지의 원칙은 모든 형태의 사전적인 규제를 금지하는 것이 아니고, 단지 의사표현의 발표 여부가 오로지 행정권의 허가에 달려 있는 사전심사만을 금지하는 것을 뜻한다 할 것이다.

그런데 이 사건 법률조항에 의한 방영금지가처분은 비록 제작 또는 방영되기 이전, 즉 사전에 그 내용을 심사하여 금지하는 것이기는 하나, 이는 행정권에 의한 사전심사나 금지처분이 아니라 개별 당사자간의 분쟁에 관하여 사법부가 사법절차에 의하여 심리·결정하는 것이므로, 헌법에서 금지하는 사전검열에 해당하지 아니한다. 따라서 이 사건 법률조항에 방영금지가처분을 포함시켜 가처분에 의한 방영금지를 허용하는 것은 헌법상 검열금지의 원칙에 위반되지 아니한다.

## Ⅱ. 名譽回復處分의 種類

(1) 본조에 기하여 법원이 명하는 처분으로서는 종래 우리 나라에서는 주로 謝罪廣告가 활용되었다. 사죄광고는 통상 신문·잡지 등에 게재장소나 활자크기 등을 지정하여 명예훼손사실이 있었음을 인정하고, 이를 사죄하는 의사를 표명하는 취지의 내용의 문안을 게재하는 방법으로 행해진다. 일본 등 다른 나라에서는 그 밖에 謝罪狀의 交付, 公開法廷에서의 謝罪, 取消廣告의 揭載, 被害者勝訴判決의 新聞 등에의 公告 등이 활용된다. 이들 중에서 가장 활용이 많이 되고 중요한 것은 신문·잡지 등을 통한 謝罪廣告 및 特定報道 내지 記事를 取消 또는 訂正하는 광고라 할 수 있다. 이러한 광고의 通信媒體로

권 등 사법상의 피보전권리의 존부·보전의 필요성의 유무를 심사·판단하여 발하여지는 것으로 검열에 해당하지 않는다고 하여 합헌으로 판시하였다.

5) 헌재 2001. 8. 30, 2000헌바36호.

서는 일반의 일간신문, 반포범위가 보다 한정된 업계신문, 특정인 앞으로의 통신형식 등이 있고, 관공서의 게시장부근의 원고지정의 장소에 사죄광고판을 세우도록 명하는 것도 생각할 수 있다. 그 통신매체에는 피고(加害者) 자신의 지배 하에 있는 경우와 第3者의 지배 하에 있는 경우가 있다.

(2) 그런데 사죄광고와 관련하여 이것이 피고의 이름으로 사죄를 강제시킨다고 하는 점에서 피고 본인의 良心의 自由를 침해하는 것으로서 헌 §19에 위반되는 것이 아닌가 하는 점이 문제된다. 이에 관하여 憲法裁判所는 1991. 4. 1 "사죄광고의 강제는 양심도 아닌 것이 양심인 것처럼 표현할 것의 강제로 인간양심의 왜곡·굴절이고 겉과 속이 다른 이중인격형성의 강요인 것으로서 침묵의 자유의 파생인 양심에 반하는 행위의 강제금지에 반하는 것이며, 따라서 우리 헌법이 보호하고자 하는 정신적 기본권의 하나인 양심의 자유의 제약(법인의 경우라면 그 대표자에게 양심표명의 강제를 요구하는 것이 된다)이라고 보지 않을 수 없다"고 결정하였다.[6] 그러나 종래 대법원판례는 謝罪廣告를 인정하고 있다.[7] 일본의 최고재판소도 1956. 7. 4. 13 : 2로(다만, 13명 중에는 사죄광고를 명하는 판결이 강제집행은 허용되지 않는다고 하는 1명의 재판관이 포함되어 있음) 종래 행하여 오던 사죄광고를 가해자가 갖는 倫理的인 意思, 良心의 自由를 침해하는 것은 아니라고 하여 合憲이라고 판결[8]하였다. 학설로도 합헌설이 다수설이고 위헌설이 소수설이다.[9] 소수설을 취하는 입장에서 적당한 名譽回復處分의 代案으로서 피고의 행위가 원고의 名譽를 毁損한 不法行爲라고 법원에 의하여 인정되었다는 취지의 광고를 법원이 피고의 이름과 비용부담으로 할 것을 제안하고 있다.[10] 문제는 사죄광고에 포함된 謝罪라는 觀念이 갖는 倫理性이 본래의 것 그대로의 本質的인가, 아니면 당사자 본인의 內在的 意思와는 관계 없이 외부적으로 표출되는 것에 지나지 않는 일종의 擬制에 지나지 않는 것이라고 볼 것인가이다. 법원이 처분으로서 요구하는 것은 後者의 것일 수밖에 없고, 사회적으로도 그와 같이 인식되는 것이 현실이라면 被害者의 충분한 구제를 위하여 사죄광고를 꼭 違憲이라고 보아야 할 것인지는 의문이다. 그리고 사죄광고가 위헌이라는 입장을 취하더라도 광고의 내용에 따라서는 반드시 위헌이 아닌 경우도 상정할 수 있을 것이다. 아래에서는 사죄광고가 위헌이 아니라거나 위헌의 여

6) 헌재 89헌마160.
7) 大判 80. 2. 26, 79다2138, 2139(公 1980, 12655) ; 大判 88. 6. 14, 87다카1450(集 36-2, 34).
8) 民集 10, 7, 785.
9) 日注民(19), 372.
10) 幾代通, "名譽毁損에 대해 謝罪廣告를 命하는 判決", 我妻還曆 損害賠償責任의 硏究(上), 419.

지가 없는 내용의 사죄광고를 법원이 명하는 것을 전제로 하여 설명한다. 한편 헌법재판소는 위 결정에서 사죄광고 대신 허용될 수 있는 원상회복처분으로서 ① 가해자의 비용으로 그가 패소한 민사소송배상판결의 신문·잡지 등에의 게재, ② 형사명예훼손죄의 유죄판결의 신문·잡지 등에의 게재, ③ 명예훼손기사의 취소광고 등을 들고 있다. 특히 사죄한다는 내용 없이 명예를 훼손한 표현을 취소 또는 정정한다는 내용을 신문·잡지 등에 게재하여 광고하는 취소광고(정정보도)가 중요한 수단으로 등장하게 된다.

(3) 정정보도는 타인의 명예를 손상시킨 보도에 대하여 잘못된 부분이 있었음을 알리고, 그 부분이 사실이 아니거나 사실이 아닐 가능성이 크다는 취지를 같은 보도매체 또는 다른 언론매체를 통하여 일반에 알리도록 하는 것이다. 정정보도문의 내용은 이전보도에 잘못된 점이 무엇이며, 이를 바로잡는 내용과 아울러 명예훼손에 따른 판결이 있었다는 취지로 구성된다. 또 정정보도문은 특별한 사정이 없는 한 당해 보도매체를 통하여 게재하거나 방송하도록 하고 있다. 그리고 제목, 본문의 활자체와 활자의 크기, 게재할 면과 위치, 방송할 시간대와 위치도 특정해 주어야 하는데, 반드시 원래 보도위치나 게재면 등에 구속받을 필요는 없다. 다만, 처분권주의의 원칙상 법원은 원고가 청구한 정정보도문의 내용이나 게재위치, 방송시간대 등보다 더 무겁게 명할 수 없다. 또 정정보도문의 게재를 명할 때에는 그 시기를 정하여야 하는데, 실무례는 대체로 '이 판결이 확정된 후'에 게재하도록 명하고 있다. 설사 판결확정 이전에 정정보도를 명하는 판결이 선고되더라도 이러한 판결은 성질상 가집행될 수 없는 것이므로 가집행선고를 붙일 수 없다.

## Ⅲ. 名譽回復處分을 명하는 要件

### (1) 被害者의 請求

본조의 名譽回復處分은 被害者인 원고의 청구가 있는 경우에만 명할 수 있다. 名譽回復處分은 그 자체가 名譽毁損이 있었다는 사실을 다른 사람에게 알리는 결과가 되므로, 이것이 오히려 被害者에게 精神的 苦痛을 주는 결과를 가져올 수도 있다. 그러므로 그 處分의 採否는 우선 被害者의 의사에 맡기는 것이 타당하다. 따라서 원고가 金錢賠償만을 청구하고 있는 경우에 피고가 신문지상에의 사죄광고로 족하다고 항변을 하더라도 그 항변은 배척되어야 한다. 그러나 원고가 그 청구를 한 이상 처분의 종류나 내용은 청구의 原案의 범위 내에서 보다 약한 처분을 명할 수 있음은 물론이다. 예컨대 誤報인 記事와 관련한 사죄광고청구에 대하여 사죄광고 대신 기사취소광고를 명할 수도 있다.[11] 被害者가 청구를 함에 있어서는 그저 적당한 처분을 구한다고 하는 것만으로는 불충분하고, 처분의 종류나 내용을 확정하여 청구하여야 한다. 즉 사죄광고라면 광고의 전문·크기, 게재신문의 특정 등은 일응 하여야 할 것이다. 그러나 기술적인 세부사항까지를 지정할 필요는 없다.

(2) **金錢賠償과의 關係**

名譽回復處分을 金錢賠償과 함께 명할 것인가, 前者만을 명할 것인가 아니면 後者만을 명할 것인가는 원고의 청구범위 내에서 법원이 이를 판단한다.

(3) **名譽回復處分의 妥當性**

본조의 처분은 名譽毁損에 의하여 생긴 損害의 전보의 일환으로서의 名譽回復이라는 기능에 비추어 이를 명하는 것이 필요하고 효과적이고 또한 판결에 의하여 강제하는 것이 적당하다고 인정되는 경우에 이를 명하는 것이고, 훼손된 명예가 이미 회복되었거나 피해가 금전배상에 의해 충분히 보상되었거나 그 밖에 당해 행위의 反社會性의 정도가 輕微하여 그 피해가 적은 경우에는 허용되지 아니한다. 그 타당성의 유무는 구체적인 사건마다 제반사정을 고려하여 정할 수밖에 없다. 侵害行爲가 故意的이고 惡質的인 것인가, 謝罪廣告에 의하여 名譽回復이 實效性 있게 이루어질 수 있는가, 名譽毁損 후 加害者가 어떠한 태도를 보였으며 그에 따라 다소라도 名譽回復이 이루어졌는가, 아니면 더 名譽毁損이 심화되었는가 등에 의하여 가려질 것이다.

## Ⅳ. 名譽回復處分의 訴訟上 問題

(1) 명예회복을 위한 적당한 처분을 구하는 訴는 그 처분에 통상 소요되

11) 독일에서는 원상회복처분으로서의 취소의 조치로서 ① 취소(Widerruf), ② 철회(Rücknahme), ③ 바로잡음(Richtigstellung), ④ 해명(Klarstellung), ⑤ 불유지(Nichtaufrechterhalten), ⑥ 보충(Ergänzung), ⑦ 제 3 자의 주장에 대한 입장표명(Stellungnahme zu Behauptungen Dritter), ⑧ 잠재적 표명(einstweilige Erklärungen) 등 8가지의 방법이 논의된다.
李建雄, "言論에 의한 法益侵害에 대한 救濟手段", 재판자료 77, 252 이하.

는 비용을 산출할 수 있는 그 비용을 訴價로 하고, 그 비용을 산출하기 어려운 경우에는 非財産權上의 訴로 본다(민사소송인지규칙 §14).

(2) 사죄광고에 대하여는 그 强制執行의 방법도 문제가 된다. 법원이 명하는 바가 피고 이외의 자가 발행하는 신문 등을 통해서 사죄광고를 하는 것인 경우에는 당해 신문사 등과 당해 광고게재계약을 체결하면 목적이 달성될 수 있고, 그 자체는 피고의 비용으로 피고 이외의 자에 의하여 가능하므로 代替執行을 하면 된다. 다만, 第3者인 신문사는 그 판결에 구속될 이유가 없으므로 신문사가 그 사죄광고게재계약의 체결을 거부하면 당해 名譽回復處分은 履行不能이 될 수밖에 없다. 이에 반하여 피고 자신이 지배하는 通信媒體를 통한 광고 등을 명한 경우에는 間接強制에 의하여 집행할 수 있다(민사집행법 §261).

한편 '사죄광고의 내용이 단순히 眞相을 고백하고 眞謝의 뜻을 표명함에 그치는 것인 경우'에만 대체집행이 가능하고, '그것을 신문지에 게재하는 것이 謝罪者의 의사결정에 맡기는 것이 상당한 경우'에는 간접강제에 의함이 상당하며, '이를 강제하는 것이 채무자의 인격을 무시하고 심히 그 명예를 훼손해 의사결정의 자유 및 양심의 자유를 부당히 제한하는 것인 경우'에는 강제집행이 적당하지 아니하다는 견해도 있다.[12]

(3) 정정보도는 허위보도를 한 당해 보도매체를 통하여 게재하거나 방송하는 것으로서 이른바 不代替的 作爲義務에 속하므로, 당해 보도매체가 그 게재를 거부하는 경우에는 그 의무이행을 금전의 힘으로 강제할 수밖에 없다(민사집행법 §201). 그리고 이러한 간접강제청구는 정정보도청구와 함께 할 수 있다 할 것이다. 물론 그 실행은 판결이 확정되어야 가능하다.

[金 滉 植]

12) 五十嵐, 前揭書, 111.

## 第 765 條(賠償額의 輕減請求)

① 本章의 規定에 依한 賠償義務者는 그 損害가 故意 또는 重大한 過失에 依한 것이 아니고 그 賠償으로 因하여 賠償者의 生計에 重大한 影響을 미치게 될 境遇에는 法院에 그 賠償額의 輕減을 請求할 수 있다.

② 法院은 前項의 請求가 있는 때에는 債權者 및 債務者의 經濟狀態와 損害의 原因 등을 參酌하여 賠償額을 輕減할 수 있다.

차 례

# I. 序

## 1. 本條의 槪要와 立法趣旨

### (1) 本條의 槪要

本條는 불법행위를 이유로 손해배상의무를 부담하는 사람이 일정한 요건 아래서 법원에 대하여 그 賠償額의 輕減을 請求할 수 있음을 정한 것이다. 그 요건의 核心은, 배상이 실행된다고 가정한다면 故意나 重過失 없는 배상의무자의 生活이 유지될 수 없게 될 것이라는 데 있다.

### (2) 本條의 立法趣旨

손해배상의무를 부담하는 사람은 당연히 이를 이행함으로써 그에게 歸責되는 타인의 손해를 塡補하여야 한다. 그러나 어떠한 원인행위에 기하여 발생하는 손해는 때로 巨額에 달할 수 있는데, 우리 법은 가해행위자에게 사소한 不注意만이 있는 경우에도 손해와 사이에 「因果關係」(판례·다수설)가 인정되는 한에서는(§§ 763, 393) 그에 대한 배상의무를 과한다. 그러므로 事情에 따라서는 가해자에 대하여 원칙대로의 배상을 강행하면 이번에는 가해자측이 불가피하게 최소한의 인간다운 생활조차도 유지할 수 없게 될 수 있다. 法은 이러한 결과는 불법행위를 범한 자가 감수하여야 한다는 태도를 취할 수도 있을 것이다. 그러나 우리 민법은 衡平을 고려하여 "하나의 不幸을 다른 不幸으로 치유하여서는 아니된다"는 입장에 서서[1] 本條를 두어, 위와 같은 경우에는 배상의무자의 「請求」에 의하여 법원이 제반 사정을 고려하여 배상액을 적의하게 경감할 수 있는 길을 열어 둔 것이다.[2]

### (3) 本條에서의 利益衡量

本條에 의하여 배상의무자에게 배상액의 경감을 인정하게 되면, 그 반면에 賠償請求權者, 즉 불법행위의 被害者側으로서는 그 경감액만큼 손해를 전보받지 못하는 결과가 된다. 그런데 그 배상받지 못하는 손해는 원래 피해자가 부담하여야 할 아무런 이유가 없는 바이다. 말하자면 本條의 適用은 일종

---

1) 뒤의 2.(2)에서 보는 瑞債 § 44 Ⅱ의 입법과정에서 국회의원 호프만이 한 發言이라고 한다. Karl Oftinger, Schweizerisches Haftpflichtrecht, Bd. 1, 4. Aufl.(1975), § 7 Ⅱ C(S. 271)에서 再引用.

2) 郭潤直, 838은 本條의 立法目的에 대하여 유사한 취지를 말한다.

의 제로섬 게임을 강요한다.[3)]

법원은 本條의 適用에 있어서 이 점을 신중하게 고려하여, 그 감액의 결과가 피해자측에 가지는 또는 가질 수 있는 經濟的 또는 感情的 意味 등에도 적절히 유념할 필요가 있다고 생각된다.[4)] 뒤의 3.(2)에서 보는 대로 우리 實務나 學說은 본조의 구체적 운용에 대하여 오히려 消極的인 태도를 취하고 있다고 추측되는데, 이에는 一理가 있다고 하겠다.

## 2. 本條의 沿革과 立法例

### (1) 本條의 立法過程

1948년경에 정하여진 「民法典編纂要綱」은[5)] 이미 본조와 같은 규정을 둘 것을 정하고 있었다(同要綱, 債權編, 四三.: "損害가 故意 또는 重大한 過失에 依하여 生한 것이 아닌 境遇에 있어서 그 賠償이 債務者의 生計에 重大한 影響을 미치는 境遇에는 裁判所에 그 賠償額을 輕減할 수 있는 權利를 規定할 것"). 이러한 방침은 民法案 § 759에 수용되어, 그것이 그대로 本條가 되었다. 민법전의 제정과정에서 本條에 대하여는 별다른 論議가 없었다.[6)] 民法草案硏究會의 『民法案意見書』도 本條에 언급하고 있으며 "財產法의 救貧性을 立法化한 것으로서 進步的 規定"이라는 긍정적 평가를 내리면서 그 규정에 「贊成」하고 있다.[7)]

本條와 같은 규정은 依用民法이나 滿洲國民法에는 없으며, 그에 대한 解釋論에서도 이러한 내용을 주장하는 견해는 쉽사리 발견되지 않는다. 그러한 의미에서도 본조는 우리 민법에서 異彩로운 규정이라고 할 수 있다.

### (2) 瑞債 § 44 Ⅱ

本條의 직접적 淵源은 瑞債 § 44 Ⅱ에서 찾을 수 있다(한편 스위스법과의 차이점에 대하여는 뒤의 4.(1) 참조). 민법전의 제정과정에서 이미 이 규정은 유일한

---

3) 金永文, "被用者의 責任制限", 司法行政 1997년 7월호, 27이 "[本條는] 책임제한 및 경감을 위해 가해자와 피해자의 경제상태를 규준으로 하기 때문에 발생된 損害의 塡補라는 손해배상법의 기본적 원칙을 벗어나고 있다"고 하는 것은 같은 趣旨로 이해된다.

4) 郭潤直, 838도 "本條를 適用함에 있어서는, 매우 신중하여야 하며, 함부로 輕減을 인정할 것이 아님을 잊어서는 아니된다. 加害者의 보호가 被害者의 보호보다도 더 고려되어야 하는 것은 결코 아니기 때문"이라고 한다. 또한 金相容, 不法行爲法(1997), 514도 "[本條는] 損害賠償制度의 理想에 反한다는 비판이 있으므로, 本條를 엄격히 적용하여야 할 것"이라고 한다.

5) 이에 대하여는 梁彰洙, "民法案의 成立過程에 관한 小考", 民法硏究 제 1 권(1991), 67 이하 참조(附錄으로 同要綱의 全文을 수록하였다).

6) 民法案審議錄, 上卷(1957), 451 下段은, 단지 "現行法에는 없고 新設條文이다"라고만 한다.

7) 民事法硏究會, 民法案意見書(1957), 201(金基善 담당).

「外國立法例」로 제시되고 있다.[8)]

이 규정은, "손해를 고의 또는 중대한 과실 없이 야기한 배상의무자가 배상을 이행한다면 窮迫에 빠지게 될 경우에는, 法官은 이를 이유로 하여서도 배상의무를 輕減할 수 있다(Würde ein Ersatzpflichtiger, der den Schaden weder absichtlich noch grob fahrlässig verursacht hat, durch Leistung des Ersatzes in eine Notlage versetzt, so kann der Richter *auch* aus diesem Grunde die Ersatzpflicht ermässigen.)"(강조는 인용자. 이하 같다)고 정하고 있는 것이다. 이 규정은 1911년의 새로운 스위스채무법에서 비로소 삽입되었고, 종전의 1881년 법에는 없었던 것이다.

(3) 다른 立法例

본조와 같은 규정은 스위스를 제외하고 주요한 다른 나라에서 그 예를 찾아 보기 어렵다. 우리 민법과 관련이 깊은 다른 외국민법, 독일민법이나 프랑스민법은 이러한 규정을 두지 않는다.[9)]

그런데 스위스에서 瑞債 §44 Ⅱ는 입법론적으로 비판되기도 한다. 가령 오프팅어는 "제44조 제2항의 解法은 형평과 합목적성을 가지고 있다. 그러나 법 전체의 관점에서 보면 이는 특이한 것이다(singulär). 生存의 最低線(Existenzminimum)에 대한 배려는 오히려 실체법이 아니라 강제집행법의 문제가 아닌가 하는 의문이 제기할 수 있을 것"이라고 한다.[10)] 또 켈러/가비도, "이 규정은 극히 異例的이다(äusserst ungewöhnlich). 의무자가 궁박상태에 빠지는 것을 회피하는 것은 원칙적으로 강제집행법이 규율할 사항이고(생존의 최저선의 범위에서 收入에 대한 압류를 배제하는 것, 家財의 압류금지 등), 실체법의 일이 아니다"라고 한다.[11)] 이 비판에는 귀기울일 만한 점이 있다고 생각된다(뒤의 3.(2)도 참조).

---

8) 民法案審議錄(註 6), 同所.

9) 오히려 독일민법은 衡平을 이유로, 원래는 손해배상의무를 부담하지 않는 사람에게 이를 부담시키는 것을 例外的으로 인정하는데, 同法 §829는, 責任無能力을 이유로 손해배상책임을 지지 않는 자라도, "감독의무 있는 제3자로부터 손해의 배상이 얻어질 수 없는 경우에는, 제반 사정, 특히 당사자들의 財産關係에 비추어 손해의 전보가 형평에 적합하고 또 그의 적절한 生計 또는 법률에 의하여 부담하는 扶養義務의 履行에 필요한 資力이 박탈되지 아니하는 범위에서는" 손해배상의 의무를 진다고 한다. 유사한 취지의 규정은 瑞債 §54 Ⅰ에서도 발견된다.

10) Oftinger(註 1), §7 Ⅱ C(S. 273).

11) Max Keller und Sonja Gabi, Haftpflichtrecht, 2. Aufl.(1988), S. 105.

### 3. 本條의 體系的 地位와 實際的 評價

#### (1) 本條의 性格

本條는 우리 민법에는 드물게 명문으로 정하여진 衡平法的 救濟手段의 하나이다. 즉 법의 객관적 규칙에 의한다면 인정되어야 하는 배상의무에 관하여 구체적인 사건에서 당사자의 개별적 사정을 종합적으로 고려하여 그 내용이 변경될 수 있는 여지를 인정하는 것이다.

그리하여 本條의 輕減請求는 손해배상의무자가 가지는 最後의 방어방법으로 제기되는 것으로서, 그것은 불법행위로 인한 손해배상의무의 존재는 물론이고 그 내용도 확정된 후에 비로소 문제된다. 그러므로 피해자의 손해가 가해행위와 「인과관계」가 있는 것이어서 가해자가 배상하여야 할 범위(§§ 763, 393 참조) 내에 들어가는 손해라는 것, 나아가 그 손해를 금전적으로 평가한 후에 이에 대하여 過失相計(§§ 763, 396 참조)나 損益相計 등의 과정을 통하여 손해배상의무자가 배상하여야 할 액이 확정된 후에야, 경감청구가 인정될 수 있다.

#### (2) 本條의 實際的 機能과 立法論的 評價

本條는 위에서 말한 대로 법원에 형평법적 재량에 의한 구제수단을 인정한 것이다. 그러나 실무에서 本條의 적용이 문제된 예는 별로 보이지 않으며, 드물게 그것이 주장되었더라도 배상액의 경감을 인정한 경우는 찾을 수 없다.[12] 이러한 실무의 「외면」에는 그만한 이유가 있다고 생각된다.

本條에는 입법론적으로 의문이 적지 않다(앞의 2.(2)도 참조).[13] 첫째, 배상의무자에게 「생계에 중대한 영향」이 있을 것이어서 그를 보호할 필요가 있다면, 이는 대체로 채무자의 재산에 대한 강제집행을 처음부터 제한하는 押留禁止 등의 규정(民執 §§ 195, 246 I)에 의하여 처리될 수 있을 것이다.[14] 특히 민사집행법은 §§ 196, 246 Ⅱ에서 일단 강제집행이 개시되었더라도 "법원은 당사자가 신청하면 채권자와 채무자의 생활형편, 그 밖의 사정을 고려하여" 有體動產이나

---

12) 李銀榮, 763은 "이 규정은 특히 使用者責任이 발생하는 경우 被用者의 損害賠償義務를 輕減하여 피해자가 피용자에 대하여 손해배상을 청구하는 것을 억제하는 효과를 가져올 것이다"라는 견해를 피력한다. 그러나 그러한 「效果」는 실무상 전혀 달성되지 못하고 있다.

13) 한편 郭潤直, 838은 本條에 관한 입법론으로 "本條를 適用하여 輕減을 인정하는 경우에는, 國家나 公共團體의 어떤 補完的 作用을 인정하는 制度를 아울러 인정하는 것이 필요"하다고 한다.

14) 同旨: 金永文(註 3), 27 주 26.

債權에 대한 압류명령을 취소할 수 있도록 규정하고 있는 것이다.[15] 둘째, 배상의 실행이 「생계에 미칠 영향」의 정도, 참작하여야 할 「채권자와 채무자의 경제상태와 손해의 원인」 등과 같이 損害賠償訴訟의 主眼인 손해배상의무의 존부나 내용의 판단과는 무관한 사정을 법원으로 하여금 심리하게 하는 것은, 소송의 진행을 불필요하게 번거롭게 할 우려가 있다. 이렇게 보면 위와 같은 필요는 實體的 權利義務의 존부나 내용을 정하는 단계에서보다는 強制執行의 단계에서 처리되는 것이 합리적이라고 여겨진다. 셋째, 또 하필 불법행위로 인한 손해배상의무자에게만 본조와 같은 배상액의 경감청구가 인정되어야 할 것인지도 반드시 釋然하지 아니한다. 가령 채무불이행의 경우에도 사소한 不注意로 막대한 손해가 발생할 수 있는데도 그로 인한 손해배상책임액의 경감은 규정되지 않고 있는 것이다.[16]

### 4. 本條 解釋의 基本視角—本條에서 정하는 輕減請求의 法的 性質

#### (1) 本條와 瑞債 § 44 Ⅱ의 相異點

本條 자체만으로는 앞서 본 瑞債 § 44 Ⅱ와 동일한 내용을 정하는 것으로 보이나, 손해배상법 전체를 배경으로 하여 보면 그와 중요한 차이가 있다.

스위스는 손해배상의 내용에 관하여 우리와 基本態度를 달리한다. 스위스에서는 불법행위로 인한 손해배상의무에 대하여 그 "方法과 範圍(Art und Grösse)"를 법관이 그 裁量에 의하여 결정하도록 정하고 있다(瑞債 § 43 Ⅰ).[17] 다만 스위스에서도 손해가 전부 배상되어야 함이 원칙이고, 이를 감액하려면 특별한 사유가 존재하여야 한다고 이해되고 있다.[18] 이러한 감액사유로 법이 구체

15) 애초의 民訴 § 533는 원래 그 Ⅰ에서 "押留에 의하여 債務者가 生活上 回復할 수 없는 窮迫狀態에 빠질 念慮가 있는 경우에 債務者가 誠實히 債務履行의 意思가 있고 債權者의 經濟에 심한 影響을 미치지 아니할 것으로 認定할 顯著한 事由가 있는 때에는 法院은 債務者의 申請에 의하여 前條에 규정한 외에 必要한 限度에서 押留하지 못하는 財產을 指定할 수 있다"고 정하고 있었다. 이 원시규정의 衡平法的 性格, 나아가 本條와의 類緣性은 더욱 명백하다. 그런데 同條는 動產執行에 관한 것이고, 債權이나 不動產에 대한 집행과 관련하여서는 같은 趣旨의 規定은 두지 않았었다. 그리하여 1990년 1월 13일의 민사소송법 개정에서는 本文에서 본 바와 같이 要件을 緩和함과 동시에, 民訴 § 579의2를 신설하여 債權執行에 대하여도 마찬가지의 규정을 둔 것이다. 그리고 이들 규정은 새로 제정된 민사집행법에도 본문에서 본 규정에 그대로 이어졌다.

16) 사소한 부주의로 막대한 불이익을 입을 수 있다는 것은 人間事의 處處에서 관찰되는 바인데, 무관한 사람이 이를 부분적으로나마 떠안는 것은 종국적으로 人類愛의 문제일 뿐이다.

17) 이 규정은 瑞債 § 99 Ⅲ에 의하여 채무불이행으로 인한 손해배상의무에 준용된다.

18) 가령 Oftinger(註 1), § 7 Ⅰ (S. 261f.); Keller/Gabi(註 11), S. 101f.; Guhl/Merz/Koller, Das Schweizerische Obligationenrecht, 8. Aufl.(1991), § 10 Ⅳ 2(S. 77) 참조.

적으로 정하는 것은, (i) 가해자의 過責의 大小(瑞債 § 43 I), (ii) 피해자의 「過失」(瑞債 § 44 I), 그리고 (iii) 여기서 문제되는 피해자의 窮迫狀態(同條 II)이다. 그러나 법은 그 외에도 「諸般事情(die Umstände)」을 고려할 것을 요구하고 있어서(瑞債 § 43 I), 위와 같은 法定의 구체적 감액사유는 망라적이 아니라 예시적이라고 이해되고 있으며, 법정되지 아니한 감액사유에 대한 다양한 類型化가 행하여진다.[19)]

여기서 유의할 것은, 法定되지 아니한 감액사유는 물론이고 법정의 사유가 존재하는 경우에도 스위스에서 법관은 여전히 손해배상의 내용을 확정함에 있어서 「재량」을 가지며, 그러한 사유가 있다고 하여 반드시 감액하여야 하는 것은 아니라는 점이다.[20)] 앞서 본 瑞債 § 44 II가 "法官은 … 輕減할 수 있다"고 규정하는 것은 이러한 배경 아래서 이해될 수 있다.[21)] 스위스에서는 가해자에게 손해의 발생이나 확대에 관하여 「과실」이 있는 경우에도 이를 이유로 반드시 과실상계를 하여야 하는 것은 아니다.[22)] 그렇다고 법관에게 「感情에 좇은 裁判」을 하는 것은 물론 허용되지는 않으며, 재량을 合理的으로 行使하여야 한다는 요청은 엄존한다.[23)] 이렇게 보면, 瑞債 § 44 II는 법원이 손해배상의 내용을 정함에 있어서 고려할 수 있는 사유의 하나를 말하자면 주의적으로 규정한 것 이상의 의미가 없는 것이다.

이상에서 본 스위스의 경우와는 달리, 우리 민법에서 손해배상의 내용, 즉 배상범위나 감액사유 등이 客觀的 法의 適用(§§ 763, 393, 394, 396)에 의하여 정하여진다.[24)] 그렇다면 本條도 비록 그 입법적 연원은 瑞債 § 44 II에 있다고 하더라

19) 가령 Oftinger(註 1), § 7 II (S. 263ff.); Keller/Gabi(註 11), S. 102ff.; Guhl/Merz/Koller(前註), § 10 V (S. 77ff.) 참조.

20) Oftinger(註 1), § 7 II E, a.E.(S. 283) 참조.

21) 스위스에서 위 규정에서 정하는 「窮迫」의 존부는 법관이 재량으로 결정한다고 해석되는 것도 마찬가지의 배경에서 이해될 수 있다. 가령 Honsell et al.(Hrsg.), Kommentar zum schweizerischen Privatrecht. Obligationenrecht I (1992), Art. 44 Rn. 9(S. 334); Oftinger(註 1), 同所 참조.

22) 過失相計를 정하는 瑞債 § 44 I도 "… 경우에는 법관은 배상의무를 감경하거나 전적으로 면제할 수 있다(so *kann* der Richter die Ersatzpflicht ermässigen oder gänzlich von ihr entbinden)"고 정한다. 그 점에서 우리 민법 § 396("… 이를 參酌하여야 한다")의 태도와는 다르다.

23) 가령 Oftinger(註 1), § 7 i (S. 262): "裁量은 손해배상의 확정에 있어서 결정적이다. 왜냐하면 법관의 광범위한 자유만이, 타당한 재판이 되려면 고려해야만 하는 무수한 事情들을 적정하게 판단할 수 있게 하기 때문이다. 그러나 이것이 합리적 숙고가 행하여지지 않아도 되고 법원에게 감정에 좇은 재판(Rechtsprechung nach dem Gefühl)을 할 여지가 인정된다는 것을 의미하지는 않는다. 오히려 法律과 「確證된 理論과 判例」(瑞民 § 1)에는 상당수의 규칙이 포함되어 있다. 이미 강조한 대로 손해배상액을 감경할 이유가 존재하여야 하며, 모든 감경에는 이유가 제시되어야 한다."

24) 實體法에서의 이러한 법관재량의 배제는 訴訟法에서 손해의 발생 여부, 그 정도 및 액수 등의 인정에 있어서 법관의 보다 넓은 재량을 인정하지 아니하고 변론주의나 증명

도 「객관적 법」의 하나로 이해되어야 할 것이다. 따라서 本條에 의한 배상액 경감의 要件과 效果가 解釋論的으로(dogmatisch) 제시되어야 한다.

**(2) 賠償額輕減請求權의 法的 性質**

本條는, 앞서 본 스위스의 규정과는 달리, 적어도 文言上으로는 배상의무자가 먼저 경감을 **청구**하여야 하고 그 청구가 있으면 그 때 법원이 경감 여부를 결정한다는 構造를 취하고 있다. 그리하여 얼핏 보면 本條 Ⅰ에서는 배상의무자가 경감청구를 할 수 있는 요건을, 이어서 本條 Ⅱ에서 법원의 경감결정에 관한 사항(고려하여야 할 요소 등)을 각각 정하는 것으로 보인다.

(가) 여기서 다음과 같은 **이론적인 문제**가 제기될 수 있다. 배상의무자는 本條에 의하여 賠償額輕減請求權을 취득하게 되는가?[25] 만일 그렇다면 그 권리는 그 행사, 즉 경감청구에 의하여 배상액이 당연히 경감되는 形成權의 성질을 가지는가? 本條 Ⅰ에서 "法院에 … 請求할 수 있다"는 문언은, 共有物分割請求權을 정하는 § 269 Ⅰ("共有者는 法院에 그 分割을 請求할 수 있다")이나 債權者取消權을 정하는 § 406 Ⅰ("… 債權者는 그 取消 및 原狀回復을 法院에 청구할 수 있다")이나 裁判上離婚에 관한 § 840("夫婦의 一方은 … 家庭法院에 離婚을 請求할 수 있다") 등에서와[26] 같이 이해되어야 할 것인가? 이 때 법원의 배상액 경감결정은 이들 규정에서와 마찬가지로 形成的 效力을 가지는가? 아니면 이와는 아예 차원을 달리하여 本條 Ⅱ에서 "法院은 … 등을 參酌하여 賠償額을 輕減할 수 있다"라고 정하는 것에 비추어 오히려 가령 § 839의2에서 정하는 離婚에서의 財産分割請求權(특히 同條 Ⅲ 참조)과 유사하게, 추상적 경감청구권(本條 Ⅰ)과 법원에 의하여 구체적으로 확정되는 경감청구권(本條 Ⅱ)으로 이해할 것인가? 아니면 마치 過失相計에 관한 § 396이나 損害賠償豫定額의 減額에 관한 § 398 Ⅱ가 채무자에게 減額(또는 免除)請求權을 부여하는 것이 아닌 것처럼

---

의 일반원칙(엄격한 증명, 본증 등의 요구)을 적용하는 것으로 이어진다. 그런데 예를 들면 독일 민사소송법은 "당사자 사이에 손해가 발생하였는지 및 그 손해 또는 배상되어야 할 이익이 얼마인지에 관하여 다툼이 있는 경우에는, 법관은 이에 대하여 **모든 事情을 評價하여**(unter Würdigung aller Umstände) 自由로운 心證으로 판단한다. 신청된 증거조사를 명할 것인지 또는 어느 범위에서 할 것인지 또는 직권으로 전문가에 의한 감정을 명할 것인지는 法院의 裁量에 맡겨진다"고 정하여(同法 § 287 Ⅰ 제1문, 제2문), 예외를 정하고 있다(또한 瑞債 § 42 Ⅱ도 참조). 이 점에 대하여는 우선 梁彰洙, "損害賠償의 範圍와 方法/損害賠償責任의 內容(不法行爲法 改正案 意見書. 第五)", 民事法學 15(1997), 211, 220 이하 참조.

25) 註釋債權各論(Ⅳ)(1986), 363(梁三承 집필)은 "本條는 損害賠償을 하는 者의 賠償額減額請求權을 규정하고 있다"고 한다. 그러나 그 설명이 본문에서 말한 바와 같은 問題를 의식하고 행하여진 것인지 명확하지 아니하다.

26) 그 외에 §§ 816(婚姻取消), 905(裁判上罷養) 등을 들 수 있을 것이다.

本條는 배상의무자에게 배상액 경감에 관한 무슨 實體的 權利를 부여하는 것이 아니며, 단지 법원에 대하여 형성적 판단을 구할 권리, 즉 일종의 訴權[27] 또는 법원이 배상액을 확정함에 있어서 고려되어야 할 訴訟上의 攻擊防禦方法을 정함에 그치는 것인가?

이와 같은 문제에 대한 논의는 별로 행하여지지 않고 있다.[28] 이러한 法的 性質決定(juristische Qualifikation)의 논의는 그 여하에 의하여 구체적인 법률문제에 대한 결론을 일률적으로 통제할 수 없다는 의미에서 별다른 실익이 없다고도 할 수 있다. 특히 우리 나라에서 아직 形成權에 관하여 충분한 포용력을 갖춘 설득력 있는 견해가 주장되지 못하고 있는 점에 비추어 보면 더욱 그러하다. 그러나 앞의 (1)의 말미에서 말한 대로 本條에 의한 배상액 경감의 要件과 效果를 解釋論的으로 제시하는 데는, 특히 이에 대한 논의가 전무한 상황에서는, 그 접근을 가능하게 하는 어떠한 이론적 準據들이 적어도 端初에는 요구된다고 하겠다. 그리고 위와 같은 법적 성질에 관한 논의는 바로 그러한 준거들에 대한 물음에 나름아닌 것이다.

(나) 실체법과 절차법의 峻別을 체계구성의 기초로 하는 우리 법질서에서 실체법인 민법이 단순히 소송상의 공격방어방법을 정하는 규정을 두었다고 이해하기에는 무리가 있다. 그렇다면 本條에 기하여 배상의무자에게 주어지는 법적 지위는 결국 배상액의 경감을 구할 수 있는 지위로서 實體法的 性質을 가진다고 할 것이다.[29] 동시에 그것은 법원의 형성적 판단을 통하여 또 그러한 수단만에 의하여 실현되는 것으로서, 그 한도에서는 訴訟法上의 權利로서의 성질도 가진다고 하겠다. 그러나 이 권리는 뒤의 (다)에서 보는 대로, 그 목적에 의한 제한을 받는 것으로서, 이를 가령 채권자취소권의 법적 성질 논의에서의 訴權說이[30] 주장하는 바와 같은 獨立的 訴權이라고는 할 수 없다.

본조의 경감청구권은 실체법의 관점에서는 위와 같은 의미에서 일종의 形成權이고, 本條 I은 그 발생요건을 정하는 것이라고 할 것이다. 그러나 그렇다고 해서 本條 I의 요건이 갖추어진 이상 법원이 반드시 배상액을 경감하여

27) 李時潤, 民事訴訟法, 新訂補版(1995), 277은, 訴로써만 행사할 수 있는 實體法上의 形成權을 「形成訴權」이라고 부른다. 그러나 이 용어법에는 실체법적 권리임이 충분히 나타나고 있는지 의문이 있다.

28) 이와 관련하여서는 債權者取消權의 법적 성질에 대한 最近의 論議(소위 責任說·訴權說을 포함한)가 상기된다. 이에 대하여는 우선 金亨培, 債權總論(1993), 421 이하 참조.

29) 그러므로 배상의무자는 배상청구권자가 제기한 손해배상청구소송 등에서 本條에 기한 減額請求權을 행사하여 원고가 주장하는 권리의 내용을 그 한도에서 다툴 수 있다.

30) 金亨培(註 28), 429 이하 참조.

야 한다고 해석하여야 할 것인가? 이를 긍정하는 입장에서는 本條 Ⅱ의 "…輕減할 수 있다"고 하는 것은 경감 여부에 대한 것은 아니라, 단지 경감의 정도에 대한 법원의 합리적 재량권을 표시하는 것이라고 이해할 것이다. 그러나 본조의 권리는 바로 뒤에서 보는 대로 「형식적 형성권」으로서 법원의 非訟的 判斷에 의존하는 것으로서, 법원의 판단 여하에 따라서는 경감을 부인할 수도 있다고 할 것이다(뒤의 Ⅲ. 2. (2) (가) 참조).

그런데 법원이 배상액 경감의 정도를 판단함에 있어서는 "債權者 및 債務者의 經濟狀態와 損害의 原因" 등은 물론이고 그 외의 모든 事情을 參酌하여 다양한 사정을 고려하여 말하자면 非訟的으로 판단할 수 있다. 이와 같이 구체적으로 어떠한 내용의 權利關係를 形成할 것인가가 法官의 裁量에 맡겨져 있다는 의미에서 본조에 기한 감액청구의 권리는 「形式的 形成權」의[31] 성질을 가진다고 할 수 있다.[32] 결국 본조의 감액청구권은 裁判上의 共有物分割請求權(§ 269 I) 등과 유사한 권리라고 하겠다.

(다) 그런데 本條에 기한 배상의무자의 법적 지위를 「形式的 形成權」으로 파악한다고 하여도, 그 권리는 독립적·일차적인 의미가 없으며 단지 어떠한 손해배상청구권을 전제로 하여 그 내용, 즉 배상액을 확정한다는 작업과 관련하여서만 존재이유가 있다. 그러므로 이는 말하자면 從屬的 形成權이라고 할 수 있다.

그렇게 보면 이 권리는 손해배상청구권과 독립하여 독자적으로 소멸시효에 걸리지 아니하고, 손해배상청구권이 소멸하면 따라서 소멸한다고 할 것이다. 또 이것만을 별도로 양도하거나 압류하는 것도 허용되지 않는다. 그 외에 本條의 輕減請求를 소송물로 하는 獨立的 訴는 인정되지 않는다는 것(뒤의 Ⅲ. 1. (2) (나) (a) 참조)도 이러한 성질에 기한 것이다.

---

31) 訴訟法學에서 인정되는 「形式的 形成의 訴」에서 그 이름을 따왔다. 이 訴에 대하여는 우선 李時潤(註 27), 279 이하 참조.

32) 그러나 법원이 당사자가 경감청구한 액을 넘어 경감할 수 있는지 여부는 「形式的 形成權」이라는 법적 성질로부터 논리필연적으로 부정되어야 하는 것은 아니다. 本條가 당사자의 「請求」를 요구하는 것에 비추어 달리 해석될 수도 있기 때문이다. 이 문제에 대하여는 뒤의 Ⅲ. 1. (1) 참조.

## Ⅱ. 輕減請求權의 發生要件: 本條 Ⅰ

### 1. 概 觀

本條에 기한 輕減請求權이 발생하기 위하여는, 첫째, 불법행위로 인한 손해배상의무가 존재하여야 하고("本章의 規定에 依한 賠償義務者는 …"), 둘째, 그 의무자에게 고의 또는 중과실이 없어야 하며, 셋째, 그가 그 의무를 실제로 이행하게 되면 그로 인하여 賠償義務者의 生計에 重大한 影響을 미치게 되어야 한다.

法院은 본조의 경감청구를 인용함에 있어서 배상의무자가 위와 같은 요건들을 인정하여야 하며, 그 인정이 없으면 理由不備(民訴 § 424 Ⅰ vi)를 범한 것이 되어 上告理由가 된다.

### 2. 不法行爲로 인한 損害賠償義務의 存在

#### (1) 損害賠償義務의 存在

불법행위로 인한 손해배상의무가 존재하지 않는다면, 그에 대한 輕減請求란 상정될 수 없다.

(가) 여기에서 말하는 배상의무의 존재란, 처음부터 발생하지 아니한 경우뿐만 아니라, 일단 발생하였다가 소멸한 경우를 포함한다. 前者에는 유책한 위법행위가 행하여지고 이로 인한 손해가 발생하였으나, 가령 過失相計나 損益相計 등에 의하여 가해자의 배상의무가 부정되지 아니하는 경우도 포함된다. 앞의 I. 3. (1)에서 본 대로, 本條의 輕減請求는 최종적인 구제수단인 것이다. 또 後者는 그 소멸의 원인이 辨濟나 이와 동시되는 사유(대물변제·상계·공탁 등)로 인한 것이든, 면제·혼동·소멸시효의 완성 등 기타의 사유이든 불문한다.

(나) 한편 공동불법행위자나 사용자책임에서의 사용자와 피용자 등과 같이 동일한 내용의 배상의무를 부담하는 사람이 여럿인 경우도 이 요건이 충족된다.[33] 그러므로 그 各人이 본조의 다른 요건을 갖춘다면 각각 별도로 本條의 경감청구를 할 수 있다(한편 다수의 의무자들 사이의 內部的 求償關係에서 본조를 주장할 수 있는지의 문제에 대하여는 뒤의 (3) 참조).

---

33) Peter Gauch(Hrsg.), Schweizerisches Obligationenrecht. Rechtsprechung des Bundesgerichts, Allg. Teil(Art. 1-183)(1983), S. 83 참조.

(2) 不法行爲責任

本條가 적용되려면, 불법행위로 인한 손해배상책임이 존재하여야 한다.

(가) 그런데 여기서 말하는 「不法行爲」에는 이는 民 § 750에서 정하는 원래의 過失責任에 기한 것은 물론이고, 책임무능력자의 감독자의 책임이나 사용자책임 등에서와 같이 他人의 行爲로 인하여 책임을 지는 경우, 공작물의 점유자 또는 소유자나 동물 점유자와 같이 危險責任에 기한 경우에도 마찬가지이다. 그 외에 본조의 적용범위에 관한 문제에 대하여는 뒤의 Ⅳ. 참조.

(나) 여기서의 「불법행위」에는 自然人이 그 책임의 주체인 경우가 물론 해당하는데, 나아가 法人이 그 책임을 지는 경우도 포함되는지에 대하여는 문제가 없지 않다. 本條 Ⅰ이 "생계에 重大한 影響을 미칠 것"을 요구하는 것에 비추어 보면, 법인의 경우에는 본조의 적용이 없다고 할 것이다.[34] 법인은 다수인으로부터 각 개인의 업무나 재산 중 일부를 분리하여 별도로 결집시킨 단위에 法人格을 인정한 것에 불과하여 그것을 위하여 피해자를 희생시키면서 배상액의 경감을 인정할 필요는 없으며, 배상의 실행으로 재무상태가 극히 악화되더라도 이를 이유로 破産이나 會社整理 등의 節次를 밟으면 그만일 것이다.

(3) 求償關係에서의 輕減請求의 許容 與否

피해자를 자신의 出捐으로 만족시킨 자(그 스스로 피해자에 대하여 賠償義務를 부담하는 경우가 대부분일 것이나, 반드시 그런 것은 아니다)가 배상의무자에게 求償을 하는 경우에도 本條가 적용되는가? 즉 배상의무자는 배상의 이행으로 生計에 중대한 영향을 받음을 내세워 求償額의 경감을 청구할 수 있는가?

(가) 결론적으로 肯定하여야 할 것이다.[35] 다음과 같이 생각하여 이를 否定하여야 할는지도 모른다. 本條는 배상의무자의 손해배상과 관련하여 궁박에 빠지게 될 일체의 경우에 누구에 대한 관계에서라도 부담의 경감을 주장할 수 있다는 취지라고는 볼 수 없다. 本條 Ⅱ에서 "債權者의 經濟狀態"도 고려하여 경감의 범위를 판단한다고 정한 것은, 배상받을 액이 경감되더라도 피해자가 그 손해(그로서도 不意에 입은)를 감당할 수 있는지 등의 사정을 고려하라는 취지라고 이해된다. 그 외의 제3자, 특히 다른 배상의무자와의 內部關係에

34) 反對: 吳宗根, "민법 제765조상의 배상액경감청구", 比較私法 4-1(1997), 256 주 78은, "손해배상의무의 이행으로 기업운영이 어렵게 될 경우처럼, 배상의무자가 법인 내지 단체인 경우에도 적용될 수 있다"고 한다.

35) 同旨: 吳宗根(前註), 262; 金永文(註 3), 28 이하.

서 그 중 一人의 공박상태가 구상에 영향을 미치는 것은 쉽사리 긍정될 수 없으며, 만일 이를 인정한다면 다른 배상의무자는 구상액이 경감될 것을 내세워 피해자에의 배상의 실행을 꺼리게 될 수도 있다. 요약하면, 本條에 기한「特別한 犧牲」을 피해자 이외의 사람에게 확장하는 것은 바람직하지 아니하고, 본조의 적용을 긍정하면 求償問題를 불필요하게 복잡하게 할 위험이 있다는 것이다.

그러나 역시 불법행위책임을 지는 사람 중 1인이 직접 피해자에게 손해배상할 때에는 본조를 적용하면서, 다른 불법행위의무자에 대하여 구상책임을 질 때에 이를 적용하지 않는다면, 각 불법행위의무자가 실제로 부담하게 되는 배상액에 차이가 발생하여 不當하다. 특히 사용자책임에 기하여 피해자에게 손해를 배상한 使用者가 被用者에 대하여 구상하는 경우를 상정하여 보면 이는 명확하다. 불법행위의무자가 구상의무를 부담하는 것은 종국적으로 자신의 불법행위책임을 기초로 하는 것이므로, 그것이 피해자에 대한 賠償이든 다른 자와의 내부관계에서의 償還履行이든 그 실질이 불법행위책임의 이행인 한에서는 本條가 적용되어야 할 것이다.[36]

(나) 그런데 이러한 求償의 경우 本條 적용의 내용에 대하여는 보다 상세한 음미를 요한다. 예를 들면 구상의무자가 뒤에서 보는「생계에의 중대한 영향」을 주장함에 있어서 기초가 되는 것은 피해자에 대한 외부적 책임액인가 아니면 내부적인 부담부분, 즉 구상의무액인가, 또 그 경제상태가 고려되는「채권자」란 구상청구권자인가 원래의 채권자인가 등의 문제가 그것이다. 만일 이를 피해자, 즉 채권자에 대한 외부적 관계를 기준으로 하여 정한다면, 당사자 사이의 구상관계의 內容과 展開는 극도로 착잡하게 될 것이다. 그러므로 이 경우에는 구상청구권자를 채권자의 지위에 갈음하는 자로 보아서 그를 기준으로 하여 경감청구의 허부 및 경감의 내용을 정하는 것이 타당하다고 생각된다. 그러므로 구상의무를 실제로 이행하면 생계에 중대한 영향이 생기는 경우에 비로소 경감청구를 할 수 있고, 또 경감의 정도도 구상채권자의 경제상태를 고려하여 정할 것이다.

36) 金永文(註 3), 29는 사용자의 피용자에 대한 구상권과 관련하여 "求償義務 그 자체가 불법행위책임은 아니지만 [本條에서 정하는] '本章의 규정'이라 함은 민법 제5장 불법행위를 말하는 것이므로 민법 제756조 제3항에 따라 全額求償義務를 부담해야 할 被用者의 責任도 민법 제765조의 적용을 받는 것은 당연하다"고 하나, 문제는 이와 같이 민법에 § 756 Ⅲ과 같은 규정이 있는지 자체가 아닐 것이다.

### 3. 배상의무자에게 故意 또는 重過失이 없을 것

#### (1) 故意 또는 重過失

민법은 원칙적으로 가해자의 過責의 程度에 따라 손해배상의 내용에 差等을 두지 않는다는 태도를 취한다. 그러나 本條에서는 예외적으로 고의·중과실이 있는 배상의무자의 경감청구를 배제한다는 입장을 취하고 있다. 불법행위의 요건으로서의 故意나 過失(重過失을 포함하여)에 대하여는 § 750 注解 참조.

이 요건은 過責事由에 관한 입증책임이 전환되어 있는 경우(가령 使用者責任에 관하여 § 756 I 但, 責任無能力者의 監督者의 責任에 관하여 § 755 I 但, 工作物占有者의 책임에 관한 § 758 I 但, 動物占有者의 책임에 관한 § 759 I 但 등)에도 변함없이 요구되며, 그 경우에는 그 각 규정에서 정하여진 免責事由(가령 사용자책임에 있어서는 피용자 선임 또는 감독상의 주의의무)에 관하여 고의 또는 중과실이 없다면 이 요건이 충족된다.

배상의무자에게 故意 또는 重過失이 없으면 족하고, 輕過失의 한도에서의 과책의 정도는 적어도 경감청구를 하는 단계에서는 문제되지 않는다. 다만 그것은 경감의 정도를 정함에 있어서 고려될 뿐이다(뒤의 Ⅲ. 2. (1) (가) 참조).[37]

#### (2) 實務上의 判斷例

실무에서는 본조의 의미에서의 故意, 특히 重過失 유무를 판단한 예 자체가 드물어 그에 관한 태도를 쉽사리 말할 수 없다.

大判 70. 4. 14, 69다1580(要集 I-2, 1454)이 "아무런 이유 없이 피해자에게 달려들어 주먹으로 얼굴을 여러 차례 구타하여 땅에 쓰러뜨리고 이를 제지하는 [다른] 피해자의 얼굴을 주먹으로 구타한 폭행으로 인하여 피해자 등에게 상해를 입힌" 사안이 故意로 인한 不法行爲라고 판단한 것은 당연하다고 하겠다.

그런데 大判 66. 3. 15, 65다2637(要集 I-2, 1454)은, 國土建設本部 經理課 監査係長이 그 산하 分團의 지출관으로부터 받은 公金을 채권자에게 직접 지급하여야 할 것인데 자신의 친구에게 심부름을 시킨 결과 그 친구가 그 금전을 횡령한 事案에서, 原審이 이에 중과실이 없다고 하여 본조의 경감청구를 인용한 것을, 이는 重過失에 해당한다고 하여 原審判決을 파기하였다. 과연 이 사안에서 배상의무자에게 판례가 말하는 통상의 의미의 重過失, 즉 "행위자의 직업, 행위

37) 스위스에서는 소위 「中過失(mittleres Verschulden)」의 경우에도 경감청구가 허용된다는 것이 판례라고 곧잘 일컬어진다. 가령 Honsell et al.(註 21), Art. 44 Rn. 9(S. 333) 참조.

의 종류·목적 등에 비추어 보통 요구되는 주의를 현저히 결여한 것"이나[38] "통상인에게 요구되는 정도의 상당한 주의를 하지 않더라도 약간의 주의를 한다면 손쉽게 위법 유해한 결과를 예견할 수 있는 경우임에도 만연히 이를 간과함과 같은 거의 고의에 가까운 현저한 주의를 결여한 상태"가[39] 긍정될 수 있는지는 극히 의문이다. 아마도 대법원은 本條의 경감청구를 가급적 허용하지 아니하고자 하는 暗默的 立場(앞의 I. 3. (2)도 참조)이 여기서 말하는 重過失을 보다 용이하게 인정하는 태도로 나타난 것이 아닌지 추측하여 본다.

(3) 危險責任에서의 「故意 또는 重過失 없음」 要件

민법상의 불법행위에서도 工作物所有者는 아무런 故意·過失 없이도 책임을 지도록 되어 있고(§ 758 I 但), 무엇보다도 뒤의 Ⅳ. 2.에서 보는 대로 本條는 특별법상의 불법행위책임에도 적용되는데 그 중에는 危險責任主義에 입각한 규정도 적지 않다. 이들 경우에는 불법행위책임의 요건으로 고의 또는 과실이 애초 문제되지 않으므로, 본조에서의 「고의 또는 중과실 없음」의 요건을 어떻게 나루어야 할 것인가 하는 문제가 제기된다.

이 경우에는 故意 또는 重過失이 없을 것임을 요구하지 아니하고, 단지 뒤의 4.에서 보는 요건만으로 감액청구를 인정할 것인가? 이 요건이 주관적 비난가능성이 높은 배상의무자에게는 衡平上 감액청구가 부인된다는 취지에 비추어 보면, 위와 같은 경우에 이 요건을 전적으로 철폐하는 것은 적절하지 아니하며, 결국 문제된 危險源의 瑕疵 또는 위험발생예견·회피의무 違反의 정도를 고려하여 그것이 重大한 것이면 본조의 적용이 없다고 할 것이다.[40]

38) 錯誤의 意思表示에 대한 § 109 I 단서에 관하여 大判 92. 11. 24, 92다25830등(公 936, 232); 大判 93. 6. 29, 92다38881(公 951, 2122); 大判 96. 7. 26, 94다25964(公 1996하, 2581); 大判 97. 9. 30, 97다26210(公 1997하, 3286) 등 참조.

39) 「失火責任에 관한 法律」에 관하여 大判 83. 2. 8, 81다428(公 701, 489); 大判 90. 6. 12, 88다카2(公 877, 1446); 大判 91. 4. 9, 90다11509(公 897, 1341); 大判 92. 4. 24, 92다2578(公 923, 1682); 大判 95. 10. 13, 94다36506(公 1995, 3759); 大判 96. 2. 23, 95다22887(公 1996상, 1058) 등; 또한 사용자책임을 부정하는 사유로서 피용자의 직무관련성에 대한 피해자의 중과실에 관하여 大判 98. 7. 24, 97다49978(公 1998하, 2203) 등 참조.

40) 유사한 문제는 가해자의 過責을 요구하지 않는 危險責任의 영역에서의 過失相計, 특히 減額比率의 결정과 관련하여서도 제기된다. 이 문제에 대하여도 本文에서와 같이 해결되고 있다. 독일의 법상태에 대하여 우선 MünchKomm/Grunsky, § 254 BGB Rn. 8ff. (Bd. 2, 3. Aufl.(1994), S. 495f.) 참조.

### 4. 그 賠償으로 인하여 賠償義務者의 生計에 重大한 影響을 미치게 될 것

#### (1) 「生計에의 重大한 影響」

유사한 요건은, 증여자의 재산상태 변경을 이유로 한 증여의 해제를 정하는 § 557("贈與契約 후에 贈與者의 財産狀態가 顯著히 變更되고 그 履行으로 인하여 生計에 重大한 影響을 미칠 경우")에서도 나타난다.[41] 거기서와 마찬가지로, 이 요건의 충족 여부는 배상의무자가 속하는 계층·직업·지위 등을 고려하여 객관적으로 결정되어야 한다.[42] 그런데 이 요건은 § 557에서보다는 엄격하게 해석되어야 할 것이다. 왜냐하면 본조에서는 被害者의 희생으로 가해자의 배상액 경감이 인정되는 것이어서, 단지 無償으로 얻을 수 있었던 것을 얻지 못하게 되는 受贈者와는 이익상황이 다르다고 할 것이기 때문이다.[43]

여기서 생계에 「중대한 영향」을 미친다고 함은, 배상의무자가 속하는 계층·직업·지위 등을 고려할 때 그에게 보장되어야 할 最小限의 生活이 유지될 수 없음(「궁핍상태」)을 의미한다.[44] 그 판단에 있어서는 現在의 재산상태뿐만 아니라, 將來의 職業 등 收入可能性, 나아가 相續의 期待도 고려되어야 한다.[45]

이와 관련하여 몇 가지 지적할 만한 점은 다음과 같다.

㈎ 손해배상의 실행으로 단지 생활수준이 종전보다 낮아진다는 것만으로는 이 요건이 충족되지 않는다. 또 손해배상을 실행하는 것이 가령 단기간 내의 現金調達의 어려움이나 일시적인 資金需要의 증가로 인하여 어렵다는 사정으로도 역시 이 요건이 충족되지 않는다.[46] 또한 실제로 배상의무액이 少額인 경우에는 이 요건은 인정되기 어려울 것이다.[47]

그러나 이 요건의 충족을 위하여 배상의무자가 社會保障給與를 받게 될

41) 이 규정 역시 本條와 마찬가지로 일종의 衡平法的 規定이라고 하겠다.

42) 民法注解[Ⅸ], 45(高永鋽 집필) 참조.

43) 스위스에서도 증여자의 재산상태의 악화로 인한 증여계약의 실효가 인정되고 있다(瑞債 § 250 ii: "[재산상태의 변화로] 증여가 증여자에게 극히 무거운 부담이 될 때(ausserordentlich schwer belasten würde)"). 그런데 von Tuhr/Peter, Allgemeiner Teil des Schweizerischen Obligationenrechts, Bd. 1, 3. Aufl.(1979), S. 105 Fn. 92는, 본문에서와 같은 이유를 들어 瑞債 § 44 Ⅱ의 「窮迫狀態」는 증여에 관한 위 규정보다 엄격한 것이라고 한다.

44) Keller/Gabi(註 11), S. 105f.는, "생활에 불가결하게 필요한 것(das zum Leben unbedingt Erforderliche)을 가지지 못하게 되는 때"라고 표현한다. 또한 BernKomm/Becker, Art. 44 OR Rn. 11(S. 246)은, "이 異例的인 輕減事由는 형평이 이를 긴절하게 요구하는 때(wo die Billigkeit es dringend erheischt)에 한하여 인정되어야 한다"고 한다.

45) Gauch(註 33), S. 82 참조.

46) Honsell et al.(註 21), Art. 44 Rn. 9(S. 334f.); Keller/Gabi(註 11), S. 106 참조.

47) BernKomm/Becker, Art. 44 OR Rn. 11(S. 246) 참조.

처지에 빠지게 될 것이라는 점까지 요구된다고는 할 수 없다.[48)]

(나) 이 요건이 충족되는 것은, 배상의무자의 생계에 대한 중대한 영향이 감액이 청구되고 있는 배상의무의 이행에 의하여 생기는 경우에 한정된다("그 履行으로 인하여"). 따라서 배상의무자가 이미 窮迫狀態에 있다면, 本條의 적용은 문제될 여지가 없다.[49)] 그 경우에는 배상청구권자가 다른 채권자와의 관계에서 채무자(배상의무자)의 재산으로부터 만족을 얻을 按分比率이 유지되기 위하여서도 경감은 인정되어서는 안 된다.[50)] 또한 배상의무의 실행에 의하지 아니하여도 장차 궁박상태에 빠질 것이었던 경우에도 마찬가지이다.

(다) 원래의 가해자가 死亡한 경우에 그 상속인이 本條를 원용하여 감액을 청구할 수 있는가? 상속인은 상속포기에 의하여 그 배상의무의 승계로부터 벗어날 수 있으므로, 자신이 배상의무를 실행함으로써 궁박하게 될 것임을 주장하는 것은 허용되지 않는다고 보아야 하지 않을까.[51)]

(라) 문제의 배상의무가 責任保險에 의하여 보상되는 경우에는 이 요건은 충족되지 않는다고 할 것이다. 그 경우에는 가해자는 물론 보험자도 本條에 의한 배상액 경감을 주장할 수 없다. 그 보험이 任意保險이든 強制保險이든 불문한다.[52)]

서울高判 81. 3. 19, 81나558(高集 387)도, 피고 소유 자동차의 운행 중 발생한 사고로 인한 손해배상을 청구한 사건에서, 사고 승용차가 종합보험에 가입되어 있어서 보험회사가 사고 손해에 대하여 무제한의 책임을 지도록 되어 있는 경우에 같은 취지로 판단하고 있다. 그러나 배상의무액의 일부만이 책임보험에 의하여 보상되는 경우에 그 초과액에 대하여는 本條가 적용되어야 할 것이다.

(마) 배상의무자가 배상의무를 실행하는 경우에 다른 제 3 자에 대하여 求償權을 가지게 된다면, 그 구상권의 현실적 실현을 기대할 수 없는 현저한

48) Honsell et al.(註 21), Art. 44 Rn. 9(S. 334) 참조. 스위스의 판례라고 한다.

49) 同旨: Oftinger(註 1), § 7 Ⅱ c(S. 272); Keller/Gabi(註 11), S. 106.

50) 이 점에 대하여 Keller/Gabi(註 11), S. 106 참조.

51) BernKomm/Becker, Art. 44 OR Rn. 11(S. 247) 참조(스위스의 판례라고 한다). 相續債務의 존재를 알지 못한 상속인의 救濟方法 여하는 상속의 승인 또는 포기에 대하여 일반적으로 제기되는 문제이다.

52) 이상 Honsell et al.(註 21), Art. 44 Rn. 9(S. 335); Guhl/Merz/Koller(註 18), § 10 V 1 b(S. 79); Keller/Gabi(註 11), S. 106 참조. 스위스의 판례(BGE 111 Ⅱ 32)라고 한다. Keller/Gabi, 同所; Keller, Haftpflicht im Privatrecht, 4. Aufl.(1979), S. 98에 의하면, 責任保險이 널리 이용됨에 따라 瑞債 § 44 Ⅱ는 실제상 별로 기능을 하지 못한다고 한다.

사정이 있지 않은 한, 이 요건이 충족된다고 하기는 어려울 것이다.[53)]

(바) 손해배상으로 배상의무자의 생계에 중대한 영향이 있는지를 판단하는 기준시점은 법원이 구체적으로 감액청구에 대하여 판단을 하는 때, 즉 事實審의 辯論終結 당시라고 할 것이다.

(2) 實務上의 判斷例

우리 나라에서는 實務上 이 요건에 대한 판단이 행하여진 예를 찾을 수 없다.

스위스의 實務例를 보면, 월 수입이 8백 프랑(1967년 당시)인 가해자가 4만5천 프랑의 손해부담하게 된 경우에 그 5분의 1에 해당하는 9천 프랑의 배상을 명한 것, 월 수입 330 프랑인 가해자(1963년 당시)가 2만 프랑의 손해배상의무를 부담하게 된 경우에 감액을 인정한 것 등이 있다고 한다.[54)] 그러나 이들 사건에서 단순한 현재의 월 수입만이 기준이 된 것은 아닐 것이다. 반면에 3명의 연대채무자가 모두 18세인데 현재 재산은 별로 없으나 직업교육을 받고 있었던 경우에 대하여 12,375 프랑의 손해배상의무를 감당할 수 있다고 하여 경감청구를 부정한 예도 있다(1974년 당시).[55)]

## Ⅲ. 減額請求와 法院의 判斷: 本條 Ⅱ

### 1. 賠償義務者의 減額請求

(1) 輕減請求의 必要

本條 Ⅱ는 "法院은 前項의 請求가 있는 때에는 …"이라고 하여, 배상의무자의 청구가 있어야 비로소 법원이 배상액 경감을 판단한다고 정하고 있다. 이는 앞의 I. 4. (2)에서 본 대로, 本條의 輕減請求權이 법원의 재판을 통하여 실현되는 形成權이라는 성질에 상응하는 것이다. 또한 이로써, 비록 배상의무자가 窮迫하게 될 것이라도 상대방의 손해를 모두 배상하고자 원하고 그 減額을 꺼리는 경우도 있을 수 있다는 점에도 배려할 수 있다.

그러므로 법원은 변론에서 배상의무자의 경감청구권의 발생요건이 갖추어

53) Oftinger(註 1), § 7 Ⅱ C(S. 272); Keller/Gabi(註 11), S. 106 참조.
54) Oftinger(註 1), § 7 Ⅱ C Fn.48(S. 272) 참조.
55) Gauch(註 33), S. 82f.; Keller(註 52), S. 98.

졌음을 알 수 있는 때라도 직권으로 本條의 減額을 인정하여서는 아니된다.[56] 大判 62. 9. 20, 62다428(集 10-3, 253)은 같은 취지에서, "배상의무자가 [본조에 의하여] 배상액의 감액을 받으려면 민법 제765조에 규정된 사실을 주장 입증하여 그 감액을 청구하여야 하며 그 청구의 여부에 관하여는 법원은 아무런 釋明義務가 없는 것"이라고 판시하고, 이어서 피고가 그러한 감액을 청구하지 아니하였다면 "원심이 그 점에 관하여 석명도 하지 않고 또 판단을 하지 아니한 것에는 아무런 위법이 없"다고 판단하였다.

(2) 輕減請求의 方式 또는 時期

배상의무자는 배상액의 경감을 청구하는 方式 또는 時期에 대하여는 문제가 있다.

㈎ 물론 피해자가 제기한 損害賠償請求訴訟에서 피고가 本條에 기하여 일정액의 경감을 주장할 수 있고, 또 이것이 통상적인 방법일 것이다. 이와 같이 본조의 경감청구는 대체로 訴訟上의 防禦方法으로 나타난다.

그 때 피고는 단지 輕減할 것만을 주장하고 具體的인 額을 제시하지 않는 것도 허용되는가? 이는 부정하는 것이, 법원은 당사자가 주장한 경감액 이상을 경감할 수 없다는 것(뒤의 2. (2) ㈐ 참조)과 首尾一貫한 태도일 수도 있겠으나, 다른 한편 어차피 법원의 재량에 의하여 판단될 그 사항에 대하여 당사자의 주장은 하나의 參考資料임에 그치므로 위와 같은 경감청구를 인정하여도 좋지 않은가 생각된다.

㈏ 배상의무자는 본조에 의한 경감청구권을 別訴로도 행사할 수 있는가?

(a) 민사소송법학자 중에는 本條에 의한 賠償額輕減請求를 「形式的 形成의 訴」의 일종으로 드는 견해가 있다.[57] 이러한 견해는 아마도 배상액경감청구를 독자적인 소로 제기할 수 있음을 전제로 하는 것이라고 추측된다. 그러나 앞의 I. 4. (2) ㈐에서 본 대로, 本條의 輕減請求權은 독립적·일차적인 의미가 없으며 단지 어떠한 손해배상청구권을 전제로 하여 그 내용, 즉 배상액을 확정한다는 작업과 관련하여서만 存在理由가 있는 것이므로, 이를 別途의 訴訟物로 하여 독자적인 소를 제기하는 것은 허용되지 않는다고 할 것이다. 또 技術的으로도 법원이 배상액의 경감을 판결 주문에서 어떠한 내용으로

56) 스위스에서도 동일한 견해가 있다. Oftinger(註 1), § 7 Ⅱ C Fn. 53(S. 273) 참조.

57) 宋相現, 民事訴訟法, 新訂版(1997), 247; 姜玹中, "形式的 形成訴訟에 관한 약간의 考察", 저스티스 30-1(1997), 98.

선언할지 의문이다. 법원은 앞의 ㈎에서 본 통상의 경우에라면 단지 배상의무자에게 감액된 賠償金의 支給을 명하면서 원고의 청구를 그 한도에서 기각하면 족하다고 하겠다.

(b) 실제로는 별로 행하여지지 않을 것이기는 하여도,[58] 본조에 기한 경감액에 대하여는 손해배상의무가 없다는 확인을 구하는 債務不存在確認訴訟은 인정되어도 좋을 것이다. 한편 일단 손해배상을 명하는 판결이 확정된 후에 본조의 경감사유를 들어 請求異議의 訴(民執 § 44)를 제기할 수 있는가? 본조의 경감사유가 이미 辯論終結 전에 생긴 경우에는 이를 허용할 수 없다. 그러나 그 사유가 그 후에 생긴 것이라면, 이를 인정하여야 할 것이다. 이는 "確定判決과 同一한 效力"을 가지는 和解 또는 請求認諾의 調書가 작성된 경우(民訴 § 220)에 대하여도 마찬가지라고 하겠다.

㈐ 減額請求는 확고한 판례가 손해배상에 관하여 확고하게 인정하는 3개의 訴訟物, 즉 적극적 재산손해·소극적 재산손해·비재산적 손해의 각 배상청구와 어떠한 관계에 있는가? 이는 별 실익도 없을 성가신 문제이나, 굳이 말하자면, 일단 그러한 판례의 태도를 전제로 하는 이상에는 감액청구도 그 각 소송물마다 행하여질 수 있고 또 행하여져야 할 것이다.

그런데 배상의무자의 감액청구가 總額으로 一括하여 행하여진 경우에 이를 어떠한 손해배상청구권에 대한 것인가는 그 意思解釋의 문제이다. 그 경우에 일반적으로 非財産的 損害의 賠償請求權(위자료청구권)에 대한 감액청구는 쉽사리 인정되기 어려울 것이다. 왜냐하면 慰藉料請求權은 원래의 배상액을 결정함에 있어서 本條 Ⅱ에서 드는 "債權者 및 債務者의 經濟狀態와 損害의 原因"은 물론이고 기타의 「諸般事情」을 고려하여 보다 비송적으로 판단되는 것이어서, 별도로 감액청구를 할 필요가 없기 때문이다. 그 외에 그 감액청구가 적극적 재산손해에 대한 것인가, 소극적 재산손해에 대한 것인가는 일률적으로 말할 수 없다. 일단 訴訟資料에 의하여 판단할 것이나, 그 외에 당사자에 釋明을 구하여도 그 의사를 확인할 수 없는 경우에는 최종적으로 인정되는 각 배상액에 균분하여 청구한 것으로 해석할 수밖에 없을 것이다.

58) 피해자와의 사이에 손해배상에 관한 합의가 이루어진 후에 가해자의 재산상태가 악화된 때와 같은 경우를 들 수 있을 것이다.

### 2. 法院의 減額判斷

배상의무자의 경감청구가 있으면, 법원은 "債權者 및 債務者의 經濟狀態와 損害의 原因 등을 參酌하여 賠償額을 輕減할 수 있다". 이러한 감액판단은 법원의 합리적 재량에 의하여 행하여지는 것으로, 본조의 경감청구의 非訟的 性格이 여기서 드러난다.

#### (1) 輕減에 있어서의 考慮事由

법원은 배상액 경감에 있어서 「一切의 事情」을 종합적으로 고려할 것이고, 그 범위에 제한은 없다. 本條 Ⅱ에서 명시적으로 정하고 있는 고려사유는 例示的인 것이고, 그 말미에 붙은 문언 "등"에 유념할 것이다.

(가) 여기서 「채무자」, 즉 賠償義務者의 재산상태를 고려할 것임은 본조의 취지에 비추어 당연하다. 本條 Ⅱ가 「債權者」, 즉 피해자의 재산상태를 고려하도록 정하는 것은 손해배상의 내용을 정함에 있어서 원칙적으로 피해자의 재산상태를 고려하지 않는 손해배상법에서는 이채로우나,[59] 본조의 감액청구가 궁극적으로 當事者 사이의 衡平을 기반으로 한다는 점에서 이해될 수 있다.[60] 그러므로 債權者가 裕足하면 할수록 감액의 정도가 커질 가능성이 있다. 반대로 채권자가 문제의 불법행위에 의하여 궁박상태에 빠지게 되었다면, 의미 있는 減額은 기본적으로 인정되기 어려울 것이다.[61]

그 외에 본조 Ⅱ는 「損害의 原因」을 고려사항으로 든다. 이는 우선 가해자에게 비록 輕過失밖에 없다고 하더라도 그것은 스펙트럼이 매우 넓으므로 그 程度가 고려될 수 있다는 의미이다. 특히 가해자에게 객관적 과실은 있으나 主觀的 過失이 없는 경우 등이 문제될 것이다. 한편 피해자에게 「과실」이 있다면 이는 본조의 경감청구에 이르기 전에 이미 過失相計事由로 고려되므로, 본조와는 무관하다. 나아가 손해의 발생이나 확대에 우연적 또는 쉽사리 예상되기 어려운 요소가 어느 만큼 작용하였는지 등도 「損害의 原因」으로 고

59) 實務에서 慰藉料를 算定함에 있어서 被害者의 재산상태를 고려하는 것은 소위 非財産的 損害의 배상이 금전 지급의 방법으로 피해자의 「滿足(Genugtuung)」을 도모한다는 점에서 이해될 수 있다. 즉 피해자의 재산상태 여하에 따라 전보되어야 할 損害의 내용이 달라질 수 있는 것이다.

60) 스위스에서도 瑞債 § 44 Ⅱ와 관련하여 피해자의 재산상태가 고려될 수 있다는 것이 판례라고 한다. Keller/Gabi(註 11), S. 106; Honsell et al.(註 21), Art. 44 Rn. 9(S. 334f.) 참조.

61) Keller/Gabi(註 11), S. 106 참조.

려될 것이다.[62)]

(나) 그 외에 고려될 수 있는 事情으로는, (i) 문제의 손해가 가해자가 無償의 好意로 행위하던 중 발생하였는지 아니면 그 행위로 어떠한 利益을 추구하고 있었는지, (ii) 가해자와 피해자의 직업 또는 사회적 지위, (iii) 가해자와 피해자 사이의 人的 關係, (iv) 가해자 및 피해자의 부양관계 또는 그에 대한 부양청구권자 및 부양의무자의 재산관계, (v) 인과관계의 「근접성」, (vi) 다른 배상의무자의 유무 및 그 경제상태 등을 들 수 있겠다.

(2) 輕減의 內容과 限界

이상과 같은 고려사유들을 실제로 고려할 것인지, 어떠한 내용으로 고려하여 얼마를 감액할 것인지는 모두 法院의 合理的 裁量에 달려 있다.[63)] 마치 慰藉料의 算定에서 그러한 것처럼, 결론적으로 내려진 경감액과 「구체적 사건의 제반 사정」과의 照應關係가 종국적으로 문제되는 것이다.

이와 관련하여 몇 가지 문제되는 점이 있다.

(가) 일체의 사정을 고려한 결과 법원은 경감을 전적으로 인정하지 아니할 수도 있는가? 輕減을 전혀 아니할 수도 있다고 본다.[64)] 本條 Ⅰ은 배상의무자측에 존재하는 사정만을 들고 있으나, 감액의 인정 여부는 역시 피해자측의 사정을 아울러 고려하여야 할 것이다. 그렇게 보면 아무리 배상의무자의 생계에 영향이 있을 것이라도, 배상을 얻지 못하면 피해자도 궁박상태에 빠지게 되는 경우 등에는 역시 原則으로 돌아가 피해자의 구제를 앞세워야 할 것이다. 또 법원으로 하여금 名目만의 輕減을 하여 실제로는 경감하지 아니한 것과 같은 迂廻를 강요하는 것은 가급적 피하여야 한다. 本條 Ⅱ의 문언도 "… 輕減할 수 있다"고 할 뿐이다.

(나) 반면 배상액을 전부 輕減하는 것을 인정하여, 배상의무를 免除하는

62) 吳宗根(註 34), 261은 "예를 들어 손해의 발생에 자연력, 피해자의 체질적 소인, 제3자의 행위와 같은 제3의 요소가 경합원인으로 기여함으로써, 가해자의 행위만에 의하여 발생하였을 손해보다 훨씬 큰 손해가 발생하였지만, 어쨌든 가해자의 행위와 손해 사이에 인과관계가 인정되어 가해자측이 손해 전부에 대하여 배상책임을 지는 경우가 그러하다. … 가해행위에 호의성이 인정되는 경우 …도 배상액의 경감에 유리하게 작용한다"고 한다.

63) 大判 67.12.26, 67다1430(要集 Ⅰ-2, 1454)도, "法院은 … 衡平의 精神에 立脚하여 자유로이 賠償額을 輕減할 수 있"다고 한다.

64) 同旨: 郭潤直, 838("輕減할 수 있으나, 꼭 輕減을 인정하여야 하는 것은 아니다"); 金疇洙, 794; 金相容(註 4), 514. 한편 各 同所는 大判 67.12.26, 67다1430(要集 Ⅰ-2, 1454)을 同旨의 판례로 인용하고 있으나, 그 판결은 輕減額, 즉 경감의 정도에 관한 법원의 자유재량을 설시하고 있을 뿐이다.

결과도 허용할 것인가? 이는 否定할 것이다. 過失相計에 대한 § 396의 규정("損害賠償의 責任[의 有無] 및 그 金額을 定함에 이를 參酌")과 대비하거나, 本條가 명확하게 「輕減」만을 정하고 있음을 생각하여 볼 때, 그렇게 해석할 것이다. 법원이 배상액이 零에 근접하도록 경감하여 실질적으로 피해자 스스로가 손해의 거의 전부를 부담하게 하는 것은 삼가야 할 것이다.[65]

(다) 법원은 배상의무자가 구하는 具體的 輕減請求額에 拘束되는가? 일반적으로 형식적 형성의 소에서는 處分權主義의 例外가 인정되어, 법원은 당사자가 구하는 바에 구속되지 않으며 당사자가 구하는 바보다 더 많이 인정하는 것도 허용된다고 한다.[66] 그러나 이 법리가 예외없이 貫徹되어야 한다고는 생각되지 않으며, 청구된 것보다 많이 감액할 수는 없다고 본다. 그것은 앞의 1. (1)에서 본 대로 본조의 감액에 배상의무자의 청구를 요구하는 취지에 비추어 배상의무자의 의사를 존중할 필요도 있기 때문이다.

(라) 법원은 피해자에게 「過失」이 있는 경우에는 이를 참작하여 過失相計한 다음에 다시 本條의 감액을 할 수 있다.

### (3) 法院의 輕減判斷

(가) 통상의 경우에 法院은 主文에서 被害者에게 위와 같이 하여 경감한 나머지 賠償額의 지급을 명하면서 필요하다면 원고의 청구를 일부 기각함으로써 족하다. 그런데 법원은 定期金의 지급으로 손해배상을 명하는 경우에는 그 지급될 정기금을 경감의 정도를 고려하여 정할 것이다. 그 경우에 감경의 정도는 반드시 均一할 필요는 없으며, 정기금이 지급되어야 할 기간을 적절하게 구분하여 각각 다른 경감을 인정할 수도 있을 것이다.

(나) 법원이 경감청구에 대한 판단을 포함하는 損害賠償判決이 確定된 경우에는 그 인용 여부를 불문하고 그 후에 이를 다툴 수 없게 된다. 이는 輕減請求權에 대하여 기판력이 발생하기 때문이라기보다는, 앞의 I. 4. (2) (다)에서 본 대로, 本條의 輕減請求權은 단지 손해배상청구권을 전제로 하여 그 내용, 즉 배상액의 확정과 관련하여서만 存在理由가 있으므로, 손해배상청구권에 관하여 기판력이 발생한 이상 그에 목적적으로 종속되는 경감청구권은 별도로 문제될 필요가 없기 때문이다.

다만 앞의 1. (2) (나) (b)에서 본 대로, 경감청구의 사유가 변론종결 후에 발

65) 同旨: 吳宗根(註 34), 260.
66) 가령 李時潤(註 27), 279; 姜玹中(註 57), 100 참조.

생한 경우에 배상의무자가 이를 주장하여 그 한도에서 請求異議의 訴를 제기할 수는 있다고 하겠다.

### 3. 減額 後 賠償義務者의 財産關係 改善時의 救濟手段

#### (1) 스위스에서의 論議

스위스에서는 瑞債 § 44 Ⅱ와 관련하여, 감액청구를 인용한 판결이 확정된 후에 배상의무자의 재산관계가 개선되어 이제 원래대로의 손해배상을 이행하더라도 窮迫狀態에 빠지지 않게 되는 경우에 배상청구권자에게 救濟手段을 주어야 할 것인지가 논의되고 있다. 일부의 학설은 형평에 비추어 이를 긍정하여야 한다고 하고, 그에게 추가적인 배상을 청구하는 再訴(Nachklagerecht)를 허용하거나 혹은 애초의 손해배상판결에서 그 점에 대한 修正의 留保(Rektifikationsvorbehalt)를 두는 것이 인정되어야 한다고 주장한다.[67] 다른 학설은 이에 반대하여, 그러한 구제수단은 명문의 법적 근거를 결하며 장래의 재산관계의 개선이 예상될 수 있는 경우에는 아예 처음부터 경감청구를 부정하여야 한다고 주장한다.[68]

#### (2) 再訴나 修正留保의 禁止

우리 법의 해석으로 再訴는 허용되지 않는다고 할 것이다. 이는 이미 기판력이 발생한 손해배상청구를 다시 제기하는 것이어서 명문이 없는 한 허용될 수 없으며, 손해배상사건을 가급적 1회의 소송으로 종결짓는다는 訴訟經濟의 관점에서 비추어 보아도 비송적 성격의 판단을 再論하는 것은 바람직하지 않다. 또 판결 당시 재산상태의 개선이 예상될 수 있었다면 아예 감액청구를 부정할 것이고(앞의 註 31 본문 부분 참조), 그것이 예상될 수 없는 것이었다면 이러한 배상의무자의 「幸運」을 들어 새삼 법적 권리로서 배상을 주장할 수는 없다고 해도 무방할 것이다.

한편 修正留保에 대하여는 이는 가령 條件附 履行判決과 같이 裁判의 內容이 아니라 裁判行爲 자체가 조건에 걸리는 것이어서 우리 법상 허용되지 않는다.

---

67) BernKomm/Becker, Art. 44 OR Rn. 11(S. 247); von Tuhr/Peter(註 43), S. 105; Keller/Gabi(註 11), S. 106.

68) Honsell et al.(註 21), Art. 44 Rn. 9(S. 334); Keller/Gabi(註 11), S. 106("衡平에 맞을지는 모르나"); Oftinger(註 1), § 7 Ⅱ C(S. 272). 그 외에 BernKomm/Brehm, Art. 44 OR Rn. 77; ZürchKomm/Oser/Schönenberger, Art. 44 OR Rn. 14도 그러하다고 한다(필자 미견).

## Ⅳ. 適用範圍

### 1. 債務不履行으로 인한 損害賠償責任에의 不適用

本條는 명백히 「本章의 規定」에 의한 배상의무자에게 감액청구권을 인정하고 있고, 민법에는 이를 債務不履行에 대하여 준용하는 규정이 없다.[69] 채무불이행의 경우에는 당사자 사이에 特別結合關係가 존재하여 채무자로서는 채권자가 자신의 채무불이행으로 입게 될 손해, 나아가 그에 대한 손해배상의무의 내용에 대한 예측을 할 수 있는 경우가 많으므로, 이에 대한 방책을 채무자 스스로의 책임으로 마련하여야 하고, 후에 손해배상의 이행으로 궁박상태에 빠지게 될 것임을 원용할 수는 없다는 立法的 判斷이 있는 것으로 추측된다.[70]

서울高判 72. 9. 19, 72나1191(高集 2, 65)도, 身元保證人이 本條를 들어 책임액의 경감을 주장한 것에 대하여, 本條는 신원보증인이 신원보증계약에 의하여 부담하는 손해담보책임에는 적용이 없다고 판단하였다. 그런데 「一切의 事情」을 고려한 신원보증인의 책임경감이 명문으로 인정되고 있으므로(身元保證法 § 6 참조) 새삼 本條를 원용할 필요도 없을 것이다.

### 2. 特別法上의 不法行爲責任

특별법에서 과실책임주의에 입각하여 손해배상책임이 정하여진 경우에는 다른 정함이 없는 한 本條의 적용이 있다고 할 것이다. 나아가 自賠法 § 3이나 環境政策基本法 § 31, 水產業法 § 82, 鑛業法 § 91에서와 같이 특별법에서 특히 일정한 危險源을 설치하거나 보유한 자에 대하여 그의 과책과는 무관하게 위험책임주의에 입각하여 손해배상책임을 인정하는 경우에도, 그것이 불법행위책임의 성질을 가지는 한, 이에 대하여는 본조를 적용 또는 유추적용할 것이다.[71] 그런데 위험책임의 경우에 대하여는 強制保險의 제도가 채택된

69) 그러나 스위스에서 瑞債 § 99 Ⅲ은, 불법행위로 인한 손해배상책임에 관한 규정을 일반적으로 채무불이행으로 인한 손해배상책임에 준용하고 있는데, 瑞債 § 44 Ⅱ도 이에 속한다고 해석되고 있다. 가령 Oftinger(註 1), § 7 Ⅱ C Fn. 52; BernKomm/Becker, Art. 99 OR Rn. 52(S. 509) 참조.

70) 스위스에서의 논의로서 BernKomm/Becker, Art. 99 OR Rn. 52(S. 509)도 참조.

71) 瑞債 § 44 Ⅱ에 대하여도 마찬가지로 해석되고 있다. 가령 Oftinger(註 1), § 7 Ⅱ C (S. 272) 참조.

경우가 대부분이므로, 본조가 적용되는 일은 별로 없을 것이다(앞의 Ⅱ. 4. (1) ㈑ 참조). 한편 이 경우 본조의 「고의 또는 중과실 없음」 요건에 관하여는 앞의 Ⅱ. 3. (3) 참조.

### 3. 本條 適用의 「活性化」 主張에 대한 檢討

#### (1) 主張의 內容

근자에 本條의 適用範圍를 확장할 것 또는 새로운 문제영역에 적용되어야 한다고 주장하는 견해가 제기되고 있다.[72] 이에 의하면 "판례상 손해배상액 감액사유로 인정되어 왔지만, 기존의 손해배상법 법리에 의해서는 설명이 곤란하였던 사례유형들을 소위 「한계사례」라 이름짓고, 이들 사례에서의 손해배상액 감축근거로서 본조를 적용할 수 있"다는 것이다.

이 주장이 그러한 「한계사례」로 드는 것은, ① 호의동승사례, ② 자연력이 기여한 사례, ③ 피해자의 기왕의 「素因」이 기여한 사례, ④ "피해자측이 해당하는 제 3 자의 過失이 기여한 사례" 등이다.[73]

#### (2) 批 判

㈎ 위의 주장은 이러한 사례유형에서 판례가 일반적으로 손해배상의 감액을 인정하는 결론 자체를 부정적으로 평가하는 것인지는 반드시 명확하지 아니하다. 다만 논의의 중점이 그 법적 근거를 本條에서 찾고자 하는 데 있음은 명백하다. 그렇게 보면, 이 주장에 의하더라도 위의 사례유형들에서 본조의 적용요건이 충족되어야만 감경청구가 인정될 수 있다는 결론에 이르게 된다.

그렇다면 다음과 같은 의문이 제기된다. 本條가 위와 같은 소위 「한계사례」에 적용될 수 있음은 어느 누구도 부인하지 않는다. 그러므로 본조의 적용요건이 갖추어지면 본조는 적용될 수 있다는 앞서의 결론은 결국 아무런 새로운 발언력을 가지지 않는 것이 아닐까 하는 것이다.

㈏ 혹 위의 주장은, 판례의 태도는 부당하고 소위 한계사례에서 원칙적으로 감액은 인정되어서는 안 된다는 것을 전제로 하되, 사정에 따라서는 本條의 적용을 「활성화」함으로써[74] 구체적인 사건에서 "손해의 공평한 부담이라는 구체적 타당성"을[75] 달성할 수 있다는 뜻이라고 이해되기도 한다.

72) 吳宗根(註 34), 264 이하.
73) 이들 문제에 대한 具體的인 解決에 관하여는 本稿에서 논의하지 않는다.
74) 吳宗根(註 34), 254의 표현.
75) 吳宗根(註 34), 272.

(a) 그리하여 위의 주장은 본조의 적용요건과 관련하여 예를 들면 "생계에 중대한 영향을 미치게 될 경우"라는 요건은 "완화해서 적용되어야 한다"라고 하며,[76] 그 결과 "가해자에게 인정되는 손해배상액이 막대하고, 그것이 보험에 의해 전보되지 않는 한 그러한 배상으로 인해 가해자가 「생계에 중대한 영향을 받을 것」은 분명하다"고 한다.[77] 이는 곧 本條의 「생계에의 중대한 영향」이라는 요건을 損害賠償額의 多少와 연동 내지 일치시키는 것으로 해석하여야 한다는 주장에 귀착되며, 앞의 Ⅳ. 4. (1)에서 본 바와 같이 손해배상을 하면 「궁핍상태」가 초래된다는 의미라는 해석과는 거리가 있다. 그렇다면 가령 가해자에게 피해자의 「막대」한 손해라도 이를 배상하기에 충분한 財力이 있는 경우에 本條에 의한 輕減請求가 긍정되어야 할 것인지 지극히 의문이다.

(b) 이러한 개별적인 해석론적 제안과 아울러 문제가 되는 것은, 필자의 생각으로는, 本條를 「손해의 공평한 부담」이라는 이념지표를 구체화하는 법적 장치로서 적극적으로 「활용」하자는 그 出發點이다.

위 지표에서 「公平」이 어떠한 내용을 가지는지, 어떠한 기준에 의하여 판단되는지를 밝히지 않는 이상[78] 이 이념은 무내용한 것이 되거나 아니면 正義感覺 또는 衡平感情을 법에 끌어들이는 導入口가 될 것뿐이어서 그 이념지표 자체에 경계를 요함은 별론으로 하고서라도,[79] 과연 本條가 그러한 이념을 구체화하는 법적 장치로 적절한지 의문이다. 우리는 여기서 앞의 I. 2. (3)이나 Ⅱ. 2.에서 살핀 本條나 瑞債 § 44 Ⅱ에 대한 입법론적 문제제기를 상기할 필요가 있다.

또한 本條는 그 문언에서 명확하게 표현되는 대로, 어디까지나 원래대로의 배상이 "賠償者의 生計에 미치게 될 重大한 影響"을 배려하여 그의 생존의 최저한을 유지하고자 하여 만들어진 것이며, 그에 있어서 호의동승·자연력의

76) 吳宗根(註 34), 273 주 110.

77) 吳宗根(註 34), 272 및 291. 또한 同所, 280은, "피해자의 소인이 기여하여 손해가 예상 밖으로 크게 발생하였다면, 피해자가 책임보험 등에 가입되어 있지 않은 한, 피해자의 「생계에 중대한 영향을 미치게 될 것」"이라고 한다.

78) 金永文(註 3), 27 주 27은, "일반 불법행위법의 근본적 출발[점]은 個人의 行動自由를 보장하기 위한 것으로서, 個人의 完全性이 침해된 경우 이를 원상형태로 복원하는 것이 平均的 正義[의] 觀點에서 公正하며, 따라서 발생된 손해는 補償(ausgleichen)되어야 한다는 것이다"라고 한다. 이와 같이 「公正」은 입장에 따라서 매우 다양한 내용과 함의를 가질 수 있는 것이다.

79) 吳宗根(註 34), 266도 "다양한 가치를 수용하고 있는 일반조항으로 도피하는 것보다는, 가능한 한 이러한 일반조항이 구체화된 명문규정에서 [구체적 법해결의] 근거를 찾는 것이 바람직하"다고 말하고 있다.

기여·피해자의 旣往의「素因」·제3자의 過失 등과 같은 事由는 경감의 정도 등을 판단함에 있어서 고려될 수는 있을지언정(그 고려사유로서의「損害의 原因」에 관한 앞의 V.2.(1)(a) 참조) 애초 本條의 適用 여부를 가름하는 기준은 될 수 없다. 따라서 그「활용」은 이미 결정적으로 제한되지 않을 수 없는 것이다.

그리고 문제의 언필칭 限界事例에 대하여는 이들로 하여금「한계」에 서게 하는 전형적 특성을 정면으로 파악하여, 그에 유감없이 대응하는 법적 논리와 구성을 討究하여야 할 것이고, 필연적으로 다른 徵表에 현저하게 의존하지 않을 수 없는 本條를 통하여 그 법적 처리를 도모하는 것은 아무래도 궁색한 방법이라고 하지 않을 수 없다. 설사 소위 限界事例에 대한 판례의 태도에 문제가 있음을 인정하고 그에 대한 代案을 마련할 필요가 있다고 하더라도 말이다.[80]

## Ⅴ. 立證責任

本條의 減額請求는 법률에 의하여 특별히 인정된 것으로서, 앞의 Ⅱ.에서 본 요건에 해당하는 事實을 감액청구를 하는 배상의무자가 적극적으로 主張·立證하여야 한다.

[梁 彰 洙]

80) 한편 金永文(註 3), 27 주 26은, "민사소송법상의 債務者 存立의 최소한 보호를 넘는 범위에서 민법이 법관의 자유재량에 의해 배상액을 경감하거나, 배상액의 범위를 정하도록 해야 하는지는 그 한계획정이 극히 불투명하며, 법관의 자의적 판단을 배제할 수 없다는 점에서 문제가 아닐 수 없다. … 이와 같은 관점에서 … 손해배상법의 탄력적 운용을 위해 민법 제765조를 적극 활용해야 한다는 입장에 대하여는 회의적"이라고 한다.

# 第 766 條(損害賠償請求權의 消滅時效)

① 不法行爲로 因한 損害賠償의 請求權은 被害者나 그 法定代理人이 그 損害 및 加害者를 안 날로부터 3年間 이를 行使하지 아니하면 時效로 因하여 消滅한다.

② 不法行爲를 한 날로부터 10年을 經過한 때에도 前項과 같다.

차 례



## Ⅰ. 本條의 意義

本條는 불법행위로 인한 손해배상청구권의 소멸시효에 관한 特則이다. 원래 민법상 채권의 소멸시효기간은 10년이며(§162 Ⅰ), 이는 채권자가 그 채권의 존재를 알았는가에 관계 없이 법률상 권리를 행사할 수 있는 날로부터 진행한다(§166 Ⅰ). 그런데 本條 Ⅰ은 불법행위로 인한 손해배상청구권의 소멸시효에 관하여는 그 기산점을 피해자나 法定代理人이 그 손해 및 가해자를 안 날로 규정하고, 그 소멸시효기간도 3년으로 단축하였다. 한편 本條 Ⅱ은 그 기간을 §162 Ⅰ과 마찬가지로 규정하고 있으나, 이를 소멸시효로 이해할 것인지, 제척기간으로 이해할 것인지,[1] 그 起算點을 어떻게 파악할 것인지[2]에 관하여 견해의 대립이 있으므로, 이 조항과 總則의 원칙적인 소멸시효규정과의 관계도 문제가 된다.

1) 後述 Ⅲ.1.(2) 참조.
2) 後述 Ⅲ.2. 참조.

本條는 2001년 대개정 전의 獨民 §852 Ⅰ·Ⅲ, 日民 §724와 거의 내용이 같으나, 다만 本條 Ⅱ에 상응하는 2001년 대재정 전의 獨民 §852 Ⅲ은 그 기간을 30년으로, 日民 §724 後段은 그 기간을 20년으로 각 규정하고 있는 데 반하여, 本條 Ⅱ은 그 기간을 10년으로 짧게 규정하고 있을 뿐이다.

本條 Ⅰ의 3년의 단기소멸시효는 실제에 있어서 많이 문제가 되고 있고, 그에 관한 판례도 많은 편이다. 그에 반하여 本條 Ⅱ의 적용이 문제되는 사례는 그다지 흔하지 아니하고, 다만 기간이 5년으로 단축되는 국가 또는 지방자치단체에 대한 손해배상청구권에 관하여 문제되는 사례가 있다.

## Ⅱ. 本條 第1項

### 1. 本條 第1項의 存在理由

#### (1) 從來의 通說

本條 Ⅰ이 손해를 안 날로부터 3년의 단기시효를 규정하고 있는 이유는 무엇인가? 종래의 통설은 이 점에 관하여 대체로 첫째 너무 시일이 경과하면 불법행위의 요건의 증명이나 損害額의 산정이 곤란하게 된다는 것, 둘째 세월이 지나면 피해자의 감정이 가라앉게 된다고 생각되므로 그 후에 이르러서 다시 당사자 사이의 관계를 분규케 하는 것은 타당하지 않다는 것, 셋째 오래도록 내버려 두어서 불법행위에 의한 손해·고통 등을 잊고 있는 자에게는 법적 보호를 줄 필요가 없다는 점의 세 가지를 들고 있다.[3)]

#### (2) 外國의 學說

이러한 종래의 통설은 상당부분 獨逸과 日本의 학설의 영향을 받고 있으므로 이에 관하여 살펴본다.

원래 獨民 §852나 日民 §724를 제정함에 있어서 고려된 것은 주로 가해자의 보호였다. 즉 獨民 第1草案 理由書는 불법행위가 있은 후 상당기간이 지나서 비로소 손해배상청구가 있는 경우에는 그 상대방은 그에 대하여 방어하는 것이 부당하게 제한되는 것이 보통일 뿐만 아니라, 이러한 손해배상청구

3) 註釋債各 8, 제3판, 612(金弘燁). 첫째와 둘째의 점을 들고 있는 것으로 金曾漢, 540; 金疇洙, 803; 金基善, 467; 李銀榮, 815 등. 둘째와 셋째의 점을 들고 있는 것으로는 郭潤直, 592; 權龍雨, 696; 林正平, 822 등.

는 어떠한 이유에서건 부당하다고 추정된다고 하는 점을 들고 있다.[4] 그리고 日民 §724도 주로 이러한 독일민법의 영향 아래 제정된 것이다.[5]

일본민법제정 후에도 한 동안은 이러한 설명이 지배적이었는데,[6] 이에 대하여 본격적인 반론이 제기된 것은 1930년대의 일이었다. 즉 末川 博 교수는 日民 §724의 제도취지를 증거상의 이유로서만 설명한다면, 예컨대 피해자가 불법행위의 때로부터 10년된 시점에 비로소 손해 및 가해자를 알았다고 하는 경우에 여전히 손해배상청구권을 행사할 수 있다고 하는 것은 증거에 관한 관점만으로는 해명될 수 없다고 비판하면서, 원래 피해자는 強弱의 차이는 있어도 가해자의 불법행위에 관하여 어느 정도 忿怒의 정을 느끼는 것이 일반적이고, 배상을 청구할 것인가 아닌가의 결정에 관하여도 감정적인 요소가 작용하는 것이 많다고 하면서, 감정은 激하기 쉬우면서 식기도 쉽고, 가해자를 안 때로부터 3년이 경과하였다면 분노의 情도 해소되었다고 보지 않으면 안 되고, 피해자가 손해 및 가해자를 안 때로부터 3년간 배상청구를 하지 않는다면 권리가 소멸하는 것으로 정하는 것은 상당한 이유가 있다고 하여 被害者의 感情의 鎭靜이라고 하는 요소를 손해배상청구권 소멸의 주요한 근거로 보고 있다.[7] 이러한 설명이 그 후의 일본의 학설에 의하여 일반적으로 받아들여져서 일본의 통설은 3년의 단기소멸시효의 존재이유로서 採證上의 곤란 외에 피해자측의 감정의 진정을 들고 있다.[8]

그런데 일본에서는 근래에 이르러 위 단기소멸시효제도의 존재이유를 배상의무자의 법적 불안정을 해소하려는 것으로 이해하려는 설이 주장되었다. 즉 불법행위로 인한 손해배상에 있어서는 가해사실에 의하여 종래 아무런 연락교섭도 없던 피해자와 가해자 사이에 손해배상을 둘러싼 법률관계가 새로이 발생하는데, 이 경우에 피해자가 손해배상의 청구를 결의하는가, 아니면 이를 단념하는가는 전적으로 피해자측의 자유로운 결단에 맡겨져 있으며, 배상의무자로서는 청구를 당할 것인가 아닌가, 또 어느 범위에서 책임을 추궁당할 것

4) Motive Bd. 2, S. 742. 상세한 것은 內池慶四郞, "不法行爲による損害賠償請求權の時效起算點", 不法行爲責任の消滅時效(1994), 9 이하(初出 1970). 국내의 소개로는 朴禹東, "損害賠償請求權의 消滅時效", 郭潤直華甲紀念論文集, 703.
5) 內池(註 4), 5-9; 德本伸一, "損害賠償請求權の時效", 民法講座 6(1985), 706 註 6) 등.
6) 德本伸一(註 5), 707-8 참조.
7) "不法行爲による損害賠償請求權の時效", 法學論叢 28-3·6(1934). 인용은 民法論集, 1959, 290-1에서.
8) 德本(註 5), 709-10; 新美育文, "不法行爲損害賠償請求權の期間制限(1)", 法律時報 55-4, 36 및 38 註 97)에 인용된 文獻 참조.

인가가 불명한 극히 불안정한 입장에 있는 것을 부정할 수 없고, 여기에 피해자의 주관적 법감정에 지배되는 손해배상청구권의 권리행사가 시간적으로 제약되어야 할 한계가 있으며, 손해 및 가해자를 안 권리자가 상당한 기간 내에 권리행사를 하지 않은 이상은 그 태도에 의하여 권리자가 의무자를 宥恕하였다든가 또는 배상의 필요를 인정하지 않는다든가의 어떤 이유에 의하여 청구를 단념하였다고 배상의무자측이 신뢰하는 것이 자연스럽고, 그 신뢰는 정당한 것으로 평가되어도 좋으며, 따라서 상당기간에 걸쳐 그러한 태도를 保持한 권리자가 돌연 그 태도를 바꾸어 배상을 청구하는 것은 의무자의 정당한 신뢰를 뒤엎는 것으로서 허용되어서는 안 된다고 한다.[9] 일본의 판례 가운데에도 이러한 취지로 보이는 것이 있다.[10]

(3) 各說에 대한 批判

위와 같은 각 설에 대하여는 각각 다음과 같은 비판이 있다.

우선 증거상의 이유를 단기소멸시효의 존재이유로 드는 데 대하여는 3년의 기간 외에도 불법행위시로부터 기산하는 長期時效가 예정되어 있고, 피해자의 인식시점이 불법행위시로부터 장기간 경과 후일 수 있는 점에 비추어 반드시 결정적인 것이 되지 못하며, 시일경과에 의한 입증곤란의 문제는 청구의 상대방인 배상의무자뿐만 아니라 청구권자에 관하여도 중대한 의미를 가지고, 청구권성립요건 전반에 관하여 입증책임을 부담하는 청구권자로서는 불법행위의 특질상 시간경과에 의하여 그 입증이 곤란하게 되어 시효를 기다릴 것도 없이 청구불능의 상황에 빠지게 되므로, 권리자측의 그러한 입증의 성공을 전제로 하여 의무자측의 반대·항변·면책사유 등에 관하여 그 입증곤란을 구제할 필요는 현실적으로는 그다지 크지는 않고, 장기간이 지난 후에 그처럼 곤란한 불법행위책임의 입증에 성공하여도 입증곤란을 이유로 하는 시효에 의하여 그 구제를 거부하는 것은 불합리하다는 것이다.[11]·[12]

---

9) 內池(註 4), 34-5. 같은 취지로 內池, "損害賠償請求權の消滅時效", 不法行爲責任の消滅時效(註 4), 126-7(初出 1976); 內池, "不法行爲責任の短期時效と信頼保護法理", 不法行爲責任の消滅時效(註 4), 143 이하(初出 1986). 국내의 학설 가운데 이를 지지하는 것으로 朴禹東(註 4), 706-8; 裵淇源, "消滅時效의 起算點", 司論 12, 257-8; 李增雨, "損害賠償請求權의 短期消滅時效", 裁判과 判例 5, 大邱判例硏究會(1996), 11-2; 金宗紀, "불법행위로 인한 손해배상청구권의 단기시효의 기산점", 判例硏究 7, 釜山判例硏究會(1997), 290 등이 있다.

10) 日最判 昭 49(1974).12.17(民集 28-10, 2059).

11) 內池(註 4), 32-3; 朴禹東(註 4), 708. 또한 內池, 信頼保護法理(註 9), 156-8 참조.

12) 新美育文, "不法行爲損害賠償請求權の期間制限(2)", 法律時報 55-5, 107은 종래의 證據說을 보완하여 短期期間制限의 존재이유는 불법행위당사자간에 있어서 대등한 攻擊·

그리고 피해자의 분노의 해소라는 점에 그 근거를 찾는 데 대하여는 그러한 피해자측의 主觀性으로부터 바로 일정기간 후의 권리소멸을 도출해 내는 것은 논리의 비약이고,[13] 그러한 논리에 의하면 시효의 효과로서 면책되는 의무자의 보호는 권리자측의 일방적 사정에 의하여 생기는 권리소멸로부터 유도되는 반사적 효과에 불과하여 피해자측이 입게 되는 犧牲의 변명에 그칠 뿐 시효의 보호를 받는 가해자측의 이익내용의 해명과 그 보호의 근거지움을 무시하는 것이며,[14] 오늘날의 불법행위손해배상제도의 중심적 의의가 報復이 아니라 損害의 塡補·회복에 있는 점에 비추어 설득력이 없다고 한다.[15]

또한 불법행위가 있음을 알면서도 이를 장기간 방치하는 자에게 법률의 보호를 부여할 필요가 없다는 점에 대하여는 이는 시효제도 일반의 존재이유로서는 몰라도 불법행위에 대한 단기기간제한의 존재이유가 되지는 못한다는 비판이 있다.[16]

마지막으로 의무자의 신뢰보호라는 근거에 대하여는 배상의무자의 신뢰를 보호하려면 起算點을 배상청구권의 존재에 관하여 피해자측의 인식이 있은 때가 아니라 피해자측이 그러한 인식을 가지게 되었다고 하는 데 대하여 의무자의 인식이 있은 때로 보아야 하고, 또 배상의무자의 그러한 신뢰가 반드시 정당하다고는 할 수 없다고 하는 비판이 있다.[17]

### (4) 小 結

종래 本條 I의 존재이유에 관하여 주장된 여러 가지의 견해는 어느 것이나 반론의 여지가 있고, 완벽한 설명은 되지 못한다고 생각된다. 그러나 각 설 가운데 의무자의 신뢰보호에 주안점을 두는 설이 일반적인 소멸시효제도의 원리와도 상통할 뿐만 아니라[18] 실제의 제도운용에 관하여도 指針을 제공할 수 있다고 생각된다. 다시 말하여 本條 I의 소멸시효가 완성하였는가를 판단함에

---

防禦를 다할 수 있도록 하는 것을 확보하는 데 있다고 함으로써 이러한 비판에 대응하고 있다. 즉 原告가 불법행위를 알고 충분한 證據資料를 수집한 후에 상당기간경과 후에 기습적인 청구를 하였기 때문에 피고측에서 방어를 위한 증거자료를 수집하려고 하여도 時間의 經過와 불법행위라는 우연한 사건 때문에 證據가 散逸되어버려 그것이 불가능하게 되는 사태를 회피하는 데에 短期期間制限의 존재이유가 있다는 것이다. 이에 대한 비판으로는 內池, 信賴保護法理(註 9), 158-9 참조.

13) 內池(註 4), 34.
14) 內池, 信賴保護法理(註 9), 162-3.
15) 新美(註 12), 106.
16) 新美(註 12), 107.
17) 新美(註 12), 106.
18) 尹眞秀, 注解 Ⅲ(總則 3), 391-2; F. Peters/R. Zimmermann, "Verjährungsfristen", in: Gutachten und Vorschläge zur Überarbeitung des Schuldrechts, Bd. 1(1981), 189-90.

있어서는 배상의무자가 배상권리자가 권리를 행사하지 않을 것이라고 믿는 것이 정당한 것인가를 따져 볼 필요가 있고,[19] 뒤에서 살펴보는 것처럼 本條 I의 소멸시효제도에 관한 판례는 그러한 관점에서 이해될 수 있는 것이 많다.

근래에는 3년의 소멸시효기간은 피해자구제에 짧은 기간이므로 시효의 기산점결정에 있어서 피해자가 현실적으로 손해배상청구를 할 수 있도록 배려할 필요가 있다는 주장도 제기되고 있다(金相容, 債各(下), 481; 李銀榮 815).

## 2. 認識의 主體

本條 I의 소멸시효가 진행하기 위하여는 "被害者나 그 法定代理人"이 손해 및 가해자를 알아야 한다. 여기서 피해자라 함은 불법행위의 상대방인 직접의 피해자뿐만 아니라 직접의 피해자가 사망한 경우에는 그 유족, 직접 피해자의 친족이 위자료청구를 하는 경우에는 그 親族[20] 등 손해배상청구권을 행사할 자를 말한다.

債權讓渡 등으로 채권자의 변동이 있는 때에도 변동 전에 前債權者가 알았다면 그 때부터 소멸시효가 진행하며,[21] 반대로 채권자변동 당시에는 前債權者가 이를 몰랐다면 新債權者가 안 때부터 진행한다.[22]·[23]

피해자가 無能力者이거나 未成年者 또는 限定治產者와 같이 행위능력이 제한된 자일 때에는 피해자가 손해 및 가해자를 아는 것만으로는 충분하지 않

19) 內池, 信頼保護法理(註 9), 177-8 참조.

20) 따라서 直接被害者의 손해배상청구권은 소멸시효에 의하여 소멸하더라도 그 親族의 慰藉料請求權은 존속하는 경우도 있을 수 있다. 大判 66. 12. 20, 66다1667(李在勳, 判例不法行爲法 8, 407) 참조.

21) MünchKomm/Mertens §852 RdNr. 16. 大判 93. 6. 29, 93다1770(公 1993, 2132); 大判 95. 9. 29, 94다61410(公 1995, 3611)도 각 보험자대위 내지 변제자대위에 의하여 피해자의 손해배상청구권이 이전되는 경우에 관하여 같은 취지이다. 다만, 위 大判 95. 6. 29에 대하여는 Ⅳ. 2. 참조. 그런데 金敎昌, "求償權과 辨濟者代位權의 各消滅時效期間", 人權과 正義(1996. 10), 106 이하는 위 大判 95. 9. 29에 대한 평석에서 辨濟者代位로 債權者가 가지고 있던 權利가 民 §482의 규정에 의하여 辨濟者에게로 이전되어 변제자가 이를 행사할 수 있게 되는 것을 "辨濟者代位權"이라고 부르면서, 共同不法行爲者의 1인이 피해자에게 변제하는 경우에 변제자의 다른 공동불법행위자에 대하여 가지는 求償權이 주된 권리이고, 辨濟者代位權은 종된 權利이므로 이 두 權利는 운명을 같이하도록 하여야 하고, 求償權이 시효로 소멸하지 않는 한 변제자대위권은 별도로 소멸하지 않는다고 한다. 그러나 변제자대위에 의하여 채권자의 권리가 변제자에게 이전되는 것을 가리켜 "辨濟者代位權"이라는 독립된 권리가 인정되는 것이라고 볼 수는 없을 뿐만 아니라, 구상권과 이른바 "辨濟者代位權"이 운명을 같이하여야 할 아무런 근거가 없고, 또 그와 같이 해석함으로써 어떠한 實益이 있는지도 알 수 없다.

22) BGHZ 48, 181, 183.

23) 獨逸에서는 合手的 共同相續의 경우에는 모든 共同相續人이 損害 및 加害者를 알아야만 消滅時效가 진행한다고 보고 있다. MünchKomm/Mertens §852 RdNr. 16.

고,[24] 그 법정대리인이 이를 알아야 한다.[25]

피해자가 法人인 경우에는 원칙적으로 그 대표자가 안 때가 소멸시효의 기산점이 된다고 하겠지만,[26] 일본의 판례는 대표자가 손해 및 가해자를 알지 못하였더라도 실제의 직무담당자가 이를 안 것에 의하여 시효가 진행된다고 한다.[27]

독일에서도 任意代理人이 안 때는 원칙적으로 기준이 되지 않지만, 피해자가 특정한 업무영역을 포괄적이고 독자적으로 처리하도록 제 3 자에게 위임하였거나, 제 3 자(예컨대 변호사)에게 조사를 의뢰하여 그가 사건의 해명을 하는 것을 기대할 수 있을 때에는 그 제 3 자[28]가 안 때가 기산점이 되며, 공법상의 기관인 경우에는 담당자가 이를 알았다면 그 기관내부적인 사무분담과는 관계 없이 소멸시효가 진행한다고 본다.[29]

法人의 代表者 자신이 불법행위에 가담한 때에는 그 대표자를 기준으로 할 것은 아니고 다른 대표자가 안 때가 기준이 되어야 하며, 다른 대표자도 없으면 법인을 위하여 소송을 수행할 수 있는 가능성이 생긴 때부터 소멸시효가 진행한다.[30]

---

24) 大判 95. 2. 10, 94다30263(公 1995, 1301)은 피해자가 불법행위로 腦를 심하게 다쳐 정신적으로 그 기능이 지극히 저하된 상태에 있어 손해 및 가해자를 구체적으로 인식할 만한 정신적 능력 내지 지능이 있었다고 인정되지 아니한다면, 피해자가 사고로 부상당하였다는 사실을 알게 된 것만으로는 손해 및 가해자에 대하여 현실적이고 구체적으로 인식하였다고 할 수 없다고 판시한다. 李堵雨(註 9), 15은 이 判決의 結論에 대하여 의문을 표시하는 반면, 註釋債各 8, 제 3 판, 618-9(金弘燁)은 이 판결을 지지한다.

25) 반대로 法定代理人이 被害者 本人보다 먼저 알았다면 消滅時效는 法定代理人이 안 때부터 진행한다. 法定代理人 本人이 상해를 입은 경우, 그 未成年子女들의 慰藉料請求權의 소멸시효에 관한 大判 66. 12. 20, 66다1667(李在勳, 判例不法行爲法 8, 407) 참조.

26) MünchKomm/Mertens §852 RdNr. 14; 大判 98. 11. 10, 98다34126(公 1998하, 2845).

27) 日大判 昭 13(1938). 9. 10(民集 17-1731). 李相旭, "不法行爲로 인한 損害賠償請求權의 時效起算點", 金亨培華甲紀念論文集 債權法에 있어서의 自由와 責任(1994), 600-1도 같은 취지이다.

28) 이른바 Wissensvertreter.

29) MünchKomm/Mertens §852 RdNr. 15.

30) 大判 98. 11. 10, 98다34126(公 1998하, 2845)도 법인의 대표자가 가해자에 가담하여 법인에 대하여 공동불법행위가 성립하는 경우에는 법인과 그 대표자는 이익이 상반하게 되므로 현실로 그로 인한 손해배상청구권을 행사하리라고 기대하기 어려울 뿐만 아니라 일반적으로 그 대표권도 부인된다고 할 것이므로, 단지 그 대표자가 손해 및 가해자를 아는 것만으로는 부족하고, 적어도 법인의 이익을 정당하게 보전할 권한을 가진 다른 임원 또는 사원이나 직원 등이 손해배상청구권을 행사할 수 있을 정도로 이를 안 때에 비로소 위 단기시효가 진행한다고 한다. 同旨: 大判 02. 6. 14, 2002다11441(公 2002하, 1658). 大判 78. 6. 27, 78다664(李在勳, 判例不法行爲法 8, 408)은 傍論으로서 不法行爲者인 協同組合長이 不正行爲를 한 것이라 하여 그로써 곧 當該 組合이 불법행위를 알았다고 단정할 수는 없다고 한다.

## 3. 損害 및 加害者의 認識

### (1) 損害의 認識

(가) 原 則 本條 Ⅰ의 "손해를 안 날"이라고 함은 손해가 발생하였다는 사실을 현실적이고 구체적으로 인식함을 뜻하고,[31] 따라서 단순한 손해발생의 추정이나 의문만으로는 충분하지 않으며,[32] 손해발생의 사실을 모른 때에는 過失로 알지 못하더라도 소멸시효는 진행하지 아니한다.[33]

손해의 인식이 있었다고 하기 위하여는 불법행위로 인하여 무엇인가 손해를 입은 사실을 앎으로써 족하고, 반드시 손해의 정도나 數額을 구체적으로 알 필요는 없다.[34] 그리고 불법행위로 인한 손해가 현실화되는 것이 불법행위보다 시간적으로 뒤인 경우에도 이를 예견할 수 있었으면 손해의 인식이 있는 것으로 볼 수 있다.[35] 따라서 불법행위로 인한 治療費 청구권의 소멸시효는 현실적으로 치료비를 지출한 날이 아니라 그 불법행위가 있음을 안 날부터 진행하고,[36] 불법행위로 인한 逸失退職金相當 손해배상청구권의 소멸시효는 실

---

31) 大判 95.2.10, 94다30623(公 1995, 1301) 등. 다만, 大判 92.12.8, 92다29924(公 1993, 431)은 "가해행위와 이로 인한 현실적인 손해의 발생 사이에 시간적 간격이 있는 불법행위에 기한 손해배상채권에 있어서 소멸시효의 기산점이 되는 불법행위를 안 날이라 함은 단지 관념적이고 부동적인 상태에서 잠재하고 있던 손해가 그 후 현실화된 것을 안 날을 의미하는 것"이라고 판시하고 있는데, 이는 반드시 적절하다고 할 수 없다. 이는 원래 本條 Ⅱ의 "불법행위를 한 날"의 의미에 관한 大判(全) 79.12.26, 77다1894 등(全集 Ⅱ, 158)의 표현을 本條 Ⅰ에 관하여 빌어다 쓴 것이나 그 자체 의미가 명확하지 아니하고, 또 위 사건에서 직접 문제되었던 것은 의료사고로 인한 뇌성마비에 있어 손해를 언제 알았는가 하는 점으로서, 종래의 판례가 채용하고 있던 "豫見可能 여부"의 公式에 의하여 충분히 설명할 수 있는 것이었기 때문이다. 後述 (나) 참조.

32) 大判 91.3.22, 90다8152(公 1991, 1242).

33) 朴禹東(註 4), 711 등. 다만, 被害者에게 實際의 認識이 없었다고 하더라도 특별한 노력이나 비용을 들이지 않고 손해와 가해자를 용이하게 확정할 수 있는 것으로 인정되는 경우에는 피해자에게 不知의 주장을 허용하는 것은 신의칙에 비추어 공평하지 않다는 주장도 있다. 內池, "損害賠償請求權の消滅時效"(註 9), 132; 朴禹東(註 4), 711 등. 상세한 학설의 소개는 註釋民法 8, 제3판, 616-7(金弘燁) 참조.

34) 朴禹東(註 4), 712; 裵淇源(註 9), 260; 註釋民法 8, 제3판, 617(金弘燁); 大判 92.4.14, 92다2011(公 1992, 1598); 大判 92.12.8, 92다42583(公 1993, 442) 등. 大判 99.11.23, 98다11529(公 2000상, 1)은 손해의 액수나 정도를 구체적으로 알 필요는 없지만 손해를 현실적이고 구체적으로 인식하여야 한다고 판시한다. 同旨: 大判 01.9.25, 2000다16893(公 2001하, 2320).

35) 일반적인 견해로서 異說이 없다. 독일의 통설과 판례도 이와 같으나(MünchKomm/Mertens §852 RdNr.20), 이러한 豫見可能性(Voraussehbarkeit)의 기준에 반대하면서 장래의 손해는 그 이행기가 도래하였을 때부터 소멸시효가 진행한다는 반대설이 있다. F. Peters, Die Kenntnis vom Schaden als Verjährungsvoraussetzung bei §852 Ⅰ BGB, JZ 1983, 121ff.

36) 大判 74.1.15, 73다1501(集 22-1, 7); 大判 75.10.7, 75다1553(李在勳, 判例不法行爲法 8, 415) 등. 다만, 大判 70.5.26, 70다452(集 18-2, 70)은 피고의 과실로 인한 위법행위

제 퇴직한 날이 아니라 그 불법행위가 있음을 안 날로부터 진행한다.[37]

그런데 이와 다른 취지로 보이는 판례가 있다. 즉 大判 96. 7. 12, 94다52195[38]은 違憲인 법률에 근거하여 1980. 11에 면직된 공무원이 그 후 위 근거법률에 대하여 헌법재판소가 위헌이라는 선고를 하자 국가를 상대로 하여 그 면직처분이 불법행위를 이유로 면직처분이 없었더라면 받을 수 있었던 보수와 퇴직금에 상당하는 금액 및 위자료의 지급을 구하는 경우에 그 소멸시효의 완성 여부가 다투어졌는데, 원심은 本條 I 소정의 소멸시효완성을 긍정한 반면, 대법원은

> "위 원고들의 위자료청구권은 모두 민법 제766조 제 1 항에 정한 단기소멸시효의 완성으로 소멸되어 그 지급을 구할 수 없고, 일실보수와 일실퇴직금은 보수나 퇴직금을 지급할 날로부터 그 소멸시효가 진행한다고 볼 것이므로[39] 이 사건 소제기일로부터 임금청구권의 시효기간 3년을 역산한 1990년 8월 13일 이전에 발생한 임금(퇴직금 포함)을 일실한 손해부분은 시효의 완성으로 그 지급을 구할 수 없으나, 그 이후에 발생한 임금상당부분은 일실수입으로서 지급을 구할 수 있다 할 것이다"

라고 판시하고 있다.[40]

그러나 이러한 판례에는 찬동하기 어렵다. 만일 免職處分이 불법행위가 된다면, 그 불법행위로 인한 일실임금이나 일실퇴직금 등 손해의 발생시는 상해로 인하여 일실임금 또는 일실퇴직금 등의 손해를 입은 경우와 마찬가지로 면직된 당시로 보아야 할 것이지, 보수나 퇴직금을 지급할 날로부터 그 소멸시효가 진행한다고 볼 근거가 없다.[41] 다만, 위의 경우에 면직처분 그 자체가

---

로 피해자가 1964. 11. 24 一酸化炭素에 중독되어 1965. 4. 2 사망함으로써 입게 된 재산적 및 정신적 손해의 배상청구권의 소멸시효는 위 상해일시 아닌 사망일시부터 진행한다고 한다.

37) 大判 77. 3. 8, 76다1356(集 25-1, 104). 日最判 昭 45(1970). 6. 19(民集 24-6, 560)은 不法行爲에 의한 辯護士費用의 손해배상청구권의 소멸시효는 당해 보수의 支拂契約을 한 때로부터 진행한다고 하나, 일본의 학설은 그에 대하여 비판적이다. 下森 定, 判例タイムズ No. 263, 67 이하; 岡本 坦, 民商法雜誌 64-4, 38 이하 참조.

38) 公 1996하, 2814.

39) 大判 91. 7. 12, 90다11554 참조.

40) 위 판결이 先例로서 인용하고 있는 大判 91. 7. 12, 90다11554(集 39-3, 178)은 依願免職處分이 불법행위가 됨을 이유로 하는 일실급료 및 일실퇴직금 상당의 손해배상청구사건에서 3년의 단기소멸시효 완성을 긍정하면서도 傍論으로서 "원고의 손해배상채권의 소멸시효기간은 위 일실급료나 일실퇴직금을 지급할 날로부터 진행한다"고 판시하였고, 大判 93. 8. 24, 92다3298(公 1993하, 2571)도 같은 취지이다.

41) 같은 취지에서 위 大判 91. 7. 12, 90다11554(前註)을 비판하는 것으로는 李在洪, "上級者의 指示에 의한 辭職書提出과 眞意 아닌 意思表示", 民判硏 XV, 42 이하가 있다.

무효라고 보아 불법행위로 인한 손해배상이 아니라 바로 임금청구권 또는 퇴직금청구권을 행사할 수 있다면,[42] 위 판결은 이론구성상으로는 문제가 있으나 결과적으로는 타당한 것이 된다.[43]

(나) 後遺症으로 인한 損害 불법행위로 인한 손해가 현실화되는 것이 불법행위보다 시간적으로 뒤이고, 이를 예견할 수 없었으면 불법행위 당시에 바로 손해의 인식이 있었던 것으로 볼 수는 없고, 그러한 손해가 현실화되었을 때에야 손해의 인식이 있는 것으로 볼 수 있다. 그에 해당하는 대표적인 예가 예견할 수 없었던 後遺症으로 인한 손해이다.

즉 판례는

> "일반적으로 불법행위로 인한 손해배상청구권의 소멸시효의 기산일인 손해를 안 날에 관하여 피해자나 그 법정대리인이 손해를 안다는 의미는 가해행위가 위법하다는 것과 그로 인하여 손해가 발생하였다는 것을 알면 되는 것이고, 그 손해의 정도나 수액을 구체적으로 알 필요는 없는 것이므로 통상의 경우에 있어서 상해피해자는 부상을 당하였을 때 그 손해를 알았다고 보아야 할 것이지만, 그 후 후유증 등으로 인하여 불법행위 당시에는 예견할 수 없었던 새로운 손해가 발생하였다거나 예상 외로 손해가 확대된 경우에 있어서는 그러한 사유가 판명되었을 때 비로소 새로이 발생 또는 확대된 손해를 알았다고 보아야 한다"

고 판시하고 있고,[44] 같은 취지의 판례는 많이 있다.[45]

다만, 의사의 과실로 인하여 피해자가 腦性痲痺가 된 경우에 의사의 신체감정결과가 뇌성마비의 후유증이 남을 것은 확실하나 장차 후유증의 정도가 어느 정도가 될 것인지를 현재 감정인으로서는 판정하기 어렵다는 취지라면, 객관적으로 뇌성마비의 후유증으로 인한 노동능력상실의 손해는 현실화된 것이고, 다만 구체적으로 장래에 있어서의 그 손해의 정도를 명확히 알 수 없는

42) 私見으로서는 면직처분이 불법행위가 될 정도라면 그러한 면직처분은 당연무효이고, 따라서 면직되지 않았더라면 받을 수 있었을 임금 등은 계약상의 청구권으로서 청구할 수 있는 것이지 불법행위에 기한 손해배상을 문제삼을 필요는 없다고 생각한다. 다만, 위자료청구권은 별개의 문제이다.

43) 위 판결에 대해서는 尹眞秀, "違憲이 法律에 근거한 公務員免職處分이 不法行爲로 되는 경우 그로 인한 損害賠償請求權 消滅時效의 起算點", 서울대학교법학 38-1(1997), 170 이하 참조.

44) 大判 81.7.7, 80다2150(集 29-2, 186).

45) 大判 85.4.9, 84다552(公 1985, 719); 大判 86.12.23, 86다카536(集 34-3, 157); 大判 88.12.27, 87다카2005(公 1989, 1470); 大判 92.12.8, 92다42583(公 1993, 442); 大判 95.2.3, 94다16359(公 1995, 1148); 大判 01.9.4, 2001다9496(公 2001하, 2165); 大判 01.9.14, 99다42797(公 2001하, 2219) 등. 日最判 昭 42(1967).7.18(民集 22-6, 1559)도 같은 취지이다. 이 문제에 관한 학설의 자세한 소개는 註釋債各 8, 제3판, 626(金弘燁) 참조.

것에 지나지 않으므로 소멸시효는 뇌성마비가 있음을 안 때부터 진행한다.[46] 또 후유증이라 하여도 사고 당시 이미 예상할 수 있었던 것이라면 소멸시효는 사고시부터 진행한다.[47]

그런데 大判 01. 1. 19, 2000다11836(公 2001상, 500)은 가해행위와 이로 인한 현실적인 손해의 발생 사이에 시간적 간격이 있는 불법행위에 기한 손해상 채권에 있어서 소멸시효의 기산점이 되는 불법행위를 안 날이라 함은 단지 관념적이고 부동적인 상태에서 잠재하고 있던 손해에 대한 인식이 있었다는 정도만으로는 부족하고 그러한 손해가 그 후 현실화된 것을 안 날을 의미한다고 하여 사고 당시 피해자는 만 2세 남짓한 유아로서 좌족부의 성장판을 다쳐 의학적으로 뼈가 성장을 멈추는 만 18세가 될 때까지는 위 좌족부가 어떻게 변형될지 모르는 상태였던 경우, 피해자가 고등학교 1학년 재학중에 담당의사에게 진찰을 받은 결과 비로소 피해자의 좌족부 변형에 따른 후유장해의 잔존 및 그 정도 등을 가늠할 수 있게 되었다면 피해자의 법정대리인도 그 때서야 현실화된 손해를 구체적으로 알았다고 보아 그 무렵을 기준으로 소멸시효의 기산점을 산정한 원심의 판단을 수긍하였다.

(다) 繼續的 不法行爲의 消滅時效起算點　　加害行爲가 계속적으로 존재하고 따라서 손해도 계속하여 발생하는 경우, 예컨대 타인의 토지를 불법으로 점거하여 소유자에게 계속적으로 그 토지의 차임상당의 손해를 가하는 경우에 그 손해배상청구권의 소멸시효는 언제부터 진행하는가? 이에 관하여는 과거에는 피해자가 최초로 손해를 안 때로부터 손해 전부의 배상청구권에 대하여 소멸시효가 진행된다는 견해도 있었으나[48] 현재에는 이러한 견해는 찾아보기 어렵고, 통설[49]이나 판례[50]는 나날이 새로운 불법행위에 의한 손해가 발생하므로 나날이 발생한 새로운 각 손해를 안 날로부터 각각 별개로 소멸시효가 진행한다고 보고 있으며, 일본의 통설이나 판례도 이와 같다.[51] 이러한 설

46) 大判 92. 12. 8, 92다29924(公 1993, 431).
47) 大判 93. 7. 27, 93다357(公 1993, 2399).
48) 예컨대 日大判 大 9(1920). 6. 29(民錄 26, 1035) 등. 大判 57. 12. 19, 4290民上194(李在勳, 判例不法行爲法 8, 410)도 반드시 명확하지는 않으나 대체로 같은 취지로 보인다.
49) 郭潤直, 593; 金疇洙, 805; 林正平, 823 등.
50) 溜池를 불법조성하여 원고의 소유권을 계속적으로 침해한 경우에 관한 大判 66. 6. 9, 66다615(全集 民事編, 205 이하); 配偶者 있는 男子와 夫妾關係를 맺은 자의 손해배상 책임에 관한 大判 67. 4. 25, 67다99(李在勳, 判例不法行爲法 3, 222) 등. 근래의 大判 1999. 3. 23, 98다30285(공 1999상, 718)도 같은 취지이다.
51) 日注民(19), 378(植林弘); 日大判 昭 15(1940). 12. 14(民集 19-2325); 日最判 平 6 (1994). 1. 20(判時 1503, 75) 등.

의 근거는 ① 불법행위가 계속되고 있는 동안에는 장래의 손해발생을 피해자가 예견하기 어렵고, ② 불법행위가 계속되는 동안에 손해의 완성을 인정하게 되어서는 안 되며, ③ 불법행위가 계속되는 이상 피해감정의 진정을 기대할 수 없다는 점 등에 있다.[52)]

그런데 근래 일본에서는 이러한 이른바 逐次進行說에 대하여 이의를 제기하는 설들이 주장되고 있다. 그 하나는 鑛害에 관한 손해배상청구권의 시효기간은 진행중의 손해에 대하여는 그 진행이 정지한 때로부터 기산한다는 일본 鑛業法 §115 Ⅱ[53)]을 유추적용하여 계속적 불법행위에 있어서는 손해의 진행이 정지한 때부터 전손해에 대하여 소멸시효가 진행한다는 설이다.[54)]

다른 설은 繼續的 不法行爲에도 여러 가지의 유형이 있으므로 그 유형에 따라 소멸시효의 기산점을 달리 인정하여야 한다고 한다. 즉 손해의 성질이나 그 계속 발생하는 樣相은 현실적으로는 多種多樣하고, 그 원인인 가해행위의 態樣도 사안에 따라 일률적이지 않으므로 不法占據와 같이 일정한 불법상태로부터 일률적으로 손해가 계속하는 사례를 염두에 두고 구성된 종래의 통설은 손해와 가해행위가 계속하는 모든 경우에 반드시 합리적인 해결을 보증하는 것은 아니고, 따라서 계속적 불법행위의 여러 가지 유형에 따라 객관적 타당성의 검토가 필요하다고 한다.[55)] 그리하여 구체적으로는 통일적 인식이 곤란한 累積的 進行性의 손해가 계속되는 加重的 加害行爲로부터 발생하는 것과 같은 사례[56)]에 있어서는 손해의 진행이 정지된 시점으로부터 시효가 일률적으로 진행을 개시하고, 持續的 狀態性의 손해의 사례도 예컨대 逮捕·監禁과 같이 가해행위에 의하여 피해자의 권리행사가 그 상태 계속중에는 사실상 억압되는 경우에는 그 상태가 그칠 때까지 시효는 진행하지 않는다고 한다. 마찬가지로 狀態性의 손해라고 하여도 不法占據와 같이 加害態容이 일방에 있어서는 일률적으로 지속하면서 다른 한편에 있어서는 일률적으로 진행하는 손해에 관한 피해자의 통일적 인식과 그에 기한 권리행사가 상당기간 후에 기대되는 사례에 있어서는 상당기간 후에 시효의 일률진행을 인정하여야 하지만, 점거

52) 註釋債各 Ⅳ, 제2판, 366-7; 李銀榮, 816 참조.

53) 우리 鑛業法 §96 Ⅱ의 규정도 이와 같다.

54) 石田穰, 民法講義 6, 389; 前田達明, 民法 $Ⅵ_2$, 390 등. 근래 국내에서도 입법론으로 이와 같은 설이 주장되고 있다. 梁彰洙, "不法行爲法改正案 意見書", 民事法學 15(1997), 222-3 참조.

55) 內池, "損害賠償請求權の消滅時效"(註 9), 133-4; 金相容, 債各(下), 482; 李銀榮, 816-7도 같은 취지이다.

56) 예컨대 重金屬中毒과 같이 健康上의 被害가 점차 진행하는 경우.

개시 후에 권리자가 자주 반환·명도·퇴거를 구하는 등의 행위를 했음에도 불구하고 점거자가 실력으로 점거상태를 유지계속하는 것과 같은 경우에는 全損害에 관하여 일률적으로 시효완성의 불이익을 피해자에게 부담시키는 것은 불합리하고, 시효법상의 책임을 피해자와 가해자에게 분담시켜야 한다고 한다.[57] 일본의 하급심판례 가운데에는 일부 이러한 설을 채택하는 것이 보이기는 하나 소수에 그치고 있다.[58]

독일에서는 時間的인 中斷(zeitliche Zäsuren)이 없는 繼續的 不法行爲(fortlaufende unerlaubte Handlung)에 있어서는 전 손해의 소멸시효가 가해행위의 종료시에 비로소 진행하지만, 반복되는 騷音·振動 등과 같은 불법행위에 있어서는 각 개별 가해행위마다 별도로 소멸시효가 진행한다고 본다.[59]

(2) 加害者의 認識

本條 I의 소멸시효가 진행하려면 손해뿐만 아니라 가해자를 알아야 한다. 여기서 가해자란 배상의무자를 뜻하므로, 사용자책임(§756)·국가배상책임 등과 같이 직접의 가해행위자와 별도로 손해배상책임을 져야 할 의무자가 있는 때에는 그에 대한 손해배상청구권의 소멸시효는 이러한 사실을 안 때부터 진행하는 것으로 보아야 한다.[60]

"가해자를 안다"는 것의 의미에 관하여 주목할 만한 일본의 판례[61]가 있다. 이 사건의 사실관계는 대체로 다음과 같다. 즉 러시아人이던 원고 X가 1942년 1·2월경 당시 日本領이던 사할린의 경찰서에서 軍機保護法 위반으로 구금되어 같은 해 4.15에서 16 사이에 경찰관이던 피고 Y로부터 고문을 받은 다음 유죄판결을 받아 1945.9에야 석방되었다. 위 고문을 받을 당시 X는 Y의 姓이 「石塚」이라는 것은 알았으나 이름은 몰랐고, 석방된 때부터 Y를 추적하

57) 內池, "繼續的不法行爲による損害賠償請求權の時效起算點", 不法行爲責任の消滅時效(註 4), 111-2(初出 1975). 이와 유사하게 不法行爲의 유형을 單純型과 蓄積型으로 나누고, 후자를 다시 繼續不法行爲蓄積型(이는 다시 可分損害蓄積型과 不可分損害蓄積型으로 나눈다)과 進行蓄積型으로 나누어 각 유형에 따라 소멸시효의 기산점을 달리 정하는 것으로는 松本克美, "「不貞慰謝料」の消滅時效の起算點", 判例評論 434(判例時報 1518), 36 이하가 있다. 또한 金相容, 不法行爲法, 521-2도 참조.

58) 山口 忍, "繼續的不法行爲と時效の起算點", 現代民事裁判の課題 ⑦(1989), 651 이하, 특히 659 이하 참조.

59) MünchKomm/Mertens §852 RdNr. 21. 李相旭(註 27), 610은 손해가 성질상 나누어질 수 있는 때에는 시효는 나날이 새롭게 진행하지만, 누적적으로 진행하여 통일적·일체적으로 파악하여야 할 손해에 대하여는 가해행위가 종료한 때 피해자의 인식이 있는 것으로 해석하여야 한다고 주장한다.

60) 裵淇源(註 9), 261; 朴禹東(註 4), 716; 註釋債各 8, 제3판, 614(金弘燁); 大判 74.1.15, 73다1501(集 22-1, 7).

61) 日最判 昭 48(1973).11.16(民集 27-10, 1374).

여 1948년경에는 Y가 秋田縣에 거주하는 것 같다는 것을, 1951년경에는 Y의 이름을 알았다. 1961년경에는 Y가 동경으로 주소를 옮겼다는 것을 알고 조사한 결과 Y의 주소를 알아내 Y의 고문으로 인한 불법행위책임을 묻는 소송을 제기하였다. 위 소송에서 Y가 3년의 단기소멸시효가 경과하였음을 주장한 데 대하여, 일본최고재판소는 다음과 같은 이유로 이를 배척하였다.

> "민법 제724조에서 말하는 「가해자를 안 때」라는 것은 동조에서 시효의 기산점에 관한 특칙을 둔 취지에 비추어 본다면, 가해자에 대한 배상청구가 사실상 가능한 상황을 기초로 하여 그 가능한 정도에 이를 안 때를 의미하는 것으로 해석함이 상당하고, 피해자가 불법행위의 당시 가해자의 주소씨명을 정확히 알지 못하고, 거기에다가 당시의 상황에 있어서 그에 대한 배상청구권을 행사하는 것이 사실상 불가능한 경우에는 그 상황이 그치고, 피해자가 가해자의 주소씨명을 확인한 때 비로소 「가해자를 안 때」에 해당한다고 하여야 할 것이다."

이러한 일본의 판례에 대하여는 비판적인 견해가 없는 것은 아니나,[62] 일본의 학설은 대체로 이를 지지한다.[63]

우리 나라의 판례 가운데에는 직접 이와 같이 명언하고 있는 것은 없으나, 원고의 손해배상청구는 피고에 대한 유죄판결이 확정된 때에야 비로소 사실상 가능하게 되었다고 보아야 할 것이고, 따라서 원고의 이 사건 손해배상청구권은 그 때로부터 시효가 진행된다고 한 판례[64]는 위와 같은 일본의 판례와 상통되는 바가 있다.

(3) 不法行爲의 認識

㈎ 一 般 論  이처럼 손해와 가해자를 안다고 하는 것은 결국은 가해자에 의하여 불법행위가 행하여졌음을 인식한다는 의미를 내포하는 것이라고 할 수 있다.

판례도

> "손해란 위법한 행위로 인한 손해발생의 사실을, 가해자란 손해배상청구의

---

62) 古崎慶長, 民商法雜誌 71-4, 716-7. 피고의 이름을 정확히 모르더라도 訴狀의 피고란에 "원고에 대하여 昭和 17년에 大泊警察署에서 조사를 함에 있어서 폭행을 가한 石塚警部補"라고 하여 소송을 제기할 수 있었을 것이라고 한다.

63) 執行秀幸, "民法七二四條の消滅時效の起算點", 民法判例百選 Ⅱ 債權[第五版], 別冊 ジュリスト No. 160, 208 이하; 平井宜雄, 債權各論 Ⅱ, 167-8 등 참조. 국내의 학설로서는 註釋債各 8, 제 3 판, 615(金弘燁).

64) 大判 96. 8. 23, 95다33450(公 1996下, 2814). 大判 89. 9. 26, 89다카6584(公 1989, 1569)도 같은 취지이다.

상대방으로 될 자를 의미하고, 또한 안 날이란 피해자나 그 법정대리인이 위 손해 및 가해자를 현실적이고도 구체적으로 인식하는 것을 뜻하는 것이라고 할 것이므로, 결국 여기에서 말하는 손해를 안 날이란 불법행위의 요건사실에 대한 인식으로서 위법한 가해행위의 존재, 손해의 발생 및 가해행위와 손해와의 인과관계 등이 있다는 사실까지 피해자가 알았을 때를 의미하는 것이라고 풀이하여야 할 것이다"

라고 판시하고 있으며,[65] 이 이외에도 같은 취지의 판례는 많다.[66]

근래의 大判 02. 6. 28, 2000다22249(公 2002하, 1777)은 불법행위로 인한 손해배상청구권의 단기소멸시효의 기산점이 되는 민법 第766조 제1항 소정의 '손해 및 가해자를 안 날'이라 함은 손해의 발생, 위법한 가해행위의 존재, 가해행위와 손해의 발생과의 사이에 상당인과관계가 있다는 사실 등 불법행위의 요건사실에 대하여 현실적이고도 구체적으로 인식하였을 때를 의미한다고 할 것이고, 피해자 등이 언제 불법행위의 요건사실을 현실적이고도 구체적으로 인식한 것으로 볼 것인지는 개별적 사건에 있어서의 여러 객관적 사정을 참작하고 손해배상청구가 사실상 가능하게 된 상황을 고려하여 합리적으로 인정하여야 한다고 하여 원고가 긴급구속을 당할 때 자신이 범죄사실 및 구속이유를 고지받지 못하였다는 점과, 변호인에게 전화하는 것을 거절당함으로써 변호인의 조력을 받을 권리를 침해받았다는 것을 이유로 손해배상청구를 하는 경우에는 원고가 긴급구속을 당할 때 그러한 권리를 침해받았다는 것을 알았다고 보아야 할 것이므로 원고의 손해배상청구권의 소멸시효는 그 때부터 진행된다고 할 것이고, 원고가 구속당한 범죄사실에 관한 형사재판이 확정될 때까지 소멸시효가 진행하지 않는 것은 아니라고 하였다.

그러나 이러한 점에 관하여 피해자가 확신을 가지게 된 때, 또는 그러한 요건을 충족한다는 것이 확정판결에 의하여 공권적으로 확정되어야 할 필요는

65) 大判 89. 9. 26, 88다카32371(公 1989, 1560).

66) 예컨대 因果關係의 認識에 관하여 大判 95. 11. 10, 95다32228(公 1995, 3910). 이 판결에서는 피해자의 사고로 인한 흉추부 압박골절상에 대하여 사고발생 얼마 후에 있었던 초진시에는 진구성골절, 즉 이 사건 사고와 관계 없는 기존질환인 것으로 진단되었다가 그 후 정밀검사결과 진구성골절이 아닌 것으로 판명되어 비로소 요양승인도 받게 된 것이라면, 일반인에 불과한 피해자로서는 당초 흉추부 압박골절상이 이 사건 사고로 인한 것임을 알지 못하고 있다가 빨라도 위 정밀검사결과가 있고 나서야 흉추부 압박골절상도 이 사건 사고로 인한 것임을 알게 되었다고 봄이 상당할 것이라고 한다. 이에 대하여는 劉承政, "不法行爲로 인한 損害賠償請求權의 단기소멸시효의 기산점", 大法院判例解說 통권 24, 143 이하 참조. 이를 지지하는 것으로는 金宗紀(註 9), 307-8. 다만, 李塏雨(註 9), 14은 이 判決의 결론에 대하여 의문을 표시한다.

없다. 그와 같이 본다면 本條 I은 사실상 무의미하게 될 것이기 때문이다.[67] 판례도 불법행위로 인한 손해배상청구권의 소멸시효가 가해자에 대한 刑事判決이 확정된 때부터 진행하는 것은 아니고,[68] 또 가해자에 대하여 刑事告訴를 제기하였다 하여 그 때부터 진행한다고 볼 수도 없다[69]고 한다.

그러나 이는 어디까지나 원칙에 불과하고, 구체적으로는 아래에서 보는 것과 같이 여러 가지 문제가 있다.

(나) 違法性의 認識을 필요로 하는지 여부 우선 불법행위가 있음을 안다고 하는 의미가 단순한 불법행위의 요건사실에 대한 인식을 의미하는 것인지, 나아가서 가해자의 행위가 위법하다는 법률적인 인식까지를 필요로 하는 것인지에 관하여는 판례가 나누어져 있고, 학설도 대립하고 있다.

(a) 判 例 일부의 판례는 소멸시효가 진행하기 위하여 위법성의 인식은 필요하지 않다고 본다. 예컨대 大判 89.9.26, 88다카32371[70]은 민법 제766조 제1항 소정의 피해자가 손해 및 가해자를 안다 함은 사실에 관한 인식의 문제이지 사실에 대한 법률적 평가의 문제가 아니고, 타인의 불법행위로 손해가 발생한 사실만 알면 되고 법률상 어떠한 손해배상청구권이 발생하였는가의 문제까지 알 것을 필요로 하는 것은 아니라고 하며,[71] 大判 93.8.27, 93다23879[72]도 같은 취지에서 사고가 피고회사가 시공하는 탱크의 제작·설치작업중에 발생하였고, 그 작업을 지휘·감독한 자나 사고의 원인을 제공한 근로자와 피해자가 모두 피고회사의 근로자였다면, 피해자는 사고발생당시 손해발생사실 및 그 가해자, 즉 손해배상청구의 상대방으로 될 자가 피고회사라는 사실을 구체적으로 인식하였다고 보이고, 그 공사의 도급인이 피고회사에 대하여 사용자관계에 있다고 주장하면서 도급인을 상대로 손해배상

67) 幾代通(德本伸一 補訂), 不法行爲法(1993), 348.
68) 大判 70.4.14, 69다597(集 18-1, 319); 大判 85.10.8, 85다402(公 1985, 1477); 大判 98.11.10, 98다34126(公 1988하, 2845). 다만, 大判 75.3.25, 75다233(集 23-1, 145)은 일반론으로서는 加害者에 대한 刑이 확정될 것을 요하지는 않는다고 하면서도 손해발생사실을 안다는 것은 단순히 손해발생의 사실만을 안 때라는 뜻이 아니고 가해행위가 불법행위로써 이를 원인으로 하여 손해배상을 소구할 수 있다는 사실을 안 때이고, 失火로 인한 손해배상을 청구하는 사건에 있어서 소멸시효는 가해자의 重過失로 인하여 화재가 발생한 것임을 안 때부터 진행하는데, 이는 피해자의 가해자에 대한 손해배상요구시가 아니라 가해자가 제1심 형사판결에서 重過失로 인한 失火罪로 유죄선고를 받은 때라고 하였다.
69) 大判 66.9.20, 66다1051(集 14-3, 42).
70) 公 1989, 1560.
71) 大判 76.4.27, 76다289(李在勳, 判例不法行爲法 8, 469)도 같은 취지이다.
72) 公 1993, 2628.

청구소송을 제기하였다가 패소판결을 선고받은 때 비로소 가해자가 피고회사임을 알았다고 볼 수는 없다고 한다.[73)]

또한 大判 89.11.14, 88다카32500[74)]은 국가배상책임의 경우에 관하여

> "가해자를 안다는 것은 피해자가 가해공무원이 국가 또는 지방자치단체와의 간에 공법상의 근무관계가 있다는 사실을 알고, 또한 일반인이 당해 공무원의 불법행위가 국가 또는 지방자치단체의 직무를 집행함에 있어서 행해진 것이라고 판단하기에 족한 사실까지도 인식하는 것을 의미한다고 풀이함이 옳다"

고 판시하고 있다.[75)]

반면 大判 66.1.25, 65다2318[76)]은 執達吏가 受訴法院의 授權決定이나 필요한 審問도 거치지 아니하고 건물철거를 집행한 것이 위법이라는 이유로 손해배상을 청구한 경우에 그 소멸시효가 집행 당시부터 진행한다는 피고의 주장을 배척하면서, "피고들이 비록 수소법원으로부터 수권결정을 받지 아니하고 원고의 건물에 대하여 가집행선고 있는 판결을 집행한 경우라 할지라도 법률에 대한 소양이 없는 일반인에 대하여 그러한 집행이 불법행위가 된다는 것을 알았으리라고 기대한다는 것은 무리라 할 것이다"라고 판시하여 피해자의 법률적인 인식을 필요로 한다는 취지이다.

그리고 大判(全) 75.4.22, 74다1548[77)]은 토지구획정리사업자가 사실상의 도로에 대하여 환지도 지정하지 아니하고 청산금도 지급하지 아니한 경우에 불법행위가 성립하고, 이러한 경우에 직접 청산금의 지급을 청구할 수 없다고 하여 종래의 판례를 변경하였는데, 이 이후의 판례는 위 판결이 선고되기 전에 있은 이러한 불법행위로 인한 손해배상청구권의 소멸시효에 관하여 이러한 판례변경이 있은 뒤에야 피해자들이 환지처분에 대한 위법성을 인식할 수 있었으므로 피해자들이 이처럼 위법성을 인식한 때로부터 소멸시효가 진행한다

73) 大判 65.9.7, 65다924(集 13-2, 119)은 軍人이 軍用車 운전중에 교통사고를 발생시킨 경우의 소멸시효기산점에 관하여 민법 제766조 제 1 항에서 가해자를 알았다 함은 피해자가 訴提起에 필요한 요건사실을 알면 족하고, 배상의무자를 규정한 법률까지 구체적으로 알아야 하는 것은 아니므로 가해자가 군인으로서 군용차운전중에 사고를 발생하였다는 사실을 안 이상 손해배상청구의 상대방으로 국가를 상대한다는 구체적 법률을 몰랐더라도 가해자를 안 것이라고 하고, 大判 67.1.24, 66다2280(李在勳, 判例不法行爲法 8, 430)도 거의 같은 취지이다.

74) 公 1990, 31.

75) 日最判 昭 44(1969).11.27(民集 23-11, 2265)은 使用者責任에 관하여 같은 취지이다.

76) 集 14-1, 29.

77) 全集 民 I, 459.

고 한다.[78]

그리고 大判 94.4.26, 93다59304[79]도

"민법 제766조 제1항 소정의 '손해 및 가해자를 안 날'이라 함은 손해가 가해자의 불법행위로 인한 것임을 안 때라고 할 것이므로, 가해행위와 손해의 발생 사이에 인과관계가 있으며 위법하고 과실이 있는 것까지도 안 때라고 할 것인바"

라고 판시하고 있다.

(b) 學 說 이 문제에 관하여는 우리 나라나 일본의 학설도 원칙적으로 위법성의 인식은 필요로 하지 않는다는 설과, 반대로 원칙적으로 위법성의 인식을 필요로 한다는 설로 나뉘어 있다.

前說에서는 피해자가 가해행위의 위법성을 알지 못하면 소멸시효는 진행되지 않는다고 하면서도, 여기서 가해행위의 위법성을 안다는 것은 일반인이 그 가해행위를 위법한 것으로 평가하기에 충분한 사실의 인식을 말하는 것으로 보아야 한다거나[80] 피해자가 가해행위의 위법성을 안다고 하는 것은 일반론으로서는 가해행위가 위법하다고 보여질 가능성이 있는 것을 피해자가 인식한 때를 의미한다[81]고 설명한다. 이 설은 事實의 認識과 法的 判斷을 구분하여 사실의 인식에 관하여는 피해자의 현실적 인식을 요구하여야 하지만, 법적 평가에 관하여는 일반인을 기준으로 함이 상당하다고 한다.[82]

반면 後說은 前說을 다음과 같이 비판한다. 즉 시효의 기산점이 되는 피해자의 인식을 청구권의 존재에 관한 인식이라고 해석하는 이상 그 인식을 방해하는 사정은 사실인식인지 법판단인지를 구별하여야 할 이유는 없고, 사실상의 착오와 법의 착오는 관념적으로는 구별할 수 있어도 현실적으로는 서로

78) 大判 77.3.8, 76다549(李在勳, 判例不法行爲法 8, 448); 大判 77.3.22, 76다256(公 559, 10001); 大判 77.4.26, 76다2245(李在勳, 判例不法行爲法 8, 449); 大判 77.6.7, 76다2008(集 25-2, 104); 大判 77.6.7, 76다2812(公 566, 10192) 등. 다만, 구체적으로 언제 위법성을 인식하였는가에 관하여는 위 75.4.22의 全員合議體判決(前註)이 있은 날로 보기도 하고, 위 판결에 따라 당해 피해자가 원고가 되어 제소한 사건에 관하여 대법원이 파기환송판결을 선고한 날 내지 그 파기환송판결을 수령한 날 등으로 보기도 하며, 또는 구체적인 일자를 특정하지 않은 채 이 점에 관하여 별도로 사실인정을 필요로 한다고 보기도 한다.

79) 公 1994, 1468.

80) 註釋債各 Ⅳ, 제2판, 368; 李銀榮, 817.

81) 幾代通(註 67), 348.

82) 澤井裕, "使用者責任と民法七二四條の加害者を知ることの意義", 民商法雜誌 63-1, 149; 小林正明, "不法行爲による損害賠償請求權の消滅時效の起算點", 判例タイムズ No.419, 29 등.

連絡하는 것이어서 분단이 원래 곤란한 것에 관하여 전혀 다른 법적 효과를 예정하는 것은 그 자체가 우연에 좌우될 위험이 있으며, 사실의 不知·錯誤에 관하여는 피해자에게 항상 책임이 없고, 法의 不知·錯誤에 관하여는 항상 책임이 있다고 하는 것은 獨斷이라고 한다.[83] 그리하여 피해자에게 현실의 인식이 없었으면 그것이 법의 不知·誤解(error juris)에 의한 것이더라도 단기시효는 진행을 개시하지 않는다고 한다. 다만, 피해자가 법률의 부지로 인하여 위법성을 인식하지 못하였다고 하여 항상 소멸시효가 진행하지 않는 것은 아니고, 피해자·가해자 간의 법률관계를 지배하는 신의칙에 터잡은 피해자의 協助義務(Mitwirkungspflicht)의 관점에서, 피해자의 교육·직업·정신지능 정도 등에 따라 그러한 착오의 免責可能性(Entschuldbarkeit)이 없는 경우에는 피해자에게 不知의 책임을 돌려야 한다고 주장한다.[84]

(c) 小 結 私見으로서는 "事實의 不知는 항변할 수 있어도 法律의 不知는 항변할 수 없다(ignorantia facti excusat, ignorantia juris non excusat)"라든가 "法律의 錯誤는 害가 된다(error juris nocet)"라는 法諺이 가리키는 것처럼 피해자가 법률을 몰라서 가해자의 행위가 위법한 것임을 몰랐다는 사정은 원칙적으로는 피해자의 부담으로 돌려야 하고, 따라서 피해자측이 가해행위를 위법한 것으로 평가하기에 충분한 사실을 인식하였다면 가해자의 행위가 위법한 것이라는 법률적 인식이 결여되었다고 하여도 이는 소멸시효의 진행에 영향을 주지는 못한다고 봄이 타당하다고 생각된다. 이러한 법률문제는 원칙적으로는 일반인이라면 누구나 알아야 하는 것으로 기대되는 것이고, 따라서 이를 몰랐다고 하는 사정이 피해자에게 유리하게 작용한다는 것은 모순이기 때문이다.

그러나 그렇다고 하여 피해자측에게 위법성의 인식이 결여되었다고 하는 사정이 항상 소멸시효의 진행과는 관계 없는 것은 아니다. 앞에서 말한 것은 일반인이라면 알 수 있는 통상적인 법률문제는 피해자측도 알았어야 한다는 의미이므로, 법률문제가 복잡하여 가해자의 행위가 위법한지 여부에 관하여 일반인으로서는 쉽게 판단을 내릴 수 없는 경우에까지 소멸시효가 진행한다고

83) 內池(註 4), 42; 李相旭, "不法行爲로 因한 損害賠償請求權의 消滅時效 起算點", 新聞 1993. 6. 14, 15; 李相旭(註 27), 605; 蘇星圭, "民法 제766조의 適用上 問題點", 李明九華甲紀念論文集 現代法學의 理論(1996), 256도 같은 취지이다.

84) 內池(註 4), 42-5; 內池, "損害賠償請求權の消滅時效"(註 4), 132; 朴禹東(註 4), 711; 金宗紀(註 9), 294; 氏家茂雄, "損害賠償請求權の時效の起算點", 判例タイムズ No.627, 48도 같은 취지이다.

보는 것은 가혹하기 때문이다.

독일의 학설이나 판례도 피해자의 법률의 착오는 원칙적으로 고려되지 않지만, 특별히 복잡하고 다투어지는 법률상황에서는 중요한 법률적인 의문은 그것이 명확하게 되기 전에는 피해자의 인식을 배제하고, 따라서 소멸시효가 진행하지 않는다고 보고 있다.[85]

이러한 관점에서 볼 때, 토지구획정리사업자가 사실상의 도로에 대하여 환지도 지정하지 아니하고 청산금도 지급하지 아니하는 불법행위로 인한 손해배상청구권의 소멸시효는 판례변경이 있은 후에야 진행한다고 하는 대법원의 판례는 충분히 수긍할 수 있다.[86] 다만, 이러한 판례들에서는 대법원의 판례변경이 있기 전에 이미 청산금지급청구의 소를 제기하였던 경우에 소멸시효의 완성 여부가 문제되었던 것이었는데, 이 경우 소멸시효의 중단에 관한 이른바 권리행사설의 관점에서 위 청산금지급청구의 소에 의하여 소송물이 같지는 않으나 불법행위로 인한 손해배상청구권의 소멸시효도 중단되었다고 설명하거나,[87] 종래의 반대되는 판례의 존재가 소멸시효진행의 장애사유가 된다[88]고 볼 여지도 있다.

(다) 前提問題에 관하여 先行의 재판절차가 있은 경우　　또한 판례는 가해자의 허위진술·부당고소 등으로 인하여 피해자측이 형사재판을 받거나, 가해자의 행위가 적법한 것임을 전제로 하여 이행청구를 하였다가 패소한 경우 등 불법행위의 성립 여부에 관한 전제문제에 관하여 재판상 분쟁이 있는 경우에는 소멸시효의 기산점을 그러한 재판절차가 종료된 때로 봄으로써 피해자를 구제하고 있다. 이러한 판례는 그 근거로서 "민법 제766조 제1항 소정의 손해를 안다는 것은 단순히 손해발생의 사실만을 아는 것으로는 부족하고, 가해행위가 불법행위로서 이를 원인으로 하여 손해배상을 소구할 수 있다는 사실까지를 아는 것을 의미하는 것이다"라고 하는 점을 근거로 들고 있다.

(a) 刑事裁判이 선행된 경우　　刑事裁判이 선행된 경우에 관하여 가장 최근의 판례는 大判 96.8.23, 95다33450[89]이다. 이 판결은 교통사고의

85) MünchKomm/Mertens §852 RdNr.10; BGHZ 6, 195f., 202 등.

86) 朴駿緖, "私道에 대한 淸算金拒否의 不法行爲", 司論 8, 413도 같은 취지이다.

87) 尹眞秀, 注解 Ⅲ(總則 3), 494-5 참조. 또한 後述하는 大判 95.6.30, 94다13435(註 107) 참조.

88) 이에 대하여는 尹眞秀, 注解 Ⅲ(總則 3), 463-4 참조. 다만, 大判 93.4.13, 93다3622(公 93, 1397)은 保險金請求權의 消滅時效에 관하여 이를 부정한다. 이 점에 관하여 위 판결을 지지하는 것으로는 金星泰, "直接請求權의 性質과 時效", 民判硏 XVI, 361-2가 있다.

89) 公 1996하, 2814.

발생에 관하여 과실이 없는 피해자측에게 주된 과실이 있다는 가해자측의 허위진술로 인하여 피해자소유의 자동차운전자가 오히려 형사기소되었다가 가해자측의 허위진술이 밝혀져서 위증죄로 처벌받은 경우에 사고경위가 가해자측의 진술대로 인정된다면, 피해자가 가해자에 대하여 손해배상청구를 한다고 하더라도 피해자의 피용인의 과실이 가해자의 피용인의 과실보다 더 큰 것으로 인정되어 전혀 손해배상을 받을 수 없거나 오히려 가해자측에게 손해를 배상해 주어야 할 입장에 처할 수도 있게 될 것이므로, 이와 같은 상황 아래서 피해자가 이 사건 사고로 인한 손해배상청구를 한다는 것은 전혀 실익이 없어 사실상 불가능하다고 보여지므로 피해자의 손해배상청구는 위 위증에 대한 유죄판결이 확정된 때에야 비로소 사실상 가능하게 되었다고 보아야 할 것이고, 따라서 피해자의 손해배상청구권은 그 때로부터 시효가 진행된다고 판시하였다.[90]

그리고 大判 65.5.4, 64다1696[91]은 타인의 고소로 구속당한 경우, 그 고소로 인한 손해배상청구권의 소멸시효의 기산일은 구속된 날이 아니고 무죄판결이 확정된 때라고 한다.[92]

(b) 被害者가 先行의 訴訟에서 패소한 경우 大判 89.9.26, 88다카32371[93]은 이른바 商業銀行 혜화동 지점의 手記式 預金通帳 사건에서, 원고들이 돈을 은행의 직원에게 정기예금의 의사로 제공하였으나 은행원이 제3자에 대한 사채로 사용하기 위하여 마치 은행을 위한 정기예금으로 수령하는 것처럼 가장하여 이른바 수기식 예금통장을 교부한 경우에, 위 은행원은 업무상 횡령 등으로 유죄의 확정판결을 받았을 뿐만 아니라 다른 예금주들이 은행을 상대로 하여 제기한 예금청구사건에서도 대부분 예금주들의 청구가 인용되다가 뒤늦게 대법원이 예금주들은 위 은행원의 표시의사가 진의 아닌 것을 알 수 있었다고 하여 예금계약의 성립을 인정한 하급심판결들을 파기하였다면 원

90) 大判 89.9.26, 89다카6584(公 1989, 1569)은 같은 취지에서 교통사고의 피해자에 대한 형사판결이 무죄 내지 공소기각으로 확정된 때부터 소멸시효가 진행한다고 하고, 日最判 昭 58(1983).11.11(判時 1097, 38)도 마찬가지이다.

91) 集 13-1, 131.

92) 大判 75.3.25, 75다233(集 23-1, 145)도 손해발생사실을 안다는 것은 단순히 손해발생의 사실만을 안 때라는 뜻이 아니고 가해행위가 불법행위로써 이를 원인으로 하여 손해배상을 소구할 수 있다는 사실을 안 때이고, 失火로 인한 손해배상을 청구하는 사건에 있어서 소멸시효는 가해자의 重過失로 인하여 화재가 발생한 것임을 안 때부터 진행하는데, 이는 피해자의 가해자에 대한 손해배상요구시가 아니라 가해자가 제1심 형사판결에서 重過失로 인한 실화죄로 유죄선고를 받은 때라고 하였다.

93) 公 1989, 1560.

고들로서는 별다른 사정이 없는 한 대법원의 위 파기환송판결이 있을 때로부터 비로소 위 은행원의 행위에 대한 위법성 및 그로 인한 손해의 발생사실을 인식하게 되었다고 할 것이라고 하였다.[94)]

그리고 大判 91. 3. 22, 90다8152[95)]은 공무원이 발급한 허위의 인감증명을 믿고 그 인감명의인과 계약을 체결한 자가 그 인감명의인을 상대로 계약이행을 구하는 소송을 제기하였다가 패소확정된 때에 공무원의 불법행위사실을 확정적으로 알았다고 하여 그 때부터 소멸시효가 진행한다고 보았다.

위의 사례들은 피해자가 적극적으로 이행청구를 하였다가 패소한 경우이나, 역으로 제3자가 제기한 민사소송에서 피해자가 패소한 때부터 소멸시효가 진행한다고 한 판례도 있다.

우선 大判 90. 1. 12, 88다카25168[96)]은 공무원이 허위의 동일인증명을 발급하여 주어 그에 기하여 진실한 소유자의 동생 명의로 등기명의인 표시경정등기가 이루어지고, 이를 기초로 하여 원고가 근저당권설정등기를 하고 동생과 거래를 하였는데 그 후 진실한 소유자가 원고를 상대로 근저당권설정등기의 말소등기청구소송을 제기하여 원고가 패소한 사안에서, 위 원고패소의 판결이 확정된 때에 원고가 비로소 손해의 발생을 알았다고 하여 피고의 소멸시효주장을 배척하였다.

또한 大判 86. 8. 19, 83다카2022[97)]은 공무원의 위법한 환지계획변경처분으로 원고명의의 소유권이전등기가 경료되었으나 그 후 위 변경처분으로 인하여 불이익을 입게 된 제3자가 위 처분의 취소를 구하는 행정소송을 제기하여 승소판결을 받아 이를 근거로 원고명의의 소유권이전등기의 말소청구소송을 제기하여 위 제3자 승소판결이 확정된 경우, 원고가 공무원의 과실을 이유로 손해배상을 청구함에 있어서 원고가 그 손해를 알게 된 것은 원고가 위 취소판결에 의하여 환지계획변경처분이 취소되었음을 안 때가 아니라 말소청구의 소에서 원고패소가 확정된 때라고 한다. 위 판결은 그 이유로 원고명의의 소유권이전등기는 위 취소판결 자체의 효력에 의하여 당연히 말소되는 것이 아니라 소외인이 위 취소판결의 존재를 법률요건으로 주장하여 원고에게 그 말

94) 거의 같은 사실관계에 관하여 같은 취지로는 大判 89. 9. 12, 89다카2285(公 1989, 1470)이 있다.
95) 公 1991, 1242.
96) 公 1990, 457.
97) 公 1986, 1203.

소를 구하는 소송을 제기하여 승소의 확정판결을 얻어야 비로소 말소될 수 있는 것이며, 위 말소청구소송에서의 승패 또한 위 취소판결의 존재가 주장되었다는 한 가지 사실만으로 바로 판가름나는 것이라 할 수 없고 당사자의 주장 입증내용에 따라 달라질 여지가 있다는 점을 들고 있다.

그리고 大判 98.7.24, 97므18(公 1998하, 2234)은 혼인신고를 하지 않은 사실혼배우자인 원고가 세대별 주민등록표에 자신이 세대주인 피고의 처로 등재되었기 때문에 자신이 피고의 법률상 처인 줄 알고 있었고, 피고가 가출하면서 혼인신고가 되어 있지 않은 사실을 알았으나 부부관계를 계속할 의사로 사실혼관계존재확인청구를 하였다가 패소한 경우에, 사실혼부당파기로 인한 위자료청구권의 소멸시효는 패소판결이 선고된 때부터 진행한다고 한다.

(c) 先決問題에 관하여 피해자가 승소한 경우　　이와는 다소 다른 것이 선결문제에 관하여 피해자가 승소한 경우이다. 즉 판례는 중학교교장이 위법한 파면처분을 당함으로 인하여 입은 위자료상당의 손해배상청구권의 소멸시효에 관하여 피해자가 그 손해를 안 것은 파면처분무효확인의 소송이 승소확정된 때라고 한다.[98)]

그리고 實用新案權 침해로 인한 손해배상청구권의 소멸시효에 있어서는 대법원이 가해자인 피고의 考案이 피해자인 원고가 양수한 실용신안권의 권리범위에 속한다는 이유로 특허청의 심결을 파기하고 사건을 특허청 항고심판소에 환송하는 판결을 선고하였을 때, 원고가 피고들이 자신의 실용신안권을 침해한 사실과 그로 인한 손해 및 가해자들을 현실적·구체적으로 알았다고 한다.[99)]

또한 위법한 가처분명령의 집행으로 인한 손해배상청구권의 소멸시효에 있어서는 상대방의 청구권이 가처분명령 당시 없었다는 것이 재판상 확정된

98) 大判 81.1.13, 80다1713(公 1981, 13581). 大判 94.7.29, 92다22831(公 1994, 2225)도 같은 취지이다. 한편 일본의 하급심판례는 위법한 행정처분으로 인한 손해는 그 행정처분이 위법하다는 사실이 판결에 의하여 확정된 때에 피해자가 손해를 알았다고 보고 있다. 日東京地判 昭 35(1960).4.5(下民集 11-4, 749); 日熊本地判 昭 38(1963).6.19(訟務月報 9-7, 826); 日神戸地判 昭 52(1977).1.17(判例タイムズ 360, 1807); 日那覇地判 昭 50(1975).7.16(訟務月報 21-9, 1807) 등. 大判 89.11.14, 88다카32500(公 1990, 31)도 같은 취지로 보이나 명확하지는 않다.

99) 大判 94.1.25, 93다55845(公 1994, 812). 大判 97.2.11, 96다1733(公 1997상, 725)은 의장권자의 의장권침해물품의 제조·판매 등의 중지요청에 대하여 침해행위를 한 자가 자신이 제조·판매하는 물품은 그 의장권을 침해한 것이 아니라고 주장하면서 특허청 심판소에 그러한 내용의 소극적 권리범위확인심판과 그 의장권의 등록무효심판을 청구한 경우, 의장권자는 대법원에서 그 심판이 확정된 때에 비로소 불법행위를 알았다고 봄이 상당하므로 그 날부터 손해배상청구권의 단기소멸시효가 진행한다고 한다.

것을 안 때, 즉 피해자가 가처분에 대한 이의를 제기하여 승소하였고 그 승소판결이 확정된 때가 시효의 기산점이라고 한다.[100]

(d) 判例의 評價 이러한 판례에 대하여 국내의 학설은 대체로 찬성하고 있으나,[101] 그 근거에 대하여는 위와 같이 公的 節次를 수반하여 불법행위가 이루어지는 경우 그것이 불법행위인가 어떤가의 법적 평가를 피해자에게 부담시킨다는 것은 매우 곤란하고, 불법행위의 요건충족이 확정판결로써 공권적으로 확정되기까지 시효가 확정되지 아니한다고 하는 논리는 위와 같은 예외적인 경우에 한하는 문제라는 설명[102] 정도가 있다.[103]

그러나 위와 같은 판례에는 다소 이론적으로 문제가 있다.

우선 은행원의 불법행위로 인하여 예금청구소송에서 패소한 경우[104]에 판례가 예금청구를 인용한 원심판결을 파기한 때에 비로소 피해자가 손해를 알았다고 본 것은 수긍할 수 있다. 이는 앞에서 본 법률의 착오가 단기소멸시효의 진행에 장애가 되는 사례로 볼 수도 있다. 그러나 허위의 인감증명 때문에 진실한 소유자의 근저당권말소청구소송에서 패소한 경우[105]에는 위 전 소송의 진행과정에서 인감증명이 허위라는 사실이 밝혀지면 그로써 피해자가 손해를 알게 된 것으로 볼 수 있을 것이고, 위 패소판결이 확정되어야만 피해자가 손해를 알았다고 볼 근거는 없다.

그리고 파면처분무효확인소송을 제기하여 승소하고 다시 파면이 불법행위라 하여 손해배상청구소송을 제기한 경우[106]에는 피해자는 처음부터 파면처분이 무효라는 것을 알고 있었으므로 손해의 발생사실도 그 때 이미 알았던 것으로 보아야 할 것이고, 파면처분무효확인소송이 승소확정된 때 비로소 알았

---

100) 大判 63.11.7, 63다626(集 11-2, 242). 日大判 大 7(1918).3.15(民錄 24, 498)도 같은 취지이다.

101) 朴禹東(註 4), 710-1; 註釋債各 Ⅳ, 제2판, 367-8; 裵淇源(註 9), 264; 李銀榮, 817-8 등. 다만, 不當한 保全處分에 있어서는 경우를 나누어 被保全權利가 없는 경우에는 本案訴訟에서 채권자가 敗訴確定判決을 받은 때 또는 채무자의 提訴命令申請에 대하여 本案訴訟을 제기하지 않았기 때문에 保全命令이 취소된 때로부터 소멸시효가 진행하지만, 保全의 필요성이 없는 경우에는 채무자는 집행으로 인하여 손해가 발생한 즉시 보전의 필요성이 없다는 것을 입증하여 손해배상청구소송을 제기할 수 있으므로 그 소멸시효는 집행으로 인하여 손해가 발생한 것을 채무자가 안 때로부터 진행한다고 하는 설명도 있다. 金熙泰, "보전처분과 손해배상책임", 재판자료 45(1989), 346-7 참조.

102) 朴禹東(註 4), 711; 註釋債各 8, 제3판, 622(金弘燁).

103) 日本의 學說狀況도 대체로 이와 같다. 幾代通(註 67), 348; 平井宜雄(註 63), 168; 少林(註 82), 29 등 참조.

104) 大判 89.9.26, 88다카32371(註 93).

105) 大判 90.1.12, 88다카25168(註 96).

106) 大判 81.1.13, 80다1713(公 1981, 13581); 大判 94.7.29, 92다22831(公 1994, 2225).

다고 하기는 어렵다.

다만, 위와 같은 판례 중 일부는 消滅時效中斷의 法理에 의하여 설명할 수 있다. 예컨대 大判 95.6.30, 94다13435[107]은 公特法상의 환매의무자가 환매권자에게 공특법상의 환매권발생의 통지나 공고를 하지 아니한 채 토지를 제3자에게 매각하여 환매권자로 하여금 그 환매권을 상실하게 하는 손해를 가하는 불법행위를 저지른 경우에 환매권에 기한 소유권이전등기절차를 이행하라는 소송을 제기한 것은 위 손해배상청구권의 소멸시효중단 사유에 해당한다고 하면서, 그 근거로서 시효제도의 존재이유는 영속된 사실상태를 존중하고 권리 위에 잠자는 자를 보호하지 않는다는 데 있고, 특히 소멸시효에 있어서는 후자의 의미가 강하므로 권리자가 재판상 그 권리를 주장하여 권리 위에 잠자는 것이 아님을 표명한 때에는 시효중단사유가 된다고 보아야 하고, 시효중단사유로서의 재판상의 청구에는 그 권리 자체의 이행청구를 하는 경우뿐만 아니라 그 권리가 발생한 기본적 권리관계에 관한 이행청구나 확인청구를 하는 경우에도 그 기본적 권리관계의 이행청구나 확인청구가 그로부터 발생한 권리의 실현수단이 될 수 있어 권리 위에 잠자는 것이 아님을 표명한 것으로 볼 수 있는 때에는 그 기본적 권리관계에 관한 이행청구나 확인청구도 시효중단사유로서의 재판상 청구에 포함된다고 할 것이라는 점을 들고 있다.

이러한 판례에 비추어 보면 파면처분무효확인소송에서 승소하고 파면처분으로 인한 위자료청구소송을 제기한 경우에는 파면처분무효확인소송이 확정된 때에 손해를 알았다고 하는 것보다는 파면처분무효확인소송의 제기가 소멸시효중단사유가 된다고 설명하는 것이 더 자연스럽다.[108] 또한 위 大判 94.1.25 (註 99)의 사실관계에 있어서는 실용신안권침해로 인한 손해배상청구권의 소멸시효가 피해자가 가해자를 상대로 하여 實用新案權權利範圍 확인소송을 제기함으로써 중단된다고 보아야 할 것이다.[109]

그러나 이러한 이론에 의하여 설명할 수 있는 사례는 제한되어 있다. 가

107) 公 1995, 2538.

108) 실제로 大判 78.4.11, 77다2509(集 26-1, 284)은 파면된 私立學校敎員이 학교법인을 상대로 罷免處分效力停止假處分 및 罷免無效確認의 訴를 제기하여 승소한 경우에 파면된 이후의 報酬金債權의 消滅時效는 위 假處分 및 無效確認의 訴의 제기에 의하여 중단된 것이라고 한다.

109) 위(註 93 및 94)의 판례와 관련하여서는 銀行職員의 非眞意表示에 의한 預金受領을 이유로 하는 銀行에 대한 損害賠償請求權의 消滅時效도 銀行을 상대로 하는 預金返還請求의 訴提起에 의하여 중단되었다고 볼 여지도 있다.

령 선행소송의 당사자가 손해배상청구소송의 당사자가 아닌 경우[110]에는 선행소송에 의하여 손해배상청구권에 관한 시효중단의 효과가 발생한다고 말하기는 어렵고, 형사재판이 선행된 경우도 마찬가지이다.

그렇다고 하여 판례가 말하듯이 피해자가 이러한 경우 손해배상을 소구할 수 있다는 사실을 몰랐다고 할 수도 없다. 피해자로서는 불법행위의 요건이 되는 객관적인 사실을 알았다면, 형사소송이 제기되었다거나 또는 별도의 소송이 진행중이라고 하더라도 별소나 또는 그 소송 내에서 예비적 청구로서 손해배상청구를 할 수 있었을 것이고 그것이 불가능하다고 할 수는 없기 때문이다.

일본의 학설 가운데에는 검사가 부당하게 공소를 제기한 것을 이유로 국가배상을 청구하는 경우에 그 소멸시효의 기산점은 무죄판결과 같은 유죄판결 이외의 판결이 확정된 때라고 하는 판례[111]를 지지하는 근거로서 재판에 관하여 三審制度 및 再審制度라고 하는 불복신청의 방법이 인정되고 있다면, 위와 같은 불복의 방법을 택하지 않고 당해 재판이 위법하다고 주장하는 것은 소송법이 불복신청의 방법을 정하는 취지에 반하고 법적 안정성을 현저하게 해치므로 허용되지 않고, 검사의 공소제기가 위법한가 아닌가의 판단에 관하여도 형사재판이 전제로 되어 위 재판의 판단에 구속되므로 형사재판에서 무죄가 확정된 때에 비로소 당해 공소가 위법인가 아닌가가 문제로 되며, 따라서 형사재판에서 유죄판결 이외의 판결이 확정되기까지는 손해배상청구권의 행사에 관하여 법률상의 장해가 있고, 부당소송이나 위법한 가처분의 경우에도 마찬가지로 생각할 수 있다고 설명하기도 하나[112] 반드시 설득력이 있다고 보기는 어렵다.

생각건대 이 문제는 이론적으로 반드시 명확하게 설명하기는 어렵고, 다만 앞에서 살펴본 단기소멸시효의 존재이유와 관련하여 본다면, 이처럼 선결문제에 관하여 법적인 분쟁이 계속된 경우에는 가해자에게 피해자가 손해배상청구권을 행사하지 않으리라는 신뢰가 형성되었다고 보기는 어려우므로, 이러한 가해자까지 단기소멸시효제도에 의한 보호를 부여할 필요가 없다고 보는 판단이 배후에 깔려 있는 것으로 이해할 수는 있다.[113]

---

110) 예컨대 註 94의 大判 91. 3. 22, 90다8152.
111) 日東京地判 昭 39(1964). 4. 15(下民集 15-4, 781); 日鳥取地米子支判 昭 42(1967). 6. 13(訟務月報 13-8, 933) 등.
112) 少林正明(註 82), 30.
113) 前述 Ⅱ. 1. (4) 참조.

㈑ 기타 중요한 판례 　이 이외에 판례상 문제된 사례를 몇 가지 살펴본다.

大判 92.6.12, 91다40146[114]은 약속어음수취인 명의의 배서가 그 피용자에 의하여 위조된 경우에 그 소지인의 수취인에 대한 사용자책임의 소멸시효는 소지인이 그 위조사실을 안 때부터 진행하고, 원심판결처럼 발행인에 대한 어음금청구소송을 제기하였다가 패소판결을 받고 그 판결이 확정된 때부터 진행하는 것이 아니라고 하였다. 이 판결은 얼핏 보면 다른 판결들과는 모순되는 것처럼 보이지만, 이 판결이 설명하고 있듯이 어음소지인으로서는 약속어음의 발행인에 대하여 어음금청구를 함과 동시에 배서명의인에 대하여 사용자책임을 묻는 손해배상청구를 할 수 있고, 발행인에 대하여 어음법상의 권리를 행사할 수 없을 때에만 피위조자에 대하여 손해배상청구권을 행사할 수 있는 것은 아니므로 이 판결은 타당하다고 하겠다.

또한 大判 90.11.13, 90다카17153[115]은 원고가 피고들의 강박행위에 의하여 피고들에게 금원을 교부하였다는 이유로 그 의사표시를 취소하고 피고들에 대하여 불법행위로 인한 손해배상을 구하는 경우에 그 손해배상청구권은 불법행위일로부터 3년의 소멸시효기간이 진행하는 것이 아니라 원고가 강박상태에서 벗어난 무렵에 피고들의 손해배상청구소송을 제기할 수 있었다 할 것이므로, 원고가 강박상태에서 벗어난 날을 소멸시효기간의 기산일로 보아야 한다고 판시하였다.

또한 大判 97.12.26, 97다28780(公 1998상, 408)은 원고가 피고경영의 공장에서 실리카샌드(돌가루)를 건조·혼합하여 제품을 만들어 이를 포장하는 작업에 종사하면서 피고의 과실로 인하여 호흡하면서 공기 중에 있는 돌가루를 흡입하여 塵肺症에 걸리게 되었음을 이유로 손해배상을 청구하는 경우의 소멸시효의 기산점에 관하여

> "진폐증은 분진을 흡입함으로써 폐에 생기는 섬유증식성 변화를 주증상으로 하는 질병으로서(진폐의예방과진폐근로자의보호에관한법률 제2조 제1호) 현대의학으로도 완치가 불가능하고 분진이 발생하는 직장을 떠나더라도 그 진행을 계속하는 한편 그 진행정도도 예측하기 어렵다는 점을 참작하여 볼 때, 원고 손인초가 병원의 검진결과 진폐근로자에 대한 요양기준·폐질등급기준 및 장해등급기준에 따른 병형 중 2형에 해당한다는 소견을 받고 노동부에 요양신청 후 1993.4.30 노동부로부터 진폐요

114) 公 1992, 133.
115) 公 1991, 79.

양급여대상자로 결정된 사실을 통지받게 됨으로써 비로소 위와 같은 중증의 진폐증에 이환되었다는 사실을 현실적이고도 구체적으로 인식하게 되었다고 봄이 상당하다고 할 것이다"

라고 하여 원고가 위와 같은 중증의 진폐증에 걸리게 되었음을 이유로 피고에 대하여 불법행위로 인한 손해배상을 구하는 원고들의 이 사건 손해배상청구권의 단기소멸시효의 기산일을 1993. 4. 30이라고 하였다. 이는 이러한 塵肺症으로 인한 손해배상청구권을 이른바 안전배려의무 위반으로 인한 채무불이행책임으로 구성하는 일본판례와 결과에 있어서는 같은 취지이다(후술 註 162 참조).

(4) 法律上 障碍가 있는 경우

피해자나 그 법정대리인이 손해 및 가해자를 알았다고 하더라도 그 손해배상청구권의 행사에 법률상 장애가 있는 경우에도 소멸시효는 진행하는가? 종래 이러한 점이 문제된 사례가 별로 없어서인지 학설상으로도 별다른 논의를 찾아볼 수 없다. 그런데 大判 96. 7. 12, 94다52195(註 38)은 "헌법재판소에 의하여 면직처분의 근거가 된 법률규정이 위헌으로 결정되어 위헌결정의 소급효로 인하여 면직처분이 당연무효가 되고, 그 면직처분이 불법행위에 해당되는 경우라도 그 손해배상청구권은 위헌결정이 있기 전까지는 법률규정의 존재라는 법률상 장애로 인하여 행사할 수 없었다고 보아야 할 것이고, …"라고 판시하여 위 면직처분으로 인한 위자료청구권에 대한 3년의 소멸시효는 면직처분이 있은 때가 아니라 헌법재판소의 위헌결정이 있은 때로부터 진행한다고 판시하였다.

그리고 대판 98. 7. 10, 98다7001(公 1998하, 2087)도 불법행위를 원인으로 한 손해배상청구권은 민법 제766조 제1항에 따라 피해자나 그 법정대리인이 손해와 가해자를 안 날로부터 3년간 이를 행사하지 아니하면 시효로 소멸하는 것이나, 여기에도 소멸시효의 기산점에 관한 규정인 민법 제166조 제1항이 적용되어 시효기간은 권리를 행사할 수 있는 때로부터 진행하고, 이 때 권리를 행사할 수 있는 때라 함은 권리행사에 법률상의 장애사유가 없는 경우를 가리킨다고 하여 군인 등이 공상을 입은 경우에 다른 법률의 규정에 의하여 보상을 받을 수 없음이 판명되어 국가배상법 제2조 제1항 단서의 규정이 배제됨이 확정될 때까지는 국가배상법에 의한 손해배상청구권은 법률상 행사할 수 없으므로, 이러한 사정은 손해배상청구권에 대한 법률상의 장애라고 한다.[116]

116) 李銀榮, 819은 이 판결을 지지한다.

생각건대 本條 Ⅰ이 소멸시효의 기산점을 피해자나 그 법정대리인이 손해 및 가해자를 안 때로 정한 것은 피해자보호의 관점에서 일반채권과는 달리 손해배상청구권의 행사에 법률상 장애는 없더라도 그 기산점을 실제로 행사할 수 있는 때로 늦춘 것으로 보아야 할 것이므로, 위헌법률의 존재와 같은 법률상 장애가 있는 때에도 피해자나 법정대리인이 손해 및 가해자를 안 때부터 바로 소멸시효가 진행한다고 하는 것은 타당하지 않고, 이러한 경우에는 위 판례와 같이 이러한 법률상 장애가 제거된 때에야 비로소 소멸시효가 진행한다고 해석함이 상당할 것이다. 이는 종래의 판례가 가해행위가 불법행위로서 이를 원인으로 하여 손해배상을 소구할 수 있다는 사실까지 알아야만 비로소 3년의 소멸시효가 진행한다고 하고 있는 것과도 부합한다(尹眞秀(註 43), 187 참조).

## Ⅲ. 本條 第2項

### 1. 本條 第2項의 存在理由 및 法律的 性質

#### (1) 存在理由

本條 Ⅱ의 존재이유는 다음과 같은 점에 있다고 할 수 있다. 즉 本條 Ⅰ의 규정만 있으면, 피해자가 가해자 및 손해를 알지 못하는 때에는 소멸시효가 언제까지나 진행하지 않게 되는 불합리가 있고, 3년의 기간의 기산점이 피해자의 인식이라고 하는 주관적 용태에 관한 것인 이상 그 인정은 실제로는 용이하지 않으며, 특히 장기간이 경과할수록 기산점의 확정 그 자체가 어려워지므로 이에 대비하여 本條 Ⅱ의 규정이 있는 것이다.[117)]

#### (2) 法律的 性質

本條 Ⅱ이 규정하고 있는 10년의 기간이 本條 Ⅰ과 마찬가지로 消滅時效期間인지, 아니면 除斥期間인지에 관하여는 견해가 나뉜다.

국내의 교과서는 대체로 이를 제척기간으로 보고 있으며[118)] 일본의 통설도 日民 §724의 20년의 기간에 관하여 이를 제척기간으로 보고 있다.[119)] 그러

117) 朴禹東(註 4), 717; 裵淇源(註 9), 268-9; 內池(註 4), 127-8; 幾代通(註 67), 349 등. 그러나 蘇星圭(註 83), 260 이하는 3년의 단기시효의 관점에서 10년 기간의 존재이유를 요구하는 것은 타당하지 않고, 10년 기간은 독자적인 존재이유를 가진다고 하여 10년의 기간이 원칙적인 시효기간이고 3년의 기간이 특칙이라고 한다.
118) 郭潤直, 593; 權龍雨, 696; 金疇洙, 803; 金基善, 467; 林正平, 823; 金相容, 不法行爲法, 520 등.
119) 德本伸一(註 5), 711-3; 幾代通(註 67), 349 등 참조.

나 우리 나라[120]나 일본의 일부 학설[121]은 이를 소멸시효로 보고 있다. 한편 대법원의 판례는 이를 소멸시효기간으로 보고 있는 반면,[122] 일본의 판례는 日民 §724의 20년의 기간을 제척기간으로 보고 있다.[123]

생각건대 위 10년의 기간은 소멸시효기간으로 해석하지 않을 수 없다. 소멸시효와 제척기간의 판별기준은 제1차적으로는 법률의 文言이 될 것인데, 本條는 Ⅰ에서 "3年間 이를 行使하지 아니하면 時效로 因하여 消滅한다"고 규정하고, Ⅱ에서는 "不法行爲를 한 날로부터 10年을 經過한 때에도 前項과 같다"고 규정하여 Ⅱ의 기간도 소멸시효기간임을 명시하고 있다.[124]

뿐만 아니라 立法의 沿革을 살펴보아도 이는 소멸시효기간임이 명백하다. 本條 Ⅱ에 상응하는 2001년 대개정 전의 獨民 §852 Ⅰ의 30년의 기간은 法文 자체로 소멸시효를 규정하고 있음이 명백하고,[125] 또 本條와 규정형식이 거의 같은 日民 §724의 제정과정에서의 입법자의 의도도 소멸시효기간을 규정하려던 것이었다.[126]

이에 대하여 本條 Ⅱ이 제척기간을 규정한 것이라고 보는 설은 주로 本條가 短期인 3년과 長期인 10년(日民은 20년)의 두 기간을 두고 있는 점, 위 10년의 기간이 피해자의 인식 여부를 불문하고 일정한 시간의 경과에 의하여 법률관계를 확정시키려고 하는 것인 점 등에 비추어 중단 등을 인정하지 않는 제척기간이라고 해석하는 것이 법의 취지에 부합한다고 하나,[127] 이를 소멸시효기간으로 해석하여 중단을 인정한다고 하여 과연 법률관계를 확정시키려고 하는

120) 朴禹東(註 4), 717; 裵淇源(註 9), 269; 註釋債各 Ⅳ, 제2판, 370; 註釋債各 8, 제3판, 631(金弘燁); 李銀榮, 819 註 2) 등.

121) 內池(註 4), 128; 半田吉信, "民法七二四條後段の法意", 民商法雜誌 103-1, 140; 德本伸一, "民法七二四條後段の法意", 判例評論 393, 30(判例時報 1394, 192); 松本克美, "民法七二四條後段の二十年の期間の性質と信義則違反·權利の濫用", ジュリスト No.959, 110; 松久三四彦, "民法七二四條後段の二十年の期間の性質", ジュリスト 臨時增刊 平成元年度重要判例解說, 84 등.

122) 大判(全) 79.12.26, 77다1894 등(全集 Ⅱ, 158). 또 大判(全) 96.12.19, 94다22927(公 1997상, 75)도 제766조 제2항의 10년의 기간은 소멸시효기간에 해당하므로 이 기간이 제척기간이어서 시효이익의 포기 등에 관한 법리가 적용되지 않는다고는 할 수 없다고 하였다. 다만, 위 大判(全) 79.12.26의 반대의견에서는 이를 제척기간이라고 하는 견해가 많다고 언급하고 있다(全集 Ⅱ, 169).

123) 日最判 平 1(1989).12.21(民集 43-12, 220).

124) 尹眞秀, 注解 Ⅲ(總則 3), 403-4 참조.

125) "Der Anspruch … verjährt … ohne Rücksicht auf diese Kenntnis in dreißig Jahren von der Begehung der Handlung an".

126) 內池, "損害賠償請求權の消滅時效"(註 9), 121 참조.

127) 河野信夫, "民法七二四條後段の法意", 最高裁判所判例解說 民事篇, 平成元年度, 612-3 참조.

법의 취지에 어긋난다고 할 수 있는지는 매우 의문이다.[128] 일본에서 제척기간설이 다수설인 이유 중의 하나는 日本民法은 기간을 一般消滅時效期間의 2배인 20년으로 정하고 있으므로[129] 구태여 이를 소멸시효로 보아 그 중단을 인정하지 않아도 무방하다는 데 있는 것으로 보이지만, 우리 민법은 이 기간을 일반 소멸시효기간과 같은 10년으로 하고 있으므로 우리 민법상으로는 제척기간설은 더욱 근거가 박약하다.

## 2. 起 算 點

### (1) 加害行爲時說과 損害發生時說

本項은 10년의 기간의 기산점을 "不法行爲를 한 날"이라고 규정하고 있는데, 이 "不法行爲를 한 날"의 의미에 관하여는 가해행위시설과 손해발생시설이 대립한다. 前說은 가해자의 가해행위가 완료되었으면 그로 인한 피해자의 손해가 발생하였는지를 불문하고 위 10년의 기간이 진행하고, 따라서 이 점에서 권리를 행사할 수 있을 때부터 소멸시효가 진행하는 일반 소멸시효와는 다르다는 것이고, 後說은 가해자의 가해행위 그 자체는 완료하였더라도 아직 그로 인한 손해가 발생하지 않았을 때에는 아직 불법행위는 성립하지 않고, 피해자가 권리를 행사할 수도 없으므로 10년의 기간이 진행하지 않으며, 피해자에게 손해가 발생하여야만 비로소 10년의 기간이 진행한다는 것이다.

통상의 경우에는 가해자의 가해행위가 완료함과 동시에 그로 인한 피해자의 손해도 발생하는 것이 보통이므로 어느 설을 택하더라도 차이가 없으나, 예컨대 유해물질이 신체에 축적되어 그로 인한 發病은 오랜 시간 뒤에 나타난 경우라든지, 가해자측의 귀책사유로 무효인 소유권이전등기가 경료되었고, 상당한 시간이 경과한 후에 제3자가 위 등기를 신뢰하여 부동산을 매수한 경우와 같은 때에는 가해행위 그 자체의 종료와 그로 인한 손해의 발생 사이에는 시간적인 간격이 있을 수 있으므로, 이러한 경우에는 어느 설을 택하는가에 따라 소멸시효의 완성 여부에 차이가 있을 수 있다.

원래 2001년 대개정 전의 獨民 §852 I 의 30년의 기간은 "행위를 한 때부

128) 德本伸一(註 121), 29-30 참조.

129) 그러나 日本民法 제정 당시 원래는 원칙적인 消滅時效期間이 20년으로 예정되었고 그에 따라 日民 §724(原案 §723)의 기간도 20년으로 정하여졌는데, 나중에 소멸시효기간은 10년으로 단축되었으나 손해배상청구권에 관한 20년의 기간은 바뀌지 않아서 현재의 규정이 되었던 것으로서, 日本民法의 입법자가 의도적으로 일반 소멸시효기간보다 길게 하려던 것은 아니었다. 內池(註 4), 5-6 참조.

터(von der Begehung der Handlung an)" 진행하도록 규정되어 있는데, 독일의 통설은 위 30년의 기간은 손해의 발생 여부에 관계 없이 損害原因의 惹起가 완료된 때(mit der Setzung der Schadensursache abgeschlossen ist)로 보고 있다.[130] 일본의 통설도 독일의 통설과 마찬가지로 가해행위시설을 취하고 있으나,[131] 근래에는 손해발생시설도 유력하게 주장되고 있다.[132] 대체로 일본의 가해행위시설은 제척기간설과 결합되는 반면, 손해발생시설은 소멸시효설과 결합되는 경향이 있다.

우리 나라의 교과서 등에서는 기산점을 대체로 "불법행위를 한 날"이라고만 설명하고 있어 반드시 명확하지는 않으나 대체로 가해행위시설을 취하고 있는 것으로 보인다.[133] 반면 손해발생시설을 지지하는 견해도 없지 않다.[134]

(2) 判例의 態度

(가) 1979년까지의 判例 이 점에 관하여는 大判(全) 79.12.26. 77다1894 등[135] 전과 그 이후의 판례를 나누어 살펴볼 필요가 있다.

위 1979.12.26 전의 판례는 가해행위시설을 택한 판례와, 손해발생시설을 택한 것으로 이해되는 판례로 나누어져 있었다.

前者에 속하는 판례로서는 우선 大判 74.7.26, 74다3[136]이 있다. 이 판결은 공무원의 과실로 분배대상이 될 수 없는 농지를 분배하여 상환완료를 원인으로 하는 受分配者 앞으로 소유권이전등기가 이루어졌고, 이 등기를 신뢰한 제3자가 다시 위 受分配者로부터 부동산을 매수하여 소유권이전등기를 마쳤다가 그 후 위 등기가 원인무효임이 밝혀져서 제3자가 손해를 입은 경우에, 그 제3자의 국가에 대한 손해배상청구권의 豫算會計法 소정의 5년의 소멸시효[137]는 위 제3자가 수분배자로부터 부동산을 매수한 때가 아니라, 그 이전에 수분배자들 명의로 상환완료를 원인으로 하는 소유권이전등기가 경료된 때

130) MünchKomm/Mertens §852 RdNr.61. 반대설로는 Staudinger/Schäfer §852 Rz.101ff.

131) 상세한 것은 德本伸一(註 5), 216 참조. 다만, 加害行爲時說을 지지하면서도 長期間 加害行爲가 계속되고 그 經過 후에 損害가 顯在化하는 종류의 不法行爲에 있어서는 당해 不法行爲의 性格을 근거로 하여 손해발생시를 기산점으로 보는 견해도 있다. 平井宜雄(註 63), 170.

132) 內池(註 4), 54; 內池, "不法行爲責任の時效起算點とその原理的課題", 不法行爲責任の消滅時效(註 4), 303 이하; 新美育文, "クロム職業病判決の因果關係論と時效論", ジュリスト No.758, 79 등.

133) 郭潤直, 593; 權龍雨, 696; 林正平, 823 등.

134) 朴禹東(註 4), 717-8; 裵淇源(註 9), 269; 李銀榮, 819 등.

135) 集 27-3, 238.

136) 集 22-2, 236.

137) 뒤에서 보는 것처럼 民 §766 Ⅱ의 10년의 소멸시효는 豫算會計法에 의하여 5년으로 단축된다는 것이 판례의 태도이다.

에 진행한다고 하여 실제로 제 3 자에게 손해가 발생한 때인 제 3 자의 매수시가 아니라 가해행위가 종료된 국가가 수분배자들에게 소유권이전등기를 마쳐 준 때를 소멸시효의 기산점으로 보았다.[138]

또 大判 78.10.10, 78다1192[139]은 가해자가 서류를 위조하여 아무런 원인 없이 자기 명의로 소유권이전등기를 경료한 다음 소외 甲에게 이를 매도하여 1963.5.23 이전등기를 경료하여 주었으며, 위 甲은 다시 이를 매도하여 등기가 여러 사람에게 순차 경료되었다가 原所有者의 소유권이전등기말소청구소송에 의하여 위 각 등기가 말소된 경우, 최후의 등기명의인의 가해자에 대한 손해배상청구권에 관하여는 가해자가 甲에게 이전등기를 경료해 준 1963.5.23에 불법행위가 있었으므로 그 때가 10년의 소멸시효의 기산점이 되고, 원소유자가 제기한 소송에서 최후의 등기명의자의 패소판결이 확정된 때인 1977.11 이라고는 볼 수 없다고 하였다.

반면 後者의 손해발생시설을 택한 것으로 보이는 판결로서는 大判 77.2.22, 76다2520[140]이 있다. 이는 세무서장이 국세체납처분에 의한 공매처분을 하였으나 그 공매처분을 함에 있어서 국세징수법 소정의 10일간의 공고기간을 두지 아니하였기 때문에 그 공매처분이 확정판결에 의하여 취소되자, 공매처분에 의하여 부동산을 취득한 자로부터 다시 부동산을 매수하여 소유권이전등기를 경료한 원고가 국가를 상대로 위 공매처분의 하자를 이유로 하는 손해배상청구를 한 사건이다. 이 사건에서 원심은 위 손해배상청구권의 소멸시효는 위 위법한 공매처분에 의하여 처음 이 사건 토지를 매수한 자 명의로 소유권이전등기가 경료된 1970.1.15부터 기산하여 소멸시효가 완성되는 것이라고 하여 그 때부터 예산회계법 소정의 5년이 경과됨으로써 원고의 손해배상청구권은 시효로써 소멸되었다고 하였다. 그러나 대법원은 공매처분에 의하여 소유권이전등기가 일단 경료되었다가 공매처분이 그 후의 행정소송의 판결에 의하여 취소되어 소급하여 그 효력을 잃게 되는 까닭에 그 소유권이전등기가 말소되는 경우에 있어서는 국가배상책임의 원인이 되는 위법사유는 공매처분을 할 당시에 있다고 하여도 이로 인한 손해는 행정소송판결이 확정됨으로써 공매처분이 취소된 때에 비로소 발생하였다고 할 것이므로, 원고의 이 사건 손해배상청구권의 소멸시효 기산점은 행정소송판결이 취소확정된 때라고 하여

138) 大判 74.10.22, 74다647(集 22-3, 47)도 같은 취지이다.
139) 李在勳, 判例不法行爲法 8, 496.
140) 公 1977, 9925

원심판결을 파기환송하였다.

(나) 1979년 이후의 판례 그런데 이와 같은 소멸시효의 기산점에 관한 판례는 大判(全) 79.12.26, 77다1894 등(註135)을 계기로 하여 중대한 변화를 가져오게 되었다.

위 판결의 사실관계는 다음과 같다. 즉 원고(반소피고) X(대한민국)는 1969.1부터 3까지의 사이에 그 소유의 토지 6필지를 피고(반소원고) $Y_1 \cdot Y_2$ 등 6명에게 매도하여 $Y_1$ 외의 다른 매수인들은 모두 그 해 안에 대금을 지급하고 소유권이전등기를 넘겨받았으나, $Y_1$만은 1972년에야 대금을 지급하고 같은 해 12.29 소유권이전등기를 넘겨받았다. 위 매수인들 중 $Y_1 \cdot Y_2$ 이외의 사람들은 1969년부터 1974년까지 사이에 위 각 토지를 다시 제3자들에게 매도하고 소유권이전등기를 넘겨 주었다. 그런데 X는 1975.2.26에 위 각 토지는 원래 도시계획상의 하수도시설용 토지로 고시되었던 것이므로, 위 토지의 매매는 도시계획법 제48조에 위반되어 무효라는 이유로 위 원래의 매수인들 및 전득자들 명의의 각 소유권이전등기 말소청구소송을 제기하였고, 그에 대하여 $Y_1 \cdot Y_2$ 및 나머지 5명의 轉得者들($Y_3$-$Y_7$)은 X가 위와 같이 위 각 토지를 매도한 것은 공무원의 과실로 인한 불법행위에 해당한다고 주장하면서 1975.6.16 X에 대하여 국가배상책임을 묻는 反訴를 제기하였다.

원심인 서울고등법원은 X의 본소청구는 인용하는 한편, 반소청구에 대하여는 X의 국가배상책임의 성립은 인정하면서도 X의 손해배상청구의무는 위 각 토지를 최초로 매수한 자에 대하여는 그 대금이 완납된 날로부터, 이를 전전매수한 자에 대하여는 최초의 매수자 앞으로 소유권이전등기가 경료된 때로부터 각 예산회계법 소정의 5년의 소멸시효기간이 진행하는데, 피고 $Y_1$을 제외한 나머지 반소원고들의 손해배상청구권은 모두 위 반소제기일인 1975.6.16 이전에 그 소멸시효가 완성되었고, 피고 $Y_1$의 손해배상청구권만 위 반소의 제기로 소멸시효가 중단되었다고 하여 피고 $Y_1$의 반소청구만을 일부 인용하고, 나머지 피고들의 반소청구는 모두 기각하였다.

이에 대하여 대법원은 대법원판사 14인 중 9인의 다수의견에 의하여 원심판결 중 $Y_3$ 내지 $Y_7$의 반소청구를 기각한 부분($Y_2$는 상고하지 아니함)이 소멸시효기간의 기산점에 관한 법리를 오해하였다고 하여 파기환송하였다.

위 다수의견의 요지는 먼저 개인과 국가의 거래관계의 특수성을 강조한다. 즉 국가의 조치에 담당공무원의 부주의가 개입되어 그로 인해서 위법의

하자를 띠게 된 경우에 있어서도 기히 국가의 그와 같은 조치에 터잡고 이해관계를 맺고 있는 당사자로서는 가사 그가 그 후에 그와 같은 위법사유를 알았다고 하더라도 국가에 의한 일방적인 어떤 조치가 있을 때까지는 개인인 거래관계인으로서는 사실상 그들이 자진해서 그 위법을 문제삼고 그에 대해서 어떤 적절한 대응책을 마련한다는 것은 좀처럼 기대하기 어려운 일이므로, 이러한 경우에 국가로서는 매수자 또는 전득자에게 손해가 없도록 하거나 또는 모든 이해관계인의 손해를 전보하는 동시에 그것을 기초로 하고, 장차 거래관계를 맺게 되는 자가 없도록 하는 등 적절한 조치를 신속히 취하여야 할 당연한 책무가 있고, 이는 형편(형평의 오기인 듯)의 원칙상 당연히 요구되는 것이라고 한다.

그렇다면 국가가 그 동안 위 위법에 대하여 하등의 조치를 취함이 없이 있다가 이제 와서 그간 위 매각이 위법한 것이 아니라고 믿었던 피고들에게 위와 같은 소멸시효완성의 주장을 하고 그로 인해서 피고들이 받은 손해에 대해서는 하등의 고려를 하려 하지 아니하고 이 건 등기의 회복만을 구하려고 하는 것은 신의칙상 또는 형평의 원칙상 허용할 수 없는 것이므로, 피고들의 손해배상청구권의 소멸시효는 위와 같은 특수관계에 비추어 피고들 명의의 등기가 현실적으로 말소될 것이 확실시되어 단지 관념적이고 부동적인 상태에서 잠재적으로만 존재하고 있었다고 하여야 할 손해가 현실화되었다고 볼 수 있는 때(손해의 결과발생이 현실적인 것으로 되었다고 할 수 있는 때)로부터 그 기간이 개시되는 것이라고 봄이 상당하고, 따라서 X가 소유권이전등기말소의 소를 제기한 것이 1975.2.26이고 피고들이 반소로서 손해배상청구를 한 것이 1975.6.16이므로 원심이 소멸시효완성을 이유로 피고들의 반소청구를 배척한 조치는 잘못이라고 하면서 위 大判 74.7.26, 74다3(註134) 및 大判 74.10.22, 74다647(註138)을 변경하였다.

이 판결 이후에도 大判 79.12.26, 79다684;[141] 大判 81.11.24, 81다1071;[142] 大判 88.10.11, 85다카693[143] 등이 위 판결을 인용하면서, 모두 국가의 부동산매매가 무효인 경우 그 매수인 내지 전득자의 국가에 대한 손해배상청구권의 소멸시효는 피해자의 등기가 현실적으로 말소될 것이 확실시되어 손해의 결과발생이 현실화되었다고 볼 수 있을 때로부터 소멸시효기간이 진행한다고 하면서, 구체적으로는 국가의 소유권이전등기말소청구소송에서의 승소판결이 확정된 때로부터 소멸시효가 진행한다고 판시하고 있다.

141) 公 627, 12535.
142) 公 1982, 71.
143) 公 1988, 1394.

그런데 大判 90. 1. 12, 88다카25168[144]은 다소 상이한 문맥에서 위 판결의 이론을 적용하고 있다.

이 사건에서는 지방자치단체인 피고의 공무원이 1976. 1. 20 過失로 중국인인 부동산등기부상 소유자의 동생에게 그가 소유자와 동일인이라는 同一人證明을 발급하여 주었고, 그에 기하여 동생이 1976. 1. 22 형명의의 부동산에 관하여 자기 명의로 경정등기를 한 다음, 1981. 1. 23 자신의 채권자인 원고에게 근저당권설정등기를 하여 주고 이를 담보로 하여 거래를 하였는데, 그 후 진정한 소유자인 兄이 원고를 상대로 위 근저당권설정등기말소청구소송을 하여 1986. 8. 12 승소의 확정판결을 받음으로써 결국 위 근저당권설정등기가 말소되게 되자 원고가 피고산하 공무원이 위와 같이 잘못된 동일인증명을 발급하여 줌으로써 원고가 손해를 입었다 하여 손해배상청구소송을 제기한 것이다.

원심은 피고의 소멸시효주장을 배척하였고, 대법원도

> "이 사건과 같이 가해행위와 이로 인한 현실적인 손해의 발생 사이에 시간적 간격이 있는 불법행위에 기한 손해배상채권의 경우, 소멸시효의 기산점이 되는 불법행위를 한 날의 의미는 단지 관념적이고 부동적인 상태에서 잠재적으로만 존재하고 있던 손해가 그 후 현실화되었다고 볼 수 있는 때, 다시 말하자면 손해의 결과발생이 현실적인 것으로 되었다고 할 수 있을 때로 보아야 할 것이고[145] 원고의 위 근저당권설정등기 말소의무가 1986. 8경 원고의 패소판결로 확정되었음은 앞에서 본 바와 같으므로, 위 근저당권은 그 패소판결이 확정된 때에 비로소 말소될 것이 현실화되었다 할 것이다. 원심이 이와 같은 취지에서 피고의 소멸시효항변을 배척한 것은 정당하다"

고 판시하였다.

그러나 앞에서 본 판결들에서는 국가가 자신이 한 매매의 무효를 주장한데 대하여 그로 인하여 피해를 입은 당사자들이 손해배상청구소송을 제기한 것이고, 판례도 이러한 경우 국가와 개인 간의 거래의 특수성을 강조하여 소멸시효의 기산점을 피해자들 명의의 등기가 말소될 것이 확실시된 때라고 본데 반하여, 이 사건에서는 가해자인 지방자치단체는 동일인증명만을 발급하여 주었을 뿐 어떠한 거래행위를 한 것이 아니었고, 따라서 피해자도 가해자의 거래행위 그 자체를 신뢰함으로 인하여 피해를 입은 것은 아니었으며, 또 가해자가 피해자에 대하여 어떤 권리를 주장한 것도 아닌 데도 대법원은 종래의

144) 公 1990, 457.
145) 大判 79. 12. 26, 77다1894, 1895, 79다684; 大判 88. 10. 11, 85다카693 참조.

판례가 설시한 법리가 이러한 경우에도 타당하다고 한 것이다.

그리고 大判 92. 11. 13, 92다28365[146]은 매우 특수한 사례에 관한 것이다. 즉 이 사건에서 원고는 국가로부터 농지를 분배받았으나 공무원이 착오로 1968. 10. 28경 다른 토지에 대한 농지상환증서를 발급하여 주어 원고가 그에 관한 소유권이전등기를 마쳤다가 그 후 위 다른 토지의 진정한 소유자가 원고를 상대로 소유권이전등기말소청구소송을 제기하여 결국 원고명의의 소유권이전등기가 말소되게 되자, 원고가 1차 국가를 상대로 손해배상청구소송을 제기하면서 원래 분배받았던 토지는 토지구획정리사업정리로 특정할 수 없게 되었다고 주장하였으나, 토지구획정리사업의 시행결과 원래 분배받았던 이 사건 토지에 관한 소유권이 소멸되는 것은 아니라는 이유로 패소판결을 받고, 다시 원래 분배받았던 토지에 관하여 순차로 소유권이전등기를 경료한 자들을 상대로 각 그 소유권이전등기의 말소등기절차의 이행을, 국가를 상대로 소유권이전등기절차의 이행을 구하는 소송을 제기하였지만, 토지구획정리사업이 시행됨으로써 종전 토지들의 경계를 식별할 수 없게 되어 이 사건 토지를 특정할 수 없다는 이유로 원고패소판결을 받고, 이 판결은 1989. 12. 21 확정되자 또다시 국가를 상대로 손해배상청구소송을 제기하였는데, 이에 대하여 국가가 소멸시효의 주장을 한 것이다.

대법원은 위 大判 79. 12. 26(註 135); 大判 81. 11. 24(註 142)을 인용하면서, 원고로서는 위 국가를 상대로 한 소유권이전등기등 청구사건의 패소판결이 확정된 때에 비로소 이 사건 토지의 소유권을 확정적으로 취득할 수 없게 되었다 할 것이므로, 그 소멸시효는 위 판결확정일로부터 진행한다고 하였다.

㈐ 부실시공으로 인하여 건물이 붕괴된 경우 大判 98. 5. 18, 97다36613(公 1998상, 1581)은 부실시공으로 인하여 나중에 건물이 붕괴된 경우에 그로 인한 손해배상청구권의 소멸시효의 기산점이 되는 '불법행위를 한 날'의 의미는 단지 관념적이고 부동적인 상태에서 잠재적으로만 존재하고 있는 손해가 그 후 현실화되었다고 볼 수 있는 때, 다시 말하자면 손해의 결과 발생이 현실적으로 되었다고 할 수 있는 때로 보아야 한다고 하여 그 소멸시효의 기산점은 건물이 붕괴된 날부터 진행한다고 하였다.

(3) 小　結

㈎ 損害發生時說의 妥當性　本條 Ⅱ의 소멸시효기간의 기산점은

146) 公 1993, 107.

독일민법의 규정 등을 참조하여 본다면 가해행위시라고 보는 것이 타당할 것처럼 생각되기도 한다. 그러나 법문의 "不法行爲를 한 날"이라는 말의 의미 자체가 과연 손해발생시를 의미하는 것인지가 반드시 명백하지 않으므로, 그 문언만으로는 바로 결론을 내릴 수 없는 데다가 이를 제척기간으로 보지 않고 소멸시효기간으로 보는 이상 구태여 소멸시효는 피해자가 권리를 행사할 수 있을 때부터 진행한다는 기본원칙에 대한 예외를 인정할 필요는 없을 것이다.

실제적인 타당성을 놓고 보더라도 가해행위시설을 따를 때에는 피해자가 전혀 손해배상채권을 행사할 수 있게 되기도 전에 이미 소멸시효가 완성되어 버리는 결과를 용인하게 되어 피해자에게 매우 가혹하게 된다. 예컨대 건축물을 건축하였으나 그 건축상의 하자로 인하여 10년 이상의 장기간이 지난 후에 그 건축물이 붕괴한 때에는 그 붕괴로 인한 피해자는 건축자에 대하여 아무런 책임을 묻지 못한다는 결과가 된다.[147]

판례는 타인의 토지에 관하여 무권리자 앞으로 소유권이전등기를 경료하고 이를 다시 제3자에게 매도하여 소유권이전등기를 넘겨 주는 위법행위를 저지른 자는 그 후 위 제3자에게 10년의 등기부취득시효가 인정됨으로 인하여 원래의 소유자가 소유권을 상실함으로 말미암아 손해를 입게 된 경우 그에 대한 손해배상책임을 져야 한다고 보고 있는데,[148] 이 때 가해행위시설에 따라 소멸시효가 제3자에게 소유권이전등기를 넘겨 준 때부터 진행한다고 본다면, 제3자의 10년의 취득시효가 완성함으로써 원소유자의 손해가 발생하는 순간 그 손해배상청구권의 소멸시효도 완성되는 것이 되어 이러한 경우에 불법행위의 성립을 인정한다는 것은 아무런 의미가 없게 되어 버린다.

다른 한편 형사소송법상 건축물의 건축상의 하자에 기인한 붕괴사고로 인한 업무상 과실치사상죄의 公訴時效에 관하여 판례는 실제로 피해자들이 死傷에 이른 결과가 발생함으로써 그 범죄행위가 종료한 때로부터 공소시효가 진행한다고 판시하고 있는 것도[149] 참고가 될 수 있을 것이다.

147) 위 (2) (다)의 사례나 橋梁 건설 후 15년이 경과한 후에 그 橋梁이 붕괴한 1994년의 聖水大橋崩壞事件이 그 좋은 예이다. 다만, 독일의 학설 가운데 MünchKomm/Mertens § 852 RdNr.61은 加害行爲時說을 따르더라도 계속적인 安全檢査를 하여야 할 注意義務가 인정될 수 있고, 이 의무위반의 경우에도 不法行爲가 성립하므로 실제에 있어서는 별 차이가 없는 것처럼 설명하나, 항상 그러한 注意義務가 인정된다고 하기는 어려울 것이다.

148) 大判 93.6.11, 92다50874(公 1993, 2012).

149) 大判 94.3.22, 94도35(公 1994, 1377); 三豊百貨店崩壞事故에 관한 大判 96.8.23, 96도1231(公 1996하, 2937) 등.

(나) 判例의 評價　그러면 大判(全) 79. 12. 26, 77다1894 등(註135) 이래의 판례는 어떻게 이해할 것인가? 이에 관하여 판례가 손해발생시설을 따른 것으로 설명하는 견해도 있기는 하다.[150] 그러나 위와 같은 판례가 단순히 손해발생시설에 의하여 설명되기는 어렵다.[151] 즉 위 전원합의체판결과 같은 사안에 있어서, 각 피해자의 손해는 그가 무효인 등기를 신뢰하고 그 부동산을 매수한 때 이미 발생한 것이지,[152] 그 후 국가가 그 등기의 말소청구를 하여 승소판결을 얻은 때에야 비로소 발생한다고 보기는 어려운 것이다. 위 전원합의체판결의 다수의견에서는 피해자들 명의의 등기가 말소될 것이 확실시된 때 잠재적으로만 존재하고 있던 손해가 현실화된 것이라고 설명하나, 이는 비유적인 표현은 될 수 있어도 엄밀한 법률적 개념으로 받아들이기는 어렵다.

오히려 위 판결 多數意見의 眞意는 손해발생시설을 따른 것이라기보다는 국가가 자신의 위법행위로 인하여 초래된 결과에 대하여 자신의 권리만을 회복하려고 할 뿐, 피해자들이 받은 손해에 대하여는 소멸시효를 내세워서 배상을 면하려고 하는 것은 신의칙상 받아들일 수 없다고 하는 데 있는 것으로 보인다. 이는 위 판결이 "그 동안 위 위법에 대하여 하등의 조치를 취함이 없이 있다가 이제 와서 그간 위 매각이 위법한 것이 아니라고 믿었던 피고들에게 위와 같은 소멸시효완성의 주장을 하고, 그로 인해서 피고들이 받은 손해에 대해서는 하등의 고려를 하려 하지 아니하고 이 건 등기의 회복만을 구하려고 하는 것은… 신의칙상 또는 형평의 원칙상 허용할 수 없는 것이라고 하여야 할 것이다"라고 하고 있는 점에서[153] 잘 드러난다.

그렇다면 위 전원합의체판결은 국가의 소멸시효주장이 신의칙에 어긋나고 권리남용에 해당되어 받아들일 수 없는 것이라는 이론을 채택한 것이라고 이해함이 상당할 것이다.[154]

이러한 관점에서 볼 때, 위 大判 90. 1. 12, 88다카25168(註145)이나, 大判 92. 11. 13, 92다28365(註146)은 모두 가해자가 가해행위의 결과에 대하여 자신의 권

150) 朴禹東(註 4), 718; 註釋債各 Ⅳ, 제 2 판, 370 등.
151) 裵淇源(註 9), 273-4은 損害發生時說을 지지하면서도 위 판례는 이론적으로 문제가 많다고 비판한다.
152) 裵淇源(註 9), 273은 이러한 경우의 消滅時效는 최초의 買受人에게 賣買로 인한 所有權移轉登記가 경료된 때부터 진행한다고 하나, 이 때에는 최초의 매수인의 손해는 발생하였어도 그 후의 買受人의 손해는 아직 발생하지 않았으므로 이처럼 일률적으로 단정할 수는 없다.
153) 集 27-3, 246-7.
154) 이에 대하여는 尹眞秀, 注解 Ⅲ(總則 3), 409 이하 및 後述 Ⅳ. 3. 참조.

리만을 주장한 경우는 아니었으므로, 위 전원합의체판결의 眞意와는 거리가 있는 것으로서 이를 지나치게 일반화한 것이 아닌가 하는 의문이 있다.

(4) 其 他

大判 91.2.22, 90다16474(公 1991, 1057); 大判 98.1.23, 97다44539(公 98상, 610) 등은 토지구획정리사업을 시행하는 지방자치단체가 사유지에 대한 환지를 정하지 아니하고 청산금을 교부하지도 아니한 채 구획정리사업을 마치고 환지처분의 확정공고를 하여 소유자가 그 소유권을 상실하게 되었음을 원인으로 구하는 손해배상청구권은 환지처분의 공고일 다음 날부터 본조 제2항에서 정한 10년의 소멸시효가 진행된다고 한다.

(5) 繼續的 不法行爲의 경우

계속적 불법행위의 경우에는 단기소멸시효의 경우와 마찬가지로 개별적으로 손해가 발생한다.[155]

## Ⅳ. 本條의 適用範圍

### 1. 適用되는 경우

本條에 의한 소멸시효는 특별한 규정이 없는 한[156] 불법행위로 인한 손해배상청구권에 모두 적용된다. 민법은 상속의 한정승인자의 부당변제로 인한 손해배상책임 및 구상권(§1038 Ⅰ·Ⅱ)에 관하여 이를 명문으로 규정하고 있고(§1038 Ⅲ), 國家賠償法상의 損害賠償請求權이나 自動車損害賠償保障法상의 損害賠償請求權에 관하여도 本條가 적용된다.[157]

또 불법행위로 인한 손해배상청구권으로부터 생긴 遲延損害金債權에 관하여도 本條가 적용된다.[158]

155) 德本伸一(註 5), 716; 幾代通(註 67), 349 등.

156) 이러한 특별규정의 예로서는 鑛業 §96; 獨占 §57 Ⅰ 등이 있다.

157) 國賠 §8는 國家 또는 地方自治團體의 損害賠償責任에 관하여, 自賠 §4는 自己를 위하여 自動車를 運行하는 자의 損害賠償責任에 관하여 각 民法을 적용하도록 규정하고 있다. 憲裁決 97.2.20, 96헌바24(헌판집 9-1, 168 이하)은 國賠 §8가 국가배상청구권에도 本條를 적용하게 한 것이 위헌이 아니라고 한다.

158) 註釋債各 Ⅳ, 제2판, 371; 註釋債各 8, 제3판, 630(金弘燁); 李銀榮, 819.

## 2. 適用되지 않는 경우

그러나 불법행위로 인한 손해배상청구권이 아니면 本條가 적용되지 아니한다. 판례는 신문사광고국 광고개발사원의 신문사에 대한 광고료미수금 지급채권,[159] 소비대차대여원금에 대한 지연손해금채권,[160] 商 §§399·414의 株式會社 理事 또는 監事의 임무해태로 인한 회사의 손해배상청구권[161] 등은 모두 불법행위로 인한 손해배상청구권이 아니므로 本條가 적용되지 않는다고 한다.

그리고 이른바 安全配慮義務 違反으로 인한 損害賠償債務의 소멸시효에 관하여는 다소 논의가 있으나, 이는 기본적으로 채무불이행책임에 속하는 것이므로 그 소멸시효기간은 10년이고, 그 기산점 또한 일반원칙에 따라 그 권리를 행사할 수 있는 때(民 §166 I)라고 보아야 할 것이다.[162]

그런데 공동불법행위자 내지 공동의 손해배상의무자가 피해자에 대하여 채무를 변제한 경우에 다른 손해배상의무자에 대하여 가지는 구상권의 소멸시효에 관하여는 판례상 다소 混線이 있다. 이러한 구상권은 피해자의 손해배상청구권의 대위행사와는 별개의 것이므로 그 소멸시효기간은 일반채권과 마찬가지로 10년이고, 그 기산점은 원칙적으로 구상권이 발생한 시점, 즉 구상권자가 현실로 피해자에게 지급한 때부터 진행하며, 그에 관하여 本條가 적용될 것은 아니다.[163]

그런데 大判 93.6.29, 93다1770[164]은 피고가 자동차운행자의 승낙 없이 자동차를 운전하다가 사고를 일으키자 그 운행자의 책임보험회사인 원고가 피

159) 大判 91. 8. 27, 90다13369(公 1991, 2413).
160) 大判 87.10.28, 87다카1409(公 1987, 1793).
161) 大判 85.6.25, 84다카1954(集 33-2, 103).
162) 尹眞秀, 注解 Ⅲ(總則 3), 472; 日最判 平 6(1994).2.22(民集 48-2, 441). 위 日本判例는 근로자의 작업중 粉塵이 肺에 축적되어 신체적 이상을 일으키는 이른바 塵肺로 인한 使用者에 대한 損害賠償請求에 관한 것인데, 最高裁判所는 一般論으로서는 安全配慮義務의 소멸시효기산점에 관하여 본문과 같이 설시하면서도 塵肺에 관하여는 진폐는 폐 내에 분진이 존재하는 한 진행하고, 이는 폐 내의 분진의 양에 대응하여 진행하는 특이한 진행성의 질환이고, 그 진행의 유무·정도·속도도 환자에 따라 다양하다는 등의 이유로 진폐에 관하여 제정된 じん肺法에 의한 管理 一에서 管理 四까지의 각 행정상의 결정에 상당하는 病狀에 기한 각 손해는 質的으로 다르다고 보아야 한다는 이유로 그 소멸시효는 최종의 행정상의 결정을 받은 때로부터 진행한다고 하였다. 大判 97.12.26, 97다28780(公 1998상, 408){위 Ⅱ.3.(3)㈑} 참조.
163) 大判 79.5.15, 78다528(公 1979, 11974); 大判 94.1.11, 93다32958(公 1994, 695); 大判 96.3.26, 96다3791(公 1996상, 1378) 등.
164) 公 1993, 2132.

해자에게 보험금을 지급하고 보험자대위에 의하여 피고에게 청구를 한 사안에서, 보험자대위에 관한 상법 제682조의 규정은 피보험자 등의 제3자에 대한 손해배상청구권이 있음을 전제로 하여 지급한 보험금액의 한도에서 그 청구권을 취득한다는 취지에 불과한 것이므로, 피보험자 등의 제3자에 대한 손해배상청구권이 시효로 인하여 소멸하였다면 보험자가 이를 대위할 여지가 없다고 할 것이고, 이 때에 보험자가 취득할 손해배상청구권의 소멸시효의 기산점과 그 기간은 그 청구권 자체를 기준으로 판단하여야 하는데, 피보험자가 피고에 대하여 가지는 손해배상청구권은 불법행위로 인한 것임이 분명하므로, 피보험자가 사고 당시 그 손해 및 가해자를 알았다고 보아 위 손해배상청구권은 사고 다음 날부터 3년이 경과한 1988. 3. 21에 그 소멸시효가 완성되어 소멸하였다고 하여 보험자가 보험자대위에 의하여 취득하는 권리의 취득시기는 보험금 지급시기이고, 권리를 행사할 수 있는 시기도 그 때이며, 그 소멸시효기간도 일반채권과 같이 10년으로 보아야 한다는 상고이유를 배척하였다.

그러나 위 경우에 피보험자가 피고의 행위로 인하여 직접 불법행위의 피해자가 되었다고는 할 수 없으므로 피보험자가 언제 손해 및 가해자를 알았는지가 직접 문제될 여지는 없고, 다만 보험회사가 피해자에게 손해배상을 함으로써 損害賠償者의 代位(民 §§763·399)나 변제자의 대위(民 §482)가 성립하여 피보험자 내지 보험회사가 피해자의 피고에 대한 손해배상청구권을 대위취득한다고 볼 수는 있을 것이며, 이러한 손해배상청구권에는 本條가 적용될 것이다.[165] 그런데 피해자에게 손해배상을 한 공동불법행위자의 다른 공동불법행위자에 대한 구상권은 피해자의 다른 공동불법행위자에 대한 손해배상채권과는 그 발생원인과 법적 성질을 달리하는 별개의 독립한 권리이므로, 공동불법행위자가 다른 공동불법행위자에 대한 구상권을 취득한 이후에 피해자의 그 다른 공동불법행위자에 대한 손해배상채권이 시효로 소멸되었다고 하여 그러한 사정만으

165) 大判 99. 6. 11, 99다3143(公 1999하, 1377); 大判(全) 1997. 12. 16, 95다37421(公 1998상, 96)은 구 산업재해보상보험법(1994. 12. 22. 법률 제4826호로 전문개정되기 전의 것) 제15조 제1항 본문에 의하여 노동부장관이 제3자의 행위에 의한 재해로 인하여 보험급여를 한 때에 급여를 받은 자의 그 제3자에 대한 손해배상청구권을 대위한다고 규정하고 있는 것은 급여를 받은 자의 제3자에 대한 손해배상청구권이 있음을 전제로 하여 지급한 급여액의 한도 안에서 그 손해배상청구권을 취득한다는 취지에 불과한 것이므로, 노동부장관이 위 법규정에 따라 보험급여를 함으로써 취득하는 손해배상청구권은 동일성이 그대로 유지되고, 따라서 소멸시효의 기산점과 기간도 그 손해배상청구권 자체를 기준으로 판단하여야 할 것이라고 판시하여 손해배상청구권 발생시부터 3년 내에 급여를 지급하기만 하면 소멸시효가 완성되지 않는다고 한 대판 1992. 6. 26, 92다10968(公 1992, 2274)을 변경하였다. 해설: 李根雨, 대법원판례해설 29, 193 이하.

로 이미 취득한 구상권이 소멸된다고 할 수는 없을 것이며,[166] 이미 피해자의 피고에 대한 손해배상청구권의 소멸시효가 완성된 후에 보험회사가 보험자대위에 의하여 피고에 대하여 청구를 하는 것은 피해자의 손해배상청구권을 대위행사하는 것이 아니라 피보험자의 피고에 대한 구상권을 대위행사하는 것이라고 보아야 할 것이다. 그리고 이 점이 불분명하다면 법원으로서는 석명권을 행사하여 그 취지가 무엇인지를 밝혀 보았어야 할 것이다.[167]

### 3. 다른 法律의 特則

다만, 성질상은 불법행위로 인한 손해배상청구권이라 하여도 다른 법률이 특칙을 두고 있어 本條의 적용이 배제되는 경우가 있다. 예컨대 鑛業 §91는 鑛害로 인한 손해배상청구권은 피해자가 손해 및 배상의무자를 안 때로부터 1년간 행사하지 않거나 손해가 발생한 때로부터 5년을 경과하면 소멸하고, 그 기간은 진행중에 있는 손해에 대하여는 그 진행이 정지한 때로부터 진행한다는 특칙을 두고 있다.

또 豫算會計法 §96는 금전의 급부를 목적으로 하는 국가의 권리나 국가에 대한 금전의 급부를 목적으로 하는 권리로서 시효에 관하여 다른 법률에 규정이 없는 것은 5년간 행사하지 않으면 시효로 인하여 소멸한다고 규정하고 地方財政法 §69도 지방자치단체에 관하여 같은 취지로 규정하고 있는데, 판례는 이들 규정에 의하여 本條 Ⅱ의 10년의 기간이 국가 또는 지방자치단체에 대한 관계에 있어서는 5년으로 단축된다고 보고 있다.[168]

### 4. 請求權競合과 本條의 適用 여부

이에 대하여는 注解 Ⅲ(總則 3), 435-6 참조.

이와 관련하여 大判 98.5.29, 96다51110(公 1998하, 1742)은 채무불이행으로 인한 손해배상청구권에 대한 소멸시효항변이 불법행위로 인한 손해배상청구권에 대한 소멸시효항변을 포함한 것으로 볼 수는 없다고 한다.

166) 大判 96.3.26, 96다3791(公 1996상, 1378) 참조. 同旨: 李銀榮, 819.
167) 大判 95.9.29, 94다61410(公 1995, 3611) 참조. 이 판결에 대하여는 註 21) 참조.
168) 예컨대 大判(全) 79.12.26, 77다1894등(註 135). 大判 01.4.24, 2000다57856(公 2001상, 1202)은 本條 Ⅱ이 소멸시효기간이 적용되지 않는 '다른 법률의 규정'에 해당하지 않는다고 한다.

## Ⅴ. 기타의 問題點

### 1. 消滅時效의 起算日

소멸시효의 기산에 있어서는 初日不算入의 원칙(民 §157)에 따라 피해자가 손해 및 가해자를 안 당일(本條 Ⅰ의 경우) 또는 불법행위가 있은 당일은 포함되지 아니하고, 그 이튿날부터 기산한다.[169]

### 2. 消滅時效의 中斷

本條의 소멸시효의 중단에 관하여는 일반적인 소멸시효의 중단에 관한 법리가 그대로 적용된다.

판례는 一部請求에 의한 소멸시효중단의 효력이 미치는 범위에 관하여 원칙적으로는 일부의 청구는 나머지 청구에 대한 시효중단의 효력을 발생하는 것이 아니므로, 채권자가 재판상 일부의 청구를 한 후 나머지 청구를 한 경우에는 나머지 청구를 한 때에 비로소 나머지 청구에 대하여 시효중단의 효력이 발생한다고 하면서도[170] 일부청구의 경우라도 그 취지로 보아 채권 전부에 관하여 판결을 구하는 것으로 해석된다면, 그 청구액을 소송물인 채권의 전부로 보아야 하고, 이러한 경우에는 그 채권의 동일성의 범위 내에서 그 전부에 관하여 시효중단의 효력이 발생하며, 원고가 소멸시효기간이 경과하기 전에 이 사건 사고로 인한 손해의 배상을 구하는 소장을 제출하면서 앞으로 시행될 법원의 신체감정결과에 따라 청구금액을 확장할 뜻을 명백히 표시하였다면, 신체의 훼손으로 인한 손해의 배상을 청구하는 사건에서는 그 손해액을 확정하기 위하여 통상 법원의 신체감정을 필요로 하기 때문에 앞으로 그러한 절차를 거친 후 그 결과에 따라 청구금액을 확장하겠다는 뜻을 소장에 객관적으로 명백히 표시한 경우에는 그 소제기에 따른 시효중단의 효력은 소장에 기재된 일부청구액뿐만 아니라 그 손해배상청구권 전부에 대하여 미친다고 한다.[171]

또한 판례는 公特法에 의한 환매의무자가 공특법상 요구되는 환매권자에

---

169) 本條 Ⅰ에 관하여는 日最判 昭 57(1982). 10. 19(判時 1059, 64); 本條 Ⅱ에 관하여는 大判 91. 2. 22, 90다16474(公 1991, 1057).

170) 大判 70. 4. 14, 69다597(集 18-1, 319) 등.

171) 大判 92. 4. 10, 91다43695(公 1992, 1541); 大判 92. 12. 8, 92다29924(公 1993, 431). 同旨: 尹眞秀, 注解 Ⅲ(總則 3), 505-6; 文一鋒, "訴의 變更에 관한 새로운 考察", 司論 27, 236-7.

대한 통지를 하지 아니한 채 환매의 목적인 부동산을 제3자에게 처분함으로써 부담하게 되는 손해배상청구권의 소멸시효는 환매권에 기한 소유권이전등기절차를 이행하라는 소송을 제기함으로써 중단된다고 본다.[172]

그리고 판례는 손해배상채무자가 가입한 자동차보험회사에서 손해배상채권자들에게 자동차사고로 인한 손해배상금의 일부를 지급하고 합의금액의 절충을 시도한 경우, 위 보험회사는 보험가입자를 위한 포괄적 대리권이 있다고 해석되고 채무자의 대리인인 보험회사가 채권자들에 대한 손해배상채무를 승인하였다고 할 것이니 그 승인의 효과는 채무자에게 미친다고 할 것이므로, 채권자들의 손해배상청구권에 대한 소멸시효의 진행은 위 승인시에 중단되었다고 한다.[173]

그러나 피용자가 산업재해보험급여를 받는 데 필요한 증명을 요구함에 따라 회사가 산업재해보상보험법시행령 §34 Ⅱ의 규정에 따라 사업주로서 그 증명을 하여 준 것 또는 같은 조 Ⅱ의 규정에 의하여 그 보험급여청구의 절차에 조력하여 준 것만으로 회사가 피용자 등에 대하여 손해배상채무가 있음을 승인하였던 것이라고 볼 수는 없다.[174]

### 3. 消滅時效의 濫用

소멸시효 일반에 있어서 의무자의 소멸시효주장이 신의칙에 반할 때에는 이러한 주장은 소멸시효의 남용으로서 허용되어서는 안 된다.[175] 대법원의 판례도 부당이득반환청구권의 소멸시효가 문제된 사건에서, 일반론으로서는 이러한 원칙을 승인하여 채무자가 시효완성 전에 채권자의 권리행사나 시효중단을 불가능 또는 현저히 곤란하게 하거나 그러한 조치가 불필요하다고 믿게 하는 행동을 하였거나, 객관적으로 채권자가 권리를 행사할 수 없는 장애사유가 있었거나, 또는 일단 시효완성 후에 채무자가 시효를 원용하지 아니할 것 같은 태도를 보여 권리자로 하여금 그와 같이 신뢰하게 하였거나, 채권자보호의 필요성이 크고 같은 조건의 다른 채권자가 채무의 변제를 수령하는 등의 사정이 있어

172) 大判 95.6.30, 94다13435(公 1995, 2538).

173) 大判 90.6.8, 89다카17812(公 1990, 1440); 大判 92.4.28, 92다3328(公 1992, 1718); 大判 93.6.22, 93다18945(公 1993, 2097).

174) 大判 93.7.27, 93다357(公 1993, 2399).

175) 尹眞秀, 注解 Ⅲ(總則 3), 409-13; 韓杠鉉, "消滅時效의 主張이 權利濫用에 해당하는가", 諸問題 9, 205 이하 참조. 이에 관한 日本에서의 논의에 관하여는 志田 洋, "時效の援用と信義則", 山口和男 編, 現代民事裁判の課題 ⑦(1989), 676 이하; 渡邊博之, "時效の援用と信義則·權利の濫用(上)·(下)", 判例時報 1436, 1439 참조.

채무이행의 거절을 인정함이 현저히 부당하거나 불공평하게 되는 등의 특별한 사정이 있는 경우에 한하여 채무자가 소멸시효의 완성을 주장하는 것이 신의성실의 원칙에 반하여 권리남용으로서 허용될 수 없다고 판시하였다.[176]

그런데 大判(全) 96. 12. 19, 94다22927[177]에서는 1980년의 비상계엄 당시 계엄포고령에 의하여 실시된 이른바 삼청교육에서 공무원의 폭행 등으로 인하여 상해를 입은 피해자의 원고가 국가를 상대로 공무원의 불법행위를 이유로 하는 손해배상청구소송에서, 대통령이 1988. 11. 26 소위 삼청교육과 관련한 사상자에 대하여 신고를 받아 피해보상을 하겠다는 의사를 국민에 대한 시국관련특별담화의 형식으로 표시하였고, 위 특별담화의 구체화작업으로 정부 내의 주무부서인 국방부장관이 같은 해 12. 3 담화문의 형식으로 정부가 삼청교육관련 피해자들에게 응분의 보상을 하기로 결정하였음과 삼청교육관련 사상자를 대상으로 하여 신고기간을 같은 해 12. 12부터 1989. 1. 20까지로 하여 신고하여 줄 것을 밝힌 경우에 위와 같이 신고한 피해자들에 대한 국가의 소멸시효 주장이 신의칙에 반하는 것인가가 문제되었다.

이 사건 원심은 피고측의 위와 같은 일련의 행위는 적어도 위 신고기간 내에 신고한 피해자들에 대한 관계에 있어서는 사법상으로 적법한 손해배상채무의 승인이나 시효이익의 포기라고 보아야 한다는 이유로 피고의 소멸시효의 항변을 배척하였다.

그러나 위 대법원판결의 多數意見은 대통령이 위와 같이 담화를 발표한 경위와 취지 및 그 내용 등에 비추어 보면 그것은 사법상의 법률효과를 염두에 둔 것이 아니라 단순히 정치적으로 대통령으로서의 시정방침을 밝히면서 일반국민들의 이해와 협조를 구한 것에 불과하므로 이로써 사법상으로 위 피해자들에 대한 국가배상채무를 승인하였다거나 또는 시효이익을 포기한 것으로 볼 수는 없다 할 것이고, 대통령에 이어 국방부장관이 위와 같은 담화를 발표하여 신고를 받기까지 하였다고 하여도 마찬가지라고 하였다.

반면 위 판결의 少數意見은 위 大判 1994. 12. 9(註 176)을 원용하여 소멸시효가 완성된 후에 채무자가 시효를 원용하지 아니할 것 같은 태도를 보여 권리자로 하여금 이를 신뢰하게 한 경우에는 채무자의 소멸시효의 항변은 신의성

---

176) 大判 94. 12. 9, 93다27604(公 1995, 434). 다만, 이 판결에서는 결과에 있어서 소멸시효남용의 주장이 배척되었다. 또한 大判(全) 95. 4. 25, 94재다260(公 1995, 1858)의 別個意見도 참조할 것.

177) 公 1997상, 75.

실의 원칙에 반하는 권리남용으로서 허용될 수 없다고 전제하여 피고가 삼청교육과정에서 국민의 기본적 인권을 유린하는 중대한 불법행위를 저질렀음에도 그 후 이에 대하여 아무런 조치를 취하지 아니하고 있다가 국정의 최고책임자인 대통령이 뒤늦게나마 그 위법성의 정도와 결과의 중대성을 인식하여 국가측의 잘못을 인정하고 피해자의 신고를 받아 그 피해를 보상하기로 하는 담화를 발표하였고, 나아가 그 후속조치로서 주무부서의 장인 국방부장관이 같은 취지의 담화를 발표하고 피해신고기간을 정하여 피해자들로부터 구체적으로 피해신고까지 받았던 것이라면, 국방부장관의 담화내용에 따라 피해신고를 한 원고로서는 대통령과 국방부장관의 담화와 이에 따른 신고의 접수로써 피고 국가가 시효이익을 주장하지 아니하고 손해배상을 할 것으로 신뢰를 갖게 되었다고 할 것이므로, 설사 대통령의 담화와 그에 따른 이러한 일련의 행위가 다수의견이 보는 바와 같이 단순히 정치적으로 대통령으로서의 시정방침을 밝히면서 일반국민들의 이해와 협조를 구한 것으로 해석한다고 하더라도 피고 국가의 소멸시효항변은 결국 신의성실의 원칙에 어긋난 권리남용에 해당하는 것이어서 이를 배척하여야 한다고 주장한다.

그리고 大判 97. 12. 12, 95다29895(公 1998상, 237)은 처음으로 피고의 소멸시효항변이 신의성실의 원칙에 반하는 권리남용으로서 허용되지 않는다고 하여 이를 배척하였다. 이 사건 원고는 1980. 2. 22 피고인 미합중국과 주한미군 휴양시설 내의 상점을 임차하여 인가된 구매자에게만 전자제품을 판매하였는데, 그 계약체결 전에 주한미군관계자로부터 위 계약에 기하여 판매되는 물품에 관하여 대한민국에서 부과되는 모든 세금이 면제된다고 하는 잘못된 설명을 듣고 그에 따라 전자제품을 면세가격으로 판매하였다가 1981. 4경에 이르러 세금을 추가로 부담하여야 하는 손해를 입었다고 하여 1990. 1. 23 불법행위를 원인으로 하는 손해배상청구의 소를 제기하였다. 대법원은 피고의 소멸시효주장에 대하여 원고가 소멸시효기간 경과 전에 피고에게 손해배상청구를 하였으나 기각되자 피고산하 미군계약소청심사위원회에 이의를 제기하였고, 또 피고측은 원고에게 위와 같은 행정적 구제절차를 거치고도 분쟁을 해결하지 못한 때에는 한미행정협정에 따른 소송을 제기할 수 있다고 회산한 사실, 그 후 소청심사위원회에서는 처음으로 원고의 청구를 일부 인용하였다가 피고가 재심을 청구하자 1989. 9. 29 원고가 피고측으로부터 인가받은 고객들에게 판매한 칼라텔레비전의 수량을 입증하지 못하였다는 이유를 내세워 원고의 청구를 모두 기각하는 결정을 함으로써 이 때에 비로소 위 행정적 구제절차가 종료된 사실 등을 인정하고, "이 사건 불법행위로 인한 손해배상채권의 단기소멸시효 기간이 경과하기 전에 채무자인 피고가 적극적으로 채권자인 원고의 소제기 등 시효중단조치가 불필요하다고 믿게 하고 이를 위 소청심사위원회에 의한 구제절차의 종료시까지 미루도록 유인하는 행동을 하였다고 할 것이고, 또한 피고와의 약정에 따라 위와 같은 피고측의 행정적 구제절차를 충실히 밟고 이를 기다린 다음 상당한 기간 내에 이 사건 소를 제기한 원고에 대하여, 위 행정적 구제절차를 오래 끌어 오면서 애초에는 원고의 청구를 인용하는 결정을 하였다가 오류가 있는 위 재심결정에 의하여 원고의 청구를 부정한 피고가 이번에는 단기소멸시효를 원용하여 채무이행을 거절하는 것은 현저히 부당하다고 할 것이므로, 피고의 소멸시효항변은 신의성실의 원칙에 반하는 권리남용으로서 허용되지 않는다고 보아야 할 것이다"[178]라고 판시하여 피고의 주장을 배척하였다.[179]

또한 대판 1999. 12. 7, 98다42929(公 2000상, 140)은 증권회사의 간부가 고객으로부터 환매채예수금을 교부받아 횡령함으로 인하여 증권회사가 부담하는 손해배상청구권의 소멸시효주장이 신의성실의 원칙에 반하여 권리남용에 해당한다고 판시하였다.

그런데 일본 최고재판소의 판례는 本條 Ⅱ에 해당하는 日民 §724 後段의 20년의 기간이 제척기간임을 전제로 하여 이러한 20년의 제척기간이 경과한

178) 大判 94. 12. 9, 93다27604 참조.

179) 서울地判 96. 10. 1, 95가합105039(新聞 1996. 10. 31, 13도 소멸시효의 주장이 신의칙에 반한다고 하였다). 이 사건에서 원고는 자신의 軍服務期間이 20년을 초과함에도 관계 공무원이 원고의 복무기록서류를 제대로 관리하지 못한 과실로 원고의 군복무기간을 20년 미만으로 잘못 계산하여 퇴직연금을 받지 못하게 하는 손해를 입었다고 하여 손해배상을 청구하였는데, 서울지방법원은 이러한 원고의 주장을 인정하였다. 그리고 피고의 5년의 소멸시효주장에 대하여는 피고소속 해군참모총장은 원고의 하사관복무기록서류를 찾지 못하여 원고에 대한 복무확인서상 하사관근무경력이 누락되었고, 원고는 전역 후 수년 동안에 걸쳐 소지하고 있던 자료들을 제출하고 하사관복무기록서류들을 찾아 줄 것을 요구하였으나, 피고는 하사관복무기록서류가 없다는 이유로 이를 거절하다가 20여년이 경과한 1989년경에야 뒤늦게 원고의 하사관복무기록서류를 찾아서 병적을 정정하였으나 원고에게 이를 알리지 않아 원고는 1992. 10. 13 우연히 이를 알게 된 사실을 인정하고, 원고로서는 문제의 복무기록을 찾기 전에는 손해배상청구소송에서 입증의 어려움으로 승소할 가능성이 거의 없어 그 동안 아무런 법적 조치를 취하지 못하다가 원고가 전역한 날로부터 20년이 경과한 후에야 그 서류를 발견하고 이 사건 소송에 이르게 된 것이므로, 이와 같이 채권자인 원고가 피고에 대하여 손해배상청구권을 행사할 수 없었던 객관적인 장애사유가 있었고, 더욱 그 장애사유가 피고측의 책임 있는 사정으로 발생하였으므로 피고가 소멸시효완성을 이유로 채무이행을 거절하는 것은 신의성실의 원칙에 반하여 권리남용으로서 도저히 허용되지 않는다고 하였다.

경우 재판소로서는 제척기간의 성질에 비추어 청구권이 제척기간의 경과에 의하여 소멸하였다는 주장이 없더라도 위 기간의 경과에 의하여 청구권이 소멸하였다고 판단하여야 하고, 따라서 이처럼 청구권소멸을 주장하는 것이 신의칙위반 또는 권리남용에 해당한다는 주장은 주장 자체 이유 없다고 하여 이를 배척하였다.[180] 그러나 위의 기간은 소멸시효기간으로 보아야 할 뿐만 아니라, 설사 이를 제척기간으로 보더라도 제척기간경과의 주장 또한 그것이 신의성실의 원칙에 위배될 때에는 마찬가지로 허용되어서는 안 될 것이다.[181] 일본에서도 위 판결에 대하여 평가가 나뉘지만, 비판적인 견해가 지배적이라고 할 수 있다.[182]

### 4. 消滅時效完成의 立證責任

불법행위로 인한 손해배상채권의 소멸시효가 완성하였다는 점은 이를 주장하는 채무자측에게 있다. 판례도 本條 I 의 소멸시효기산점에 관하여 被害者나 그 法定代理人이 그 損害 및 加害者를 안 시기에 대한 입증책임은 시효이익을 주장하는 자에게 있다고 한다.[183]

[尹 眞 秀]

180) 日最判 平 1(1989).12.21(民集 43-12, 2209).
181) 尹眞秀, "消滅時效의 濫用에 관한 考察"(1984년 서울대학교 碩士論文), 42-3 참조.
182) 상세한 것은 渡邊博之, "除斥期間と信義則·權利の濫用をめぐる適用關係論", 判例時報 1473(判例評論 419), 164, 168 이하 참조.
183) 大判 77.6.7, 76다2008(集 25-2, 104); 大判 95.6.30, 94다13435(公 1995, 2538) 등.

# 後論 I [人格權侵害]

차 례



## Ⅰ. 一 般 論

### 1. 人格權의 意義와 分類

(1) 人格權은 人間의 尊嚴性 내지 人格價値의 保護를 목적으로 하는 權利이다. 이를 定義하면 "身體·健康·精神·自由·名譽 등 人間으로서의 尊嚴性 保障과 人格的 屬性의 자유로운 發展을 위하여 그에 대한 侵害로부터 保護되어야 할 모든 權利와 利益들의 總體"라고 할 수 있다.[1] "權利의 主體인 人間이 그 自身과 分離할 수 없는 人格的 利益을 누리는 것을 內容으로 하는 權利"라고 定義하기도 한다.[2] 좀더 자세히 설명한다면, "生命·身體·健康權, 身

1) 五十嵐 淸(이하 '五十嵐'라고만 한다), 人格權論(1989), 1-9 등.
2) 安相云, "言論報道와 人格權保護에 관한 硏究"(1995년 고려대학교 석사학위논문), 21.

體的·精神的 自由權, 名譽權, 姓名權, 肖像權, 著作物과 公演 등 知的 生產에 관련된 權利, 私的인 文書와 對話 및 家庭·家族·愛情關係 등 私生活에 관한 이른바 프라이버시(privacy)權, 人格形成權(알 權利, 읽을 權利 등) 등을 包括하는 權利"라고 할 수 있다.[3] 人格權에는 人間의 精神的 側面·肉體的 側面·經濟的 側面이 모두 관련되어 있으나, 精神的 側面이 가장 重要하고 核心的인 要素라고 할 수 있다.[4]

(2) 人格權과 관련하여 제일 먼저 문제되는 것은 '人格權을 物權·債權 등과 마찬가지로 하나의 權利로 볼 것인가' 하는 人格權의 '權利性' 問題이다.[5]

기본적으로 우리 나라 憲法은 §10에서 "모든 人間은 人間으로서의 尊嚴과 價値를 가지며, 幸福을 追求할 權利를 가진다. 國家는 個人이 가지는 不可侵의 基本的 人權을 確認하고 이를 保障할 義務를 진다"고 규정하여 人格權에 관한 基本規定을 둠과 동시에 人格에 관련된 각종 自由權保護에 관하여 여러 규정을 두고 있다.[6] 이에 따라 憲法學에서도 一般的 人格權을 인정하여 "人格權은 우리 法秩序의 最高理念인 '人間의 尊嚴과 價値' 및 幸福追究權의 最少限의 具體的 內容"이라고 하고 있다.[7]

그러나 그러한 人格權에 대하여 보다 具體的이고 實質的인 保護手段을 제공할 수 있는 것은 民事法이므로, 民事法에서도 人格權을 正面으로 인정할 것인가를 논의할 필요가 있다.[8] 그런데 民法은 生命·身體와 自由 또는 名譽에 대한 違法한 侵害行爲를 不法行爲로 보고 있을 뿐,[9] 人格權保護에 관한 규정을 별도로 두고 있지 않다. 특히 종래 人格權은 不法行爲의 側面에서 주로 문제가 되었고, 現行民法은 不法行爲의 成立要件으로 반드시 '權利'의 侵害가 있어야 하는 것을 요구하는 것은 아니므로[10] 구태여 人格權을 權利로 인정할 실

3) 우리 民法은 §751에서 身體·自由·名譽에 관한 侵害에 대하여 규정하고, §752에서 生命侵害에 대하여 규정하고 있으므로, 後論에서는 一般論과 아울러 위 규정들에서 명시되지 아니한 것들에 관하여 서술하되, 특히 프라이버시의 權利에 관하여 중점을 둔다.

4) 五十嵐(註 1), 11도 같은 취지이다.

5) 齊藤 博, 人格權法の硏究, 183.

6) 憲法 §17는 私生活의 秘密과 自由를 침해받지 않음을, §18는 通信의 秘密을 침해받지 않음을, §19는 良心의 自由를, §20는 宗教의 自由를, §21는 言論·出版의 自由를 각 규정하고 있다.

7) 金哲洙, 憲法學新論(2000, 제12全訂新版), 博英社(2000), 260-8 등.

8) 權 誠 외 4人 共著, 假處分의 硏究, 博英社, 494.

9) 民 §§751·752.

10) 民法 §750는 "故意 또는 過失로 인한 違法行爲로 他人에게 '損害'를 가한 者는 …"이라고 그 要件을 규정하고 있고, §751는 "他人의 身體·自由 또는 名譽를 害하거나 기타 精神上 苦痛을 가한 者는 財產 이외의 損害에 대하여도 …"라고 규정하여 '權利'를 요구하고 있지 않다.

제적 필요성이 별로 없었다. 그러나 人格權侵害에 대한 救濟手段으로 그에 관한 不作爲請求權(禁止請求權), 즉 人格權侵害에 대한 豫防·停止·排除의 請求權을 인정할 현실적 필요성이 대두되면서 人格權 자체를 하나의 權利로 인정하여야 한다는 주장이 제기되었고, 결국은 이를 權利로 인정하기에 이르렀다. 즉 通說은 人格權이라는 槪念 및 그 權利性을 인정하고 있고,[11] 우리나라의 判例도 최근에는 人格權이라는 用語를 사용하면서 이를 明示的으로 인정하고 있다.[12]

(3) 人格權은 一般的 人格權과 個別的 人格權으로 나눌 수 있다.[13] 後者는 姓名權·肖像權·名譽權 등과 같이 具體性을 갖는 개개의 權利이고, 前者는 이들 個別的 人格權의 總體를 뜻한다. 論理的으로 본다면 後者의 權利는 前者의 權利로부터 導出되는 것이다.[14] 一般的 人格權의 槪念은 一般條項的 성격을 가지고 있고,[15] 抽象性을 特質로 하므로 그 範圍와 內容을 확정하는 것은 무척 어려운 일이다.[16] 특히 一般的 人格權을 인정하는 데 대하여는 "一般的 人格權이 憲法에 根據를 둔 것이니 만큼 憲法的 槪念에 터잡음으로써 民事的 保護範圍의 極端的 膨脹을 가져오기 쉬울 것"이라는 취지의 批判論도 있다.[17] 다만, 個別的 人格權의 總合 내지 外延的 境界가 一般的 人格權이라고 본다면, 個別的 人格權의 限界設定을 통하여 一般的 人格權의 範圍를 어느 정도 확정

11) 郭潤直, 債各(2000, 新訂 修正版), 556; 朴哲雨, 人格權의 侵害, 註釋民法, 제3판, 債各(7)(2000), 36 등.
반면에 "民法 제751조가 '他人의 … 名譽를 害하거나 기타 精神上 고통을 가한 자는 損害賠償責任을 진다'고 규정하고 있으므로, 不法行爲가 成立하는지는 위 규정에 해당하는지를 판단하면 충분하고, 人格權이라는 槪念을 도입할 필요가 없다"는 견해도 있다(李銀榮, 債各(1999), 973).

12) 大法院은 최초 大判 80.1.15, 79다1883 判決에서 人格權侵害로 인한 精神的 損害에 대한 賠償으로 慰藉料를 인정한 이래 다수의 판결에서 人格權이라는 用語를 사용하고 있다.

13) 이러한 분류방법에 대하여는 "獨逸은 實定法에 명문의 규정이 있는 姓名權·肖像權 등을 '個別的 人格權'이라 하고, 그 이외의 人格的 利益에 관한 권리를 '一般的 人格權'이라고 함으로써 個別的 人格權은 實定法을 전제로 하고 있고 그 성립요건도 명확하다. 그러나 우리 나라에서는 姓名權·肖像權 등에 관한 명문의 규정이 없는 데도 이들을 個別的 人格權에 포함시키고 있고, 그 의미도 명확하지 않으며, 오히려 個別的 人格權은 人格權의 개개의 종류와 같은 의미로 사용되고 있다. 이러한 의미로 사용하려면 一般的 人格權이나 個別的 人格權이라는 用語는 사용할 필요가 없고, 단순히 人格權이라는 用語를 사용하는 것으로 충분하다"는 批判이 있다(金載亨, "人格權 一般", 民判硏 XXI, 638-9).

14) 安相云(註 2), 21.

15) 齊藤 博(註 5), 199 이하 참조.

16) 李建雄, "言論에 의한 人格權의 侵害와 救濟", 裁判資料 66, 321.

17) Hubmann, Das Persönlichkeitsrecht, 155.

지을 수도 있을 것이다.

그런데 個別的 人格權을 그 性質에 따라 分類한다면, ① 生命·身體·健康 등 身體的 自由權에 관한 權利, ② 思想·良心 등 精神的 自由權을 주로 한 包括的 自由에 관한 權利,[18] ③ 名譽에 관한 權利, ④ 姓名權·肖像權 등 同一性에 관한 權利, ⑤ 著作物과 公演 등 知的 所有物과 관계된 權利, ⑥ 私的인 文書와 對話를 保存할 權利, 家庭·家族·愛情·性關係 등 私生活에 관한 權利(이른바 프라이버시의 權利), ⑦ 알 權利와 읽을 權利 등 人格形成權 등으로 분류될 수 있다. 이들 중 ①과 ③은 民法 §751와 §752에서 明示的으로 규정하고 있는 것이고, ②와 ⑦은 憲法의 領域에서 주로 다루어지는 것이며, ⑤는 知的 財産權에 관한 法律의 保護對象[19]이므로, 여기서는 ④와 ⑥을 중심으로 하여 人格權 全般에 관한 包括的인 서술을 하기로 한다.[20]

## 2. 人格權의 性質

### (1) 絶 對 權[21]

人格權은 物權과 같은 絶對權으로서 모든 사람에 대하여 主張할 수 있다. 따라서 人格權의 侵害에 대하여는 豫防請求나 排除請求가 가능하다고 보는 것이 通說이다.[22]

### (2) 一身專屬權

人格權은 사람에게 專屬하는 權利이다. 人格權 그 자체는 讓渡할 수 없고, 押留할 수도 없으며, 債權者代位權의 對象이 되지도 않는다. 人格權 그 자체는 相續할 수도 없고, 時效에 걸리지도 않는다. 또한 契約의 客體로 되지도 않고, 人格權의 拋棄도 不可能하다.[23] 다만, 그로부터 派生된 損害賠償請求權 등은 그렇지 않다.[24]

18) 이것을 ⑥과 한 부류로 파악하는 경우가 있다.
19) 우리 著作權法은 著作人格權으로 ① 미공표 저작물에 관하여 공표 여부를 결정할 수 있는 권리인 公表權(법 §11), ② 저작물의 창작자인 것을 주장할 수 있는 권리인 姓名表示權(법 §12), ③ 저작물의 내용·형식 및 제호의 동일성을 유지할 권리인 同一性維持權(법 §13)의 세 가지를 인정하고, 그 외에 一身專屬性에 관한 규정(법 §14), 저작자의 사망 후 저작인격권의 보호에 관한 규정(법 §96) 등을 두고 있다.
20) 이 중에서도 최근 가장 중심적 위치로 떠오르고 있는 것은 프라이버시의 權利임은 아래에서 보는 바와 같다.
21) 齊藤 博(註 5), 188.
22) 이에 대하여 자세한 것은 뒤의 '禁止請求權' 부분을 참조할 것.
23) 安相云(註 2), 21-2.
24) 다만, 人格權侵害에 의하여 이미 具體化된 損害賠償請求權은 讓渡·拋棄·押留의 대상이 될 수 있으나, 이는 人格權 그 자체의 讓渡·拋棄·押留는 아니므로 人格權의 一身專

### 3. 人格權의 生成背景과 現代的 特徵

(1) 人格 그 자체 및 그와 관련된 각종 權利와 利益의 保護에 대한 欲求는 人間의 本能에 바탕을 둔 것으로서 어느 時代나 文化를 막론하고 항상 존재하여 왔으며, 인간다운 생활의 大前提로서 존중받아 왔다. 歷史上 人格權保護를 처음으로 公式宣言한 것은 1789년의 프랑스人權宣言이라고 할 수 있다. 그 精神을 이어 받아 1948. 12. 10 國際聯合總會에서 채택된 世界人權宣言은 §12에서 "누구도 그의 私生活(privacy)·家族(family)·家庭(home)·通信에 대하여 恣意的인 干涉을 받거나 名譽(honor)와 信用(reputation)에 대하여 攻擊받지 아니한다. 人間은 모두 이와 같은 干涉이나 攻擊에 대하여 法의 保護를 받을 權利를 가진다"고 규정하였다. 또 우리 나라 憲法을 비롯한 각국의 憲法이나 法律도 人格權保護에 관한 규정을 두게 되었고,[25] 民事法的인 保護도 法律·學說·判例에 의하여 인정되기에 이르렀다.[26]

(2) 人格權에 관한 法律과 判例는 제2차 세계대전 이후에 비로소 本格的으로 발전하기 시작하였다. 특히 現代社會에 들어 와서 經濟가 성장하고 社會의 民主化가 進陟되면서 人格的 價値를 尊重하는 사회적 분위기가 形成되어 人格權이 權利로서의 확고한 자리를 잡게 되었고, 나아가 최근에는 人格的 價値의 追求가 本格化되어 人格權의 保護程度와 範圍가 보다 擴大되고 그 存在價値는 더욱 높아지고 있다.

이와 같이 人格權保護의 必要性에 대한 認識이 높아지고 있는 반면에, 現代社會의 特徵인 매스컴과 科學技術의 발달, 사회의 複雜化·商業化로 인하여 人格權侵害의 可能性도 커지고 있다.[27] 즉 科學技術의 발달은 망원렌즈·카메라·도청기·소형녹음기·컴퓨터·폐쇄회로 등을 통하여 個人의 私生活侵害를 용이하게 하는 한편, 新聞·雜誌 등 印刷媒體와 텔레비전·비디오·라디오 등 電子媒體의 발달은 人格權侵害의 정도를 극도로 높이고 있는 것이다. 더구나 산업사회의 발달로 個人은 더욱 矮小化하는 한편, 매스컴은 '國民의 알 權利'

---

屬權의 성격에는 변함이 없다.

25) 프랑스憲法은 前文에 그러한 취지를, 獨逸憲法은 §1에서 "人間의 尊嚴은 침해될 수 없으며, 이를 존중하고 보호하는 것은 모든 國家權力의 義務이다"라고 규정하고 있으며, 스위스도 民法典과 債務法에서 一般的 人格權을 私權의 하나로 보호하고 있다.

26) 民法은 재산권을 중심으로 발달해 왔으므로, 人格權은 최근에 와서 비로소 民事法的 주목을 받게 되었다.

27) 朴哲雨(註 11), 1, 54 등.

라는 一種의 人格權을 근거로 하여 國民의 私生活을 침해하는 例가 많고, 특히 商業的인 매스컴의 발달로 이러한 경향이 더욱 커지고 있다. 따라서 人格權에 대한 保護는 一般的·觀念的 경향이 강한 憲法的 領域이나 보호범위와 수단이 제약되는 刑事法的 領域보다도 民事法的 領域에서 主된 關心事로 등장하여 訴訟에 이르는 경향도 날로 增大되고 있다.

### 4. 人格權의 領域區分 및 保護範圍

#### (1) 人格權의 領域區分 및 그에 따른 保護範圍의 差異

人格權의 領域이 다양하다는 점에 착안하여 人格權의 保護領域을 類型에 따라 分類함으로써 그 保護의 程度에 관하여 段階別로 差等을 두고자 하는 이른바 '人格領域論'이 등장하였고,[28] 이를 分析해 보면 人格權의 深度 내지 段階를 파악해 볼 수 있고, 그를 통해 人格權의 全體的인 모습을 槪觀할 수 있다.

(가) 첫째는 內密領域이다. 이는 高度의 個人的 事項이자 核心的·不可侵的 領域에 속하는 것으로서, 個人의 性的 事項, 思想과 良心, 個人的 診斷과 病歷 등 人間의 가장 隱密하고 基本的인 部分을 뜻한다. 이는 人格權領域의 核心으로 매우 특별한 사정이 있는 경우를 제외하고는 公的 人物의 경우에도 保護를 받아야 한다.[29]

(나) 둘째는 秘密領域이다. 이는 公衆에게 露出되어서는 안 될 個人의 生活領域으로서, 個人的인 記錄(日記)이나 對話·書信·電信·電話內容 및 醫師·聖職者·辯護士 등과의 交涉內容 등 社會通念上 秘密로 하는 것이 마땅하다고 인정되는 部分이다.[30] 그 보호의 정도는 內密領域에 비하여 상대적으로 떨어진다.

(다) 셋째는 私事的 領域으로서, 個人의 私生活 중 內密性이나 秘密保全

---

28) 이는 獨逸의 多數說과 判例가 기본적으로 채택하고 있는 이른바 '人格領域論(Sphärentheorie der Persönlichkeit)'이다. 이것은 法的으로 보호받는 개인의 人格領域을 가장 閉鎖的인 領域으로부터 가장 開放的인 領域까지 단계적으로 분류한다. 이에 관하여 자세한 것은 朴容相, "언론과 개인법익"(조선일보사), 262-81; 黃志瑗, "프라이버시 權利의 限界에 관한 硏究"(이화여자대학교 석사학위논문, 18-24).

29) 이에 관한 國內判例로는 서울高判 96. 2. 2, 95나25819; 釜山高判 92. 6. 17, 92노215; 서울民事地判 89. 7. 25, 88가합31161 등 性的 事項 내지 신체적인 은밀부분(유방)의 성형수술에 대한 것을 들 수 있다. 日本判例로는 이른바 '잔치의 뒤(宴あと)' 사건과 東京地判 80. 7. 7 등 性的 事項 내지 애정행각에 대한 小說 내지 記事를 들 수 있다.

30) 刑 §316의 秘密侵害罪와 刑 §317의 業務上 秘密漏泄罪가 이를 형사법적으로 보호하고 있다.

의 意思를 갖지 않는 모든 日常的인 것들을 뜻한다. 주로 가정생활과 가족사항에 관한 것이며, 家族·親舊·親戚과 같이 가까운 사이에서 이루어지는 각종 생활과 모임, 家族關係 등 日常生活의 領域을 그 예로 들 수 있다. 이 事項들은 絶對的 保護領域에 속하지 아니하므로 公衆의 알 權利가 私事的 領域에 관한 個人의 利益보다 우선되는 경우도 종종 있을 것이다.[31]

㈑ 넷째는 社會的 領域으로서, 社會的 共同體의 一員으로서 행동하되 匿名性을 가지는 個人의 生活領域을 뜻한다. 個人의 職業活動·거리通行·行使參加 등을 그 例로 들 수 있다. 이것들은 公衆에게 露出되는 것이 通常的이지만, 公共에 대한 意識的인 指向性을 가지는 것은 아니므로[32] 個人의 匿名性은 保護되어야 한다.

㈒ 다섯째 公開的 領域으로서, 모든 사람에 의하여 認識될 수 있거나 認識됨을 前提로 하는 人間生活의 領域을 包括하는 것이다. 政治家가 議會의 公開會議에 참석하는 것, 個人의 政黨活動·政治的 示威·選擧運動을 하는 행위, 연예인이 방송무대에 출연하는 행위 등이 그 예이다. 이것들은 國家나 제3자의 公開로부터 거의 保護받지 못한다. 個人的인 要素가 거의 없고, 가장 공개적인 성격이 강하기 때문이다. 다만, 그렇더라도 他人이 위의 예와 같은 행위과정에서 나온 對話나 肖像을 임의로 營利的 目的으로 이용할 수는 없다.

**(2) 對象者에 따른 保護範圍의 差異**

人格權은 그 對象者가 누구이냐에 따라 그 保護範圍에 差異가 있다.[33]

㈎ 이른바 公的 人物(public figure)[34]의 경우, 그의 私生活은 大衆의 關心事에 속하는 경우가 많기 때문에 公的 人物[35]의 人格權 내지 프라이버시權

31) 그러나 私事的 事項이 大衆의 정당한 관심에 속하는 경우에도 원칙적으로 그것에 관련된 개인의 이름을 밝히는 것은 금지되어야 할 것이다.

32) 따라서 예컨대 거리를 통행하는 것을 사진찍어 보도하는 것은 원래 의도했던 노출의 범위를 확대시키는 것이어서 人格權의 侵害가 될 수 있다.

33) 죽은 사람·胎兒·法人에 대한 것은 後述하므로, 여기서는 自然人만을 대상으로 自然人의 성격(종류)에 따른 보호범위의 차이를 서술한다.

34) 美國에서 발달한 '公的 人物'에 대한 자세한 서술은 朴容相(註 28), 282-93 참조; 이에 대응하는 獨逸에서의 개념은 '時事的 人物(Person der Zeitgeschichte)'이다. 이는 '그에 대한 공개의 이익 내지 필요에 따라 그 사람의 匿名性의 利益이 감소되는 사람'을 뜻한다. 이는 다시 특정한 사건과 관련하여서만 알 權利의 대상자가 되는 '相對的·時事的 人物'과 모든 사항에 관하여 그러한 대상이 되는 '絶對的·時事的 人物'로 분류된다.

35) Prosser/Keeton, The Law of Torts, 5th ed., West Publishing Co.(1984), 859-60.
어느 정도의 지명도를 가져야 公的 人物로 볼 수 있는지는 명백하지는 않다. 전국적인 범위의 公的 人物도 있지만, 한 지역 범위 내에서만 公的 人物이 되는 예도 있고, 특정사안에 대하여만 제한적으로 公的 人物로 취급받는 경우도 있다.

은 일반인에 비하여 制限된다고 보아야 한다. 여기서 公的 人物은 스스로 자신을 大衆에 公開하기를 원했거나 同意한 사람, 또는 그의 職業이나 일이 이미 公的 性格을 가진 사람, 기타 공적으로 알려진 사람을 뜻한다. 公的 人物의 例로는 선거직공무원, 고위직공무원, 중요한 직책의 공무원, 언론의 주목을 받는 일반적인 사회저명인사, 인기연예인, 운동선수, 앵커맨, 탐험가, 발명가 등을 들 수 있다. 특이한 것은 刑事事件과 관련된 犯人이나 被害者 등도 이에 포함된다는 것이다.[36] 이러한 例를 종합해 보면 '公的 人物'이라고 하는 것보다는 '有名人(著名人)' 내지 '널리 알려진 사람'이라고 표현하는 것이 개념상 정확할지도 모른다. 公的 人物 중에는 大統領·大法院長·國會議長 등과 같이 全國의 모든 地域에서 모든 사항에 대하여 公的 人物로 인정되는 경우도 있지만, 群小都市 등 地方自治團體의 長, 地方議會의 議員, 지방에서만 유명한 운동선수와 같이 特定地域에서만 중요성을 가지기 때문에 그 地域에 한하여 公的 人物이 될 수도 있고, 公共이 관심을 갖는 특정사건과 관련하여 그러한 公的 論爭에 영향력을 갖고 관여하게 된 자는 그 特定事案에 대하여만 公的 人物이 될 수도 있다.[37]

(나) 言論은 大衆의 정당한 關心事項에 속한 情報를 提供할 特權을 憲法上 보장받으므로, 公的 人物은 國民 또는 大衆의 정당한 關心事項의 範圍 내에서 어느 정도 人格權 내지 프라이버시權을 경우에 따라 喪失하거나 어느 정도 制限되는 것으로 看做된다.

이와 관련하여 美國 聯邦大法院은 "公職者나 公的 人物이 명예훼손을 이유로 하여 손해배상을 청구하기 위하여는 그것이 實際的 惡意에 의하여(허위라는 사실을 알면서, 또는 허위 여부의 파악에 부주의한 채) 명예훼손적 표현을 했다는 점을 원고가 입증해야 한다"고 判示하였고,[38] 1971년에는 "보도내용이 公的 關心事인가의 여부가 기준이 되어야 한다"고 判示하는 등[39] 한 걸음 더 나아간 입장을 취하기도 하였다.

(다) 이와 같이 公的 人物 내지 有名人의 人格權 내지 프라이버시權이 一般人에 비하여 制限되거나 때로 喪失되는 것은 사실이지만, 公的 人物이라는 이유만으로 항상 그의 모든 私生活이 보호받지 못하는 것은 아니다. 그 구체적인 보호범위는 그의 公人的 性格의 정도와 公開對象인 事項의 公的 價值

36) 이를 他意에 의한 公的 人物이라고 할 수 있다.
37) 朴容相(註 28), 52-3.
38) New York Times v. Sullivan, 376 U.S. 254(1964).
39) Rosenbloom v. Metromedia, Inc. 403 U.S. 29.

의 정도 등에 따라 달라질 것이다.[40] 일반적으로 말한다면 적어도 內密領域과 秘密領域은 보호받아야 한다고 본다. 또한 일단 公的 關心事項이 된 有名人의 私生活도 시간의 경과에 따라 私的 事項으로 환원되며, 公的 人物도 세월이 지나거나 직업이 바뀌면 公的 人物의 범주에서 벗어난다.[41]

㈑ 한편 公的 人物이 아니더라도 일정한 사건에 관하여 一般大衆의 정당한 관심이 집중되는 때에는 이것을 보도하는 것이 신문이나 방송의 임무이기 때문에 國民의 알 權利가 關係人의 프라이버시보다 우월한 경우가 있을 수 있다. 이 경우 무엇이 公共의 正當한 關心事인가는 일률적으로 판단하기 어려운 문제로서, 미국에서는 뉴스사건의 報道, 교육적 記事의 公表는 일단 公共의 正當한 關心事에 속하는 사항이라고 인정되고 있다.[42]

### 5. 人格權과 다른 權利·利益과의 葛藤과 調和

(1) 人格權이라고 하여 무제한의 權利는 아니므로 人格權을 포함한 他人의 權利와 憲法秩序를 부당하게 침해하지 않아야 할 것이다. 특히 他人의 人格權, 表現의 自由, 學問과 藝術의 自由와 충돌할 가능성이 있으므로 적절한 조화가 필요하다. 또한 人格權은 本質的으로 個人的 利益만으로 構成되어 있기 때문에 社會나 國家의 利益과 衝突할 可能性도 상당부분 內包하고 있다.

(2) 人格權과 다른 權利·利益과의 충돌 중에 가장 중요한 것은 個人의 人格權과 表現(言論報道)의 自由, 國民의 알 權利와의 衝突이다. 일반적으로 人格權과 表現의 自由 내지 國民의 알 權利는 다같이 人間의 基本權에 속하는 것으로서 兩者 相互間의 優劣關係를 一律的으로 말할 수는 없다. 구체적 사안에서는 兩者가 서로 緊張·葛藤關係에 있다고 할 수 있으며,[43] 이러한 葛藤關

40) 최근 大法院은 원고 민노총 등이 피고 한국논단을 상대로 한 손해배상청구사건에서, "사람이나 단체가 가진 정치적 이념은 흔히 위장하는 일이 많을 뿐 아니라 정치적 이념의 성질상 그들이 어떠한 이념을 가지고 있는지를 정확히 증명해 낸다는 것은 거의 불가능한 일이므로, 이에 대한 의혹의 제기나 주관적인 평가가 진실에 부합하는지 혹은 진실하다고 믿을 만한 상당한 이유가 있는지를 따짐에 있어서는 일반의 경우에 있어서와 같이 엄격하게 입증해 낼 것을 요구해서는 안 되고, 그러한 의혹의 제기나 주관적인 평가를 내릴 수도 있는 구체적 정황의 제시로 입증의 부담을 완화해 주어야 한다"고 하여 言論機關이 당해 공적인 존재의 政治的 理念이 어떠한 것인지에 관한 기사를 다룰 경우, 당해 공적인 團體의 名譽가 言論機關의 言論·出版의 自由에 의하여 더 많이 제한될 수 있음을 명시하고 있다(大判 2002. 1. 22, 2000다37524, 37531).

41) 安相云(註 2), 156.

42) 朴哲雨(註 11), 90.

43) 獨逸연방헌법재판소는 이른바 메피스토判例에서 "藝術의 自由 및 그와 대립관계에 있는 人格權은 모두 獨逸聯邦基本法 제1조의 人間像에 근거하는 것이므로, 여기에서 兩

係에 관련된 모든 이익과 상황을 고려하고 比較衡量한 結果에 따라 人格權의 範圍와 限界가 결정된다.

(3) 表現의 自由 내지 國民의 알 權利와 人格權이 충돌하는 가장 대표적인 경우로서 실무상 가장 많이 사건화되는 것은 言論報道가 個人의 名譽나 프라이버시를 침해하는 경우이다. 이러한 갈등관계를 미연에 방지하고 조화롭게 해결하거나 판단을 내리는 경우에는 다음의 3가지 원칙이 기준이 될 수 있을 것이다. 첫째, 言論은 公共性이 없는 私的 事項에 대한 報道를 하지 말아야 한다. 이것이 언론이 지켜야 할 제1차적 법적 요청이다. 이를 '侵害回避의 原則'이라 한다.[44] 둘째, 私的인 事項에 대한 報道를 할 필요가 생겼을 경우, 言論은 個人의 人格權이 침해되지 않도록 최선을 다하여야 한다. 예컨대 사건을 보도하되 프라이버시의 보호를 위하여 匿名으로 報道하는 것이다. 이름만 匿名일 뿐이지 전체적으로 보아 누구인지 알 수 있게 하였다면 匿名報道라고 할 수 없다. 이를 '匿名報道의 原則'이라 한다. 셋째, 私的인 事項이 公共의 관심 대상이 되었고 匿名性의 維持도 어려운 경우에는 侵害法益(人格權)의 정도, 表現行爲의 動機 기타 관련사정을 종합하여 兩者를 比較衡量하여야 한다.

## 6. 主要外國에서의 人格權의 發展

(1) 人格權 내지 프라이버시의 權利는 人間의 生活에서 가장 重要하고 基本的인 權利였음에도 近代 이후에야 비로소 認識되기 시작한 權利인바, 現代에 들어 와서 날이 갈수록 더욱 중요시되어 가고 있는 權利이다. 美國 등 英美法系國家에서는 프라이버시의 權利로서 發展되었고, 獨逸 등 大陸法系國家에서는 人格權의 槪念으로 發展되었는바, 대체적으로는 커다란 차이가 있는 것이 아니나 理論構成이나 體系, 세부적인 사항에 관하여는 차이를 보이고 있다. 우리 나라의 學說과 判例를 보면, 獨逸·日本의 法律·學說과 判例를 통한 人格權的 法理構成이 기본골격을 이루면서도 美國에서 발달한 프라이버시權의 槪念이 혼재됨으로써 그 이론적 체계·근거 등이 상당히 혼란스러운 편이다.

---

者의 相互調和의 출발점을 찾아야 할 것이고, 이 점에 비추어 보면 개인의 가치존중요구권이 藝術의 自由에 우선한다고 단정할 수 없으며, 다른 한편 藝術의 自由가 인격존중의 일반적 요구를 무시할 수도 없어 兩者는 同等한 權利로 보아야 한다"고 판시하였다. 李建雄(註 16), 335.

44) 朴容相(註 28), 30, 254.

(2) 英美法系

(가) 英美法에서는 人格權이라는 槪念이 존재하지 않는다. 그러나 大陸法에서 人格權이라고 부르는 모든 利益 내지 權利의 侵害를 不法行爲로 취급하여 사실상 보호하고 있다. 名譽毁損法에 관하여는 大陸法에 비하여 상당히 다채롭게 발전하였다. 특히 최근에는 아래에서 보는 바와 같이 프라이버시에 관한 法이 놀랍게 발전하여 名譽毁損法이 保護하지 못하는 權利와 利益을 保護하고 있다.[45)]

(나) 美國에서 프라이버시權[46)]이 法的인 權利로 논의되기 시작한 것은 19세기 말부터이고, 이를 인정한 최초의 法律은 1903년에 制定된 뉴욕州의 民權法이다. 한편 法院에서 최초로 이를 인정한 것은 1905년의 조지아州 大法院의 判決[47)]이다.[48)] 그 이후 프라이버시權(이하 '人格權'이라고도 함)은 落胎·避妊·기타의 프라이버시와 관련하여 美國法院들의 主要 테마로 등장하게 되었다.

(3) 大陸法系

(가) 원래 로마法에는 人格權槪念이 없었는바, 近世 초기의 自然法에 의하여 비로소 人格權槪念이 도입되었다. 그러나 19세기의 獨逸法學界는 人格權을 權利로서 인정하는 데 消極的이었다. 다만, 1900년에 施行된 民法에서 비로소 姓名權을 規定함과 아울러 生命·身體·健康·自由와 信用의 違法한 侵害를 不法行爲로서 保護하는 規定[49)]을 두었으나, 一般的인 人格權 또는 姓名權 이외의 個別的인 人格權을 明示的으로 認定하는 規定은 없었다.[50)] 1949년 獨逸基本法이 制定될 때까지도 一般的 人格權이 인정되지 아니하였다. 獨逸聯邦大法院(BGH)이 民事的으로 최초로 一般的 人格權을 承認한 것은 1954년의 소위 독자편지판결에 이르러서이고[51)], 이는 獨逸基本法이 人格權을 憲法上의 基本權으로 규정한 데 영향을 받은 것이다. 그 이후 肖像權·名譽權 등과 관련하여 人格權의 認定事例가 늘어 갔고, 人格權侵害에 대한 救濟方法으로 慰藉料請求權 이외에도 侵害豫防請求權 및 不作爲請求權이 인정되었다.[52)]

45) 五十嵐(註 1), 3.
46) 美國에서는 주로 프라이버시권으로 발전하여 왔고, 人格權이란 용어나 개념은 주로 대륙법계에서 발전시킨 것이다.
47) Pavesich v. New England Mutual Life Insurance Co., 50 S.E.68(Ga. 1905).
48) 安相云(註 2), 4-6.
49) 獨民 §823 I, 이는 우리 민법 §750에 대응되는 것으로서 一般條項的 성격을 가졌을 뿐이다.
50) 五十嵐(註 1), 2.
51) BGHZ 13,334. 1954. 5. 25.
52) 표현행위에 의한 인격의 침해, 특히 매스 미디어에 의한 보도와 관련하여 독일 연방

(나) 프랑스에서는 一般的 人格權의 保護에 관한 規定을 따로 두지 않고, 不法行爲에 關聯된 一般規定에 의하여 人格權을 保護하여 오다가 1970. 7. 17에 개정된 프랑스民法에서 "누구든지 자신의 私生活에 대하여 尊重받을 權利가 있으며, 法官은 損害賠償 이외에도 任置, 押留 및 기타 私生活의 侵害를 防止하거나 中止시키기에 적당한 措置를 命할 수 있으며, 긴급한 境遇에는 이러한 조치들은 급속한 審理에 의하여 처리할 수 있다"는 내용의 규정을 두게 되었다.[53]

(4) 日本에서는 1945년 이전에는 一般的 人格權이 法律上 認定되지 않다가[54] 敗戰後 制定된 憲法의 幸福追求權 規定에 의하여 비로소 인정되기 시작하였다. 法院에서 이를 인정한 最初의 判決이 나온 것은 1964년의 일이고,[55] 그 후 下級審에서 이러한 傾向이 계속되어 오다가[56] 最高裁判所가 1986년에 人格權이란 用語를 正面으로 사용하면서 侵害行爲의 禁止請求權을 인정함으로써[57] 裁判實務上 정착되었다.

## Ⅱ. 人格權의 主體

### 1. 自 然 人

(1) 人格權의 主體는 人間, 즉 自然人이다. 自然人은 原則的으로 出生時부터 人格權의 主體가 된다.

(2) 문제가 되는 것은 出生하기 이전의 胎兒의 境遇에도 人格權이 인정되는지의 與否이다. 胎兒의 경우, 損害賠償請求權 등의 個別的인 權利能力을 갖는다는 民法規定[58]이 있으나, 이러한 權利能力 이외에도 一般的 人格權을

헌법재판소는 1980년 Eppler판결에서 '초상권'과 자기가 한 '말에 대한 권리' 외에도 '자신의 묘사에 대한 결정권' 등을 인격권의 승인된 형태로서 열거하였다. 朴容相(註 28), 33.

53) 安相云(註 2), 14.

54) 民事法의 측면에서는 違法性을 不法行爲의 客觀的 成立要件으로 요구할 뿐 權利侵害를 요구하지 않는 내용의 소위 違法性理論의 영향으로 人格權概念은 원래 인정되지 않았고, 違法性類型化 작업의 일환으로 논해져 왔을 뿐이다. 權 誠 외 4인(註 8), 491.

55) 東京地判 昭 39(1964). 9. 28(判時 385, 12).

56) 오오사까 국제공항사건 제 1 심 판결 및 제 2 심 판결이 획기적으로 人格權을 근거로 한 禁止請求權을 인정하였다(日大阪地判, 昭 49(1974). 2. 27.(判時 729, 3); 日大阪高判 昭 50(1975). 11. 27(判時 797, 36).

57) 日最判 昭 61(1986). 6. 11(民集 40-4, 872).

58) 不法行爲로 인한 損害賠償請求權(民 §762)·財産相續權(民 §1000 iii)·代襲相續權(民 §1001)·遺留分權(民 §1112)·遺贈(民 §1064) 등.

가진다는 內容의 規定은 없다. 그러나 胎兒도 自然人에 類似한 尊嚴性을 가지고 있으므로 人格權을 갖는다고 함이 상당하며,[59] 다만 그 특성상 自然人이 가지는 一般的인 人格權의 보호수준에 미치지 못할 따름이다.[60] 그리고 幼兒의 경우에도 비슷한 맥락으로 보아야 할 것이다. 즉 人格權은 인정되지만 그 보호의 정도가 成人에 비하여 떨어질 뿐이다.[61]

(3) 이와 관련하여 '被害者의 特定' 문제에 관하여 언급해 둔다. 人格權 侵害는 匿名의 설시, 團體에 대한 경우 등 그 피해자가 애매모호한 경우가 많다. 特定人의 명칭을 사용하지 않더라도 다른 사정을 종합하면 누구라는 것을 미루어 짐작할 수 있다면 人格權侵害가 성립한다.[62] 그러나 막연한 집단표시로는 그 집단에 속하는 사람의 인격권침해는 성립되지 않는 것이 보통이나, 集團이 비교적 소규모이고 集團員을 특정할 수 있다면 성립이 긍정된다.

## 2. 法 人

(1) 먼저 法人을 비롯한 團體의 경우도 一般的 人格權이 인정되는지가 문제된다. 명예는 自然人에게만 있는 것이 아니며 法人 기타 團體에 대하여도 사회적 평가가 있는 한 名譽가 존재하고, 따라서 이들에 대한 社會的 評價의 低下行爲에 대하여는 명예훼손으로 인한 손해배상 등이 인정되어야 하는 한편, 이들 단체도 姓名權·著作人格權 등이 있는 이상 일반적 의미의 人格權의 存在를 긍정할 수 있다.[63] 團體는 그 성격상 自然人에게 인정되는 정도의 包括的인 人格權이 인정된다고 할 수는 없으나, 團體活動의 自由가 保障되는 이

59) 大判 62. 3. 15, 4294민상903; 大判 67. 9. 26, 67다1684 등.
60) 安相云(註 2), 23.
61) 大判 65. 11. 9, 65다1721; 大判 71. 4. 30, 71다467 등.
62) 大判 94. 5. 10, 93다36622 판결은 "성명을 명시하지 않았다 하더라도 그 표현내용을 주위사정과 종합해 볼 때, 피해자가 누구인지 특정되어 명예가 훼손되었으므로 위자료의 지급을 명한 원심은 정당하다"고 판시하였다. 그리고 서울地判 82. 9. 3, 82카18633은 "광주시 북구 건축과 공무원 임모씨라고 지칭된 사람이 비록 그 성명으로 특정되지 않았더라도 상당수의 독자나 그 기사에 관심이 있는 독자라면 임모씨가 신청인을 가리키는 것임을 별 어려움 없이 알았으리라고 보인다"라면서 인격권침해를 인정하였다.
63) 다만, 法人格 없는 團體와 人格權이란 서로 모순되는 것이 아닌가 하는 의문이 든다. 그러나 人格權의 '인격'을 法人格의 '인격'과 동일시할 필연성은 없는 이상 廣義의 人格權 내지 포괄적 의미의 人格權이란 반드시 法人格을 요구하지 않으며, 이러한 범위를 포괄한다고 봄이 상당하다. 서울地判 83. 9. 30, 83카22003 판결은 "민사소송법상 당사자능력이 인정되지 않는 경우라도 사회생활상 하나의 단위로서 활동하고 있는 경우에는 정정보도청구권을 행사할 수 있다"고 판시한다.

상 社會的 實體로서의 성격을 가지는 團體는 人格權의 主體가 될 수 있다고 봄이 상당하다.[64]

(2) 다음으로 具體的인 境遇에 特定團體의 人格權이 保護될 수 있는지의 與否와 그 範圍가 문제된다. 이는 保護되어야 할 權利의 內容과 限界, 團體의 構成目的과 地位 등을 고려하여 個別的으로 判斷되어야 한다. 예컨대 人間(自然人)의 本質에 關聯된 利益에 관한 人格權은 團體에게는 源泉的으로 인정되지 않는다. 生命權·身體權·健康權·自由權·프라이버시權·肖像權·著作人格權 등이 바로 그 例이다. 그러나 團體에게도 名稱과 名譽 등이 존재하는한, 姓名權·名譽權·著作財産權 및 이와 유사한 權利는 인정될 수 있다(뒤에서 보는 바와 같이 프라이버시의 권리는 부정된다고 봄이 상당하다). 다만, 그 救濟手段으로 謝罪廣告 이외에 慰藉料請求權을 인정할 수 있는지에 대하여 다툼이 있는바,[65] 우리 判例는 이를 肯定하는 태도를 굳혔으며,[66] 日本에서도 多數說이 이를 肯定하고 있고,[67] 日本判例도 이를 肯定하였다.[68]

(3) 여기에서 말하는 團體에는 民法이나 商法 기타 特別法에 의하여 設立된 法人뿐만 아니라, 法人格 없는 團體도 포함된다(民訴 §48). 組合員의 契約關係라는 법률적 성질을 가진 組合도 조합원의 개별적 특성을 떠나 社會的 實體로서 독립하여 활동하는 이상, 固有의 社會的 評價를 가지는 것이기에 이 한도에서는 인격적 권리를 가진다. 그러므로 組合의 사업상의 信用 및 評判을 저하시키는 행위는 조합에 대한 名譽毁損이 된다. 그러나 組合의 團體性은 비교적 微弱하기 때문에 조합원 각자의 신용이나 평판과 조합의 그것들을 뚜렷이 구별하기는 쉽지 않다. 한편 法人格 없는 團體나 組合에 미치지 못하는 정도의 團體性을 가지는 아주 작은 규모의 단체는 그 인격권적 실체를 인정하기 어려운 경우가 많으므로, 이 때에는 그 構成員들이 "所屬集團에 대한 비방 등은 바로 구성원 개인들에 대한 인격권침해"라고 주장하여 개별적인 소송을 제

64) 大法院은 大判 99.10.22, 98다6381에서 "법인의 명예와 신용이 침해되어 그 법인의 목적인 사업수행에 영향을 미치게 될 경우와 같이 법인의 사회적 평가가 침해되는 경우에는 불법행위를 이유로 침해를 가한 자에게 손해배상을 청구할 수 있다"고 판시하여 법인도 일정한 경우 인격권의 주체가 될 수 있음을 명시하였고, 大判 97.10.24, 96다17851에서는 宗中 등의 非法人社團도 名譽毁損의 상대방이 될 수 있음을 명시하였다.

65) 일본의 경우 법인 또는 단체의 명예훼손이 성립되는 경우 그 구제수단으로 謝罪廣告가 인정되는 것에 대하여는 다툼이 없었으나, 慰藉料에 대하여는 法人의 경우에 정신적 고통의 존재를 인정하기 어렵다는 이유로 부정적인 견해가 상당수 있다.

66) 大判 65.11.30, 65다1709; 大判 96.4.12, 93다40614, 40621 판결 등.

67) 五十嵐(註 1), 19-20.

68) 日最判 昭39(1964).1.28(民集 18-1, 136).

기하여야 할 것이다.[69]

### 3. 죽은 사람(死者)

(1) 사람은 死亡에 의하여 이 世上에서 消滅한다. 그렇다면 人格權도 그 사람의 死亡에 의하여 消滅하는가? 앞에서 본 바와 같이 人格權은 一身專屬的인 權利이므로, 그 성질상 主體의 喪失에 의하여 消滅된다고 보는 것이 一般的일 것이다. 民法 §3도 "사람은 生存한 동안 權利와 義務의 主體가 된다"고 규정하고 있다. 그러나 죽은 사람의 名譽를 毁損하는 등의 行爲를 禁止시킬 수 없다면, 憲法上의 基本權인 人間의 尊嚴과 價値를 보장할 수 없다. 특히 아래에서 보는 바와 같이 著作權法이나 刑法이 죽은 사람의 人格權을 보호하는 내용의 규정을 두고 있는 점과 비교해 보더라도 그러하다.[70] 게다가 오늘날 매스미디어의 급격한 발달 등으로 인하여 죽은 사람들의 著作權이나 名譽가 侵害되는 경우가 많으므로, 죽은 사람에게도 人格權을 인정할 현실적 필요성도 큰 것이 사실이다. 그리하여 지금은 죽은 사람에 대하여도 人格權을 인정하는 것이 통설적 견해이다.

(2) 刑事法的으로는 우리 나라 刑法 §308가 公然히 虛僞의 事實을 적시하여 死者의 名譽를 毁損하는 자를 處罰하고 있으므로, 죽은 사람에게도 人格權이 있다는 주장이 가능하다. 그러나 이는 刑事上의 保護에 局限되는 것이므로, 과연 民事法的으로도 죽은 사람에게 人格權이 인정되는가가 문제되는 것이다.[71]

(3) 外國의 경우

㈎ 日 本  日本에서는 이에 대하여 肯定說과 否定說이 對立되어 있다.

肯定說은 "본래 人間의 尊嚴性은 死後에도 保護되어야 하는 것이고, 또한 그래야만 生前에도 死後의 人格價値를 念頭에 두고 생활할 수 있는 것이므로 死後에도 人格權이 인정되어야 한다"는 것이다.[72]

---

69) 森泉章, "法人集團の人格權", 現代損害賠償法講座(2), 135.
70) 金載亨, "모델小說과 人格權", 人權과 正義(1997년 11월), 67 등.
71) 民事法的 분야 중에서는 著作權法이 유일하게 "著作者의 死亡 후에 그의 著作物을 이용하는 자는 著作者가 生存하였더라면 그 著作人格權의 侵害가 될 行爲를 하여서는 아니 된다. 다만, 그 행위의 성질 및 정도에 비추어 사회통념상 그 著作者의 名譽를 毁損하는 것이 아니라고 인정되는 경우에는 그러하지 아니하다"는 규정(§14 Ⅱ)을 두고 있다.
72) 齊藤 博(註 5), 210-1; 五十嵐(註 1), 170.

이에 반하여 否定說은 "사람은 死亡하면 權利·義務의 主體가 되는 適格을 喪失하며, 人格權도 그러한 權利의 범주에서 벗어날 수 없으므로 死後에는 人格權이 인정될 수 없다"는 것이다.[73] 다만, 否定說도 "죽은 사람 자신의 人格權은 認定되지 않을지라도 죽은 사람의 名譽毁損을 媒介로 하여 遺族의 名譽毁損이 發生한다"는 점 및 "죽은 사람에 대한 遺族의 敬愛追慕의 情 등 遺族 固有의 人格權이 侵害될 수 있다"는 점은 認定하고 있다.

(나) 獨　逸　　獨逸의 通說은 죽은 사람의 人格權을 인정하고 있다. 즉 죽은 사람은 權利能力을 가지지 않지만, 그 價値와 作品이 存續하는 한 이에 대한 權利, 즉 人格權은 存續될 수 있다는 것이다. 또 죽은 사람 자신이 그 權利를 직접 行使할 수는 없지만 遺族에 의하여 保護될 수 있으며, 그 權利는 遺族이 行使할 뿐이지 遺族 자신의 人格權과는 다른 것이므로 죽은 사람의 人格權과 遺族의 人格權은 구별되어야 한다는 것이다.

이러한 理論에 터잡아 獨逸聯邦大法院은 "人格權은 權利者의 死亡을 초월하여 존속한다. 이러한 이치는 著作人格權뿐만 아니라 一般的 人格權에도 적용된다. 보호되어야 할 人格의 價値는 그 主體의 死亡에 의하여 消滅하여 버리는 權利能力보다도 오래 존속한다"고 判示하였다.[74]

(다) 美　國　　보통법(common law)에 의하면 죽은 사람의 名譽가 毁損되었다는 이유로 그 遺族이 民事訴訟을 제기할 수 없다. 다만, 죽은 사람에 대한 名譽毁損이 遺族 자신의 名譽도 侵害하는 경우에는 例外이다. 이러한 이치는 죽은 사람의 프라이버시侵害의 경우에도 마찬가지로 적용된다.[75]

(4) 그런데 죽은 사람의 人格權이 認定된다고 하더라도 일단 死亡한 이상 人格의 自由로운 發展이나 感情의 侵害는 생각하기 어렵기 때문에 죽은 사람의 人格權의 內容은 生前의 그것에 비하여 많은 制約을 받게 된다. 예컨대 죽은 사람에게는 프라이버시의 權利가 인정되지 않는다고 봄이 통상이다. 죽은 사람은 프라이버시侵害로 苦痛을 받지는 않기 때문이다.[76] 다만, 그렇더라도 量的인 측면에서 죽은 사람의 人格權保護에 包含될 수 없는 部分이 除外되어야 한다는 것에 불과하고, 基本的으로는 '죽은 사람의 人格權 자체는 生前의

73) 平井宜雄, 債各 Ⅱ 不法行爲(1993), 164; 幾代通 외 1인, 不法行爲法(1993), 91 이하 등.

74) BGHZ 15,249(54. 1. 26); BGHZ 50,133(68. 3. 30).

75) Prosser/Keeton(註 35), 778-9; Second Restatement of Torts, §560 Comment a.(1977); 같은 §652 I Comment a,b.(1977); 金載亨(註 70), 65 등.

76) 安相云(註 2), 128.

境遇와 같이 보호대상이 된다'는 原則에 무슨 영향을 미치는 것은 아니다.

한편 死亡한 지 오랜 기간이 지날수록 그 人格權의 보호정도는 減少된다고 보아야 한다. 특히 역사적 인물을 모델로 하여 소설을 쓴 경우에는 表現의 自由나 藝術의 自由의 優位를 인정하는 경우가 많다.[77)]

(5) 죽은 사람의 人格權이 侵害되었을 때, 누가 法的인 救濟를 구할 수 있는가. 이에 관하여는 著作權法 §96를 類推適用하여 遺族(즉 配偶者·子·父母·孫·祖父母 또는 兄弟姉妹)이나 遺言執行者가 그러한 청구를 할 수 있다고 볼 수 있으며,[78)] 故人이 죽기 이전에 請求權者를 指定해 놓았다면 그에 따름이 상당하다.[79)]

## Ⅲ. 人格權의 內容

### 1. 一 般 論

(1) 人格權을 그 性質에 따라 分類한다면, ① 生命·身體·健康에 관한 權利, ② 思想·良心 등 精神的 自由權을 주로 한 包括的 自由에 관한 權利, ③ 名譽에 관한 權利, ④ 姓名權·肖像權 등 同一性에 관한 權利, ⑤ 著作物과 公演 등 知的 所有物과 關係된 權利, ⑥ 私的인 文書와 對話를 保存할 權利, 家庭·家族·愛情·性關係 등 私生活에 관한 權利(이른바 프라이버시의 權利), ⑦ 알 權利와 읽을 權利 등 人格形成權 등으로 分類될 수 있음은 앞서 본 바와 같다.

(2) 그런데 이들 중 ①과 ③은 民法 §751에서 明示的으로 규정하고 있는 것이고, ②와 ⑦은 憲法의 領域에서 주로 다루어지는 것이며, ⑤는 知的財産權에 관한 法律의 保護對象이므로, 여기서는 주로 ④와 ⑥을 중심으로 하여 人格權 全般에 관한 包括的인 서술을 하기로 한다.[80)]

77) 大判 98.2.27, 97다19038(백범 김구선생 암살사건의 논픽션드라마에서 배후로 묘사된 자의 名譽毁損에 대하여 방송사가 그 방송내용이 진실하다고 믿었고 또 그렇게 믿을 상당한 이유가 있어 故意·過失이 없다는 이유로 不法行爲責任이 성립되지 않는다고 한 사례이다. 이 判決은 言論媒體의 名譽毁損行爲에 있어 적시된 사실이 역사적 사실과 관련된 경우에 진실이라고 믿을 상당한 이유가 있었는지의 판단방법에 관하여 "적시된 사실이 역사적 사실인 경우 시간이 경과함에 따라 점차 망인이나 그 유족의 명예보다는 역사적 사실에 대한 탐구 또는 표현의 자유가 보호되어야 하고, 또 진실 여부를 확인할 수 있는 객관적 자료에도 한계가 있어 진실 여부를 확인하는 것이 용이하지 아니한 점도 고려되어야 한다"고 판시함으로써 表現의 自由의 優位를 인정하였다); 東京高判 昭54(1979).3.14(判時 918, 21); 金載亨(註 70), 69 등.

78) 金載亨(註 70), 67; 後註의 五十嵐도 같은 견해이다.

79) 청구권자에 대하여 자세한 것은 五十嵐(註 1), 170-1을 참조할 것.

80) 다만, 이 장에서는 주로 姓名權과 肖像權에 관하여 서술하고, 프라이버시의 權利에 대

## 2. 生命·身體·健康·自由에 관한 權利

(1) 大氣나 河川의 汚染 등에 따른 生活妨害,[81] 騷音이나 振動에 따른 精神的 苦痛,[82] 日照權의 侵害, 醫藥品의 副作用으로 인한 藥害, 道路通行의 自由權을 侵害하는 行爲[83] 등은 모두 넓은 범위에서 生命·身體·健康에 관한 人格權侵害의 範疇에 包含된다.[84]

(2) 身體的 自由의 侵害로는 不當한 逮捕나 拘禁, 監禁行爲, 精神異常의 症勢가 없음에도 強制로 入院시키는 行爲, 道路의 通行妨害, 學校에서의 教師에 대한 差別待遇,[85] 演奏會의 出演을 방해하는 행위,[86] 貞操權侵害行爲 등을 포괄한다. 다만, 日本에서는 地下鐵內의 商業宣傳放送이 人格權을 침해한다는 趣旨의 禁止請求訴訟,[87] 人格權의 일종으로서 담배연기를 吸入하지 않을 權利에 기한 國鐵의 禁煙車設置請求訴訟[88] 등에서 原告가 敗訴한 예가 있다.

## 3. 姓名과 肖像에 관한 權利

(1) 우리 나라에는 姓名權이나 肖像權의 保護에 관한 一般的 規定이 없으며, 商標法과 不正競爭防止法 등에 他人의 姓名의 使用禁止 내지 排除에 관한 規定을 두고 있을 뿐이다.[89] 그러나 姓名權과 肖像權은 人格權의 일종으로

---

하여는 별도의 장에서 서술한다.

81) 大判 91.7.26, 90다카26607.

82) 이를 인정한 日本의 판례로는 大阪地判 昭49(1974).2.27(判時 729, 3); 大阪高判 昭50(1975).11.27(判時 797, 36) 등이 최초이다. 이들 사건에서 법원은 결론적으로 原告敗訴判決을 내렸지만, 一般論으로서 人格權이 항공기 야간이착륙금지의 근거가 될 수 있음을 인정하였다. 한편 日本 最高裁判所는 위 사건의 上告審에서 人格權 인정에 대하여 회의적인 견해를 표명하였으나, 그 후의 판결(日最判 昭61(1986).6.11(民集 40-4, 872))에서 人格權을 정면으로 인정하기에 이르렀다. 특히 東京高判 昭62(1987).7.15(判時 1245, 3)의 판결은, "인간은 인격권의 일종인 평온하고 안전한 생활을 영위할 권리를 가져야 하므로, 소음·진동·배기가스 등은 생활권에 대한 일본민법 제709조 소정의 침해이다"라는 취지로 판시하여 '平穩生活權'이라는 개념을 정착시켰다.

83) 日最判 昭39(1964).1.16(民集 18-1, 1); 이 판결은 "촌도(村道)에 대하여는 부락민들이 자기의 생활상 필수의 행동을 자유로이 할 수 있도록 사용할 자유권을 가지므로, 이에 대한 방해는 민법상 불법행위의 문제가 생기는 것은 물론이고, 그 방해가 계속되는 때에는 그 배제를 청구할 권리를 가진다"고 판시하였다.

84) 齊藤 博, 人格價値の保護と民法, 45.

85) 大判 80.1.15, 79다1883.

86) 東京地判 昭59(1984).12.25(判時 1154, 114).

87) 日最判 昭63(1988).12.20(判時 1302, 94).

88) 東京地判 昭62(1987).3.27(判時 1226, 33); 이 사건에서 법원은 "현실의 위험이 적고 그에 의한 건강피해가 수인한도를 초과하지 않는다"는 이유로 기각하였다.

89) 즉 民法 등 기본법상 姓名權 保護에 관한 일반규정은 없고, 商標法 §7 I, 不正競爭防止法 §2 등에서 타인의 성명의 사용금지와 그 배제규정을 두고 있을 뿐이다. 독일·

서 保護되어야 한다. 왜냐하면 姓名은 社會的으로 個人을 他人으로부터 識別하여 特定짓는 機能을 하는 것임과 동시에 그 個人의 人格을 상징하는 것으로서 그로 하여금 하나의 人格體로서 존중받는 기초를 이루며, 그의 個人的 價値·評判·特徵은 모두 그의 이름과 不可分的으로 연결되는 것이므로 姓名에 관한 權利는 人格權의 하나를 구성한다고 봄이 상당하고,[90] 肖像에 관한 權利도 같은 맥락에서 파악할 수 있을 것이다. 따라서 이들 권리가 침해된 경우, 被害者는 그 使用禁止를 청구할 수 있고 損害賠償도 청구할 수 있다.

姓名權과 肖像權은 美國에서는 주로 프라이버시權의 하나로 논의되어 왔고, 大陸法系에서는 人格權의 일부로 인정되어 왔다.

(2) 그 유형을 보면 다음과 같다.

他人의 姓名을 자기의 姓名인양 冒用하여 사용하는 行爲, 他人의 姓名을 宣傳目的이나 商品의 표시에 마음대로 사용하는 行爲,[91] 子女의 이름을 함부로 나쁘게 짓는 父母의 行爲[92] 등이 姓名權侵害의 예이다.[93] 戶籍上의 姓名이외에도 雅號·藝名 등도 戶籍上의 이름과 동일하게 보호의 대상이 된다.[94] 한편 이벤트社가 演劇俳優와 섭외도 하지 않은 상태에서 마치 출연할 것같이 虛僞廣告를 한 것도 姓名權侵害가 된다는 判例[95]가 있다. 그리고 著作者의 성명을 표시하지 않거나 架空의 이름을 표시하여 저작물을 無斷複製한 경우에도 著作者는 著作物에 대한 재산적 권리에 관계 없이, 그리고 그 권리의 移轉後에도 마찬가지로 그 저작물의 創作者임을 내세워 정신적 손해의 배상을 청구할 권리가 있다.[96] 이는 著作權과는 別個로서 著作者로서의 人格權에 터잡은 것이며, 저작자에게는 原作品 내지 그 複製物에 대하여 그의 實名 내지 異名

스위스 및 이탈리아 민법은 성명에 관한 일반규정을 두고 있다.

90) 日最判 昭63(1988).2.16(民集 42-2, 27); 美國의 State v. Hinkle, 131 Wash. 86, 229, p.317(1924) 등 외국판결들도 이러한 내용의 判示를 하고 있다.

91) 일본의 하급심판결은 "제3자가 무단으로 타인의 성명을 사용함으로써 타인의 이익을 침해하였을 경우에 그 방해를 제거하고 또는 그 사용금지를 구할 수 있는 것은 姓名權의 專用權으로부터 생기는 당연한 결론"이라고 하면서 일반론으로서 금지청구권을 인정하였다(日東京地判 昭5(1930).7.31; 그리고 독일에서는 저명한 예술가의 성명이 무단으로 선전문에 언급된 경우에 독일민법 제12조의 姓名冒用의 요건을 갖추지 못하였더라도 예술가의 일반적 인격권(프라이버시)의 침해가 있는 것으로 보아 부작위청구권 및 위자료를 포함한 손해배상청구를 인용하였다(BGH 1959.3.18). 이상 박철우(註 11), 57에서 再引用.

92) 東京家判(八王子支部) 94.1.31(判時 1486, 56).

93) 五十嵐(註 1), 65.

94) 安相云(註 2), 35.

95) 서울地判 96.5.16(민사 제11부).

96) 大判 89.10.24, 88다카29269.

을 표시할 권리가 인정되는 것이다. 다른 판례로 墓碑에 碑主의 승낙 없이 門中의 先祖 묘비에 자기가 後孫임을 附記·刻字한 사람에게 손해배상책임을 인정한 것이 있다.[97] 일본의 경우 家門의 名稱이 潛稱된 事案에서 그 名稱의 使用禁止를 명한 사례가 있다.[98]

(3) 肖像權이란 사람이 자신의 容貌나 姿態에 대하여 가지고 있는 權利로서, "本人의 同意 없이 寫眞·그림·스케치 등으로 讀者나 시청자들에게 公表되지 않기를 바라는 權利"이다. 肖像이 法的으로 保護를 받으려면 그것이 人物로서 識別可能하여야 한다.[99] 識別可能 與否는 그를 알고 있는 사람의 觀察을 基準으로 하는 것이며, 一般的인 局外者의 觀察을 基準으로 하는 것은 아니다. 또한 肖像에 얼굴의 특징이 再現되어 있을 필요도 없다.[100]

구체적으로 보면 被撮影者의 同意를 얻지 않고 한 肖像撮影은 그 자체도 許容될 수 없거니와(특히 여인의 나체를 촬영하는 경우 등)[101] 이를 不當히 公表하는 것도 肖像權의 侵害가 된다.[102] 일단 撮影된 사진도 撮影條件과 다르게 揭載된 境遇나 제3자가 기타 목적으로 無斷轉載한 境遇, 배우의 사진이 그의 同意 없이 잡지의 광고에 이용된 境遇 등도 肖像權의 侵害로 본다.[103] 그리고 사진을 契約目的과 다르게 轉用하거나[104] 계약기간이 지난 후에도 계속하여 사용하는 것도[105] 肖像權의 侵害로 볼 수 있다.

이와 같이 초상권이 침해된 경우에는 被撮影者로서는 原板의 引渡 또는

97) 大判 56.5.5, 4289민상80.

98) 日岡山地判 昭38(1963).3.26.

99) 서울民地判 88.5.11, 87가합6157 참조. 이 판결은 "사회통념상 위 광고에 실린 그림이 원고라고 곧바로 식별할 수 있는 정도는 아니라고 보여지므로, 결국 피고들이 원고를 모델로 촬영한 사진을 토대로 삽화를 제작·반포함으로써 그 사진의 저작권을 침해하였음은 별론으로 하고, 이러한 사실만으로 곧 원고의 초상권이 침해되었다고 단정할 수 없다"고 판시하였다.

그리고 유사한 판례로서 仁川地判 95.6.13, 94가합16812 판결은 "원고의 얼굴 화면을 그림자로 처리했고, 가명을 사용하는 등의 조치로 원고임을 알아볼 수 있는 시청자가 매우 제한적일 때에는 초상권 및 사생활이 침해되었다고 볼 수 없다"고 판시하였다.

100) 朴容相(註 28), 87.

101) BGHZ 24, 200. 1957.5.10.

102) 구체적인 예는 五十嵐(註 1), 71-80 참조.

103) 藝術寫眞集의 누드사진을 비누회사에서 광고에 이용한 사건. 서울民地判 88.9.9, 87가합6032.

104) 서울民地判 88.9.9, 87가합6032 판결은 "탤런트가 광고대행사와 의류카탈로그 모델계약을 체결하고 사진을 찍었으나, 광고대행사가 여성월간지 광고에 사진을 무단으로 게재하였다면 초상권침해가 인정된다"고 하였다.

105) 서울民地判 91.7.25, 90가합76280 판결은 "광고출연계약으로 인하여 제작된 광고물의 계약기간 후 출연자의 동의 없이 계속 방영하였다면, 그에 상응하는 손해배상금과 위자료를 지급할 책임이 있다"고 판시하였다.

破棄를 요구할 수 있고, 이것이 公表된 경우에는 寫眞의 削除 또는 사진이 포함된 印刷物의 販賣禁止 및 손해배상의 청구를 할 수 있다.

事故나 犯罪의 被害者의 사진을 新聞에 揭載할 경우에도 被害者 本人의 同意가 필요하고, 被害者가 死亡한 경우에는 近親者의 同意가 필요하다.[106] 다만, 犯罪와 관련하여 그 豫防이나 證據保全, 逮捕 등을 위하여 사진촬영 등이 행해지는 것은 일정한 限度에서 허용된다.[107] 政治家나 俳優 등의 著名人의 肖像權은 이른바 公的 人物 내지 時事的 人物의 理論에 따라 어느 정도 제한된다.[108] 言論과 表現의 自由와의 관계에서도 利益의 較量을 거쳐 일정한 범위 내에서 制限될 수 있다. 集會나 行列 기타 事件을 찍은 사진 속에 포함된 人物의 肖像은 사용가능한 것이 一般的이며, 學問과 藝術의 목적으로 찍은 것이거나 風景의 일부인 경우도 通常 許容된다.[109]

## Ⅳ. 프라이버시의 權利

### 1. 槪 念

(1) 프라이버시(privacy)의 權利(이하 '프라이버시權'이라 한다)는 오늘날 人格權 중 가장 중요한 位置를 차지하게 된 權利이다. 프라이버시權은 다소 廣範圍하고 추상적이고 애매모호한 槪念으로서, 자기만이 간직한 秘密을 公開당하는 것 또는 私生活에 干涉을 받는 것 등으로 인하여 精神的 衝擊이나 苦痛을 겪지 않을 權利를 뜻한다.[110] 基本的으로는 憲法 §17에서 規定하는 '私生活의 秘密과 自由'

106) 齊藤 博(註 5), 254.

107) 日最判 昭 44(1969). 12. 24(경찰관이 데모진행상황을 사진촬영한 사건으로서, 이 판결에서 日本 最高裁判所는 "개인이 사생활의 자유의 하나로서 그의 승낙 없이 타인으로부터 임의로 그의 용모나 자태를 촬영당하지 않을 자유를 가지며, 다만 경찰이 본인의 승낙이나 법관의 영장 없이 촬영할 수 있기 위하여는 ① 현재 범행이 이루어지고 있거나 행해진 직후라고 인정되는 때, ② 증거보전의 필요성과 긴급성이 있으며, ③ 그 촬영방법이 일반적으로 허용되는 한도를 넘지 않는 상당한 방법으로 행해질 것 등의 요건이 필요하다"고 판시하였다).

108) 이에 관한 우리 판례로는 서울地判 95. 8. 23, 94카합9230(이른바 이휘소박사에 관한 소설 사건); 서울地判 95. 9. 27, 95카3438(이른바 대기업총수평전 사건) 등이 있고, 독일 판례로는 BGHZ 49, 288(이른바 분데스리가 칼렌다 사건) 등이 있다.

109) 五十嵐(註 1), 78-9.

110) 美國에서 프라이버시권이 법적인 개념으로 형성될 수 있는 가능성을 제시한 것은 Warren and Brandies, "The Right to Privacy", 4 Harvard Law Review 193이라는 논문으로서, 이 논문에서 著者들은 "개인적인 서면, 기타 知性과 感情의 產物, 個人의 言語와 行爲, 交際關係 등은 모두 프라이버시권으로 보호되어야 한다"고 주장한다.

를 지킨다는 消極的·防禦的 槪念을 뜻하지만, 최근에는 自身에 관한 情報의 統制 및 行動의 自主的인 決定 등을 포함하는 積極的 性格을 아울러 띠게 되었다. 좀더 具體的으로 말하자면 '個人의 結婚에 관한 選擇·出産·避姙·子女養育에 관한 權利를 包含하여 公開되지 않도록 보호받을 個人의 利益과 중요한 決定을 내리는 데 관한 獨立的인 個人의 利益' 등을 널리 包括한다고 받아들여지고 있다.[111]

(2) 私的 領域 내지 私生活領域을 保全하고자 하는 것은 人間의 基本的 欲求이므로, 이에 대한 侵害로부터 생긴 精神的 苦痛의 救濟를 保護法益으로 하는 프라이버시의 權利는 人間의 尊嚴性 및 幸福追求權과 不可分의 關係에 있다. 프라이버시權의 侵害는 人間의 尊嚴性에 대한 冒瀆이며, 個人의 自由意志에 대한 干涉이기 때문이다. 그런데 이러한 프라이버시의 권리는 현대사회의 都市化·産業化·情報化의 진전에 따라 더욱 高度化·內密化되는 한편, 그 침해가능성은 더욱 높아지는 경향을 보이고 있다. 그 侵害可能性의 高度化의 요인으로는 다음과 같은 것을 들 수 있다. 첫째, 政府의 公的 領域의 확대로 인한 것으로서, 政府 내지 정보기관 등 公的 機關의 情報蒐集으로 인한 개인생활의 침해를 상정할 수 있다.[112] 둘째, 大衆저널리즘의 등장으로 인한 記事의 煽情主義化로 인하여 개인(특히 연예인 등) 생활의 비밀이 노출되는 경향이 뚜렷하다. 셋째, 전문적 조사기관의 발생과 정보수집활동의 활발화로 인하여 개인의 비밀스러운 영역이 침해되는 사례가 늘고 있다. 넷째, 기술의 발달로 인하여 他人에 의한 私生活의 侵害는 더욱 용이해져서 개인간에도 盜聽과 秘密錄畵, 無斷複寫 등이 널리 행해지고 있다. 그리하여 최근에는 컴퓨터에 수록되어 있는 개인의 정보와 자료들의 보호문제가 시급하게 대두되고 있다. 오늘날과 같은 정보화사회에서 개인들에 대한 방대한 자료가 컴퓨터 커뮤니케이션망에 수록되어 종종 널리 전파되며, 그에 대한 법적 대응은 그 시기에 늦은 것이거나 實效性을 상실한 경우가 많다. 그리하여 이에 대한 효과적인 대응책의 마련이 시급해지고 있다.[113]

(3) 프라이버시의 侵害要件은 ① 私生活에 관한 것일 것, ② 一般人의

111) 이는 美國聯邦大法院이 1977년의 Whalen v. Roe사건에서 내린 프라이버시權에 관한 定義이다.

112) 조지 오웰의 '1984년'이라는 소설에 나타난 바와 같이 정부에 의한 사생활의 통제와 감시가 예견되며, 컴퓨터와 감청장비의 발달로 인하여 정보기관에 의한 사적 정보의 통제가 포괄적으로 가능해졌다.

113) 佐藤行治, "현대사회とprivacy", 現代損害賠償法講座(2), 55.

感受性을 基準으로 할 때, 그 사람의 입장에서 公開를 바라지 않을 것이라고 認定되는 事項일 것, ③ 一般人에게 알려진 事項이 아닐 것 등이다.

반면에 프라이버시가 侵害되었더라도 免責이 되는 경우는 ① 表現의 自由의 범위 내인 경우, ② 公的인 事項에 관한 것인 경우, ③ 被害者의 承諾이 있는 경우 등이다.

(4) 프라이버시의 槪念은 英美의 common law에서 그 起源을 찾을 수 있다. 그러나 common law에서도 프라이버시權은 처음부터 하나의 獨自的인 領域으로 保護되어 온 것이 아니라, 旣存의 名譽毁損의 法理, 財産權侵害의 法理, 默示的 契約違反의 法理 등의 類推에 기해서 보호되기 시작하다가 19세기 후반부터 獨自的인 權利로 인정되기에 이르렀다.[114] 말하자면 現代的 法理의 發展에 의하여 개척되고, 그 範圍가 확대되어 가는 새로운 領域이라고도 볼 수 있다.

(5) 美國 聯邦大法院은 美國修正憲法 §4와 §5에 根據하여 "사람의 住居와 生活의 秘密은 國家의 모든 侵害로부터 保護되어야 한다"고 判示함으로써 프라이버시權을 憲法的으로 確立하고, 이를 世界的으로 전파하는 데 큰 역할을 하였다. 특히 Cooley判事는 人格의 不可侵性을 '혼자 있게 할 權利(the right to be alone)'라고 하여 身體의 安全에 관한 權利의 하나로서 憲法上의 獨自的인 權利로 인정하자는 취지로 주장하였다.

(6) 우리 나라에서는 종래 憲法上 基本權에 관한 一般條項인 '人間의 尊嚴과 價値'의 規定에서 프라이버시權을 導出하려는 해석을 시도하다가 1980년에 改正된 憲法 §16에서 '私生活의 秘密과 自由'를 國民의 基本權으로 規定함으로써 根據規定이 마련되었고, 이 條項은 現行憲法 §17에 그대로 承繼되었다. 즉 우리 現行憲法은 §17에서 "모든 國民은 私生活의 秘密과 自由를 侵害받지 아니한다"고 規定하여 個人의 私生活領域에 대한 權利의 保障을 宣言하고 있어 프라이버시權의 憲法上 根據規定이 있음이 명백하다.[115]

114) 美國에서 프라이버시의 權利는 1890년 워렌과 브랜다이스의 위 법률논문에서 최초로 그 법적 인정의 필요성이 주장된 이래 1960년 Prosser교수에 의하여 체계화되었다. 최초에 프라이버시의 權利는 '홀로 있을 수 있는 權利'로서 消極的 性格에 그쳤으나, 현대 정보화시대에는 자기에 관한 情報를 統制할 수 있는 權利로서 그 積極的 性格이 강조되는 경향을 보이고 있다. 朴容相(註 28), 32 등 참조.

115) 그러나 오늘날 프라이버시권이 자신에 관한 정보의 통제를 포함하는 積極的·請求權的 性格을 아울러 띠고 있는 점에 비추어 볼 때, 美國의 判例를 통해 발전해 와서 전세계적으로 확대된 현재의 프라이버시權의 개념은 헌법상 규정하는 消極的·防禦的 自由權으로서의 개념보다 넓은 것으로 이해하여야 한다. 黃志瑗(註 28), 2.

(7) 프라이버시權은 具體的으로 '私生活의 自由에 대한 權利'와 '私生活의 秘密에 대한 權利'로 나눌 수 있는데, 前者가 私生活의 設計 및 그 內容에 대하여 外部로부터의 干涉을 받지 않을 權利라고 한다면, 後者는 私生活과 관련된 사항들을 本人의 意思에 반하여 他人에게 알려지지 않도록 간직할 權利라고 할 수 있다.

## 2. 名譽權과 프라이버시權의 關係

名譽權은 프라이버시權과는 別個의 權利로서 프라이버시權에 包含되지 않는다. 다만, 名譽毁損과 프라이버시侵害는 兩者 모두 人格權에 대한 侵害로서 精神的 損害를 수반하기 때문에 어떤 行爲가 동시에 兩者 모두에 관한 不法行爲를 構成하는 경우가 있을 수 있고, 그 成立要件 등도 重複되는 경우가 많다.[116] 그러나 實際的·理論的으로 兩者는 다음과 같이 區別된다.

첫째, 名譽毁損은 사람의 名譽, 즉 社會的 評價에 대한 侵害로서, 사람으로 하여금 제3자의 嫌惡 또는 輕蔑을 받게 할 憂慮가 있는 狀態를 야기하는 것이 필요하다. 이에 반하여 프라이버시侵害의 경우는 社會的 評價와는 무관하며, 特定事實을 公表하는 것이 그 사람의 社會的 評價에 영향을 주지 않더라도 그러한 私生活의 暴露 그 자체에 의하여 그 사람의 精神이나 感情에 苦痛을 주게 되면 侵害가 성립된다. 결국 프라이버시權은 제3자와의 관계와 상관없이 個人의 內面的 感情에 중점을 두는 것으로서, 그러한 점에서 名譽보다 한층 더 순수한 人格的인 性質을 가진다.

둘째, 名譽毁損이 成立하기 위하여는 그 主張이 제3자에게 傳達되는 것이 필요하다. 그러나 電話盜聽과 같은 프라이버시의 侵害는 제3자에게 傳達될 필요가 없이 그 자체로서 侵害가 된다.

셋째, 名譽毁損은 事實의 摘示가 公益을 위한 것이고 그것에 대한 眞實性이 證明되면 免責되지만, 프라이버시權은 個人的 事項의 公開로 인한 精神的 苦痛의 救濟를 目的으로 하기 때문에 프라이버시侵害의 경우는 公表內容이 진실하다는 이유로 免責되는 것은 아니다.

## 3. 主 體

(1) 프라이버시權은 죽은 사람에게는 認定되지 않는다. 人格權이 일반적

116) 黃志瑗(註 28), 25.

으로 죽은 사람에게도 인정될 수 있는 것과는 차이가 있다. 프라이버시權은 그 특성상 生存을 前提로 하고 있기 때문이다. 다만, 著作權과 유사한 개인의 日記 등에 관하여는 死後에도 그 프라이버시가 보호되어야 한다는 견해가 있다.[117]

(2) 法人도 一般的인 人格權은 認定되지만, 프라이버시權의 主體가 될 수는 없다. 프라이버시權은 人間의 尊嚴性 및 人格的 價値를 前提로 하는 것이기 때문이다. 물론 法人의 商號나 名稱 등이 侵害될 경우 등은 문제가 되나, 이 때는 不正競爭防止法 또는 기타의 法理에 의하여 救濟되어야 할 것이며, 人格權으로서의 프라이버시權은 이러한 境遇의 保護根據가 되지 않는다.

### 4. 프라이버시侵害의 種類[118]

#### (1) 私生活의 侵害

個人의 日常的이고 正常的인 私生活을 侵害하여 個人으로 하여금 不安이나 不快感 등을 誘發하는 類型의 행위이다. (2)항 이하의 다른 類型들은 '私的事實의 公表'라는 요소를 포함하고 있음에 비하여, 이 유형은 '세상과 관계없이 私生活을 平穩하게 유지하는 것'을 保護法益으로 하면서 私生活에의 違法한 侵害 그 자체가 바로 이 行爲에 해당한다는 점이 특징이다.[119] 요컨대 반드시 對外的인 公表行爲가 있어야 하는 것도 아니며, 私生活侵害 그 자체로서 成立한다. 이러한 侵害行爲는 國家權力에 의하여도 이루어질 수 있으며,[120] 私人의 行爲에 의하여도 발생할 수 있다. 侵害方法은 物理的 힘 내지 任意的 行動에 의한 私的 領域에의 侵入, 觀望, 盜聽, 일반적인 私的 行動과 自由의 妨害 등으로 요약될 수 있다.

(가) 個人의 私生活空間을 無斷으로 侵入하는 것이 가장 대표적인 유형

---

117) 朴哲雨(註 11), 91.

118) 이하의 분류는 美國의 Prosser교수가 1960년 'Right of Privacy'(48 Cal Law Review 383)라는 논문에서 제시한 방법으로서, 그 이후 가장 전통적인 프라이버시권의 분류방법으로 인정되고 있다. 이하의 서술은 대체로 美國의 判例上 인정되고 있는 프라이버시 侵害事例로서, 우리의 경우에 이를 참조할 수 있을 것이다. 이에 대하여 자세한 것은 安相云(註 2), 130-48 참조.

119) 朴哲雨(註 11), 145.

120) 예컨대 公安警察이 공안정보수집 활동을 하는 과정에서 위법하게 일반국민의 사생활을 침해하는 경우, 司法警察이 범죄수사활동을 하는 과정에서 사생활의 자유를 침해하는 경우 등을 들 수 있다. 이러한 문제는 被侵害利益의 측면에서는 民事上의 不法行爲이지만, 侵害行爲의 측면에서 보면 行政法 내지 刑法의 영역에 속하는 문제를 포함하고 있다. 三島宗彦, "眞實性證明と人格權侵害", 現代損害賠償法講座(2), 330.

이다. 住居의 侵入뿐만 아니라, 호텔의 방실, 병실, 침대열차의 침대칸 등을 침입하는 것을 모두 포함한다.[121] 경비원이나 호텔종업원과 같이 관리를 맡고 있는 자라도 원칙적으로 本人의 同意가 있어야 出入의 違法性이 없어진다. 記者가 집주인의 동의를 구하지 아니하고 個人의 집에 들어가서 取材하는 行爲도 마찬가지이다.

(나) 直接的인 侵入은 아니더라도 고층건물에서 내려다 보거나 창문을 통하여 다른 사람이 사는 집 안을 엿보는 행위도 違法性이 認定된다면 여기에 해당한다. 엿보는 수단으로 망원경·카메라 등을 사용하는 것도 물론 포함된다. 위 (가)의 類型이 他人의 私的 空間에 대한 直接的인 物理的 侵入인 데 비하여, 이 類型은 他人의 私的 空間에 대한 間接的인 視覺的 侵入인 셈이다.

(다) 他人의 電話나 私的 對話를 盜聽하거나 이를 速記하는 行爲,[122] 비밀리에 錄音하는 行爲도 대표적인 프라이버시침해행위이다.[123] 편지나 비밀문서, 일기 등을 무단으로 뜯거나 열어 보는 것도 이에 해당한다. 他人의 講演을 몰래 錄音하거나 본인이 모르는 사이에 함부로 사진으로 촬영하여 이것을 外部에 公表하는 경우도 이 類型의 침해에 속한다. 다만, 公開講演의 경우는 違法性이 阻却되는 때가 많겠으나, 특정인을 상대로 하는 강연은 거의 대부분 이를 몰래 녹음하여 공개하는 것이 이 유형의 범주에 포함된다.

(라) 그 다음의 類型은 個人의 私的인 行動의 自由 그 자체를 침해하는 행위이다. 시민의 한 사람으로서 공원을 산책하는 것과 같이 개인적인 즐거움을 누리는 것을 방해하는 행위도 이에 포함된다. 따라서 타인을 追跡하거나 尾行하면 私生活의 侵害가 될 수 있다. 통행인이나 스포츠경기의 관객을 無斷撮影하는 것도 단순한 경치의 일부로서 비추는 경우를 제외하고는 公表를 수반하지 않더라도 일정한 경우에는 프라이버시의 침해가 될 수 있다.[124] 이러한 유형의 프라이버시침해는 종종 國家權力에 의한 人權侵害의 형식으로 나타

121) 大判 62.3.8, 4294민상1028은 "원고를 강간할 목적으로 원고가 자고 있는 내실에 침입한 경우, 원고의 신체나 정조에 대한 직접적인 침해는 없다고 하여도 이는 그의 생활을 방해하고 정신적 안정성에 동요를 준 것으로서 그것이 위법성을 띠고 있다는 것은 사회생활상의 양식에 비추어 명백한 바이므로, 특단의 사유가 없는 한 피고는 원고에 대하여 민법 제751조에 의하여 손해를 배상할 의무가 있다"고 판시하여 私生活侵害에 대한 不法行爲의 성립을 인정하였다.

122) 東京高判 81.2.23(判時 999, 59).

123) 이 유형의 프라이버시침해를 규제하는 法律 중의 대표적인 것으로는 通信秘密保護法을 들 수 있다.

124) 日大阪地判 昭37(1962).1.29(判時 287, 5); 日東京地判 昭40(1965).3.8(判時 405, 12).

난다.

㈒ 그 밖에도 ①과 유사한 행위로서, ①과 같은 住居의 侵入은 아니지만 個人的 領域의 侵入의 성격을 가지는 행위들, 즉 商店에서 무단으로 쇼핑백을 뒤진 行爲, 他人의 預金口座를 不當하게 調査하는 行爲, 權原 없이 血液檢査를 하는 行爲 등이 있다. 또한 ④와 유사한 행위로서 他人에게 불필요한 電話를 계속 또는 장시간 걸어대는 行爲, 債務者의 勤務處를 찾아가 懲戒處分을 받게 할 것 같은 言動을 한 行爲, 擴聲器를 사용하여 지나치게 街頭宣傳을 하는 行爲 등을 그 예로 열거할 수 있다.

**(2) 個人的인 일의 公開 내지 無斷公表**

신문·잡지·텔레비전·라디오 등 報道機關에 의하여 個人의 私生活이 公開되는 경우가 통상 이에 해당한다. 이 경우는 虛僞事實뿐만 아니라 眞實한 事實의 公開에 의하여도 成立될 수 있다. 개인의 일기·편지·사진·녹음 등을 무단히 입수하여 공개하는 행위, 特定人의 가족관계·재산관계·남녀관계·과거경력·신체의 특징 내지 결함 등 비밀사항[125]을 외부에 알리는 행위 등을 그 예로 들 수 있다.

具體的으로 다음과 같은 要件이 必要하다. 첫째, 事實을 一般大衆에게 公表(public disclosure)하여야 한다. 그러므로 어느 特定人에게만 알리는 것은 여기에 해당하지 않는다. 方法은 반드시 文書에 限定되지 않는다. 둘째, 알려진 事實이 私的인 生活·習慣·行爲·關係 등의 私的인 事項이어야 한다. 患者가 昏睡狀態에 있을 때 撮影한 추한 얼굴사진, 에이즈(AIDS) 患者의 寫眞을 過去의 經歷과 함께 報道한 경우, 婦人의 骨盤部位의 X선 寫眞을 紙上에 公開하는 행위 등이 그 예이다. 셋째, 公開된 事實이 通常의 感受性을 가진 合理的인 사람으로서는 심히 無禮하며 받아들일 수 없는 것이어야 한다. 예컨대 자세한 性的 關係를 報道하거나 內密한 個人的 特性을 지나치게 描寫하는 것은 프라이버시의 侵害가 된다. 特定人의 숨겨진 過去事實을 映畵化하는 것도 이에 該

125) 日本 最高裁判所는 원고의 實名을 사용하여 그의 前科事實을 공개한 논픽션 드라마 '逆轉' 사건에서, "전과와 같이 일반인의 감수성을 기준으로 공개를 원하지 않는 사실에 대한 공개의 예외로 ㉮ 사건 자체를 공표하는 것이 역사적 또는 사회적 의의가 인정되는 경우, ㉯ 사회적 활동의 성질 혹은 이를 통해 사회에 미칠 영향력의 정도 여하에 따라서는 그 사회적 활동에 대한 비판 또는 평가의 한 자료로서 전과 등과 관련한 사실이 공표될 경우, ㉰ 공적 인물이거나 공직자로서의 자질에 대한 판단자료로서 전과 등과 관련한 사실이 공표될 경우에 한한다"고 하면서, "저작물의 목적·성격 등에 비추어 실명사용 및 필요성을 고려하여 전과 등과 관련된 사실을 공표당하지 않을 법적 이익이 우월한 경우 손해배상을 청구할 수 있다"고 判示하였다(日最判 平 6(1994).2.8).

當될 수 있다.[126] 다만, 公開된 私的 事項이 原告에 관한 것이라는 同一性 證明은 必要하다.

(3) 誤解를 낳게 하는 表現

虛僞나 誇張된 事實의 公表를 통하여 一般公衆으로 하여금 個人에 관한 誤解를 誘發시키는 경우를 말한다. 公表된 內容이 사소한 것이 아니라 本質的인 것이어야 한다. 있는 事實(私的인 事項)을 그대로 公開하여 프라이버시를 侵害하는 것이 위 (2)의 類型인 반면, 이 類型은 虛僞의 事實을 發表하거나 新聞이나 雜誌 또는 小說, 映畵 등을 통하여 虛僞와 眞實을 混合시킨 發表를 하는 행위,[127] 他人名義의 無斷使用 또는 寫眞의 無斷轉用 등을 하는 行爲를 意味한다. 具體的으로 보면 特定人의 意見이나 發言이 아닌 것을 그의 것인 양 虛僞로 歪曲하여 發表하는 境遇,[128] 本人이 承諾한 것과 다른 모습으로 肖像이나 이름을 廣告에 揭載한 行爲, 본인이 同意하지 아니한 것을 본인이 찬성한 것으로서 세상에 발표하는 行爲, 본인의 동의 없이 發起人이나 推薦者名簿에 이름을 連署하는 行爲,[129] 어떤 事實을 說明하기 위하여 合理的 聯關性이 없는 情況(예: 사진)을 使用하는 行爲,[130] 본인의 승낙을 얻어서 촬영한 사진이나 이미 공표된 사진이라 하더라도 제3자에게 잘못된 인상을 주는 형태의 공표[131] 등이 이 範疇에 들어간다.

이 類型은 동시에 名譽毁損에 該當하는 경우가 많다. 다만, 프라이버시侵害는 內心의 苦痛의 發生으로서 족한 반면에, 名譽毁損은 社會的 評價의 低下가 必要하다는 점에서 차이가 있음은 앞에서 본 바와 같으므로 항상 名譽毁損이 成立하는 것은 아니다. 名譽毁損과 프라이버시의 侵害가 重複될 경우에는 兩者의 請求가 모두 가능하다.

---

126) Melvin v. reid, 112, Cal App, 285. Pac. 91(1931).

127) 이것이 이른바 '모델소설'·'모델영화'에 의한 人格權侵害의 문제이다. 작가가 어떤 사람을 모델로 하여 소설을 썼다고 하더라도 실제의 인물과는 전혀 다른 인물을 창출하였다고 볼 수 있는 경우에는 人格權의 侵害가 문제되지 않지만, 독자가 소설 속에서 실제의 인물을 聯想할 수 있는 경우에는 人格權의 侵害가 문제된다.

128) 언론사가 본인의 견해에 관한 취재내용을 무단히 축소하거나 왜곡하여 보도하는 경우, 본인이 동의하지 않은 서면에 본인의 동의가 있었던 것처럼 발표하는 경우 등이 대표적인 예이다.

129) 박철우(註 11), 89의 註 177.

130) 전혀 무관한 어떤 시민의 얼굴이 저속한 외설적인 기사를 장식하기 위하여 사용된 경우 등.

131) 예컨대 犯罪의 嫌疑가 없는 자의 일반적인 사진이 手配者名單에 공표·전시되는 경우이다.

#### (4) 姓名이나 肖像의 營利的 使用

이 類型은 特定人의 姓名이나 商號·經歷 등의 人格的 徵表들을 營業的 利益을 위하여 利用하는 것이다. 가장 대표적인 것은 대중적 인기직업인들이 허락 없이 廣告에 利用된 경우이다. 美國에서는 財産權的 側面이 강한 '肖像·姓名 등의 商業的 利用에 관한 權利', 이른바 '퍼블리시티權(the right of publicity)'이라고 하여 人格權的 性格을 벗어난 별개의 종류의 權利로 발전하고 있다.[132] 우리 나라에서도 최근 광고산업이 발달함에 따라 이러한 類型의 訴訟이 증가하고 있다. 이 경우의 保護法益은 經濟的 利益을 주로 하는 것이지만, 精神的 利益도 일부 포함된다고 봄이 상당하다.[133] 이 類型에 속하는 것은 原告의 人格的 利益을 侵害하고 被告에게 經濟的 利益을 주는 것으로서, 權利侵害로서의 明白性을 가지고 있기 때문에 美國에서는 프라이버시에 대한 權利救濟도 이 類型에서 가장 먼저 시작되었다. 이 類型의 侵害가 成立되기 위하여는 첫째 被告가 使用한 姓名이나 肖像이 原告와 一致하여야 하고, 그 使用은 營利目的을 위한 것이어야 한다. 예를 들면 原告의 同意 없이 新聞廣告에 寫眞이 使用된 行爲, 信用이나 情報를 얻기 위하여 他人으로 僞裝하는 行爲, 特定人을 모델로 하여 만든 彫刻·포스터 등도 이 類型에 包含된다.[134]

### 5. 限 界

#### (1) 國民의 알 權利와 秘密

國民의 알 權利와 私生活의 秘密이 衝突하는 代表的인 境遇는 情報公開請求權이다. 情報公開請求權 중에서 問題가 되는 것은 自身과 利害關係가 없더라도 情報公開를 要求할 수 있는 一般的 情報公開請求權이다. 一般的 情報公開請求權 중에서도 大衆媒體에 대한 接近權(報道의 自由)과 國家機關에 대한 接近權이 문제되나, 後者는 '公共機關의個人情報保護에관한法律'에 의하여 엄격히 制限되므로, 주로 前者가 問題의 焦點으로 登場한다. 프라이버시權과 報道의 自由의 衝突의 調整은 個人의 權利와 이에 대한 國民의 알 權利라는 서로 對抗하는 利益을 比較함으로써 이루어진다.[135] 한편 '信用情報의利用및保護에관한

132) 韓渭洙, "퍼블리시티權의 侵害와 民事責任", 人權과 正義(1996.10), 28-37; 同 (1996.11), 109-27.

133) 美國 법원은 최근 이 權利를 人格的 利益의 保護를 위한 것이라기 보다는 財産的 利益을 보호하기 위한 것으로 파악하고 있다. 韓渭洙(前註 (上)), 32.

134) 安相云(註 2), 145-7.

135) 美國 聯邦大法院은 "공개된 정보가 이미 공적 기록(public record)에 속하는 경우에는

法律'도 個人의 私的인 事項을 信用情報로 이용할 수 있는 根據가 됨과 동시에 그 保護의 限界도 규정하고 있다.

**(2) 國會의 國政監査權·國政調査權과 私生活의 秘密**

'國政監査및調査에관한法律'은 §8에서 "監査 또는 調査는 個人의 私生活을 侵害하여서는 아니 된다"고 規定하고 있다. 그러나 個人의 私生活에 關聯된 事項일지라도 政治資金의 出處나 用途, 選擧에 關與한 社會的 組織과 活動 등과 같은 國家作用에 관련 있는 事項에 대하여는 調査할 수 있다.[136] 또는 國政監査나 調査活動에 있어서 證人에 대한 審問은 案件의 範圍 내에서만 행해져야 하며, 私的 事項에 대한 秘密探知를 목적으로 할 수 없고, 人格의 內密한 領域이나 秘密領域에 속하는 事項은 原則的으로 審問內容의 範圍에 포함되어서는 안 된다.

**(3) 犯罪搜査를 위한 盜聽**

盜聽을 통하여 個人의 私的 領域에 侵入하는 것은 人格權에 대한 중대한 威脅이며, 盜聽行爲는 그 類型에 관계 없이 프라이버시權에 관한 憲法 §17·18 등에 違反된다. 그러나 犯罪搜査라는 國家機能의 遂行을 위하여 個人의 私的 領域에 대한 侵害가 불가피한 境遇로서, 通信秘密保護法·刑事訴訟法·軍事法院法의 規定에 의하여 實體的·節次的 要件을 갖추어 행해지는 盜聽에 대하여는 私生活의 秘密侵害를 理由로 法的 救濟를 요구할 수 없다.

(4) 그리고 단순히 限界의 範圍를 넘어 全的으로 免責이 되는 여러 유형을 들 수 있다. 프라이버시侵害에 대한 本人의 承諾이 그 대표적인 例일 것이고, 제한된 범위 내에서 公的 人物에 대한 프라이버시侵害,[137] 法院의 許可를 얻은 法廷에서의 撮影 등도 그 예가 될 수 있다. 이러한 경우는 그것이 비록 프라이버시의 침해의 요건을 충족하더라도 그 違法性이 阻却되어 손해배상의 대상이 될 수 없는 것이다.

---

프라이버시권보다 우선 보호된다"고 판시하였다. 즉 "누구나 입수할 수 있는 형사소송상의 기록, 경찰의 무선통신을 통하여 이미 전파된 정보, 정부의 발표로 인하여 널리 알려진 사실의 출판 등도 모두 공적 영역에 속하는 사항의 공표"라고 판시하였다. Smith v. Daily Mail Publishing Co., 443 U.S. 469(1975).

情報公開請求權과 프라이버시權의 갈등과 조화에 대하여 자세한 것은 金勇軍, "情報公開와 프라이버시保護에 관한 硏究"(1995년 성균관대학교 박사학위논문) 및 李璟浩, "情報化社會에 있어서 프라이버시權의 保護"(1986년 동국대학교 박사학위논문) 등 참조.

136) 權寧星, 憲法學(1989), 757.

137) 이들은 보통사람에 비하여 프라이버시의 범위가 축소된다고 보아야 하며, 경우에 따라서는 '혼자 있을 권리'를 포기한 것으로 보아야 한다. 박철우(註 11), 90.

### 6. 새로운 領域

(1) 프라이버시權은 오늘날까지 놀랍게 變貌·發展하여 왔거니와 앞으로도 계속 範圍의 擴大를 가져 올 것으로 보인다. 특히 身體에 관한 自己決定權과 관련하여 現代社會의 變化에 따라 앞으로도 여러 가지 爭點이 持續的으로 대두될 것으로 예측된다. 물론 이들은 대체로 憲法的 權利에 기한 것이지만, 民事法的 問題로 발전할 가능성은 모두 내포하고 있다.

(2) 예를 들면 에이즈환자가 아직 效能이 立證되지 않은 藥品을 選擇하여 使用할 權利가 있는지의 與否,[138] 人間이 스스로 安樂死 내지 尊嚴死를 選擇할 수 있는지 與否, 出産決定權 및 그 反對側面으로서의 落胎權의 限界, 患者의 治療拒否權, 同性愛處罰法의 正當性, 姦通을 處罰하는 法規의 正當性 與否 등은 이미 問題로 대두된 바 있고, 앞으로도 問題가 될 것이다.[139]

## V. 人格權侵害에 대한 保護와 救濟

### 1. 槪 念

(1) 人格權侵害에 대한 保護는 憲法的 保護·民事法的 保護·刑事法的 保護[140]로 大別되고, 民事法的인 救濟制度는 다시 事前救濟制度와 事後救濟制度로 分類된다.[141]

(2) 事前救濟制度는 人格權을 侵害하는 行爲가 발생할 憂慮가 있는 경우에 事前에 그 不作爲(禁止)를 請求할 수 있는 制度이다. 이는 人格權의 侵害可能性을 事前에 封鎖한다는 점에서 人格權保護를 위한 가장 강력한 장치이지

138) 美國 캘리포니아주 대법원은 1979년의 People v. Privitera판결에서 이러한 프라이버시권의 존재를 부정하였다.

139) 이에 대하여 자세한 것은 黃志瑗(註 28), 49-69.

140) 우리 刑法은 제33장(§307-§312)에서 名譽에 관한 罪를, 제34장(§313-§315)에서 信用 등에 관한 罪를, 제35장(§316-§318)에서 秘密侵害에 관한 罪를, 제36장(§319-§322)에서 住居侵入의 罪를 각 규정함으로써 人格權에 대한 刑事法的 보호장치를 마련하고 있다. 그러나 姓名權·肖像權·프라이버시權 등의 침해에 관하여는 刑事法的 측면에서 犯罪의 成立을 인정할 만한 규정이 없고, 言論報道와 관련하여는 이를 통제하는 刑事法的 규정을 마련하는 것이 극히 어려우며, 刑事處罰이 가능하기 위하여는 成立要件과 節次, 立證程度 등이 엄격하므로 刑事法的 보호에는 한계가 있을 수밖에 없다.

141) 이 중 헌법적 보호는 주로 헌법소원 등에 의하여 이루어질 것인바, 헌법적 영역에 대한 것이므로 여기서는 서술을 생략하기로 하며, 형사법적 보호에 관하여도 간략히 언급함에 그친다.

만, 그만큼 相對方에게는 심각한 打擊을 줄 수 있다는 문제점이 있다. 특히 言論報道와의 關係에서는 人格權에 比肩될 만큼 絶對的으로 保護되어야 할 表現의 自由와 葛藤關係를 낳기 때문에 具體的인 事案에 따라 그 認定與否가 달라질 수 있다.

(3) 事後救濟制度는 民事上 救濟制度·言論法上 救濟制度·刑事法的 保護[142] 등으로 分類될 수 있다. 具體的으로 보면 民事上으로는 不法行爲로 인한 損害賠償請求權과 原狀回復請求權이 인정되고, 言論法上으로는[143] 反論報道請求權이 認定되며, 刑事上으로는 名譽毁損罪, 信用·業務에 관한 罪, 秘密侵害罪, 住居侵入罪 등에 관한 告訴·告發權이 각 인정된다.

(4) 위 救濟制度들 중 事前救濟制度가 가장 效率的이지만, 그 要件이 비교적 엄격하여 人格權侵害의 모든 경우에 이를 援用할 수 없고, 現實的으로 事前에 侵害를 認知하기가 어렵다는 短點이 있다. 그 다음으로는 통상 反論報道請求權이 많이 利用될 수 있지만, 反論報道에 그치는 것이어서 損害의 塡補에 충분하지 못하고,[144] 反論請求權의 要件과 內容이 法律上 制限된다는 短點이 있다. 마지막으로 事後的인 救濟手段의 주종을 이루는 損害賠償請求權은 實際的인 損害를 塡補받을 수 있다는 長點이 있지만, 人格權侵害의 大部分은 金錢으로 換算하기 어렵거나 金錢으로 塡補되기에 不充分한 精神的 損害이기 때문에 이것만으로는 不足하다는 점[145]과 事後에만 가능하다는 점 등의 短點이 있다. 한편 損害賠償請求權과 함께 이용되는 補助的인 事後救濟手段인 原狀回復請求權은 損害賠償請求權과 競合的으로 행사할 수 있지만,[146] 그 手段이 制限되어 있다는 결정적인 限界가 있다.

### 2. 損害賠償請求

(1) 民法 §750에 따라 被害者는 自身의 人格權이 加害者의 故意 또는

142) 엄격한 의미에서는 이를 구제제도라고 할 수는 없지만, 간접적인 효과로서 구제방법이 될 수 있을 것이다.

143) '定期刊行物의登錄등에관한法律'을 뜻한다.

144) 反論報道만으로는 侵害된 名譽 등이 모두 塡補될 수는 없고, 특히 被害者의 名譽感情은 그로써 완전히 치유될 수 없을 것이다.

145) 특히 人格權侵害의 主體는 현대사회에서 막강한 힘을 발휘하는 매스컴이라는 점에서 被害者들이 損害賠償請求를 주저하는 경향이 있으며, 우리 裁判實務上 慰藉料의 인정은 불충분하다는 것도 損害賠償請求의 實效性을 半減시킨다는 것이 일반적인 지적이다. 그러나 최근의 재판실무경향을 보면 慰藉料額數가 점점 높아지고 있다.

146) 朴容相(註 28), 194.

過失에 의하여 侵害되었다는 점, 人格權侵害行爲가 違法하다는 점, 人格權 侵害行爲으로 인하여 被害者에게 損害가 發生하였다는 점, 加害行爲와 損害發生간에 因果關係가 존재한다는 점을 立證하여 損害賠償을 請求할 수 있다.

(2) 加害者는 原則的으로 人格權侵害로 인한 精神的 損害에 대하여 慰藉料를 請求할 수 있다. 다만, 名譽毁損의 경우는 損害賠償에 갈음하여 또는 損害賠償과 함께 名譽回復에 적당한 處分을 명할 수 있다.[147)]

(3) 또한 財産的 損害에 대하여도 損害賠償을 請求할 수 있다. 다만, 人格權侵害로 인하여 財産上의 損害가 생기는 경우에 한함은 물론이다. 예컨대 被害者가 經營하는 事業이 人格權侵害로 인하여 營業不振 또는 破産에 이른 境遇에는 그로 인한 財産的 損害額(또는 다른 예로서 廣告모델契約이 取消됨으로 인한 모델료相當의 收入喪失 등)에 포함될 수 있다. 그러나 人格權侵害로 인한 財産上 損害는 具體的인 損害額數의 算定이 困難하거나, 侵害와 損害간의 相當因果關係의 立證이 困難한 경우가 많아 實務上으로는 精神的 損害의 賠償請求인 慰藉料請求로 사실상 대신(代替)하는 것이 大部分이다.[148)]

(4) 損害賠償責任을 지는 것은 損害惹起者다. 따라서 言論報道의 경우 直接 取材하여 記事를 作成한 記者가 제1차적으로 責任을 지겠지만, 部署長이나 編輯局長 등도 그 報道에 決定的 役割을 하였고 不法行爲의 要件을 充足시킨다면 共同不法行爲者로서 責任을 지게 된다.[149)] 이 때 言論社 등은 使用者責任을 질 수 있을 것이다.[150)] 提報者가 被害者를 誹謗할 目的으로 虛僞事實을 新聞記者에게 提供한 경우는 提報者도 그 責任을 져야 한다.[151)]

**(5) 損害賠償額**

㈎ 財産的 損害에 대한 賠償額에는 加害行爲로 인하여 原告의 財産價値가 줄어든 部分(積極的 損害)과 加害行爲가 없었더라면 얻을 수 있는 所得의 喪失(消極的 損害)에 관한 部分이 모두 포함되며, 특히 表現行爲로 인한 損害賠償의 境遇에는 그로 인한 被害를 最少化하기 위하여 對應廣告 등에 所要된 費用도 損害에 포함된다.[152)]

㈏ 精神的 損害에 대한 賠償은 被害者에게 그가 받은 不當함에 대한

147) 民 §764.
148) 安相云(註 2), 158.
149) 大判 88.10.11, 85다카29에서는 雜誌發行人의 名譽毁損의 責任을 認定하였다.
150) 朴容相(註 28), 183.
151) 刑事法的인 側面에 관한 것이지만, 大判 94.4.12, 93도3535도 같은 취지로 판시한다.
152) 大判 96.4.12, 93다40614.

適正한 補償을 해 준다는 塡補的 機能과 被害者에게 滿足을 준다는 滿足的 機能이 동시에 고려된다.[153] 이와 아울러 이러한 배상의 성질에 대하여는 '損害賠償說'과 '私的 制裁說'이 대립되어 있다. 前者는 慰藉料도 침해행위에 의하여 발생한 손해에 대한 배상이라는 점에서는 통상의 손해배상과 같으나 정신적 손해에 대한 배상이라는 점만이 다르다는 것이고, 後者는 不法行爲法上에서의 損害의 塡補의 측면보다는 反社會的인 行爲에 대한 私的 制裁라는 관점에서 보아야 한다는 것이다.[154]

(다) 최근 言論訴訟에서 우리 法院이 인정하는 損害賠償額은 점차 高額化되고 있다.[155] 이는 國民所得의 向上, 人格的 法益의 尊重이라는 時代的 要請, 國民들의 法意識變化 등이 反映된 것이라고 생각된다.

(라) 美國에서는 우리와 달리 懲罰的 損害(punitive damage)가 認定되고 있으며, 그에 따른 損害賠償額數는 陪審裁判制度 등의 영향 때문에 매우 高額이다. 우리 나라에도 이를 導入하자는 趣旨의 主張도 있는바, 반면에 "言論活動에 대하여 이와 같이 高額의 賠償을 認定한다면 正常的인 言論活動을 위축시켜 違憲의 論難이 있을 수 있다"는 反論도 있다.[156]

### 3. 原狀回復請求權

#### (1) 民法上의 請求權

(가) 民法 §764는 "他人의 名譽를 毁損한 者에 대하여 被害者의 請求에 의하여 法院은 損害賠償에 갈음하거나 損害賠償과 함께 名譽回復에 適當한 處分을 할 수 있다"고 規定하고 있다. 민법상 불법행위에 대한 구제방법은 金錢賠償이 원칙이나,[157] 名譽毁損의 경우에는 이러한 金錢賠償만으로는 피해자가 입은 재산적·정신적 손해를 충분히 塡補해 주지 못하는 경우가 많이 발생하기 때문에 이러한 예외규정을 두어 금전배상에 의한 피해자에 대한 구제의 약

153) 獨逸에서의 賠償基準으로 제시된 것이다. BHG NJW 55, 1675 등.

154) 이에 대하여 자세한 것은 金學洙, "慰藉料請求權에 관한 一考察", 郭潤直敎授華甲紀念論文集, 771; 千宗淑, "慰藉料에 관한 考察", 警察大論文集 3, 305 등 참조.

155) 大法院은 96. 4. 12, 93다40614, 40621(남양유업 대 파스퇴르분유 사건)에서 재산적 손해로서 대응광고비 6,500만원, 위자료로서 3억원의 損害賠償을 명하였고, 서울지법 西部支院은 96. 1. 26, 94가합5021(이른바 김현철 대 한겨레신문 사건)에서 20억원 청구에 대하여 4억원의 損害賠償을 명하였으며, 서울민사지법은 93. 7. 2, 92가합23099(이른바 살인진범단정 사건)에서 8천만원의 損害賠償을, 92. 12. 15, 91가합38193(이른바 우유품질검사비방광고 사건)에서 7천만원의 損害賠償을 각 명하였다.

156) 朴容相(註 28), 191.

157) 民 §763, §394.

점을 보충해 주고 있다(民法 외의 규정으로는 特許法 §131와 商標法 §69, 不正競爭防止法 §6 등에서 信用回復에 필요한 조치를 명할 수 있도록 규정하고 있다).

이러한 것들은 名譽回復 내지 信用回復의 의사표시를 하는 主體가 누구이냐에 따라[158] ① 명예훼손자 본인의 의사표시에 의한 경우, ② 명예를 훼손당한 자, 즉 피해자 본인의 의사표시에 의한 경우(뒤에 나오는 反論權의 行使가 이 범주에 속한다), ③ 위 兩者가 아닌 제3자의 의사표시에 의한 경우[159]로 나누어 볼 수 있다. 이들 중에서는 ①의 모습이 가장 효과적이라고 할 수 있다. 名譽毁損者 本人 스스로가 직접 그 잘못을 인정하고 진상을 밝힘으로써 피해자의 名譽感情을 무마시키고, 동시에 일반 제3자에게 심어진 잘못된 인식을 바로잡아 주기 때문이다. 이것도 謝罪의 방법(대표적인 예가 사죄광고이다)과 訂正의 방법으로 나눌 수 있다. 前者는 '事實'뿐만 아니라 그에 대한 '加害者의 意思'도 명백히 밝히는 것이고, 後者는 '事實'만을 訂正한다는 점에서 차이가 있다. 그리고 이들 謝罪 또는 訂正의 의사표시도 그 구체적인 방법에 따라 의사표시의 대상이 가장 좁은 '피해자 본인에 대한 謝罪狀 또는 取消狀의 交付', 이보다는 다소 범위가 넓은 '공개된 法廷에서의 謝罪 내지 取消', 그보다 다시 범위가 더 넓은 '시청이나 동사무소 등 공공기관의 게시판에 謝罪 내지 取消의 意思를 揭示하는 것', 그리고 가장 범위가 넓고 대표적인 유형인 '新聞 등 刊行物에 謝罪 내지 取消의 廣告를 게재하는 것' 등의 유형으로 나눌 수 있다.

그런데 그 중 謝罪方式에 속하는 대표적인 類型인 謝罪廣告에 대하여는 이미 憲法裁判所가 違憲이라고 判示한 바 있다.[160] 그런데 憲法裁判所는 위 判決에서 謝罪廣告 대신 許容될 수 있는 原狀回復處分으로서 加害者의 費用으로 그가 敗訴한 民事損害賠償判決의 新聞·雜誌 등에의 揭載, 刑事名譽毁損罪의 有罪判決의 新聞·雜誌 등에의 揭載, 名譽毁損記事의 取消 내지 訂正廣告

158) 이에 대하여 자세한 것은, 梁三承, "民法 제764조(名譽毁損의 경우의 特則)에 관한 연구", 언론중재 가을호(1993), 7 이하 참조.

159) 가해자와 피해자의 중간적 입장에 서 있는 중립적인 제3자, 즉 法院의 公的인 意思表示에 의한 명예회복의 방법이다. 이는 '어떠한 진술이 허위라는 점, 그리고 이로 인하여 피해자의 명예가 부당하게 훼손되었다는 점이 객관적으로 확인되었다'는 내용을 포함하는 법원의 판결문을 그대로 또는 요지만을 게재하도록 함으로써 이를 일반인인 제3자에게 알리는 방법이다. 이는 가해자의 동의가 없더라도 가능하다는 점과 피해자 본인의 일방적인 주장과는 달리 그 공정성과 진실성이 객관적으로 보장될 수 있는 법원의 판단이라는 점에 그 장점이 있다. 그래서 이것이 명예회복처분의 방법으로 가장 무난하고 합리적이라고 볼 수 있다. 梁三承(註 157), 9; 朴哲雨(註 11), 51 등.

160) 憲裁 91.4.1, 89헌마160.

등의 請求[161]를 할 수 있다고 判示하였다.[162] 다만, 일본 最高裁判所는 "단순히 잘못을 사과하는 의미 정도의 것이면 '반드시 위헌적인 것으로 보기는 어렵다"[163]라고 하면서, 사죄광고를 일부 허용할 수 있다는 태도를 보이고 있다.

이러한 取消 내지 訂正請求權은 ① 虛僞의 事實을 主張한 경우에만 할 수 있고,[164] ② 法益侵害의 違法性이 있어야 하며, ③ 妨害排除의 必要性이 있어야 한다. 法院實務는 대체로 名譽毀損을 이유로 한 損害賠償責任을 인정하는 경우에 名譽回復을 위한 적당한 處分으로서 訂正報道請求도 함께 받아들이고 있다.[165]

㈏ 그런데 프라이버시權侵害의 경우에도 民法 §764를 準用하여 金錢賠償 이외에 適當한 處分을 구할 수 있는지가 문제되는바, 學說은 肯定說[166]과 否定說[167]이 대립되고 있다. 日本의 경우 1964년 下級審判決[168]은 "사생활이 함부로 공표된 경우, 그것을 공개되지 않았던 상황으로 되돌리는 것은 불가능한 일이고, 또한 이것이 명예의 훼손을 이유로 하는 것이 아닌 이상 민법 제723조(우리 민법 제764조에 해당)를 준용할 수 없다"고 判示하면서 이를 否定하였고, 1970년 最高裁判決[169]도 "명예를 훼손당한 피해자의 구제수단으로서 손해배상 외에 원상회복처분을 명하는 규정을 둔 취지는 가해자에 대하여 제재를 가한다거나 피해자에게 주관적 만족을 주기 위한 것이 아니라, 금전에 의한 손해배상만으

161) 嚴格한 立證을 요하고 全部敗訴의 위험이 있는 取消請求보다는 '制限된 取消'라고 할 수 있는 訂正請求를 하는 例가 많다.

162) 이는 스위스·프랑스 등에서 인정되고 있는 방법이다. 安相云(註 2), 164.

163) 日最判 昭31(1956). 7. 4에 의하면 "광고의 내용에 따라서는 이것을 강제하는 것이 채무자의 인격을 무시하고 현저하게 명예를 훼손하여 의사결정의 자유 내지 양심의 자유를 부당하게 제한하는 것으로 되고, 소위 강제집행에 적합하지 않은 경우에 해당하는 것도 있을 수 있겠지만, 단지 사태의 진상을 고백하고 陳謝의 뜻을 표명함에 그치는 정도의 게재명령은 대체집행도 가능하고, 그것이 屈辱的 내지 苦役的인 勞苦를 과하거나 對象者의 良心의 自由를 침해할 것을 요구하는 것은 아니어서 허용됨이 상당하다"는 취지의 判示內容을 담고 있다.

164) 請求人이 主張事實이 虛僞임을 立證하여야 한다. 따라서 內容의 眞實與否에 대하여 客觀的으로 證據에 의하여 立證할 수 없는 評價的 判斷에 관한 것은 대상이 되지 않는다.

165) 서울高判 2000. 2. 10, 98나56579; 서울高判 2000. 12. 14, 2000나8565; 서울地判 2000. 7. 12, 99가합90005. 다만, 손해배상청구와 별도의 정정보도청구를 받아들이지 않는 것으로 서울地判 2000. 6. 21, 2000가합1377. 한편 정정보도청구만을 받아들이고 손해배상청구를 기각한 것으로 서울地判 2000. 12. 27, 2000가합16898.

166) 李建雄, "言論에 의한 法益侵害에 대한 救濟手段", 裁判資料 77, 247 이하.

167) 池弘源, "人格權의 侵害", 司論 10, 239; 韓渭洙, "名譽의 毀損과 民事上 諸問題", 司論 24, 459.

168) 東京地判 昭39(1964). 9. 28(判時 385, 12).

169) 日最判 昭45(1970). 12. 18(判時 619, 53).

로는 전보될 수 없는 피해자의 훼손된 인격적 가치에 대한 사회적·객관적인 평가 자체를 회복시키는 것이 가능하도록 하기 위한 것이라고 해석해야 할 것이다. 따라서 이러한 원상회복처분으로 구제하기에 적합한 경우는 사람의 사회적 명예가 훼손된 경우에 한한다고 해석하여야 한다"고 判示하여 否定說의 입장에 있음을 분명히 하였다.

(2) 反論報道請求權

㈎ 反論報道請求權이란 言論의 報道事項에 利害關係를 갖는 個人이 自身의 말을 無料로 報道해 줄 것을 要請할 수 있는 權利이다. 이는 從前의 新聞倫理委員會나 放送審議委員會의 訂正決定과는 전혀 性格을 달리하는 것이다. 즉 이들 決定은 報道內容에 誤謬가 있음을 前提로 하는 것인 데 반하여, 反論報道請求權은 言論社의 잘못을 따지지 않은 채 被害者 자신이 作成한 文案을 그대로 報道해 줄 것을 請求하는 權利이다. 다만, 反論權을 行使하기 위하여는 言論仲裁委員會의 仲裁節次를 거쳐야만 한다.

㈏ 反論權은 大陸法系의 특수한 言論被害救濟制度[170]로서 1980년 言論基本法에 규정되었다가 1987년 '定期刊行物의登錄등에관한法律'이 이를 整理하고 追後報道請求權을 追加하여 規定하였다. 1995년의 법률개정으로 종래의 '訂正報道請求權'은 '反論報道請求權'으로 改稱되었고, 民法上의 訂正報道請求도 함께 申請할 수 있도록 하였다. 憲法裁判所는 이 規定에 대하여 合憲決定을 내린 바 있다.[171] 이 決定에서 憲法裁判所는 "반론권은 인격권에 바탕을 둔 것으로서, 피해자에게 보도된 사실적 내용에 대하여 반박의 기회를 허용함으로써 피해자의 인격권을 보호함과 동시에 공정한 여론의 형성에 참여할 수 있도록 한 것으로서 언론자유의 본질적 내용을 침해한 것으로 볼 수 없다"고 判示하였다. 2000년부터 시행된 放送法에도 反論報道請求權이 규정되어 있다.

(3) 個人情報의 訂正·削除 請求權

實務上 대체로 書籍 등에 대한 印刷 및 發賣禁止를 명하는 假處分을 구하는 형태로 나타난다. 이에 대하여는 "집행관은 피신청인의 신청이 있을 때에는 서적에 게재된 신청인의 사진을 삭제한 후 이를 피신청인에게 인도하고,

---

170) 프랑스에서는 모든 언론보도사항에 대하여 反論權을 보장하고 있고, 獨逸에서는 논평 등 가치판단사항을 제외한 事實報道에 대하여만 反論權을 인정하고 있다.

171) 憲裁 91.9.6, 89헌마165.

그 이후에 그 자유로운 처분을 허용하여야 한다"는 취지의 결정이 나간다. 사진에 대하여는 原板의 引渡 및 破棄를 명할 수 있다.

日本의 下級審判決[172]은 "타인이 보유하고 있는 정보가 사실에 어긋나고 부당하며, 그 때문에 개인이 손해를 입었으며, 그 정도가 社會的 受忍의 한도를 넘은 경우에는 그 개인은 명예 혹은 인격권에 따라 당해 타인에 대하여 그 정보의 정정 또는 삭제를 청구할 수 있다"고 하면서, "다만, 구체적인 경우에 이를 인정할 것인지 여부는 관련법익과 형평의 원칙을 종합하여 결정하여야 한다"고 判示한 바 있다.

### 4. 禁止請求權

#### (1) 一 般 論

우리 民法은 絶對權인 物權의 保護와 관련하여 物權 자체에 기한 物權的 請求權의 存在를 明示的으로 規定하면서도 人格權에 대한 救濟手段에 관하여는 별도의 規定을 두지 않고 있다. 따라서 '우리 民法은 人格權의 侵害에 대한 民事上의 救濟手段으로 一般 不法行爲에 대한 通常的인 救濟手段인 損害賠償請求權[173]과 名譽回復處分의 請求權[174]만을 豫定하고 있을 뿐'이라고 볼 여지도 있다.

그러나 이들 請求權은 모두 事後的인 救濟手段에 지나지 않고, 金錢賠償은 실제 느끼는 損害보다 低額인 경우가 大部分이며, 人格權은 성질상 한번 侵害되면 事後的인 救濟로는 쉽게 그 被害를 회복할 수 없기 때문에 이들만 가지고 人格權이 충분히 보호된다고는 말할 수 없다. 그러므로 오히려 實效性이 있는 것은 禁止請求權의 인정이다. 즉 이미 시작되어 持續되고 있는 侵害行爲의 中止 및 除去를 구하는 侵害排除請求權과 人格權侵害行爲의 事前抑制를 구하는 侵害豫防請求權을 인정하는 것이다.

#### (2) 禁止請求權의 認定根據

(가) 우리 나라 學說들은 人格權 자체에 기하여 禁止請求權을 認定하여야 한다는 것이 대체적인 傾向이고,[175] 판례도 여러 차례 이를 긍정하였으며,[176]

172) 東京地判 84. 10. 30; 이에 대한 抗訴審인 東京高判 88. 3. 24.

173) 民 §§750 · 751.

174) 民 §764.

175) 郭潤直, 債各(註 11), 556; 權 誠 외 4인(註 8) 497; 李根雄, "出版物에 관한 假處分", 裁判資料 46, 369.

176) 大判 88. 10. 11, 85다카29; 서울民地判 89. 1. 18, 88가합20604(言論仲裁 봄호(1989), 169);

日本도 通說과 判例가 이를 認定하고 있다.[177)·178)] 이들 學說과 判例는 "財產權의 侵害에 대하여는 物上請求權을 認定하면서 그보다 더욱 保護되어야 할 人格權에 대하여는 金錢賠償 및 名譽回復處分에 그치고 禁止請求權을 인정하지 않는다는 것은 權利保護의 衡平性을 잃는 것"이라는 점[179)]과 "人格權에서 派生된 權利라고 할 수 있는 商號權·商標權·著作權 중에 妨害排除請求權과 妨害豫防請求權이 인정되고 있는 점을 고려하면 人格權에 기한 이러한 權利를 正面으로 認定함이 상당하다"는 점[180)]을 그 根據로 들고 있다.

(나) 獨逸과 프랑스도 禁止請求權을 認定하는 명문의 規定은 없으나, 判例가 이를 肯定하고 있다.[181)] 스위스에서도 1983년 民法이 改正되어 事前禁止請求가 인정되고 있다.[182)]

(다) 英國에서는 禁止命令(injunction) 제도를 適用하여 같은 效果를 인정하고 있다. 즉 審理終結까지의 暫定的인 措置로서 발령하는 中間禁止命令(interlocutory injunction)과 原告勝訴判決이 난 경우에 발령하는 終局禁止命令(perpetual injunction)이 그것이다.

(라) 美國에서는 表現의 自由의 尊重이라고 하는 理念으로부터 名譽毁損에 대한 事前抑制로서의 禁止命令은 許容되지 않는다. 그러나 프라이버시의 侵害에 관하여는 一般的으로 禁止命令이 許容되고 있으며, 약간의 州法에서는 明文으로 이 禁止請求權을 인정하고 있다.[183)] 그러나 言論과 出版에 의하여 프라이버시가 침해되는 경우에는 '禁止命令을 발하는 것이 言論의 自由를 침해하는 것으로서 違憲'이라는 것이 기본입장[184)]이어서 言論·出版行爲에 대한

---

서울高判 90. 5. 4, 89나36528(言論仲裁 여름호(1991), 157) 등 다수.

177) 그런데 이러한 救濟手段은 단순히 不法行爲理論에 의하여 인정하는 것보다는 人格權을 絶對權的 性質을 가지는 獨自的인 權利로 構成하여 이를 기초로 인정하는 것이 보다 論理的이다. 따라서 바로 이 점이 人格權의 認定根據 내지 必要性의 이유가 되기도 한다. 權 誠 외 4인(註 8), 493.

178) 日本에서도 '人格權 자체에 기한 私法上의 禁止請求權을 인정할 수 있다'는 것이 通說과 判例이나, '不法行爲 자체의 效果로서 禁止請求를 인정할 수 있다'거나, '名譽回復處分을 類推適用할 수 있다'는 少數說이 있다. 통설에 관하여는 武田津弘, "出版物の販賣禁止の假處分", 裁判實務大系 4, 青林書院新社, 209-10; 日最判 昭61(1986). 6. 11(民集 40-4, 872); 日最判 平9(1997). 12. 18(民集 51-10, 4241) 등 참조. 소수설에 관하여는 末川, 民法上の諸問題, 351 등 참조.

179) 池弘源(註 167), 218 이하.

180) 李根雄(註 175), 369.

181) LG Hamburg 77. 10. 19 등.

182) 瑞民 §28(a)·§28(c).

183) 三島宗彦, "報道の自由と差止命令", 法時 43-11, 22.

184) Prosser/Keeton(註 35), 773.

禁止命令이 인정되는 예는 거의 없다.

(3) 人格權 자체에 기한 禁止請求權을 인정하는 입장에서 볼 때에는 人格權侵害가 故意나 過失에 의한 것이어서 不法行爲를 構成하는 境遇는 물론이지만, 그 侵害에 故意나 過失이 없는 경우에도 당연히 禁止請求權이 認定된다.[185] 바로 여기에 人格權을 禁止請求權의 認定根據로 보는 의의가 있다. 한편 反對의 立場에서 "明文의 根據 없이 人格權의 存在를 인정하고 있는 마당에 한 걸음 더 나아가 物權에 대하여서만 인정될 뿐 다른 權利에 대하여는 原則으로 인정되지 않는 物權的인 侵害禁止請求權을 人格權 자체의 權能으로까지 인정하는 것은 해석상 무리"라는 反對說[186]이 있다. 그러나 이 學說에 의하더라도 "人格權은 그 性質上 이를 侵害하는 不法行爲에 대한 救濟로서 損害賠償請求權만 인정하고 그 이외의 侵害排除請求權을 인정하지 않는 것이 아니라, 첫째로 不法行爲의 成立要件을 갖추고, 둘째로 禁止에 의하여 발생하는 加害者 측의 損失과 被害者 측의 利益의 衡量에 의하여 侵害行爲의 違法性이 인정된다면 侵害排除 및 豫防의 請求權을 인정하여야 한다"고 한다. 결국 어느 學說에 의하더라도 人格權侵害가 不法行爲에 해당한다면 損害賠償請求權·名譽回復措置請求權 이외에 侵害排除 및 豫防의 請求權이 인정되어야 한다는 점에서는 차이가 없다. 다만, 故意·過失이 없는 경우에도 이를 인정할 것이냐의 與否에만 차이가 생기는 셈이다.[187]

(4) **檢閱禁止와의 關係**

人格權에 기한 禁止請求權을 認定한다고 하더라도 人格權에 대한 侵害行爲가 憲法上 保障된 表現行爲에 의하여 이루어지는 경우에 이를 事前에 抑制하는 것[188]이 憲法上 禁止된 檢閱에 해당하는 것이 아닌가 하는 疑問이 제기

185) 이 학설은 첫째 物權的 請求權에 있어서도 故意·過失은 그 성립요건이 아니라는 점, 著作權法에서도 著作權侵害에 기한 侵害停止請求權 成立에 故意·過失을 그 성립요건으로 요구하고 있지 않다는 점 등을 참고하여야 한다고 한다. 한편 禁止請求權의 成立要件에 관하여는 郭潤直, 物權法, 42 등.

186) 權 誠 외 4인(註 8), 500.

187) 위 소수설(반대설)에 의하면 "故意나 過失 없이 이루어진 기왕의 侵害行爲가 終了되어 그 有形的 結果가 더 이상 존재하지 않는 경우에는 그 侵害는 이미 이루어진 過去의 일이어서 그 禁止를 請求한다는 것은 있을 수 없는 일이고, 따라서 禁止請求라는 것의 정확한 의미는 기왕에 발생한 侵害가 繼續되거나 再發될 우려가 있는 경우 또는 侵害의 準備段階에서 이를 알았거나 侵害의 可能性을 미리 豫見한 경우에 事前에 이를 中止하도록 請求한다는 것이므로 被害者로부터 그와 같은 行爲의 中止를 要請받는 순간 行爲者는 더 이상 無過失로 남아 있을 수 없으므로, 결국은 人格權 자체의 의한 侵害禁止請求權을 인정할 實益이 없다는 것으로 귀착한다"고 한다. 權 誠 외 4인(註 8), 500.

188) 예를 들면 일정한 記事를 揭載한 잡지 기타 출판물의 인쇄·제본·판매·반포 등의 假處分에 의한 事前禁止 등을 뜻한다.

된다. 즉 이러한 禁止請求 및 妨害豫防請求를 認容하는 것은 헌법상의 언론·출판의 자유와 관련하여 실질적으로 '司法에 의한 事前檢閱'을 허용하는 결과를 초래하고, 민주주의사회의 정신적 기반인 '表現의 自由'를 閉塞시킬 위험이 있으므로, 이 모순되는 2개의 요청을 어떻게 조정하는가라는 곤란한 문제에 직면하게 되는 것이다.

이에 관하여는 "憲法上 禁止된 檢閱은 行政權에 의한 것에 한정되며, 法院에 의한 것은 檢閱에 該當되지 않는다"는 消極說[189]과, "檢閱의 主體는 行政權이 中心이지만 반드시 그것에 한하지 않고 넓게 公權力 一般을 意味한다"는 것을 근거로 "法院에 의한 表現行爲의 事前抑制도 檢閱에 該當한다"는 積極說이 對立된다.[190] 日本의 判例[191]는 "特定한 記事를 揭載한 雜誌 기타 出版物의 印刷·製本·販賣·頒布 등의 假處分에 의한 事前禁止는 裁判의 形式에 의한다고 하더라도 口頭辯論 내지는 債務者에 대한 審問을 必要的으로 하지 않고 立證에 관하여도 疎明으로 족하도록 되어 있는 등 簡略한 節次에 의하는 것이고, 또 소위 滿足的 假處分으로서 다툼 있는 權利關係를 暫定的으로 規律하는 것이어서 非訟的 性質을 가지는 것을 否定할 수는 없지만, 表現物內容의 網羅的·一般的 審査에 기한 事前規制가 이루어지는 行政機關에 의한 경우와는 달리 個別的인 私人間의 紛爭에 관하여 當事者의 申請에 따라 法院이 被保全權利의 存否·保全의 必要性의 有無를 心理·判斷하여 행해지는 것이므로 檢閱에 해당하지 않는다"고 하여 消極說을 취하였다.[192] 그리고 우리 나라 憲法裁判所[193]도 "헌법 제21조 제2항에서 규정한 검열금지의 원칙은 모든 형태의 사전적인 규제를 금지하는 것이 아니고 단지 의사표현의 발표 여부가 오로지 행정권의 허가에 달려 있는 사전심사만을 금지하는 것을 뜻하므로, 민사소송법 제714조 제2항(1990.1.13. 법률 제4201호로 개정된 것)에 의한 방영금지가처분은 행정권에 의한 사전심사나 금지처분이 아니라 개별 당사자간의 분쟁에 관하여 사법부가 사법

189) 佐藤功, 憲法(上), 368; 小林直樹, 憲法講義(上), 337 등.
다만, 消極說 중에는 "일반적으로 檢閱은 行政權이 행하는 경우에 한하는 것이지만, 法院이 口頭辯論도 열지 않고 理由도 붙이지 않은 채 表現行爲를 禁止한다면 실질적으로 行政處分과 같이 보아야 한다"고 하는 내용으로 制限的 消極說을 취하는 입장도 있다(芦部信喜, 憲法Ⅱ, 487).

190) 이에 대하여 자세한 것은 權 誠 외 4인(註 8), 498 및 矢崎秀一, 新實務民事訴訟講座(14), 日本評論社, 257-9 참조.

191) 日最判 昭61(1986).6.11(註 149).

192) 다만, "검열을 금지한 헌법규정의 취지 및 정신을 고려하여 그의 허용은 극히 예외적·한정적인 경우로 제한하여야 한다"고 하여 신중한 입장을 취하였다.

193) 憲裁 2001.8.30, 00헌바36.

절차에 의하여 심리·결정하는 것이어서 헌법에서 금지하는 사전검열에 해당하지 아니한다"라고 하여 消極說의 입장에 있음을 명백히 하였다.

(5) 被保全權利의 認定 與否

(가) 그런데 이러한 侵害排除 및 侵害豫防의 請求權은 通常 緊急性을 요하는 關係로 裁判形式으로는 假處分申請(終局에는 그 假處分에 대한 本案請求)의 形態를 띠게 된다. 假處分申請이 인용되기 위하여는 被保全債權의 存在와 保全의 必要性이 要求됨은 一般的인 假處分의 경우와 같되 言論의 自由와 葛藤關係에 있는 때에는 兩者의 比較衡量을 통하여 신중하게 결정할 필요가 있을 것이다.[194] 節次的으로도 口頭辯論이나 審問 등을 거치는 것이 타당하다. 全體的으로 보아 金錢賠償請求를 하는 경우보다 事前禁止請求權을 행사하고자 하는 경우는 한층 嚴格한 要件이 必要하다고 봄이 상당하다.[195]

그 要件의 充足與否는 결국 加害者 측의 利益(損失)과 被害者 측의 損失(利益)을 比較衡量한 결과에 따라 결정될 것인바,[196] 이에 관하여는 다음과 같은 여러 가지 학설이 있다.

(나) 첫째, "事前의 禁止가 表現의 自由에 대한 중대한 制約인 점에 비추어 檢閱을 禁止한 憲法精神을 考慮하여 權利侵害의 違法性이 高度인 境遇에만 禁止請求를 認定하여야 한다"는 內容의 高度의 違法性說[197]이 있다. 이 見解에 대하여는 "違法性의 強弱이라는 것이 具體的인 事案에 있어서는 극히 애매하다"거나 "表現의 自由와의 調和 내지 調整問題는 名譽毁損과 프라이버시 侵害의 領域에서는 違法性의 強弱보다는 事實의 公共性과 眞實性 및 行爲者의 意圖 등의 側面에서 검토되는 것이 상당하다"는 등을 이유로 한 批判[198]이 제기된다.

(다) 둘째, 通常的인 比較衡量의 立場에 선 比較衡量說이 있다. 比較衡量說은 다시 個別的 衡量說과 類型的 衡量說로 나뉜다. 이 중 前者는 "禁止請求權의 存否는 具體的 事案에 있어서 被害者가 侵害排除 내지 侵害豫防이 이루어지지 아니한 채 放置되는 것에 의하여 입는 不利益의 모습·정도와 侵害者가 禁止措置에 의하여 活動의 自由를 制約받는 것에 의하여 입게 되는 不利

194) 權 誠 외 4인(註 8), 500.
195) 安相云(註 2), 201.
196) 이에 관하여는 주로 日本에서 여러 학설이 논해지고 있다.
197) 東京地決 昭45(1970). 3. 14(判時 568, 41).
198) 竹田念, "人格權侵害と差止請求權", 現代損害賠償法講座(2), 294.

益을 比較衡量하여 결정할 것"이라는 것이고,[199] 後者는 "名譽의 價値와 表現行爲의 價値와의 比較衡量을 함에 있어서는 表現物의 種類(出版物·放送 등), 表現行爲의 對象(政治家·公務員 등의 公的人物, 俳優·運動選手 등 人氣人, 一般人의 구분 등), 表現行爲의 內容(評論·報道·小說의 구분 등) 등에 따라 類型化하고, 이것을 被害者의 利益과 조합하여 類型別로 比較衡量하여야 한다"는 見解[200]이다.

(라) 셋째, 禁止請求權의 認定은 아주 愼重하고 嚴格하여야 한다는 立場으로서 "公共의 利害에 관한 事實이 包含되어 있지 않다는 점, 摘示된 事實이 眞實에 反한다는 점, 侵害行爲가 故意 또는 現實의 惡意에 의한 것이라는 점 등 3가지 要件이 申請者에 의하여 立證되어야 한다"는 內容의 個別的 要件設定說[201]이 있다.

(마) 넷째, "人格權은 그 重要性을 능가할 法益이 없다고 볼 수 있으므로 人格權을 侵害하는 行爲는 原則的으로 모두 禁止되고, 다만 一般的인 人格權보다 더 保護되어야 할 어떤 具體的인 特殊한 利益, 즉 社會防衛를 위하여 必要한 境遇[202]에만 例外的으로 그 禁止가 解除되어야 한다"는 趣旨의 社會防衛論[203] 등이 있다.

### (6) 禁止請求權의 行使方法

禁止請求權의 行使方法은 侵害行爲의 모습에 따라 다르지만, 通常은 不作爲請求의 形態를 띠게 된다. 名譽毁損的 記事나 圖書發行의 境遇는 記事의 揭載禁止나 圖書의 發賣와 頒布의 禁止 내지 停止를 구할 수 있을 것이고, 寫眞撮影에 의한 肖像權侵害의 경우에는 필름의 使用禁止請求가 가능하다. 그리고 妨害排除請求의 例로는 原稿·紙型·印刷物·原版의 回收·破棄, 녹음테이프의

199) 이른바 'エロス+虐殺' 사건에 관한 東京高決 昭45(1970). 4. 13(判時 587, 31)이 취한 견해이다. 이에 대하여는 "比較衡量이라는 것이 불명확하고, 法官의 裁量의 폭이 지나치게 커서 豫測可能性을 보장할 수 없다"는 비판이 제기된다.

200) 夏原, 表現權理論の新展開, 41 등. 이에 대하여는 "表現行爲와 이에 대립하는 名譽의 一般的 利益과를 어떻게 類型化할 것인가가 불명확하다"는 비판이 제기된다.

201) 이상 세 가지 학설은 주로 日本에서 논의되고 있는 것으로서, 李根雄(註 175)에 자세한 설명이 나와 있으므로 참조 바람.

202) 예를 들면 公職을 담당한 자가 職務上 非理나 不法을 계속 자행하고 있는 경우에 이를 밝혀 내어 알리는 것은 社會防衛를 위하여 필요하기 때문에 그의 人格權을 侵害하더라도 禁止되어서는 안 되지만, 職務와 관련 없는 公職者의 私生活의 醜聞, 營業上 利益을 둘러싼 상대방의 名譽나 信用의 毁損은 社會防衛와 관계가 없으므로 禁止되어야 한다는 것이다.

203) 權 誠 외 4인(註 8), 502-5에서 자세히 전개하고 있는 새로운 제안으로서, 人格權侵害에 대한 禁止請求權을 原則的으로 認定하고 例外的으로만 이를 否定하는 것인 점에서 종래의 모든 견해와 상반된다.

抹消, 廣告 중의 姓名과 肖像의 削除 등을 請求하는 것을 들 수 있다.[204] 그 외에 문제가 된 책 등을 執行官에게 保管을 명하는 方法도 있다.[205] 그런데 한 권의 책 중 一部에만 名譽毁損에 該當하는 表現이 있는 경우에는 그 책 全體의 頒布를 禁止할 것이 아니라 該當 部分만의 削除와 抹消를 命한 뒤 頒布를 허용하여야 할 것이다.[206]

위와 같은 내용의 假處分裁判이 被申請人에게 送達되어 그 效力이 발생하였는 데도 被申請人이 이러한 不作爲義務를 履行하지 아니하면, 申請人으로서는 이를 除去하라는 趣旨의 執行命令을 얻어 代替執行의 方法으로 이를 除去함이 通常일 것이다.

이미 執行對象이 사라졌을 때에는 間接強制의 方法에 의하여야 한다. 間接強制는 통상 賠償命令의 形態를 띨 것이고, 間接強制를 위한 賠償命令을 미리 主文에 포함시키는 境遇도 많다.[207] 賠償額數는 本來의 債務履行의 強制를 위하여 必要하고도 充分한 金額으로서 合理性이 있는 金額이다. 따라서 豫想되는 損害額은 위 金額을 算定하는 데 하나의 資料는 되겠지만, 이에 구애될 필요는 없다.[208]

## 5. 인터넷에 의한 人格權侵害에 대한 救濟

### (1) 序 論

최근 他人의 人格權을 侵害하는 글이나 動映像이 인터넷상에 揭載됨으로써 인터넷에 의한 人格權侵害가 사회적으로 문제되고 있다. 그런데 사이버공간(Cyber space)에서의 人格權侵害는 off-line의 경우와 같이 電子揭示板[209]에의 投稿者와 被害者 사이의 문제에 중점이 있는 것이 아니고, 그 양자 사이에 개재되어 있는 인터넷서비스 사업자(제공자)에게 어떤 責任을 지우는 것으로 被害者의 名譽毁損으로 인한 人格權의 侵害를 막을 수 있는 것인가 하는 문제

204) 朴哲雨(註 11), 55.
205) 서울民事地決 87.12.4, 87카53922; 同 88.2.27, 87카36203; 同 88.6.20, 88카28987 등.
206) 서울地決 92.5.16, 92카44613; 서울지법 南部支院決 96.6.28 등.
207) 大判 96.4.12, 93다40614 등.
208) 安相云(註 2), 207.
209) 電子揭示板은 반드시 인터넷을 전제로 하는 개념은 아니다. 電子揭示板은 인터넷을 매개로 하지 않는 PC통신에서도 독자적인 네트워크를 통하여 서비스를 할 수도 있으나, 인터넷이 활성화되면서 대부분의 사업자가 인터넷을 통하여 電子揭示板서비스를 제공하고 있는 실정이다. 電子揭示板서비스에 따른 人格權侵害에 대한 논의는 양자에 동일하게 적용되므로 아래의 논의는 양자에 공통된 것이다.

에 그 중점이 있다고 할 것이다. 사이버공간에서의 名譽毁損에 관하여 우리 나라에는 제대로 된 法이 없는 실정이다.

(2) 情報提供者의 責任

㈎ 우리 나라에서 인터넷상의 揭示物이 본격적으로 문제된 것은 1990년대 후반이다.[210] 인터넷을 이용하여 他人의 人格權을 侵害하는 글이나 映像을 揭載한 경우의 投稿者나 情報提供者의 責任에 관하여는 人格權侵害에 관한 기존의 일반이론이 적용되므로 특별한 것은 없다. 주로 문제되는 他人의 名譽를 毁損하는 글을 揭示한 자의 名譽毁損罪의 성립 여부에 관하여도 기존의 名譽毁損에 관한 일반이론이 그대로 적용된다.[211]

한편 인터넷에 의한 人格權侵害는 民事問題와도 관련된다. 인터넷상에서 人格權을 侵害당하였다고 생각하는 자는 그 揭示板에 反駁의 글을 게시하여 자신의 입장을 밝히는 것이 보통이고, 加害者와 被害者는 온라인의 이용권에 관한 한 전적으로 평등한 입장에 있으므로 상대방에 대하여도 정당한 대응의 수준을 넘지 않아야 한다. 특히 被害者가 자신의 責任으로 名譽毁損的인 表現을 誘發한 경우, 名譽毁損에 해당하는 反論이 提起된다고 하더라도 그 人身攻擊이 論點에 관련되어 있는 한 論爭의 形態로 許容될 필요가 있다. 그러나 여기에서도 '상당한 이유'가 있는지 여부가 그 限界가 될 것이다. 즉 再反論을 계속하여도 집요하게 동일한 내용의 人身攻擊을 받은 경우에는 상당한 이유가 없는 대응이라고 할 것이므로, 被害者는 상대방에게 그로 인한 責任을 물을 수 있다고 할 것이다.

우리 나라에는 이에 관한 大法院判決은 없는 것으로 보이고, 다만 인터넷 사용자 사이에서 名譽毁損이 성립될 수 있는 表現의 限界로서 일응 "PC통신을 이용하는 통상의 이용자가 수인할 수 있는 한도를 벗어날 정도"라는 기준을 제시한 下級審判決이 있다.[212] 한편 어떤 대상에 대하여 안티임을 標榜하는 홈페이지에서 게시된 글의 경우에는 다른 言論媒體가 게재한 記事나 글에 비하여 폭넓은 表現의 自由가 인정된다는 趣旨의 下級審判決도 있다.[213]

210) 우리 나라에서 인터넷상의 揭示物이 간접적으로나마 최초로 다루어진 判決은 大判 97. 4. 25, 96도2910.

211) 大法院도 이와 동일한 입장에 있는 듯하다(大判 2000. 5. 12, 99도5734).

212) 서울地判 2000. 10. 26, 2000나40161(1심 판결: 서울地法 東部支院 2000. 5. 25, 99가단42644); 이 사건은 피고가 PC통신의 공개게시판에 가수 P양에 대하여 비판하는 글을 게시하자, 원고가 이에 대하여 반박하는 글을 게시하고 다시 피고가 맞대응하는 과정에서 발생한 것이다.

213) 서울地判 2001. 9. 19, 2000가합86668; 이 判決은 피고가 S스포츠일간지에 대한 안티사

(나) 인터넷에 의하여 人格權이 侵害된 경우 侵害를 당한 자가 侵害者를 상대로 하여 不法行爲를 原因으로 한 損害賠償을 請求할 수 있는 것은 다른 수단에 기한 人格權侵害의 경우와 동일하다. 또한 人格權을 侵害하는 揭示物을 削除할 것을 請求하거나 訂正文揭載를 請求하는 형태로 禁止請求權도 행사할 수 있다. 행위자가 상대방의 實名을 거론하지 아니한 채 상대방의 ID명만을 거론하면서 名譽毁損的인 表現을 사용할 경우에도 그 ID명의 사용자는 사이버공간에서 社會的 評價가 저하될 것이므로, 이 경우에도 名譽毁損이 성립한다.[214]

(3) 인터넷 서비스提供者(電子揭示板運營者)[215]의 責任

(가) 序 論 인터넷 서비스제공자는 인터넷자료실이나 揭示板의 접속회수에 비례하여 광고 등을 통하여 이익을 얻을 수 있고, 投稿된 內容에 대하여 대응수단을 취할 수 있는 지위에 있다는 점을 고려하면, 그에게 揭示物로 인한 名譽毁損의 責任을 지우는 것이 타당할 것도 같다. 그러나 인터넷 서비스제공자가 모든 揭示物을 확인할 수는 없다고 보아야 하고, 또한 그에게 責任을 지우게 되면 그는 私的인 檢閱을 강화하게 될 것이다. 이는 필연적으로 네티즌의 表現의 自由를 위축시킬 것이므로 양자의 조화를 이룰 수 있는 인터넷 서비스제공자의 責任에 대한 기준을 마련하는 것이 필요하다.

(나) 인터넷 서비스提供者의 統制權의 存否 憲法 §18는 "모든 國民은 通信의 秘密을 侵害받지 아니한다"고 규정하고 있다. 憲法이 保障하고자 하는 것은 通信 그 자체가 아니고 通信의 秘密性이라고 할 것인데,[216] 電子揭示板에 投稿하는 내용은 公開를 前提로 하는 것이 電子揭示板의 기본적인 特性이기도 하다. 따라서 電子揭示板의 揭示物은 秘密性이 없어 通信의 自由에서 말하는 보호받아야 할 通信에는 해당하지 아니한다. 현행법상 인터넷 서비스사업자가 電氣通信事業法에 정한 附加通信業者에 해당하여[217] 그는 위 법에 따라 通信의 秘密을 保護할 義務(동법 §54)를 지게 된다. 그러나 投稿者가 電子揭示

이트 홈페이지를 개설한 후 그 게시판에 위 일간지를 비판하는 글을 게재하거나 다른 사람이 쓴 기사를 자신의 ID를 사용하여 게재하자, 위 일간지를 제작하는 언론사와 임원이 피고의 名譽毁損을 이유로 損害賠償을 청구한 사안에 대한 것이다.

214) 黃贊鉉, "사이버 스페이스에서의 名譽毁損과 人權保障", 저스티스 34-1, 31.

215) 인터넷 서비스제공자에 대하여 獨逸에서는 직접 자신의 情報를 제공하는 자와 他人이 제작한 情報를 제공하는 자를 포함하는 개념으로서 서비스제공자(Diensteanbieter)를 사용하고 있다. 그런데 인터넷 서비스제공자가 직접 제공한 情報가 他人의 人格權을 侵害하는 경우에는 그는 정보제공자와 동일한 法的 責任을 부담하므로, 여기에서는 인터넷 서비스제공자가 제3자가 제작한 情報를 매개하는 경우의 責任만을 살펴보기로 한다.

216) 許營, 韓國憲法論(2000), 博英社, 366-7 등.

217) 黃贊鉉(註 214), 22.

板에 投稿하는 내용은 公開를 前提로 하는 까닭에 電子揭示板서비스는 위 법에 의하여 通信의 秘密로서 保護하고자 하는 通信役務에도 해당되지 않는다고 보아야 하고, 따라서 인터넷 서비스사업자는 위 법으로 인하여 電子揭示板의 揭示物을 위 법에 따라 保護할 義務가 없다.

한편 인터넷 서비스사업자에 의한 電子揭示板의 管理는 이용자와 사이에서는 계약내용을 구성하는 利用約款에 의하게 되는데, 통상 違法 또는 公序良俗에 반하는 내용의 投稿는 사업자측에서 削除 등을 할 수 있다는 내용을 포함하고 있다. 이에 따라 사업자는 利用約款의 규정에 따라 揭示物을 削除하는 등의 統制權을 취득한다. 이와 관련하여 최근 大判 1998. 2. 13, 97다37210에서는 PC통신회사가 그와 서비스이용계약을 체결한 이용자가 운영하는 電子揭示板에 게시된 글을 削除할 수 있고, 나아가 그 電子揭示板을 제공하는 서비스를 일시 중지하거나 나아가 揭示板을 폐쇄할 권한이 있음이 인정되었다.[218] 위 判決에서 大法院은 削除權의 근거로서 위 서비스의 이용자에게 적용되는 PC통신회사의 정보서비스이용약관 §21[219]를 들었고, 電子揭示板서비스의 일지중지 및 폐쇄권의 근거로서 電氣通信事業法 §3 I[220] 등의 관련규정과 통신서비스이용계약상 계약중지에 관한 조항[221]을 들었다.

그 후 大判 2001. 9. 7, 2001다36801에서도 大法院은 電子揭示板의 設置, 운영자인 PC통신회사에게 他人의 名譽를 毁損하는 글을 削除할 權限이 있음을 전제로 한 판단을 하였는데, 위 判決은 뒤에서 살펴본다.

(다) 인터넷 서비스提供者의 責任의 認定與否(統制義務의 存否)

(a) 外國의 경우

(i) 美國[222]에서는 최초 인터넷 서비스제공자에게 배포자[223]로서의

218) 위 사건에서는 "원고와 PC통신회사에 적용되는 정보서비스이용약관 제21조는 약관의 규제에관한법률 제6조 제2항 제1호 소정의 '고객에 대하여 부당하게 불리한 조항'이나 위 법 제10조 제2호 소정의 '상당한 이유 없이 사업자가 이행하여야 할 급부를 일방적으로 중지할 수 있게 한 조항'에 해당한다고 볼 수는 없어 유효하다"고 판시하였다.

219) 정보서비스이용약관 제21조는 "이용자가 게재 또는 등록하는 서비스 내의 내용물이 다음 각 호의 1에 해당한다고 판단되는 경우에 회사가 이용자에게 사전통지 없이 揭示物을 삭제할 수 있다"고 하면서 6가지 사유를 들고 있다.

220) 電氣通信事業法 §3 I 은 "전기통신사업자는 정당한 사유 없이 전기통신역무의 제공을 거부하여서는 아니 된다"고 규정하여 정당한 사유가 있을 경우 전기통신사업자는 그와 서비스이용계약을 체결한 자에게 通信役務의 제공을 거부할 수 있음을 예정하고 있다.

221) 大法院은 기업통신서비스에 관한 계약 제16조 제2항에 따라 專用揭示板에 불온통신이 게재되지 아니하도록 관리할 義務가 원고에게 있음을 인정하였다.

222) 美國의 인터넷名譽毁損에 관한 자세한 내용은 黃贊鉉(註 185), 10 이하 참조.

223) 서점·도서관·뉴스 스탠드 등 배포자는 名譽를 毁損하는 내용이 있다는 것을 알았거나(knew) 알 이유가 있었던(had reason to know) 때에 한하여 責任을 진다.

지위를 인정하여 일정한 경우 責任을 지우고 있었다.[224] 그러다가 통신품위법(Communications Decency Act: CDA)이 1996년에 제정되어 서비스제공자의 責任을 免除하는 법률조항이 마련되었다. 이에 따라 그 후 나온 여러 判決은 위 법의 취지를 들면서 서비스제공자에게 배포자로서의 責任도 免除하였다.[225] 이는 憲法上 保障된 言論의 自由를 保障하기 위하여 인터넷 서비스제공자에게 자율적인 규제를 권장하려는 입장에 기한 것으로 보인다.

(ii) 獨逸에서는 전자서비스법을 두어 그 §5 Ⅱ에서 "서비스제공자가 타인이 제작한 정보를 제공하는 경우에는 ① 그 내용을 알고 있었고, ② 그 이용을 차단하는 것이 기술적으로 가능하며, ③ 그와 같은 조치를 합리적으로 기대할 수 있는 경우에 한하여 책임을 진다"고 규정하고 있다. 또한 서비스제공자가 접속을 매개한 경우에도 일정한 경우 責任을 지우는 방향으로 규정되어 있다(동조 Ⅲ·Ⅳ).

(iii) 日本에서는 인터넷상의 名譽毁損이나 프라이버시侵害에 대해서 民事法理論을 적용한다. 원고가 서비스제공자인 피고에게 어떤 개인의 글이 자신에 대한 名譽毁損이라는 지적을 하며 그에 대한 조치를 요구하였으나 피고가 1개월 동안 그 글을 삭제하는 등의 조치를 전혀 취하지 않자 피고를 상대로 不法行爲를 이유로 한 損害賠償을 구한 사건에서, 法院은 피고의 그와 같은 행위는 名譽毁損에 해당하는 會員의 發言을 防止해야 할 條理上의 作爲義務를 위반한 不法行爲에 해당한다고 判示하였다.[226]

(b) 인터넷 서비스提供者의 統制義務의 存否 　우리 나라 법제상 사이버공간에서 人格權을 侵害하는 情報를 올린 경우, 서비스제공자가 그 공간과 시설을 제공하고 이를 매개하였다고 하더라도 그 이유만으로 責任을 지울 수는 없을 것이나, 그렇다고 하여 美國과 같이 인터넷 서비스제공자의 責任이 무조건 免除된다고 볼 수는 없다. 앞서 본 바와 같이 인터넷 서비스제공자에게 他人의 人格權을 侵害하는 揭示物을 削除하거나 揭示板서비스 자체를 중지하는 등의 權限이 있다고 하더라도 그에게 被害者가 責任을 추궁할 수 있

224) 최초로 문제된 사건은 Cuby, Inc. v. Compuserve Inc. 사건인데, 이 사건에서 法院은 "인터넷 서비스제공자가 名譽毁損陳述의 존재를 알았거나 알 수 있었던 경우가 아닌 한 流布에 대한 責任을 지지 않는다"고 判示하여 인터넷 서비스제공자에게 배포자의 지위만을 인정하였다(Cuby, Inc. v. Compuserve Inc., 776 F. Supp. 135(S.D.N.Y. 1991)).

225) Zeran v. America Online, Inc.; Blumenthal v. Drudge; Ezra v. America Online, Inc.; Doe v. America Online, Inc.

226) 東京地判 平9(1997).5.26(判時 1610, 22).

으려면 결국 서비스제공자에게 그 揭示物을 削除하는 등의 統制義務가 인정되어야 한다. 이 점에 관하여 인터넷 서비스제공자가 投稿된 揭示物이 名譽毁損의 내용이라는 것을 알았거나 알 수 있었을 경우에는 削除하는 등의 적절한 조치를 취할 義務가 있다는 見解[227]와 被害者의 通知나 기타의 사유로 揭示物의 存在를 인식한 경우에는 인터넷 서비스제공자의 責任이 긍정될 경우가 많을 것이라는 見解[228]가 있다.

(c) 인터넷서비스 提供者의 統制義務의 範圍 인터넷 서비스제공자가 電子揭示板에 投稿되는 모든 내용을 사전에 점검·조사하는 것은 물리적으로 불가능하고 적절하지도 않으므로 그에게 一般的인 揭示物의 監視義務를 부과할 수는 없다. 그에게 名譽毁損에 해당하는 揭示物을 削除하는 등의 統制義務를 부여하기 위해서는 結果發生의 豫見可能性과 回避可能性이 있어야 한다. 投稿된 내용 자체로부터 名譽毁損이 명백하거나 합리적으로 追認할 수 있는 경우에는 사업자에게 豫見可能性이 인정되어야 할 것이나, 被害者로부터 名譽毁損이라는 내용의 통지를 받은 경우만으로는 豫見可能性이 생겼다고 인정하기 부족하다. 回避可能性과 관련하여서는 객관적으로 사업자가 합리적으로 노력하고 조사하고 있다면, 侵害行爲를 발견하고 방지할 수 있었는가 하는 점이 고려되어야 한다.[229]

우리 나라에는 인터넷 서비스사업자의 責任에 관한 判決이 아직 많지는 않으나, 앞서 언급한 大判 2001. 9. 7, 2001다36801에서는 電子揭示板을 設置·運營하는 電氣通信事業者인 PC통신회사에게 他人의 名譽를 毁損하는 내용의 글을 削除할 義務가 있는지 문제되었다. 大法院은 "전자게시판을 설치·운영하는 전기통신사업자는 그 이용자에 의하여 타인의 명예를 훼손하는 글이 전자게시판에 올려진 것을 알았거나 알 수 있었던 경우에 이를 삭제하는 등의 적절한 조치를 취하여야 할 의무가 있다"면서 "그 글을 삭제하는 등의 적절한 조치를 취하지 않은 PC통신회사는 원고에 대하여 전자게시판 관리의무위반행위로 인한 손해배상책임을 진다"고 判示한 原審[230]의 判斷을 지지하여 원고의 上告를 棄却하였다.[231]

227) 黃贊鉉(註 214), 33.
228) 李海完, "사이버 스페이스와 표현의 자유", 憲法學硏究 6-3(2000. 11), 103.
229) 이에 관하여 자세한 논의는 黃贊鉉(註 214), 34-5.
230) 서울地判 2001. 4. 27, 99나74113.
231) 위 判決은 少額事件으로서 上告理由가 제한되어 있고(少額事件審判法 §3), 大法院이

위 判決에 의하면 인터넷 서비스사업자가 故意 혹은 過失로 名譽毁損의 글을 방치한 경우, 그 責任을 면하지 못할 것으로 보인다. 생각건대 인터넷 서비스사업자는 그 揭示物을 직접 作成하거나 揭載하지 않는다는 점을 고려하면, 인터넷 서비스사업자에게 故意 혹은 그에 준하는 重過失의 경우에만 責任을 지우는 것이 타당한 것으로 보인다. 이러한 관점에서 위 判決에서의 사안을 본다면 원고와 情報通信倫理委員會의 是正措置要求에 따라 피고가 名譽毁損의 글의 존재를 알았거나 충분히 알 수 있었던 경우이므로 피고에게 故意 내지 重過失의 존재가 인정되어 그 責任을 인정할 수 있을 것이다.

(4) 인터넷에 의한 **人格權侵害**에 대한 **救濟**

인터넷에 의하여 人格權이 侵害된 경우에도 앞서 본 바와 같은 일반적인 人格權侵害에 대한 救濟制度가 대체적으로 적용될 것이다. 따라서 인터넷 서비스제공자가 자신이 관리하는 電子揭示板上에서 他人의 人格權을 侵害하는 내용의 揭示物이 揭載된 경우에 이에 관한 統制義務를 해태한 때에는 피해자에게 민법상의 不法行爲責任을 지게 되고, 被害者는 電子揭示板의 管理者인 인터넷 서비스제공자를 상대로 그 揭載物의 削除를 청구할 수 있으며, 名譽毁損을 당한 被害者는 名譽回復에 적당한 處分으로서 訂正報道나 訂正文揭載 또는 撤回請求 등을 할 수 있다.

최근 개정되어 2001. 7. 1부터 시행된 情報通信網利用促進및情報保護등에관한法律 §44는 "① 정보통신망을 이용하여 일반에게 공개를 목적으로 제공된 정보로 인하여 법률상 이익이 침해된 자는 해당 정보를 취급한 정보통신서비스 제공자에게 당해 정보의 삭제 또는 반박내용의 게재를 요청할 수 있다. ② 정보통신서비스 제공자는 제 1 항의 규정에 의한 당해 정보의 삭제 등의 요청을 받은 때에는 지체없이 필요한 조치를 취하고 이를 즉시 신청인에게 통지하여야 한다"고 규정하고 있다. 이에 따라 인터넷상의 電子揭示板에 의하여 人格權을 侵害당한 被害者는 정보통신서비스 제공자에게 당해 情報의 削除 또는 反駁內容의 揭載를 요청할 수 있다. 被害者는 민법 §764에 따라 名譽回復의 適當한 處分으로서 위와 같은 조치를 요청할 수도 있을 것이나, 민법 §764에 따른 처분은 '名譽를 毁損당한 자'만이 청구할 수 있는 데 반하여, 위 法律에 따른 청구는 名譽를 毁損당하였는지와는 무관하게 '法律上 利益이 侵害된

명확한 법률적 입장을 밝히지 않은 채 原審의 判斷을 지지한 까닭에 앞으로의 大法院의 입장이 이와 같다고 단정하기는 어려울 것으로 보인다.

자'가 할 수 있도록 되어 있어서 청구권자의 범위를 넓게 규정하고 있다.[232]

한편 反論報道請求는 定期刊行物의登錄등에관한法律이나 放送法의 규정에 따라 定期刊行物이나 放送에 대해서만 허용되는 것인바, 인터넷상의 電子揭示板을 定期刊行物이나 放送이라고 볼 수는 없으므로 인터넷상의 電子揭示板에 의하여 人格權을 侵害당한 被害者에 대하여는 위 각 법률에 의한 反論報道請求가 인정되기 어렵다.[233)·234]

[李 在 洪]

232) 金載亨, "인터넷에 의한 人格權侵害", 二十一世紀韓國民事法學의 課題와 展望, 博英社, 306.

233) 金載亨(前註), 305.

234) 獨逸은 미디어 서비스에 관한 주간계약 §10에서 反論報道請求權에 관한 특별규정을 두었다. 위 규정에 따라 정기적으로 편집물을 게시하는 전자출판으로서 그 내용이 공공성이 있는 홈페이지의 경우에는 운영자에게 인터넷상에 反論報道를 揭示하는 것을 내용으로 하는 反論報道義務가 있음이 인정되었다.

# 後論 Ⅱ[公害로 인한 不法行爲責任]

차 례



## Ⅰ. 總　　說

이른바 公害는 사람의 신체 또는 재산에 대한 간접적이고 계속적인 침해로서, 그로 인한 피해는 광범위한 경우가 많고 사람과 環境에 대하여 중대하고도 不可逆的인 손해를 끼칠 수 있다는 특질을 가진다.[1] 그러므로 직접적이고 개별적인 침해를 전제로 한 전통적인 不法行爲法의 法理를 公害로 인한 피해의 구제에 그대로 적용하는 것은 여러 가지 면에서 적합하지 않은 경우가 발생한다. 특히 不法行爲의 主觀的 成立要件인 故意·過失이나, 客觀的 成立要件인 違法性 및 因果關係 등의 개념은 公害로 인한 不法行爲의 특질을 감안하여 이를 수정하거나 폐기하여야 한다는 논의가 상당히 활발하게 전개되고 있다. 한편으로는 公害問題에 대처하기 위하여 不法行爲에 관한 민법의 규정들을 배제하거나 수정하는 特別法도 상당수 제정되고 있다.

따라서 여기에서는 먼저 公害의 개념과 이에 대한 私法的 救濟方法을 개

1) 具然昌, 環境法論, 법문사, 35-7.

략적으로 소개한 다음, 不法行爲의 成立要件인 故意·過失, 違法性, 因果關係 및 損害의 개념과 이에 대한 證明의 문제가 公害로 인한 손해배상에 있어서는 어떻게 다루어져야 하는가 하는 논의들에 관하여 살펴보고, 아울러 公害賠償의 특수한 문제로서 公害의 原因을 제공한 자가 여럿이거나 公害와 自然災害가 함께 손해의 발생에 기여한 경우의 損害賠償責任에 관하여 고찰해 보기로 한다.

## Ⅱ. 公害의 개념

公害라는 개념은 과학문명의 발달과 사회적·경제적 환경의 변화에 따라 또 그것을 느끼는 개인에 따라 그 내용이 달라질 수 있는 流動的이고 不確定한 개념이다.[2] 현대에 들어와서는 예컨대 "食品公害"·"쓰레기公害"는 물론, "交通公害"·"廣告公害"·"新聞公害"라는 말까지 쓰일 정도로 不特定人들에게 육체적·정신적 건강에 危害를 가져올 수 있는 모든 간섭을 뜻하는 것으로 公害라는 용어가 日常語로 자리잡고 있다.

그러나 公害問題를 法的으로 접근함에 있어서 위와 같이 광범위하고 불확정한 公害의 개념에 의거할 수는 없는 노릇이다. 舊公害防止法(1971. 1. 22. 법률 제2305호)은 "公害"를 '① 排出施設에서 나오는 煤煙·먼지·惡臭 및 가스 등으로 인한 大氣汚染, ② 排出施設에서 나오는 化學的·物理學的·生物學的 요인에 의한 水質汚染, ③ 騷音·振動으로 인하여 국민의 건강에 미치는 위해의 생활환경을 저해함으로써 발생되는 피해'라고 한정적으로 정의하고 있었으나, 1977년에 環境保全法에 의하여 公害防止法이 폐지되면서 "公害"라는 용어 대신 "環境汚染"이라는 용어가 사용되었다. 그 후 環境保全法을 폐지하고 汚染原因別로 對策法律을 나누어 입법하면서 새로 제정한 環境政策基本法(1990. 8. 1. 법률 제4257호)은 '環境汚染'을 '사업활동 기타 사람의 활동에 따라 발생되는 大氣汚染, 水質汚染, 土壤汚染, 海洋汚染, 放射能汚染, 騷音·振動, 惡臭 등으로서 사람의 건강이나 환경에 피해를 주는 상태'라고 포괄적으로 정의하고 있고, 여기서의 "環境"이란

2) 公害라는 용어는 英美法의 public nuisance의 번역어로 사용된 것으로 추측되는데, 英美法에서도 nuisance의 개념에 관하여는 정확하고 포괄적인 정의를 하는 것이 불가능하다는 점에 의견이 일반적으로 일치되어 있다. PROSSER AND KEETON ON TORTS(5th ed.), pp. 616-9.

舊公害防止法과는 달리 生活環境뿐만 아니라 自然環境도 포함하는 것으로 정의하고 있다.[3)]

물론 일정한 현상 그 자체를 의미하는 "環境汚染"과 그로 인한 피해까지도 포괄하는 의미인 "公害"의 개념이 같은 것은 아니지만,[4)] "環境汚染被害" 내지 "環境被害"[5)]의 개념이 단순히 生活環境에 대한 沮害를 의미하던 "公害"에 갈음하여 자연생태계파괴 등으로 인한 건강상·재산상의 피해까지 포괄하는 새로운 법률용어로 등장하게 된 것이다. 그러나 여기서는 종전과 같이 "公害"라는 용어를 사용하되 環境汚染被害와 같은 개념으로 사용키로 한다.

## Ⅲ. 公害에 대한 私法的 救濟

### 1. 序

公害에 대한 救濟方法으로는 私法的 救濟方法보다는 行政的 規制가 효과적이다. 公害 내지 환경오염과 그로 인한 자연생태계의 파괴는 이미 지역사회 내지 국가 전체의 문제로서 장기적·획일적인 정책을 통하여 규제하고 예방하는 것이 시급하기 때문이다. 우리 나라의 각종 環境關聯法律들, 즉 앞서 본 環境政策基本法을 비롯하여 自然環境保全法, 水質環境保全法, 먹는물관리법, 大氣環境保全法, 土壤環境保全法, 海洋汚染防止法, 騷音·振動規制法, 環境管理公團法 등은 모두 公害에 대한 行政的 規制를 뒷받침하고 있다.

그러나 일반국민이 公害에 대한 행정적 규제에 의하여 反射的 利益을 얻고 있다고 하여 公害의 직접적인 피해자가 가해자를 상대로 私法上의 權利救濟를 국가에 청구하는 것을 무시할 수는 없다. 오히려 뒤에서 보는 바와 같이 公害訴訟의 특수성을 감안한 해석을 통하여 피해자의 私法的 救濟方法을 적극적으로 보호하여야 한다.

### 2. 외국의 立法例

公害에 대한 私法的 救濟에 관한 각국의 立法例는 임미시온에 관한 民法注解 V, 294-6까지를 참조한 것이다.

3) 環境政策基本法 §3.
4) 具然昌(註 1), 41.
5) 環境紛爭調整法 §2 I.

### 3. 私法的 救濟方法의 法的 構成

公害에 대한 私法的 救濟方法으로는 妨害排除請求와 損害賠償請求의 두 가지를 생각할 수 있는데, 이 두 가지 救濟方法의 근거에 관하여는 견해가 나누어져 있다.

#### 가. 二元說

留止訴訟은 物權法에서, 賠償請求訴訟은 不法行爲法의 영역에서 각각 개별적으로 파악하려는 설로서 多數說이다.6) 이 견해에 의하면 公害留止訴訟의 訴訟物은 所有權 기타 物權에 기한 妨害排除請求權이고, 公害로 인한 損害賠償訴訟은 民 §750 이하의 不法行爲를 그 근거로 삼고 있다고 설명한다.

#### 나. 一元說

留止訴訟이든, 損害賠償訴訟이든 하나의 통일된 法域에서 파악하여야 한다는 說이다. 여기에는 다시 不法行爲를 근거로 삼는 견해7)와 民 §217에서 규정한 相隣關係를 근거로 삼는 견해,8) 뒤에서 보는 環境權을 근거로 삼는 견해 등으로 나누어져 있다.

생각건대 不法行爲로 인한 損害賠償의 방법으로서 金錢賠償主義를 채택하고 있는 民 §§763·394는 不法行爲의 효과로서 原狀回復 또는 禁止請求 내지 妨害排除를 인정하는 것을 배제한 취지라고 보아야 하므로, 一元說 중 不法行爲를 근거로 삼는 견해는 解釋論으로서는 받아들이기 어렵다. 또 相隣關係에 관한 民 §217를 손해배상청구의 근거로 삼는 견해도 獨民 §906처럼 損害補償請求權을 인정하는 규정이 없는 이상 解釋論으로는 무리라고 생각된다. 環境權說도 뒤에서 보는 바와 같이 現行法의 해석상 個別的·具體的인 권리로서의 環境權을 인정할 수 있을지 의문이다. 물론 公害訴訟의 특수성이 인정되고, 公害에 대한 私法的 救濟의 法的 構成을 통일할 필요성이 없는 것은 아니지만,

6) 民法注解 V, 309 이하 및 具然昌, "環境汚染의 民事責任", 黃迪仁博士 華甲紀念論文集 損害賠償法의 諸問題, 375; 鄭權燮, "環境汚染과 私法上救濟", 法과 環境, 150; 全昌祚, 公害의 私法的 救濟에 관한 硏究, 134; 吳錫洛, "環境責任의 立證", 人權과 正義 230 (1995. 10), 52.

7) 주로 일본의 학자들에 의하여 주장되고 있다. 淸水兼男, "公害差止の不法行爲的構成", ジュリスト 78, 384; 伊騰高義, "差止請求權", 現代損害賠償法講座 5, 396; 浜田稔, "不法行爲の效果に關する一考察", 私法 15, 101; 竹內保雄, "差止命令", 公害法の生成と展開, 439.

8) 金基洙, "公害의 私法的 救濟의 方向과 相隣關係的 構成", 환경법연구 창간호, 116 이하.

立法論으로는 몰라도 現行法 아래에서는 二元說의 해석이 타당하다.

## Ⅳ. 故意·過失

### 1. 過失責任主義의 완화

전통적인 不法行爲法은 故意 또는 過失을 不法行爲의 요건으로 하는 過失責任主義의 원칙을 채택하고 있다. 로마법 이래 近代民法의 一般原理로서 확립된 이 過失責任主義는 過失이 있으면 故意가 있는 것과 마찬가지로 손해배상책임을 진다는 점과 아울러 故意 또는 過失이 있어야 손해배상책임을 진다는 점을 그 내용으로 하는 것이다. 즉 누구라도 社會平均人에게 요구되는 注意義務만 게을리하지 않는다면 그의 행위로 인하여 타인에게 손해를 발생시키더라도 배상책임을 지지 아니함을 보장함으로써 자유로운 企業活動을 보장하여 주는 한편, 그와 같은 注意義務의 履行을 장려함으로써 손해의 발생을 예방하는 사회적 기능을 한 것이다. 따라서 過失에 대한 證明責任도 피해자에게 있음은 당연하다.

그러나 現代에 들어와서 企業活動이 대규모화·조직화되고 사람이나 환경에 광범위하게 危害를 끼칠 수 있는 종류의 활동이 점증함으로써 公害와 같은 間接的이고 集團的인 새로운 유형의 손해가 발생하게 되자, 종전처럼 過失責任主義에 의거하여 개별적인 행위자의 主觀的 意識狀態에 대한 법적 평가에 따라 그 배상책임의 유무를 결정하는 것이 과연 타당한 것인가 하는 의문이 제기되었다. 公害로 인한 손해가 발생하는 경우에는 가해자가 개별적인 피해발생에 관하여 예견하지 못하는 수도 있을 뿐 아니라 피해자가 가해자의 主觀的 意識狀態를 증명하여 손해의 배상을 구하는 것은 매우 어렵기 때문이다.[9)]

不法行爲制度는 원래 발생한 損害를 사회적으로 공평·타당하게 분배시키기 위한 것인데, 公害로 인한 손해배상책임의 有無를 판단함에 있어 엄격하게 가해자의 故意·過失을 요구하게 되면 위와 같은 不法行爲制度의 이념에도 배치되는 결과가 된다. 公害에 대한 私法的 救濟를 논함에 있어 過失責任主義의

9) 이에 따라 立證責任의 轉換이나 證明度의 減輕을 꾀하거나 過失에 관한 一應의 推定의 法理를 활용하여 過失에 관한 立證을 완화하려는 견해도 있다. 吳錫洛, 環境訴訟의 諸問題, 三英社(1996), 86; 中野貞一郎, “過失の一應の推定について(1)(2)”, 法曹時報 19-8 이하, 19-11, 20 이하 참조.

완화 내지 無過失責任主義가 요청되는 이유가 여기에 있다.

### 2. 學說의 전개

公害로 인한 손해배상에 있어서의 주관적 요건에 관하여 다음과 같이 過失責任主義를 완화하는 방향으로 해석론이 전개되어 왔다.

#### 가. 防止義務違反說

손해의 발생을 예방하기 위하여 일정한 防止施設을 해야 할 의무가 있음에도 이에 위반한 경우에 過失이 있다고 보는 견해이다.[10] 이 견해는 過失을 인정하기 위해서는 가해자가 손해의 발생을 예견할 수 있었다는 점만으로는 부족하고, 예견가능성과 아울러 결과를 회피하고 손해를 방지하기 위한 수단을 강구할 의무를 위반하였어야 한다고 설명한다. 企業活動을 계속하면서 그 企業의 성질에 비추어 상당한 設備 내지 최선의 防止設備를 하면 중대한 결과가 발생하더라도 過失이 인정되지 아니하므로 손해배상책임이 없다는 것이다. 企業活動의 자유를 가장 앞세우는 學說이다. 그러나 일반적으로 위험한 기업활동을 통하여 막대한 이익을 얻는 企業을 단지 防止設備를 하였다는 이유만으로 免責시키는 반면, 그 企業活動으로 인하여 利益을 받은 것도 아니고 危險의 生成에 아무런 관여를 한 바도 없는 피해자에게 손해를 감수하라는 것은 不合理하다는 비판을 면하기 어렵다. 公害로 인한 피해가 아무리 중대하더라도 일정한 防止設備만 하면 免責된다는 것은 손해의 공평한 분담이라는 不法行爲制度의 이념과 어긋나기 때문이다.

#### 나. 豫見可能性說

손해의 발생에 관한 가해자의 豫見可能性이 있으면 가해자는 操業停止 등 損害回避措置를 취함으로써 손해의 발생을 방지할 수 있으므로 豫見可能性만이 過失의 내용이자 판단기준이라고 보는 견해이다.[11] 이 說은 豫見可能性의 有無를 판단함에 있어서 행위자를 표준으로 하는 것이 아니라 同種의 事業을 하는 자가 통상 갖추고 있는 專門的 知識을 표준으로 하여야 한다고 설명한다.

이 견해와 같이 豫見可能性을 專門的인 知識人을 표준으로 하여 판단하게 되면 公害를 배출하는 행위를 함에 있어서 注意義務의 정도가 상당히 높아지

10) 森島昭夫, 不法行爲法講義, 有斐閣(1991), 171.
11) 澤井 裕, 公害の私法的研究, 日粒社(1969), 174 이하.

므로 産業公害의 경우에는 대부분 過失이 인정되어 사실상 無過失責任을 인정하는 결과로 될 수 있다.[12] 그러나 가해자 쪽이 豫見할 수 없는 손해는 결국 피해자가 감수할 수밖에 없게 되므로 公害로 인한 피해자의 보호에 충분하지 못하게 되고, 防止義務違反說과 마찬가지로 公害를 배출하는 企業活動으로 이익을 얻는 企業을 免責시키는 결과가 된다.

### 다. 新受忍限度論

損害의 종류 및 정도, 加害行爲의 態樣, 損害回避措置를 하였는지 여부, 地域性 기타 여러 요인을 比較衡量하여 손해가 '受忍限度'를 넘는 경우라고 인정되는 경우에는 豫見可能性의 有無를 불문하고 過失이 있다고 하는 견해이다.[13]

이 견해에 의하면 過失은 더 이상 歸責性의 문제가 아니라 結果回避義務의 위반, 구체적으로 말하자면 피해자에게 受忍限度를 넘는 損害를 주지 않도록 措置할 義務의 위반을 의미한다. 이와 같이 過失의 개념을 違法性의 개념과 구별하지 않고 受忍限度라는 개념 속에 융합시켜 一元的으로 이해하는 것이다. 즉 公害로 인한 피해가 受忍限度을 넘었다면 違法性과 過失이 모두 인정된다. 따라서 過失에 관한 별도의 立證은 필요가 없고 受忍限度를 넘는 사실을 피해자가 입증할 책임이 있는가, 아니면 受忍限度 내에 있는 사실을 가해자가 입증할 책임이 있는가의 문제만이 남게 된다(이 점에 관하여는 후술한다).

그러나 이 견해에 대하여는 '受忍限度'라는 법률이 정하고 있지 아니한 요건을 내세워 不法行爲에 있어서의 過失要件을 배제하는 것은 論理의 飛躍으로 現行法의 解釋論으로는 받아들이기 어렵다는 비판이 있다.[14]

### 라. 環境權說

이 견해는 앞서 본 豫見可能性說에 입각하여 있기는 하지만, 加害者의 過失을 이루는 豫見可能性은 環境을 汚染시킨다는 사실의 認識 또는 認識可能性만으로 충분하다는 견해이다.[15] 排出物이 有害하다는 認識 또는 認識可能性은 물론, 구체적인 피해에 관한 豫見이나 豫見可能性을 요하지 않는다는 것이다.

그러나 이와 같이 豫見可能性의 개념을 확대하면 대부분의 경우 故意·過

12) 具然昌(註 6), 377.
13) 野村好弘, "故意, 過失および違法性", 公害法の生成と發展, 岩波書店(1970), 387; 野村好弘·淡路剛久, 公害判例の研究, 都市開發硏究會(1978), 71.
14) 具然昌(註 6), 377.
15) 大阪辯護士會, 環境權, 日本評論社(1973), 60.

失이 인정될 것이므로 豫見可能性을 過失의 요건으로 하는 것조차 무의미하게 되어 뒤에서 보는 受忍限度論과 사실상 다를 바 없게 된다는 비판이 있다.[16]

### 마. 相隣關係說

公害에 대한 私法的 救濟方法으로서 一元說을 취하는 견해 중 民 §217에 의한 손해배상청구가 가능하다고 보는 견해로서, 이 견해에 의하면 손해배상청구에 故意·過失이 문제되지 않으므로 無過失責任이 인정된다고 한다.[17] 그러나 民 §217를 不法行爲로 인한 손해배상청구에 적용하는 것은 무리라는 비판이 있음은 앞에서 본 바와 같다.

### 바. 危險責任說

環境責任을 지배하는 법리는 危險責任理論이므로 公害로 인한 손해배상에 있어서도 危險責任理論에 따른 無過失責任이 적용된다고 보는 견해이다.[18] 危險責任理論이란 危險性이 많은 工作物 등을 관리·소유하는 자가 危險의 방지에 충분한 주의를 기울이지 아니하여 危險이 현실화하여 손해가 발생한 경우에는 그로 인한 책임을 면할 수 없다는 이론인데, 위험한 公害物質을 배출하는 기업들은 그 危險으로부터 생긴 손해를 배상할 책임을 져야 한다는 것이다.

생각건대 公害로 인한 손해배상책임을 無過失責任으로 구성하는 근거로서는 危險責任說의 견해가 가장 타당한 것이 아닌가 한다. 環境政策基本法 §31도 危險責任說의 입장을 취하여 環境汚染의 피해에 대한 事業者의 無過失責任을 규정하고 있다. 1977년에 제정되었던 舊環境保全法 §60 I 도 事業場 등에서 발생하는 汚染物質로 인하여 사람의 생명 또는 身體에 피해가 발생할 때에는 事業者가 그 피해를 배상하여야 한다고 규정하여 公害에 대한 無過失責任을 明文化하고 있었으나, 이 규정은 公害로 인한 財産的 被害에 대하여는 적용할 수 없었던 단점이 있었다. 그런데 環境政策基本法의 위 규정은 環境汚染으로 인한 피해에 대하여 일반적으로 無過失責任을 인정함으로써 사람의 生命·身體는 물론 財産的 被害에 대하여도 民 §750가 정한 不法行爲의 내용을 수정하여 그 책임을 확대시키고 있다. 이와 같은 無過失責任의 立法化[19]로 인

16) 原田尙彦, "公害訴訟と環境權", ジュリスト 492, 244.
17) 金基洙(註 8), 130 이하.
18) 郭潤直, 711; 柳至泰, "環境責任法立法論", 公法硏究 20, 297.
19) 環境政策基本法 외에 개별적인 對策法律에도 無過失責任이 규정되어 있는 것이 있다. 鑛業法 §91, 水産業法 §82, 原子力損害賠償法 §3 I, 油類汚染損害賠償保障法 §4 I, 土壤環境保全法 §23, 海洋汚染防止法 §2 X 참조.

하여 公害訴訟에 있어서의 過失責任主義의 완화에 관한 종전의 논의는 더 이상 의미가 없어졌다고 하여도 과언이 아니다.

이에 대하여 環境政策基本法 §31를 프로그램적 규정으로 보고, 이 규정을 직접 公害로 인한 손해배상에 적용하기는 곤란하지 않느냐고 반론을 제기하는 견해가 있다.[20] 環境政策基本法의 규정형식으로 보거나 종전의 環境保全法 §60 Ⅲ과 같이 민법규정을 보충적으로 적용할 것을 명시한 별도의 규정이 없는 점을 그 근거로 든다. 그러나 그와 같은 점만으로 종전 환경보전법 §60와 본질적으로 동일한 環境政策基本法 §31의 실체법적 효력을 부인할 이유가 없다고 본다.[21]

### 3. 判例의 태도

公害로 인한 손해배상소송에 있어서 過失의 요건에 관한 대법원판례의 태도는 분명치 않다.

大判 73. 5. 22, 71다2016[22]은 "원심은 증거에 의하여 피고회사의 이 건 비료공장이 그 가동초기에 있어서 원판시 유해가스제거시설이 미비한 시설상의 하자가 있었고 특히 종업원의 작업기술미숙의 과실로 인하여 많은 양의 유해가스를 분출시켜 원고소유과수원에 막대한 피해를 입힌 사실을 인정함으로써 피고에게 위와 같은 불법행위로 인한 손해배상책임을 인정하고 있으므로 소론이 지적하는 바와 같은 불법행위이론을 곡해하여 손해배상책임에 관한 귀책사유판단을 함이 없다는 논지는 이유 없다"고 하여 過失을 不法行爲의 성립요건으로 하는 전통적인 不法行爲理論을 유지하고 있음을 간접적으로 판시하고 있다.[23]

그러나 大判 73. 10. 10, 73다1253[24]은 "공장설립 당시나 그 가동에 있어서 현대과학이 가능한 모든 방법을 취하여 손해를 방지하는 시설을 갖추고 있다 하여 피고가 원고에게 가한 不法行爲에 過失이 없다고 말할 수는 없다"고 하여 적어도 防止義務違反說을 취하는 것이 아님을 분명히 하고 있다. 이 판

20) 李銀榮, 714.
21) 同旨: 吳錫洛(註 6), 53; 이상규, 환경법론, 법문사, 242; 安法榮, "環境汚染事故와 危險責任", 한림과학원지원 연구논문, 10-1.
22) 집 21-2, 민3.
23) 이 판례는 전통적인 過失論을 고수하고 있기는 하지만, 거대한 企業을 상대로 하여 公害訴訟을 제기한 과수원의 경영자의 청구를 받아들였다는 점에서 사회적으로는 큰 의의가 있는 것으로 평가받고 있다. 具然昌, "우리 나라의 公害判決", 환경법연구 3, 162-3.
24) 집 21-3, 민68.

례를 대법원이 豫見可能性說을 채택한 것으로 보는 견해도 있으나,[25] 위와 같은 대법원의 판시만으로 적극적으로 豫見可能性說에 입각한 것이라고 단정하기는 어려운 것이 아닌가 한다. 하여튼 이 대법원판결은 경제발전과 기업활동의 보호라는 관점으로부터 公害로 인한 피해의 救濟라는 관점으로 법적 시각을 전환한 판례라는 평가를 받고 있다.[26]

이 밖에는 公害訴訟에서 過失의 유무가 쟁점이 되어 대법원판례에 반영된 사례를 찾아보기 어렵다. 이것은 환경책임에 관한 無過失責任理論의 발전과 無過失責任主義의 입법화로 인하여 公害訴訟에서 故意·過失은 더 이상 문제되지 아니하였던 것에 기인한 것이 아닌가 생각된다. 따라서 公害判例에 나타난 주요한 쟁점은 뒤에서 보는 바와 같이 因果關係의 문제로 옮겨지게 되었다.

## V. 違 法 性

### 1. 序

違法性은 故意·過失 및 因果關係와 함께 不法行爲의 성립요건을 이룬다. 즉 法益을 侵害하는 행위가 法秩序에 위배될 때에만 불법행위는 성립되는 것이다. 公害로 인한 손해배상책임의 유무를 가림에 있어서 違法性의 문제는 매우 중요한 테마가 되어 왔다. 기업활동에 필연적으로 부수하는 公害의 배출과 이로 인한 피해 사이에 어떠한 잣대로 違法性 여부를 판단할 것인가 하는 것은 인간의 생존과 번영을 위한 산업 및 경제의 발전과 환경의 보호라는 이데올로기적인 대립과도 관련이 있기 때문이다. 이하에서는 違法性에 관한 학설들을 살펴보고, 아울러 違法性을 구성하는 사실에 관한 證明責任에 관하여 살펴본다.

### 2. 學 說

#### 가. 受忍限度論

사람이 社會共同生活을 영위하는 이상 다른 사람의 행위로 어떤 피해를

25) 李銀榮, 723.
26) 具然昌(註 23), 165.

입었다고 하더라도 일정한 정도까지는 이를 受忍해야 함을 전제로 이 受忍限度를 넘는 피해가 있을 때에만 加害行爲가 違法性이 있다는 견해이다.[27] 環境保存과 經濟發展 사이에 조화를 이루어야 한다는 점, 利益衡量論, 市民의 生活感情 등을 그 論據로 삼고 있다. 이 견해에 의하면 受忍限度 내지 違法性은 일률적으로 적용할 수 없는 것으로서, 公害賠償訴訟에서의 違法性과 禁止訴訟에서의 違法性은 그 정도에 차이가 있을 수 있다는 違法性段階說을 취하게 된다.

受忍限度를 판단함에 있어서는 다음 항에서 보는 바와 같은 여러 요소를 종합적으로 고려하고 比較衡量하여야 한다고 설명한다.

(1) **受忍限度의 판단요소**[28]

㈎ 地 域 性　　受忍限度를 결정함에 있어서는 加害行爲 및 損害가 발생한 지역의 特性이 중요한 요소가 된다. 예를 들어 騷音公害의 경우 농촌지역에 거주하는 사람과 대도시에 거주하는 사람은 그 受忍限度가 같을 수 없다. 工業地域과 住居地域 사이에도 마찬가지이다.

㈏ 加害企業의 公益性　　公害를 배출하는 기업이 公益性이 높으면 違法性은 상대적으로 인정되기 어렵다. 그러나 社會的 가치가 없는 기업이나 反社會的 기업활동으로 公害를 발생시킨 경우에는 受忍限度는 낮아진다.

㈐ 土地利用의 先後　　공장이 이미 가동되고 있는 토지 인근에 이사한 주민은 공장에서 배출되는 公害에 대한 受忍限度가 높을 것이다. 반대로 주민들이 먼저 거주하던 지역에 공장을 신설하여 公害를 발생시킨다면, 앞서의 경우보다 受忍限度는 상대적으로 낮을 수밖에 없다.

㈑ 公法的 規制基準의 초과 여부　　각종 환경관련법령에서 정하고 있는 公害排出에 관한 規制基準은 受忍限度를 정하는 최소한의 기준이 된다. 規制基準을 초과한 公害의 배출은 일반적으로 受忍限度를 넘는 것이라고 볼 수 있다. 그러나 公害의 배출이 公法上 規制基準의 범위 내라고 하여 私法的으로도 언제나 違法性이 없다고 단정할 수는 없다. 大判 91.7.23, 89다카1275[29]도 "공장에서 배출된 오염물질(아황산가스)의 농도가 환경보전법에 의하여 허용된 기준치 이내라 하더라도 그 유해의 정도가 통상의 수인한도를 넘어 인근농장

27) 野村好弘(註 13), 396.
28) 鄭權燮, "公害와 違法性", 法과 公害, 韓國法學敎授會(1974), 1225; 野村好弘(註 13), 409 이하; 淡路剛久, 公害の賠償理論, 有斐閣(1978), 254 등 참조.
29) 公 904, 2211.

의 관상수를 고사케 하는 한 원인이 되었다면, 그 배출행위로 인한 손해배상 책임을 면치 못한다"고 판시하여 같은 입장을 취하고 있다.

㈒ 損害防止措置의 유무 가해자가 가능한 損害防止措置를 취하였다면 損害의 발생을 막을 수 있었는지의 여부는 受忍限度를 판단하는 요소가 된다. 그러나 최선의 防止施設을 구비하였다고 하더라도 피해가 중대한 경우에는 受忍限度를 넘어 위법하다고 인정될 수 있다.[30)]

㈓ 被害者側의 特殊事情 受忍限度는 일반적으로 사회평균인을 기준으로 판단하는 것이고 피해자측의 특수한 사정은 참작되지 않는다. 그러나 예컨대 公害와 피해자의 特異體質이 경합하여 피해가 발생한 경우에도 그 피해정도가 중대한 때에는 違法性이 인정될 수 있다.

(2) 受忍限度論의 機能과 限界

受忍限度論은 산업의 발전과 아울러 그로 인한 公害의 救濟가 함께 고려되어야 하는 産業社會 初期의 이론으로서 시민들 사이의 相隣關係的 紛爭을 해결하는 데에 매우 적절한 기능을 하여 왔으며, 대법원판례도 受忍限度를 違法性을 판단하는 기준으로 인정하고 있다.[31)]

그러나 사회공동생활에서 구성원 상호간에 어느 정도의 침해를 受忍하여야 하는 것은 당연하지만, 그 침해가 사람의 생활이나 재산에 대한 본질적인 침해가 되는 정도가 아니어야 함은 물론 그 침해가 相互的일 수 있음을 전제로 하는 것이다. 그런데 산업의 급격한 발전에 따른 汚染物質의 大量排出로 인하여 환경과 생태계가 돌이킬 수 없도록 파괴되고 인간의 생존마저 위협받는 사태에 이르게 되자, 環境保全과 경제발전의 調和를 도모하는 종래의 法理論과 이를 기초로 한 受忍限度論은 그 論據를 상실하게 되었다. 또 오늘날 대부분의 公害에 있어서 가해자는 주로 企業측이고 피해자는 경제적 弱者인 庶民인 경우가 많아 受忍限度論의 전제가 되는 市民的 地位의 互換性이 존재하지 않게 되었으므로, 이 점에서도 受忍限度論은 說得力이 약화되었다고 한다.[32)]

### 나. 新受忍限度論

(1) 내 용

新受忍限度論은 公害를 배출하는 행위의 態樣, 손해발생을 회피하기 위한

30) 註 24의 판례 참조.
31) 註 29의 판결 및 大判 97.10.28, 95다15599(公 1997, 3617) 등.
32) 權龍雨, "鑛害賠償責任의 範圍", 損害賠償法의 諸問題, 394; 澤井裕, 前揭書, 204.

조치의 유무 등 가해자측의 사정과 피해자측이 입은 損害의 종류 및 정도 등을 比較較量하여 그 손해가 受忍限度를 초과하였다고 認定되면 豫見可能性의 유무를 따지지 않고 不法行爲責任을 인정하자는 견해이다.[33]

이 견해가 내세우는 受忍限度란 개념은 사회공동생활을 함에 있어서 합리적인 사회평균인이 감내하여야 할 한도를 의미하는 것인데, 종래에 違法性 판단의 한 요소로 사용되던 이 개념을 발전시켜 違法性과 過失을 대체하는 不法行爲責任 판단의 기준으로 승격시킨 것이다. 그리하여 不法行爲의 성립요건으로서 主觀的으로는 故意·過失을, 客觀的으로는 違法性을 따지던 二元論的 법률구성을 지양하고 受忍限度만을 따지는 一元論的인 법률구성을 시도하는 입장이라고 할 수 있다.

(2) 검 토

新受忍限度論에 의하면 가해자측과 피해자측의 사정을 상관적으로 교량하여 종합적이고 탄력성 있는 판단을 하게 되므로 구체적인 사건에서 가장 적절한 결론을 유도해 낼 수 있다는 장점이 있고, 過失을 受忍限度에 의하여 一元的으로 판단하므로 사실상 無過失責任을 인정할 수 있게 되어 公害로 인한 不法行爲에 있어서의 無過失責任問題가 자연히 해결된다고 한다.[34] 新受忍限度論을 지지하면서 民 §217 Ⅱ을 公害問題를 受忍限度에 의하여 一元的으로 처리할 수 있는 根據規定이라고 보는 견해도 있고,[35] 大判 91.7.23, 89다1275이 新受忍限度論을 따르는 판례라고 보는 견해도 있다.[36]

그러나 新受忍限度論이 책임판단의 요소로 보는 가해자측과 피해자측의 여러 사정은 受忍限度라는 개념을 매개할 필요 없이 곧바로 違法性 판단의 요소로 볼 수도 있을 것이고, 無過失責任의 문제는 이미 立法에 의하여 해결되었으므로 굳이 民 §750가 규정한 바 없는 受忍限度라는 개념을 가지고 一元的으로 해결해야만 할 필요가 있는 것인지 의문이다. 또 相隣關係에 관한 民 §217 Ⅱ을 公害로 인한 不法行爲의 근거규정으로 보는 것도 지나친 解釋論이라는 비판을 받을 수 있으며, 위 대법원판례가 受忍限度라는 용어를 사용하고 있기는 하지만, 그 判文 어디에서도 新受忍限度論을 정면으로 수용하는 취지는 찾아 보기 어렵다.

33) 野村好弘(註 13), 393.
34) 全昌祚, "公害와 過失·無過失", 法과 公害, 한국법학교수회(1974), 125.
35) 全昌祚(註 34), 125-6.
36) 金相容, "環境訴訟에 있어서 因果關係立證責任의 分擔", 판례월보 255(1991.12), 7.

### 다. 環境權說

#### (1) 環 境 權

環境權이라고 함은 사람이 "건강하고 쾌적한 환경에서 생활할 권리"를 가리킨다. 종래의 법이론에 의하면 사람이 생활을 영위함에 있어서 자연환경이 제공하는 空氣·물 등은 이른바 自由財로서 權利의 대상으로는 파악되지 않고 있었던 것인데, 이것이 사회공동체의 구성원 전원에게 평등하게 분배되어야 할 자원으로서 당연히 모든 사람의 공동소유에 속하는 가치 있는 재산이라는 점이 점차 인식되면서 환경권이라는 권리의 객체로 관념되기에 이르렀다.[37]

憲法도 이러한 경향을 반영하여 "모든 國民은 건강하고 쾌적한 環境에서 생활할 權利를 가지며 國家와 國民은 環境保存을 위하여 노력하여야 한다"(§35 I), "環境權의 內容과 行使에 관하여는 法律로 정한다"(§35 II)라고 규정하여 環境權을 국민의 기본권으로 인정하면서 個別的·具體的 權利로서의 環境權에 관한 규정을 법률에 위임하고 있다. 이 헌법규정의 성격을 프로그램적 규정으로 보는 견해에 의하면 이 규정은 國民에게 國家에 대한 環境保護措置의 請求權을 부여하는 것이 아니고 단지 立法者에 대하여 효과적인 環境保護의 포괄적 조치를 취할 政治的·道義的 의무를 부과할 뿐이라고 하며,[38] 抽象的 權利說에 의하더라도 環境權은 인간다운 환경 속에서 살 수 있도록 필요한 立法을 요구할 수 있는 법적 권리일 뿐 그 권리가 침해되었다고 하여 그 救濟를 裁判을 통하여 訴求할 수는 없다고 하고 있다.[39] 이에 반하여 具體的 權利說은 基本權은 公序良俗의 법리를 통하여 私人간의 법률관계에도 간접적으로 적용될 뿐 아니라, 위 헌법규정이 私人에게도 環境保全의 의무를 부과하고 있으므로 그 규정으로부터 직접적으로 對私人的 效力이 생긴다고 한다.[40]

環境政策基本法 §6는 "모든 國民은 건강하고 쾌적한 環境에서 생활할 權利를 가지며, 國家 및 地方自治團體의 環境保存施策에 협력하고 環境保存을 위하여 노력하여야 한다"고 추상적 규정을 두고 있을 뿐 環境權의 구체적인 내용이나 그 행사방법에 관하여는 아무런 규정도 없음에도 불구하고, 環境權說을 주장하는 학자들은 環境權을 個別的·具體的 權利로 해석하고 있다. 그러나 環境權의 법적 성질에 관하여는 약간씩 견해를 달리한다. 環境財를 自由財

37) 具然昌, "環境汚染被害救濟制度의 確立", 環境法研究 2(1980), 150.
38) 徐元宇, "環境汚染과 被害救濟", 檢察 1, 100.
39) 金哲洙, "環境權", 環境法研究 3권, 24; 文鴻柱, 제6共和國韓國憲法, 303.
40) 丘秉朔, 新憲法概論, 776.

가 아닌 有價値한 재화로 인식하는 이상 財産權的 성질을 가진다고 보는 견해도 있고, 인간의 생존을 위한 권리로서 人格權的 성질이 강하다고 보는 견해도 있다. 그러나 사회적 약자인 公害의 피해자를 보호하기 위한 것으로서 社會權의 일종이면서도 모든 사람이 환경 전체의 共有者로서 각기 독립하여 그 침해를 배제할 수 있는 排他的·支配權的 성질을 가지는 것이라는 점[41]에는 대체로 견해가 일치하고 있는 것으로 보인다.

(2) **環境權說**

環境權說이란 公害의 배출로 위에서 본 바와 같은 環境權의 침해가 있으면 그것만으로 곧 違法하다고 하는 견해이다.[42] 다시 말하면 개별적·구체적인 피해가 발생하였는지를 따질 필요 없이 일반적인 환경오염만으로 손해배상청구에 있어서의 違法性의 요건은 충족된다는 것이다. 또 環境權이라는 권리 자체에 기하여 公害에 관한 私法的 救濟方法으로서의 禁止請求도 가능하다.

이 견해에 의하면 受忍限度論 내지 新受忍限度論은 受忍限度에 관한 구체적인 기준을 설정하지 못하여 결국 違法性의 판단에 관하여 법원에 白紙委任을 한 결과를 초래한다고 비판한다. 또 環境汚染으로 인하여 環境權이 침해되었다는 점만으로 違法性이 인정되고 受忍限度라는 개념을 인정하지 아니하므로, 違法性의 내용이 損害賠償訴訟과 禁止請求訴訟에 있어서 각각 다르다고 하는 違法性段階說을 부정한다.

(3) 검 토

環境權說에 의하면 피해자가 일반적인 環境汚染만을 主張·立證함으로써 손쉽게 不法行爲에 있어서의 違法性의 요건을 충족시킬 수 있고, 환경오염이 발생하는 단계에서 그로 인한 구체적인 피해가 발생하기 전에 미리 禁止請求를 할 수 있는 장점이 있다.

그러나 우선 憲法이 규정하고 있는 環境權을 환경권의 내용과 행사방법에 관한 아무런 立法이 없는 상태에서 個別的·具體的 권리로 인정할 수 있는지 의문이다. 또 環境權의 확립이 憲法上의 要請이라고 할지라도[43] 구체적 내용과 행사방법이 정하여지지 아니한 環境權의 침해를 모두 위법하다고 한다면, 非現實的이고 경직된 理論이라는 비판을 면하기 어렵다. 물론 環境權說도 權

41) 李勇雨, "公害防止訴訟", 環境問題와 裁判, 법원행정처, 312 이하.
42) 李勇雨(前註), 312 이하.
43) 淡路剛久, 環境權訴訟の現狀──環境權確立をめざして──, ジュリスト(1980. 12), 114 이하.

利로서의 內在的 限界를 인정하면서 侵害가 극히 경미하고 企業의 公共性이 강한 경우에는 예외적으로 禁止請求는 허용되지 않는다고 주장할 수 있으나, 이와 같은 利益衡量이 필요하다면 본질적으로 受忍限度論과 무슨 차이가 있는가 하는 비판을 受忍限度論으로부터 받게 된다.[44)]

### 3. 判 例

판례는 旣述한 바와 같이 受忍限度의 개념을 違法性 판단의 기준으로 채용하고 있다. 대법원은 "사회공동생활상 참아주는 것이 불가피한 일이라고 생각되는 한도"를 법원이 심리하여야 한다고 하면서,[45)] 신체적 손해에 관하여 "피고들의 공장에서 배출된 환경오염공해물질로 인하여 초래된 환경오염의 정도에 비추어 볼 때 원고들이 구체적인 발병에 이르지는 아니하였다 하여도 적어도 장차 발병가능한 만성적인 신체건강상의 장해를 입었고 이는 통상의 수인한도를 넘는다고 할 것인바, 위와 같은 환경오염을 초래한 피고들의 행위는 생활환경의 보호와 그 침해에 대한 救濟를 규정하고 있는 헌법 §35 및 환경보전법 §60 등에 비추어 볼 때 그 違法性이 있다 할 것이므로 피고들은 공동불법행위자로서 이로 인한 손해를 배상할 책임이 있다"고 판시하고 있다.[46)]

하급심판례 중에는 좀더 구체적으로 受忍限度의 요소를 판시하고 있는 것도 보인다. "대기오염이 수인한도를 넘은 것으로서 違法性을 띠게 되는 것인지의 여부는 피침해이익의 종류 및 정도, 침해행위의 공공성, 그 지역의 현실적인 토지이용상황, 토지이용의 선후관계, 가해자의 방지시설설치 여부, 손해의 가변성 여부, 공법적 규칙 및 인·허가와의 관계, 환경영향평가 및 민주적 절차의 이행 여부 등을 모두 비교교량하여 판단하여야 한다"고 한 것이 그것이다.[47)]

### 4. 證明責任

전통적인 不法行爲理論에 의하면 違法性을 구성하는 요소에 관한 證明責任은 피해자인 원고에게 있다. 그러나 公害로 인한 손해배상청구에 있어서 受忍限度論을 취하는 경우, 그 證明責任을 누구에게 지울 것이냐 하는 점에 관하여 견해가 나누어져 있다.

44) 野村好弘·淡路剛久, "公害訴訟と環境權", ジュリスト 492, 241.
45) 大判 89.5.9, 88다카4697(公 851, 890). 이 판결은 日照權에 관한 것이다.
46) 大判 91.7.26, 90다카26607, 26614(公 904, 2244). 재산적 손해에 관하여도 註 28의 판례는 受忍限度라는 용어를 쓰고 있다.
47) 서울민사지방법원 89.1.12, 88가합2897(하급심판결집 89-1, 100).

(1) 被害者說

피해자인 原告가 受忍限度를 넘는 사실에 대한 證明責任을 부담한다는 견해이다. 受忍限度를 넘는 침해가 있을 때에 비로소 違法性을 띠게 된다고 해석함이 受忍限度論 주장의 本旨에 맞는 것이라고 한다. 다만, 受忍限度의 판정요소에는 被侵害利益의 성질 및 정도 이외에 加害企業의 公共性 등 피고측에게 유리하게 작용할 사정이 많이 있어 그러한 사정은 오히려 피고측이 주장·입증하여야 할 것이므로, 결코 원고에게 과중한 부담을 지우는 것이 아니라고 설명하고 있다.[48]

(2) 加害者說

가해자인 피고측에서 자신이 배출한 公害가 受忍限度 내에 있는 사실에 대한 證明責任을 부담한다는 견해이다.[49] 전통적인 權利濫用論에 의하면 피해자측에서 가해자의 행위가 權利濫用으로 違法性이 있다고 함을 주장·입증하지 않으면 안 되지만, 受忍限度論의 방식에 의하면 가해자측에서 그가 배출하는 公害가 일정한도 내의 것으로서 違法性이 없다고 함을 주장·입증하지 않으면 배상책임을 부담하게 된다는 것이다. 侵害行爲가 있으면 특단의 사정이 없는 한 加害의 사실은 법적 평가로서는 受忍限度를 넘는 것으로 판단되므로 피해자가 사회공동생활상 受忍할 의무가 있다고 하는 사실은 가해행위에 의한 손해배상청구권의 예외사실, 즉 權利障碍事實에 해당하는 것으로 이해함이 타당하다고 주장한다.

(3) 절 충 설

受忍限度의 판정요소 중 주로 被侵害利益의 성질 및 정도, 地域性은 원고가 이를 주장·입증하면 족하고, 그 다음은 피고측에서 受忍限度를 초과하지 않는 사실을 주장·입증하여야 한다는 견해이다.[50]

생각건대 違法性의 판단기준으로 受忍限度라는 도구를 사용함에 있어서는 그 판정요소를 이루는 개개의 사실, 즉 違法性의 基礎事實에 대한 證明責任이 문제되는 것이고, 公害가 受忍限度 내에 있는지, 이를 초과하는지 여부는 판정요소를 이루는 개개의 사실에 대한 증명의 결과를 두고 하는 違法性에 관한 法律判斷일 뿐 사실인정의 문제라고는 볼 수 없다.

48) 李勇雨, "受忍限度論小考", 法曹(1978. 10), 7.
49) 吳錫洛(註 9), 87; 加藤一郞, "序論", 公害法の生成と展開, 28. 이 견해가 獨逸에서도 通說이라고 한다. vgl. Soergel Siebert, BGB-Komm, 9 Aufl., S. 190.
50) 野村好弘(註 13), 398.

違法性도 不法行爲의 성립요건 중 하나이므로 違法性의 기초사실의 不確定으로 인한 不利益은 결국 原告에게 돌아갈 수밖에 없는 것이 아닌가 하는 의문이 있으나, 民法이 침해행위가 있는 경우에도 違法性이 阻却되는 경우에는 예외적으로 손해배상책임이 생기지 않는다는 규정형식을 취하고 있는 점[51]에 비추어 보면, 權利 기타 法的 利益에 대한 侵害事實은 原告에게 그 證明責任이 있으나, 그 침해의 정도가 受忍限度 내에 있어서 違法性阻却事由에 해당한다는 점에 관한 개개의 사실은 상대방인 被告側에서 그 證明責任을 부담한다고 보는 것이 옳을 것이다.

## Ⅵ. 因果關係의 證明

### 1. 序

加害行爲와 損害 사이의 因果關係가 不法行爲의 成立要件임은 公害로 인한 손해배상에서도 다를 바 없으므로, 피해자는 원칙적으로 자신의 손해가 가해자가 배출한 公害로 인하여 발생한 것임을 증명할 책임을 진다. 그러나 公害와 손해의 발생 사이의 因果關係는 현재의 과학수준으로도 해명되지 않는 분야가 있을 뿐만 아니라 경제적 지위가 열세한 피해자측에서 자연과학적으로 이를 증명한다는 것은 극히 곤란하거나 불가능한 경우가 대부분인 반면, 加害企業은 기술적·경제적으로 피해자보다 훨씬 原因調査가 용이한 경우가 많음에도 그 원인을 은폐하거나 원인조사에 협력하지 아니할 염려가 크므로 公害訴訟에 있어서 피해자에게 사실적인 인과관계에 관하여 과학적으로 엄밀한 증명을 요구한다는 것은 公害로 인한 私法的 救濟를 사실상 거부하는 결과가 될 우려가 있다.[52]

이러한 公害의 特質에 관한 고려와 公的 調査機關의 不備, 과학적 調査技術의 未發達, 加害企業의 사회적 책임 등을 고려하여 因果關係에 관한 피해자측의 證明負擔을 완화 내지 감경해야 한다는 주장이 설득력을 가지게 되었다.[53]

---

51) 民 §761 참조.

52) 大判 97.6.27, 95다2692(公 1997하, 2290) 참조.

53) 具然昌, "公害와 因果關係에 관한 判例硏究", 法曹 24-8, 73; 全昌祚(註 34), 103 내지 131. 獨逸의 環境責任法(Umwelt-HG) §6 I 은 侵害適合性(Schadenseignung)을 전제로 因果關係의 존재를 추정하도록 규정하여 입법적으로 이 문제를 해결하고 있다고 한다. 吳錫洛, 獨逸環境責任法의 硏究, 57, 70; 정진명, "獨逸環境責任法上의 原因推定責任",

## 2. 學說의 展開

### 가. 蓋然性理論

公害事件에서는 因果關係에 관하여 과학적으로 엄밀한 證明을 요하는 것이 아니고 加害行爲와 損害 사이에 因果關係가 존재한다는 상당한 정도의 蓋然性이 있음을 증명함으로써 족하고, 加害者가 이에 대한 反證을 한 경우에만 因果關係의 존재를 부인할 수 있다는 견해로서 주로 일본의 實體法學者들에 의하여 주창된 것이다. 이 견해는 公害로 인한 손해배상청구사건에서도 피해자인 原告에게 因果關係에 관한 證明責任이 있다는 전통적인 원칙을 전제로 하면서 原告側의 立證負擔을 완화하여 주기 위하여 因果關係에 관한 證明度를 경감시키자는 입장을 취하고 있다. 즉 因果關係에 관한 개연성의 증명은 "疎明 혹은 疎明보다는 강하지만 立證을 넘어서지는 않는 정도"로 충분하다고 한다.[54]

이 입장을 취하는 학자들도 그 이론구성방법에 따라 다음과 같이 견해가 나누어지고 있다.

#### (1) 事實上推定說

事實上推定의 법리를 응용하여 因果關係의 蓋然性에 관한 증명이 있으면 自由心證의 테두리 안에서 因果關係를 사실상 추정하자는 견해이다.[55]

公害로 인한 民事訴訟에서는 형사사건의 경우와는 달리 손해의 부담이 문제되는 것이므로 엄격한 증명은 필요하지 않고 蓋然的 證明으로 족하다고 하며, 그러나 일단 蓋然性의 존재가 입증된 경우에는 일반적인 事實上의 推定과는 달리 가해자측은 因果關係의 不存在를 적극적으로 입증하지 않는 한 손해배상책임을 면할 수 없게 되므로 실질적으로는 因果關係의 立證責任이 가해자에게 전환되는 셈이 된다고 설명한다.

이에 대하여는 事實上推定法則으로서의 蓋然性과 이 견해가 내세우는 蓋然性은 개념상 차이가 있는 것인데, 兩者를 동일한 것으로 혼동하고 있으며 證明度를 낮추려는 대상이 間接事實인지 經驗則인지 혼동하고 있다는 비판이 가해지고 있다.[56] 즉 事實上의 推定은 立證이 곤란한 要件事實을 經驗則의 적

---

판례월보 276, 37 이하 등 참조.

54) 德本鎭, "鑛害賠償における因果關係", 鑛害法硏究, 日本評論社(1969), 63-76.

55) 牛山 積, "公害訴訟と因果關係", 公害法の硏究, 85.

56) 林正平, "共同不法行爲論에 있어서 公害에 대한 小考", 安二濬博士 華甲紀念論文集 民

용에 의하여 推斷하는 것인데, 經驗則은 事物의 眞實蓋然性을 바탕으로 하는 것으로서 법관의 판단에 맡겨지는 사항이므로 결국 證明의 程度를 낮추는 대상은 間接事實이 되고, 따라서 要件事實의 인정이 恣意로 이루어질 염려가 있다는 것이다. 또 事實上의 推定에 있어서의 蓋然性은 民事訴訟法上 證明에 해당하는 것이나 蓋然性理論이 말하는 蓋然性은 證明에 이르지 않는 정도를 뜻하므로 兩者를 동일시할 수 없으며, 만일 사실상의 추정의 蓋然性을 後者와 같이 해석한다면 법률상 근거 없이 證明과 疎明 사이의 중간적인 心證으로 사실인정을 하는 것을 허용하는 결과가 된다고 한다.[57]

또한 인과관계에 관한 立證責任이 실질적으로 전환된다고 해석하는 것은 加害者의 無過失責任을 전제로 하는 立法論을 解釋論에 적용시킨 잘못이 있고, 加害者에게 일방적으로 가혹한 부담을 가하게 되어 당사자 사이의 공평한 損害의 負擔이라는 理念이 왜곡될 우려가 있다는 비판도 받고 있다.[58]

(2) **證據優越說**

英美의 證據法에서 인정되는 '證據優越'(preponderance of evidence)의 개념을 받아들여서 公害訴訟의 양 당사자 중 어느 쪽의 主張事實에 좀더 優越한 蓋然性이 있느냐에 의하여 判斷하자는 견해이다.[59] 형사소송에서는 사실의 인정이 형벌권의 행사와 직결되므로 합리적인 의심을 배제할 정도로 엄격한 증명(proof beyond the reasonable doubt)이 필요하나, 민사소송에서는 특수한 경우를 제외하고는 합리적으로 고찰하여 증거의 비중이 다른 편보다 우세한 것으로 족하다고 설명한다.

그러나 英美法상의 證據의 優越은 증거의 상대적인 우세를 뜻하는 것이 아니라, 사실인정의 주체인 陪審으로 하여금 係爭事實의 不存在보다는 그 존재가 더욱 확실하다(more probable than not)고 믿게 하는 證明을 뜻하는 것으로서 민사소송에 있어서의 일반적인 證明의 정도와 실질적인 차이가 없는 것이므로, 이 이론은 피해자의 입증부담의 완화에 별다른 도움이 되지 않는다는 비판이 있다.[60] 또 疎明과 證明을 구별하는 우리 법제상 英美法상의 證據法則을 일반원칙으로 도입할 수 있을까 하는 점과 被告側의 反證도 蓋然性의 立證

事法과 環境法의 諸問題, 552.

57) 吳錫洛(註 9), 99.

58) 小林健男, 公害と企業の責任, 同文館出版社(1972), 134.

59) 加藤一郎, "日本の公害(下)總括", ジュリスト 310, 104; 野村好弘, 公害の紛爭と被害者の救助, 45.

60) 吳錫洛(註 9), 97.

程度로서 무방하게 되지 않는가 하는 점에 난점이 있다는 비판도 있다.[61)]

### 나. 間接反證理論

종래 蓋然性理論이 모호한 개념으로 證明度를 완화하려 한 데 대하여, 因果關係의 유무를 類型的으로 고찰하여 일정한 사실이 있으면 經驗則을 적용하여 因果關係의 증명이 일단 충족된 것으로 하되 가해자측에 間接反證責任을 지움으로써 가해자의 입증책임을 강화하려는 견해이다.[62)]

그 구체적인 내용으로서는 ① 피해발생의 原因物質 내지 그 메커니즘, ② 原因物質의 到達經路, ③ 가해자의 原因物質의 生成·排出의 3가지 사실 중 原告가 ①·②사실을 증명한 경우에는 被告側에서 ③사실의 不存在를 증명하지 못하는 한 因果關係는 인정되고, 原告가 ①·③사실을 증명하고, 原因物質이 피해자 또는 그 지역에 도달할 가능성을 증명한 경우에는 被告側에서 원인물질이 피해자에게 도달하지 않았다든가 자신이 배출한 물질이 피해발생의 원인이 될 수 없다는 사실을 입증(間接反證)하지 않는 한 因果關係가 긍정되며, 原告가 ②·③사실을 증명한 경우에는 被告側에서 자신이 배출한 물질이 원인물질이 아니라는 間接反證을 하지 못하는 한 因果關係는 인정된다고 설명하는 견해가 있고,[63)] 因果關係의 증명에 필요한 사항을 좀더 세분화하여 ① 被告企業의 생산과정에서 特定物質 발생, ② 外部로의 排出, ③ 媒體를 통한 擴散, ④ 原告의 신체 또는 재산에의 도달, ⑤ 손해의 발생으로 나눈 다음 위 證明主題 중에는 이른바 一應의 推定에 의하여 다른 證明主題나 經驗則으로 그 존재가 추정되는 경우가 있으므로, 이러한 경우 被告로서는 그와 같은 경험칙이 통용되지 않을 만한 특별한 사정에 관하여 立證(間接反證)하여야 한다고 설명하는 견해가 있다.[64)] 이러한 新蓋然性理論은 국내에서도 이에 동조하는 학자들이 생겨나고,[65)] 뒤에서 보는 바와 같이 판례에 의하여 수긍되기에 이르러

61) 全昌祚, 公害의 私法的 救濟의 法理에 관한 硏究, 124.

62) 이 이론은 日本의 실무가인 東孝行判事가 "公害訴訟の諸問題──因果關係の立證", 司法研修所論集(1971.1). 3 이하에서 蓋然性說의 구체적 전개는 心證의 程度를 대상으로 할 것이 아니라, 證明主題를 분석하여 어떤 사실의 증명이 있으면 事物의 自然的 推移로서 因果關係의 證明이 있다고 인정할 것인가라는 형식으로 그 命題를 바꾸는 것이 적절하다는 시사를 함에 따라 間接反證理論을 중심으로 발전된 것이라고 한다.

63) 淡路剛久, "最近の公害訴訟と私法理論", 判例タイムズ 267, 3 이하.

64) 好美淸光·竹下守夫, "イタイイタイ病第1次訴訟第1審判決の法的檢討", 判例時報 646, 108 이하.

65) 吳錫洛(註 9); 具然昌, "公害와 因果關係에 관한 裁判硏究(2)", 法曹 24-9, 79 이하; 吳容鎬, "民事訴訟에 있어서의 立證의 정도와 蓋然性에 관한 理論(上)·(下)", 人權과 定義 165, 92 이하 및 166, 87 이하.

현재 定說이 되고 있다.

### 다. 表見證明理論

表見證明은 A사실이 있으면 경험칙상 B사실이 생기게 되는 定型的인 事象經過(typischer Geschehensablauf)가 인정되는 경우에 B사실을 직접 증명하는 대신에 A사실을 증명함으로써 經驗原則, 즉 高度의 蓋然性을 가진 經驗則에 의하여 B사실을 추정하는 것을 가리키는 것으로서 獨逸에서 학설·판례를 통하여 형성된 민사소송법상의 개념이다.[66] 손해배상책임의 성립에 관한 因果關係를 確定함에 있어서는 獨逸民事訴訟法 §286가 적용되므로 피해자가 "確信에 가까운 개연성"을 입증하여야 하는데, 그 입증의 부담을 완화하기 위하여 위에서 본 表見證明理論이 이용되고 있다고 한다.[67] 즉 어느 한 사실이 다른 사실의 원인이 되는 것이 定型的 事象經過로 인정되는 경우에는 經驗則에 의하여 그 사이의 因果關係가 추정되는 것이므로 피해자측에서 因果關係를 증명하기 위한 별도의 증거를 제출할 필요가 없고, 오히려 가해기업측에서 특별한 사정으로 인하여 그와 같은 經驗則이 적용되지 않는다고 하여 추정을 번복하려면 그 특별한 사정을 증명하여야 한다는 것이다. 이와 같은 表見證明理論을 公害訴訟에 있어서의 因果關係의 인정에 적용하여 피해자의 입증부담의 완화를 꾀하는 견해를 '一應의 推定說'이라고 부른다.[68]

그러나 이 견해에 대하여는 복잡한 과정을 거치는 公害事件의 因果關係에 관한 증명에는 '일응 충분한 증명'이 적용될 수 있는 사례가 흔하지 아니하여 一應의 推定이 기능하는 경우를 찾아볼 수 없을 것이라는 비판이 있다.[69] 또한 經驗則이 적용되지 아니할 특별한 사정에 대한 가해자측의 증명은 反證으로서 족한 것인가,[70] 아니면 間接反證에 의하여야 하는가[71]에 관한 견해의 대

66) '一應의 충분한 증명'이라고도 한다. 상세는 金聖洙, "獨逸民事訴訟에 있어서 表見證明의 法理", 外國司法硏修論集 裁判資料 9, 법원행정처, 411 이하 참조. 이 이론은 연혁적으로는 英美의 證據法에서 인정되는 自明性의 원칙, 즉 Res ipsa loquitur(The thing speaks for itself)의 원칙에서 유래된 것으로서 英美에서는 Res ipsa loquitur가 적용되는 경우에 그 사건은 prima facie case로 취급되어 결과적으로는 立證責任의 전환과 같은 효과를 갖게 된다고 한다.

67) 獨逸民事訴訟法은 證明度에 관하여 §286와 §287를 두어 §286는 確信에 가까운 개연성을 요구하고 있는 반면, §287는 그보다 낮은 여러 단계의 개연성을 규정하고 있는데, 손해의 범위를 정하기 위한 인과관계의 증명에 있어서는 손해배상책임의 성립에 관한 인과관계의 증명에 있어서와는 달리 §287가 적용되므로 表見證明理論은 적용되지 않는다.

68) 東孝行(註 62), 176.

69) 潮海一雄, "公害訴訟における損害論(1)", 判例タイムズ 311, 29.

70) 浜上則雄, "製造物責任における證明問題", 判例タイムズ 309, 18.

71) 吳錫洛(註 9), 104; 金先錫, "間接反證", 溫山 方順元古稀記念論文集 民事法의 諸問題,

립이 있지만, 多數說인 後者의 견해에 따른다면 앞에서 본 間接反證理論과 별다른 차이가 없게 된다.

### 라. 危險領域理論

危險領域理論이란 원래 피해자가 받은 손해의 원인이 가해자의 危險領域에 존재하는 경우에는 피해자는 證明窮乏(Beweisnotstand)의 상태에 처하게 됨에 반하여 가해자는 적어도 자기 책임이 문제되는 한도에서 사실관계를 해명하는 것이 용이한 입장에 있게 되므로, 이 경우 立證責任分配의 일반원칙을 변경하여 가해자가 要件事實의 反對事實에 대한 立證責任을 부담한다는 이론[72]으로서 獨逸에서 주로 積極的 債權侵害, 契約締結上의 過失, 製造物責任訴訟 등에서 立證責任分配의 원칙으로 논의되고 있는 것이다.

이 이론에서 말하는 危險領域이란 피해자에게 생길 수 있는 손해에 관하여 가해자가 자유로이 제어할 수 있는 법적·사실적 수단을 가지고 일반적으로 지배하는 것이 가능한 사실적 생활영역을 뜻하며, 피해자로서는 손해의 원인이 이와 같은 가해자의 危險領域에서 발생한 것이고, 피해자 사신이나 세3자의 위험영역 또는 아무에게도 속하지 않는 위험영역으로부터 발생된 것이 아니라는 사실만 입증하면 된다고 한다.

危險領域理論은 立證責任分配의 일반원칙으로 받아들여지는 것은 아니지만 立證責任分配에 관한 종래의 통설인 法律要件分類說의 타당성이 결여될 때 이를 수정·보충하는 원리로서, 公害訴訟 등에도 피해자의 입증책임을 완화시키기 위하여 적용할 수 있다는 견해가 유력하다.[73] 그러나 이 견해에 대하여는 독일에서도 아직 危險領域의 한계가 애매하다는 등의 문제점이 지적되고 있는 실정이므로, 이를 公害訴訟에 도입함에 있어서는 그 실효성의 유무나 기존의 民事訴訟法理論과의 충돌 여부에 관한 보다 철저한 검토가 앞서야 한다고 하여 부정적인 입장을 취하는 견해도 있다.[74]

---

博英社(1984), 406.

72) 康鳳洙, "立證責任分配에 있어서의 危險領域理論", 司法行政(1979. 2) 20; 吳錫洛(註 9), 107; 全昌祚, "危險領域理論과 現代型訴訟", 梅石 高昌鉉博士華甲紀念論文集 民法學의 現代的 課題, 博英社, 887 이하; J. Prölss, Die Beweislast nach Gefahrenbereichen, VersR., 1964, Note 7, S. 83.

73) 康鳳洙(註 71), 11-3; 全昌祚, "危險領域理論과 環境訴訟에의 適用", 民事法과 環境法의 諸問題, 博英社(1986) 645 이하; 李時潤, 民事訴訟法, 博英社(1996), 573-4; 鄭東潤, 民事訴訟法, 法文社(1990), 454; 潮海一雄(註 69), 29.

74) 吳錫洛(註 9), 107-8.

### 마. 疫學的 因果關係論

개연성의 증명에 이용되는 經驗則을 확충하는 수단으로 疫學(epidemiology) 상의 연구성과를 이용하려는 견해가 있다.[75] 疫學(epidemiology)이라 함은 질병을 일으키는 病原菌이나 有毒物質을 직접 찾아 내는 것이 아니라 集團現象으로서의 疾病의 消長과 자연적·사회적 요인과의 상관관계를 統計的 방법으로 규명하여 질병의 억압·방지의 방법을 발견하려는 학문을 말하는데, 이러한 疫學상의 인과관계가 인정되는 경우에는 가해자가 피해자의 질병에 대하여 다른 원인이 존재한다는 間接反證을 세우지 않는 한 法的 因果關係를 인정할 수 있다고 보는 것이다.

疫學에 있어서 因果關係는 통상 다음 4가지 조건이 충족되는지 여부에 의하여 결정된다. ① 特定因子가 發病되기 일정기간 전에 작용하였어야 한다. ② 그 因子가 작용하는 정도가 클수록 疾病의 罹患率이 높아야 한다. 즉 因子의 量과 結果 사이에 量과 效果의 관계(dose and effect relationship)가 존재하여야 한다. ③ 그 因子의 分布消長이 관찰된 流行의 特性과 모순 없이 설명될 수 있어야 한다. 즉 그 因子가 제거되거나 적어지면 疾病의 罹患率 내지 程度가 적어지는 관계이어야 한다. ④ 그 因子가 원인으로 작용하는 메커니즘이 生物學的으로 증명되어야 한다. 그러나 公害訴訟에 있어서의 法的 因果關係는 위 조건 중 ① 내지 ③만 충족하면 인정될 수 있고, ④의 病理메커니즘, 즉 公害物質이 피해자에게 도달된 후 어떠한 病理學的 과정을 거쳐서 疾病 등 손해를 발생하게 하였는가 하는 점까지 완전히 해명되어야 하는 것은 아니라고 설명한다.[76]

이러한 疫學的 因果關係는 公害로 인한 피해가 集團的 現象으로 나타나지만 개별적인 피해의 원인에 관하여 과학적으로 규명하기 힘든 경우에 그 효용이 있다고 할 수 있고, 蓋然性理論의 결함을 보완하고 피해자의 立證負擔을 완화시키는 적절한 방법이라고 할 수 있다.

## 3. 判例의 動向

(1) 판례는 당초 개연성이론을 받아들이는 데 소극적이었다. 大判 73. 11. 27, 73다919[77]은 살초제를 생산하는 피고의 공장에서 약 1㎞ 떨어진 곳에

75) 吳錫洛(註 9), 100; 吳容鎬, "公害訴訟에 있어서 因果關係의 立證", 司法論集 8, 139.
76) 吳錫洛(註 9), 101.
77) 公 479, 7631.

있는 원고가 경영하는 인삼포의 인삼이 탄저병으로 고사한 사례에서 蓋然性理論에 따라 原告勝訴判決을 내린 原審判決을 파기하면서 "원심은 소위 공해사건에 있어서 인과관계의 인정은 일반 불법행위와는 달리 인과관계를 추정할 수 있는 개연성만 있으면 일응 입증이 있는 것으로 소송상 추정되어서 가해자는 피해자의 손해를 배상할 책임이 있게 되고, 피고(가해자)가 그 불법행위의 책임을 면하려면 인과관계가 없다는 적극적 증명(반증)을 할 책임이 있다는 전제 하에 판결하였으나 소위 공해사건에 있어서의 이와 같은 입증에 관한 특별취급에 관한 위 전제는 본원이 인정할 수 없다"고 판시하고 있다.[78]

(2) 그러나 그 후 대법원은 公害訴訟에서 피해자측의 立證負擔을 완화시킬 필요성에 관한 인식이 강해지면서 蓋然性理論을 수긍하기 시작하였다. 大判 74.12.10, 74다카1774[79]은 과수원을 경영하는 원고가 그 과수원으로부터 약 200m 떨어진 곳에 화력발전소를 설치하여 아황산가스를 배출한 피고에게 果樹의 收穫減少 피해의 배상을 청구한 사안에서, 원고승소의 원심판결을 유지하면서 "공해로 인한 손해배상청구소송에 있어서 가해행위와 손해발생 사이에 있어야 할 인과관계의 증명에 관하여도 이른바 개연성이론이 대두되어 대소간에 그 이론이 사실인정에 작용하고 있음을 부인할 수 없는 추세에 있다고 하겠다. 개연성이론 그 자체가 확고하게 정립되어 있다고는 할 수 없으나 결론적으로 말하면 공해로 인한 불법행위에 있어서의 인과관계에 관하여 당해행위가 없었더라면 결과가 발생하지 아니하였으리라는 정도의 개연성이 있으면 그로써 족하다는, 다시 말하면 침해행위와 손해와의 사이에 인과관계가 존재하는 상당정도의 가능성이 있다는 입증을 함으로써 족하고 가해자는 이에 대한 반증을 한 경우에만 인과관계를 부정할 수 있다고 하는 것으로, 이는 손해배상을 청구하는 원고에게 입증책임이 있다는 종래의 입증책임원칙을 유지하면서 다만 피해자의 입증의 범위를 완화 내지 경감하는 반면 가해자의 반증의 범위를 확대하자는 것을 그 골자로 하고 있는 것으로 이해된다. 무릇 불법행위로 인한 손해배상에 있어서 불법행위의 성립요건으로서의 인과관계는 현실로 발생한 손해를 누구에게 배상책임을 지울 것인가를 가리기 위한 개념이므로 자연과학의 분야에서 말하는 인과관계가 아니라 법관의 자유심증에 터잡아 얻어지는 확신에 의하여 인정되는 인과관계를 말한다 할 것인데, 이런 확

78) 다만, 崔 栻, "公害와 因果關係", 法과 公害, 149은 이 판결이 蓋然性理論을 긍정한 것으로 보고 있다.

79) 公 504, 8214.

신은 통상인이 일상생활에 있어서 그 정도의 판단을 얻을 때는 의심을 품지 않고 안심하고 행동할 것이라는 정도를 일컬어 말함이니 이런 관점에서 볼 때 개연성이론을 수긍못할 바 아니다"고 판시하고 있다. 이 판례는 개연성이론을 긍정한 우리 나라 최초의 판례로 평가받고 있으나, 과연 蓋然性의 立證과 일반적인 證明을 구별하고 있는 것인지 의문이 간다.

(3) 大判 84.6.12, 81다558[80]은 新蓋然性理論을 받아들여 蓋然性에 관한 證明의 기준을 제시하고 있는 최초의 판례로서 의미가 크다. 이 판례는 피고가 경영하는 비료공장에서 배출된 폐수가 조류를 타고 원고가 설치한 김양식장에 유입된 사안에 관한 것인데, 대법원은 다음과 같이 因果關係의 증명에 필요한 사항을 세분하여 유형적으로 고찰하고 있다. 즉 "수질오탁으로 인한 공해소송에서 (1) 피고공장에서 김의 생육에 악영향을 줄 수 있는 폐수가 배출되고, (2) 그 폐수 중 일부가 해류를 통하여 이 사건 김양식장에 도달하였으며, (3) 그 후 김에 피해가 있었다는 사실이 각 모순 없이 증명된 이상 피고공장의 폐수배출과 양식김에 병해가 발생함으로 말미암은 손해 간의 원인관계가 일응 증명되었다고 할 것이므로, 피고가 (1) 피고공장 폐수 중에는 김의 생육에 악영향을 끼칠 수 있는 원인물질이 들어 있지 않으며, (2) 원인물질이 들어 있다 하더라도 그 해수혼합률이 안정농도범위 내에 속한다는 사실을 반증을 들어 인과관계를 부정하지 못하는 한 그 불이익은 피고에게 돌려야 마땅할 것이다"라고 판시하고 있는 것이다.

大判 97.6.27, 95다2692[81]도 공사장에서 배출되는 황토 등이 양식어장에 유입되어 농어가 폐사한 사안에서, "㉠ 피고의 공사현장에서 농어양식에 악영향을 줄 수 있는 황토와 폐수를 배출하고, ㉡ 그 황토 등 물질의 일부가 물을 통하여 이 사건 양식어장에 도달되었으며, ㉢ 그 후 양식농어에 피해가 있었다는 사실이 각 모순 없이 증명되는 이상 피고의 위 황토와 폐수의 배출과 원고가 양식하는 농어가 폐사하여 입은 손해와 사이에 일응 인과관계의 증명이 있다고 보아야 할 것이고, 이러한 사정 아래에서 황토와 폐수를 배출하는 피고로서는 ㉠ 피고의 공사현장에서 배출하는 황토와 폐수 중에는 양식농어의 생육에 악영향을 끼칠 수 있는 원인물질이 들어 있지 않고, ㉡ 원인물질이 들어 있다 하더라도 그 혼합률이 안정농도범위 내에 속한다는 사실에 관하여 반

80) 公 734, 1263.
81) 公 1997하, 2290.

증을 들어 인과관계를 부정하지 못하는 이상 그 불이익은 피고에게 돌려야 마땅할 것"이라고 판시하여 新蓋然性理論을 채택한 대법원의 입장을 재차 확인하고 있다.

## Ⅶ. 複數原因者에 의한 公害

### 1. 序

오늘날 工團造成이나 大都市化 등에 따라 公害로 인한 피해는 과거처럼 單獨原因者에 의한 경우보다 여러 원인에 의하여 복합적으로 발생하는 경향이 있다. 여러 공장들이 배출하는 임미시온 또는 廢水, 大都市의 家庭下水, 공장이나 아파트단지에서 배출하는 煤煙과 자동차배기가스 등이 복합적으로 작용하여 일정한 公害被害의 원인이 되는 경우가 많은 것이다.

이와 같이 公害의 發生이 複數原因者에 의하여 야기된 경우에 그 중 누구에게 어느 정도의 손해배상책임을 지우는 것이 타당한 것인가 하는 문제가 있다. 이 문제는 다시 複數原因者가 모두 自然人 또는 法人인 경우, 그 사이에 民 §760의 共同不法行爲를 인정할 것인가 하는 문제와 自然災害가 가공한 경우 原因者의 책임의 범위를 정하는 문제로 나눌 수 있다.

### 2. 共同不法行爲

#### 가. 문 제 점

民 §760Ⅰ이 규정하고 있는 좁은 의미의 공동불법행위는 각자의 행위가 불법행위의 요건을 갖추는 것과 아울러 客觀的 共同의 관계에 있어야 하고, 民 §760Ⅱ이 규정하고 있는 가해자불명의 공동불법행위의 경우에도 각자의 행위가 불법행위의 요건을 갖출 것을 그 성립요건으로 보는 한편, 共同不法行爲者는 손해 전부를 연대하여 배상할 책임을 진다는 것이 통설과 판례의 견해이다.[82]

그러나 複數原因者 중 어느 하나가 단독으로 배출된 오염물질로는 손해를

82) 郭潤直, 701; 金顯泰, 397-8; 金基善, 440-1; 黃迪仁, 407; 大判 68.3.26, 68다91; 大判 69.8.26, 69다962(집 17-3, 민61); 大判 82.6.18, 81다카1130(집 30-2, 민105); 大判 89.5.23, 87다카2723(公 852, 974); 大判 97.11.28, 97다18448(公 1998, 54); 大判 98.2.13, 96다7854(公 1998, 702).

발생시키기에 부족하고 다른 원인과 결합하여 비로소 손해를 발생시키는 때에도 원인제공자마다 독립적으로 不法行爲의 成立要件을 갖추어야 한다면, 共同不法行爲의 성립 자체를 부정하는 결과가 된다. 반면에 共同不法行爲者들 사이의 客觀的 關聯共同性만 있으면 충분하다고 보면 성립범위가 지나치게 확대될 뿐만 아니라, 손해의 발생에 아주 적은 원인을 제공한 자에게도 손해 전부에 대한 배상책임을 부담시키게 되어 가해자에게 가혹할 결과를 초래할 수도 있다. 이러한 不合理한 결과를 시정하기 위하여 共同不法行爲理論에 어느 정도의 제한을 두거나 수정하는 학설이 전개되고 있다.

나. 學 說

(1) **主觀的 關聯共同性必要說** 共同不法行爲가 성립하기 위하여는 客觀的 關聯共同性만으로는 부족하고 主觀的 關聯共同性, 즉 共謀 내지 共同의 認識이 필요하다는 견해이다.[83] 民 §760 I 은 자기의 행위와 因果關係가 있는 손해뿐 아니라 타인의 행위에 의하여 야기된 손해까지도 책임을 진다는 점에 의미가 있으므로, 그와 같은 책임을 지우기 위하여는 각자의 행위가 사회통념상 전체로서 한 개의 행위로 취급될 수 있을 정도의 공동관계가 필요하다는 것이다. 따라서 民 §760 I 의 '공동'은 각자가 타인의 행위를 이용하고, 한편 자기의 행위가 타인에게 이용되는 것을 인용하는 의사를 갖는 것을 뜻한다고 한다.

그러나 이와 같이 共同不法行爲의 성립에 주관적 요소가 필요하다고 보면, 過失行爲의 경합에 의한 共同不法行爲나 過失行爲와 故意行爲 사이의 共同不法行爲의 성립은 인정하기 어렵게 되어 共同不法行爲의 성립범위를 너무 좁게 인정하는 결과가 된다. 한편으로는 公害의 배출은 일시적이기보다는 계속적인 불법행위로서의 특질을 가지는 것이 보통인 점에 비추어 보면, 대부분의 경우 종국적으로는 共同의 認識이 상호간에 존재하게 되어 가해자측에 가혹한 결과가 될 수도 있다는 비판도 있다.[84]

(2) **共同不法行爲成立範圍制限說**

㈎ 一部連帶說 共同不法行爲에 관여한 정도가 같거나 누가 加害하였는지 不明한 경우에는 全部連帶가 되지만, 關與의 정도에 차이가 있고 그 차이가 판명된 경우에는 관여의 정도에 따른 범위 내에서 一部 連帶責任만을

83) 李太載, 506, 前田達明, "共同行爲の流水汚染により惹起された損害と行爲者の賠償すべき損害の範圍", 民商法雜誌 60, 471.
84) 千慶松, "公害의 複數原因者責任(共同不法行爲論)", 公害問題와 裁判, 법원행정처, 134; 林正平(註 56), 545.

인정하여야 한다는 견해이다.[85]

행위자가 스스로 원인을 부여한 한도 내에서만 책임을 진다는 일반불법행위의 원칙이 共同不法行爲에 있어서도 수정된 것은 아니며, 다만 연대책임으로 손해배상청구권이 강화된 것에 지나지 않는다고 설명한다. 또 民 §760Ⅱ은 加害者不明의 경우에 피해자보호를 위한 정책적 고려에서 連帶責任을 인정한 것일 뿐이므로 免責·減責의 주장이 허용되는 것은 당연하다고 한다.

(나) 相當因果關係에 의한 制限說 각 행위자에 대하여 그 행위와 相當因果關係가 인정되는 한도에서만 共同不法行爲가 성립한다는 견해이다.[86] 행위자 자신이 배출한 原因物質과 타인이 배출한 原因物質이 합해져서 손해를 발생시켰다면, 그 행위자는 그와 같은 사정을 알았거나 알 수 있었던 경우에만 民 §760Ⅰ의 共同不法行爲가 성립한다는 것이다.

(다) 批 判 그렇지만 위와 같은 成立範圍制限說에 의하면 民 §750의 규정만으로도 같은 결과를 도출할 수가 있으므로 民 §760는 당연한 것을 注意的으로 규정한 것일 뿐 피해자보호를 위한 규정으로서의 의미가 없게 되며, 행위의 關聯共同이라는 요건을 도외시한 것이라는 비판이 있다.[87]

### (3) 分割責任說

複數原因者는 각자가 손해의 발생에 기여한 비율에 따라 分割責任을 부담하면 된다는 견해이다.[88] 公害의 경우에는 原因者가 여럿이고 그 손해발생에의 寄與度도 각각 다양할 뿐만 아니라 被害額도 많은 것이 보통인데, 일률적으로 原因者 모두에게 連帶責任을 지우는 것은 부당할 뿐만 아니라 피해자로서는 그 중 資力을 가진 原因者만을 겨냥하게 되어 그에게만 가혹한 불공평한 결과가 된다는 것이다. 比率的 心證에 의하여 損害額을 인정하자는 比率的 心證說이나, 미국의 有毒性物質로 인한 손해배상소송에서 인정되는 比率的 損害賠償責任(proportional liability)의 원칙 내지 市場占有率(market share)에 의한 손해배상책임의 원칙 등도 이 견해와 궤를 같이하는 것이라고 할 수 있다.[89]

그러나 이 견해는 결국 複數原因者에 의하여 公害가 발생한 경우에 共同不法行爲의 성립을 부정하는 것일 뿐 아니라, 原因者 각자의 寄與度에 대한

85) 川井健, "共同不法行爲の成立範圍の限定", 判例タイムズ 215, 220-33.
86) 末川博, "故意と過失の共同不法行爲", 民商法雜誌 3-6, 169; 加藤一郞, 不法行爲, 208.
87) 千慶松(註 84), 135.
88) 野村好弘, "複數原因者による流水汚染と各原因者の責任範圍", 判例タイムズ 224, 51.
89) 吳錫洛(註 9), 80-1; 吳容鎬, "美國의 有毒性物質로 인한 不法行爲訴訟에 있어서의 因果關係와 그 立證", 人權과 正義 177, 47 이하 참조.

測定이나 그 立證이 사실상 불가능하여 公害로 인한 피해자의 보호라는 사회적 요청에 역행하는 이론이라는 비판을 받고 있다.[90]

(4) 立證責任輕減說

複數原因者에 의한 公害의 경우에는 共同不法行爲의 성립요건, 특히 因果關係에 관한 피해자의 立證責任을 완화시키기 위하여 "누가 손해를 가한 것인지 알 수 없을 때"로 보아 民 §760Ⅱ을 적용함이 상당하다는 견해이다.[91]

그러나 이 견해에 의하면 民 §760Ⅰ의 경우에도 가해자에게 일반적인 免責의 항변을 허용함으로써 訴訟遲延의 구실을 제공하여 被害者救濟의 요청을 저버리는 결과를 가져올 우려가 있다는 비판이 있다.[92]

(5) 新共同不法行爲說

좁은 의미의 共同不法行爲의 요건에 관하여는 종래의 통설이 들고 있는 '各人의 행위와 損害發生間의 因果關係' 및 '행위의 關聯共同性'이라는 요건을 '共同行爲=各人의 행위의 關聯共同性' 및 '共同行爲와 損害發生間의 因果關係'라는 요건으로 대체하여 재구성하자는 견해이다. 이 견해에 의하면 民 §760Ⅰ은 主觀的으로 관련성이 있거나 客觀的으로 강한 關聯共同性이 있는 경우에 적용되는 '因果關係의 看做規定'이므로 각 共同行爲者는 자기의 행위와 손해 사이에 因果關係가 없다거나 손해가 相當因果關係를 초과하고 있음을 주장·입증하여도 면책되지 않는 반면, 民 §760Ⅱ은 數人의 행위간에 '약한 客觀的 關聯'이 있고, 원인물질이 전체로서 피해를 발생시킨 것이 피해자측에 의하여 입증되면 因果關係를 推定하는 규정이라고 해석한다.[93]

그러나 이에 대하여는 약한 객관적 관련만이 인정되는 경우라도 原因物質이 배출되고 또한 도달되었다는 점이 인정되면, 원칙적으로 共同不法行爲의 성립을 인정하여 가해자에게 全額 損害賠償責任을 지우는 것이 상당하다는 반론이 있다.[94]

---

90) 千慶松(註 84), 136-7.

91) 森島昭夫, "公害における責任の主體", ジュリスト 458, 369.

92) 千慶松(註 84), 137; 林正平(註 56), 546.

93) 淡路剛久, 公害賠償の理論, 有斐閣(1979), 125-6.

94) 牛山積, "公害問題と共同不法行爲論", 判例時報 672, 5 참조. 이 논문은 더 나아가서 현실로 발생한 손해를 原因物質의 總量에 의한 것으로 보는 인식을 출발점으로 하여 公害發生源의 群構成分子의 特定可能性과 結合性의 차이에 따라 複數原因者에 의한 公害發生의 경우를 분류하여 群構成說을 전개하고 있다.

### 다. 검 토

環境政策基本法 民 §31Ⅱ은 사업장 등이 2개 이상 있는 경우에 어느 사업장 등에 의하여 환경오염으로 인한 피해가 발생한 것인지를 알 수 없을 때에는 각 사업자는 연대하여 배상하여야 한다고 규정하고 있다.[95] 民 §760Ⅰ의 '共同의' 불법행위이든, 民 §760Ⅱ의 '共同 아닌' 행위이든 구별하지 않고 民 §760Ⅱ과 같이 因果關係를 추정하고 있는 것이다. 이러한 점에 비추어 보면 公害로 인한 불법행위에 있어서는 立證責任輕減說이 간명하고 環境政策基本法의 취지에 맞는 것이 아닌가도 생각된다.

그러나 複數原因者에 의한 公害의 경우가 언제나 原因不明에 해당하는 것은 아니며, 關聯共同性이 현저한 경우에도 각각의 行爲者가 자신의 행위와 손해발생 사이의 因果關係의 不存在 내지 相當因果關係를 초과하는 사실을 입증하여 免責을 받을 수 있다고 한다면 被害者救濟라는 사회적 요청을 저버리는 결과가 된다. 이러한 점에서 新共同不法行爲說이 가장 합리적이라고 할 수 있다.[96]

## 3. 自然災害의 加功과 公害賠償責任

公害로 인한 손해는 대기, 물 또는 토양에 매개되어 간접적인 경로를 거쳐서 발생하는 것이 보통이므로, 여기에 自然災害가 加功되는 경우가 많다. 이 경우 배상책임의 존부나 그 범위를 어떻게 정할 것인가가 문제된다.

물론 自然災害가 加功되었다고 하더라도 公害만으로도 충분히 손해가 발생하는 것이 증명된 경우에는 가해자가 손해 전부를 배상하여야 하고, 반대로 自然災害가 강력하여 公害의 存否를 불문하고 그 손해가 발생할 수 있었음이 증명된 때에는 公害와 손해발생 사이의 因果關係를 인정할 수 없으므로 公害로 인한 배상책임은 없다.[97]

문제는 公害와 自然災害가 共同原因이 되어 손해가 발생하였을 경우, 公害의 排出者가 부담하여야 할 손해의 범위에 관한 것이다. 이 문제에 관하여는 다음과 같은 견해가 있을 수 있다.

---

95) 이 법에 의하여 폐지된 環境保全法 §60Ⅱ도 유사한 내용을 규정하고 있었으나, 그 적용범위를 사람의 생명·신체에 대한 피해에 한정하고 있었기 때문에 공해로 인한 재산상의 피해에는 적용되지 아니하였다. 土壤環境保全法 §23Ⅱ에도 같은 취지의 규정을 두고 있다.

96) 同旨: 具然昌, "公害訴訟과 多數當事者", 多數當事者訴訟硏究, 법무자료 90, 207-8.

97) 具然昌, "公害 및 自然的 災害의 共同原因과 賠償責任", 民判硏 Ⅸ, 160.

### 가. 民法 第393條의 類推適用說

公害로 인한 손해를 民 §393 I 의 '通常의 損害'로 보고, 自然災害의 加功에 의한 손해를 民 §393 II 의 '특별한 사정으로 인한 손해'로 보아 公害의 排出者가 自然災害의 加功을 알았거나 알 수 있었을 경우에는 손해 전부를 배상하여야 한다는 견해이다.

### 나. 民法 第760條의 類推適用說

民 §760의 공동불법행위책임은 여러 가해자가 손해의 발생을 야기한 경우에 피해자보호를 위하여 가해자들 사이에 연대책임을 부담시키는 것을 내용으로 하고 있는데, 自然災害의 加功을 여러 가해자 중의 하나로 취급하여 民 §760 I · II 을 유추적용하자는 견해이다. 이 견해에 의하면 自然災害 외에는 가해자가 하나인 경우에는 그 가해자가 손해 전부를 배상할 책임을 지게 된다.

### 다. 自然力參酌說

不法行爲의 인정이 過失責任의 원칙에 기초하고 있는 이상 自然災害로 인하여 발생한 손해부분은 이를 참작하여 손해배상의 범위에서 제거하여야 한다는 견해이다.[98]

생각건대 自然力에 의하여 생긴 손해부분은 피해자가 운명적으로 甘受하여야 할 것이지 누구에게 그 책임을 轉嫁할 수 있는 성질의 것이 아니므로, 아무리 피해자보호의 요청이 강하다고 하더라도 가해자의 손해배상범위에서 이를 제거하는 것이 타당할 것이다. 판례도 公害事件에서 피해자의 손해가 寒波·落雷와 같은 自然力과 가해자의 과실행위가 경합되어 발생된 경우, 가해자가 배상하여야 할 손해의 범위는 손해의 공평한 부담이라는 견지에서 손해에 대한 自然力의 寄與分을 제한부분으로 제한하여야 한다고 판시하여 自然力參酌說을 채택하고 있다.[99] 또 鑛業法 §94 단서는 손해의 발생에 관하여 天災地變 기타 不可抗力의 사유가 경합한 때에는 손해배상의 책임과 범위를 정하는 데 있어 이를 참작하도록 규정하고 있는바, 이것은 鑛害賠償에 있어서 自然力參酌說의 立法的 論據라고도 할 수 있을 것이다.

98) 具然昌(註 97).
99) 大判 91. 7. 23, 89다카1275(公 904, 2211).

## Ⅷ. 損害의 證明

公害로 인하여 발생한 손해를 항목별로 구분하지 아니하고 一元的으로 파악하여 포괄적으로 청구할 수 있다는 이른바 包括請求論이 주장되고 있다.[100] 人身損害賠償에서의 '損害'는 治療費·逸失利益·慰藉料 등 개별적인 損害項目이 아니라, 생명·신체에 대한 침해 그 자체라는 관념을 전제로 하여 재산적 손해와 정신적 손해로 구분함이 없이 慰藉料 하나만으로 그 손해 전부에 대하여 청구하는 방식이다. 이와 같이 함으로써 公害事件에서 개별적 증명의 생략을 통하여 立證負擔의 輕減을 꾀하려는 것이다.

그러나 판례는 不法行爲로 사람의 생명·신체에 대하여 입힌 損害를 積極的 損害·消極的 損害·精神的 損害의 3가지로 나누어 각각 별개의 賠償請求權이 성립한다는 이른바 3分說의 입장을 계속하여 견지하고 있다.[101] 따라서 公害訴訟에서의 손해에 대한 證明도 3分說에 따른 각각의 손해별로 하지 않으면 안 된다.

[柳 元 奎]

100) 상세는 吳錫洛(註 9), 46-62, 80 참조.
101) 大判 76.10.12, 76다1313(公 548, 9390); 大判 97.1.24, 96다39080(公 1997, 636).

# 後論 Ⅲ[自動車運行者責任]

차 례



## Ⅰ. 序 論

**1.** 自動車事故로 인하여 損害를 입은 被害者를 保護하기 위한 特別法으로 "自動車損害賠償保障法"[1]이 제정되어 있다.

自賠法은 自動車의 運行으로 사람이 死亡하거나 負傷한 경우에 있어서의 損害賠償을 保障하는 制度를 확립함으로써 被害者를 保護하고 自動車運送의 건전한 發展을 촉진함을 目的으로 하여 제정된 법으로서,[2] 1963. 4. 4. 法律 제1314호로 제정되어 같은 해 6. 1부터 시행된 이래 1984. 12. 31. 法律 제3774호 및 1999. 2. 5. 법률 제5793호로 각각 전문개정되었고, 그 후 2000. 1. 28. 法律 제6248호, 2001. 1. 29. 法律 제6405호, 2002. 1. 26. 法律 제6645호로 개정되어 현재에 이르고 있다.

自賠法의 특징은 自動車運行者의 賠償責任을 强化하고, 한편으로는 責任

1) 이하 自賠法이라 약칭한다.
2) 自賠 §1.

保險制度를 마련하여 人的 損害에 대한 一定限度의 賠償을 보장하고 있는 점인바,[3] 1991. 12. 31. 法律 제4470호로 商法이 개정되어 自動車保險이 商法上의 保險의 하나로 신설되고 商法 §726의2에서 自動車保險者의 책임을 정함에 따라[4] 責任保險에 관한 논의는 保險法 분야에서 다루는 것이 보다 적절하므로 아래에서는 自動車運行者의 賠償責任에 초점을 맞추어 검토하기로 한다.[5]

**2.** 自賠法 §3는 自動車損害賠償責任의 要件에 관하여 규정하고 있다. 그 本文은 自己를 위하여 自動車를 運行하는 자는 그 運行으로 말미암아 다른 사람을 死亡하게 하거나 負傷하게 한 때에는 그 손해를 배상할 책임을 진다고 규정하는 한편, 但書에서는 ① 乘客이 아닌 자가 사망하거나 부상할 경우에 있어서 自己 및 運轉者가 自動車의 運行에 관하여 注意를 게을리하지 아니하고 被害者 또는 自己 및 運轉者 외의 第3者에게 故意 또는 過失이 있으며, 또한 自動車의 構造上의 缺陷 또는 機能에 障害가 없었다는 것을 증명한 때와 ② 乘客이 사망하거나 부상한 경우에 있어서 그 사망 또는 부상이 그 乘客의 故意 또는 自殺行爲로 말미암은 것인 때에는 責任을 면하는 것으로 정하고 있

3) 郭潤直, 債各, 770.

4) 商 §726의2는 "自動車保險契約의 保險者는 被保險者가 自動車를 所有·使用 또는 管理하는 동안에 발생한 事故로 인하여 생긴 損害를 賠償할 責任이 있다"라고 규정하고 있다.

또한 商 §724 Ⅱ에 의하여 1993. 1. 1부터는 被害者가 保險會社에 대하여 직접 보상을 청구할 수 있게 됨에 따라 損害賠償請求訴訟에서 自動車保險이 중요한 역할을 하게 되었고, 그 결과 被害者의 保險金請求權의 성질을 비롯하여 被保險者의 범위, 免責約款의 효력 및 해석, 被保險車輛讓渡, 保險契約의 效力發生 및 解止에 관한 문제들이 民事訴訟에서 주요 쟁점으로 등장하게 되었는바, 이에 관하여는 위와 같이 自動車保險契約이 商法에 정식으로 입법됨을 계기로 하여 保險法分野에서 활발한 논의가 이루어지고 있으므로, 여기에서는 별도로 살펴보지 아니한다.

5) 이와 같이 自動車事故로 인한 賠償責任에 관하여 一般不法行爲의 법리에 따르지 않고 별도로 特別法을 제정한 이유는 自動車事故가 갖는 特殊性에서 비롯된다고 설명된다.

이에 관하여 金星泰, "自動車事故로 인한 人的 損害補償制度研究"(1997년 서울大學校博士學位論文), 13 이하 및 李銀榮, 債各, 647-9은 ① 自動車事故는 일상생활에 필수적인 運送手段이지만 運行에는 事故可能性이 필연적으로 수반되어 과학문명으로는 완전히 제거할 수 없는 사회필연적인 危險이라는 성격을 가지고, ② 自動車事故에 있어서 加害者의 故意가 원인이 되는 경우는 극히 예외적이며, 運轉者의 不注意, 第3者의 過失, 自動車의 整備不良 기타 外的인 要因이 사고발생의 원인이 되므로 法的인 처리의 관심은 刑事法的인 處罰보다는 被害者에 대한 適切한 補償으로 옮겨가고 있으며, ③ 自動車事故는 순간적으로 발생하기 때문에 사고당사자들의 責任所在를 명확히 가려 내고 이를 소송절차에서 立證하기 어려우므로 종래의 過失責任에 기초한 손해배상청구를 어렵게 만들고, ④ 自動車의 보급으로 누구라도 自動車事故에 있어서 加害者와 被害者가 될 수 있어 加害者와 被害者 중 어느 한 쪽의 이익만을 위하기보다는 加害者와 被害者의 쌍방의 이익을 고려한 해결책이 요구된다는 점을 들며, 따라서 自動車事故로 인한 損害賠償에 관하여는 ① 自動車事故의 모든 被害者가 구제되어야 하며, ② 損害의 賠償 및 補償은 迅速히 이루어져야 하고, 補償金額에 관한 豫見이 가능하며, 法的 安定性이 있어야 한다는 점을 고려하여야 한다고 설명한다.

는바, 自賠法은 위 조항을 제외하고는 自己를 위하여 自動車를 運行하는 자의 손해배상의 책임에 관하여 民法의 규정에 의하도록 규정하고 있으므로,[6] 自賠法에 의한 손해배상책임에 관한 논의는 모두 自賠法 §3의 해석을 둘러싸고 이루어지고 있다.

## Ⅱ. 自動車運行者責任의 意義 및 性質

### 1. 意 義

自賠法 §3는 自動車損害賠償責任이라고 규정하고 있으나 그 責任의 主體를 自動車運行者로 정하고 있어 학설상으로는 모두 이를 自動車運行者責任 내지는 運行者責任이라고 설명하고 있다.

그리하여 自動車運行者責任이란 自己를 위하여 自動車를 運行하는 자가 自賠法에 의하여 그 自動車의 運行으로 말미암은 他人의 인체손해에 대하여 無過失의 손해배상책임을 지는 것을 말한다.[7]

따라서 自動車運行者責任은 不法行爲 또는 債務不履行法理에 의하여 自動車運轉者가 지는 책임과는 엄격히 구분되며, 또한 運轉者의 使用者가 그 被用者인 運轉者의 事務執行에 관하여 第3者에게 가한 인적·물적 손해를 배상할 책임을 지는 使用者責任과도 구별된다.

### 2. 性 質

(1) 民法이 過失責任의 원칙을 취하고 있는 것과는 달리 위에서 본 바와 같이 自賠法 §3 本文은 自己를 위하여 自動車를 運行하는 자, 즉 自動車 運行者에게 원칙적으로 손해배상책임을 지우고 同條 但書에서 정한 예외적인 사유를 自動車運行者가 입증하여야 비로소 책임을 면할 수 있도록 立證責任을 轉換하고 있는바, 自動車運行者가 입증하여야 하는 免責事由는 無過失일 뿐 아니라 無過失이 입증된 경우에도 일정한 사유가 있으면 책임을 면하지 못하도록 함으로써 實質的으로는 無過失責任과 다름이 없을 정도로 무거운 책임을 지우고 있다.[8] 自賠法 §3 但書에 의한 免責事由를 구체적으로 살펴보면 被害

6) 自賠 §4.
7) 李銀榮, 債各, 650.
8) 同旨: 金相容, 不法行爲法, 235, 236. 李銀榮, 債各, 651은 이를 危險責任의 일종이라고

者가 乘客인 경우와 乘客이 아닌 경우를 구별하여 ① 乘客인 경우에는 故意 또는 自殺行爲로 인한 것이 아닌 한 사고원인이나 과실 여부를 묻지 않고 運行者에게 책임을 지우며, ② 乘客이 아닌 경우에는 1) 먼저 自動車의 構造上 缺陷 또는 機能에 障害가 없었음을 증명하지 못하면 過失 여부를 묻지 않고 배상책임을 지우고, 2) 自動車構造上의 缺陷 또는 機能에 障害가 없었음을 증명한 경우에는 運行者 및 運轉者가 自動車의 運行에 관하여 過失이 없고, 나아가 被害者 또는 運行者 및 運轉者 이외의 第3者에게 故意 또는 過失이 있어야 비로소 책임을 면할 수 있도록 규정하고 있다.

따라서 自動車를 직접 運轉하지 아니한 運行者가 運轉者에 대한 지휘·감독 책임을 다하였기 때문에 無過失임을 입증한 것만으로는 그 책임을 면할 수 없다는 점에서, 無過失에 관한 立證責任을 전환하여 責任無能力者에 대한 감독의무를 태만히하지 아니하였음을 입증하면 면책되는 監督者의 責任과[9] 被用者의 選任 및 事務監督에 상당한 주의를 한 때 또는 상당한 주의를 하여도 손해가 있을 경우임을 입증하면 면책되는 使用者의 責任[10]과는 다르다.

(2) 自動車運行者에 대하여 이와 같이 무거운 책임을 지우는 근거는 運行者가 自動車의 運行에 의하여 필연적으로 생기는 危險을 支配하고 있다는 점에 두는 危險責任法理와 運行에 의하여 利益을 누리고 있다는 점에 두는 報償責任法理가 그 바탕을 이루고 있는 것이라 설명된다.[11] 아래에서 살펴보는 바와 같이 運行者를 판단하는 기준에 관하여 運行支配와 運行利益이라는 두 가지 요소가 논의되는바, 運行支配는 危險責任의 法理에 기초를 둔 것이고, 運行利益은 報償責任의 法理에 기초를 둔 것이다.[12]

---

설명한다.

9) 民 §755 Ⅰ 但書.

10) 民 §756 Ⅰ 但書.

11) 郭潤直, 債各, 770. 同旨: 金疇洙, 債各, 717; 李輔煥, 自動車事故損害賠償訴訟(改訂增補版), 34.

12) 李輔煥(前註), 35.

最近에 이르러 乘客에 관하여 실질적으로 無過失責任을 지우고 있는 自賠法 §3 단서 ii에 관하여 違憲性의 논의가 이루어지고 있다. 金炫, "自動車損害賠償保障法 제3조 단서 제2호의 違憲性", 法曹(1998.6), 107-11은 위 규정은 國民의 財産權을 부당히 侵害하고 平等原則을 규정한 憲法精神에도 반하는 過剩立法이므로 被害者保護論理·無過失責任主義·危險責任法理 혹은 報償責任法理 등 어느 것으로도 그 타당성을 확보하기에 부족하여 違憲이라는 견해를 피력하고 있다.

그러나 憲法裁判所 1998.5.28, 96헌가4, 97헌가6·7, 95헌바58(병합) 決定은 ① 財産權侵害 여부에 대하여는 자유시장경제질서를 기본으로 하면서도 사회국가원리를 수용하고 있는 우리 헌법 이념에 비추어 일반불법행위책임에 관하여는 과실책임의 원리를 기본원칙으로 하면서 위 법률조항과 같은 특수한 불법행위책임에 관하여 위험책임의 원리

## Ⅲ. 다른 法律과의 관계

### 1. 民法과의 관계

(1) 自賠法은 民法의 特別法임은 위에서 설명한 바와 같다. 自賠法에 의하여 自動車運行者責任을 지는 자에 대하여 民法에 의한 不法行爲責任·監督者責任 또는 使用者責任이 성립되는 경우에 自賠法에 의한 손해배상책임 이외에 民法上의 손해배상책임을 행사할 수 있는가에 관하여 두 가지 책임이 倂存한다는 請求權競合說과 自賠法上의 책임만이 적용된다는 法條競合說의 대립이 있다. 法條競合說이 통설인바, 그 이유는 運行者責任이 民法上의 책임규정에 비하여 特別規定이며, 運行者責任이 인정되면 그 效果에 관하여는 민법의 손해배상법리가 적용되므로 두 개의 손해배상청구권을 인정할 필요가 없다는 것을 든다.[13] 大法院은 대체로 法條競合說에 입각하여 自賠法은 民法의 特別規定이므로 교통사고로 인한 인적 손해에 대하여는 당사자가 自賠法의 적용을 訴求하지 않더라도 民法에 優先하여 自賠法을 적용하게 된다라고 판시하고 있다.[14] 그러나 大法院은 그렇다고 하여도 被害者가 民法上의 損害賠償請求를

---

를 수용하는 것은 입법정책에 관한 사항으로서 입법자의 재량에 속한다고 인정한 후, ② 自由市場經濟秩序 違反 여부에 대하여는 위 법률조항은 사회국가원리를 수용한 헌법이념에 따라 위험원인 자동차를 지배하는 운행자에게 승객의 손해에 대한 무과실책임을 지도록 하여 자동차사고로 인한 손해의 공평·타당한 보상을 실현하기 위한 것으로서 그 입법목적이 정당하며, 위 법률조항이 그 입법목적달성을 위하여 자동차의 운행을 지배하고 그 운행이익을 받으면서 승객의 동승에 적어도 추상적·간접적으로 동의하여 승객을 자동차의 직접적인 위험권 안에 받아들인 운행자로 하여금 그 과실유무를 묻지 않고 무상·호의동승자를 포함한 모든 승객의 손해를 배상하도록 하는 방법 역시 적정하며(다만, 동승과 관련한 제반사정에 비추어 운행자에게 일반의 교통사고와 같은 책임을 지우는 것이 신의칙이나 형평의 원칙에 비추어 매우 불합리한 것으로 인정되는 경우에는 그 배상액을 감경할 사유로 삼으면 충분하다고 한다), 보험회사가 이와 같은 유형의 사고로 말미암아 승객에 대한 보험금을 지급한 후 과실이 있는 제3자의 무자력으로 말미암아 구상권을 실효성 있게 행사하지 못함으로써 결국 보험료로 전가되는 보험료율은 약 0.18%로서, 이로 인한 운행자의 재산권침해는 그의 선택에 따라 보험제도를 이용하는 경우 0.18%의 보험료를 추가부담할 정도에 그치므로 침해의 최소성이나 법익의 균형성도 갖추었다고 인정하고, ③ 나아가 平等의 原則違反 여부에 대하여는 승객은 자동차에 동승함으로써 자동차의 위험과 일체화되어 그 위험이 더 크며, 운행자는 자동차의 운행을 지배하고 그 운행이익을 받으면서 승객의 동승에 적어도 추상적·간접적으로 동의하여 승객을 자동차의 직접적인 위험권 안에 받아들였다는 점에서, 승객과 승객이 아닌 자를 차별하고 과실 있는 운행자와 과실 없는 운행자에게 다같이 승객에 대한 무과실책임을 지게 한 데에는 합리적인 이유가 있으므로 평등의 원칙에 위반된다고 할 수 없다는 이유로 위 법률조항을 合憲이라고 판단하였다.

13) 郭潤直, 債各, 777. 同旨: 金疇洙, 債各, 690, 729; 李銀榮, 債各, 653; 李輔煥(註 11), 33.

14) 大判 67.9.26, 67다1695(集 15-3, 민152); 大判 69.6.10, 68다2071(集 17-2, 민177); 大判 70.11.24, 70다1501(集 18-3, 민285).

하지 못하는 것은 아니라고 판시함으로써 결과적으로 請求權競合說에 유사한 입장을 취하고 있다.[15)]

그리고 債務不履行으로 인한 손해배상책임에 관하여도 自賠法이 우선적으로 적용되어야 하는가에 관하여 肯定說과[16)] 否定說[17)]의 대립이 있는바, 否定說은 상법상의 旅客運送人의 책임을 구하고 있는 경우와 같이 契約上의 債務不履行責任을 묻고 있는 경우에는 一般不法行爲法에 대한 特別法에 지나지 않는 自賠法은 우선 적용될 수가 없는 것이므로, 法院은 당사자가 심판을 구하는 주장에 대하여 먼저 재판을 하여야 한다고 설명한다.[18)]

(2) 自賠法 §4는 運行者의 責任要件에 관한 동법 §3를 제외하고는 民法의 규정에 의한다고 하는데, 여기에서 말하는 民法의 규정이 債務不履行에 기초한 손해배상에 관한 규정인지 아니면 不法行爲에 기초한 손해배상에 관한 규정인지 모호하다. 被害者가 運行者와 契約關係에 있는 자의 경우에는 被害者에게 유리한 모든 民法規定이 적용되며, 그렇지 아니한 경우에는 民法의 不法行爲規定만이 적용된다고 해석하는 견해가 있다.[19)]

---

大判 97.11.28, 95다29390(公 1998상, 20)은 원고가 민법의 사용자책임과 자배법에 의한 운행자책임을 선택적으로 청구한 사안에서, 원심으로서는 우선 자배법을 적용하여 피고회사의 손해배상책임을 인정하였어야 함에도 불구하고 민법의 사용자책임을 들어 피고회사에 손해배상책임을 인정한 것은 잘못이라 하면서도 원심의 이러한 잘못은 피고회사의 원고에 대한 손해배상책임을 인정하는 판결결과에는 영향을 미쳤다고 할 수 없으므로, 결과적으로 정당하다고 인정하여 상고이유를 받아들이지 아니하였다.

15) 大判 87.10.28, 87다카1388(公 1987, 1791); 大判 88.3.22, 86다카2747(公 1988, 672); 大判 2001.6.29, 2001다23201, 23218(公 2001, 1740).

87다카1388 사건의 사안은 被害者가 自賠法上의 他人에 해당하지 아니하여 自賠法上의 責任을 부정하고 民法上의 使用者責任을 인정한 것이므로, 이 부분 판시내용이 뜻하는 바가 무엇인지는 명확하지 않다.

한편 86다카2747 사건은 자동차에 키를 꽂아 놓은 채 도로상에 방치하여 제3자의 竊取運轉을 가능하게 한 사안에서 自動車運行者로서의 責任을 묻지 않고 民法上의 使用者責任을 청구한 것으로서, 원심이 自動車運行者로서의 責任의 성립 여부를 판단하지 아니하고 使用者責任을 인정하자 이 부분 판단이 법리오해라고 상고하였으나 大法院에서는 위법이 아니라고 판시하였는바, 이에 대하여 竊取運轉에 관한 自賠法上의 責任에 관하여 管理責任說을 취하면서 車輛管理上의 過失에 대한 民事上의 責任을 묻는 것이 가능하였다면 管理責任說을 취하면서 車輛管理上의 過失에 대한 民事上의 責任을 묻는 것이 가능하였다면 特別法優先의 원칙에 따라 自賠法을 적용하는 것이 옳았을 것이라고 비판하는 견해가 있으나(柳元奎, "車輛管理上의 過失과 竊取運轉事故 사이의 因果關係", 民判硏 11, 267), 2001다23201, 23218 判決이 동일한 사안에서 自動車運行者로서의 責任을 부정하고 있음에 비추어 보면, 86다카2747 判決 역시 自動車運行者로서의 責任이 부정됨을 사실상 전제로 한 것이 아닌가 생각된다.

16) 李銀榮, 債各, 653.

17) 서울民事地方法院 交通·產災 損害賠償實務硏究會 編, 交通·產災 損害賠償訴訟實務(이하 '訴訟實務'라고 약칭한다), 21.

18) 訴訟實務(前註), 21.

19) 李銀榮, 債各, 653.

(3) 自動車의 運行으로 인한 사고라 하여도 運行者의 責任을 제외한 나머지 一般民事上의 責任은 그대로 발생한다. 따라서 물적 손해에 관하여는 물론이고 인적 손해라고 하여도 自動車運行者가 아닌 第3者, 즉 運轉者·自動車整備工·自動車製造會社에 대하여는 민법규정에 따라 손해배상청구가 가능하며, 自動車運行者의 責任이 부정되는 경우라 하여도 民法上의 不法行爲의 요건을 갖추면 손해배상청구가 가능하다.[20] 따라서 차량의 후진을 유도하던 被害者가 自賠法上 他人에 해당하지 아니하여 보호받지 못하더라도 民法上의 不法行爲責任을 추궁할 수 있음은 당연하다.[21]

## 2. 國家賠償法과의 관계

(1) 國家賠償法은 1963년에 自賠法이 제정된 후인 1967년에 제정되었다. 그러나 國家賠償法이 1980. 1. 4. 법률 제3235호로 개정되기 전까지는 自賠法에 의한 책임에 대하여 國家賠償法이 적용되는가에 관하여 명문의 규정을 두고 있지 아니하여 判例는 自賠法이 적용되는 사건에 대하여는 國家賠償法에 의한 賠償審議會의 결정을 거칠 필요가 없다고 해석하였으나,[22] 위 改正法律 §2 I 은 國家 또는 地方自治團體가 自賠法의 규정에 의하여 손해배상의 책임이 있는 때에는 國家賠償法에 의하여 그 손해를 배상하여야 한다라고 규정하였으므로, 위 法律改正 후에는 國家賠償審議會의 결정을 거쳐야 自賠法에 의한 訴求를 할 수 있게 되었다.[23]

그리고 被害者 本人이 賠償審議會의 결정을 거친 후에는 그 近親者들이 동일한 사고를 원인으로 하는 慰藉料請求를 함에 있어서 따로 그 절차를 밟을 필요가 없다는 것이 判例이다.[24]

(2) 그리고 憲 §29 I 및 國家賠償法과 관련하여 公務員이 公務執行上의 違法行爲로 인하여 他人에게 손해를 입힌 경우에 公務員에게 故意 또는 重過失이 있는 때에는 公務員 個人도 不法行爲로 인한 손해배상책임을 지나, 公務員에게 輕過失뿐인 때에는 公務員 個人은 손해배상책임을 부담하지 아니한다

20) 郭潤直, 債各, 777. 同旨: 李銀榮, 債各, 653.
21) 大判 87. 10. 28, 87다카1388(註 15).
22) 大判 70. 3. 24, 70다135(集 18-1, 민271); 大判 75. 8. 29, 75다932(公 1975, 8632); 大判 79. 5. 22, 79다436(集 27-2, 민36).
23) 大判 83. 10. 11, 83다카307(公 1983, 1656)은 비록 사고가 위 개정법률시행 이전에 발생되었다 하여도 위 개정법률시행 이후에 소구함에 있어서는 국가배상심의회의 결정을 거쳐야 한다고 판시하였다.
24) 大判 70. 3. 10, 68다2198(集 18-1, 민185).

는 것이 大法院 全員合議體判例이다.[25] 그렇지만 自賠法의 立法趣旨에 비추어 볼 때에 自賠法 §3는 自動車의 運行이 私的인 用務를 위한 것이건 國家 등의 公務를 위한 것이건 구별하지 아니하고 民法이나 國家賠償法에 優先하여 적용되어야 할 것이므로, 公務員이 職務上 自動車를 운전하다가 사고를 일으켜 다른 사람에게 손해를 입힌 경우에는 그 사고가 自動車를 운전한 公務員의 輕過失에 의한 것인지 重過失 또는 故意에 의한 것인지를 가리지 않고, 그 公務員이 自賠法 소정의 '자기를 위하여 自動車를 運行하는 자'에 해당하는 한 自賠法上의 손해배상책임을 부담한다.[26]

### 3. 勤勞基準法과의 관계

自賠法上의 運行者責任과 勤勞基準法上의 業務上 災害로 인한 책임은 그 근거와 성립요건을 달리하므로 서로 아무런 상관관계가 없다. 즉 勤勞基準法上 災害補償이 인정되는 업무상 재해는 業務遂行중 그 業務에 기인하여 발생한 災害를 말하는 것이므로 이 때는 재해자 자신의 업무수행성과 업무기인성을 절대적인 요건으로 하고 있는 반면, 自賠法에 의한 運行者性을 가리기 위하여는 사고를 일으킨 구체적인 運行의 여러 사정을 사회통념에 따라 종합적으로 판단하여야 하므로 차량의 運行이 保有者의 業務와 관련된 것인가의 여부는 그 運行者性을 판단하는 하나의 요소가 될 뿐 그것이 運行者性의 절대적인 요건이 되는 것은 아니므로, 自賠法에 의한 運行者責任을 인정하면서 그 災害가 勤勞基準法上의 災害補償의 요건을 갖추지 못하였다고 하여 책임을 부정하는 것은 가능하다.[27]

## Ⅳ. 自動車運行者責任의 要件

自賠法 §3 본문은 自己를 위하여 自動車를 運行하는 자는 그 運行으로 말미암아 다른 사람을 死亡하게 하거나 負傷하게 한 때에 그 손해를 배상할 책임을 진다고 규정하고 있으므로, 運行者責任이 성립하기 위한 요건은 ① 自己를 위하여 自動車를 運行하는 자일 것, ② 自動車의 運行으로 인하여 損害

25) 大判 96.2.15, 95다38677(公 1996상, 771).
26) 大判 96.3.8, 94다23876(公 1996상, 1190).
27) 大判 86.12.23, 86다카556(公 1987, 228).

를 가할 것, ③ 被害者가 다른 사람, 즉 他人일 것, ④ 그 損害가 死亡 또는 負傷에 해당하는 人的 損害일 것인바,[28] 네 번째 요건에 관하여는 특별히 논의되는 바가 없으므로 처음 세 가지 요건에 관하여 차례대로 살펴본다.

### 1. 自己를 위하여 自動車를 運行하는 자

#### (1) 運行者의 意義

運行者責任의 주체는 '自己를 위하여 自動車를 運行하는 자', 즉 運行者이다. 自賠法 §2 iii는 '保有者'를 自動車의 所有者 또는 自動車를 使用할 권리가 있는 자로서 自己를 위하여 自動車를 運行하는 자를 말한다라고 규정하고, 同條 iv는 '運轉者'를 다른 사람을 위하여 自動車의 運轉 또는 運轉의 補助에 종사하는 자를 말한다라고 규정하고 있으면서도 自動車의 運行者에 관하여는 명문의 규정을 두고 있지 않다. 自動車의 運行者에는 정당한 권리 없이 自己를 위하여 自動車를 運行할 수 있는 자가 포함되므로 自賠法 소정의 保有者보다 그 범위가 넓은 반면, 다른 사람을 위하여 운전함에 불과한 自賠法 소정의 運轉者 및 運轉補助者는 運行支配나 運行利益이 없기 때문에 運行者가 아니며, 또한 그 책임의 보호대상자인 他人과는 명백히 구분된다.

그리하여 自動車의 所有者라도 運行支配로부터 떠나 있는 때에는 運行者가 아니게 되며, 반면에 所有者가 아니더라도 運行支配와 運行利益이 있는 때에는 運行者로서 책임을 져야만 한다.

#### (2) 運行者의 槪念要素

따라서 과연 무엇을 기준으로 하여 運行者 여부를 판단할 것인가 문제되는바, 앞서 살펴본 바와 같이 運行者責任의 근거를 危險責任 또는 報償責任에서 찾게 됨에 따라 運行支配 또는 運行利益이 그 개념요소가 된다라고 설명함이 일반적이다.

이와 같은 運行者의 개념요소에 관하여 運行支配로 한정하는 학설[29]이 있다. 이 견해는 運行者責任은 運行者가 自己를 위한 自動車의 運行으로 야기한 위험에 대한 책임이기 때문에 그 책임귀속의 근거로서 運行支配性을 요구한다

---

28) 따라서 위 요건에 관하여는 被害者가 입증하여야 하며, 自賠法 §3但書 소정의 免責事由에 관하여는 運行者가 입증하여야 한다.

29) 李銀榮, 債各, 655 이하.
日本에서는 이와 같이 二元說과 一元說로 구분되어 논쟁을 거듭하다가 현재에 이르러서는 一元說이 다수를 점하게 되었다고 한다. 그 論議의 根據 및 變遷過程에 관하여는 吳幸男, "自己를 위하여 自動車를 運行하는 者의 意義 및 範圍", 裁判資料 20, 11-4 참조.

고 설명한다. 그러나 우리 나라의 학설은 運行支配와 運行利益 두 가지 요소를 모두 개념요소로 참작하는 것 같고,[30] 判例는 自賠法 §3는 危險責任과 報償責任 원리를 바탕으로 하여 自動車에 대한 運行支配와 運行利益을 가지는 자에게 그 運行으로 인한 손해를 부담하게 하고자 함에 있으므로, 여기에서 말하는 自己를 위하여 自動車를 運行하는 자는 自動車에 대한 運行을 支配하여 그 利益을 향수하는 責任主體로서의 지위에 있는 자를 가리킨다라고 한 것을 비롯하여[31] 이와 같은 취지의 판시를 반복하고 있다.[32] 다만, 判例에 의하여 運行者責任이 인정된 경우를 자세히 살펴보면 判例는 위의 두 가지 요소를 重疊的으로 要求하면서도 그 중 어느 하나의 요소라도 그 요건을 명확히 갖추면 다른 요소도 부수적으로 갖춘 것으로 보아 相互補完的인 고려 하에 運行者責任을 인정하는 듯이 보인다.[33]

(가) 運行利益 運行利益은 自動車의 사용에 의한 利益이 自己에게 귀속하는 것을 말한다. 自賠法은 報償責任의 원리에서 유래된 것이고 運行利益은 원래 經濟的 利益을 지칭한 것이었지만, 오늘날에 있어서는 經濟的인 利益이 있는 경우는 물론 親族이나 親知 등에 대한 無償貸與와 같이 間接的으로 경제적인 이익을 갖거나 精神的인 만족감을 얻는 경우에도 運行利益이 있다고 본다.[34]

(나) 運行支配

(a) 危險責任에 의하여 運行者責任을 지우는 경우에 책임귀속의 근거

---

30) 郭潤直, 債各, 777; 金疇洙, 債各, 717; 李輔煥(註 11), 38; 金相容(註 8), 237.

31) 大判 87. 7. 21, 87다카51(公 1987, 1384).

32) 이와 같은 大法院判例에 대하여 李銀榮, 債各, 655은 판시문언상으로는 運行利益을 포함하는 듯이 되어 있으나, 그 취지는 運行支配性을 판시한 것이라고 설명한다.

33) 이에 관하여 李東洛, "無斷運轉과 責任", 自動車事故로 인한 損害賠償(上), 裁判資料 20, 53-4은 洗車業者, 持入自動車에 대한 그 登錄名義會社의 自動車運行者로서의 책임을 인정하고, 登錄名義만 남아 있는 자동차매매와 관련하여 賣渡人에 대하여는 自動車運行者로서의 책임을 부인하고, 買受人에 대하여는 自動車運行者로서의 책임을 인정한 判例의 태도는 危險責任에 근거한 運行支配에 기조를 둔 一元說을 취한 것이라고 설명하고 있는바, 大判 98. 10. 27, 98다36382(公 1998하, 2777)은 사고차량의 運行에 있어서 어떠한 형태로든 運行利益을 향수하고 있다고 인정하면서도 그가 사고차량에 대하여 사회통념상의 間接支配 내지는 支配可能性을 가지고 있었다고 볼 수 없다고 판시함으로써 같은 입장을 취하고 있다.

34) 李輔煥(註 11), 39. 同旨: 李宙興, 實務 損害賠償責任法, 11.
이와 관련하여 李輔煥(註 11), 46은 自動車의 貸借關係나 名義貸與에서 貸與者가 얻는 間接的 受益關係 내지는 인적 관계에 기한 정신적 만족감이 運行利益에 포함되면 運行利益은 報償責任論과는 점점 멀어지고 오히려 사회에 危險을 작출하는 運行支配를 찾아 내는 基礎的 評價要素의 하나로 생각되므로, 그것은 運行支配로부터 나오는 하나의 徵表事實로 파악되는 일이 많게 된다고 설명한다(同旨: 李宙興, 11).

는 危險을 수반하는 運行에 관한 支配에서 찾게 된다. 원래 運行支配는 自動車의 運行에 관여하여 現實的으로 管理·運營할 수 있는 힘의 관계라 할 것인바,[35] 그 지배관계는 客觀的으로 평가되어야 하므로 運行者의 主觀的 要素, 즉 自動車를 자기의 실력적 지배 하에 둔다는 意慾 내지는 認識은 불필요한 것으로 해석된다.

(b) 運行支配라는 개념은 차에 대한 관리·간섭을 가능하게 하는 현실적 힘의 관계라는 점에서 事實的 概念이고 卽物的 概念이지만, 占有가 이미 사실개념의 구속으로부터 벗어나 規範的 概念으로 파악되듯이 運行支配도 사실개념의 범주에서 벗어나 客觀的으로 自動車의 運行을 지배할 수 있거나 또는 지배하여야 할 地位에 있다고 판단되는 자에게 인정되는 規範的 概念이라는 견해가 통설화되고 있다.[36] 이처럼 運行支配의 개념을 現實的인 支配에서 支配可能性으로 확대하는 이유는 運行支配를 사실적인 개념으로 파악하는 경우에는 運行者의 범위가 과도히 축소되어 被害者保護를 목적으로 한 自賠法의 目的이 달성되지 못한다는 점에 있다.[37] 大法院判例도 現實的인 支配에 한하지 않고, 一般的·抽象的으로 自動車의 運行에 대한 支配가 이루어지는 경우나 사회통념상 間接支配 내지는 支配可能性이 있다고 볼 수 있는 경우에도 運行支配를 인정함으로써 역시 運行支配를 規範的인 概念으로 파악하고 있다.[38]

(다) 事　例

(a) 위와 같은 개념요소에 의하여 運行者임이 肯定된 몇 가지 判例를 살펴보면,

(i) 회사의 현장소장이 자동차소유자와의 사이에 자동차임대차 및 운전용역제공계약을 체결하고, 자동차소유자를 자신의 공사현장에 배치하여 사고시까지 1년 이상 자신의 지시·감독 하에 자동차를 이용하여 자재 및 잔토

35) 李輔煥(註 11), 41.
36) 李輔煥(註 11), 42; 李銀榮, 債各, 655.
37) 李宙興(註 34), 12.
38) 大判 91.5.10, 91다3918(公 1991. 1605); 大判 98.10.27, 98다36382(註 33).
이와 관련하여 一部學說이나 判例는 다른 어떤 요건보다도 이 運行支配性을 가지고 運行者責任 인정 여부를 결정하려는 경향을 보이며, 또한 運行者責任을 좁게 인정하기 위하여 運行支配를 좁게, 그리고 까다롭게 인정하는 방법을 취하고 있으나, 運行支配性을 抽象的·規範的 概念으로 인정하는 한 원칙적으로 自動車의 保有者에게 運行支配性을 인정하여야 하고, 예외적인 경우는 그러한 運行支配可能性이 부정되어야 할 특별한 사정이 있는 경우에 매우 制限的으로 허용되어야 하며, 運行支配性을 부인함에 있어서는 그 自動車事故에 관하여 다른 運行者가 존재하여 책임을 인수할 수 있는 상황에 있는가를 고려하여야 한다는 견해가 있다(李銀榮, 債各, 656).

운반 등의 업무에 종사하게 하고, 일과 후에는 공사현장에서 사용하는 작업장비와 연료를 자동차에 실어 보관하게 하였으며, 자동차소유자는 자동차를 회사공사현장에만 전속적으로 사용하면서 회사로부터 연료비·엔진오일·소모품비 등 관리비를 지급받아 왔고, 사고 당시 그 자동차에 회사의 발전기 등의 화물이 적재되어 있었다면 회사는 당해 사고 당시에도 자동차의 운행이익을 향수하고 그 운행을 지배하는 자의 지위에 있다고 보았고,[39)]

(ii) 지방자치단체가 설치·운영하는 공립학교의 교직원과 학생들 통근용으로 그 학교 교장과의 합의에 따라 버스를 실질적으로 운행하던 자가 자신의 친척결혼식 하객수송용으로 그 버스를 운행하던 중 사고를 일으킨 것이라 하더라도 자동차등록과 보험가입이 학교명의로 되어 있고, 학교를 위하여 전속적으로 이용되어 왔으며, 버스의 전면에 학교의 이름을 한글로 크게 적어 넣어 누가 보든지 학교차량임을 알기 쉽게 표시하여 두었으며, 학교당국에서 차량운행의 관리와 운행에 따른 감독을 하였고, 등·하교시 이외에는 버스를 학교에 주차시켜 놓았다면 그 지방자치단체는 객관적으로 버스의 운행을 지배·관리할 수 있는 지위에 있었다고 보았으며,[40)]

(iii) 자동차의 운전자가 무면허운전을 하였을 때 생긴 사고로 인한 손해에 대하여는 보상하지 않는다는 취지의 무면허운전면책약관은 무면허운전이 보험계약자나 피보험자의 지배 또는 관리가 가능한 상황에서 이루어진 경우에 한하여 적용되고, 여기서 무면허운전이 보험계약자나 피보험자의 지배 또는 관리가 가능한 상황에서 이루어진 경우라 함은 보험계약자 또는 피보험자의 명시적 또는 묵시적 승인 하에 이루어진 경우를 말하며, 이 경우에 있어서 묵시적 승인은 명시적 승인의 경우와 동일하게 면책약관의 적용으로 이어진다는 점에서 무면허운전에 대한 승인의도가 명시적으로 표현되는 경우와 동일시할 수 있는 정도로 그 승인의도를 추단할 만한 사정이 있는 경우에 한정되어야 한다고 보고 있는바,[41)] 자배법 제3조 소정의 자동차운행자로서의 운행지배나 운행이익을 상실하였는지 여부와 무면허운전이 보험계약자나 피보험자의 지배 또는 관리가 가능한 상황에서 이루어졌는지 여부는 그 지도이념과

39) 大判 97.11.28, 95다29390(註 14).
40) 大判 89.6.27, 88다카18405(公 1989, 1154).
41) 大判 95.12.12, 95다19195(公 1996상, 362); 大判 91.12.24, 90다카23899(公 1992, 652); 大判 98.7.10, 98다1072(公 1998하, 2075); 大判 99.4.23, 98다61395(公 1999상, 1010).

판단기준이 서로 다르므로, 종전 소송에서 소유자가 운행지배나 운행이익을 상실하지 아니하였다고 주장하였고 법원도 이를 인정하였는데, 그 후 소송에서는 운전자의 무면허운전이 소유자의 지배 또는 관리가능한 상태에서 이루어진 것이 아니라고 주장하고 법원 또한 이를 인정하였다고 하여 금반언칙에 반하는 등 어떤 잘못이 있다고 할 수도 없다고 본다.[42]

(b) 한편 運行者임이 否定된 判例를 살펴보면,

(i) 운전자가 매형을 길 안내자로 옆에 태우고 사고차량을 운전하여 누나를 주거지인 장승포읍까지 데려다 주고 창원시로 돌아가다가 사고를 낸 경우에 길 안내를 위하여 위 차량에 동승한 사실만으로는 위 망인이 위 사고차량의 운행을 지배·관리할 수 있는 지위에 있지 않다고 하였고,[43]

(ii) 피해자가 공동음주유흥을 위하여 차량소유자에게 무면허음주운행을 하게 하였다는 사정만으로 자배법에 의한 손해배상책임을 구할 수 없는 공동운행자에 해당한다고 볼 수 없다고 하였고,[44]

(iii) 평소 절친한 사이로서 甲의 집안 일을 돌보아 왔던 乙이 화재로 인해 소실된 甲의 돈사 복구작업시 매일 작업현장에 나와 대민지원을 나온 군인들에게 甲을 대신하여 작업을 지시하였으며 작업 후에는 자기 소유차량을 이용하여 군인들을 소속부대까지 귀대시켜 왔었는데 그 귀대중 교통사고가 발생한 사안에서, 甲이 위 사고차량의 운행에 있어서 어떠한 형태로든 운행이익을 향수하고 있었다고 보여지기는 하지만, 한편 사고차량의 소유자인 乙은 다른 주민들과 함께 호의로 복구작업에 참여하였을 뿐 甲으로부터 그 작업에 대한 일당 등 직접적인 대가를 받은 일은 없으며, 그가 사고차량을 운행하게 된 경위도 당시 작업장에는 위 차량 이외에 다른 차량이 없어서 운전면허가 없음

---

42) 大判 96.12.23, 95다36060(공보불게재).
그 사안은 방위소집 전에 甲이 경영하는 타이어점에서 자동차정비공으로 근무하였고, 방위복무중에도 일과 후나 휴일에 가끔 위 타이어점에 들러 정비일을 도와 주기도 하였던 乙이 군트럭의 정비에 에어탱크가 장착된 甲소유의 화물자동차가 필요하여 甲에게 이를 빌려 줄 것을 요청하였으나 거절당하였고, 다음 날 乙이 아침 출근시간에 위 타이어점에 다시 들러 위 화물자동차를 빌리려고 하였으나 아무도 없자 나중에 반환하면서 양해를 얻으리라 마음먹고 시정장치가 되어 있지 아니한 방출입문 안쪽 벽면의 열쇠걸이에 걸려 있는 자동차열쇠를 꺼내 면허도 없이 위 자동차를 운전하여 군부대로 출근하였다가 퇴근 후 위 자동차를 반환하지 아니하고 남원으로 놀러가기 위하여 피해자들을 태우고 가다가 사고를 낸 사안이었다. 그리고 大判 97.7.8, 97다15685(公 1997하, 2460); 大判 98.7.10, 98다1072(前註) 및 大判 99.4.23, 98다61395(前註) 역시 자동차보유자가 아들의 무면허운전에 관하여 명시적 또는 묵시적 승인을 한 것으로 보기 어렵다고, 없다고 하면서도 운행지배와 운행이익을 잃지는 않는 것으로 보았다.

43) 大判 90.11.27, 90다카27464(公 1991, 224).

44) 大判 93.5.11, 92다2530(公 1993, 1666).

에도 불구하고 할 수 없이 사고차량을 운전하게 된 사정에 비추어 볼 때, 甲과 乙의 관계는 사용자·피용자의 관계나 도급 또는 위임관계 등 민법상의 전형적인 법률관계로 파악되기보다는 오히려 우리 나라의 농촌에서 흔히 볼 수 있는 호의에 의한 협동관계에 불과한 것으로 보여질 뿐이므로 결국 그와 같은 관계에 있던 甲이 위 사고 당시 위 사고차량에 대한 사회통념상의 간접지배 내지는 지배가능성을 가지고 있었다고는 볼 수 없다고 하였다.[45]

**(3) 共同運行者**

(가) 차량에 대한 運行支配 및 運行利益은 관념상으로나 사실상으로나 絶對的인 排他性이 요청되는 것은 아니므로 같은 運行이 數人에 의하여 지배·관리된다고 인정될 수 있는 경우가 있고, 이와 같은 경우에는 그 數人이 다같이 共同으로 自動車運行에 대한 책임을 지게 되는 것은 당연하다.[46] 이 경우에 共同運行者들이 부담하는 책임은 각각의 입장에서 같은 손해를 전부 전보하여야 할 의무를 부담하는 경우라 할 것이므로, 共同運行者 상호간은 不眞正連帶關係에 있다고 해석된다.[47]

(나) 이와 같이 共同運行關係가 성립되는 경우는 편의상 同時的 共同運行者와 異時的 共同運行者로 나눌 수 있다.

(a) 同時的 共同運行者는 數人이 차량을 保有하는 경우나 사업이나 여행 등의 共同目的을 위하여 차량을 運行하는 경우, 그리고 家族關係에 있는 사람들이 수시로 함께 쓰는 家庭用車輛(family car)의 경우 등에 성립한다.[48]

判例는 ① 운송의뢰인과 운송인 사이의 제품운송용역계약의 내용에다가 화물차가 운송의뢰인의 용도에 맞게 개조되었고, 적재함외부에 운송의뢰인의 명칭이 도색되어 있으며, 운송의뢰인의 배차지시에 따라 전적으로 운송의뢰인

45) 大判 98. 10. 27, 98다36382(註 33).
46) 大判 76. 4. 13, 74다2029(訴訟實務(註 17), 24).
47) 訴訟實務(註 17), 25.
48) 同時的 共同運行者의 경우에도 그 정도에 따라 ① 數人이 단일의 共同目的을 위하여 自動車를 運行하고 經費도 공동으로 부담하는 眞正共同運行者(예를 들어 共同經營에 따른 개인기업으로서의 自動車運輸業의 同業者나 동일목적지에의 장거리여행을 위하여 自動車를 빌려 교체운전하는 共同賃借人), ② 數人이 自動車를 共有하고 그 經費도 분담하고 있지만, 그 구체적인 運行은 언제나 1인을 위하여 한정되어 있는 部分的 共同運行者(예를 들어 각별로 의원을 경영하는 甲·乙·丙 의사가 自動車를 공유하고 경비를 분담하고 있지만, 그 運行은 격일로 自己의 診療만을 위하여 사용하는 경우), ③ 數人 중의 1인이 自動車를 所有하고 그 經費도 혼자서 부담하지만, 他者는 所有者와의 신분상·계약상 관계에 의하여 수시로 自動車를 自己目的을 위하여 運行하고 있는 경우 〔예를 들어 夫의 소유 自動車를 그의 妻가 수시로 運行하는 이른바 家庭用車로 구분될 수 있다고 한다(吳幸男(註 29), 73〕.

의 제품만을 운반하고 있었다고 보이는 점 및 사고 당시 화물차를 운전한 운전자는 운송의뢰인의 배차지시에 따라 운송의뢰인의 공장으로 오던 중이었던 점 등을 종합해 보면, 운송의뢰인은 사고 당시 화물차의 운행을 지배하는 책임주체로서의 지위에 있었으므로 운송의뢰인과 운송인은 공동으로 그 화물차에 대한 운행지배 및 운행이익을 누리고 있다고 보았고,[49] ② 건설기계관리법(1993. 6. 11. 법률 제4561호로 전문개정된 것) 및 같은 법 시행령(1993. 12. 31. 대통령령 제14063호로 전문개정된 것)상의 종합건설기계대여업 또는 단종건설기계대여업 신고대표자가 자배법 제3조 소정의 운행자책임을 지는지 여부는 건설기계관리법 및 같은 법 시행령이 공동운영을 하도록 규정한 취지 및 같은 법 시행령에 따라 대표자와 연명신고자 사이에 체결된 관리계약에서 정해진 사업협동관계 내지 지휘·감독관계 등 실질관계를 따져 사회통념상 대표자가 그 건설기계에 대한 운행을 지배하여 그 이익을 향수하는 책임주체로서의 지위를 가지고 있는지 여부에 따라 결정되어야 한다고 인정하여 건설기계관리법 및 같은 법 시행령상의 종합건설기계대여업 신고대표자가 연명신고자소유의 덤프트럭에 대하여 그 소유자와 함께 운행을 지배하여 그 이익을 향수하는 책임주체로서의 지위에 있다고 본 반면,[50] ③ 국내의 甲

49) 大判 97. 5. 16, 97다7431(公 1997하, 1843).

50) 大判 98. 6. 12, 97다30455(公 1998하, 1863); 大判 98. 10. 20, 98다34058(公 1998하, 2685); 大判 2001. 5. 15, 2001다18643(公 2001, 1390).

위 97다30455호 判決의 판시내용을 살펴보면, 사고트럭의 소유자인 甲은 연명신고자로서, 피고는 대표자로서 건설기계관리법 및 동법시행령 소정의 종합건설기계대여업을 신고하면서 건설기계관리계약서를 작성·첨부하였고, 甲은 위 트럭을 이용한 영업, 그 영업수익의 귀속, 조종사의 급여 등 위 트럭의 운행과 관련한 비용의 주체로서, 피고와는 관계 없이 독자적으로 타인과 계약을 체결하고 위 트럭을 사용하여 영업활동을 하고 자신 명의의 세금계산서를 발행하며 피고와는 별도로 부가가치세를 납부하였으며, 피고는 甲의 영업행위에 관여하지 아니하고 있는 사실에 의하면 甲이 자신의 영업에 관하여 피고로부터 어느 정도 독립적이라 할 것이지만, 반면에 甲이 피고명의로 허가받은 주기장을 사용하는 관계로 건설기계등록을 하면서 그 등록원부에 사용본거지, 또는 소속 대여회사명을 피고회사의 상호인 ○○중기 주식회사라고 기재하였고, 실제로도 관리계약을 체결한 모든 차량이 사업자등록시 '○○중기'라는 상호를 사용하고 있고, 甲이 자신의 이름으로 사업자등록을 하면서도 상호를 피고회사명인 '○○중기'로 하는 등 甲이 피고의 명의를 사용하는 것을 묵시적으로나마 허용하였다고 보이는 점, 관리계약상 피고가 연명신고자인 甲에 대하여 조종사에 대한 교육, 변경시의 통보의무, 자동차종합보험에의 가입의무 등을 부과함으로써 간접적으로나마 조종사 및 사고발생에 대한 감독을 하고 있다고 보이는 점, 위 법령이 규정하는 대표자와 연명신고자가 공동으로 운영하는 종합건설기계대여업 혹은 단종건설기계대여업은 대표자와 연명신고자의 '공동운영'을 전제로 하고 있는 것으로 위 제도가 반드시 대표자책임과 연명신고자의 책임을 분리하려는 취지에서 나온 것은 아니라고 보여지고, 오히려 위와 같이 개인과 법인이 공동사업형태를 취함으로써 종래 지입회사를 통하여 영업을 할 때와 같이 대규모 공사를 수주할 수 있는 이점을 누릴 수 있다고 보이는 점과 피고회사는 약 300여 대 정도의 중기에 관하여 소유자와 관리계약을 체결하고 자신 명의로 허가받은 주기장 등 시설을 사용하게 하고 행정편의 등을 제공하는 대가로 관리료를 지급받았고, 이 사건 사고 당시 甲으로부터 위 트럭 관리료로 월 110,000원씩을 받기로 약정한 사실 등에 비추어 보면, 피고는 회사가 80%를 출자하고 인도네시아의 乙회사가 20%를 출자하여 합작투자형태로 설립된 인도네시아 현지법인인 丙회사소속 직원이 그 회사소속의 자동차를 운행하다가 사고를 낸 경우에 있어 丙회사의 사회적 실체가 모회사인 甲회사의 자회사로서 甲회사의 생산공장형태에 불과하다 하여 甲회사에게 자동차운행자로서 그 손해배상책임을 인정한 원심판결에 대하여, 대법원은 甲회사가 丙회사의 운영을 주도하고 있다고 하더라도 다른 특별한 사정이 없는 한 丙회사의 이익분배와 비용부담은 위 출자비율에 의하여 정하여지므로, 그 회사의 실체를 부인하고 손해배상책임이 전적으로 甲회사에 귀속된다고 하는 것은 법인의 손해배상책임에 관한 법리를 오해한 위법이 있다 하여 이를 파기하였다.[51]

(b) 異時的 共同運行者는 일방의 運行支配가 일응 타방으로 이전된 형태를 보이지만 일방의 타방에 대한 人的 關係, 쌍방의 차량에 대한 管理狀態 등을 종합하여 양쪽의 共同支配關係를 인정하는 경우를 말하며,[52] 自動車賃貸業者나 단기의 車輛貸與人과 借主, 또는 保有者와 無斷運轉者 등의 경우에 성립한다.

그리하여 判例는 ① 자동차소유자가 수리업자에게 단순히 그 수리만을 위하여 자동차를 인도한 것이 아니라, 수리업자로부터 그 자동차를 매수하겠다는 의사표시를 받자 그 매매대금결정을 위하여 그로 하여금 자동차를 운행하여 볼 것을 승낙하여 그 목적의 시운전을 할 수 있도록 하기 위해서도 그 자동차를 인도한 뒤 그 수리업자가 부품구입 및 유흥목적으로 이를 운전하다가 사고를 낸 경우, 소유자에 대하여 수리업자와 공동으로 그 자동차의 운행지배 내지 운행이익을 가지고 있었다고 인정하였고,[53] ② 자동차대여업자로부터 자동차를 임차하면서 그 운전사를 소개받아 운행중 야기된 충돌사고로 자동차임차인과 그의 처가 피해를 입게 된 경우에 있어 자동차대여업자와 자동차임차인 사이의 내부관계에 있어서는 비록 임차인이 자동차에 대한 현실적 지배를 하고 있었지만 자동차의 운행경위, 운행의 목적, 자동차대여업자가 임차인에게 운전사를 소개하여 자동차를 대여하게 된 사정, 자동차의 운행에 운전사를 통하여 자동차대여업자가 간여한 정도 등 모든 정황을 종합하여 볼 때, 자동차

---

비록 위 트럭의 소유자는 아니라 하더라도 그 소유자와 함께 위 트럭에 대한 운행을 지배하여 그 이익을 향수하는 책임주체로서의 지위에 있다고 보았다.

51) 大判 92. 3. 10, 91다12462(公 1992, 1271).

52) 李輔煥(註 11), 41.

53) 大判 96. 6. 28, 96다12887(公 1996하, 2354).

의 운행지배 및 운행이익이 임차인에게 전부 이전된 관계가 아니라 서로 공유하는 공동운행자의 관계에 있어서 대여업자는 여전히 운전사를 통하여 자동차를 직접적으로 지배한다고 보고 그 손해배상책임을 긍정하였으며,[54] ③ 자동차를 운전할 권한이 없는 자가 그 자동차관리권자의 동의 없이 임의로 운전하여 사고를 일으켰고 그 무단운전이 자동차관리권자의 책임에 돌릴 원인에 의하여 가능하게 된 사안에서, 무단운전자뿐 아니라 그 관리권자에 대하여도 운행자로서의 책임을 인정하였다.[55]

이와 같은 異時的 共同支配 관계에서는 당초의 運行支配는 間接支配가 되고 새로운 지배는 直接支配이므로 양자는 중복하여 성립되지만, 運行支配를 넘겨 주면서 支配可能性조차 잃게 되면 간접지배관계는 성립하지 아니하므로 運行支配를 喪失하고 運行者責任을 면하게 된다.[56]

그리고 同時的 共同支配 관계와 異時的 共同支配 관계가 동시에 성립되는 경우도 있는바, 判例는 甲·乙·丙 3인이 군동료들로서 함께 주말에 놀러가기 위하여 그 중 甲이 렌터카회사로부터 자동차 1대를 임차하기로 계약을 체결하고 乙은 그 보증인이 되는 등 그들이 비용을 균등부담하기로 하고 자동차를 임차하여 甲이 운전하고 가던 중 충돌사고가 일어나 모두 사망한 사안에서, 자동차의 운행경위, 동승자와 운행자와의 인적 관계, 운행목적 등에 비추어 볼 때에 乙·丙은 운전자인 甲과는 물론이요 렌터카회사와도 자동차의 운행지배 및 운행이익을 어느 정도 공유한다고 판시한 바 있다.[57]

---

54) 大判 92.2.11, 91다42388, 91다42395(公 1992, 1003).
또한 釜山地判 91.11.19, 91가합9124(下集 1991-3, 248)은 학원경영자가 승합차를 사실상 소유·운행하는 자에게 매일 저녁 두 차례씩 학원생들을 등·하원시켜 주도록 유상운송을 의뢰하였을 뿐 그 시간 외에는 위 차량의 운행이나 그 유지·관리에 전혀 관여한 바 없었다고 하더라도 차량소유자로 하여금 위 학원의 명칭과 전화번호가 도색되어 대외적으로 위 학원에서 운행하는 차량임을 나타내는 위 승합차를 이용하여 장기간에 걸쳐 계속적·정기적으로 일정한 시간에 일정한 경로를 운행하도록 하였다면, 일반적으로 언제나 위 승합차에 대한 운행지배나 운행이익을 갖는다고 하기는 어려울지라도 적어도 위 학원생들을 등·하원시키기 위한 운행을 하는 동안에는 제한적으로 그 운행지배나 운행이익을 갖는다고 보아야 한다고 판시하였다.

55) 大判 83.6.14, 82다카1831(公 1983, 1077).

56) 李輔煥(註 11), 43. 同旨: 李宙興(註 34), 13.

57) 大判 91.3.27, 91다3048(公 1991, 1281).
大判 97.8.26, 94다37844(公 1997하, 2806)은 친구끼리 함께 승용차를 이용하여 여행을 다니기로 한 후 그 중 1인이 그 명의로 렌터카회사로부터 승용차를 임차하여 자신이 운전하다가 트럭과 충돌하여 모두 사망한 경우, 위와 같은 승용차의 운행경위, 동승자와 운전자와의 인적 관계, 운행목적 등에 비추어 피해자인 동승자들은 운전자와는 물론 렌터카회사와의 관계에서도 자동차의 운행지배 및 운행이익을 어느 정도 공유한다고 판시하였고, 또한 자동차가 충돌하여 승객이 피해를 입은 경우 각 가해차량의 운행자들은 피해자에 대하여 부진정연대채무를 부담하나, 그 내부관계에 있어서는 각 운전자의 과

(4) 運行者의 立證程度

㈎ 運行者責任을 인정하기 위하여는 運行者임이 입증되어야 한다. 이 경우에 運行者를 어느 정도까지 입증하여야 하는가 문제되는바, 이에 관하여는 具體說, 抽象說 및 抗辯說 내지는 間接反證說의 대립이 있다.

(a) 具體說(外形說) 運行者의 인정 여부는 具體的 運行을 기준으로 하여 그것이 그 사람을 위하여 행하여졌다고 인정할 수 있는가, 아닌가에 의하여 판단되어야 한다는 견해이다.[58] 이 입장에서는 具體的 運行이 客觀的으로 外形上 自己를 위하여 행하여졌는가의 여부를 출발점으로 하기 때문에 그 일반적 기준을 구성하는 具體的 運行은 運行責任의 成立要件으로서 적극적인 의미를 가지게 되는바, 그 具體的 運行의 기준은 ① 所有者와 第3者 사이의 고용관계 등 密接한 關係, ② 日常의 自動車의 運轉 내지 管理狀況關係, ③ 客觀的·外形的으로 自動車의 所有者를 위한 運行이었다고 인정할 수 있는 관계를 든다.[59]

그러나 具體說에 의하면 具體的 運行基準에 관한 立證責任은 被害者에게 부담시키는바, 이는 被害者保護를 목적으로 하는 自賠法에 반한다는 비판을 받게 되었고, 그 결과 현재 具體說은 퇴조하였고 抽象說·抗辯說로 발전하게 되었다.

(b) 抽象說 運行者는 抽象的·一般的으로 그러한 지위에 있는 자를 말한다는 것이다. 그러나 이에 의하면 具體的인 運行內容을 도외시하고 抽象的·一般的인 運行만을 고려함으로써 被害者에게 過剩保護를 줄 위험이 있다는 비판을 받고 있고, 따라서 이를 보완하기 위하여 다소의 제한을 가하여 그 嚴格性을 緩和하려는 것이 보통이라고 한다.[60] 다음에서 설명할 抗辯說도 抽象說의 범주에 속하나, 현재 학설상 抽象說과는 별도로 抗辯說이라고 논

---

실의 정도에 따라 부담부분이 정하여지고, 운행자 중 일방이 자기의 부담부분을 초과하여 변제함으로써 공동의 면책을 얻게 하였을 때에는 다른 운행자에 대하여 상대방의 부담부분에 상당하는 금액을 구상할 수 있지만, 이 경우 채권의 목적을 달성시키는 변제와 같은 사유는 채무자전원에 대하여 절대적 효력이 발생하지만 그 밖의 사유는 상대적 효력을 발생하는 데 그치므로, 어느 가해운행자 중 일방이 피해자와 운행지배와 운행이익을 어느 정도 공유하여 그와의 관계에서 손해배상액이 감액되었다고 하더라도 이와 같은 사정은 운행자성을 가지는 피해자에 대한 관계에서만 주장할 수 있는 것으로서, 자신과 부진정연대의 관계에 있는 다른 채무자와의 구상관계에서 감액된 금액을 기준으로 면책범위를 정하거나 자기의 부담부분을 산정하여야 한다고 주장할 수는 없다고 하였다.

58) 郭潤直, 債各, 771.
59) 吳幸男(註 29), 14-5.
60) 吳幸男(註 29), 16.

의되고 있으므로 별도로 취급하기로 한다.

(c) 抗辯說 및 間接反證說  抗辯說은 抽象的·一般的으로 運行支配와 運行利益이 인정되면 運行支配와 運行利益의 상실사유를 抗辯으로서 주장·입증하지 않는 한 運行者責任이 인정된다는 견해이다.[61]

그러나 抗辯說에 의하면 自己를 위하여 自動車를 運行하는 자임을 요건사실로 하고 있는 自賠法 §3의 규정과 달리 立證責任을 피고에게 부담시키는 결과가 되어 부당하므로, 이를 후퇴하여 運行者의 立證責任을 被害者인 原告에게 부담시키면서도 事實上의 입증부담을 保有者인 被告에게 전가하는 間接反證說이 나타났다.

間接反證說에 의하면 運行者와 保有者는 경험칙상 상당한 蓋然性을 가지고 겹치고 있으므로 原告는 被告가 自動車의 保有者라는 사실을 주장·입증하면 運行者라는 事實上의 推定이 이루어져 原告는 그 입증을 다한 것이 되고, 被告는 책임을 면하려면 사고를 일으킨 具體的 運行 당시에 運行者로서의 지위를 喪失하였다는 특별한 사정을 주장·입증하여야 한다는 것인바,[62] 法律的인 면에서는 抗辯說과 차이가 있지만 實質的인 입증부담에 관하여는 차이가 없다.

(d) 判 例  이에 관한 大法院判例를 살펴보면, 大法院 1981. 7. 7. 선고 80다2813 判決이 있기 전까지는 具體說을 취하고 있었던 것으로 보인다.[63] 예를 들어 大法院 1980. 2. 26. 선고 79다2123 判決은 비록 甲이 사고당시 위 승용차를 소유자인 피고회사측의 승낙을 얻지 않고 무단운전하다가 일으킨 사고라고 할지라도 피고회사소속 운전사인 甲이 일상 보관·운행하던 차량의 운행중 일으킨 사고이고, 더욱이 피해자들이 甲의 무단운전행위에 가담하였다거나 또는 무단운전행위임을 알았다고 볼 수 있는 자료가 없다고 하여 甲의 운전행위는 객관적·외형적으로 피고회사를 위하여 운행한 것으로 인정하였고,[64] 大法院 1981. 2. 10. 선고 80다2720 判決은 군소속차량의 운전사가 일과시간 후에 같은 공무원인 피해자의 적극적인 요청에 따라 피해자의 개인적인 용무를 위하여 상사의 허락 없이 무단으로 위 차를 운행한 사안에서, 바

61) 抗辯說과 間接反證說이 運行支配로만 運行者責任을 인정하는 一元說의 입장에서만 검토되는 것으로 설명하는 견해도 있으나(吳幸男(註 29), 17), 運行支配와 運行利益 모두에 대하여 적용가능하다고 생각된다.
62) 李銀榮, 債各, 656. 同旨: 吳幸男(註 29), 18; 金相容(註 8), 237.
63) 吳幸男(註 29), 27.
64) 公 1980, 12655.

로 군이 자배법소정의 자기를 위하여 자동차를 운행하는 자에 해당되지 않는다고 판단하여 책임을 부정함으로써[65] 피고에 대하여 具體的으로 運行支配 및 運行利益의 歸屬者로서의 運行者인지 여부를 판단하고 있다는 점에서 具體說을 취한 것으로 해석된다.

그러나 大法院 1981. 7. 7. 선고 80다2813[66]은 자동차소유자는 비록 제3자의 무단운전중에 사고가 발생하였다고 하더라도 구체적으로 그 운행에 있어 소유자의 운행지배 및 운행이익을 완전히 상실하였다고 인정되는 특별한 사정이 없는 한 운행공용자로서의 책임을 면할 수 없다고 판시함으로써 명확하지는 않으나 抗辯說 내지는 間接反證說을 최초로 취한 것으로 보이며, 그 후 具體說과의 사이에서 다소 혼란을 보여 왔지만,[67] 大法院 1986. 12. 23. 선고 86다카556에서, 회사의 과장이 일과를 마치고 과원들과 가족동반으로 회식을 하고 일부 과원들과 다시 술을 마신 다음 그 과에 배치된 차량을 손수 운전하다가 발생한 사안에 관하여 위 차량을 운행한 외형상의 이유만을 들어서 회사에게 운행자책임을 인정한 원심과는 달리 자동차의 소유자 또는 보유자는 통상 그러한 지위에 있는 것으로 추인된다 할 것이므로 사고를 일으킨 구체적 운행이 보유자의 의사에 기하지 아니한 경우에도 그 운행에 있어 보유자의 운행지배와 운행이익이 완전히 상실되었다고 볼 특별한 사정이 없는 한 보유자는 당해 사고에 대하여 위 법조의 운행자로서의 책임을 부담하게 된다 할 것이며, 위 운행지배와 운행이익의 상실 여부는 평소의 차량관리상태, 보유자의 의사와 관계 없이 운행이 가능하게 된 경위, 보유자와 운전자와의 관계, 운전자의

65) 公 1981, 13679.
66) 公 1981, 14162.
67) 예를 들어 大判 83. 6. 14, 82다카1831(註 53)은 피고회사가 업무용 승용차의 안전관리를 위한 별도의 차고를 마련하지 아니하고 공장 안의 사무실 앞에 방치하여 두고 차의 문마저도 잠그지 아니하였을 뿐만 아니라 피용인이 공장 밖으로 운전하여 나가는 것을 정문에서 제지하지 아니한 사안에서, 자배법 제3조에 규정하는 '자기를 위하여 자동차를 운행하는 자'라 함은 일반적으로는 사고발생의 원인이 된 운행이 자기를 위하여 하여진 경우를 말하고, 그 자동차를 운전할 권한이 없는 자가 그 자동차관리권자의 동의없이 임의로 운전하여 사고를 일으킨 경우에는 그 운행은 관리권자를 위하여 하여진 것으로는 볼 수 없으므로 그 자동차의 관리권자는 그 사고에 관하여 자기를 위하여 자동차를 운행하는 자에 해당하지 않고 무단운전자가 위 법조의 책임을 지는 것이 원칙이라 할 것이나, 만일 그 무단운행이 그 자동차관리권자의 책임에 돌릴 원인에 의하여 가능하게 되었다고 인정될 경우에는 동법 제1조의 입법취지에 비추어 관리권자도 위 법조의 책임을 면할 수 없다고 해석함이 상당하다 할 것이라고 판시한 후, 위 사건에 있어서 피용인의 위 무단운행은 피고회사의 피용인에 대한 주의감독태만과 자동차관리보관에 있어서의 주의의무태만에 기인한 것이라고 할 수 있다고 보아 운행자책임을 인정하였다.

차량반환의사의 유무와 무단운행 후의 보유자의 승낙가능성, 무단운전에 대한 피해자의 주관적인 인식유무 등 여러 사정을 사회통념에 따라 종합적으로 평가하여 판단하여야 한다고 설시한 후 원심이 이론상 외형이론을 취한 것은 적절하지 못하지만 결과적으로 회사에게 운행자책임을 인정한 것은 정당하다고 판시함으로써 간접반증설을 정면으로 인정하였고,[68] 이후 이와 같은 취지의 判旨가 계속되고 있어 大法院判例上으로는 間接反證說이 확립된 것으로 보인다.[69]

(나) 다만, 위 抗辯說 내지 間接反證說이 제대로 그 기능을 발휘하는 것은 被告가 自動車의 所有者이거나 그 自動車를 使用할 權利가 명확한 경우에 한하고 그렇지 않은 경우, 예컨대 下受給人 소유차량에 대한 受給人, 被用者의 자가용차에 대한 使用者 등과 같이 被告가 당해 自動車에 대하여 소유권 기타의 물권적 권리를 갖지 않는 경우에는 事實上의 推定效果를 얻을 수 없으므로 原告로서는 被告가 그 具體的인 運行에 관하여 運行支配 및 運行利益의 귀속자임을 주장·입증하여야 하며,[70] 이 경우에는 外形理論이 그대로 적용된다 할 것이다.

**(5) 國家·地方自治團體와 運行者責任**

(가) 國家나 地方自治團體가 自動車의 所有者인 경우에는 自賠法에 의한 保有者로서 특별한 사정이 없는 한 運行者責任이 인정될 것이다. 따라서 判例는 ① 시·도경찰국 순경이 경찰국직원들을 출근시키기 위하여 그 소속 통근버스를 운행한 것도 경찰업무에 포함되고 경찰업무는 국가의 위임사무이므로, 이와 같은 경우 국가는 위 자동차의 보유자로서 자기를 위하여 자동차를 운행하는 자에 해당한다고 보았고,[71] ② 소유자의 의사에 터잡아 어떤 목적 때문에 자동차를 운행하는 경우는 말할 것도 없고, 그와 관련성을 갖는 운행 및 외관상 소유자의 운행과 동일시할 수 있는 경우도 포함된다고 보아 대한민국 산하 수원교도소 공무원으로서 위 교도소소장 승용차의 운전업무에 종사하는 자가 휴일에 사사로운 용무를 보기 위하여 상사의 승낙 없이 위 승용차를 운

68) 註 27.
69) 大判 92.3.10, 91나43701(公 1992, 1292) 등 참조. 다만, 아직 下級審判決 가운데에는 이와 같은 間接反證說에 입각하지 아니하고, 具體說的인 입장에서 판시한 예가 자주 있는 것 같고, 이로 인하여 大法院判決에서도 原審의 결론을 유지하는 가운데 具體說的인 表現이 그대로 인용되는 경우가 있다.
70) 訴訟實務(註 17), 27.
71) 大判 72.2.22, 71다2535(集 20-1, 민111).

행하다가 사고를 발생케 한 경우에 피고산하 공무원이 항시 위 차량을 운행하고 있는 사실관계로 보아 객관적·외형적으로 그의 위 차량운행은 국가를 위한 운행이라고 인정하였고,[72] ③ 공휴일 야간에 대대장전용지프차에 민간인을 태우고 그 대대장이 파견근무중인 군인휴양소로 돌아오다가 위 지프차 운전병의 과실로 뒤에서 오는 버스에 추돌당하여 민간인이 사망한 경우에 비록 군용차에 탑승이 금지되어 있는 민간인이 공휴일에 위 군용차에 탑승하였다 하여도 위 대대장의 운전병으로서 영내에 거주하는 군인이 이 사건 당시 위와 같은 경위로 위 지프차를 운행한 것이 군의 통제나 직무에서 벗어났다고 할 수 없다고 인정하였다.[73]

(나) 그리고 國家나 地方自治團體가 自動車의 所有者가 아닌 경우라도 自動車의 運行이 國家의 支配·管理下에 있다면 保有者로서의 책임을 부담하게 되는바, 判例는 ① 군부대의 차량이 부족하여 군수장교인 대위가 평소 출퇴근 및 군무수행을 위해서 그의 소유인 오토바이 뒤에 부대표시의 번호판을 부착하고 운행에 소요되는 기름도 부대로부터 공급받으며 기름사용의 용도는 업무일지에 기재하여 대대장의 결재까지 받아 위 오토바이를 운행하던 중 군수업무를 마치고 위 오토바이를 타고 퇴근하다가 사고를 일으켰다면, 비록 위 오토바이의 소유자가 사고를 일으킨 위 장교 개인이라고 하더라도 객관적으로는 국가가 위 오토바이의 운행을 지배·관리할 수 있는 지위에 있었다고 볼 수 있으므로 국가는 위 오토바이의 운행중 일어난 사고에 대하여 자배법상의 보유자로서 배상책임을 면할 수 없다고 보았지만,[74] ② 공무원이 통상적으로 근무하는 근무지로 출근하기 위하여 자기 소유의 자동차를 운행하다가 자신의 과실로 교통사고를 일으킨 경우에는 특별한 사정이 없는 한 국가배상법 제2조 제1항 소정의 공무원이 '직무를 집행함에 당하여' 타인에게 불법행위를 한 것이라고 할 수 없으므로 그 공무원이 소속된 국가나 지방공공단체가 국가배상법상의 손해배상책임을 부담하지 않는다고 하였고,[75] ③ 예비군면대장으로 재직중인 군무사무관이 소속사단본부에서 실시하는 예비군실무자회의에 참석하기 위하여 자신의 소유인 오토바이의 뒷좌석에 역시 같은 사단소속의 예비

72) 大判 79.7.24, 79다817(公 1979, 12150).

73) 大判 91.11.12, 91다22650(公 1992, 99). 다만, 위 判決은 國家責任의 발생근거를 運轉兵의 運行上의 過失에서 찾고 있다는 점에서 自賠法上의 責任에 관한 判例로는 다소 부적절한 면이 있다.

74) 大判 87.6.23, 84다카2237(公 1987, 1511).

75) 大判 96.5.31, 94다15271(公 1996하, 2001).

군면대장을 태우고 운전하여 가다가 사고가 발생하였는데, 그 오토바이는 위 군무사무관이 종전부터 자신의 개인적인 용무에 사용하여 오고 있던 것으로서 위 소속군부대가 그 사용 또는 관리 등에 관하여 특별히 관여하거나 지시 등을 행하지 아니한 경우라면, 위의 오토바이운전행위를 직무의 범위 내에 속하는 것으로 볼 수 없고, 또 이를 외형상 객관적으로 그 직무와 밀접한 관련이 있는 행위라고도 볼 수 없다고 본다.[76)]

(다) 그리고 國家가 自動車保有者로서 책임을 지는 경우에 그 運轉者인 公務員도 運行者로서 인정될 수 있는가 문제되는데, 判例는 자배법 제3조 소정의 자기를 위하여 자동차를 운행하는 자라고 함은 자동차에 대한 운행을 지배하여 그 이익을 향수하는 책임주체로서의 지위에 있는 자를 뜻하는 것인바, 공무원이 그 직무를 집행하기 위하여 국가 또는 지방자치단체 소유의 관용차를 운행하는 경우, 그 자동차에 대한 운행지배나 운행이익은 그 공무원이 소속한 국가 또는 지방자치단체에 귀속된다고 할 것이고, 그 공무원 자신이 개인적으로 그 자동차에 대한 운행지배나 운행이익을 가지는 것이라고는 볼 수 없으므로, 그 공무원은 자기를 위하여 관용차를 운행하는 자로서 같은 법조 소정의 손해배상책임의 주체가 될 수 없다고 본다.[77)]

### (6) 運行類型別 運行者의 範圍

아래에서는 運行類型別로 어느 정도 범주까지 運行者라고 인정할 수 있는지 살펴본다.

(가) 無斷運轉

(a) 無斷運轉은 自動車의 所有者 기타의 정당한 權利者의 승낙 없이 운전하는 것을 말한다. 無斷運轉 외에 自動車를 업무 외의 개인용도로 운전하는 私用運轉이 있으나, 대체로 문제되는 것이 無斷으로 私用을 위하여 운전하는 경우이므로 이를 특별히 구별하여 논의할 필요는 없을 것이다.[78)]

그리고 다음 항에서 살펴보는 竊盜運轉과의 구별이 문제된다. 無斷運轉은 車輛保有者와 被用者, 家族 등의 인적 관계 있는 자가 그 保有者의 승낙을 받

76) 大判 90.11.13, 90다카10725(公 1991, 70). 위 判例 및 前註判例는 自賠法에 의한 책임을 직접 다룬 것이 아니라 國家賠償法 제2조 제1항 소정의 公務員의 職務上 過失에 의한 책임이 문제가 된 것이나, 自賠法에 의한 책임이 인정되었다면 優先하여 이를 적용하였을 것이므로 自賠法에 의한 책임을 間接的으로 否定한 것으로 보아도 좋을 것이다.

77) 大判 92.2.25, 91다12356(公 1992, 1116); 大判 94.12.27, 94다31860(公 1995, 664).

78) 郭潤直, 債各, 771.

지 않고 운전하는 것이고, 竊盜運轉은 아무런 인적 관계가 없는 자가 몰래 운전하는 것이라고 하여 主體를 중심으로 하여 구별하는 견해도 있으나,[79] 保有者와는 직접적으로 특별한 인적 관계가 없지만 保有者와 인적 관계 있는 運轉者와는 어느 정도의 관계가 있는 자가 운전한 경우에도 無斷運轉의 범주에서 논의되는 것을 보면 다소 모호한 기준이 아닌가 생각된다. 私見으로는 刑 §329가 竊盜罪를 규정하고 있고, 이와 별도로 동법 §331의2가 權利者의 동의 없이 他人의 自動車를 일시 사용하는 경우에 관하여 自動車 등 不法使用罪를 규정하고 있음에 비추어 보면, 竊盜運轉은 刑 §329의 盜罪가 성립될 수 있는 運行을 말하고, 自動車 등 不法使用罪가 성립될 정도의 運行이나 그에 이르지 아니한 정도의 任意的인 運行은 無斷運轉으로 취급될 수 있을 것이라고 생각되나, 無斷運轉이냐 아니면 竊盜運轉이냐 하는 개념 자체에 의하여 保有者의 運行者性 여부가 결정되는 것이 아니라 결국 그 구체적인 運轉의 태양에 관하여 保有者의 運行支配 내지는 運行利益의 정도가 얼마나 쉽게 부정될 수 있는가에 의하여 運行者의 책임 여부가 인정될 수 있을 것이라는 점을 참작하여 보면,[80] 두 가지 운전유형은 모두 廣義의 無斷運轉에 포함되어 설명될 수도 있는 것이 아닌가 생각된다.[81]

(b) 無斷運轉의 경우에도 앞에서 살펴본 抗辯說 및 間接反證說에 의

79) 吳幸男(註 29), 19; 李東洛(註 33), 56; 訴訟實務(註 17), 27; 金相容(註 8), 238.

80) 李銀榮, 債各, 658.

81) 즉 運轉者가 自動車를 竊取하여 운전한 경우에는 保有者의 運行責任이 쉽게 부정될 수 있을 것이고, 刑法上 自動車 등 不法使用罪에 해당할 정도의 방법으로 無斷運轉한 경우에는 그보다 保有者의 運行責任의 否定이 조금 더 어려울 것이며, 나아가 刑法上 自動車 등 不法使用罪에 해당하지 아니할 정도의 방법으로 無斷運轉한 경우라면 保有者의 運行責任否定이 훨씬 더 어려울 것이다. 大判 98. 7. 10, 98다1072(註 41)은 "무면허인 미성년의 아들이 아버지가 출타한 사이에 차량을 무단운행한 사안에서, 아버지의 운행자로서의 책임을 인정하면서도 자동차종합보험의 26세 이상 한정운전특별약관 제2조 제2항에서 정한 '피보험자동차를 도난당하였을 경우'라 함은 피보험자의 명시적이거나 묵시적인 의사에 기하지 아니한 채 제3자가 피보험자동차를 운전한 경우를 말하고, 여기서 '묵시적인 의사'라 함은 명시적인 의사와 동일하게 위 약관의 적용으로 이어진다는 점에서 피보험자의 도난운전에 대한 승인의도가 명시적으로 표현되어 있는 경우와 동일시할 수 있을 정도로 그 승인의도를 추단할 만한 사정이 있는 경우에 한정되어야 하고, 따라서 과연 어떠한 사정이 있어야 이러한 묵시적인 의사가 있었다고 보아야 할 것이냐는 피보험자와 도난운전자와의 관계뿐만 아니라, 평소 사고차량의 운전 및 관리 상황, 당해 도난운전이 가능하게 된 경위와 그 운행목적, 평소 도난운전자에 대한 피보험자가 취해 온 태도 등의 제반사정을 함께 참작하여 인정하여야 한다고 판시하고, 나아가 위 사안에서는 아버지가 아들의 운전을 승인할 의도가 있었음을 추단할 수 있는 직접적 또는 간접적인 표현이 있었다고 볼 만한 사정이 없다는 이유로, 위 운전으로 인한 사고는 '피보험자동차를 도난당하였을 경우'에 발생한 것으로 인정하고 보험자의 면책이 허용되지 않는다"고 판단하였는바, 이 判例에 의하더라도 盜難運轉 내지 竊取運轉인가 아니면 無斷運轉인가를 槪念的으로 구분하기는 어렵다고 보인다.

하면 車輛保有者는 원칙적으로 運行者責任을 지게 되고 그 運行利益 및 運行支配가 완전히 喪失되었다고 볼 특별한 사정이 있으면 運行者責任을 면하게 되는 바,[82] 일반적으로 말하면 그 無斷運轉으로 인하여 自動車의 保有者가 받는 이익이 별로 없는 경우가 많고 또한 그 支配可能性도 미미한 경우도 상당수 있어 保有者에 대한 책임을 인정하기에 곤란한 경우도 있으므로, 과연 어떤 기준에 의하여 自動車의 保有者가 運行者責任을 면할 수 있는가 문제된다.[83]

判例 중에는 위에서 살펴본 具體說의 입장에 서서 自賠法 제3조에 규정하는 '自己를 위하여 自動車를 運行하는 자'라 함은 일반적으로는 事故發生의 원인이 된 運行이 自己를 위하여 하여진 경우를 말하고, 그 自動車를 運轉할 權限이 없는 자가 그 自動車管理權者의 동의 없이 任意로 운전하여 사고를 일으킨 경우에는 그 運行은 管理權者를 위하여 이루어진 것으로는 볼 수 없으므로 그 自動車의 管理權者는 그 사고에 관하여 自己를 위하여 自動車를 運行하는 자에 해당하지 않고 無斷運轉者가 위 법조의 책임을 지는 것이 원칙이라 할 것이나, 만일 그 無斷運行이 그 自動車管理權者의 책임에 돌릴 원인에 의하여 가능하게 되었다고 인정될 경우에는 같은 법 第1條의 입법취지에 비추어 管理權者도 위 법조의 책임을 면할 수 없다고 해석함이 상당하다고 한 경우도 있음은 앞에서 본 바와 같다.[84] 그러나 대부분의 判例는 自動車의 所有者는 비록 第3者가 무단히 그 自動車를 운전하다가 사고를 내었다고 하더라도 그 運行에 있어 소유자의 運行支配와 運行利益이 完全히 喪失되었다고 볼 특별한 사정이 없는 경우에는 그 사고에 대하여 自賠法 제3조 소정의 運行者로서의 책임을 부담하고, 그 運行支配와 運行利益의 喪失 여부는 ① 평소의 自動車나 그 열쇠의 보관 및 관리상태, ② 所有者의 의사와 관계 없이 運行이 가능하게 된 경위, ③ 所有者와 運轉者의 인적 관계, ④ 運轉者의 차량의 반

82) 李銀榮, 債各, 657은 保有者와 無斷運轉 사이에 第3者가 運行者로서 責任질 만한 사유가 개입함으로 인하여 保有者와 無斷運轉 사이에 因果關係가 中斷되었다고 판단될 만한 사정이 있어야 한다고 설명한다.

83) 被害者를 保護하기 위하여는 自動車 保有者에게 폭넓은 책임을 지워야 하지만, 사실 自動車 保有者로서는 그 管理를 소홀히 하였다가 被用者가 大型事故를 유발하게 되면 엄청난 금액의 손해를 배상할 책임을 부담하게 되어 衡平에 어긋나는 경우가 있어(被害者에게 過失이 없는 한 運行者의 責任額이 크다는 사정을 들어 衡平의 原則上 손해배상액을 減額할 수 있는 법적인 방법이 없다), 具體的인 事件을 처리하다 보면 쉽게 판단을 내리기 어려운 경우가 있다. 그러나, 이와 같은 설명은 保有者에 대한 責任의 면에서 본 것이지만, 요즈음과 같이 自動車綜合保險이 一般化되어 있는 현실하에서는 사고로 인한 實質的인 負擔이 保險會社에게 돌아가므로 無斷運轉에 대한 保有者의 責任을 상당히 폭넓게 인정하는 것 같다.

84) 大判 83. 6. 14, 82다카1831(註 55).

환의사유무, ⑤ 無斷運行 후 所有者의 승낙가능성, ⑥ 無斷運行에 대한 被害者의 主觀的 認識 유무 등 客觀的이고 外形的인 여러 사정을 사회통념에 따라 종합적으로 평가하여 이를 판단하여야 한다고 하는 間接反證說의 입장을 취하고 있다.[85)]

특히 被害者가 運轉者의 好意로 無償同乘한 경우에는 그가 無斷運行의 정을 알았는지의 여부가 運行者의 運行支配 내지 運行利益의 상실 여부를 판단하는 중요한 요소가 된다고 보지만, 被害者인 無償同乘者가 運轉者의 無斷運行에 가담하였다거나 사고 당시 이를 알고 있었다는 사정만으로 運行支配 내지 運行利益이 상실되었다고 보지는 아니하며, 그 運行經緯나 運行目的에 비추어 당해 無斷運行이 사회통념상 있을 수 있는 일이라고 善解할 만한 사정이 있다거나, 그 無斷運行이 運轉者의 평소 業務와 사실상 밀접하게 관련된 것이어서 所有者의 事後承諾可能性을 전적으로 排除할 수 없는 사정이 있는 경우 등에는 所有者가 運行支配나 運行利益을 전적으로 喪失하였다고 단정할 수는 없다고 한다.[86)]

(c) 구체적으로 無斷運轉의 경우에도 運行支配나 運行利益을 상실하지 아니하였다고 하여 保有者에 대하여 運行者로서의 책임을 인정한 判例를 살펴본다.

(i) 일정한 범위 내에서 運轉權限이 있는 職員이 그 범위를 벗어나 無斷運轉을 한 경우에 관하여,

(ㄱ) 피고회사소유 코티나승용차 운전사인 甲이 추석 전날에 위 승용차에 그의 자녀 3명을 태우고 고향인 경기도 포천군 신북면 가채리에 가서 추석성묘를 마친 다음 날인 추석날 저녁 때 위 자녀들과 되돌아오다가 포천군 포천읍 신읍리에 있는 乙집에 성묘하러 내려 온 피해자들이 서울로 가려

85) 大判 89.3.28, 88다카2134(公 1989, 670); 大判 92.3.10, 91다43701(註 69); 大判 92.6.23, 91다28177(公 1992, 2230); 大判 96.7.26, 96다13194(公 1996하, 2603); 大判 97.11.14, 95다37391(公 1997하, 3792); 大判 98.7.10, 98다1072(註 41).
다만, 李東洛(註 33), 65은 大法院이 無斷運轉에 관한 自動車保有者의 책임에 관하여 具體說(外形說)을 취하고 있다고 설명하고 있으나, 위 자료는 앞에서 본 大判 86.12.23, 86다카556(註 27) 이래 위와 같이 間接反證說에 입각한 判例들이 반복되어 確立되기 이전에 발표된 자료임에 유의하여야 한다(前述 註 69 및 本文 참조).

86) 大判 96.7.26, 96다13194(前註); 大判 98.7.10, 98다1072(註 41).
李宙興(註 34), 16은 被害者의 主觀的인 認識有無는 被害者가 無斷運轉인 점을 몰랐을 경우 被害者保護를 위한 外形理論的 요소로 작용하지만, 被害者가 그 정을 알았다고 하더라도 이것이 運行利益이나 運行支配에 決定的 영향을 미치는 것은 아니며, 運行者性 판단자료의 하나로 작용할 뿐이라고 하여 이를 重視하는 實務의 태도를 批判하고 있다.

고 乙 집앞 도로에 서 있는 것을 보고 피해자들을 위 승용차에 태우고 가다가 사고를 낸 사안에서, 甲은 위 승용차의 운전사로 있으면서 피고회사에 6년간이나 근무하였는데 그의 집에 가까운 곳에 위 차를 보관하여 왔고, 명절 때에는 수시로 위 차를 타고 시골에 다녀 왔으며, 피해자들이 위 승용차를 타게 된 것은 운전사인 甲이 피해자 중 1인과 안면이 있어서 서울에 되돌아가는 피해자들을 아무런 조건 없이 태워 주게 된 사실을 인정한 다음, 피고회사로서는 비록 甲이 사고 당시 위 승용차를 소유자인 피고회사측의 승낙을 얻지 않고 무단운전하다가 일으킨 사고라고 할지라도 피고소속 운전사인 甲이 일상 보관·운행하던 차량의 운행중 일으킨 사고이고, 더욱이 피해자들이 甲의 무단운전행위에 가담하였다거나 무단운전행위임을 알았다고 볼 수 있는 자료가 없다고 하여 甲의 운전행위는 객관적·외형적으로 피고회사를 위하여 운행한 것으로 인정하였고,[87]

(ㄴ) 승용차의 안전관리를 위한 별도의 차고를 마련함이 없이 공장 안의 사무실 앞에 방치하여 두고 차의 문마저 잠그지 아니하였을 뿐 아니라, 甲이 공장 밖으로 운전하여 나가는 것을 정문에서 제지한 바도 없는 등 위 자동차의 운행관리상의 과실이 있고, 또 당시 甲은 피고공장의 생산부주임으로서 고용관계에 있었으며, 이 사건 사고만 없었다면 자동차를 잠시 운전한 다음 제자리에 도로 갖다 둘 것이 예측되는 사안에서, 甲의 무단운행은 피고의 피용인에 대한 주의감독태만과 자동차관리보관에 있어서의 주의의무태만에 기인한 것이라는 이유로 운행자책임을 인정하였고,[88]

(ㄷ) 건설회사가 시공하는 댐건설공구소속 지프차운전사가 위 공구장의 지시에 따라 위 자동차로 야간근무를 마친 회사직원들을 퇴근시킨 후 공사현장으로 돌아가지 아니하고 친구를 만나 음주하고 춤을 추는 등 개인적 용무를 보고 나서 다시 위 차를 운전하여 차고가 있는 위 공사현장으로 돌아가던 중 위 자동차를 발견하고 편승하기 위하여 손을 흔드는 위 회사직원을 들이받아 사고가 발생한 사안에서, 위 차량운행의 경위, 운전사의 회사에서의 직책·운행목적·사고경위 등에 비추어 사회통념상 위 차량의 소유자인 위 회사가 위 차량에 대한 운행지배와 운행이익을 상실하였다고 볼 수 없다고 하였고,[89]

87) 大判 80.2.26, 79다2123(註 64).
88) 大判 83.6.14, 82다카1831(註 55).
89) 大判 87.7.21, 87다카51(註 31).

(ㄹ) 차량소유자가 경영하는 업소에 고용된 운전사가 차량을 그 소유자의 승낙을 받지 아니하고 개인용무에 무단으로 사용하였고, 피해자들 역시 그러한 사정을 알면서 위 차량에 동승하였다가 사고를 당하였다고 하더라도 위 차량의 열쇠관리 및 사고차량의 보관이 전적으로 위 운전사에게 일임되어 있었고, 업무가 끝나면 성남에 거주하는 위 운전사의 출퇴근에 위 차량을 이용하도록 허용하는 등 그가 개인용무에도 위 차량을 손쉽게 이용할 수 있는 점, 사고 당일 위 운전사가 평소처럼 일단 귀가하였다가 친구들을 만나기 위하여 위 차량을 운전하고 나와 술을 마신 후 귀가길에 사고에 이르게 된 점, 위 운전사의 친구들인 피해자들이 동인과 함께 술을 마신 후 그 권유에 따라 동승하게 된 사정 등 위 차량의 관리상태·운행경위·동승경위 등을 참작하면, 차량소유자가 위 차량에 대한 운행지배 및 운행이익을 상실하지 아니하였다고 보았고,[90]

(ㅁ) 피고회사소유 화물차의 운전사가 피고회사에서 근무를 마친 후 정원이 3명인 위 차량에 직원 4명을 동승시켜 퇴근하다가 함께 식당에서 20:00까지 소주를 마신 후 술에 약간 취한 상태에서 그 일행 모두 위 운전사가 이사한 새 집에 집들이 가자고 하여 다시 위 일행들을 위 차량에 동승시키고 가다가 추락하여 동승자 중 1인을 사망하게 한 사안에서, 피고회사가 위 차량에 대한 운행지배 내지 운행이익으로부터 완전히 벗어났다고 인정하기에 부족하다고 보았고,[91]

(ㅂ) 택시회사에 고용된 운전사가 택시회사소유의 택시를 운전하여 가다가 같이 타고 가던 그의 친구에게 위 택시를 운전할 것을 승낙하여 그의 친구가 이를 운전하던 중 사고가 발생하였다면, 피해자에 대한 관계에 있어서는 위 택시회사가 객관적·외형적으로 위 택시의 운행지배와 운행이익을 가지고 있었다고 보았고,[92]

(ㅅ) 회사차량의 운전사인 甲이 직원들의 출퇴근 및 현장업무용으로 위 차량을 운행하면서 운행을 마치고 나면 자신의 집 근처에 차량을 주차시키고 열쇠를 보관하고 있다가 그 다음 날 출근시에 다시 차량을 운행하였는데, 퇴근 후 친구인 乙 및 그의 애인인 丙과 만나 함께 놀다가 丙을 집에 데려다 주라는 부탁에 따라 주차장소로 가서 위 차량을 운전하고 가게 되었고,

90) 大判 91.2.22, 90다17705(公 1991, 1059).
91) 大判 91.4.23, 90다12205(公 1991, 1455).
92) 大判 92.1.21, 91다37911(公 1992, 897).

도중에 하차하여 맥주를 마신 후 乙이 운전하겠다고 요구하자 이를 거절하지 못하고 그가 운전하도록 한 후 운전석에 동승하고 가던 중 교통사고를 내어 동승중인 丙이 사망한 사안에서, 회사가 차량을 운전사인 甲의 집 근처에 보관하고 그 열쇠도 甲에게 보관하도록 하여 무단운전의 기회를 제공한 점, 차량의 운행을 전적으로 甲에게 맡기고 사후 운행일지결재를 통하여 차량을 관리한 점, 乙이 甲의 승낙을 받고 차량을 운행한 경위 등에 비추어 볼 때 피해자인 丙과의 관계에서 소유자인 회사가 사고 당시의 차량운행에 대한 운행지배와 운행이익을 상실하였다고 볼 수는 없다고 하였고,[93]

(ㅇ) 회사직원이 담당업무인 제품출고가 지연된 관계로 그 작업을 완료하고 거래처 사람들과 술을 마시느라 늦게까지 회사에 남게 되어 야간근무중이던 친구 甲에게 회사소유의 차량을 운전하여 집에 데려다 줄 것을 몇 번이나 간곡히 부탁하여 甲이 위 차량을 운전하다가 사고를 내었고, 위 차량은 회사직원들의 출퇴근용 차량이지만 출퇴근용 외에 정해진 퇴근시간보다 늦게 퇴근하는 직원들을 귀가시킬 때에도 사용되고 있으며, 위 차량을 평소 회사사무실 앞에 주차해 두면서 운전기사 외에 다른 직원들도 회사에서 필요할 때에는 운전을 하여 왔고, 당시 위 차량 안에 운전키가 꽂혀져 있었으며, 甲도 위 차량을 10여 회 운전한 적이 있었던 사안에서, 차량보유자인 회사의 운행지배와 운행이익이 완전히 상실되었다고 볼 수 없다고 보았고,[94]

(ㅈ) 비번인 회사택시운전사가 동거녀의 언니를 집에 데려다 주기 위하여 회사로부터 비번인 택시를 가사사유로 출고받아 운전하여 가던 중 충돌사고로 동거녀의 언니를 사망케 한 경우에 있어 택시회사의 평소의 비번차량 관리상태, 사고택시의 출고 및 운행경위, 피해자로서는 비번차량인 점을 알기 어려웠던 점 등에 비추어 사고 당시 그 구체적 운행지배나 운행이익을 완전히 상실한 상태에 있었다고 볼 수 없다고 하였고,[95]

(ㅊ) 피고는 직원 4명을 두고 인삼대리점을 경영하는 자이고 甲은 그 영업과장인바, 그 영업방식은 乙이 운전하는 피고소유의 이 사건 사고차량에 인삼제품을 싣고 마산시일원을 다니면서 이를 판매하고 그 판매대금을 직접 수금하기도 하였는데, 甲은 위 사고일 전날 19:00경 일과시간을 마치고 그가 거처할 방을 구하러 가기 위하여 乙에게 위 차량을 運行하여 줄 것을 제의

93) 大判 92.3.10, 91다43701(註 69).
94) 大判 92.5.12, 91다47079(公 1992, 1845).
95) 大判 92.6.23, 91다28177(註 85).

하여 위 차량을 타고 마산시 교방동에 가서 여러 군데 방을 보러 다녔으나 마음에 드는 방을 구하지 못하고 교방동소재 포장마차에서 乙과 함께 소주 1병을 나누어 마신 다음, 위 차량의 조수석에 타고 창원시 쪽으로 방을 구하러 갔다가 다시 乙의 누나 집 쪽으로 가던 중 乙이 위 차량을 과속으로 운전하다가 우측 도로변에 주차하고 있던 덤프트럭을 들이받는 바람에 그 충격으로 甲이 사망한 경우에 乙이 위 차량을 運行할 때 피고로부터 위 차량을 사용하여도 좋다는 명시적 승낙을 받지는 않았으나 위 차량이 평소 甲 등의 출퇴근용으로 사용되어 왔고, 평소 차량관리가 엄하지 않아 피고가 반대하지 않으리라는 생각에서 예사로 이를 운행한 사정에 비추어 보면 피고로서는 이 사건 사고 당시 위 차량에 대한 운행지배나 운행이익을 완전히 상실하였다고 볼 수 없다고 하였고,[96]

(ㅋ) 택시회사소속 운전사가 회사의 허락을 받거나 신고를 하지 아니하고 개인적인 용무를 위해 처와 아들을 태우고 당해 회사의 자동차운수사업 면허구역을 벗어나 운행을 하나 자신의 과실로 사고를 일으켜 처가 사망한 경우, 그 동승가족은 자배법소정의 타인에 해당하고 나아가 사납금제도 등의 근무형태에 비추어 볼 때, 그 운전사가 근무일에 정상적으로 회사로부터 택시를 배차받아 운행을 개시하였으며, 그 운행에 따라 회사에 대하여 사납금 납부의무를 부담하는 이상 그 운전사가 근무시간중에 개인적인 용무로 2·3시간 가족들을 택시에 동승시켰고, 그 운행구간이 회사의 자동차운수사업면허구역을 벗어나 있었다 하더라도 그러한 사정만으로는 당해 택시회사가 사고 당시 그 택시에 대한 운행이익과 운행지배를 완전히 상실하였다고 할 수는 없다고 보았으며,[97]

(ㅌ) 사고차의 소유자인 A회사의 실질적 운영권자였던 甲이 B회사의 대표이사를 겸하고 있었던 관계로 사실상 B회사에서 사고차를 주로 사용하여 왔고, B회사에서 사고차를 사용할 경우에는 甲의 승용차운전사인 乙이 이를 운전·관리하고, 그가 퇴근할 때에는 그 열쇠를 경기 파주군에 있는 B회사의 현장사무실에 보관하여 두고 이를 관리해 왔는데, 丙은 사고 전날 22:00경 그 현장소장으로부터 사고차에 대하여 업무수행을 위한 운행허락을 받아 그 하청업체직원들을 차에 태우고 같은 군에 있는 B회사의 온천시추 현장에

96) 大判 90. 4. 25, 90다카3062(公 1990, 1145).
97) 大判 97. 1. 21, 96다40844(公 1997상, 613).

가서 발전기운전상태 등을 점검한 다음 돌아오는 길에 하청업체직원 중 1인으로 하여금 사고차를 운전하게 하여 숙소가 있는 B회사 현장사무실로 돌아오다가 丙이 사고를 당한 사안에서, 사고차의 소유관계, 평소의 사용 및 보관실태, 사고 당시의 구체적 운행목적·운행경위 등에 비추어 보면, 丙 일행이 비록 그 업무를 마치고 귀가하는 도중 일시 운행경로를 이탈하여 술을 마시고 숙소로 돌아오던 중에 이 사건 사고가 발생한 것이라고 하더라도 사고차의 소유자인 A회사가 여전히 그에 대한 운행지배와 운행이익을 가지는 것이지, 丙 등이 사고차에 대한 운행지배와 운행이익을 가지게 되는 것은 아니라고 보았다.[98]

(ii) 自動車運行과 관련하여 아무런 權限이 없는 職員이 無斷運轉을 한 경우에 관하여,

(ㄱ) 甲경영의 외과병원의 사환으로 고용된 자가 운전면허도 없으면서 호기심에서 숙직원이나 간호원 모르게 병원약제실에 걸어 둔 甲소유 차량의 출입문개폐와 엔진시동에 사용되는 열쇠를 들고 나와 평소 병원 맞은 편 파출소 옆 빈터에 주차시켜 둔 위 자동차를 무단운전하다 사고를 낸 경우에 사고자동차나 그 열쇠는 평소에 위와 같은 무단운전이 가능한 상태로 방치된 사정이 엿보이고, 무단운전자가 운전업무와는 관계 없는 사환이지만 피용자로서 위 사고가 아니라면 길지 아니한 시간 동안의 무단운전 후에는 그 자동차의 열쇠를 원래의 위치로 반환할 예정에 있었다고 추인되는 바이니, 객관적·외형적으로는 甲이 사고자동차에 관한 일반적인 운행지배 및 운행이익을 잃게 되어 운행공용자로서의 지위를 상실하게 되었다고는 볼 수 없다고 하였고,[99]

(ㄴ) 甲이 운영하는 정부양곡판매점 종업원인 乙이 운전을 해보고 싶다는 생각에서 주인이 없는 틈을 타 운전면허 없이 위 점포사무실 책상 서랍 속에 넣어 둔 자동차 열쇠를 꺼내어 甲소유의 트럭을 운전하다가 위 점포로 돌아오던 중 오토바이를 충격하여 교통사고를 내었다면, 甲이 위 트럭이나

98) 大判 97.11.14, 95다37391(註 83). 이 判決은 自動車綜合保險約款에 賠償責任義務가 있는 被保險者가 죽거나 다친 경우에는 보상을 하지 않도록 규정되어 있는데, 그 被保險者에 記名被保險者의 承諾을 얻어 被保險自動車를 使用 또는 管理중인 자 등이 포함되어 있기 때문에 처음에 運行承諾을 받은 丙이 運行者로서 위 約款에서 정한 賠償責任義務 있는 被保險者에 해당하는지 여부가 쟁점이 되었던 사안인바, 大法院은 丙의 運行支配와 運行利益을 부정하고, 丙은 위 約款에서 정한 賠償責任義務 있는 被保險者에 해당하지 아니한다고 판시한 것이다.

99) 大判 81.7.7, 80다2813(註 66).

열쇠를 乙의 무단운전이 가능한 상태로 잘못 보관하였다고 보여지고, 또한 위 乙로서는 위 트럭을 잠시 운전하다가 본래의 위치에 갖다 놓았을 것이라고 예상되는 바이니 甲이 객관적·외형적으로 위 트럭에 대한 일반적인 운행지배 및 운행이익을 완전히 상실하였다고 볼 수 없다고 하였고,[100]

(ㄷ) 회사의 경비원이 운전연습을 하려고 그 경비실에 있는 회사 열쇠 보관함에서 승용차의 열쇠를 꺼내어 운전하던 중 사고를 내었고, 피해자가 그러한 무단운전사실을 전혀 인식하지 못하였다면 회사가 위 승용차에 대한 운행지배 및 운행이익을 상실한 것으로 볼 수 없다고 보았고,[101]

(ㄹ) 손님으로부터 주점주차장에 주차시킨 승용차 열쇠의 보관을 의뢰받은 주점경영주가 그 승용차 열쇠를 주점 안에 있는 열쇠함에 넣어 두고 퇴근하면서 주점의 도급마담의 종업원으로 일하며 주점기숙사에서 숙식하던 자에게 다음 날 아침 손님이 승용차를 찾으러 오면 열쇠를 돌려 주라고 말하고 그대로 퇴근하였는데, 그 종업원이 친구를 만나러 가기 위하여 함부로 열쇠함에서 그 승용자 열쇠를 꺼내어 승용차를 운전하다가 사고를 낸 경우에 주점의 경영주는 손님으로부터 승용차와 승용차 열쇠를 맡아 보관하게 됨으로써 그 승용차에 대한 관리권을 가지고 운행지배와 운행이익을 향유하게 되었으며, 비록 사고가 도급마담의 종업원이 그의 승낙 없이 무단으로 승용차를 운행하다가 발생했다고 하더라도 위와 같은 위 승용차 열쇠의 보관 및 관리상태, 종업원이 승용차를 운행하게 된 경위, 주점경영주와 종업원과의 관계 등에 비추어 볼 때 위 사고에 있어서 주점경영주의 위 승용차에 대한 운행지배와 운행이익이 완전히 상실되었다고 볼 수 없다고 하였다.[102]

(iii) 정식의 雇傭關係는 없지만 이에 유사한 知人의 無斷運轉에 관하여,

(ㄱ) 甲이 차량소유자의 남편인 乙과 10여년 전부터 사업상 거래관계로 친하게 지내 왔고 정식으로 고용계약을 맺지 아니하였으나 2개월 전부터는 특별한 직업 없이 지내면서 그의 일을 도와 주었는데, 사고 전날 저녁에 乙을 위 차량에 태우고 서울에서 의정부시까지 갔다가 다시 서울로 돌아와 乙을 집에 내려 준 후 甲의 집이 그 곳에서 가까우니 집으로 차를 몰고 갔다가 다음 날 아침까지 乙을 데리러 오겠다고 양해를 받고 위 자동차를 빌려 타고

100) 大判 81.12.22, 81다331(公 1982, 217).
101) 大判 91.2.12, 90다13291(公 1991, 976).
102) 大判 97.12.26, 97다35115(公 1998상, 491).

귀가하였는데, 전남에 있는 친척집에 문상을 갈 일이 생기자 乙의 승낙을 받지 않고 처남·매제지간에 있는 丙을 태운 후 전남까지 갔다가 사고를 낸 경우에 경험칙상 처남·매제지간이라 하여 당연히 동승자가 운전자의 무단운행의 정을 잘 알고 있었다고 단정할 수는 없는 것이고, 달리 원심기록을 자세히 살펴보아도 이를 인정할 아무런 증거가 없으며, 甲과 乙의 인적 관계나 위 차량을 빌린 경위에 비추어 그 운행 후 위 차량을 반환할 의사가 있었음이 인정되므로 설사 원심설시와 같은 사정으로 그 소유자나 乙이 이 사건 무단운행을 사후에 승낙하리라고 보여지지 아니한다 할지라도 丙이 위 무단운행의 정을 알지 못하였다면 나머지 사정만으로는 그 소유자가 그 운행지배와 운행이익을 상실하였다고 볼 수 없다고 하였고,[103]

(ㄴ) 오토바이소유자인 甲이 자신이 경영하는 농장의 축사관리인 乙이나 위 농장 옆집에 사는 丙으로 하여금 이를 운전하여 甲의 심부름을 시켜 왔고, 그 때문에 乙이나 丙이 언제라도 오토바이를 운전할 수 있게 오토바이에 시동키를 꽂아 두고 있었으며, 사고 당일 오전에 丙이 甲의 처로부터 오토바이 휘발유값 천원을 받아 기름을 넣은 후 甲의 논에 물키를 보아 주고 甲의 보리를 말리러 가는 乙을 태워 준 후에 위 사고 무렵 농장마당에 시동키가 꽂힌 채 세워져 있는 위 오토바이의 뒷좌석에 乙과 丁을 태우고 이를 운전하여 함께 丙의 자형 집에 가다가 사고를 일으킨 사안에서, 甲이 위 오토바이에 대한 일반적인 운행지배나 운행이익을 상실하지 아니하였다고 보았고,[104]

(ㄷ) 차량소유자인 甲의 외사촌 동생으로 18세인 乙이 甲과 같이 살면서 甲이 경영하는 카센터에서 심부름 등을 하여 주고 정비기술을 배우고 있었으며, 甲은 위 차량을 운전하지 않을 때에는 그 열쇠를 거실 탁자 위에 보관하여 왔는데, 사고 전날 乙이 평소와 같이 거실 탁자 위에 놓여 있던 위 차량의 열쇠를 발견하고는 그 열쇠를 가지고 밖으로 나와 위 카센터 옆에 있는 음식점의 종업원으로 평소 가깝게 지내던 丙에게 연락하여 만난 다음 丙을 사고차량의 운전석 옆자리에 태우고 운전을 하던 중 서로 손장난을 하다가 운전대를 잘못 조작하는 바람에 사고가 발생하여 丙이 사망한 사안에서, 운전자

103) 大判 89.3.28, 88다카2134(註 85). 위 판결의 원심은 乙의 승낙 없이 이루어진 위 자동차의 운행목적·운행거리·운행시간 등에 비추어 乙이 이와 같은 무단운행을 사후에 승낙하리라고도 보여지지 아니할 뿐만 아니라, 丙은 이러한 무단운행사실을 알고 있었으므로 위 자동차의 운행이 객관적으로나 외형적으로 그 소유자나 관리자인 乙을 위한 운행이었다고 볼 수 없다고 하였다.

104) 大判 91.8.9, 91다7118(公 1991, 2317).

인 乙과 차량소유자인 甲과의 관계, 乙의 직업과 연령, 평소 甲의 차량과 열쇠의 보관 및 관리상태, 무단운행의 목적과 무단운행에 이르게 된 경위 및 무단운행에 걸린 시간 등 제반사정을 참작하면 피해자인 丙에 대한 관계에서 사고차량의 소유자인 甲은 운행지배나 운행이익을 전적으로 상실하였다고 단정할 수 없다고 인정하였다.[105]

(iv) 家族의 無斷運轉에 관하여,

(ㄱ) 난농원을 운영하던 甲이 자기 소유의 승합차량을 평소 난농원 옆에 주차하여 두고 차량 열쇠를 난농원의 열쇠, 화물차 열쇠 등과 함께 하나의 열쇠고리에 연결하여 관리하여 왔는데, 甲이 위 차량 열쇠를 안방 화장대 서랍 안에 넣어 두고 처와 함께 제주도에 가자, 그의 아들로서 고등학교 1학년생인 乙이 다른 고등학교 1학년생인 丙으로부터 그의 학교친구들을 소개받아 함께 놀다가 같은 날 24:00경 안방 서랍에서 난농원 열쇠를 꺼내 난농원 안으로 들어가 놀았는데, 난농원 열쇠에 차량키가 달린 것을 보고 누군가가 자안에서 놀자고 하므로 위 승합차에 들어가 함께 놀다가 결국 다음 날 01:00경 친구들을 태우고 인근에 있는 丙의 학교로 가게 되었고, 그로부터 약 1시간 후 위 차량을 운전하여 난농원으로 되돌아오다가 사고가 발생하여 동승자인 친구들이 사망한 경우에 운전자와 차량소유자의 관계, 甲의 차량과 열쇠의 보관 및 관리상태, 무단운행의 목적과 무단운행에 이르게 된 경위, 무단운행에 걸린 시간 등 제반사정을 참작하여 보면, 피해자들에 대한 관계에서 차량의 소유자인 甲은 운행자로서의 지위를 상실하였다고 볼 수 없다고 보았고,[106]

(ㄴ) 아버지가 평소 승용차의 열쇠를 직접 관리하여 왔으나 사고 발생 전날 열쇠를 바지 호주머니에 넣어 둔 채 다른 일행의 차편을 이용하여 낚시를 떠났고, 그 사이에 아들이 밖에서 술을 마시던 피해자의 전화를 받고 아버지 몰래 승용차의 열쇠를 꺼내어 승용차에 피해자를 태우고 드라이브를 시켜 주다 사고가 발생한 경우에 운전자와 차량소유자와의 관계, 운전자인 아들의 직업과 연령, 평소 소유자인 아버지의 차량과 열쇠의 보관 및 관리상태, 무단운행의 목적과 무단운행에 이르게 된 경위, 무단운행에 걸린 시간 등 제반사정을 참작하여 보면, 피해자에 대한 관계에서 소유자인 아버지가 운행자

105) 大判 99.4.23, 98다61395(註 41).
106) 大判 97.7.8, 97다15685(註 42).

로서의 지위를 상실하였다고 볼 수 없다고 판단하였다.[107]

(v) 公務員의 無斷運轉에 관하여,

국가소속공무원이 관리권자의 허락을 받지 아니한 채 국가소유의 오토바이를 무단으로 사용하다가 교통사고가 발생한 경우에 국가가 그 오토바이와 시동열쇠를 무단운전이 가능한 상태로 잘못 보관하였고, 위 공무원으로서도 국가와의 고용관계에 비추어 위 오토바이를 잠시 운전하다가 본래의 위치에 갖다 놓았을 것이 예상되는 한편, 피해자들이 위 무단운전의 점을 알지 못하고 또한 알 수도 없었던 일반 제3자인 점에 비추어 보면 위 공무원의 무단운전에도 불구하고 국가가 위 오토바이에 대한 객관적·외형적인 운행지배 및 운행이익을 계속 가지고 있었다고 본다.[108]

(vi) 아무런 權限이 없는 자의 無斷運轉에 관하여,

甲 소유의 화물자동차를 운전사인 乙이 부락회관 신축을 위한 모래적재를 위하여 위 차에 丙(丙은 위 부락회관 신축을 위하여 출역한 인부들의 요청에 의하여 모래적재작업을 지원하기 위하여 그 차에 타고 간 사람이다)을 태우고 한계리 하천변에 갔다가 발동용 열쇠를 빼내어 간수하고 제동장치를 하며 운전대출입문을 잠그는 등 제3자가 함부로 그 차를 운전할 수 없도록 하는 조처를 취함이 없이 丙을 그 차의 운전대 옆에 앉혀 둔 채 소변을 보기 위하여 운전대를 떠난 틈에 자동차운전면허가 없고 또 자동차운전을 제대로 할 줄 모르는 丙이 그 자동차를 운전하다가 사고를 낸 경우에 그 사고는 외관적으로 보아 그 보유자인 甲을 위하여 운행됨에 있어서 야기된 것으로 보아야 하며, 또 자동차의 운행은 특별한 기능을 가진 사람이 하지 아니하면 제3자의 생명·재산 등에 위해를 끼칠 위험이 있는 것이므로, 그 소유자나 관리자는 제3자가 자동차를 함부로 운전할 수 없도록 방지할 의무가 있는 것이니 자동차운전사가 자동차를 이탈함에 있어서는 다른 사람이 이를 운전할 수 없도록 발동을 끄고 차문을 채울 의무가 있는 것이라고 하여 甲과 乙의 책임을 모두 인정하였다.[109]

(d) 無斷運轉으로 인하여 保有者가 運行支配나 運行利益을 喪失하였다고 하여 運行者로서의 책임이 否定된 判例를 살펴본다.

(i) 일정한 범위 내에서 運轉權限이 있는 職員이 그 범위를 벗어나 無斷運轉을 한 경우에 관하여,

107) 大判 98.7.10, 98다1072(註 41).
108) 大判 88.1.19, 87다카2202(公 1988, 453).
109) 大判 74.5.28, 74다80(公 1974, 7881).

(ㄱ) 자동차소유자인 甲으로부터 운전사로 채용되어 위 차로 출퇴근할 것을 허용받아 퇴근 후 거주지에 위 차를 주차시켜 관리하여 온 乙이 친구인 丙의 연락을 받고 위 차를 운전하고 나가 丙을 만나 그의 부탁을 무단히 받아들여 丙으로 하여금 위 차로 운전연습을 하게 하다가 운전미숙으로 차량을 담벽에 충격하여 앞 범퍼 등을 손괴하였던 관계로 사고 당일 출근 전까지 乙·丙의 계산과 책임 아래 위 차를 수리해 놓기 위하여 통행금지가 해제되자마자 丙이 위 차의 조수석에 타고 乙이 운전하여 그들이 개인적으로 잘 아는 정비공장으로 가는 도중 사고로 丙이 부상한 경우에 위 운행은 무단운전행위의 연장이라 할 것이고, 자동차손상의 원인이 丙의 불법운전에 기인한 이상 그 수리책임은 丙에게 있다 할 것이므로 위와 같은 운행이 반드시 자동차보유자의 이익에 귀속된다고 볼 수도 없어 보유자를 위한 운행에 해당하지 아니한다고 하였고,[110]

(ㄴ) 피고회사에 조수 겸 운전사로 취업한 甲이 다른 운전사인 乙을 보조하면서 그와 교대로 위 트럭을 운전하여 왔으며, 그 트럭은 피고회사 소유이기는 하지만 丙이 피고회사에 소위 지입한 것으로 그 관리는 丙이 하여 왔고, 피고회사의 사무소나 주된 주차장은 영덕읍에 있으나 위 트럭은 丙의 주소지 옆에 아무런 감시조치 등이 없이 주차되어 왔으며, 사고 전날에도 그 트럭의 문이 잠겨져 있지 않은 채 위 주차장소에 세워져 있었는데, 甲이 사고 당일 11:00경 친구 등 7명과 어울려 놀면서 2홉들이 소주 1병 정도씩을 마셨고, 그 날 22:00경 위 트럭을 관리하는 丙으로부터 승낙을 받음이 없이 친구들을 태우고 영덕읍에 있는 丁의 집에 놀러 가 소주를 마시다가 甲이 만류하는 데도 불구하고 위 트럭에 승차한 丁과 같이 그 날 23:30경 위 주차장소로 돌아와 주차시키고 나서 다음 날 00:30경까지 소주를 마시다가 丁이 위 트럭으로 드라이브할 것을 제의하여 甲이 위 트럭의 조수석에 2명을 태우고 운전석 뒤 잠자는 곳에 丁 등 4명을 태우고 출발하여 제한시속 50km이고 약 230도 정도의 좌향급커브지점인 사고장소를 시속 약 80km의 속도로 진행하다가 운전석 뒤에 있는 위 丁 등이 큰 소리로 노래를 부르는 등 소란을 피웠고, 甲도 음주상태에 있어 주의를 집중하지 못하였던 관계로 약 9m 정도의 낭떠러지 아래로 위 트럭을 추락시켜 위 丁을 사망에 이르게 한 사안에서, 차량의 조수 겸 운전사가 친구들과 술마시러 놀러 다니면서 차주나 그 관리자 몰래

110) 大判 82.6.8, 82다카335(公 1982, 641).

차량을 운행하다가 사고를 일으키고 더욱이 위 사고가 사망한 자의 제의에 의하여 한밤중에 취중에 드라이브하던 중 야기된 것이라면, 이 운행은 객관적으로나 외형적으로도 소유자를 위한 것이라고 할 수 없다고 하여 소유자인 피고의 자배법상의 책임을 부정하였고,[111]

(ㄷ) 甲은 공사현장 총무로서 조경업무와 노무, 자재관리 등을 총괄하고 그 밖에 차량운전 및 관리를 맡고 있었는데, 사고 당일 20:00경 작업이 끝난 후 여자인부를 사고차량편으로 귀가시켜 주고 21:30경 공사현장에 돌아와 그 때까지 계속 술을 마셔 술기운이 오른 상태에 있던 같은 공사 현장 측량기사인 피해자와 함께 인근 다방에서 차를 마시고 놀던 중 22:00경 피해자가 해인사에 바람이나 쐬러 갔다 오자고 제의하자 이를 승낙하고 위 차를 운행하여 그 곳으로부터 20여 km 떨어진 해인사에 도착한 뒤 그 곳 다방에서 차를 마시고 놀다가 23:10경 해인사를 출발하여 현장으로 돌아오던 중 졸면서 운행한 과실로 사고가 발생하였고, 공사현장에서는 일과시간 이후에 차량을 작업장에 주차시키도록 되어 있었는데 사고 당일에는 현장소장이 서울로 출장을 가서 그와 같은 통제를 받지 아니 한 채 위와 같이 운행할 수 있었던 경우에 운전자가 피해자의 요청에 의하여 무단운행하는 것임을 피해자가 알고서 동승한 것이 명백하므로, 이러한 차량운행은 피해자에 대한 관계에 있어서 자동차보유자의 운행지배와 운행이익의 범위를 벗어난 것이라고 할 것이어서 자동차소유자에게 자배법소정의 책임을 물을 수 없으며, 또 피해자에 대한 관계에 있어서 외관상 자동차소유자의 사무집행과 관련된 운행이라고 볼 수도 없으므로 민법상 사용자책임을 물을 수도 없다고 하였고,[112]

(ㄹ) 군여단장 甲의 자가용승용차운전병 乙이 甲의 자택에서 甲의 처를 태우고 경기 포천에 있는 공관에 도착하여 대기중 甲의 공관차운전병인 丙으로부터 외박 나간 사무실근무병 丁 등이 술을 마시자고 연락이 왔으니 위 사고자동차를 타고 같이 나가 술을 마시자는 제의를 받고 이를 승낙하여

111) 大判 84.11.27, 84다카858(公 1985, 74). 위 판결의 원심은 甲이 이 사건 사고 당시 트럭을 운행함에 있어 위 트럭을 관리하는 丙의 승낙을 받지 아니하였다 하더라도 위 트럭은 당시 문이 잠겨져 있지 않은 채로 감시인 등도 없이 주차된 상태에 있었고, 甲은 운전사인 乙이 운행하지 아니하는 경우에는 위 트럭을 직접 운행하여 왔던 점 등에 비추어 보면, 객관적·외형적으로 보아 甲은 소유자인 피고를 위하여 위 트럭을 운행하는 자의 지위에 있었다고 할 것이고, 소유자인 피고의 운행지배 및 운행이익을 완전히 상실한 상태에서 이를 운행하였다고는 할 수 없다 할 것이므로, 피고는 자배법에 의한 손해배상책임을 면할 수 없다고 하였다.

112) 大判 89.11.14, 88다카26536(公 1990, 26).

정문보초에게 甲의 심부름을 간다고 거짓말을 하고 부대를 빠져 나와 이튿날 03:50경까지 술을 마신 후, 丙이 숙소자가용을 운전해 보겠다고 하자 이를 승낙하여 丙으로 하여금 위 사고자동차를 운전하도록 하고 자신은 위 사고자동차에 동승하여 귀대하던 도중 사고가 발생한 경우에 乙은 사고자동차의 운전사로서 무단운전을 개시하였고 나아가 丙의 무단운전을 승낙하고 거기에 동승한 것이므로, 이러한 사실관계에서는 乙은 甲에게 자배법이나 민법 제756조에 따른 배상책임을 물을 수 없다고 보는 것이 옳다고 하였고,[113)]

(ㅁ) 피고회사는 차량을 5대 보유하고 있으나 별도의 차량관리규정을 두지 아니하였고, 피고회사의 관리과장이 차량의 운행을 허가하고 그 차량열쇠를 관리하는 책임을 지고 있었으나 그 관리는 형식적이어서 업무시간의 종료 후라 하여 차량의 열쇠가 모두 차량열쇠보관함에 보관되거나 그 보관함을 잠가 두는 것도 아니었으며, 더구나 피고회사 내에 주차장이 따로 구비되어 있지도 아니하여 평소 인근 도로변 등에 그 보유차량들을 주차해 왔고, 피고회사는 노시가스의 설비 및 관리를 대행하는 업체로서 이용자의 요구가 있으면 밤낮을 가리지 않고 언제든지 애프터서비스를 하여 왔으며, 甲은 피고회사의 애프터서비스 사원으로 입사하여 피고회사소유의 승합차를 그 업무용으로 사용하면서 출퇴근용으로도 사용하여 왔고, 퇴근 후에는 자신의 집 대문앞에 주차하여 두었다가 피고회사로부터 무선호출기에 의한 연락이 있으면 밤에도 위 승합차를 운전하여 나가 업무를 보아 왔으며, 피고회사도 甲의 위와 같은 승합차의 사용을 용인하여 왔는데, 甲과 친구지간으로 평소부터 잘 알고 지내던 사이였던 乙·丙이 사고 전날 23:00경 먼저 술집에서 술을 마시다가 자기 집에 있던 甲을 전화로 불러 내어 그가 이 사건 승합차를 타고 위 술집으로 나오게 되었는데, 잠시 후 甲의 제의에 따라 위 승합차로 드라이브를 하기로 하여 위 3인과 丙의 여자친구인 丁 등 4인이 위 승합차를 함께 타고 대구시내 술집에 도착하여 다음 날 02:00경까지 4인이 함께 술을 마시다가 다시 그 곳으로부터 위 승합차를 타고 포항시까지 놀러 가기로 의기가 투합하여 위 술집을 나와 처음에는 甲이 위 승합차를 운전하고 가다가 술기운으로 차량의 시동을 꺼뜨리는 등 운전에 곤란을 느끼게 되자 乙이 丙에게 대신 운전하라고 하여 이에 따라 丙이 위 승합차를 운전하여 가던 중 뒷좌석에 타고 있던 甲을 돌아보며 이야기를 하다가 전방주시를 태만히한 과실로 사고를 일으키게 되었

113) 大判 92.11.10, 92다30849(公 1993, 88).

으며, 위 승합차의 전면과 양 측면에는 피고회사의 도시가스 상호가 식별이 용이할 정도의 크기로 기재되어 있을 뿐만 아니라 사고 전날 23:00경 甲이 처음 술집으로 나왔을 때 甲이 다른 사람들에게 자기가 근무하는 피고회사의 업무용 차량을 타고 나왔다는 말을 한 경우에 자동차소유자인 회사의 피용자가 회사의 승낙을 받지 않고 자동차를 개인용무에 무단으로 사용하였고 피해자 역시 그러한 사정을 알면서 자동차에 무상동승한 것으로서 그 무단운행이 회사의 업무와는 전혀 관련이 없이 순전히 심야에 장시간의 음주행락을 목적으로 하여 이루어졌고, 더구나 사고 당시에 위 피용자는 주취로 안전운전이 불가능한 상태에 빠져 회사의 피용자도 아닌 제3자가 역시 주취상태에서 회사 소재지에서 상당히 거리가 떨어진 목적지를 향하여 자동차를 운전해 가다가 사고를 야기하게 되는 등 그 일련의 운행경위도 상식적으로 이해하기 어려운 무모한 것인 점을 아울러 고려해 보면, 자동차의 평소의 관리 및 이용상태를 감안한다 하더라도 당해 무단운행이 사회통념상 있을 수 있는 일이라고 선해할 만한 사정이 있다거나 그 무단운행이 운전자의 평소 업무와 사실상 밀접하게 관련된 것이어서 소유자의 사후승낙가능성을 전적으로 배제할 수 없는 사정이 있다 할 수 없으므로, 적어도 사고 당시에는 무상동승자인 피해자에 대한 관계에 있어서 위 자동차의 운행은 그 소유자인 회사의 운행지배와 운행이익의 범위를 완전히 벗어난 상태에 있었다고 보는 것이 합당하다고 하였고,[114)]

(ii) 自動車運行과 관련하여 아무런 權限이 없는 職員이 無斷運轉을 한 경우에 관하여,

(ㄱ) 피고회사의 자동차를 운행하려면 누구나 중기공장서무를 통하여 그 공장장의 허락을 얻도록 내규에서 정하고 있는데, 사고 당일 사고 삼륜자동차의 운전사가 때마침 추석휴일이어서 서울에 가고 없는 틈을 타서 직원인 甲이 사무실 서랍 속에 들어 있던 위 자동차 열쇠를 몰래 꺼내어 위 자동차를 운행하여 같은 회사에 근무하는 직원들과 더불어 밤늦게 극장구경을 가는 피해자 乙을 포함한 동네 처녀들을 탑승이 금지된 적재함에 태우고 옥천읍 등지를 늦도록 함께 놀러 다니다가 乙을 간음하려고 그녀만 적재함에 태우고 급히 전진함으로써 乙이 추락사망하게 된 사고가 발생한 경우에 이와 같은 사고는 객관적으로 보아도 피고회사의 사무집행에 관하여 일어난 것이라거나

114) 大判 94.9.23, 94다9085(公 1994, 2794).

피고회사를 위하여 자동차를 운행하다가 일어난 것이라고 볼 수 없고, 피해자 또한 甲이 위 자동차를 극장구경 등 피고회사와는 관련 없이 운행한다는 것을 알면서 탑승이 금지된 적재함에 타고 있다가 사망한 것이라고 하여 피고회사의 운행책임을 부정하였고,[115)]

(ㄴ) 주소지 2층 건물에 거주하며 1층에서 자동차수리업을 하고 있는 甲의 종업원인 乙이 위 수리업소 내에 있는 방에서 침식하며 오일교환이나 자동차수리작업의 보조 등을 하여 왔고, 甲은 乙이 만 17세로서 자동차운전면허가 없는 것을 알고 평소 甲이 수리업소에 있는 영업시간중에는 차량열쇠를 수리할 차량에 꽂아 두지만 영업시간이 지난 21:00경 이후에는 자동차열쇠를 위 수리업소에 있는 철제책상의 서랍에 넣어 두고 잠글 뿐만 아니라 乙에게는 손님 차를 운전하지 말라고 여러 차례 말하여 왔으며, 사고 당일에도 甲이 영업시간이 끝나자 수리와 점검중인 사고차량의 열쇠를 평소와 같이 책상서랍에 넣고 잠갔으나 친구 문상관계로 평소와 달리 2층에 있는 살림집으로 올라가지 않고 병원으로 가서 부재중이었는데, 乙은 그 이후 고종사촌 동생인 丙이 놀러와 차를 태워달라고 하자 운전을 해 보고 싶은 호기심에 丙이 지켜보는 가운데 책상서랍을 드라이버로 열고 차량열쇠를 꺼낸 다음 丙을 조수석에 태우고 S자로 굴곡된 편도 2차선 도로를 시속 60km로 운전해 가다가 운전미숙으로 사고를 낸 경우에 乙의 무단운행은 甲의 업무와는 전혀 관련이 없이 영업시간 이후에 丙에게 차를 태워 줄 목적으로 이루어진 것이고, 더구나 乙은 운전면허가 없었음에도 책상서랍을 강제로 열어 열쇠를 무단절취한 다음 차량을 운전하기에 이르렀으며, 丙은 乙에게 먼저 차를 태워달라고 제의하였고 乙이 운전면허도 없이 위와 같이 비정상적인 방법으로 차량열쇠를 절취하여 운전하는 사정을 알면서도 이에 동승한 점 등을 아울러 고려해 보면, 乙과 丙의 나이 및 신분관계, 乙의 무단운전 후의 차량반환의사와 운행의 임시성 등을 고려하더라도 적어도 이 사건 사고 당시에는 피해자인 丙에 대한 관계에 있어서 위 차량의 운행은 甲의 운행지배와 운행이익의 범위를 완전히 벗어난 상태에 있었다고 보는 것이 합당하다 하였고,[116)]

(iii) 정식의 雇傭關係는 없지만 이에 유사한 知人의 無斷運轉에 관하여,

115) 大判 71.3.23, 71다254(集 19-1, 민252).
116) 大判 95.2.17, 94다21856(公 1995, 1408).

피고가 차량소유자와의 차량용역계약에 의하여 트럭을 도로공사작업장에서 사용하였다면 피고로서는 그 차량의 운전사가 작업반장과 다투고 작업장을 이탈하는 것을 막을 권능이 없으며, 운전사의 작업거부 내지 작업장이탈만으로 트럭소유자와의 차량용역계약의 효력이 당장 소멸되는 것은 아니지만 운전사가 피고의 의사에 반하여 트럭을 피고의 작업장 밖으로 가지고 나가면 그 차량에 대한 피고의 운행지배권은 소멸한다고 보아야 할 것이므로, 그 후에 일으킨 사고에 대하여는 자동차소유자가 손해배상책임을 질 뿐 피고에게는 그 책임이 있다고 할 수 없다고 하였다.[117]

(iv) 아무런 權限이 없는 자의 無斷運轉에 관하여,

(ㄱ) 택시회사인 피고회사의 운전사 甲이 사고 당일 영업행위를 할 수 없는 비번조에 속해 있고, 수리공장에 입고되어 있던 택시를 함부로 꺼내어 개인용무로 친구 乙의 집까지 갔다가 다른 친구인 丙 및 피해자를 포함한 그의 여자친구들을 만나 함께 술을 먹은 후 그 사고차가 당일 비번이고 하니 드라이브나 하자고 제의하여 피해자를 포함한 일행 4명이 동의하여 그 택시를 모두 같이 타고 丙이 운전하여 드라이브를 하다가 과속으로 도로변으로 추락함으로써 사고가 발생한 경우에 피해자는 丙이 운전하는 위 택시에 드라이브의 목적으로 편승함에 있어서 위 택시가 당일 영업행위를 할 수 없음에도 불구하고 甲이 개인용무를 위하여 운행하고 있는 것일 뿐 아니라 사고 당시 위 택시를 운전한 丙이 피고회사소속 운전사도 아닌 것을 익히 알고 있었다 할 것이므로 이를 피고회사를 위한 운행이라 할 수 없다고 하였고,[118]

(ㄴ) 피고회사에 고용되어 사고차량의 운전에 종사하는 甲이 그 차량을 자기 집 부근에 일시 주차하게 되었는데, 친구인 乙의 청으로 이삿짐을 운반하여 주기 위하여 피고회사에는 알리지 아니하고 그 차량에 이삿짐을 싣고 乙 및 한 동리에 살면서 이삿짐 운반을 도우려는 丙을 탑승시켜 운행도중 사소한 접촉사고가 발생하자, 이를 수습하기 위하여 하차하면서 피고회사

117) 大判 90. 8. 24, 90다카11803(公 1990, 2008).
李宙興(註 34), 38은 위 判例를 受給·下受給 관계에서의 運行者責任에 관한 것으로 파악하는바, 都給人 등에 대한 自賠法上의 運行者責任에 관하여는 受給人의 被用者의 運行에 대하여 직접·간접으로 都給人의 指揮·監督關係가 미치고 있는지 아닌지를 판단기준으로 하여야 하며, 여기서 指揮·監督關係에 관한 구체적인 지표로는 ① 專屬的 내지 從屬的 관계, ② 現場監督 관계, ③ 自動車의 管理 내지 駐車의 場所提供, ④ 自動車의 名義 내지 名義貸與的 관계, ⑤ 사고시의 車輛運行의 受給業務關聯性 등이 있는데, 이러한 제반사정은 相互補完關係를 이루므로 綜合的으로 판단하여야 한다고 설명한다.

118) 大判 78. 2. 28, 77다1987(公 1978, 10707).

와는 아무런 고용관계가 없는 乙로 하여금 사고차를 계속 운행하게 하여 乙이 이삿짐을 목적지에 운반하고 돌아오는 길에 사고를 일으켜 丙으로 하여금 상해를 입게 한 경우에 회사소속의 사고차량을 그 회사와 아무 관계도 없는 제 3 자가 자기의 개인적인 용무를 위하여 무단운행하는 정을 알면서도 피해자가 이를 이용하여 위 차에 편승하였다면, 위 차의 운행을 가리켜 회사를 위한 운행이라 할 수 없다고 보았고,[119)]

(ㄷ) 보험과 관련된 사안으로서, 자가운전자동차종합보험의 피보험자가 자동차를 정차시킨 후 자동차 열쇠를 그대로 꽂아 둔 채 잠시 부근 약국에 수금을 하러 간 사이에 뒷좌석에 타고 있던 친구가 정차상태를 바로잡기 위하여 운전하다가 일으킨 교통사고에 대하여 피보험자에게 자동차관리상의 과실이 있는 것으로 평가되는 것은 별론으로 하고, 위 교통사고가 일어날 당시 피보험자가 위 보험약관상의 자동차운전자로서의 지위를 여전히 갖고 있었다고는 볼 수 없다고 하여 보험회사의 위 보험약관에 따른 보상책임이 없다고 하였다.[120)]

(v) 公務員의 無斷運轉에 관하여,

(ㄱ) 국가공군부대 헌병대대 구조파견대장으로서 군사에 관한 경찰업무에 종사하고 있던 甲이 사고가 나던 날 평소 교제하던 乙을 만나 그 날 17:50경부터 두 세군데 술집을 돌면서 음주한 끝에 취기가 오른 상태에서 그 날 23:00경 길을 지나가다가 그 곳에 정차되어 있는 공군보안부대 지구대장전용 차량이 빈차로 있음을 발견하고, 그 차량의 사용관이나 운전병의 승낙 없이 위 차량에 乙을 태우고 乙의 핸드백 열쇠로 시동을 걸어 몰고 가다가 사고를 낸 경우에 가해차량이 이미 시정되어 충분히 보관상의 주의의무가 가하여져 있는 상태 하에 있음에도 불구하고 우연히 군인신분을 가진 자가 불법으로 가해차량을 시동시켜 무단운행하다가 사고가 생긴 것이라고 하여 자배법상의 운행자책임을 부정하였고,[121)]

---

119) 大判 81. 3. 10, 80다2973(公 1981, 13798).

120) 大判 91. 9. 24, 91다19906(公 1991, 2604). 보험계약내용은 운전자와 그의 부모, 배우자, 자녀 등을 피보험자로 하여 피보험자가 위 자동차의 운행으로 인하여 타인을 죽게 하거나 부상하게 함으로써 자배법에 의하여 부담하게 될 손해배상액을 보험회사가 보상하기로 하되 피보험자가 아닌 사람의 운전으로 생긴 손해는 보상하지 아니하기로 하는 내용의 자가운전자동차종합보험계약인바, 위 판결은 피보험자가 아닌 자가 운전을 하였기 때문에 보험계약에 의한 보상책임이 없다는 것이지 피보험자가 자배법상의 운행자가 지위를 상실하였기 때문은 아닌 것으로 보여진다.

121) 大判 78. 6. 13, 78다628(公 1978, 10950).

(ㄴ) 군소속차량의 운전사가 일과시간 후에 같은 공무원인 피해자의 적극적인 요청에 따라 피해자의 개인적인 용무를 위하여 상사의 허락 없이 무단으로 위 차를 운행하다가 사고가 일어났다면, 군은 자배법소정의 자기를 위하여 자동차를 운행하는 자에 해당되지도 아니하며 위 사고가 위 운전사의 직무집행중의 과실에 기인된 것도 아니므로 군에 대하여 국가배상법상의 책임도 물을 수 없다고 하였다.[122]

(나) 竊盜運轉

(a) 竊盜運轉과 無斷運轉의 구별에 관하여는 앞서 본 바와 같은바, 自動車保有者와 무관한 第3者가 自動車를 竊取하여 운전한 경우를 竊盜運轉이라고 설명한다. 이러한 경우에 극히 例外的으로 自動車保有者의 배상책임을 인정하는 것이 타당함은 쉽게 이해될 수 있는데, 배상책임이 인정되는 根據에 관하여는 견해가 나뉜다.

① 自賠法非適用說은 自動車保有者는 運行支配나 運行利益을 상실하므로 民法上의 過失責任만을 부담할 뿐 自賠法의 적용을 받지 않는다는 것이다. ② 이에 반하여 自賠法適用說은 일정한 경우에는 自動車保有者가 運行支配나 運行利益을 상실하지 아니하므로 自賠法上의 運行者責任을 부담한다는 것으로서 그 책임부담근거에 따라 運轉의 容認이 있었다고 객관적으로 인정할 수 있을 때, 예를 들어 차의 열쇠를 꽂아 놓고 노상에 방치해 두었다는 등의 사정이 있을 때에는 運行者責任이 인정된다는 客觀的 容認說과, 自動車保有者는 自動車를 管理할 책임이 있으므로 차의 보관에 관하여 과실이 있으면 運行者責任이 인정된다는 管理責任說로 나뉜다.[123] 그러나 이에 대하여는 어느 학설에 의하든 車輛利用權者의 過失이 입증되어야 손해배상책임을 지울 수 있다는 점에서 다 같으므로 논쟁의 의의가 없다는 지적이 있고,[124] 또한 抗辯說的 입장을 관철한다면 竊盜運轉의 경우나 일반 無斷運轉의 경우나 구별할 필요 없이 車輛保有者는 곧 運行者라고 事實上 推定되는 것이므로 保有者가 管理上의 過失 없이 竊盜運轉이 이루어졌다는 점을 주장·입증하지 못하는 한 運行者責任을 져야 한다는 지적도 있다.[125]

---

122) 大判 81.2.10, 80다2720(註 65).
123) 李銀榮, 債各, 658; 吳幸男(註 29), 30; 李東洛(註 33), 66; 柳元奎(註 17), 267.
124) 吳幸男(註 29), 30.
125) 訴訟實務(註 17), 42. 同旨: 李宙興(註 34), 24.

(b) 大法院判例 가운데

(i) 自賠法非適用說에 입각한 判例를 살펴보면,

(ㄱ) 사고차량 뒷좌석에서 운전사인 乙이 자고 있음을 이용하여 甲이 그 차량출입문에 걸어 둔 겉저고리 주머니에서 자동차 열쇠를 꺼내어 완전제동조치가 되어 있는 차를 자의로 시동전진하여 약 10m 가량 나아갔을 때 乙이 잠에서 깨어 이를 급정차시켰는데, 이미 사고가 발생한 경우에 소유자가 자동차를 격납할 차고도 준비함이 없이 막연히 자동차를 노상에 방치하여 甲으로 하여금 차에 들어 와서 자동차를 함부로 운전하게 한 것은 소유자의 관리상의 과실이며, 소유자의 피용자인 운전사 乙로서는 자동차를 노상에 놓아 두었으면 다른 사람이 함부로 차안에 들어오지 못하도록 주의와 감시를 게을리하여서는 아니 될 것임에도 불구하고 자동차를 노상에 놓아 둔 채 차안에서 잠에 들어 甲이 자동차 열쇠를 겉저고리에서 꺼내어 자동차를 시동전진하고 있었음에도 불구하고 이를 알아차리지 못하고 계속 깊은 잠에 잠겨 있었으므로, 乙은 운전사로서 요구되는 업무상 주의의무이행을 심히 게을리하였다고 말하지 않을 수 없다는 이유로 자동차관리를 잘못한 과실책임을 면할 수 없다고 하였고,[126)]

(ㄴ) 운전사가 트럭을 그의 주거지근처인 극장 앞 빈터에 세워 두고 문을 잠근 후 귀가하였는데, 성명불상자가 그 트럭의 운전석출입 유리문을 부수고 차 안에 들어가서 핸들 옆 키박스 안의 엔진배선을 연결하여 시동을 걸고 몰고 가다 사고를 낸 사안에서, 운전사로서는 집 안에 주차시키거나 집에 그만한 장소가 없으면 관리인이 있는 주차장에 주차시켜 타인에 의한 무단운행을 방지할 관리상의 주의의무가 있음에도 불구하고 이를 게을리한 관리상의 과실이 있다고 인정하여 소유자에 대하여 민법상의 사용자책임을 인정하였고,[127)]

(ㄷ) 자동차소유자의 남편으로서 평소 차량을 관리·운영하던 甲이 차량을 운전하다가 甲경영의 미용실 앞 노상에서 차량을 주차시키고 위 미용실에 잠시 볼 일이 있어 자동차의 열쇠를 그대로 꽂아 둔 채 출입문도 잠그지 아니하고 10여분간 자리를 뜬 사이에 성명불상자가 차 안에 들어가서 엔진시동을 걸고 운전하여 차량을 절취한 후 20일 후에 교통사고를 낸 경우에, 차량의 열쇠를 뽑지 아니하고 출입문도 잠그지 아니한 채 노상에 주차시킨 행

126) 大判 70.10.30, 70다1711(集 18-3, 민249).
127) 大判 83.12.27, 83다카1389(公 1984, 319).

위와 그 차량을 절취한 제3자가 일으킨 사고로 인한 손해와의 사이에 상당인과관계가 있다 하여 민법상의 불법행위로 인한 손해배상책임을 인정하였으며,[128)]

(ㄹ) 소유자인 甲이 14:30경 자동차를 주택가 앞 도로에 열쇠를 꽂은 채 출입문을 잠그지 아니하고 주차해 놓았는데, 乙이 같은 날 15:00경 이를 절취하여 운전하며 돌아다니다가 3일 후 00:30경 음주운전단속중이던 경찰관들의 정지신호를 무시하고 그대로 진행하다가 추격하여 온 경찰관들이 탑승한 순찰차량을 들이받음으로써 교통사고가 발생한 사안에서, 自賠法에 의한 責任을 부정하면서도 甲이 자동차의 열쇠를 뽑지 아니하고 출입문도 잠그지 아니한 채 노상에 주차시킨 행위와 그 차량을 절취한 乙이 일으킨 이 사건 사고로 인한 손해와의 사이에 상당인과관계가 있다고 판단하여 民法上의 不法行爲로 인한 損害賠償責任을 인정하였다.[129)]

(ii) 自賠法適用說에 입각한 判例를 살펴보면,

(ㄱ) 사고차량은 1980년식의 노후된 디젤엔진 지프차로서 시동키를 사용하지 아니하고 바퀴를 회전시키기만 하여도 시동이 걸리게 되어 있고, 더욱이 사고 당시에는 시동키박스가 많이 마모되어 원래의 시동키가 아닌 드라이버 등으로 시동을 걸 수 있는 상태에 있었으며, 따라서 그 소유자인 甲으로서는 그 주차 후 다른 사람이 함부로 위 지프차 내에 들어가 운전하는 일이 없도록 출입문을 확실하게 잠가 두어야 함에도 사고시까지 8개월 가량이나 출입문의 시정장치가 고장인 채로 방치하여 오면서 단지 주차 후 차량열쇠만 甲이 보관하고 있었고, 甲이 위 지프차를 주차시켜 둔 장소는 甲이 경영하는 배터리상회 앞의 공터로서 포장도로에 접해 있고, 담장이 없어 일반인이 자유롭게 출입할 수 있게 되어 있고, 또 경비원마저 없어 야간에는 그 곳에 주차된 차량 등이 도난 등의 위험을 안은 채 방치되어 있었는데, 위 배터리상회와 같

128) 大判 88.3.22, 86다카2747(註 15). 위 判決을 評釋한 柳元奎(註 15), 253-4, 264-5은 위 사안에 있어서 行爲와 結果 사이가 時間的으로나 空間的으로 다소 멀고(remote) 交通事故를 일으킨 第3者의 過失에 관하여 아무런 언급이 없다는 점에 착안하여 相當因果關係說을 취한 나머지 車輛管理上의 注意義務를 부과하고 있는 規範의 強度에 관한 고려를 외면하고, 車輛을 盜難당한 후 20일이나 지난 시점에서 盜難당한 장소로부터 매우 먼 거리에서 일어난 事故原因도 알 수 없는 交通事故로 인한 손해를 배상하라고 명한 것은 위 規範의 強度를 지나치게 擴張한 것이라고 비판한다.

129) 大判 01.6.29, 2001다23201, 23218(註 15). 위 判例는 自賠法에 의한 責任이 인정되지 아니하더라도 民法上의 不法行爲責任을 인정할 수 있다고 판시함으로써 自賠法適用說을 취한 判例로 볼 수도 있으나, 管理上의 過失을 인정하면서도 自賠法에 의한 責任을 부정하였으므로 實質的으로는 自賠法不適用說에 가까운 입장이 아닌가 생각된다.

은 건물 내에 있던 타이어점의 종업원인 乙이 평소 점포에서 잠을 자면서 사고 전에도 여러 차례에 걸쳐 야간에 위 지프차를 운전하여 본 후 제자리에 갖다 놓았고, 사고 당일 밤에도 술김에 호기심이 발동하여 잠시 후에는 제자리에 갖다 놓을 생각으로 甲 몰래 드라이버로 시동을 걸고, 위 지프차를 운전하여 나왔다가 사고를 낸 경우에 甲은 위 차량을 제3자 특히 사고 차량의 주차장소에 근접한 자동차부품판매업소 등에서 종업원으로 일하면서 위 차량관리 상황을 잘 알 수 있는 乙로 하여금 쉽게 그 무단운전을 할 수 있는 상태로 잘못 보관하였다고 보여지고, 또한 乙로서는 사고가 없었더라면 위 차량을 잠시 운전하다가 본래의 위치에 갖다 놓았을 것이라고 예상되는 바이므로, 이와 같은 사정 등을 소유자의 운행지배 및 운행이익의 판단기준에 비추어 볼 때 비록 乙이 위와 같이 무단운전을 하였다고 하더라도 외형적으로 보아 甲이 그 차량에 대한 운행지배 및 운행이익을 상실하였다고는 볼 수 없다고 하였고,[130]

(ㄴ) 회사가 직원들의 출·퇴근용으로 사용하고 있는 회사소유 자동차의 운전사로 하여금 퇴근 후에는 그의 집 앞에 자동차를 주차시키게 하는 등의 방법으로 이를 관리하여 오던 중 위 운전사의 동생이 그가 잠든 사이에 위 자동차의 시동열쇠를 몰래 꺼내어 가지고 위 자동차를 운전하다가 교통사고를 일으켰다면, 위 운전사의 부주의로 제3자가 함부로 위 자동차를 운전한 것이므로 위 운전사의 사용자인 회사가 위 자동차에 대한 운행지배권을 그대로 보유하고 있었다고 볼 것이라고 하였고,[131]

(ㄷ) 피고회사는 그의 소유인 이 사건 자동차를 공사관리과 대리로 근무하는 乙로 하여금 출퇴근 및 업무용으로 사용하게 하면서 퇴근 후에는 그가 거주하는 건물 앞에 있는 빈터나 농협창고에 주차시켜 보관하도록 하여 왔는데, 乙의 고향후배로 1989.8경 럭키개발주식회사 울산공장에 근무하면서 평소 乙의 자취방에 1주일에 3일 정도는 같이 잠을 잤던 甲이 같은 해 12월 초경 위 회사 광주공장으로 전근되어 광주로 갔다가 같은 해 12.23 울산으로

130) 大判 87.4.28, 86다카667(公 1987, 872).
위 判決을 비롯하여 아래에서 보는 自賠法適用說에 입각한 判例들은 間接反證說에 기초하여 自賠法에 의한 책임을 인정한다는 점에서 주목할 만한바, 그 運轉者가 所有者와 무관한 자라는 점에서 강학상 窃盜運轉의 범위에 속한다 할 것이지만, 대부분 刑法上 窃盜罪보다는 自動車 등 不法使用罪에 해당하는 運轉行爲로서 無斷運轉의 범주에도 속할 수 있다는 점을 참작하여 보면 純粹한 窃盜運轉行爲에 관하여도 自賠法適用說을 취하는 것인지 여부는 확실하지 않다.

131) 大判 92.5.12, 92다10579(公 1992, 1855).

돌아와서 乙의 자취방을 방문하여 그 곳에서 잠을 자고 다음 날도 그 곳에서 계속 지냈는데, 그 날 23:10경 술에 취한 乙이 귀가하여 잠을 자자 크리스마스를 즐길 생각으로 乙이 잠자고 있는 틈을 이용하여 위 방안 옷걸이에 걸어 둔 乙의 양복 상의 주머니에서 위 자동차의 열쇠를 꺼내어 위 건물 앞 빈터에 시정된 채 주차되어 있던 위 자동차를 운전하고 평소 알고 지내던 술집으로 가서 그 곳 종업원으로 근무하는 丙을 만나 차에 태우고 강변도로 쪽으로 운전하다가 운전미숙으로 도로에 서 있던 피해자를 들이받은 경우에 甲이 무단운전을 할 수 있었던 것은 회사가 자동차와 열쇠의 관리를 맡긴 乙이 열쇠의 관리를 잘못하였기 때문이었고, 사고를 일으킨 甲은 乙의 고향후배로 평소 乙의 자취방에 자주 와서 잠을 자고 갔으며, 또한 甲과 乙의 관계 및 甲이 위 자동차를 운전하고 나간 경위 등에 비추어 甲은 사고가 없었다면 운행 후 위 자동차를 乙에게 반환하였으리라고 보이고, 피해자는 길가에 서 있던 사람으로 무단운전이라는 점을 전혀 인식할 수 없었다고 인정되므로, 위 무단운전에 대한 회사나 乙의 사후승낙가능성이 없었다는 점을 참작하더라도 회사는 위 자동차에 대한 운행지배나 운행이익을 상실하였다고 보기 어렵고, 따라서 자배법 제3조 소정의 운행자로서의 책임을 면할 수 없다고 하였고,[132]

(ㄹ) 甲이 경영하던 플라스틱 임가공업체의 종업원으로서 그 업체의 업무용 차량에 대한 운전을 담당하던 乙이 사고 전날 일과를 마친 후 그의 형인 丙의 집에 가서 그 근처에 위 차량을 주차시켜 놓고 잠을 자는 사이에 丙이 그의 처 및 친구 1명과 해운대로 놀러 가기 위하여 乙의 호주머니를 뒤져 자동차열쇠를 꺼내어 위 차량을 운행하던 중 사고를 낸 경우에 丙이 무단운전을 할 수 있었던 것은 甲으로부터 위 자동차와 열쇠의 관리를 맡은 乙이 자동차와 열쇠의 관리를 잘못하였기 때문이었고, 乙과 丙의 관계 및 丙이 위 차량을 운전하고 나간 경위 등에 비추어 丙이 이 사건 사고가 없었다면 운행 후 위 차량을 乙에게 반환하였으리라고 보이고, 피해자는 길가에 서 있던 사람으로 무단운전이라는 점을 인식할 수 없었다고 인정되므로, 甲은 위 차량에 대한 운행지배나 운행이익을 상실하였다고 볼 수 없다고 하였고,[133]

(ㅁ) 甲이 사고 전날 밤에 개인택시소유자인 乙 등과 만나 A다방에서 계모임을 하다가 밖으로 나오면서 乙의 오리털 파카를 입었는데, 사고

132) 大判 93.7.13, 92다41733(公 1993, 2243).
133) 大判 94.8.26, 93다47394(公 1994, 2515).

당일 00:00경 음료수가 먹고 싶어 동전을 찾기 위하여 주머니를 뒤지다가 위 택시의 열쇠가 있는 것을 발견하고 2년 전에 가출한 아내가 나주시에 있는 다방에서 근무한다는 것이 생각나 乙 모르게 위 택시를 운전하고 나주에 가서 다방을 돌아다니며 문을 열어달라고 하였으나 문을 열어 주지 않자 A다방으로 되돌아오다가 사고를 내었고, 乙은 위 택시와 오리털 파카가 없어진 것을 알고 甲을 찾기 위하여 甲의 집까지 갔다가 A다방으로 되돌아 와 기다리던 중 사고소식을 듣게 된 사안에서, 甲과 乙의 인적 관계, 乙의 위 택시의 열쇠 관리상태, 甲이 위 택시를 운전하고 나간 경위와 후에 이를 반환하려고 하였던 사정, 위 사고의 피해자는 甲에 의한 위 택시의 운행이 무단운행임을 인식할 수 없었던 점 등을 종합하여 보면, 이 사건 사고 당시 乙이 위 택시에 대한 운행지배와 운행이익을 상실하였다고 보기 어렵다고 하였다.[134]

(iii) 다만, 최근에는 竊取運轉을 自動車保有者와 아무런 人的 關係도 없는 사람이 保有者에게 되돌려 줄 생각 없이 自動車를 竊取하여 運轉하는 것으로 정의하고, 그 경우에 自動車保有者는 원칙적으로 自動車를 竊取당하였을 때에 運行支配와 運行利益을 잃어버렸다고 보아야 할 것이고, 다만 예외적으로 自動車保有者의 차량이나 시동열쇠 관리상의 過失이 重大하여 客觀的으로 볼 때에 自動車保有者가 竊取運轉을 容認하였다고 평가할 수 있을 정도가 되고, 또한 竊取運轉 중 사고가 일어난 시간과 장소 등에 비추어 볼 때에 自動車保有者의 運行支配와 運行利益이 잔존하고 있다고 평가할 수 있는 경우에 한하여 自動車를 竊取당한 自動車保有者에게 運行者性을 인정할 수 있다고 판단함으로써[135] 客觀的 容認說에 입각하여 自賠法肯定說의 입장을 취한 判例들이 있다. 다만, 위 判例들은 自賠法 적용의 판단기준을 차량이나 시동열쇠관리에 있어서 重過失을 요구함으로써 통상적으로 過失 여부로 판단기준을 삼는 學

134) 大判 95. 2. 24, 94다41232(公 1995, 1436).
위 택시가 가입한 공제계약 중 개인택시운전자한정특별약관 제2조 단서에는 공제계약자동차를 도난당하였을 경우, 도난당하였을 때로부터 발견될 때까지의 사이에 발생된 자동차사고로 조합원이 배상책임을 짐으로써 입은 손해에 대하여는 공제금을 지급한다고 규정되어 있어 위 판결에서는 위 교통사고가 위 약관 제2조 단서 소정의 도난당한 때로부터 발견될 때까지의 사이에 발생된 자동차사고에 해당하는가 여부가 쟁점이 되었는바, 위 약관 제2조 단서 소정의 '도난을 당하였을 경우'란 개인자동차운전자의 명시적·묵시적 의사에 기하지 않고 제3자가 당해 개인택시를 운전한 경우를 의미한다고 보아야 할 것이고, 형법상 절도죄가 성립하는 경우만을 의미한다고 볼 수 없다고 하여 甲의 택시운행이 형법상 절도행위에 해당하지 아니함을 암시하고 있다.

135) 大判 98. 6. 23, 98다10380(公 1998하, 1947); 大判 01. 4. 24, 2001다3788(公 2001, 1208).

說보다는 自賠法에 의한 責任을 좁게 인정하는 것으로 보인다.[136]

㈐ 名義貸與·擔保目的登錄

(a) 自動車登錄原簿上의 登錄名義를 他人에게 유상 또는 무상으로 貸與하는 名義貸與의 경우와 債權擔保의 목적으로 債權者를 自動車의 所有者로 등록하는 경우에는 貸與者 또는 債權者와 被貸與者 또는 債務者 사이의 實質的 關係, 예컨대 지휘·감독관계 혹은 사업협동관계 등을 따져 社會通念上 名義貸與者 또는 債權者가 당해 차량에 대하여 運行支配·運行利益을 가지고 있다고 인정되는 경우에는 運行者責任을 인정하여야 한다고 설명된다.[137]

생각건대 名義貸與나 債權擔保를 목적으로 하는 所有名義 취득의 경우에는 그 名義者가 처음부터 직접적으로 運行에 관여하지 아니하였기 때문에 그 運行에 관한 支配나 利益을 인정하기 힘들다는 점에서 출발하는 것 같은바, 間接反證說의 입장에서 본다면 위의 두 가지 경우에도 保有者임에는 분명하므로 運行者로서의 事實上의 推定은 이루어지나 名義貸與 또는 債權擔保를 목적으로 하는 소유명의취득임이 인정되면 그 推定은 깨어지게 되어 다시 被害者, 즉 原告측에서 所有名義者가 實質的으로 運行支配와 運行利益을 가진다는 점

136) 위 98다10380 판결에서는 소유자가 시동열쇠를 꽂고 자동차 문을 열어 둔 채로 출입문이나 주차장에 관리원이 따로 배치되어 있지 아니하고, 학부모 등 일반인들이 자유롭게 출입할 수 있는 고등학교구내에 09:00경 승용차를 주차시켜 두었고, 14:00경 파출소로부터 연락을 받기까지 승용차를 절취당한 사실을 몰랐으므로 승용차와 그 시동열쇠의 관리를 상당히 소홀히 하였다고 볼 수 있는 면이 있기는 하지만, 반면에 소유자가 승용차를 주차시킨 곳은 고등학교교문으로부터 200m 가량 떨어진 곳이고, 학교는 철책으로 둘러싸여 있는 것으로 보이고, 우리의 경험에 의하면 일반인들이 학교에 출입하는 것이 통제되지는 않는다고 하더라도 특별한 사정이 없으면 甲이 승용차를 절취한 같은 날 10:15경에는 다수의 일반인들이 학교에 출입하지 않으리라고 볼 수 있고, 또한 甲이 자동차를 절취한 곳에서 사고장소인 광주시까지는 상당한 거리이고, 甲이 승용차를 절취한 때로부터 사고를 일으키기까지는 약 6시간 30분 가량의 시간이 경과한 사실관계 하에서는 소유자의 차량이나 시동열쇠관리상의 과실이 중대하여 객관적으로 볼 때에 절취운전을 용인하였다고 평가할 수 있을 정도라고 보기 어려워 위 승용차에 대한 소유자의 운행지배와 운행이익이 잔존하고 있다고 평가할 수 없다고 보았다.

또한 위 2001다3788 판결은 소유자가 차량을 주차하여 둔 장소가 아파트경비가 관리하는 아파트주차장이고, 그 주차시 시정 여부를 확인하지는 않았지만 자동잠금장치를 확인하였고, 차량절취시간이 02:40이며, 절취한 자는 위 아파트에 입주하여 사는 주민이 아닌 점에 비추어 볼 때에 소유자가 위 차량관리에 있어 현저하게 주의를 결여하였다고 보기 어려워 운행지배와 운행이익을 상실하였다고 인정하고, 나아가 아파트주차장 내에 차량을 주차하고 자동잠금장치를 확인한 이상 차량의 문이 실제로 시정되었는지 여부를 확인하지 않고 대쉬보드에 보조키를 넣어 두었다 하더라도 그 사정만으로는 불법행위책임을 부담시킬 만한 과실이 없다고 인정하였다.

137) 訴訟實務(註 17), 42. 특히 吳幸男(註 29), 36은 名義貸與者라는 사실만으로 곧 運行者責任을 인정하지 아니하고 名義貸與의 實質關係를 따져서 個別的으로 해결하는 것이 타당하다고 하면서, 그 實質關係의 판단은 從屬關係의 유무, 차의 保管狀況, 名義料徵收의 유무, 油類代·修理費 등의 負擔關係 및 名義貸與의 動機, 目的 등에 의하여 이루어지면 충분할 것이라고 설명한다(同旨: 李宙興(註 34), 25).

을 立證하여야 하는 부담을 안게 된다고 설명할 수 있을 것이다.[138]

그러나 이른바 持入에 관하여는 名義貸與者에게도 運行者의 책임을 인정하여야 하나 名義貸與 관계 여하에 따라서는 貸與者의 책임을 부인하는 것이 상당한 경우도 있을 것이라는 견해도 있고,[139] 自己의 名義를 他人에게 貸與한 자는 만약 그 他人이 사고를 일으킨 경우에도 책임질 것을 각오하였다고 해석되므로 運行支配性을 인정하여야 한다는 견해도 있다.[140]

(b) 이와 관련된 判例를 살펴보면,

(i) 우선 名義貸與者의 責任을 인정한 判例는

(ㄱ) 빌라를 건축하여 분양한 회사가 그 입주자들과의 약정에 따라 그들의 교통편의를 위하여 사고차량인 봉고차를 매입하여 준 것이고, 다만 그 차량의 운행은 입주자들의 자치기구인 한성빌라관리회에서 운전사를 고용하고 입주자들로부터 일정요금을 받아 연료비·보수비·보험료·제세공과금 등의 차량관리운영비에 충당해 왔으나 그 차량의 소유명의에 관하여는 위 관리회가 비법인이어서 그 명의로 소유권이전등록을 받을 수 없었고, 달리 위 관리회를 대신하여 그 명의이전을 받기로 정해진 사람도 없었던 사정 등에 의해서 당초부터 회사소유명의로 유보한 채 위 차량을 운행하게 한 것이라면, 비록 회사가 위 차량의 운행에 관하여 실제로는 별다른 이해관계가 없었다 하더라도 위 차량은 대외적으로는 여전히 회사의 소유이고, 또 위 차량의 등록명의를 그 명의로 유보해 둔 채 운행할 것을 허용한 것으로 볼 것이므로 피고회사는 자배법 제3조 소정의 '자기를 위하여 자동차를 운행하는 자'에 해당한다 할 것이라고 보았고, 설사 회사가 위 관리회에 그 명의이전을 요청한 사실이 있다거나 또는 당시 관리회회장들이 자신들 앞으로 명의이전할 것을 거절하는 등의 사실이 있었다 하더라도 마찬가지라고 하였고,[141]

(ㄴ) 甲이 승용차를 乙명의로 등록하고 자동차종합보험에도 그 기

138) 郭潤直, 債各, 773은 단순히 擔保의 目的으로 所有名義를 第3者 앞으로 登錄하고 있을 뿐인 때에는 그 名義人인 擔保權者에게는 運行支配와 運行利益이 전혀 있지 않으므로 그에게 運行者의 責任을 인정할 수 없을 것이라고 한다.

139) 郭潤直, 債各, 773.

140) 金疇洙, 債各, 722; 李銀榮, 債各, 660.
한편 金相容(註 8), 240은 위와 같이 名義貸與者의 責任을 廣範圍하게 인정하는 입장을 취하면서도 持入과 관련하여서는 名義貸與者인 持入會社는 그의 名義만을 빌려 주었을 뿐이고, 그 自動車의 운영·수익, 運轉者의 채용 등 運行利益과 運行支配는 전적으로 名義를 빌린 자에게 귀속되어 있으므로 名義貸與者인 持入會社에게 運行者責任을 지울 수 없다는 견해를 취하고 있다.

141) 大判 91.2.26, 90다6460(公 1991, 1068).

명피보험자를 乙로 하였는데, 甲과 乙을 잘 알면서 평소 위 차량을 빌려 타고 다니던 丙이 甲으로부터 위 차량의 열쇠를 받아 위 차량을 몰고 그의 심부름으로 김밥을 사러 갔다가 마음대로 부산에서 서울로 올라가 위 차량을 운행중에 사고가 발생하였고, 그 후 丙이 甲에게 무단운행을 사과하는 전화를 하였는 데도 그 차량의 반환을 요구하지도 아니한 채 그 운행을 묵인하고 있었다면 乙은 자배법상의 운행자성을 상실하였다고 할 수 없다고 하였고,[142)]

(ㄷ) 자동차를 매수한 甲의 간청에 의하여 피고명의로 차량등록하고, 그 차량에 피고경영사업체의 상호를 도장표시하였을 뿐 아니라 필요할 때에는 피고경영의 광업생산물의 운반에 사용하였고, 그 차의 제반공과금 및 운영비는 일단 피고가 지급한 다음 피고의 사용운임을 공제청산하는 형식을 취하였고, 甲이 그 차를 乙에게 다시 乙이 丙에게 전전매도하여도 같은 형태로 차량운행이 되어 왔다면 객관적으로 피고는 자기를 위하여 자동차를 운행하였다고 할 것이므로, 그 차량의 운행으로 타인에게 손해를 입혔다면 피고는 자배법상의 손해배상책임을 면할 수 없다고 하였다.[143)]

(ii) 名義貸與者責任을 부정한 判例는 주로 持入과 관련된 것인바,

(ㄱ) 甲소유 사고차량을 포함한 이른바 지입차량들이 피고회사 생산의 연탄을 운반하게 됨에 따라 피고회사에서 단지 공장 내에서의 차량운행질서 유지 내지는 그 연탄의 판매질서유지에 관한 사항에 한하여서만 이들 차량에 대하여 지시 내지는 감독을 할 뿐 그 외의 차량운행에 관한 사항이나 연탄운반으로 인한 운반비 등 모든 수익관계 또는 운전사의 선임 내지는 감독 등에 대해서는 일체 관여하지 않고, 이러한 것은 모두 이들 차량의 소유자들이 자기의 이익을 위하여 처리하고 있는 경우에 사고차량을 포함한 위 차량들이 피고회사에 지입이라는 용어로서 등록을 한 것이라고 되어 있지만, 이는 일반적으로 소유명의를 타에 양도하여 자동차등록부 등에 등재케 하는 의미에서의 지입이나 등록을 말하는 것이 아니라 일시에 또는 수시로 연탄을 운반하기 위하여 많은 차량들이 피고회사의 연탄공장에 들어오는 혼란을 방지하는 수단으로서 피고회사로부터 인정을 받은 일정 차량들만이 공장에 출입하여 연탄을 운반할 수 있다는 피고회사의 인정과정을 뜻하고 있음에 불과하고, 또 이 사건 차량을 비롯하여 위와 같은 의미에서의 이른바 지입등록을 한 차량들

142) 大判 92.9.22, 92다28303(公 1992, 2983).
143) 大判 82.10.12, 81다583(公 1982, 1077).

에게 피고회사의 상표인 표시와 피고회사공장으로부터 부여받은 일련번호를 차체에 새기게 한 것이나 차주들이 피고회사에게 서약한 8개항이라는 것도 모두 공장 내에서의 차량운행질서 내지는 이들 차량들이 연탄을 운반하는 경우에 있어서의 판매질서유지를 위한 방법에 불과한 것이므로, 피고회사가 위 차량을 자기를 위하여 운행한다거나 또는 그 운전사를 피고회사의 피용자라고는 볼 수 없다고 하였고,[144]

(ㄴ) 甲이 乙회사에 지입시켜 운영할 목적으로 화물차를 乙회사 명의로 할부로 매수하여 지입에 필요한 일부 서류와 함께 인도받음과 동시에 그 차에 대한 임시운행허가를 받아 운전사를 고용하여 운행하다가 미처 乙회사에 지입등록도 하기 전에 사고가 발생한 경우, 위 화물차는 乙회사에 지입되지 아니하였으므로 乙회사는 위 화물차의 운행에 관한 명의대여자라 할 수 없으므로 손해배상책임이 없다고 하였고,[145]

(ㄷ) 노선화물자동차 운송사업면허를 받고 위 운송사업에 종사하는 법인으로서 서울특별시장으로부터 노선화물차량은 화물터미널을 기종점으로 하며 3톤급 이하의 차량으로 화물의 연계수송 및 집배화를 하도록 인가조건을 부여받은 甲회사가 서울의 화물터미널을 기종점으로 한 화물운송은 자기소유의 대형화물트럭을 사용하지만, 위 화물터미널과 서울시내 각지를 연결하는 연계수송 및 집배화는 3톤 이하 트럭을 소유하고 있는 소규모 운송업자와의 사이에 화물취급소 위탁운영계약을 체결하여 그로 하여금 위 업무를 위탁처리하게 하였는데, 2.5톤급의 사고화물자동차를 소유하면서 丙을 운전사로 고용하고 있는 소규모 운송업자인 乙이 甲회사와의 사이에 화물취급소 위탁경영계약을 체결하고, "甲회사 성북영업소"라는 상호로 甲회사의 위탁에 따른 화물운송영업에 종사하여 오면서 甲회사의 묵시적인 동의 아래 이 사건 트럭의 옆면에 甲회사의 명칭을 표시하고, 甲회사의 위탁에 따라 위 트럭을 이용하여 위 영업소담당구역 내 송하인의 화물을 모아 위 화물터미널까지 운송하는 일과 위 화물터미널에 도착한 화물을 위 영업소담당구역 내의 수하인에게 배달하는 일을 처리하여 주고, 그 수수료로 甲회사로부터 甲회사가 화물운송의뢰

144) 따라서 이 判例는 所有名義의 貸與는 이루어지지 아니하였으나 會社名義를 車輛에 附着하게 한 경우에 自賠法에 의한 運行者性을 인정할 수 있는가에 관한 것이다.
그러나 釜山地判 91.11.19, 91가합9124(註 54)에 의하면, 일정한 범위 내에서 運行者性이 인정될 수 있을 것이다.

145) 大判 90.11.13, 90다카25413(公 1991, 94).

인들로부터 받는 운임 중의 일정 비율을 지급받아 왔으며, 위와 같은 화물의 연계수송과 집배화는 甲회사의 전체적인 화물운송계획에 따른 甲회사의 지시에 의하여 이루어져 왔으며, 甲회사와 乙 사이에 체결된 위 화물취급소 위탁경영계약에 따르면 乙은 甲회사의 위탁업무 이외의 다른 화물운송업무를 하지 못하도록 되어 있으나, 乙은 간혹 단골 고객으로부터 화물운송을 의뢰 받는 경우 그에 응하여 별도의 운임을 받고 화물운송을 한 경우도 있는데, 마침 乙이 소외 공업사의 영업주로부터 철망을 춘천시까지 직송하여 줄 것을 의뢰받고 丙으로 하여금 위 트럭을 이용하여 위 철망운송업무를 수행하게 함에 따라 그가 위 트럭을 운전하고 가다가 중도에서 사고를 일으킨 사안에서, 乙이 甲회사로부터 위탁받은 화물의 운송에 종사하는 한도에 있어서는 실질적으로 甲회사의 피용자와 같이 볼 수 있는 입장에 있다고 보지 않을 수 없고, 따라서 甲회사는 일정 범위 내에서 일반적·추상적으로 이 사건 트럭의 운행을 지배하여 그 운행이익을 향수하는 지위에 있다고 볼 것임은 당연하지만, 이 사건 사고의 원인이 된 트럭의 실제 운행 당시 乙은 甲회사와의 사이에 체결된 위 화물취급소 위탁경영계약의 약정내용에 위반하여 타인으로부터 개별적으로 화물의 직송을 의뢰받아 고용운전사로 하여금 그 화물의 운송업무를 수행하게 함에 따라 위 운전사가 그 업무를 위하여 위 트럭을 운전하다가 사고를 일으키게 된 것이라고 한다면, 위 사고차량의 운행은 전혀 甲회사의 의사에 반하여 이루어진 것으로서 甲회사는 위 운전사의 운전행위에 관하여 실질적인 지휘·감독권을 미칠 수 없게 되는 결과 그 차량에 대한 운행지배를 상실한 것으로 보지 않을 수 없다고 판시하였다.[146)]

(c) 擔保目的登錄에 관한 判例를 보면,

유류판매업자인 甲이 사고자동차의 소유자인 乙에 대한 유류판매대금채권을 담보하기 위하여 위 자동차에 양도담보를 설정하여 그 등록명의만을 甲앞

---

146) 大判 91.12.27, 91다33940(公 1992, 778). 위 판결의 원심은 사고트럭은 평소 甲회사의 상호가 차체에 표시된 상태로 甲회사의 지시에 따라 그 기업활동의 일익을 담당하여 온 것이므로 일반적·추상적으로 甲회사는 사고트럭의 운행을 지배하여 그 운행이익을 향수하는 지위에 있었다고 할 것이고, 다만 乙이 사고트럭의 운행 당시 甲회사와의 사이에 체결된 위 위탁경영계약에 위반하여 사고트럭을 운행하였고 그 운전사인 丙이 乙에게 고용된 사람이라고 하더라도 위에서 본 위 성북영업소의 운영형태·계약위반운행에 관한 피해자의 주관적인 인식가능성 등을 종합하여 볼 때, 위와 같은 사유만으로는 甲회사가 위 사고 당시 위 트럭에 관한 운행지배와 운행이익을 완전히 상실하였다고 볼 수는 없다고 보았다.

李宙興(註 34), 37-8은 이 判例를 受給·下受給 관계에서 발생된 차량운행관계로 파악한다.

으로 이전해 놓았을 뿐 그 자동차의 소유자인 乙이 자기 자신의 유류업경영을 위하여 그 자동차를 단독으로 지배·운행하였고, 운전사를 선임하고 감독한 것도 乙이며, 위 자동차소유자가 甲이 아님을 알고 있었던 丙이 乙과의 사이에 유류수송계약을 맺고 위 자동차를 이용하여 유류를 수송하여 오다가 사고가 발생한 경우에 달리 특별한 사정이 없는 한 甲이 채권담보의 목적으로 자동차등록원부상 위 사고자동차의 소유자로 등록되어 있다는 사유만으로써는 甲을 가리켜 자배법소정의 운행자로 볼 수 없다고 하였다.[147)]

㈑ 名義殘存

(a) 自動車를 賣渡 또는 交換, 贈與 등에 의하여 실질적으로 所有權을 讓渡하였음에도 불구하고 登錄名義 이전절차가 종료되지 아니함으로써 所有名義가 남아 있는 것을 名義殘存이라고 하는바, 名義殘存의 경우에는 代金을 完納하고 自動車登錄書類를 교부하였는지가 運行者性 상실 여부를 판단하는 일응의 기준이라고 설명된다.[148)]

그러나 이에 대하여는 名義殘存이 있다 하여 막바로 運行者責任을 인정할 것은 아니고 이는 실질관계의 존재를 추인하는 하나의 徵表에 불과하며, 名義殘存者는 대개 買受者에 대한 指揮·監督關係, 차량에 대한 실질적인 支配關係, 기타 차량의 保管이나 維持關係와 절연되는 것이고, 따라서 그 運行利益과 運行支配를 부정함이 일반적이므로, 이와 같은 實質關係에 관한 판단을 도외시하고 賣買代金이 完納되었는가 하는 사실만을 가지고 運行利益과 運行支配의 존부를 가리는 것은 의문이라고 하며, 특히 賣買代金이 完納되지 아니한 경우라도 실질관계에 따라서는 그 책임을 인정할 수 없는 경우도 많을 것이라는 견해도 있다.[149)]

判例도 自賠法上 自動車保有者의 運行支配는 현실적으로 保有者와 運轉者 사이에 사실상의 支配關係가 존재하는 경우뿐만 아니라 間接的이거나 第3者의 관리를 통한 觀念上의 支配關係가 존재하는 경우도 포함하므로, 自動車를 割賦로 매도한 자가 그 自動車에 대한 運行支配를 하고 있는가 여부는 賣渡人과 買受人 사이의 實質的인 關係를 살펴서 사회통념상 賣渡人이 買受人의 車輛運行에 간섭을 하거나 支配·管理할 責務가 있는 것으로 평가할 수 있는지

147) 大判 80. 4. 8, 79다302(公 1980, 12773).
148) 吳幸男(註 29), 37.
149) 張容國, "割賦販賣期間中인 自動車의 賣渡人과 運行供用者性", 民判硏 13, 149-51: 吳幸男(註 29), 37; 金相容(註 8), 241.

의 여부를 가려 결정하여야 한다는 기본원칙을 세우고 있다.[150]

(b) 이에 관한 判例를 賣買契的履行程度別로 구분하여 살펴보면 다음과 같다.

(i) 대금을 전부 지급한 매수인이 매도인의 승낙을 얻어 기명피보험자를 매도인으로 하고 주운전자를 매수인으로 하여 보험회사와 사이에 체결한 자동차종합보험계약이 유효하게 성립하였다 하더라도 매도인이 매수인에게 차량을 인도하였을 뿐 아니라 당해 차량사고 이전에 그 소유명의까지 이전해 주었다면, 특별한 사정이 없는 한 매도인은 사고 당시 차량에 대한 운행지배 및 피보험이익을 상실한 것으로 보아야 하며, 따라서 매수인을 약관에 정한 기명피보험자의 승낙을 얻어 자동차를 사용 또는 관리중인 자로 볼 수 없으므로 매수인이 보험약관에 따른 권리의무의 승계절차를 거치지 아니하는 한 보험계약에 의하여 취득한 피보험자로서의 지위를 잃는다고 판시하였다.[151]

(ii) 自動車를 賣渡·引渡하고 代金을 완제받아 移轉登錄書類까지 교부하였으나 買受人이 이전등록을 하지 아니한 채 運行하다가 일어난 사고에 대하여 運行支配權은 買受人에게 이전된 것으로 보아 賣渡人의 運行者責任을 부정하는 것이 일반적이다.[152]

(ㄱ) 자동차등록원부에 소유자로 등록된 자가 그 자동차를 남에게 양도하고 매매대금 전액을 받은 후 그 양수인명의로 이전등록하는 데 필요한 모든 서류를 갖추어서 건네 주었으나, 양수인이 명의이전등록을 하지 아니한 채 그 매수한 차를 운행하고 있는 경우에 매도인이 자신의 명의를 유지시킴으로 인하여 그 차에 대한 사실상의 지배권이 있는 것을 대외적으로 표시한 것이라고 볼 수도 없다는 이유로 자동차등록원부에 그 차의 소유자로 등록 명의만 남아 있는 사람은 자배법 제3조가 규정하고 있는 자기를 위하여 자동차를

150) 大判 92.4.14, 91다4102(公 1992, 1553); 大判 94.9.23, 94다21672(公 1994, 2796); 大判 95.1.12, 94다38212(公 1995, 877).

151) 大判 96.7.30, 96다6110(公 1996하, 2648). 위 판결의 원심은 매도인이 매수인에게 차량을 양도하여 소유권이전등록까지 마쳐 주고서도 보험회사에게 그 양도사실을 통지하거나 보험회사로부터 양도에 관한 승낙을 받은 사실이 없으므로, 자동차종합보험 보통약관 제42조에 의하여 보험금지급의무가 발생하지 아니한다는 보험회사의 주장에 대하여 매도인은 보험계약상의 기명피보험자이고, 매수인은 그로부터 승낙을 얻어 자동차를 사용 또는 관리중인 자로서 승낙피보험자에 해당되므로, 매수인이 잔대금을 지급하고 이 사건 차량에 대한 소유권이전등록을 마친 이후 보험약관에 따른 권리의무의 승계절차를 거치지 아니하였더라도 일단 보험계약에 의하여 취득한 피보험자로서의 지위에는 영향이 없다고 판시하였다.

152) 郭潤直, 債各, 773; 訴訟實務(註 17), 46.

운행하는 자라고 말할 수 없다고 보는 것이 상당하다고 하였고,[153]

(ㄴ) 소외회사소유인 버스를 매수한 피고가 이를 다시 제 3 자에게 매도하여 대금전액을 수령하면서 버스를 인도하고 등록명의이전에 필요한 일체의 서류를 교부하였으나 제 3 자의 사정으로 그 절차를 마치지 못하였다면, 피고는 형식상으로나 실질상으로 위 버스의 소유자라고 할 수도 없고, 달리 특별한 사정이 없는 한 위 버스의 운행에 관하여 어떠한 이익을 받는 것도 아니며, 위 버스의 운행은 피고의 지배를 이탈하였다고 봄이 상당하므로 피고는 위 버스의 운행에 관하여 제 3 자를 지휘·감독할 지위에 있다거나 자배법 제 3 조 소정의 자기를 위하여 자동차를 운행하는 자라고 할 수 없다고 하였고,[154]

(ㄷ) 자동차등록원부에 소유자로 등록되어 있다 하더라도 이를 타에 매도하여 그 대금을 모두 결제받고 매수인에게 그 차량을 인도하였는데, 매수인이 다시 제 3 매수인에게 매도하고 그 차량을 인도하여 그 제 3 매수인이 운행하다가 사고를 일으켰다면, 아직 등록명의가 매수인이나 제 3 매수인에게 변경되어 있지 아니하고 그 이유가 무엇이든 간에 그 운행지배권은 이미 그 등록명의인으로부터 이탈하고 매수인이나 제 3 매수인에게 이전된 것이라고 봄이 상당하므로 그 등록명의인은 자배법 소정의 운행자로 볼 수 없다고 하였고,[155]

(ㄹ) 매도인이 차량을 타인에게 매도하여 대금전액을 수령하고 그 차량을 인도하면서 소유자명의변경등록에 필요한 서류까지 매수인에게 교부하였는데, 매수인이 이를 다시 제 3 자에게 매도하여 제 3 자가 이를 인도받아 운행하다 사고를 일으켰다면 비록 등록명의가 원매도인 앞으로 그대로 남아 있다 하더라도 원매도인은 자동차손해배상보장법 제 3 조 소정의 자기를 위하여 자동차를 운행하는 자라고 볼 수 없을 뿐더러, 또한 위 제 3 자와의 사이에 아무런 사용관계나 지휘·감독관계가 있다고도 할 수 없으므로 민법상의 사용자 책임도 없다고 하였고,[156]

(ㅁ) 자동차매도인이 매매대금을 완급받고 차량을 인도한 후 매수인에게 차량의 자동차등록부상 소유명의의 이전등록과 할부구입계약상의 채무자명의변경 및 보험관계의 명의변경 등에 필요한 일체의 서류를 교부하여 매수인은 그 이전등록과 명의변경이 가능하였는 데도 할부금보증인을 미처 구하

153) 大判 71. 5. 24, 71다617(集 19-2, 민63).
154) 大判 80. 9. 24, 79다2238(公 1980, 13221).
155) 大判 84. 2. 28, 83다카1532(公 1984, 584).
156) 大判 84. 9. 25, 84다333(公 1984, 1717).

지 못한 매수인측 사정으로 보험계약만료일까지 명의변경절차를 미루다가 사고가 발생한 것이라면, 매도인은 차량에 대한 운행지배를 행사하거나 운행이익을 얻는 지위에서 벗어났다고 할 것이고, 매도인이 매수인에게 위 명의변경절차를 미루는 것을 양해하였다는 것만으로 차량의 운행지배나 운행이익을 보유한다고 볼 수 없다고 하였다.[157)]

(iii) 다음으로 自動車를 賣渡·引渡하였더라도 代金이 완제되지 아니하고 移轉登錄書類도 교부되지 아니하였다면, 비록 自動車를 引渡하여 줌으로써 그 이후에 이루어진 運行과 사실상의 이해관계가 없다 하더라도 賣渡人은 自己의 名義로 運行할 것을 허용한 것이라 볼 수 있어 그의 運行支配를 완전히 벗어났다고 할 수 없다는 이유로 賣渡人의 運行者責任을 긍정하는바,[158)] 구체적인 판시내용을 살펴보면,

(ㄱ) 피고가 사고자동차를 甲에게 매도하고 계약금수령과 동시에 자동차 및 검사증을 인도하였고, 다시 甲으로부터 위 자동차의 전매를 의뢰받은 乙이 같은 날 丙에게 매도하고 계약금수령과 동시에 위 자동차를 丙에게 인도한 후 잔금은 자동차등록명의 이전서류와 상환으로 지급받기로 하였는데, 丙의 피용인인 丁이 위 자동차를 운전하다가 사고를 낸 경우에 아직 잔대금을 받지 못하고 자동차등록명의이전 서류도 교부하지 아니한 이상 위 자동차가 피고의 지배를 완전히 벗어났다고는 할 수 없으므로 자배법상의 책임이 있다고 하였고,[159)]

(ㄴ) 피고회사가 자동차를 매도하고 매매계약금만을 수령하고 약정된 중도금과 잔대금을 지급받지 아니한 채 그 지급기일이 도래하기도 전에 자동차를 인도하였다면, 피고회사는 최소한 매수인이 자동차등록명부에 명의변경등록을 마치기까지에는 피고회사명의로 운행할 것을 허용한 것이라고 볼 수가 있으므로 다른 특별한 사정이 보이지 않는 한 피고회사는 비록 그 운행

157) 大判 92.4.14, 91다41866(公 1992, 1577). 위 판결의 사안에서 등록명의유지에 관하여 양해한 경위를 보면, 위 승합차량이 할부차량이라서 할부금보증인을 바꾸어야 명의변경을 할 수 있는데, 위 보험계약의 만료기간인 1989.3.5까지는 1달 이상 여유가 있다고 생각하여 그 때까지 명의변경을 하기로 하고, 보험회사직원에게 보험계약인수절차를 알아보게 되었던바, 그가 위 보험기간만료시까지는 피고명의로 위 승합차량을 사용해도 그 효력이 유지된다는 취지로 말하므로 위 명의이전서류를 건네 받은 2·3일 후 피고에게 전화를 걸어 위와 같은 내용을 말하고, 보험기간만료일까지는 피고명의로 사용할 것을 승낙받아 위 승합차량을 사용하였다.

158) 大判 91.3.12, 91다605(公 1991, 1179).

159) 大判 80.6.10, 80다591(公 1980, 12911).

에 관하여 사실상의 이해관계가 없다 하더라도 이 차를 실제로 운행하는 위 매수인과 더불어 그 차를 지배하고 차의 운행에 관한 종업원을 지휘·감독할 책임이 있다 할 것이므로, 피고회사는 자배법 제3조에 정한 자기를 위하여 자동차를 운행하는 자에 해당한다고 봄이 상당하다고 하였다.[160]

(iv) 自動車賣買去來에서는 代金支給과 移轉登錄書類의 교부가 同時履行되는 것이 일반적이지만, 거래관계에 따라서는 代金을 먼저 지급받고 移轉登錄을 뒤로 미루거나 移轉登錄書類의 교부가 지연되는 경우도 가끔 있어 과연 賣渡人의 運行者性이 그대로 유지되는지 여부가 문제된다.

(ㄱ) 먼저 代金을 전부 지급받고 自動車를 引渡한 경우에는 運行者性을 부정한 예가 대부분인바,

① 피고로부터 자동차를 매수한 자가 차를 인도받아 운전사를 고용하여 운행하고 있는 이상 아직 자동차등록명의가 매수인명의로 변경되어 있지 아니하고 또한 그 이유가 무엇이든 간에 피고를 자배법상의 자기를 위하여 자동자를 운행하는 자라고 볼 수 없다고 하였고,[161]

② 자동차등록원부상 소유자로 등록되어 있는 자라 하더라도 이를 타에 매도하여 그 대금이 완제되고 매수인에게 그 차량을 인도하여 매수인의 책임하에 채용한 다른 운전사나 매수인이 직접 운행하다가 사고를 일으킨 경우에는 아직 등록명의가 매수인명의로 변경되어 있지 아니하여도 그 운행지배권은 이미 등록명의인으로부터 매수인에게 이전되었다고 봄이 상당하므로 등록명의인은 자배법 소정의 운행자가 아니며, 자동차매매대금이 모두 결제된 이상 양도인이 매매계약과는 다른 채무의 불이행을 이유로 자동차이전등록서류의 교부를 거절하였더라도 양수인이 인도받은 자동차를 약 4개월간 운전사 2명을 고용하여 운행하여 왔고, 이 사건 사고시에는 그가 직접 운행하다가 사

160) 大判 80.4.22, 79다1942(公 1980, 12800). 위 판결의 원심은 위 중도금과 잔대금을 지급받기 이전이지만 명의이전등록서류와 함께 차량이 인도되었고, 매수인은 피고회사의 독촉에도 불구하고 자기 명의로 소유권이전등록을 마치지 아니한 채 자기가 경영하는 작업장에 투입하여 운행하다가 사고를 내었으므로 차량등록명의가 피고회사에게 있다는 사실만으로 자배법상의 운행자책임을 인정하기 어렵다고 보았으나, 대법원은 피고회사가 이 사건 사고일 이후에 자동차매매잔대금 수령과 동시에 명의이전등록서류를 매수인에게 교부하여 주었다고 진술하였다가 그 후 이를 번복하여 자동차인도와 함께 명의변경등록서류를 매수인에게 넘겨 주었다고 진술하고 있어 명의변경등록서류의 교부일자에 관한 주장이 일관되지 아니할 뿐만 아니라, 피고회사가 매수인과 사이에 어떠한 사정이나 연유로 말미암아 잔대금수령과 동시에 등록서류를 넘겨 주기로 한 당초의 약정을 변경하여 중도금이나 잔대금을 받기 이전에 등록서류를 넘겨 주게 되었다는 것인지 그 이유도 기록상 명백하지 않다는 점을 전제로 하고 있다.

161) 大判 70.9.29, 70다1554(集 18-3, 민135).

고를 일으킨 이상 그 차량의 운행지배권과 운행이익이 양수인에게 귀속된 효과에는 영향이 없다고 하였고,[162]

③ 자동차등록부상에 소유자로 등록되어 있다 하더라도 이를 타에 매도하여 대금 전액을 수령하고 그와 동시에 자동차검사증·보험관계서류 및 차량을 매수인에게 인도하였는데, 매수인의 사정으로 인하여 소유권이전등록을 지연하고 있다가 사고가 난 경우, 그 운행지배권은 이미 위 등록명의인으로부터 이탈하고 매수인에게 이전된 것이라고 보아야 할 것이므로 위 등록명의인은 자기를 위하여 자동차를 운행하는 자라고는 볼 수 없다고 하였고,[163]

④ 甲이 오토바이를 구입하여 자동차등록원부에 명의등록하고 운행하여 오던 중 이를 乙에게 매도한 후 그 대금 전액을 지급받고 인도하여 乙이 운행하여 오다가 乙이 이를 다시 丙에게 매도하고 인도하였다면, 자동차등록원부상의 소유자명의변경이 되지 아니하였다 하더라도 위 오토바이의 운행지배권은 등록명의인인 甲으로부터 이탈되었다고 할 것이어서 甲을 자배법 소정의 운행자로 볼 수 없으며, 甲이 인감증명서 등 명의이전에 필요한 서류를 교부한 바가 없다고 하여 달리 볼 것은 아니라고 하였다.[164]

(ㄴ) 그러나 自動車代金을 모두 받고 自動車를 引渡한 경우라도 割賦購入車輛과 같이 일정한 사유로 買受人 앞으로 移轉登錄이 어려워 賣渡人의 諒解 하에 自動車登錄을 뒤로 미루는 경우에는 運行者性이 인정될 여지가 있는바,[165] 運行者性이 인정될 수 있는 基準이 무엇인가에 관하여 判例上 다소 혼선을 보이고 있다.[166]

---

162) 大判 83.12.13, 83다카975(公 1984, 163).

163) 大判 85.4.23, 84다카1484(公 1985, 781).

164) 大判 94.2.22, 93다37052(公 1994, 1074).

165) 그러나 李宙興(註 34), 31은 이 경우에 賣渡人에게는 運行에 관하여 事實上의 利害關係가 없고, 形式上 所有名義를 가지고 있음에 불과하여 運行支配나 運行利益을 가지고 있지 아니한 것으로 보아야 한다고 하며, 이는 割賦販賣 기간중 제2의 轉賣가 있어 또 다른 第3者에게 차량을 재차 賣渡한 경우, 自動車登錄原簿上 아무런 名義도 없는 轉賣에서의 賣渡人에게 運行者責任을 묻기 어려운 경우와 별다른 차이가 없다고 설명한다.

166) 이에 관하여 張容國(註 149), 155-6은 自動車를 割賦로 구입한 사람이 사정에 의하여 구입한 自動車를 割賦金을 모두 납부하지 못한 상태에서 팔아치우고 그 自動車로부터 손을 떼고 싶은 경우는 통상 쉽게 예상할 수 있고, 또한 割賦期間중에 있더라도 이를 賣渡하고 그 代金을 모두 수령하고 차를 引渡하여 줌과 동시에 自動車檢査證까지 買受人에게 교부하였다면, 별다른 사정이 없는 한 당사자 사이에서는 물론 일반적으로 賣渡人은 自動車에 대한 支配가 買受人에게로 완전히 이전되었다고 생각하는 것이 건전한 상식에도 부합하며, 自動車事故로 인한 被害者의 입장에서 볼 때에 割賦販賣期間중에 있는 自動車를 賣渡한 사람과 이를 買受하여 運行하다가 사고를 낸 사람 모두를 상대로 손해배상을 받을 수 있다면 그 보호는 두텁게 되겠지만, 이 경우 被害者는 적어도 사고

① 먼저 運行者性을 긍정한 判例를 살펴보면,

㉠ 甲이 차량을 할부로 매수하여 그 할부금을 일부 불입한 후 乙에게 매도하면서 나머지 할부대금을 乙이 불입하여 그 불입이 완료되는 때에 乙 앞으로 명의이전을 하여 주고, 자동차종합보험을 甲명의로 가입하기로 하되 만약 乙이 할부금불입을 지체하거나 甲명의로 보험에 가입하지 않는 경우에는 매매계약을 해제하고 그 차량을 반환받기로 약정하였다면, 甲은 비록 그 운행에 관하여 사실상의 이해관계는 없더라도 乙과 함께 그 차량의 운행에 관하여 종사자를 지휘·감독할 책임이 있다고 하여 운행자책임을 긍정하였고,[167]

㉡ 대리점경영자가 구입하여 할부상환중인 자동차를 그에게 고용되어 판매실적에 따른 급여를 받고 있는 자에게 매도하면서 매도인명의로 할부계약상 명의와 그 계약상 의무를 그대로 보유하고 이전등록은 하지 않은 채 자동차종합보험까지도 매도인명의로 가입하게 하면서 매도인의 사업과 관련된 매수인의 외판업무에 사용하게 하여 온 경우, 매도인이 자동차운행지배에 대한 책무를 벗어난 것으로 보기 어렵다고 보아 운행자책임을 긍정하였으며,[168]

㉢ 매도인이 자동차를 매도하여 인도하고 잔대금까지 모두 지급받은 후 매수인이 그 자동차를 타인에게 전매할 때까지 자동차등록원부상의 소유명의를 매도인이 그대로 보유하기로 특약하였을 뿐 아니라, 그 자동차에 대한 할부계약상 채무자의 명의도 매도인이 그대로 보유하며, 자동차보험까지도 매도인의 명의로 가입하도록 한 채 매수인으로 하여금 자동차를 사용하도록 하여 온 사안에서, 위 매도인은 매수인이 그 자동차를 전매하여 명의변경등록을 마치기까지 매도인의 명의로 자동차를 운행할 것을 허용한 것으로서 위 자동차의 운행에 대한 책무를 벗어났다고 보기는 어려우므로, 자배법 제3조 소정의 자기를 위하여 자동차를 운행하는 자에 해당한다고 봄이 상당하다고

---

를 낸 買受人을 상대로 손해배상책임을 물을 수 있으므로 自動車登錄名義만 가지고 있을 뿐 自動車의 運行에 대한 利益은 물론 아무런 支配도 갖지 않고 있는 賣渡人에게 책임을 물어 被害者를 보호할 필요는 없다고 하여 賣渡人에게 運行者責任을 지우는 大法院의 태도는 재검토되어야 한다고 批判한다.

167) 大判 89. 7. 25, 88다카24752(公 1989, 1292). 張容國(註 149)은 위 判決을 評釋한 자료이다.

168) 大判 92. 4. 14, 91다4102(註 150). 위 判決은 賣渡人이 自動車販賣會社의 承認을 받아 買受人 앞으로 割賦契約上 名義를 변경하여 自動車移轉登錄이 가능함에도 불구하고, 이러한 절차를 취함이 없이 賣渡人名義로 割賦契約上 名義와 그 契約上 義務를 그대로 보유하고 移轉登錄하지 않았다는 점을 運行者責任 근거의 하나로 삼고 있다.

하였다.[169)]

② 다음으로 運行者性을 부정한 判例를 살펴보면,

㉠ 차량할부금을 매수인이 부담하는 조건으로 차량매매계약이 이루어진 채 매도인이 대금을 받고도 위 할부매매로 인하여 곧바로 위 차량에 대한 소유권이전등록서류를 교부할 수 없다고 한다면, 위 차량의 매매로 인한 매도인의 운행지배권이나 운행이익상실 여부를 판단함에 있어서는 대금수수나 자동차검사증교부 이외에 위 차량의 이전등록서류교부에 관한 당사자간의 합의내용, 위 차량의 매매경위, 차량인도 여부, 인수차량의 운행자, 차량의 보험관계 등에 관하여도 심리를 하여야만 할 것인 데도 원심은 위와 같은 여러 사정에 관하여 심리·판단함이 없이 매도인이 이 사건 차량의 등록서류를 매수인에게 교부하지 아니하였다는 이유만으로 매도인이 운행지배나 운행이익을 상실하였다는 항변을 배척한 원심판결은 위법하다고 하였고,[170)]

㉡ 할부로 매수한 자동차를 제3자에게 다시 매도하고 계약금을 받으면서 자동차를 인도함과 아울러 자동차등록증·종합보험청약서 등을 교부한 후 잔대금을 지급받았으나 제3자의 할부대금완납시까지 이전등록을 유보한 경우, 자동차의 운행지배와 이익이 제3자에게 이전되었다고 할 것이고, 이때에 할부매매계약상의 장애조항 때문에 자동차의 소유자명의이전이 불가능하여 이전등록을 위하여 필요한 인감증명서를 제3자가 할부금을 모두 지급한 후에 교부하기로 하였다는 사정만으로는 위와 같은 결론에 아무 영향을 미칠 수 없다고 하였으며,[171)]

㉢ 할부로 매수한 자동차를 제3자에게 다시 매도하고 인도까지 하였으나 제3자의 할부대금완납시까지 이전등록을 유보한 경우, 할부판매회사명의의 근저당권이 설정되어 있기 때문에 소유자명의이전이 불가능하여 할부금을 모두 지급한 후에 이전하기로 하였다는 사정만으로는 운행지배가 매도인에게 남아 있다고 단정할 수 없고, 이러한 경우 법원이 차량의 매매로 인한 매도인의 운행지배권이나 운행이익의 상실 여부를 판단함에 있어서는 차량의 이전등록서류 교부에 관한 당사자의 합의내용, 차량의 매매경위 및 인도 여부, 인수차량의 운행자, 차량의 보험관계 등 여러 사정을 심리하여 판단하여야 한

169) 大判 95.1.12, 94다38212(註 143).
170) 大判 90.12.11, 90다7203(公 1991, 457).
171) 大判 92.3.31, 92다510(公 1992, 1420).

다는 이유로 운행자책임을 인정한 원심을 파기하였다.[172]

(v) 그리고 自動車를 賣渡하기 위하여 他人에게 맡긴 경우에 運行支配와 運行利益을 喪失하는지 여부가 문제된 判例를 살펴보면, 自動車賣買業者에게 맡긴 경우와 그렇지 아니한 경우를 구별하여 運行利益과 運行支配 상실 여부를 판단하는 것이 일응의 기준이라 할 수 있는바,

(ㄱ) 할부로 구입한 차량을 매수하여 대금을 모두 지급한 후 자동차등록명의는 할부금지급이 완결된 후에 이전하기로 약정함에 따라 자동차등록명의이전에 필요한 서류와 자동차등록증을 넘겨 받고 자동차를 인도받아 운행하여 오던 甲이 근처에서 자동차배터리점을 하여 잘 알고 지내는 乙에게 위 자동차를 금 1,700,000원 가량에 살 사람을 구해 보라며 위 자동차와 시동열쇠 및 자동차등록증을 주고 맡겨 놓았는데, 乙이 위 자동차를 보관하고 있던 중 乙의 처남이자 甲이 운영하던 점포의 종업원인 丙으로부터 고향에 다녀오려고 하니 위 자동차를 빌려달라는 부탁을 받고 위 자동차를 건네 주어 그로 하여금 위 자동차를 운행하게 하였다가 사고가 난 경우에 甲으로서는 그 자동차에 관하여 운행지배와 운행이익을 가지고 있다고 인정하였고,[173]

(ㄴ) 자동차소유자 甲의 위임에 따라 그의 형인 乙이 주차장을 경영하는 丙에게 매도를 의뢰하여 丙이 위 자동차를 보관하던 중 丁으로부터 원매자가 있다는 연락을 받고 위 자동차를 丁에게 인도하여 이를 보관하게 하였는데, 그 후 丁이 이웃 사람에게 자동차열쇠를 건네 주고 그는 다시 戊에게 이를 넘겨 주어 戊가 운전하다가 사고를 낸 경우, 甲이나 乙로서는 丙은 물론 다른 사람에 의하여 자동차가 운전되는 것을 예상하거나 용인하였다고 볼 것이고, 위 자동차를 인도한 것도 전문영업자가 아닌 아는 사람을 통하여 이를 매도하고자 한 것이어서 그 매매가 완결되고 이행되기까지는 甲의 운행지배나

---

172) 大判 96. 7. 30, 95다54716(公 1996하, 2646).

173) 大判 92. 11. 24, 92다37967(公 1993, 2411). 위 判決은 사고자동차의 평소 관리 및 보관상태, 실질적 소유자인 甲의 의사와 관계 없이 운행이 가능하게 된 경위와 운행시간 및 운행거리, 甲과 乙 및 丙과의 관계, 운전자인 丙의 운행 후 자동차반환의사의 유무와 甲의 승낙가능성 등의 여러 사정에 비추어 볼 때, 단지 丙이 甲의 구체적인 승낙 없이 위 자동차를 운행하였다는 사정만으로는 위 자동차의 실질적인 소유자로서 그에 대한 일반적·추상적인 운행지배와 운행이익을 갖고 있다고 추인되는 甲이 위 자동차의 운행에 있어 그 운행지배 내지 운행이익을 완전히 상실하였다고 단정하기에는 부족하고, 오히려 여전히 간접적이고 잠재적으로나마 그 운행지배와 운행이익을 갖고 있다고 봄이 상당하다고 판단한 원심을 유지하고 있는바, 이는 매도의뢰로 인한 운행자성상실 여부보다는 무단운전으로 인한 보유자의 책임이라는 측면에서 책임인정 여부를 판단한 것이 아닌가 생각된다.

운행이익을 완전히 벗어난 것이라고 할 수 없고, 피해자로서는 원칙적으로 자동차보유자와 운전자와의 관계를 알 수 없는 것이므로 피해자가 戊의 무단운전사실을 주관적으로 인식하였다고 인정되지 아니하고, 甲이 자동차를 인도한 후 사고가 일어난 기간이나 장소적 간격이 근접하다면 피해자에 대한 관계에 있어서는 甲이 객관적·외형적으로 자동차의 운행지배와 운행이익을 가지고 있었다고 보는 것이 상당하다고 하였고,[174]

(ㄷ) 甲이 자동차를 매도하기 위하여 자동차매매상사에 근무하는 乙에게 매매알선을 의뢰하면서 자동차의 열쇠, 차량검사증, 보험관계서류 등을 교부하였고, 乙이 이를 인도받아 당일 丙에게 매도하고 그 대금 전액을 받아 그 중 일부를 甲에게 교부하였던바, 그 후 丙이 위 자동차를 제3자에게 빌려주어 그 빌린 사람이 운전사를 고용하여 운행중 사고를 낸 경우, 甲은 자배법 소정의 운행자로 볼 수 없다고 하였고,[175]

(ㄹ) 다만, 乙이 甲으로부터 금 2,500,000원의 범위 안에서 승용차를 사 달라는 부탁과 함께 그 대금까지 교부받아 가지고 있다가 승용차를 甲의 이름으로 매수한 다음 그 대금 전액을 지급하고 같은 날 소유권이전등록에 필요한 서류 전부를 건네 받음과 동시에 승용차까지 인도받았으나, 甲이 위 승용차가 마음에 들지 않으니 곧바로 되팔아 달라고 하면서 이를 인수하지 않는 바람에 차량등록명의를 甲 앞으로 이전하지 못한 채 스스로의 비용으로 승용차를 수리한 후 다시 다른 사람에게 이를 매도하려고 그의 사무실 앞길에 세워 두고 있던 중 丙이 甲이나 乙의 승낙도 없이 사무실 책상 위에 있던 자동차열쇠를 가지고 나가서 무단운전하다가 사고를 일으켰다면, 甲은 객관적·외형적으로도 위 승용차의 운행에 있어서 그 운행지배 내지 운행이익을 완전히 상실하였다고 봄이 상당하다고 하였다.[176]

(c) 判例는 代物辨濟를 위하여 債權者에게 自動車를 讓渡하기로 하고 引渡까지 하였으나 아직 債權者名義로 그 所有權移轉登錄이 마쳐지지 아니한 경우에 아직 그 登錄名義가 원래의 自動車所有者에게 남아 있다는 사

174) 大判 92.5.12, 92다6365(公 1992, 1853).

175) 釜山高判 88.12.15, 88나4454(下集 1988-3, 4, 62).

176) 大判 93.7.13, 92다24004(公 1993, 2236). 위 판결은 차량을 매수한 매수인이 자동차의 운행지배·운행이익을 취득하였다가 이를 다시 매도의뢰함으로써 자동차의 운행지배·운행이익을 상실하였다는 취지의 판시라기보다는 매수인의 자동차에 대한 운행지배·운행이익의 정도 및 무단운전의 경위 등을 고려하여 그 무단운전에 관하여 운행지배·운행이익을 취득하지 못하였다고 판시한 것으로 보인다.

정만으로 그 自動車에 대한 運行支配나 運行利益이 讓渡人에게 남아 있다고 단정할 수는 없고, 이러한 경우 法院이 차량의 讓渡로 인한 讓渡人의 運行支配權이나 運行利益의 상실 여부를 판단함에 있어서는 위 차량의 이전등록서류 교부에 관한 당사자의 合意內容, 위 차량을 代物辨濟로 讓渡하게 된 경위 및 引渡 여부, 정산절차를 거쳐야 할 필요성, 인수차량의 運行者, 차량의 保險關係 등 讓渡人과 讓受人 사이의 實質的 關係에 관한 여러 사정을 심리하여 사회통념상 讓渡人이 讓受人의 차량운행에 간섭을 하거나 支配·管理할 責務가 있는 것으로 평가할 수 있는지의 여부를 가려 결정하여야 한다고 본다.[177]

(d) 또한 名義殘存과 함께 고려하여야 할 매매유형으로 所有權留保附賣買가 있다.

自動車販賣를 업으로 하는 自動車販賣業者가 自動車를 賣渡한 후 그 대금을 담보하기 위하여 所有權을 留保하는 경우에 學說의 대립은 있으나 自動車販賣業者의 運行者責任을 부정하는 것이 多數說이며,[178] 判例도 自動車會社가 화물차를 割賦로 판매하여 買受人으로 하여금 運行하게 하고, 다만 그 할부대금채권의 확보를 위하여 그 所有名義만을 留保한 경우에 自動車會社로서는 그 自動車의 運行에 대하여 支配權을 갖는다거나 그 運行으로 인한 利益이 귀속된다 할 수 없으므로 손해배상책임이 없다고 본다.[179] 그리고 割賦販賣時 賣

177) 大判 99.5.14, 98다57501(公 1999상, 1155).

나아가 위 判例는 차량의 명의수탁자가 실소유자의 명시적인 승낙 없이 실소유자의 채무변제를 위한 대물변제조로 차량을 인도하기로 합의한 후 채권자에게 차량을 인도하고 차량의 이전등록에 필요한 인감증명 등의 서류도 모두 교부한 경우, 비록 명의수탁자가 실소유자의 채권자에 대한 채무에 관하여 정확한 액수를 알지 못하였다고 할지라도 대외적으로 차량에 관한 처분권한을 가지고 있는 명의수탁자가 실소유자의 채무변제를 위하여 대물변제에 이르게 되었고, 그 차량의 시가가 실소유자의 채권자에 대한 채무액수에 미치지 못하는 것이 분명한 이상 위 차량의 운행에 있어서 그 운행지배와 운행이익은 모두 채권자에게 실질적으로 이전되었다고 봄이 상당하며, 대물변제계약이 요물계약이며 위 차량에 대한 소유권이전등록이 행해지지 아니하였다고 하더라도 마찬가지라고 하였다.

178) 郭潤直, 債各, 773; 金疇洙, 債各, 723; 李銀榮, 債各, 661; 吳幸男(註 29), 38; 李宙興(註 34), 30.

179) 大判 90.11.13, 90다카25413(註 145).

즉 自動車販賣業者는 自動車의 運行으로부터는 直接的으로 아무런 利益을 얻지 못한다는 점에서 運行利益을 부정한다는 취지로 보이나, 自動車販賣業者는 그의 名義를 유지시켜 둠으로써 自動車代金을 받지 못함에 대한 擔保로서의 가치를 유지시키는 利益을 얻고 있고, 특히 自動車割賦代金을 연체한 경우에는 바로 自動車를 回收하는 등의 直接的인 支配權을 행사할 수 있음에도 불구하고 이를 그대로 放置하거나 買受人과의 양해하에 買受人으로 하여금 이를 그대로 使用하게 한 경우에 과연 아무런 運行支配나 運行利益이 없다고 할 수 있을 것인지 애매한 경우도 있을 것이다.

渡人이 自動車의 保管場所를 指定하거나, 隨時點檢 또는 특별한 使用上의 指示 등을 할 수 있다는 特約이 있다 하더라도 그것은 割賦金의 支給을 確保하기 위한 수단으로 心理的 強制를 하거나 未支給割賦金에 대한 擔保로서의 自動車의 경제적 가치를 유지하기 위한 것이지, 賣渡人이 이로써 運行支配를 하는 것은 아니라고 본다.[180]

그러나 自動車販賣業者가 아닌 자가 自動車를 賣渡하면서 그에 관한 所有權을 留保한 경우에는 사정이 다르다. 이 경우에는 賣渡人과 買受人 사이에 차량의 同時使用關係·雇傭關係·名義貸與關係 등 밀접한 관계가 있어서 賣渡人이 상당한 利益을 향수하고 있다고 보이는 경우에는 賣渡人의 運行者責任을 인정하여야 할 경우가 많을 것이다.[181]

㈒ 車輛貸與

(a) 自動車를 他人에게 貸與한 경우에는 그 自動車의 運行이 借主만을 위하여 이루어진다고 하는 특단의 사정이 없는 한 貸主의 運行支配 역시 상실되지 않는다 하여 借主와 함께 貸主의 運行者責任을 지우는 것이 일반적이다.[182]

그리고 빌린 자동차를 借主가 貸主의 동의 없이 無斷으로 第3者로 하여금 운전하게 한 경우에 貸主가 運行者責任을 지는가 문제되는바, 이에 관하여는 賃貸人이 賃借人을 信賴하고 그에게 자동차를 맡겼기 때문에 賃借人의 無斷轉貸行爲로 인한 책임까지 賃貸人이 감수하여야 한다는 責任肯定說[183]과, 賃借人 또는 使用借主는 차용한 자동차를 貸主의 동의 없이 第3者가 사용하도록 허용하여서는 아니 되므로 차용한 자동차를 無斷轉貸하여 第3者가 운전하다가 사고를 낸 경우에는 借主만이 운행자로서 책임을 지고 貸主는 運行者性을 잃는다고 함이 타당하다는 責任否定說[184]의 대립이 있다.

車輛貸與와 관련된 기본적인 이론이나 判例에 관하여는 앞에서 異時的 共同運行에 관한 부분에서 살펴본 바와 같으므로, 아래에서는 車輛貸與原因 내지는 運行關與者別로 구분하여 運行者責任이 문제된 判例를 살펴본다.

(b) 自動車의 賃借人에 대하여는 특단의 사정이 없는 한 賃借한 自動

180) 李宙興(註 34), 30.
181) 訴訟實務(註 17), 47. 同旨: 吳幸男(註 29), 38; 李宙興(註 34), 30.
182) 郭潤直, 債各, 772-3; 李銀榮, 債各, 659; 李宙興(註 34), 32; 訴訟實務(註 17), 50.
183) 李銀榮, 債各, 659.
184) 金相容(註 8), 240.

車에 대하여 현실적으로 運行을 支配하여 그 運行利益을 향수하는 자라고 하여 運行者責任을 인정하는바,[185]

(i) 甲이 피고회사에게 임대한 버스는 그 명의가 甲 앞으로 되어 있으나 실질적 소유자는 乙이고, 乙은 위 버스를 피고회사에 임대하여 그 자신이 직접 운전사로서 피고회사로부터 매월 임대료를 받으면서 2년이나 넘게 계속적으로 피고회사가 지정하는 운행일과 운행시간 및 운행노선에 따라 피고회사직원들의 출퇴근을 위하여 위 버스를 운행하여 왔는데, 위 출퇴근시에 위 차량에 피고회사의 출퇴근용 차량임을 용이하게 식별할 수 있는 아크릴표지판을 위 버스의 앞 유리창 전면에 부착하였고, 피고회사는 乙이 교통사고로 구속되자 乙의 처인 丙에게 당분간 乙을 대신하여 직원들을 통근시킬 수 있도록 하여 달라고 연락을 하여 丙이 오빠인 甲을 통하여 丁에게 피고회사 직원들의 출퇴근을 위하여 버스를 운행해 줄 것을 부탁하게 되었으며, 그와 같은 부탁에 따라 丁이 위 임대버스가 아닌 丁소유의 사고버스를 乙이 평소 운행하는 방식대로 위 버스 전면에 피고회사의 표지판을 부착한 채 종전의 운행구간에 따라 피고회사직원들의 출퇴근을 위하여 운행하다가 교통사고가 발생한 경우에 피고회사는 실질적 소유자인 乙이 피고회사에 임대한 원래의 버스에 대하여 적어도 피고회사직원들의 출퇴근시간에 있어서는 장기간 계속적으로 그 운행을 지배하여 왔으며, 비록 사고버스가 원래의 임대 버스와는 다르다고 하더라도 이는 임대인측에서 피고회사직원들의 출퇴근에 지장이 없도록 함으로써 임대인으로서의 의무를 이행하기 위하여 제공한 대체 버스에 지나지 아니하여 피고회사로서는 사고버스를 애당초의 임차목적대로 사용함으로써 여전히 사고버스의 운행을 지배하고 그 운행이익을 가진다고 하였고,[186]

(ii) 학교법인 甲명의로 등록된 버스는 乙이 학교법인 甲에게 지입한 것으로서 학교법인 甲산하 학교의 학생과 교직원들을 위한 통학 및 학교행사용으로 운행하여 왔는데, 丙이 설립·운영하는 주부대학총동창회의 주관하에 체육대회를 개최하면서 학교법인 甲소속차량을 빌리기로 하고, 丙과 학교법인 甲과의 사이에 위 버스관리위탁계약을 체결하고 甲법인 과장으로부터 위 버스를 위 수송용으로 사용하는 데 승낙을 받은 다음 하루 버스이용대가로 100,000원을 지급하기로 약정하고 임차한 사안에서, 임차인인 丙은 위 버스에

185) 大判 93. 6. 8, 92다27782(公 1993, 1996); 大判 97. 4. 8, 96다52724(公 1997상, 1382).
186) 大判 93. 6. 8, 92다27782(前註).

대한 운행을 지배하여 그 이익을 향수한 운행자의 지위에 있다고 보았다.[187]

(c) 렌터카업자 이외의 賃貸人에 대하여 運行者責任을 인정한 判例를 살펴보면,

(i) 자기소유의 승용차를 회사의 공사장에 임대하면서 그가 고용하고 있는 운전사로 하여금 그 곳 직원들의 출퇴근 등을 위하여 위 승용차를 운행하게 하던 중 위 공사장의 당직자였던 피해자가 위 차를 타고 동생 집에 가서 1시간쯤 머문 후에 야간당직을 하려고 돌아오다가 교통사고가 발생하였다면, 그 운행이 위 승용차를 임대한 범위에 어긋나지 않는 것으로 용인될 수 있는 것이어서 위 임대인도 이를 충분히 예상할 수 있었던 것이므로 위 임대인은 자배법상의 손해배상책임을 진다고 하였고,[188]

(ii) 지입차주인 甲이 피고회사에 사고차량을 지입하여 주로 야채수송과 이삿짐 운반 등의 목적으로 사용하여 왔는데, 乙이 종전부터 고냉지 채소장사를 하면서 수시로 甲으로부터 운전사가 딸린 위 차량을 임차하여 사용하여 오다가 사고당일에도 1일 차임금 100,000원에 위 차량을 임차하여 그 전에 자신이 소개하여 준 바 있는 甲의 고용운전사인 丙으로 하여금 이를 운전하게 하고, 자신이 그 조수석에 동승하여 강원도 태백에서 야채를 싣고 서울 가락동 농수산물시장까지 운반하고 나서 다시 빈차로 삼척시로 돌아오던 중에 丙의 과실로 교통사고를 당하여 상해를 입게 된 사안에서, 사고차량의 보유자인 피고회사와 그 임차인인 乙의 내부관계에 있어서 비록 乙이 자동차에 대한 현실적 지배를 하고 있었다 하더라도 위에서 본 바와 같은 사고차량의 운행경위, 운행의 목적, 乙이 지입차주 甲이 고용한 운전사가 딸린 채 위 차량을 임차사용한 사정, 위 차량의 운행에 피고회사가 간여한 정도 등 이 사건 변론에 나타난 모든 정황을 종합하여 볼 때, 당해 자동차의 구체적인 운행관계에 있어 그 운행지배 및 운행이익이 임차인인 乙에게 완전히 이전된 관계가 아니라 이를 서로 공유하는 공동운행자의 관계에 있고, 피고회사는 여전히 甲 및 그 고용운전사를 통하여 위 차를 직접적으로 지배하고 있다고 볼 것이라고 하여 乙의 손해에 대한 운행자책임을 인정하였다.[189]

187) 大判 2000. 7. 6, 2000다560(公 2000, 1864).

188) 大判 87. 6. 9, 86다카1549(公 1987, 1132).

189) 大判 93. 4. 23, 93다1879(公 1993, 1535). 다만, 피고에게 위 사고로 인한 모든 손해의 배상을 부담지우는 것은 손해의 공평부담을 지도원리로 하는 손해배상제도의 근본취지에 어긋난다고 할 것이므로, 손해부담의 공평성 및 형평과 신의칙의 견지에서 피고가 乙에게 부담할 손해액은 이를 40%로 감경함이 상당하다고 하여 임대인과 임차인 사이

(d) 다음으로 손수운전 自動車貸與, 즉 렌터카에 관한 判例를 살펴보면 貸與業者에 대하여는 運行者로서의 책임을 인정하는 한편, 被害者가 共同運行者라 할 수 있는 賃借人인 경우에는 적절한 비율로 그 책임을 減輕하는 경우가 대부분인바,[190]

(i) 자동차대여업체의 손수운전 자동차대여약정에 임차인이 자동차운전면허증 소지자라야 하고, 사용기간과 목적지를 밝혀서 임료를 선불시키고, 임대인은 자동차대여 전에 정비를 해두고 인도해야 하고, 임차인은 사용기간 중 불량연료를 사용하지 말아야 함은 물론 계약기간을 엄수해야 하고, 자동차를 양도하거나 질권·저당권을 설정할 수 없을 뿐 아니라 유상으로 운송에 사용하거나 전대할 수 없고, 제3자에게 운전시킬 수도 없게끔 되어 있다면 대여업자는 임차인에 대한 인적 관리와 임대목적차량에 대한 물적 관리를 하고 있음을 부정할 수 없어 대여업자와 임차인 간에는 임대목적차량에 대하여 대여업자의 운행지배관계가 직접적이고 현재적으로 존재한다고 하였고, 이 경우 임차인이 제3자인 운전무면허자에게 운전시킴으로써 제3자에게 운전시킬 수 없다는 약정을 위반하였다 하여도 그 사람에 대한 임차인의 사용대차 때문에 자동차보유자인 대여업자와 임차인 간에 존재하는 운행차량에 대한 대여업자의 직접적이고 현재적인 운행지배관계가 단절된다고는 볼 수 없고, 다만 대여업자는 제3자를 통하여 자동차의 운행에 대하여 간접적이고 잠재적으로 그 지배작용을 미치고 있다고 보는 것이 옳다고 하여 임차승용차에 동승하였다가 사망한 피해자에 대하여 대여업자에게 운행자책임을 인정하였고,[191]

(ii) 甲이 1989.3.28 그의 근무처인 소외회사의 업무차 목포시로 가기 위하여 자동차대여업자인 원고에게 차량임차를 신청하였던바, 원고 직원인 乙이 원고로부터 차량을 임차하기 위하여는 운전면허취득 후 1년이 지나야

---

의 이해를 조절하고 있다.

이에 대하여 賃貸人이 運行者로서의 지위를 갖는다고 하여도 이는 어디까지나 第3者에 대한 관계에서의 문제이고, 賃借人 本人에 대한 관계에 있어서는 賃貸人의 運行支配는 賃借人의 運行支配를 매개하여 가지는 데 불과하므로 賃借人은 賃貸人에 대한 관계에서는 他人性이 없다고 보아야 한다는 견해가 있고(訴訟實務(註 17), 55), 이에 비추어 보면 위 판결은 예외적이라 할 것인바, 이 문제는 賃貸人이 運行支配를 喪失하는가에 관한 것이 아니라 共同運行者가 他人性을 상실하는가에 관한 것이므로, 뒤에서 他人性에 관한 부분에서 다시 살펴본다.

190) 李宙興(註 34), 33은 自動車賃貸業者는 차를 賃貸함에 있어 借主를 선별하고 있고, 賃貸期間이 비교적 短期間이며, 借主에게 運行의 時間·區域 등에 관하여 주의를 주고 있고, 賃貸料가 상당히 높은 점을 고려하여 業主에게 運行者責任을 긍정하는 것이라고 설명한다.

191) 大判 91.4.12, 91다3932(公 1991, 1380).

하는데, 甲이 위 요건을 갖추고 있지 못함을 알고 마침 그와 같이 동행한 피고에게 운전면허증이 있으면 피고명의로 차량을 임차하라고 하였으나 피고가 서울의 지리를 몰라서 운전할 수 없다고 하자 다시 피고에게 임차인명의는 피고로 하되 사실상의 운전은 甲이 하면 되지 않겠느냐고 하면서 피고를 임차인으로 한 차량임대차계약서를 작성하도록 권유하여 차량임대차계약서에 피고가 임차인으로 서명하였고, 원고의 직원인 乙은 원고소유의 승용차를 사실상 임차하여 운전할 사람은 甲이라는 사실을 알고 있었으므로 차량임대차 계약서에 甲을 공동임차인으로 기재하였으며, 그 임료와 보험료도 甲으로부터 교부받았고, 이 사건 차량도 甲에게 인도하였는바, 한편 피고는 개인적인 일로 목포시로 가게 되었는데, 甲과 행선지가 같아서 甲이 운전한 이 사건 차량에 동승하여 목포시로 갔다가 서울로 돌아오고 있던 중 경부고속도로상에서 甲의 과실로 차량이 추락하여 피고가 중상을 입은 사안에서, 원고로부터 이 사건 차량을 사실상 임차한 사람은 甲이고 피고는 甲이 원고로부터 이 사건 차량을 임차함에 있어서 그 명의만을 대여한 자에 지나지 않으므로 원고는 이 사건 차량을 甲에게 유상대여한 자로서 甲이 이 사건 차량을 운행하다가 일으킨 사고로 인하여 피고가 입은 손해에 대하여 자배법 제3조에 의한 운행공용자로서의 책임이 있다고 판시하고, 그 근거에 관하여 손수운전 자동차대여약정에 임차인이 자동차운전면허증을 소지한 자라야 하고, 사용기간 등을 밝혀서 임료를 선불시키고 임대인은 자동차대여 전에 정비를 하여 인도해야 하고, 임차인은 계약기간을 준수해야 하며, 제3자에게 운전을 시킬 수 없도록 되어 있고, 특히 그 사용기간이 1일밖에 되지 않는다면 대여업자는 임차인에 대한 인적관리와 대여차량에 대한 물적 관리를 하고 있음을 부정할 수 없어 대여업자와 임차인 사이에는 그 차량에 대하여 대여업자의 운행지배가 직접적이고 현재적으로 존재한다고 하였고,[192]

192) 大判 91.7.12, 91다8418(公 1991, 2152). 위 판결은 피고가 명의를 빌려 줌으로써 이 사건 자동차의 보유자가 되었는지 여부를 판시하고 있는바, 차량의 운행자가 아무런 대가를 받음이 없이 동승자의 편의와 이익을 위해서 동승을 제공하고 동승자로서도 그 자신의 편의와 이익을 위해서 이를 제공받은 경우라 하더라도 동승자에게 바로 자동차손해배상보장법 제3조에서 말하는 자동차의 보유자성을 인정하기 어렵다고 할 것이며, 이 사건의 경우 피고가 비록 이 사건 차량의 임차인명의를 대여하기는 하였지만 직장동료인 甲의 호의로 같은 목적지에 다녀오는 이 사건 차량에 편승하였을 뿐 甲의 이 사건 차량의 운행에 대하여 지배권을 가진다고 볼 수 없으므로, 위와 같은 사정에 비추어 신의칙 또는 형평의 원칙상 그 배상액을 감경할 수 있는지의 여부는 별론으로 하더라도 피고에 대하여 자배법 제3조에서 말하는 자동차의 보유자성을 전부 인정하기는 어렵다고 하였다.

(iii) 자동차대여업자로부터 자동차를 임차하면서 그 운전사를 소개받아 운행하다가 야기된 충돌사고로 자동차임차인과 그 처가 피해를 입게 된 경우에 있어 자동차대여업자와 자동차임차인의 내부관계에 있어서는 비록 임차인이 자동차에 대한 현실적 지배를 하고 있었지만, 자동차의 운행경위, 운행의 목적, 자동차대여업자가 임차인에게 운전사를 소개하여 자동차를 대여하게 된 사정, 자동차의 운행에 운전사를 통하여 자동차대여업자가 간여한 정도 등 모든 정황을 종합하여 볼 때, 자동차의 운행지배 및 운행이익이 임차인에게 전부 이전된 관계가 아니라 서로 공유하는 공동운행자의 관계에 있으므로, 대여업자는 여전히 운전사를 통하여 자동차를 직접적으로 지배한다고 보고 그 손해배상책임을 긍정하였고,[193]

(iv) 원고 甲이 친구들인 乙·丙과 함께 입영신체검사를 받으러 육군병원이 있는 조치원까지 가기 위한 교통편으로써 승용차를 임차하기로 의견을 모으고 비용을 갹출하였으나 그들에게는 운전면허가 없었기 때문에 운전면허가 있는 丁에게 승용차의 임차를 부탁하자 丁이 피고회사 제천지점으로부터 사고승용차를 임차한 후 즉시 이를 丙에게 넘겨 준 사실, 丙은 위 승용차에 원고 甲과 乙을 태우고 조치원으로 떠나기에 앞서 자신의 용무를 보기 위하여 위 승용차의 시동을 켜 놓은 채 잠시 자리를 비웠는데, 그 사이에 乙이 술에 취한 상태에서 위 승용차를 사고장소까지 운전하여 가서 운전연습을 하다가 이 사건 사고를 일으켰고, 피고회사는 자동차대여업을 영위하는 업체로서 손수운전 자동차대여의 경우에는 운전면허를 취득한 자에게만 자동차를 임대하고 제 3 자로 하여금 임대차량을 운전시킬 수 없다는 내용의 약관을 정하여 시행하고 있는 경우에 피고는 위 승용차의 보유자로서 위와 같은 차량임차인에 대한 인적 관리와 임대차량에 대한 물적 관리를 통하여 임대차량에 대한 운행이익과 운행지배를 가지고 있는바, 위 승용차의 사고 당시 운전자인 乙이 임차인이 아닌 제 3 자이고 운전면허도 없는 자였다는 사실만으로는 위 승용차에 대한 피고의 운행지배가 단절되었다고 볼 수 없고, 오히려 피고는 乙을 통하여 위 승용차의 운행을 간접적·잠재적으로 계속 지배함으로써 사고 당시에도 위 승용차에 대한 운행지배와 운행이익을 가지고 있었다고 하였고,[194]

193) 大判 92. 2. 11, 91다42388,91다42395(註 54). 大判 91. 3. 27, 91다3048(註 57)은 자동차임차인이 3인이었던 경우로서, 그 중 사망한 2인에 대하여 렌터카회사의 손해배상책임을 긍정하였다.

194) 大判 93. 8. 13, 93다10675(公 1993, 2420). 다만, 위 승용차의 대여경위 및 사고 당시의

(v) 자동차대여회사인 甲이 乙을 甲회사의 잠실예약소 소장으로 위촉하고 甲소유의 자동차 3대를 빌려 주어 甲회사 이름으로 자동차대여업을 하도록 하여 준 다음 乙로부터 매월 일정한 대가를 받아 오던 중 乙이 위 3대의 자동차대여만으로는 영업이 제대로 되지 아니하자 甲 모르게 丙 등으로부터 자가용 승용차 2대를 빌려 위 대여업에 제공하여 오면서 그로 인한 수입을 丙과의 사이에 분배하여 왔는데, 丙소유의 차 1대를 빌려 간 丁이 음주 및 졸음운전으로 교통사고를 내는 바람에 동승했던 자가 사망한 경우에 원래 잠실예약소는 고객으로부터 예약을 받아 甲회사 서울영업소에 연결시켜 주는 일을 하는 곳이지만, 甲회사에서는 편법으로 위와 같은 방식으로 乙로 하여금 실제로 렌터카영업을 하도록 한 것으로서, 乙은 甲회사의 다른 영업소들과 서로 고객을 연결·소개하여 주면서 자동차이용자와는 甲회사 이름으로 자동차임대차계약을 체결하는 방식으로 외형상 甲회사의 일부인 것처럼 위 자동차대여영업을 영위하여 왔으며, 임대용 자동차의 보험관계와 차량정비문제는 甲회사 서울지사에서 책임을 지기로 되어 있고, 필요한 차량이 없을 때는 甲회사 서울영업소에 연락하여 차를 대여하여 온 것이므로, 甲회사로서는 乙로 하여금 甲회사명의로 자동차대여업을 할 수 있는 터전을 제공하여 乙이 이 사건 사고 자동차를 불법운행시킬 수 있는 여지를 마련하여 준 것으로서, 이 사건 사고는 위 인정의 사실관계에 비추어 사회통념상 영업에 관하여 乙을 지휘·감독하는 지위에 있다고 보아야 할 甲회사의 지배범위 내에서 이루어진 것이고, 또한 甲회사는 乙로 하여금 甲회사 이름으로 잠실예약소를 운영하도록 함으로써 이를 통하여 자동차대여영업을 확장하여 이익을 얻고 있으므로 위 예약소 영업과 관련하여 불법으로 운행된 이 사건 자동차에 대하여도 간접적으로나마 운행이익을 향수하였다고 봄이 상당하다고 하였고,[195]

(e) 自動車運轉學院에서 연습중인 被敎習者가 學院 소유의 교습용 자동차를 이용하여 運轉練習을 하는 경우에 被敎習者가 運行者가 해당하는지 문제되는데, 判例는 學院과 被敎習者 사이에 교습용 자동차에 관하여 賃貸借 또는 使用貸借의 관계가 성립된다고 보고 자동차를 빌린 借主는 자동차를 使用

---

운행경위에 비추어 볼 때 사고 당시 위 원고도 운전자인 乙과 함께 위 승용차에 대한 운행이익을 어느 정도는 공유하고 있었다 할 것이지만, 그렇다고 하여 피고와의 관계에 있어서 위 원고를 자배법소정의 타인으로 볼 수 없을 정도로 위 승용차에 대한 운행이익과 운행지배가 전면적으로 위 원고에게 이전된 것으로는 볼 수 없다고 판단하였다.

195) 大判 95.10.13, 94다17253(公 1995, 3752).

할 權利가 있는 자로서 自己를 위하여 자동차를 運行하는 자에 해당하므로, 그 교습용 자동차를 이용하여 運轉練習을 하던 중 제 3 자에게 損害를 가한 경우에는 제 3 자에 대한 관계에서 運行者責任을 면할 수 없다고 본다.[196)]

(f) 無償으로 이루어지는 使用貸借 내지는 차량사용 便宜提供에 관한 判例를 살펴보면, 自賠法 제 3 조 소정의 '自己를 위하여 自動車를 運行하는 자'라 함은 일반적·추상적으로 自動車의 運行을 支配하여 그 利益을 향수하는 책임주체의 지위에 있는 자를 말하므로, 自動車의 所有者가 그 친구 등 밀접한 인적 관계에 있는 자에게 自動車를 無償으로 貸與한 경우에도 특별한 사정이 없는 한 그 自動車에 대한 運行支配나 運行利益은 여전히 自動車所有者에게 있고,[197)] 自動車를 빌린 자가 이를 이용했다는 사정만으로는 그를 自動車運行者라고 볼 수 없다고 보는 것이 일반적인바,[198)]

(i) 결혼축의금 대신에 자기가 보유하는 자동차를 혼주에게 스스로 내어 주면서 결혼식장까지 혼주와 그의 가족 및 하례객을 운송하도록 운전사까지 딸려 주어서 그 운전사가 그 자동차로 이들을 태우고 운행하다가 사고를 냈다면, 특별한 사정이 없는 한 그 자동차의 운행지배와 운행이익은 여전히 위 자동차의 보유자에게만 있다 할 것이므로 혼주가 위 자동차를 이용하였다는 사정만으로 그를 자배법 제 3 조가 말하는 자기를 위하여 자동차를 운행하는 자라고 볼 수 없을 뿐만 아니라, 자동차종합보험 보통약관 소정의 기명피보험자의 승낙을 얻어 자동차를 사용 또는 관리중인 자에 해당한다고도 할 수

196) 大判 01. 1. 19, 2000다12532(公 2001, 502).
위 判例의 사안은 피교습자가 운전면허 필기시험에 합격한 다음 기능시험에 응시하고자 연습하던 중이었으며, 사고 이전에 위 학원의 기능강사와 동승하여 약 10여 회 정도 학원 내 주행코스를 연습주행하였고, 사고 당일은 피고의 운전교습을 맡은 기능강사의 지시에 따라 처음으로 혼자서 주행코스의 연습주행을 마치고 주차하기 위하여 차량을 이동하다가 피해자가 사고지점을 횡단하는 것을 발견하자 순간적으로 당황하여 제동조치를 취하지 못한 채 피해자를 향하여 주의를 환기시키기 위하여 고함을 질렀으나 피해자가 이를 듣지 못하자 핸들을 급히 조작하였지만 미치지 못하여 사고가 발생한 경우이다. 위 判例의 원심은 運行者責任을 부정하고 나아가 不法行爲者로서의 過失도 부정하였으나, 위 判例는 기능강사가 동승한 상태에서 피교습자가 이미 약 10여 회의 주행코스 연습주행을 하였고, 기능강사의 지시에 따라 혼자서 주행코스의 연습주행까지 하였다면, 그러한 정도에 이르게 된 보통·일반의 피교습자로서는 자동차의 조향 및 제동장치 등의 조작에 관한 기본적인 기능은 습득하였다고 보아야 할 것이므로, 위 사고 당시와 같은 상황 아래에서는 제동조치를 취하거나 핸들을 제대로 조작하여 사고를 회피할 정도의 주의의무가 있다고 보는 것이 상당하다고 할 것이므로, 피교습자가 주행연습코스의 연결차로에서 횡단하는 피해자를 발견하고 순간적으로 당황하여 제동조치 등의 안전조치 등을 취하지 못한 채 이 사건 사고를 야기한 이상 과실이 있다고 판단하였다.
197) 大判 87. 11. 10, 87다카376(公 1988, 85); 大判 88. 9. 13, 88다카80(公 1988, 1276).
198) 大判 91. 5. 10, 91다3918(註 38).

없다고 하였고,[199]

(ii) 사고차량을 매수하여 보유하고 있던 甲이 친구인 乙에게 위 차량을 무상으로 대여함으로써 그 때부터는 乙이 위 차량을 운행하여 왔는데, 乙이 그의 조카인 丙을 만나 함께 술을 마신 뒤 위 차량 운전석 옆좌석에 丙을 태우고 주취상태에서 운전을 하다가 사고를 내어 丙을 사망하게 한 사안에서, 甲에 대하여 운행자책임을 인정하였고,[200]

(iii) 피해자 甲의 동생인 乙이 추석성묘차 고향인 강릉에 다녀오기 위하여 피고로부터 이 사건 승용차를 이틀간 무상으로 빌린 뒤 위 차에 형인 甲과 그의 가족들을 태우고 위 차를 운전하여 영동고속도로를 따라 서울에서 강릉 쪽으로 가다가 사고를 일으켰는데, 그 도중에 가남휴게소에서 소사휴게소까지의 일부구간에서는 일시 甲이 위 차를 운전하기도 하였으나 甲은 사고 당시까지 피고를 알지 못하였으며 피고로서는 단지 친구인 乙로부터 부탁을 받고서 직접 乙에게 위 차를 빌려 주었을 뿐인 사안에서, 차량의 운행자가 아무 대가를 받음이 없이 동승자의 편의와 이익을 위해서 동승을 제공하고 동승자로서도 그 자신의 편의와 이익을 위해서 이를 제공받은 경우라 하더라도 동승자에게 바로 자배법소정의 자동차의 보유자성을 인정하기 어렵다 할 것이라고 하여 비록 사고 당시 甲이 그 운행이익을 누리고 있었다 하더라도 피고로부터 위 차를 빌려서 직접 관리·운행하는 지위에 있는 사람은 어디까지나 乙일 뿐 甲은 단지 乙과의 내부관계에서 乙의 호의에 의하여 위 차에 동승한 것에 불과하고, 甲이 도중에 한때 乙과 교대하여 위 차를 운전한 일이 있었다고 하더라도 사고 당시 실제로 운전을 담당하지 아니한 이상 곧바로 甲을 자기를 위하여 위 자동차를 운행하는 자에 해당한다고 볼 수 없다고 하였고,[201]

(iv) 자동차의 소유자인 피고가 평소 친분이 있던 원고의 처로부터 경남 함양에서 열리는 어머니 회갑연에 다녀올 터이니 이를 무상으로 대여해 달라는 부탁을 받고 이를 승낙하였는데, 원고가 피고의 운전사이자 처의 외사촌동생이 운전하는 위 자동차에 타고 위 회갑연에 가던 도중 사고를 당한 경우에 피고에게 자배법에 의한 손해배상책임을 인정하는 한편, 원고는 위 사고 당시 피고에 대한 관계에서 자배법소정의 타인이 아니라 공동운행자의 지위에

199) 大判 87.1.20, 86다카1807(公 1987, 306).
200) 大判 87.11.10, 87다카376(註 197).
201) 大判 88.9.13, 88다카80(註 197).

있었다는 피고의 주장을 배척하였다.[202)]

(바) 自動車洗車·修理·保管

(a) 自動車 세차·수리·보관업무를 담당하는 상대방이 營業者인 경우에 自動車保有者로서는 그 營業者를 믿고 自動車를 맡기게 되며, 이에 따라 修理業者나 洗車業者는 세차 또는 수리 등에 필요한 범위 내에서 自動車를 運行·管理할 권한이 있고 保有者는 세차 또는 수리완성시까지 아무런 管理支配權이 없다 할 것이므로, 그 기간 동안에 이루어진 運行에 관한 運行支配 및 運行利益은 세차·수리·보관업자에게 완전히 이전되어 自動車保有者는 運行者性을 상실하되, 예외적으로 運行支配와 運行利益이 유지되는 것으로 보아야 할 특별한 사정이 있는 경우에는 運行者性을 인정하는 것으로 해석하는 학설이 多數說이다.[203)] 그러나 이와는 달리 自動車를 整備業者 또는 洗車業者에게 작업해 주도록 맡긴 경우, 또는 주차장·호텔·음식점 등의 從業員에게 보관해 주도록 맡긴 경우에는 一時的인 自動車의 引渡이므로 保有者가 運行支配性을 상실하지 않는다는 少數說이 있나.[204)]

(b) 먼저 洗車에 관한 判例를 살펴보면,

(i) 자동차의 세차를 의뢰하는 법률관계는 세차작업의 완료를 목적으로 하는 도급계약관계이므로 세차작업중의 차량의 지배권은 세차업자에게 있다 할 것이니 특단의 사정이 없는 한 세차작업중의 차량으로 인하여 야기된 사고에 의한 책임은 세차업자에게 있다고 하였고,[205)]

(ii) 차주가 세차의 목적으로 세차장에 자동차를 맡김에 있어서 세차의 편의와 필요에 따른 세차장의 요구에 의하여 자동차 열쇠를 그대로 끼워둔 것을 세차장의 종업원이 차주 모르게 운행하다가 사고가 발생한 경우에 차주에게 과실이 있다고 할 수 없다고 하였다.[206)]

(c) 다음으로 修理에 관한 判例를 살펴보면,

(i) 자동차의 수리를 의뢰하는 것은 자동차수리업자에게 자동차의 수리와 관계되는 일체의 작업을 맡기는 것으로서, 여기에는 수리나 시운전에 필요한 범위 안에서의 운전행위도 포함되는 것이므로, 수리하는 동안에도 자동

202) 大判 91.5.10, 91다3918(註 38).
203) 郭潤直, 債各, 774; 吳幸男(註 29), 39; 金相容(註 8), 242; 李宙興(註 34), 34-6.
204) 李銀榮, 債各, 660.
205) 大判 76.10.26, 76다517(集 24-3, 138).
206) 大判 79.9.11, 79다1279(公 1979, 12220).

차의 소유자가 사고 당시 자동차의 운행에 대한 운행지배와 운행이익을 완전히 상실하지 아니하였다고 볼 특별한 사정이 없는 한 그 자동차의 운행지배권은 수리업자에게만 있다고 보아 修理業者 등에 대하여 運行支配·運行利益을 인정하고, 車輛保有者에 대하여는 運行者性을 부정하는 것이 일반적인바,[207)]

(ㄱ) 甲회사의 운전사가 乙이 경영하는 타이어·배터리 및 엔진오일 교환업소로부터 약 15m 떨어진 도로건너편 공터에 트럭을 주차시킨 후 위 타이어상회 종업원인 丙에게 위 트럭의 열쇠를 차 안에 꽂아 두었다고 하면서 위 트럭의 엔진오일의 교환을 의뢰하고 근처에 있는 음식점에 식사를 하러 갔는데, 엔진오일을 교환하기 위하여서는 차량을 작업대 위에 올려 놓을 필요가 있으므로 같은 날 丙이 운전면허도 없이 위 트럭을 위 타이어상회 작업대까지 이동시키기 위하여 후진시키다가 사고를 낸 사안에서, 엔진오일교환업자에게 차량의 엔진오일교환을 의뢰하는 법률관계는 엔진오일교환 작업의 완료를 목적으로 하는 도급계약이므로 엔진오일교환 작업중인 차량의 지배권은 특단의 사정이 없는 한 엔진오일교환업자에게만 있다 할 것이고, 엔진오일교환 작업을 의뢰한 사람이 차량을 엔진오일교환업자의 영업장소 내에 주차시킨 후 엔진오일교환업자의 종업원이 그 차량을 작업대 위에까지 올려 놓기 위하여 운전하는 행위는 엔진오일교환 작업의 일부라고 봄이 상당하다 할 것인바, 이 사건에 있어서 甲회사의 운전사가 위 트럭을 주차시킨 장소가 위 타이어상회로부터 15m밖에 떨어지지 아니한 장소라면 그 곳은 사회통념상 위 타이어상회의 영업장소와 동일하게 볼 수 있다 할 것이므로 위 타이어상회의 종업원인 丙이 위 트럭을 위 주차장소에서 작업대까지 운전한 행위는 엔진오일교환 작업의 일부였다고 볼 것이며, 따라서 위 사고는 엔진오일교환 작업을 의뢰받은 위 타이어상회의 작업도중에 생긴 사고일 뿐 그 의뢰인인 甲회사를 위한 운행으로 인한 사고라고는 할 수 없다고 하였고,[208)]

(ㄴ) 피고가 그의 처남으로부터 그 소유의 250씨씨 오토바이를 빌려 타고 다니다가 오토바이 엔진에서 이상한 소리가 나 乙이 경영하는 오토바이 센터에 수리를 의뢰하였던바, 위 오토바이 센터의 종업원인 丙이 위 오

207) 大判 99.12.28, 99다50224(公 2000, 370).
李宙興(註 34), 35은 이와는 반대의 입장에서 우리 나라 현실에서는 整備業許可를 받지 아니한 修理業者(이른바 카센터·배터리가게 등)에게 간편한 修理를 의뢰하고 짧은 修理期間 동안 依賴者가 修理過程을 지켜보는 때가 종종 있는데, 그 과정에서 從業員의 試運轉중 운전사고가 발생한 경우 依賴者의 運行支配를 긍정하여야 한다고 설명한다.

208) 大判 87.7.7, 87다카449(公 1987, 1318).

토바이의 기능을 간단히 점검하고 엔진가동속력의 슬로우조정을 한 후 알맞게 조정이 되었는지 확인해 보기 위하여 위 오토바이를 운전하여 약 3백m 달려 갔다가 돌아오는 길에 사고를 낸 사안에서, 대체로 자동차의 수리를 의뢰하는 것은 자동차수리업자에게 자동차의 수리와 관계되는 일체의 작업을 맡기는 것으로서 여기에는 수리나 시운전에 필요한 범위 내에서의 운전행위도 포함되는 것이고, 수리하는 동안의 자동차의 운행지배권은 수리업자에게 있으며, 만일 그 피용자가 수리를 위하여 맡겨진 자동차를 운전하다가 일으킨 사고에 대하여서는 특단의 사정이 없는 이상 수리업자가 자배법 제3조의 자기를 위하여 자동차를 운행하는 자로서 손해배상책임을 진다고 하여야 하며, 자동차의 수리를 하는 시간이 긴가 짧은가, 무상인가 유상인가, 수리하는 동안 운행자가 대기하고 있었는가, 시운전의 필요가 있었는가 여부 따위의 사정은 위와 같이 풀이하는 데 있어 아무 영향을 줄 수 없다고 하여 피고의 운행자책임을 부정하였고,[209]

㈂ 배터리상 바로 옆에 위치한 사업장소속 운전사 甲이 그 소속 차량 라디에이터의 내부세척수리를 의뢰하면서 위 배터리상 앞 공터에 위 차량을 주차시킨 후 그 날 21:00경까지 위 배터리상 앞에서 위 배터리상 직원인 乙과 위 배터리상의 기사보조공인 丙의 라디에이터 수리작업을 지켜 보다가 수리작업 후 기화기작동 여부의 확인을 위해 차량열쇠가 필요하리라는 판단 아래 차량 열쇠를 운전대에 꽂아 둔 채 귀가하였고, 乙·丙은 그 날 22:00경까지 위 수리작업을 모두 마친 후 시동을 걸어 기화기작동 여부를 확인한 다음 차량열쇠를 위 배터리상 안에 가져다 놓고 공구정리 등을 하고 있었는데, 얼마 후 비탈길에 세워진 위 차량의 제동장치가 풀려 사고가 발생한 사안에서, 자동차의 수리를 의뢰한 경우에는 그 수리하는 동안의 자동차의 운행지배

209) 大判 88. 6. 14, 87다카1585(公 1988, 1022). 위 판결의 원심은 자동차수리업자는 수리작업의 한 과정인 시운전중의 사고에 대한 책임을 질 것이지만, 이 사건에 있어 위 오토바이의 수리가 극히 짧은 시간 안에 간단하게 마쳐졌을 뿐만 아니라 무상으로 이루어진 것이기 때문에 위 수리작업은 그로써 일응 완료되고, 수리업자로서는 더 나아가 구태여 시운전까지 하여 가면서 수리점검을 할 필요가 없었고, 더욱이 수리를 의뢰한 피고가 현지에서 수리과정을 지켜 보며 작업이 끝나기를 기다리고 있었으므로 위 수리작업의 완료와 더불어 피고는 위 오토바이를 사실상 인도받아 그 운행을 지배·관리할 수 있는 지위에 있었던 만큼 피고의 승낙을 얻은 丙의 시운전은 피고의 운행지배범위에 속한다 할 것이고, 또한 수리업자의 종업원인 丙이 고객인 피고의 편의를 위하여 호의로 하게 된 위 시운전에 대하여 피고는 운행이익도 가지고 있었다고 볼 수 있는 것이므로, 피고는 자기를 위하여 위 오토바이의 운행으로 말미암아 일어나는 사고로 발생한 손해를 배상할 책임이 있다고 판시하였다.

권은 특단의 사정이 없는 한 그 수리업자에게 있다고 보아야 할 것이므로, 차량의 운전자가 배터리상에게 그 차량의 라디에이터수리를 의뢰하고 그 장소에서 말없이 떠났다고 하여 그 운전자에게 과실이 있다고 하기 어렵고, 위 배터리상이 무허가정비업체이며, 그 종사직원 또한 무자격자라든가, 위 차량이 위 배터리상의 바로 옆에 위치한 사업장의 차량이고 운전자가 수리를 의뢰하면서 수리상 앞 공터에 차량을 주차시킨 후 수리작업을 지켜 보다가 수리작업 후 기화기작동 여부의 확인을 위해 차량열쇠가 필요하리라는 판단 하에 차량열쇠를 운전대에 꽂아 둔 채 귀가하였다는 등의 사정이 있다고 해서 차량소유자가 라디에이터 수리기간중에도 그 차량의 운행지배자라고 볼 수도 없다고 하였고,[210]

㈃ 일반적으로 자동차의 수리를 위하여 이를 수리업자에게 인도한 경우에는 수리하는 동안의 자동차의 운행지배권은 특단의 사정이 없는 한 보유자에게 있는 것이 아니라 수리업자에게 있고, 그 수리업소가 남의 공터를 이용한 무허가업소이고, 보유자가 수리가 끝나고 이틀이나 지나도록 자동차를 찾아가지 아니한 사정이 있다 하여도 마찬가지라고 하였으며,[211]

210) 大判 90.4.13, 89다카29136(公 1990, 1065). 위 판결의 원심은 위 배터리상이 배터리 등의 수리업체로서 라디에이터수리를 위한 탈부착 등 자동차정비를 할 수 없음에도 무자격자를 고용하여 면허 없이 이를 시행하여 왔고, 또한 자동차정비를 위한 전용 주·정차시설을 전혀 갖추지 아니하여 마침 그 옆의 시트커버점포가 타인으로부터 임차하여 주차장으로 사용하고 있는 곳을 수리를 위한 임시주차시설로 이용하여 왔던 사실 등을 인정한 다음, 첫째 위 차의 운전사인 甲이 라디에이터의 수리를 의뢰한 위 배터리상은 라디에이터의 탈부착을 할 수 없는 무허가정비업체이고 또 그에 종사하는 직원 또한 소정의 자격을 갖추지 못한 사람들이며, 더군다나 라디에이터탈부착 등 자동차정비를 위한 전용 주·정차시설도 제대로 갖추지 못한 업체일 뿐더러 위 라디에이터수리는 2·3시간 정도 소요되는 비교적 간단한 수리인바, 甲으로서는 위 차수리를 위해 위와 같이 위 배터리상 앞에 주차할 때에 그 곳이 경사진 곳인 점을 감안하여 제동장치를 완전히 하고 고임돌 등을 받쳐 놓아 정지상태를 유지하도록 조치한 다음 수리를 마칠 때까지 이를 지켜 보아야 하고, 또 수리작업현장에서 2시간 가까이 그 과정을 지켜 보다 그 곳을 떠나면서 수리작업 후 기화기작동 여부의 확인을 위해 차량열쇠가 필요하리라는 판단 아래 차량열쇠를 운전대에 꽂아 둔 채 떠날 경우에는 그 곳 정비업체직원들이 수리작업을 마친 다음 기화기작동 여부를 확인하기 위해 시동을 걸고 다른 제동장치에 손댈 것에 대비하여 그 직원들에게 제동장치 등을 완전히 하도록 주의를 환기시켰어야 함이 상당함에도 만연히 위 수리작업현장에서 벗어나 집으로 귀가한 점, 둘째 甲이 귀가한 다음 얼마 되지 않아 위 차의 수리가 완료되어 언제든지 그 운행이 가능한 상태에 있었고, 더군다나 위 배터리상에 보관된 차량열쇠는 그 점포에 丙이 숙식하고 있어 甲이 원하기만 하면 언제든지 쉽게 그 열쇠를 반환받아 위 차량을 운행할 수 있었던 점, 셋째 위 배터리상과 위 차량이 소속된 사업장이 바로 붙어 있어 외형상 이 사건 사고 당시 위 차량은 수리완료 후 소속작업장 근처에 주차된 것으로 볼 수도 있는 점 등을 종합고려할 때, 위 차량소유자는 위 수리의뢰 후에도 위 운전자나 수리업체종업원을 통하여 위 차량을 간접점유하면서 위 차량에 대한 운행지배를 잃지 아니하였다고 판시하였다.

211) 大判 92.9.8, 92다21487(公 1992, 2848).

(ㅁ) 화물자동차소유자 甲이 乙이 경영하는 자동차정비업소를 찾아가 화물자동차의 가속장치(accelerator)가 빡빡하고 오르막길을 올라가기에 힘이 약하다는 이유로 수리를 의뢰하였고, 이에 乙은 위 자동차를 인도받은 다음 그 성능을 시험하기 위하여 정비업소 마당에서 시운전을 하다가 좀더 상세한 상태점검을 위하여 甲을 조수석에 태운 채 자동차정비업소를 나서 도로에서 시험운행하던 중 중앙선을 침범한 과실로 사고를 낸 사안에서, 乙이 이 자동차를 시운전한 목적은 수리 여부를 결정하기 위하여 그 고장 여부를 판단하려는 데에 있었던 것이 아니고 수리계약의 이행으로서 고장의 원인이 어디에 있는지를 구체적으로 감지하기 위한 것이었다고 봄이 상당하므로, 그 차량의 운행이익 및 운행지배는 위 사고 당시의 운행을 포함하여 수리하는 동안 乙에게 옮겨졌고, 이는 시운전 당시 甲이 조수석에 앉아 그 점검과정을 지켜보고 있었다고 하여 달리 볼 것은 아니므로 사고 당시 甲은 차량의 운행이익 및 운행지배를 상실하였다고 판단하였다.[212]

(ii) 그렇지만 通常的인 修理를 위한 행위를 넘는 행위가 개입되어 있는 경우에는 車輛保有者에 대하여도 運行者性을 인정하는바,

(ㄱ) 자동차의 수리를 위하여 차를 수리업자에게 인도한 경우에 수리하는 동안의 자동차에 대한 운행지배권은 특단의 사정이 없는 한 자동차보유자(수리의뢰자)에게 있는 것이 아니라 수리업자에게 있다 할 것이나, 보유자의 의뢰를 받고 수리를 위하여 수리업자측에서 의뢰자로부터 차를 인도받아 수리장소까지 운행하는 도중이나 수리를 마친 후 의뢰자에게 돌려 주기 위하여 운행하는 도중에 있어서의 운행지배권이 누구에게 있는지에 관하여는 이를 일률적으로 단정할 수 없고 구체적인 경우에 따라 당해 수리의뢰계약의 내용, 특히 의뢰자가 자동차의 운반까지도 의뢰하였는지 여부, 의뢰자와 수리업소와의 종래부터의 거래관계 및 관행 등을 종합하여 결정하여야 하므로, 피고가 차량 수리업소의 직원인 甲과 평소 차량수리 등 관계로 잘 알고 있어서 피고가 스스로 차를 운전하여 수리업소까지 가지 않더라도 그에게 연락만 하면 그가 직접 피고에게 찾아와 차를 인도받아 운전하여 가서 이를 수리한 다음 그가 운전하여 도로 피고에게 갖다 준 일이 흔하였고, 이 사건에 있어서도 그와 같은 방법으로 자동차수리를 의뢰하였던 것이므로 이와 같은 경우에는 수리를 위한 운반도중에 일어난 사고에 대하여 수리를 의뢰한 피고에게 운행지배권이

212) 大判 99. 12. 28, 99다50224(註 207).

있다고 보아 운행공용자로서의 책임을 인정하여야 할 것이라고 하였고,[213]

(ㄴ) 자동차소유자가 수리업자에게 단순히 그 수리만을 위하여 자동차를 인도한 것이 아니라, 수리업자로부터 그 자동차를 매수하겠다는 의사표시를 받자 그 매매대금결정을 위하여 그로 하여금 자동차를 운행하여 볼 것을 승낙하여 그 목적의 시운전을 할 수 있도록 하기 위해서도 그 자동차를 인도한 뒤 그 수리업자가 부품구입 및 유흥목적으로 이를 운전하다가 사고를 낸 경우, 자동차소유자는 수리업자가 그 자동차의 수리에 필요한 범위 내에서 이를 운전하는 것 외에도 그 매수가격결정을 위한 성능시험을 위해서도 이를 운전할 것을 용인하였고, 그 차량이 자신의 의사대로 수리나 매수가격 결정을 위한 시운전의 목적대로만 운행되지 아니하고 시운전을 겸한 수리업자의 개인적인 용도로 이용되어질 가능성이 있다는 점을 쉽게 예상할 수 있었으므로, 그 자동차에 대한 일반적·추상적인 운행지배와 운행이익을 가지고 있다고 추인되는 소유자로서는 사고 당시 자동차의 운행에 있어 그 운행지배 내지 운행이익을 완전히 상실하였다고 단정하기에는 부족하고, 오히려 수리업자와 공동으로 그 자동차의 운행지배 내지 운행이익을 가지고 있었다고 보아야 한다고 하였으며,[214]

(ㄷ) 또한 학교법인의 피용자인 甲이 학교법인소유의 버스를 수리하기 위하여 자동차수리업을 하는 乙에게 수리를 의뢰하고 나서도 위 버스의 시동키를 소지한 채 자리를 뜨지 않고 乙과 을의 종업원인 丙이 위 버스의 노즐파이프교체작업을 할 수 있도록 위 버스의 보닛을 열어 준 다음 乙과 丙이 위 버스의 노즐파이프교체작업을 하는 동안 내내 이를 지켜 보며 '노즐파이프

213) 大判 93.2.9, 92다40167(公 1993, 950). 위 판결의 원심은 운행공용자로서의 책임이 발생하는 근거에 관하여 자동차의 수리계약은 임차와 도급의 혼합계약이므로 수리완성 후 특약이 없으면 자동차의 반환은 민법 제700조의 규정에 의해 그 보관장소에서 반환하여야 할 것인데, 실제에 있어서는 수리업자가 차량의 수리완성 후 서비스로 고객의 집까지 운전하고 가서 인도하는 경우가 많고, 다른 특별한 사정이 있음이 보이지 아니하는 이 사건의 경우에 있어서도 위 수리업소나 그 직원인 甲은 서비스차원에서 피고에게 이 사건 사고차량을 인도하기 위하여 운전한 경우라고 추인되며, 따라서 甲은 수리업소를 위함과 동시에 의뢰인인 피고의 이익을 위하여도 운전하였던 것이므로, 피고는 이미 위 차량을 운행지배할 수 있는 관계에 있고 동시에 甲을 통하여 간접적으로 운행지배하고 있다고 볼 것이고(왜냐하면 피고는 위 수리업소에 대하여 위 차량을 스스로 인수하여 가지고 간다는 것을 명시할 수도 있고, 사고차량의 수리완성 후 위 수리업소로부터 서비스로서 인도받는 것을 수용하거나 경우에 따라서는 인도장소를 지시하는 것도 가능할 것이기 때문이다), 그렇다면 이 사건에 있어 피고가 위 서비스를 수용하지 않는다는 등의 특단의 사정이 없으므로 피고는 이 사건 사고차량의 운행공용자로서의 책임을 면할 수 없다고 판시하였다.

214) 大判 96.6.28, 96다12887(註 53). 위 判決의 판시내용은 間接反證說에 근거한 것이다.

가 흔들리지 않도록 잘 해달라'고 주문하는 등 乙과 丙의 위 노즐파이프교체 작업을 보조·간섭하였을 뿐만 아니라, 위 노즐파이프교체작업의 마지막 단계에 이르러서는 乙의 부탁에 따라 위 노즐파이프 속에 있던 공기를 배출시키기 위하여 위 버스의 시동까지 걸어 주었는데, 그 순간 위 버스의 엔진 위쪽 부분에 손을 대고 마무리 작업을 하고 있던 丙의 손이 돌아가는 엔진벨트에 딸려 들어가는 바람에 사고가 발생한 사안에서, 위 버스의 소유자인 학교법인이 사고 당시 버스의 운행에 대한 운행지배와 운행이익을 완전히 상실하지 아니하였다고 볼 특별한 사정이 있는 경우에 해당하므로 학교법인은 甲을 통하여 乙과 공동으로 위 버스에 대한 운행지배를 하고 있었다고 인정하였다.[215]

(d) 다음으로 保管에 관한 判例를 살펴보면, 保管行爲가 保管者의 營業 범주에 속하는 경우에는 保管期間중 保有者의 運行者責任을 否定하고, 그 이외의 경우는 이를 肯定하는바,

(i) 피고가 사고발생일 약 3개월 전부터 甲이 종업원으로 근무하던 집 부근의 세차장에 수 차례에 걸쳐 세차를 의뢰하고, 야간에는 피고 집에 주차할 만한 장소가 없었으므로 위 차량을 세차장 건너편 공터에 주차시켜 오면서 같은 장소에 주차시킨 다른 차량의 소통을 위하거나 세차할 차량이 많을 경우 및 같은 장소에 다른 차량을 보관하여야 할 경우에 대비하여 위 차량의 열쇠를 아무런 대가 없이 편의상 세차장에 보관시킨 경우가 있었고, 사고 전날에도 위와 같이 위 차량을 같은 장소에 주차시키면서 열쇠를 세차장의 경리직원에게 맡겨 두었는데, 甲이 개인용무를 보기 위하여 사무실 내 금고에서 열쇠를 꺼내어 위 차량운행중 사고가 발생한 경우에 피고는 위 차량을 세차장 부근에 주차시킨 경우에도 스스로 이를 관리하고 있었고, 다만 차량소통 등 필요한 범위 내에서의 운전행위를 세차업자나 그 종업원에게 부탁하기 위하여 열쇠를 세차장에 보관시킨 것에 불과하다고 볼 것이므로, 피고가 위 차량에 대한 운행지배와 운행이익을 상실하였다고 볼 수 없다고 하였고,[216]

(ii) 그리고 자동차보관의 경우는 아니지만, 자동차의 소유자 또는 보유자가 주점에서의 음주 기타 운전장애사유 등으로 인하여 일시적으로 타인에게 자동차의 열쇠를 맡겨 대리운전을 시킨 경우, 위 대리운전자의 과실로 인하여 발생한 차량사고의 피해자에 대한 관계에서는 자동차의 소유자 또는

215) 大判 2000. 4. 11, 98다56645(公 2000, 1160).
216) 大判 88. 3. 22, 87다카1011(公 1988, 674).

보유자가 객관적·외형적으로 위 자동차의 운행지배와 운행이익을 가지고 있다고 보는 것이 상당하고, 대리운전자가 그 주점의 지배인 기타 종업원이라 하여 달리 볼 것은 아니라고 하였고,[217]

(iii) 한편 甲이 丙소유의 승용차를 운전하고 와서 호텔 나이트클럽에 들어가면서 위 업소의 주차안내를 맡고 있던 乙에게 위 자동차와 시동열쇠를 맡기고 나이트클럽에 들어가 있는 사이에 乙이 甲의 승낙 없이 위 자동차를 운전하다가 호텔 나이트클럽으로 돌아오던 중 인명사고를 일으킨 경우라면, 그 차량은 위 호텔 나이트클럽이 보관한 것으로 보아야 하며 甲의 위 차량에 대한 운행지배는 떠난 것이므로 乙의 위 차량운전은 丙을 위하여 운행한 것으로 볼 수 없다고 하였다.[218]

(사) 家庭用車輛(family car) 車輛所有者가 家族들의 공동사용을 위하여 차량을 제공하고 있을 때에는 家族들이 그 차량을 運行하는 과정에 일어난 사고에 대하여 運行者責任을 져야 할 것이다.[219]

判例를 살펴보면,

(a) 자동차의 소유자인 甲이 자신의 명의로 자동차보험에 가입한 후 그의 남편 乙로 하여금 위 자동차를 사용하게 하였고, 乙은 丙이 수급받아 시행하는 전선선로보강공사 현장감독으로 일하면서 丙으로부터 운행경비를 보조받아 위 자동차를 현장작업에 투입하여 사용하여 왔는데, 丙이 고용한 운전사가 작업을 위하여 위 자동차적재함에 철제전주를 실어 옮기던 중 전주가 고압전선에 닿아 전주를 잡고 있던 피해자들을 감전으로 부상하게 한 사안에서, 비록 자동차소유자인 甲이 위 사고 당시 직접 자기의 이익을 위하여 위 자동차를 사용한 것은 아니라 하더라도 그의 남편인 乙로 하여금 위 자동차를 사용하게 함으로써 그를 통하여 외관상 위 자동차의 운행을 지배하고 운행이익을 향유하는 지위에 있었다고 보아야 하고, 또 위 사고는 위 자동차의 운전사가 그 용법에 따라 위 자동차를 운행하던 중에 발생된 것임이 분명하여 甲은 자배법 제3조에 따라 위 사고로 인하여 피해자들이 입은 손해를 배상할 책임이 있으므로, 甲이 위 사고에 대하여 법률상 배상책임을 지는 피보험자에 해

---

217) 大判 94. 4. 15, 94다5502(公 1994, 1446). 同旨: 李宙興(註 34), 43.

218) 大判 88. 10. 25, 86다카2516(公 1988, 1470).

219) 訴訟實務(註 17), 58. 다만, 그 被害者가 평소에 運行을 共有하는 家族인 경우에는 과연 그에 대하여 損害를 賠償하여야 할지 여부 및 그 損害의 範圍가 自動車保險과 관련하여 문제되는바, 이는 이른바 他人性의 문제 및 自動車保險約款과 관련된 문제이므로 뒤에서 他人性에 관한 부분에서 살펴보기로 한다.

당한다고 판단한 것은 정당하다고 하였고,[220]

(b) 부(父)와 생계 및 주거를 같이하면서 그 보호·감독을 받아 왔으며 경제적으로도 전적으로 부에게 의존하는 관계에 있었던 만 16세 3개월의 미성년인 자(子)가 부가 통학용으로 사준 오토바이를 운전하다가 사고를 낸 경우, 사회통념상 부가 그 오토바이의 운행에 대하여 지배력을 행사할 수 있는 지위에 있고, 또한 지배·관리할 책무가 있는 것으로 평가하기에 충분하므로 부도 자와 함께 자배법소정의 자기를 위하여 그 사고 오토바이를 운행하는 자에 해당된다고 하였다.[221]

이와 관련하여 親權者에게 運行供用者責任을 인정함에 있어서는 대체로 ① 親子의 同居 및 扶養 유무, ② 職業의 異同, ③ 自動車購入代金의 부담관계, ④ 運行費 및 維持管理費의 부담관계, ⑤ 使用目的, ⑥ 登錄名義, ⑦ 保管狀況, ⑧ 保險加入名義 등을 종합적으로 고려하여 판단하여야 한다고 설명된다. 이에 의하면 親權者가 同居하는 子息에게 自動車를 구입하여 주어 그 通學用으로 사용하고 있지만, 親權者가 그 유지·관리비용을 부담하는 때나 子息이 所有하는 자동차를 同居하는 親權者가 필요에 따라 日常的으로 사용하는 경우에는 그 親權者에게 책임을 인정할 수 있는 반면, 親權者가 子息과 同居하고 있지만 子息이 自費로 오토바이를 구입하여 그 스스로 유지·관리비용을 부담하면서 通學用으로 사용하고 있는 때나 親權者와 別居하면서 독자적으로 생활하는 자가 운전도중 사고를 야기한 때에는 책임이 부정된다고

220) 大判 88.6.14, 87다카2276(公 1988, 1023).
또한 위 판결은 자동차종합보험보통약관상의 '배상책임이 있는 피보험자의 피용자로서 근로기준법에 의한 재해보상을 받을 수 있는 사람이 대인사고로 죽거나 다친 경우에는 보상을 하지 아니한다'는 약관조항은 배상책임 있는 피보험자와 피해자 사이의 인적 관계와 보상관계를 근거로 보험자의 면책을 규정한 것이라 할 것이므로, 하나의 사고에 대하여 배상책임이 있는 피보험자가 복수인 경우에는 각 피보험자별로 위 면책조항의 적용요건인 인적 관계의 유무를 가려 보험자의 면책 여부를 결정할 것이지 위 조항을 보험대상의 제외사유를 규정한 것으로 보아 배상책임 있는 복수의 피보험자 중 어느 1인이라도 피해자와의 사이에 동조소정의 인적 관계가 있기만 하면 보험자가 모든 피보험자에 대한 보상책임을 면하는 것으로 해석할 것이 아니라고 하여 보험자인 피고는 피해자들과 위 조항소정의 인적 관계가 있는 승낙피보험자인 乙과의 관계에 있어서는 위 사고에 따른 보험금지급의무를 면하지만, 그러한 인적 관계가 없는 기명피보험자인 甲에 대하여는 위 조항에 의하여 보험금지급의무를 면하지 못한다고 한다.

221) 大判 97.6.10, 96다48558(公 1997하, 2131).
한편 大判 94.2.8, 93다13605(公 1994, 1000)은 운전면허를 취득한 만 17세의 고등학생이 오토바이를 운전하다 사고를 낸 경우에 고등학생은 자기의 행위에 대한 책임을 변식할 지능을 갖추고 있었으므로, 그의 부모에 대하여 민법 제755조 제1항 소정의 미성년자감독의무자로서의 책임을 물을 수 없고, 또한 그의 부모가 고등학생에 대한 감독을 게을리한 과실을 인정할 만한 증거가 없다는 이유로 민법 제750조에 의한 불법행위책임을 부정하였다.

한다.[222)]

㈎ 出庫車輛託送業者　　위에서 본 保管業者와 마찬가지로 出庫車輛託送業者에게 運送을 의뢰한 경우에는 託送業者가 運行者責任을 진다 할 것이고, 自動車所有者에게 運行者責任을 묻기 어려운 경우가 많을 것이다.

(a) 자동차제조판매회사인 피고가 자신이 생산하는 자동차를 출고할 때 고객이 차량의 운송을 요청하는 경우가 많이 있었으므로, 이에 대비하여 피고와 운송용역자들과 사이에 운송용역자들은 피고의 출고지시에 따라 피고가 지정하는 시간과 장소에 신조차를 운송하도록 하고, 피고는 미리 약정된 비용과 수당을 지급하기로 하며, 그에 따른 위험에 관하여는 피고가 사전에 보험에 가입하도록 약정하여 두고 있었으며, 그와 같은 일반적인 운송용역의 일부로서 사전에 운송용역업자인 乙과의 사이에 일반적인 차량운송계약을 체결하여 두고 그로 하여금 피고나 고객의 요청에 따른 운송을 지시하여 오고 있었는데, 이 사건 사고 자동차의 경우에도 부산시에 거주하는 매수인이 피고의 제품인 위 자동차를 매수하고 부산영업소에서 인도받기를 요구하자 매수인으로부터 소정의 운송료를 받은 후 乙에게 운송용역계약에 따른 운행을 지시함으로써 위 운행이 이루어진 사안에서, 비록 차량을 매수하기로 한 매수인이 인도장소를 부평이 아닌 부산으로 요구함에 따라 그 운송료를 피고가 추가로 지급받은 바가 있다고 하더라도 매도인이 그 목적물의 인도를 위하여 매수인과는 별개의 계약으로 운송인을 지정하여 그로 하여금 운송을 담당하게 한 것은 결국 매도인이 자신의 일을 타인으로 하여금 처리하게 한 것에 불과하고, 이를 매수인의 운송이라고는 볼 수 없다고 하여 자동차제조판매회사인 피고에게 운행자책임이 있다고 하였고,[223)]

(b) 신조차탁송업자가 운전자 乙에게 지시하여 자동차를 현대자동차주식회사의 울산공장에서 인수하여 광주영업소까지 운송하도록 지시하였는데, 乙이 운전자 甲과 함께 번갈아가며 운전하다가 甲이 운전할 때에 교통사고가 발생하여 조수석에 타고 있던 乙이 사망한 사안에서, 탁송업자는 사고자동차의 운행을 지배하면서 그 운행이익을 얻고 있는 자라고 볼 것이므로, 위 사고에 관하여 자배법소정의 자기를 위하여 자동차를 운행하는 자에 해당한다고 하였다.[224)]

222) 李宙興(註 34), 42-3.
223) 서울地判 92.4.15, 91가합72469(下集 92-1, 321).
224) 大判 93.9.14, 93다15946(公 1993, 2770).

## 2. 自動車의 運行으로 인하여 損害를 가할 것

### (1) 自動車의 運行

自賠法에 의한 運行者責任을 인정하기 위하여는 사고를 낸 차량이 自動車여야 하고, 또한 그 自動車의 運行으로 인하여 사고가 발생하여야 한다.

㈎ 自 動 車　　自賠法의 적용대상인 自動車는 自動車管理法의 적용을 받는 自動車와[225] 建設機械管理法의 적용을 받는 建設機械 중 덤프트럭, 타이어식기중기, 콘크리트믹서트럭, 트럭적재식으로 된 콘크리트펌프, 트럭적재식으로 된 아스팔트살포기, 타이어식 굴삭기가 포함된다.[226]

따라서 排氣量 49.6씨씨 오토바이는 自動車管理法 §2ⅰ·§3 및 동법 시행규칙 §2에 의한 별표 1의 각 규정에 의하면 自動車管理法의 적용을 받지 아니하므로, 그 오토바이의 運行으로 인한 사고는 自賠法 §3가 적용되는 自動車의 運行으로 인한 사고의 범위에 포함되지 않는다.[227] 그리고 自動車管理法 §2ⅰ 단서, 동법 施行令 §2ⅲ에 의하여 軍需品管理法의 적용을 받은 軍用車輛에 대하여는 自動車管理法이 적용되지 아니하므로 自賠法의 책임이 부정되고,

위 사건에서 탁송업자인 피고는 망인에게 채무불이행이나 불법행위로 인한 손해배상을 청구할 수 있는 지위에 있기 때문에 이와 같은 경우에는 망인에 대한 관계에서 운행공용자의 지위에 있지 않다고 주장하였는바, 대법원은 피고가 자동차판매회사와의 사이에 위 회사의 고객으로부터 탁송의뢰받은 신조자동차를 출고사무소에서 고객이 요청한 장소에 인도하기까지의 제반절차 및 운송사무를 처리하는 내용의 탁송계약을 체결한 것이었는데, 이 때 피고는 피고를 대리하여 회사에 출입하는 사용인명단을 위 회사에 제출하도록 되어 있고, 피고는 5명 정도의 운전자와 연락을 유지하며 탁송업을 하고 있고, 위와 같은 운전자들은 탁송업자인 피고의 지시를 받아 출고의뢰서를 가지고 울산에 가서 차량을 인수하여 오고 탁송료 중에서 당일의 일당과 필요한 모든 경비를 지급받으며, 사고 당시 망인은 운전자 甲에게 같이 탁송을 다니자고 탁송의뢰건 중 일부를 넘겨주었으며, 사고 당시 차량을 운전한 甲은 이 사건 당시 망인으로부터 금 45,000원을 받고 같이 차를 출고하러 갔는데 그 이전에도 망인으로부터 돈을 받고 5·6회 정도 차를 출고한 적이 있다는 것이므로, 피고는 탁송차량의 운전자들을 상시 고용하는 것이 아니라 위 회사로부터 출고의뢰가 있을 때마다 필요한 인원을 수시로 직접 또는 다른 운전자를 통하여 고용하여 일당과 경비를 지급해 왔고, 이 사건의 경우는 차량 2대의 출고 및 운송에 필요한 운전자로서 망인은 직접, 나머지 1인인 甲은 망인을 통하여 고용한 것으로 봄이 상당하고, 이를 소론과 같이 피고가 망인에게 탁송차량 2대의 출고 및 운송사무를 하도급주었고, 운전자 甲은 망인이 고용한 것으로 볼 수는 없다고 할 것이며, 다만 위 두 사람 중 운전과 같은 기술적인 사무 이외의 탁송사무는 망인이 이를 총괄하고 있었다고 볼 수 있을 뿐이므로, 사정이 위와 같다면 망인이나 甲은 각자 피고에 대하여 피용자의 지위에 있다고 볼 것이지 망인은 하수급인이고 甲은 그의 이행보조자 내지 피용자의 지위에 있었다고 볼 수 없을 것이라고 하여 배척하였고, 위 사고에 관하여 피고에게 운행공용자로서의 손해배상책임을 인정한 것이 신의성실의 원칙에 위배된다고 할 수 없다고 하였다.

225) 自賠 §2 ⅰ 前段.

226) 自賠 §2 ⅰ 後段, 同法 施行令 §2.

227) 大判 93. 8. 27, 93다16932(公 1993, 2624).

國家賠償法에 의한 책임을 진다고 설명된다.[228]

그리고 判例는 교통사고의 장소가 外國이라고 하더라도 自己를 위하여 自動車를 運行하는 자가 國內法人이고, 그에 의하여 고용된 사고차의 運轉者와 被害者가 다같이 우리 나라 국민이라면 國內法이 적용되어야 하고 涉外私法을 적용할 것이 아니라는 전제 아래, 國內法인 自賠法의 입법취지는 道路運送車輛法의 그것과는 달리 被害者로 하여금 일반불법행위의 경우보다 신속·정확한 손해의 배상을 받을 수 있도록 하자는 데에 그 목적이 있을 뿐임에 비추어 볼 때, 사고장소가 外國이고 사고차가 外國의 當局에 登錄된 차량이라고 하더라도 自賠法 소정의 自動車의 범주에서 제외된다고 할 수 없다고 한다.[229]

(나) 運 行

(a) 損害가 발생하였다고 하더라도 그 損害가 自動車의 運行과 무관하면 自賠法이 적용되지 아니한다. 自賠法 §2 ii는 運行이라 함은 사람 또는 물건의 운송 여부에 관계 없이 自動車를 그 用法에 따라 使用 또는 管理하는 것을 말한다고 정의하고 있다. 1999. 2. 5 自賠法이 全文改正되기 전에는 "自動車를 당해 裝置의 용법에 따라 使用"하는 것으로 되어 있어 당해 裝置 내지 使用에 관한 해석을 둘러싸고 다양한 학설대립과 아울러 많은 판례가 집적되었는바, 현행 自賠法은 運行者의 責任을 확대하기 위하여 "당해 裝置"라는 개념을 제거하고 나아가 "使用" 외에 "管理"를 運行의 태양으로 추가한 것이다. 이는 自賠法에 의한 責任範圍를 "使用"으로 한정함으로써 損害賠償의 範圍가 축소되고 있으므로 "使用 또는 管理"로 변경하여 商法 §726의2에 의한 自動車保險者의 補償責任範圍와 일치시키려는 것이 그 立法趣旨라고 설명되고 있다.[230]

아래에서는 改正前의 법률 하에서 논의되었던 運行에 관한 學說 및 判例를 살펴보고, 이를 기초로 하여 현행 自賠法에서는 運行의 개념이 어느 정도 넓어질 수 있는가에 관하여 살펴본다.

---

228) 李宙興(註 34), 45.

229) 大判 81. 2. 10, 80다2236(公 1981, 13679). 그런데 위 判例에 의하면 自賠法 §2 i에서는 '自動車管理法의 적용을 받는 自動車'라고 규정하고 있는데, 外國에 登錄된 自動車가 과연 國內法인 自動車管理法의 적용을 받는 自動車라 할 수 있을지 의문이다. 다만, '自動車管理法의 적용을 받는 自動車'가 구체적으로 위 法의 적용을 받는 自動車를 의미하는 것이 아니라, 위 法의 적용대상이 되는 車種을 의미한다고 새긴다면 별 문제가 없을 것이다.

230) 國會 建設交通委員會, "自動車損害賠償保障法改正法律案 審査報告書"(1988. 12).

(b) 學 說

(i) 改正前 法律 하에서 논의되던 運行의 개념에 관한 學說은 自賠法에서 정한 당해 裝置라는 개념을 어떻게 해석하는가에 따라 구분되는바, 運行者의 손해배상책임을 점차 확대함에 따라 原動機說에서 출발하여 走行裝置說·固有裝置說·車庫出入說까지 발전되어 왔다.

原動機說은 自動車의 運行은 自動車를 原動機에 의하여 이동시키는 것을 말한다고 하면서 당해 裝置를 原動機裝置라고 해석하고, 自動車의 危險은 自動車가 原動機라는 장치에 의하여 移動하는 데에 있다고 설명하고, 走行裝置說은 自賠法 소정의 裝置라는 것은 엔진장치, 즉 原動機裝置에 중점을 둔 규정이지만 반드시 그 장치에만 한정하는 취지는 아니고, 다른 여러 가지의 走行裝置를 포함하는 취지라고 해석하며, 固有裝置說은 走行裝置說에서 한 걸음 더 나아가 당해 장치를 自動車의 구조상 설비되어 있는 走行을 위한 장치 외에 크레인차의 크레인, 덤프카의 덤프, 보통트럭의 측판·후판 등을 당해 自動車固有의 장치로 보아서 이러한 장치의 전부 또는 일부를 그 목적에 따라 조작하면 運行에 해당한다고 해석하고,[231] 車庫出入說은 당해 裝置를 固有裝置說 또는 走行裝置說과 마찬가지로 해석하지만, 自動車를 使用한다는 점에 중점을 두어 일단 自動車가 車庫로부터 나온 이상 소임을 마치고 다시 車庫에 들어갈 때까지는 그 도중에 駐·停車 등에 의하여 路上에 남아 있는 경우도 역시 自動車의 運行은 계속되고 있다는 견해이다.[232]

(ii) 自賠法은 "당해 裝置의 用法"이라는 용어 대신 "自動車의 用法"이라는 용어로 改正하였는바, 自動車는 自動車에 부착된 裝置의 集合體일 것이므로 비록 당해 裝置라는 표현이 自動車로 대체되었다 하더라도 종전에 논의되었던 장치개념을 전제로 한 運行에 관한 學說에는 별 영향을 미치지는

231) 李銀榮, 債各, 662은 自賠法이 固有裝置說에 입각하여 규정하고 있다고 설명한다. 郭潤直, 債各, 774은 그 취지가 확실하지 아니하나 走行裝置說 내지는 固有裝置說을 취하고 있는 것으로 보이는바, 駐車·停車중인 때에는 運行이 아니라고 보고, 다만 다른 自動車에 의하여 牽引되고 있더라도 핸들이나 브레이크의 조작으로 操縱의 自由를 가지고 이들 장치를 조작해서 走行하고 있으면 運行에 해당한다고 본다.

232) 金相容(註 8), 242; 李宙興(註 34), 48. 李銀榮, 債各, 663은 自動車를 危險惹起源으로 파악하고 그로 인해 생긴 人體損害를 危險責任原理로 처리하고자 하는 自賠法의 목적에 비추어 볼 때, 運行概念을 교통공학적으로 파악하여 自動車가 道路에 머무름으로 말미암아 危險한 상태가 계속되는 동안은 運行중에 있다고 해석하는 것이 타당하다고 하여 車庫出入說을 지지한다.

위 각 學說의 구체적인 내용·비교 및 위 學說에 비추어 본 運行의 개념에 관한 日本判例에 관하여는 李輔煥(註 11), 78-90 참조.

못하리라 생각되며, 결국 "自動車의 用法"이란 "당해 裝置"의 경우와 마찬가지로 自動車의 運送手段으로서의 本質이나 危險의 범주에 따라 판단될 것이다.[233]

自賠法改正에 의하여 運行의 개념이 "使用"에서 "使用 또는 管理"로 확대된 것에는 상당한 의미가 부여될 수 있다. 管理는 설비의 이용·보존·개량을 포함하는 개념이므로 使用보다는 그 범주가 넓다. 日本에서는 "管理"가 日本 自賠法 §3에 의한 運行의 범위를 명확히 넘는 사고도 任意保險의 담보범위에 포함시키는 역할을 담당하며, 展示중 또는 車庫에 保管중에 전기계통의 누전 등으로 인하여 火災·爆發을 일으킨 유형의 사고도 "管理"로 인하여 발생된 것으로서 任意保險의 보험사고에 해당한다고 보고 있다.[234]

그러나 管理 역시 "自動車의 用法"이라는 개념에 의하여 제한을 받게 되므로 自動車의 運送手段으로서의 本質이나 危險의 범주가 미치는 관리영역으로 제한될 것이라는 점에서, 이와 같은 제한이 없는 商法上의 자동차보험과는 달리 취급될 여지를 배제할 수 없으므로[235] 앞으로 이에 관한 논의가 있을 것으로 생각된다.[236]

233) 判例는 자동차종합보험의 계약자 겸 피보험자가 주차된 피보험자동차에 들어가 시동을 켜고 잠을 자다가 담배불로 인하여 발화된 것으로 추정되는 화재로 사망한 경우, 자동차보험약관에서 보험사고로 정한 "피보험자가 피보험자동차를 소유·사용·관리하는 동안에 생긴 피보험자동차의 사고로 인하여 상해를 입었을 때"라고 함은 피보험자가 피보험자동차를 그 용법에 따라 소유·사용·관리하던 중 그 자동차에 기인하여 피보험자가 상해를 입거나 이로 인하여 사망한 경우를 의미하고, 자동차에 타고 있다가 사망하였다고 하더라도 그 사고가 자동차의 운송수단으로서의 본질이나 위험과는 전혀 무관하게 사용되었을 경우까지 여기에 해당된다고 하기는 어렵다고 할 것인데, 위 사고는 자동차의 운송수단으로서의 본질이나 위험과 관련되어 망인이 자동차의 고유장치의 일부를 그 사용목적에 따라 사용·관리하던 중 그 자동차에 기인하여 발생한 사고에 해당한다고 보기 어렵다고 인정하였는바〔大判 2000.12.8, 2000다46375(公 2001, 266)〕, 위 判例는 自動車保險에 관한 것이지만 현행 自賠法에 관한 해석에도 그대로 적용될 것이다.

234) 山田卓生 등, 新·現代損害賠償法講座(交通事故), 191; 山野嘉朗·山田泰彦, 現代保險·海上法30講[第4版], 113. 뿐만 아니라 일본학설 중에는 "使用"이라는 개념 자체가 自賠法에서 정한 "運行"이라는 개념보다 더 넓은 개념이라는 입장도 있다고 한다(山田卓生 등, 前揭書, 193).

235) 다만, 美國에서는 任意保險이 적용되는 自動車의 使用(use)에 관하여 自動車로서 使用하는 것(use of a vehicle as such)이라는 제한을 가하여 해석하고 있으며, 이에 따라 自動車를 단순히 利用하는 것, 특히 場所(situs)로서 利用함에 불과한 경우(예를 들어 自動車에서 총기가 폭발한 경우와 같이 事故의 物理的인 場所로 이용된 것에 불과한 경우)에는 사용에 해당하지 아니한다고 본다고 한다(山田卓生 등, 前揭書, 194).

236) 商法 §726의2는 被保險者가 自動車를 所有·使用 또는 管理하는 동안에 발생한 사고로 인하여 생긴 損害를 補償할 책임이 있다고 규정하고 있을 뿐 自動車의 用法에 의한 제한을 두고 있지 않은바, 이와 관련하여 구체적으로 논의된 국내상법학설을 찾아보기 어렵다.

예를 들어 自動車의 原動機나 走行裝置 등의 使用이 멈춰진 후에도 管理의 문제는 발

(c) 改正前 法律 하에서의 運行에 관한 判例 改正前 法律 하에서의 判例는 당해 裝置에 관하여 운전자나 동승자 및 화물과는 구별되는 당해 自動車에 계속적으로 固定되어 있는 裝置로서 自動車의 구조상 설비되어 있는 당해 自動車固有의 裝置라고 보고, 이와 같은 각종 裝置의 전부 또는 일부를 각각의 使用目的에 따라 사용하는 경우에는 運行중에 있다고 봄으로써[237] 固有裝置說의 입장을 취하면서도 한편으로는 交通에 제공되고 있는 장소에서의 駐·停車에 관하여도 運行으로 인정하고 있어 固有裝置說이라고 단정할 수는 없는바,[238] 구체적으로 運行 여부가 문제된 사례를 살펴본다.

(i) 運行을 肯定한 사례

(ㄱ) 자동차의 운행에 있어서의 당해 장치는 비단 그 원동기뿐만이 아니라 자동차를 구성하고 있는 창문과 차체로 차단된 공간으로서의 자동차내부까지를 포함한 장치 일체를 말한다는 전제 아래, 버스 내의 화재가 승객의 휘발유지참행위와 성냥불꽃을 던진 행위가 그 주된 직접원인이 되어 발생하였나 할시라도 그 원인 이외에도 그 버스의 원동기에 의한 진동 때문에 승객이 지참한 휘발유통의 마개 틈으로 휘발유가 스며 나와 버스바닥에 흘러 퍼지게 되었고, 버스의 조명시설이 승객의 소지품을 찾는 데 적당치 못하였으며 출입문 등 차의 구조가 승객의 탈출 등 대피에 부적당한 상태였음이 위 화재발생의 간접적 원인이 되었다면, 이는 버스의 위 장치들을 그 용법에 따라 사용함으로써 비롯되었다고 할 것이므로 위 화재사고는 위 버스의 운행으로 승객들에게 사상의 손해를 입힌 경우라고 하였고,[239]

(ㄴ) 자동차운전자가 피해자를 승차시키고 운행하던 중 강간할 마음이 생겨 내려달라는 피해자의 요구에 불응하고 계속 진행함으로써 피해자가 우측 출입문을 열고 뛰어 내리다가 사망한 추락사고가 발생하였다고 하더라도

---

생된다고 할 수 있다. 그러나 自動車의 用法, 즉 運送手段으로서의 自動車의 本質이나 危險의 범주를 벗어난 후에는 管理에 잘못이 있어도 自賠法에 의한 책임이 발생되지 아니하는바, 만약 自動車의 用法을 原動機나 走行裝置의 가동이라고 좁게 해석한다면 그 가동이 停止된 후에는 비록 管理상의 잘못이 있다 하여도 責任이 부정될 수도 있다는 해석이 전혀 불가능한 것은 아니다.

237) 大判 88.9.27, 86다카2270(公 1988, 1320); 大判 93.4.27, 92다8101(公 1993, 1539); 大判 97.9.30, 97다24276(公 1997하, 3281) 등. 大判 99.11.12, 98다30834(公 1999, 2477)은 自動車가 반드시 走行狀態에 있지 않더라도 走行의 전후단계로서 駐·停車狀態에서 문을 열고 닫는 등 각종 부수적인 장치를 사용하는 것도 포함하므로, 自賠法에서의 '運行'은 道路交通法에서의 '運轉'보다 넓은 개념이지 동일한 개념이 아니라고 보고 있다.

238) 이와 관련하여 李宙興(註 34), 47은 固有裝置說에 의할 때 駐·停車중의 사고가 運行에 포함되지 않는지는 불분명하다고 설명한다.

239) 大判 80.8.12, 80다904(公 1980, 13085).

이를 자동차의 통상용법에 따른 운행중의 사고가 아니라고 할 수 없다고 하였고,[240)]

(ㄷ) 甲이 사고 지게차를 운전하여 乙이 운전하는 사고외 지게차와 함께 인천항 제5부두 작업장에서 1톤 단위로 묶어진 각재 다발을 들어올려 망인운전의 11톤 카고트럭의 적재함에 적재하는 작업을 하게 되었는데, 사고 지게차는 위 트럭의 우측에서, 사고 외 지게차는 위 트럭의 좌측에서 각기 적재작업을 하였고, 甲과 乙은 위 트럭의 적재함 위에 각재 다발을 3줄로 2단씩 쌓은 다음, 3단째 각재 다발을 쌓기 위하여 甲이 적재함 우측에서 위 2단씩 쌓인 각재 다발 위에 3단째 각재 다발 1개를 올려 놓고 나머지 2개의 각재 다발을 더 쌓기 위하여 이 사건 지게차를 운전하여 각재 다발이 하역되어 있는 곳까지 가서 다시 각재 다발 2개를 싣고 돌아오는 중에 위 3단째로 적재된 각재 다발 1개가 균형을 잃고 지면에 떨어지면서 때마침 그 밑에 서 있던 망인을 덮쳐 그가 사망한 사안에서, 지게차라고 하는 것은 화물을 운반하거나 적재 또는 하역작업을 하는 특수기능을 하는 건설기계이므로 지게차가 그 당해 장치인 지게발을 이용하여 화물을 화물차에 적재하는 것은 지게차의 고유장치를 그 목적에 따라 사용하는 것으로서 운행에 해당하고, 그 적재된 화물이 떨어진 사고가 지게차의 운행으로 말미암은 사고인지의 여부는 그 적재행위와 화물의 추락 사이에 상당인과관계를 인정할 수 있는지의 여부에 따라서 결정될 문제라고 할 것인바, 사고가 지게차 운전자가 다른 각재 다발을 적재하기 위하여 계속 작업을 하던 중에 일어난 것이어서 시간적·장소적으로 서로 근접되어 있을 뿐만 아니라 적재된 각재 다발에 다른 외부의 힘이 작용하여 떨어졌다고는 보이지 않는 경우에는 그 사고는 지게차의 운행으로 인하여 발생하였다고 봄이 상당하고, 각재 다발이 적재과정에서 바로 떨어지지 않았다고 하여 이를 달리 볼 것은 아니라고 하였고,[241)]

(ㄹ) 프라이드승용차를 운전하여 편도 2차선의 국도상을 2차로를 따라 진행하다가 앞서 진행하던 번호불상의 화물차량을 추월하기 위하여 시속 약 80 내지 90km로 1차로로 차로를 변경한 직후에 위와 같은 급차선 변경으로 인하여 진행방향전방을 살피지 못하고 진행하는 사이에 위 차량의 앞에서 정면으로 빙글빙글 돌아서 날아오는 철판(길이 65cm, 넓이 22cm, 두께 2.5mm)을

240) 大判 89.10.27, 89다카432(公 1989, 1781).
241) 大判 97.4.8, 95다26995(公 1997상, 1371).

미처 피하지 못함으로 인하여 위 철판이 위 승용차조수석 앞 유리 상단을 뚫고 들어와 위 조수석에 동승한 피해자의 이마를 충격하여 사망한 경우에 이는 승용차의 운행으로 말미암아 발생한 사고라고 하였고,[242]

(ㅁ) 야간에 지하철공사장 부근에 주행하다가 불법주차중이던 트럭에 추돌하여 사고가 발생하였고, 그 트럭이 미등 및 차폭등을 켜지 않은 채 주차하여 둠으로써 추돌사고가 발생하였다면, 이는 트럭운전사의 트럭운행과 관련하여 발생한 것이라고 하였고,[243]

(ㅂ) 승용차를 몰고 와 한강시민공원 부근의 강변선착장 주차장에 도착하여 위 자동차를 한강 쪽을 향하여 주차함에 있어서 주차브레이크만 살짝 당기어 놓고 주차한 채 위 승용차 밖으로 나감으로써 위 승용차가 비탈진 주차장에서 서서히 굴러 경사 30도의 선착장으로 미끄러지면서 한강 물 속으로 빠지게 하여 그 안에 탑승한 피해자로 하여금 익사에 이르게 한 경우에, 자동차를 교통의 장소인 주차장까지 운행하여 와서 그 곳에 주차시키는 것은 이 사건 자동차를 당해 장치의 용법에 따라 사용하는 것으로서 운행에 해당한다고 하였고,[244]

(ㅅ) 낚시를 하던 중 여동생이 춥다고 하자 주차중인 승용차의 열쇠를 넘겨 받아 바다를 정면으로 향하여 주차되어 있던 위 승용차에 탑승한 후 시동을 걸어 스팀장치를 작동시키다가 위 승용차의 기기를 잘못 조작하여 위 승용차가 5%의 횡단경사면을 따라 내려가 바다에 추락함으로써 여동생 등이 사망한 사고가 자동차의 운행으로 인한 사고라고 하였고,[245]

---

242) 大判 97.7.11, 96다39837(公 1997하, 2474).

243) 大判 93.2.9, 92다3110(公 1993, 942).

244) 大判 97.8.26, 97다5183(公 1997하, 2823).

245) 大判 99.11.12, 98다30834(註 237).

한편 위 判例에서는 責任保險金을 넘는 損害에 관하여 피보험자 또는 그 부모, 배우자 및 자녀 이외의 자의 運轉에 의한 사고나 無免許運轉에 의한 사고로 인하여 생긴 損害를 賠償하지 않기로 하는 내용의 家族運轉者限定運轉 自動車綜合保險契約에 따라 加害者(피보험자 또는 그 부모, 배우자 및 자녀에 해당하지 아니하며, 運轉免許도 없었다)의 運轉 여부가 문제되었는데, 도로교통법 제2조 제19호는 '운전'이라 함은 도로에서 차를 그 본래의 사용방법에 따라 사용하는 것을 말한다고 규정하고 같은 조 제14호는 '자동차'라 함은 철길 또는 가설된 선에 의하지 않고 원동기를 사용하여 운전되는 차를 말한다고 규정하고 있으므로, 자동차의 운전, 즉 자동차를 그 본래의 사용방법에 따라 사용하는 것에 해당하기 위하여는 자동차의 원동기를 사용할 것을 요한다고 할 것이고, 따라서 내리막길에 주차되어 있는 자동차의 핸드 브레이크를 풀어 타력주행(惰力走行)을 하는 행위는 도로교통법상의 운전에 해당하지 아니하며(다만, 통상의 운전중에 내리막길에 이르러 원동기를 일시적으로 정지하여 타력으로 주행시키는 것은 별론으로 한다), 그리고 자동차의 본래적 기능 및 도로교통법의 입법취지에 비추어 볼 때, 주차중의

(ㅇ) 주차한 자동차에서 동승자가 하차하다가 차량 밖의 터널바닥으로 떨어져 다친 사고가 자동차의 운행으로 인한 사고라고 하였고,[246)]

(ㅈ) 교통사고만의 담보특약부 상해보험계약에 적용되는 약관상 '운행'이라 함은 자배법 제2조에서 규정하고 있는 바와 같이 자동차를 당해 장치의 용법에 따라 사용하고 있는 것을 말한다고 보고, 심야에 엘피지승용차를 운전하여 목적지로 향하여 운행하던 중 눈이 내려 도로가 결빙되어 있어 도로 상태가 좋아질 때까지 휴식을 취할 목적으로 도로변에 승용차를 주차한 후 시동을 켠 채 승용차 안에서 잠을 자다가 차내에 누출된 엘피지 가스의 폭발로 화재가 발생하여 운전자가 소사한 경우, 자동차의 운행중의 사고에 해당한다고 하였다.[247)]

(ii) 運行을 否定한 사례

(ㄱ) 교통사고만의 담보특약부 상해보험계약에 적용되는 약관상 "운행"이라 함은 자배법 제2조에서 규정하고 있는 바와 같이 자동차를 당해 장치의 용법에 따라 사용하고 있는 것을 말하고, 운전자가 회사일을 마치고 집으로 돌아가다가 자동차를 교통의 장인 도로에서 끌어 내어 길 옆의 잔디밭에 주차시키고, 그 안에서 잠을 자다가 자동차가 미끄러져 내려가 물에 빠져 발생한 사고는 피보험자가 "운행"중의 자동차에 탑승하고 있을 때의 사고라고 볼 수 없어 위 보험약관에서 말하는 보험사고에 해당하지 않는다고 하였고,[248)]

(ㄴ) 자동차에 타고 있다가 사망하였다 하더라도 그 사고가 자동

---

자동차를 새로 발진시키려고 하는 경우에 자동차를 그 본래의 사용방법에 따라 사용하였다고 하기 위하여는 단지 엔진을 시동시켰다는 것만으로는 부족하고 이른바 발진조작의 완료를 요한다고 보아 위 사안의 경우 道路交通法에서 정한 運轉에는 해당하지 아니한다고 인정하였다.

246) 大判 98.9.4, 98다22604, 22611(公 1998하, 2399).

247) 大判 2000.9.8, 2000다89(公 2000, 2087).

248) 大判 94.4.29, 93다55180(公 1994, 1612).

위 判決은 交通事故만의 담보특약부 傷害保險契約에 적용되는 약관상 보상하는 損害는 ① 피보험자가 운행중의 교통승용구에 탑승하지 아니한 때에 운행중의 교통승용구와의 충돌·접촉 또는 이들 승용구의 충돌·접촉·화재 또는 폭발 등의 교통사고로 입은 상해, ② 피보험자가 운행중의 교통승용구에 탑승하고 있을 때 또는 승객으로서 승강장 안에 있을 때 급격하고도 우연한 외래의 사고로 입은 상해, ③ 도로통행중의 피보험자가 모든 교통승용구로부터 입은 급격하고 우연한 상해인바, 이 사건 사고는 위 제①항에서 말하는 피보험자인 위 망인이 "運行중의 교통승용구에 탑승하지 아니한 때"에 해당한다고 볼 수 있기는 하나 위 사고가 "運行중의 교통승용구와의 충돌 등의 교통사고"로 인한 것이 아니고, 한편 위 사고가 이 사건 保險約款의 보상하는 손해항목 중 위 제③항에서 말하는 위 망인의 "道路通行중"에 일어난 사고도 아니라고 하여 각 그 항목에서 말하는 保險事故에 해당하지 않는다고 판단한 것이다. 한편 위 判決과 위에서 본 (i)의 (ㅁ) 내지 (ㅇ) 判例와의 구별기준이 문제되는데, 駐車된 장소가 交通에 제공되는 場所인지 여부에 의하여 구별한 것으로 보인다.

차의 운송수단으로서의 본질이나 위험과는 전혀 무관하게 사용되었을 경우까지 보험약관에서 정한 자동차의 운행중의 사고라고 보기는 어려우므로, 승용차를 운행하기 위하여 시동과 히터를 켜 놓고 대기하고 있었던 것이 아니라 잠을 자기 위한 공간으로 이용하면서 다만 방한목적으로 시동과 히터를 켜놓은 상태에서 잠을 자다 질식사한 경우, 자동차운행중의 사고에 해당하지 않는다고 하였고,[249]

(ㄷ) 제재소 내에서 화물차량을 정차하여 두고 적재함에 목재를 싣기 위하여 지면과 위 차량적재함 후미 사이에 각목으로 발판을 걸쳐서 설치한 후 운전자와 위 제재소의 인부들 3명이 목재를 적재하는 작업을 하던 중 먼저 적재함에 올라간 성명불상의 인부가 메고 있던 나무를 차량에 내리는 충격으로 위 차량이 상하로 진동하여 위와 같이 설치한 발판이 차량과 분리되어 떨어지면서 때마침 목재를 메고 위 발판을 딛고 적재함으로 올라가던 인부가 떨어져 상해를 입은 사안에서, 위 발판은 위 자동차에 계속적으로 고정되어 있는 장치가 아니어서 자배법소정의 당해 장치에 해당된다고 볼 수 없으므로 그로 인하여 발생한 위 사고를 이 사건 자동차의 운행으로 말미암아 일어난 것이라고 할 수 없다고 하였고,[250]

(ㄹ) 트랙터에 곡물수송용 트레일러를 견인하여 운행하여 보니 위 트레일러의 적재함 좌우측에 부착된 지름 9cm, 길이 8m의 쇠파이프 2개의 용접부분이 떨어져 덜거덕거려 이를 아예 떼어버리기로 하고, 자동차정비업소 마당에서 위 트랙터와 그에 견인된 위 트레일러를 주차시키고 위 정비업소의 종업원으로부터 위 쇠파이프를 분리시키는 수리를 받은 다음, 다른 사람과 함께 위 쇠파이프를 위 적재함에서 지렛대를 이용하여 정비업소의 마당으로 밀어 내다가 위 쇠파이프가 마침 위 트레일러 옆을 지나가던 피해자의 왼쪽 다리를 충격하여 상해를 입힌 사안에서, 위 사고는 위 트레일러의 당해 장치인 위 철구조물을 그 사용목적에 따라 사용하다가 발생한 것이 아니고, 오히려 위 철구조물을 철거하는 수리작업과정에서 발생한 것에 불과하므로 운행중 일

249) 大判 2000. 1. 21, 99다41824(公 2000, 479).
위에서 본 大判 2000. 9. 8, 2000다89(註 247)과의 區別이 문제되는데, 잠을 자게 된 動機(道路狀態가 좋아질 때까지 휴식의 목적으로 잠을 잔 것인가, 아니면 疲勞로 인하여 잠을 잔 것인가)에서는 다소 차이가 있지만, 走行을 中斷하고 차를 駐車시켜 놓은 상태에서 始動을 켜고 히터를 작동시킨 상태에서 자고 있었다는 事故 당시의 狀況에서는 차이가 없어 그 區別基準이 명확하지 않다.

250) 大判 93. 4. 27, 92다8101(註 237).

어난 것이라고 할 수 없다고 하였고,[251)]

(ㅁ) 甲회사소속 운전자인 乙이 편도 4차로 도로의 4차로상에 이 사건 자동차를 정차시켜 놓은 채 적재함 중간쯤 도로 쪽에 서서 적재함에 적재된 통조림박스 300개의 하차작업을 하던 중 적재함 위 인도 쪽으로 풀린 화물고정용 밧줄을 너무 힘껏 잡아당긴 나머지 위 밧줄을 자신의 등 뒤 도로 쪽으로까지 넘어가게 하여 때마침 100cc 오토바이를 운전하고 그 곳을 지나가던 丙의 상반신에 걸리게 함으로써 사고가 발생한 사안에서, 사고의 원인이 된 화물고정용 밧줄은 적재함 위에 짐을 실을 때에 사용되는 것이기는 하나 물건을 운송할 때에 일반적·계속적으로 사용되는 장치가 아니고, 적재함과 일체가 되어 설비된 고유장치라고도 할 수 없다고 하여 위 사고는 자동차의 운행으로 인한 것이 아니라고 판단하였고,[252)]

(ㅂ) 가해자가 화물차량의 적재함에 철근을 싣고 목적지인 공사장으로 운전하여 가서 골목길 도로상에 차량을 정차시키고 적재함에 올라가 철근다발을 화물차량 우측편 도로상으로 밀어 떨어뜨리는 방법으로 하역작업을 하던 중 그 철근다발을 화물차량의 뒤편에서 다가오던 피해자의 등 위로 떨어지게 함으로써 그를 사망에 이르게 한 경우, 그 사고는 가해자가 주위를 잘 살피지 아니하고 철근다발을 밀어 떨어뜨린 행위로 인하여 일어난 것이고, 차량의 적재함이나 기타 차량의 고유장치의 사용으로 인하여 일어난 것이 아니므로 차량의 운행으로 말미암아 일어난 것으로 볼 수 없다고 하였고,[253)]

(ㅅ) 自賠法과 직접 관련된 것은 아니지만 保險에 관한 判例로서 영업용 자동차종합보험계약에 견인차의 기본보험요율에 20%의 할증요율을 가산한 '견인차의 견인중 위험담보요율'에 관한 규정을 둔 것은 다른 차량을 견인하는 데 사용되는 특수연결장치를 한 자동차가 수반차량과 견인관계를 형성하는 경우에 견인차단독으로 운행될 때보다 사고의 위험과 손해의 범위가 증가하기 때문에 이를 담보하기 위한 것이므로, 견인차와 수반차량이 연결되어 있거나 적어도 연결을 시도하는 중이어서 견인차와 수반차량을 하나의 차량으로 인식할 수 있는 경우에만 수반차량에서 비롯된 사고를 견인차에서 비롯된 사고로 볼 수 있으므로 수반차량이 어떤 목적에서든지 일단 견인차에서 완전히 분리된 경우에는 가사 견인차에의 연결이 예정되어 있다 하더라도 수반차

251) 大判 96.5.28, 96다7359(公 1996하, 1998).
252) 大判 96.5.31, 95다19232(公 1996하, 2013).
253) 大判 96.9.20, 96다24675(公 1996하, 3141).

량에서 비롯된 사고를 견인차에서 비롯된 사고로 볼 수 없고, 또한 분리된 수반차량 자체만의 운행사고로 인한 별도의 보험계약이나 특별요율에 관한 규정이 없다 하더라도 그러한 사정만으로 견인차에 대한 보험계약이 담보하는 보험사고의 범위를 함부로 확장하여 해석할 수 없으므로, 트레일러가 견인자동차에서 분리되어 12시간 이상이나 지난 상태에서 제동장치가 풀려 도로로 굴러 내려감으로써 발생한 사고는 그 보험계약에 의하여 담보되는 견인자동차의 운행중 사고에 해당한다고 볼 수 없다고 하였다.[254]

(d) 舊自賠法 하에서 判例에 의하여 "自動車의 用法에 따른 使用"에 해당하지 아니한다고 인정된 사고유형이 自賠法 개정에 따라 "自動車의 用法에 따른 管理"로 인정되어 自動車運行責任이 인정되는지 문제될 것이다.

우선 (ㄷ)·(ㅁ)·(ㅂ)·(ㅅ)事例는 모두 사고원인이 된 裝置나 물건들이 事故 自動車의 裝置에 해당하지 않는다고 판단된 사례이므로 "管理"에 관한 문제는 발생되지 않는다. (ㄹ)事例는 사고트랙터에 부착된 쇠파이프로 인하여 발생된 사고이지만 이를 除去하다 발생한 사고이므로, 여전히 사고트랙터 내지는 쇠파이프장치의 用法에 따른 管理에 의하여 발생된 사고가 아니라는 주장이 가능하다. (ㄱ)·(ㄴ)事例의 경우에는 運行者가 事故自動車를 管理하는 과정에서 사고가 발생한 것으로 볼 수 있는 대표적인 예에 해당하나, 잠을 잘 목적으로 自動車를 使用한 것 내지는 交通에 제공되는 場所 이외에서 차를 駐車하여 놓은 것이 運送手段이라는 自動車의 用法을 벗어난 것이라고 보아 책임을 부정하는 반론이 전혀 불가능하지는 아니하므로 앞으로 判例의 형성이 기대된다.

(2) **因果關係**

(가) 運行중에 일어난 事故라고 하여 모든 사고에 대하여 自賠法에 의한 손해배상책임을 지는 것이 아니라, 그 중에서 運行으로 말미암아 일어난 事故에 대하여서만 그 책임을 진다.[255] 뿐만 아니라 損害가 그 事故로 인하여 발생하여야 그 損害에 대하여 運行者가 책임을 지게 된다. 따라서 運行者에 대하여 손해배상책임을 지우기 위하여는 自動車의 運行과 事故 및 死傷의 발생과 나아가 손해발생에 관하여 因果關係가 인정되어야 한다.[256] 그러나 因果關

254) 大判 97.8.22, 96다10218(公 1997하, 2781). 同旨: 李宙興(註 34), 48.

255) 大判 97.1.21, 96다42314(公 1997상, 615). 위 判決의 판시 전후 취지를 살펴보면 위 判決은 사고의 직접적인 原因이 된 行爲가 運行인지 여부를 심리하여야 한다는 것으로 보이며, 어떠한 運行行爲와 그 후에 발생된 事故 사이에 因果關係가 있는지에 관하여 심리하였던 것은 아닌 것으로 보인다.

256) 李宙興(註 34), 49은 運行과 死傷 사이의 因果關係는 責任의 발생단계에서 責任成立

係 중 事故와 死傷의 발생 및 死傷과 損害의 발생에 관한 부분은 一般不法行爲에서 논하여지는 것과 별 차이가 없으므로 여기에서 그에 관한 논의는 생략하기로 하며, 自動車의 運行과 事故 사이의 因果關係에 관하여만 본다.[257)]

(나) 自動車의 運行과 事故 발생 사이의 因果關係는 相當因果關係에 의하여 정하여진다.[258)] 이에 대하여 相當因果關係論에서의 豫見可能性의 문제는 不法行爲成立要件으로서의 過失의 내용으로서의 豫見可能性의 문제와 중복되는 것이므로 自賠法 §3 단서가 運行에 관한 無過失의 立證責任을 加害者側에게 부담시키는 것과 모순이므로 運行者責任의 成立要件으로서의 因果關係는 自動車의 運行에 즈음하여 또는 이에 관련하여 事故가 발생하고, 그러한 運行이 없었더라면 事故는 일어나지 않았을 것이라는 事實上의 因果關係 또는 自然的·條件的 因果關係로 족하다는 견해가 有力하다고 한다.[259)]

(다) 그러나 判例는 自動車를 運行하는 자는 運行중에 일어난 모든 事故에 대하여 책임을 지는 것이 아니라 그 중에서 運行으로 말미암아 일어난 事故에 대하여만 책임을 진다고 판시함으로써 自然的·條件的인 關係로는 부족하다고 보고 있고,[260)] 나아가 여기에서 "運行으로 말미암아"라 함은 運行과 事故 사이에 相當因果關係를 인정할 수 있는지의 여부에 따라 결정되어야 한다라고 판시하여[261)] 相當因果關係가 필요함을 명확히 하고 있다.

구체적인 사례를 보면,

(a) 야간에 오토바이운전자가 오토바이를 운행하던 중 오토바이의 오른쪽 핸들부분 등이 인도 가장자리에 방치된 폐품냉장고에 충돌되고, 그 충돌로 인하여 그 곳에서 6·7m 가량 떨어진 인도경계선에 인접한 차도상에 주차되어 있던 봉고트럭적재함 아래 부분에 다시 충돌됨으로써 사망한 경우, 봉고트럭을 야간에 차도에 주차함에 있어 미등 및 차폭등을 켜두는 등으로 주차표시를 하지 아니하였다고 하더라도 주차지점이 도로교통법상 주차금지된 곳이

要件을 갖추고 있는가를 다루는 責任設定的 因果關係이며, 民法 §393가 적용되는 加害行爲와 損害 사이의 因果關係는 責任設定的 因果關係가 긍정된 후에 비로소 賠償하여야 할 損害의 範圍를 정하기 위한 責任充足的 因果關係라고 한다.

257) 李宙興(註 34), 49-70은 運行과 事故 사이의 因果關係 외에도 事故와 死傷 사이의 因果關係를 함께 논하고 있는바, 후자의 因果關係에 관한 상세한 논의에 관하여는 이를 참조하기 바란다.

258) 自賠 §4, 民 §§763·393.

259) 訴訟實務(註 17), 63; 李輔煥(註 11), 92.

260) 大判 94.8.23, 93다59595(公 1994, 2500).

261) 大判 97.9.30, 97다24276(註 220).

아니며, 비록 차도상이기는 하나 도로 우측편에 주차시켰기 때문에 통상의 차량통행에 지장이 없었고 차를 도로에 주차한 점이나 차의 미등 및 차폭등을 켜놓지 아니한 것이 가령 도로교통법위반의 잘못이 있다손 치더라도 그로 인하여 오토바이운전자가 위 차를 뒤늦게 발견하여 사고가 일어났다고 인정되지 않는다면, 위 사고와 위 차의 주차 사이에 상당인과관계가 있다고 할 수 없다고 하였고,262)

(b) 버스가 정류소에 완전히 정차한 상태에서 심신장애자복지법 소정의 장애 2급 해당자인 승객이 열린 출입문을 통하여 하차하다가 몸의 중심을 잃고 넘어져 부상을 입은 사안에서, 자동차를 당해 장치의 용법에 따라 사용한다는 것은 자동차의 용도에 따라 그 구조상 설비되어 있는 각종의 장치를 각각의 장치목적에 따라 사용하는 것을 말하는 것으로서 자동차가 반드시 주행상태에 있지 않더라도 주행의 전후단계로서 주·정차상태에서 문을 열고 닫는 등 각종 부수적인 장치를 사용하는 것도 포함하므로, 버스승객인 피해자가 버스가 정차한 상태에서 열린 출입문을 통하여 하차하다가 넘어져 사고가 난 경우 이를 자동차의 통상의 용법에 따른 운행중의 사고가 아니라고 말할 수는 없고, 또한 위 사고는 부수장치인 문의 개방에 즈음하여 발생한 사고라고 말할 수는 있지만 위 장치의 사용으로 인하여 일어난 사고라고 말할 수는 없을 것이므로, 이를 위 버스의 운행으로 말미암아 일어난 것이라고는 볼 수 없다고 하였고,263)

(c) 불도저의 무게를 줄여 운반하기 위하여 앞의 삽 부분과 뒤의 니퍼 부분을 제거한 상태에서 통상적인 방법대로 트레일러에 상차작업을 하던 중 무게불균형으로 불도저가 전복되어 불도저운전자가 사망한 사안에서, 자배법 제2조 제2호에 의하면 운행이란 사람 또는 물건의 운송 여부와 관계 없이 자동차를 당해 장치의 용법에 따라 사용하는 것을 말한다고 규정되어 있는바, 당해 장치란 운전자나 동승자 및 화물과 구별되는 당해 자동차에 계속적으로 고정되어 있는 장치로서 자동차의 구조상 설비되어 있는 당해 자동차고유의 장치를 말하는 것이고, 그와 같은 각종 장치의 전부 또는 일부를 각각의 사용목적에 따라 사용하는 경우에는 운행중에 있다고 할 수 있으나 자동차를 운행하는 자는 그와 같은 운행중에 일어난 모든 사고에 대하여 자배법에 의한

262) 大判 90.11.9, 90다카8760(公 1991, 41). 駐車로 인한 문제는 保有者나 運轉者가 無過失인가 하는 免責事由와도 관계되는바, 이에 관한 判例는 뒤에서 살펴본다.
263) 大判 94.8.23, 93다59595(公 1994, 2500).

손해배상책임을 지는 것이 아니라 그 중에서 운행으로 말미암아 일어난 사고에 대하여서만 그 책임을 지는 것이므로, 위 사고는 트레일러의 고정장치인 적재함으로의 상차작업에 즈음하여 발생한 사고라고는 할 수 있어도 트레일러의 운행으로 말미암아 일어난 것이라고는 볼 수 없다고 하였고,[264)]

(d) 차량운전자가 오토바이운전자와 시비가 붙어 차량을 운전하여 오토바이를 추격하던 중 그 오토바이운전자가 당황한 나머지 운전을 제대로 하지 못하여 넘어져 사고를 당한 경우, 차량의 운행과 오토바이의 사고발생 사이에 상당인과관계가 있다고 보았다.[265)]

### 3. 被害者가 他人일 것

#### (1) 一般論

自賠法 §3에 의하여 運行者責任이 성립하기 위하여는 死傷에 이른 자가 다른 사람, 즉 他人이어야 한다. 법규정으로만 보면 責任의 主體가 '自己를 위하여 自動車를 運行하는 자'로 되어 있으므로 다른 사람이란 '自己를 위하여 自動車를 運行하는 자', 즉 賠償責任의 主體가 되는 運行者가 아닌 자를 의미하는 것처럼 보이지만, 일반적으로는 運行者 및 당해 自動車의 運轉者·運轉補助者를 제외한 그 이외의 자라고 설명된다.[266)]

264) 大判 97. 1. 21, 96다42314(註 255).
위 판결의 구체적인 사안은 통상적으로 크레인을 트레일러에 실을 때에는 발판을 사용하나, 불도저의 경우에는 바퀴가 무한궤도여서 자동차 휠(바퀴쇠) 2개를 사용하는 방법, 즉 불도저가 자동차 휠 위에 올라가 휠을 밟고 다시 적재함 뒷부분에 걸쳐 올라가게 하는 식으로 트레일러에 실으며, 중기 등의 적재는 보통 중기운전사가 담당하여 왔는바, 사고 당시 트레일러의 운전자 甲이 乙이 운전하는 불도저를 트레일러에 싣기 위하여 트레일러에 싣고 다니던 자동차 휠 2개(높이 약 0.27m)를 평소와 같이 위 트레일러(적재함 뒷부분 높이 약 0.98m)로부터 일정한 간격 떨어진 지점의 땅바닥에 놓아 주었는데, 불도저운전자인 乙이 위 휠을 뒤로 좀더 당겨 달라고 하여 불도저 쪽으로 약간 더 옮겨 주어서 위 휠은 트레일러적재함 뒷부분으로부터 약 2.5m 정도 떨어진 지점에 놓이게 되었고, 乙은 甲이 위 트레일러로는 과적관계로 불도저를 운반하기 곤란하다고 하자 미리 불도저 앞의 삽과 뒤의 니퍼 부분을 떼내어 먼저 다른 차량으로 작업장에 운반하였는데, 이 때문에 위 불도저는 상하 무게의 불균형으로 인하여 전복될 위험이 있었음에도 불구하고 乙이 자신의 운전경력을 내세우며 공사관계로 당일 반드시 운반하여야 한다고 주장하여 甲 등이 위험신호를 보내면 즉시 불도저의 상차작업을 중단하기로 하고, 乙이 불도저를 운전하여 위와 같이 트레일러적재함 앞에 자동차 휠 2개를 놓은 상태에서 상차를 시도하였는바, 불도저가 휠 위에 올라가 휠을 밟고 적재함 뒷부분에 걸치어 올라가려는 순간 전복의 우려가 있어 甲 등이 즉시 중단하도록 하였으나 계속 상차작업을 강행하다가 불도저가 적재함에 올라가지 못한 채 균형을 잃고 전복되어 그 조종석에 있던 乙이 뇌손상 등으로 사망한 것이다.

265) 大判 97. 9. 30, 97다24276(註 237).

266) 李輔煥(註 11), 93.

그러나 이와 같이 일률적으로 '다른 사람'을 해석하는 경우에는 運行者, 運轉者 또는 運轉補助者와 같은 運行關與者이기만 하면 그 運行關與 정도를 불문하고 보호대상에서 제외되고, 한편 被害者가 運行者의 被用者라거나 家族, 近親者 또는 運行에 상당히 깊숙이 관여한 無償同乘者라 하여도 他人으로 취급되어 폭넓은 보호를 받게 되어 구체적인 사안에 따라서는 衡平에 어긋나는 결과가 된다. 따라서 이와 같은 일률적인 해석에서 벗어나 具體的인 運行支配나 運行利益에 의한 運行關與 정도, 그리고 運行者와 被害者와의 친밀도 등을 고려하여 保護의 범위를 넓히거나 責任의 정도를 減輕하는 견해가 등장하게 되는바, 아래에서는 運行關與者와 非運行關與者로 크게 나누어 유형별로 他人性에 관한 논의를 살펴본다.

(2) **運行關與者**

(가) 運 轉 者

(a) 運轉行爲를 한 無過失의 運轉者 運轉行爲를 한 運轉者가 사고발생에 관하여 過失이 없는 경우, 그 運轉者가 運行者에 대한 관계에서 他人으로 보호받을 수 있는가 문제된다. 이에 관하여는 過失이 없는 이상 他人으로서 보호받아야 한다는 積極說[267]과, 過失 여부를 떠나 運轉者는 사고를 미연에 방지할 善管注意義務를 부담하는 자이므로 他人으로서 보호받을 수 없다는 消極說[268]의 대립이 있다.

判例는 運轉者가 인천까지 고속도로 드라이브를 시켜달라고 간청하는 被

267) 金疇洙, 債各, 726; 李銀榮, 債各, 664; 金相容(註 8), 244; 日本 最高判 37. 12. 14.
그 논거로는 첫째 自賠法 제 1 조는 被害者의 범위를 한정한 바 없고, 둘째 自賠法 제 3 조는 民法 제750조 및 제756조의 특칙인데 제756조의 第 3 者 중에는 加害者 아닌 被用者가 포함되므로 被害者를 民法보다 더 후하게 보호한다는 自賠法이 被用者인 運轉者를 제외한다고는 볼 수 없고, 셋째 運轉者가 自賠法上 責任主體로 되어 있기는 하지만 그것은 책임행위의 有責的 擔當者에 대하여만 타당하며 自賠法 제 3 조 제 1 호가 自己 및 運轉者라고 표현하여 運轉者를 運行者와 나란히 責任主體로 규정하여 保護의 客體가 아닌 듯 보이지만, 그것은 自賠法 제정 당시나 현재나 교통사고의 被害者 중 일반 步行者나 乘客이 압도적 다수를 점하기 때문에 그렇게 표현된 것뿐이고, 넷째 運轉者가 自賠法上 責任保險의 被保險者로 되어 있을지라도 그것은 有責運轉者에 한정된다는 점을 든다고 한다(李輔煥(註 11), 95).

268) 李輔煥(註 11), 95; 金正洙, "自動車損害賠償保障法 제 3 조 本文의 他人의 範圍", 裁判資料 20, 80.
그 논거로 첫째 自賠法 제 1 조는 立法目的의 명시규정일 뿐이고, 둘째 自賠法이 民法 제756조의 特則이라고 할지라도 그 입법취지와 목적을 달리하므로 他人 중에 運轉者를 포함한다고 할 수 없고, 셋째 自賠法은 運行者와 運轉者를 責任主體로, 乘客과 通行人을 保護客體로 규정하고, 위 保護客體의 보호를 一般不法行爲에 있어서보다 더 후하게 보호하려는 것이 그 입법취지이고, 그 때문에 運轉者를 被保險者로 규정하고 있을 뿐 被害者로는 예정하지 않고 있음을 든다고 한다(李輔煥(註 11). 95).

害者들을 태우고 인천까지 갔다가 서울로 돌아오는 길에 충돌사고를 일으켜 被害者들과 아울러 運轉者가 다친 사안에서, 運轉者의 과실로 말미암아 사고가 생긴 경우에 있어서 運轉者는 自賠法 제3조 제1항 소정의 他人 속에 포함되지 아니한다고 하였다.[269] 그리하여 이 判決의 反對解釋상 過失 없는 運轉者는 他人에 포함되는 것이 아닌가 문제되나 이 判決만으로는 그 취지가 확실하지 않다고 보이며, 이와 같은 견지에서 이 판결의 취지가 反對解釋을 허용하는 취지는 아니라고 보는 것이 타당하다는 견해가 있다.[270]

(b) 運轉을 하지 아니한 運轉者 평소 運轉을 담당하는 지위에 있지만 事故 당시에 실제로 運轉을 담당하지 아니한 자에 대하여는 사고를 미연에 방지할 善管注意義務를 지우기 어려우므로 원칙적으로 他人으로서 보호될 것이다.[271] 그렇지만 運轉을 담당하는 자가 사고 당시에 現實的으로 運轉을 하지 않고 있었다 하더라도 그것이 法令이나 業務命令을 위반한 것이거나 運轉을 담당한 자가 교습생과 같이 그 補助者的인 지위에 있음에 불과하다면 運轉者의 지위를 이탈한 것이 아니라고 보아야 하므로 여전히 사고를 미연에 방지할 注意義務를 진다 할 것이고, 따라서 그 運轉者를 他人으로부터 제외하는 것은 自賠法의 취지에 반한다고 해석된다.[272]

判例도 대체로 이와 같은 입장을 취하고 있는바,

(i) 먼저 運轉者임이 부정되어 他人으로서 保護된 사례를 살펴보면,

(ㄱ) 피고회사소속 운전사인 甲이 사고택시를 배차받은 후 피고회사소속의 다른 택시를 배차받았던 乙로 하여금 그가 배차받은 택시의 운행을 하지 못하게 하고, 그에게 사고택시를 운전하게 하여 음성읍에서 열리고 있는 설성문화재에 놀러갔다가 돌아오는 길에 사고를 당한 경우에 비록 피고회사의 사고자동차의 운전사가 자동차회사의 단체협약·취업규칙·인사관리규정 및 복무규정에서 규정한 운전대여금지나 근무교대시간엄수 등을 제대로 지키지 못하였다 하더라도 같은 회사 택시의 운전사이며, 운전숙련자인 자에게 운전을 맡기고 자신은 운전석 옆좌석에 앉아 있었던 것이라면 그 운전사가 사고택시의 운전자라고는 볼 수 없다고 하였고,[273]

269) 大判 71.6.8, 71다710,71다711(集 19-2, 민103).
270) 李輔煥(註 11), 95.
271) 金疇洙, 債各, 726. 同旨: 李宙興(註 34), 77.
272) 李輔煥(註 11), 96-7.
273) 大判 89.4.24, 89다카2070(公 1993, 1455).

(ㄴ) 피고회사에 자동차를 지입하고 있는 차주로서 직접 운전을 담당하여 온 甲이 서울에서 강원도 정선까지 왕복운행하는 장거리 야간운행을 하게 되어 교대운전이 필요하기 때문에 그 형인 乙을 동행하여 정선까지 갔다가 서울로 돌아오는 과정에서 휴식을 제대로 취하지 못하여 서로 교대하면서 운전하여 왔는데, 甲이 운전석에 앉아 운전을 하고 乙이 조수석에 앉아 수면 휴식중에 사고가 발생한 사안에서, 교대운전자인 乙은 비번인 동안은 위험으로 인하여 담당운전자인 甲으로부터 요청이 있는 등의 특단의 사정이 없는 한 자기의 당번에 대비하여 수면 휴식함이 허용된다 할 것이므로 위 사고 당시에는 자배법 제3조 소정의 타인에 해당한다고 하였고,[274)]

(ㄷ) 甲이 경영하는 상점의 운전기사로서 사고 당일 甲으로부터 사고화물자동차를 운전하여 육계를 운반하라는 지시를 받은 乙이 위 차량을 운전하지 아니하고 다른 택시의 운전기사로서 당일 비번으로 쉬고 있던 자신의 형인 丙에게 자기 대신 운전하여 달라고 부탁하여 丙이 위 상점의 사무실에 들어와서 위 화물자동차를 운전하여 가다가 사고를 내어 조수석에 탑승하고 가던 乙이 사망하였고, 丙은 운전숙련자로서 위 사고 이전에도 甲의 승낙하에 위 乙을 대신하여 위 차량을 운전한 적이 있었으며, 위 사고 당일에도 甲이 위 상점의 경리직원을 통하여 丙이 위와 같이 사무실에 들어와서 乙을 태우고 위 화물자동차를 운전해 나가는 것을 보고받고도 그대로 묵인한 사안에 있어서, 乙은 위 차량을 운전중인 자라고 할 수 없어 자배법 제3조 소정의 타인에 해당한다고 하였다.[275)]

(ii) 다음으로 運轉者라 하여 他人으로 保護되지 아니한 사례를 살펴보면,

(ㄱ) 피고가 경영하는 상사의 운전사 겸 영업사원인 망 甲이 피고 소유의 1톤 트럭으로 그 대리점에 제품을 배달하여 준 다음 위 대리점소장인 乙로부터 그가 부곡온천에 수금하러 간다는 말을 듣고 함께 갔다 오자고 제의하여 위 차량 조수석에 乙을 태우고 이를 운전하여 부곡온천까지 갔다가 귀로에 乙로 하여금 위 차량을 운전하게 함으로써 乙이 위 차량을 운전하던 도중 그의 과실로 발생한 추돌사고로 사망하게 되었다면, 위 부곡온천까지의 운행은 객관적·외형적으로 피고를 위하여 이루어진 것으로 인정하기 어려울 뿐

274) 大判 83. 2. 22, 82다128(公 1983, 586).
275) 大判 97. 11. 28, 97다28971(公 1998상, 70).

아니라 甲은 위 차량을 운전하여야 할 지위에 있었으며, 따라서 위 차량운행으로 인한 사고를 미연에 방지할 선량한 관리자로서의 주의의무를 부담한다 할 것인데, 위 차량과 아무런 관련이 없는 乙로 하여금 이를 운전하도록 한 행위는 위 차량에 대한 선량한 관리자로서의 주의의무를 위반한 것이라 할 것이므로 甲은 자배법 제3조에 의하여 보호되어야 할 타인의 범주에 해당하지 아니한다고 하였고,[276)]

(ㄴ) 자동차소유자로부터 운전을 위임받아 스스로 자동차를 운전하면서 그 소유자에 대하여 그 자동차의 운행으로 인한 사고의 발생을 미연에 방지하여야 할 선량한 관리자의 주의의무를 부담하는 지위에 있는 피해자가 그와 같은 주의의무를 위배하여 그 자동차를 한번도 운전한 적이 없고, 운전면허를 취득한 지 1개월 남짓밖에 되지 아니하여 운전기술이 미숙할 뿐만 아니라 지리에도 익숙하지 아니한 자동차소유자의 다른 피용자에게 함부로 그 자동차를 운전하도록 하고 자기는 옆자리에 탔다면, 피해자로서는 비록 자동차사고 당시 그 차를 직접 운전하지는 아니하였다 하더라도 적어도 자동차소유자에 대하여는 자배법 제3조가 정하는 타인임을 주장하여 손해배상을 구할 수 없다고 하였고,[277)]

(ㄷ) 사고 당시 현실적으로 운전을 하지 않았더라도 당해 자동차를 운전하여야 할 지위에 있는 자가 법령상 또는 직무상의 임무에 위배하여 타인에게 운전을 위탁하였고, 상대가 운전무자격자나 운전미숙자인 경우에 위탁자는 자배법 제3조 소정의 '다른 사람'에 해당한다고 보아야 하므로, 이삿짐센터 화물차의 운전과 이에 부착된 고가사다리의 작동을 담당하던 종업원인 甲이 자신은 깔판을 타고 올라 탄 다음 이삿짐센터에서 짐을 나르는 종업원으

276) 釜山高判 90. 11. 22, 89나6426(上告棄却, 下集 1990-3, 260).

277) 서울地判 96. 5. 31, 95가단86933(抗訴, 下集1996-1, 283). 위 판결의 사안은 화물차소유자인 甲이 전기공사업을 경영하면서 乙·丙·丁·戊를 직원으로 고용하고, 위 직원들로 하여금 위 화물차를 이용하여 전기공사현장에 일을 하러 다니도록 하였고, 위 직원들이 위 화물차를 이용하여 전기공사현장에 다니는 경우 甲은 乙·戊로 하여금 위 화물차를 운전하도록 하였고, 丙은 운전면허를 취득하여 이 사건 사고 당일까지 위 화물차를 운전한 적이 없었으며, 甲이 丙으로 하여금 위 화물차를 운전하도록 허락한 적도 없었는데, 乙은 이 사건 사고 당일 丙 및 甲이 일당제로 고용한 인부와 함께 인천소재 전기공사현장에서 전기공사를 마치고 위 화물차를 운전하여 그들과 서울로 돌아오다가 경인고속도로진입로 부근에서 丙이 乙에게 운전연습삼아 자기가 위 화물차를 운전해 보겠다고 제의하자, 乙이 그 곳이 고속도로이고 일방통행이니 운전을 해보라고 하면서 丙에게 운전을 허락하여 그가 그 곳에서부터 위 화물차를 운전하던 중 이 사건 사고현장 부근에 이르러 그 부근의 지리를 잘 몰라 양화대교 쪽으로 진행하려다가 乙로부터 성산대교 쪽으로 진입하라는 말을 듣고 갑자기 차선을 변경하다가 운전미숙으로 사고가 발생한 경우이다.

로서 운전면허도 없는 乙에게 고가사다리를 조작하도록 지시하여 그의 작동미숙으로 땅에 떨어져 사망한 사안에서, 甲은 자배법 제3조 소정의 '다른 사람'에 해당하지 않는다고 하였다.[278]

(나) 運轉補助者 自賠法 제2조 제4호는 運轉者는 다른 사람을 위하여 自動車의 運轉 또는 運轉의 補助에 종사하는 자를 말한다고 정의하고 있으므로 運轉補助者도 運轉者와 마찬가지로 他人의 범주에서 제외될 수 있을 것이지만, 아무래도 運轉者에 비하여는 運行에 관여하는 비중이 낮기 때문에 他人으로 保護되어야 할 경우가 상당수 있을 것이다.[279] 따라서 運轉補助者가 현실적으로 사고발생을 미연에 防止할 義務가 있거나 실제 運轉에 관여한 경우에는 他人에 해당되지 않는다 할 것이지만, 이에 이르지 아니한 경우에는 他人으로 보호된다고 한다.[280]

判例는 甲과 乙이 함께 사고차량에 同乘하여 운전업무에 종사하여 오던 중 사고 당일 乙이 위 차량을 後進함에 있어 甲이 그 後進을 誘導하다가 乙의 과실로 甲이 사고를 당한 경우에 甲과 乙은 위 운전업무에 관여한 자로서 自賠法 소정의 다른 사람에 해당하지 않는다고 본 반면,[281] 굴삭기의 보조기사로 고용되어 주로 굴삭기 정비업무에 종사해 오던 甲이 굴삭기를 수리하고 있는 도중에 후진한 굴삭기에 의하여 사고를 당한 경우에 甲은 사고 당시 굴삭기의 수리업무에 종사하고 있었던 것에 불과하고 굴삭기를 운전하거나 그 운전을 보조하는 업무에 종사하고 있었던 것은 아니므로 自賠法 소정의 다른 사람에 해당한다고 보았다.[282]

그리고 乘客이나 通行人이 업무종사와 관계 없이 運轉者 등의 권유에 의하여서나 자발적으로 단순히 善意로 運轉者의 運行行爲를 돕는 경우, 自賠法上의 運轉補助者에 해당하지 아니할 것이다.[283]

(다) 共同運行者

(a) 序 차량에 대한 運行支配 및 運行利益이 수인에게 귀속되는 共同運行이 가능함은 앞에서 살펴본 바와 같다. 그런데 運行者는 他人에서 제외된다고 하는 일반적인 정의에 따른다면, 共同運行者 중의 1인이 被害者인

278) 大判 2000. 3. 28, 99다53827(公 2000, 1055).
279) 李輔煥(註 11), 97.
280) 李宙興(註 34), 78.
281) 大判 87. 10. 28, 87다카1388(註 15).
282) 大判 99. 9. 17, 99다22328(公 1999, 2190).
283) 李宙興(註 34), 78.

경우에는 그는 他人으로서 보호받지 못하게 된다. 그러나 共同運行者라고 하여도 그 運行支配의 정도, 運行目的, 運行經費, 利益의 分擔關係 등의 차이에 따라 여러 형태가 있고, 共同運行者 중의 1인이 피해를 입은 경우라도 다른 共同運行者에 대한 관계에 있어서는 他人으로서 인정될 경우가 있다.

앞에서 본 共同運行의 유형 중 數人이 동일한 共同目的을 위하여 自動車를 運行하고 經費도 공동으로 부담하는 眞正共同運行[284]의 경우에는 共同運行者 중 1인이 동승 또는 보행중에 그 自動車에 의하여 사고를 당하게 되면 他人으로서 보호를 받지 못할 것이지만,[285] 그 이외의 共同運行의 경우에는 사고를 당한 運行者로서는 對外的인 관계에서는 다른 被害者에 대하여 責任主體가 되지만, 對內的인 관계에서는 사고시에 있어서의 運行支配·運行利益의 구체적인 사정에 따라 他人으로서 보호될 여지가 있을 것이다.[286]

(b) 學 說 共同運行者 중 1인이 피해를 입은 경우에 어떠한 기준에 의하여 他人으로서 보호받을 수 있을 것인가에 관한 學說은 결국 共同運行者의 對外的 責任을 인정하면서도 對內的 保護를 부여하는 근거를 어떻게 합리적으로 설명할 수 있는가에 따라 전개되는데, 우리 나라에서는 修正責任相對說이 多數說인 것으로 보인다.[287]

---

284) 全部的 共同運行이라고도 한다.

285) 李銀榮 債各, 664; 李輔煥(註 11), 74; 金正洙(註 268), 100.
그러나 金疇洙, 債各, 726은 共同運行의 類型을 구분하지 아니하고 他人性을 인정하는 듯이 설명하고 있다.

286) 金正洙(註 247), 74; 金相容(註 8), 243.

287) 李輔煥(註 11), 101; 金正洙(註 268), 76; 李宙興(註 34), 73.
이 외에도 日本에서는 ① 賠償義務者의 運行者性은 事故自動車의 運行의 객관적 지배로부터 생기는 絶對的인 것임에 반하여 他人性은 본래 相對的인 개념이라고 하여 賠償義務者 이외의 모든 자는 원칙적으로 他人에 해당하지만, 그 被害者가 당해 사고의 원인으로 된 事故自動車의 運行에 賠償義務者보다 일층 直接的으로 관여하였다고 하는 특별사정이 있는 경우에는 예외적으로 他人性은 조각된다고 하는 他人性阻却說, ② 共同運行者도 運行者이므로 對外的으로는 전부 책임을 부담하지만, 對內的인 관계에 있어서는 運行에 관여한 정도에 따라 運行者性을 조각하여 책임을 면할 경우가 있다고 하는 運行者性阻却說(責任相對說), ③ 被害者인 共同運行者에 관하여 運行者性과 他人性의 併存을 인정하여 對內的으로 他人으로서 점하는 비율에 적합한 보호를 받고, 對外的으로는 運行者로서의 비율에 따른 책임을 부담한다고 하는 比率的 責任說이 있다고 한다(金正洙(註 247), 74-5). 他人性阻却說과 運行者性阻却說은 원고에 의하여 賠償義務者로 지명된 자의 責任의 성부 자체, 즉 他人性 내지 運行者性을 조각할 被害者의 運行關與의 정도를 어떻게 파악할 것인가를 문제로 삼을 뿐 責任의 量的 파악은 責任의 평면에서는 문제삼지 아니하고 損害判斷의 단계에서 過失相計·衡平의 原則·權利濫用, 慰藉料算定 등으로 처리하므로 責任의 단계에서 被害者의 他人性 또는 被害者에 대한 加害者의 運行者性이 조각되면 원고의 청구는 모두 기각되는 불합리한 점이 있고, 比率的 責任說은 共同運行者인 被害者의 比率的인 보호에만 중점을 둔 나머지 그 被害者가 對外的으로 運行者의 比率에 따른 책임만을 부담한다는 오류를 범하고 있다고 지적된다(李輔煥(註 11), 101).

修正責任相對說에 의하면 피해를 입은 共同運行者라도 對外的으로는 다른 共同運行者와 連帶하여 책임을 부담하나, 對內的으로는 共同運行者의 運行者性을 比率的으로 파악한 후 이를 責任論이 아닌 損害論으로 평행이동하여 기술적으로 過失相計의 유추적용을 통하여 相對的인 責任의 量的 처리를 실현하는 學說이다. 따라서 배상의무자로 지명된 共同運行者가 被害者의 運行關與(過失相計 유사)의 抗辯을 하고 입증하면, 그 인정된 比率에 따라 그대로 손해액산정에 투영되어 전손해 중 그 比率에 따른 손해에 관하여 책임을 면하게 된다.[288] 즉 共同運行者의 他人性 문제는 共同運行者 가운데 1인이 被害者로 된 경우에 다른 共同運行者와의 관계에서 그 피해를 입은 共同運行者를 他人으로 보호할 것인가 하는 共同運行者 상호간의 內部關係의 문제로 파악하고, 이에 따라 다른 共同運行者가 피해를 입은 共同運行者에 대한 관계에 있어서 運行者라고 볼 수 없을 정도의 사정이 있을 때, 즉 '內部關係에 있어서 運行支配의 완전한 移轉'이 있는지 여부에 의하여 他人性의 否定 여부가 결정된다고 한다.[289]

私見으로는 共同運行者가 과연 他人으로서 보호받을 수 있을까 하는 문제와 他人으로서 보호를 받게 되는 경우에 다른 共同運行者가 어느 정도 책임을 져야 하는가의 문제로 구분되어 생각되어야 한다. 따라서 自賠法의 입법취지에 비추어 볼 때에 被害者가 共同運行者라고 하여 무조건적으로 他人에서 배제시키는 것은 옳지 아니하고, 對內的인 관계에서 자신의 運行 관여 정도가 다른 運行者에 대등하거나 그 이상이 될 정도로 運行支配와 運行利益이 被害者에게 귀속되는 경우에는 運行者와 구분되는 他人이라 할 수 없으므로 他人으로서 보호받지 못한다 할 것이다. 그리고 他人으로서 보호되는 경우에 共同運行者인 피해자가 다른 共同運行者에 대하여 책임을 추궁할 수 있는 한도는 被害者가 共同運行者가 아닌 第3者라면 運行者 중 1인이 第3者에 대한 손해를 배상하고 나서 다른 共同運行者에 대하여 그 運行關與 정도에 따라 求償權을 행사할 수 있는 것과 마찬가지로 그 자신의 運行關與 정도를 제외한 나머지 부분이라 할 것이므로, 그 範圍 내에서 다른 共同運行者는 책임을 면한다고 보아야 할 것이고, 따라서 修正責任相對說이 타당하다고 생각한다.

288) 金正洙(註 268), 75. 對內的 責任이 相對的·比率的으로 파악되는 반면, 對外的인 責任은 문제삼지 않는 근거에 대하여 加害者인 共同運行者의 運行者性減少에 관한 주장을 責任論의 평면에서 損害論의 평면으로 이동시켜 過失相計類似의 抗辯으로 보기 때문이라고 설명한다.

289) 金正洙(註 268), 76.

(c) 判 例 判例도 동일한 自動車에 대하여 複數로 존재하는 運行者 중 1인이 당해 自動車의 사고로 피해를 입은 경우에도 사고를 당한 그 運行者는 다른 運行者에 대하여 자신이 법 제3조 소정의 他人임을 주장할 수 없는 것이 원칙이고, 다만 사고를 당한 運行者의 運行支配 및 運行利益에 비하여 相對方의 그것이 보다 主導的이거나 直接的이고 具體的으로 나타나 있어 相對方이 용이하게 사고의 발생을 방지할 수 있었다고 보여지는 경우에 한하여 비로소 자신이 他人임을 주장할 수 있을 뿐이라고 하여[290] 修正責任相對說의 입장을 취하고 있는바, 구체적으로 他人性 여부가 문제된 사례를 보면 다음과 같다.

(i) 먼저 共同運行者에 대하여 他人性을 否定한 사례를 살펴보면,

(ㄱ) 甲이 사촌형인 乙에게 自己 소유의 자동차를 무상으로 빌려주고 乙은 丙·丁에게 무상으로 빌려 주어 甲·乙과는 아무런 관계 없이 丁과의 친분관계로 동승한 戊가 丙과 교대로 그 차를 운전하다가 사고를 일으켰다면, 丁은 사고 당시 그 자동차의 운행을 지배하고 그 운행이익도 가지고 있어서 자배법 제3조 소정의 자기를 위하여 자동차를 운행하는 자의 지위에 있었다 할 것이고, 그 구체적인 운행지배의 정도·상태 또한 甲의 운행지배보다 구체적이고 직접적으로 나타나 있어 용이하게 사고의 발생을 방지할 수 있었다고 보여지므로 丁은 甲에 대하여 같은 법조 소정의 他人임을 주장할 수 없다고 하였고,[291]

(ㄴ) 피해자가 계원들의 여행을 위하여 피고소유차량을 무상으로 빌린 다음 운행비용은 계원들의 공동부담으로 하고 운전은 계원 중 한 사람에게 맡겨 그 차를 타고 놀러갔다가 돌아오던 중 운전부주의로 발생한 사고로 사망한 경우, 피해자는 사고 당시 위 차량의 운행지배와 운행이익을 가지고 있는 자배법 제3조 소정의 자기를 위하여 자동차를 운행하는 자의 지위에 있었고, 자동차보유자인 피고에 비하여 그 운행지배와 운행이익이 보다 구체적이고도 직접적으로 나타나 있어 용이하게 사고의 발생을 방지할 수 있었다고 보여지므로 피고에 대하여 같은 법조 소정의 타인임을 주장할 수 없다고 하였고,[292]

290) 大判 2000. 10. 6, 2000다32840(公 2000, 2293).
291) 大判 89. 6. 27, 88다카12599(公 1989, 1148); 大判 2000. 11. 30, 2000다66393(公 2002, 166)의 사안도 같다.
292) 大判 91. 7. 9, 91다5358(公 1991, 2118).

(ㄷ) 甲과 乙은 여러 해 동안 개고기 등의 도매상을 동업하였는데, 그 업무는 두 사람이 전국을 돌아다니며 개와 염소 등을 구입하여 식당에 판매하는 형태였고, 甲과 乙이 공동으로 경영하는 위 도매업에 사용하고자 공동으로 투자하여 트럭을 구입하였다면 甲은 이른바 '진정한 공동운행자'에 해당하고, 한편 위 사업을 수행할 목적으로 乙이 운전하는 위 트럭에 甲이 동승하여 가다가 乙의 과실로 사망하였다면 위 사고는 甲의 운행지배가 미치고 있는 동안 발생하였다고 보아야 하며, 또한 甲이 가지는 운행지배와 운행이익의 정도가 乙과 동등하다면 甲은 자배법 제3조에 규정된 '다른 사람'에 해당하지 않는다고 하였고,[293)]

(ㄹ) 렌터카임차인은 실제로 자동차를 운전하거나 그에 동승하여 직접적으로 운행이익을 누리면서 이를 지배·관리함으로써 그의 운행지배와 이익은 임대인인 렌터카업자의 운행지배와 이익에 비하여 오히려 보다 직접적이고 구체적으로 나타나게 되어 사고의 발생도 용이하게 방지할 수 있는 지위에 있으므로 렌터카업자에 대한 관계에서 자배법 제3조 소정의 타인임을 주장할 수 없고,[294)] 렌터카임차인의 가족들 또한 위 승합차에 무상으로 동승하여 그 운행이익을 누리고, 임차인과의 신분관계나 당초의 임차목적·운행경위 등에 비추어 임차인의 운행지배 내지 점유·관리에 대한 보조자적인 지위에 있었으며, 사고에 대한 궁극적 책임부담자인 임차인과 경제적 생활공동체를 이루는 가족구성원으로서 임차인으로부터 안전을 보호받고 경제적 지원을 받는 지위에 있어서 이른바 가족들에 대한 손해의 전보는 임차인에 대한 손해의 전보와 마찬가지이므로 전보청산의 동일귀속관계에 있다는 점과 손해배상제도의 기본이념 등을 고려할 때, 임차인이 렌터카업자에 대하여 책임을 물을 수 없는 사정은 임차인의 가족들에게도 그대로 참작함이 신의칙이나 형평의 원칙에 부합된다고 할 것이므로, 임차인의 가족들로서도 렌터카업자에 대하여 렌터카업자의 운행자성이나 자신들의 타인성을 주장할 수는 없다고 하였다.[295)]

293) 大判 92. 6. 12, 92다930(公 1992, 2135). 나아가 위 판결은 이 경우에 甲의 상속인들로서는 乙에 대하여 乙 자신의 불법행위를 이유로 손해배상을 청구할 수 있을지언정 자배법에 근거하여 손해배상을 청구할 수는 없다고 판시하고 있다.

294) 大判 2000. 10. 6, 2000다32840(註 290).

295) 大邱地判 93. 5. 20, 92가합16816(確定, 下集 1993-2, 367). 위 판결은 피해자인 가족들로서는 이 사건 사고에 대하여 직접적이고 궁극적인 책임자인 다른 가족에 대하여 그 책임을 묻는 것이 법률상으로는 불가능한 것이 아니지만 사실상으로는 불가능하거나 기대할 수 없는 입장에 있고, 따라서 그들은 자동차종합보험계약상으로도 자손보험의 피보험자에 해당할 뿐 대인배상보험에 의하여 보상을 받을 수 있는 타인인 피해자에는 해

(ii) 다음으로 共同運行者에 대하여 他人性을 肯定한 사례를 살펴 보면,

(ㄱ) 보험회사인 피고가 중기주식회사와 사이에 위 회사소유의 굴삭기에 관한 자동차종합보험계약을 체결하였는데, 甲이 위 회사로부터 굴삭기를 사용기간 1일로 하고 차량에 딸린 운전사 乙을 굴삭기와 함께 사용하며 굴삭기에 소요되는 기름은 차주가 부담하기로 정하여 임차한 다음, 같은 날 乙로 하여금 甲소유의 과수원입구에서 과수원진입로 확장공사 및 과수원평탄작업을 하도록 지시하고 자신은 위 굴삭기 주위에서 위 작업의 진척상황을 지켜보면서 마무리 작업을 하는 등 계속하여 작업현장에 있었는바, 같은 날 16:00경 乙이 작업중 후진함에 있어 마침 위 굴삭기 뒤에서 도로에 엎드려 하수구배수로를 손질하던 甲을 미처 발견하지 못하여 위 굴삭기의 오른쪽 뒷바퀴로 그를 치어 사망하게 한 사안에서, 위 굴삭기 소유자인 위 회사는 운전사인 乙을 통하여 위 굴삭기운행관계에 대한 지식이 없는 甲에 비하여 위 굴삭기운행에 보다 주도적으로 또는 직접적·구체적으로 관여하였다고 보아야 하는 점과 위 굴삭기의 운행경위 및 운행목적 등에 비추어 볼 때에 위 사고에 있어서는 甲의 위 굴삭기에 대한 운행지배 및 운행이익에 비하여 위 회사의 그것이 보다 주도적이거나 직접적이고 구체적이라 할 수 있어 위 회사가 용이하게 사고의 발생을 방지할 수 있었다고 보여지므로 甲은 위 회사에 대하여 자배법 제3조 소정의 타인임을 주장할 수 있다 할 것이고, 따라서 甲의 유족들이 직접 보험자인 피고회사를 상대로 위 회사가 배상책임을 지게 됨으로써 입은 손해의 보상을 청구함에 있어서 위 사고를 당한 승낙피보험자인 甲이 보험약관 제9조 제1항 제1호 소정의 타인임을 주장할 수 있다고 하였고,[296)]

---

당하지 아니하는 지위에 있다고 하고 있는바, 이와 같은 가족들에 관한 판시부분은 이른바 무상동승자에 있어서의 피해자측 과실이론을 유추적용한 것으로 보이는데, 피해자측 과실에 관한 내용은 뒤에서 별도로 살펴본다.

296) 大判 97.7.25, 96다46613(公 1997하, 2668). 營業用 自動車綜合保險 普通約款(1994.8. 개정되기 전의 것) 제9조 제1항 제1호는 "회사는 피보험자가 피보험자동차의 사고로 남을 죽게 하거나 다치게 하여 법률상 손해배상책임을 짐으로써 입은 손해를 보상합니다"라고 규정하고 있고, 제11조는 "배상책임에서 피보험자라 함은 다음에 열거하는 사람을 말합니다"라고 하면서 ① 보험증권에 기재된 피보험자, ② 기명피보험자와 같이 살거나 살림을 같이 하는 친족으로서 피보험자동차를 사용 또는 관리중인 자, ③ 기명피보험자의 승낙을 얻어 피보험자동차를 사용 또는 관리중인 자, ④ 기명피보험자의 사용자, ⑤ 전 각 호의 피보험자를 위하여 피보험자동차를 운전중인 자(운전보조자를 포함)를 열거하고 있는바, 위 判例는 동일한 자동차사고로 인하여 손해배상책임을 지는 피보험자가 복수로 존재하고 그 중 1인이 그 자동차사고로 스스로 피해를 입어 다른 피보험자를 상대로 손해배상을 청구하는 경우, 사고를 당한 피보험자의 운행지배 및 운행

(ㄴ) 甲이 다세대주택 건축공사중 콘크리트 타설작업을 하도급 받아 시공하던 중 콘크리트펌프가 필요하게 되자, 이 사건 콘크리트펌프를 그 지입차주인 乙로부터 그의 피용인인 丙과 함께 반나절 사용하기로 하고 임대료 금 200,000원에 임차하였는바, 같은 날 18:00경 丙이 위 콘크리트펌프를 운전하여 위 공사현장 부근의 차도에 도착하여 공사현장으로 진입하기 위해 골목길로 후진하려 하였으나, 위 콘크리트펌프가 진입 후 정차하여 작업할 곳에 자재들이 널려 있었으므로 甲이 丙에게 위 콘크리트펌프를 정차할 것을 지시하고 10분 내지 15분 정도 자재들을 정리하고 있었는데, 丙이 위 콘크리트펌프를 후진시키다가 甲을 피하지 못하고 甲의 좌측 발목 부분을 위 콘크리트펌프 뒷바퀴로 친 사안에서, 丙이 위 콘크리트펌프에 위 다세대주택 건축공사현장에 사용될 콘크리트를 싣고 위 공사현장 부근에 도착하여 위 콘크리트펌프를 임차한 甲의 지시에 따라 10여 분간 정차하였으니 이로써 이미 위 콘크리트펌프는 사회통념상 甲의 지배 하에 있었다 할 것이고, 나아가 콘크리트펌프는 콘크리트를 운반하여 공사현장에 이를 쏟아 부어 바로 콘크리트 타설 작업을 할 수 있도록 하는 건설기계인바, 丙이 甲의 지시에 따라 위 공사현장 부근에서 잠시 위 콘크리트펌프를 정차시켰다가 위 콘크리트를 쏟아 부을 공사현장을 향하여 위 콘크리트펌프를 후진시킨 것이니 현실적으로도 甲이 이를 사용하기 시작하였다 할 것이므로, 甲은 기명피보험자인 소외회사 또는 지입차주인 乙의 승낙을 얻어 피보험자동차를 사용 또는 관리중인 자에 해당한다 할 것이라고 인정한 후, 이 사건 사안에 의하면 위 콘크리트펌프의 소유자인 소외회사 또는 지입차주인 乙은 운전기사인 丙을 통하여 위 콘크리트펌프 운행관계에 대한 지식이 없는 甲에 비하여 그 운행에 보다 주도적으로 또는 직접적·구체적으로 관여하였다고 보아야 하는 점, 위 콘크리트펌프의 운행경위 및 운행목적 등에 비추어 위 사고에 있어서는 甲의 위 콘크리트펌프에 대한 운행지배 및 운행이익에 비하여 소외회사 또는 乙의 그것이 보다 주도적이거나 직접적이고 구체적이라 할 수 있어 소외회사가 용이하게 사고의 발생을 방

---

이익에 비하여 상대방 피보험자의 그것이 보다 주도적이거나 직접적이고 구체적으로 나타나 있어 상대방 피보험자가 용이하게 사고의 발생을 방지할 수 있었다고 보여진다면 사고를 당한 피보험자는 상대방 피보험자에 대하여 자배법 제3조 소정의 타인임을 주장할 수 있는바, 그와 같은 경우 상대방 피보험자가 보험자를 상대로 사고를 당한 피보험자에 대해 손해배상책임을 짐으로써 입은 손해의 보상을 구함에 있어서는 사고를 당한 피보험자가 자동차종합보험 보통약관 제9조 제1항 제1호 소정의 '타인'임을 주장할 수 있다고 본 것이다.

지할 수 있었다고 보여지므로, 甲이 직접 보험자인 피고를 상대로 소외회사 또는 乙이 배상책임을 지게 됨으로써 입은 손해의 보상을 구하는 취지로 손해의 보상을 청구함에 있어서 위 사고를 당한 승낙피보험자인 甲이 위 보험약관 제9조 소정의 他人임을 주장할 수 있다고 판단하였고,[297]

(iii) 다음으로 共同運行者에 대하여 他人임을 직접 판시하지는 아니하였지만 이를 전제로 한 후 다만 損害額을 減額한 사례를 보면, 소외 甲·乙·丙 3인이 군동료들로서 함께 주말에 놀러 가기 위하여 그 중 소외 甲이 렌터카회사로부터 자동차 1대를 임차하기로 계약을 체결하고 소외 乙은 그 보증인이 되는 등 그 소외인들이 비용을 균등부담하기로 하고 자동차를 임차하여 소외 甲이 운전하고 가던 중 충돌사고가 일어나 모두 사망한 사안에서, 자동차의 운행경위, 동승자와 운행자와의 인적 관계·운행목적 등에 비추어 볼 때에 소외 乙·丙은 운전자인 소외 甲과는 물론이요 렌터카회사와도 자동차의 운행지배 및 운행이익을 어느 정도 공유한다고 판시하고, 나아가 렌터카회사에게 위 사고로 인하여 소외 乙·丙이 입은 모든 손해의 배상을 부담하도록 하는 것은 손해의 공평부담을 지도원리로 하는 손해배상제도의 근본취지에 어긋난다고 하여 렌터카회사가 배상하여야 할 손해액을 산정함에 있어서 40% 감액하였다.[298]

297) 大判 97.8.29, 97다12884(公 1997하, 2861).
위 判例의 기본적인 法理는 前註와 같고, 위 判例는 나아가 상대방 피보험자에게 사고로 인한 모든 손해의 배상을 부담지우는 것은 손해의 공평부담을 지도원리로 하는 손해배상제도의 근본취지에 어긋난다고 할 것이므로, 사고를 당한 피보험자가 상대방 피보험자와의 관계에서 나누어 가지고 있는 사고자동차에 대한 운행지배 및 운행이익의 정도, 사고자동차의 운행경위 및 운행목적 등을 참작하여 손해부담의 공평성 및 형평과 신의칙의 견지에서 상대방 피보험자가 부담할 손해액을 감경함이 상당하고, 또한 사고를 당한 피보험자에게 사고발생에 관한 과실이 있었으면 그 과실 역시 함께 참작하여 상대방 피보험자가 부담할 손해액을 감경함이 상당한데, 위 사안에 의하면 甲 역시 위 콘크리트펌프의 소유자인 소외회사 또는 지입차주인 乙과 함께 위 콘크리트펌프에 대해 운행지배 및 운행이익을 가지고 있었고, 위 사고에 있어 甲은 위 콘크리트펌프를 공사현장으로 진입시키기 위해 일시 그 차량의 진행을 정지시키고 그 뒤쪽에서 자재를 치우고 있었으므로, 위 콘크리트펌프가 후진하는 경우 등에 대비하여 그 동태를 살피는 등 사고를 미연에 방지하기 위한 주의의무를 다하였어야 하였는 데도 불구하고 이를 게을리하다가 이 사건 사고를 당한 과실이 있다 할 것이므로, 이와 같은 사고자동차에 대한 甲의 운행지배 및 운행이익의 정도, 사고자동차의 운행경위 및 운행목적, 사고발생에 관한 甲의 과실 등을 종합적으로 참작하여 피고가 보상할 손해액을 감액함이 상당하다고 하였다.

298) 大判 91.3.27, 91다3048(註 57). 또한 大判 92.2.11, 91다42388, 91다42395(註 54)도 자동차임차인과 그 처의 탑승경위, 자동차의 운행지배권의 이전정도 등에 비추어 손해부담의 공평성 및 형평과 신의칙의 견지에서 피해를 입은 자동차임차인 등에 대한 자동

### (3) 非運行關與者

㈎ 被 用 者　　同一한 使用者에게 고용된 被用者 중 1인이 다른 被用者에게 업무집행상 손해를 가한 경우, 被害者인 被用者가 運行에 관여하지 아니한 이상 그를 同一使用者에 의한 被用者라는 이유만으로 自賠法 §3 소정의 他人에 해당하지 않는다고 할 수는 없을 것이다.[299]

判例는 가정용품소매업을 하는 甲의 업무를 위하여 乙이 그 소유의 봉고차를 운행하고 그 운행경비는 甲이 부담하는 한편 乙은 매월 그 대가를 받기로 약정한 후 위 봉고차를 운행하였는데, 위 소매업점포의 판매원인 丙이 업무차 도자기를 판매하기 위하여 乙이 운전하는 위 봉고차를 타고 돌아다니던 중 교통사고로 상해를 입은 사안에서, 위 봉고차의 운행은 甲 또는 乙을 위한 것이고 丙은 自賠法 제3조 소정의 다른 사람에 해당한다고 하였다.[300]

㈏ 家族·近親者　　自賠法의 취지에 비추어 보면 運行者의 親族 또는 그와 生計를 같이 하는 자가 동승중 또는 보행중 피해를 입은 경우 단순한 親族關係에 불과한 때에는 아무런 運行利益이나 運行支配를 가지지 아니하여 他人으로 보호되어야 할 것이므로, 家族·近親者에 대하여 他人性을 부정하기 위하여는 運行者 내지는 眞正한 共同運行者임이 특별히 인정되어야 할 것이다.[301] 결국 이 문제는 앞서 살펴본 運行者 특히 共同運行者의 他人性에 관한 논의가 그대로 적용되어야 할 것이고, 修正責任相對說에 의하여 他人性 여부를 판단하여야 한다고 생각된다. 따라서 運行者와 被害者인 親族·近親者 사이의 對內的인 관계에서 자신의 運行關與 정도가 다른 運行者에 대등하거나

---

차대여업자의 손해배상책임을 40% 감경하는 것이 정당하다고 하였다.

299) 同旨: 金正洙(註 247), 32; 李輔煥(註 11), 103.

英美法上으로는 使用者의 被用者가 다른 被用者의 행위에 의하여 피해를 입은 경우에 使用者에 대하여 손해배상책임을 부정하는 共動者의 原則(Fellow Servant Rule, Doctrine of Common Employment)이 있다고 한다(李輔煥(註 11), 103).

다만, 個人用自動車綜合保險 普通約款 §10 Ⅱ iv는 賠償責任義務가 있는 被保險者의 被用者로서 勤勞基準法에 의한 被害補償을 받을 수 있는 사람에 대하여는 補償하지 않는다고 규정하고(이른바 被用者災害免責條項이다), 같은 항 v는 被用者가 자신이 被保險者로서 가입한 自動車를 使用者의 업무에 사용하는 경우, 그 使用者의 업무에 종사중인 다른 被用者로서 勤勞基準法에 의한 災害補償을 받을 수 있는 사람에 대하여는 補償하지 않는다(다만, 被用者인 記名被保險者가 個人으로서 법률상 손해배상책임을 지는 경우에는 그 損害를 補償한다)고 규정하고 있어(이른바 同僚災害免責條項이다) 被害者가 被用者인 경우에는 보험혜택을 받지 못하는 경우가 상당수 있다. 그러나 위 約款 중 전자인 被用者災害免責條項에 관하여는 그 有效性 여부를 둘러싸고 견해가 대립되어 있다(崔基元, 保險法(1993), 399-403, 참조).

300) 大判 90. 10. 30, 90다카26126(公 1990, 2416).

301) 李銀榮, 債各, 664. 同旨: 李宙興(註 34), 79.

그 이상이 될 정도로 運行支配와 運行利益이 被害者에게 歸屬되는 경우가 아닌 한 他人으로서 보호될 것이다. 따라서 被害者인 家族이 나이 어린 兒童 또는 未成年者인 경우이거나, 妻라도 남편의 차를 부양의 한 방법으로 반사적으로 이용하는 정도에 불과하면 共同運行者性을 부정하고 他人으로서 보호되며, 夫婦가 공동의 자금으로 구입하여 함께 이를 이용하는 경우나 공동으로 임차하여 被用者로 하여금 운전을 시키다 사고를 당한 경우와 같이 眞正한 共同運行者에 해당하는 때에는 他人으로서 보호받지 못한다.302)

被害者가 運行者와 親族 또는 그와 생계를 같이하는 近親者의 경우에 運行者를 상대로 손해배상을 구하는 것은 아주 드문 일로서, 그 손해배상책임이 문제되기 시작한 것은 自動車保險이 등장하여 加害者와 실질적인 出捐者가 구분되면서부터라 생각된다.303) 그러나 自動車保險에서는 被害者와 아울러 被保險者의 보호를 도모하기 위하여 被保險者의 범위를 契約에 의한 記名被保險者 이외에 記名被保險者와 같이 살거나 살림을 같이하는 親族으로서 被保險自動車를 사용 또는 관리중인 자, 記名被保險者의 承諾을 얻어 被保險自動車를 사용 또는 관리중인 자에게까지도 확대하면서도304) 保險證券에 기재된 被保險者, 被保險自動車를 운전중인 자 및 賠償責任義務가 있는 被保險者의 父母, 配偶者 및 子女가 被害者인 경우에는 補償하지 않는다고 규정하고 있어305) 사실상 運行者의 父母·配偶者 및 子女의 경우에는 보상이 차단되어 있다.

이와 관련하여 判例는

(a) 자동차일반종합보험계약의 기명피보험자와 동거중인 형이 다른 사람들과 함께 기명피보험자로부터 자동차를 빌려 여행목적에 사용하다가 사고로 사망하였다면, 보상의무가 없는 경우의 피보험자의 하나로 규정한 자동

302) 李輔煥(註 11), 104.
그런데 家族·近親者의 共同運行者性으로 인한 賠償責任의 制限과 뒤에서 살펴볼 被害者側 過失로 인한 責任制限을 혼동하여서는 안 된다. 즉 前者의 責任制限은 1개의 차량의 運行者가 數人이고, 그 중 1인이 被害者인 경우에 그들 사이의 運行者性比率에 따른 對內的인 關係에서의 책임제한의 문제이고, 後者의 責任制限은 2개의 차량에 의하여 사고가 발생하여 그 두 차량의 運行者가 모두 책임을 져야 하고, 그 중 한 차량에 同乘한 자가 被害者이며, 그 被害者가 자신이 同乘하고 있던 차량의 運行에 관하여 運行者性을 갖거나 그 運轉者와 밀접한 관련이 있는 등의 사유가 있어 다른 차량의 運行者에게 全部의 책임을 지우는 것이 부당한 경우에 被害者가 同乘한 차량의 運轉者의 過失에 상응하여 被害者에게도 책임이 있는 것으로 보아 책임을 제한하는 것이므로 對外的인 관계에서의 책임제한이라는 점에서 차이가 있다.

303) 郭潤直, 債各, 775.

304) 個人用自動車綜合保險 普通約款 §11.

305) 前註 約款 §11 Ⅰ·Ⅱ·Ⅲ.

차종합보험 보통약관 소정의 기명피보험자의 승낙을 얻어 자동차를 사용 또는 관리중인 자에 해당할 뿐만 아니라 사고자동차에 대하여 직접적이고 구체적으로 운행지배를 하고 있었다 할 것이므로, 기명피보험자의 형은 자동차소유자인 기명피보험자에 대하여는 타인성이 결여되어 위 자동차의 사고로 인한 자배법 제3조 소정의 손해배상을 청구할 수 없고, 따라서 보험자도 대인배상 책임이 없다고 하였고,[306]

(b) 택시운전사가 영업도중 처와 아들을 태우고 가다가 자신의 과실로 차가 전복되어 처가 사망한 경우 사고택시운전사는 자동차손해배상보장법 제3조 소정의 타인에 해당하지 않으므로 자신의 손해(장례비 및 자신의 위자료)의 배상을 구할 수 없고, 사망한 처와 그 아들은 같은 조 소정의 타인에 해당하므로 아들은 택시회사에 대하여 자신의 손해(위자료)뿐만 아니라 위 망인의 손해 중 자신의 상속분상당의 배상을 구할 수 있을 것이나, 사고택시운전사는 교통사고의 직접적인 가해자이므로 위 망인(처)의 손해배상청구권을 그 자신의 상속분에 기하여 행사하는 것도 신의칙상 허용될 수 없다고 하였다.[307]

(다) 無償同乘者

(a) 序　　無償同乘이란 대가를 지급함이 없이 他人의 차에 탑승하는 것을 말한다. 無償同乘과 아울러 好意同乘이 논의되는데, 好意同乘은 運轉者의 호의를 입어서 無償으로 同乘하는 것을 말하며, 無償同乘의 경우에는 運轉者 모르게 탑승한 경우도 있으므로 無償同乘의 외연이 더 넓다고 할 수 있다.[308]

運行者가 아닌 無償同乘者가 他人에 해당됨에는 특별한 문제는 없다. 그

306) 大判 92. 3. 13, 91다33285(公 1992, 1301).

307) 서울地法 東部支判 95. 11. 28, 95가단14580(抗訴, 下集 95-2, 347).

308) 梁彰洙, "好意同乘者에 대한 自動車保有者의 賠償責任 — 外國의 例", 黃迪仁博士 華甲記念論文集 損害賠償法의 諸問題, 293은 好意同乘과 無償同乘을 엄격히 구분하여 논한다. 즉 ① 好意同乘은 無償同乘을 전제로 하나 無償이란 그야말로 反對給付를 치르지 아니하는 것이므로 名目的인 정도를 넘어서는 정도로 휘발유값을 분담하는 경우와 같이 有償인 경우에는 好意同乘이라 할 수 없고, 또한 ② 好意에 의한 同乘이므로 中古自動車販賣業者가 그의 顧客에게 자동차의 試乘을 허락하는 경우, 不動產仲介業者가 顧客을 태우고 目的物을 보러 간다든가, 호텔에서 無償으로 운행하는 셔틀버스를 이용하는 경우와 같이 無償同乘이 自動車保有者의 營利活動의 범위 내에서 일어나는 등 利己的인 動機가 개입되어 있으면 好意同乘이라고 할 수 없다고 하며, 이와 같은 制限的인 槪念定義 하에 好意同乘者에 대한 폭넓은 責任減輕을 주장한다. 이와 같이 無償同乘과 好意同乘을 槪念的으로는 구분할 수 있을 것이지만 경우에 따라서는 구분이 모호한 경우도 있을 수 있고, 결국 두 가지 경우 모두에 있어서 責任減輕의 根據나 參酌事由를 어디에서 찾을 것인가 하는 문제가 共通的으로 논하여질 것이므로, 아래에서는 好意同乘과 無償同乘을 엄격히 구분하여 논하지는 아니한다.

럼에도 불구하고 無償同乘, 특히 好意同乘이 문제되는 이유는 ① 好意에 의하여 無償으로 그 運行에 의한 장소적 이동의 이익을 얻는 점에서 運行者가 갖는 運行利益과 유사한 利益을 가지며, ② 同乘함으로써 운행경로의 변경 등 본래의 運行에 일정한 영향을 미치는 점에서 運行者가 갖는 運行支配와 유사한 支配를 가지며, ③ 個人的인 관계 등에 의하여 運行圈 내에 들어가고, 따라서 運行에 관한 內部者性이 있는 등의 특성이 있어[309] 同乘한 차의 運行者가 책임을 지는 경우에 그 同乘者를 運行圈 밖에 있는 다른 사람과 對等하게 보호하여 그 運行者로 하여금 모든 손해를 배상하게 하는 것이 지나친 경우가 있기 때문이다.[310]

(b) 學 說 그리하여 無償同乘者에 대한 運行者의 責任制限의 근거는 무엇이며 어느 정도까지 제한할 것인가를 둘러싸고 여러 가지 學說이 등장하게 되는바, 우리 나라에서는 責任相對說과 修正責任相對說, 個別的 解決說 및 責任減輕否定說의 대립이 있다.[311]

309) 日本 損害賠償法講座 7卷, 374.

310) 따라서 이 문제는 他人인지 여부를 가려 運行者責任의 成立 여부를 판단하는 문제는 아니라 할 것이다.

311) 이에 관한 學說들은 주로 日本에서 전개된 것으로서 그 논리 및 기본적인 기조는 위에서 본 共同運行者에 관한 學說과 유사하다.

위 學說들 이외의 學說로는 ① 無償同乘을 의뢰한 자는 事故에 대한 危險을 承諾한 자이므로 손해배상을 구할 수 없다는 危險承認說, ② 運轉者와 同乘者 사이에 默示의 免責約款이 있어 책임을 물을 수 없다는 免責特約說, ③ 好意同乘에 있어서는 運轉者 내지 保有者가 계약에 기하지 않고 好意的으로 無償으로 同乘者에게 이익을 부여하는 관계에 있어 이를 好意的 協定關係로 포착하여 好意的 協定關係에 있어서는 契約關係와 동일한 주의의무를 부담하지 않고, 그 주의의무는 無償契約에 있어서의 주의의무와 비슷하므로 運轉者는 具體的 輕過失에 위반하지 않는한, 즉 故意 또는 重過失에 대하여만 책임을 진다고 하는 好意的 協定關係說, ④ 被害者의 賠償權利者로서의 자격면으로부터 책임을 논하는 것으로서, 同乘者가 사고의 원인으로 된 事故自動車의 運行에 賠償義務者보다 일응 직접적으로 관여하였다고 하는 특별사정이 있는 경우에는 運行者의 運行支配를 부분적으로 배제하여 스스로 運行者로 되어 그로 인하여 他人性을 잃는다고 하는 他人性阻却說, ⑤ 他人性阻却說의 변형으로서 無償同乘者의 他人性이 제 형태에 따라 比率的으로 조각되어 無償同乘者는 남은 比率의 他人性에 대응하여 보호를 받는다는 比率的 責任說 등이 있는바, 이에 관하여는 金正洙(註 268), 86-90 및 宋興燮, "無償同乘者에 대한 損害賠償額의 減輕", 民判硏 11, 305-9 참조.

梁彰洙(註 308), 294-310은 日本 외에도 독일·스위스·오스트리아·프랑스에서의 立法例·學說 및 判例를 종합적으로 검토한 후, 다른 나라에서의 好意同乘者에 대한 賠償責任에 관한 태도를 개관하여 ① 好意同乘者에 대한 自動車保有者의 賠償責任은 이를 免除하거나 制限하는 것이 一般的이며, 自動車保有者가 자신이 運轉하다가 그의 過失로 사고를 일으킨 경우에 대하여까지도 好意同乘者에 대하여는 그 賠償責任을 免除하거나, 또는 그의 歸責事由를 制限하거나, 賠償範圍를 制限하지만, ② 한편으로 自動車保有者가 責任保險에 가입하고 있다는 사정이 있으면, 나라에 따라서는 위와 같은責任免除 등을 否認하기도 하는데, 이 경우에는 責任保險에의 加入이 強制되고 있으며, 또 그 같은 強制責任保險에 의하여 塡補되는 被保險者의 責任額은 우리 나라와 같이 責任額의 적은 一部에 한정되지 않고, 그 全部에 미치는 것을 내용으로 한다고 설명한다.

(i) 責任相對說　責任相對說은 배상의무자인 運行者의 면으로부터 책임문제를 논하는 것으로서, 運行者는 一般人에 대한 관계(外部關係)에서는 책임을 부담하지만 無償同乘者에 대한 관계(內部關係)에 있어서는 책임을 면할 경우가 있다고 하며, 그 요건으로서 ① 運行者가 同乘者의 편승을 예상하지 못하였고 알았더라면 거절하였을 것과 ② 同乘者가 이러한 사정을 알거나 알 수 있었을 경우라는 것을 들며, 구체적인 경우에 따라서는 동승의 경위·목적, 동승자의 거동 등에 따라 결정된다고 하며, 그 이유는 無償同乘者가 승차하는 시점에 運行者와의 내부관계에서는 그 차에 대한 運行支配가 運行者로부터 無償同乘者로 이전되어 運行者는 自賠法 §3의 責任主體로서의 지위로부터 이탈되기 때문이라고 한다. 그리고 無償同乘者에게 運行支配의 내부적 이전이 인정될 수 없어 他人으로 보호된다 하더라도 당해 사고에 있어 同乘者에게 過失이 있으면 過失相計로서 손해액이 감경될 것이며, 기타의 경우에는 無償同乘이라는 특수성에 기하여 慰藉料參酌事由로 된다고 설명한다.[312)]

(ii) 修正責任相對說　修正責任相對說은 責任相對說이 運行者의 無償同乘者에 대한 책임을 조각하는 경우 責任全部를 조각하는 것을 수정하여 無償同乘者에 대한 運行者의 運行者性을 比率的으로 조각하려는 것으로서 過失相計의 類推適用에 의하여 損害論의 평면으로 이동시켜 運行者의 책임을 제한한다고 설명하며, 無償同乘者의 運行者性은 논의되지 아니하고 오직 運行者의 運行者性만을 고려의 대상으로 삼는 것이 특징이라 설명된다.[313)] 이 설에 대하여는 運行者와 同乘者의 運行者性의 비율이 50%씩 분속되거나 同乘者의 運行者性이 他人性을 약간이라도 넘는 경우에는 損害論의 평면에서는 배상액이 그 비율만큼 감액되겠지만, 責任論의 단계에서는 同乘者는 運行者가 되어 他人性이 상실되어 버리므로 被害者保護가 전부 부정되는 결과가 생길 수 있다는 반론이 제기되고 있고,[314)] 이에 대하여는 同乘者로서는 피고가 保有者임을 입증하면 족하고 保有者의 運行者性減少는 피고의 損害論에 있어서의 抗辯事由에 불과하므로 被害者가 保有者의 運行者性을 50% 또는 60%를 침해하였다 하여 責任論段階에서 他人性을 조각한다는 결론은 나오지 않는다

312) 金正洙(註 268), 90-1.
313) 李輔煥(註 11), 121-6, 140. 예를 들어 保有者의 運行者性이 第3者에 대하여는 100%일지라도 同乘者에 대한 관계에서는 40%의 運行者性이 감소되고, 결국 60%만 남게 되므로 그 한도에서만 책임을 지게 되며, 이 경우 同乘者의 運行者性의 비율은 따지지 아니한다는 것이다.
314) 金澤 里, 自動車事故と保險責任, 103.

고 반박한다.[315]

(iii) 個別的 解決說 個別的 解決說은 自賠法上 無償同乘에 관한 運行者의 책임제한규정이 없는 것은 運行者의 책임강화, 피해자보호의 철저를 기하려는 것이므로 運行者는 無償同乘者에 대하여 책임을 져야 하며, 運行者의 無償同乘者에 대한 책임제한은 구체적 사정에 따라 自賠法 §3 및 §4에 의하여 적용될 民法의 제반규정에 의하여 個別的으로 이루어질 수밖에 없다는 것이다. 따라서 同乘者에게 過失相計의 사유가 있는 경우에는 過失相計에 의하여, 그 밖에 信義則이나 衡平의 原則上 同乘者에 대한 책임을 부득이 제한할 필요가 있다고 인정되는 경우에는 民法 §2에 의하여, 그리고 그 밖의 경우에는 慰藉料算定에 있어서 이를 조정함이 타당하다고 한다.[316] 이 견해는 信義則上 賠償額을 減輕할 수 있는 근거에 대하여 無償同乘者가 피해를 입게 된 것은 自動車의 運行이라는 危險에 스스로 몸을 맡기고, 또한 그 運行을 無償으로 이용하였기 때문이며, 運行이라는 危險이 現實化한 결과 즉 事故에 의한 死傷이라는 결과가 생긴 것에 대하여 전혀 관련이 없다고 할 수 없는 것이고, 發生한 結果의 일부를 나누어 맡는 것이 公平하고 信義則에 부합하기 때문이라 설명한다.[317]

한편 個別的 解決說과 유사한 입장을 취하면서도 無償同乘으로 인한 減額問題를 責任論에서 논하지 아니하고 損害論에서 처리하여야 한다는 責任肯定說이 주장되고 있다.[318]

이 學說에 대하여는 無償同乘의 특성을 파악하여 運行者責任에 제한을 가

315) 李輔煥(註 11), 123. 그리하여 同乘者의 運行利益과 지배에 대한 침해가 너무 커서 保有者의 運行者性을 배제하고 獨占的·排他的인 運行支配와 利益의 정도가 運行者에 버금갈 정도로 50%에 이른 경우에는 이미 단순한 無償同乘者로서의 지위를 넘어서서 眞正한 共同運行者에 준할 정도의 지위에 선 것으로 보아야 하므로, 運行者에 대하여 自賠法에 의한 책임을 면하게 하는 것이 修正相對責任說에서도 충분히 가능하다 생각되며, 따라서 이와 같은 결론이 부당하다는 위 反論이 타당한지는 疑問이다.

316) 郭潤直, 債各, 776. 同旨: 朴仁鎬, "自動車事故에 있어서 無償同乘(好意同乘)에 關한 問題點", 裁判資料 20, 125-7; 訴訟實務(註 17), 311; 尹眞秀, "好意同乘의 經濟的 分析", 黃迪仁博士 華甲記念論文集 損害賠償法의 諸問題, 331-2.

317) 郭潤直, 債各, 776.

318) 宋興燮(註 311), 305, 315-6. 이 설에 의하면 먼저 過失相計를 한 후에 無償同乘을 이유로 한 減額을 하게 된다.

이외에도 個別的 解決說과 같이 好意同乘으로 인한 責任減輕의 근거를 信義則에 두면서도 制限的으로 責任을 減輕함에 대하여 의문을 제기하면서 被害者가 加害車輛에 同乘하였다는 사정을 一般的으로 賠償額減輕의 사유로 삼아야 한다는 견해도 있다(尹眞秀(註 291), 332). 梁彰洙(註 283), 290은 이와 같은 입장을 취하면서도 그 責任減輕의 근거를 명확히 밝히지 않고 있는바, 金相容(註 8), 256은 이와 같은 梁彰洙教授의 견해를 過失相計를 類推適用하는 過失相計說로 분류하고 있다.

하려는 理論的 노력의 포기라는 비판이 가하여지고 있지만, 多樣한 형태의 無償同乘을 하나의 理論으로 묶어 해결할 수 없는 이상 이를 구태여 하나의 理論으로 설명하고자 할 필요는 없다고 반론하며, 중요한 것은 運行者責任이 전부 否定되는 無償同乘의 형태가 구체적으로 어떠한 것이며, 또한 그 責任이 制限되는 경우 그 基準을 어떻게 정립하여 責任制限 등의 比率이 자의적으로 결정되는 것을 방지할 것인가에 있다고 설명한다.

(iv) 責任減輕否定說 責任減輕否定說은 자동차사고의 被害者가 好意同乘者라는 이유만으로 다른 被害者와 달리 가볍게 취급되어야 한다는 주장은 信義則에 어긋나고, 대부분의 被害者는 손해배상에서 그가 好意同乘者이므로 好意同乘을 이유로 적게 배상받아야 한다는 주장에 직면하면 그러한 免責制度가 어떻게 있을 수 있는가 경악하게 된다고 한다. 만약 好意同乘者에게 運行者責任을 減輕한다고 하면 실질적으로는 대부분의 加害自家用의 乘客의 損害賠償을 減輕하는 결과로 되는데, 이러한 결과는 自動車綜合保險會社의 재정에는 도움이 되겠지만 自動車事故 人體損害의 塡補라는 自賠法의 目的에는 어긋나며, 保險會社의 재정적 고려가 民事責任法 자체에 직접 영향을 미치는 것은 바람직하지 못하고, 民事責任法은 固有의 被害者救濟 必要性에 따라 운영되어야 한다고 하여 好意同乘은 賠償額減輕事由가 되어서는 안 되고, 好意同乘者가 運轉者의 過失에 가담한 경우에만 過失相計로써 그 好意同乘者의 寄與過失이 고려되어야 한다라고 설명한다.[319]

(v) 檢 討 自賠法의 目的을 존중하여 運行者의 賠償責任을 強化한다는 취지에서 보면 無償同乘이라는 사유로 賠償責任이 減輕되어서는 안 된다는 責任減輕否定說도 상당히 설득력이 있으나, 運轉者의 過失에 가담한 경우에만 好意同乘者의 寄與過失을 過失相計事由로 삼는 것은 경우에 따라 運行者의 責任을 너무나 넓게 인정하는 결과가 되어 不當한 結果가 생기는 것을 부정할 수 없을 것이다.

한편 責任減輕否定說을 제외한 나머지 學說들에 의하면 無償同乘者라 하여 모두 責任이 否定되는 것은 아니고, 責任이 否定되는 근거도 無償同乘者가 他人이 아니라는 점을 고려하지 않는 경우도 상당수 있으며, 또한 無償同乘과 관련하여 保有者의 運行者性을 比率的으로만 부정하는 견해도 있어 無償同乘에 관한 논의를 運行者責任의 成立要件으로서의 他人性에 관한 요건에서 다루

319) 李銀榮, 債各, 668. 同旨: 金相容(註 8), 257.

는 것이 적절하지 아니한 측면이 있다.

私見으로는 無償同乘者에 대한 責任의 制限問題를 논의함에 있어서 無償同乘者의 運行者性을 논의하는 것은 잘못이라고 생각한다. 왜냐하면 無償同乘者가 共同運行者의 지위에 설 수 있을 정도의 運行支配와 運行利益을 가지게 되면, 벌써 無償同乘者에 대한 責任의 制限問題는 無償同乘에 고유한 문제가 아니라 共同運行者 相互間의 他人性 내지는 責任制限問題로 돌아가게 되기 때문이다. 따라서 無償同乘者에 대한 책임의 제한문제는 共同運行者에 이르지 아니하는 無償同乘者에 대한 관계에서 保有者 내지는 運行者에 대하여 무엇을 근거로 책임을 제한할 수 있을 것인가의 문제이므로 그 責任制限의 근거로 運行者性을 논의할 수는 없을 것이고, 이 점에서 修正責任相對說이 無償同乘者의 運行者性을 논의하지 아니하고 保有者의 運行者性喪失 정도를 논하는 것은 타당하다 생각되지만, 과연 保有者의 運行者性喪失의 근거가 무엇인가에 관하여는 아무런 기준을 제시하지 못하고 있다는 점에서 부족한 면이 있다.

그리고 責任相對說에서 無償同乘의 경우에 運行者의 責任이 否定되는 근거를 同乘者와 運行者와의 內部關係에서는 그 차에 대한 運行支配가 運行者로부터 無償同乘者로 이전되었다는 것을 들고 있으나, 內部關係에서 완전한 의미에서 運行支配의 이전이 있었다면 外部關係에서도 그 同乘者가 第3者에 대하여 運行者로서 책임을 져야 할 터인데, 運行者에 대하여 無斷運轉이 이루어지는 가운데 이를 알면서 無償으로 同乘한 경우나 運轉者 모르게 몰래 同乘한 경우에 運行者에 대하여 同乘者를 免責시키는 것은 타당하지만, 그 同乘者로 하여금 第3者에 대하여 運行者로서 책임을 지우는 것은 特別한 事情이 있지 아니하는 한 수긍하기 어렵다는 점을 참작하여 보면 責任相對說에도 찬성하기는 어렵다 할 것이다.

따라서 구체적인 사안에 따라 民法上의 過失相計·信義則·慰藉料參酌事由 등을 동원하여 해결하려는 個別的 解決說이 비교적 옳다 할 것이지만, 그렇다고 하여 無償同乘에 관한 문제에 관하여 아무런 基準 없이 방임하는 것은 타당하지 않다 할 것이므로, 문제가 되는 類型別로 運行者에게 어느 정도 責任을 지울 것인지에 관한 槪略的인 基準을 세움으로써 자의적인 해석에 흐르지 않도록 하는 것이 바람직하다고 생각된다.[320] 이에 관하여 一般的으로는

320) 同旨: 朴仁鎬(註 291), 126; 李宙興(註 34), 82.
이와 관련하여 尹眞秀(註 291), 323-32은 好意同乘의 문제를 어떻게 규율하는 것이 가장 效果的인가에 관하여 法經濟學的인 방법으로 分析을 시도한 후, 保有者의 의사에

常用型 同乘의 경우가 기타 일반의 無償同乘에 비하여 運行目的이 同乘者만을 위한 경우나 共同目的인 경우가 단순한 便乘型보다 運行者와의 관계에서 同乘에 대한 承諾이 있는 경우보다는 事後承諾의 蓋然性이 있는 경우가 또 이보다는 無斷同乘의 경우가 각각 그 減額의 정도가 크며, 無斷同乘의 경우 業務違背性과 그 정도에 대응하여 減額의 정도가 달라진다고 하고, 또한 路線變更도 加速도 시키지 않는 단순한 便乘에서는 그 減輕度가 거의 없지만 路線을 지정하며 強要에 가까운 同乘에서는 그 減輕度가 크다고 하며, 결국 구체적으로 어떠한 경우에 어느 정도 제한이 인정될 것인가는 法官이 個別的인 사안에 따라 具體的으로 적합한 해결을 하여야 하는 문제로서 가장 큰 기준은 아무래도 運行目的이 될 것이라고 설명한다.[321)]

(c) 判 例　　아래에서는 無償同乘과 관련된 類型別로 判例를 구분하여 그 추이를 살펴보기로 한다.

(i) 無斷運轉중 無償同乘者에 대한 保有者의 責任　　保有者와의 관계에서 無斷運轉이 이루어지는 과정에서 無償同乘者에게 피해가 발생한 경우에 保有者가 自賠法에 의한 運行者로서 責任을 지는지 여부가 가장 우선적으로 문제된다.

이에 관하여 判例가 間接反證說의 입장을 취하고 있고, 이에 따라 自動車의 所有者는 비록 第3者가 무단히 그 自動車를 운전하다가 사고를 내었다고 하더라도 그 運行에 있어 所有者의 運行支配와 運行利益이 완전히 喪失되었다고 볼 특별한 사정이 없는 경우에는 그 사고에 대하여 自賠法 제3조 소정의 運行者로서의 책임을 부담하고, 그 運行支配와 運行利益의 상실 여부는 ① 평소의 自動車나 그 열쇠의 보관 및 관리상태, ② 所有者의 意思와 관계 없이 運行이 가능하게 된 경위, ③ 所有者와 運轉者의 인적 관계, ④ 運轉者의 차

반하는 同乘者에 대하여는 그가 이를 알았거나 重大한 過失로 알지 못하였을 때에는 保有者의 責任이 排除되어야 하고, 一般的인 好意同乘者에 대하여는 保有者의 運行者責任을 制限的으로 인정하여야 하는데, 구체적으로는 運轉者의 過失을 조건으로 하여 運行者責任을 인정하는 방법과 無條件的으로 運行者責任을 인정하되 그 賠償額을 전체사고에서 運轉者의 過失 없이 발생하는 사고가 차지하는 比率만큼 減額하는 방법의 두 가지를 생각할 수 있으나 後者의 방법이 더 效率的이라고 설명하고, 나아가 실제에 있어서 그 減額의 比率은 運轉者의 過失 없이 일어나는 事故의 比率이나 구체적인 當事者의 危險選好度를 고려하여 결정할 문제로서 좀더 實證的인 연구에 의하여 뒷받침되어야 할 것이나, 현재 減額을 인정하고 있는 우리 나라나 日本判例의 減額比率이 대체로 30% 내외인데 그 정도가 합당하다는 입장을 취한다.

321) 李宙興(註 34), 82. 나아가 實務上 減額比率은 대략 10% 정도에서 출발하여 運轉者와 共同飮酒 후 난폭한 운행을 放任하였거나, 運轉者가 無免許인 점을 알고 同乘한 경우에는 30%까지 賠償額을 減額하기도 한다고 설명한다.

량의 返還意思 유무, ⑤ 無斷運行 후 所有者의 承諾 가능성, ⑥ 無斷運行에 대한 被害者의 主觀的 認識 유무 등 客觀的이고 外形的인 여러 사정을 사회통념에 따라 종합적으로 평가하여 이를 판단하여야 하며, 특히 被害者가 運轉者의 好意로 無償同乘한 경우에는 그가 無斷運行의 정을 알았는지의 여부가 運行者의 運行支配 내지 運行利益의 상실 여부를 판단하는 중요한 요소가 된다고 보지만, 被害者인 無償同乘者가 運轉者의 無斷運行에 가담하였다거나 사고 당시 이를 알고 있었다는 사정만으로 運行支配 내지 運行利益이 상실되었다고 보지는 아니하며, 그 運行經緯나 運行目的에 비추어 당해 無斷運行이 사회통념상 있을 수 있는 일이라고 善解할 만한 사정이 있다거나, 그 無斷運行이 運轉者의 평소 業務와 사실상 밀접하게 관련된 것이어서 所有者의 事後承諾 가능성을 전적으로 배제할 수 없는 사정이 있는 경우 등에는 所有者가 運行支配나 運行利益을 전적으로 喪失하였다고 단정할 수는 없다고 해석한다는 것은 앞에서 運行者 부분에서 살펴본 바와 같다.[322)]

따라서 이 경우 保有者의 責任成立 여부의 문제는 그 運行에 관한 運行支配가 同乘者에게 이전하는지 또는 同乘者가 他人이 아닌지 여부에서 접근할 것이 아니라 保有者가 그 無斷運轉에 관하여 運行者로서의 地位를 維持 또는 喪失하는가의 문제로 해결하여야 할 것이며,[323)] 이것과 無償同乘者에 대한 責任을 減輕하는 문제는 別個로서 이는 그 運行이 運行者의 承認에 의하여 이루어진 경우와 마찬가지이므로 다음 항에서 함께 살펴본다.[324)]

322) 前述 註 86 및 本文 참조.

323) 따라서 同乘의 經緯·態樣·目的 등에 따라 無償同乘者의 자동차에 대한 運行支配·運行利益이 상당히 강하다고 보여지는 경우 他人性을 부정하여 保有者의 責任을 배제할 필요가 있다고 하면서, 특히 無斷運行의 정을 알면서 탄 無償同乘者에 대하여 본래의 運行者는 그 運行者의 지위를 벗어날 수 있다고 설명하는 경우가 있으나(李宙興(註 34), 86), 이는 無償同乘者의 他人性喪失과 保有者의 運行者性喪失을 함께 논한 것으로서 적절하지 않다고 생각된다.

324) 大判 92.3.10, 91다43701(註 69)은 바로 無斷運轉 차량에 無償同乘한 자에 대하여 保有者에게 運行者로서의 責任을 인정하면서 無償同乘者에 대한 責任을 減輕한 사안이다.
이와 관련하여 李輔煥(註 11), 146은 判例에 의하면 被害者가 無斷運轉임을 알고 同乘하였느냐 하는 主觀的 要素가 運行者의 運行支配 내지 運行利益의 喪失 여부를 판단함에 있어 중요한 요소가 되나, 그 정을 알았다는 이유만으로 同乘被害者에 대한 損害賠償을 全面否定하는 것은 너무 硬直된 견해가 아닌가 하는 의문을 제기하면서, 同乘者가 無斷運轉者와 함께 共同目的遂行을 목표로 한 一團으로 간주할 수 있고, 그들을 가리켜 여행목적을 위하여 친구들끼리 비용을 염출하여 自動車를 共同賃借하고 交代 運轉하는 一團과 비견할 수 있을 정도라면, 運行者에 대한 內部的 關係에서 運行利益과 運行支配가 그들에게 排他的·獨占的으로 이전되고, 따라서 본래 運行者의 利益과 支配는 상실되었다고 보아도 좋을 것이나, 그 정도에까지 이르지 못하는 경우에는 具體的 사안에 따라 運行者의 運行者性을 比率的으로 파악하고, 그 比率만큼만 책임을 인정하는 것이 損害의 公平分擔이라는 이념에 합치되고 온당하다고 비판하고 있다.

(ii) 無償同乘者에 대한 責任減輕　　이에 관한 判例의 입장은 車輛의 運行者로서 아무 對價를 받은 바 없이 오직 同乘者의 便宜와 利益을 위해서 同乘을 제공하고 同乘者로서도 그 자신의 便宜와 利益을 위해서 그 제공을 받은 경우라 하더라도 그 사실만 가지고 同乘者에게 自賠法 제3조에서 말하는 自動車의 保有者性을 인정하기는 어렵고, 다만 運行의 目的, 好意同乘者와 運行者와의 인적 관계, 被害者가 차량에 同乘한 경위, 특히 同乘要求의 목적과 적극성 등의 제반사정에 비추어 加害者에게 일반의 교통사고와 같은 책임을 지우는 것이 信義則이나 衡平의 原則에 비추어 매우 불합리한 것으로 인정되는 경우에는 그 賠償額을 減輕할 사유로 삼을 수도 있다고 하여 個別的責任說에 입각하고 있다.[325]

(ㄱ) 責任減輕을 否定한 判例를 살펴보면,

① 교회에서 신도들의 주일예배를 위한 교회왕래와 신도들의 길흉사와 친목행사 등에 사용하기 위하여 신도들의 헌금으로 봉고차를 구입한 다음 교회차량관리부에서 위 자동차를 직접 관리하고 운전사는 별도로 두지 아니한 채 교회목사나 집사들이 이를 운전하여 왔는데, 피해자를 비롯한 11명의 교회신도들이 갹출한 유류대와 관광비용으로 운행비용에 충당하고 그 중 한 사람이 운전을 담당하여 온천에 놀러 가기로 한 다음 교회차량관리부로부터 위와 같은 목적에 사용해도 좋다는 승낙을 얻어 온천관광을 하던 중 교통사고가 발생한 사안에서, 피해자가 위 사고차량에 무상으로 동승하여 그 운행으로 인한 이익을 누리는 지위를 가졌다 하여 특별한 사정이 없는 한 이를 손해배상액의 감경사유로 삼을 수 없다고 하였고,[326]

② 甲의 소유인 사고트럭운전사인 丙이 피해자인 乙에게 타지로 물건을 팔러 가는 김에 함께 가서 놀고 오자는 제의를 하여 乙이 위 차량에 무상으로 동승하였다가 丙의 과실로 교통사고가 발생하여 상해를 입게 된 사

---

325) 이와 같은 취지는 大判 95.10.12, 93다31078(公 1995, 3720)을 비롯하여 아래에서 인용되는 判例들에 의하여 계속 반복판시되고 있으므로 별도로 해당 判例를 원용하지 아니한다.

이와 같은 判例의 태도에 관하여 李輔煥(註 11), 146은 修正責任相對說의 입장에 서서 信義則 내지 衡平의 原則을 감액사유로 제시한 점은 自賠法上 成文規定이 없기 때문이라는 점에서는 수긍할 수 있으나, 成文法國家에서도 명문에 반하지 않는 한 判例에 의한 입법유사기능이 法院에 부여되어 있다고 생각되므로 自賠法의 固有한 이론에 의하여 그 이유를 판시함이 더 낫지 않을까 하는 아쉬움을 남긴다고 지적하고 있다.

326) 大判 87.4.14, 84다카2250(公 1987, 775). 同旨: 大判 87.1.20, 86다카251(公 1987, 361); 大判 87.7.7, 87다카69(公 1987, 1310).

안에서, 자배법 제3조에서 말하는 자기를 위하여 자동차를 운행하는 자라 함은 객관적으로 자동차의 운행을 지배·관리할 수 있는 지위에 있는 사람을 의미하는 것인바, 비록 乙이 무상동승자라 하더라도 원심이 乙에게 그 자동차의 보유자인 甲에 대한 관계에 있어서 15% 정도의 자동차보유자성을 인정한 것은 자동차사고에 관한 손해배상의 법리를 오해한 위법이 있다고 하였고,[327)]

③ 피고회사소속 운전사인 甲이 그 영업소소장으로서 차량관리책임자인 乙의 허락을 받아 추석을 지내려고 피고회사소유의 화물트럭을 운전하여 고향에 왔다가 부산에서 온 그의 형인 丙으로 하여금 추석 다음 날 위 트럭을 운전케 하고 같은 면에 있는 국민학교에 가서 운동회구경을 마치고 귀가하던 길에 위 운동회구경을 하고 나온 같은 마을사람 10여 명으로부터 태워달라는 요구를 받고 일부는 운전석 옆자리에 일부는 적재함에 태운 후 고향집으로 돌아오다가 가로수를 들이받아 사고를 낸 사안에서, 차량의 운행자로서 아무 대가를 받은 바 없이 오직 동승자의 편의와 이익을 위해서 동승을 제공하고 동승자로서도 그 자신의 편의와 이익을 위해서 그 제공을 받은 경우라 하더라도 그 사실만 가지고 동승자에게 자배법 제3조에서 말하는 자동차의 보유자성을 인정하기는 어렵고, 다만 운행의 목적, 호의동승자와 운행자와의 인적 관계, 피해자가 차량에 동승한 경위, 특히 동승요구의 목적과 적극성 등의 제반사정에 비추어 가해자에게 일반의 교통사고와 같은 책임을 지우는 것이 신의칙이나 형평의 원칙에 비추어 매우 불합리한 것으로 인정되는 경우에는 그 배상액을 감경할 사유로 삼을 수도 있을 것이지만, 위 사안은 피해자가 사고 당시 집으로 돌아가는 사고차량에 운전자의 호의로 단순히 편승한 경우로서 그 운행중에 일어난 사고로 입은 손해의 일부를 피해자가 부담하여야 할 이유가 없다고 하였고,[328)]

④ 렌터카승용차 임차인인 운전자와 피해자가 가족관계에 있고,

327) 大判 87.9.22, 86다카2580(公 1987, 1625). 원심은 차량의 운행으로 인한 이익은 乙에게도 귀속된다 할 것이고, 이러한 경우 乙은 운행이익향유자로서 운행공용자의 지위를 甲과 나누어 가진다 할 것이며, 그 운행으로 인하여 자신에게 발생할 수 있는 위험도 역시 분담하는 것이 타당하다 할 것이라고 하여 甲이 배상할 손해액을 정함에 있어 이를 참작하여 15% 감액하였다.

328) 大判 87.12.22, 86다카2994(公 1988, 327). 위 判決을 評釋한 宋興燮(註 286), 313-4은 위 判決에서 無償同乘에 대하여 信義則에 기해 賠償額減輕의 事由가 된다고 판시한 점, 그러면서도 衡平에 반한다고 볼 수 있는 例外的인 事由가 있는 경우에 한하여 制限的으로 解釋하도록 판시한 점, 나아가 위 判決의 사안은 例外的인 事由에 해당하지 않는다고 하여 減輕을 否定한 점에서 意義가 있다고 설명한다.

공동목적을 위하여 동승하고 있었다 해도 피해자가 위 차의 운전행위에 직접 가담하였다거나 그 보조를 하였다는 등 특별한 사정이 없는 이상 직접 핸들을 잡고 운전한 자만이 위 차의 운행자이고, 또 사고 당시 위 차의 운행이 그 소유자 겸 임대인인 렌터카측을 배제한 임차인만의 운행지배 내에 있었다고도 볼 수 없으므로 운전자와 렌터카업자는 각자 자기를 위하여 위 승용차를 운행하는 자로서 그 운행으로 일어난 사고에 대하여 손해배상의 책임이 있고, 단순히 동일한 목적으로 동승하였다는 사실만으로써 배상액을 정함에 있어서 참작해야 할 피해자의 과실로 삼을 수 없다고 하였고,[329]

⑤ 차량의 운행자가 아무런 대가를 받은 바 없이 오직 동승자의 편의와 이익을 위해서 동승을 제공하고, 동승자로서도 그 자신의 편의와 이익을 위해서 그 제공을 받은 경우라 하더라도 그 사실만 가지고는 동승자에게 자배법 제 3 조에서 말하는 자동차의 보유자성을 인정할 수 없다고 하여 동승자가 사고차량에 무상으로 동승하였다는 사유만으로는 운행자의 손해배상액을 감축할 수 없다고 하였고,[330]

⑥ 乙소유차량의 운전사가 사고일시에 乙의 지시에 따라 위 차량을 운행하던 중 목적지가 같은 방향인 그의 처남 甲을 위 차량에 동승시킨 경우에는 甲에게 위 차량의 보유자성을 인정할 수 없을 뿐만 아니라, 위 차량운행의 목적과 동승경위 등에 비추어 볼 때 乙에게 손해배상책임을 지우는 것이 신의칙이나 형평의 원칙에 비추어 매우 불합리하다고 볼 것은 아니므로 乙의 손해배상책임을 감경하지 아니한 원심의 판단은 정당하다고 하였고,[331]

⑦ 충북 옥산에서 청주로 승용차를 몰고 가려고 하던 운행자가 광주를 가려고 하는 인척을 만나 그를 청주까지 태워 주겠다고 하여 그를 동승시키고 가다가 사고를 당한 경우에 다른 특별한 사유도 없이 단순히 호의로 동승하였다는 사실만으로 손해액을 감액할 수는 없다고 하였고,[332]

⑧ 피고가 매형을 길 안내자로 옆에 태우고 사고차량을 운전하여 누나를 주거지인 장승포읍까지 데려다 주고 창원시로 돌아가다가 사고가 난 사안에서, 길 안내를 위하여 차량에 동승한 사실만으로 매형이 사고차량의 운행을 지배·관리할 수 있는 지위에 있다 할 수 없다고 하여 피고의 면책주

329) 大邱高判 88. 3. 10, 87나954(上告, 下集 88-1, 154).
330) 大判 88. 6. 28, 88다카2516(公 1988, 1160).
331) 大判 88. 9. 13, 86다카774(公 988, 266).
332) 大判 89. 1. 31, 88다카3625(公 1989, 349).

장을 배척하였고,[333]

⑨ 소유자로부터 차량을 빌려서 운행하는 자동차에 직장동료가 호의동승한 것만으로는 자배법상의 타인이 아니라고 할 수 없고, 또한 사고에 있어서 어떤 과실이 있었다고 할 수 없다고 하였고,[334]

⑩ 7·8년 전부터 가까이 지내던 피해자를 자기 차에 동승시키고 주말을 이용하여 역시 두 사람과 친구관계인 다른 사람을 만나는 등 회합과 친목을 위하여 차량을 운행하다가 사고를 일으킨 경우까지 무상동승이라 하여 손해액을 감액할 사유로 삼기는 어렵다고 하였고,[335]

⑪ 야간근무를 마친 운행자가 친구와 함께 기분전환하러 해수욕장에 가면서 자신의 권유로 동향의 선후배 사이이고 같은 회사 같은 부서에 근무하고 있던 피해자를 동승하게 하였다가 돌아오던 길에 교통사고가 발생한 것이라면, 호의동승이라 하더라도 차량운행자의 손해배상책임을 감경할 만한 사유가 있었다고 보기는 어렵다고 하였고,[336]

⑫ 피고가 원주시에 있는 직장에서 홍천읍에 있는 그의 집으로 퇴근하는 길에 동서인 피해자를 같은 홍천에 있는 그 피해자의 집으로 데려다 주기 위하여 편승시켜 차량을 운행하다가 사고를 일으킨 경우까지 무상동승이라 하여 손해액을 감액할 사유로 삼을 수 없다고 하였고,[337]

⑬ 운전자가 사고 당시 야근을 마치고 광주에 있는 집으로 퇴근하면서 역시 광주에 거주하고 있는 동료인 피해자를 편승시켜 운행하다가 사고를 일으킨 경우까지 무상동승이라고 하여 손해액을 감액할 사유로 삼을 수 없다고 하였고,[338]

⑭ 망인이 직장 동료가 운전하는 차량에 동승하였다는 사실을 알아볼 수 있을 뿐이고, 차량에 탑승하였던 양인이 다 사망하여 그 밖의 동승경위나 운행목적 등에 관하여 이를 알아 볼 수 없게 된 사안에서, 위에서 본 바와 같은 호의동승법리에 비추어 볼 때 이 사실만 가지고 막바로 손해배상의 경감사유로 삼을 수 없다고 하였다.[339]

333) 大判 90. 11. 27, 90다카27464(註 43). 다만, 妹兄에 대하여 過失相計를 인정하였는바, 이에 대하여는 後述 註 432 및 本文 참조.
334) 大判 91. 1. 15, 90다13710(公 1991, 743).
335) 大判 91. 10. 8, 91다22728(公 1991, 2690).
336) 大判 92. 6. 9, 92다10586(公 1992, 2128).
337) 大判 92. 11. 27, 92다24561(公 1993, 254).
338) 大判 94. 11. 25, 94다32917(公 1995, 94).
339) 大判 96. 3. 22, 95다24302(公 1996상, 1345).

(ㄴ) 責任減輕을 肯定한 判例를 살펴보면,

① 甲이 자기 소유의 자동차를 친구 乙에게 무상으로 빌려 주어 乙이 운전하여 왔는데, 그가 저녁에 조카인 피해자를 만나 함께 술을 마신 뒤 그 자동차 운전석 옆좌석에 피해자를 태우고 주취상태에서 운전을 하다가 사고를 낸 경우에 피해자의 동승경위·과실정도 등을 참작하여 甲의 배상액을 손해액의 1/2로 감액하였고,[340)]

② 안동지역의 금융기관책임자들로 구성된 모임을 가진 후 회원들이 휴식 겸 식사를 위하여 울진군소재 백암온천에 가기로 결의를 하여 회원 중 1인이 피고은행소유의 차량에 원고 등 회원을 태우고 운전하여 온천에 가서 일박하고 다음 날 아침 다시 위 차량에 원고 등을 태우고 안동으로 돌아오다가 사고를 낸 사안에서, 사고차량의 운행목적은 위 모임의 정상적인 업무를 일단 마친 후 피해자를 포함한 회원 전원의 결의에 의하여 온천으로 휴식 겸 식사를 하러 가는 데 있었다는 것, 사고차량의 전속운전사가 있음에도 불구하고 경비절약을 이유로 운전사가 아닌 회원이 스스로 운전하였고 원고는 그 차량에 같은 회원으로서 호의로 동승하였다는 것 등의 사정을 참작한다면, 운행자인 피고은행으로서의 책임은 원고에 대한 관계에서 상당한 정도 감액·조정하는 것이 신의칙이나 공평의 원칙에 합당하며, 그 감액의 정도는 3할로 보는 것이 상당하다고 하였고,[341)]

③ 동승자들이 모두 사고차량의 소유자 겸 운행자와 같은 회사 소속 직원들로서 상을 당한 동료직원을 문상하러 가기 위하여 동승하였다가 사고를 당하였다면, 위 동승자에 대한 관계에서 운행자의 책임을 상당한 정도 감액·조정하는 것이 신의칙이나 형평의 원칙에 합당하다고 하였고,[342)]

④ 甲의 집에서 신부집에 혼수함을 전하려 하는데 차를 가지고 있는 피고에게 이를 부탁하자 피고가 이를 받아들여 차를 운전하고, 위 함을 전하러 갔다가 돌아오는 길에 甲을 그 차에 태우고 오던 중 사고가 나 甲이

---

또한 大判 96.6.25, 96다12382(공보불게재)은 피고가 사고 당일 직장동료인 甲의 소개로 甲의 애인인 원고를 처음으로 만나 甲 역시 직장동료인 乙 및 원고와 함께 횟집에 가서 식사를 마치고 다시 돌아오는 길에 원고를 편승시켜 운행하다가 사고를 일으킨 사안에서, 위 판결과 같은 판시 하에 무상호의동승이라고 하여 손해액을 감액할 사유로 삼을 수는 없다고 하였다.

340) 大判 87.11.10, 87다카376(註 197). 위 判決은 同乘이라는 이유 외에도 過失을 이유로 責任을 減輕하였다.

341) 大判 89.1.31, 87다카1090(公 1989, 339).

342) 大判 92.5.12, 91다40993(公 1992, 1842).

사망하였는데, 甲과 피고는 어려서부터 아주 절친한 사이였으며, 甲은 적극적으로 피고로 하여금 이 사건 차를 운전하게 하여 이에 동승하였고, 사고 당시 안개로 가시거리가 100m 이내여서 제한시속이 30km였음에도 불구하고 시속 70km의 속도로 과속하는 피고로 하여금 속도를 줄여 안전하게 운전하도록 주의를 환기할 의무를 게을리하였으므로, 피고에게 일반 교통사고와 동일한 책임을 지우는 것이 신의칙이나 형평의 원칙으로 보아 매우 불합리하다고 인정되므로, 위 사정들을 참작하여 피고의 손해배상액을 감액함이 합당하다고 하였고,[343]

⑤ 운행자인 甲은 병원의 약제과장으로 병원장·관리부장·산부인과 과장들인 망인들과 휴일이면 함께 주로 골프를 치러 다녔으며, 그 때마다 甲이 술과 담배를 하지 않으므로 주로 운전을 하였고, 사고 당일에도 위 4사람이 새벽골프를 위하여 甲이 새벽 5시경에 자기 소유의 자동차를 운전하고 나머지 3사람을 모두 태우고 가서 골프를 치고 되돌아오던 길에 사고를 낸 경우에 위 차량의 운행목적, 동승자인 위 망인들과 운행자인 甲의 인적 관계, 동승의 경위 등 제반사정에 비추어 가해자에게 일반의 교통사고와 같은 책임을 지우는 것은 신의칙이나 형평의 원칙상 매우 불합리하다고 하여 호의동승자인 망인 중 1인에 대한 관계에서 운행자인 甲의 책임을 15% 정도 감액하였고,[344]

⑥ 甲이 사고 전날 친구 7명과 어울려 놀다가 사고 당일 새벽 무렵 서울로 놀러 가기로 하여 피고소유자동차의 운전을 하게 되었고, 乙은 甲이 자동차운전면허가 없다는 사실을 알면서도 甲이 운전하는 위 승용차의 조수석에 타고 친구 3명은 위 승용차의 뒷좌석에 타고, 나머지 친구 4명은 다른 차량을 이용하여 서울로 가던 중 사고를 당한 사안에서, 乙은 甲과 위 승용차의 운행이익을 어느 정도 누리고 있다고 할 것이어서 피고에게 이 사건 사고로 乙이 입은 모든 손해의 배상을 부담하게 하는 것은 손해의 공평부담을 지도원리로 하는 손해배상제도의 근본취지에 어긋난다고 하여 피고의 손해배상책임을 40% 감경하는 것이 옳다고 하였고,[345]

⑦ 피해자 甲이 乙과 결혼을 약속한 사이로서 사고 전날 밤 乙의 거처에 와서 잠을 자고 그 다음 날 새벽 자신이 근무하는 회사에 출근하기 위하여 乙이 운전하는 화물자동차에 동승하고 가다가 사고를 당한 사안에서,

343) 大判 93.7.16, 93다13056(公 1993, 2292).
344) 光州高判 94.4.1, 93나7128(上告, 下集 1994-1, 421).
345) 大判 97.6.27, 97다12891(공보불게재).

위 차량의 운행목적, 甲과 乙의 인적 관계, 甲의 동승경위 등 여러 가지 사정을 종합하여 보면 위 화물자동차의 소유자 혹은 위 화물자동차에 관하여 자동차종합보험계약을 체결한 보험자인 피고들에게 일반의 교통사고와 같은 책임을 지우는 것이 신의칙이나 형평의 원칙에 비추어 매우 불합리하므로 피고들의 책임을 85%로 제한하는 것이 상당하다고 하였다.[346)]

## Ⅴ. 免責事由

### 1. 自賠法 제3조 但書

(1) 民法이 過失責任의 원칙을 취하고 있는 것과는 달리 自賠法은 自動車運行者에게 원칙적으로 손해배상책임을 지우고 自動車運行者가 自賠法 §3 단서에서 정한 例外的인 事由를 입증하여야 비로소 책임을 면할 수 있도록 立證責任을 轉換하고 있고, 自動車運行者가 입증하여야 하는 免責事由는 無過失일 뿐 아니라 無過失이 입증된 경우에도 一定한 事由가 있으면 책임을 면하지 못하도록 함으로써 實質的으로는 無過失責任과 다름이 없을 정도로 무거운 책임을 지우고 있음은 앞에서 본 바와 같다.

(2) 구체적으로 보면 自賠法 §3 但書는 被害者가 乘客인 경우와 乘客이 아닌 경우를 구별하여 ① 乘客인 경우에는 故意 또는 自殺行爲로 인한 것이 아닌 한 事故原因이나 過失 여부를 묻지 않고 運行者에게 責任을 지우며,[347)] ② 乘客이 아닌 경우에는 1) 먼저 自動車의 構造上 缺陷 또는 機能에 障害가 없었음을 증명하지 못하면 過失與否를 묻지 않고 배상책임을 지우고, 2) 自動車構造上의 缺陷 또는 機能에 障害가 없었음을 증명한 경우에는 運行者 및 運轉者가 自動車의 運行에 관하여 過失이 없고, 3) 나아가 被害者 또는 運行者 및 運轉者 이외의 第3者에게 故意 또는 過失이 있어서 被害者가 스스로에게 책임이 있거나 그에게 책임이 없다면 第3者에 대하여 손해배상을 구할 수 있어야 비로소 책임을 면할 수 있도록 규정하고 있다.

(3) 이와 같이 自賠法 §3에 의하면 그 但書의 사유만이 運行者責任의

346) 大判 97. 11. 14, 97다35344(公 1997하, 3842).

347) 大判 02. 6. 14, 2002다20223은 乘客에 관한 위 但書 규정이 自動車事故에 관하여 一般不法行爲責任과 달리 危險責任의 법리를 도입한 것으로서 憲法이 보장한 財産權을 침해한 규정으로 볼 수 없으므로 合憲이라고 판단하였다.

免責事由가 되나, 學說上으로는 그 이외에도 被害者가 乘客이 아닌 경우에 과연 위에서 본 免責事由를 모두 主張·立證하여야 하는가의 문제와 自賠法 §3 但書 소정의 免責事由 이외의 事由에 의하여 免責이 가능한가 하는 문제가 논의되는바, 면책사유를 구체적으로 검토하기에 앞서 편의상 뒤의 두 가지 문제들을 먼저 살펴보기로 한다.

## 2. 免責事由의 主張·立證

(1) 被害者가 乘客이 아닌 경우의 免責事由는 ① 自動車의 構造上 缺陷 또는 機能에 障害가 없을 것, ② 運行者 및 運轉者가 自動車의 運行에 관하여 過失이 없을 것, ③ 被害者 또는 運行者 및 運轉者 이외의 第3者에게 故意 또는 過失이 있을 것의 3가지인바, 과연 運行者가 責任을 면하기 위하여 위 3요건을 모두 主張·立證하여야 하는가 문제된다.

(2) 이에 관하여 事故와 因果關係가 없는 要件은 그 점을 주장·입증하면 충분하지 그 要件事實을 구체적으로 주장·입증할 필요가 없다는 例示說과 모두 주장·입증하여야 한다는 非例示說의 대립이 있으나, 이에 대하여 例示的이냐 아니냐를 문제삼을 것이 아니라 3要件이 필요한 경우에 因果關係의 要件을 보충할 것이냐 아니냐의 문제로 다루어야 한다는 견해가 있다.[348] 예를 들어 被害者가 스스로 自動車에 뛰어들어 自殺한 경우에 있어서 事故와 전혀 무관한 構造上의 缺陷이나 障害가 우연히 있었다고 하여 免責이 되지 아니하면 부당한 결과가 되므로, 事故와 因果關係가 없는 要件까지 주장·입증하여야 한다는 것은 불합리할 뿐 아니라 自動車運行者에게 너무 가혹하게 된다. 그리하여 事故와 因果關係가 없는 요건에 대하여는 因果關係가 없다는 바로 그 점을 주장·입증하면 족하지 그 因果關係가 없는 要件의 구체적인 內容을 주장·입증할 필요가 없다는 견해가 등장하게 되었는바, 이 견해에 따르면 自賠法 §3 但書의 免責要件은 乘客 이외의 자가 死傷한 경우에는 ① 運行者 또는 運轉者의 事故와 因果關係가 있는 過失의 부존재, ② 被害者 또는 第3者의 事故와 因果關係가 있는 過失의 존재, ③ 事故와 因果關係가 있는 缺陷·障害의 부존재라고 설명된다.[349]

348) 李永伍, "交通事故에 있어서 加害者의 免責에 관한 諸問題", 裁判資料 20, 175.
349) 李永伍(前註), 176.

### 3. 自賠法 이외의 免責事由

自賠法 §3 但書에는 해당하지 않지만 運行者의 免責을 인정할 수 있는가에 관하여 不可抗力, 正當防衛와 緊急避難이 논의된다.

(1) 不可抗力

不可抗力이란 運行者의 입장에서 보아 過失이 없을 뿐 아니라 被害者 또는 第3者에게도 過失이 없는 상태에서 外部的인 要因에 의하여 사고가 발생한 경우를 말하는바,[350] 예를 들어 지진, 낙뢰, 돌풍, 절벽붕괴, 야수의 출현, 야조의 내습과 같은 自然現象을 들 수 있을 것이다.

이와 같은 不可抗力에 해당하는 사유가 있는 경우에 運行者에게 免責을 인정할 수 있는가에 관하여 免責否定說과 免責肯定說[351]의 대립이 있다.

免責否定說은 自賠法 §3의 책임은 過失責任이라기보다는 無過失責任에 가깝고, 그 但書에 免責事由가 정하여져 있으므로 但書 소정의 事由 이외에는 免責이 인정될 수 없다는 입장이다.

이와는 달리 免責肯定說은 自賠法 §3의 책임이 기본적으로 過失責任이기 때문에 但書 소정의 免責事由가 아니더라도 運行者에게 책임을 물을 수 없는 不可抗力의 경우에는 免責을 인정하지 않을 수 없다는 입장으로서, 自賠法의 책임규정이 運行者와 被害者 간의 均衡 있는 損害의 分配를 이상으로 하고 있는 한 그 법조들의 해석을 이상과 조화시키지 않으면 안 될 것이고, 그렇게 본다면 不可抗力的 事由까지 運行者에게 책임을 지운다는 것은 被害者의 保護에만 치우치고 運行者에게 一方的으로 불리하며, 특히 우리 나라의 현실과 같이 責任을 社會的으로 분산시키는 強制保險制度가 지극히 미약하고 被害補償을 받지 못하는 被害者가 없도록 하는 制度的인 裝置를 마련하고 있지 아니한 상태에서는 運行者의 책임을 부당히 擴大하는 것이 되어 곤란하다는 것을 근거로 든다.[352]

判例는 加害者의 故意 또는 過失 행위로 인하여 야기된 상황 하에서 그로 인하여 발생된 不可抗力的인 상황에 대하여는 이를 이유로 하는 免責抗辯을

350) 運行者의 입장에서 보았을 때 無過失이라고 하여도 被害者 또는 第3者에게 過失이 있는 경우에는 自賠法 §3의 免責事由에 해당하므로 굳이 이를 不可抗力으로 다룰 필요는 없으므로, 여기에서 말하는 不可抗力은 自賠法 §3 但書의 사유에 해당하지 아니하는 外部的인 事由로서 運行者의 無過失보다는 좁은 개념이다.

351) 李銀榮, 債各, 683; 訴訟實務(註 17), 121; 李宙興(註 34), 90.

352) 李永伍(註 348), 177-8; 李輔煥(註 11), 153.

제기할 수 없다고 한다.[353]

(2) **正當防衛·緊急避難**

自賠法 §4는 自賠法에 의한 損害賠償責任에 관하여 §3의 규정에 의하는 외에 民法의 규정에 의한다고 규정하고 있고, 民法 §761는 他人의 不法行爲에 대하여 自己 또는 第3者의 이익을 防衛하기 위하여 부득이 他人에게 손해를 가한 자는 배상할 책임이 없고,[354] 急迫한 危難을 피하기 위하여 부득이 他人에게 손해를 가한 경우에도 이를 준용한다고 규정하고 있으므로,[355] 民法上의 正當防衛나 緊急避難의 규정은 자동차교통사고에 관하여 적용될 수 있다.[356] 그러나 判例는 緊急避難의 요건인 緊急한 危難에는 加害者의 故意 또는 過失에 의하여 조성된 것은 포함되지 않는다고 하였다.[357]

### 4. 乘客이 아닌 被害者에 대한 免責要件

(1) **構造上 無缺陷 및 機能上 無障害**

㈎ 被害者가 乘客이 아닌 경우에 運行者가 책임을 면하기 위하여는 自動車의 構造上 缺陷 또는 機能에 障害가 없었다는 것을 입증하여야 하나, 이 경우 自動車의 構造上 缺陷 또는 機能은 사고와 因果關係가 있는 경우에만 문제가 됨은 앞에서 본 바와 같다.[358]

그리하여 實務上 被告가 당해 사고는 피고측 運行者의 運行上 過失에 의한 것이 아니라 被害者 또는 第3者의 過失에 인한 것이므로 免責되어야 한다고만 주장할 뿐, 그 외의 無缺陷이나 無障害는 주장조차 아니하는 경우에 법원이 위 無缺陷·無障害는 이 사건 사고와 因果關係가 없다는 주장으로 석명하여 調書에 기재하여 두면 좋을 것이라는 견해가 있으나,[359] 判例는 피고가

353) 大判 83.9.27, 83다2184(公 1983, 1574). 이 判例는 고속도로에서 중앙선을 넘어 반대편에서 진행하여 오는 차량과 충돌한 사안에서, 중앙선을 넘은 후에 반대편에서 진행하여 오는 차량과 충돌하는 것이 불가항력적인 경우라 하여도 그 중앙선을 넘는 행위에 가해자의 고의 또는 과실이 있는 이상 그 이후의 사고에 관하여 불가항력임을 주장할 수 없다고 판시한 것이다(자세한 내용에 관하여는 後述 註 368 및 本文 참조).

354) 民 §761 Ⅰ.

355) 民 §761 Ⅱ.

356) 同旨: 訴訟實務(註 17); 李宙興(註 34), 90, 121. 이와 관련하여 正當防衛와 緊急避難의 차이는 전자는 사람에 의한 不法行爲임에 대하여 후자는 사람 이외의 物件이나 天災地變에 의한 危難이 그 대상이라는 데에 있으며, 이 경우 不可抗力과의 구별이 어렵다 할 것이므로 運行者責任의 免責事由가 되지 않는다는 견해가 많다고 한다(李永伍(註 348), 178-9).

357) 大判 75.8.19, 74다1487(公 1975, 8624).

358) 李輔煥(註 11), 224.

359) 李永伍(註 348), 176; 李輔煥(註 11), 150.

自賠法上의 免責抗辯을 하는 경우 원심으로서는 마땅히 피고소유 乘用車의 構造上 缺陷 및 機能障害의 유무에 관하여도 釋明權을 행사하고, 경우에 따라서는 그 입증을 촉구하는 등 審理를 하여야 한다는 입장을 취하고 있다.[360]

(나) 構造上의 缺陷이란 自動車 혹은 그 部品의 구조 또는 제조과정에 기인하는 결함을 말하고, 機能의 障害라 함은 각 장치가 작동하지 않았거나 규정대로 작동하지 않는 것을 말한다.[361] 그리고 自動車의 構造上의 缺陷 또는 機能의 障害에는 제작회사의 製造工程으로부터 생긴 것도 포함된다. 이에 대하여는 自動車運行者에 대하여 無過失에 가까운 책임을 지우는 것으로서 지나치다는 반론도 있으나, 自動車運行者責任이 危險責任이며, 製作會社에 대한 製造物責任追求가 곤란한 점 등을 고려하면 缺陷 또는 障害가 製造過程에서 생긴 경우에도 그것이 현대의 工學技術의 수준에 비추어 불가피한 것이 아닌 한 自動車運行者는 면책되지 않는다고 보는 것이 옳다고 설명된다.[362]

**(2) 運行者·運轉者의 無過失**

(가) 運行者의 無過失

(a) 運行者는 スス로 運轉을 담당하는 경우에는 運轉者로서의 注意義務를 부담하나, スス로 運轉을 담당하지 않는 경우에는 運轉者의 選任監督에 있어서의 義務와 自動車의 整備點檢義務를 부담하게 되며, 만약 同乘하였다면 運轉補助者로서의 注意義務를 지는 경우가 있다.

(b) 먼저 運行者의 運轉者選任監督의 義務가 문제되는 경우는 運轉者에게 運行上 過失이 없는 경우이다.[363] 따라서 통상의 경우에는 運轉者選任監督上의 過失이 실제로 논의되지 아니하며, 運轉者가 心身이 완전하지 못한 상태에서 운전한 경우, 運轉者가 責任無能力 상태에서 운전한 경우, 自動車 運行者로서 運轉者에게 運行에 관하여 指示하여야 할 의무를 위반한 경우에 있어서 選任監督上의 過失이 논의된다.[364]

(c) 다음으로 自動車의 整備點檢義務를 태만히하면 당연히 運行에 있어서의 注意義務를 태만히한 것으로 인정될 것이지만, 실제로는 거의 自動車의 構造上 缺陷 또는 機能上의 障害 여부가 문제되며 이를 판단함으로써 충분

360) 大判 85.11.26, 85다카642(公 1986, 115); 大判 85.7.9, 84다카2479(公 1985, 1111).
361) 李永伍(註 348), 195.
362) 李永伍(註 348), 196.
363) 運轉者에게 過失이 있다면 運行者가 責任을 면하지 못하므로, 논의할 실익이 없기 때문이다.
364) 李宙興(註 34), 90.

하다.[365)]

(d) 自動車運行者가 同乘하여 運轉補助者로서의 지위에 있는 경우에는 運轉 그 자체에 관하여도 注意義務를 지게 된다. 따라서 運行者는 運轉補助者의 지위에 있지 아니하였던 경우에는 그 점을 주장·입증하여야 하고, 運轉補助者의 지위에 있었다면 運轉補助者에게 法令 기타 社會的으로 요구되는 注意義務를 다하였음을 주장·입증하여야 면책될 수 있다.

(나) 運轉者의 無過失

(a) 序 自賠法에서의 運轉者라 함은 他人을 위하여 自動車의 運轉 또는 運轉의 補助에 종사하는 자를 말하므로, 免責事由의 요건이 되는 運轉者의 無過失에는 실제 運轉을 담당한 자의 無過失 외에 運轉을 補助한 자의 無過失도 필요로 하며, 따라서 後進을 유도한 助手의 잘못으로 사고가 발생한 경우에도 運行者는 면책되지 아니한다.[366)]

運轉者의 注意義務는 自動車運轉에 관한 注意義務와 自動車點檢義務에 관한 注意義務가 있으나, 後者의 注意義務는 위에서 運行者에 관하여 본 것과 마찬가지이므로 前者의 注意義務에 관하여만 본다.

(b) 運轉에 관한 注意義務

(i) 運轉者는 形式的으로 道路交通法 기타 관계 法令을 遵守하여야 할 뿐 아니라 實質的으로 運行의 安全을 確認하고 사고를 미리 방지할 注意義務를 부담한다.

그리하여 判例는 ① 피고가 승용차를 운전하여 영동고속도로 하행선편도 1차선을 시속 60km로 진행중 같은 방향으로 진행하는 오토바이를 추월하려다가 위 오토바이가 도로의 오른쪽에서 중앙부분으로 나와 진행하는 것을 뒤늦게 발견하고 급제동조치를 취하였으나 미치지 못하고, 위 승용차의 오른쪽 앞범퍼 부분으로 위 오토바이의 왼쪽 앞바퀴 부분을 충격하여 사고를 낸 경우에 피고로서는 위 오토바이를 추월함에 있어서 위 오토바이의 동태를 살피며 경적을 울리거나 안전거리를 두는 등 충돌사고를 미리 방지할 주의의무가 있다고 판단하였고,[367)] ② 또한 피고소유의 트레일러운전사 甲이 위 트레일러를 운전하고 천안시 구성동 앞 경부고속도로를 지날 무렵 우측 갓길을 따라 운행하던 로라차가 주행선으로 진입하는 것을 보고 피하려다가 중앙분리대를 넘어

365) 李永伍(註 348), 181.
366) 李永伍(註 348), 182.
367) 大判 91.7.9, 91다13090(公 1991, 2129).

하행선추월선을 침범함으로써 그 곳을 진행중이던 고속버스와 충돌하여 고속버스운전사가 사망한 사안에서, 로라차가 갑자기 주행선으로 돌출하여 피고운전사는 달리 피할 방법이 없어 급좌회전하면서 급제동조치를 취하였으나 미치지 못하고 중앙선을 침범하게 된 것이라는 피고의 면책항변에 대하여, 이 사건 사고의 원인은 피고운전사가 로라차의 진입을 보고 당황한 나머지 상황판단을 그르쳐서 급좌회전하면서 브레이크를 밟음으로 인하여 중앙분리대를 넘어 대향차선을 침범한 데 있다고 할 것이니 피고차운전사의 이러한 조치는 불가항력적인 상황 하에서의 불가피한 조치였다고 할 수 없을 뿐 아니라, 그렇지 않다고 하더라도 위 트레일러운전사로서는 고속도로 갓길 쪽에 차량이 있는 것을 보면 그 차가 진행하건 정지하였던 간에 그 차량 또는 차량의 탑승자가 피고 진행로 앞으로 나올 수 있으므로, 그 주위 동태를 주시하고 안전한 거리에서 추월선으로 진입하여 진행하여야 함에도 불구하고 그러한 주의를 다하지 아니한 잘못이 있다고 하였다.[368)]

(ii) 그러나 道路交通法規 위반의 犯法事實이 있다고 하여 바로 過失이 인정되는 것은 아니고, 그 犯法事實이 사고발생과의 사이에 因果關係가 있어야 하며 또한 因果關係가 있는 경우라도 그 法規違反을 正當化할 수 있는 사유가 있는 경우에는 過失이라고 할 수 없다.[369)]

判例는 고속도로의 주행선을 진행하던 피고가 앞서 진행하던 차량들이 접촉사고를 내고 그대로 정차해 있는 것을 발견하고 부득이 비상점멸등을 켜고 위 차량들의 후방주행선에 정차하였다가 뒤에서 진행하여 오는 차량과 충돌된 사안에서, 그 차량의 후미에 삼각대표지를 세워 놓거나 그 차량을 갓길로 이동시켜 정차하여야 할 시간적 여유조차 없었다고 보여지므로 피고로서는 사고발생방지를 위한 조치를 다하였고, 피고가 적재량 및 그 기준을 초과하여 적재함 뒤로 돌출되게 화물을 적재하였다거나 그러한 적재초과운행에 대해 관할경찰서장의 허가를 받지 않았다 하더라도 위 사고경위에 비추어 그러한 점은 이 사건 사고의 직접적 원인을 이루는 잘못이라 할 수는 없을 것이라고 하여

368) 大判 83. 9. 27, 83다2184(註 353).
369) 運轉者가 無免許 또는 飮酒運轉중이라고 하더라도 反對車路에서 진행하던 차량이 갑자기 中央線을 넘어와 사고를 일으킨 경우와 같이 그 法規違反 사실이 事故發生에 관하여 아무런 原因力을 조성하지 아니한 경우가 前者에 해당하며, 運轉者가 中央線을 넘어 反對車路로 들어가 사고가 발생하기는 하였으나 運轉者의 過失 없이 다른 차량에 의하여 衝擊을 당하여 핸들고장을 일으킴으로써 中央線을 넘게 된 경우가 後者에 해당한다. 法規違反과 過失과의 관계에 관한 상세한 논의에 관하여는 李輔煥(註 11), 157-61 참조.

과실을 부정하였다.370)

(iii) 한편으로 法規를 遵守하였다고 하여도 無過失이 되는 것은 아니며, 사고 당시의 상황에 따라 通常人에게 요구되는 事故發生·擴大防止에 관한 注意義務를 게을리하였다면 過失이 있다고 인정된다. 그런데 이 경우 運轉者가 다른 交通關與者에 대하여 自己와 같이 法規를 遵守하고 事故發生을 防止하기 위한 適切한 行動을 할 것이라고 信賴하여 운전한 경우에 과연 運轉者에게 過失이 있다고 할 수 있는가 문제되는바, 運轉者의 信賴를 보호하여 다른 交通關與者가 交通法規에 위반된 행동을 취할 것이라고 예견하여 행동을 취할 필요는 없다고 보는 것이 이른바 信賴의 原則인바, 이에 관하여는 항을 달리하여 살펴본다.

(c) 信賴의 原則

(i) 일반적으로 말하여 信賴의 原則이란 어떤 危險한 행위를 하는 자의 입장에서 다른 관여자가 事故回避를 위하여 適切한 行動을 하리라고 信賴하는 것이 相當한 경우에는 가령 그 被害者 또는 第3者의 不適切한 행동에 의하여 結果가 발생하였다 하더라도 이에 대하여는 責任을 지지 아니한다는 원칙을 말하는바,371) 刑事法에서 발전되기 시작하여 民事法에까지 수용되기에 이르렀다.372)

信賴의 原則은 相對方에 대한 信賴로부터 출발하는 것이기 때문에 相對方을 信賴할 수 없는 特別한 事情이 있는 경우에는 相對方을 信賴하였다고 하여 책임을 면할 수 없게 되는데, 特別한 事情에 해당되는 경우란 ① 信賴의 相對方이 유아·아동·노인·신체장애자·주취자 등과 같이 교통법규나 질서에 익숙하지 못하거나 활동이 자유롭지 못하여 正常成人에 비하여 交通法規에 適合한 行動을 期待하기 곤란한 客觀的 事情이 있는 경우, ② 周圍의 事情이 상대방의 적절한 행동을 기대하기 곤란하여 相對方의 不適切한 行動을 豫見할 수 있는 경우, ③ 스스로 交通法規를 違反하였기 때문에 他人에 대하여도 交通法規에 위반한 행동을 期待·信賴하기 어려운 경우가 문제된다고 한다.373)

(ii) 判例는 信賴의 原則을 交通事故 발생에 있어서 被害者나 第3

370) 大判 91.4.23, 90다18357(公 1991, 1460).

371) 李宙興(註 34), 88.

372) 信賴의 原則의 상세한 意義, 形成過程, 民事法에의 導入可否에 관하여는 李永伍(註 348), 184-8 및 李輔煥(註 11), 163-83 참조.

373) 李輔煥(註 11), 208-9.

者에 의한 交通法規違反 등의 異常行動이 개재되었을 때에 당시의 諸般事情에 비추어 그와 같은 異常行動은 없을 것이라고 信賴하는 것이 상당한 경우에는 가해차량의 運行供用者 내지 運轉者의 責任이 否定된다는 사고방식을 의미하는 것이라고 하여 이를 적용할 수 있으려면, 交通事故에 관여되었던 被害者나 第3者의 正常的인 행동을 信賴할 수 있을 상당성이 있어야 한다고 한다.[374] 아래에서는 일정한 運轉類型 및 事故地點別로 信賴의 原則에 근거하여 運行者의 免責 여부가 문제된 判例를 살펴본다.

(iii) 中央線侵犯事故 交行中인 自動車가 中央線을 침범하여 사고가 발생한 경우에 中央線이 설치된 도로를 自己車路에 따라 運行하는 自動車運轉者는 反對方向에서 오는 相對方自動車가 正常的인 방법에 따라 그 車路를 지키면서 運行하리라는 信賴를 갖는 것이므로 特別한 事情이 없는 한 미리 상대방 自動車가 중앙선을 넘어 自己車路 앞으로 들어올 것까지도 예견하여 운전하여야 할 의무는 없으나, 마주 오는 차가 이미 非正常的으로 中央線을 침범하여 진행하여 오는 것을 미리 目擊한 경우 등 상대방 自動車가 非正常的인 방법으로 運行하리라 함을 미리 예견할 수 있는 特別한 事情이 있는 경우에는 위와 같은 信賴를 할 수 없는 것이고, 이 때에는 그 차가 그대로 非正常的으로 運行을 계속함으로써 進路를 妨害할 것에 대비하여 경음기나 전조등을 이용하여 警告信號를 보내거나 減速하면서 도로 우측단으로 避行하는 등으로 그 차와 자기 차와의 접촉충돌에 의한 危險發生을 防止하기 위한 적절한 防禦運轉措置를 취하여 사고를 예방할 수 있는 모든 수단을 강구할 의무가 있고, 이를 게을리하였다면 사고발생에 過失이 있다는 것이 判例의 확립된 입장이므로,[375] 과연 相對方自動車가 非正常的인 방법으로 運行하리라 함을 미리 예견할 수 있는 特別한 事情이 있는지 여부가 信賴保護 여부를 결정하게 된다.

(ㄱ) 먼저 自己車路를 진행한 차량의 信賴를 保護한 사례를 살펴보면,

① 화물자동차가 도로폭 21m, 편도 3차선, 차도중앙에 2줄의 황색중앙선이 그어져 있는 제한속도 시속 60km의 아스팔트포장의 직선도로에서 시속 약 30km의 속도로 2차선상을 운행하고 있었는데, 반대방향에서 면허

374) 大判 88. 10. 11, 87다카1130(公 1988, 1402).
375) 大判 88. 3. 8, 87다카607(公 1988, 653). 아래에서 살펴보는 判例가 모두 同一한 취지의 판시를 반복하고 있으므로, 각 判例를 언급함에 있어서 그 내용을 반복하여 인용하지 아니한다.

없이 운전해 오던 포니승용차가 반대편차선 1차선상을 빠른 속력으로 운행해 오다가 약 30m 전방에서 갑자기 중앙선을 넘어 위 화물자동차가 진행하던 방향의 1차선을 건너 2차선으로 넘어 들어와 충돌된 사안에서, 화물자동차운전자에 대하여 포니승용차의 중앙선침범을 예견하여 운전할 주의의무는 없다고 한 후, 나아가 포니승용차가 중앙선을 침범한 후 화물자동차와 충돌하기까지의 시간은 거의 순간적이었던 것으로 보여지는 한편 화물자동차의 좌우차선에는 다른 차들이 진행중이어서 급정차하는 외에 피행할 방도가 없었음이 인정되므로, 화물자동차의 운전사가 중앙선을 침범한 위 피해차량의 동태를 살펴 미리 어떤 조치를 취할 만한 여유는 없었다고 하여 면책을 인정하였고,[376]

② 반대편에서 진행하던 용달차가 중앙선을 넘어오는 것을 50m 전방에서 발견하고 피행조치를 취하지 아니하였다고 하더라도 시속 50km로 서로 교행하는 차량이 전방 50m 지점에서 상대방차량을 보았다면, 불과 2초 미만의 순식간에 서로 마주치게 되는 것이 수리상 명백하므로 사고방지책을 취할 것을 기대할 시간적 여유도 없거니와 설사 그런 조치를 취하였더라도 사고를 면할 수 없다고 하여 면책주장을 받아들였고,[377]

③ 사고도로가 아스팔트로 포장된 서울·일산간 도로상으로서 그 도로는 중앙에 황색선이 그어져 있는 편도 1차로이며, 역에스자 모양의 급굴곡으로 서울방향으로 볼 때 약 15도 가량의 내리막길이고 도로폭은 편도가 3.45m이며, 오른쪽 차도 밖으로는 폭 1.15m의 비포장인도에 야산이 연이어 있고, 왼쪽 차도 밖으로는 폭 2.1m의 비포장인도에 민가가 인접되어 있었는데, 사고 당시 甲이 그 소유 오토바이 뒷좌석에 동서인 피해자를 태우고 시속 60km로 서울을 향해 중앙선을 따라 차바퀴는 자기 차선에, 왼쪽 손잡이는 약 10cm 가량 중앙선에 걸친 상태로 위 야산이 튀어 나온 도로모퉁이를 막 돌아가는 순간 반대방향에서 피고소유 시외버스가 위 도로중앙선에 매우 근접하여 다가오는 것을 발견하고, 이를 피하려고 핸들을 오른쪽으로 돌렸으나 너무 늦어 위 오토바이 왼쪽 손잡이 끝부분이 위 버스앞 왼쪽 방향지시등에 부딪히면서 넘어져 사고가 발생한 사안에서, 위 사고경위에 의하면 위 사고는 甲이 오

376) 大判 85.11.26, 85다카1258(公 1986, 122).

377) 大判 85.12.24, 85다카562(公 1986, 314). 위 판결의 원심은 경적을 울리거나 도로 우측으로 근접시켜 가면서 제동장치를 사용하여 서서히 운행하는 등 사고방지를 위한 제반조치를 취하지 아니하고, 그대로 시속 50km의 속도로 만연히 진행하였으므로 과실이 있다고 보았다.

토바이를 중앙선이 그어져 있는 편도 1차로의 굴곡로로서 반대방향에서 진행하여 오는 차량의 동태를 파악하기 어려운 곳을 그의 차선 내로 운행하지 아니하고 오토바이 손잡이부분이 중앙선에 걸치게, 즉 오토바이차체의 일부가 중앙선을 침범한 상태로 운전함으로써 발생한 것이라 할 것이니 이 사건 사고는 특단의 사정이 없는 한 甲의 전적인 과실에 기인한 것이라 하여 피고의 면책을 인정하였고,[378]

④ 시내버스운전사가 우측으로 한 눈을 팔면서 운전을 한 데다가 배차시간에 쫓긴 나머지 그 곳 정류장에 정차하지도 않고 통과할 생각으로 시속 약 60km 이상의 빠른 속력으로 질주하면서 앞차량 추월을 위하여 중앙선 쪽으로 접근하여 진행하다가 마침 반대편에서 중앙선을 따라 마주 오던 오토바이가 일시 중앙선을 넘어 위 버스 앞으로 다가오는 것을 약 3m 전방에서 뒤늦게 발견하고 충격하여 사고가 발생한 사안에서, 시내버스운전자가 그 진행차선 바깥 쪽으로 서행하면서 마주 오는 다른 차량과 충돌하는 일이 없도록 주의를 하여야 한다고 볼 수 없고, 또한 시내버스운전자로서는 오토바이가 장차 중앙선을 넘어 올지도 모르는 비정상적인 상태로 운행하고 있었던 경우에만 이를 피하여 충돌을 방지할 조치를 취할 주의의무가 있다고 할 것인데, 사고에 앞서 오토바이가 시내버스와 어느 정도 떨어진 거리에서부터 비정상적인 상태로 진행하였으며, 당시 시내버스에서 그와 같은 오토바이의 진행상태를 발견할 수 있었는지 인정할 만한 증거가 없다고 하여 면책을 인정하였고,[379]

378) 大判 87. 3. 24, 86다카1073(公 1987, 714). 위 判例는 면책을 부정할 수 있는 특단의 사정으로서, 이 사건 사고에 있어 위 시외버스운전사가 사고지점을 통과하기에 앞서 위 오토바이가 중앙선부근으로 또는 중앙선을 침범하여 진행하여 오는 것을 발견하였거나 발견할 수 있었음에도 그 충돌을 피할 방법을 강구하지 아니하고 중앙선 가까이로 위 시외버스를 계속 운행하였다는 등의 사실이 심리·확정되어야 한다는 것을 들고 있다.
　한편 원심은 시외버스운전사는 위 도로굴곡지점에서 당시 오른쪽으로 차도는 1m 이상 여유가 있었음에도 불구하고 중앙선에 바짝 붙여 진행하다가 약 20m 전방에서 甲이 운전하는 위 오토바이를 발견하고 급히 오른쪽으로 핸들을 돌리면서 급제동하고자 하였으나 약 7m 미끄러져 올라가면서 위 오토바이와 충돌케 된 사실을 인정한 다음, 이와 같은 사실에 의하면 이 사건 사고발생에는 오토바이운전자가 반대방향에서 진행하여 오는 차량의 동태를 파악하기 어려운 곳을 감속하거나 위 차량동태에 주의를 기울이지 아니하고 중앙선에 근접하여 위 오토바이를 운행한 과실 이외에 위 시외버스운전사에게도 위 도로상황에 비추어 보아 반대방향에서 자동차 등이 도로굴곡지점을 회전하면서 중앙선에 근접하여 진행하여 올 가능성이 많은 점을 예상하여 가급적 도로 우측변으로 붙어(당시 차도 1m 이상과 비포장도로 2m 이상의 여유가 있었다) 진행하였어야 할 것임에도 불구하고 지나치게 중앙선에 근접하여 진행한 과실이 있다는 취지로 판단하여 시외버스회사의 면책주장을 배척하였다.

379) 大判 90. 3. 27, 88다카3670(公 1990, 951).

⑤ 사고장소가 사고트럭의 운전사의 진행방향에서 보아 좌로 구부러진 제한시속 50km의 내리막길로서 편도 3차선의 도로이고 사고 당시 3차선에는 다른 차량들이 주차되어 있었는데, 화물트럭의 지정차선인 2차선으로 진행하지 아니하고 제한시속을 초과하여 시속 80km 가까운 속도로 1차선으로 진행하다가 마주 오던 위 망인의 승용차가 위 사고지점에 이르러 커브 길을 제대로 따라 돌지 못한 채 중앙선을 침범해 오는 것을 피하지 못하고 충돌하게 된 사안에서, 당시 트럭의 운전사가 위와 같은 승용차의 비정상적인 운행을 예견할 수 있는 특별한 사정이 있었다면 모르되 그렇지 않다면 단순히 트럭이 화물차량지정차선인 2차선에서 운행하지 않고 1차선을 따라 운행하였다든가, 또는 제한시속을 초과하여 운행하였다는 것만으로 곧 위 충돌사고발생에 과실책임이 있다고 단정할 수는 없다고 하여 면책을 인정하였고,[380)]

⑥ 반대방향에서 진행해 오던 오토바이가 갑자기 파손되면서 그 운전자가 중앙선을 침범하여 자기 차선 앞으로 쓰러져 들어옴으로써 발생한 사고에 대하여 자기 차선을 지킨 운전자에게 과실이 없다고 보았고,[381)]

⑦ 중앙선으로 황색실선이 설치된 직선도로를 정해진 차선을 따라 운행하는 자는 반대차선 건너 골목에서 반대차선의 바깥차선 쪽으로 들어오는 차를 미리 발견하였다 하더라도 그 차가 중앙선을 넘어 자신의 진로에 방해되는 방법으로 돌진할 것을 예상하기는 어려우므로, 반대차선 골목길에서 나오는 차를 발견하였으나 좌회전이 금지된 곳이라 중앙선을 넘어 좌회전하리라고는 생각하지 못하였고, 좌회전하더라도 자기의 차가 진행한 다음에 중앙선을 넘을 것으로 예측하고 그대로 진행한 경우에는 과실이 없다고 하였고,[382)]

⑧ 자동차운전자는 반대방향에서 오는 다른 자동차와 서로 교행하는 경우 상대방 자동차가 정상적인 방법에 따라 그 차선을 지켜 운행하리라는 신뢰를 갖는 것이므로, 시속 약 60km로 진행하다가 약 200m 전방에서 다른 자동차들이 반대차선에 있는 장애물(고장난 차량)을 피하여 중앙선을 넘어왔다가 다시 반대차선으로 되돌아가는 비정상적인 방법으로 운행하는 상황을 보았고, 위 장애물로부터 15내지 20m 가량 떨어진 지점을 통과할 때 위 장애물 뒤에서 오토바이가 진행하여 오는 것을 보았으나, 그 오토바이가 도로중앙선과 위 장애물 사이에 약 1.75m의 간격이 있음에도 불구하고 앞에 정차한 위 고장차

380) 大判 90. 6. 26, 90다카2441(公 1990, 1575).
381) 大判 91. 3. 22, 91다2595(公 1991, 1250).
382) 大判 91. 3. 27, 90다13635(公 1991, 1264).

량을 추돌하고, 그 충격으로 오토바이에 타고 있던 사람이 자기차선으로 튕겨 들어올 경우까지 예상하여 사고방지조치를 취할 주의의무는 없다고 인정하였고,[383)]

⑨ 오른쪽에 아스팔트로 포장된 폭 3.8m의 갓길이 있고, 그 왼쪽은 절벽으로서 그 밑은 동해바다인 폭 6.7m의 왕복 2 차선 아스팔트포장도로를 진행하던 버스가 반대차선을 진행하여 오다가 중앙선을 45cm 넘어온 12인승 승합자동차를 충격하여 사고가 발생하였는데, 버스운전사가 차체를 중앙선에 붙인 채 서행하지 아니하고 시속 약 50km로 운전한 것과 고갯길 내리막의 곡각지점인 사고장소를 운행하면서 경음기를 울려 상대방 차의 운전자에게 주의를 환기시키지 아니한 것이 과실인지 여부가 쟁점이 된 사안에서, 버스의 운전사가 위 승합자동차의 위와 같은 비정상적인 운행을 예견할 수 있는 특별한 사정이 있었다고 인정할 수 없으므로, 버스의 운전사에게 버스를 도로의 오른쪽에 붙이거나 갓길부분을 따라서 운전하여야 할 의무가 있다고 할 수 없고, 위 사고장소의 제한시속은 50km이므로 같은 속도로 버스를 운전한 사실이 과실이 될 수는 없으며, 또한 도로교통법 제34조 제 1 항에는 '모든 차의 운전자는 좌우를 살필 수 없는 교차로, 도로의 모퉁이, 비탈길 또는 굴곡이 많은 산속 도로를 통행하는 때에는 경음기를 울려야 한다'고 규정되어 있는데, 이와 같이 경음기를 울려야 할 '비탈길, 굴곡이 많은 산속 도로'라 함은 도로교통법의 목적이 도로에서 일어나는 모든 위험과 장해를 방지·제거하여 안전하고 원활한 교통을 확보함에 있는 점(제1조), 위 조항이 경음기를 울려야 할 장소로 '좌우를 살필 수 없는 교차로, 도로의 모퉁이'도 함께 열거하고 있는 점에 비추어 모든 비탈길 또는 굴곡이 많은 산속 도로를 뜻하는 것이 아니고, 그 중 전방의 교통을 살필 수 없어 교통상의 위험이 발생할 우려가 있는 장소만을 의미한다고 한정하여 해석함이 타당한바, 위 사고장소의 도로상황은 버스의 진행방향에서 볼 때 울진-삼척간 한치재의 정상을 막 넘어선 약 5도의 내리막길로서 왼쪽으로 120도 가량 구부러진 후 늘어진 역에스자형태를 이루고 있기는 하나, 위 고갯길의 정상에서 막 좌회전하고 나면 전방 내리막길의 교통상황이 한 눈에 들어오고 상대방 차의 운전자로서도 고갯길 정상까지의 교통상황을 멀리서부터 살피는 데 아무 장애가 없는 장소이며 버스운전사가 좌회전

383) 釜山高判 88. 1. 7, 87나104(確定, 下集 1988-1, 1). 또한 위 오토바이가 정차한 차량을 추돌하여 반대편 차선에 떨어질 때 자동차와 불과 2·3m 정도의 거리밖에 여유가 없어 그 결과에 대한 회피가능성도 없다고 하였다.

후 최초로 상대방 차를 발견했을 때 양 차 사이의 거리가 약 44.3m였으므로 위 사고장소는 위 규정 소정의 경음기를 울려야 할 곳에 해당하지 아니한다고 보일 뿐더러 위 사고발생 당시의 상황이 도로교통법 제34조 제3항 단서 소정의 예외적으로 경음기를 울려야 할 경우인 '위험을 방지하기 위하여 긴급한 때'에 해당한다고도 할 수 없고, 따라서 버스의 운전사에게 위 좌회전에 즈음하여 또는 상대방 차를 최초로 발견했을 때 경음기를 울려 그 주의를 환기할 의무가 있다고는 할 수 없다고 하였고,[384)]

⑩ 택시운전사가 안양시 방면에서 안산시 방면으로 제한속도를 약 20km 초과한 시속 약 60km의 속력으로 사고지점을 통과하던 중 반대차선에서 다른 청소차를 추돌하고 택시진로전방에 떨어지는 오토바이를 충격한 사안에서, 택시운전사는 전방의 청소차에 가려서 사고지점에 이르기까지 오토바이를 발견하지 못한 것으로 보이고 당시는 새벽이어서 차량의 통행이 빈번하지 아니하였으므로, 택시운전사로서는 오토바이가 청소차를 추돌하고 갑자기 청소차의 앞으로 중앙선을 침범하여 들어오리라고 예상하기 어려운 일이어서 그로 인한 사고방지를 위한 조치를 취할 의무가 있다고 할 수는 없을 것이라고 하여 면책을 인정하였고,[385)]

384) 大判 91.4.26, 90다20077(公 1991, 1496).

385) 大判 91.8.9, 91다9169(公 1991, 2319). 원심은 반대편에서 진행하는 차량이 중앙선을 넘어 올지도 모른다는 점을 예견하여 서행하여야 함에도 그 법정제한속도를 초과한 속력으로 운행하였고, 충돌 직후 적절한 대응조치를 취하지 못한 과실이 있다는 이유로 택시회사의 면책항변을 배척하였는바, 이에 대하여 위 판례는 택시운전사가 반대차선에서 오토바이가 주행하여 오는 것을 목격하지 못하였고, 위 사고지점인 청소차의 옆을 통과할 무렵 갑자기 오토바이가 청소차를 추돌하고 그 전면으로 넘어 들어온 이상 충돌직후 그 제동장치의 작동 등 그 대응조치를 취할 만한 시간적인 여유가 없었으며, 또한 택시운전사가 그 법정제한속도를 20km 가량 초과하여 운행하였다 하더라도 그 속도초과와 위 오토바이가 중앙선을 넘어 들어가 발생하게 된 이 사건 사고 사이에 상당인과관계가 있다고 할 수 없다고 하였다.

또한 大判 92.3.13, 91다38754(公 1992, 1302)은 사고지점인 도로가 왼쪽으로 구부러진 편도 1차로의 내리막길 국도로서 차량의 통행이 빈번하였고, 그 오른쪽에는 폭 1.6m의 갓길이 있는 한편 시야가 양호하였으며, 피고는 사고 당시 약 3년 동안 이 길로 출퇴근을 하여 왔기 때문에 이러한 도로상태를 잘 알고 있었는데 마침 사고 직전에 오토바이를 운전하고 반대차로를 따라 오다가 오른쪽으로 구부러진 도로를 미처 따라 돌지 못하고 중앙선을 침범하는 것을 약 30-40m 전방에서 발견하고 나서는 위 오토바이가 제 차선으로 돌아갈 것이라고 믿고 진행하다 승용차 왼쪽 전조등부분으로 오토바이 앞바퀴 부분을 충격하여 사고가 발생한 사안에서, 위 승용차가 안전하게 정지할 수 있는 거리와 오토바이가 그 동안 진행할 거리를 참작할 때, 두 차량은 승용차운전사가 위 오토바이의 중앙선침범을 발견한 때로부터 불과 1초 남짓의 순식간에 충돌하게 되리라는 것은 계산상 명백하므로, 승용차운전사로서는 승용차를 도로 오른쪽에 최대한 붙여 감속하거나 정지시키는 등의 사고방지조치를 취할 시간적 여유도 없었고, 설사 승용차 운전사가 그러한 조치를 취하였다 할지라도 사고를 면할 수는 없었다고 하여 책임을 부정하였다.

⑪ 버스가 제한시속이 60km인 사고지점을 시속 92km로 진행하다가 중앙선을 침범하는 오토바이를 발견하고 급정차하였으나 주행탄력으로 인하여 그를 충격하고 40여m 가량 끌고 가서야 정차한 사안에서, 버스운전자가 상대방 오토바이의 중앙선침범을 발견하였을 때 두 차량의 거리가 얼마였는지 또한 오토바이가 중앙선을 침범한 후 진행한 거리가 얼마였는지를 심리하여 확정한 다음 그가 제한속도를 지켜 운전하였더라면 사고의 발생을 충분히 방지할 수 있었는지 여부를 가려 과실 여부를 판단하여야 한다고 하였고,[386]

⑫ 중앙선이 설치되어 있는 편도 2차선 도로의 2차선상을 운행하는 자동차의 운전자로서는 반대방향에서 오는 자동차가 수백m 앞에서 앞차를 추월하고자 중앙선을 침범하는 것을 목격하였다 하더라도 특별한 사정이 없는 한 그 자동차는 이 쪽 도로의 1차선으로 통과할 것이 예상되는 것이므로, 그 자동차가 중앙선을 침범한 데에 그치지 않고 다시 이 쪽 도로의 1차선을 넘어서 2차선 쪽으로까지 들어올 것을 예상하여 미리 도로의 가장자리로 피행하거나 속도를 줄여 운행할 주의의무가 있다고 보기 어렵다고 하였고,[387]

⑬ 프레스토승용차가 대전과 천안 사이의 편도 1차선의 국도를 천안에서 대전방면으로 진행하다가 약 7.7도의 경사를 이루는 오르막 도로(포장된 노폭 약 6.9m, 갓길을 포함한 노폭약 9.2m)를 주행하게 되었을 때, 전방에서 같은 방향으로 시속 50km의 속도로 진행하던 길이 약 16.5m의 트레일러차량을 앞지르기 위하여 황색중앙선을 침범하여 반대편 차선으로 진행하게 되었는데, 한편 피고는 르망승용차를 운전하고 위 도로 고개 정상 너머의 약간 오르막 경사진 도로를 대전에서

386) 大判 92. 4. 10, 91다44469(公 1992, 1542). 위 판결의 원심은 버스운전사가 위 오토바이의 중앙선침범을 30-40m 거리에서 발견하였다는 사실인정 후 버스운전사가 전방 주시를 철저히 하고 제한속도를 준수하여 진행하였더라면 위 오토바이를 발견하고 급제동조치 또는 우회전 및 감속조치를 취하여 사고의 발생을 미리 막을 수 있었는 데도 과속운행으로 인하여 사고를 일으켰다고 하여 면책항변을 배척하였으나, 위 판결은 가사 위 버스가 제한시속인 60km로 운전하였다 하더라도 두 차량이 불과 1초 남짓의 순식간에 충돌하게 되리라는 것은 계산상 명백하므로 버스운전사에게 원심과 같은 사고방지조치를 취할 시간적 여유도 없었고, 설사 그러한 조치를 취하였다 하여도 사고를 면할 수는 없었다고 하였으며, 또한 버스의 스키드마크가 시작된 지점부터 상대 오토바이의 중앙선침범지점까지의 거리가 40m 이상으로 보이므로 공주거리를 고려할 때에 버스 운전사로서는 버스의 스키드마크가 생기기 전에 오토바이의 중앙선침범을 발견하였어야 함이 당연하므로 버스운전사가 위 오토바이의 중앙선침범을 발견한 거리가 30-40m라는 사실인정도 잘못된 것이라고 하여 원심의 사실심리가 부족하다고 보았다.

387) 大判 92. 12. 22, 92다29245(公 1993, 565). 나아가 위 판결은 반대편에서 오다가 중앙선을 침범한 차가 1차선으로 들어온 후 다시 2차선에까지 침범한 것이 어느 지점이고, 또 그 지점에서의 침범을 상대방이 발견하고 즉시 피행조치를 취하였더라면 충돌을 피할 수 있었던 것인지의 여부를 가려서 상대방의 과실유무를 판단하여야 한다고 판시하였다.

천안방면으로 제한속도 시속 60km를 약 17km 초과한 77km의 속도로 주행하다가 고개정상에서 내리막길로 막 들어서는 순간 위 프레스토승용차가 위와 같이 트레일러를 앞지르기 위하여 중앙선을 침범하여 피고 진행차선을 따라 오르막길을 올라오고 있는 것을 충돌지점 약 50m 전방에서 발견하고 급제동 조치를 취하였으나 급제동으로 인하여 차량이 중앙선 쪽으로 쏠려 31.1m 가량 미끄러지면서 중앙선을 침범하였다가 미처 자기 차선으로 완전히 복귀하지 못한 위 프레스토차량을 중앙선부근에 차체가 반쯤 걸린 상태에서 충격하고, 그로 인하여 프레스토차량이 뒤에서 올라오던 트레일러차량에게 다시 들이 받혀 그 충격으로 프레스토차량의 조수석에 타고 있던 피해자가 사망한 사안에서, 피고가 고개 정상을 막 넘어서는 순간 위 프레스토승용차가 트레일러차량을 추월하기 위하여 중앙선을 침범하여 오르막길을 올라오는 것을 발견하였는데 그 발견지점과 사고지점의 거리는 약 50m라는 것이고, 그 후 충돌 당시까지도 위 프레스토승용차가 자기 차선으로 완전히 복귀하지 못하여 중앙선에 차체가 반쯤 걸려 있는 상태에서 피고의 차량과 충돌하게 되었다는 것인바, 위 도로가 포장되지 않은 갓길을 포함하여 도로폭이 불과 9.2m밖에 되지 않는 좁은 도로인 데도 당시 반대편 차선은 대형 트레일러가 차지하고 있고, 피고의 진행차선은 프레스토승용차가 길이가 16.2m나 되는 트레일러를 앞지르기 위하여 질주하여 오고 있는 상황이었다면 피고가 충돌을 피하기 위하여 취할 수 있는 조치는 급제동 외에 달리 다른 방도가 없었다고 할 것이고, 한편 위와 같은 상황에서 르망승용차의 운전자인 피고가 고개 정상을 넘어 아래쪽에서 올라오는 위 프레스토승용차를 발견하고 충돌위험을 느껴 그에 필요한 대응조치를 취하는 데는 어느 정도의 시간이 필요할 것이고, 위와 같은 내리막 도로에서는 피고가 제한시속 60km로 주행하였다고 가정하더라도 급제동 후 차량이 정지하기까지는 상당한 거리가 필요할 것이며, 위와 같은 내리막 도로에서는 피고가 시속 60km의 제한속도로 주행하였다고 하여 급제동시에 차량이 중앙선 쪽으로 쏠리지 않았을 것이라고 단정할 수 없으므로, 피고가 제한속도로 주행하였다고 하더라도 위 프레스토차량을 발견한 시점에서는 위 충돌사고를 피하기는 거의 어려웠다고 보여진다는 이유로 피고의 면책항변을 받아들였고,[388)]

---

388) 大判 95.10.12, 95다28700(公 1995, 3744). 同旨: 大判 94.9.9, 94다18003(公 1994, 2618).

위 95다28700 判決은 운전자가 제한속도를 초과하여 운전하였다는 사정만을 들어 그

⑭ 약 62m 전방에서 시속 약 126km의 속도로 중앙선을 침범하여 오는 대향차량을 보고 핸들을 좌측으로 조작하였으나 대향차량이 다시 정상차선으로 복귀하려고 시도하는 바람에 중앙선부근에서 충돌하게 된 사안에서, 방어운전조치를 게을리한 경우에 해당하지 않는다고 하였고,[389]

⑮ 혈중알콜농도 미상의 주취상태로 전방에 횡단보도가 설치된 편도 1차선 도로를 법정 제한속도를 시속 약 14km 정도 초과하여 운행하였다는 사실만으로는 반대방향에서 불법주차된 트럭을 피하려다 넘어지면서 중앙선을 침범해 온 오토바이와 충돌한 데 대하여 운전자에게 과실이 없다고 보았고,[390]

---

에게 과실이 있다고 탓할 수는 없고, 다만 그와 같이 과속운행을 하지 아니하였더라면 상대방 자동차의 중앙선침범을 발견하는 즉시 정차 또는 감속으로 충돌을 피할 수 있었다는 사정이 있었던 경우에 한하여 과속운행을 과실로 볼 수 있다 할 것인데 그 사정을 인정하기 어렵다고 보았음에 반하여, 위 판결의 원심은 위 사고의 주된 원인은 프레스토승용차가 중앙선을 침범한 데 있다고 할 것이지만 위 르망승용차의 운전자인 피고가 도로 바깥쪽으로 피하지 못하고 오히려 급제동시 반대차선 쪽으로 차가 밀려 위 프레스토승용차와 충돌하게 된 것은 피고의 과속이 그 원인이 되었다고 할 것이어서 피고에게도 이 사건 사고의 발생에 대하여 과실이 있다는 이유로 피고의 면책주장을 배척하였다.

389) 大判 96.12.6, 96다39318(公 1997상, 204). 위 판결의 원심은 화물자동차운전사가 약 62m 전방에서 시속 약 126km로 질주하여 오는 스쿠프승용차를 발견하고 즉시 경고신호·감속운행·일단정지·피행조치 등의 방어운전조치를 취하였다고 하더라도 위 승용차와의 충돌의 위험을 운전자의 지각신경이 느끼는 데 소요되는 시간, 안전교행을 위하여 이에 대한 대응조치를 취하는 데 소요되는 시간, 도로굴곡상태가 좌회전방향이어서 화물자동차운전사가 상대방 차량의 중앙선침범을 발견한 지점이 그 자신도 좌회전을 시도하는 지점이고, 그 운전차량이 비교적 운전이 불편한 2.75t 화물트럭인 점, 기타 위 도로 및 차량들의 폭 등을 감안할 때, 위 승용차와의 충돌을 피하기는 어려웠을 것으로 보이고, 위 스쿠프승용차가 위와 같이 제한시속의 2배가 넘는 속도로 진행하다가 그 우회전 커브길을 정상진행하지 못하고 중앙선을 완전히 넘어와 위 화물자동차의 운행차선으로 질주하여 오는 상황에서, 화물자동차운전사로서는 위 승용차가 그 원심력 때문에 자신의 정상차선으로 바로 복귀할 수 없다고 판단할 수도 있었을 것인 만큼 위 김동환이 핸들을 좌측으로 돌린 것에 과실이 있다고 할 수 없고, 가사 핸들을 우측으로 돌렸다 하더라도 위와 같은 상대방 차량의 돌출행동을 발견한 지점, 양 차량의 속도, 지각신경에 의한 감지 및 그에 따른 대응조치에 소요되는 시간 등을 감안할 때, 역시 그 충돌을 피할 수는 없었다고 판단하였고, 위 판결은 이를 그대로 받아들였다.

390) 大判 97.1.24, 96다39158(公 1997상, 638).

또한 免責이 아니라 過失相計가 문제된 경우로서, 大判 92.12.22, 92다34650(公 1993, 579)은 자가용승용차가 편도 1차선 도로를 시속 약 40km로 운행하던 중 앞서 가는 경운기를 추월하기 위하여 황색실선의 중앙선을 침범하여 진행하다가 반대차선에서 진행하여 오던 오토바이운전대 부분을 위 승용차의 앞부분으로 들이받아 사고를 낸 사안에서, 상대방 차가 비정상적인 방법으로 운행하리라는 것을 예견할 수 있는 특별한 사정이 없는 한 상대방 차가 중앙선을 침범하여 이 쪽 차선에 돌입할 경우까지 예상하여 운전할 주의의무는 없고, 기록에 의하더라도 오토바이운전사가 승용차운전사의 비정상적인 운행을 예견할 수 있는 특별한 사정이 있었다고 인정할 수 없을 뿐만 아니라, 이러한 상황에서는 오토바이운전사가 위 차도의 가장자리 아닌 가운데 부분을 다소 빠른 속도로 운행하였더라도 그것이 바로 이 사건 사고발생의 한 원인이 되었다고 볼 수도 없다고 하여 과실상계를 부정하였는바, 위 판결의 원심은 위 사고장소가 오토바이가 진행하는 방향에서 보아 황색실선의 중앙선이 설치된 왼쪽으로 굽어진 편도 1차선의 도로

⑯ 비록 자동차가 도로 양측으로 넘어가는 것이 허용된 황색점선의 중앙선이라고 하더라도 그 운전자가 중앙선을 넘을 당시의 객관적인 여건으로 보아 장애물을 피하기 위하여 다른 적절한 조치를 취할 겨를이 없는 등의 급박한 사정 때문에 부득이 중앙선을 넘을 필요가 있는 경우나, 반대방향의 교통에 충분한 주의를 기울이면서 중앙선을 침범하여 반대차선으로 넘어가는 경우 등 특별한 사정이 있는 경우에 한하여 중앙선을 넘는 것이 허용된다고 할 것이므로, 이와 같은 특별한 사정이 있음을 알았거나 알 수 있었던 경우가 아닌 한 그 사고장소가 황색점선의 구간이라 하여 반대차선의 차량이 중앙선을 침범해 들어 올 경우까지 예상하여 운전하여야 할 주의의무는 없다고 하였다.391)

(ㄴ) 다음으로 相對方 自動車가 非正常的인 방법으로 運行하리라 함을 미리 예견할 수 있는 特別한 事情이 있다고 인정하여 自己車路를 진행한 차량의 信賴保護를 否定한 사례를 살펴보면,

① 버스와 반대방향에서 달려오던 포니승용차가 사고지점이 황색중앙선이 그어져 있는 2차선 아스팔트 포장도로로서 약 200m 정도 직선도로이고, 그 앞에 선행차나 다른 장애물이 없어 중앙선을 넘어 들어올 필요가 전혀 없는 곳인 데도 아무 까닭 없이 약 48km의 시속으로 중앙선을 넘어 버스의 진행차선으로 들어 왔고, 버스운전사가 이를 처음 발견하였을 때에는 충돌을 피하여 안전하게 노변에 붙여 정거할 충분한 거리를 유지하고 있었는 데도 위 승용차가 자기 차선으로 되돌아 갈 것이라고만 가볍게 믿은 나머지 경적을 울려서 상대차에게 주의를 환기시키거나 스스로 감속함이 없이 제한시속 50km의 위 지점을 시속 71km로 계속 달리다가 거리가 근접할 때까지도 위 승용차가 자기 차선으로 되돌아가지 않자 비로소 급정거하고자 하였으나 미치지 못하여 들이받게 된 경우라면, 버스운전사로서는 위 승용차가 비정상적인 방법으로 운행하여 올지 모른다는 것을 충분히 예견할 수 있었음에도 이를 게

로서 차도폭은 약 7m(승용차가 진행하던 차도폭은 3.48m, 오토바이가 진행하던 차도폭은 3.96m)인데, 오토바이운전사로서는 위 사고장소가 곡각지점인 관계로 마주 오는 차량들이 중앙선을 침범하여 운행해 오는 경우도 있으므로 전방을 예의주시하면서 속력을 아주 줄여 위 차도의 가장자리로 운행함으로써 마주 오는 차량과의 충돌사고를 미리 방지하여야 할 주의의무가 있음에도 이를 게을리한 채 자기 차선의 가운데 부분을 빠른 속도로 오토바이를 운행한 잘못도 사고의 원인이 되었다고 하여 5% 과실상계를 인정하였다.

391) 大判 99. 7. 23, 99다19346(公 1999, 1735). 위 判決에서는 사고 당시 안개가 짙게 끼어 있어 시계가 50m에 불과하였으므로, 반대편에서 오던 차가 중앙선을 침범하는 것을 알 수 있었을 때의 두 차 사이의 거리는 50m 미만이었을 것이라는 점을 과실여부판단에 있어서 중요한 근거로 삼았다.

을리한 과실이 있다고 하였고,[392)]

② 사고지점이 폭 6.5m의 좁은 도로로서 차량의 통행이 빈번한 곳인 데도 오토바이운전자가 그 앞에 있는 비포장도로를 피하기 위하여 포장도로인 반대편 차선을 침범하여 들어 왔는데, 반대차선에서 진행하던 트럭운전사도 그러한 사정을 알고 있었음에도 불구하고 위 오토바이와의 충돌을 제대로 피하지 못하고 오히려 반대차선을 약간 침범하여 운행하다가 위 오토바이를 피하지 못하여 들이받은 사안에서, 이러한 경우라면 트럭운전자로서는 위 오토바이가 비정상적인 방법으로 운행하여 올지 모른다는 것을 충분히 예견할 수 있었다 할 것이므로 위 오토바이와의 충돌을 예방할 수 있는 방법을 강구하지 아니한 채 반대차선을 침범하여 운행한 과실이 있다고 인정하였고,[393)]

③ 乙은 23:55경 맑은 날씨 상태에서 왕복 6차로의 황색실선의 중앙선이 그어져 있는 성산대교상 도로의 1차로상을 영등포 쪽에서 마포 쪽으로 진행하다가 반대편에서 진행하는 소외 성명불상자운전의 번호불상의 차량이 중앙선을 침범하여 오자 이를 피하기 위하여 핸들을 우측으로 조작하여 3차로까지 갔다가 핸들을 다시 좌측으로 과대조작한 나머지 중앙선을 넘어 반대편 2차로까지 진행한 후, 또다시 우측으로 핸들을 조작하여 자기 차로로 돌아가다가 반대편 1차로상을 주행하여 오는 甲운전의 스텔라차량과 충돌하였고, 甲은 스텔라승용차를 시속 약 50km의 속도로 운전하던 중 乙운전의 프레스토승용차가 중앙선을 넘어오는 것을 상당히 먼 거리에서 발견하였으나, 프레스토승용차가 유턴하는 것으로 오인하고 단순히 감속만 한 채 진행하다가 프레스토승용차가 다시 自己 차선으로 복귀하기 위하여 1차로 쪽으로 방향을 바꾸자 그 때에서야 급제동조치를 취하였으나 피하지 못하고 위 스텔라차량의 앞 범퍼 부분으로 프레스토승용차의 좌측문 부분을 충격하게 된 사안에서, 상당히 먼 거리에서 乙운전의 프레스토승용차가 중앙선을 침범하여 넘어 들어오는 것을 발견한 甲으로서는 교량 위를 주행하는 차량이 유턴하는 것은 이례적인 일이고, 따라서 그 차량이 운전자의 의사에 따라 적절하게 통제되지 않는 비정상적인 운행상태에 있을 수도 있으므로 그러한 가능성을 예상하여 즉시 정지하였더라면 이 사건 사고를 피하거나 그 충격의 강도를 낮추어 손해를 줄일 수 있었을 것임에도 불구하고, 만연히 그 차량이 유턴을 하는 것으로 잘못

392) 大判 81. 12. 22, 81다955(公 1982, 220).
393) 大判 88. 3. 8, 87다카607(註 375).

판단하여 감속만 한 채 진행하다가 뒤늦게 급제동조치를 취하여 그 차량과의 충돌을 방지하지 못한 과실이 인정된다고 하여 甲의 면책항변을 배척하였다.[394]

(iv) 中央線 없는 道路交行中 事故 中央線 없는 道路를 交行中에 발생한 사고에 관하여는 中央線 있는 道路를 통과하는 경우와는 달리 假想의 中央線 범위 내에서 運行한 차에게도 反對方向에서 진행하여 오는 차량에 대하여 상당한 주의를 하도록 요구함으로써 信賴를 否定하는 경우가 많은바,

(ㄱ) 약 30도 경사진 내리막길이고 도로폭은 6.9m이나 양쪽 갓길은 노면보다 낮아 차량 등이 진행할 수 없는 데다가 도로포장공사가 끝나지 않아 중앙선이 설치되어 있지 않았고, 밤늦은 시간에는 오고 가는 차량이 모두 중앙선부근을 통행할 가능성이 높은 상황이라면 상대방차량이 자기 차선을 지키며 중앙선을 침범하지 않고 정상적으로 운행하리라는 신뢰를 갖기는 어렵다고 하였고,[395]

(ㄴ) 야간에 폭이 6.3m로서 5도 정도 오르막 경사가 있고, 70도 정도 왼쪽으로 심하게 굽어 있으며, 충돌지점 전후 10여m 부분에 중앙선이 지워져 있는 지점에서 마주 오는 차폭 1.7m의 승합차량과 교행하는 차폭 2.5m 트럭의 운전사는 상대방 차량이 중앙선을 지켜 정상적으로 운행할 것이라고 만연히 신뢰하여서는 안 되고, 중앙선을 넘어 운행할 가능성에 대비하여 상대방 차량의 동태를 예의주시하면서 경음기를 울리거나 차량전조등을 깜박거려 경고를 보내고 속도를 줄이면서 최대한 도로의 우측 가장자리로 진행하는 등 교행시의 충돌로 인한 사고발생을 미연에 방지할 주의의무가 있다고 한

394) 大判 97. 11. 28, 97다31618(公 1998상, 82).
또한 免責이 문제되지 아니하였으나 過失相計가 문제된 사안으로서, 大判 81. 7. 28, 80다2569(公 1981, 14256)은 도로교통법 제32조 제1항에서 제차의 운전자는 좌우를 살필 수 없는 교차로 또는 도로의 모퉁이 지점, 경사로 또는 굴곡이 많은 산중도로를 통행할 때에는 경음기를 울려야 한다고 규정하고 있으므로 이에 위반하였을 때에는 특별한 사정이 없는 한 그 운전자의 과실은 추정된다 할 것인바, 내각 약 100도의 좌향 하경사곡각지점으로서 전방시야장애가 있었기 때문에 피고측 차량과 같이 하향하는 차량으로서도 반대방향에서 차량이 올라오는지 식별할 수 없어서 함부로 중앙선을 침범하여 과속으로 회전하는 경우가 허다하므로 운전업무에 종사하는 원고로서도 이러한 경우를 예상하여 곡각지점을 회전할 때에는 경음기를 울려 내려오는 차량의 운전자에게 주의를 환기시켜야 하는 데도 이를 이행치 아니한 사정이 엿보인다고 하여 원고가 경음기를 울려 내려오는 피고측 차량의 운전자에게 주의를 환기시켰는지 또 경적을 울렸다 해도 피고측 운전자의 과실로 위 사고를 피하지 못할 특별한 사정이 있었는지를 심리하여 피고의 과실상계항변을 판단하여야 한다고 하였다.

395) 大判 91. 12. 24, 91다31227(公 1992, 679).

후, 위 트럭운전사는 위 승합차량을 약 50m 전방에서 발견하였다는 것이므로 그가 위 승합차를 발견한 후 위와 같은 주의의무를 다하였는지, 그리고 이와 같은 주의의무를 다하였어도 사고발생을 방지할 수 없었는지의 여부를 심리하여 과실유무를 판단하여야 한다고 판시하였고,[396]

(ㄷ) 도로가 차량이 통과할 수 있는 부분의 폭이 약 5m 정도에 불과하고 좌우 양 가장자리에 백색실선만 그어져 있을 뿐 중앙선이 설치되어 있지 아니하고, 더욱이 도로 가장자리 양 옆에는 도로보다 약 50 내지 60cm 정도가 낮은 높이로 배수로가 설치되어 있다면, 야간에 이러한 지점을 운행하는 차량은 도로중앙부근을 운행할 가능성이 많으므로 이러한 지점에서 마주 오는 오토바이와 서로 교행하게 된 승합차운전자로서는 상대방 오토바이가 정상적으로 운행할 것이라고 만연히 신뢰하여서는 아니 되고, 상대방 오토바이가 도로중앙을 넘어 운행할 가능성에 대비하여 오토바이의 동태를 예의주시하면서 경음기를 울리거나 차량전조등을 깜박거려 오토바이운전자에게 경고를 보내고 속도를 더욱더 줄이면서 최대한 도로의 우측 가장자리로 진행하는 등 상대방 오토바이와의 교행시 충돌로 인한 사고발생을 미연에 방지할 주의의무가 있으므로, 위와 같은 도로상황 하에서 전방 약 50m에서 마주 오는 오토바이가 자기 차선으로 진행하지 아니하고 승합차의 진행방향으로 들어오는 것을 발견하였다면 그 운전자가 위 오토바이를 발견한 후 위와 같은 주의의무를 다하였는지, 그리고 위와 같은 주의의무를 다하였다고 하더라도 이 사건 사고발생을 미연에 방지할 수 없었는지에 관하여 심리하여야 한다고 하였다.[397]

396) 大判 93.2.23, 92다21494(公 1993, 1057). 위 판결의 원심은 위 사고지점도로와 트럭의 폭을 대비해 볼 때 트럭이 자기 차선의 한 가운데로 진행하더라도 우측 길가와 좌측의 가상 중앙선까지는 각각 30여cm밖에 여유가 없는 데다 위 트럭운전사는 같은 크기의 차량들이 줄을 지어 가는 가운데에서 진행하고 있었던 상황에 비추어, 그가 특별히 위 사고트럭을 보다 더 도로의 우측편으로 붙이거나 길가의 비포장부분에까지 걸쳐 운행하면서 반대방향의 차량이 중앙선을 넘어 들어 올 것에 대비하여 운전하여야 할 주의의무는 없다고 할 것이고, 사고 당시 위 트럭의 시속이 40km이면 1초 동안에 11.1m 가량을 진행하므로, 위 승합차량의 속도를 위 트럭과 같게 본다고 하더라도 쌍방차량이 1초 동안에 진행하는 거리를 합치면 20m가 넘게 되는바, 위 트럭운전사가 약 20m 전방에서 위 승합차량이 가상중앙선을 넘어서 질주해 오는 것을 발견하고 즉시 피행조치를 취하였다고 하여도 운전자의 지각신경이 충돌의 위험을 느끼는 데에 소요되는 시간과 위와 같이 비좁은 도로상황에서 차량폭 등을 감안하여 침범해 온 승합차량과 안전하게 교행할 수 있도록 대응조치를 취하는 데에 소요되는 시간 등을 고려하면 거의 충돌을 피할 수 없는 상태였다고 인정하여 과실을 부정하였다.

397) 大判 94.12.9, 94다43320(公 1995, 461). 위 판결의 원심은 위 사고지점이 좌우 양 가장자리에 백색실선만 그어져 있는 차량의 통행이 빈번한 포장도로로서 위 백색실선 사이의 폭은 약 5m, 포장되어 있는 부분의 폭은 약 5.3m, 갓길의 폭은 약 20 내지 30cm 정도이고, 도로 양옆에는 도로보다 약 50 내지 60cm 정도 낮은 높이로 배수로가 설치되

(v) 車路維持中 事故 自己車路를 유지하고 진행하는 차량에 대하여는 後行 차량이나 側面에서 진행하는 차량의 車路維持에 관한 信賴를 긍정하는 경우가 상당수 있는바,

(ㄱ) 편도 3차로의 일방통행로인 직선포장도로에서 1차로의 좌측 부분은 최고 높이 약 5m, 길이 약 300m의 시멘트 옹벽이 설치되어 있어 사람이나 차마의 횡단이 금지되어 있을 뿐만 아니라 사실상 그 횡단이 불가능하고 사고지점 약 200m 전방(옹벽의 길이가 약 300m이고, 사고지점이 옹벽의 3분의 1 가량을 지난 곳이므로) 옹벽이 끝나는 곳의 1·2차로는 좌회전차로로 지정되어 있으며, 사고 당시 도로 3차로에는 버스가, 그 뒤로 2차로에는 택시가 진행하고 있었고 甲이 피고소유의 위 차를 운전하여 택시의 뒤에서 1차로로 運行하고 있었는데, 원고가 운전면허 없이 원동기장치자전거에 50kg의 돼지고기를 싣고 3차로를 시속 약 20km의 속도로 진행하다가 차선변경신호를 하지 아니한 채 갑자기 2차로로 차로를 바꾸어 위 도로를 횡단하다가(기록상 원고가 도로를 횡단하려한 목적은 나타나 있지 않다) 2차로를 주행중이던 택시의 좌측 앞 안개등 부분에 충돌되어 1차로로 넘어지자 甲이 원고가 넘어지는 것을 3·4m 전방에서 발견하고 급제동하였으나 미치지 못하여 위 차로 원고를 충격하고 약 10m를 끌고 나가서 정지된 사안에서, 사고지점 1차로를 운행하던 자동차운전자로서는 좌측에 시멘트 옹벽이 있고 횡단이 금지되어 있는 장소에서 원동기장치자전거가 우측에서 도로를 횡단하여 오다가 2차로에서 다른 차량과 충돌하여 1차로로 넘어질 것이라고는 일반적으로 예견하기 어렵다 할 것이고, 이러한 경우 운전자로서는 차량이 도로를 횡단하지 아니할 것을 신뢰하여 운행하면 족하다 할 것이고, 불의의 사고로 인하여 3·4m 전방에 넘어지는 자전거를 예상하여

어 있으며, 도로의 어느 쪽으로 진행하든지 별다른 시야장애가 없는 사실, 위 승합차의 차폭은 2.25m인데, 그 운전자는 위 승합차를 운전하고 위 도로의 가상중앙선을 기준으로 자기 차선을 따라 시속 약 30km의 속력으로 진행하다가 이 사건 사고지점 약 50m 전방에서 오토바이전조등 불빛을 발견하고 위 승합차의 오른쪽 끝부분이 위 도로의 갓길 가장자리에 붙을 정도로 오른쪽으로 피하여 서행하다가 위 오토바이가 접근하는 것을 보고 핸들을 오른쪽 갓길 쪽으로 꺾으며 제동한 사실, 한편 위 오토바이는 위 도로의 가상중앙선을 침범하여 반대차선 쪽으로 넘어 들어가 진행하다가 맞은 편에서 진행해 오는 위 승합차를 발견하고 급히 자기 차선쪽으로 돌아가려다가 가상중앙선으로부터 반대차선 쪽으로 약 1.3m 정도 넘어선 지점에서 위 승합차와 충돌한 사실을 인정한 후, 가상중앙선을 기준으로 할 때 자기 차선을 따라 정상적으로 주행하는 운전자는 맞은 편에서 주행해 오는 다른 차량들도 자기 차선을 따라 교행할 것이라고 믿고 서행하여 운전하면 족한 것이지 반대방향의 오토바이가 가상중앙선을 침범하여 자기 차선으로 진입하여 올 것까지 예상하여 안전조치를 강구할 주의의무가 있다고 볼 수는 없으므로, 위 승합차운전자로서는 가상중앙선을 침범하여 운행하는 위 오토바이를 발견하였을 때 그가 취한 앞에서 본 바와 같은 조치 이외에 다른 조치를 취할 수 없었다고 할 것이어서, 이 사건 사고가 회피불가능한 것이라고 보고 면책을 인정하였다.

이를 사전에 방지해야 할 조치를 취할 주의의무는 없다고 하였고,[398]

(ㄴ) 편도 3차선 도로의 2차선상을 운행하는 자동차의 운전자로서는 뒤따라 진행하는 차량도 정상적으로 그 차선을 유지하면서 진행하리라고 신뢰하는 것이 보통이므로, 오토바이가 3차선상으로 뒤따라 진행하다가 그 차선을 벗어나 자기 차량을 충격하리라는 것까지 예견하여 속력을 줄이는 등의 방법으로 운행할 주의의무는 없다고 하였고,[399]

(ㄷ) 도로를 운행하는 자동차의 운전자로서는 특별한 사정이 없는 한 다른 차량도 정상적으로 그 차선을 유지하면서 진행하리라고 신뢰하는 것이 보통이라고 할 것이므로, 편도 4차선 도로의 1차선을 운행하는 자동차의 운전자에게 우측 골목길에서 오토바이가 나와 우회전하지 아니하고 갑자기 4차선 도로를 바로 가로질러 1차선으로 돌진하리라는 것까지 예상하여 운전할 주의의무는 없고, 위 자동차운전자가 사고장소를 법정제한속도보다 약 10km 정도 초과하여 운행했다는 사실만으로는 편도 4차선 도로의 우측 골목길에서 갑자기 튀어 나와 도로를 가로질러 자동차의 진행방향인 1차선으로 돌진한 오토바이와 충돌한 데 대하여 책임이 없다고 하였다.[400]

(vi) 交叉路通過中 事故

(ㄱ) 信號 없는 交叉路에 관한 사례로서,

① 교통정리가 행하여지고 있지 아니하는 교차로에 들어가려는 모든 차는 그 차가 통행하고 있는 도로의 폭보다 교차하는 도로의 폭이 넓은 경우에는 서행하여야 하며, 폭이 넓은 도로로부터 그 교차로에 들어가려고 하는 다른 차가 있는 때에는 그 차에게 진로를 양보하여야 하는 것이므로, 차가 폭이 좁은 도로에서 교통정리가 행하여지고 있지 아니하는 교차로에 들어가려는 경우는 먼저 서행하면서 폭이 넓은 도로에서 그 교차로에 들어가려고 하는

398) 大判 85.11.26, 85다카642(註 360). 위 판결의 원심은 위 승용차가 제한속도 60km인 이 지점을 시속 약 73km의 속도로 진행하였고, 당시 진행방향 우측에는 차량의 통행이 없어서 전방과 우측을 살펴봄에는 아무런 장애가 없었으므로, 위와 같은 경우에는 전방과 우측을 주시하여 운행하고, 만약 1차선 쪽으로 오는 차량이 있으면 속도를 줄여 운전하여야 할 업무상 주의의무가 있음에도 불구하고, 만연히 전방과 우측 주시를 태만히 하고 과속으로 운행한 과실로 3차선 쪽에서 1차선 쪽으로 들어오는 원동기장치자전거를 보지 못하고, 위 원동기장치자전거가 위 승용차 우측 앞 2차선에서 같은 방향으로 진행하던 택시에 받혀 1차선 전방에 넘어져서야 뒤늦게 이를 발견하고 급제동조치를 취하였으나 미치지 못하여 위 자전거운전자를 약 10m 밀고 나간 과실이 있다고 인정하였다.

399) 大判 94.6.14, 93다45664(公 1994, 1948).

400) 大判 98.2.10, 97다35894(公 1998상, 683). 同旨: 大判 2000.9.5, 2000다12068(公 2000, 2056).

차가 있는지 여부를 잘 살펴 만약 그러한 차가 있는 경우에는 그 차에게 진로를 양보하여야 하는 것이고, 시간적으로 교차로에 먼저 도착하여 교차로에 먼저 진입할 수 있다고 하더라도 폭이 넓은 도로에서 교차로에 들어가려고 하는 차보다 우선하여 통행할 수는 없으므로, 폭이 좁은 도로에서 교차로에 들어가기에 앞서 그 교차로상을 통행하는 차량의 유무와 동태를 제대로 살피지 아니한 운전자에게 과실이 있다고 인정하는 것이 신뢰의 원칙에 반하지 않는다고 하였고,[401)]

② 한편 도로교통법 제22조 제4항 및 제6항에서 교통정리가 행하여지고 있지 아니하는 교차로에 들어가려는 모든 차는 그 차가 통행하고 있는 도로의 폭보다 교차하는 도로의 폭이 넓은 경우에는 서행하여야 하며, 폭이 넓은 도로로부터 교차로에 들어가려고 하는 다른 차가 있는 때에는 그 차에게 진로를 양보하도록 규정하고 있는 점에 비추어 볼 때, 교통정리가 행하여지고 있지 아니하는 교차로의 넓은 도로를 운행하여 통행의 우선순위를 가진 차량의 운전사는 이와 교차하는 좁은 도로의 차량이 교통법규에 따라 적절한 행동을 취하리라고 신뢰하고 운전한다고 할 것이므로, 넓은 도로를 따라 교차로에 이미 진입한 운전자로서는 특별한 사정이 없는 한 다른 운전자가 뒤늦게 교통법규를 무시하고 자신의 진행속도보다 빠른 속도로 무모하게 교차로에 진입하여 자신이 운전하는 차량과 충격할지 모른다는 것까지 예상하고 대비하여 운전하여야 할 주의의무는 없다고 하여, 甲이 엘란트라승용차를 운전하고 범어네거리에 이르러 신호대기를 하다가 신호등이 직진신호로 바뀌자 편도 5차선의 3차선을 따라 시속 약 50km의 속도로 직진하다가 사고지점인 장인가구점 앞길에 이르렀는바, 그 지점은 위 범어네거리의 우회전도로와 직선도로가 교차하는 지점으로서 甲이 진행하는 방향에서는 네거리 조경을 위하여 도로의 모서리 화단에 심어 놓은 조경수로 인하여 위 우회전도로를 통하여 진입하여 오는 차량을 쉽게 발견할 수 없는 반면, 위 우회전도로에는 위 직선도로와 교차하기 직전에 정지선이 설치되어 있었고, 乙은 소나타승용차를 운전하고 위 우회전도로를 따라 시속 약 100km의 속도로 우회전하면서 위 직진도로로 진입하다가 그 회전탄력에 의하여 그 곳 편도 5차선 도로의 3차선까지 들어가면서 그 좌측 앞 범퍼부분으로 때마침 위 사고지점을 통과하던 甲운전의 엘란트라승용차의 우측 뒤 펜더부분에서 앞 펜더부분까지 충격한 다음 우

401) 大判 93.11.26, 93다1466(公 1994, 193).

측 대각선방향으로 미끌려 나아가 위 장인가구점을 들이받은 사안에서, 위 사고는 乙이 우회전함에 있어 그 곳 정지선에서 일시 정지 또는 감속하여 전방좌우를 잘 살피면서 안전하게 5차선 도로로 진입하여야 함에도 이를 게을리한 채 시속 약 100km로 그대로 우회전하려다가 그 탄력을 이기지 못하고 3차선 상으로 갑자기 침범하여 들어간 乙의 전적인 과실에 의하여 발생한 것으로 봄이 상당하고, 위 사고 당시 3차선을 따라 운행하던 甲에게 乙운전의 위 소나타승용차가 갑자기 자신의 차선으로 급하게 차선을 변경하여 올 것까지 예상하고 그에 대한 안전조치를 강구하여야 할 주의의무가 있다고 보기 어렵다고 하여 면책을 인정하였다.[402]

(ㄴ) 그리고 信號 있는 交叉路에 관한 사례로서,

① 신호등이 있는 교차로상에서 피해자의 오토바이와 피고의 승용차가 충돌하였는데, 당시 피해자는 피고의 진행방향 왼쪽에서 오른쪽으로 위 교차로를 시속 30 내지 40km로 진행하다가 교차로 앞 차량정지선통과 당시 이미 신호등이 주의신호에서 정지신호로 바뀌었음에도 정지하지 아니한 채 그대로 통과하고 있었고, 피고는 편도 6차로 중 4차로의 제일 선두에서 신호대기하고 있어 교차로 좌측의 교통상황을 살피는 데 아무런 장애가 없었음에도 교차로 왼쪽의 교통상황을 제대로 살피지 아니한 채 진행신호가 나자마자 출발하다가 충돌한 사안에서, 교차로의 신호가 진행신호에서 주의신호 내지 정지신호로 바뀌는 경우에도 그 교통신호에 따라 정지함이 없이 진행하던 속도 그대로 교차로를 통과하는 차량이 흔히 있는 것이 현실이며, 이는 자동차를 운전하는 사람이면 누구든지 쉽게 예상할 수 있는 상황이므로, 교차로정지선 맨 앞에서 신호를 받기 위하여 정지하였다가 출발하는 자동차운전자는 다른 방향에서 그 교차로를 통과하려는 차량의 운전자가 교통신호를 철저히 준수할 것이라는 신뢰만으로 자동차를 운전할 것이 아니라 좌우에서 이미 교차로를 진입하고 있는 차량이 있는지 여부를 살펴보고 또한 그의 동태를 두루 살피면서 서행하는 등 어느 때라도 정지할 수 있는 태세를 갖추고 출발하여야 할 업무상의 주의의무가 있다고 보아야 할 것이고, 현실적인 차량운전자의 교통도덕수준 등에 비추어 이와 같은 주의의무를 부과한다 하더라도 그것이 사회적 상당성의 한도를 넘는 과대한 요구라고 말할 수 없을 것이라고 하여 피고의

402) 大判 98. 2. 27, 97다48241(公 1998상, 893).

면책주장을 배척하였고,[403)]

② 반대로 오토바이운전자 甲이 교통신호에 의하여 정리되는 교차로에서 다른 방향에서 진행하는 차량을 살피지 아니하고 신호가 바뀌자마자 바로 출발함으로 인하여 신호를 무시하고 달려오던 차량과 충돌함으로써 그 충격으로 인하여 뒤로 밀리면서 자신의 차량을 뒤따르던 다른 오토바이를 들이받아 손해를 가한 사안에서, 甲에게 사고에 관하여 과실이 없다고 하였고, 설사 과실이 있다고 하더라도 이는 신호를 무시하고 달려 오던 차량과의 관계에서 과실상계사유가 될 수는 있을지언정 오토바이운전자가 피해자의 오토바이가 뒤따라 오는 것을 알고 있었고, 진행신호가 들어오는 즉시 출발함으로 말미암아 뒤따라 오던 오토바이에 어떤 사고를 초래할 위험이 있다는 것을 미리 예견하였거나 예견할 수 있었다고 인정되지 않는 이상 피해자에 대한 관계에서 과실이 있다고 단정할 수 없다고 하였다.[404)]

(vii) 信號 있는 橫斷步道通過中 事故 횡단보도상의 신호등이 보행자정지 및 차량진행신호를 보내고 있다 하더라도 도로상에는 항상 사람 또는 장애물이 나타날 가능성이 있을 뿐만 아니라, 사고지점이 차량과 사람의 통행이 비교적 번잡한 곳이라면 이러한 곳에서는 교통신호를 무시한 채 도로를 무단횡단하는 보행자가 흔히 있는 것이어서 자동차를 운전하는 사람이면 누구든지 이를 쉽게 예상할 수 있는 상황이므로, 이러한 곳을 통과하는 자동차 운전사는 보행자가 교통신호를 철저히 준수할 것이라는 신뢰만을 가지고 자동차를 운전할 것이 아니라 좌우에서 횡단보도에 진입한 보행자가 있는지 여부를 살펴보고 또한 그의 동태를 잘 살피면서 서행하는 등 보행자의 안전을 위해 어느 때라도 정지할 수 있는 태세를 갖추고 자동차를 운전하여야 할 주의의무가 있다 할 것이니, 위와 같은 주의의무를 태만히한 채 차량진행신호만 믿고 운전하다가 사고를 일으켰다면 운전사에게도 과실이 있다고 하였다.[405)]

---

403) 大判 94.10.25, 94다8693(公 1994, 3084).
404) 大判 98.2.13, 97다47620(公 1998상, 746).
405) 大判 87.9.29, 86다카2617(公 1987, 1632). 위 판결의 사안은 택시운전자가 횡단보도의 보행자신호등이 적색신호이고 자동차신호등이 진행신호인 녹색신호이므로 위 횡단보도 앞에서 서행 등을 함이 없이 계속 같은 속도로 진행하다가 위 횡단보도에 거의 이르렀을 때 횡단보도를 따라 좌측에서 우측으로 뛰어서 길을 건너는 위 원고를 3-4m 전방에서 발견하고, 급정차조치를 취하였으나 거리근접으로 미치지 못하여 사고가 발생한 경우로서 도로상에는 항상 사람 또는 장애물이 나타날 가능성이 있고, 위 사고지점은 매 시간당 차량은 800여 대, 사람은 500여 명이 통행하는 비교적 번잡한 곳이므로 이러한 곳에서는 교통신호를 무시한 채 도로를 무단횡단하는 보행자가 흔히 있는 것 또한 부정할 수 없는 현실이며, 이는 자동차를 운전하는 사람이면 누구든지 쉽게 예상할 수 있는

(viii) 其他 事故

(ㄱ) 信賴의 原則의 적용을 肯定하여 運行者의 免責을 인정한 判例를 살펴보면,

① 도로교통법상 차량의 안전지대횡단은 일반적으로 금지되어 있으므로, 안전지대의 표시에도 불구하고 차량의 안전지대횡단이 특별히 허용되고 있었던 사정이 인정되지 않는 한 안전지대 옆을 통과하는 차량의 운전자로서는 그 부근을 운전하는 다른 차량이 그 안전지대를 횡단하여 자기 차량의 진로 앞에 달려드는 일이 없으리라고 신뢰하는 것은 당연한 것이니, 운전자에게 그 안전지대를 횡단하여 오는 차량이 있을 것을 미리 예상하고 운전할 업무상 주의의무를 기대할 수는 없다고 하였고,[406]

② 다리 및 이에 연속된 도로폭이 좁아서 차량이 서로 비껴 가기가 위험하여 오가는 차량 중 먼저 이 도로구역에 들어서면 반대방향에서 오는 차량의 운행이 금지되어 일방통행을 하도록 규제된 구역에 먼저 들어선 자동차운전사는 반대방향에서 오는 차량이 없다는 신뢰 밑에 운행하는 것이므로 도로 한편가로 차량을 진행할 주의의무가 있다 할 수 없고, 따라서 이런 특수구역에서 생긴 차량과 차량과의 충돌사고는 통행이 금지된 차량이 규칙을 어기고 뛰어든 데에 그 책임이 전적으로 있으며, 제 길을 제대로 달리던 통행권 가진 차량에게는 책임이 없다고 하였다.[407]

(ㄴ) 信賴의 原則의 적용을 否定하여 運行者의 免責主張을 배척한 判例를 살펴보면,

① 심야에 왕복 8차로의 비교적 넓은 교차로부근에서 정차하던 중 왼쪽에서 봉고앰뷸런스 자동차가 1차로를 따라 교차로를 향하여 경광등을 켜고 사이렌을 울리면서 시속 60km로 질주해 오고 있어 외관상 긴급자동차로 보이는 차를 보았으므로, 이를 먼저 보내고 서서히 출발하는 등 사고발생을 방지하기 위한 주의의무가 있음에도 불구하고 자기 진행차선의 신호기의 신호만을 보고 이에 따라 그대로 운행하다가 적신호를 무시하고 무모하게 달려온 봉고

상황이므로, 이러한 곳을 통과하는 자동차운전사는 보행자가 교통신호를 철저히 준수할 것이라는 신뢰만을 가지고 자동차를 운전할 것이 아니라 좌우에서 횡단보도에 진입한 보행자가 있는지 여부를 살펴보고, 또한 그의 동태를 잘 살피면서 서행하는 등 하여 보행자의 안전을 위해 어느 때라도 정지할 수 있는 태세를 갖추고 자동차를 운전하여야 할 주의의무가 있다고 하여 면책항변을 배척하였고, 한편 보행자의 과실에 대하여는 50% 과실상계하였다.

406) 大判 96. 1. 26, 95다44153(公 1996상, 762).

407) 大判 78. 10. 10, 78다1193(公 1979, 11522).

앰뷸런스 자동차와 충돌하여 사고가 발생한 경우에, 위와 같은 사실관계 아래에서는 교통사고에 관여되었던 피해자나 제 3 자의 정상적인 행동을 신뢰할 수 있을 상당성이 없으므로 신뢰의 원칙의 적용요건이 구비된 것이라고 볼 수 없다고 하였고,[408]

② 피고가 승용차를 운전하여 편도 1차선 도로를 주행하다가 전방에서 오토바이가 중앙선을 침범하여 마주 진행하여 오는 것을 발견하고 반대차선으로 진입하여 충돌을 피하려 하였으나, 마침 반대차선에서 화물차량이 진행하여 오고 있어 바로 반대차선으로 진입하지 못하고 그 화물차량이 지나가는 것을 기다렸다가 반대차선으로 진입하였는데, 바로 그 때 반대차선 약 50m 전방에서 다른 승용차가 마주 진행하여 오는 것을 발견하고 그 승용차와의 충돌을 피하기 위하여 다시 원래의 진행차선으로 급히 진입하면서 급제동조치를 취하였으나, 이번에는 중앙선을 침범하여 진행하여 오던 위 오토바이를 피하지 못하고 중앙선으로부터 1.4m 떨어진 지점의 자기 차선에서 위 오토바이와 충돌한 사안에서, 중앙선을 침범하여 진행하여 오는 차와 충돌사고를 일으킨 경우라도 마주 오는 차량이 중앙선을 침범하여 진행하여 오는 것을 미리 목격하였고, 또 그 차가 그대로 비정상적으로 계속 운행함으로써 진로를 방해할 것에 대비하여 경음기나 전조등을 이용하여 경고신호를 보내거나 감속하면서 도로 우측단으로 피행하는 등으로 그 차와 자기 차와의 충돌에 의한 위험의 발생을 방지하기 위한 적절한 방어운전조치를 취하여 이에 충분히 대처할 수 있는 상황이었다면, 그와 같은 충돌을 방지하기 위한 적절한 방어운전조치를 게을리한 운전자에게도 사고발생에 대하여 과실이 있다고 하여 피고의 면책주장을 배척하였다.[409]

㈐ 駐·停車

(a) 運行者 및 運轉者의 過失 유무가 논하여지는 運行類型으로 駐·停車 행위가 문제되는 경우가 많다. 駐·停車가 自賠法의 적용대상이 되는 運

408) 大判 88.10.11, 87다카1130(註 374).

409) 大判 96.9.24. 96다21546(공보불게재). 원심은 피고가 오토바이를 발견하였을 당시 화물차량과의 교행을 기다릴 정도로 시간적인 여유가 있었고, 우측 갓길의 폭을 제외하고 진행차선만으로도 도로폭이 3.2m되었으므로, 오토바이가 중앙선을 침범하여 오는 것을 발견한 즉시 급제동조치를 취하고 경음기를 울리면서 도로 우측으로 피하였으면 위 사고를 방지할 수 있었을 것임에도 불구하고, 위와 같은 조치를 취하지 아니한 채 반대차선의 차량진행상태도 살피지 아니하고 그대로 중앙선을 넘어 반대차선으로 들어갔다가 그 쪽에서 다른 차량이 진행하여 오는 것을 발견하고서 급히 자기 차선으로 되돌아 온 잘못으로 이 사건 사고가 발생되었다고 하여 피고에게 이 사건 사고의 발생에 과실이 있다고 판단하였다.

行에 해당하는가는 앞에서 살펴본 바와 같으므로,[410] 여기에서는 駐·停車된 차를 다른 차량이 追突한 경우에 駐·停車 행위에 대하여 運行者 내지는 運轉者의 過失을 인정할 수 있는가에 관하여 본다.

(b) 駐·停車 행위에 관하여 運行者의 免責이 否定된 判例를 보면,

국민학교 앞 편도 2차로 도로의 2차로에 15톤 덤프트럭을 불법주차시켜 놓았는데 49씨씨 오토바이를 타고 가던 운전자가 위 트럭을 발견하지 못하고 트럭의 적재함 부분에 부딪쳐 상해를 입었는데, 2차로의 나머지 부분으로는 차량이 통행할 수 없었고 위 트럭 주차 당시 차폭등 또는 미등을 켜 놓지 않았던 사안에서 트럭소유자에 대하여 자배법소정의 운행자로서의 책임이 있다고 인정하고, 위 트럭을 주차시킨 도로는 왕복 4 차선의 직선도로로서 주변에는 가로등이 설치되어 있어 시야의 장애가 없는 곳이며, 또 사고 당시 오토바이운전자가 좌회전금지구역에서 유턴하기 위해 차선을 변경하고자 후방을 돌아보며 운전하다가 사고가 발생하였다는 점들은 과실상계의 사유는 될지언정 이 사건 사고에 대한 위 트럭운전자의 과실 또는 그 인과관계를 부정할 사유는 될 수 없다고 하였고,[411]

(c) 駐·停車 행위에 관하여 運行者의 免責이 인정된 判例를 보면,

(i) 피고시 소유의 청소차의 운전사가 05:00경 편도 1차선 도로위에 위 청소차를 도로의 진행방향과 반대방향으로 정차시키고 우측 인도변에 있는 쓰레기적재작업을 하고 있던 중 위 사고지점을 지나가던 50씨씨 오토바이가 위 청소차를 추돌하면서 반대차선으로 넘어가 택시와 충돌하여 사망하였는데, 위 도로는 중앙선이 황색 1선으로 되어 있는 포장된 편도 1차선 직선구간으로 차도의 폭은 약 8m 정도로서 폭 2.05m의 위 청소차를 도로변에 바짝 붙여 정차하여 그 차로의 절반 가량을 점거하고 있었으며, 위 청소차의 전조등은 끄고 미등과 차폭등 및 위 차량의 옆에 달려 있는 작업등만을 켜 두고 있었고, 사고 당시는 새벽이었으나 가로등불이 켜 있었으며 작업장 앞의 경비실 불빛으로 인하여 비교적 밝은 상태에 있었던 사안에서, 비록 위 청소차를 주차금지구역에 주차시켜 청소작업을 하고 있었다 하더라도 안전표시등을 켜고 있었고 위 오토바이가 통과할 수 있는 충분한 공간이 있었으므로, 오토바이운전자가 그 오토바이를 운전함에 있어 전방의 안전확인이라고 하는 운전자

410) 運行與否에 관하여는 前述 註 243-7 및 本文, 因果關係에 관하여는 前述 註 262 및 本文 각 참조.

411) 大判 91.7.9, 91다14291(公 1991, 2132).

로서의 기본적인 주의의무를 다하였더라면 그 전방에 주차된 채 작업중인 청소차를 쉽게 발견할 수 있었고, 그리하여 청소차가 점거하고 있는 나머지 도로부분으로 오토바이를 안전하게 운행하는 등 추돌사고의 방지를 위한 조치를 취하여 이 사건 사고를 용이하게 방지할 수 있었던 터이며, 따라서 위 추돌사고는 오토바이운전자의 과실에 의하여 발생한 것이라고 할 것이고, 그 사고지점이 주차금지지역이라고 할지라도 이는 도로교통법 제28조에 위반이 됨은 별론으로 하고, 그 때문에 이 사건 사고의 원인이 되었다고 볼 수 없다고 하였고,[412)]

(ii) 야간에 차도 3차로상에 미등 및 차폭등을 켜놓지 아니한 채 주차한 트레일러와 다른 차가 추돌한 교통사고에서, 그 주차지점이 주·정차 금지구역이 아니고 위 3차로에서 위 트레일러가 차지하는 공간이 얼마되지 아니하여 위 주차행위가 정상적인 도로교통에 어떠한 지장을 주었다 할 수 없고, 또한 야간에 차도에 주차함에 있어서 미등 및 차폭등을 켜놓지 않았다 하더라도 주위에 전방의 장애물을 식별하기에 어려움이 없을 정도의 조명시설이 되어 있는 이상 그 미등을 점등하지 아니한 행위가 이 사건 사고발생과 상당인과관계가 있다고 할 수 없고, 오히려 위와 같은 도로사정 등으로 보아 피해자가 조금만 주의를 기울여 그의 차량을 운행하였더라면 위 트레일러를 쉽게 발견하고 이를 충분히 피해 갈 수 있었다고 인정하여 위 피고소유 트레일러운전사에게는 아무런 과실이 없다고 판단하였고,[413)]

(iii) 주차는 할 수 없으나 잠깐 동안의 정차는 가능한 도로 폭이 24m 정도의 편도 3차로인 일반간선도로상에서 장거리운행중 타이어점검을 위하여 트럭을 시동이 걸려 있는 상태에서 미등과 차폭등을 켜고 점멸경고등까지 작동시킨 채 3차선 도로의 가장자리에 인도 쪽으로 붙여 일시 세워 두고 타이어를 점검한 후 다시 출발하려고 운전석에 타는 순간 피해자운전의 승용차가 뒤에서 위 트럭을 들이받음으로써 사고가 발생하였으며, 당시 위 트럭이 세워져 있었던 지점에서 상당한 여유를 두고 좌측으로 2개의 차선이 있었고, 또한 일

412) 大判 91.8.9, 91다9169(註 385). 나아가 위 판결은 원심이 위 청소차의 전방에 수신호를 하는 사람을 배치하거나 작업표시삼각대를 설치하지 아니한 점을 위 청소차운전자의 과실의 하나로 들고 있으나, 위 청소차의 운전자에게 야간에 청소차의 미등이나 차폭등을 밝히는 외에 그와 같은 내용의 조치를 할 의무가 있다고 할 수 없을 뿐만 아니라, 오토바이운전자에게 전방주시의무를 이행하지 아니한 과실이 인정되는 이 사건의 경우 추돌사고와 위와 같은 조치를 하지 아니한 위 청소차운전자의 과실 사이에 상당인과관계가 있다고 할 수도 없다고 하였다.

413) 大判 91.6.25, 91다3024(公 1991, 2007).

직선도로이기 때문에 야간이기는 하나 시야에 별다른 장애가 없었다면 위 트럭운전자는 정차시 운전자로서의 주의의무를 다한 것이라고 하였다.[414]

(3) **被害者 또는 第3者의 故意·過失**

被害者 또는 運行者 및 運轉者 이외의 第3者에게 故意 또는 過失이 있어야 運行者가 책임을 면할 수 있다. 被害者에는 加害車의 運轉者와 保有者가 포함되지 아니하고, 第3者라는 것은 被害者 및 賠償義務者 이외의 자를 말한다.[415]

自賠法은 過失을 요구하고 있으므로 事理辨別力이 없는 자의 부주의한 거동은 피해자의 과실로 논할 수 없고, 따라서 事理辨別力이 있다고 할 수 있는 국민학교취학 정도의 兒童의 不注意는 여기의 과실에 포함된다고 할 수 있으나, 幼兒나 精神病者가 被害者인 경우에는 被害者의 과실로 논할 수 없고 親權者·監督義務者 등의 監督上 過失이 第3者의 過失로서 등장하게 된다.[416]

앞에서 본 運行者 및 運轉者의 無過失이라는 요건은 被害者 또는 第3者의 過失과 밀접한 관련이 있다. 즉 사고는 加害者인 運轉者와 被害者, 또는 第3者인 다른 加害者의 상호 관계에서 발생하는 것이 보통이므로,[417] 加害者인 運轉者의 過失 내지 無過失은 被害者 또는 第3者의 無過失 내지 過失과 서로 相對的인 관계에 서게 될 것이다.[418]

### 5. 乘客인 被害者에 대한 免責要件

被害者가 乘客인 경우에는 그 乘客의 故意 또는 自殺行爲로 인하여 死傷된 경우에만 運行者는 책임을 면할 수 있다. 따라서 判例는 自動車의 運行으로 乘客이 死傷한 경우에는 그 乘客에게 故意가 있었다는 것이 입증되지 않는 한 自己를 위하여 그 自動車를 運行하는 자는 自己의 故意·過失의 유무에 불구하고 이에 대하여 損害賠償責任을 지므로 無過失을 내세워 책임을 면할 수 없다고 해석한다.[419] 그러나 運行者가 乘客에 대한 책임을 면할 수 없다 하더라도 乘

414) 大判 91.11.26, 91다13564(公 1992, 277).
415) 同旨: 李輔煥(註 11), 162; 李永伍(註 348), 192.
416) 李永伍(註 348), 193.
417) 이들의 相互關係에 의하지 않고 사고가 발생한 것이라면, 이는 이른바 不可抗力의 문제로 될 것이다.
418) 李永伍(註 322), 194.
419) 大判 70.1.27, 69다1606(集 18-1, 민26); 大判 87.6.23, 86다카2863(公 1987, 1227); 大判 93.5.27, 93다6560(公 1993, 1879).
위 69다1606 판결의 사안은 택시운전사가 반대방향에서 오는 시내버스가 정거하려고

客에게 過失이 있다면 그에 따라 過失相計를 하는 것은 당연히 허용된다.[420]

또한 判例는 自賠法의 목적이 自動車의 運行으로 사람이 사망하거나 부상한 경우에 있어서의 損害賠償을 保障하는 제도를 확립함으로써 被害者를 보호하고 自動車運送의 건전한 발전을 촉진함에 있음에 비추어 보면, 같은 법 §3 但書 소정의 '乘客의 故意 또는 自殺行爲'는 乘客의 自由로운 意思決定에 기하여 意識的으로 행한 행위에 한정된다고 보고, 運轉者가 그 동안 정을 통해 오던 여자의 변심을 알고 찾아가 차에 태운 후 강제적인 성행위·폭행·감금 등을 하면서 여자의 정차요구에도 계속 이를 거절하자 여자가 달리는 차에서 무작정 뛰어내려 사고를 당한 경우에 이는 급박한 犯罪的 不法行爲를 벗어나기 위한 행위로서 비록 여자가 여러 시간 전에 일시적으로 自殺을 기도했다는 사정을 감안하더라도 그의 自由로운 意思決定에 따라 意識的으로 행한 自殺行爲라고 단정하기는 어렵고, 오히려 運轉者의 犯罪行爲로 유발된 자동차사고일 뿐이라고 인정하여 이를 '乘客의 故意 또는 自殺行爲'에 해당하지 아니하는 것으로 보았다.[421]

그리고 乘客이란 運轉者와 運轉補助者의 保護領域 내에 들어온 때로부터 保護領域을 이탈할 때까지의 자를 말한다고 해석되며, 自動車에 乘車하려는 자가 발을 승차대에 올려 놓아 체중이 車體에 실린 때로부터 下車하려는 자의 양발이 地面에 착지하기까지의 사이에 있는 자라고 본다.[422]

---

속력을 늦추기 때문에 제한시속으로 속도를 줄이고 도로 우측을 이용하여 경음기를 울리면서 진행하였는데, 위 시내버스 뒤를 따라 오던 다른 버스가 갑자기 위 시내버스를 추월하기 위하여 도로중앙을 넘어 나타나 급정거하였으나 충돌을 피하지 못하고 사고가 발생하였기 때문에 택시운전사에게 과실을 인정하기 어려운 경우로서 피해자가 그 택시의 승객이었다.

420) 예를 들어 大判 86. 3. 11, 85다카229(公 1986, 622)은 공사현장에서 왕복 약 700km 거리에 있는 다른 시에 가서 관광을 마치고 하루만에 돌아올 예정으로 고정운전자도 아닌 피고회사직원이 운전하는 사고차량에 편승하였다가 관광을 마치고 돌아오는 길에 사고를 당한 경우에 혼자 운전하고 가서 관광을 마치고 하루만에 돌아오기에는 무리한 여정임을 알면서 사고차량에 편승한 점에서 피해자에게도 과실이 있다고 하여 20%의 과실상계를 하였는바, 무상동승자의 과실상계에 관하여는 항을 달리하여 아래에서 상세히 살펴본다.

421) 大判 97. 11. 11, 95다22115(公 1997하, 3743).

422) 李宙興(註 34), 87.

## Ⅵ. 過失相計(同乘關聯)

### 1. 序

自賠法 §4는 運行者의 책임에 관하여 §3의 규정에 의하는 외에는 民法의 규정에 의하도록 하고 있으므로, 民法 §763에 의하여 준용되는 民法 §396에 따라 被害者에게 過失이 있는 경우에는 법원이 손해배상의 책임 및 그 금액을 정함에 있어 이를 참작하게 된다.

過失相計의 意義나 根據는 일반 民法의 법리에서 논하여지는 것과 별 차이가 없으므로 별도로 논의할 것이 없으나, 위에서 본 無償同乘과 관련하여 同乘者에게 運轉과 관련한 注意義務를 부과하여 過失相計할 수 있는가 하는 문제와, 車 대 車 사고에서 同乘者인 被害者가 자신이 同乘한 차량의 運轉者와 親戚關係 등 밀접한 관련을 맺고 있는 경우에 第3者인 運轉者의 過失을 被害者의 過失로 참작하여 減輕할 수 있는가 하는 이른바 被害者側 過失이 특히 문제되므로 이에 관하여만 살펴본다.[423)]

### 2. 同乘者注意義務

(1) 同乘者와 관련하여 過失相計의 대상으로 되는 注意義務 중 가장 많이 거론되는 것이 同乘한 차량의 運轉者에 대한 安全運行促求 義務이다.

判例는 同乘者라고 하여 당연히 運轉者에게 安全運行을 촉구할 의무는 없다고 보아 同乘者가 運轉者에게 安全運行을 촉구하지 아니한 것만으로는 過失로 되지 아니한다고 보며,[424)] 다만 차량의 運轉者가 현저하게 난폭운전을 한다거나 그 밖의 사유로 인하여 事故發生의 危險性이 상당한 정도로 우려된다는 것을 同乘者가 認識할 수 있었다는 등의 特別한 事情이 있는 경우에는 同乘者에게 運轉者의 安全運行을 촉구할 주의의무가 있다고 본다.[425)]

423) 交通事故는 그 수도 많고 사고경위도 비슷한 경우가 많으므로 이를 事故類型別로 구분하여 보면 過失相計의 基準比率을 파악할 수 있는바, 이는 理論的인 면에서의 접근이라기보다는 實證的인 면에서의 事例研究에 가까우므로 다른 연구자료로 미루기로 한다(訴訟實務(註 17), 321-94 참조). 自動車事故와 관련된 過失相計의 意義·機能·本質·對象·參酌事由 등 過失相計 전반에 관한 理論的인 상세한 검토에 관하여는 洪天龍, "自動車事故損害에 있어서의 過失相計問題", 黃迪仁博士 華甲記念論文集 損害賠償法의 諸問題, 239-87 등 참조.

424) 大判 91. 4. 23, 91다6665(公 1991, 1482).

425) 大判 94. 9. 13, 94다15332(公 1994, 2637); 大判 96. 4. 9, 95다43181(公 1996상, 1385) 등.

한편으로 無償同乘을 이유로 한 일반적인 責任減輕을 부정하고 過失相計를 매개로 하는 경우에만 責任을 減輕하는 責任減輕否定說[426] 가운데에는 好意同乘者도 運轉者가 安全하게 自動車를 運轉할 수 있도록 協力하여야 할 信義則上의 義務가 있다고 보고, 이는 단순한 拘束力이 없는 非法律的인 好意義務가 아니라 法的 義務라고 파악하여 이를 게을리한 경우에는 判例보다 폭넓게 過失相計를 인정함으로써 결과적으로 運行者의 責任減輕을 擴張하려는 입장도 있다.[427]

(가) 먼저 同乘者의 安全運行促求 義務가 否定된 사례를 살펴보면,

(a) 운전병인 일병이 본부중대로 귀대하는 준장과 대령 2인을 승차시키고 지프차를 운전하다가 사고를 내어 대령 1인을 사망하게 한 경우에 같은 차에 탑승한 피해자가 그 운전병보다 상급자라고 하여 그 사고에 있어서 반드시 피해자에게도 과실이 있다고는 할 수 없다고 하였고,[428]

(b) 동승자의 안전운행촉구 의무를 인정함에 있어서 여러 사람이 탈 수 있는 승합자동차의 뒷좌석에 탄 동승인에 대하여는 신중을 기하여야 한다고 보고, 9인승 승합자동차가 내리막길을 내려가다가 약 80도 정도되는 우곡지점에 이르게 되자 원심력의 작용으로 순간적으로 약 40cm 정도 가상의 중앙선을 침범하게 되었고 이로 인하여 마침 아래쪽에서 올라오던 트럭의 왼쪽 앞부분과 충돌하게 된 사고에서, 승합자동차의 뒷자리에 타고 있던 피해자들이 운전자와 직장동료, 친구의 관계에 있고 동승목적이 함께 놀러 가기 위한 것이었다고 하더라도 그 사고경위에 비추어 단순한 동승자에 불과한 피해자들에게 운전자로 하여금 안전운행을 촉구할 주의의무가 있다고 볼 수 없다는 이유로 피해자과실을 50%로 인정한 원심판결을 파기하였고,[429]

(c) 자동차운전자가 마주 오는 자동차의 불빛을 보고 당황하여 충돌을 피하려고 핸들을 꺾다가 도로가의 가로수를 들이받고 벼랑에 떨어지는 바람에 그 차에 무상동승한 피해자가 상처를 입은 경우, 피해자가 위 자동차에 무상동승하였다거나 운전자에게 안전운행을 촉구하지 아니하였다 하여 그것만으로 피해자에게 과실이 있다고 할 수 없다고 보았고,[430]

426) 前述 註 319 및 本文 참조.
427) 金相容(註 8), 262-3.
428) 大判 69. 4. 22, 68다1690(集 17-2, 민25).
429) 大判 94. 9. 13, 94다15332(註 425).
430) 大判 89. 10. 24, 88다카11114(公 1989, 1742). 위 판결은 다만 피해자가 그 때 술에 취하여 안전벨트를 착용하지 아니한 채 누워서 타고 간 사실에 근거하여 10% 과실상계를

(d) 소형승용차의 운전자가 동해고속도로를 강릉시 쪽에서 동해시 쪽으로 시속 100km 이상의 속도로 운행중 앞서 가던 차량을 추월하려고 중앙선을 넘어 진행하다가 마침 전방에 대형화물차가 마주 오고 있는 것을 발견하고, 자기 차선으로 급진입하려 하였으나 과속으로 차체가 중심을 잃고 미끄러져 다시 중앙선을 넘는 바람에 위 화물차와 충돌하여 위 승용차가 두 동강이 나면서 위 차량에 타고 있던 탑승자전원이 사망한 사안에서, 피해자는 17세 여자로서 나이가 어린 편이고 운전하지도 못하므로 운전자에 대해 안전운전을 촉구할 입장에 있다고 보기 어렵고, 또 위 고속도로는 2차선에 불과하여 구간에 따라서는 추월을 위한 중앙선침범이 허용되는 사실이 엿보일 뿐 아니라, 위 운전자가 계속하여 난폭한 운전을 하였다거나 그 밖의 사유로 인하여 사고발생의 위험성이 상당한 정도로 우려되었고, 또한 이 점을 위 망인이 알 수 있었다고 볼 아무런 증거가 없다고 보아 과실상계를 부정하였다.[431]

(나) 다음으로 同乘者가 安全運行을 촉구하여야 할 特別한 事情이 있는 경우라고 인정된 사례를 살펴보면,

(a) 승용차의 경우에 운전이 미숙한 자동차운전자가 야간에 가로등이 없는 국도상을 과속으로 질주하여 사고발생의 위험성이 예상됨에도 불구하고 길 안내를 위하여 동승한 사람이 운전자에게 속도를 줄이고 전방을 잘 살펴 진행하도록 주의를 환기시키고 안전운행을 촉구하는 등 조치를 취하지 아니하고 있다가 교통사고가 일어나 동승자가 사망한 경우, 망인의 과실비율을 20% 정도로 보아 과실상계한 조치는 상당하다고 하였고,[432]

(b) 오토바이동승자에 대하여는 승용차의 동승자보다 더 주의의무를 확대하여 과실상계를 더 넓게 인정하는바,

(i) 불법행위에 있어서 가해자의 과실은 의무위반이란 강력한 과실인 데 반하여, 피해자의 과실을 따지는 과실상계에 있어서의 과실이란 전자의 것과는 달리 사회통념상·신의성실의 원칙상·공동생활상 요구되는 약한 부주의를 가리키는 것으로 보아야 할 것이며, 오토바이는 그 자체가 일반자동차에 비하여 더 큰 위험을 수반한다 할 것이며, 더구나 뒤에 동승자가 있을 경우에

---

인정하였다.

431) 大判 96. 4. 9, 95다43181(註 425). 위 판결의 원심은 고속도로상을 주행하는 위 승용차에 타고 가던 피해자에게도 운전자로 하여금 무리하게 과속으로 중앙선을 침범하여 앞지르기 하지 못하도록 주의를 환기시키는 등의 조치를 취하여야 함에도 이를 하지 못한 과실이 있다고 인정하였다.

432) 大判 90. 11. 27, 90다카27464(註 43).

는 핸들조작이 어려워지고 과속으로 달리게 되면 사소한 장애에 대처하기도 더 어렵게 되어 사고가 쉽게 발생하리라는 것이 우리 경험칙상 명백하다 할 것이므로, 피해자가 오토바이에 동승할 경우 운전자로 하여금 위험이 없을 만한 안전한 속도와 방법으로 운전하도록 하여야 할 뿐만 아니라 사고를 방지하기 위하여 적절한 지시를 하는 것을 태만하여서는 아니 된다라고 하여 과실상계를 인정하였고,[433)]

(ii) 택시가 왕복 6차로 도로의 1차로를 따라 진행하였는데, 甲이 40씨씨 소형 원동기장치자전거(일명 모페드)의 뒷좌석에 피해자를 태우고 위 택시와 같은 방향으로 3차로상을 진행하다가 신호등이 설치되지 아니한 횡단보도상으로 도로를 횡단하려고 1차로로 좌회전하여 들어오는 것을 약 15m 앞에서 발견하고 급정거하였으나 충돌하여 사고가 발생한 사안에서, 피해자가 甲과는 절친한 사이로서 그가 면허 없이 위 원동기장치자전거를 운전하는 것을 알면서 그 뒤에 동승하였으며, 또한 위 소형 원동기장치자전거는 그 자체가 일반 자동차에 비하여 운전상 더 큰 위험을 수반할 뿐 아니라 뒷좌석에 동승자가 있을 경우에는 조향기의 조작이 어려워지고 사소한 장애에도 신속하게 대처하기가 어렵게 되어 사고발생의 위험이 커지므로, 그 동승자는 운전자가 위험이 없을 만한 안전한 속도와 방법으로 운전하도록 주의를 환기시켜야 할 의무가 있다고 할 것이라고 인정한 후 피해자는 사고직전 위 소형 원동기장치자전거에 탄 채 도로를 횡단하려는 의도로 진행도로의 후방에서 차량들이 신호를 대기하였다가 진행신호를 받아 약 15m 후방에서 일시에 달려 오는 것을 보고서도 손을 들어 정지신호를 하였을 뿐 위와 같은 주의의무를 태만히함으로써 위 사고를 당하였다고 인정하여 50% 과실상계하였고,[434)]

(iii) 피해자가 소외 甲이 운전하는 오토바이의 동승자 겸 감독자로서 오토바이 뒷편에 한 사람을 더 태워 승차인원을 초과하였을 뿐만 아니라 전조등 불빛으로 맞은 편에서 피고회사소속 택시가 중앙선을 침범하거나 근접하여 달려 오는 것을 알 수가 있었는 데도 미리 甲에게 주의를 환기시키지 않고 방임한 잘못이 있다면, 甲이 상황판단을 그르쳐 위 택시를 피하려고 반대차선으로 들어가게 됨으로써 위 택시와 충돌한 사고로 인한 피고회사의 손해배상책임의 범위를 정함에 있어서 피해자의 과실을 20% 정도로 봄이 상당하

433) 大判 83.12.27, 83다카644(公 1984, 259).
434) 大判 85.7.9, 84다카2479(註 360).

다고 하였다.[435]

(2) 그리고 同乘者의 運轉者에 대한 安全運行促求 義務와 상관없이 同乘者는 어느 정도의 運行利益을 누리는만큼 그 스스로 運轉의 危險狀態를 감지하여 그로 인한 事故의 發生 및 損害擴大를 방지할 注意義務를 지는 것이 상당하다 할 것이므로, 일정한 경우에는 그에 따라 過失相計를 인정한다.

(가) 이에 따라 酒醉狀態에서 運行하는 차에 同乘한 자에 대한 過失相計를 인정하는바, 判例는

(a) 화물차의 운전사가 피고회사에서 근무를 마친 후 정원이 3명인 화물차에 피해자를 포함하여 4명을 동승시켜 퇴근하다가 식당에서 20:00까지 소주를 마신 후 술에 약간 취한 상태에서 그 일행 모두 운전사가 이사한 새 집에 집들이 가자고 하여 다시 위 일행들을 위 차량에 동승시켜 시속 약 60km의 속력으로 진행하다가 20:30경 교행하던 차를 급히 피행하다가 위 차량이 도로 우측 아래로 떨어져 피해자가 사망한 사안에서, 피해자는 운전사가 술에 취한 사실을 알고 정원초과차량에 동승한 과실이 있다고 인정하여 40%의 과실상계를 하였고,[436]

(b) 친구와 함께 음주한 후 친구가 취기가 있는 상태에서 운전하는 차에 동승한 피해자의 과실 정도를 20%로 보았고,[437]

(나) 오토바이에 대하여는 위에서 본 바와 같이 安全運行促求 義務를 폭넓게 인정하는 외에도 同乘 그 자체로 인한 危險擴大에 관하여 過失相計를 인정하는바,

判例는 오토바이는 그 자체가 일반자동차에 비하여 더 큰 위험을 수반한다 할 것이며, 더구나 뒤에 동승자가 있을 경우에는 핸들조작이 어려워지고 사소한 장애에 대처하기도 더 어렵게 되어 사고가 쉽게 발생하리라는 것이 경험칙상 명백하므로 오토바이운전자가 사고 당시 오토바이에 정원을 초과하여 두 사람을 뒷자리에 태워 운행하였다면 그 잘못이 손해의 발생 또는 확대와 상당인과관계가 없다고 단정하기는 어렵고, 아울러 동승자에게도 그가 오토바이에 동승함으로써 정원을 초과하게 한 원인을 제공한 잘못이 없다고 할 수 없으니 이러한 그의 잘못 역시 손해배상책임의 범위를 정함에 있어 참작되어

435) 大判 89. 12. 26, 87다카2096(公 1990, 341).
436) 大判 91. 4. 23, 90다12205(註 91).
437) 大判 92. 1. 21, 91다39306(公 1992, 898).

야만 한다고 하였다.[438)]

### 3. 被害者側 過失

(1) 民法 §§763·393에 의하면 被害者에게 過失이 있는 경우에 이를 참작할 수 있도록 되어 있을 뿐 被害者 아닌 第3者의 過失을 참작할 수 있는지 여부에 관하여는 명확히 하지 않고 있다.

현재의 實務例는 被害者 자신이 아닌 第3者를 被害者側에 포함시켜 第3者의 過失을 被害者의 過失로 파악하여 被害者의 保護監督義務者의 過失을 被害者의 過失에 포함시키거나, 共同不法行爲者가 被害者의 被用人인 경우에 그 被用人의 過失을 被害者의 過失에 포함시키거나, 被害者가 同乘하고 가다가 사고를 당한 경우에 그가 同乘한 차량의 運轉者의 過失을 被害者의 過失에 포함시켜서 책임을 감경하는 肯定說을 취하고 있다.[439)]

이와는 반대로 過失相計의 대상이 되는 過失은 被害者 本人의 過失을 가리키는 것이 法文上 명백하고 第3者의 過失로써 배상액을 감경하는 것은 被害者에게 不公平하므로 被害者 자신의 過失을 이유로 過失相計함은 모르지만, 이를 넘어서서 그 이외의 第3者의 過失을 被害者의 過失에 포함시킬 수 없다는 否定說도 유력하다.[440)] 이 견해에 의하면 ① 被害者가 유아나 정신병자인 경우에 被害者側이라는 막연한 용어를 도입함으로써 保護監督者의 過失責任을 유아나 정신병자에게 轉嫁시키는 것은 不公平하며 被害者側의 한계 역시 이론상 확립될 수 없는 것이므로 과감히 이 이론을 버려야 하며, 被害者가 使用者인 경우에 있어서도 過失 있는 被用者가 不法行爲責任을 면할 수 없고, 따라서 被用者의 過失과 加害者의 過失이 경합하여 使用者에게 손해가 발생되고 加害者에게 그 손해를 배상할 채무를 발생시켰다면 그것은 被用者의 加害者에 대한 不法行爲이고, 그것이 使用者의 業務執行에 관한 것이라면 使用者는 民

438) 大判 94.5.24, 93다57407(公 1994, 1805).

439) 李輔煥(註 11), 519-20은 日本에서 전개된 이론적인 근거에 관하여 家團의 개념을 기초로 하는 설, 共同不法行爲者 상호간의 求償關係의 간략화라는 관점에서 보는 설, 實質的인 損益計算의 歸屬關係로 파악하는 설, 被害者와 돈주머니를 함께 쓰는 특별한 관계에 있어서 그 자를 加害者와 함께 賠償請求의 相對方으로 삼기보다는 오히려 被害者側의 內部關係의 문제로 처리하는 편이 加害者와 被害者의 관계를 처리함에 公平하다고 생각되는 지위에 있는 자로 이해하는 설, 行爲評價의 同一歸屬性과 塡補淸算의 同一歸屬性이 인정되는 경우에는 第3者를 被害者側으로 보는 설이 있다고 설명한다. 日本 이외의 外國의 입법례에 관하여는 洪天龍(註 423), 253-6 참조.

440) 李輔煥(註 11), 530; 吳宗根, "第3者의 過失과 過失相計", 月報 227, 32-4; 韓騎澤, "피해자측 과실", 民判硏 17, 158-60.

§756의 책임을 져야 하므로 加害者는 加害者인 동시에 被害者로서 使用者에 대한 관계에서 被用者의 過失比率에 따른 損害賠償債權을 취득하게 되므로 이를 自動債權으로 하여 相計를 주장할 수 있는 것이라고 설명하고,[441] 역시 無償同乘車輛 運轉者의 過失을 被害者인 同乘者의 過失로 인정할 수 있는가에 관하여도 이를 부정하여야 한다고 설명하며,[442] 또한 ② 自動車保險의 일반화를 통하여 損害의 塡補가 현실적으로는 加害者의 個人負擔에 의하여 이루어지지 아니하고, 保險會社의 保險金으로 塡補되는 경우가 보통이라고 할 수 있다면 被害者側의 過失을 참작하지 아니하는 것이 加害者 個人에게 지나치게 가혹하여 衡平을 잃는다고 할 수는 없을 것이며, 信義誠實의 원칙상 使用者는 被用者의 選任·監督에 관하여 차량에 搭乘하고 있는 運行者는 그 運轉者의 運行行爲에 관하여 사회공동생활에 있어서 요구되는 注意義務를 부담하고 있으며, 그와 같은 注意義務를 다하지 아니하였을 때 使用者나 運行者는 그에 따라 자신의 손해배상채권이 감액되는 것을 면할 수 없을 것이고, 使用者나 運行者의 監督義務를 정함에 있어 運行者와 運轉者의 친밀도·유행목적·운행경위 등을 고려한다면, 굳이 被害者 本人이 아닌 被用者나 直接運轉者의 過失을 被害者側 過失이라 하여서 참작할 필요는 없다고 설명한다.[443]

(2) 自賠法에 의한 責任과 관련하여 흔히 문제되는 것은 被害者側 過失중에서 被害者가 同乘하고 가다가 사고를 당한 경우에 그 車輛運轉者의 過失을 被害者의 過失에 포함시킬 수 있는가이다.

㈎ 이 문제는 앞에서 살펴본 自動車運行者의 無償同乘者에 대한 責任減輕의 문제와는 달리 취급하여야 한다고 생각된다. 예를 들어 A차와 B차가 그 運轉者들의 過失에 의하여 충돌하여 A차에 無償으로 同乘중인 甲이 부상한 경우에 A차의 運行者와 甲 사이에 발생하는 문제가 自動車運行者의 無償

441) 그러나 被用者나 다른 加害者에게는 아무런 손해가 발생하지 아니하여 使用者에 대하여서만 損害賠償責任을 부담하는 경우에 그 被用者와 다른 加害者 사이의 損害賠償責任 分擔問題는 이를 求償問題로 취급할 뿐 그들 상호간에 不法行爲가 발생한다고는 이론구성을 하지 아니하므로, 被用者에 대하여 가지는 損害賠償債權으로 被害者에 대하여 相計한다는 논리는 一般的인 共同不法行爲者 상호간의 法律關係에 관한 법이론과 부합되지 않는다고 생각된다.

442) 李輔煥(註 11), 528, 530, 533-4. 특히 無償同乘車輛 運轉者의 過失을 포함시키는 것에 대한 반대논거로 夫婦別産制와의 부조화, 不法行爲 상호간의 連帶債務 관계의 分割債務化, 家族關係·友人關係에 있는 자에 대한 損害賠償請求의 부당성, 保險制度를 통한 損害塡補에의 障害 등의 사유를 들고 있다. 被害者側 過失을 참작하는 論據 및 그 範圍와 이에 대한 批判的인 見解에 관한 상세한 논의에 관하여는 韓騎澤(註 440), 154-60 참조.

443) 韓騎澤(註 440), 159-60.

同乘者에 대한 責任減輕問題이고, B차의 運行者와 甲 사이에서 A차 運轉者의 過失을 고려할 수 있을 것인가 하는 문제가 被害者側의 過失問題이다.[444)]

그리하여 判例는 民法 제763조·제396조가 不法行爲로 인한 損害賠償의 책임 및 그 금액을 정함에 있어 被害者의 過失을 참작하도록 한 취지는 不法行爲로 인한 損害를 加害者와 被害者 사이에 公平하게 분담시키고자 함에 있다 할 것이므로, 好意同乘車輛의 運轉者의 過失과 또 다른 차량의 運轉者의 過失이 경합하여 사고가 발생하고, 그로 인하여 사망하거나 상해를 입은 同乘者 혹은 그 遺族이 相對方 차량의 運行者를 상대로 손해배상을 청구하는 경우, 損害賠償額을 정함에 있어 참작할 被害者의 過失에는 被害者 本人의 과실뿐 아니라, 그와 身分上 내지 生活關係上 一體를 이루는 관계에 있는 자의 過失도 被害者側의 過失로서 포함되어야 한다고 보면서도 오로지 好意同乘車輛 運轉者의 過失로 인한 사고로 同乘者가 사망하거나 상해를 입어 同乘者 혹은 그 遺族들이 그 同乘 차량의 運行者를 상대로 손해배상을 청구하는 경우에는 그 運轉者의 過失은 同乘車輛運行者의 損害賠償債務의 성립요건에 해당할 뿐 被害者側의 過失로 참작할 성질의 것이 아니라고 한다.[445)]

444) 이에 대하여는 이 두 가지 문제가 전혀 무관계한 별개의 문제라고 단정하기는 어렵고, 그 이유는 他人性論에서 논의된 바와 같이 無償同乘者에 대한 同乘車輛保有者의 責任減輕 원인을 同乘者의 運行者性 취득으로 보는 比率的 責任說의 입장에 서게 되면 無償同乘者는 運行者性 내지는 保有者性을 취득하였기 때문에 그가 위와 같은 運行者性과 保有者性을 취득한 바로 그 차량의 運轉者의 過失은 同乘者의 過失로 보아야 하고, 따라서 참작되어야 할 過失이라고 주장될 가능성이 있기 때문이라는 설명이 있다. 그러나 이 입장에서도 이와 같은 논리를 밀고 나가면 第3者인 步行者에 대하여도 自己가 취득한 運行者性 때문에 損害賠償責任까지 부담하여야 한다는 곤란한 결론에 도달한다고 하여 적절치 아니함을 스스로 인정한다(李輔煥(註 11), 531).

그리고 李宙興(註 34), 85-6은 好意同乘의 사안의 性質·態樣 등에 따라 類型的으로 분류할 때, 그것이 同乘運轉者와의 人的·內部的 關係에 그치는 것과 內部的 關係에 그치지 않고 相對方 運轉者와의 관계에서도 문제가 될 수 있는 것이 있을 수 있음을 지적하면서, 內部的 關係를 넘어서 다른 運行者에게도 추급하는 것이 타당한 경우에는 加害者間의 公平 등 諸般利益을 實質的으로 고려하여 信義則에 근거하여 好意同乘을 이유로 責任을 減輕하는 유연한 처리가 기대된다는 견해를 취하고 있어 주목된다.

445) 大判 97.11.14, 97다35344(註 346).

한편 서울高判 88.3.17, 87나4806(下集 1988-1, 178)은 사고운전자가 甲으로부터 자동차를 빌려 장인의 생일잔치에 가기 위하여 처갓집 식구인 피해자들을 태우고 처가로 가던 중 乙소유의 화물차와 충돌하여 사고를 일으킨 사안에서, 피해자들의 위 차량에의 동승경위 및 사고운전자와의 신분관계에 비추어 보아 甲과 乙이 배상할 손해액을 정함에 있어서는 사고운전자의 과실을 이른바 피해자측의 과실로서 참작하여 감액하여야 할 것이고, 또 피해자들과 甲과의 관계에서는 위 자동차의 운행경위·운행목적 등에 비추어 甲에게 일반의 교통사고와 같은 책임을 지우는 것이 신의칙이나 형평의 원칙에 비추어 매우 불합리하므로 甲이 배상할 손해액을 정함에 있어서는 이를 참작하여 다시 감액하여야 할 것이라고 하여 감액비율은 乙이 배상할 금원에 대하여 30%, 甲이 배상할 금원에 대하여 50%로 함이 상당하다고 판시함으로써 동승한 자동차의 운행자에 대하여

(나) 실제로 被害者側의 過失이 문제된 判例를 살펴보면,

(a) 被害者가 그 自動車의 保有者인 경우에는 自動車의 運行으로 利益을 볼 뿐 아니라 運行을 支配하는 지위에 있는 자로서 運轉者의 選定에서부터 그 指揮監督에 이르기까지 가능한 주의를 다하여야 할 의무가 있는 자이고, 運行으로 인하여 발생하는 結果에 대하여 責任을 부담할 지위에 있는 자이므로 自動車의 所有者가 자기 차를 他人으로 하여금 운전케 하고 거기에 同乘하였는데 運轉者의 過失이 개재되어 사고가 발생한 결과 同乘한 所有者가 被害를 입은 경우, 사고로 인한 車輛所有者의 財産上 또는 精神的 損害額을 산정함에 있어서는 運轉者의 過失을 참작함이 상당하다고 하였고,[446] 이에 따라

(i) 자동차소유자가 그의 친구로 하여금 차를 운전하게 하고 처제와 동승하고 가다가 제 3 자가 운전하는 차량과 충돌되어 그 제 3 자에 대하여 손해배상을 청구하는 사안에서, 차량의 운행자가 아무런 대가를 받지 아니하고 동승자의 편의와 이익을 위하여 동승을 허용하고 동승자도 그 자신의 편의와 이익을 위하여 그 제공을 받은 경우, 그 운행의 목적, 동승자와 운행자와의 인적 관계, 동승의 경위 등 여러 사정에 비추어 사고차량의 운전자에게 일반의 교통사고와 같은 책임을 지우는 것이 신의칙이나 형평의 원칙에 비추어 매우 불합리하다고 인정되는 경우에는 그 배상액을 감액할 수 있다고 전제한 후, 무상으로 동승한 처제에 관하여는 가해자에 대하여 일반의 교통사고와 같은 책임을 지우는 것이 매우 불합리하다고 인정할 만한 사정이 인정되지 아니하므로 배상액을 감경할 수 없는 반면, 자동차소유자의 재산상 또는 정신적 손해액을 산정함에 있어서 운전자의 과실을 참작함이 상당하다고 하였고,[447]

(ii) 오토바이소유자인 甲이 평소 그의 아들인 乙로 하여금 오토바

---

피해자측의 과실에 의한 감액과 동승경위를 고려한 감액을 중복적용하였다는 점에서, 위 대법원판결과는 결론을 달리한다.

446) 大判 91. 5. 14, 91다5341(公 1991, 1635).

447) 大判 93. 11. 23, 93다25127(公 1994, 180).

다만, 위 判決에서 無償同乘의 경우에 그 운행의 목적, 동승자와 운행자와의 인적 관계, 동승의 경위 등 여러 사정에 비추어 事故車輛의 運轉者에게 一般의 交通事故와 같은 責任을 지우는 것이 信義則이나 衡平의 原則에 비추어 매우 不合理하다고 인정되는 경우에는 그 賠償額을 減額할 수 있다고 판시한 부분은 無償同乘者가 동승한 차량의 運行者에 대하여 損害賠償을 구하는 경우에 논의되는 減額事由이지 다른 제 3 의 加害者에 대한 관계에서 被害者側 過失의 根據로 논의되는 사유는 아니므로 잘못 판시한 것이 아닌가 의문이 들지만, 前述 註 444에서 살펴본 李宙興(註 34), 85-6의 견해에 의하면 위와 같은 無償同乘減額 事由는 제 3 의 加害者에 대한 관계에서도 被害者側 過失과는 별도의 減額事由가 될 수 있다는 것이므로 과연 위 判決이 어떠한 입장을 취한 것인지 주목된다.

이를 타고 다니도록 하였는데, 乙이 친구인 丙으로 하여금 운전하게 하고 뒤에 동승하고 가다가 버스와 충돌하여 사망한 사안에서, 乙은 위 오토바이를 사용할 권리가 있는 자로서 자기를 위하여 자동차를 운행하는 보유자에 해당한다고 인정한 후 乙의 재산상 손해의 액과 위자료의 액을 정함에 있어서 위 오토바이운전자인 丙의 과실을 참작하는 것이 불법행위로 인하여 발생한 손해를 가해자와 피해자 사이에 공평하게 분담시키려는 과실상계제도의 이념에 비추어 타당하다고 하였고,[448]

(iii) 사고 당시 운전자는 교회집사로서 교회업무를 위하여 승용차를 운전하고 있었고, 피해자는 교회의 제반업무를 주관·감독하는 담임목사로서 교회업무에 속하는 기도회를 마치고 신도들과 함께 교회로 돌아가던 중 사고를 당한 것이므로 가해자의 손해배상책임을 정하는 데에 운전자의 과실은 피해자측의 과실로 함께 참작하는 것이 타당하다고 하였고,[449]

(iv) 자기 소유의 화물자동차를 타인으로 하여금 운전하게 하고, 소유자 자신은 조수석에 동승하였다가 위 화물자동차가 피고가 운전하던 승용차와 교차로에서 충돌하는 바람에 화물자동차에서 튕겨져 나와 현장에서 사망한 사안에서, 역시 소유자의 재산상 또는 정신적 손해액을 산정함에 있어서 운전자의 과실을 참작함이 상당하다고 하였다.[450]

(b) 自動車保有者가 아닌 同乘者에 대하여는

(i) 원칙적으로 被害者側 過失을 否定하므로, 甲의 피용인인 피해자가 사고 당시 甲이 경영하던 건축관계 일로 같이 옥포조선소에 들렀다가 장승포시에서 낚시를 한 후 비가 와서 귀가하기 위하여 甲이 운전하던 승용차에 동승하고 오다가 乙운전의 승용차에 의하여 충돌되어 사고를 당하게 된 경우에는 피해자가 무상동승이라 하여 甲의 과실을 피해자측의 과실로 보아 乙에 대한 관계에서 손해액을 감경하기 어렵다고 하였지만,[451]

---

448) 大判 94.4.26, 94다2121(公 1994, 1474). 위 판결의 원심은 乙이 위 오토바이의 소유자인 甲에 대하여 자배법에 기하여 손해배상청구를 하는 경우라면 몰라도 상대방 자동차의 소유자인 피고에 대하여 책임을 묻는 이 사건에서 乙이나 甲은 피고에 대하여 여전히 자배법 제3조 소정의 타인인 지위에 있다고 할 것이고, 또 乙이 丙과 어떤 가족관계를 가지고 있다거나 경제적인 이해를 같이하는 공동체를 형성하고 있다고 볼 만한 아무런 자료가 없는 이상, 피고가 乙에 대하여 손해배상을 한 후 丙에 대하여 구상권을 행사함은 별론으로 하고 丙의 과실을 피해자측의 과실로 참작할 수는 없다고 하였다. 韓騎澤(註 440)은 위 판결을 評釋한 자료이다.

449) 大判 97.6.27, 96다426(公 1997하, 2313).

450) 大判 97.9.5, 97다652(公 1997하, 3010).

451) 大判 95.9.26, 95다25213(公 1995, 3529).

(ii) 被害者와 그가 同乘한 車輛運轉者 사이에 身分上·社會生活上 一體를 이루고 있다고 볼 수 있는 관계가 있는 경우에는 運轉者의 過失을 被害者側의 過失로 인정하는바,[452]

(ㄱ) 삼촌소유의 픽업 트럭을 조카가 운전하여 설탕을 팔려고 삼촌과 그의 처 및 자녀들이 함께 타고 가다가 사고가 발생한 경우에 위와 같은 공동생활관계와 신분관계로 보아 조카의 운전상의 과실은 피해자측인 삼촌의 처의 손해배상액을 산정함에 있어서 참작하여야 한다고 하였고,[453]

(ㄴ) 아버지와 생계를 같이하는 미성년의 아들이 아버지가 운전하는 자동차에 동승하여 가다가 제 3 자가 운전하는 자동차에 충돌되어 상해를 입은 경우에 그 손해액을 산정함에 있어서는 특별한 사정이 없는 한 피해자인 아들과 가족관계 및 생활관계에서 일체를 이루고 있는 운전자인 아버지의 과실을 피해자측의 과실로 참작하는 것이 형평의 원칙에 비추어 상당하다고 하였고,[454]

(ㄷ) 아버지와 동거중인 5세 남짓 어린 아들은 그 신분과 생활관계에 있어서 아버지와 일체를 이루고 있다고 볼 것이므로, 아버지가 운전중인 차에 동승하고 가다가 제 3 자가 운전하는 차량에 충돌당하여 상해를 입은 경우에도 특별한 사정이 없는 한 운전자인 아버지의 과실은 아들에 대하여도 피해자측의 과실로서 참작하는 것이 형평의 이념에 맞는다고 하였고,[455]

(ㄹ) 형이 운전하는 오토바이 뒤에 동승하고 가다가 사망한 동생에 대한 손해배상액을 정함에 있어 그들의 공동생활관계와 신분관계로 보아 형의 과실을 참작하여야 한다고 하였고,[456]

(ㅁ) 피해자가 남편이 운전하는 오토바이 뒷좌석에 타고 가다가 제 3 자가 운전하는 승용차와 충돌하여 상해를 입고 제 3 자에 대하여 손해배상을 청구하는 경우, 손해배상액을 산정함에 있어 다른 특별한 사정이 없는 한 남편의 과실을 피해자측의 과실로서 참작할 수 있다고 하고, 나아가 이와 같이 해석하지 아니하면 가해자인 제 3 자는 피해자에게 일단 남편의 과실을 참작하지 아니한 손해를 배상하고, 다시 그의 남편에게 그의 과실비율에 해당하

452) 大判 93. 5. 25, 92다54753(公 1993, 1851); 大判 96. 11. 12, 96다26183(公 1996하, 3564).
453) 大判 87. 2. 10, 86다카1759(公 1987, 421).
454) 大判 89. 4. 11, 87다카2933(公 1989, 736).
455) 大判 89. 12. 12, 89다카43(公 1990, 252).
456) 大判 91. 11. 12, 91다30156(公 1992, 110).

는 부담부분을 구상하여야 되는데, 이는 부부의 신분상·생활상의 일체성을 간과한 것으로서 옳다고 할 수 없고, 손해배상이나 구상관계를 일거에 해결하거나 분쟁을 1회에 처리할 수도 없어 불합리하다는 것을 근거로 들었고,457)

(ㅂ) 甲이 승용차에 누나인 피해자 乙 및 형인 丙을 탑승시켜 丙의 집으로 가기 위하여 승용차를 운전하게 되었는데, 사고지점 전에 위치한 丙의 집으로의 진입로를 지나치게 되자 갓길에 정차하여 있다가 반대방향으로 회전할 의사로 황색중앙선이 설치된 회전금지구역인 사고지점에서 위 도로의 2차선을 가로질러 급격히 1차선으로 진입한 잘못으로 사고가 발생한 사안에서, 甲과 乙이 남매 사이인 점, 두 사람이 위 승용차에 동승하게 된 경위와 乙도 위 승용차를 돌려 돌아가야 함을 알았으리라는 사정과 위 사고시간이 야간인 점 등에 비추어 甲의 과실은 乙의 과실로 볼 수 있다 하여 이를 손해액 산정에 참작하였고,458)

(ㅅ) 甲이 설립한 주식회사에 아들인 乙이 감사로, 조카인 丙이 이사로 등기된 후 乙은 위 회사가 신축한 건물 내에 있는 슈퍼마켓의 영업사원으로, 丙은 위 건물 내에 있는 여관과 사우나 및 식당일을 담당하는 관리주임으로 각 근무하여 왔고, 乙이 슈퍼마켓에 진열할 식품과 어패류를 구입하기 위하여 자정이 지난 시각에 회사 본거지인 울산에서 부산 부전시장으로 회사 소유의 보냉차량을 운행함에 있어 사촌인 丙을 깨워 함께 가게 되었는데, 처음에는 丙이 차량을 운전하고 乙이 조수석에 앉아 가다가 중간에 丙이 피곤하다면서 乙에게 운전하라고 하므로 자리를 바꾸어 乙이 운전하고 丙이 조수석에서 수면을 취하다가 사고를 당하여 丙이 사망한 사안에서, 乙과 丙은 성년이 지난 4촌 형제간으로서 각자의 직업을 가진 독립된 경제주체임이 분명하므로 丙이 乙의 가족회사에서 乙과 직장동료로 근무하고 있다고 하여 서로간에 신분상 내지 생활관계상 일체를 이루는 관계에 있다고 볼 수는 없고, 또 乙과 丙이 위 차량을 교대로 운전하기는 하였으나 丙은 회사의 업무수행을 위하여 회사의 직원으로서 차량을 운행한 것인 이상 丙이 차량에 대하여 운행지배와 운행이익을 갖는다고 할 수 없을 것이므로, 차량의 운전자인 乙의 과실을 그

---

457) 大判 93. 5. 25, 92다54753(註 452).

458) 大判 96. 10. 11, 96다27384(公 1996하, 3324). 위 판결은 피해자측의 과실을 80%로 인정하였고, 나아가 이와 같이 책임을 경감하는 이유는 피해자의 신분관계 등을 고려하여 운전자의 과실을 피해자측의 과실로 보아 배상할 손해액을 산정함에 있어서 참작한다는 취지이지, 피해자가 호의동승자라는 사실만을 가지고 신의칙에 의하여 책임을 경감한다는 취지가 아님을 명확히 하고 있다.

차량의 동승자에 불과한 丙의 과실로 참작할 수는 없다고 하였다.[459)]

(3) 그리고 共同不法行爲者 중의 1인인 甲에 대한 손해배상소송에서 다른 共同不法行爲者인 乙의 過失이 被害者側 過失로 참작되어 過失相計한 나머지 금액을 지급한 甲이 乙에 대하여 求償權을 행사하는 경우에 있어서, 甲에 관한 소송에서 정하여진 손해액에는 이미 乙의 事故寄與過失이 참작되어 있으므로, 求償權의 범위는 共同免責額에 共同不法行爲者 사이의 內部分擔比率을 그대로 적용할 것이 아니라, 被害者의 固有過失만을 過失相計함으로써 산출되는 위 共同不法行爲者들이 지급하여야 할 損害額 중에서 甲·乙간의 分擔比率 중 甲의 負擔比率을 超過하는 부분에 대해서만 乙에게 求償할 수 있다고 봄이 損害의 公平分擔을 지도원리로 하는 손해배상제도의 근본취지에 부합한다고 본 判例가 있다.[460)] 그 근거는 被害者側 過失理論은 공동생활관계와 신분관계상의 일체성을 고려하여 被害者 本人은 아니더라도 被害者와 同一視할 수 있는 第3者의 過失이 있는 경우 이를 過失相計의 참작사유로 하는 것이므로, 위와 같이 하지 아니할 경우 相對方側 共同不法行爲者는 被害者가 다른 共同不法行爲者와 특수한 관계에 있다는 우연한 사정만으로 賠償額에 있어 그 共同不法行爲者의 過失이 참작되어 減額을 받고, 나아가 그 金額에 대하여 그 共同不法行爲者의 過失部分만큼의 求償權을 취득하게 되어 2중의 재산상의 이득을 얻게 되는 반면, 被害者側으로서는 실제의 賠償額에 있어서는 2중의 감액을 당하는 不合理한 結果가 초래될 것이기 때문이며, 이러한 불합리는 피해자가 共同不法行爲者 중 1인의 未成年子女인 경우에 가장 뚜렷하게 나타난다고 설명한다.

(4) 그리고 第3者인 被害者側의 過失을 인정하여 減額하는 경우에 그 減額比率을 被害者 本人의 過失에 의한 減額比率과 同一하게 평가하여 정하여야 하는가의 문제가 있다. 위에서 본 判例들은 第3者의 過失을 被害者側의 過失로 평가한다는 취지의 판시를 하고 있을 뿐 그 減額比率의 同一性에 관하여는 명확히 밝히고 있지 않다.

이에 관하여는 被害者側槪念의 이론이 傳統的인 個人責任法理에 대한 중대한 수정이라는 점에 비추어 被害者側의 過失을 항상 被害者 本人의 過失과 同一하게 평가하는 것은 오히려 被害者 本人에게 가혹한 결과가 될 수도 있

---

459) 大判 96.11.12, 96다26183(註 452).

460) 釜山高判 92.10.7, 92나7436(確定, 下集 1992-3, 154).

고, 한편 被害者 자신에게는 過失이 없다 하여 加害者에게 전적인 책임을 지우는 것도 公平하지 아니하므로 그 中間領域을 인정하여 위 이론을 彈力的으로 적용하는 것이 바람직하다는 견해가 있는 바[461] 찬성한다. 이 견해는 被害者 本人과 被害者側에 해당하는 第3者 사이의 人的 關係의 親密度, 損益計算 歸屬上의 實質的 一體性 등을 종합·고려하여 그 親密度 내지 一體性이 강한 경우에는 被害者側의 過失을 被害者 本人의 過失과 동일하게 평가하여 그 比率을 참작하되, 그렇지 않은 경우에는 그 親密度에 따라 참작되는 被害者側의 過失比率을 減輕하는 것이 합리적이라고 설명하며, 다만 後者의 경우에는 求償關係上의 혼란을 방지하기 위하여 判決理由 중에 被害者側의 過失比率과 그 중 被害者의 過失로 참작되는 比率을 구별하여 설시하는 것이 바람직하다고 한다.[462]

大法院判例 중 이를 정면으로 다룬 判例는 보이지 않고, 사고 당시 11세에 불과한 피해자가 외삼촌이 운전하는 어머니 소유의 자동차에 승차하여 외삼촌일행과 같이 외증조부묘소에 갔다 오다가 사고를 당한 사안에서, 피해자는 자동차소유자인 어머니와 생활관계에 있어서 일체를 이루고 있다고 보아야 하고 한편 어머니는 그 자동차의 운행자로서 제3자에 대하여 운전자인 외삼촌과 동일한 책임을 부담할 지위에 있으므로 결국 피해자의 손해분담비율을 정함에 있어 외삼촌의 과실을 피해자측의 과실로 보아 그 과실비율 그대로 참작함이 공평의 이념에 합치한다는 이유로 외삼촌의 과실비율을 70%로 인정하면서도 그의 생질인 피해자의 손해분담비율을 40%로 인정한 원심판결을 파기한 사례가 있는바,[463] 被害者와 運轉者의 關係의 친밀도에 비추어 同一한 責任을 부담하여야 할 지위에 있음을 이유로 하여 그 損害分擔의 比率을 같이하여야 한다는 것일 뿐, 그 전제가 되는 被害者와 運轉者의 친밀도가 다른 경우에도 반드시 그 運轉者의 過失을 그대로 被害者側의 過失로 인정하여야 한다는 취지는 아니라고 보인다. 서울高等法院判決 중에는 사고오토바이의 운전자가 그 앞에는 7세 8개월된 안전모를 쓰지 않은 조카를 태우고, 그 뒤에는 동생을 태운 채 낚시를 하기 위하여 위 오토바이를 운전하고 가다가 삼거리에서 좌회전하는 경운기와 부딪쳐서 위 3사람이 모두 다친 사안에서, 그 과실상계

461) 訴訟實務(註 17), 309-10.
462) 訴訟實務(註 17), 310.
463) 大判 96. 2. 27, 95다41239(公 1996상, 1098).

비율을 각각 달리 정하여 운전자에게는 50%, 조카에게는 40%(안전모 안쓴 과실 10% 포함), 동생에게는 30%로 인정한 사례가 있다.[464]

[金 龍 德]

464) 서울高判 87.2.12, 86나2567(上告許可申請棄却, 訴訟實務(註 17), 310).

그리고 위에서 본 釜山高判 92.10.7, 92나7436(註 460)에 의하여 구상권산정의 근거가 된 판결에서는 운전자와 배우자·모·외숙·이모 관계에 있는 피해자들과 함께 창원에 가서 제사를 마친 다음 부산으로 돌아오다가 사고를 당한 사안에서, 운전자에 대하여는 40%의 과실상계를 하였고, 다른 피해자들에 대하여는 안전벨트를 착용하지 아니한 과실에다가 친족관계에 있는 운전자의 운행상의 과실을 피해자측 과실로 참작하여 각 30%의 과실상계를 하였다.

韓騎澤(註 440)은 이와 같은 理論과 實務에 대하여 소위 被害者側 過失을 被害者의 過失과 같게 본다고 하는 被害者側 過失理論의 基本과 무언가 다르다고 보이는데, 그 이유는 被害者 本人의 過失로 이해하여도 될 것을 굳이 被害者側 過失이라고 이해한 데에 있는 것은 아닌가 하는 의문을 제기하고 있다.

# 事項索引

民法注解〔XIX〕— 債權(12)

2005年　1月　15日　初版一刷發行
2012年　5月　30日　初版四刷發行

編輯代表　郭　潤　直
發 行 人　安　鍾　萬
發 行 處　(株) 博　英　社
1 1 0 - 1 0 2　서울특별시 종로구 평동 13-31번지
전화 (733) 6771-3
FAX (02) 736-4818
등록 1959. 3. 11. 제 300-1959-1 호(倫)

組 版 所　홍익 m&b

定　價　55,000 원　　　ISBN 978-89-6454-847-9
978-89-6454-583-6(세트)

http://www.pybook.co.kr